2014
江苏统计年鉴
JIANGSU STATISTICAL YEARBOOK

（总第 31期 №. 31）

江　苏　省　统　计　局
国家统计局江苏调查总队　编

Compiled by
Jiangsu Provincial Statistics Bureau
Survey Office of the National Bureau of Statistics in Jiangsu

中国统计出版社
China Statistics Press

（京）新登字 041 号

图书在版编目（CIP）数据

江苏统计年鉴. 2014：汉英对照 / 江苏省统计局，国家统计局江苏调查总队编. -- 北京：中国统计出版社，2014.8

ISBN 978-7-5037-7145-3

Ⅰ. ①江… Ⅱ. ①江… ②国… Ⅲ. ①统计资料—江苏省—2014—年鉴—汉、英 Ⅳ. ①C832.53-54

中国版本图书馆 CIP 数据核字（2014）第 163739 号

江苏统计年鉴-2014

作　　者 / 江苏省统计局　国家统计局江苏调查总队
责任编辑 / 佘竞雄　刘金成
执行编辑 / 刘学军　宣　严
装帧设计 / 王素捷
出版发行 / 中国统计出版社
地　　址 / 北京市丰台区西三环南路甲 6 号
邮政编码 / 100073
电　　话 / 邮购（010）63376909　书店（010）68783171
网　　址 / http://csp.stats.gov.cn
印　　刷 / 南京人民印刷厂
经　　销 / 新华书店
开　　本 / 880 mm × 1230 mm　1/16
字　　数 / 1830 千字
印　　张 / 46　2 彩页
版　　别 / 2014 年 7 月第 1 版
版　　次 / 2014 年 7 月第 1 次印刷
定　　价 / 460.00 元

本书附同版本 CD-ROM 一张，光盘内容以书面文字为准。

如有印装差错，由本社发行部调换。

《江苏统计年鉴-2014》

编委会和编辑人员

Jiangsu Statistical Yearbook - 2014

EDITORIAL BOARD AND EDITORIAL STAFF

编者说明

一、《江苏统计年鉴－2014》（以下简称《年鉴》）是一部全面、系统反映江苏省2013年及历史重要年份国民经济和社会发展情况的资料性年刊，收录了江苏省及各地区大量的经济社会发展统计信息。

二、《年鉴》分为二十二个部分：1. 综合，2. 国民经济核算，3. 人口、就业和工资，4. 价格指数，5. 人民生活，6. 固定资产投资，7. 财政、金融，8. 对外经济贸易，9. 能源、资源、环境，10. 农业，11. 工业，12. 建筑业，13. 运输、邮电，14. 批发零售、住宿餐饮和旅游，15. 教育、科技，16. 文化、体育、卫生，17. 公共管理、社会保障和社会组织，18. 城市经济与建设，19. 区域经济，20. 市县社会经济，21. 县（市）社会经济发展序列，22. 乡镇基本情况。另附录全国分省主要指标。为方便读者使用，各篇章前设有《简要说明》，对本篇章的主要内容、资料来源、统计范围、统计方法以及历史变动情况予以简要概述，篇末附有《主要统计指标解释》。

三、《年鉴》资料大部分来自年度统计报表，一部分来自抽样调查等。全国分省资料来自国家统计局出版的有关统计资料。

四、《年鉴》中所使用的度量衡单位均采用国际统一标准计量单位。

五、《年鉴》中国民经济行业分类按2011年国家标准《国民经济行业分类》（GB/T4754－2011）执行。

六、《年鉴》总量指标计算所采用的价格均为现行价格。

七、《年鉴》部分数据合计数或相对数由于单位取舍不同产生的计算误差未作机械调整。

八、《年鉴》表中"..."表示数据不足本表最小单位数；"空格"表示该项统计指标数据不详或无该项数据；"#"表示其中的主要项。

感谢国内外广大读者多年来对《年鉴》编辑出版工作的支持和帮助，欢迎继续提出宝贵意见，使《年鉴》的形式和内容更趋完善。

EDITOR'S NOTES

Ⅰ. *Jiangsu Statistical Yearbook 2014* (abbreviated as Yearbook hereafter) is an annual publication which provides comprehensive and systematic data series about the national economy and social development in Jiangsu Province in 2013 and some selected data series in historically important years. It includes much statistical information on social and economic development in the province and in various regions.

Ⅱ. The Yearbook contatins the following twenty-two parts: 1. General Survey, 2. National Accounts, 3. Population, Employment and Wages, 4. Price Indices, 5. People's Living Conditions, 6. Investment in Fixed Assets, 7. Government Finance, Financial Intermediation, 8. Foreign Trade and Economic Cooperation, 9. Energy, Resource and Environment, 10. Agriculture, 11. Industry, 12. Construction, 13. Transport, Postal and Telecommunication Services, 14. Wholesale and Retail Trade, Hotels, Catering Services and Tourism, 15. Education, Science and Technology, 16. Culture, Sports and Public Health, 17. Public Management, Social Security and Social Organizations, 18. Urban Economy and Construction, 19. Regional Economy, 20. Social Economy of Cities and Counties, 21. Social Economy Development Alignment of Counties(Cities), 22. Basic Conditions of Villages and Towns, Appendix, Major Indicators by Region. To facilitate readers, the Brief Introduction at the beginning of each chapter provides a summary of the main contents of the chapter, data sources, statistical scope, statistical methods and historical changes. At the end of each chapter, Explanatory Notes on Main Statistical Indicators are included.

Ⅲ. The major data sources of this publication are obtained from annual statistical reports, and some from sample surveys. National major indicators grouped by provinces are obtained from relative statistical data published by the National Bureau of Statistics of China.

Ⅳ. The units of measurement used in the Yearbook are all internationally standard measurement units.

Ⅴ. The classification of national economic industry used in the Yearbook is the national standard of 2011's "The Classification on National Economic Industry", i. e. (GB/T4754 - 2011).

Ⅵ. The price used for gross indicator's calculating are current prise.

Ⅶ. Statistical dicrepancies due to rouding are not adjusted.

Ⅷ. In the Yearbook, "…" indicates that the figure is not large enough to be measured with the samllest unit in the table; (blank) indicates that the figure is not available, "#" indicates the major component items.

We express thanks to the general readers of domestic and abroad for supporting and helping the work of compilcation and publication of the Yearbook. We sincerely welcome conitinued valuable suggestions from the general readers so that the form and content of the Yearbook can be further improved.

目 录

CONTENTS

1 综 合

General Survey

2 国民经济核算

National Accounts

3　人口、就业和工资

Population, Employment and Wages

4 价格指数

Price Indices

5 人民生活

People's Living Conditions

6 固定资产投资

Investment in Fixed Assets

7 财政、金融

Government Finance, Financial Intermediation

8　对外经济贸易

Foreign Trade and Economic Cooperation

9 能源、资源、环境

Energy, Resource and Environment

10 农 业

Agriculture

11 工 业

Industry

12 建筑业

Construction

13 运输、邮电

Transport, Postal and Telecommunication Services

14 批发零售、住宿餐饮和旅游

Wholesale and Retail Trade, Hotels, Catering Services and Tourism

15　教育、科技

Education, Science and Technology

16　文化、体育、卫生

Culture, Sports and Public Health

17　公共管理、社会保障和社会组织

Public Management, Social Security and Social Organizations

18 城市经济与建设

Urban Economy and Construction

19 区域经济

Regional Economy

20 市县社会经济

Social Economy of Cities and Counties

21　县(市)社会经济发展序列

Social Economy Development Alignment of Counties

22 乡镇基本情况

Basic Conditions of Villages and Towns

附录 全国分省主要指标

Appendix. Major Indicators by Region

1

综　合

General Survey

简 要 说 明

主要内容和资料来源

一、综合资料主要包括行政区划、国民经济和社会发展综合资料、私营个体统计资料等。

二、行政区划资料，由民政部门根据截止到上一年末全省行政区划变更情况整理提供。

三、国民经济综合资料是抽取全书的精华，通过对各篇章主要统计指标及其速度、结构、比例和效益等的加工计算，反映国民经济和社会发展的总体情况。

四、私营个体统计资料，由工商行政管理部门整理提供。

Brief Introduction

Main Contents and Sources of Data

Ⅰ. This chapter consists of: divisions of administrative areas, summary data on the national economy and social development, private and individual statistics.

Ⅱ. Date about divisions of administrative areas is provided by Civil Affairs bureau which given the change of the administrative divisions end of year.

Ⅲ. The summary data on the national economy reflect the overall situation of the economic and social development by presenting further processed statistics including growth, structure, ratio, and efficiency data derived from other chapters.

Ⅳ. Date of private and individual economy provided by Department of Business Administration.

自然概况

位　置

江苏简称苏，位于我国大陆东部沿海中心，介于东经116°18′—121°57′，北纬30°45′—35°20′之间。东濒黄海，西连安徽，北接山东，东南与浙江和上海毗邻。

江苏地处美丽富饶的长江三角州，平原辽阔，主要有苏南平原，江淮平原、黄淮平原和东部滨海平原，自然条件优越，经济基础较好。

面　积

全省面积10.26万平方公里，占全国总面积的1.1%。其中平原面积7.06万平方公里，水面面积1.73万平方公里。海岸线长954公里。

河　流

全省境内河川交错，水网密布，长江横穿东西425多公里，大运河纵贯南北718公里，西南部有秦淮河，北部有苏北灌溉总渠、新沭河、通扬运河等。有大小湖泊290多个，全国五大淡水湖，江苏得其二，太湖和洪泽湖象两面大明镜，分别镶嵌在水乡江南和苏北平原。

资　源

江苏以地形地势低平，河湖众多为特点，平原、水面所占比例之大，在全国居首位，成为江苏一大地理优势。水产资源丰富，有广阔的海涂、浅海，东部沿海渔场面积达15.4万平方公里，其中包括著名的吕泗、海州湾等四大渔场，盛产黄鱼、带鱼、昌鱼、虾类、蟹类及贝藻类等。江苏也是全国河蟹、鳗鱼苗的主要产地。内陆水面4000多万亩，养殖面积1148万亩，有淡水鱼类140余种，已利用的有40多种。矿产资源分布广泛，品种较多，已发现的有133种。能源矿产主要有煤炭、石油和天然气；非金属矿产有硫、磷、钠盐、水晶、兰晶石、蓝宝石、金刚石、高岭土、石灰石、石英砂、大理石、陶瓷粘土；金属矿产有铁、铜、铅、锌、银、金、锶、锰等。粘土类矿产、建材类矿产、化工原料矿产、冶金辅助原料矿产、特种用途矿产和有色金属矿产，是江苏矿产资源的优势。

气　候

全省气候具有明显的季风特征，处于亚热带向暖温带过渡地带，大致以淮河—灌溉总渠一线为界，以南属亚热带湿润季风气候，以北属暖温带湿润季风气候。全省气候温和，雨量适中，四季分明。

Natural Resources

Location

Jiangsu (Short for Su) lies in the east of the country. It is situated in the center of the costal area, between 116°18′—121°57′E and 30°45′—35°20′N, with Yellowsea on the east, Anhui province on the west, Shandong on the north, and Zhejiang and Shanghai as its neighbours on the southeast.

Jiangsu seats on the beautiful and abundant Yangtze River Delta. Composed of vast plains, mainly South-Su, Jianghuai, Huanghuai and eastern plain by the sea, the province provides favorable natural conditions and good economic bases.

Area

The area of Jiangsu is 102.6 thousand square kilometres, occupied 1.1 % of the total national area, among which 70.6 thousand square kilometres are plain areas, 17.3 thousand square kilometres are water surface. The coastline of the province is as long as 954 kilmetres.

Rivers and Lakes

In Jiangsu, there are rivers crisscrossing throughout the province, and distributes the network of waterways. The Yangtze River travels the whole area of Jiangsu, from west to east, for more than 400 kilometres. The Grand Canal flows south to north for 690 kilometres. There are Qinhuai River in the southeast of Jiangsu, Subei general irrigation canal, Xinshu River and Tongyang canal etc. in the north part. Among the 290 lakes of varying size in Jiangsu, the Taihu Lake and Hongzehu Lake are both listed among the national "Five Large Fresh Water Lakes", like two bright mirrors inlaid respectively into the southern region of the Changjiang River and Subei Plain.

Resources

The province is characteristic of topographical features in low and flat terrains, with numerous rivers and lakes. The proportion of plain and watersurface area is so large that it ranks the first in China and become a geographical superiority proportion. There are plentiful aquatic resources, vast shallow sea beaches and epeiric seas. There are 154 thousand square kilometres of fishing grounds on the eastern coastal area, composed of the four famous fishing grounds such as Lusi and Haizhouwan etc. , abound in yellow croaker, hairtail, butterfish, shrimp and crab, and shellfish and algae. Jiangsu is also a main production area of crabs and young eels in the country. There are more than 40 million mu of interior water surface, with 11.48 million mu of aquatic farm. Among 140 kinds and more of flesh water fishes, over 40 are utilized. Numerous varieties of mineral resources are widely dispersed, 133 kinds of them have been discovered. The main sources of energy and minerals dispersed in Jiangsu are coal, petroleum and natural gas. Nonmetallic minerals contain sulphur, phosphorus, sodium, crystal, dyanite, sapphire, diamond, kaolin, limestone, quartzite, marble and pottery clay. Metallic minerals contain iron, copper, lead, zinc, silver, gold, strontium and manganese. The minerals as clay, construction materials, sand, chemical raw materials, metallurgical assistance raw materials, special purpose minerals and non-ferrous metal minerals become a mineral superiority of Jiangsu.

Climate

Located in a transition area from subtripical zone to temperature zone, Jiangsu shows a distinct characteristic of monsoon. Taking the Huaihe river to general irrigation canal as an approximate line of demarcation, the climate to the south of the line belongs to monsoon of tropical moist zone, while the climate to the north of the line belongs to monsoon of warm moist zone. Jiangsu has a warm climate, with moderate rainfall and distinct seasons.

综　合
GENERAL SURVEY

从数字看 2013 年的江苏
Jiangsu in Statistics　'2013

江 苏 的 地 位
Position of Jiangsu in the Country

地区生产总值	Gross Domestic Product	占全国	10.4%	10.4 percent of China
#第三产业	Tertiary Industry	占全国	10.1%	10.1 percent of China
人均地区生产总值	Per Capital GDP	高于全国	高 32699 元	Over 32699 yuan
固定资产投资	Investment in Fixed Assets	占全国	8.2%	8.2 percent of China
社会消费品零售总额	Total Retail Sales of Consumer Goods	占全国	8.7%	8.7 percent of China
进出口总额	Total Imports and Exports	占全国	13.2%	13.2 percent of China
#出口总额	Total Exports	占全国	14.9%	14.9 percent of China
粮食产量	Output of Grain	占全国	5.7%	5.7 percent of China
钢材产量	Output of Steel	占全国	11.6%	11.6 percent of China
发电量	Output of Electricity	占全国	7.9%	7.9 percent of China
城镇居民人均可支配收入	Per Capita Disposable Income of Urban Residents	高于全国	高 5583 元	Over 5583 yuan
农村居民人均纯收入	Per Capita Net Income of Rural Residents	高于全国	高 4702 元	Over 4702 yuan

江 苏 的 人 口
Population of Jiangsu

年末常住人口	Permanent Population at Year-end	7939.49	万人	(10000 persons)
年末户籍人口	Registered Population at Year-end	7616.84	万人	(10000 persons)
从业人员	Employment	4759.89	万人	(10000 persons)
出生人口	Births	74.86	万人	(10000 persons)
死亡人口	Deaths	55.59	万人	(10000 persons)
结婚人数	Marriages	90.38	万对	(10000 couples)
离婚人数	Divorces	21.66	万对	(10000 couples)
人口密度	Density of Population	774	人/平方公里	(person/sq. km)
人口平均期望寿命(2010 年)	Life Expectancy(2010)	76.63	岁	(year)
男	Male	74.60	岁	(year)
女	Female	78.81	岁	(year)

江苏的经济发展
Economic Development of Jiangsu

		1979－2013年平均增长(%) 1979－2013 Average Annual Growth Rate(%)	2001－2013年平均增长(%) 2001－2013 Average Annual Growth Rate(%)
地区生产总值	Gross Domestic Product	12.4	12.5
第一产业	Primary Industry	4.6	3.7
第二产业	Secondary Industry	13.9	13.7
#工业	Industry	14.0	14.1
第三产业	Tertiary Industry	14.2	12.8
全社会固定资产投资	Total Investment in Fixed Assets	23.6	21.2
公共财政收入	Public Finance Revenue	14.3	22.9
社会消费品零售总额	Total Retail Sales of Consumer Goods	17.0	16.3
出口总额	Total Exports	21.0	21.6

江苏的一天
One Day in Jiangsu

地区生产总值	Gross Domestic Product	162.09	亿元	(100 million yuan)
第一产业	Primary Industry	9.99	亿元	(100 million yuan)
第二产业	Secondary Industry	79.71	亿元	(100 million yuan)
#工业	Industry	70.17	亿元	(100 million yuan)
第三产业	Tertiary Industry	72.39	亿元	(100 million yuan)
财政收入	Government Revenue	47.48	亿元	(100 million yuan)
货物运输量	Freight Traffic	531.64	万吨	(10000 tons)
竣工房屋面积	Floor Space of Residential Housing Completed	186.12	万平方米	(10000 sq. m)
社会消费品零售总额	Total Retail Sales of Consumer Goods	56.98	亿元	(100 million yuan)
出口总额	Total Exports	9.01	亿美元	(USD 100 million)
出版报纸	Newspapers Published	784.93	万份	(10000 copies)
邮寄函件	Letters Delivered	208.49	万件	(10000 pieces)

1-1 行　政　区　划 （2013年）
Administrative Divisions(2013)

单位:个 (unit)

市　名	City	各级市单位数 Number of Cities at All Levels	县级单位数 Number of Counties	县 County	县级市 Cities at County Level	市辖区 Districts Under the Jurisdiction of Cities
全　省	**Total**	**36**	**100**	**22**	**23**	**55**
南京市	Nanjing	1	11			11
无锡市	Wuxi	3	8		2	6
徐州市	Xuzhou	3	10	3	2	5
常州市	Changzhou	3	7		2	5
苏州市	Suzhou	5	9		4	5
南通市	Nantong	4	8	2	3	3
连云港市	Lianyungang	1	7	4		3
淮安市	Huaian	1	8	4		4
盐城市	Yancheng	3	9	5	2	2
扬州市	Yangzhou	3	6	1	2	3
镇江市	Zhenjiang	4	6		3	3
泰州市	Taizhou	4	6		3	3
宿迁市	Suqian	1	5	3		2

1-1 续表 Continued

单位:个 (unit)

市　名	City	镇 Town	乡 Township	街道办事处 Subdistrict Office	村民委员会 Village Committee	居民委员会 Neighbourhood Committee
全　省	**Total**	**797**	**79**	**389**	**14538**	**6817**
南京市	Nanjing	18		82	345	885
无锡市	Wuxi	31		50	632	585
徐州市	Xuzhou	102		56	2058	628
常州市	Changzhou	37		21	650	377
苏州市	Suzhou	55		38	1044	992
南通市	Nantong	73	2	26	1318	585
连云港市	Lianyungang	48	13	28	1433	243
淮安市	Huaian	91	24	11	1454	244
盐城市	Yancheng	99		13	1751	684
扬州市	Yangzhou	62	5	14	1015	352
镇江市	Zhenjiang	33		24	495	260
泰州市	Taizhou	74	6	16	1447	417
宿迁市	Suqian	74	29	10	896	565

1－2 国民经济和社会发展总量与速度指标

指标		Item	总量指标 1978	1990	2000	2010
人口与就业		**Population and Employment**				
人口	（万人）	**Population （10000 persons）**				
年末人口		Population at Year-end	5834.32	6766.90	7327.24	7869.34
城镇人口		Urban	800.77	1458.94	3040.81	4767.63
乡村人口		Rural	5033.55	5307.96	4286.43	3101.71
就业	（万人）	**Employment （10000 persons）**				
就业人数		Employment	2777.72	4225.02	4418.14	4754.68
#职工人数		Staff and Workers	581.50	879.85	673.25	710.58
#国有单位		State-owned Units	366.37	536.88	411.40	263.95
年末城镇登记失业人数		Unemployment Registered in Urban Area		22.52	30.36	40.65
宏观经济		**Macroeconomy**				
国民经济核算	（亿元）	**National Economic Accounting （100 million yuan）**				
地区生产总值		Gross Domestic Product	249.24	1416.50	8553.69	41425.48
第一产业		Primary Industry	68.71	355.17	1048.34	2540.10
第二产业		Secondary Industry	131.09	692.59	4435.89	21753.93
第三产业		Tertiary Industry	49.44	368.74	3069.46	17131.45
支出法地区生产总值		Gross Domestic Expenditures				
#最终消费		Final Consumption Expenditure	130.55	717.36	3710.72	17238.08
居民消费		Resident Consumption	115.15	608.29	2815.51	10942.82
政府消费		Government Consumption Expenditure	15.40	109.07	895.21	6295.26
资本形成总额		Gross Capital Formation	77.98	588.44	4044.78	21173.29
固定资本形成		Fixed Capital Formation	40.40	374.12	3225.42	20709.14
存货增加		Changes in Stock	37.58	214.32	819.36	464.15
固定资产投资	（亿元）	**Investment in Fixed Assets （100 million yuan）**				
全社会固定资产投资		Total Investment in Fixed Assets	21.75	356.30	2995.43	22020.73
#国有单位		State-owned Units	20.70	134.86	1200.01	4438.46
集体单位		Collective-owned Units	1.05	74.87	455.86	902.96
#房地产开发		Real Estale Development		11.71	358.72	4299.38
财政	（亿元）	**Public Finance （100 million yuan）**				
公共财政预算收入		Public Finance Budget Revenue	61.09	136.20	448.31	4079.86
公共财政预算支出		Public Finance Budget Experditure	28.38	100.97	591.28	4914.06

Principal Aggregate Indicators on National Economic and Social Development and Growth Rate

Aggregate Data		速度指标 Indicies and Growth Rate							
		2013 年比下列各年增长(%) Index (2013 as percentage of the following years)					年平均增长(%) Average Annual Growth Rate		
2012	2013	1978	1990	2000	2010	2012	1979 ~ 2013	2001 ~ 2013	2011 ~ 2013
7919.98	7939.49	36.1	17.3	8.4	0.9	0.2	0.9	0.6	0.3
4990.09	5090.01	535.6	248.9	67.4	6.8	2.0	5.4	4.0	2.2
2929.89	2849.48	-43.4	-46.3	-33.5	-8.1	-2.7	-1.6	-3.1	-2.8
4759.53	4759.89	71.4	12.7	7.7	0.1	0.0	1.6	0.6	0.0
792.62	1418.57								
280.92	276.26	-24.6	-48.5	-32.8	4.7	-1.7	-0.8	-3.0	1.5
40.47	37.61		67.0	23.9	-7.5	-7.1		1.7	-2.6
54058.22	59161.75	5955.0	1624.4	363.8	33.9	9.6	12.4	12.5	10.2
3418.29	3646.08	388.4	160.9	59.5	12.2	3.1	4.6	3.7	3.9
27121.95	29094.02	9410.5	2256.5	429.2	36.5	10.0	13.9	13.7	10.9
23517.98	26421.65	10215.2	1970.9	378.2	33.8	9.8	14.2	12.8	10.2
22714.57	26622.79	5604.8	1871.8	428.2	40.9	11.2	12.2	13.7	12.1
15385.57	18902.18	4266.8	1520.0	395.0	53.7	16.9	11.4	13.1	15.4
7329.00	7720.61	17312.7	3884.2	531.6	18.5	0.2	15.9	15.2	5.8
27258.07	28634.29	9645.4	1529.3	343.9	32.2	9.1	14.0	12.1	9.8
26415.45	27711.11	20627.1	2466.0	448.4	32.0	9.0	16.5	14.0	9.7
842.62	923.18	325.6	11.6	-47.8	50.0	13.8	4.2	-4.9	14.5
32087.08	36373.32	167133.7	10108.6	1114.3	65.2	19.4	23.6	21.2	18.2
6036.07	6865.27	33065.6	4990.7	472.1	54.7	18.0	18.0	14.4	15.6
1388.49	1639.37	156030.5	2089.6	259.6	81.6	21.7	23.4	10.3	22.0
6206.10	7241.45		61739.9	1918.7	68.4	16.7		26.0	19.0
5860.69	6568.46	10652.1	4722.7	1365.2	61.0	12.1	14.3	22.9	17.2
7027.67	7798.47	27378.8	7623.6	1218.9	58.7	11.0	17.4	21.9	16.6

1-2 续表 1

指标	Item	总量指标			
		1978	1990	2000	2010
物价 (上年=100)	**Price (preceding year=100)**				
居民消费价格指数	General Consumer Price Index	100.1	103.2	100.1	103.8
商品零售价格指数	General Retail Price Index	100.2	102.3	98.6	103.2
工业生产者出厂价格指数	Ex-factory Price Index of Industrial Producers			101.1	107.3
利用外资 (亿美元)	**Utilization of Foreign Capital (USD 100 million)**				
合同外商直接投资	Contracted Foreign Direct Investment		2.44	106.11	568.33
实际外商直接投资	Actual Foreign Direct Investment		1.41	64.24	284.98
产业	**Industry**				
农业	**Agriculture**				
农林牧渔业劳动力 (万人)	Number of Persons Engaged in Agriculture, Forestry, Animal Husbandry and Fishery (10000 persons)	2030.67	1714.49	1480.22	859.83
农林牧渔业总产值 (亿元)	Gross Output Value of Agriculture, Forestry, Animal Husbandry and Fishery (100 million yuan)	105.87	580.53	1869.73	4297.14
主要农产品产量 (万吨)	Output of Major Farm Products (10000 tons)				
粮食	Grain	2400.65	3264.15	3106.63	3235.10
棉花	Cotton	47.54	46.42	31.45	26.08
油料	Oil-bearing Crops	37.44	112.39	225.65	151.97
糖料	Sugar Crops	6.88	22.26	28.26	10.27
蚕茧	Silkworm Cocoons	2.63	12.00	9.01	7.91
猪牛羊肉	Pork, Beef and Mutton		158.38	227.41	223.91
水产品	Aquatic Products	39.76	118.25	308.79	460.44
工业	**Industry**				
全部工业增加值 (亿元)	Added Value of All Industties (100 million yuan)	117.10	634.13	3848.52	19277.65
主要工业产品产量 (万吨)	Output of Major Industrial Products (10000 tons)				
粗钢	Steel	54.51	190.18	617.16	6242.75
钢材	Rolled-steel	60.31	203.01	1401.83	9122.95
发电量 (亿千瓦小时)	Electricity (100 million kW·h)	126.42	404.47	909.69	3358.98
原煤	Coal	1707.02	2407.79	2479.02	2122.48
农用化肥(折100%)	Chemical Furtilizers	72.18	145.90	192.38	241.96
化学农药	Chemical Pesticide	4.92	4.51	17.23	61.76
水泥	Cement	444.10	1532.89	4599.52	15647.46
化学纤维	Chemical Fiber	2.11	40.76	190.99	1027.19
彩色电视机 (万台)	Color Television Sets (10000 units)	0.03	36.64	127.66	1766.89
家用电冰箱 (万台)	Household Refrigerators (10000 units)		83.18	285.17	812.49
建筑业	**Construction**				
建筑业从事主营业务活动的从业人员平均人数 (万人)	The average number of employees engaged in principal Business (10000 persons)		124.31	221.48	598.98
建筑业总产值 (亿元)	Gross Output Value (100 million yuan)		147.23	1546.17	12405.90
施工房屋面积 (万平方米)	Floor Space of Building Under Construction (10000 sq. m)		5241	21287	119036
竣工房屋面积 (万平方米)	Floor Space of Building Completed (10000 sq. m)		3308	12330	48560

Continued 1

Aggregate Data		速度指标 Indicies and Growth Rate							
2012	2013	2013年比下列各年增长(%) Index (2013 as percentage of the following years)					年平均增长(%) Average Annual Growth Rate		
		1978	1990	2000	2010	2012	1979 ~ 2013	2001 ~ 2013	2011 ~ 2013
102.6	102.3	501.2	182.1	37.0	10.6	2.3	5.3	2.5	3.4
102.1	101.4	352.7	114.9	19.7	8.3	1.4	4.4	1.4	2.7
97.1	98.0		93.3	21.5	1.1	-2.0		1.5	0.4
571.41	472.68		19259.4	345.5	-16.8	-17.3		12.2	-6.0
357.60	332.59		23471.2	417.8	16.7	1.0		13.5	5.3
796.03	776.05	-61.8	-54.7	-47.6	-9.7	-2.5	-2.7	-4.8	-3.4
5808.81	6158.03	607.1	256.0	69.2	11.9	2.6	5.7	4.1	3.8
3372.48	3422.98	42.6	4.9	10.2	5.8	1.5	1.0	0.7	1.9
22.04	20.93	-56.0	-54.9	-33.4	-19.7	-5.0	-2.3	-3.1	-7.1
146.95	150.37	301.6	33.8	-33.4	-1.1	2.3	4.1	-3.1	-0.4
9.75	9.56	39.0	-57.1	-66.2	-6.9	-1.9	0.9	-8.0	-2.4
6.83	5.90	124.3	-50.8	-34.5	-25.4	-13.6	2.3	-3.2	-9.3
228.84	240.84		52.1	5.9	7.6	5.2		0.4	2.5
493.74	509.38	1181.1	330.8	65.0	10.6	3.2	7.6	3.9	3.4
23908.47	25612.23	9818.5	2268.6	455.4	37.6	10.3	14.0	14.1	11.2
7419.70	9286.16	16935.7	4782.8	1404.7	48.8	14.4	15.8	23.2	14.2
10989.18	12398.00	20457.1	6007.1	784.4	35.9	12.8	16.4	18.3	10.8
3928.35	4288.91	3292.6	960.4	371.5	27.7	4.6	10.6	12.7	8.5
2104.16	2011.18	17.8	-16.5	-18.9	-5.2	-4.4	0.5	-1.6	-1.8
267.15	246.95	242.1	69.3	28.4	2.1	-6.3	3.6	1.9	0.7
72.61	75.73	1439.2	1579.2	339.5	22.6	1.3	8.1	12.1	7.0
16777.87	17991.86	3951.3	1073.7	291.2	15.0	8.7	11.2	11.1	4.8
1274.95	1296.33	61337	3080.4	578.7	26.2	0.9	20.1	15.9	8.1
1431.88	1059.00	3529900	2790.3	729.5	-40.1	-11.4	34.9	17.7	-15.7
1103.16	1063.06		1178.0	272.8	30.8	-3.8		10.7	9.4
700.96	768.48		518.2	247.0	28.3	9.6		10.0	8.7
18423.55	21712.16		14647.1	1304.3	75.0	17.9		22.5	20.5
166779	192982		3582.2	806.6	62.1	15.7		18.5	17.5
61242	67932		1953.6	451.0	39.9	10.9		14.0	11.8

1-2 续表 2

指标	Item	总量指标 1978	1990	2000	2010
交通运输	**Transportation**				
货运量（万吨）	Freight Traffic (10000 tons)	14626	49399	90436	188565
#铁路	Railways	3224	4235	4077	6374
公路	Highways	4488	27904	59056	123500
水运	Waterways	6557	15908	25902	48702
客运量（万人）	Passenger Traffic (10000 persons)	25621	48339	107244	226627
#铁路	Railways	2752	4788	4891	9711
公路	Highways	18694	41850	101713	215850
水运	Waterways	4175	1701	514	590
港口货物吞吐量（万吨）	Volume of Freight Handled at Seaports (10000 tons)	10183	17002	39200	158977
邮电通信业	**Postal and Telecommunications Services**				
邮电业务总量（亿元）	Total Business Revenue (100 million yuan)	1.83	9.98	323.45	2194.60
函件（亿件）	Number of Letters Delivered (100 million pieces)	1.63	3.30	5.74	9.36
年末固定电话用户（万户）	Number of Eited Telephone Subseribers at Year-end (10000 househalds)			1138.06	2498.80
城市	Urban			535.43	1527.80
农村	Rural			602.63	971.00
年末移动电话用户（万户）	Number of Mobile Telephone Subseribers at Year-end (10000 househalds)			619.50	5923.10
国内商业	**Domestic Trade**				
社会消费品零售总额（亿元）	Total Retail Sales of Consumer Goods (100 million yuan)	84.79	515.43	2908.46	13606.80
对外经济贸易和旅游	**Foreign Trade and Tourism**				
进出口总额（亿美元）	Total Imports and Exports (USD 100 million)	4.27	41.39	456.38	4657.93
进口	Imports	0.09	11.95	198.69	1952.43
出口	Exports	4.18	29.44	257.70	2705.50
接待海外旅游人数（万人）	Number of International Tourists Received (10000 persons)	11.33	72.48	160.94	653.55
金融保险（亿元）	**Banking and Insurance (100 million yuan)**				
金融机构存款	Deposits of Banking System	60.72	860.33	8400.75	58984.14
金融机构贷款	Loans of Banking System	115.29	1013.45	5967.66	42121.04
国内保险保费收入	Domestic Premium		9.31	132.03	1162.67
教育、科技、文化	**Education, Science and Technology and Culture**				
教育	**Education**				
高等学校本专科在校学生（万人）	Students Enrollment in Institutions of Higher Education (10000 persons)	6.05	14.69	45.19	164.94
中等专业学校在校学生（万人）	Students Enrollment in Specialized Secondary Schools (10000 persons)	3.84	13.99	43.62	68.30
普通中学在校学生（万人）	Students Enrollment in Regular Secondary Schools (10000 persons)	385.85	281.97	373.64	368.61
小学在校学生（万人）	Students Enrollment in Primary Schools (10000 persons)	868.90	612.29	718.55	398.78
科技	**Science and Technology**				
县以上科研机构数（个）	Number of Scientific & Technological Research Institutions of County Level and Above (unit)		326	313	135
各类专业技术人员（万人）	Scientific and Technical Personnel (10000 persons)	22.18	158.86	194.24	140.53

Continued 2

Aggregate Data		速度指标 Indicies and Growth Rate							
2012	2013	2013 年比下列各年增长(%) Index (2013 as percentage of the following years)					年平均增长(%) Average Annual Growth Rate		
		1978	1990	2000	2010	2012	1979 ~ 2013	2001 ~ 2013	2011 ~ 2013
231295	194048								
7223	6806								
153696	103709								
58639	70909								
268371	152172								
11757	13435								
255358	135555								
594	2454								
195417	213987	2001.4	1158.6	445.9	34.6	9.5	9.1	13.9	10.4
1120.37	1252.18					11.6			
8.95	7.61	366.9	130.6	32.6	-18.7	-15.0	4.5	2.2	-6.7
2387.20	2289.81			101.2	-8.4	-4.1		5.5	-2.9
1341.00	1275.85			138.3	-16.5	-4.9		6.9	-5.8
1046.20	1013.96			68.3	4.4	-3.1		4.1	1.5
7471.40	7941.95			1182.0	34.1	6.3		21.7	10.3
18331.30	20796.50	24427	3934.8	615.0	52.8	13.4	17.0	16.3	15.2
5480.93	5508.44	128755	13208.3	1107.0	18.3	0.5	22.7	21.1	5.7
2195.55	2219.87	2458228	18472.0	1017.3	13.7	1.1	33.5	20.4	4.4
3285.38	3288.57	78487	11071.1	1176.1	21.6	0.1	21.0	21.6	6.7
791.54	288.03					-9.0			
75481.51	85604.08	140882	9850.1	919.0	45.1	13.4	23.0	19.6	13.2
54412.30	61836.53	53536	6001.6	936.2	46.8	13.6	19.7	19.7	13.7
1301.28	1446.08		15432.5	995.3	24.4	11.1		20.2	7.5
167.12	168.45	2684.3	1046.7	272.8	2.1	0.8	10.0	10.7	0.7
63.12	56.68	1376.0	305.1	29.9	-17.0	-10.2	8.0	2.0	-6.0
317.89	296.74	-23.1	5.2	-20.6	-19.5	-6.7	-0.7	-1.8	-7.0
422.76	435.37	-49.9	-28.9	-39.4	9.2	3.0	-2.0	-3.8	3.0
136	131		-59.8	-58.1	-3.0	-3.7		-6.5	-1.0
140.65	117.11	428.0	-26.3	-39.7	-16.7	-16.7	4.9	-3.8	-5.9

1-2 续表 3

指标	Item	总量指标 1978	1990	2000	2010
#工程技术人员	Engineering Personnel	7.83	31.84	44.84	19.00
文化	**Culture**				
图书出版量（亿册）	Books Published (100 million copies)	1.94	3.44	3.47	5.17
杂志出版量（万册）	Magazines Issued (10000 copies)	535	4107	11008	10475
报纸出版量（亿份）	Newspapers Issued (100 million copies)	2.45	8.27	23.34	27.12
家庭、生活、环境	**Family, People's Livelihood and Environment**				
家庭	**Family**				
总户数（万户）	Total Househalds (10000 househalds)	1423.11	1806.78	2220.38	2564.59
城镇居民平均每户家庭人口（人）	Average Household Size in Urban Areas (person)		3.34	3.07	2.79
农村居民平均每户家庭人口（人）	Average Household Size in Rural Areas (person)		4.10	3.74	3.68
居住	**Housing**				
城镇居民人均住房建筑面积（平方米）	Per Capita Net Floor Space of Urban Residents (sq. m)	5.7	17.29	25.54	33.39
农村居民人均住房面积（平方米）	Per Capita Net Floor Space of Rural Residents (sq. m)	9.7	25.20	33.70	46.33
生活	**People's Livelihood**				
城镇居民人均可支配收入（元）	Per Capita Annual Disposable Income of Urban Residents (yuan)	288	1464	6800	22944
农村居民人均纯收入（元）	Per Capita Net Income of Rural Residents (yuan)	155	884	3595	9118
居民储蓄存款余额（亿元）	Outstanding Amount of Saving Deposits (100 million yuan)	12.40	470.86	4456.83	23334.48
工资	**Wages and Welfare**				
工资总额（亿元）	Total Wages of Staff and Workers (100 million yuan)	29.05	184.60	705.36	2841.33
职工平均工资（元）	Average Wage of Staff and Workers (yuan)	513	2129	10299	40505
卫生	**Health Care**				
卫生机构数（个）	Number of Health Care Organizations (unit)	9277	12366	12813	30961
#医院卫生院	Hospital and Commune Hospitals	2428	2491	2511	2433
床位数（万张）	Number of Hospital Beds (10000 units)	12.29	16.45	17.31	26.97
#医院卫生院	Hospital and Commune Hospitals	11.07	14.54	16.18	24.74
卫生技术人员数（万人）	Number of Medical Technical Personnels (10000 persons)	14.00	21.35	25.36	32.84
#医生	Doctors	5.70	9.94	11.44	12.90
市政建设	**Urban Civil Construction**				
自来水供水量（亿吨）	Volume of Tap Water Supply (100 million tons)	3.51	25.67	35.34	48.28
排水管道长度（公里）	Length of Sewer Pipelines (km)	1503	4099	11097	46867
年末实有道路长度（公里）	Year-end Length of Paved Roads (km)	1893	5812	11011	31899
环境	**Environment**				
工业污染防治施工项目本年完成投资（亿元）	Investment of Industrial Pollution Control in this Year (100 million yuan)		2.48	13.11	18.60
工业废水排放量（亿吨）	Volume of Industrial Waste Water Discharged (100 million tons)		24.24	20.19	26.38
工业二氧化硫排放量（万吨）	Volume of Industrial sulfur dioxide (10000 tons)			84.33	100.25
工业烟（粉）尘排放量（万吨）	Volume of Industrial Dust Removed (10000 tons)			37.47	45.00

Continued 3

Aggregate Data		速度指标 Indicies and Growth Rate							
		2013年比下列各年增长(%) Index (2013 as percentage of the following years)					年平均增长(%) Average Annual Growth Rate		
2012	2013	1978	1990	2000	2010	2012	1979 ~ 2013	2001 ~ 2013	2011 ~ 2013
19.79	10.99	40.4	-65.5	-75.5	-42.2	-44.5	1.0	-10.3	-16.7
5.19	5.66	191.8	64.5	63.1	9.5	9.1	3.1	3.8	3.1
12559	11846	2114.2	188.4	7.6	13.1	-5.7	9.3	0.6	4.2
28.94	28.65	1069.4	246.4	22.8	5.6	-1.0	7.3	1.6	1.8
2588.23	2593.31	82.2	43.5	16.8	1.1	0.2	1.7	1.2	0.4
2.79	2.97		-11.1	-3.3	6.5	6.5		-0.3	2.1
3.42	3.51		-14.4	-6.1	-4.6	2.6		-0.5	-1.6
35.15	36.80	545.6	112.8	44.1	10.2	4.7	5.5	2.8	3.3
49.86	43.60								
29677	32538	11197.9	2122.5	378.5	41.8	9.6	14.5	12.8	12.4
12202	13598	8672.9	1438.2	278.2	49.1	11.4	13.6	10.8	14.3
30057.19	33823.90	272673	7083.4	658.9	45.0	12.5	25.4	16.9	13.2
4065.99	8041.98								
51279	57985	11203.1	2623.6	463.0	43.2	13.1	14.5	14.2	12.7
31054	31001	234.2	150.7	141.9	0.1	-0.2	3.5	7.0	0.0
2543	2556	5.3	2.6	1.8	5.1	0.5	0.1	0.1	1.7
33.31	36.83	199.7	123.9	112.8	36.6	10.6	3.2	6.0	10.9
30.77	34.12	208.2	134.7	110.9	37.9	10.9	3.3	5.9	11.3
39.61	42.90	206.4	100.9	69.2	30.6	8.3	3.3	4.1	9.3
15.80	16.97	197.7	70.7	48.3	31.6	7.4	3.2	3.1	9.6
49.28	48.93	1294.0	90.6	38.5	1.3	-0.7	7.8	2.5	0.4
56887	62194	4038.0	1417.3	460.5	32.7	9.3	11.2	14.2	9.9
34966	36975	1853.2	536.2	235.8	15.9	5.7	8.9	9.8	5.0
55.87	74.48		2903.2	468.1	300.4	33.3		14.3	58.8
23.61	22.06		-9.0	9.3	-16.4	-6.6		0.7	-5.8
95.92	90.95			7.9	-9.3	-5.2		0.6	-3.2
39.60	45.56			21.6	1.2	15.1		1.5	0.4

1－3 国民经济和社会发展结构指标

Composition Indicators on National Economic and Social Development

单位:%　　(%)

指　标	Item	1978	2000	2005	2010	2012	2013
人口与就业	**Population and Employment**						
人　口	**Population**						
城乡结构	Urban and Rural Structure						
城镇	Urban	13.7	41.5	50.5	60.6	63.0	64.1
乡村	Rural	86.3	58.5	49.5	39.4	37.0	35.9
性别结构	Sexual Structure						
男	Male	50.6	50.6	50.02	50.38	50.35	50.34
女	Female	49.4	49.4	49.98	49.62	49.65	49.66
就　业	**Employment**						
产业结构	Industrial Structure						
第一产业	Primary Industry	69.7	42.8	30.9	22.3	20.8	20.1
第二产业	Secondary Industry	19.6	30.2	37.2	42.0	42.7	42.9
第三产业	Tertiary Industry	10.7	27.0	31.9	35.7	36.5	37.0
经济类型结构	Structures by Ownership						
城镇非私营单位从业人员	Staff and Workers Employed in Urban Units	20.9	15.7	13.7	16.1	17.5	31.6
国有单位	State-owned	13.2	9.5	6.2	5.9	6.2	6.2
城镇集体单位	Collective-owned	7.7	2.7	0.8	0.6	0.6	0.8
其他单位	Others		3.5	6.7	9.5	10.6	24.6
城镇私营企业和个体就业人员	Urban Private Enterprises and Self-employed Workers	0.1	4.0	12.8	27.3	30.8	35.3
其他	Others	79.0	80.3	73.5	56.6	34.3	33.1
宏观经济	**Macro Economy**						
国民经济核算	**National Economic Accounting**						
地区生产总值产业结构	Industrial Structures						
第一产业	Primary Industry	27.6	12.2	7.9	6.1	6.3	6.1
第二产业	Secondary Industry	52.6	51.9	56.6	52.5	50.2	49.2
第三产业	Tertiary Industry	19.8	35.9	35.6	41.4	43.5	44.7
地区生产总值支出结构	Domestic Expenditures						
最终消费	Total Consumption	52.4	43.4	41.2	41.6	42.0	45.0
居民消费	Resident Consumption	46.2	32.9	28.7	26.4	28.5	32.0
政府消费	Government Consumption Expenditure	6.2	10.5	12.5	15.2	13.5	13.0
资本形成总额	Gross Capital Formation	31.3	47.3	50.9	51.1	50.4	48.4
固定资本	Fixed Capital Formation	16.2	37.7	47.8	50.0	48.9	46.8
存货增加	Changes in Stock	15.1	9.6	3.1	1.1	1.5	1.6
净出口	Net Exports	16.3	9.3	7.9	7.3	7.6	6.6
投　资	**Investment**						
经济类型结构	Structure by Ownership						
国有经济	State-owned	95.2	40.1	23.8	20.1	19.0	19.1
集体经济	Collective-owned	4.8	15.2	5.1	4.2	4.4	4.6

1-3 续表1 Continued 1

单位:% (%)

指标	Item	1978	2000	2005	2010	2012	2013
港澳台及外商投资经济	Hong Kong, Macao, Taiwan and Foreign Investment Economy		12.1	17.9	13.7	12.0	10.9
私营个体经济	Private and Individuals		10.9	30.0	35.9	38.1	41.6
其他经济	Others		21.7	23.2	26.1	26.5	23.8
资金来源结构	Structure of Funded Sources						
国家预算资金	State Budgetary Appropriation		2.5	0.7	1.1	1.2	1.2
国内贷款	Domestic Loans		16.3	13.8	12.6	12.5	11.8
利用外资	Foreign Investment		9.4	9.1	4.4	3.3	2.6
自筹资金	Fundraising		61.0	63.3	63.1	69.0	68.5
其他投资	Others		10.8	13.1	18.8	14.0	15.9
财　政	**Government Finance**						
公共财政预算支出结构	Structure of Public Finance Budgetary Expenditure						
#农林水事务	Operating Expenses of Agriculture, Forestry and Water	25.1	7.9	5.8	10.0	10.7	11.1
教育支出	Education	10.8	19.9	15.4	17.6	19.2	18.4
利用外资	**Utilization of Foreign Capital**						
实际外商直接投资结构	Structure of Foreign Direct Investment						
合资经营企业	Joint Venture Enterprises		35.4	18.9	16.6	16.2	11.9
合作经营企业	Cooperative Operation Enterprises		5.6	1.5	0.9	0.5	0.6
独资经营企业	Foreign Solely Funded Enterprises		59.0	79.0	80.1	80.7	87.3
外商投资股份制企业	Share Holding with Foreign Investment		0.04	0.7	2.3	2.6	0.2
产业经济	**Industrial Economy**						
农　业	**Agriculture**						
农林牧渔业产值结构	Structure of Gross Output Value						
农业	Farming	80.4	58.6	50.1	52.8	51.1	51.5
林业	Forestry	1.4	1.6	1.8	1.8	1.7	1.7
牧业	Animal Husbandry	15.8	23.0	23.2	21.5	21.1	19.9
渔业	Fishery	2.3	16.7	19.9	18.7	21.3	21.9
农林牧渔服务业	Service in Support of Agriculture			5.0	5.1	4.8	5.0
工　业	**Industry**						
工业产值按经济类型分	Grouped by Ownership						
#国有企业	State-owned	61.5	12.7	6.5	4.8	4.9	4.7
集体企业	Collective-owned	31.2	19.0	5.1	1.4	0.9	0.8
港澳台商投资企业	Enterprise Invested by Hong Kong, Macao and Taiwan Funds		9.1	11.8	10.9	11.3	11.0
外商投资企业	Enterprise Invested by Foreign Funds		18.6	28.7	28.8	25.9	25.2
工业产值按轻重分	Grouped by Light and Heavy Industry						
轻工业	Light Industry	52.4	43.2	31.2	26.6	25.8	26.0
重工业	Heavy Industry	47.6	56.8	68.8	73.4	74.2	74.0
建筑业	**Construction**						
建筑业总产值结构	Structure of Gross Output Value of Construction						

1－3 续表2 Continued 2

单位:% (%)

指标	Item	1978	2000	2005	2010	2012	2013
国有经济	State－owned		24.4	19.8	9.7	8.7	8.5
地方	Local－owned		19.9	16.7	5.7	5.2	4.9
部属	Central－owned		4.4	3.1	4.1	3.5	3.6
城镇集体经济	Colletive－owned		24.4	3.5	5.4	5.9	5.8
乡镇企业及其它经济	Rural and Township Industry and Others		51.2	76.7	84.9	85.4	85.7
运输业	**Transportation**						
货运量结构	Structure of Freight Traffic						
#铁路	Railways	22.0	4.5	4.5	3.4	3.1	3.5
公路	Highways	30.7	65.3	67.6	65.5	66.5	53.4
水运	Waterways	44.8	28.6	25.9	25.8	25.4	36.5
对外经济贸易和旅游	**Foreign Trade and Tourism**						
出口商品结构	Structure of Exports						
#亚洲地区	Asia		51.3	45.4	39.2	45.9	47.7
欧洲地区	Europe		20.6	24.8	27.7	21.9	19.6
北美洲	North America		20.9	23.8	23.1	21.2	21.4
海外旅游人数结构	Structure of Tourists						
外国人	Foreigners	76.2	61.0	69.3	72.5	72.7	67.2
港澳同胞	Compatriots from Hongkong, Macao	23.8	16.8	11.9	9.8	9.0	4.7
台湾同胞	Compatriots from Taiwan		22.2	18.8	17.7	18.3	28.1
教育、科技、文化	**Education, Science and Culture**						
教育	**Education**						
在校学生结构	Structure of Student Enrollment						
大学生	College and University Students	0.5	3.8	9.7	16.1	16.9	17.3
中学生	Secondary School Students	30.8	36.2	49.6	45.1	40.3	37.9
小学生	Primary School Students	68.7	60.0	40.6	38.8	42.8	44.8
专任教师结构	Full-time Teachers by Type						
大学	Colleges and Universities	3.0	5.8	10.5	15.1	15.6	15.9
中学	Secondary Schools	37.1	43.7	48.6	47.9	47.1	46.2
小学	Primary Schools	59.9	50.5	40.9	37.0	37.3	37.9
科技	**Science and Technology**						
各类专业技术人员结构	Structure of Scientific and Technical Personnel						
工程技术人员	Engineering Personnel	35.3	23.1	14.1	13.5	14.1	9.4
农业技术人员	Agriculture	6.1	2.4	2.1	1.9	1.9	2.2
科学研究人员	Scientific Research	5.5	0.9	1.2	1.1	1.3	0.7

1－3 续表3 Continued 3

单位:% (%)

指标	Item	1978	2000	2005	2010	2012	2013
卫生技术人员	Health Care	30.5	11.9	15.8	15.1	15.9	19.1
教学人员	Teaching	22.5	34.1	46.6	47.5	49.0	57.2
生活、环境	**People's Livelihood and Environment**						
生活	**People's Livelihood**						
城镇居民消费结构	Consumption Structure of Urban Residents						
食品	Food	55.1	41.1	37.2	36.5	35.4	34.7
衣着	Clothing	13.8	9.2	9.3	10.2	10.2	9.9
居住	Residence		8.2	9.2	8.6	7.6	7.7
其他	Others		41.5	44.3	44.7	46.8	47.7
农村居民消费结构	Consumption Structure of Rural Residents						
食品	Food	62.1	43.5	44.0	38.1	37.4	36.3
衣着	Clothing	12.1	5.4	5.4	5.4	5.3	5.5
居住	Residence	13.6	18.9	14.4	17.9	17.1	17.5
其他	Others	12.1	32.2	36.2	38.6	40.2	40.7
卫生	**Health Care**						
卫生机构构成	Structure of Health Care Institutions						
#医院卫生院	Hospitals and Commune Hospitals	26.2	19.6	16.2	7.9	8.2	8.2
门诊部	Clinics		0.8	2.4	1.7	2.6	3.0
妇幼保健院	Maternity and Child Care Institutions	0.9	0.9	0.7	0.3	0.4	0.4
疾病预防控制中心	Disease Protection and Controlling Centers	1.2	1.1	1.0	0.4	0.4	0.4
卫生技术人员构成	Structure of Medical Technical Personnels						
#执业医师	Doctors	40.7	45.1	42.3	39.3	40.0	39.5
注册护士	Registered Nurses	12.8	29.1	31.3	37.3	39.2	40.6
卫生机构床位数构成	Hospital Beds by Structures						
医院卫生院	Hospitals	90.1	93.5	94.1	91.7	92.4	92.7
疗养院、所	Sanatoriums (Stations)	1.1	3.2	2.5	0.8	0.8	0.7
其他卫生机构	Other Sanatation Organization	8.9	3.2	3.4	7.5	6.8	6.6
环境	**Environment**						
工业污染防治施工项目投资结构	Uses of Funds in Pollution Treatment						
治理废水	Waste Water Treatment		49.8	20.9	40.0	17.8	18.0
治理废气	Waste Gas Treatment		41.9	73.1	38.7	65.8	75.5
治理固体废物	Solid Wastes Treatment		6.0	0.5	4.8	6.2	2.8
治理噪声	Noise Abatement		1.1	0.6	1.1	1.2	0.3
其他	Others		1.2	4.9	15.4	8.9	3.4

1-4 国民经济和社会发展比例和效益指标
Indicators on National Economic and Social Development

指标	Item	2010	2011	2012	2013
人口与就业	**Population and Employment**				
出生率 (‰)	Birth Rate (‰)	9.73	9.59	9.44	9.44
死亡率 (‰)	Death Rate (‰)	6.88	6.98	6.99	7.01
自然增长率 (‰)	Natural Growth Rate (‰)	2.85	2.61	2.45	2.43
城镇登记失业率 (%)	Registered Unemployment Rate in Urban Areas (%)	3.16	3.22	3.14	3.03
国民经济核算	**National Accounting**				
服务业增加值占地区生产总值比重 (%)	Proportion of Value-added of Service Industry to GDP (%)	41.6	42.7	43.8	45.0
人均地区生产总值 (元)	Per Capita GDP (yuan)	52840	62290	68347	74607
人均地区生产总值 (美元)	Per Capita GDP (USD)	7806	9644	10827	12047
全社会劳动生产率 (元/人)	The Labor Productivity of the Whole Employment (Yuan / person)	87384	103250	113594	124297
固定资产投资	**Investment in Fixed Assets**				
固定资产投资相当于地区生产总值比例 (%)	Proportion of Investment in Fixed Assets to GDP (%)	56.0	54.4	59.4	61.5
全社会房屋建筑竣工率 (%)	Rate of Total Floor Space of Buildings Completed (%)	40.8	37.6	36.7	35.2
消费	**Consumption**				
人均社会消费品零售额 (元)	Per Capita Retail Sales of Consumer Goods (yuan)	17356	20279	23177	26226
对外贸易	**Foreign Trade**				
进出口总额相当于地区生产总值比例 (%)	Proportion of Total Value of Imports & Exports to GDP (%)	76.1	71.7	64.0	57.7
出口总额相当于地区生产总值比例 (%)	Proportion of Total Value of Imports to GDP (%)	44.2	41.1	38.4	34.4
高新技术产品出口额占出口总额的比重 (%)	Proportion of New and High Technology Product Imports to Imports (%)	46.5	41.4	40.0	38.9
机电产品出口额占出口总额的比重 (%)	Proportion of Electronic Mechanical Product Imports to Imports (%)	69.6	66.5	66.2	65.2
一般贸易出口额占出口总额的比重 (%)	Proportion of Ordinary Trade Imports to Imports (%)	36.6	40.4	42.5	44.3
加工贸易出口额占出口总额的比重 (%)	Proportion of Processing Trade Imports to Imports (%)	59.1	55.1	48.8	45.6
财政	**Government Finance**				
公共财政收入相当于地区生产总值比例 (%)	Proportion of Government Revenue to GDP (%)	9.8	10.5	10.8	11.1
公共财政支出相当于地区生产总值比例 (%)	Proportion of Government Expenditure to GDP (%)	11.9	12.7	13.0	13.2
农业	**Agriculture**				
每公顷播种面积农产品产量 (公斤)	Output of Farm Crops per Hectare of Sown Area (kg)				
粮食	Grain	6124	6219	6320	6385
棉花	Cotton	1107	1031	1292	1348
油料	Oil-bearing Crops	2646	2608	2785	2901
工业	**Industry**				
总资产贡献率 (%)	Ratio of Total Assets to Industrial Output Value (%)	16.24	16.70	15.42	16.01
资产负债率 (%)	Assets-Liability Ratio (%)	57.76	58.20	57.26	56.78
流动资产周转次数 (次/年)	Turnover of Working Capital (times/year)	2.81	2.78	2.57	2.75
成本费用利润率 (%)	Ratio of Profits to Industrial Cost (%)	6.77	6.91	6.53	6.34
产品销售率 (%)	Proportion of Products Sold (%)	98.51	98.59	98.82	98.45

续 表 Continued

指 标	Item	2010	2011	2012	2013
建筑业	**Construction**				
建筑业劳动生产率 (元/人)	Overall Labor Productivity (yuan/person)	207117	248914	262833	282532
技术装备率 (元/人)	Value of Machinery per Laborer (yuan/person)	8578	10172	9152	
产值利税率 (%)	Ratio of Pre－tax Profits to Gross Output Value (%)	7.06	7.02	7.04	
交通运输业	**Transportation**				
铁路网密度 (公里/万平方公里)	Railway Density (km/10000 sq. km)	186	229	229	249
公路网密度 (公里/万平方公里)	Highway Density (km/10000 sq. km)	14650	14839	15021	15214
邮电通信业	**Postal and Telecommunication Services**				
电话普及率(含移动电话) (部/百人)	Access to Telephones (include mobile phone) (set/100 persons)	109	115	125	189
移动电话普及率 (部/百人)	Access to Mobile Phones (set/100 persons)	77	85	95	100
旅游业	**Tourism**				
每一来华游客花费 (美元)	Expenditure per International Tourist in China (USD)	732	767	796	826
国内旅游人均花费 (元)	Expenditure per Domestic Tourist (yuan)	1207	1254	1304	1347
金融业	**Financial Intermediation**				
金融机构存款相当于地区生产总值比例 (%)	Deposits of Financial Institutions as Percentage of GDP (%)	142.4	133.8	139.6	144.7
金融机构贷款相当于地区生产总值比例 (%)	Loans of Financial Institutions as Percentage of GDP (%)	101.7	97.5	100.7	104.5
金融机构年末人民币贷、存款余额比例 (%)	Ratio of Loan to Deposit of Financial Institutions at year end (%)	71.4	72.8	72.1	72.2
教育	**Education**				
每万人口在校大学生数 (人)	Number of University and College Students per 10000 Population (person)	209.6	227.1	228.6	232.7
初中升学率 (%)	Promotion Rate from Junior Secondary Schools to Senior Secondary Schools (%)	97.5	97.7	98.0	98.3
小学升学率 (%)	Promotion Rate from Primary Schools to Junior Secondary Schools (%)	100.0	100.0	100.0	100.0
学龄儿童入学率 (%)	Enrollment Ratio of Primary Schools (%)	99.9	99.9	100.0	100.0
科技	**Science and Technology**				
研发经费支出相当于地区生产总值比例 (%)	R&D Expenditure as Percentage of GDP (%)	2.1	2.2	2.3	2.4
高新技术产业产值占工业总产值比例 (%)	Proportion of New and High Technology Output to Industry (%)	33.0	35.3	37.5	38.5
每万人口发明专利拥有量 (件/万人)	Possession of Invention Patent per 10000 Population (uint/10000 persons)	2.50	3.74	5.73	7.84
卫生	**Health Care**				
每万人口执业(助理)医师数 (人)	Number of Licensed (Assistant) Doctors per 10000 Population (person)	16.4	17.1	19.9	21.4
每万人口医院、卫生院床位数 (张)	Number of Beds of Hospitals and Health Centers per 10000 Population (bed)	31.5	34.6	38.8	43.0
医疗机构病床使用率 (%)	Beds Utilization Rate of Medical Organizations (%)	83.8	84.2	84.1	84.2
人民生活	**People's Livelihood**				
城镇恩格尔系数 (%)	Engle Coefficient of Urban Household (%)	36.5	36.1	35.4	34.7
农村恩格尔系数 (%)	Engle Coefficient of Rural Household (%)	38.1	38.5	37.4	36.3
城乡收入比(以农民收入为1)	Income Ratio of Urban and Rural Residents(1 for a Rural Resident)	2.52	2.44	2.43	2.39
城市市政建设	**Municipal Works**				
用水普及率 (%)	Percentage of Population with Access to Tap Water (%)	99.6	99.6	99.7	99.7
燃气普及率 (%)	Percentage of City Population with Access to Gas (%)	99.1	99.0	99.4	99.6
人均公园绿地面积 (平方米)	Per Capita Public Green Area (sq. m)	13.3	13.3	13.6	14.0

1-5 江苏国民经济占全国的比重（2013年）
Percentage of Jiangsu's National Economy in the Country (2013)

指标	Item	全国 Country	江苏 Jiangsu	江苏占全国的比重(%) Percentage to the Country of Jiangsu(%)
土地面积 （万平方公里）	Land Area （10000 sq. km）	960	10.26	1.1
年末总人口 （万人）	Year-end Total Population （10000 persons）	136072	7939.49	5.8
地区生产总值 （亿元）	Domestic Gross Product （100 million yuan）	568845	59161.75	10.4
第一产业	Primary Industry	56957	3646.08	6.4
第二产业	Secondary Industry	249684	29094.02	11.7
第三产业	Tertiary Industry	262204	26421.65	10.1
人均生产总值 （元）	Per Capita GDP （yuan）	41908	74607	高32699元
公共财政预算收入 （亿元）	Public Finance Budget Revenue （100 million yuan）	129143	6568.46	5.1
固定资产投资(含农户)（亿元）	Investment in Fixed Assets(Including Farm Households)	447074	36373.32	8.1
#固定资产投资(不含农户)	Investment in Fixed Assets (Excluding Farm Households)	436528	35982.52	8.2
#房地产开发	Real Estate Development	86013	7241.45	8.4
社会消费品零售总额 （亿元）	Total Retail Sales of Consumer Goods （100 million yuan）	237810	20796.50	8.7
进出口总额 （亿美元）	Total Exports and Imports （USD 100 million）	41597	5508.44	13.2
#出口	Exports	22094	3288.57	14.9
普通高等学校本专科在校生 （万人）	Students Enrollment in Institutions of Higher Education （10000 persons）	2468	168.45	6.8
卫生机构床位数 （万张）	Number of Beds of Health Care Institutions	618	36.83	6.0
卫生技术人员 （万人）	Medical Technical Personnel （10000 persons）	721	42.90	6.0
#执业(助理)医师	Practitioner (Assistant) Doctors	279	16.97	6.1
城镇居民人均可支配收入（元）	Per Capita Disposable Income of Urban Residents (yuan)	26955	32538	高5583元
农村居民人均纯收入 （元）	Per Capita Net Income of Rural Residents （yuan）	8896	13598	高4702元
工农业主要产品产量 （万吨）	Output of Major Industrial and Agricultural Products （10000 tons）			
粮食	Grain	60194	3422.98	5.7
棉花	Cotton	630	20.93	3.3
油料	Oil-bearing Crops	3517	150.37	4.3
粗钢	Rough Steel	77904	9286.16	11.9
钢材	Rolled Steel	106762	12398.00	11.6
发电量 （亿千瓦小时）	Electricity （100 million kW·h）	53976	4288.91	7.9
水泥 （亿吨）	Cement （100 million tons）	24.2	1.80	7.4
农用化肥(折100%)	Chemical Fertilizers (convert into 100 %)	7037	246.95	3.5
化学纤维	Chemical Fibers	4122	1296.33	31.4
布 （亿米）	Cloth （100 million）	883	81.12	9.2
彩色电视机 （万台）	Colour Television Sets （10000 set）	12776	1059.00	8.3
汽车 （万辆）	Moter Vehicles （10000 units）	2212	107.20	4.8

1-6 江 苏 的 一 天
One Day in Jiangsu

指 标	Item	1978	2000	2005	2010	2012	2013
每天创造的财富	**Daily Production**						
地区生产总值 (亿元)	Gross Domestic Product (100 million yuan)	0.68	23.43	50.96	113.49	148.10	162.09
第一产业	Primary Industry	0.19	2.87	4.00	6.96	9.37	9.99
第二产业	Secondary Industry	0.36	12.15	28.84	59.60	74.31	79.71
工 业	Industry	0.32	10.54	25.86	52.82	65.50	70.17
建筑业	Construction	0.04	1.61	2.97	6.78	8.80	9.54
第三产业	Tertiary Industry	0.14	8.41	18.12	46.94	64.43	72.39
#房地产业	Real Estate	0.02	0.82	2.19	7.13	8.20	9.42
财政收入 (亿元)	Government Revenue (100 million yuan)	0.17	2.37	8.56	32.17	40.67	47.48
粮 食 (万吨)	Grain (10000 tons)	6.58	8.51	7.77	8.86	9.24	9.38
猪牛羊肉 (吨)	Meat (ton)		6230	6633	6135	6270	6598
水产品 (吨)	Aquatic Products (ton)	1089	8460	10648	12615	13527	13956
粗 钢 (万吨)	Steel (10000 tons)	0.15	1.69	9.00	17.10	20.33	25.44
钢 材 (万吨)	Rolled-steel (10000 tons)	0.17	3.84	11.86	24.99	30.11	33.97
发电量 (亿千瓦小时)	Electricity (100 million kW · h)	0.35	2.49	4.90	9.20	10.76	11.75
原 煤 (万吨)	Coal (10000 tons)	4.68	6.79	7.72	5.82	5.76	5.51
水 泥 (万吨)	Cement (10000 tons)	1.22	12.60	26.24	42.87	45.97	49.29
布 (万米)	Cloth (10000 m)	385	924	1479	2424	2201	2222
每天消费量	**Daily Consumption**						
最终消费 (亿元)	Final Consumption (100 million yuan)	0.36	10.17	20.98	47.23	62.23	72.94
居民消费 (亿元)	Resident Consumption (100 million yuan)	0.32	7.71	14.63	29.98	42.15	51.79
城镇居民每人消费性支出 (元)	Per Capita Living Expenditure of Urban Residents (yuan)	0.76	14.58	23.62	39.33	51.58	55.81
#食品消费	Food Consumption	0.42	6.00	8.78	14.36	18.24	19.38
农村居民每人生活消费支出 (元)	Per Capita Living Expenditure of Rural Residents (yuan)	0.38	6.40	9.77	17.93	23.71	26.32
#食品消费	Food Consumption	0.24	2.79	4.30	6.83	8.86	9.56
政府消费 (亿元)	Government Consumption Expenditure (100 million yuan)	0.04	2.45	6.36	17.25	20.08	21.15
社会消费品零售总额 (亿元)	Total Retail Sales of Consumer Goods (100 million yuan)	0.23	7.97	15.71	37.28	50.22	56.98
每天其他经济活动	**Other Daily Economic Activities**						
货物运输量 (万吨)	Freight Traffic (10000 tons)	40.07	247.77	309.34	516.60	633.68	531.64
旅客运输量 (万人)	Passenger Traffic (10000 persons)	70.19	293.82	397.82	620.90	735.26	416.91
竣工房屋面积 (万平方米)	Floor Space of Housing Completed (10000 sq. m)		58.32	69.57	133.04	167.79	186.12
出版报纸 (万份)	Newspaper Published (10000 copies)	67.12	639.45	734.25	743.05	792.88	784.93
邮寄函件 (万件)	Letters Delivered (10000 pieces)	44.66	157.26	115.34	256.44	245.21	208.49
进出口总额 (万美元)	Total of Imports and Exports (USD 10000)	117	12504	62450	127614	150162	150916
#出口	Export	115	7060	33694	74123	90010	90098
实际外商直接投资 (万美元)	Actual Foreign Direct Investment (USD 10000)		1760	3611	7808	9797	9112
每天人口变动和婚姻	**Daily Population Changes and Marriages**						
出生人数 (人)	Births (person)	2483	1808	1886	2079	2046	2051
死亡人数 (人)	Deaths (person)	968	1299	1436	1470	1515	1523
结婚对数 (对)	Marriages (couple)		1365	1293	2074	2432	2476
离婚对数 (对)	Divorces (couple)		153	339	439	496	593

1－7 全省人均国民经济主要指标
Major Per Capita Indicators of Jiangsu National Economy

指标	Item	1978	2000	2005	2010	2012	2013
地区生产总值（元）	Gross Domestic Product (yuan)	430	11765	24616	52840	68347	74607
第一产业	Primary Industry	118	1442	1934	3240	4322	4598
第二产业	Secondary Industry	226	6101	13930	27748	34291	36690
工 业	Industry	202	5294	12494	24589	30228	32299
建筑业	Construction	24	808	1436	3159	4063	4391
第三产业	Tertiary Industry	85	4222	8751	21852	29734	33320
#房地产业	Real Estate	9	410	1058	3318	3784	4334
公共财政预算收入（元）	Public Finance Budget Revenue (yuan)	105	617	1751	5204	7410	8283
公共财政预算支出（元）	Public Finance Budget Experditure (yuan)	49	813	2215	6268	8885	9834
全社会固定资产投资（元）	Total Investment in Fixed Assets (yuan)	38	4120	11567	29573	40568	45869
#房地产开发	Real Estate Development		531	2045	5484	7846	9132
社会消费品零售额（元）	Total Retail Sales of Consumer Goods (yuan)	146	4001	7591	17356	23177	26226
进出口总额（美元）	Total Imports and Exports (USD)	7	628	3017	5941	6930	6947
#出 口	Exports	7	354	1628	3451	4154	4147
城镇居民可支配收入（元）	Disposable Income of Urban Residents (yuan)	288	6800	12319	22944	29677	32538
农村居民纯收入（元）	Net Income of Rural Residents (yuan)	155	3595	5276	9118	12202	13598
居民储蓄存款（元）	Outstanding Amount of Saving Deposits of Urban and Rural Residents (yuan)	21	6083	13944	29652	37951	42602
在校大学生数（人/万人）	Number of Students Enrollment in Institution of Higher Education (person/10000 persons)	10	65	153	210	211	212
医院病床数（张/万人）	Hospital Beds (bed/10000 persons)	19	22	24	31	39	43
卫生技术人员数（人/万人）	Medical Technical Personnel (person/10000 persons)	24	35	34	42	50	54
#执业医师	Doctors	10	16	14	16	20	21
主要工农业产品产量（千克）	Output of Major Industrial and Agricultural Products (kg)						
粮 食	Grain	414	427	375	413	426	432
棉 花	Cotton	8	4	4	3	3	3
油 料	Oil－Bearing Crops	6	31	29	19	19	19
粗 钢	Steel	9	85	435	796	938	1171
原 煤	Coal	294	341	373	271	266	254
发电量（千瓦小时）	Electricity (kW·h)	218	1251	2368	4285	4967	5409

1-8 个体工商业基本情况（2013 年）
Basic Conditions of Self-employment Business (2013)

行业	Sector	户数（万户）Households (10000 units)	#城镇 Urban	从业人数（万人）Employees (10000 persons)	#城镇 Urban	资金数额（亿元）Capital (100 million yuan)	#城镇 Urban
总计	**Total**	**379.35**	**249.75**	**624.18**	**442.45**	**3722.60**	**2404.27**
按行业分	**Grouped by Sector**						
农、林、牧、渔业	Agriculture, Forestry, Animal Husbandry and Fishery	10.66	2.94	16.97	5.50	214.81	65.30
采矿业	Mining	0.03	0.01	0.12	0.04	0.68	0.19
制造业	Manufacturing	32.25	17.14	86.87	49.66	382.90	206.18
电力、燃气及水的生产和供应业	Production and Supply of Electricity, Gas and Water	0.06	0.03	0.12	0.07	1.12	0.61
建筑业	Construction	1.44	0.88	3.35	2.38	27.57	12.12
交通运输、仓储和邮政业	Transport, Storage and Post	9.81	7.47	12.28	9.55	81.05	58.82
信息传输、计算机服务和软件业	Information Transmission, Computer Services and Software	0.86	0.67	1.34	1.08	5.33	3.61
批发和零售业	Wholesale and Retail Trades	263.67	171.91	373.00	261.96	2486.37	1623.71
住宿和餐饮业	Hotels and Catering Services	20.58	17.34	55.61	49.72	225.21	195.70
金融业	Financial Intermediation	0.01	0.01	0.01	0.01	0.08	0.05
房地产业	Real Estate	0.78	0.74	1.39	1.33	4.43	4.21
租赁和商务服务业	Leasing and Business Services	5.39	4.40	9.24	7.88	50.59	40.36
科学研究、技术服务和地质勘查业	Scientific Research, Technical Service and Geologic Prospecting	1.36	1.06	2.66	2.27	9.24	7.69
水利、环境和公共设施管理业	Management of Water Conservancy, Environment and Public Facilities	0.06	0.05	0.17	0.13	0.93	0.69
居民服务和其他服务业	Services to Households and Other Services	29.30	22.40	54.38	44.75	197.68	153.39
教育	Education	0.20	0.18	0.44	0.41	1.42	1.23
卫生、社会保障和社会福利业	Health, Social Security and Social Welfare	0.33	0.29	0.75	0.69	2.96	2.74
文化、体育和娱乐业	Culture, Sports and Entertainment	2.53	2.20	5.44	4.97	30.14	27.59
其他	Others	0.04	0.04	0.05	0.04	0.12	0.08
按地区分	**by Region**						
南京市	Nanjing	30.46	27.53	64.91	59.41	247.72	223.68
无锡市	Wuxi	23.09	21.09	41.37	38.33	102.34	93.63
徐州市	Xuzhou	32.50	22.38	52.07	39.14	174.36	118.07
常州市	Changzhou	20.09	19.17	39.04	37.11	113.18	107.17
苏州市	Suzhou	44.97	37.51	89.90	74.79	292.12	244.23
南通市	Nantong	52.43	15.32	69.95	22.25	239.16	71.74
连云港市	Lianyungang	12.46	8.40	18.34	13.04	81.81	54.64
淮安市	Huaian	17.41	11.93	32.26	23.49	178.00	106.66
盐城市	Yancheng	57.91	28.73	68.56	34.53	1195.10	651.51
扬州市	Yangzhou	17.16	13.27	32.03	24.90	153.30	114.76
镇江市	Zhenjiang	16.22	10.82	32.93	21.21	326.54	171.40
泰州市	Taizhou	19.71	13.82	37.43	26.76	461.90	350.37
宿迁市	Suqian	34.94	19.80	45.38	27.51	157.07	96.40

1-9　私营企业基本情况（2013 年）

项　目	Item	户数（万户）Households (10000 units)	#城镇 Urban
总计	**Total**	**145.07**	**98.63**
按行业分	**Grouped by Sector**		
农、林、牧、渔业	Agriculture, Forestry, Animal Husbandry and Fishery	3.51	1.17
采矿业	Mining	0.05	0.02
制造业	Manufacturing	46.96	24.23
电力、燃气及水的生产和供应业	Production and Supply of Electricity, Gas and Water	0.15	0.09
建筑业	Construction	8.21	6.83
交通运输、仓储和邮政业	Transport, Storage and Post	3.17	2.51
信息传输、计算机服务和软件业	Information Transmission, Computer Services and Software	2.89	2.59
批发和零售业	Wholesale and Retail Trades	53.17	37.74
住宿和餐饮业	Hotels and Catering Services	1.21	1.06
金融业	Financial Intermediation	0.37	0.32
房地产业	Real Estate	3.07	2.65
租赁和商务服务业	Leasing and Business Services	11.17	9.96
科学研究、技术服务和地质勘查业	Scientific Research, Technical Service and Geologic Prospecting	6.52	5.84
水利、环境和公共设施管理业	Management of Water Conservancy, Environment and Public Facilities	0.39	0.30
居民服务和其他服务业	Services to Households and Other Services	3.15	2.37
教育	Education	0.14	0.12
卫生、社会保障和社会福利业	Health, Social Security and Social Welfare	0.11	0.10
文化、体育和娱乐业	Culture, Sports and Entertainment	0.85	0.73
其他	Others	…	…
按地区分	**by Region**		
南 京 市	Nanjing	17.25	16.22
无 锡 市	Wuxi	14.63	12.89
徐 州 市	Xuzhou	10.03	6.23
常 州 市	Changzhou	8.83	8.53
苏 州 市	Suzhou	25.57	20.27
南 通 市	Nantong	22.05	6.32
连云港市	Lianyungang	4.14	3.42
淮 安 市	Huaian	4.61	3.02
盐 城 市	Yancheng	13.65	5.92
扬 州 市	Yangzhou	6.26	4.55
镇 江 市	Zhenjiang	5.70	3.50
泰 州 市	Taizhou	5.69	3.79
宿 迁 市	Suqian	6.06	3.51

Basic Conditions of Private Enterprises (2013)

雇工人数（万人）Employees (10000 persons)	#城镇 Urban	投资者人数（万人）Investors (10000 persons)	#城镇 Urban	注册资金 Registered Capital	#城镇 Urban
1665.44	1052.66	253.41	183.43	47568.08	33119.00
27.04	10.05	4.85	1.85	945.52	382.30
1.09	0.33	0.08	0.04	42.04	29.22
811.89	451.46	79.34	45.18	16031.77	8921.71
2.17	1.41	0.29	0.19	116.22	74.48
221.93	129.35	15.84	12.97	3661.63	2634.71
32.90	24.01	5.91	4.67	839.45	666.84
21.48	19.62	5.47	4.99	488.20	443.93
288.66	201.46	86.73	65.81	10395.01	7108.48
22.11	19.69	1.82	1.61	194.53	158.87
4.13	3.17	0.89	0.74	1490.51	1234.79
41.74	34.72	5.79	4.75	3693.94	3008.78
77.93	66.86	24.29	21.71	6304.82	5743.52
66.12	55.03	14.08	12.57	2679.01	2201.58
5.98	4.41	0.83	0.63	173.77	119.96
31.01	23.13	5.33	4.09	344.10	247.54
1.42	1.13	0.24	0.20	11.34	8.88
2.59	2.27	0.19	0.17	24.26	21.87
5.24	4.55	1.42	1.26	131.70	111.39
0.02	0.01	…	…	0.27	0.14
148.18	130.21	35.28	33.20	4041.54	3716.93
189.48	149.86	29.72	26.21	5681.06	4788.78
103.44	55.82	15.29	9.92	2370.02	1666.99
132.37	122.72	17.29	16.76	2824.55	2648.54
301.28	207.89	52.67	41.66	9662.07	7649.37
215.59	54.16	32.13	10.30	6671.10	2089.15
36.47	26.23	6.33	5.31	1281.85	1085.60
55.04	33.55	7.26	5.03	1501.53	1013.03
135.28	56.57	18.60	8.89	3871.36	1687.37
91.08	60.01	10.21	7.49	2596.40	1907.00
78.05	46.22	9.41	6.00	2728.31	1712.95
80.95	52.19	9.62	6.50	2052.47	1447.88
74.25	44.71	8.09	5.14	1296.58	1037.46

主要统计指标解释

行政区划 指国家对行政区域的划分。根据有关法规规定,我国的行政区域划分如下:(1)全国分为省、自治区、直辖市;(2)省、自治区分为自治州、县、自治县、市;(3)自治州分为县、自治县、市;(4)县、自治县分为乡、民族乡、镇;(5)直辖市和较大的市分为区、县;(6)国家在必要时设立的特别行政区。

平均增长速度 平均增长速度表明社会经济现象在一个较长的时期内逐期平均增长变化的程度,它不能根据各个环比增长速度直接求得,但与平均发展速度之间存在着一定的数量关系:平均增长速度 = 平均发展速度 - 1。

平均发展速度是一种根据环比发展速度计算的序时平均数,由于各时期对比的基础不同,所以计算平均发展速度不能采用一般的序时平均数的计算方法,计算方法分为水平法和累计法。水平法,又称几何平均法,即将环比发展速度按连乘法用几何平均数公式计算。累计法,也称方程法,根据一段时期内各年发展水平总和与基期水平的关系,列出方程式计算平均发展速度。水平法着重考虑最后一年所达到的发展水平;累计法着重考虑整个时期累计发展水平的总量。

本《年鉴》内所列的平均增长速度,均用"水平法"计算。从某年到某年平均增长速度的年份,均不包括基期年在内。如1978年以来的平均增长速度是以1978年为基期计算的,则写为1979 - 2013年平均增长速度,其余类推。

企业(单位)登记注册类型 是以在工商行政管理机关登记注册的各类企业为划分对象,以工商行政管理部门对企业登记注册的类型为依据,将企业登记注册类型分为内资企业、港澳台商投资企业和外商投资企业三大类。内资企业包括国有企业、集体企业、股份合作企业、联营企业、有限责任公司、股份有限公司、私营公司和其他企业;港澳台商投资企业和外商投资企业分别包括合资经营企业、合作经营企业、独资经营企业和股份有限公司。对不在工商行政管理部门进行登记注册的行政机关、事业单位和社会团体,主要按其经费来源和管理方式进行划分。

国有企业 指企业全部资产归国家所有,并按《中华人民共和国企业法人登记管理条例》规定登记注册的非公司制的经济组织。不包括有限责任公司中的国有独资公司。

集体企业 指企业资产归集体所有,并按《中华人民共和国企业法人登记管理条例》规定登记注册的经济组织。

股份合作企业 指以合作制为基础,由企业职工共同出资入股,吸收一定比例的社会资产投资组建,实行自主经营,自负盈亏,共同劳动,民主管理,按劳分配与按股分红相结合的一种集体经济组织。

联营企业 指两个及两个以上相同或不同所有制性质的企业法人或事业单位法人,按自愿、平等、互利的原则,共同投资组成的经济组织。联营企业包括国有联营企业、集体联营企业、国有与集体联营企业和其他联营企业。

有限责任公司 指根据《中华人民共和国公司登记管理条例》规定登记注册,由两个以上、五十个以下的股东共同出资,每个股东以其所认缴的出资额对公司承担有限责任,公司以其全部资产对其债务承担责任的经济组织。有限责任公司包括国有独资公司以及其他有限责任公司。

股份有限公司 指根据《中华人民共和国公司登记管理条例》规定登记注册,其全部注册资本由等额股份构成并通过发行股票筹集资本,股东以其认购的股份对公司承担有限责任,公司以其全部资产对其债务承担责任的经济组织。

私营企业 指由自然人投资设立或由自然人控股,以雇佣劳动为基础的营利性经济组织。包括按照《公司法》、《合伙企业法》、《私营企业暂行条例》规定登记注册的私营有限责任公司、私营股份有限公司、私营合伙企业和私营独资企业。

其他企业 指上述企业之外的其他内资经济组织。

与港澳台商合资经营企业 指港澳台地区投资者与内地企业依照《中华人民共和国中外合资经营企业法》及有关法律的规定,按合同规定的比例投资设立、分享利润和分担风险的企业。

与港澳台商合作经营企业 指港澳台地区投资者与内地企业依照《中华人民共和国中外合作经营企业法》及有关法律的规定,依照合作合同的约定进行投资或提供条件设立、分配利润和分担风险的企业。

港澳台商独资经营企业 指依照《中华人民共和国外资企业法》及有关法律的规定,在内地由港澳台地区投资者全额投资设立的企业。

港澳台商投资股份有限公司 指根据国家有关规定,经原外经贸部依法批准设立,其中港、澳、台商的股本占公司注册资本的比例达25% 以上的股份有限公司。凡其中港、澳、台商的股本占公司注册资本的比例小于25%的,属于内资企业中的股份有限公司。

中外合资经营企业 指外国企业或外国人与中国内地企业依照《中华人民共和国中外合资经营企业法》及有关法律的规定,按合同规定的比例投资设立、分享利润和分担风险的企业。

中外合作经营企业 指外国企业或外国人与中国内地企业依照《中华人民共和国中外合作经营企业法》及有关法律的规

定,依照合作合同的约定进行投资或提供条件设立、分配利润和分担风险的企业。

外资企业 指依照《中华人民共和国外资企业法》及有关法律的规定,在中国内地由外国投资者全额投资设立的企业。

外商投资股份有限公司 指根据国家有关规定,经原外经贸部依法批准设立,其中外资的股本占公司注册资本的比例达25% 以上的股份有限公司。凡其中外资股本占公司注册资本的比例小于25%的,属于内资企业中的股份有限公司。

行政机关、事业单位和社会团体 参照企业登记注册类型,主要按其经费来源和管理方式划分。具体规定如下:

(1) 行政机关:包括国家机关和政党机关,原则上均列为"国有"。但有特殊规定的,如供销社等,则列为"集体"。

(2) 事业单位:包括经国家机构编制部门和有关业务主管部门批准成立的各类事业单位,不包括实行企业化管理的事业单位。事业单位的划分办法如下:

① 由国家财政预算拨款或列入财政预算外资金管理以及经费主要来源于国有主管部门或国有上级单位的事业单位,列为"国有"。

② 经费主要来源于集体单位的事业单位,列为"集体"。

③ 公民个人(或个人合伙)开办的事业单位,列为"私营"。

④ 上述以外的其他事业单位,如果其经费来源不明确,按管理方式进行归类。

(3) 社会团体:包括经民政部门批准成立以及未纳入社会团体管理条例范围的工会、妇联等各类社会团体。社会团体的划分办法如下:

① 未纳入民政部社会团体管理条例范围的工会、妇联、共青团、青联、工商联、科协、侨联等社会团体,国家拨款设立的基金会或基金管理组织以及经费主要来源于国有业务主管部门或国有上级单位的社会团体,列为"国有"。

② 经费主要来源于集体单位的社会团体,列为"集体"。

③ 公民个人(或个人合伙)开办的社会团体,划为"私营"。

④ 上述以外的其他社会团体,如果其经费来源不明确,改按管理方式进行归类。

Explanatory Notes on Main Statistical Indicators

Divisions of Administrative Areas refers to the division of administrative areas by the State. The relative laws stipulate that 1) the whole country is divided into provinces, autonomous regions and municipalities directly under the Central Government; 2) provinces and autonomous regions are further divided into autonomous prefectures, counties, autonomous counties and cities; 3) autonomous prefectures are further divided into counties, autonomous counties and cities; 4) counties and autonomous counties are further divided into townships, ethnic townships and towns; 5) municipalities directly under the Central Government and large cities are divided into districts and counties, 6) the State shall, when necessary, establish special administrative regions.

Average Annual Growth Rate shows the average growth rate of social and economic development during a longer period. It can not be directly calculated by chain based growth rate. The relation is:

Average Annual Growth Rate = Average Speed of Development – 1

Average speed of development is the time series average of speed which calculated by chain based. Because the reference bases during the different periods are not same, average speed of development can not be calculated by the general method. Level approach and accumulative approach for calculating average speed of development rate are applied. The "level approach", or the method of calculating the geometric average, is derived by the formula of geometric average of the chain – based speeds of development, or comparing the level of the last year of the interval with that of the beginning year; the other is called the "accumulative approach" or the "algebraic average", "equation" method, which is derived by the summation of the actual figure of each year in the interval divided by the figure in the base year. The level approach focuses on the level of the last year, while the accumulative approach emphasizes the aggregate development in the duration.

The average annual growth rates listed in the Yearbook are calculated by the level approach. The base year is not listed in the duration for which average annual growth rates are computed. For instance, the average annual growth rate of the 32 years since 1978 is shown as the average annual growth rate of 1979 – 2013 without showing the base year 1978.

Registration Status of Enterprises Enterprises are classified into 3 categories, namely domestic – funded enterprises, enterprises with investment from Hong Kong, Macau and Taiwan, and enterprises with foreign investment, according to the registration status of an enterprise in industrial and commercial administration agencies. Domestic – funded enterprises include State – owned enterprises, collective – owned enterprises, cooperative enterprises, joint ownership enterprises, limited liability corporations, share – holding corporations Ltd. , private enterprises and other enterprises. Included in the enterprises with investment from Hong Kong, Macau and Taiwan and enterprises with foreign investment are joint – venture enterprises, cooperative enterprises, sole investment enterprises and share – holding corporations Ltd. For government agencies, institutions and social organizations which are not registered in industrial and commercial administration agencies, they are classified mainly by their sources of funding and manner of management.

State – owned Enterprises refer to non – corporation economic units where the entire assets are owned by the State and which have been registered in accordance with the Regulation of the People's Republic of China on the Management of Registration of Corporate Enterprises. Not included from this category are solely State – funded corporations in the limited liability corporations.

Collective – owned Enterprises refer to economic units where the assets are owned collectively and which have been registered in accordance with the Regulation of the People's Republic of China on the Management of Registration of Corporate Enterprises.

Cooperative Enterprises refer to a form of collective economic units (enterprises) where capitals come mainly from employees as their shares, with certain proportion of capital from the outside, where production is organized on the basis of independent operation, independent accounting for profits and losses, joint work, democratic management, and a distribution system that integrates remuneration according to work with dividend according to capital share.

Joint Ownership Enterprises refer to economic units established by two or more corporate enterprises or corporate institutions of the same or different ownership, through joint investment on the basis of voluntary participation, equality, and mutual benefits. They include State joint ownership enterprises; collective joint ownership enterprises; joint State – collective enterprises; and other joint ownership enterprises.

Limited Liability Corporations refer to economic units established with investment from 2 – 50 investors and registered in accordance with the Regulation of the People's Republic of China on the Management of Registration of Corporations, each investor bearing limited liability to the corporation depending on its share of investment, and the corporation bearing liability to its debt to the maximum of its total assets. Limited liability corporations include solely State – funded limited liability corporations and other limited liability corporations.

Share – holding Corporations Ltd. refer to economic units registered in accordance with the Regulation of the People's Republic of China on the Management of Registration of Corporations, with total registered capital divided into equal shares and raised through issuing stocks. Each investor bears limited liability to the corporation depending on the holding of shares, and the corporation bears liability to its debt to the maximum of its total assets.

Private Enterprises refer to profit – making economic units invested and established by natural persons, or controlled by natural persons using employed labour. Included in this category are private limited liability corporations, private share – holding corporations Ltd. , private partnership enterprises and private – funded enterprises registered in accordance with the Company Law, the Law on Partnership Business and Interim Regulations on Private Enterprises .

Other Domestic – funded Enterprises refer to domestic – funded economic units other than those mentioned above.

Joint Venture Enterprises with Funds from Hong Kong, Macau and Taiwan are enterprises established by investors from Hong Kong, Macau and Taiwan with enterprises in the mainland of China in accordance with the Law of the People's Republic of China on Sino – foreign Equity Joint Ventures and other relevant laws, where the establishment of the investment and the sharing of profits and risks are stipulated under joint venture contracts.

Cooperative Enterprises with Funds from Hong Kong, Macau and Taiwan established by investors from Hong Kong, Macau and Taiwan with enterprises in the mainland of China in accordance with the Law of the People's Republic of China on Sino – foreign Contractual Joint Venture and other relevant laws, where the investment or provision of facilities and the sharing of profits and risks are stipulated under cooperative contracts.

Enterprises with Sole (exclusive) Investment from Hong Kong, Macau and Taiwan refer to enterprises established in the mainland of China with exclusive investment from investors from Hong Kong, Macau and Taiwan in accordance with the Law of the People's Republic of China on Wholly Foreign – owned Enterprises and other relevant laws.

Share – holding Corporations Ltd. with Investment from Hong Kong, Macau and Taiwan refer to share – holding corporations Ltd. established with the approval from the former Ministry of Foreign Trade and Economic Relations in line with relevant State regulations, where the share of investment from Hong Kong, Macau or Taiwan businessmen exceeds 25% of the total registered capital of the corporation. In case the share of investment from Hong Kong, Macau or Taiwan is less than 25% of the total registered capital, the enterprise is to be classified as domestic – funded share – holding corporation Ltd.

Joint Venture Enterprises with Foreign Investment refer to enterprises jointly established by foreign enterprises or foreigners with enterprises in the mainland of China in accordance with the Law of the People's Republic of China on Sino – foreign Equity Joint Ventures and other relevant laws, where the sharing of investment, profits and risks is stipulated under contract.

Cooperative Enterprises with Foreign Investment refer to enterprises jointly established by foreign enterprises or foreigners with enterprises in the mainland of China in accordance with the Law of the People's Republic of China on Sino – foreign Contractual Joint Venture and other relevant laws, where the investment or provision of facilities and the sharing of profits and risks are stipulated under cooperative contracts.

Enterprises with Sole (exclusive) Foreign Investment refer to enterprises established in the mainland of China with exclusive investment from foreign investors in accordance with the Law of the People's Republic of China on Wholly Foreign – owned Enterprises and other relevant laws.

Share – holding Corporations Ltd. with Foreign Investment refer to share – holding corporations Ltd. established with the approval from the former Ministry of Foreign Trade and Economic Relations in line with relevant State regulations, where the share of investment from foreign investors exceeds 25% of the total registered capital of the corporation. In case the share of foreign investment is less than 25% of the total registered capital, the enterprise is to be classified as domestic – funded share – holding corporation Ltd.

Government Agencies, Institutions and Social Organizations are classified into the following categories by source of funds and manner of management taking reference of the registration status of enterprises:

(1) Government agencies: include State and party agencies, classified in principle as State – owned. There are exceptions, such as supply and marketing cooperatives which are classified as collective – owned.

(2) Institutions: include institutions of various types established with the approval by organization and staffing departments of the government, but exclude institutions where enterprise management system is introduced. Institutions are further classified as follows:

(a) Institutions for which their main budgets are from government budget appropriations or extra – budget funds, or allocated from the budget of their competent government agencies. Such institutions are classified as state – owned.

(b) Institutions for which their budget mainly come from collective units. Such institutions are classified as collective – owned.

(c) Social institutions established by individual or a group of citizens, which are classified as private.

(d) Institutions other than those mentioned above for which their sources of budget are not clear. Such institutions are classified by the manner of management.

(3) Social organizations: include social organizations established with the approval from the Ministry of Civil Affairs, and organizations that are not covered by social organization management regulations such as trade unions, women's federations etc.. Social organizations are further classified as follows:

(a) Social organizations that are not covered by social organization management regulations of the Ministry of Civil Affairs such as trade unions, women federations, communist youth leagues, youth associations, industrial and commerce associations, scientist associations, overseas Chinese associations, etc., foundations and fund management organizations established with funds from the state, and social organizations whose funds mainly come from the budget of their competent government agencies. Such institutions are classified as State – owned.

(b) Social organizations for which their budget mainly come from collective units. Such institutions are classified as collective – owned.

(c) Social organizations established by individual or a group of citizens, which are classified as private.

(d) Social organizations other than those mentioned above for which their sources of budget are not clear. Such organizations are classified by the manner of management.

2

国民经济核算

National Accounts

简 要 说 明

一、地区生产总值数据是根据不同产业部门、不同支出构成的特点和资料来源情况而采用不同方法计算的。

二、地区生产总值是一个价值量指标，其价值的变化受价格变化和物量变化两大因素影响。不变价地区生产总值是把按当期价格计算的地区生产总值换算成按某个固定期（基期）价格计算的价值，从而使两个不同时期的价值进行比较时，能够剔除价格变化的影响，以反映物量变化，反映生产活动成果的实际变动。地区生产总值指数就是根据两个时期不变价地区生产总值计算得到的。随着经济的不断发展，各行业的价格结构也会不断发生变化，为了更好的反映这种变化对于经济的影响，计算不变价地区生产总值需要每隔若干年调整一次基期。我国自开始核算地区生产总值以来，共有 1952 年、1957 年、1970 年、1980 年、1990 年、2000 年、2005 年、2010 年 8 个不变价基期，目前的基期是 2010 年。也就是说，2013 年的不变价地区生产总值是按照 2010 年价格计算的。由于计算不变价地区生产总值采用按不同基期分段计算，因此本年鉴中的不变价地区生产总值数据也按分段方式公布。

三、本年鉴所列分地区的数据来自各省辖市的国民经济核算资料。由于采取分级核算，各地区数据相加不等于全省总计。

四、本年鉴所列 2013 年数据为初步核算数。

Brief Introduction

Ⅰ. Data on GDP are computed based on different approaches in the light of the different features of various sectors, various expenditure structures and different data sources.

Ⅱ. Gross Domestic Product (GDP) is a measurement of value which changes depending on changes of price and production. GDP at constant prices converts the gross domestic product based on the current price into a value based on the price of the base period. When adjusted for price changes, the values of two different periods can be compared to reflect changes of both products and production activities. GDP index is derived from the constant-price GDPs of the two periods. As economy grows, changes will take place in the price structures of various industries, and the base period for the measurement of constant-price GDP thus needs to be adjusted every few years in order to better reflect the impact of price change on the economy. Since China started GDP calculation, eight constant-price base periods have been used, i. e., 1952, 1957, 1970, 1980, 1990, 2000, 2005 and 2010, and the current base period is 2010. That is to say, the 2013 GDP is calculated on the basis of the 2010 prices. As the calculation of constant-price GDP is based on different base periods, the constant-price GDP data in this yearbook shall also be announced in accordance with various periods.

Ⅲ. Regional data in this Yearbook are prepared from the national accounts data provided by the statistical bureaus of provincial cities. The sum of the regional data is not equal to the total provincial due to the decentralized accounting approach.

Ⅳ. Data of 2013 in this Yearbook are preliminary verification data.

2-1 主要年份总产出

Total Output in Major Years

本表按当年价格计算 (at current price)

年份 Year	总产出(亿元) Total Output (100 million yuan)	第一产业 Primary Industry	第二产业 Secondary Industry	#工业 Industry	第三产业 Tertiary Industry
1952	81.54	31.87	27.19	25.53	22.48
1955	100.53	36.22	35.77	32.82	28.54
1957	114.15	36.81	44.63	41.01	32.71
1962	133.12	40.15	56.38	53.36	36.59
1965	192.52	57.27	97.49	88.08	37.76
1970	273.85	71.33	149.65	135.47	52.87
1975	412.28	91.66	260.23	235.28	60.39
1976	438.59	100.71	271.19	247.59	66.69
1977	487.98	89.16	326.37	297.12	72.45
1978	566.85	105.87	378.99	337.65	81.99
1979	661.26	145.25	427.36	386.05	88.65
1980	750.12	138.45	515.71	467.82	95.96
1981	816.27	153.62	557.41	504.94	105.24
1982	897.85	188.11	593.52	534.87	116.22
1983	1014.55	206.86	679.67	600.70	128.02
1984	1239.44	253.82	836.02	745.36	149.60
1985	1642.70	288.55	1157.52	1036.67	196.63
1986	1960.44	332.66	1380.16	1235.38	247.62
1987	2472.22	380.25	1771.85	1590.31	320.12
1988	3409.56	497.95	2370.81	2152.93	540.80
1989	3839.67	522.25	2713.50	2507.42	603.92
1990	4208.23	580.53	2978.51	2764.10	649.19
1991	4820.22	580.93	3416.59	3161.60	822.70
1992	6862.87	673.82	5089.59	4673.57	1099.46
1993	10245.27	875.37	7757.28	7096.46	1612.62
1994	14163.89	1358.50	10601.01	9826.50	2204.38
1995	17699.96	1721.35	13053.11	11995.30	2925.50
1996	20304.53	1953.13	14764.02	13425.15	3587.38
1997	22314.78	2096.40	16342.27	14703.65	3876.11
1998	23433.26	2129.05	16967.90	15163.56	4336.31
1999	24578.40	2108.71	17714.22	15779.09	4755.47
2000	27034.80	2115.39	19714.71	17653.76	5204.71
2001	29832.61	2174.81	21753.49	19595.68	5904.31
2002	32550.33	1953.50	23884.16	21386.23	6712.67
2003	38729.25	2115.88	28971.95	25882.11	7641.42
2004	46972.13	2417.63	35900.90	32068.53	8653.60
2005	56754.26	2577.02	43289.06	39088.19	10888.18
2006	67730.81	2707.13	51931.76	47205.03	13091.92
2007	83861.75	3064.84	64753.63	59576.71	16043.28
2008	99579.13	3590.64	76269.91	69486.28	19718.58
2009	107849.20	3772.77	82149.29	73871.63	21927.14
2010	127976.43	4257.14	95967.85	86320.41	27751.45
2011	157421.13	5237.45	116098.73	104736.44	36084.95
2012	170950.28	5808.82	123754.96	111202.28	41386.50
2013	182990.18	6158.03	130121.52	116520.78	46710.63

2-2 主要年份总产出指数

Indices of Total Output in Major Years

按可比价格计算,1952 年 = 100 (at constant price with 100 in 1952)

年份 Year	总产出指数 Total Output	第一产业 Primary Industry	第二产业 Secondary Industry	#工业 Industry	第三产业 Tertiary Industry
1952	100.0	100.0	100.0	100.0	100.0
1955	120.0	113.0	134.3	129.7	123.6
1957	127.0	109.1	169.4	165.9	132.1
1962	121.8	93.4	200.8	208.5	121.4
1965	181.6	139.7	372.6	365.0	129.2
1970	263.7	166.3	653.9	651.2	179.4
1975	390.0	204.4	1164.8	1165.2	207.2
1976	420.8	212.3	1267.0	1285.1	232.1
1977	463.9	191.0	1524.5	1543.0	249.8
1978	544.0	232.1	1776.6	1755.8	285.4
1979	598.9	257.4	1983.5	2000.3	291.2
1980	671.6	243.2	2380.5	2417.9	304.9
1981	732.4	262.4	2589.9	2618.8	342.2
1982	802.5	301.5	2796.8	2820.2	376.6
1983	908.5	319.4	3242.2	3211.5	415.6
1984	1090.8	371.9	3955.8	3959.1	477.5
1985	1379.6	383.5	5250.3	5280.7	599.0
1986	1595.5	407.5	6115.4	6161.6	731.7
1987	1912.0	420.2	7474.4	7631.1	906.9
1988	2399.8	448.1	9385.3	9590.3	1288.2
1989	2492.6	449.6	9671.7	10036.5	1422.0
1990	2697.8	460.9	10591.2	11042.5	1502.8
1991	3046.2	455.7	12110.4	12642.3	1807.0
1992	4267.8	515.0	18038.4	18864.6	2272.0
1993	5746.6	573.1	25197.1	26795.1	2887.9
1994	7334.3	642.4	33172.0	35831.4	3354.0
1995	8708.7	730.4	39686.3	42818.5	3903.8
1996	10008.5	803.0	45823.2	49213.2	4471.4
1997	11314.1	856.4	52098.2	55704.5	5035.8
1998	12441.1	885.7	57347.6	61113.7	5676.1
1999	13612.6	925.5	62773.5	66941.5	6330.8
2000	14939.2	959.6	68961.7	73797.1	7079.4
2001	16383.3	988.4	75650.7	81472.0	7946.8
2002	18049.8	1013.1	83613.8	89782.1	8878.3
2003	20560.9	1005.0	96748.4	103967.7	9976.2
2004	23692.0	1065.3	112553.6	121434.3	11356.7
2005	27127.3	1096.2	130562.2	141713.8	13048.9
2006	31413.4	1143.4	152104.9	165521.7	15071.5
2007	36188.3	1178.8	175985.4	193991.4	17437.7
2008	41001.3	1231.9	199039.5	220568.2	20227.7
2009	46167.5	1302.9	224536.5	247654.0	22853.3
2010	52233.8	1404.4	254107.3	280780.2	26026.1
2011	58130.7	1462.5	283540.3	314841.1	28985.6
2012	64234.4	1529.8	314446.2	349473.6	31884.2
2013	70722.1	1598.6	346205.2	386867.3	35295.8

2-3 主要年份地区生产总值

Gross Domestic Product in Major Years

本表按当年价格计算 (at current price)

年份 Year	地区生产总值(亿元) Gross Domestic Product (100 million yuan)	第一产业 Primary Industry	第二产业 Secondary Industry	工业 Industry	建筑业 Construction	第三产业 Tertiary Industry	#金融业 Financial Intermediation	#房地产业 Real Estate	人均地区生产总值(元) Per Capita GDP (yuan)
1952	48.41	25.49	8.53	7.63	0.90	14.39			131
1955	58.96	29.69	11.29	10.06	1.23	17.98			150
1957	65.11	29.94	14.40	12.51	1.89	20.77			157
1962	69.20	29.10	17.34	15.69	1.65	22.76			161
1965	95.10	41.20	30.26	26.87	3.39	23.64			208
1970	129.23	51.03	46.16	42.33	3.83	32.04			249
1975	184.16	67.59	79.61	72.70	6.91	36.96			329
1976	187.97	62.38	85.04	78.48	6.56	40.55			332
1977	202.40	53.22	105.35	97.15	8.20	43.83			353
1978	249.24	68.71	131.09	117.10	13.99	49.44	10.43	5.50	430
1979	298.55	104.04	141.14	126.25	14.89	53.37	10.27	5.42	509
1980	319.80	94.24	167.41	151.22	16.19	58.15	11.52	6.08	541
1981	350.02	109.39	178.01	161.11	16.90	62.62	12.32	6.50	586
1982	390.17	135.15	185.52	168.09	17.43	69.50	13.74	7.25	645
1983	437.65	150.41	210.81	191.52	19.29	76.43	14.47	7.64	716
1984	518.85	179.00	250.39	228.58	21.81	89.46	15.52	8.19	843
1985	651.82	195.66	339.56	307.89	31.67	116.60	18.91	11.93	1053
1986	744.94	224.26	376.32	337.77	38.55	144.36	25.56	13.50	1193
1987	922.33	246.86	493.69	443.23	50.46	181.78	25.14	14.59	1462
1988	1208.85	319.18	586.82	526.92	59.90	302.85	47.44	21.25	1891
1989	1321.85	324.18	657.06	599.91	57.15	340.61	65.45	24.72	2038
1990	1416.50	355.17	692.59	634.13	58.46	368.74	72.53	27.02	2109
1991	1601.38	345.14	793.92	725.83	68.09	462.32	77.81	33.51	2353
1992	2136.02	393.82	1119.26	1017.94	101.32	622.94	109.27	43.89	3106
1993	2998.16	490.59	1598.05	1451.97	146.08	909.52	140.04	73.03	4321
1994	4057.39	683.98	2186.77	2002.22	184.55	1186.64	187.37	95.23	5801
1995	5155.25	866.24	2715.26	2467.63	247.63	1573.75	244.65	134.95	7319
1996	6004.21	989.18	3074.12	2754.80	319.32	1940.91	291.71	178.79	8471
1997	6680.34	1035.80	3411.86	3016.44	395.42	2232.68	318.08	211.22	9371
1998	7199.95	1047.16	3640.10	3157.69	482.41	2512.69	322.33	253.14	10049
1999	7697.82	1037.37	3920.15	3387.99	532.16	2740.30	330.25	272.34	10695
2000	8553.69	1048.34	4435.89	3848.52	587.37	3069.46	349.49	298.15	11765
2001	9456.84	1094.48	4907.46	4270.90	636.56	3454.90	353.41	326.74	12879
2002	10606.85	1110.44	5604.49	4880.09	724.40	3891.92	368.86	371.09	14369
2003	12442.87	1162.45	6787.11	6004.65	782.46	4493.31	392.11	447.47	16743
2004	15003.60	1367.58	8437.99	7514.39	923.60	5198.03	440.50	534.17	20031
2005	18598.69	1461.51	10524.96	9440.18	1084.78	6612.22	492.40	799.73	24616
2006	21742.05	1545.05	12282.89	11097.64	1185.25	7914.11	653.25	1017.91	28526
2007	26018.48	1816.31	14471.26	13105.24	1366.02	9730.91	1054.25	1365.71	33837
2008	30981.98	2100.11	16993.34	15271.20	1722.14	11888.53	1298.48	1626.13	40014
2009	34457.30	2261.86	18566.37	16464.94	2101.43	13629.07	1596.98	2025.39	44253
2010	41425.48	2540.10	21753.93	19277.65	2476.28	17131.45	2105.92	2600.95	52840
2011	49110.27	3064.78	25203.28	22280.61	2922.67	20842.21	2600.11	2747.89	62290
2012	54058.22	3418.29	27121.95	23908.47	3213.48	23517.98	3136.51	2992.82	68347
2013	59161.75	3646.08	29094.02	25612.23	3481.79	26421.65	3808.79	3308.40	74607

2-4 主要年份地区生产总值构成
Composition of Gross Domestic Product in Major Years

本表按当年价格计算,单位:%　　(at current price, %)

年份 Year	地区生产总值 Gross Domestic Product	第一产业 Primary Industry	第二产业 Secondary Industry	工业 Industry	建筑业 Construction	第三产业 Tertiary Industry	#金融业 Financial Intermediation	#房地产业 Real Estate
1952	100.0	52.7	17.6	15.8	1.9	29.7		
1955	100.0	50.4	19.1	17.1	2.1	30.5		
1957	100.0	46.0	22.1	19.2	2.9	31.9		
1962	100.0	42.1	25.0	22.6	2.4	32.9		
1965	100.0	43.3	31.8	28.3	3.6	24.9		
1970	100.0	39.5	35.7	32.8	3.0	24.8		
1975	100.0	36.7	43.2	39.5	3.8	20.1		
1976	100.0	33.2	45.2	41.8	3.5	21.6		
1977	100.0	26.3	52.0	48.0	4.0	21.7		
1978	100.0	27.6	52.6	47.0	5.6	19.8	4.2	2.2
1979	100.0	34.8	47.3	42.3	5.0	17.9	3.4	1.8
1980	100.0	29.5	52.3	47.3	5.1	18.2	3.6	1.9
1981	100.0	31.3	50.8	46.0	4.8	17.9	3.5	1.9
1982	100.0	34.6	47.6	43.1	4.5	17.8	3.5	1.9
1983	100.0	34.4	48.2	43.8	4.4	17.4	3.3	1.7
1984	100.0	34.5	48.3	44.1	4.2	17.2	3.0	1.6
1985	100.0	30.0	52.1	47.2	4.9	17.9	2.9	1.8
1986	100.0	30.1	50.5	45.3	5.2	19.4	3.4	1.8
1987	100.0	26.8	53.5	48.1	5.5	19.7	2.7	1.6
1988	100.0	26.4	48.5	43.6	5.0	25.1	3.9	1.8
1989	100.0	24.5	49.7	45.4	4.3	25.8	5.0	1.9
1990	100.0	25.1	48.9	44.8	4.1	26.0	5.1	1.9
1991	100.0	21.5	49.6	45.3	4.3	28.9	4.9	2.1
1992	100.0	18.4	52.4	47.7	4.7	29.2	5.1	2.1
1993	100.0	16.4	53.3	48.4	4.9	30.3	4.7	2.4
1994	100.0	16.9	53.9	49.3	4.5	29.2	4.6	2.3
1995	100.0	16.8	52.7	47.9	4.8	30.5	4.7	2.6
1996	100.0	16.5	51.2	45.9	5.3	32.3	4.9	3.0
1997	100.0	15.5	51.1	45.2	5.9	33.4	4.8	3.2
1998	100.0	14.5	50.6	43.9	6.7	34.9	4.5	3.5
1999	100.0	13.5	50.9	44.0	6.9	35.6	4.3	3.5
2000	100.0	12.2	51.9	45.0	6.9	35.9	4.1	3.5
2001	100.0	11.6	51.9	45.2	6.7	36.5	3.7	3.5
2002	100.0	10.5	52.8	46.0	6.8	36.7	3.5	3.5
2003	100.0	9.3	54.6	48.3	6.3	36.1	3.2	3.6
2004	100.0	9.1	56.3	50.1	6.2	34.6	2.9	3.6
2005	100.0	7.9	56.6	50.8	5.8	35.6	2.6	4.3
2006	100.0	7.1	56.5	51.0	5.5	36.4	3.0	4.7
2007	100.0	7.0	55.6	50.4	5.3	37.4	4.1	5.2
2008	100.0	6.8	54.8	49.3	5.6	38.4	4.2	5.2
2009	100.0	6.5	53.9	47.8	6.1	39.6	4.6	5.9
2010	100.0	6.1	52.5	46.5	6.0	41.4	5.1	6.3
2011	100.0	6.3	51.3	45.4	5.9	42.4	5.3	5.6
2012	100.0	6.3	50.2	44.2	6.0	43.5	5.8	5.5
2013	100.0	6.1	49.2	43.3	5.9	44.7	6.4	5.6

2－5 不变价地区生产总值

Gross Domestic Product at Constant Price

单位:亿元 (100 million yuan)

年份 Year	地区生产总值 Gross Domestic Product	第一产业 Primary Industry	第二产业 Secondary Industry	工业 Industry	建筑业 Construction	第三产业 Tertiary Industry
	按1980年价格计算 Price Base Year = 1980					
1980	328.21	100.50	169.56	153.37	16.19	58.15
1981	363.85	113.44	181.85	164.56	17.29	68.56
1982	399.66	131.53	192.41	174.63	17.78	75.72
1983	448.78	140.98	221.82	202.11	19.71	85.98
1984	519.29	159.22	261.51	231.60	29.91	98.56
1985	609.14	157.88	334.88	304.52	30.36	116.38
1986	672.32	166.33	367.10	331.25	35.85	138.89
1987	762.72	167.11	433.55	388.62	44.93	162.06
1988	912.08	174.37	510.67	459.37	51.30	227.04
1989	934.74	169.42	512.97	468.94	44.03	252.35
1990	981.59	171.16	540.61	496.73	43.88	269.82
	按1990年价格计算 Price Base Year = 1990					
1990	1438.00	358.93	710.33	651.87	58.46	368.74
1991	1557.32	344.81	773.85	709.30	64.55	438.66
1992	1955.77	381.53	1020.73	928.13	92.60	553.51
1993	2342.88	391.25	1258.98	1143.28	115.70	692.65
1994	2728.74	411.73	1545.47	1410.47	135.00	771.54
1995	3148.95	467.66	1795.09	1626.27	168.82	886.20
1996	3533.97	503.88	2016.78	1803.53	213.25	1013.31
1997	3956.46	529.04	2271.40	2007.33	264.07	1156.02
1998	4392.36	540.19	2546.93	2224.12	322.81	1305.24
1999	4835.68	565.06	2834.48	2477.67	356.81	1436.14
2000	5346.92	587.06	3163.06	2779.95	383.11	1596.80
	按2000年价格计算 Price Base Year = 2000					
2000	8553.69	1048.34	4435.89	3848.52	587.37	3069.46
2001	9422.01	1079.79	4921.27	4291.02	630.25	3420.95
2002	10521.02	1109.48	5593.98	4887.48	706.50	3817.56
2003	11954.29	1107.82	6557.21	5757.45	799.76	4289.26
2004	13717.60	1174.20	7679.60	6782.27	897.33	4863.80
2005	15703.94	1207.73	8907.14	7914.15	992.99	5589.08
	按2005年价格计算 Price Base Year = 2005					
2005	18598.69	1461.51	10524.96	9440.18	1084.78	6612.22
2006	21377.34	1534.28	12205.31	11004.68	1200.63	7637.75
2007	24571.11	1581.10	14097.03	12836.96	1260.07	8892.98
2008	27691.48	1644.32	15960.65	14595.62	1365.03	10086.51
2009	31139.06	1717.84	17963.59	16339.82	1623.77	11457.63
2010	35099.55	1801.27	20311.56	18513.90	1797.66	12986.72
	按2010年价格计算 Price Base Year = 2010					
2010	41425.48	2540.10	21753.93	19277.65	2476.28	17131.45
2011	45969.83	2642.02	24296.18	21648.83	2647.35	19031.63
2012	50626.87	2763.55	26982.69	24062.67	2920.02	20880.63
2013	55465.85	2849.22	29687.93	26549.21	3138.72	22928.70

2-6 主要年份地区生产总值指数
Indices of Gross Domestic Product in Major Years

按可比价格计算，上年=100　　　　(at constant price, preceding year=100)

年份 Year	地区生产总值指数 Gross Domestic Product	第一产业 Primary Industry	第二产业 Secondary Industry	工业 Industry	建筑业 Construction	第三产业 Tertiary Industry	#金融业 Financial Intermediation	#房地产业 Real Estate	人均地区生产总值指数 Per Capita GDP
1952									
1955	111.1	114.7	101.7	101.9	100.7	107.0			108.6
1957	100.4	101.8	100.5	95.5	130.9	97.6			98.2
1962	93.2	101.5	73.5	72.8	80.8	94.0			91.9
1965	107.1	101.3	130.8	120.8	241.7	103.1			104.7
1970	114.9	107.1	136.5	137.5	130.6	110.1			112.3
1975	106.1	102.1	115.6	117.1	105.4	99.2			104.8
1976	101.0	87.3	112.0	113.7	98.8	111.3			99.8
1977	106.3	86.7	123.9	123.8	125.3	107.1			105.1
1978	124.6	132.1	124.6	123.3	135.7	113.9			123.2
1979	112.0	122.9	107.1	108.0	100.4	105.7	96.4	96.5	110.8
1980	104.8	89.5	118.2	119.7	105.2	101.6	104.5	104.7	103.9
1981	110.9	112.9	107.2	107.3	106.8	117.9	117.1	117.1	109.8
1982	109.8	115.9	105.8	106.1	102.8	110.4	111.0	111.0	108.5
1983	112.3	107.2	115.3	115.7	110.9	113.5	108.8	108.7	111.1
1984	115.7	112.9	117.9	114.6	151.8	114.6	114.6	114.7	114.9
1985	117.3	99.2	128.1	131.5	101.5	118.1	101.1	120.9	116.6
1986	110.4	105.4	109.6	108.8	118.1	119.3	130.3	109.1	109.5
1987	113.4	100.5	118.1	117.3	125.3	116.7	91.1	100.2	112.2
1988	119.6	104.3	117.8	118.2	114.2	140.1	158.6	122.4	118.0
1989	102.5	97.2	100.5	102.1	85.8	111.1	136.4	114.9	101.0
1990	105.0	101.0	105.4	105.9	99.7	106.9	109.5	108.1	101.4
1991	108.3	96.1	108.9	108.8	110.4	119.0	104.8	118.3	106.9
1992	125.6	110.6	131.9	130.9	143.5	126.2	133.1	117.9	124.3
1993	119.8	102.5	123.3	123.2	124.9	125.1	113.3	149.8	118.7
1994	116.5	105.2	122.8	123.4	116.7	111.4	111.9	108.1	115.6
1995	115.4	113.6	116.2	115.3	125.1	114.9	118.1	125.0	114.6
1996	112.2	107.7	112.3	110.9	126.3	114.3	115.4	123.7	111.5
1997	112.0	105.0	112.6	111.3	123.8	114.1	113.5	121.5	111.3
1998	111.0	102.1	112.1	110.8	122.2	112.9	103.9	123.8	110.5
1999	110.1	104.6	111.3	111.4	110.5	110.0	104.8	111.2	109.6
2000	110.6	103.9	111.6	112.2	107.4	111.2	109.8	107.5	109.5
2001	110.2	103.0	110.9	111.5	107.3	111.5	102.8	109.7	109.1
2002	111.7	102.8	113.7	113.9	112.1	111.6	105.9	112.6	111.1
2003	113.6	99.9	117.2	117.8	113.2	112.4	106.8	112.0	112.9
2004	114.8	106.0	117.1	117.8	112.2	113.4	107.5	109.5	113.9
2005	114.5	102.9	116.0	116.7	110.7	114.9	118.9	124.6	113.5
2006	114.9	105.0	116.0	116.6	110.7	115.5	121.3	119.3	113.9
2007	114.9	103.1	115.5	116.7	105.0	116.4	138.6	117.3	113.9
2008	112.7	104.0	113.2	113.7	108.3	113.4	112.0	109.0	111.9
2009	112.4	104.5	112.5	112.0	119.0	113.6	128.1	127.3	111.8
2010	112.7	104.9	113.1	113.3	110.7	113.3	117.0	108.9	112.0
2011	111.0	104.0	111.7	112.3	106.9	111.1	106.2	101.1	110.3
2012	110.1	104.6	111.1	111.1	110.3	109.7	114.7	108.6	109.8
2013	109.6	103.1	110.0	110.3	107.5	109.8	118.5	104.3	109:3

2－7 主要年份地区生产总值定基指数
Fixed-base Indices of Gross Domestic Product in Major Years

按可比价格计算 (at constant price)

年份 Year	地区生产总值指数 Gross Domestic Product	第一产业 Primary Industry	第二产业 Secondary Industry	工业 Industry	建筑业 Construction	第三产业 Tertiary Industry	#金融业 Financial Intermediation	#房地产业 Real Estate	人均地区生产总值指数 Per Capita GDP
1952	100.0	100.0	100.0	100.0	100.0	100.0			100.0
1955	118.9	115.9	133.5	132.0	142.1	121.6			111.3
1957	121.9	111.0	174.3	166.0	223.2	131.0			108.8
1962	103.8	84.6	202.6	212.1	146.3	118.0			89.2
1965	147.6	125.6	375.0	371.4	396.8	126.4			119.1
1970	200.9	148.7	663.6	671.7	615.8	176.0			143.1
1975	277.5	188.4	1179.3	1216.2	961.1	198.1			182.9
1976	280.3	164.4	1320.2	1382.9	949.5	220.4			182.5
1977	297.9	142.5	1636.2	1711.7	1189.5	236.0			191.8
1978	371.3	188.3	2038.8	2110.7	1613.7	268.8	100.0	100.0	236.3
1979	415.9	231.3	2183.9	2279.2	1620.0	284.1	96.4	96.5	261.8
1980	436.0	207.0	2580.8	2729.0	1704.2	288.6	100.8	101.0	272.0
1981	483.3	233.6	2767.9	2928.1	1820.0	340.2	118.0	118.3	298.6
1982	530.9	270.9	2928.6	3107.3	1871.6	375.8	131.0	131.2	323.9
1983	596.1	290.3	3376.3	3596.3	2074.7	426.7	142.4	142.7	360.0
1984	689.8	327.9	3980.4	4121.0	3148.4	489.1	163.3	163.6	413.7
1985	809.2	325.1	5097.1	5418.5	3195.8	577.6	165.1	197.8	482.3
1986	893.1	342.5	5587.5	5894.1	3773.7	689.3	215.1	215.8	528.1
1987	1013.2	344.1	6598.9	6914.9	4729.5	804.3	196.1	216.1	592.7
1988	1211.6	359.1	7772.8	8173.8	5400.0	1126.7	311.0	264.6	699.5
1989	1241.7	348.9	7807.8	8344.1	4634.7	1252.4	424.3	304.2	706.4
1990	1303.9	352.5	8228.5	8838.6	4618.9	1339.1	464.7	328.7	716.5
1991	1412.1	338.6	8964.3	9617.3	5100.1	1593.0	487.2	388.7	765.9
1992	1773.4	374.7	11824.1	12584.4	7316.4	2010.0	648.4	458.2	951.7
1993	2124.4	384.2	14584.0	15501.6	9141.5	2515.3	734.9	686.3	1130.0
1994	2474.3	404.3	17902.7	19124.4	10666.4	2801.8	822.5	741.7	1305.8
1995	2855.3	459.2	20794.3	22050.4	13338.5	3218.2	971.5	926.8	1496.3
1996	3204.5	494.8	23362.4	24453.8	16849.0	3679.8	1121.5	1146.9	1668.6
1997	3587.6	519.5	26311.9	27217.1	20864.3	4198.0	1273.4	1393.8	1857.4
1998	3982.8	530.5	29503.6	30156.5	25505.3	4739.9	1323.5	1726.2	2051.6
1999	4384.8	554.9	32834.6	33594.4	28191.7	5215.3	1387.2	1919.0	2248.4
2000	4848.4	576.5	36640.9	37692.9	30269.7	5798.7	1523.3	2062.3	2461.4
2001	5340.5	593.8	40650.2	42026.9	32479.2	6462.7	1566.0	2262.3	2685.1
2002	5963.5	610.1	46206.8	47868.6	36409.2	7212.0	1658.4	2547.4	2982.4
2003	6775.9	609.2	54163.2	56389.2	41215.2	8103.1	1771.2	2853.1	3366.1
2004	7775.4	645.7	63434.3	66426.5	46243.2	9188.5	1904.3	3124.1	3832.3
2005	8902.8	664.4	73583.7	77519.7	51191.3	10557.6	2264.2	3892.7	4349.7
2006	10229.3	697.7	85357.1	90388.0	56668.7	12194.0	2746.5	4643.9	4956.0
2007	11753.5	719.3	98587.5	105482.8	59502.1	14193.8	3806.6	5447.3	5646.4
2008	13246.1	748.1	111601.0	119933.9	64440.8	16095.8	4263.4	5937.6	6319.6
2009	14895.3	781.5	125606.1	134266.2	76655.5	18283.8	5463.4	7560.6	7066.6
2010	16787.0	819.8	142060.5	152123.7	84864.6	20723.8	6389.5	8233.7	7911.1
2011	18633.6	852.7	158662.2	170835.1	90727.2	23022.5	6785.7	8327.9	8725.9
2012	20515.5	891.9	176273.7	189797.8	100072.1	25255.6	7783.2	9044.1	9581.0
2013	22485.0	919.6	193901.1	209347.0	107577.5	27730.7	9223.1	9433.0	10472.1

2-8 分行业地区生产总值
Gross Domestic Product by Sector

本表按当年价格计算,单位:亿元 (at current price, 100 million yuan)

行业	Sector	2005	2010	2011	2012	2013
地区生产总值	**Gross Domestic Product**	**18598.69**	**41425.48**	**49110.27**	**54058.22**	**59161.75**
第一产业	Primary Industry	1461.51	2540.10	3064.78	3418.29	3646.08
农、林、牧、渔业	Agriculture, Forestry, Animal Husbandry and Fishery	1461.51	2540.10	3064.78	3418.29	3646.08
农业	Farming	918.16	1556.23	1809.83	2031.27	2182.68
林业	Forestry	26.25	43.90	51.22	55.24	59.87
畜牧业	Animal Husbandry	225.69	373.37	476.74	490.53	489.12
渔业	Fishery	220.10	444.90	584.38	682.30	738.21
农、林、牧、渔服务业	Services in Support of Agriculature	71.31	121.70	142.61	158.95	176.20
第二产业	Secondary Industry	10524.96	21753.93	25203.28	27121.95	29094.02
工业	Industry	9440.18	19277.65	22280.61	23908.47	25612.23
采矿业	Mining	176.15	275.80	296.27	327.45	245.00
制造业	Manufacturing	8846.22	18101.33	20978.51	22393.82	24227.18
电力、燃气及水的生产和供应业	Production and Supply of Electricity, Gas and Water	417.81	900.52	1005.83	1187.20	1140.05
建筑业	Construction	1084.78	2476.28	2922.67	3213.48	3481.79
第三产业	Tertiary Industry	6612.22	17131.45	20842.21	23517.98	26421.65
交通运输、仓储和邮政业	Transport, Storage and Post	798.11	1768.30	2127.93	2352.40	2500.11
信息传输、计算机服务和软件业	Information Transmmission, Computer Service and Software	294.20	605.28	910.86	1103.84	1341.62
批发和零售业	Wholesale and Retail Trades	1870.57	4447.50	5341.39	5704.66	6223.46
住宿和餐饮业	Hotels and Catering Services	299.13	710.98	919.13	1045.21	1052.97
金融业	Financial Intermediation	492.40	2105.92	2600.11	3136.51	3808.79
房地产业	Real Estate	799.73	2600.95	2747.89	2992.82	3308.40
租赁和商务服务业	Leasing and Business Services	225.44	868.34	1191.29	1415.19	1861.56
科学研究、技术服务和地质勘查业	Scientific Research, Technical Services and Geologic Prospecting	124.08	365.17	496.42	612.53	703.64
水利、环境和公共设施管理业	Management of Water Conservancy, Environment and Public Facilities	86.83	215.34	280.76	321.98	348.00
居民服务和其他服务业	Services to Households and Other Services	240.92	447.86	568.78	685.95	803.20
教育	Education	545.75	1022.72	1217.21	1420.47	1527.03
卫生、社会保障和社会福利业	Healthcare, Social Security and Social Welfare	207.17	500.72	664.54	731.58	819.03
文化、体育和娱乐业	Culture, Sports and Entertainment	96.01	220.80	268.01	302.99	383.38
公共管理和社会组织	Public Management and Social Organizations	531.88	1251.57	1507.89	1691.85	1740.46

2-9 分行业地区生产总值构成
Composition of Gross Domestic Product by Sector

本表按当年价格计算,单位:% (at current price,%)

行业	Sector	2005	2010	2011	2012	2013
地区生产总值	**Gross Domestic Product**	**100.0**	**100.0**	**100.0**	**100.0**	**100.0**
第一产业	Primary Industry	7.9	6.1	6.3	6.3	6.1
农、林、牧、渔业	Agriculture, Forestry, Animal Husbandry and Fishery	7.9	6.1	6.3	6.3	6.1
农业	Farming	4.9	3.8	3.7	3.8	3.7
林业	Forestry	0.1	0.1	0.1	0.1	0.1
畜牧业	Animal Husbandry	1.2	0.9	1.0	0.9	0.8
渔业	Frishery	1.2	1.1	1.2	1.2	1.2
农、林、牧、渔服务业	Services in Support of Agriculture	0.4	0.3	0.3	0.3	0.3
第二产业	Secondary Industry	56.6	52.5	51.3	50.2	49.2
工业	Industry	50.8	46.5	45.4	44.2	43.3
采矿业	Mining	0.9	0.7	0.6	0.6	0.4
制造业	Manufacturing	47.6	43.7	42.7	41.4	41.0
电力、燃气及水的生产和供应业	Production and Supply of Electricity, Gas and Water	2.2	2.2	2.0	2.2	1.9
建筑业	Construction	5.8	6.0	5.9	6.0	5.9
第三产业	Tertiary Industry	35.6	41.4	42.4	43.5	44.7
交通运输、仓储和邮政业	Transport, Storage and Post	4.3	4.3	4.3	4.4	4.2
信息传输、计算机服务和软件业	Information Transmission, Computer Services and Software	1.6	1.5	1.8	2.0	2.3
批发和零售业	Wholesale and Retail Trades	10.1	10.7	10.9	10.6	10.5
住宿和餐饮业	Hotels and Catering Services	1.6	1.7	1.9	1.9	1.8
金融业	Financial Intermediation	2.6	5.1	5.3	5.8	6.4
房地产业	Real Estate	4.3	6.3	5.6	5.5	5.6
租赁和商务服务业	Leasing and Business Services	1.2	2.1	2.4	2.6	3.1
科学研究、技术服务和地质勘查业	Scientific Research, Technical Services and Geologic Prospecting	0.7	0.9	1.0	1.1	1.2
水利、环境和公共设施管理业	Management of Water Conservancy, Environment and Public Facilities	0.5	0.5	0.6	0.6	0.6
居民服务和其他服务业	Services to Households and other Services	1.3	1.1	1.2	1.3	1.4
教育	Education	2.9	2.5	2.5	2.6	2.6
卫生、社会保障和社会福利业	Health Care, Social Security and Social Welfare	1.1	1.2	1.3	1.4	1.4
文化、体育和娱乐业	Culture, Sports and Entertainment	0.5	0.5	0.5	0.6	0.6
公共管理和社会组织	Public Management and Social Organizations	2.9	3.0	3.1	3.1	2.9

2-10 分市分行业地区生产总值(2013年)

本表按当年价格计算,单位:亿元

行业	Sector	南京 Nanjing	无锡 Wuxi	徐州 Xuzhou	常州 Changzhou
地区生产总值	**Gross Domestic Product**	**8011.78**	**8070.18**	**4435.82**	**4360.93**
第一产业	Primary Industry	204.64	148.54	432.38	138.12
农、林、牧、渔业	Agriculture, Forestry, Animal Husbandry and Fishery	204.64	148.54	432.38	138.12
农业	Farming	131.26	81.21	297.87	84.14
林业	Forestry	2.09	11.72	8.58	0.86
畜牧业	Animal Husbandry	20.63	17.34	92.23	13.26
渔业	Fishery	41.31	20.13	20.21	32.08
农、林、牧、渔服务业	Services in Support of Agriculature	9.35	18.14	13.50	7.79
第二产业	Secondary Industry	3450.58	4207.42	2118.32	2250.80
工业	Industry	2997.63	3893.56	1793.48	2036.27
采矿业	Mining	12.12	0.78	143.56	1.22
制造业	Manufacturing	2879.53	3716.18	1581.71	1991.80
电力、燃气及水的生产和供应业	Production and Supply of Electricity, Gas and Water	105.98	176.60	68.21	43.25
建筑业	Construction	452.95	313.86	324.84	214.53
第三产业	Tertiary Industry	4356.56	3714.22	1885.12	1972.01
交通运输、仓储和邮政业	Transport, Storage and Post	367.08	185.88	345.59	177.24
信息传输、计算机服务和软件业	Information Transmmission, Computer Service and Software	373.79	107.59	66.77	58.62
批发和零售业	Wholesale and Retail Trades	828.74	1259.73	637.10	552.99
住宿和餐饮业	Hotels and Catering Services	144.60	244.79	68.95	120.22
金融业	Financial Intermediation	846.20	451.43	154.67	249.66
房地产业	Real Estate	579.01	381.72	172.83	239.99
租赁和商务服务业	Leasing and Business Services	200.66	331.42	70.22	210.83
科学研究、技术服务和地质勘查业	Scientific Research, Technical Services and Geologic Prospecting	177.78	76.44	23.50	24.99
水利、环境和公共设施管理业	Management of Water Conservancy, Environment and Public Facilities	51.25	41.16	12.07	38.90
居民服务和其他服务业	Services to Households and Other Services	109.83	88.89	53.53	52.61
教育	Education	278.77	143.87	74.17	79.89
卫生、社会保障和社会福利业	Healthcare, Social Security and Social Welfare	109.04	81.06	68.18	43.60
文化、体育和娱乐业	Culture, Sports and Entertainment	74.73	56.68	15.50	30.90
公共管理和社会组织	Public Management and Social Organizations	215.08	263.56	122.03	91.58

Composition of Gross Domestic Product by Sector and Region(2013)

(at current price, 100 million yuan)

苏州 Suzhou	南通 Nantong	连云港 Lianyungang	淮安 Huaian	盐城 Yancheng	扬州 Yanzhou	镇江 Zhenjiang	泰州 Taizhou	宿迁 Suqian
13015.70	5038.89	1785.42	2155.86	3475.50	3252.01	2927.28	3006.91	1706.28
214.49	345.41	259.17	272.58	489.18	224.45	129.00	205.90	235.00
214.49	345.41	259.17	272.58	489.18	224.45	129.00	205.90	235.00
99.85	186.43	139.70	191.19	244.37	121.29	74.16	128.37	150.16
12.48	2.18	7.20	6.26	14.53	4.69	4.98	2.36	10.45
17.41	54.00	45.19	42.25	116.91	28.77	14.66	33.55	32.10
63.55	79.70	53.17	28.03	87.47	58.03	17.39	34.17	37.36
21.20	23.10	13.91	4.85	25.90	11.66	17.81	7.45	4.93
6849.59	2623.50	807.42	983.15	1635.98	1693.70	1549.40	1574.06	815.61
6370.37	2168.16	642.67	819.60	1405.02	1468.79	1431.04	1362.30	679.18
2.49	0.00	15.87	27.37	7.52	62.22	11.44	0.00	46.03
6195.25	2103.56	551.16	769.41	1369.39	1379.92	1366.81	1348.66	623.04
172.63	64.61	75.64	22.82	28.11	26.65	52.79	13.64	10.11
479.22	455.34	164.75	163.55	230.96	224.91	118.36	211.76	136.43
5951.62	2069.98	718.83	900.13	1350.34	1333.86	1248.88	1226.95	655.67
409.94	199.30	99.49	79.72	137.43	123.85	131.90	161.39	80.05
270.32	60.82	26.84	24.98	44.50	51.57	40.59	38.34	30.26
1813.09	509.89	153.18	164.48	331.67	241.02	279.36	216.26	132.32
347.41	102.24	24.22	55.01	51.58	52.89	66.70	75.86	27.11
960.65	263.55	67.99	65.10	126.44	158.15	132.90	133.39	72.85
785.66	317.78	116.72	146.00	200.42	225.75	159.17	189.64	128.30
447.47	216.71	35.02	85.38	44.35	129.00	69.03	75.65	28.67
112.85	36.94	9.82	15.92	19.14	41.00	37.00	16.11	4.24
63.57	24.95	8.59	13.33	18.55	22.00	15.55	14.79	6.12
75.40	3.87	6.52	24.42	77.06	29.00	43.67	53.26	13.80
188.06	157.97	59.81	74.53	90.92	82.44	75.46	64.42	40.90
119.39	15.50	24.02	38.57	62.77	45.00	44.25	34.58	22.74
76.10	8.05	4.36	11.95	10.99	14.09	35.30	19.15	6.31
281.71	152.40	82.25	100.74	134.52	118.11	118.00	134.11	61.99

2-11 按收入法计算的地区生产总值(2013年)
Income Approach Components of Gross Domestic Product(2013)

本表按当年价格计算,单位:亿元 (at current price, 100 million yuan)

行业/地区	Sector/Region	增加值 Value Added	劳动者报酬 Compensation of Employees	生产税净额 Net Taxes on Production	固定资产折旧 Depreciation of Fixed Assets	营业盈余 Operating Surplus
地区生产总值	**Gross Domestic Product**	**59161.75**	**25471.07**	**8164.25**	**7628.31**	**17898.12**
第一产业	Primary Industry	3646.08	3598.66		47.42	
农、林、牧、渔业	Agriculture, Forestry, Animal Husbandry and Fishery	3646.08	3598.66		47.42	
第二产业	Secondary Industry	29094.02	10364.66	4945.99	4052.54	9730.83
工业	Industry	25612.23	8269.34	4477.07	3913.81	8952.01
采矿业	Mining	245.00	109.80	57.93	37.75	39.52
制造业	Manufacturing	24227.19	7918.06	4265.30	3548.13	8495.69
电力、燃气及水的生产和供应业	Production and Supply of Electricity,Gas and Water	1140.05	241.48	153.84	327.93	416.80
建筑业	Construction	3481.79	2095.32	468.92	138.73	778.82
第三产业	Tertiary Industry	26421.65	11507.75	3218.26	3528.35	8167.29
交通运输、仓储和邮政业	Transport, Storage and Post	2500.11	1252.76	177.32	451.19	618.84
信息传输、计算机服务和软件业	Information Transmmission, Computer Service and Software	1341.62	412.70	75.43	252.16	601.33
批发和零售业	Wholesale and Retail Trades	6223.46	2423.97	1591.81	177.32	2030.36
住宿和餐饮业	Hotels and Catering Services	1052.97	895.67	76.49	50.91	29.90
金融业	Financial Intermediation	3808.79	856.08	455.91	88.74	2408.06
房地产业	Real Estate	3308.40	324.93	504.46	1487.64	991.37
租赁和商务服务业	Leasing and Business Services	1861.56	747.61	179.00	242.93	692.02
科学研究、技术服务和地质勘查业	Scientific Research, Technical Services and Geologic Prospecting	703.64	356.36	45.69	60.27	241.32
水利、环境和公共设施管理业	Management of Water Conservancy, Environment and Public Facilities	348.00	189.75	13.53	104.44	40.28
居民服务和其他服务业	Services to Households and Other Services	803.20	447.48	52.82	61.05	241.85

2－11 续表 Continued

本表按当年价格计算，单位：亿元 (at current price, 100 million yuan)

行业/地区	Sector/Region	增加值 Value Added	劳动者报酬 Compensation of Employees	生产税净额 Net Taxes on Production	固定资产折旧 Depreciation of Fixed Assets	营业盈余 Operating Surplus
教育	Education	1527.03	1303.39	5.21	185.61	32.82
卫生、社会保障和社会福利业	Healthcare, Social Security and Social Welfare	819.03	635.39	4.38	78.85	100.41
文化、体育和娱乐业	Culture, Sports and Entertainment	383.38	183.55	26.36	62.90	110.57
公共管理和社会组织	Public Management and Social Organizations	1740.46	1478.11	9.85	224.34	28.16
南　京	Nanjing	8011.78	3013.70	1573.43	1082.64	2342.01
无　锡	Wuxi	8070.18	3003.53	1283.45	1179.94	2603.26
徐　州	Xuzhou	4435.82	1710.96	867.59	568.09	1289.18
常　州	Changzhou	4360.93	1545.37	619.48	681.04	1515.05
苏　州	Suzhou	13015.70	4654.90	2099.15	2319.98	3941.67
南　通	Nantong	5038.89	1814.83	890.06	543.76	1790.24
连云港	Lianyungang	1785.42	788.73	234.99	241.54	520.16
淮　安	Huaian	2155.86	1001.57	338.42	273.43	542.45
盐　城	Yancheng	3475.50	1644.31	512.75	399.39	919.05
扬　州	Yanzhou	3252.01	1224.69	522.87	547.31	957.13
镇　江	Zhenjiang	2927.28	1277.51	350.34	420.46	878.96
泰　州	Taizhou	3006.91	1367.46	410.95	286.79	941.71
宿　迁	Suqian	1706.28	738.83	206.94	243.39	517.12

2-12 主要年份按收入法计算的地区生产总值

Income Approach Components of Gross Domestic Product in Major Years

本表按当年价格计算 (at current price)

年份 Year	地区生产总值(亿元) Gross Domestic Product (100 million yuan)	劳动者报酬 Compensation of Employees	生产税净额 Net Taxes on Production	固定资产折旧 Depreciation of Fixed Assets	营业盈余 Operating Surplus	占地区生产总值比重(%) Composition of Gross Domestic Product(%) 劳动者报酬 Compensation of Employees	生产税净额 Net Taxes on Production	固定资产折旧 Depreciation of Fixed Assets	营业盈余 Operating Surplus
1978	249.24	116.91	31.79	19.98	80.56	46.9	12.8	8.0	32.3
1980	319.80	152.29	45.96	23.90	97.65	47.6	14.4	7.5	30.5
1985	651.82	321.08	89.26	48.80	192.68	49.3	13.7	7.5	29.6
1990	1416.50	693.86	192.85	186.92	342.87	49.0	13.6	13.2	24.2
1991	1601.38	731.05	183.38	217.55	469.40	45.7	11.5	13.6	29.3
1992	2136.02	1015.80	268.62	280.87	570.73	47.6	12.6	13.1	26.7
1993	2998.16	1288.09	466.67	322.64	920.76	43.0	15.6	10.8	30.7
1994	4057.39	1827.96	590.40	440.18	1198.86	45.1	14.6	10.8	29.5
1995	5155.25	2427.68	684.68	624.90	1417.99	47.1	13.3	12.1	27.5
1996	6004.21	2840.19	774.39	739.10	1650.53	47.3	12.9	12.3	27.5
1997	6680.34	3162.19	889.95	871.54	1756.66	47.3	13.3	13.0	26.3
1998	7199.95	3372.60	942.41	981.85	1903.09	46.8	13.1	13.6	26.4
1999	7697.82	3531.22	998.28	1083.95	2084.36	45.9	13.0	14.1	27.1
2000	8553.69	3914.44	1107.55	1226.26	2305.44	45.8	12.9	14.3	27.0
2001	9456.84	4332.91	1229.29	1384.14	2510.50	45.8	13.0	14.6	26.5
2002	10606.85	4828.99	1390.24	1516.35	2871.27	45.5	13.1	14.3	27.1
2003	12442.87	5629.45	1732.06	1742.17	3339.18	45.2	13.9	14.0	26.8
2004	15003.60	6056.96	2357.46	2142.36	4446.81	40.4	15.7	14.3	29.6
2005	18598.69	7597.91	2622.82	3034.54	5343.42	40.9	14.1	16.3	28.7
2006	21742.05	8850.32	3370.48	3249.67	6271.58	40.7	15.5	14.9	28.8
2007	26018.48	9684.74	4317.14	3565.59	8451.01	37.2	16.6	13.7	32.5
2008	30981.98	12520.61	4912.90	4141.55	9406.92	40.4	15.9	13.4	30.4
2009	34457.30	15019.10	5420.70	4674.05	9343.45	43.6	15.7	13.6	27.1
2010	41425.48	17141.63	6278.34	5483.65	12521.86	41.4	15.2	13.2	30.2
2011	49110.27	20523.13	7272.03	6588.02	14727.09	41.8	14.8	13.4	30.0
2012	54058.22	22867.66	7862.22	7209.94	16118.40	42.3	14.6	13.3	29.8
2013	59161.75	25471.07	8164.25	7628.31	17898.12	43.1	13.8	12.9	30.2

2－13　三次产业贡献率

Share of the Contributions of the Three Strata of Industry to the Increase of the GDP

本表按可比价格计算,单位:%　　(at constant price,%)

年份 Year	地区生产总值 Gross Domestic Product	第一产业 Primary Industry	第二产业 Secondary Industry	#工业 Industry	第三产业 Tertiary Industry
1990	100.0	3.7	59.0	59.3	37.3
1991	100.0	-11.8	53.2	48.1	58.6
1992	100.0	9.2	62.0	54.9	28.8
1993	100.0	2.6	61.5	55.6	35.9
1994	100.0	5.3	74.2	69.2	20.5
1995	100.0	13.3	59.4	51.4	27.3
1996	100.0	9.4	57.6	46.0	33.0
1997	100.0	5.9	60.3	48.2	33.8
1998	100.0	2.6	63.2	49.7	34.2
1999	100.0	5.6	64.9	57.2	29.5
2000	100.0	4.3	64.3	59.1	31.4
2001	100.0	3.6	55.9	51.0	40.5
2002	100.0	2.7	61.2	54.3	36.1
2003	100.0	-0.1	67.2	60.7	32.9
2004	100.0	3.8	63.6	58.1	32.6
2005	100.0	1.7	61.8	57.0	36.5
2006	100.0	2.7	60.5	56.5	36.8
2007	100.0	1.5	59.7	57.9	38.8
2008	100.0	2.1	60.4	57.7	37.4
2009	100.0	2.1	58.1	50.6	39.8
2010	100.0	2.1	59.3	54.9	38.6
2011	100.0	2.2	56.0	52.2	41.8
2012	100.0	2.6	57.7	51.8	39.7
2013	100.0	1.8	55.9	51.4	42.3

注:产业贡献率指各产业增加值增量与GDP增量之比。

a) Industrial contribution ration refers to the proportion of the increment of the value-added of each industry to the increment of GDP.

2-14 三次产业对地区生产总值增长的拉动
Contribution of the Three Strata of Industry to GDP Growth

本表按可比价格计算,单位:百分点 (at constant price,)

年份 Year	地区生产总值 Gross Domestic Product	第一产业 Primary Industry	第二产业 Secondary Industry	#工业 Industry	第三产业 Tertiary Industry
1990	5.0	0.2	2.9	3.0	1.9
1991	8.3	-1.0	4.4	4.0	4.9
1992	25.6	2.4	15.8	14.1	7.4
1993	19.8	0.5	12.2	11.0	7.1
1994	16.5	0.9	12.2	11.4	3.4
1995	15.4	2.1	9.1	7.9	4.2
1996	12.2	1.2	7.0	5.6	4.0
1997	12.0	0.7	7.2	5.8	4.1
1998	11.0	0.3	6.9	5.5	3.8
1999	10.1	0.6	6.5	5.8	3.0
2000	10.6	0.5	6.8	6.3	3.3
2001	10.2	0.4	5.7	5.2	4.1
2002	11.7	0.3	7.2	6.3	4.2
2003	13.6	0.0	9.1	8.3	4.5
2004	14.8	0.6	9.4	8.6	4.8
2005	14.5	0.2	9.0	8.3	5.3
2006	14.9	0.4	9.0	8.4	5.5
2007	14.9	0.2	8.9	8.6	5.8
2008	12.3	0.3	7.4	7.1	4.6
2009	12.4	0.3	7.2	6.3	4.9
2010	12.7	0.3	7.5	7.0	4.9
2011	11.0	0.2	6.2	5.7	4.6
2012	10.1	0.3	5.8	5.2	4.0
2013	9.6	0.2	5.4	4.9	4.0

注:三次产业拉动指 GDP 增长速度与各产业贡献率之乘积。

a) Contribution of the three strata of industry to GDP growth refers to the growth rate of GDP multiplied by the contribution share of every industry.

2－15 分市地区生产总值
Gross Domestic Product by Region

本表按当年价格计算，单位：亿元 （at current price，100 million yuan）

地区	Region	地区生产总值 Gross Domestic Product 2005	2006	2007	2008	2009	2010	2011	2012	2013
按省辖市分	**by City**									
南　京	Nanjing	2451.94	2822.80	3340.05	3814.62	4230.26	5130.65	6145.52	7201.57	8011.78
无　锡	Wuxi	2808.84	3310.88	3879.70	4460.62	4991.72	5793.30	6880.15	7568.15	8070.18
徐　州	Xuzhou	1226.65	1464.74	1747.86	2118.84	2390.16	2942.14	3551.65	4016.58	4435.82
常　州	Changzhou	1308.18	1585.11	1913.50	2266.32	2519.93	3044.89	3580.99	3969.87	4360.93
苏　州	Suzhou	4138.21	4900.63	5850.11	7078.09	7740.20	9228.91	10716.99	12011.65	13015.70
南　通	Nantong	1483.79	1788.39	2163.69	2593.13	2872.80	3465.67	4080.22	4558.67	5038.89
连云港	Lianyungang	495.64	594.96	700.54	825.83	941.13	1193.31	1410.52	1603.42	1785.42
淮　安	Huaian	572.42	676.62	812.44	992.25	1121.75	1388.07	1690.00	1920.91	2155.86
盐　城	Yancheng	1058.10	1233.22	1441.12	1688.28	1917.00	2332.76	2771.33	3120.00	3475.50
扬　州	Yangzhou	982.17	1125.23	1357.21	1645.89	1856.39	2229.49	2630.30	2933.20	3252.01
镇　江	Zhenjiang	881.89	1044.83	1258.55	1491.83	1672.08	1987.64	2311.45	2630.42	2927.28
泰　州	Taizhou	861.56	1037.08	1222.32	1446.29	1660.92	2048.72	2422.61	2701.67	3006.91
宿　迁	Suqian	392.38	480.46	585.61	721.09	826.85	1064.09	1320.83	1522.03	1706.28
按区域分	**by Region**									
苏　南	Southern Jiangsu	11589.07	13664.25	16241.92	19111.48	21154.19	25185.39	29635.09	33381.66	36385.87
苏　中	Mid Jiangsu	3327.53	3950.70	4743.22	5685.31	6390.12	7743.88	9133.14	10193.54	11297.81
苏　北	Northern Jiangsu	3745.19	4450.00	5287.57	6346.29	7196.89	8920.37	10744.32	12182.94	13558.88

2－15 续 表1 Continued 1

本表按当年价格计算，单位：亿元 (at current price, 100 million yuan)

地 区	Region	第一产业增加值 Value-added of the Primary Industry 2005	2006	2007	2008	2009	2010	2011	2012	2013
按省辖市分	**by City**									
南 京	Nanjing	102.00	109.55	115.28	119.4	129.18	142.29	164.28	185.06	204.64
无 锡	Wuxi	52.12	60.02	69.55	86.8	93.62	104.94	122.98	137.22	148.54
徐 州	Xuzhou	174.24	190.05	207.58	232.0	249.90	282.82	334.54	382.46	432.38
常 州	Changzhou	59.62	66.07	74.32	84.5	91.75	99.78	111.78	126.37	138.12
苏 州	Suzhou	91.71	104.15	115.18	133.6	142.82	155.79	177.75	195.08	214.49
南 通	Nantong	163.90	176.29	186.80	219.3	236.47	266.22	287.21	319.09	345.41
连云港	Lianyungang	101.31	112.71	126.64	142.3	154.46	182.60	204.11	232.40	259.17
淮 安	Huaian	123.42	131.17	142.50	159.5	170.97	195.97	223.46	247.98	272.58
盐 城	Yancheng	254.13	270.45	287.82	306.3	330.40	374.21	416.83	456.13	489.18
扬 州	Yangzhou	94.77	100.99	111.48	134.1	144.88	161.37	184.54	205.19	224.45
镇 江	Zhenjiang	38.69	40.19	51.17	70.3	75.05	81.53	100.77	115.77	129.00
泰 州	Taizhou	94.89	102.00	112.93	123.8	133.70	151.65	175.11	191.75	205.90
宿 迁	Suqian	102.09	112.63	128.69	147.8	159.60	187.09	209.72	226.80	235.00
按区域分	**by Region**									
苏 南	Southern Jiangsu	344.14	379.98	425.50	494.6	532.42	584.33	677.56	759.50	834.79
苏 中	Mid Jiangsu	353.56	379.28	411.21	477.2	515.05	579.24	646.86	716.03	775.76
苏 北	Northern Jiangsu	755.19	817.01	893.22	987.9	1065.33	1222.69	1388.65	1545.77	1688.31

2－15 续 表2 Continued 2

本表按当年价格计算，单位：亿元 (at current price, 100 million yuan)

地区	Region	第二产业增加值 Value-added of the Secondary Industry								
		2005	2006	2007	2008	2009	2010	2011	2012	2013
按省辖市分	**by City**									
南 京	Nanjing	1199.48	1359.94	1607.22	1771.28	1930.66	2327.86	2760.84	3170.78	3450.58
无 锡	Wuxi	1700.98	1980.48	2276.61	2576.54	2836.38	3208.79	3728.12	4012.03	4207.42
徐 州	Xuzhou	620.14	756.49	909.33	1105.76	1249.04	1490.92	1777.04	1968.52	2118.32
常 州	Changzhou	799.05	954.45	1135.13	1317.05	1429.73	1683.68	1950.84	2100.76	2250.80
苏 州	Suzhou	2681.54	3152.03	3632.03	4257.90	4547.12	5253.81	5957.74	6502.25	6849.59
南 通	Nantong	828.79	992.10	1209.96	1451.63	1607.50	1908.56	2221.48	2414.11	2623.50
连云港	Lianyungang	209.77	265.82	318.71	378.49	435.61	545.07	654.28	736.14	807.42
淮 安	Huaian	258.39	311.53	379.99	472.40	541.48	647.10	794.18	889.20	983.15
盐 城	Yancheng	457.21	552.84	668.49	808.37	923.74	1096.55	1306.26	1472.87	1635.98
扬 州	Yangzhou	543.56	629.81	764.92	924.70	1042.03	1229.34	1427.87	1554.46	1693.70
镇 江	Zhenjiang	533.57	631.51	744.47	878.95	973.08	1120.63	1272.39	1419.54	1549.40
泰 州	Taizhou	477.85	585.56	694.02	828.34	943.07	1125.85	1308.21	1434.53	1574.06
宿 迁	Suqian	166.25	211.35	263.87	329.53	382.86	479.14	614.48	716.85	815.61
按区域分	**by Region**									
苏 南	Southern Jiangsu	6914.62	8078.41	9395.46	10801.72	11716.97	13594.77	15669.93	17205.36	18307.79
苏 中	Mid Jiangsu	1850.20	2207.47	2668.90	3204.67	3592.60	4263.75	4957.56	5403.10	5891.26
苏 北	Northern Jiangsu	1711.76	2098.03	2540.39	3094.55	3532.73	4258.78	5146.24	5783.58	6360.48

2－15 续 表3 Continued 3

本表按当年价格计算,单位:亿元 (at current price, 100 million yuan)

地区	Region	全部工业增加值 Value-added of the Industry 2005	2006	2007	2008	2009	2010	2011	2012	2013
按省辖市分	**by City**									
南 京	Nanjing	1043.58	1181.94	1412.22	1532.2	1640.53	2005.21	2390.51	2748.46	2997.63
无 锡	Wuxi	1592.55	1861.11	2154.25	2427.7	2651.53	2986.52	3463.12	3717.88	3893.56
徐 州	Xuzhou	527.93	647.50	787.01	952.7	1065.28	1268.61	1509.82	1666.62	1793.48
常 州	Changzhou	719.95	875.04	1047.61	1209.4	1301.63	1530.86	1768.91	1900.55	2036.27
苏 州	Suzhou	2520.33	2978.55	3442.20	4025.3	4265.47	4916.49	5555.33	6055.10	6370.37
南 通	Nantong	677.09	821.31	1021.80	1219.6	1319.43	1568.49	1840.41	1992.11	2168.16
连云港	Lianyungang	166.77	212.26	258.57	303.7	341.75	431.84	517.82	583.31	642.67
淮 安	Huaian	216.07	258.50	321.53	399.8	450.33	537.00	661.15	737.20	819.60
盐 城	Yancheng	392.68	476.02	577.04	699.5	789.95	935.51	1111.50	1258.22	1405.02
扬 州	Yangzhou	469.91	554.62	682.03	821.5	913.61	1074.61	1240.87	1344.66	1468.79
镇 江	Zhenjiang	482.11	579.60	688.29	809.4	896.63	1039.78	1175.63	1309.54	1431.04
泰 州	Taizhou	405.79	502.29	601.65	723.3	825.35	981.02	1132.27	1237.05	1362.30
宿 迁	Suqian	125.96	163.33	211.35	264.7	305.01	386.37	502.57	589.82	679.18
按区域分	**by Region**									
苏 南	Southern Jiangsu	6358.52	7476.24	8744.57	10004.0	10755.79	12478.86	14353.50	15731.53	16728.87
苏 中	Mid Jiangsu	1552.79	1878.22	2305.47	2764.4	3058.39	3624.12	4213.55	4573.82	4999.25
苏 北	Northern Jiangsu	1429.41	1757.61	2155.50	2620.4	2952.32	3559.33	4302.86	4835.17	5339.95

2-15 续 表4 Continued 4

本表按当年价格计算,单位:亿元 (at current price, 100 million yuan)

地 区 Region		第三产业增加值 Value-added of the Tertiary Industry								
		2005	2006	2007	2008	2009	2010	2011	2012	2013
按省辖市分	**by City**									
南 京	Nanjing	1150.46	1353.31	1617.55	1923.94	2170.42	2660.49	3220.41	3845.73	4356.56
无 锡	Wuxi	1055.74	1270.38	1533.54	1797.28	2061.72	2479.57	3029.05	3418.90	3714.22
徐 州	Xuzhou	432.28	518.20	630.95	781.08	891.22	1168.40	1440.07	1665.60	1885.12
常 州	Changzhou	449.51	564.59	704.05	864.77	998.45	1261.43	1518.37	1742.74	1972.01
苏 州	Suzhou	1364.97	1644.45	2102.91	2686.59	3050.26	3819.31	4581.50	5314.32	5951.62
南 通	Nantong	491.10	620.00	766.93	922.20	1028.84	1290.89	1571.53	1825.47	2069.98
连云港	Lianyungang	184.56	216.43	255.19	305.04	351.06	465.64	552.13	634.88	718.83
淮 安	Huaian	190.61	233.92	289.95	360.35	409.30	545.00	672.36	783.73	900.13
盐 城	Yancheng	346.76	409.93	484.81	573.61	662.86	862.00	1048.24	1191.00	1350.34
扬 州	Yangzhou	343.84	394.43	480.81	587.09	669.48	838.78	1017.89	1173.55	1333.86
镇 江	Zhenjiang	309.63	373.13	462.92	542.58	623.95	785.48	938.29	1095.11	1248.88
泰 州	Taizhou	288.82	349.52	415.37	494.15	584.15	771.22	939.29	1075.39	1226.95
宿 迁	Suqian	124.03	156.48	193.06	243.76	284.39	397.86	496.63	578.38	655.67
按区域分	**by Region**									
苏 南	Southern Jiangsu	4330.31	5205.86	6420.96	7815.16	8904.80	11006.28	13287.61	15416.80	17243.29
苏 中	Mid Jiangsu	1123.77	1363.95	1663.11	2003.44	2282.47	2900.88	3528.72	4074.41	4630.79
苏 北	Northern Jiangsu	1278.24	1534.96	1853.96	2263.84	2598.83	3438.90	4209.43	4853.59	5510.09

2－15 续 表5 Continued 5

本表按当年价格计算，单位：亿元 (at current price, 100 million yuan)

地区	Region	人均地区生产总值(元) Per Capita GDP (yuan)								
		2005	2006	2007	2008	2009	2010	2011	2012	2013
按省辖市分	**by City**									
南 京	Nanjing	36112	40072	45743	50855	55290	65273	76263	88525	98011
无 锡	Wuxi	51034	57899	65570	73733	81146	92167	107437	117357	124640
徐 州	Xuzhou	13861	16666	20003	24350	27514	34084	41407	46877	51714
常 州	Changzhou	32116	37809	44452	51746	56890	67327	77485	85040	92995
苏 州	Suzhou	55667	62526	69151	78875	83696	93043	102129	114029	123209
南 通	Nantong	20138	24545	29991	36199	40231	48083	56005	62506	69049
连云港	Lianyungang	10873	13149	15611	18505	21144	26987	32119	36470	40416
淮 安	Huaian	11468	13671	16612	20500	23277	28861	35181	39992	44774
盐 城	Yancheng	13529	15939	18879	22359	25553	31640	38222	43172	48150
扬 州	Yangzhou	21719	25102	30435	36858	41406	49786	58950	65691	72775
镇 江	Zhenjiang	29881	35076	41848	49235	54732	64284	73981	83651	92633
泰 州	Taizhou	18309	22256	26530	31386	35711	44118	52396	58378	64917
宿 迁	Suqian	7901	9766	12078	15091	17460	22525	27839	31827	35484
按区域分	**by Region**									
苏 南	Southern Jiangsu	43320	49202	56025	63845	69278	79501	90622	101370	110051
苏 中	Mid Jiangsu	20050	24048	29133	35014	39263	47422	55788	62208	68897
苏 北	Northern Jiangsu	12009	14392	17281	20922	23835	29774	36094	40914	45444

2－16 分市地区生产总值指数
Indices of Gross Domestic Product by Region

按可比价格计算，上年＝100　　　　(at constant price, preceding year＝100)

地 区	Region	2005	2006	2007	2008	2009	2010	2011	2012	2013
		地区生产总值指数 Indices of Gross Domestic Product								
按省辖市分	**by City**									
南 京	Nanjing	115.1	115.1	115.7	112.1	111.5	113.1	112.0	111.7	111.0
无 锡	Wuxi	115.1	115.3	115.3	112.4	111.6	113.2	111.6	110.1	109.3
徐 州	Xuzhou	114.3	115.1	115.3	113.5	113.9	114.0	113.5	113.2	111.8
常 州	Changzhou	115.1	115.2	115.6	112.4	111.7	113.1	112.2	111.5	110.9
苏 州	Suzhou	115.3	115.8	116.1	113.2	111.5	113.3	112.0	110.1	109.6
南 通	Nantong	115.4	115.7	116.2	113.3	114.0	113.0	112.1	111.8	111.8
连云港	Lianyungang	114.2	115.1	115.1	113.1	113.6	113.6	113.0	112.7	111.8
淮 安	Huaian	114.3	114.9	115.2	113.4	114.2	113.8	113.2	113.1	112.0
盐 城	Yancheng	114.3	115.0	115.0	113.2	113.4	113.6	112.8	112.7	112.3
扬 州	Yangzhou	115.1	115.2	115.7	113.4	113.8	113.5	112.2	111.7	112.0
镇 江	Zhenjiang	115.0	115.2	115.5	112.7	113.7	113.3	112.3	112.8	112.1
泰 州	Taizhou	115.0	115.2	115.5	113.9	113.8	113.5	112.1	112.5	111.8
宿 迁	Suqian	114.7	115.3	115.5	113.9	113.5	113.7	112.8	113.0	112.5
按区域分	**by Region**									
苏 南	Southern Jiangsu	115.2	115.4	115.7	112.6	111.7	113.2	111.9	110.8	110.2
苏 中	Mid Jiangsu	115.2	115.4	115.9	113.5	114.0	113.3	112.1	112.0	111.8
苏 北	Northern Jiangsu	114.3	115.1	115.2	113.4	113.8	113.8	113.1	113.0	112.0

2－16 续 表1 Continued 1

按可比价格计算，上年＝100 （at constant price，preceding year＝100）

地 区	Region	第一产业增加值指数 Primary Industry 2005	2006	2007	2008	2009	2010	2011	2012	2013
按省辖市分	**by City**									
南 京	Nanjing	102.7	104.0	103.6	102.7	104.1	104.1	104.1	104.9	103.4
无 锡	Wuxi	104.2	106.3	105.6	103.8	106.6	104.3	104.4	104.6	103.0
徐 州	Xuzhou	104.0	104.3	104.1	105.8	105.5	104.2	104.5	105.1	103.3
常 州	Changzhou	105.0	105.0	103.5	104.2	104.7	104.3	103.9	104.7	103.1
苏 州	Suzhou	100.2	103.4	104.2	103.6	104.5	104.1	104.1	104.4	103.0
南 通	Nantong	102.8	104.3	103.4	104.1	104.2	104.0	103.7	104.6	103.1
连云港	Lianyungang	103.3	108.2	107.9	105.8	104.0	105.1	104.0	105.7	103.1
淮 安	Huaian	104.2	105.0	105.0	105.0	104.3	104.6	104.1	104.3	103.3
盐 城	Yancheng	106.8	105.2	104.0	104.3	104.0	104.3	103.8	104.0	103.2
扬 州	Yangzhou	106.0	104.8	105.0	105.0	105.1	104.5	104.0	105.2	104.6
镇 江	Zhenjiang	103.1	107.3	102.2	105.9	104.5	104.5	105.5	105.2	103.2
泰 州	Taizhou	104.4	104.6	104.4	104.5	104.6	104.5	104.3	104.4	103.1
宿 迁	Suqian	102.6	104.3	106.2	106.0	105.6	105.3	104.3	104.3	103.0
按区域分	**by Region**									
苏 南	Southern Jiangsu	102.8	104.7	103.9	103.7	104.7	104.2	104.3	104.7	103.2
苏 中	Mid Jiangsu	104.0	104.5	104.1	104.5	104.6	104.3	104.0	104.7	103.5
苏 北	Northern Jiangsu	104.6	105.3	105.0	105.2	104.6	104.6	104.1	104.6	103.2

2－16 续 表2 Continued 2

按可比价格计算，上年＝100 (at constant price, preceding year＝100)

地区	Region	第二产业增加值指数 Secondary Industry								
		2005	2006	2007	2008	2009	2010	2011	2012	2013
按省辖市分	**by City**									
南 京	Nanjing	117.9	115.4	115.9	109.6	110.1	113.6	112.3	111.9	111.1
无 锡	Wuxi	115.7	115.5	114.9	111.7	108.2	113.1	111.6	109.3	108.7
徐 州	Xuzhou	115.0	117.8	117.7	114.0	114.6	115.7	114.6	114.5	112.3
常 州	Changzhou	116.3	115.8	116.2	112.1	110.8	113.2	112.2	111.7	111.2
苏 州	Suzhou	115.3	115.8	115.6	112.2	109.8	113.3	111.5	107.8	107.5
南 通	Nantong	119.1	117.8	118.3	113.7	115.4	113.7	112.4	112.4	112.0
连云港	Lianyungang	119.9	118.8	118.3	114.8	115.9	116.9	115.6	114.3	113.0
淮 安	Huaian	119.5	119.1	118.8	115.0	116.5	116.5	115.2	115.4	113.2
盐 城	Yancheng	118.6	119.6	119.1	116.0	115.8	116.8	114.8	115.2	114.0
扬 州	Yangzhou	117.3	116.9	117.0	113.9	114.5	114.6	112.6	112.1	112.3
镇 江	Zhenjiang	115.1	115.6	115.9	112.3	111.9	113.8	112.7	113.1	112.5
泰 州	Taizhou	117.2	117.0	117.2	114.1	114.4	114.5	112.5	113.1	112.1
宿 迁	Suqian	121.3	121.3	119.8	117.1	115.7	117.5	116.6	116.9	114.9
按区域分	**by Region**									
苏 南	Southern Jiangsu	115.9	115.6	115.6	111.6	109.8	113.3	111.8	109.8	109.3
苏 中	Mid Jiangsu	118.0	117.3	117.6	113.8	114.9	114.2	112.5	112.5	112.1
苏 北	Northern Jiangsu	117.9	119.0	118.5	115.1	115.5	116.4	115.1	115.1	113.3

2－16 续 表3 Continued 3

按可比价格计算，上年＝100 （at constant price，preceding year＝100）

地区	Region	全部工业增加值指数 Industry 2005	2006	2007	2008	2009	2010	2011	2012	2013
按省辖市分	**by City**									
南京	Nanjing	118.0	115.9	117.6	109.9	109.3	114.4	112.9	111.0	111.1
无锡	Wuxi	115.5	115.9	115.7	112.1	107.6	113.2	111.7	109.0	109.0
徐州	Xuzhou	114.1	117.9	120.0	115.0	113.5	116.1	115.6	114.4	113.1
常州	Changzhou	116.5	116.2	117.3	112.6	110.4	113.3	112.6	111.7	111.6
苏州	Suzhou	115.6	116.3	116.1	112.7	109.5	113.3	111.7	107.4	107.5
南通	Nantong	119.6	119.2	120.9	115.1	113.8	114.3	112.9	112.3	112.3
连云港	Lianyungang	119.5	120.8	119.0	116.3	114.9	117.8	117.3	115.4	113.9
淮安	Huaian	119.3	118.1	119.5	117.3	115.5	117.4	116.3	116.1	113.4
盐城	Yancheng	118.7	119.1	120.0	117.8	115.3	117.0	115.0	115.7	115.1
扬州	Yangzhou	117.8	118.1	119.2	114.7	114.8	114.8	113.0	111.8	113.2
镇江	Zhenjiang	115.7	117.3	117.0	113.2	111.7	114.9	113.0	112.7	113.0
泰州	Taizhou	118.1	118.2	119.4	115.9	114.7	114.6	112.9	113.2	112.8
宿迁	Suqian	120.8	120.5	122.9	117.8	115.2	119.3	118.4	117.5	115.5
按区域分	**by Region**									
苏南	Southern Jiangsu	116.1	116.2	116.4	112.1	109.3	113.6	112.1	109.4	109.4
苏中	Mid Jiangsu	118.7	118.6	120.0	115.2	114.3	114.5	112.9	112.4	112.7
苏北	Northern Jiangsu	117.4	118.9	120.1	116.5	114.6	117.0	116.0	115.4	114.0

2-16 续 表4 Continued 4

按可比价格计算，上年=100 (at constant price, preceding year=100)

地区	Region	第三产业增加值指数 Tertiary Industry 2005	2006	2007	2008	2009	2010	2011	2012	2013
按省辖市分	**by City**									
南京	Nanjing	113.4	115.7	116.4	115.3	113.5	113.0	112.3	111.8	111.3
无锡	Wuxi	114.8	115.5	116.4	113.8	117.1	113.7	111.8	111.3	110.3
徐州	Xuzhou	117.9	115.7	116.1	115.4	115.6	114.2	114.5	113.4	112.8
常州	Changzhou	114.7	115.5	116.0	113.7	114.1	113.6	112.8	111.6	111.2
苏州	Suzhou	116.7	116.8	117.8	115.8	114.5	113.7	112.9	113.5	112.7
南通	Nantong	114.4	115.7	116.2	115.0	114.3	113.6	113.2	112.3	112.9
连云港	Lianyungang	114.9	114.8	115.1	114.7	115.2	113.3	113.4	113.3	113.1
淮安	Huaian	114.6	115.6	116.1	115.5	115.8	114.1	114.3	113.2	113.3
盐城	Yancheng	114.2	115.9	116.6	114.4	115.2	113.6	114.0	112.9	113.4
扬州	Yangzhou	114.3	115.4	116.2	114.5	115.0	113.9	113.2	112.1	112.7
镇江	Zhenjiang	116.6	115.4	116.4	113.9	117.7	113.4	112.6	113.0	112.2
泰州	Taizhou	115.4	115.6	116.1	115.9	115.0	113.9	113.1	113.0	112.7
宿迁	Suqian	116.6	116.3	116.5	114.7	115.1	113.0	112.3	112.0	113.0
按区域分	**by Region**									
苏南	Southern Jiangsu	115.1	115.9	116.8	114.8	115.1	113.5	112.5	112.3	111.6
苏中	Mid Jiangsu	114.6	115.6	116.2	115.1	114.7	113.8	113.2	112.5	112.8
苏北	Northern Jiangsu	115.9	115.7	116.1	115.0	115.4	113.8	113.9	113.1	113.1

2-17 分市地区生产总值构成
Composition of Gross Domestic Product by Region

本表按当年价格计算,单位:%　　　　(at current price, %)

地区	Region	第一产业增加值 Value-added of the Primary Industry								
		2005	2006	2007	2008	2009	2010	2011	2012	2013
按省辖市分	**by City**									
南　京	Nanjing	4.2	3.9	3.5	3.1	3.1	2.8	2.7	2.6	2.6
无　锡	Wuxi	1.9	1.8	1.8	1.9	1.9	1.8	1.8	1.8	1.8
徐　州	Xuzhou	14.2	13.0	11.9	10.9	10.5	9.6	9.4	9.5	9.7
常　州	Changzhou	4.6	4.2	3.9	3.7	3.6	3.3	3.1	3.2	3.2
苏　州	Suzhou	2.2	2.1	2.0	1.9	1.8	1.7	1.7	1.6	1.6
南　通	Nantong	11.0	9.9	8.6	8.5	8.2	7.7	7.0	7.0	6.9
连云港	Lianyungang	20.4	18.9	18.1	17.2	16.4	15.3	14.5	14.5	14.5
淮　安	Huaian	21.6	19.4	17.5	16.1	15.2	14.1	13.2	12.9	12.6
盐　城	Yancheng	24.0	21.9	20.0	18.1	17.2	16.0	15.0	14.6	14.1
扬　州	Yangzhou	9.6	9.0	8.2	8.1	7.8	7.2	7.0	7.0	6.9
镇　江	Zhenjiang	4.4	3.8	4.1	4.7	4.5	4.1	4.4	4.4	4.4
泰　州	Taizhou	11.0	9.8	9.2	8.6	8.0	7.4	7.2	7.1	6.8
宿　迁	Suqian	26.0	23.4	22.0	20.5	19.3	17.6	15.9	14.9	13.8
按区域分	**by Region**									
苏　南	Southern Jiangsu	3.0	2.8	2.6	2.6	2.5	2.3	2.3	2.3	2.3
苏　中	Mid Jiangsu	10.6	9.6	8.7	8.4	8.1	7.5	7.1	7.0	6.9
苏　北	Northern Jiangsu	20.2	18.4	16.9	15.6	14.8	13.7	12.9	12.7	12.5

2－17 续 表1 Continued 1

本表按当年价格计算,单位:% (at current price, %)

地区	Region	第二产业增加值 Value-added of the Secondary Industry 2005	2006	2007	2008	2009	2010	2011	2012	2013
按省辖市分	**by City**									
南京	Nanjing	48.9	48.2	48.1	46.4	45.6	45.4	44.9	44.0	43.1
无锡	Wuxi	60.6	59.8	58.7	57.8	56.8	55.4	54.2	53.0	52.1
徐州	Xuzhou	50.6	51.6	52.0	52.2	52.3	50.7	50.0	49.0	47.8
常州	Changzhou	61.1	60.2	59.3	58.1	56.7	55.3	54.5	52.9	51.6
苏州	Suzhou	64.8	64.3	62.1	60.2	58.7	56.9	55.6	54.1	52.6
南通	Nantong	55.9	55.5	55.9	56.0	56.0	55.1	54.4	53.0	52.1
连云港	Lianyungang	42.3	44.7	45.5	45.8	46.3	45.7	46.4	45.9	45.2
淮安	Huaian	45.1	46.0	46.8	47.6	48.3	46.6	47.0	46.3	45.6
盐城	Yancheng	43.2	44.8	46.4	47.9	48.2	47.0	47.1	47.2	47.1
扬州	Yangzhou	55.3	56.0	56.4	56.2	56.1	55.1	54.3	53.0	52.1
镇江	Zhenjiang	60.5	60.4	59.2	58.9	58.2	56.4	55.0	54.0	52.9
泰州	Taizhou	55.5	56.5	56.8	57.3	56.8	55.0	54.0	53.1	52.3
宿迁	Suqian	42.4	44.0	45.1	45.7	46.3	45.0	46.5	47.1	47.8
按区域分	**by Region**									
苏南	Southern Jiangsu	59.7	59.1	57.8	56.5	55.4	54.0	52.9	51.5	50.3
苏中	Mid Jiangsu	55.6	55.9	56.3	56.4	56.2	55.1	54.3	53.0	52.1
苏北	Northern Jiangsu	45.7	47.1	48.0	48.8	49.1	47.7	47.9	47.5	46.9

2-17 续 表2 Continued 2

本表按当年价格计算,单位:% (at current price, %)

地区	Region	2005	2006	2007	2008	2009	2010	2011	2012	2013
		第三产业增加值 Value-added of the Tertiary Industry								
按省辖市分	**by City**									
南 京	Nanjing	46.9	47.9	48.4	50.4	51.3	51.9	52.4	53.4	54.4
无 锡	Wuxi	37.6	38.4	39.5	40.3	41.3	42.8	44.0	45.2	46.0
徐 州	Xuzhou	35.2	35.4	36.1	36.9	37.3	39.7	40.5	41.5	42.5
常 州	Changzhou	34.4	35.6	36.8	38.2	39.6	41.4	42.4	43.9	45.2
苏 州	Suzhou	33.0	33.6	35.9	38.0	39.4	41.4	42.7	44.2	45.7
南 通	Nantong	33.1	34.7	35.4	35.6	35.8	37.2	38.5	40.0	41.1
连云港	Lianyungang	37.2	36.4	36.4	36.9	37.3	39.0	39.1	39.6	40.3
淮 安	Huaian	33.3	34.6	35.7	36.3	36.5	39.3	39.8	40.8	41.8
盐 城	Yancheng	32.8	33.2	33.6	34.0	34.6	37.0	37.8	38.2	38.9
扬 州	Yangzhou	35.0	35.1	35.4	35.7	36.1	37.6	38.7	40.0	41.0
镇 江	Zhenjiang	35.1	35.7	36.8	36.4	37.3	39.5	40.6	41.6	42.7
泰 州	Taizhou	33.5	33.7	34.0	34.2	35.2	37.6	38.8	39.8	40.8
宿 迁	Suqian	31.6	32.6	33.0	33.8	34.4	37.4	37.6	38.0	38.4
按区域分	**by Region**									
苏 南	Southern Jiangsu	37.4	38.1	39.5	40.9	42.1	43.7	44.8	46.2	47.4
苏 中	Mid Jiangsu	33.8	34.5	35.1	35.2	35.7	37.5	38.6	40.0	41.0
苏 北	Northern Jiangsu	34.1	34.5	35.1	35.7	36.1	38.6	39.2	39.8	40.6

2-18 按支出法计算的地区生产总值

Gross Domestic Product by Expenditure Approach

本表按当年价格计算,单位:亿元　　　　(at current price, 100 million yuan)

年 份 Year	地区生产总值 Gross Domestic Product	最终消费 Final Consumption Expenditures	居民消费 Household Consumption Expenditure	农村居民 Rural Household	城镇居民 Urban Household	政府消费 Government Consumption Expenditures	资本形成总额 Gross Capital Formation	固定资本形成 Fixed Capital Formation	存货增加 Changes in Inventories	货物和服务净出口 Net Export of Goods and Services
1978	249.24	130.55	115.15	76.11	39.04	15.40	77.98	40.40	37.58	40.71
1980	319.80	175.47	154.72	105.13	49.59	20.75	97.44	58.25	39.19	46.89
1985	651.82	353.72	300.86	219.98	80.88	52.86	271.42	193.25	78.17	26.68
1989	1321.85	662.01	557.60	386.40	171.20	104.41	528.44	336.24	192.20	131.40
1990	1416.50	717.36	608.29	403.29	205.00	109.07	588.44	374.12	214.32	110.70
1991	1601.38	835.07	656.99	423.60	233.39	178.08	694.80	461.98	232.82	71.51
1992	2136.02	960.21	735.62	459.99	275.63	224.59	1069.20	747.29	321.91	106.61
1993	2998.16	1251.08	984.44	569.94	414.50	266.64	1589.93	1201.41	388.52	157.15
1994	4057.39	1721.45	1350.89	782.19	568.70	370.56	2018.95	1434.95	584.00	316.99
1995	5155.25	2250.66	1806.43	1029.92	776.51	444.23	2479.30	1756.88	722.42	425.29
1996	6004.21	2721.84	2218.68	1314.01	904.67	503.16	2798.62	2062.17	736.45	483.75
1997	6680.34	3020.94	2417.77	1390.51	1027.26	603.17	2925.28	2295.97	629.31	734.12
1998	7199.95	3161.88	2513.52	1370.53	1142.99	648.36	3321.44	2642.29	679.15	716.63
1999	7697.82	3339.79	2594.18	1328.04	1266.14	745.61	3554.26	2842.65	711.61	803.77
2000	8553.69	3710.72	2815.51	1338.46	1477.05	895.21	4044.78	3225.42	819.36	798.19
2001	9456.84	4141.92	3027.67	1373.31	1654.36	1114.25	4393.21	3543.16	850.05	921.71
2002	10606.85	4801.91	3475.13	1505.92	1969.21	1326.78	4808.67	3994.23	814.44	996.27
2003	12442.87	5484.04	3909.55	1440.63	2468.92	1574.49	6182.38	5480.80	701.58	776.45
2004	15003.60	6227.21	4429.02	1369.38	3059.64	1798.19	7957.76	6972.68	985.08	818.63
2005	18598.69	7658.70	5339.09	1588.27	3750.82	2319.60	9462.30	8888.80	573.45	1477.70
2006	21742.05	9045.90	6236.42	1801.63	4434.79	2809.50	10721.70	10069.30	652.43	1974.40
2007	26018.48	10933.70	7328.19	2079.04	5249.15	3605.50	12504.50	11727.90	776.61	2580.30
2008	30981.98	12843.37	8425.61	2285.87	6139.74	4417.76	15017.72	14038.68	979.04	3120.89
2009	34457.30	14375.40	9235.38	2479.34	6756.04	5140.02	17571.90	17137.99	433.91	2510.00
2010	41425.48	17238.08	10942.82	2676.41	8266.41	6295.26	21173.29	20709.14	464.15	3014.11
2011	49110.27	20649.28	13534.19	3105.75	10428.44	7115.09	25049.05	24522.24	526.81	3411.94
2012	54058.22	22714.57	15385.57	3481.14	11904.43	7329.00	27258.07	26415.45	842.62	4085.58
2013	59161.75	26622.79	18902.18	3780.44	15121.74	7720.61	28634.29	27711.11	923.18	3904.67

2-19 按支出法计算的地区生产总值构成

Composition of Gross Domestic Product by Expenditure Approach

本表按当年价格计算,单位:% (at current price,%)

年份 Year	地区生产总值 Gross Domestic Product	最终消费 Final Consumption Expenditures	居民消费 Household Consumption Expenditures	农村居民 Rural Household	城镇居民 Urban Household	政府消费 Government Consumption Expenditures	资本形成总额 Gross Capital Formation	固定资本形成 Fixed Capital Formation	存货增加 Changes in Inventories	货物和服务净出口 Net Export of Goods and Services
1978	100.0	52.4	46.2	30.5	15.7	6.2	31.3	16.2	15.1	16.3
1980	100.0	54.9	48.4	32.9	15.5	6.5	30.5	18.2	12.2	14.7
1985	100.0	54.3	46.2	33.8	12.4	8.1	41.6	29.6	12.0	4.1
1989	100.0	50.1	42.2	29.2	13.0	7.9	40.0	25.4	14.5	9.9
1990	100.0	50.6	42.9	28.5	14.5	7.7	41.5	26.4	15.1	7.8
1991	100.0	52.1	41.0	26.5	14.6	11.1	43.4	28.8	14.5	4.5
1992	100.0	45.0	34.4	21.5	12.9	10.5	50.1	35.0	15.1	5.0
1993	100.0	41.7	32.8	19.0	13.8	8.9	53.0	40.1	13.0	5.2
1994	100.0	42.4	33.3	19.3	14.0	9.1	49.8	35.4	14.4	7.8
1995	100.0	43.7	35.0	20.0	15.1	8.6	48.1	34.1	14.0	8.2
1996	100.0	45.3	37.0	21.9	15.1	8.4	46.6	34.3	12.3	8.1
1997	100.0	45.2	36.2	20.8	15.4	9.0	43.8	34.4	9.4	11.0
1998	100.0	43.9	34.9	19.0	15.9	9.0	46.1	36.7	9.4	10.0
1999	100.0	43.4	33.7	17.3	16.4	9.7	46.2	36.9	9.2	10.4
2000	100.0	43.4	32.9	15.6	17.3	10.5	47.3	37.7	9.6	9.3
2001	100.0	43.8	32.0	14.5	17.5	11.8	46.5	37.5	9.0	9.7
2002	100.0	45.3	32.8	14.2	18.6	12.5	45.3	37.7	7.7	9.4
2003	100.0	44.1	31.4	11.6	19.8	12.7	49.7	44.0	5.6	6.2
2004	100.0	41.5	29.5	9.1	20.4	12.0	53.0	46.5	6.6	5.5
2005	100.0	41.2	28.7	8.5	20.2	12.5	50.9	47.8	3.1	7.9
2006	100.0	41.6	28.7	8.3	20.4	12.9	49.3	46.3	3.0	9.1
2007	100.0	42.0	28.2	8.0	20.2	13.9	48.1	45.1	3.0	9.9
2008	100.0	41.5	27.2	7.4	19.8	14.3	48.5	45.3	3.2	10.1
2009	100.0	41.7	26.8	7.2	19.6	14.9	51.0	49.7	1.3	7.3
2010	100.0	41.6	26.4	6.5	20.0	15.2	51.1	50.0	1.1	7.3
2011	100.0	42.1	27.6	6.3	21.2	14.5	51.0	49.9	1.1	6.9
2012	100.0	42.0	28.5	6.5	22.0	13.5	50.4	48.9	1.5	7.6
2013	100.0	45.0	32.0	6.4	25.6	13.0	48.4	46.8	1.6	6.6

2-20 按支出法计算的地区生产总值指数

Indices of Gross Domestic Product by Expenditure Approach

按可比价格计算,1952 年 = 100 (at constant price with 100 in 1952)

年份 Year	地区生产总值指数 Gross Domestic Product	最终消费 Final Consumption Expenditures	居民消费 Household Consumption Expenditure	农村居民 Rural Household	城镇居民 Urban Household	政府消费 Government Consumption Expenditures	资本形成总额 Gross Capital Formation	固定资本形成 Fixed Capital Formation	存货增加 Changes in Inventories
1952	100.0	100.0	100.0	100.0	100.0	100.0	100.0	100.0	100.0
1978	371.3	367.6	352.3	290.1	607.8	545.3	695.7	593.2	847.1
1980	436.0	468.4	448.7	379.7	732.2	696.3	809.3	811.3	806.4
1985	809.2	824.0	757.4	693.7	1022.5	1595.0	2156.6	2573.0	1541.6
1989	1241.7	1000.3	885.3	757.8	1411.2	2331.2	3610.7	3998.6	3037.7
1990	1303.9	1063.7	949.6	791.9	1601.7	2383.2	4161.1	4791.5	3229.8
1991	1412.1	1162.8	992.5	806.8	1754.9	3246.0	4472.4	5230.2	3389.1
1992	1773.4	1493.5	1253.9	988.1	2337.9	4462.1	5534.2	7583.6	3054.8
1993	2124.4	1787.9	1518.0	1122.8	3114.8	5103.7	6603.7	9239.5	3450.0
1994	2474.3	2095.2	1772.7	1324.5	3585.7	6068.9	7772.3	10860.6	4074.8
1995	2855.3	2422.4	2027.1	1514.1	4102.3	7331.8	9053.4	12381.0	5022.8
1996	3204.5	2670.9	2261.5	1757.6	4311.6	7711.4	10229.2	14289.6	5367.3
1997	3587.6	2944.6	2444.1	1850.0	4851.4	9193.2	11375.3	16021.8	5834.1
1998	3982.8	3250.8	2677.4	1930.6	5686.3	10441.6	12662.2	18662.4	5645.7
1999	4384.8	3593.4	2889.2	1970.4	6573.2	12530.4	13870.1	20698.5	5922.1
2000	4848.4	3970.6	3107.9	1974.7	7632.5	15034.2	15272.9	22421.1	6900.9
2001	5340.5	4420.0	3371.3	2038.8	8640.9	18080.3	16765.7	24392.9	7841.6
2002	5963.5	4993.8	3714.3	2119.8	9963.0	21867.4	18721.5	28445.5	7294.1
2003	6775.9	5667.9	4176.3	2025.7	12455.3	25417.8	21744.0	35873.5	5035.9
2004	7775.4	6452.9	4780.6	1967.3	15489.1	28542.9	25319.8	41206.1	6550.7
2005	8902.8	7391.4	5459.3	2101.1	18199.6	32947.9	28664.5	50217.2	3093.4
2006	10229.3	8581.4	6212.7	2330.1	20929.6	40097.6	32047.0	56193.1	3449.2
2007	11753.5	9963.0	7045.2	2586.4	23943.5	48999.3	35956.7	62823.8	4049.3
2008	13246.1	11328.0	7806.0	2777.8	26840.6	58505.2	39768.1	68603.6	5312.7
2009	14895.3	13038.5	8875.5	3138.9	30598.3	68743.6	45812.9	83010.4	2353.5
2010	16787.0	14889.9	10011.5	3229.9	35677.6	80155.0	51264.6	93137.7	2403.0
2011	18633.6	16870.3	11483.2	3481.9	41707.1	88811.7	56647.4	103010.3	2573.6
2012	20515.5	18861.0	13159.8	3924.0	48046.6	94762.1	62142.2	112796.2	3168.1
2013	22485.0	20973.4	15383.8	4053.5	58040.3	94951.7	67797.1	122947.9	3605.3

2-21 分市按支出法计算的地区生产总值

本表按当年价格计算,单位:亿元

地区	Region	地区生产总值 Gross Domestic Product (100 million yuan)	最终消费 Final Consumption Expenditures	居民消费 Household Consumption Expenditures	农村居民 Rural Household	城镇居民 Urban Household
南京	Nanjing	8011.78	4022.46	2808.18	377.05	2431.13
无锡	Wuxi	8070.18	2805.22	2095.89	426.85	1669.04
徐州	Xuzhou	4435.82	2158.98	1463.12	344.02	1119.10
常州	Changzhou	4360.93	1623.32	1284.57	274.97	1009.60
苏州	Suzhou	13015.70	4891.07	3481.07	718.87	2762.20
南通	Nantong	5038.89	1962.41	1559.83	415.77	1144.06
连云港	Lianyungang	1785.42	796.64	639.88	179.78	460.10
淮安	Huaian	2155.86	1108.70	690.75	197.53	493.22
盐城	Yancheng	3475.50	1696.04	1314.17	354.73	959.44
扬州	Yangzhou	3252.01	1289.99	903.04	236.09	666.95
镇江	Zhenjiang	2927.28	1170.94	867.44	212.19	655.25
泰州	Taizhou	3006.91	1191.71	945.52	279.04	666.48
宿迁	Suqian	1706.28	737.09	657.24	244.04	413.20
苏南	Southern Jiangsu	36385.87	14513.01	10537.15	2009.93	8527.22
苏中	Mid Jiangsu	11297.81	4444.11	3408.39	930.90	2477.49
苏北	Northern Jiangsu	13558.88	6497.45	4765.16	1320.10	3445.06

Gross Domestic Product by Expenditure Approach and Region

(at current price, 100 million yuan)

政府消费 Government Consumption Expenditures	资本形成总额 Gross Capital Formation	固定资本形成 Fixed Capital Formation	存货增加 Changes in Inventories	货物和服务净出口 Net Export of Goods and Services
1214.28	4010.32	3783.52	226.80	-21.00
709.33	4301.01	3700.77	600.24	963.95
695.86	2438.76	2298.74	140.02	-161.92
338.75	2430.29	2384.90	45.39	307.32
1410.00	6649.61	6202.67	446.94	1475.02
402.58	3113.85	2820.47	293.38	-37.37
156.76	1004.52	923.49	81.03	-15.74
417.95	1129.04	1010.57	118.47	-81.88
381.87	1923.11	1901.57	21.54	-143.65
386.95	1933.02	1865.83	67.19	29.00
303.50	1649.67	1367.03	282.64	106.67
246.19	1593.01	1528.69	64.32	222.19
79.85	1055.04	927.31	127.73	-85.85
3975.86	19040.90	17438.89	1602.01	2831.96
1035.72	6639.88	6214.99	424.89	213.82
1732.29	7550.47	7061.68	488.79	-489.04

主要统计指标解释

可比价格　指计算各种总量指标所采用的扣除了价格变动因素的价格，可进行不同时期总量指标的对比。按可比价格计算总量指标有两种方法：一种是直接用产品产量乘某一年的不变价格计算；另一种是用价格指数进行缩减。

不变价格　指以同类产品某年的平均价格作为固定价格，用于计算各年的产品价值。按不变价格计算的产品价值消除了价格变动因素，不同时期对比可以反映生产的发展速度。新中国成立后，随着工农业产品价格水平的变化，国家统计局先后六次制定了全国统一的工业产品不变价格和农业产品不变价格。从 1952 年到 1957 年使用 1952 年工（农）业产品不变价格，从 1957 年到 1970 年使用 1957 年不变价格，从 1971 年到 1980 年使用 1970 年不变价格，从 1981 年到 1990 年使用 1980 年不变价格，从 1991 年到 2000 年使用 1990 年不变价格，从 2001 年到 2005 年使用 2000 年不变价格，从 2006 年到 2010 年使用 2005 年不变价格，目前使用的是 2010 年不变价。

国内生产总值（GDP）　指一个国家所有常住单位在一定时期内生产活动的最终成果。国内生产总值有三种表现形态，即价值形态、收入形态和产品形态。从价值形态看，它是所有常住单位在一定时期内生产的全部货物和服务价值超过同期中间投入的全部非固定资产货物和服务价值的差额，即所有常住单位的增加值之和；从收入形态看，它是所有常住单位在一定时期内创造并分配给常住单位和非常住单位的初次收入分配之和；从产品形态看，它是所有常住单位在一定时期内最终使用的货物和服务价值与货物和服务净出口价值之和。在实际核算中，国内生产总值有三种计算方法，即生产法、收入法和支出法。三种方法分别从不同的方面反映国内生产总值及其构成。对于地区，GDP 中文名称为"地区生产总值"。

支出法国内生产总值　指一个国家所有常住单位在一定时期内用于最终消费、资本形成总额，以及货物和服务的净出口总额，它反映本期生产总值的使用及构成。对于地区，名称为"支出法地区生产总值"。

最终消费　指常住单位在一定时期内对于货物和服务的全部最终消费支出，也就是常住单位为满足物质、文化和精神生活的需要，从本国经济领土和国外购买的货物和服务的支出；不包括非常住单位在本国经济领土内的消费支出。最终消费分为居民消费和政府消费。

居民消费　指常住住户对货物和服务的全部最终消费支出。居民消费按市场价格计算，即按居民支付的购买者价格计算。购买者价格是购买者取得货物所支付的价格，包括购买者支付的运输和商业费用。居民消费除了直接以货币形式购买货物和服务的消费之外，还包括以其他方式获得的货物和服务的消费支出，即所谓的虚拟消费支出。居民虚拟消费支出包括以下几种类型：单位以实物报酬及实物转移的形式提供给劳动者的货物和服务；住户生产并由本住户消费了的货物和服务，其中的服务仅指住户的自有住房服务；金融机构提供的金融媒介服务；保险公司提供的保险服务。

政府消费　指政府部门为全社会提供公共服务的消费支出和免费或以较低价格向住户提供的货物和服务的净支出。前者等于政府服务的产出价值减去政府单位所获得的经营收入的价值，政府服务的产出价值等于它的经常性业务支出加上固定资产折旧；后者等于政府部门免费或以较低价格向住户提供的货物和服务的市场价值减去向住户收取的价值。

资本形成总额　指常住单位在一定时期内获得的减去处置的固定资产加存货的变动，包括固定资本形成总额和存货增加。

固定资本形成总额　指常住单位购置、转入和自产自用的固定资产，扣除固定资产的销售和转出后的价值，分有形固定资产形成总额和无形固定资产形成总额。有形固定资产形成总额包括一定时期内完成的建筑工程、安装工程和设备工器具购置（减处置）价值，以及土地改良、新增役、种、奶、毛、娱乐用牲畜和新增经济林木价值。无形固定资产形成总额包括矿藏的勘探、计算机软件、娱乐和文学艺术品原件等获得减处置。

存货增加　指常住单位存货实物量变动的市场价值，即期末价值减期初价值的差额。存货增加可以是正值，也可以是负值；正值表示存货上升，负值表示存货下降。它包括生产单位购进的原材料、燃料和储备物资等存货，以及生产单位生产的产成品、在制品等存货等。

货物和服务净出口　指货物和服务出口减货物和服务进口的差额。出口包括常住单位向非常住单位出售或无偿转让的各种货物和服务的价值；进口包括常住单位从非常住单位购买或无偿得到的各种货物和服务的价值。由于服务活动的提供与使用同时发生，因此服务的进出口业务并不发生出入境现象，一般把常住单位从国外得到的服务作为进口，非常住单位从本国得到的服务作为出口。货物的出口和进口都按离岸价格计算。

Explanatory Notes on Main Statistical Indicators

Comparable Prices　refer to prices that are used to remove the factors of price change in calculating economic aggregates, so as to facilitate comparison of aggregates over time. Two methods are used for calculating economic aggregates at comparable prices: 1. Multiplying the output of products by their constant prices of certain year;2. Deflation of data at current prices by relevant price index.

Constant Price refers to the average price of a given product in certain year, which is used for comparison of output value over time. As the output value at constant prices removes the factor of price changes, it reflects the trend of production development over time. Since 1949, with the changes in general price level, National Bureau of Statistics has issued nationally unified constant prices six times: the 1952 constant prices for 1952 – 1957; the 1957 constant prices for 1957 – 1970; the 1970 constant prices for 1971 – 1980; the 1980 constant prices for 1981 – 1990; the 1990 constant prices for 1991 – 2000; the 2000 constant prices for 2001 – 2005; the 2005 constant prices for 2006 – 2010, the 2010 constant prices for now.

Gross Domestic Product(GDP) refers to the final products of all resident units in a country during a certain period of time. Gross domestic product is expressed in three different forms, i. e. value, income, and products respectively. The form of value refers to the total value of all products and services produced by all resident units during a certain period of time minus total value of intimidate input of materials and services of the nature of non-fixed assets or the summation of the value-added of all resident units; the form of income includes all the income created by all resident units and distributed primarily to all resident and non-resident units; the form of products refers to the value of all final goods and services for final use by all resident units plus the value of net exports of goods and services during a given period of time. In the practice of national accounting, gross domestic product is calculated with three approaches, i. e. production approach, income approach, and expenditure approach, which reflect gross domestic product and its composition from different aspects. The Chinese meaning of "GDP" is "Gross Regional Product" as to the certain region.

GDP Calculated with Expenditure Approach refers to total expenditure on final consumption, total capital formation and net export of goods and services by resident units of a country in a certain period of time. It reflects the composition of GDP by its use.

Final Consumption refers to the total expenditure of resident units on final consumption of goods and services in a certain period, namely the expenditure of the resident units for purchases of goods and services from domestic economic territory and abroad to meet the requirements of material, cultural and spiritual life. It excludes the expenditure of non-resident units on consumption in the economic territory of the country. The final consumption is classified into household consumption and government consumption.

Households Consumption refers to the total expenditure of resident households on the final consumption of goods and services. The households consumption is calculated at market prices, namely the purchasers prices which the households pay; the purchasers prices of goods are the prices the households pay when they obtain the goods, including the transport and commercial expenses paid by the households. In addition to the consumption of goods and services bought by the households directly with money, the expenditure on goods and services obtained by the households in other ways, i. e. the so-called imputed expenditure on consumption, is also included in the households consumption. The imputation expenditure of the households on consumption includes the following types: (a) the goods and services provided to the households by the units in the form of payment in kind and transfer in kind; (b) the goods and services produced and consumed by the households themselves, in which the services refer only to the services provided by the residential buildings owned by the households; (c) the services of financial intermediary provided by the financial institutions; (d) the insurance services provided by the insurance companies.

Government Consumption refers to the expenditure on the consumption of the public services provided by the government to the whole society and the net expenditure on the goods and services provided by the government to the households at free charge or lower prices. The former equals to the output value of the government services minus the value of operating income obtained by the government departments. (The output value of the government services equals to its current operating expenditure plus depreciation of fixed assets). The latter equals to the market value of the goods and services provided by the government free of charge or at low prices to the households minus the value received by the government from the households.

Total Capital Formation refers to the fixed assets acquired minus those disposed and the change in inventory, including the total fixed assets formation and the increase in inventory.

Total Fixed Capital Formation refers to the value of fixed assets purchased, transferred in by the resident units and those produced and used by themselves deducting the value of fixed assets sold and transferred out. It can be classified into total tangible assets formation and total intangible assets formation. The total tangible assets formation include the value of the construction projects, installation projects completed and the equipment, apparatus and instruments purchased as well as the value of land improved, the value of draught animals, breeding stock, milk, wool and recreational animals and the newly increased economic forest in a certain period. The total intangible assets formation includes the prospecting of minerals, the acquisition of computer software, the originals of recreational works and works of literature and arts minus the disposal of them. Increase in Inventory refers to the market value of the change in inventory, i. e. the difference of value between the beginning and the end of the period. The increase in inventory can be positive or negative. A positive value indicates the increase in inventory while a negative value indicates the decrease in stock. The inventory includes the raw materials, fuels and reserve materials purchased by the production units as well as the inventory of finished products, semi-finished products, work in progress. etc.

Increase in Inventory refers to the market value of the change in inventory, i. e. The difference of value between the beginning and the end of the period. The increase in inventory can be positive or negative. A positive value indicates the increase in inventory while a negative value indicates the decrease in stock. The inventory includes the materials, fuels and reserve materials purchased by the production units as well as the inventory of finished products, semi-finished products, work-in-progress, ect.

Net Export of Goods and Services refers to the difference of the exports of goods and services minus the imports of goods and services. The imports include the value of various goods and services sold or gratuitously transferred by the resident units to the non-resident units. The imports include the value of various goods and services purchased or gratuitously acquired by the resident units from the non-resident units. Because the provision of services and the use of them happen simultaneously, the import and export of services do not appear to have the phenomena of crossing the border of the country. The acquisition of services by the resident units from abroad is usually treated as import while the acquisition of services by non-resident units in this country is usually treated as export. The export and import of goods are calculated at FOB.

3

人口、就业和工资
Population, Employment and Wages

简 要 说 明

一、本篇资料主要内容

本篇资料反映我省2013年及历年人口就业和职工工资方面的基本情况。

二、本篇资料来源

1. 人口资料：表3－1、表3－2、表3－3为年末主要人口推算数据，其中2001－2009年数据根据第六次人口普查作了修订；表3－4为公安户籍资料；表3－5为六次人口普查主要数据；表3－6为年末常住人口推算数据；表3－7至3－9为2013年人口变动情况抽样调查样本数据；表3－10为2013年劳动力调查样本数据。

2. 就业基本情况及分组资料、职工工资总额等资料，根据《劳动统计报表制度》、《劳动力调查制度》等搜集资料，加工整理。

3. 私营企业及个体工商业就业人员，由工商行政管理部门提供。城镇登记失业人数，由人力资源和社会保障部门整理提供。

三、本篇统计调查方法

1. 人口资料采用抽样调查方法和人口普查资料进行整理。

2. 城镇单位（不含私营个体）统计资料采用全面调查方法；劳动力调查采用抽样调查方法；私营企业和个体工商户资料利用行政登记资料进行汇总。

Brief Introduction

I. Main Contents

Data in this chapter show the basic condition of the population, employment and wages in 2012 as well as previous years for the province.

II. Sources of Data

1. Data on population: Data in tables 3－1, 3－2 and 3－3 are estimated from the main population at year-end, figures for 2001－2009 have been revised in line with the data from the sixth National Population Census; data in table 3－4 are household registered population; data in table 3－5 present the main results from the sixth national population censuses from department of public security; data in table 3－6 are estimation of permanent population at year-end; data in tables 3－7 to 3－9 are the data of change of population sampling survey in 2013; data in table 3－10 are the data of labor sampling survey in 2013.

2. Data on basic conditions of employment, data by groups, total wage bills of staff and workers are collected and compiled through *The Reporting Form System on Labour Statistics*, *The Sample Survey System on Labour Force*.

3. Data on the number of employed persons in private enterprises and self-employed individuals are provided by the administration for industry and commerce.

III. Methodology of Survey

1. Data on population are collected by sampling survey and compiled according to the population censuses.

2. A complete reporting is used in the employed persons in urban units (excluded private and individual units); the sampling survey on labour force are conducted using sampling methods; statistics on private enterprises and self-employed individuals are collected and compiled on basis of administrative registering records.

3－1 全省人口数、户数(常住)

Population and Households(Permanent)

年份 Year	总户数(万户) Households(10000 households)	总人口(万人) Total Population(10000 persons)	按性别分 Grouped by Sex				平均每户人数(人/户) Average Family Size(person/households)	年平均人口(万人) Average Annual Population(10000 persons)	人口密度(人/平方公里) Density of Population(person/sq. km)
			男 Male		女 Female				
			人口数(万人) Population(10000 persons)	比重(%) Proportion	人口数(万人) Population(10000 persons)	比重(%) Proportion			
1990	1806.78	6766.90	3443.68	50.89	3323.22	49.11	3.75		660
1991	1859.70	6843.70	3451.96	50.44	3391.74	49.56	3.68	6805.30	667
1992	1957.85	6911.20	3483.24	50.40	3427.96	49.60	3.53	6877.45	674
1993	1893.28	6967.27	3513.59	50.43	3453.68	49.57	3.68	6939.24	679
1994	1923.44	7020.54	3534.09	50.34	3486.45	49.66	3.65	6993.91	684
1995	2066.09	7066.02	3589.56	50.80	3476.46	49.20	3.42	7043.28	689
1996	2014.21	7110.16	3610.72	50.78	3499.44	49.22	3.53	7088.09	693
1997	2133.69	7147.86	3628.08	50.76	3519.78	49.24	3.35	7129.01	697
1998	2087.92	7182.46	3643.21	50.72	3539.26	49.28	3.44	7165.16	700
1999	2121.51	7213.13	3656.05	50.69	3557.08	49.31	3.40	7197.80	703
2000	2220.38	7327.24	3710.28	50.64	3616.96	49.36	3.30	7270.19	714
2001	2314.00	7358.52	3724.81	50.62	3633.71	49.38	3.18	7342.88	717
2002	2350.96	7405.50	3752.03	50.67	3653.47	49.33	3.15	7382.01	722
2003	2345.19	7457.70	3775.26	50.62	3682.44	49.38	3.18	7431.60	727
2004	2388.23	7522.95	3811.87	50.67	3711.08	49.33	3.15	7490.33	733
2005	2463.60	7588.24	3795.64	50.02	3792.60	49.98	3.08	7555.59	740
2006	2485.61	7655.66	3829.47	50.02	3826.19	49.98	3.08	7621.95	746
2007	2507.51	7723.13	3863.09	50.02	3860.03	49.98	3.08	7689.40	753
2008	2504.03	7762.48	3883.33	50.03	3879.15	49.97	3.10	7742.81	756
2009	2519.44	7810.27	3908.18	50.04	3902.09	49.96	3.10	7786.38	761
2010	2564.59	7869.34	3964.31	50.38	3905.03	49.62	3.07	7839.80	767
2011	2572.90	7898.80	3977.69	50.36	3921.11	49.64	3.07	7884.07	770
2012	2588.23	7919.98	3987.91	50.35	3932.07	49.65	3.06	7909.40	772
2013	2593.31	7939.49	3997.09	50.34	3942.40	49.66	3.06	7929.74	774

3－2　全省市、镇、乡村人口数及其构成

City, Town, Country Population and It's Composition

单位:万人　　(10000 persons)

年　份 Year	总人口数 Total Population	#城镇人口 Urban		市 City		镇 Town		乡村 Rural	
		人口数 Population	占总人口% Proportion	人口数 Population	占总人口% Proportion	人口数 Population	占总人口% Proportion	人口数 Population	占总人口% Proportion
1978	5834.32	800.77	13.7	570.14	9.8	230.63	3.9	5033.55	86.3
1980	5938.19	901.78	15.2	636.41	10.7	265.37	4.5	5036.41	84.8
1985	6213.48	1099.79	17.7	0.00	0.0	0.00	0.0	5113.69	82.3
1990	6766.90	1458.94	21.6	1043.45	15.4	415.49	6.1	5307.96	78.5
1991	6843.70	1587.74	23.2	1163.43	17.0	424.31	6.2	5255.96	76.8
1992	6911.20	1643.72	23.8	1182.59	17.1	461.13	6.7	5267.48	76.2
1993	6967.27	1673.58	24.0	1199.26	17.2	474.32	6.8	5293.69	76.0
1994	7020.54	1733.01	24.7	1255.58	17.9	477.43	6.8	5287.53	75.3
1995	7066.02	1929.09	27.3	1331.30	18.8	597.79	8.5	5136.93	72.7
1996	7110.16	1942.50	27.3	1328.18	18.7	614.32	8.6	5167.66	72.7
1997	7147.86	2133.64	29.9	1465.31	20.5	668.33	9.4	5014.22	70.1
1998	7182.46	2262.47	31.5	1537.05	21.4	725.42	10.1	4919.99	68.5
1999	7213.13	2520.09	34.9	1685.84	23.4	834.25	11.6	4693.04	65.1
2000	7327.24	3040.81	41.5	1868.45	25.5	1172.36	16.0	4286.43	58.5
2001	7358.52	3134.73	42.6	1927.93	26.2	1206.80	16.4	4223.79	57.4
2002	7405.50	3310.25	44.7	2028.37	27.4	1281.89	17.3	4095.25	55.3
2003	7457.70	3487.97	46.8	2137.38	28.7	1350.59	18.1	3969.73	53.2
2004	7522.95	3624.56	48.2	2174.73	28.9	1449.82	19.3	3898.39	51.8
2005	7588.24	3832.06	50.5	2307.80	30.4	1524.26	20.1	3756.18	49.5
2006	7655.66	3973.29	51.9	2392.85	31.3	1580.44	20.6	3682.37	48.1
2007	7723.13	4108.70	53.2	2474.33	32.0	1634.37	21.2	3614.43	46.8
2008	7762.48	4215.17	54.3	2538.45	32.7	1676.72	21.6	3547.31	45.7
2009	7810.27	4342.51	55.6	2619.43	33.5	1723.08	22.1	3467.76	44.4
2010	7869.34	4767.63	60.6	3012.38	38.3	1755.25	22.3	3101.71	39.4
2011	7898.80	4889.36	61.9	3095.45	39.2	1793.91	22.7	3009.44	38.1
2012	7919.98	4990.09	63.0	3160.07	39.9	1830.02	23.1	2929.89	37.0
2013	7939.49	5090.01	64.1	3223.43	40.6	1866.58	23.5	2849.48	35.9

3－3　全省人口自然变动
Natural Change of Population

年　份 Year	出　生 Birth		死　亡 Death		自然增长 Natural Growth	
	人数(万人) Population (10000 persons)	出生率(‰) Birth Rate (‰)	人数(万人) Population (10000 persons)	死亡率(‰) Death Rate (‰)	人数(万人) Population (10000 persons)	自然增长率(‰) Natural Growth Rate (‰)
1978	90.62	15.63	35.32	6.09	55.30	9.54
1979	85.79	14.63	34.31	5.85	51.48	8.78
1980	86.90	14.69	38.87	6.57	48.03	8.12
1981	100.58	16.83	37.18	6.22	63.40	10.61
1982	99.42	16.43	34.77	5.75	64.65	10.68
1983	73.17	11.97	36.39	5.95	36.78	6.02
1984	64.09	10.42	36.32	5.90	27.77	4.52
1985	67.11	10.84	36.35	5.87	30.76	4.97
1986	82.38	13.20	36.19	5.80	46.19	7.40
1987	97.27	15.42	36.50	5.79	60.77	9.63
1988	102.46	16.03	37.65	5.89	64.81	10.14
1989	111.27	17.15	36.31	5.60	74.96	11.55
1990	137.96	20.54	43.86	6.53	94.10	14.01
1991	116.03	17.05	44.23	6.50	71.80	10.55
1992	108.04	15.71	46.49	6.76	61.55	8.95
1993	96.94	13.97	45.87	6.61	51.07	7.36
1994	96.38	13.78	47.98	6.86	48.40	6.92
1995	86.77	12.32	46.20	6.56	40.57	5.76
1996	85.84	12.11	46.64	6.58	39.20	5.53
1997	81.47	11.43	48.76	6.84	32.71	4.59
1998	78.60	10.97	49.01	6.84	29.59	4.13
1999	75.58	10.50	49.95	6.94	25.63	3.56
2000	66.01	9.08	47.40	6.52	18.61	2.56
2001	66.31	9.03	48.61	6.62	17.70	2.41
2002	67.69	9.17	51.60	6.99	16.09	2.18
2003	67.18	9.04	52.24	7.03	14.94	2.01
2004	70.78	9.45	53.93	7.20	16.85	2.25
2005	69.81	9.24	53.12	7.03	16.70	2.21
2006	71.34	9.36	53.96	7.08	17.38	2.28
2007	72.05	9.37	54.36	7.07	17.69	2.30
2008	72.32	9.34	54.51	7.04	17.81	2.30
2009	74.36	9.55	54.43	6.99	19.93	2.56
2010	76.31	9.73	53.94	6.88	22.37	2.85
2011	75.61	9.59	55.03	6.98	20.58	2.61
2012	74.67	9.44	55.29	6.99	19.38	2.45
2013	74.86	9.44	55.59	7.01	19.27	2.43

3-4 全省人口数、户数(户籍)
Population and Households(Registered)

年份 Year	总户数(万户) Households (10000 households)	总人口(万人) Total Population (10000 persons)	按性别分 Grouped by Sex 男 Male 人口数(万人) Population (10000 persons)	比重(%) Proportion (%)	女 Female 人口数(万人) Population (10000 persons)	比重(%) Proportion (%)	平均每户人数(人/户) Average Family Size (person/households)	年平均人口(万人) Average Annual Population (10000 persons)	人口密度(人/平方公里) Density of Population (person/sq. km)
1949	838.00	3512.00	1778.80	50.65	1733.20	49.35	4.19		342
1952	888.00	3739.00	1891.60	50.59	1847.40	49.41	4.21	3697.50	364
1957	985.51	4182.71	2087.06	49.90	2095.65	50.10	4.24	4136.05	408
1962	1089.51	4333.74	2155.01	49.70	2178.73	50.30	3.98	4288.57	422
1965	1110.13	4623.74	2319.92	50.17	2303.82	49.83	4.17	4567.75	451
1970	1215.28	5252.09	2635.02	50.17	2617.07	49.83	4.32	5185.36	512
1975	1315.55	5636.12	2842.86	50.44	2793.26	49.56	4.28	5600.91	549
1980	1471.76	5938.19	3003.75	50.58	2934.44	49.42	4.03	5915.37	579
1981	1518.91	6010.24	3047.66	50.71	2962.58	49.29	3.96	5974.22	586
1982	1554.78	6088.94	3093.60	50.81	2995.34	49.19	3.92	6049.59	593
1983	1574.46	6134.99	3122.06	50.89	3012.93	49.11	3.90	6111.97	598
1984	1597.81	6171.43	3143.01	50.93	3028.42	49.07	3.86	6153.21	602
1985	1633.62	6213.48	3168.25	50.99	3045.23	49.01	3.80	6192.46	606
1986	1681.10	6269.90	3199.18	51.02	3070.72	48.98	3.73	6241.69	611
1987	1736.98	6348.00	3241.71	51.07	3106.29	48.93	3.65	6308.95	619
1988	1834.32	6438.27	3289.49	51.09	3148.78	48.91	3.51	6393.14	628
1989	1903.71	6535.85	3339.10	51.09	3196.75	48.91	3.43	6487.06	637
1990	1956.89	6671.73	3406.33	51.06	3265.40	48.94	3.41	6618.80	650
1991	1987.55	6733.87	3439.29	51.07	3294.58	48.93	3.39	6702.80	656
1992	2015.17	6767.49	3457.77	51.09	3309.72	48.91	3.36	6750.68	660
1993	2034.87	6800.69	3476.26	51.12	3324.43	48.88	3.34	6784.09	663
1994	2055.96	6831.28	3491.72	51.11	3339.56	48.89	3.32	6815.99	666
1995	2085.96	6868.42	3509.59	51.10	3358.83	48.90	3.29	6849.85	669
1996	2113.07	6908.13	3528.95	51.08	3379.19	48.92	3.27	6888.28	673
1997	2146.87	6948.36	3537.04	50.90	3411.32	49.10	3.24	6928.25	677
1998	2186.70	6983.09	3565.55	51.06	3417.54	48.94	3.19	6965.73	681
1999	2221.70	7009.09	3577.71	51.04	3431.37	48.96	3.15	6996.09	683
2000	2268.56	7069.28	3602.92	50.97	3466.36	49.03	3.12	7039.19	689
2001	2300.83	7097.00	3616.16	50.95	3480.84	49.05	3.08	7083.14	692
2002	2323.06	7127.33	3631.10	50.95	3496.23	49.05	3.07	7112.17	695
2003	2344.84	7163.93	3646.60	50.90	3517.33	49.10	3.06	7145.63	698
2004	2359.61	7206.05	3663.62	50.84	3542.43	49.16	3.05	7184.99	702
2005	2382.21	7252.88	3686.09	50.82	3566.79	49.18	3.04	7229.47	707
2006	2390.18	7317.72	3715.24	50.77	3602.48	49.23	3.06	7285.30	713
2007	2390.55	7354.08	3733.67	50.77	3620.41	49.23	3.08	7335.90	717
2008	2399.15	7388.63	3750.38	50.77	3638.25	49.23	3.08	7371.36	720
2009	2403.89	7419.23	3765.32	50.75	3653.91	49.25	3.09	7403.93	723
2010	2417.01	7466.59	3787.73	50.73	3678.86	49.27	3.09	7442.91	728
2011	2425.11	7514.25	3811.84	50.73	3702.41	49.27	3.10	7490.42	732
2012	2416.27	7553.48	3832.55	50.74	3720.93	49.26	3.12	7533.87	736
2013	2423.54	7616.84	3863.48	50.72	3753.36	49.28	3.14	7585.16	742

3-5 全省历次人口普查主要数据

Major Data of All Previous Provincial Population Census

指标	Item	1953	1964	1982	1990	2000	2010
总人口（万人）	Total Population (10000 persons)	3767.29	4452.21	6052.11	6705.68	7304.36	7866.09
男	Male	1888.95	2242.71	3076.75	3412.32	3698.20	3962.67
女	Female	1878.34	2209.50	2975.36	3293.36	3606.16	3903.42
性别比（女性为100）	Sex Ratio (Female = 100)	100.6	101.5	103.4	103.6	102.6	101.5
家庭户规模（人/户）	Family Size (person/household)	4.19	4.09	3.91	3.66	3.25	2.94
各年龄组人口（万人）	Population by Age Group (10000 persons)						
0—14岁	Aged 0—14	1414.86	1772.66	1753.75	1592.47	1434.20	1023.35
15—64岁	Aged 15—64	2183.21	2514.48	3962.69	4657.93	5224.32	5986.88
65岁及以上	Aged 65 and Over	169.22	165.07	335.67	455.28	645.84	855.86
民族人口（万人）	Population by Ethnicity (10000 persons)						
汉族	Han Nationality	3760.92	4443.90	6041.08	6690.37	7278.37	7827.60
占总人口比重（%）	Proportion (%)	99.8	99.8	99.8	99.8	99.6	99.5
少数民族	Minority Nationalities	6.37	8.31	11.03	15.28	25.99	38.49
占总人口比重（%）	Proportion (%)	0.2	0.2	0.2	0.2	0.4	0.5
每十万人拥有的各种受教育程度人口（人）	Population with Various Education Attainments per 100000 Persons (person)						
大专及以上	Junior College and Above		386	639	1474	3919	10820
高中和中专	Senior Secondary School and Technical Secondary School		1470	6981	8670	13079	16150
初中	Junior Secondary School		5236	20049	26426	36365	38676
小学	Primary School		26588	32613	34791	32882	24196
城乡人口（万人）	Population by Residence (10000 persons)						
城镇人口	Urban Population	556.81	660.26	957.22	1446.85	3086.24	4737.15
乡村人口	Rural Population	3210.48	3791.95	5094.89	5258.83	4218.12	3128.94
平均预期寿命（岁）	Average Life Expectancy (age)			69.49	71.62	74.13	76.63
男	Male			67.35	69.46	71.88	74.60
女	Female			71.56	73.82	76.47	78.81

3-6 按地区分常住人口
Permanent Population by Region

地 区 Region		2012			2013		
		总人口（万人）Total Population (10000 persons)	城镇人口（万人）Urban Population (10000 persons)	城镇人口比重（%）Proportion (%)	总人口（万人）Total Population (10000 persons)	城镇人口（万人）Urban Population (10000 persons)	城镇人口比重（%）Proportion (%)
全 省	**Total**	**7919.98**	**4990.09**	**63.0**	**7939.49**	**5090.01**	**64.1**
按省辖市分	by City						
南 京	Nanjing	816.10	654.76	80.2	818.78	659.12	80.5
无 锡	Wuxi	646.55	471.41	72.9	648.41	477.88	73.7
徐 州	Xuzhou	856.41	485.67	56.7	859.10	498.97	58.1
常 州	Changzhou	468.68	310.31	66.2	469.21	316.48	67.5
苏 州	Suzhou	1054.91	762.85	72.3	1057.87	773.83	73.2
南 通	Nantong	729.73	428.05	58.7	729.77	437.13	59.9
连云港	Lianyungang	440.69	239.52	54.4	442.83	246.74	55.7
淮 安	Huaian	480.30	256.96	53.5	482.69	265.77	55.1
盐 城	Yancheng	721.63	402.67	55.8	721.98	413.08	57.2
扬 州	Yangzhou	446.72	262.72	58.8	447.00	268.09	60.0
镇 江	Zhenjiang	315.48	202.51	64.2	316.54	207.00	65.4
泰 州	Taizhou	462.98	268.16	57.9	463.40	273.57	59.0
宿 迁	Suqian	479.80	244.55	51.0	481.91	252.35	52.4
按区域分	by Region						
苏 南	Southern Jiangsu	3301.72	2401.84	72.7	3310.81	2434.31	73.5
苏 中	Mid Jiangsu	1639.43	958.92	58.5	1640.17	978.79	59.7
苏 北	Northern Jiangsu	2978.83	1629.37	54.7	2988.51	1676.91	56.1

3-7 全省人口年龄构成情况(2013 年 11 月 1 日零时)
Composition of Population Grouped by Age (0 o'clock on November 1,2013)

单位:人 (person)

年龄组(岁) Age Group	总人口 Total	#女 Female	市镇 Urban	市 City	镇 Town	乡村 Rural
合 计(Total)	**386646**	**192272**	**273175**	**160347**	**112828**	**113471**
0—4	17328	7818	11810	6379	5431	5518
5—9	18568	8258	12438	6534	5904	6130
10—14	14807	6808	10574	5690	4884	4233
15—19	19369	8952	14169	8464	5705	5200
20—24	30126	14469	22512	14306	8206	7614
25—29	29011	14919	21979	14174	7805	7032
30—34	27271	13783	21579	14227	7352	5692
35—39	27878	14039	21575	13443	8132	6303
40—44	36133	18451	26373	15534	10839	9760
45—49	37745	19271	26218	14744	11474	11527
50—54	25927	13102	17989	10420	7569	7938
55—59	29317	14557	19220	10722	8498	10097
60—64	24443	12230	15775	8786	6989	8668
65—69	17491	8697	11218	6095	5123	6273
70—74	12221	6120	7810	4297	3513	4411
75—79	9401	4977	5922	3217	2705	3479
80—84	5850	3361	3685	2014	1671	2165
85—89	2743	1737	1691	936	755	1052
90 及以上 (90 and over)	1017	723	638	365	273	379

注:本表是 2013 年人口变动情况抽样调查样本数据,抽样比为 4.87‰(3-8、3-9 表同)。

a) Data in this table is 2013 population changes sample survey, sampling ratio 4.87‰. (The same as in table 3-8 and table 3-9)

3－8　全省人口受教育程度情况（2013年11月1日零时）
Educated Situation of Population (0 o'clock on November 1,2013)

单位:人 (person)

指　标	Item	6岁及以上人口 Aged 6 and Over	不识字或识字很少 Illiterate or Nearly Illiterate	小　学 Primary Shool	初　中 Junior Secondary Shool	高　中 Senior and Specialized Secondary Shool	大　学 及以上 College and Above
合　计	**Total**	**365405**	**18390**	**88048**	**143569**	**66848**	**48550**
男	Male	182708	4735	39344	74087	37906	26636
女	Female	182697	13655	48704	69482	28942	21914
按城乡分	Grouped by City and Country						
城　镇	City	258808	10279	53169	97197	54006	44157
男	Male	130204	2620	23880	49469	30015	24220
女	Female	128604	7659	29289	47728	23991	19937
乡　村	Country	106597	8111	34879	46372	12842	4393
男	Male	52504	2115	15464	24618	7891	2416
女	Female	54093	5996	19415	21754	4951	1977

3－9　全省15岁及以上人口的婚姻状况（2013年11月1日零时）
Marriage Status of Population Aged 15 and Over (0 o'clock on November 1,2013)

单位:人 (person)

年龄组(岁) Age Group	未　婚 Never Married	初婚有配偶 First Married	再婚有配偶 Re-married	离　婚 Divorce	丧　偶 Widowed
合计　(Total)	**52938**	**253244**	**5107**	**4282**	**20372**
15—19	18921	433	6	5	4
20—24	21699	8311	35	74	7
25—29	7489	21044	180	271	27
30—34	1610	24811	333	472	45
35—39	619	26012	550	595	102
40—44	548	33753	835	742	255
45—49	417	35134	915	704	575
50—54	309	23696	608	537	777
55—59	419	26373	585	393	1547
60—64	342	21224	438	233	2206
65及以上(65 and over)	565	32453	622	256	14827

3-10 全省16岁及以上人口经济活动情况(2013年11月10日零时)

Condition of Economic Activities of Age 16 and Above Population(0 o'clock on November 10,2013)

单位:人 (person)

年龄组(岁) Age Group	16岁及以上人口 16 aged and Above Population			经济活动人口 Economically Active Population			非经济活动人口 Economically Inactive Population		
	小计 Total	男 Male	女 Female	小计 Total	男 Male	女 Female	小计 Total	男 Male	女 Female
合计 (Total)	**60400**	**30088**	**30312**	**44758**	**23697**	**21061**	**15642**	**6391**	**9251**
16—19	2320	1264	1056	427	246	181	1893	1018	875
20—24	4677	2464	2213	3399	1824	1575	1278	640	638
25—29	4578	2286	2292	4372	2240	2132	206	46	160
30—34	4505	2182	2323	4386	2164	2222	119	18	101
35—39	4922	2484	2438	4781	2446	2335	141	38	103
40—44	6615	3270	3345	6409	3209	3200	206	61	145
45—49	7471	3616	3855	7053	3536	3517	418	80	338
50—54	5249	2638	2611	4339	2530	1809	910	108	802
55—59	5894	2950	2944	4291	2583	1708	1603	367	1236
60—64	5128	2560	2568	2877	1573	1304	2251	987	1264
65及以上 (65 and over)	9041	4374	4667	2424	1346	1078	6617	3028	3589

注:本表是2013年劳动力抽样调查样本数据,抽样比为0.88‰。

a) Data in the table are the data of change of labour by 0.88‰ sampling survey in 2013.

3－11 就业基本情况
Employment

指标	Item	1995	2000	2005	2010	2012	2013
从业人员合计 （万人）	Total Number of Employed Persons (10000 persons)	4385.17	4418.14	4578.75	4754.68	4759.53	4759.89
第一产业	Primary Industry	2057.08	1890.96	1414.83	1060.29	989.98	956.74
第二产业	Secondary Industry	1407.64	1335.16	1703.29	1996.97	2032.32	2041.99
第三产业	Tertiary Industry	920.45	1192.02	1460.62	1697.42	1737.23	1761.16
从业人员构成 （合计＝100）	Composition of Employed Persons (Total＝100)						
第一产业	Primary Industry	46.9	42.8	30.9	22.3	20.8	20.1
第二产业	Secondary Industry	32.1	30.2	37.2	42.0	42.7	42.9
第三产业	Tertiary Industry	21.0	27.0	31.9	35.7	36.5	37.0
城镇从业人员 （万人）	Urban Employed Persons (10000 persons)	1119.33	1655.00	2133.58	2809.58	2922.38	2973.76
城镇单位从业人员 （万人）	Employed Persons in Urban Units (10000 persons)	926.48	693.09	628.82	763.75	830.94	1503.97
国有单位	State-owned Units	581.88	421.75	283.75	281.21	295.99	294.05
城镇集体单位	Urban Collective Owned Units	277.71	117.94	38.70	30.31	30.19	38.76
其他单位	Others	66.89	153.41	306.37	452.23	504.76	1171.16
内资单位	Domestic Funded	29.63	102.03	176.27	243.52	278.43	744.16
股份合作单位	Cooperative Units		17.84	8.31	6.31	7.41	5.12
联营单位	Joint Ownership Units	11.92	5.45	1.78	1.10	1.54	1.46
有限责任公司	Limited Liability Corporations		47.07	88.09	106.90	119.53	568.19
股份有限公司	Share-holding Corporations Ltd.		30.66	52.88	59.27	67.80	156.85
其他	Others		0.99	25.21	69.95	82.15	12.54
港澳台商投资单位	Units with Funds from Hong Kong, Macao & Taiwan	19.27	20.00	50.38	65.03	73.08	150.47
外商投资单位	Foreign Funded Units	17.99	31.38	79.72	143.68	153.25	276.53
城镇私营企业从业人员 （万人）	Employed Persons in Urban Private Enterprises (10000 persons)	65.89	96.57	397.20	958.85	1064.73	1236.10
城镇个体从业人员 （万人）	Urban Self-employed Individuals (10000 persons)		81.18	189.20	338.45	402.29	442.45
职工人数 （万人）	Number of Staff and Workers (10000 persons)	915.98	673.25	602.93	710.58	792.62	1418.57
国有单位	State-owned Units	576.24	411.40	273.43	263.95	280.92	276.26
城镇集体单位	Urban Collective-owned Units	273.96	114.85	36.84	27.35	27.59	35.04
其他单位	Units of Other Types of Ownership	65.78	147.00	292.67	419.28	484.11	1107.27
城镇单位女性从业人员 （万人）	Number of Employed Female Persons in Urban Units (10000 persons)	375.50	270.20	264.94	319.03	338.55	468.29
年末城镇登记失业人数 （万人）	Number of Registered Unemployed Persons in Urban Areas (year-end) (10000 persons)	20.13	30.36	41.63	40.65	40.47	37.61
年末城镇登记失业率 （%）	Registered Unemployment Rate in Urban Areas(year-end) (%)	2.0	3.2	3.6	3.16	3.14	3.03

注：从2013年起，原属于乡镇企业的规模以上非私营法人单位纳入城镇单位进行统计。（下同）

a) The non-private legal entities above designated size originally belonged to township enterprises have been taken into urban units since 2013. (The same as in the following tables)

3－12 从 业 人 数
Number of Employed Persons

单位:万人 (10000 persons)

年 份 Year	从业人数 Total Number of Employed Persons	#城镇单位职工人数 Number of Staff and Workers in Urban Units	国有单位 State-owned Units	城镇集体单位 Urban Collective-owned Units	其他单位 Other Uuits	#城镇单位其他从业人员 Others Employed Persons in Urban Areas	#城镇私营及个体从业人员 Employed Persons in Urban Private Enterprises and Individual Units
1978	2777.72	581.50	366.37	215.13			1.62
1980	2821.03	644.15	401.98	242.17			2.75
1985	3262.97	782.44	468.80	305.39	8.25		11.86
1989	3519.83	867.55	525.24	324.73	17.58		19.10
1990	4225.02	879.85	536.88	323.34	19.63		23.57
1991	4272.97	899.27	551.52	324.91	22.84		21.92
1992	4315.12	904.09	562.69	313.81	27.59		23.63
1993	4339.81	914.73	574.02	293.57	47.14	12.81	37.11
1994	4362.76	909.83	571.39	277.27	60.67	11.04	52.99
1995	4385.17	915.98	576.24	273.96	65.78	10.50	65.89
1996	4386.97	905.52	575.48	256.91	73.13	10.79	72.80
1997	4388.79	893.74	577.54	239.61	76.59	11.29	90.12
1998	4389.92	752.76	471.52	161.85	119.39	16.41	129.89
1999	4390.71	717.12	445.27	139.03	132.82	18.99	150.34
2000	4418.14	673.25	411.40	114.85	147.00	19.84	177.75
2001	4436.45	625.83	377.40	90.34	158.09	22.35	232.79
2002	4472.84	590.32	329.96	67.11	193.25	25.33	240.61
2003	4499.97	579.10	304.98	52.58	221.54	29.41	352.60
2004	4537.07	575.08	281.03	41.11	252.94	31.77	446.86
2005	4578.75	602.93	273.43	36.83	292.67	25.89	586.40
2006	4628.95	645.71	268.41	33.58	343.72	33.66	722.30
2007	4677.88	667.27	268.54	33.12	365.62	35.41	828.61
2008	4700.96	668.29	264.31	31.45	372.53	39.35	1019.13
2009	4726.54	673.74	263.26	28.15	382.32	47.61	1147.08
2010	4754.68	710.58	263.95	27.35	419.28	53.17	1297.30
2011	4758.23	774.39	276.86	27.77	469.76	36.89	1381.83
2012	4759.53	792.62	280.92	27.59	484.11	38.32	1467.02
2013	4759.89	1418.57	276.26	35.04	1107.27	85.4	1678.55

注: 1. 从1990年开始从业人数为推算数。
2. 1998年以前的职工人数包括在岗职工人数和下岗职工人数(下同)。
3. 1998年开始的职工人数为在岗职工人数,不包括离开本单位仍保留劳动关系的职工人数(下同)。

a) Since 1990, the number of employed persons was the estimated figure.
b) Before 1998, the number of staff and workers included employed and laid off personnels. (The same as in the following tables)
c) Since 1998, the number of staff and workers included employed personnels, excluded staff and workers who had left self units, but still remained the labor relationship. (The same as in the following tables)

3－13 分地区从业人数

Number of Employed Persons by Region

单位:万人　　　　　　　　　　　　　　　　　　　　(10000 persons)

地 区 Region		2012 从业人数 Total Number of Employed Persons	2012 第一产业 Primary Industry	2012 第二产业 Secondary Industry	2012 第三产业 Tertiary Industry	2013 从业人数 Total Number of Employed Persons	2013 第一产业 Primary Industry	2013 第二产业 Secondary Industry	2013 第三产业 Tertiary Industry
全 省	**Total**	**4759.5**	**990.0**	**2032.3**	**1737.2**	**4759.9**	**956.7**	**2042.0**	**1761.2**
按省辖市分	by Cities								
南 京	Nanjing	451.8	49.1	151.1	251.6	452.4	48.5	150.2	253.7
无 锡	Wuxi	389.1	18.2	223.8	147.1	389.2	18.1	222.5	148.6
徐 州	Xuzhou	478.7	180.4	140.3	158.0	478.7	171.5	145.8	161.4
常 州	Changzhou	280.9	31.7	148.2	101.0	280.9	31.5	147.2	102.2
苏 州	Suzhou	694.3	25.3	427.1	241.9	695.2	25.1	425.9	244.2
南 通	Nantong	468.9	114.5	214.1	140.3	467.2	107.3	216.6	143.3
连云港	Lianyungang	249.2	83.0	77.7	88.5	250.2	81.8	78.3	90.1
淮 安	Huaian	280.4	83.8	84.9	111.7	281.3	82.6	85.2	113.5
盐 城	Yancheng	447.7	140.1	143.1	164.5	446.4	132.9	146.9	166.6
扬 州	Yangzhou	265.8	52.6	120.8	92.4	265.7	51.9	120.6	93.2
镇 江	Zhenjiang	192.0	24.4	92.1	75.5	192.1	24.2	91.4	76.5
泰 州	Taizhou	284.4	72.8	119.3	92.3	284.2	70.8	119.4	94.0
宿 迁	Suqian	276.4	114.1	89.8	72.5	276.4	110.5	92.0	73.9
按区域分	by Regions								
苏 南	Southern Jiangsu	2008.1	148.7	1042.3	817.1	2009.8	147.4	1037.2	825.2
苏 中	Mid Jiangsu	1019.1	239.9	454.2	325.0	1017.1	230.0	456.6	330.5
苏 北	Northern Jiangsu	1732.4	601.4	535.8	595.2	1733.0	579.3	548.2	605.5

3－14　分三次产业的从业人数

Number of Employed Persons by Three Types of Industries

单位：万人　　　　　　　　　　　　　　　　　　　　　　　　　　　　　　(10000 persons)

年份 Year	从业人数 Total Number of Employed Persons				构成(%) Composition(%)		
		第一产业 Primary Industry	第二产业 Secondary Industry	第三产业 Tertiary Industry	第一产业 Primary Industry	第二产业 Secondary Industry	第三产业 Tertiary Industry
1978	2777.72	1937.06	544.57	296.09	69.7	19.6	10.7
1980	2821.03	1987.28	546.48	287.27	70.4	19.4	10.2
1985	3262.97	1738.09	1065.75	459.13	53.2	32.7	14.1
1989	3519.83	1714.69	1215.40	589.74	48.7	34.5	16.8
1990	4225.02	2389.25	1212.58	623.19	56.6	28.7	14.7
1991	4272.97	2405.68	1226.34	640.95	56.3	28.7	15.0
1992	4315.12	2337.93	1270.80	706.39	54.2	29.4	16.4
1993	4339.81	2228.06	1325.38	786.37	51.4	30.5	18.1
1994	4362.76	2131.65	1375.14	855.97	48.9	31.5	19.6
1995	4385.17	2057.08	1407.64	920.45	46.9	32.1	21.0
1996	4386.97	2014.06	1397.25	975.66	45.9	31.9	22.2
1997	4388.79	1981.54	1382.03	1025.22	45.1	31.5	23.4
1998	4389.92	1946.49	1341.12	1102.31	44.3	30.6	25.1
1999	4390.71	1908.64	1330.39	1151.68	43.5	30.3	26.2
2000	4418.14	1890.96	1335.16	1192.02	42.8	30.2	27.0
2001	4436.45	1832.25	1375.30	1228.90	41.3	31.0	27.7
2002	4472.84	1744.41	1453.67	1274.76	39.0	32.5	28.5
2003	4499.97	1615.49	1547.99	1336.49	35.9	34.4	29.7
2004	4537.07	1506.31	1633.35	1397.42	33.2	36.0	30.8
2005	4578.75	1414.83	1703.29	1460.62	30.9	37.2	31.9
2006	4628.95	1323.88	1777.52	1527.55	28.6	38.4	33.0
2007	4677.88	1230.28	1857.12	1590.48	26.3	39.7	34.0
2008	4700.96	1179.94	1889.79	1631.23	25.1	40.2	34.7
2009	4726.54	1120.19	1942.61	1663.74	23.7	41.1	35.2
2010	4754.68	1060.29	1996.97	1697.42	22.3	42.0	35.7
2011	4758.23	1023.02	2017.49	1717.72	21.5	42.4	36.1
2012	4759.53	989.98	2032.32	1737.23	20.8	42.7	36.5
2013	4759.89	956.74	2041.99	1761.16	20.1	42.9	37.0

3-15 城镇单位从业人员数（2013年）
Number of Employed Persons in Urban Units（2013）

单位:万人 （10000 persons）

项目	Item	从业人员年末人数 Number of Employed Persons at Year-end	在岗职工 Employed	其他从业人员 Others
总计	**Total**	**1503.97**	**1418.57**	**85.40**
按登记注册类型分	Grouped by Status of Registration			
国有单位	State-owned Units	294.05	276.26	17.78
城镇集体单位	Urban Collective-owned Units	38.76	35.04	3.72
其他单位	Other Units	1171.16	1107.27	63.89
内资单位	Domestic Funded	744.16	689.49	54.67
股份合作单位	Cooperative Units	5.12	4.71	0.42
联营单位	Joint Ownership Units	1.46	1.36	0.10
有限责任公司	Limited Liability Corporations	568.19	525.10	43.09
股份有限公司	Share-holding Corporations Ltd.	156.85	146.70	10.14
其他	Others	12.54	11.62	0.92
港、澳、台商投资单位	Units with Funds from Hong Kong, Macao and Taiwan	150.47	147.99	2.48
外商投资单位	Foreign Funded Units	276.53	269.79	6.75
按企业、事业、机关分	Grouped by Enterprises, Institutions and Agencies			
企业	Enterprises	1280.33	1209.11	71.22
事业	Institutions	163.69	153.20	10.49
机关	Agencies & Organizations	57.63	54.14	3.49
按国民经济行业分	Grouped by Sector			
农、林、牧、渔业	Agriculture, Forestry, Animal Husbandry and Fishery	6.60	6.24	0.36
采矿业	Mining	13.62	13.36	0.26
制造业	Manufacturing	555.46	546.76	8.70
电力、热力、燃气及水生产和供应业	Production and Supply of Electricity, Gas and Water	18.14	17.83	0.30
建筑业	Construction	420.53	375.41	45.12
批发和零售业	Wholesale and Retail Trades	61.40	59.10	2.30
交通运输、仓储和邮政业	Traffic, Transport, Storage and Post	48.41	46.72	1.68
住宿和餐饮业	Hotels and Catering Services	19.20	16.32	2.87
信息传输、软件和信息技术服务业	Information Transmission, Computer Services and Software	30.46	29.80	0.66
金融业	Financial Intermediation	30.79	24.88	5.91
房地产业	Real Estate	21.19	20.08	1.11
租赁和商务服务业	Leasing and Business Services	31.86	30.95	0.91
科学研究、技术服务业	Scientific and Fednical Services	19.25	18.46	0.79
水利、环境和公共设施管理业	Management of Water Conservancy, Environment and Public Facilities	14.03	12.34	1.69
居民服务、修理和其他服务业	Services to Households and Other Services	3.57	3.43	0.14
教育	Education	89.67	85.76	3.91
卫生和社会工作	Health and Social Work	43.91	39.91	4.00
文化、体育和娱乐业	Culture, Sports and Entertainment	7.79	7.32	0.47
公共管理、社会保障和社会组织	Public Administralion, Social Secarily and Organization	68.12	63.91	4.20

注:本表城镇单位数据不含私营单位(下相关表同)。

a) Data of employed persons in urban units do not include those fo private enterprises. The same applies to the table following.

3-16 分细行业城镇单位从业人员数（2013年）
Number of Employed Persons in Urban Units by Sector in Detail(2013)

单位:万人 (10000 persons)

项目	Item	合计 Total	#在岗职工 Employed	国有单位 State-owned Units	城镇集体单位 Urban Collective-owned Units	其他单位 Other Units
总计	**Total**	**1503.97**	**1418.57**	**294.05**	**38.76**	**1171.16**
按企业、事业、机关分	Grouped by Enterprise, Institution and Agenciy					
企业	Enterprises	1280.33	1209.11	87.27	27.24	1165.81
事业	Institutions	163.69	153.20	148.61	11.34	3.73
机关	Agencies & Organizations	57.63	54.14	57.40	0.07	0.16
按国民经济行业分	Grouped by Sector					
农、林、牧、渔业	Agriculture, Forestry, Animal Husbandry and Fishery	6.60	6.24	6.43	0.06	0.12
农业	Farming	5.26	4.97	5.17	0.04	0.05
林业	Forestry	0.36	0.33	0.34		0.02
畜牧业	Animal Husbandry	0.27	0.26	0.25	0.01	0.01
渔业	Fishery	0.09	0.09	0.07	0.01	0.01
农、林、牧、渔服务业	Service in Support of Agriculture	0.61	0.59	0.58	0.01	0.02
采矿业	Mining	13.62	13.36	2.71	0.10	10.81
制造业	Manufacturing	555.46	546.76	9.05	6.75	539.65
农副食品加工业	Processing of Food from Agricultural Products	5.58	5.43	0.14	0.04	5.39
食品制造业	Manufacture of Food	6.03	5.83	0.11	0.04	5.88
酒、饮料和精制茶制造业	Manufacture of Beverage	7.50	7.37	0.04	0.01	7.45
烟草制品业	Manufacture of Tobacco	0.63	0.63	0.57		0.06
纺织业	Manufacture of Textile	28.39	28.13	0.38	0.40	27.60
纺织服装、服饰业	Manufacture of Textile Wearing, Apparel, Footwear and Caps	32.10	31.66	0.64	0.13	31.33
皮革、毛皮、羽毛及其制品和制鞋业	Manufacture of Leather, Fur, Feather and Related and saps	6.10	6.05	0.01	0.03	6.06
木材加工和木、竹、藤、棕、草制品业	Processing of Timber, Manufacture of Wood, Bamboo, Rattan, Palm and Straw Products	4.12	4.09		0.01	4.11
家具制造业	Manufacture of Furniture	2.25	2.23		0.03	2.22
造纸和纸制品业	Manufacture of Paper and Paper Products	5.57	5.52	0.14	0.08	5.35
印刷和记录媒介复制业	Printing, Reproduction of Recording Media	4.63	4.56	0.20	0.10	4.33
文教、工美、体育和娱乐用品制造业	Manufacture of Articles For Culture, Education and Sport Activities	10.63	10.54		0.18	10.44
石油加工、炼焦和核燃料加工业	Processing of Petroleum, Coking, Processing of Nuclear Fuel	1.78	1.76	0.16	0.01	1.62
化学原料和化学制品制造业	Manufacture of Raw Chemical Materials and Chemical Products	32.16	31.66	1.16	0.36	30.63
医药制造业	Manufacture of Medicines	13.90	13.64	0.88	0.02	12.99
化学纤维制造业	Manufacture of Chemical Fibers	5.35	5.28	0.04	0.05	5.27
橡胶和塑料制品业	Rubber and plastic Products	17.12	16.86	0.05	0.17	16.90
非金属矿物制品业	Manufacture of Non-metallic Mineral Products	12.44	12.21	0.45	0.23	11.76
黑色金属冶炼和压延加工业	Smelting and Pressing of Ferrous Metals	18.82	18.64	0.26	2.11	16.45
有色金属冶炼和压延加工业	Smelting and Pressing of Non-ferrous Metals	4.19	4.13	0.04	0.08	4.06

3－16 续表 1 Continued 1

单位:万人 (10000 persons)

项 目	Item	合 计 Total	#在岗职工 Employed	国有单位 State-owned Units	城镇集体单位 Urban Collective-owned Units	其他单位 Other Units
金属制品业	Manufacture of Metal Products	17.15	16.46	0.25	0.22	16.68
通用设备制造业	Manufacture of General Purpose Machinery	38.92	38.06	0.54	0.42	37.95
专用设备制造业	Manufacture of Special Purpose Machinery	24.35	24.03	0.27	0.08	24.00
汽车制造业	Manufacture of Automobile	23.33	23.01	0.37	0.09	22.87
铁路、船舶、航空航天和其他运输设备制造业	Manufacture of Railroad, Marihe Aviation and other Transport Equipment	19.00	18.80	0.81	0.23	17.96
电气机械和器材制造业	Manufacture of Electrical Machinery and Equipment	51.69	51.12	0.67	0.65	50.36
计算机、通信和其他电子设备制造业	Manufacture of Communication Equipment, Computer and Other Electronic Equipment	148.51	145.95	0.24	0.77	147.50
仪器仪表制造业	Manufacture of Instrumentation	11.35	11.23	0.61	0.09	10.64
其他制造业	Other Manufacturing	1.33	1.33		0.04	1.29
废弃资源综合利用业	Manufacture of Recycling and Disposal of waste	0.38	0.37	0.01	0.04	0.34
金属制品、机械和设备修理业	Manufacture of Metal Prodults, Machinery and Eauipment Repair	0.18	0.17		0.02	0.16
电力、热力、燃气及水生产和供应业	Production and Supply of Electricity, Gas and Water	18.14	17.83	9.99	0.22	7.92
电力、热力生产和供应业	Production and Supply of Electric Power and Heat Power	13.46	13.28	8.41	0.11	4.93
燃气生产和供应业	Production and Supply of Gas	1.38	1.34	0.06		1.31
水的生产和供应业	Production and Supply of Water	3.30	3.21	1.51	0.11	1.68
建筑业	Construction	420.53	375.41	13.55	9.19	397.79
房屋建筑业	Housing Construction	336.71	304.30	3.28	7.05	326.38
土木工程建筑业	Civil Engineering Construction	44.11	35.54	7.82	1.26	35.03
建筑安装业	Architectural Installation	20.80	18.84	0.90	0.32	19.58
建筑装饰和其他建筑业	Other Construction	18.91	16.72	1.55	0.55	16.80
批发和零售业	Wholesale and Retail Trades	61.40	59.10	4.44	1.57	55.39
批发业	Wholesale Trade	25.41	24.83	3.36	0.56	21.49
零售业	Retail Trade	35.99	34.27	1.08	1.01	33.90
交通运输、仓储和邮政业	Traffic, Transport, Storage and Post	48.41	46.72	16.47	1.71	30.23
铁路运输业	Railway Transport	2.33	2.25	2.15	0.11	0.07
道路运输业	Road Transport	23.96	22.91	5.94	0.69	17.33
水上运输业	Water Transport	7.83	7.58	0.94	0.41	6.49
航空运输业	Air Transport	1.34	1.33	0.57	0.01	0.76
管道运输业	Transport Via Pipeline	1.04	1.04	0.30		0.74
装卸搬运和运输代理业	Handling and Agency	3.68	3.59	0.40	0.46	2.82
仓储业	Storage	1.79	1.75	0.60	0.02	1.18
邮政业	Post	6.44	6.28	5.58	0.01	0.85
住宿和餐饮业	Hotels and Catering Services	19.20	16.32	2.25	0.35	16.60
住宿业	Hotel	7.74	7.34	1.91	0.24	5.58
餐饮业	Catering Services	11.46	8.98	0.34	0.11	11.02
信息传输、软件和信息技术服务业	Information Transfer、Software and IT Services	30.46	29.80	2.85	0.08	27.52
电信、广播电视和卫星传输服务	Telecommunications、Satellites Radio and Television Services	17.88	17.39	2.61	0.07	15.20
互联网和相关服务	Internet and Relatiue Services	1.05	1.04	0.03	0.02	1.01
软件和信息技术服务业	Software and IT Services	11.53	11.36	0.21		11.32

3－16 续表 2 Continued 2

单位:万人 (10000 persons)

项 目	Item	合计 Total	#在岗职工 Employed	国有单位 State-owned Units	城镇集体单位 Urban Collective-owned Units	其他单位 Other Units
金融业	Financial Intermediation	30.79	24.88	9.94	2.19	18.66
货币金融服务业	Nonetary and Financial	19.81	19.55	7.28	2.18	10.35
资本市场服务业	Capital Markets	0.90	0.88	0.07		0.83
保险业	Insurance	10.02	4.39	2.56		7.46
其他金融业	Other Financial Activities	0.06	0.05	0.04		0.02
房地产业	Real Estate	21.19	20.08	1.52	0.43	19.23
#房地产开发经营	Development and Management of Real Estate	9.75	9.42	0.58	0.11	9.06
租赁和商务服务业	Leasing and Business Services	31.86	30.95	9.13	3.33	19.40
租赁业	Leasing	0.57	0.55	0.10	0.04	0.43
商务服务业	Business Services	31.29	30.39	9.03	3.29	18.97
科学研究、技术服务业	Scientific and Fednical Services	19.25	18.46	8.59	0.37	10.29
研究和试验发展	Research and Experimental Development	3.98	3.84	3.21	0.01	0.76
专业技术服务业	Professional Technical Services	12.66	12.17	4.40	0.30	7.96
科技推广和应用服务业	Promation and Application of Secscence	2.60	2.45	0.98	0.05	1.57
水利、环境和公共设施管理业	Management of Water Conservancy, Environment and Public Facilities	14.03	12.34	8.92	2.35	2.77
水利管理业	Management of Water Conservancy	3.09	2.93	2.91	0.08	0.11
生态保护和环境治理业	Ecological Protection and Enviromental	0.63	0.53	0.29	0.02	0.32
公共设施管理业	Management of Public Facilities	10.31	8.88	5.72	2.26	2.34
居民服务、修理和其他服务业	Services to Households and Other Services	3.57	3.43	0.50	0.42	2.66
居民服务业	Services to Households	1.08	1.04	0.37	0.32	0.39
机动车、电子产品和日用产品修理业	Vehicle、Electronics and Daiy Maintenance	0.79	0.73	0.05	0.05	0.69
其他服务业	Other Services	1.70	1.66	0.08	0.05	1.57
教 育	Education	89.67	85.76	83.36	1.73	4.58
卫生和社会工作	Health and Social Work	43.91	39.91	32.20	7.31	4.40
卫 生	Health	43.17	39.21	31.57	7.23	4.36
社会工作	Social work	0.74	0.70	0.63	0.08	0.03
文化、体育和娱乐业	Culture, Sports and Entertainment	7.79	7.32	4.74	0.30	2.75
新闻和出版业	Journalism and Publishing Activities	1.61	1.57	0.91		0.70
广播、电视、电影和影视录音制作业	Radio、TV、Movie and Video Recording	2.75	2.59	1.89	0.08	0.79
文化艺术业	Cultural and Art Activities	2.06	1.86	1.59	0.18	0.29
体 育	Sports Activities	0.42	0.39	0.22		0.19
娱乐业	Entertainment	0.94	0.90	0.13	0.03	0.78
公共管理、社会保障和社会组织	Public Administration、Social Security and Organization	68.12	63.91	67.42	0.31	0.39
中国共产党机关	Organs of Communist Party of China	1.46	1.44	1.46		
国家机构	Government Agencies	64.99	60.90	64.39	0.28	0.32
人民政协、民主党派	People's Political Consultative Conference and Democratic Parties	0.29	0.29	0.29		
社会保障	Social Security	0.58	0.54	0.54	0.03	0.01
群众社团、社会团体和其他成员组织	Mass、Society and other Groups	0.75	0.71	0.73		0.02

3-17 分行业城镇单位女性从业人员数(2013年)

Number of Employed Women in Urban Units by Sector (2013)

单位:万人 (10000 persons)

行业	Sector	女性从业人数 Number of Emloyed Women	国有单位 State-owned Units	城镇集体单位 Urban Collective-owned Units	其他单位 Other Units
总计	**Total**	**468.29**	**114.60**	**13.94**	**339.75**
农、林、牧、渔业	Agriculture, Forestry, Animal Husbandry and Fishery	2.57	2.52	0.02	0.04
采矿业	Mining	2.94	0.80	0.02	2.13
制造业	Manufacturing	225.60	2.51	2.82	220.27
电力、热力、燃气及水生产和供应业	Production and Supply of Electricity, Gas and Water	4.27	2.23	0.05	1.98
建筑业	Construction	23.47	1.41	0.61	21.45
批发和零售业	Wholesale and Retail Trades	33.09	1.24	0.63	31.21
交通运输、仓储和邮政业	Traffic, Transport, Storage and Post	11.57	4.54	0.39	6.65
住宿和餐饮业	Hotels and Catering Services	11.01	1.25	0.21	9.55
信息传输、软件和信息技术服务业	Information Transmission, Computer Services and Software	11.99	1.18	0.03	10.78
金融业	Financial Intermediation	15.94	4.77	0.88	10.29
房地产业	Real Estate	7.87	0.55	0.16	7.17
租赁和商务服务业	Leasing and Business Services	9.72	2.25	0.82	6.65
科学研究、技术服务业	Scientific Research and Technical Service	5.55	2.49	0.12	2.93
水利、环境和公共设施管理业	Management of Water Conservancy, Environment and Public Facilities	5.71	3.30	1.20	1.22
居民服务、修理和其他服务业	Services to Households and other Services	1.01	0.16	0.17	0.69
教育	Education	47.41	43.56	1.30	2.55
卫生和社会工作	Health and Social Work	27.39	20.27	4.34	2.78
文化、体育和娱乐业	Culture, Sports and Entertainment	3.14	1.75	0.12	1.27
公共管理、社会保障和社会组织	Public Administration、Social Security and Organization	18.05	17.83	0.09	0.14

3－18 城镇失业人数及失业率

Number of Urban Unemployed Persons and Unemployed Rate

单位:万人　　　　(10000 persons)

年　份 Year	下岗失业人员就业、再就业人数 Re-employment	年末尚有失业人数 Unemployment Registered at Year-end	年末城镇登记失业率(%) Registered Unemployment Rate at Year-end
1979	54.70	34.30	5.4
1980	32.78	20.29	3.1
1985	15.25	7.15	0.9
1990	28.06	22.52	2.4
1991	23.33	18.68	2.0
1992	21.43	18.81	2.0
1993	20.64	19.43	2.0
1994	22.19	19.58	2.0
1995	21.49	20.13	2.0
1996	20.78	22.34	2.2
1997	21.40	23.80	2.4
1998	21.61	24.26	2.6
1999	21.57	26.57	2.9
2000	27.01	30.36	3.4
2001	34.94	36.14	3.6
2002	39.96	42.17	4.2
2003	54.46	41.84	4.1
2004	60.22	42.90	3.9
2005	62.92	41.63	3.6
2006	68.65	40.40	3.4
2007	81.89	39.26	3.19
2008	92.19	41.09	3.25
2009	52.00	40.74	3.22
2010	60.93	40.65	3.16
2011	66.11	41.45	3.22
2012	66.71	40.47	3.14
2013	81.61	37.61	3.03

3－19 职工工资总额及指数

Total Wage Bill of Staff and Workers and Related Index

年份 Year	绝对数(亿元) Total Wage Bill(100 million yuan)				指数(以上年为100) Index (preceding year = 100)			
	全部职工 Total	国有单位 State-owned units	城镇集体单位 Urban Collective-owned units	其他单位 Other Types of Ownership	全部职工 Total	国有单位 State-owned units	城镇集体单位 Urban Collective-owned units	其他单位 Other Types of Ownership
1978	29.05	19.84	9.21		110.7	110.8	110.6	
1979	33.10	22.46	10.64		113.9	113.2	115.5	
1980	41.63	27.99	13.64		125.8	124.6	128.2	
1981	44.13	29.60	14.53		106.0	105.8	106.5	
1982	48.14	32.35	15.79		109.1	109.3	108.7	
1983	50.78	34.41	16.37		105.5	106.4	103.7	
1984	67.28	43.34	23.25	0.69	132.5	126.0	142.0	
1985	86.17	55.10	30.09	0.98	128.1	127.1	129.4	142.0
1986	105.56	67.93	36.28	1.35	122.5	123.3	120.6	137.8
1987	121.26	78.09	41.30	1.87	114.9	115.0	113.8	138.5
1988	152.53	99.17	50.60	2.76	125.8	127.0	122.5	147.6
1989	165.38	108.56	53.05	3.77	108.4	109.5	104.8	136.6
1990	184.60	123.25	56.70	4.65	111.6	113.5	106.9	123.3
1991	204.43	136.26	62.05	6.12	110.7	110.6	109.4	131.6
1992	251.51	170.85	71.64	9.02	123.0	125.4	115.4	147.4
1993	328.21	221.91	85.85	20.45	130.5	129.9	119.8	226.7
1994	450.44	312.56	103.32	34.56	137.2	140.8	120.3	169.0
1995	541.62	369.10	126.57	45.95	120.2	118.1	122.5	132.9
1996	595.72	411.30	128.61	55.81	110.0	111.4	101.6	121.5
1997	635.44	446.95	124.86	63.63	106.7	108.7	97.1	114.0
1998	628.49	422.35	99.49	106.65	103.0	101.8	92.9	131.3
1999	666.28	443.41	91.90	130.97	106.0	105.0	92.4	122.8
2000	705.36	463.63	82.98	158.75	105.9	104.6	90.3	121.2
2001	758.55	498.61	71.42	188.52	107.5	107.5	86.1	118.8
2002	813.09	506.06	60.42	246.61	107.2	101.5	84.6	130.8
2003	917.33	540.59	53.51	323.23	112.8	106.8	88.6	131.1
2004	1050.35	591.38	48.20	410.77	114.5	109.4	90.1	127.1
2005	1252.06	672.70	48.80	530.56	119.2	113.8	101.2	129.2
2006	1520.39	768.86	52.55	698.97	121.4	114.3	107.7	131.7
2007	1806.65	896.36	61.72	848.57	118.8	116.6	117.5	121.4
2008	2132.45	1035.56	72.33	1024.57	118.0	115.5	117.2	120.7
2009	2403.32	1196.05	75.78	1131.49	112.7	115.5	104.8	110.4
2010	2841.33	1344.25	85.33	1411.75	118.2	112.4	112.6	124.8
2011	3548.29	1569.23	102.31	1876.75	124.9	116.7	119.9	132.9
2012	4065.99	1758.24	119.59	2188.16	114.6	112.0	116.9	116.6
2013	8041.98	1914.49	179.22	5948.27	197.8	108.9	149.9	271.8

注：1998 年起职工工资为在岗职工工资，不包括离开本单位仍保留劳动关系的职工的生活补助费(下同)。

a) Since 1998, the wage bill of staff and workers was for employed personnels, excluded living expense subsidies of the personnels who had left self units, but still remained labor relationship(the same as in the following tables).

3-20 城镇单位从业人员工资总额(2013年)
Total Wages of Employed Persons in Urban Units (2013)

单位:亿元 (100 million yuan)

项目	Item	从业人员工资总额 Annual Total Wages	在岗职工 Employed	其他从业人员 Others Employed Persons in Urban Areas
总计	**Total**	**8400.59**	**8041.98**	**358.62**
按登记注册类型分	**Grouped by Status of Registration**			
国有单位	State-owned Units	1970.86	1914.49	56.37
城镇集体单位	Urban Collective-owned Units	193.74	179.22	14.52
其他单位	Other Units	6236.00	5948.27	287.73
内资单位	Domestic Funded	3785.74	3577.25	208.49
股份合作单位	Cooperative Units	24.93	23.60	1.33
联营单位	Joint Ownership Units	5.84	5.48	0.36
有限责任公司	Limited Liability Corporations	2799.15	2630.42	168.72
股份有限公司	Share-holding Corporations Ltd.	891.28	856.00	35.28
其他	Others	64.54	61.75	2.80
港、澳、台商投资单位	Units with Funds from Hong Kong, Macao and Taiwan	792.44	773.89	18.55
外商投资单位	Foreign Funded Units	1657.82	1597.13	60.69
按企业、事业、机关分	**Grouped by Enterprises, Institutions and Agencies**			
企业	Enterprises	6892.78	6580.29	312.49
事业	Institutions	1064.00	1029.03	34.97
机关	Agencies & Organizations	431.01	420.92	10.09
按国民经济行业分	**Grouped by Sector**			
农、林、牧、渔业	Agriculture, Forestry, Animal Husbandry and Fishery	19.79	19.25	0.53
采矿业	Mining	81.67	81.24	0.43
制造业	Manufacturing	3036.14	2955.70	80.44
电力、热力、燃气及水生产和供应业	Production and Supply of Electricity, Gas and Water	176.48	175.05	1.43
建筑业	Construction	1905.81	1727.33	178.47
批发和零售业	Wholesale and Retail Trades	318.63	310.54	8.09
交通运输、仓储和邮政业	Transport, Storage and Post	273.04	266.20	6.83
住宿和餐饮业	Hotels and Catering Services	60.66	56.85	3.81
信息传输、软件和信息技术服务业	Information Transfer、Software and IT Services	286.21	283.81	2.40
金融业	Financial Intermediation	319.02	300.34	18.68
房地产业	Real Estate	117.86	113.80	4.06
租赁和商务服务业	Leasing and Business Services	151.77	148.67	3.11
科学研究、技术服务业	Scientific Research and Technical Service	147.26	143.66	3.60
水利、环境和公共设施管理业	Management of Water Conservancy, Environment and Public Facilities	62.39	58.15	4.24
居民服务、修理和其他服务业	Services of Households and other Services	16.26	15.89	0.37
教育	Education	586.44	574.23	12.21
卫生和社会工作	Health and Social Work	295.16	278.93	16.23
文化、体育和娱乐业	Culture, Sports and Entertainment	48.84	47.23	1.60
公共管理、社会保障和社会组织	Public Administration、Social Security and Organization	497.17	485.08	12.09

3-21 制造业城镇单位从业人员工资总额(2013年)
Total Wages of Manufacturing Employees in Urban Units (2013)

单位:亿元 (100 million yuan)

项目	Item	合计 Total	#在岗职工 Employed	国有单位 State-owned Units	城镇集体单位 Urban Collective-owned Units	其他单位 Other Units
制造业合计	**Total of Manufacturing Industry**	**3036.14**	**2955.70**	**59.37**	**31.73**	**2945.04**
农副食品加工业	Processing of Food from Agricultural Products	26.45	26.00	0.30	0.17	25.97
食品制造业	Manufacture of Food	26.98	26.20	0.52	0.10	26.36
酒、饮料和精制茶制造业	Manufacture of Beverage	29.77	29.48	0.14	0.03	29.61
烟草制品业	Manufacture of Tobacco	8.14	8.14	7.63		0.51
纺织业	Manufacture of Textile	132.83	131.44	2.03	2.40	128.40
纺织服装、服饰业	Manufacture of Textile Wearing, Apparel, Footwear and Caps	131.21	129.43	2.33	0.40	128.48
皮革、毛皮、羽毛及其制品和制鞋业	Manufacture of Leather, Fur, Feather and Related and saps	22.86	22.54	0.06	0.15	22.65
木材加工和木、竹、藤、棕、草制品业	Processing of Timber, Manufacture of Wood, Bamboo, Rattan, Palm and Straw Products	18.09	17.93		0.03	18.06
家具制造业	Manufacture of Furniture	11.54	11.11		0.07	11.46
造纸和纸制品业	Manufacture of Paper and Paper Products	36.79	34.74	1.23	0.25	35.30
印刷和记录媒介复制业	Printing, Reproduction of Recording Media	23.33	22.61	0.73	0.23	22.37
文教、工美、体育和娱乐用品制造业	Manufacture of Articles For Culture, Education and Sport Activities	46.39	45.91		1.02	45.36
石油加工、炼焦和核燃料加工业	Processing of Petroleum, Coking, Processing of Nuclear Fuel	12.50	12.39	0.85	0.06	11.59
化学原料和化学制品制造业	Manufacture of Raw Chemical Materials and Chemical Products	204.03	197.78	8.57	1.41	194.05
医药制造业	Manufacture of Medicines	76.64	75.49	3.56	0.05	73.03
化学纤维制造业	Manufacture of Chemical Fibers	27.34	26.89	0.18	0.14	27.02
橡胶和塑料制品业	Rubber and Plastic Products	87.10	84.61	0.18	0.54	86.38
非金属矿物制品业	Manufacture of Non-metallic Mineral Products	63.34	61.70	3.26	0.84	59.24
黑色金属冶炼和压延加工业	Smelting and Pressing of Ferrous Metals	113.27	111.92	1.33	11.48	100.46
有色金属冶炼和压延加工业	Smelting and Pressing of Non - ferrous Metals	22.12	21.51	0.16	0.31	21.65
金属制品业	Manufacture of Metal Products	93.46	90.87	1.36	0.90	91.20
通用设备制造业	Manufacture of General Purpose Machinery	230.42	223.62	3.85	1.70	224.87
专用设备制造业	Manufacture of Special Purpose Machinery	149.09	144.99	1.66	0.33	147.10
汽车制造业	Manufacture of Automobile	146.32	142.26	3.20	0.30	142.81
铁路、船舶、航空航天和其他运输设备	Manufacture of Railroad, Marine Aviation and other Transport Equipment	114.16	112.55	5.85	1.04	107.27
电气机械和器材制造业	Manufacture of Electrical Machinery and Equipment	304.10	296.04	4.28	1.96	297.87
计算机、通信和其他电子设备制造业	Manufacture of Communication Equipment, Computers and other Electronic Equipment	797.00	768.57	1.22	5.08	790.71
仪器仪表制造业	Manufacture of Instrumentation	72.18	70.47	4.88	0.32	66.98
其他制造业	Other	6.10	6.08		0.10	6.00
废弃资源综合利用业	Manufacture of Recycling and Disposal of Waste	1.93	1.82	0.01	0.20	1.71
金属制品、机械和设备修理业	Manufacture of Metal Prodults, Machinery and Eauipment Repair	0.67	0.64		0.10	0.57

3－22 职工平均工资及指数
Average Wage of Staff and Workers and Related Indices

年份 Year	绝对数（元） Absolute Figure (yuan)				指数（以上年为100） Index (preceding year = 100)			
	全部职工 Total	国有单位 State-owned Units	城镇集体单位 Urban Collective-owned Units	其他单位 Others	全部职工 Total	国有单位 State-owned Units	城镇集体单位 Urban Collective-owned Units	其他单位 Others
1978	513	563	432		108.2	108.9	107.5	
1979	565	618	478		110.3	109.8	110.9	
1980	667	721	578		117.8	116.7	120.7	
1981	672	718	594		100.7	99.6	102.8	
1982	703	748	626		104.6	104.2	105.4	
1983	723	768	643		102.8	102.7	102.7	
1984	931	1003	820	1012	128.8	130.6	127.5	
1985	1135	1211	1015	1237	121.9	120.7	123.8	122.2
1986	1327	1430	1166	1468	116.9	118.1	114.9	118.7
1987	1471	1581	1295	1639	110.9	110.6	111.1	111.6
1988	1796	1936	1564	2059	122.1	122.5	120.8	125.6
1989	1918	2082	1639	2185	106.8	107.5	104.8	106.1
1990	2129	2331	1776	2444	111.0	111.9	108.4	111.9
1991	2302	2501	1932	2773	108.1	107.3	108.8	113.5
1992	2800	3057	2292	3370	121.6	122.2	118.6	121.5
1993	3615	3896	2937	4434	129.1	127.4	128.1	131.6
1994	4974	5491	3728	5827	137.6	140.9	126.9	131.4
1995	5943	6441	4621	7137	119.5	117.3	124.0	122.5
1996	6603	7186	4990	7740	111.1	111.6	108.0	108.4
1997	7108	7745	5183	8376	107.6	107.8	103.9	108.2
1998	8256	8872	6033	8867	105.7	106.3	101.3	102.5
1999	9171	9855	6452	9763	111.1	111.1	106.9	110.1
2000	10299	11109	6962	10698	112.3	112.7	107.9	109.6
2001	11842	12917	7543	11790	115.0	116.3	108.3	110.2
2002	13509	15030	8638	12633	114.1	116.4	114.5	107.2
2003	15712	17502	9836	14656	116.3	116.4	113.9	116.0
2004	18202	20876	11350	16346	115.8	119.3	115.4	111.5
2005	20957	24659	13064	18468	115.1	118.1	115.1	113.0
2006	23782	28722	15550	20691	113.5	116.5	119.0	112.0
2007	27374	33411	18837	23641	115.1	116.3	121.1	114.3
2008	31667	39325	22929	27067	115.7	117.7	121.7	114.5
2009	35890	45446	27022	29901	113.3	115.6	117.9	110.5
2010	40505	51245	31502	34260	112.9	112.8	116.6	114.6
2011	45987	57002	37302	40028	113.5	111.2	118.4	116.8
2012	51279	62913	43835	45008	111.5	110.4	117.5	112.4
2013	57985	70114	51757	55117	113.1	111.4	118.1	122.5

3-23 职工平均工资指数

Average Wage Indices of Staff and Workers

1978年=100 (100 in 1978)

年份 Year	全部职工 Total		国有单位 State-owned Units		城镇集体单位 Urban Collective-owned Units		其他单位 Others	
	平均货币工资指数 Index of Average Wage	平均实际工资指数 Index of Average Real Wage	平均货币工资指数 Index of Average Wage	平均实际工资指数 Index of Average Real Wage	平均货币工资指数 Index of Average Wage	平均实际工资指数 Index of Average Real Wage	平均货币工资指数 Index of Average Wage	平均实际工资指数 Index of Average Real Wage
1978	100.0	100.0	100.0	100.0	100.0	100.0		
1979	110.3	109.5	109.8	109.0	110.9	110.1		
1980	130.0	121.7	128.1	119.9	133.8	125.3		
1981	130.0	118.3	128.1	116.6	133.8	121.7		
1982	137.0	122.3	132.9	118.7	144.9	129.4		
1983	140.9	132.7	136.4	128.4	148.8	140.1		
1984	181.5	154.9	178.2	152.0	189.8	161.9	100.0	100.0
1985	221.2	174.9	215.1	170.0	235.0	185.8	122.2	111.5
1986	258.7	189.2	254.0	185.8	269.9	197.4	145.1	124.4
1987	286.7	189.7	280.8	185.8	299.8	198.4	162.0	125.7
1988	350.1	189.0	343.9	185.7	362.0	195.5	203.5	128.8
1989	373.9	174.1	369.8	172.2	379.4	176.6	215.9	117.8
1990	415.0	189.8	414.0	189.3	411.1	188.0	241.5	127.4
1991	448.7	190.5	444.2	188.6	447.2	189.9	274.0	134.2
1992	545.8	213.2	543.0	212.1	530.6	207.3	333.0	149.9
1993	704.7	231.9	692.0	227.7	679.9	223.7	438.1	166.1
1994	969.6	254.6	675.3	256.1	863.0	226.6	575.8	174.2
1995	1158.5	261.7	1144.0	258.5	1069.7	241.7	705.2	183.6
1996	1287.1	262.5	1276.4	260.3	1155.1	235.5	764.8	179.7
1997	1385.6	278.9	1375.7	276.9	1199.8	241.5	827.7	192.0
1998	1609.4	324.1	1575.8	317.3	1396.5	281.2	876.2	203.4
1999	1787.7	365.1	1750.4	357.5	1493.5	305.0	964.7	227.1
2000	2007.6	410.1	1973.2	403.0	1611.6	329.2	1057.1	215.9
2001	2308.4	471.0	2294.3	468.1	1746.1	356.3	1165.0	237.7
2002	2545.6	525.2	2669.6	550.8	1999.5	412.5	1248.3	257.5
2003	3062.8	629.6	3108.7	639.0	2276.9	468.0	1448.2	297.7
2004	3548.2	703.3	3708.0	735.0	2627.3	520.8	1615.2	320.2
2005	4085.2	793.1	4379.9	850.3	3024.1	587.1	1824.9	354.3
2006	4635.9	885.8	5101.6	974.8	3599.5	687.8	2044.6	390.7
2007	5336.1	980.5	5934.5	1090.4	4360.4	801.2	2336.1	429.2
2008	6172.9	1078.0	6984.9	1219.9	5307.6	926.9	2674.6	467.1
2009	6996.1	1226.7	8072.1	1415.4	6255.1	1096.7	2954.6	518.1
2010	7895.7	1336.3	9102.1	1540.6	7292.1	1234.1	3385.4	573.0
2011	8964.3	1443.5	10124.7	1630.5	8634.7	1390.4	3955.3	637.0
2012	9995.9	1568.8	11174.6	1754.0	10147.0	1592.5	4447.4	698.1
2013	11303.1	1734.1	12453.6	1910.8	11980.8	1838.0	5446.3	835.7

注:其他单位以1984年为100。

a) Other units with 100 in 1984.

3－24　城镇单位从业人员平均工资(2013 年)
Average Wage of Employed Persons in Urban Units (2013)

单位:元　　　　(yuan)

项　目	Item	从业人员年平均工资 Annual Average Wage	在岗职工平均工资 Annual Average Wage of Staff and Workers	其他从业人员年平均工资 Annual Average Wage of Others
总　计	**Total**	**57177**	**57985**	**43565**
按登记注册类型分	**Grouped by Type of Registreration**			
国有单位	State-owned Units	67806	70114	32013
城镇集体单位	Urban Collective-owned Units	50562	51757	39350
其他单位	Other Units	54690	55117	47153
内资单位	Inner Funded	53539	54596	40186
股份合作单位	Share Holding Cooperative Units	47028	47532	39568
联营单位	Joint-owned Co., Ltd.	40519	40450	41610
有限责任公司	Responsibility Co., Ltd.	51714	52627	40699
股份有限公司	Share Holding Co., Ltd.	60759	62227	38643
其他	Others	52107	53628	32036
港、澳、台商投资单位	Hong Kong, Macao and Taiwan Funded	51930	51567	73543
外商投资单位	Foreign Funded	59094	58306	91724
按企业、事业、机关分	**Grouped by Character of the Units**			
企业	Enterprises	55244	55794	45759
事业	Institutions	65699	67879	33779
机关	Government Agencies	75263	78276	28883
按国民经济行业分	**Grouped by Sector**			
农、林、牧、渔业	Farming, Forestry, Animal Husbandry and Fishery	29334	30185	14548
采矿业	Mining and Quarrying	58932	59348	25218
制造业	Manufacturing	53979	53395	90232
电力、热力、燃气及水生产和供应业	Production and Supply of Electricity, Gas and Water	96912	97803	45790
建筑业	Construction	49693	50681	41811
批发和零售业	Wholesale and Retail Trade	52496	52902	40545
交通运输、仓储和邮政业	Transportation, Storage and Post	56782	57458	38938
住宿和餐饮业	Hotel and Catering Industry	31574	34608	13673
信息传输、软件和信息技术服务业	Information Transfer、Software and IT Services	94616	95707	40264
金融业	Banking	105289	122284	32551
房地产业	Real Estate	56356	57411	37195
租赁和商务服务业	Leasing and Commercial Services	48649	49072	34450
科学研究、技术服务业	Scientific Research and Technical Service	77692	79041	46216
水利、环境和公共设施管理业	Management of Water Conservancy, Environment and Public Facilities	44637	47294	25203
居民服务、修理和其他服务业	Services of Households and other Services	45774	46497	27432
教育	Education	66038	67591	31736
卫生和社会工作	Health and Social Work	68552	71225	41671
文化、体育和娱乐业	Culture, Sports and Recreation	62920	64739	34439
公共管理、社会保障和社会组织	Public Administralion, Social Secarily and Organization	73474	76438	28752

3-25 分细行业城镇单位从业人员平均工资(2013 年)
Average Wage of Employed Persons in Urban Units by Sector in Detail(2013)

单位:元 (yuan)

项目	Item	合计 Total	#在岗职工 Employed	国有单位 State-owned Units	城镇集体单位 Urban Collective-owned Units	其他单位 Other Units
总计	**Total**	**57177**	**57985**	**67806**	**50562**	**54690**
按企业、事业、机关分	**Grouped by Enterprises, Institutions and Agencies**					
企业	Enterprises	55244	55794	65293	48118	54653
事业	Institutions	65699	67879	66449	56541	63693
机关	Agencies & Organizations	75263	78276	75220	56083	100198
按国民经济行业分	**Grouped by Sector**					
农、林、牧、渔业	Agriculture, Forestry, Animal Husbandry and Fishery	29334	30185	29225	37442	31316
农业	Farming	27126	27918	27039	38123	28288
林业	Forestry	26877	28260	26641		32127
畜牧业	Animal Husbandry	52487	53375	53906	29214	34496
渔业	Fishery	35451	36885	35000	44270	30898
农、林、牧、渔服务业	Service in Support of Agriculture	39646	40085	39825	30250	37734
采矿业	Mining	58932	59348	55590	22887	60089
制造业	Manufacturing	53979	53395	67808	46730	53848
电力、热力、燃气及水生产和供应业	Production and Supply of Electricity, Gas and Water	96912	97803	114819	48182	75764
电力、热力生产和供应业	Production and Supply of Electric Power and Heat Power	110212	110998	126379	55697	83973
燃气生产和供应业	Production and Supply of Gas	65012	65801	64534	38158	65074
水的生产和供应业	Production and Supply of Water	55746	56226	52224	40493	59896
建筑业	Construction	49693	50681	50655	47305	49718
房屋建筑业	Housing Construction	50680	51452	38880	50045	50801
土木工程建筑业	Civil Engineering Construction	45649	47699	56377	38826	43501
建筑安装业	Architectural Installation	47458	49219	49806	38303	47514
建筑装饰和其他建筑业	Other Construction	44683	45130	42980	37992	45103
批发和零售业	Wholesale and Retail Trades	52496	52902	57704	30855	52697
批发业	Wholesale Trade	71517	71722	64210	31563	73757
零售业	Retail Trade	39252	39570	37533	30457	39570
交通运输、仓储和邮政业	Transport, Storage and Post	56782	57458	58960	42697	56398

3－25 续 表 Continued 1

单位:元 (yuan)

项 目	Item	合 计 Total	#在岗职工 Employed	国有单位 State-owned Units	城镇集体单位 Urban Collective-owned Units	其他单位 Other Units
铁路运输业	Railway Transport	82732	84054	85426	41711	68460
道路运输业	Road Transport	53189	53626	52788	48389	53512
水上运输业	Water Transport	52254	53292	61799	33753	52012
航空运输业	Air Transport	111840	112242	90082	35588	128971
管道运输业	Transport Via Pipeline	78715	78718	68629		82899
装卸搬运和运输代理业	Handling and agency	55283	55889	50047	42148	58198
仓储业	Storage	52279	52618	47539	34994	54954
邮政业	Post	53355	53946	52806	80469	56809
住宿和餐饮业	Hotels and Catering Services	31574	34608	39660	34349	30420
住宿业	Hotel	38453	38677	39414	37572	38163
餐饮业	Catering Services	26920	31304	41088	26891	26495
信息传输、软件和信息技术服务业	Information Transfer、Software and IT Services	94616	95707	60556	41570	98322
电信、广播电视和卫星传输服务	Telecommunications、Satellites Radio and Television Services	83187	84403	59275	32392	87525
互联网和相关服务	Internet and Relatiue Services	76079	76304	85015	78425	75748
软件和信息技术服务业	Software and IT Services	114258	114927	73311	79200	114993
金融业	Financial Intermediation	105289	122284	94610	90334	112810
货币金融服务业	Nonetary and Financial	129269	130489	110303	90360	151117
资本市场服务业	Capital Markets	102773	104323	104298	47846	102738
保险业	Insurance	57456	89183	47924		60733
其他金融业	Other Financial Activities	152135	153034	160920		130444
房地产业	Real Estate	56356	57411	58148	47209	56421
#房地产开发经营	Development and Management of Real Estate	79233	79734	67776	47708	80353
租赁和商务服务业	Leasing and Business Services	48649	49072	41840	37278	53893
租赁业	Leasing	57496	58209	29200	43644	65248
商务服务业	Business Services	48488	48905	41979	37204	53633
科学研究、技术服务业	Scientific and Fednical Services	77692	79041	80428	54215	76224
研究和试验发展	Research and Experimental Development	96308	97628	97902	50440	90360
专业技术服务业	Professional Technical Services	75719	76961	72354	51499	78521

3－25 续 表 Continued 2

单位:元 (yuan)

项 目 Item		合 计 Total	#在岗职工 Employed	国有单位 State-owned Units	城镇集体单位 Urban Collective-owned Units	其他单位 Other Units
科技推广和应用服务业		58755	60236	60751	70669	56996
水利、环境和公共设施管理业	Management of Water Conservancy, Environment and Public Facilities	44637	47294	48466	32312	42605
水利管理业	Management of Water Conservancy	53858	55283	53104	62643	68410
生态保护和环境治理业	Ecological Protection and Enviromental	51630	55307	51982	21715	53015
公共设施管理业	Management of Public Facilities	41444	44171	45939	31374	40015
居民服务、修理和其他服务业	Services to Households and Other Services	45774	46497	60769	35020	44585
居民服务业	Services to Households	46699	47336	64754	34437	39117
机动车、电子产品和日用产品修理业	Vehicle、Electronics and Daiy Maintenance	52007	54234	42164	38621	53674
其他服务业	Other Services	42404	42705	54216	35387	42063
教育	Education	66038	67591	66333	67479	60102
卫生和社会工作	Health and Social Work	68552	71225	72039	61683	54699
卫生	Health	68743	71438	72297	61871	54683
社会工作	Social Work	57509	59175	59217	43894	56670
文化、体育和娱乐业	Culture, Sports and Entertainment	62920	64739	61611	51455	66428
新闻和出版业	Journalism and Publishing Activities	78068	78747	63819		96920
广播、电视、电影和影视录音制作业	Radio、TV、Movie and Video Recording	63890	66044	64752	49658	63244
文化艺术业	Cultural and Art Activities	56956	59760	58010	53167	53610
体育	Sports Activities	55071	56957	56817	32455	53221
娱乐业	Entertainment	50781	50209	52500	46789	50653
公共管理、社会保障和社会组织	Public Administration、Social Security and Organization	73474	76438	73419	75697	81186
中国共产党机关	Organs of Communist Party of China	81607	82427	81541	147400	
国家机构	Government Agencies	73205	76222	73157	76442	79899
人民政协、民主党派	People's Political Consultative Conference and Democratic Parties	91683	93034	91683		
社会保障	Social Security	63338	65263	63561	60569	58296
群众社团、社会团体和其他成员组织	Mass、Society and other Groups	80358	83531	79863	115097	95376

3-26 制造业城镇单位从业人员平均工资(2013年)
Average Wage of Employed Persons in Manufacturing of Urban Units (2013)

单位:元 (yuan)

项目	Item	合计 Total	#在岗职工 Employed	国有单位 State-owned Units	城镇集体单位 Urban Collective-owned Units	其他单位 Other Units
制造业合计	**Total of Manufacturing Industry**	53979	53395	67808	46730	53848
农副食品加工业	Processing of Food from Agricultural Products	47011	47348	21484	39680	47734
食品制造业	Manufacture of Food	45868	46167	48209	22172	46007
酒、饮料和精制茶制造业	Manufacture of Beverage	38527	38961	33265	30000	38567
烟草制品业	Manufacture of Tobacco	128996	128996	133010		89017
纺织业	Manufacture of Textile	45631	45648	52997	58361	45347
纺织服装、服饰业	Manufacture of Textile Wearing, Apparel, Footwear and Caps	40748	40849	35610	30231	40899
皮革、毛皮、羽毛及其制品和制鞋业	Manufacture of Leather, Fur, Feather and Related and Saps	36694	36529	47643	53221	36596
木材加工和木、竹、藤、棕、草制品业	Processing of Timber, Manufacture of Wood, Bamboo, Rattan, Palm and Straw Products	43690	43605		25098	43740
家具制造业	Manufacture of Furniture	50438	48906	39750	26862	50730
造纸和纸制品业	Manufacture of Paper and Paper Products	67068	63931	90287	29706	67075
印刷和记录媒介复制业	Printing, Reproduction of Recording Media	49558	48748	36032	23638	50756
文教、工美、体育和娱乐用品制造业	Manufacture of Articles For Culture, Education and Sport Activities	43855	43782	49444	55283	43652
石油加工、炼焦和核燃料加工业	Processing of Petroleum, Coking, Processing of Nuclear Fuel	70320	70560	55312	70225	71742
化学原料和化学制品制造业	Manufacture of Raw Chemical Materials and Chemical Products	62373	61335	72298	39028	62267
医药制造业	Manufacture of Medicines	57849	58059	64094	25359	57622
化学纤维制造业	Manufacture of Chemical Fibers	49847	49855	50649	28136	50046
橡胶和塑料制品业	Rubber and Plastic Products	50378	49713	36056	32526	50595
非金属矿物制品业	Manufacture of Non-metallic Mineral Products	50392	50015	72407	36918	49818
黑色金属冶炼和压延加工业	Smelting and Pressing of Ferrous Metals	59693	59619	48070	54348	60568
有色金属冶炼和压延加工业	Smelting and Pressing of Non-ferrous Metals	52480	51863	39914	36352	52938
金属制品业	Manufacture of Metal Products	54007	53934	56131	41202	54143
通用设备制造业	Manufacture of General Purpose Machinery	59088	58747	71456	40439	59118
专用设备制造业	Manufacture of Special Purpose Machinery	60514	59640	60808	41417	60574
汽车制造业	Manufacture of Automobile	63553	62653	86803	33401	63293
铁路、船舶、航空航天和其他运输设备	Manufacture of Railroad, Marine Aviation and other Transport Equipment	58205	58042	70997	42737	57838
电气机械和器材制造业	Manufacture of Electrical Machinery and Equipment	58713	57874	64901	29280	59022
计算机、通信和其他电子设备制造业	Manufacture of Communication Equipment, Computers and Other Electronic Equipment	52098	51119	51167	66148	52029
仪器仪表制造业	Manufacture of Instrumentation	63412	62592	80523	32717	62726
其他制造业	Other	47236	47100	42000	26992	47857
废弃资源综合利用业	Manufacture of Recycling and Disposal of Waste	50412	48194	28400	61564	49664
金属制品、机械和设备修理业	Manufacture of Metal Prodults, Machinery and Equipment Repair	36938	36720		42502	36100

3-27 城镇私营单位从业人员平均工资
Average Wage of Employed Persons in Urban Private Units

单位:元 (yuan)

行业	Sector	2011	2012	2013
总计	**Total**	**27500**	**32069**	**36308**
农、林、牧、渔业	Farming, Forestry, Animal Husbandry and Fishery	23187	26974	32509
采矿业	Mining	24032	27956	31952
制造业	Manufacturing	27684	32020	36209
电力、热力、燃气及水生产和供应业	Production and Supply of Electricity, Gas and Water	28316	30331	34937
建筑业	Construction	29461	32435	37086
批发和零售业	Wholesale and Retail Trade	26315	31261	34243
交通运输、仓储和邮政业	Transportation, Storage and Post	27615	31778	37581
住宿和餐饮业	Hotel and Catering Industry	25388	28282	32203
信息传输、软件和信息技术服务业	Information Transfer, Software and IT Services	31875	38178	48079
金融业	Banking	29360	34809	37342
房地产业	Real Estate	29256	32984	36671
租赁和商务服务业	Leasing and Commercial Services	27860	33849	36304
科学研究、技术服务业	Scientific Research and Technical Service	31947	37866	43454
水利、环境和公共设施管理业	Management of Water Conservancy, Environment and Public Facilities	26504	31329	41626
居民服务、修理和其他服务业	Services of Households and other Services	26183	30309	36246
教育	Education	27662	32264	42977
卫生和社会工作	Health and Social Work	30710	33202	34448
文化、体育和娱乐业	Culture, Sports and Recreation	26187	29752	32697

主要统计指标解释

人口数　指一定时点、一定地区范围内的有生命的个人的总和。

年度统计的年末人口数指每年 12 月 31 日 24 时的人口数。年度统计的全国人口总数内未包括台湾省和港澳同胞以及海外华侨人数。

城镇人口和乡村人口

1952 – 1989 年城镇人口是指市辖区内和县辖镇的全部人口;乡村人口是指县辖乡人口。

1990 – 1999 年城镇人口是指设区的市的区人口和不设区的市所辖的街道人口以及不设区的市所辖镇的居民委员会人口和县辖镇的居民委员会人口;乡村人口是除上述两种人口以外的全部人口。

2000 – 2005 年人口普查和 2000 年以后城镇人口:市人口是指设区市的人口密度在 1500 人/平方公里以上的市区人口和人口密度不足 1500 人的区政府驻地和区辖其他街道人口,以及政府驻地的城市建设延伸到的周边乡镇人口;不设区市的市政府驻地和市辖其他街道人口,以及政府驻地的城市建设延伸到的乡镇人口。镇人口是指镇政府驻地和镇辖其他居委会人口,以及镇政府驻地的城区建设延伸到周边村民委员会人口。乡村人口是指除上述人口以外的全部人口。

2006 年至今的城镇人口分为城区人口和镇区人口。其中,城区人口,包括街道办事处所辖的居民委员会(社区委员会),及城市公共设施、居住设施等连接到的其他居民委员会(社区委员会)和村民委员会的人口。镇区人口,包括镇所辖的居民委员会(社区委员会),镇的公共设施、居住设施等连接到的村民委员会,以及常住人口在 3000 人以上独立的工矿区、开发区、科研单位、大专院校、农场、林场等特殊区域中的人口。乡村人口是指除上述人口以外的全部人口。

出生率(又称粗出生率)　指在一定时期内(通常为一年)一定地区的出生人数与同期内平均人数(或期中人数)之比。一般用千分率表示。本资料中的出生率指年出生率,其计算公式为:

出生率 = 年出生人数/年平均人数 × 1000‰

式中:出生人数指活产婴儿,即胎儿脱离母体时(不管怀孕月数),有过呼吸或其他生命现象。年平均人数指年初、年底人口数的平均数,也可用年中人口数代替。

死亡率(又称粗死亡率)　指在一定时期内(通常为一年)一定地区的死亡人数与同期内平均人数(或期中人数)之比,一般用千分率表示。本资料中的死亡率指年死亡率,其计算公式为:

死亡率 = 年死亡人数/年平均人数 × 1000‰

人口自然增长率　指在一定时期内(通常为一年)人口自然增加数(出生人数减死亡人数)与该时期内平均人数(或期中人数)之比,一般用千分率表示。计算公式为:

人口自然增长率 = (本年出生人数 – 本年死亡人数)/年平均人数 × 1000‰

文盲率　指常住人口中 15 岁及以上不识字人口所占比重。

从业人员　指从事一定社会劳动并取得劳动报酬或经营收入的人员,包括在岗职工、再就业的离退休人员、私营业主、个体户主、私营和个体就业人员、乡镇企业就业人员、农村就业人员、其他就业人员(包括民办教师、宗教职业者、现役军人等)。这一指标反映了一定时期内全部劳动力资源的实际利用情况,是研究我国基本国情国力的重要指标。

各单位的从业人员　指在各级国家机关、政党机关、社会团体及企业、事业单位中工作,取得工资或其他形式的劳动报酬的全部人员。包括在岗职工、再就业的离退休人员、民办教师以及在各单位中工作的外方人员和港澳台方人员、兼职人员、借用的外单位人员和第二职业者。不包括离开本单位仍保留劳动关系的职工。各单位的就业人员反映了各单位实际参加生产或工作的全部劳动力。

城镇私营和个体从业人员　城镇私营就业人员指在工商管理部门注册登记,其经营地址设在县城关镇(含城关镇)以上的私营企业就业人员;包括私营企业投资者和雇工。城镇个体就业人员指在工商管理部门注册登记,并持有城镇户口或在城镇长期居住,经批准从事个体工商经营的就业人员;包括个体经营者和在个体工商户劳动的家庭帮工和雇工。

城镇登记失业人员　指在劳动年龄(16 周岁至退休年龄)内,有劳动能力无业而要求就业,并在当地就业服务机构进行失业登记的城镇常住人员。

国有单位职工　指在国有经济单位及其附属机构工作,并由其支付工资的各类人员。

城镇集体单位职工　指在城镇集体经济单位及其管理部门工作,并由其支付工资的各类人员。

其他单位职工　指在联营经济、股份制经济、外商投资经济、港、澳、台投资经济单位工作,并由其支付工资的各类人员。

职工工资总额　指各单位在一定时期内直接支付给本单位全部职工的劳动报酬总额。工资总额的计算原则应以直接支付给职工的全部劳动报酬为根据。各单位支付给职工的劳动报酬以及其他根据有关规定支付的工资,不论是计入成本的还是不计入成本的,不论是按国家规定列入计征奖金税项目的,还是未列入计征奖金税项目的,不论是以货币形式支付的还是以实物形式支付的，均包括在工资总额内。

职工平均工资 指企业、事业、机关单位的职工在一定时期内平均每人所得的货币工资额。它表明一定时期职工工资收入的高低程度，是反映职工工资水平的主要指标。计算公式为：

职工平均工资 = 报告期实际支付的全部职工工资总额/报告期全部职工平均人数

职工平均工资指数 指报告期职工平均工资与基期职工平均工资的比率，是反映不同时期职工货币工资水平变动情况的相对数。计算公式为：

职工平均工资指数 = 报告期平均工资/基期职工平均工资 × 100%

职工平均实际工资指数 职工平均实际工资指扣除物价变动因素后的职工平均工资。职工平均实际工资指数是反映实际工资变动情况的相对数，表明职工实际工资水平提高或降低的程度。计算公式为：

职工平均实际工资指数 = 报告期平均工资指数/报告期城镇居民消费价格指数 × 100%。

Explanatory Notes on Main Statistical Indicators

Total Population refers to the total number of people alive at a certain point of time within a given area.

The annual statistics on total population is taken at midnight, the 31st of December, not including residents in Taiwan province, Chinese compatriots in Hong Kong and Macao and overseas Chinese.

Urban Population and Rural Population

From 1952 to 1989 urban population refers to the population of municipal districts and towns under the administration of counties; rural population refers to the population of townships under the administration of counties. From 1990 to 1999 rural population is composed of the population of districts of cities divided into districts, the population of sub – district offices under the cities not divided into districts, the population of neighborhoods of towns under the administration of cities not divided into districts and the population of neighborhoods of towns under the administration of counties; rural population is the population other than those mentioned above. Rural population from 2000 to 2005: city population is composed of the population of districts of cities divided into districts with population density at more than 1500 people per square kilometer, the population of places where the district governments are stationed and other sub – district offices under the administration of the district with population density at less than 1500 people per square kilometer, and the population of circumjacent townships where are the extending areas of city construction of the places where the governments are stationed; the population of places where the city (not divided into districts) governments are stationed and other sub – district offices under the administration of the city, and the population of circumjacent townships where are the extending areas of city construction of the places where the governments are stationed. Town population refers to the population of places where town governments are stationed and other neighborhood committees under the administration of the towns, and the population of circumjacent villagers' committees where are the extending areas of town construction of the places where the town governments are stationed. Rural population is the population other than those mentioned above. From 2006 to now urban population is composed of city population and town population. City population includes the population of neighborhood committees (community committees) under the administration of sub – district offices and the population of other neighborhood committees (community committees) and villagers' committees connected through city common facilities and residence facilities. Town population includes the population of neighborhood committees (community committees) under the administration of towns and the population of villagers' committees connected through town common facilities and residence facilities, and the population of special areas with more than 3000 permanent residents, such as independent mining areas, development zones, research institutes, universities and colleges, farms, forestry centers and so on. Rural population is the population other than those mentioned above.

Birth Rate or (Crude Birth Rate) refers to the ratio of the number of births to the average population (or mid-period population) during a certain period of time (usually a year) which is often expressed in ‰. Birth rate in the chapter refers to annual birth rate. The following formula is used: Birth Rate = Number of Births/Average Number of Population × 1000‰

Number of births refers to live births i. e. the births when babies had showed any vital phenomena regardless of the length of pregnancy.

Annual Average Number of Population is the average of the number of population at the beginning of the year and that at the end of the year. Sometimes it is substituted for with the mid year population.

Death Rate (or Crude Death Rate) refers to the ratio of the number of deaths to the average population (or mid-period population) during a certain period of time (usually a year) which is often expressed in ‰. Death rate in the chapter refers to annual death rate. The following formula is used:

Death Rate = Number of Deaths/Annual Average Number of Population × 1000‰

Natural Growth Rate of Population refers to the ratio of natural increase in population (number of births minus number of deaths) in a certain period of time (usually a year) to the average population (or mid-period population) of the same period which is often expressed in ‰. The following formulas are applied:

Natural Growth of Population = (Number of Births − Number of Deaths)/Average Number of Population × 1000‰

Natural Growth Rate of Population = Birth Rate-Death Rate

Illiteracy Rate refers to the percentage of illiterate population to total aged 15 and over of resilent population.

Employed Persons refer to the persons who are engaged in social working and receive remuneration payment or earn business income, including total staff and workers, re-employed retirees, employers of private enterprises, self-employed workers, employees in private enterprises and individual economy, employees in township enterprises, employed persons in the rural areas, and other employed persons (including teachers in the schools run by the local people, people engaged in religious profession and the servicemen, etc.). This indicator reflects the actual utilization of total labour force during a certain period of time and is often used for the research on China's economic situation and national power.

Persons Employed in Various Units refer to all the persons working in government agencies of various levels, political and party organization, social organizations, enterprises and institutions, and receiving wages or other forms of payment. They include fully-employed staff and workers, re-employed retirees, teachers in schools run by the local people, foreigners and Chinese compatriots from Hong Kong, Macao, and Taiwan working in various units, part-time employees, employees of other units working temporarily at current posts, and employees holding the second job, but exclude staff and workers who have left their working units while keeping their labour contract (employment relation) unchanged. This indicator reflects the total number of laborers actually engaged in production or other operations in various units.

Persons Employed in Private Enterprises and Self-Employed Individuals in Urban Areas Persons employed in private enterprises refer to the persons employed in the private enterprises which have been registered at the departments of industrial and commercial administration and are situated at a county town (i. e. a town' where the county government is located) for business operation or at urban areas with the level higher than a county town. The self-employed individuals in urban areas refer to persons who hold the certificates of residence in urban areas or have resided in the urban areas for a long time and have been registered at the departments of industrial and commercial administration and approved to be engaged in individual industrial or commercial business, including self-employed persons as well as helpers and hired labourers who work in the individual households engaged in industrial or commercial business.

Registered Urban Unemployed Persons The registered unemployed persons in urban areas refer to the persons who are registered as permanent residents in the urban areas, aged within the range of working age, capable to labour, unemployed but desirous to be employed and have been registered at the local employment service agencies to apply for a job.

Staff and Workers in State-owned Economic Units refer to the persons who work in the state-owned economic units or their attached units and are listed in their payrolls.

Staff and Workers of Collective Owned Units in Urban Areas refer to the persons who work in collective owned units in urban areas and their administration departments and receive payment therefrom.

Staff and Workers in Units of Other types of Ownership refer to those who work in (and receive payment therefrom) enterprises and institutions of joint ownership, share holding, foreign ownership, and ownership by entrepreneurs from Hong Kong, Macao, and Taiwan.

Total Wages of Staff and Workers refer to the total remuneration payment to staff and workers in various units during a certain period of time. The calculation of total wages is based on the total remuneration payment to the staff and workers. Therefore, all the wages and salaries and other payments to staff and workers are included in the total wages regardless of their sources, category, and forms (in kind or cash). (Total wages of staff and workers in this yearbook include only total wages of fully employed staff and workers, excluding the living allowances distributed to those who have left their working units while keeping their labor contract/employment relation unchanged).

Average Wage of Staff and Workers refers to the average wage in money terms per person during a certain period of time for staff and workers in enterprises, institutions, and government agencies, which reflects the general level of wage income during a certain period of time and is calculated as follows:

Average Wage of Staff and Workers = Total Wages of Staff and Workers at the Report Period/Average Number of Staff and Workers at the Report Period.

Average Wage Indices of Staff and Workers refers to the ratio of average wage of staff and workers in the report period to that in the base period, which reflects the change of wage of staff and workers at the different period. It is calculated as follows:

Average Wage Indices of Staff and Workers = Average Wage of Staff and Workers at the Report Period/Average Wage of Staff and Workers at the Base Period ×100%

Average Real Wage Indices of Staff and Workers average real wage of staff and workers refers to the average wage of staff and workers after removing the effects of the price changes and average real wage indices of staff and workers refers to the change of real wage, which reflects the relative increasing or decreasing level of real wage of staff and workers, which is calculated as follows:

Average Real Wage Indices of Staff and Workers = Average Wage Indices of Staff and Workers at the Report Period/Urban Consumer Price Indices at the Report Period ×100%

4

价格指数

Price Indices

简 要 说 明

一、本篇资料的主要内容

本篇价格指数资料，反映生产、流通、消费与投资等环节的价格变动趋势和变动幅度。主要包括居民消费价格指数、商品零售价格指数、农业生产资料价格指数、工业生产者价格指数、固定资产投资价格指数和房地产价格指数等。

二、本篇的资料来源

价格指数编制由国家统计局江苏调查总队组织实施。各市、县调查队依据国家统计局统一制定的价格统计调查制度向基层采集原始数据汇总后上报。

三、居民消费、商品零售价格指数

编制居民消费、商品零售价格指数的资料采用抽样调查和重点调查相结合的方法取得，即在全省选择不同经济区域和分布合理的地区，以及有代表性的商品作为样本，对其市场价格进行定期调查，以样本推断总体。编制过程按下列几个步骤进行：

1. 选择调查地区和调查点。调查地区按照经济区域和地区分布合理等原则，选出具有代表性的大、中、小城市和县作为国家的调查地区，在此基础上选定经营规模大、商品种类多的商场（包括集市和服务网点）作为调查点。

2. 选择代表商品和代表规格品。代表商品是选择那些消费量大、价格变动有代表性的商品；代表规格品的确定是根据商品零售资料和城市居民、农村居民的消费支出记帐资料，按照有关规定筛选的。筛选原则：(1)与社会生产和人民生活关系密切；(2)消费（销售）数量（金额）大；(3)市场供应稳定；(4)价格变动趋势有代表性；(5)所选的代表规格品之间差异大。

目前，居民消费价格调查按用途划分为8大类，262个基本分类，各地每月调查600种以上规格产品价格；商品零售价格按用途划分为16个大类，229个基本分类，各地每月调查500种以上的规格产品价格。

3. 价格调查方式。采用派员直接到调查点登记调查，同时聘请辅助调查员协助登记调查。

4. 权数的确定。商品零售价格指数的计算权数主要根据社会商品零售额资料确定；居民消费价格指数的计算权数根据城乡居民家庭消费支出构成确定。

四、工业生产者价格指数

工业生产者价格包括工业企业产品第一次出售时的出厂价格（下简称工业生产者出厂价格）和原材料、燃料、动力购进价格（下简称工业生产者购进价格）。

工业生产者价格调查采用重点调查与典型调查相结合的调查方法。重点调查将全部年主营业务收入2000万元以上（2010年以前为500万元以上）的企业列为调查对象；典型调查是把年主营业务收入2000万元以下（2010年以前为500万元以下）的企业作为抽样对象。

1. 代表企业的选择原则：(1)按工业行业选择调查企业，各中类行业原则上都要有调查企业。(2)大型企业应尽量都选上（或占相当大比重）。(3)选择生产稳定、正常的企业作为调查对象。

2. 代表产品的选择原则：(1)按工业行业选择基本分类和代表产品。(2)选择对国计民生影响大的产品。(3)选择生产较为稳定的产品。(4)选择有发展前景的产品。(5)选择具有地方特色的产品。

目前《工业生产者出厂价格调查目录》包括11000多种工业产品，并将其划分为1700多个基本分类。工业生产者购进价格调查项目由上述出厂调查目录的大部分和部分农副产品两部分组成，包括6000多种调查产品，确定为900多个基本分类。

3. 价格调查方式。采用企业报表形式。

4. 权数的确定。工业生产者出厂价格统计中，小类及小类以上的权数资料来源于工业统计中分行业工业销售产值数据资料；基本分类的权数资料来源于独立的工业企业产品权数调查。工业生产者购进价格统计中，基本分类及以上分类的权数资料主要来源于独立的工业企业产品权数调查，小类及小类以上的权数还可以参照相应行业的出厂权数和分行业的投入产出数据资料。权数一般五年更换一次。

五、固定资产投资价格指数

固定资产投资价格调查采用重点调查与典型调查相结合的方法。固定资产投资价格调查所涉及的价格是构成固定资产投资额实体的实际购进价格或结算价格。调查的内容包括构成当年建筑工程实体的钢材、木材、水泥、地方建材（如砖、瓦、灰、沙、石等）、化工材料（如油漆等）等主要建筑材料价格；作为活劳动投入的劳动力价格（单位工资）和建筑机械使用费；设备工器具购置和其他费用投资价格。

固定资产投资价格调查样本的选择遵循以下原则：

1. 选择建筑安装工程调查点的原则：(1)样本单位应具有一定覆盖面；(2)投资经济活动代表性强；(3)兼顾不同经济类型；(4)选择重点工程；(5)兼顾国民经济各门类及不同工程类别。

2. 选择其他费用调查点的原则：在选择其他费用调查点时，所遵循的原则与建筑安装工程调查点的原则基本相同，特别是要注意选择那些投资额大的工程。但由于其他费用不易取得，所以在实际操作过程中，应同时在建设单位、施工单位开展重点调查，并辅以典型调查（从管理部门取得资料）。

3. 价格调查方式。采用企业报表和调查员走访相结合的方式。

4. 权数的确定。固定资产投资价格指数的计算权数是建筑安装工程、设备工器具购置和其他费用三者前三年投资完成额的平均比重。

六、房地产价格指数

从广义上讲，房地产是房产与地产的总称。因此房地产价格调查的内容主要包括以下几个部分：

1. 住宅销售价格。从进入房地产市场的渠道看，住宅销售价格包括新建住宅和二手住宅两部分。

2. 住宅租赁价格。住宅租赁价格包括经济适用住房、廉租住房和商品住宅三部分。

3. 土地交易价格。土地交易价格包括居住用地、工业用地、商业营业用地和其他用地四部分。

4. 物业服务价格。物业服务价格包括经济适用住房和商品住宅两部分。

新建住宅价格调查，在2010年以前采用重点调查与典型调查相结合的方法，从2011年开始，采用全面调查的方法。二手住宅价格调查采用重点调查与典型调查相结合的方法。

调查方式采用报表与走访相结合的方式。

Brief Introduction

Ⅰ. Main Contents

Data on price indices in this chapter show the changing trends and the change rates in the prices of production, trade, consumption and investment, including mainly consumer price indices, retail price indices, price indices for means of agricultural production, producer price indices for farm products, price indices for investment in fixed assets, and price indices for real estate.

Ⅱ. Sources of Data

Compilation of statistics on price indices is organized by the Survey Office of the National Bureau of Statistics in Jiangsu. The selected cities and counties collect data from the grassroots units in accordance with the scheme of price survey system stipulated by the NBS, tabulate them and report them to the higher agencies.

Ⅲ. Consumer Price Indices and Retail Price Indices

Data for compilation of the consumer price indices and the retail price indices in Jiangsu are collected through a combination of sample surveys and surveys of key units. Areas distributed in different economic regions are selected as the sample areas and representative commodities are selected as the sample commodities. Regular surveys are conducted to collect data on their market prices. Population parameters are inferred on the basis of the sample data. Following are major steps in the process of calculation of the price indices:

(1) The selection of areas and survey points: Based on such principles as regional economic features and reasonable geographic distribution, representative sample areas for the national survey are selected which include large, medium and small cities and counties. When the sample areas have been selected, large-scale shops and markets (including fairs and service outlets) with wide variety of commodities are selected as survey points.

(2) The selection of representative commodi-

ties and their specifications or varieties: The representative commodities selected are those consumed in large quantity and representative in price changes. The representative specifications or varieties are determined according to the data on the retail sales of commodities and the consumption expenditure account data of the residents of urban households and rural households; and selection follows the related instructions. The principles for selection are: (a) The commodities are closely related to social production and people's living conditions; (b) They are consumes (or sold) in large quantities (or large values); (c) The market supply is stable; (d) The changes of their prices are representative in trend; (e) There is great heterogeneity among the specifications or varieties selected.

At present, data are collected on 600 and more specifications each month under 262 basic headings in 8 categories in the consumer price surveys. For the retail price surveys, data are collected on more than 500 specifications each month under 229 basic headings in 16 categories.

(3) Method of data collection: Enumerators are sent to the survey points to take the records of the prices. Assistant enumerators are recruited to assist the survey work.

(4) Determination of the weights: The weights for calculation of the retail price indices are determined mainly according to the total retail sales of commodities. The weights for calculation of the consumer price indices are determined according to the composition of the consumption expenditures of urban and rural households.

Ⅳ. Producer Price Indices for Industrial Products

Producer prices for manufactured goods refer to the ex-factory price of manufactured goods when they are first sold. The survey program is a combined use of the key units' survey and typical units' survey methods. Key units refer to those non-State-owned industrial enterprises with annual revenue above 5 million yuan. Typical units refer to the industrial enterprises with annual sale revenue below 5 million yuan.

(1) Principles for selecting the representative enterprises:

(a) Enterprises to be covered in the survey are selected by industrial sectors. In principle, every branch should have enterprises selected; (b) All (or a majority of) large-sized enterprises should be selected; (c) Enterprises selected should be those with normal and stable production; (d) Different types of ownership should be considered in selecting enterprises.

(2) Principle for the selection of representative goods:

(a) The goods are selected by industrial sectors; (b) The selected goods should have great impact on the national economy and people's living conditions; (c) The production of the goods selected are relatively more stable; (d) The prospects of the goods selected are promising; (e) The goods selected are typical to the place in question.

The current List of Manufactured Goods for the survey includes over 4,000 goods (including 7,500 specifications or varieties). The industrial sales value of the industries represented by these goods accounts for more than 70 percent of total industrial sales value of all the country.

(3) Method of data collection: The method of reporting forms by enterprises is adopted.

(4) Determination of the weights: The weights for calculation of the producer price indices for manufactured goods are determined according to the total sales value of manufactured goods. Data from the industrial census are used for the calculation. If census data are not available for the reference year, industrial statistical data and statistical data from other agencies will be used to estimate the weights. The weights are replaced every five years.

Ⅴ. Price Indices for Investment in Fixed Assets

Data on prices of investment in fixed assets are collected by a program involving the combined use of surveys on key units and surveys on typical units. The prices collected in the surveys of investment in fixed assets are the actual purchasing prices or settlement prices of entities of investment in fixed assets. The survey content includes the prices of main construction materials that constitute the architectural engineering entity in the year, such as steel, timber, cement, local construction materials (such as brick, tile, calcareous ashes, sand, stone, etc.), chemical materials (such as oil paint, etc.), the price of labor force as input (wages), prices for renting of building machinery and equipment, the purchasing price of equipment, tools and instruments and the prices of others investments.

The following principles should be followed in selecting the sample for the price survey of investment in fixed assets:

(1) Principles for selecting the survey points of construction and installation: (a) Sample units should have a good coverage; (b) The economic activity of investment should have strong representativeness; (c) Different economic types of ownership should be considered; (d) key projects should be selected; (e) Attention should be given to various sectors of the national economy and types of projects.

(2) Principles for selecting price survey points of other fees: The principles for selecting survey points of others fees is in general the same as that of construction and installation, with special attention being paid to selecting projects with huge investment value. Since it is not easy to obtain the other fees, during the actual data gathering operations, survey on key construction owner units and building units is to conducted concurrently with survey on typical units (with information from administration units)

(3) Method of price survey: A combination of enterprises reporting system and enumerator visits method.

(4) Determination of the weights: The weights for calculation of the price indices for investment in fixed assets are determined according to the average proportion of construction and installation, purchase of equipment, tools and instruments and other investments in the 3 preceding years.

Ⅵ. Price Indices for Real Estate

In the broad sense real estate refers to properties in terms of both buildings and land. Therefore, the price survey on real estate covers the following items:

1) Sale prices of houses. In terms of the types of houses sold at the market, sale prices of houses include the prices for commercialized houses and for second-hand houses.

2) Renting price of houses. Included in this category are prices for renting residential housing, office buildings, buildings for business or recreational purposes, buildings for industrial or storage purposes, and housing for other purposes.

3) Transaction prices of land. Included in this category are prices for the transaction of land used for residential housing, for industrial and storage purposes, for business or recreational purposes and for other uses.

4) Property management price. Included in this category are prices for residential housing, office buildings, buildings for business or recreational purposes, and buildings for industrial or storage purposes.

New housing price Survey before 2010 using the key survey and typical method of combining. Beginning of 2011, take a comprohensive survey. Second – hand housing prices using a combiration of approaches fouse on investigation and sampling surveys. The mothod including reports and visition.

4-1 各种价格指数
Price Indices

上年=100 (preceding year=100)

年份 Year	居民消费价格指数 Consumer Price Index	城市 Urban	农村 Rural	商品零售价格指数 Retail Price Index	工业生产者出厂价格指数 Producer Price Index for Industrial Products	工业生产者购进价格指数 Purchasing Price Index for Industrial Products	固定资产投资价格指数 Price Index for Investment in Fixed Assets
1979	101.0	100.7	101.3	101.3			
1980	105.6	105.7	105.6	105.8			
1981	101.5	102.3	100.9	101.4			
1982	100.9	100.9	101.0	100.9			
1983	100.4	100.8	100.0	100.1			
1984	103.0	104.1	102.1	102.5			
1985	109.5	109.6	109.4	109.5			
1986	107.1	106.4	107.7	107.1			
1987	109.2	110.5	107.7	109.3			
1988	121.9	122.6	121.4	122.3			
1989	117.1	116.0	118.5	116.8			
1990	103.2	103.4	103.0	102.3			
1991	104.9	107.7	101.9	104.8	103.2	107.0	104.5
1992	106.6	108.8	104.4	105.1	103.8	110.2	112.1
1993	118.2	118.7	117.3	115.9	118.5	125.7	138.8
1994	123.2	125.3	121.7	123.6	121.4	120.1	114.6
1995	115.8	116.2	115.3	114.3	114.2	117.3	107.4
1996	109.3	110.8	107.1	106.8	100.6	103.9	103.2
1997	101.7	101.3	102.0	99.3	97.9	97.9	99.2
1998	99.4	100.0	99.0	98.2	94.5	91.4	98.8
1999	98.7	98.6	98.8	96.9	96.1	94.4	98.3
2000	100.1	100.0	100.1	98.6	101.1	107.1	101.2
2001	100.8	100.1	101.5	98.9	99.1	99.5	100.8
2002	99.2	98.4	100.2	98.4	97.6	98.6	101.3
2003	101.0	100.9	101.2	99.8	102.3	106.5	104.3
2004	104.1	103.7	104.6	102.2	106.5	116.3	109.3
2005	102.1	102.0	102.4	100.3	102.6	107.6	100.9
2006	101.6	101.6	101.7	100.8	101.5	106.4	101.2
2007	104.3	104.1	104.8	102.9	102.6	105.0	104.9
2008	105.4	105.2	105.6	104.9	104.6	115.0	110.0
2009	99.6	99.6	99.5	98.9	95.2	91.9	97.7
2010	103.8	103.6	104.3	103.2	107.3	112.8	105.1
2011	105.3	105.1	105.9	104.6	106.2	108.9	106.8
2012	102.6	102.6	102.6	102.1	97.1	95.8	98.6
2013	102.3	102.3	102.5	101.4	98.0	97.1	100.5

4-2 各种价格定基指数

Fixed-base Price Indices

年 份 Year	居民消费价格指数（1978年=100） Consumer Price Index (1978=100)	城 市 Urban	农 村 Rural	商品零售价格指数（1978年=100） Retail Price Index (1978=100)	工业生产者出厂价格指数（1990年=100） Producer Price Index for Industrial Products (1990=100)	工业生产者购进价格指数（1990年=100） Purchasing Price Index for Industrial Products (1990=100)	固定资产投资价格指数（1990年=100） Price Index for Investment in Fixed Assets (1990=100)
1979	101.0	100.7	101.3	101.3			
1980	106.7	106.4	107.0	107.7			
1981	108.3	108.9	107.9	108.7			
1982	109.2	109.9	109.0	109.7			
1983	109.7	110.7	109.0	109.8			
1984	113.0	115.3	111.3	112.5			
1985	123.7	126.4	121.8	123.2			
1986	132.5	134.4	131.1	131.9			
1987	144.7	148.6	141.2	144.2			
1988	176.3	182.1	171.5	176.4			
1989	206.5	211.3	203.2	206.0			
1990	213.1	218.5	209.3	210.7			
1991	223.5	235.3	213.3	220.9	103.2	107.0	104.5
1992	238.3	256.0	222.6	232.1	107.1	117.9	117.1
1993	281.7	303.9	261.2	269.0	126.9	148.2	162.6
1994	347.0	380.7	317.8	332.5	154.1	178.0	186.3
1995	401.8	442.4	366.5	380.1	176.0	208.8	200.1
1996	439.2	490.2	392.5	405.9	177.0	216.9	206.5
1997	446.7	496.6	400.3	403.1	173.3	212.4	204.9
1998	444.0	496.6	396.3	395.8	163.8	194.1	202.4
1999	438.2	489.6	391.6	383.5	157.4	183.3	199.0
2000	438.7	489.6	392.0	378.1	159.1	196.3	201.4
2001	442.2	490.1	397.8	373.9	157.7	195.3	203.0
2002	438.6	482.2	398.6	368.0	153.9	192.6	205.6
2003	443.0	486.5	403.4	367.3	157.4	205.2	214.4
2004	461.2	504.5	422.0	375.4	167.6	238.6	234.3
2005	470.9	514.6	432.1	376.5	171.9	256.8	236.4
2006	478.4	522.8	439.5	379.5	174.5	273.2	239.2
2007	499.0	544.3	460.6	390.5	179.0	286.7	250.9
2008	525.9	572.6	486.4	409.6	187.2	329.7	276.0
2009	523.8	570.3	484.0	405.1	178.2	303.0	269.7
2010	543.7	590.8	504.8	418.1	191.2	341.8	283.5
2011	572.7	621.1	534.7	437.4	203.1	372.2	302.8
2012	587.4	637.0	548.5	446.4	197.2	356.6	298.6
2013	601.2	651.6	562.2	452.7	193.3	346.3	300.1

4－3 主要年份居民消费价格指数
Consumer Price Indices in Major Years

上年＝100 （preceding year＝100）

类　　别	Item	2005	2009	2010	2011	2012	2013
总指数	**General Index**	**102.1**	**99.6**	**103.8**	**105.3**	**102.6**	**102.3**
食品	Food	103.9	100.9	107.4	111.8	104.7	104.1
粮食	Grain	100.0	104.4	115.2	111.1	102.3	103.0
淀粉及制品	Starches and Tubers	111.0	104.8	104.7	113.8	105.5	102.0
干豆类及豆制品	Bean and Its Products	100.7	97.7	108.0	106.6	103.1	104.5
油脂	Oil or Fat	92.4	75.7	103.3	113.7	104.2	98.2
肉禽及其制品	Meat, Poultry and their Processed Products	104.3	91.2	103.0	120.8	102.5	103.1
蛋	Eggs	104.3	100.8	107.4	115.0	97.0	104.4
水产品	Aquatic Products	105.4	102.2	110.9	110.5	108.4	105.5
菜	Vegetables	114.8	117.1	117.2	102.1	109.0	107.0
#鲜菜	Fresh Vegetables	116.2	118.1	117.7	101.6	110.1	107.2
调味品	Flavoring	100.8	103.2	104.6	108.0	108.1	103.9
糖	Sugar	103.1	103.2	108.6	110.9	105.2	100.6
茶及饮料	Tea and Beverages	100.0	101.8	101.2	104.3	104.1	102.7
干鲜瓜果	Dried and Fresh Fruits and Melons	98.1	106.9	113.0	114.4	98.2	106.8
#鲜瓜果	Fresh Fruits	97.5	110.1	112.8	114.4	97.1	107.8
糕点饼干面包	Cake, Biscuit and Bread	100.4	102.4	101.5	109.8	103.6	103.4
液体乳及乳制品	Milk and Its Products	100.7	100.9	104.1	109.3	105.4	106.7
在外用膳食品	Dining Out	104.2	102.7	103.7	110.3	106.9	103.7
其他食品	Others	103.3	100.4	101.7	107.5	104.3	100.7
烟酒及用品	Tobacco, Liquor and Articals	100.6	101.7	102.4	104.0	103.9	98.7
烟草	Tobacco	100.4	100.2	100.2	100.1	100.1	99.7
酒	Liquor	100.8	103.8	106.8	111.3	110.5	97.1
衣着	Clothing	98.6	99.0	100.7	103.4	103.6	103.2
服装	Garments	98.5	99.7	100.8	103.9	103.5	103.0

4-3 续 表 Continued

上年=100 (preceding year=100)

类 别 Item		2005	2009	2010	2011	2012	2013
衣着材料	Clothing Material	100.2	102.9	105.0	111.3	105.1	104.4
鞋袜帽	Footgear and Hats	97.8	96.8	100.2	101.5	103.8	103.5
衣着加工服务费	Clothing Manufacturing Services	104.1	101.9	104.0	107.0	107.5	107.2
家庭设备用品及维修服务	Household Facilities and Articles	100.2	101.3	100.1	104.4	103.6	102.2
耐用消费品	Durable Consumer Goods	99.5	98.6	98.3	103.6	102.7	101.6
室内装饰品	Interior Decorations	100.0	99.9	100.4	102.4	101.8	101.0
床上用品	Bed Articles	99.7	98.3	101.7	103.4	103.3	100.1
家庭日用杂品	Daily Use Household Articles	100.0	104.6	99.9	102.4	102.8	102.1
家庭服务及加工维修服务	Household Services, Processing and Repairing Services	104.2	106.6	107.7	116.0	110.6	107.1
医疗保健和个人用品	Health Care and Personal Articles	100.2	100.7	102.9	103.1	101.3	101.1
医疗保健	Health Care	99.4	100.8	102.4	101.9	100.6	101.3
个人用品及服务	Personal Articals and Services	101.9	100.4	104.0	105.2	102.5	100.8
交通和通信	Transportation and Communication	98.4	96.7	99.8	100.8	99.8	99.7
交通	Transportation	100.8	96.8	101.7	102.5	100.4	99.8
通信	Communication	96.2	96.5	96.7	97.7	98.5	99.7
娱乐教育文化用品及服务	Recreation, Education and Culture Articles and Services	102.2	99.9	101.6	100.6	99.9	101.3
文娱用耐用消费品及服务	Durable Consumer Goods for Recreational Use and Services	93.0	87.3	91.5	91.2	93.0	97.4
教育	Education	105.1	102.3	102.7	102.3	100.8	101.1
文化娱乐类	Cultural and Recreational Articals	102.3	103.1	102.5	101.0	101.0	101.8
旅游	Tourism	100.3	99.5	107.3	103.5	101.6	104.0
居住	Residence	104.4	97.5	105.0	104.1	102.4	102.5
建房及装修材料	Building and Docorative Material	104.3	98.4	105.4	106.9	100.6	100.9
住房租金	Renting	101.6	100.3	106.0	103.9	103.6	103.3
自有住房	Private Housing	104.2	86.3	103.7	104.0	102.7	102.9
水、电、燃料	Water, Electricity and Fuels	105.0	97.4	104.5	102.1	102.1	101.9
消费品价格指数	Consumption Goods	101.8	99.3	103.9	106.4	102.9	102.3
服务项目价格指数	Service	103.2	100.2	103.6	103.1	101.9	102.4

4-4 居民消费价格分类指数（2013年）
Consumer Price Indices by Category (2013)

上年=100 (preceding year=100)

类别	Item	全省 Total	城市 Urban	农村 Rural
总指数	**General Index**	**102.3**	**102.3**	**102.5**
食品	Food	104.1	104.2	104.0
粮食	Grain	103.0	103.7	102.2
淀粉及制品	Starches	102.0	102.7	100.8
干豆类及豆制品	Bean and Its Products	104.5	104.4	104.8
油脂	Oil or Fat	98.2	97.8	98.9
肉禽及其制品	Meat, Poultry Cheir Processing Products and	103.1	103.1	103.0
蛋	Eggs	104.4	104.5	104.2
水产品	Aquatic Products	105.5	106.2	103.8
菜	Vegetables	107.0	106.7	107.9
#鲜菜	Fresh Vegetables	107.2	106.7	108.3
调味品	Flavoring	103.9	103.2	105.3
糖	Sugar	100.6	100.5	100.9
茶及饮料	Tea and Beverages	102.7	103.3	101.2
干鲜瓜果	Dried and Fresh Fruits and Melons	106.8	107.4	105.2
#鲜瓜果	Fresh Fruits	107.8	108.4	105.7
糕点饼干面包	Cake, Biscuit and Bread	103.4	103.6	103.0
液体乳及乳制品	Milk and Its Products	106.7	106.9	105.9
在外用膳食品	Dining Out	103.7	103.3	105.0
其它食品	Others	100.7	100.3	102.1
烟酒及用品	Tobacco, Liquor and Articals	98.7	98.6	99.0
烟草	Tobacco	99.7	99.6	100.0
酒	Liquor	97.1	96.8	97.6
衣着	Clothing	103.2	102.8	104.2
服装	Garments	103.0	102.4	104.7

4-4 续 表 Continued

上年=100 (preceding year=100)

类 别 Item		全省 Total	城市 Urban	农村 Rural
衣着材料	Clothing Material	104.4	104.3	104.9
鞋袜帽	Footgear and Hats	103.5	104.0	102.2
衣着加工服务	Clothing Manufacturing Services	107.2	106.1	109.3
家庭设备用品及维修服务	Household Facilities and Articles	102.2	102.4	101.8
耐用消费品	Durable Consumer Goods	101.6	101.6	101.4
室内装饰品	Interior Decorations	101.0	101.1	100.8
床上用品	Bed Articles	100.1	100.9	97.9
家庭日用杂品	Daily Use Household Articles	102.1	102.1	102.1
家庭服务及加工维修服务	Household Services, Processing and Repairing Services	107.1	107.0	107.6
医疗保健和个人用品	Health Care and Personal Articles	101.1	100.8	102.1
医疗保健	Health Care	101.3	100.8	102.8
个人用品及服务	Personal Articals and Services	100.8	100.8	100.8
交通和通讯	Transportation and Communication	99.7	99.7	100.0
交通	Transportation	99.8	99.6	100.2
通信	Communication	99.7	99.7	99.7
娱乐教育文化用品及服务	Recreation, Education and Culture Articles and Services	101.3	101.4	101.0
文娱用耐用消费品及服务	Durable Consumer Goods for Recreational Use and Services	97.4	97.9	95.9
教育	Education	101.1	101.1	100.8
文化娱乐用品	Cultural and Recreational Articals	101.8	101.6	102.5
旅游	Tourism	104.0	103.8	104.7
居住	Residence	102.5	102.4	102.6
建房及装修材料	Building and Docorative Material	100.9	101.4	99.9
住房租金	Renting	103.3	103.0	104.5
自有住房	Private Housing	102.9	102.5	104.4
水、电、燃料	Water, Electricity and Fuels	101.9	102.1	101.5

4-5 商品零售价格分类指数(2013年)
Retail Price Indices by Categories (2013)

上年=100 (preceding year=100)

类别	Item	全省 Total	城市 Urban	农村 Rural
商品零售价格指数	**Retail Price Index**	**101.4**	**101.4**	**101.5**
食品	Food	104.1	104.2	103.9
饮料烟酒	Beverages, Tobacco and Liquor	99.7	99.7	99.6
服装鞋帽	Garments, Shoes, Hats	103.1	102.7	104.2
纺织品	Textiles	101.5	102.2	99.9
家用电器音像器材	Household Appliances, Music and Video Equipment	99.6	99.5	99.8
文化办公用品	Cultural and Office Appliances	99.5	99.6	99.0
日用品	Articles for Daily Use	101.6	101.5	102.0
体育娱乐用品	Sports and Recreation Arcticles	101.1	100.9	101.7
交通、通信用品	Transportation and Communicatior Appliances	98.3	98.2	98.9
家具	Furniture	102.1	103.0	99.8
化妆品	Cosmetics	102.1	101.7	103.1
金银珠宝	Gold, Silver and Jewelry	91.2	91.4	90.3
中西药品及医保用品	Traditional Chinese and Western Medicines and Health Care Articles	100.7	100.9	99.9
书报杂志电子出版物	Books, Newspapers, Magazines and Electronic Publications	101.4	101.0	102.8
燃料	Fuels	101.9	102.2	101.0
建筑材料五金电料	Building Materials and Hardware	100.3	100.4	99.9
农业生产资料类	**Means of Agricultural Production General Price Index**	**102.4**		
农用手工工具	Farm Handtools	101.9		
饲料	Forage	104.3		
产品畜	Production Livestock	101.1		
半机械化农具	Semi-mechanized Farm Tools	102.0		
机械化农具	Mechanized Farm Machinery	100.6		
化学肥料	Chemical Fertilizer	98.2		
农药及农药械	Pesticide and Its Appliances	102.4		
化学农药	Chemical Pesticide	102.3		
农药械	Pesticide Appliances	103.3		
农用机油	Oil for Farm Machinery	100.7		
其他农业生产资料	Other Means of Agricultural Production	102.2		
农业生产服务	Service for Agricultural Prodcution	105.5		

4-6 工业生产者出厂价格指数

Producer Price Indices for Industrial Products

上年=100　　(preceding year=100)

类别	Item	2000	2005	2010	2012	2013
工业生产者出厂价格指数	**Producer Price Indices for Industrial Products**	**101.1**	**102.6**	**107.3**	**97.1**	**98.0**
轻工业	Light Industry	97.9	100.3	104.9	98.1	99.2
以农产品为原料	Using Farm Products as Raw Materials	97.1	100.9	107.3	99.2	99.9
以非农产品为原料	Using Non-Farm Products as Raw Materials	99.5	100.1	103.6	96.1	98.0
重工业	Heavy Industry	102.8	105.4	109.7	96.8	97.6
采掘	Mining and Quarrying	102.2	121.6	125.0	98.1	95.0
原料	Raw Materials	110.9	109.7	113.8	96.5	97.4
加工	Manufacturing	96.7	102.1	107.4	96.9	97.7
生产资料	Means of Production	103.0	103.2	108.2	96.4	97.5
采掘	Mining and Quarrying	101.9	121.9	124.4	98.1	95.0
原料	Raw Materials	110.8	108.9	114.3	95.4	97.0
加工	Manufacturing	97.3	100.9	106.3	96.7	97.7
生活资料	Consumer Goods	96.6	100.5	103.1	100.4	100.1
食品	Food	89.6	99.9	105.6	100.5	99.5
衣着	Clothing	100.9	102.9	103.2	104.0	101.8
一般日用品	Daily-use Articles	98.5	101.2	102.1	98.4	99.5
耐用消费品	Durable Consumer Goods	95.6	98.2	100.8	99.2	99.3

4-7 分部门工业生产者出厂价格指数

Producer Price Indices for Industrial Products by Industry

上年=100　　(preceding year=100)

类别	Item	2000	2005	2010	2012	2013
工业生产者出厂价格指数	**Producer Price Indices for Industrial Products**	**101.1**	**102.6**	**107.3**	**97.1**	**98.0**
冶金工业	Metallurgical Industry	104.1	103.5	112.6	92.5	94.8
电力工业	Power Industry	106.1	106.0	100.5	100.8	99.9
煤炭及炼焦工业	Coal Industry	94.0	116.1	116.8	92.0	86.8
石油工业	Petroleum Industry	144.4	119.6	127.3	101.7	97.5
化学工业	Chemical Industry	105.2	105.8	113.8	94.3	97.6
机械工业	Machine Building Industry	95.8	100.0	102.9	98.4	98.2
建筑材料工业	Building Materials Industry	99.2	95.4	105.5	96.6	98.6
森林工业	Timber Industry	97.1	103.0	101.3	103.6	100.4
食品工业	Food Industry	89.4	99.6	105.1	101.0	99.5
纺织工业	Textile Industry	101.8	101.5	111.7	95.0	99.2
缝纫工业	Tailoring Industry	102.0	103.3	103.2	104.1	101.6
皮革工业	Leather Industry	102.5	101.5	101.8	103.3	103.5
造纸工业	Paper Industry	104.9	101.8	107.9	97.6	97.7
文教艺术用品工业	Cultural, Educational and Handicrafts Articles	103.4	102.2	101.1	100.1	100.8
其他工业	Others	102.6	100.8	104.0	101.8	100.9

4-8 分行业工业生产者出厂价格指数
Producer Price Indices for Industrial Products by Sector

上年=100 (preceding year=100)

行业	Sector	2011	2012	2013
工业生产者出厂价格指数	**Producer Price Indices for Industrial Products**	**106.2**	**97.1**	**98.0**
煤炭开采和洗选业	Mining and Washing of Coal	105.0	91.1	85.7
石油和天然气开采业	Extraction of Petroleum and Natural Gas	132.2	98.6	94.2
黑色金属矿采选业	Mining and Processing of Ferrous Metal Ores	114.5	84.4	97.3
有色金属矿采选业	Mining and Processing of Non-Ferrous Metal Ores	130.9	86.3	91.1
非金属矿采选业	Mining and Processing of Nonmetal Ores	111.5	104.3	100.5
农副食品加工业	Processing of Food from Agricultural Products	113.0	100.2	98.6
食品制造业	Manufacture of Food	107.4	101.7	101.8
酒、饮料和精制茶制造业	Manufacture of Beverage	106.0	103.6	100.2
烟草制品业	Manufacture of Tobacco	100.0	101.9	100.4
纺织业	Manufacture of Textile	112.4	95.9	99.5
纺织服装、服饰业	Manufacture of Textile Wearing, Apparel, Footwear and Caps	103.1	104.6	101.6
皮革、毛皮、羽毛及其制品和制鞋业	Manufacture of Textile, Fur, Feather and footwear Products	105.2	103.0	103.2
木材加工和木、竹、藤、棕、草制品业	Processing of Timber, Manufacture of Wood, Bamboo, Rattan, Palm and Straw Products	103.8	103.8	100.3
家具制造业	Manufacture of Furniture	102.5	102.5	100.7
造纸和纸制品业	Manufacture of Paper and Paper Products	106.1	97.6	97.7
印刷和记录媒介复制业	Printing, Reproduction of Recording Media	102.4	100.2	99.7
文教、工美、体育和娱乐用品制造业	Manufacture of Culture, Education, Arts, Crafts Sports and Enterfaiment Supplies	106.7	102.0	100.7
石油加工、炼焦和核燃料加工业	Processing of Petroleum, Coking, Processing of Nuclear Fuel	120.3	101.4	96.5

4-8 续 表 Continued

上年=100 (preceding year=100)

行 业	Item	2011	2012	2013
化学原料和化学制品制造业	Manufacture of Raw Chemical Materials and Chemical Products	109.5	94.1	97.0
医药制造业	Manufacture of Medicines	103.6	94.4	99.2
化学纤维制造业	Manufacture of Chemical Fibers	111.2	87.7	96.3
橡胶和塑料制品业	Manufacture of Rubber and Plastics	106.3	99.4	99.6
非金属矿物制品业	Manufacture of Non-ferrous Metals	110.9	96.9	98.7
黑色金属冶炼和压延加工业	Smelting and Pressing of Ferrous Metals	111.7	90.3	92.7
有色金属冶炼和压延加工业	Smelting and Pressing of Non-ferrous Metals	111.9	92.2	95.1
金属制品业	Manufacture of Metal Products	103.4	98.4	98.0
通用设备制造业	Manufacture of General Purpose Machinery	103.0	99.6	99.9
专用设备制造业	Manufacture of Special Purpose Machinery	102.2	100.9	101.8
汽车制造业	Manufacturing of Transport Equipment	99.6	99.7	99.0
铁路、船舶、航空航天和其他运输设备制造业	Manufacture of Railroad, Marine, Aviation and other Transport Equipment	102.4	99.2	98.7
电气机械和器材制造业	Manufacture of Electrical Machinery and Equipment	105.7	95.9	97.1
计算机、通信和其他电子设备制造业	Manufacture of Computer Communications and other Electronic Equipment	100.4	98.1	97.7
仪器仪表制造业	Manufacture of Instrumentation	100.6	100.8	99.8
其他制造业	Other Manufacturing	115.4	103.8	102.0
废弃资源综合利用业	Manufacture of Recycling and Disposal of Waste	113.5	95.2	92.8
金属制品、机械和设备修理业	Manufacture of Metal Products, Machinery and Equipment Repair	107.2	102.0	98.7
电力、热力生产和供应业	Production and Supply of Electric Power and Heat Power	100.8	101.2	99.6
燃气生产和供应业	Production and Supply of Gas	106.1	100.7	101.6
水的生产和供应业	Production and Supply of Water	102.1	101.0	102.2

4－9　工业生产者购进价格指数
Purchasing Price Indices for Industrial Products

上年＝100　　(preceding year＝100)

类　别	Item	2011	2012	2013
工业生产者购进价格指数	**Purchasing Price Indices for Industrial Products**	**108.9**	**95.8**	**97.1**
燃料动力类	Fuel and Power	110.7	99.1	95.8
黑色金属材料类	Ferrous Metal	108.5	92.1	94.7
有色金属材料和电线类	Non-Ferrous Metal and Wire	112.1	91.8	95.3
化工原料类	Chemical Materials	110.8	91.6	97.3
木材及纸浆类	Timber and Pulp	101.2	101.9	99.8
建筑材料及非金属矿类	Construction Materials and Non-Metal Mining Industry	113.3	96.0	95.7
其他工业原材料、半成品类	Other Industrial Raw Materials and Semi-Finished Products	104.2	97.0	97.6
农副产品类	Farm and Sideline Products	117.6	101.3	102.3
纺织原料类	Textile Raw Materials	114.4	97.9	99.4

4－10　固定资产投资价格指数
Price Indices for Investment in Fixed Assets

上年＝100　　(preceding year＝100)

类　别	Item	2000	2005	2010	2012	2013
总指数	**General Index**	**101.2**	**100.9**	**105.1**	**98.6**	**100.5**
建筑安装工程	Construction and Installation	102.4	99.6	106.9	97.9	100.8
设备、器具	Equipments, Tools and Instruments	97.8	100.5	101.7	98.2	98.8
其他费用	Others	102.6	106.5	105.6	102.2	103.0

4-11 房地产价格指数
Real Estate Price Indices

上年=100 (preceding year=100)

类别	Item	2008	2009	2010	2011	2012	2013
新建住宅	New Residential						
南京	Nanjing	103.6	99.2	110.4	101.3	98.5	108.6
无锡	Wuxi	105.8	101.0	106.1	102.3	99.2	103.4
徐州	Xuzhou	104.0	96.5	107.3	103.6	99.0	106.4
扬州	Yangzhou	105.0	101.8	106.1	104.2	99.3	103.9
二手住宅	Second-hand Residential						
南京	Nanjing	102.4	103.3	104.8	99.8	96.8	105.4
无锡	Wuxi	110.1	101.0	103.5	104.1	100.1	101.9
徐州	Xuzhou	101.4	101.4	103.1	99.6	97.7	102.2
扬州	Yangzhou	105.0	99.1	105.4	103.0	96.9	100.8
土地交易总计	Total Land Transactions						
南京	Nanjing	103.6	102.6	104.6	102.3	100.3	100.3
无锡	Wuxi	106.1	95.9	106.9	104.9	102.5	100.2
徐州	Xuzhou	101.9	102.7	109.6	108.9	101.5	102.8
扬州	Yangzhou	105.0	103.4	105.4	102.6	100.6	101.3
居住用地	Residential Land						
南京	Nanjing	104.6	103.3	106.0	101.9	100.6	101.5
无锡	Wuxi	105.5	94.8	109.1	104.3	101.9	100.0
徐州	Xuzhou	102.0	105.1	117.0	112.0	102.8	104.5
扬州	Yangzhou	105.9	103.9	107.4	102.1	99.8	100.8
住宅租赁总计	Total Residential Tenancies						
南京	Nanjing	102.3	100.8	105.0	103.4	102.3	102.6
无锡	Wuxi	102.6	101.2	104.9	106.9	101.6	101.8
徐州	Xuzhou	102.7	101.7	105.7	104.2	102.6	102.4
扬州	Yangzhou	102.1	100.8	105.9	106.2	98.8	102.3
商品住宅租赁	Commercial Residential Rental						
南京	Nanjing	102.4	100.9	105.5	103.5	102.6	102.9
无锡	Wuxi	102.6	101.2	105.2	107.4	101.5	101.8
徐州	Xuzhou	102.4	101.7	105.9	104.3	102.9	102.4
扬州	Yangzhou	102.2	100.7	106.5	107.2	98.7	102.6
住宅物业服务总计	Total Residential Property Services						
南京	Nanjing	100.5	99.3	100.6	100.7	101.7	101.3
无锡	Wuxi	100.0	100.1	105.9	100.0	100.5	100.2
徐州	Xuzhou	100.3	100.0	100.2	100.4	100.2	101.1
扬州	Yangzhou	100.0	100.0	100.0	108.0	108.0	100.0
商品住宅物业服务	Commercial Residential Property Services						
南京	Nanjing	100.6	99.2	100.7	100.8	101.9	101.4
无锡	Wuxi	100.0	100.1	100.1	100.0	100.5	100.2
徐州	Xuzhou	100.4	100.0	100.2	100.5	100.3	101.3
扬州	Yangzhou	100.0	100.0	100.0	108.9	108.9	100.0

主要统计指标解释

商品零售价格指数 是反映城乡商品零售价格变动趋势的一种经济指数。零售物价的调整变动直接影响到城乡居民的生活支出和国家的财政收入,影响居民购买力和市场供需平衡,影响消费与积累的比例。因此,计算零售价格指数,可以从一个侧面对上述经济活动进行观察和分析。

居民消费价格指数 是反映一定时期内城乡居民所购买的生活消费品价格和服务项目价格变动趋势和程度的相对数,是对城市居民消费价格指数和农村居民消费价格指数进行综合汇总计算的结果。利用居民消费价格指数,可以观察和分析消费品的零售价格和服务价格变动对城乡居民实际生活费支出的影响程度。

城市居民消费价格指数 是反映城市居民家庭所购买的生活消费品价格和服务项目价格变动趋势和程度的相对数。城市居民消费价格指数可以观察和分析消费品的零售价格和服务项目价格变动对职工货币工资的影响,作为研究职工生活和确定工资政策的依据。

农村居民消费价格指数 是反映农村居民家庭所购买的生活消费品价格和服务项目价格变动趋势和程度的相对数。农村居民消费价格指数可以观察农村消费品的零售价格和服务项目价格变动对农村居民生活消费支出的影响,直接反映农民生活水平的实际变化情况,为分析和研究农村居民生活问题提供依据。

工业生产者价格指数 是反映工业产品价格变化趋势和变动幅度的统计指标,是工业企业的产品价格在不同时间和空间条件下平均变动的相对数。工业生产者价格包括工业品第一次出售时的出厂价格和企业作为中间投入的原材料、燃料、动力购进价格,简称为工业生产者出厂价格和工业生产者购进价格。工业生产者价格指数是进行国民经济核算和经济管理的重要依据。

固定资产投资价格指数 是反映固定资产投资价格变动趋势和程度的相对数。固定资产投资额由建筑安装工程投资完成额,设备、工器具购置投资完成额和其他费用投资完成额三部分组成。编制固定资产投资价格指数应首先分别编制上述三部分投资的价格指数,然后采用加权算术平均法求出固定资产投资价格总指数。

编制固定资产投资价格指数可以准确地反映固定资产投资中涉及的各类商品和取费项目价格变动趋势和变动幅度,消除按现价计算的固定资产投资指标中的价格变动因素,真实地反映固定资产投资的规模、速度、结构和效益,为国家制定、检查固定资产投资计划并提高宏观调控水平,为完善国民经济核算体系提供科学的、可靠的依据。

房地产价格指数 是反映一定时期内房地产价格变动趋势和程度的相对数。利用房地产价格指数,可以对一定区域内房地产商品的价格走向、升降趋势进行观察和分析,为市场调控提供依据。国家统计局现行统计制度中,房地产价格指数包括销售价格指数、房屋租赁价格指数、物业管理价格指数和土地交易价格指数。

Explanatory Notes on Main Statistical Indicators

Retail Price Indices reflects the general change in retail prices of commodities. The change and adjustment in retail prices directly affect the living expenditure of urban and rural residents, government revenue, purchasing power of residents and the equilibrium of market supply and demand, and the ratio of consumption to accumulation. Therefore, the calculation of retail price index is useful to analyze the changes of the above economic activities.

Consumer Price Indices reflects the trend of changes in prices of consumer goods and services purchased by urban and rural residents, and is a composite index derived from the urban consumer price index and the rural consumer price index. Consumer price index can be used to analyze the impact of consumer price change on actual expenditure for living cost of urban and rural residents.

Urban Consumer Price Indices reflects the trend and degree of changes in prices of consumer goods and services purchased by urban households. It can be used to observe and analyze the impact of price changes in consumer goods and services on money wages ot staff and workers, and provide basis for policy making concerning the living cost and wages of staff and workers.

Rural Consumer Price Indices reflects the trend and degree of changes in prices of consumer goods and services purchased by rural households. It can be used to observe the impact of change in retail prices of consumer goods and service prices in rural areas on living expenditure of rural households, and to show the changes in the living standard of peasants. It provides basis for analysis and research on condition of life in rural areas.

Producer Price Indices for Industrial Products roflects the trend and manitude of response changes in the prices of industrial prouducts. It is the price of the industrial enterprises in the different time and space in relative number. This index including industrial products for the first time and as an intermediate input of raw materials full and power purchase. It is an important basis for the national accounts and economic management.

Price Indices for Investment in Fixed Assets reflects the trend and degree of changes in prices of investment in fixed assets. The investment in fixed assets consists of three componen, namely the investment in construction and installation, the investment in purchases of equipment and instrument, and the investment in other items. Price index of investment in fixed assets is calculated as the weighted arithmetic mean of the price indices of the three components of investment in fixed assets.

Real Estate Price Indices reflects the relative number of the trends and extent of changes in real estate prices during a given period. It is can observed and analyzed the trend movements of real estate. In pational Bureau of Statistics, real estate price indices including the housing sales price index the rental price index, property price index and price index of and transactions.

Removing the factor of price change in the aggregates of investment at current prices, this indicator shows the changes in the prices of commodities and fees involved in the investment of fixed assets, and can be used to observe the actual size, growth, structure, and efficiency of investment in fixed assets and provides reliable and scientific data for government planning, management, decision making, and further improving the current national accounting system.

5

人民生活
People's Living Conditions

简要说明

一、本篇资料的主要内容

本篇资料反映江苏人民生活现状及变化情况，分为城镇居民生活和农村居民生活两部分。

居民生活状况的数据来源于住户调查，是对居民家庭抽样调查汇总的结果。主要内容包括居民现金和实物收支情况、住户成员及劳动力从业情况、居民家庭食品和能源消费情况、住房和耐用消费品拥有情况以及其他民生状况等。

二、住户抽样方法

住户调查的样本抽选包括抽样方法设计、调查网点代表性评估、调查小区抽选以及摸底调查、调查住宅抽选、调查户落实等现场抽样工作。

住户调查的样本量按满足以下代表性需求的标准确定：在95%的置信度下，城乡居民收入、消费支出以及主要收入项和消费项的抽样误差控制在3%以内。由此汇总生成的全省分城乡居民人均收入和消费支出抽样误差控制在1%以内，主要收入项和消费项的抽样误差控制在3%以内。全省使用统一的抽样框，以省为总体，在对县级调查网点代表性进行评估的基础上，采用分层、多阶段随机抽样方法抽选调查住宅，确定调查户。

三、住户调查方法

住户调查采用日记账和问卷调查相结合的方式采集基础数据。其中，居民现金收入与支出、实物收入与支出等内容主要使用记账方式采集。住户成员及劳动力从业情况、住房和耐用消费品拥有情况、家庭经营和生产投资情况、社区基本情况及其他民生状况等资料使用问卷调查方式采集。

Brief Introduction

Ⅰ. Main Contents

Data in this chapter show the people's living conditions in Jiangsu, consisting of two parts, on the life of urban and rural households respectively.

Data on resident's living conditons are collected through a sample survey on households, consisting of income and expenditure of cash and real object, household members, employed persons, food and energy cosumption, residence conditon, ownership of durable consumer goods and so on.

Ⅱ. Method for Household Sampling

Samples selection consist of sampling method design, representative evaluation of survey site, survey area selection, survey for basic conditon, investigated residence selection, investigated household verification.

Samples of household survey meet the standards: under the confidence level of 95%, the sampling errors of income of urban and rural residents, consumption expenditure, main income and consumption are controlled within 3%. For the whole province, the sampling errors of per captia income and expenditure of urban and rural residents are controlled within 1%, the sampling errors of main income and expenditure are controlled within 3%. Uniform sampling frame is use in provicial scale. Samples of households are selected by systematic sampling method schemes such as stratifying method, multi-stage method on the basis of representative evaluation for country-level survey.

Ⅲ. Method for Household Survey

Basic data are collected by journal and questionnaire, among this ways, cash income and expenditure, real objects income and expenditure are mainly collected by account. Data on people's livelihood consist of household members, employed persons, ownership of housing and durable consumer, household business and production, basic situation of community are collected by questionnaire.

5-1 人民生活水平情况
Basic Statistics on People's Living Standard

指标	Item	2000	2005	2010	2011	2012	2013
就业	**Employment**						
农村居民家庭每户整半劳动力（人）	Average Number of Full/semi Laborer Per Rural Household (person)	2.62	2.66	2.66	2.55	2.53	2.56
每一农村劳动力负担人数（人）	Number of Dependents Per Laborer of Rural Household (person)	1.43	1.41	1.38	1.35	1.35	1.37
城镇居民家庭每户就业人口（人）	Average Number of Employed Persons per Urban Household (person)	1.65	1.42	1.41	1.45	1.42	1.63
每一城镇就业者负担人数（人）	Number of Dependents per Laborer of Urban Household (person)	1.86	2.06	1.98	1.94	1.96	1.82
城镇登记失业率（%）	Registered Urban Unemployment Rate (%)	3.2	3.6	3.16	3.22	3.14	3.03
收入与支出	**Income and Expenditure**						
城镇居民人均可支配收入（元）	Per Capita Disposable Income of Urban Households (yuan)	6800	12319	22944	26341	29677	32538
城镇居民生活消费支出（元）	Per Capita Consumption Expanditure of Urban Households (yuan)	5323	8622	14357	16782	18825	20371
农村居民人均纯收入（元）	Per Capita Net Income of Rural Households (yuan)	3595	5276	9118	10805	12202	13598
农村居民生活消费支出（元）	Per Capita Living Expenditure of Rural Households (yuan)	2337	3567	6543	7693	8655	9607
职工年平均工资（元）	Annual Average Wage of Workers and Staff (yuan)	10299	20957	40505	45987	51279	57985
人均储蓄存款余额（元）	Per Capita Balance of Saving Deposit (yuan)	6083	13944	29652	32808	37951	42602
生活质量	**Life Quality**						
居民家庭恩格尔系数（%）	Household's Engle Coefficient (%)						
城镇居民	Urban	41.1	37.2	36.5	36.1	35.4	34.7
农村居民	Rural	43.5	44.0	38.1	38.5	37.4	36.3
人均住房面积（平方米）	Per Capita Floor Space of Residential Building (sq. m)						
城镇人均建筑面积	Per Capita Building Space in Urban Areas	25.54	28.76	33.39	34.72	35.15	36.8
农村人均住房面积	Per Capita Living Space in Rural Areas	33.70	38.59	46.33	48.55	49.86	43.6
交通状况	**Traffic**						
城市每万人拥有公共汽(电)车（辆）	Number of Public Transportation Vehicles Per 10000 Persons (unit)	10.6	9.1	11.2	11.3	11.3	12.7
城市人均拥有道路面积（平方米）	Per Capita Area of Road in Urban Areas (sq. m)	10.6	16.3	21.3	21.7	22.4	23.2
城镇每百户拥有家用汽车（辆）	Number of Automabiles Per 100 Urban Households (unit)		4.29	13.83	23.92	26.18	33.9
农村每百户拥有摩托车（辆）	Number of Motor-cycles Per 100 Rural Households (unit)	28.50	52.74	63.26	57.00	57.80	44.7

5-1 续表 1 Continued 1

指标	Item	2000	2005	2010	2011	2012	2013
邮电通信水平	**Level of Postal and Telecommunication**						
每一邮政局所服务面积（平方公里）	Average Area Served by Every Post Office (sq. km)		35.8	40.4	40.9	41.5	42.5
固定电话普及率（部/百人）	Popularization Rate of Fixed Telephones (unit/100 persons)	15.5	40.9	32.4	30.1	30.0	28.8
移动电话普及率（部/百人）	Rate Popularization of Mobil-telephones (unit/100 persons)	8.5	34.1	76.7	85.0	95.0	100.0
城市公用事业	**Public Utilities in Urban Areas**						
用水普及率（%）	Coverage Rate of Urban Population with Access to Tap Water (%)	99.2	96.3	99.6	99.6	99.7	99.7
燃气普及率（%）	Coverage Rate of Urban Population with Access to Gas (%)	95.8	93.3	99.1	99.0	99.4	99.6
人均公园绿地面积（平方米）	Per Capita Public Green Land Area (sq. m)	8.1	10.3	13.3	13.3	13.6	14.0
文化、教育和卫生	**Culture, Education and Healthcare**						
文化	Culture						
广播综合人口覆盖率（%）	Radio Coverage of Population (%)	99.6	99.7	100.0	100.0	100.0	100.0
电视综合人口覆盖率（%）	TV Coverage of Population (%)	99.5	99.6	99.9	99.9	99.9	99.9
城镇每百户拥有彩色电视机（台）	Numberof Color TV Sets Owned per 100 Households in Urban Areas (unit)	124.5	153.2	170.7	171.8	173.5	171.5
农村每百户拥有彩色电视机（台）	Numberof Color TV Sets Owned per 100 Households in Rural Areas (unit)	53.9	104.7	142.1	142.1	140.8	149.0
每百户家用电脑拥有量（台）	Number of Computers Owned per 100 Households (unit)						
城镇	Urban Areas	10.65	46.35	81.36	96.94	100.3	98.1
农村	Rural Areas		2.88	11.0	15.8	24.9	36.5
居民家庭文教娱乐支出比重（%）	Percentage of Household Expenditure on Culture, Recreation and Education (%)						
城镇	Urban Areas	12.60	14.94	14.86	16.06	16.35	16.15
农村	Rural Areas	11.51	13.43	13.88	13.84	13.98	13.41
教育	Education						
升学率（%）	Enrollment Rate (%)						
学龄儿童入学率	Enrollment Rate of School-age Chidren	99.8	99.8	99.9	99.9	100.0	100.0
小学毕业生升学率	Enrollment Rate of Primary School Graduates	97.2	99.8	100.0	100.0	100.0	100.0
初中毕业生升学率	Enrollment Rate of Junior Secondary School Graduates	68.5	89.6	97.5	97.7	98.0	98.3
每万人口在校学生数（人）	Number of Students per 10000 Persons (person)						
大学生数	University (or college) Students	61.7	155.2	209.6	210.1	228.6	232.7

5－1 续表 2 Continued 2

指 标	Item	2000	2005	2010	2011	2012	2013
中学生数	Secondary School Students	592.3	793.3	588.1	536.3	401.4	374.7
小学生数	Primary School Students	980.7	649.6	506.8	518.6	533.8	549.7
平均每一教师负担学生（人）	Average Number of Students Supported by a Teacher (person)						
大学	University (or college)	13.7	18.4	17.4	17.3	17.1	16.9
中学	Secondary School	17.3	19.0	14.3	13.2	12.5	11.7
小学	Primary School	24.9	18.6	16.0	16.4	16.7	16.9
卫生	Public Health						
每万人拥有病床 （张）	Number of Hospital Beds per 10000 Persons (unit)	22.1	25.6	31.5	34.6	38.8	43.0
每万人拥有医生数 （人）	Number of Doctors per 10000 Persons (person)	15.6	15.0	16.4	17.1	19.9	21.4
居民家庭医疗保健支出比重(%)	Percentage of Household Expenditure on Medicine and Healthcare (%)						
城镇	Urban Areas	5.53	6.72	5.61	5.74	5.62	5.51
农村	Rural Areas	5.54	5.57	5.54	5.77	5.9	6.11
社会保障、社区服务和治安	**Social Security, Community Service and Public Security**						
社会保障	Social Security						
参加基本养老保险职工人数 （万人）	Number of Workers Joining Basic Pension Insurance (10000 persons)	646.6	952.3	1503.4	1659.6	1796.7	1901.8
参加失业保险人数 （万人）	Number of Workers Joining Unemployment Insurance (10000 persons)	757.0	838.5	1153.8	1238.2	1332.2	1389.3
参加基本医疗保险人数 （万人）	Number of Workers Joining Basic Medicine Insurance (10000 persons)	235.5	1123.1	1848.3	2012.4	2155.5	2274.7
参加新型农村合作医疗人数 （万人）	Number of Persons Joining New-type Rural Cooperative Medical Treatment (10000 persons)		3870	4380	4374	4089	4055
城镇居民最低生活保障人数 （万人）	Number of Urban Residents Supported by Lowest Life Security Line (10000 persons)	7.4	42.3	42.81	40.94	37.01	33.75
农村居民最低生活保障人数 （万人）	Number of Rural Residents Supported by Lowest Life Security Line (10000 persons)	18.4	87.2	139.4	141.71	138.07	130.14
社区服务	Community Service						
城镇社区服务设施 （个）	Number of Urban Community Service Facilities (unit)	18065	24550	17092	12077	12092	12289
城镇便民利民服务网点（个）	Number of Convenience Stores in Urban Area (unit)	42503	71447	107657	79940	72424	56314
社会治安	Social Public Security						
公安机关刑事案件立案数 （起）	Number of Criminal Cases Registered (file)	274010	424166	410319	405143	403123	398214
公安机关治安案件受理数 （起）	Number of Public Security Cases Accepted by Public Security Organs (case)	205280	1130791	1224213	936236	904086	780562
交通事故发生数 （起）	Number of Traffic Accidents (times)	54307	27690	13947	13434	13300	13395
火灾事故发生数 （起）	Number of Fire Accidents (times)	11156	19249	5299	4715	7753	30513

5-2 农村居民家庭人均收入及恩格尔系数
Per Capita Annual Income and Engle Coefficient of Rural Households

年份 Year	农村居民家庭人均纯收入 Per Capita Net Income of Rural Houselds				农村居民家庭恩格尔系数（%） Engle Coefficient of Rural Households	城乡居民收入比（以农民收入为1） Income Ratio of Urban and Rural Residents（1 for a Rural Resident）
	绝对数（元） Value（yuan）	名义增长（%） Nominal Growth Rate（%）	实际增长（%） Real Growth Rate（%）	实际增长指数（1978=100） Real Income Index（100 in 1978）		
1978	155			100.0	62.3	1.86
1979	200			127.5	59.9	
1980	218			150.1	58.0	1.99
1981	258	18.4	17.3	176.1	56.9	1.74
1982	309	19.8	18.6	208.9	55.5	1.57
1983	357	15.4	15.4	241.1	55.3	1.40
1984	448	25.6	21.0	291.7	53.0	1.40
1985	493	10.0	0.5	293.2	52.1	1.55
1986	561	13.9	6.7	312.8	49.5	1.62
1987	627	11.6	3.7	324.4	48.4	1.60
1988	797	27.2	4.8	340.0	46.1	1.53
1989	876	9.9	-7.3	315.1	50.2	1.57
1990	884	0.9	6.3	335.0	52.3	1.66
1991	921	4.2	-5.8	315.6	56.1	1.76
1992	1061	15.2	10.3	348.1	54.7	2.02
1993	1267	19.4	3.0	358.5	50.2	2.19
1994	1832	44.6	6.0	380.0	54.8	2.06
1995	2457	34.1	9.5	416.1	54.8	1.89
1996	3029	23.3	12.6	468.6	51.2	1.71
1997	3270	7.9	4.4	489.2	48.9	1.76
1998	3377	3.3	4.5	511.2	47.8	1.78
1999	3495	3.5	5.3	538.3	44.7	1.87
2000	3595	2.9	3.5	557.1	43.5	1.89
2001	3785	5.3	4.0	579.4	42.6	1.95
2002	3996	5.6	5.9	613.6	40.0	2.05
2003	4239	6.1	5.2	645.5	41.4	2.18
2004	4754	12.1	7.2	692.0	44.2	2.20
2005	5276	11.0	8.4	750.1	44.0	2.33
2006	5813	10.2	8.4	813.1	41.8	2.42
2007	6561	12.9	7.7	875.7	41.6	2.50
2008	7357	12.1	6.2	930.0	41.3	2.54
2009	8004	8.8	9.4	1017.4	39.2	2.57
2010	9118	13.9	9.2	1111.0	38.1	2.52
2011	10805	18.5	11.9	1243.2	38.5	2.44
2012	12202	12.9	10.1	1368.4	37.4	2.43
2013	13598	11.4	8.7	1487.5	36.3	2.39

5－3　城镇居民家庭人均收入及恩格尔系数

Per Capita Annual Income and Engle Coefficient of Urban Households

年　份 Year	城镇居民家庭人均可支配收入 Per Capita Disposal Income of Urban Households				城镇居民家庭恩格尔系数（%）Engle Coefficient of Urban Households（%）
	绝对数（元）Value（yuan）	名义增长（%）Nominal Growth Rate（%）	实际增长（%）Real Growth Rate（%）	实际增长指数（1978＝100）Real Income Index（100 in 1978）	
1978	288			100.0	55.1
1979					
1980	433			141.4	55.1
1981	448	3.4	1.0	142.8	55.9
1982	484	8.0	7.1	152.9	58.2
1983	498	2.9	2.1	156.2	58.6
1984	626	25.7	20.7	188.5	56.3
1985	766	22.3	11.6	210.4	52.5
1986	910	18.8	11.8	235.1	51.2
1987	1005	10.4	-0.1	234.8	52.0
1988	1218	21.2	-1.1	232.2	50.8
1989	1372	12.6	-2.9	225.5	53.9
1990	1464	6.7	3.2	232.6	55.5
1991	1623	10.9	3.0	239.5	55.7
1992	2138	31.8	21.1	290.0	53.9
1993	2774	29.7	9.3	316.9	49.4
1994	3779	36.2	8.8	344.7	50.1
1995	4634	22.6	5.5	363.7	51.9
1996	5186	11.9	1.0	367.3	51.0
1997	5765	11.2	9.7	403.1	47.7
1998	6018	4.4	4.4	420.8	45.1
1999	6538	8.6	10.2	463.7	44.1
2000	6800	4.0	4.0	482.3	41.1
2001	7375	8.5	8.3	522.5	39.7
2002	8178	10.9	12.7	588.8	40.4
2003	9263	13.3	12.3	661.0	38.3
2004	10482	13.2	9.1	721.3	40.0
2005	12319	17.5	15.2	831.1	37.2
2006	14084	14.3	12.5	935.2	36.0
2007	16378	16.3	11.7	1044.7	36.7
2008	18680	14.1	8.5	1133.5	37.9
2009	20552	10.0	10.5	1252.5	36.3
2010	22944	11.6	7.8	1350.2	36.5
2011	26341	14.8	9.2	1474.4	36.1
2012	29677	12.7	9.9	1620.4	35.4
2013	32538	9.6	7.1	1735.4	34.7

5－4　城镇居民家庭基本情况
Basic Conditions of Urban Households

指　　标	Item	2000	2005	2010	2011	2012	2013
基本情况	**Basic Conditions**						
调查户数　（户）	Number of Households Surveyed (household)	2600	5000	5100	5100	5100	2646
平均每户家庭人口（人）	Average Household Size (person)	3.07	2.92	2.79	2.82	2.79	2.97
平均每户就业人口（人）	Average Number of Employed Persons Per Household (person)	1.65	1.42	1.41	1.45	1.42	1.63
平均每一就业人口负担人数（人）	Number of Dependents per Employee (person)	1.86	2.06	1.98	1.94	1.96	1.82
平均每户就业面（%）	Proportion of Employment per Household (%)	53.70	48.63	50.54	51.40	50.90	55.07
平均每人建筑面积（平方米）	Average Building Space per Capita (sq. m)	25.54	28.76	33.39	34.72	35.15	36.80
人均家庭总收入（元）	**Per Capita Annual Income (yuan)**		**13330**	**25116**	**28972**	**32519**	**35131**
可支配收入	**Disposable Income**	**6800**	**12319**	**22944**	**26341**	**29677**	**32538**
最低收入户	Lowest Income Households	2771	3355	6943	8497	10052	9517
低收入户	Low Income Households	3844	5179	10411	12644	14756	15290
中等偏下户	Lower Middle Income Households	4930	7260	14149	16856	19404	21473
中等收入户	Middle Income Households	6350	10295	19246	22479	25402	28900
中等偏上户	Upper Middle Income Households	8230	14401	26141	30386	34220	38191
高收入户	High Income Households	10791	19984	36459	41272	45967	51866
最高收入户	Highest Income Households	14949	33699	61765	67126	73555	86755
人均家庭总支出（元）	**Per Capita Annual Expenditure (yuan)**		**11898**	**20139**	**23191**	**26129**	**26762**
#消费性支出	Per Capita Consumption Expenditure	5323	8622	14357	16782	18825	20371
食品	Food	2190	3206	5243	6061	6658	7074
衣着	Clothing	492	804	1466	1772	1916	2013
居住	Residence	436	795	1234	1188	1437	1564
家庭设备用品及服务	Household Facilities, Articles and Services	570	587	1026	1194	1288	1379
医疗保健	Healthcare and Medical Services	294	579	806	962	1058	1122
交通通讯	Transport and Communications	392	1051	1935	2262	2690	3135
教育文化娱乐服务	Recreation, Education and Cultural Services	671	1288	2133	2696	3078	3290
杂项商品和服务	Miscellaneous Goods and Services	277	312	514	647	700	794

5－5 城镇居民家庭人均收入支出情况(2013 年)

单位:元

指　　标	Item	全省调查户平均水平 Average	最低收入户占10% Lowest Income Households (first decile group)	#更低收入户占5% Poor Households (first five percent group)
家庭总收入	Per Capita Annual Total Income	35131	10380	7837
#可支配收入	Disposable Income	32538	9517	7032
#工资性收入	Income from wages and Salaries	21355	6023	4386
工资及补贴收入	Wages and Subsidies	21064	5589	4047
其他劳动收入	Other Labor Income	291	433	339
经营净收入	Net Income from Household Operations	3565	1351	486
财产性收入	Income from Properties	764	225	185
#利息收入	Interest	166	34	27
转移性收入	Income from Transfers	9447	2781	2781
#出售财物收入	Income from Selling Properties	447	2	1
借贷收入	Debit and Credit Income	6969	2033	1939
#提取储蓄存款	Drawing Money from Bank	6606	1395	1355
家庭总支出	Expenditures	27594	10561	9750
消费性支出	Expenditures for Consumption	20371	8595	7791
购房与建房支出	Expenses on Purchase of Housing and Construction	1173	331	211
转移性支出	Expenses on Transfers	3479	1189	1294
财产性支出	Expenses on Properties	102	9	
社会保障支出	Expenses on Social Security	2468	724	654
#借贷支出	Debit and Credit Expenditure	12624	1146	698
#存入储蓄款	Savings Deposit	11421	941	536
消费性支出中:	Among Consumptive Expenditures			
食品	Food	7074	3600	3211
#粮食	Grain	501	393	385
淀粉及薯类	Starches and Tubers	27	21	21
干豆类及豆制品	Beans and Bean Products	83	77	79
油脂类	Oil and Fats	153	115	109
肉类	Meat	940	648	608
禽类	Poultry	278	153	125
蛋类	Eggs	119	94	83
水产品类	Aquatic Products	561	287	257

Per Capita Income and Expenditure of Urban Households (2013)

(yuan)

按收入水平分组 Grouped by Level of Income					
低收入户占10% Low Income Households (second decile group)	中等偏下户占20% Lower Middle Income Households (second quintile group)	中等收入户占20% Middle Income Households (third quintile group)	中等偏上户占20% Upper Middle Income Households (fourth quintile group)	高收入户占10% High Income Households (ninth decile group)	最高收入户占10% Highest Income Households (tenth decile group)
16721	23360	31174	41652	55915	92051
15290	21473	28900	38191	51866	86755
10907	15597	19187	27075	32826	48743
10454	15028	18641	26538	32230	47476
453	569	546	537	596	1267
1568	1686	3001	3531	7512	12473
347	557	812	1462	1886	10582
29	89	147	242	335	403
3900	5520	8175	9584	13690	20253
80	5	22	561	1728	1917
1362	2923	3322	5547	10284	15236
1124	2787	2992	5340	9392	14668
14178	19059	24675	32535	42308	65448
11226	14732	18968	24601	30304	44378
201	388	733	551	2484	7067
1658	2237	2874	4169	5697	9312
18	25	84	116	223	399
1274	1676	2016	3097	3601	4291
2453	5145	7030	11980	19853	31619
2091	4685	6360	10872	18068	28634
4719	5910	7154	8257	9366	12153
471	484	507	541	582	518
25	27	28	30	30	27
88	83	82	81	91	80
134	147	152	171	168	180
828	934	981	1028	1056	1041
205	261	297	321	336	370
101	109	125	125	147	142
363	482	608	660	753	832

5-5 续 表

单位:元

指 标	Item	全省调查户平均水平 Average	最低收入户占10% Lowest Income Households (first decile group)	#更低收入户占5% Poor Households (first five percent group)
蔬菜类	Vegetables	725	460	416
调味品	Condiments	76	52	44
糖类	Sugar	34	15	16
烟草类	Tobacco	491	198	155
酒类	Liquor	292	130	108
饮料	Beverages	118	42	35
干鲜瓜果类	Dried and Fresh Melons and Fruits	470	198	153
糕点	Cake	137	56	46
奶及奶制品	Milk and Processed Products	323	143	87
其他食品	Other Food	173	94	84
衣着	Clothing	2013	690	614
#服装	Garments	1400	502	464
衣着材料	Clothing Materials	21	7	4
鞋类	Shoes	393	138	109
其他衣着用品	Other Clothing	68	28	18
居住	Residence	1564	749	617
#租赁房房租	Rent	191	37	21
水	Water	123	65	58
电	Electricity	457	270	255
家庭设备用品及服务	Facilities, Articales and Services	1379	486	420
耐用消费品	Durable Consumer Goods	568	187	186
室内装饰品	Articles for Interior Decoration	31	5	4
床上用品	Bed Articles	121	41	39
家庭日用杂品	Household Articles for Daily Use	490	213	165
家具材料	Furniture Materials	9	15	
家庭服务	Household Services	109	19	18
医疗保健	Hualth Care and Medical Services	1122	713	601
#药品费	Expenses of Medicine	252	149	179
滋补保健品	Health Care product	187	20	32
医疗费	Medical Expenses	906	781	665
交通和通讯	Transport and Communications	3135	992	811
#交通费	Transport	2298	599	457
电信费	Telecommunications	837	394	354
教育文化娱乐服务	Recreation, Education and Cultural Services	3290	1191	1360
文化娱乐用品	Recreation Articales	606	192	219
文化娱乐服务	Recreation Services	1250	143	154
教育	Education	1339	851	981
杂项商品和服务	Miscellaneous Goods and Services	794	174	156

Continued

(yuan)

按收入水平分组 Grouped by Level of Income					
低收入户占10% Low Income Households (second decile group)	中等偏下户 占20% Lower Middle Income Households (second quintile group)	中等收入户 占20% Middle Income Households (third quintile group)	中等偏上户 占20% Upper Middle Income Households (fourth quintile group)	高收入户 占10% High Income Households (ninth decile group)	最高收入户 占10% Highest Income Households (tenth decile group)
581	695	774	810	856	873
58	73	81	87	87	92
20	29	37	43	52	48
253	373	529	601	641	977
151	221	300	367	385	574
69	87	101	153	146	281
285	382	496	575	674	767
83	117	138	167	204	215
245	284	319	390	474	444
149	150	192	180	229	237
997	1374	1833	2409	3067	4436
712	985	1311	1745	2290	2955
10	16	23	30	30	33
228	285	388	493	593	783
35	51	70	78	110	126
813	1193	1402	2217	2066	2894
70	228	192	241	255	270
85	104	132	147	151	186
345	400	495	518	581	627
648	951	1213	1657	2054	3567
245	371	467	714	898	1515
8	25	20	34	56	102
59	89	114	138	172	302
293	409	522	609	707	732
6	3	3	8	19	19
26	41	72	131	170	472
469	852	1254	1112	1386	1688
163	268	238	254	322	409
38	97	185	299	289	466
514	726	812	1076	1327	1408
1531	1984	2836	4302	5242	8967
943	1249	1935	3239	4173	7270
589	735	900	1063	1069	1697
1791	1954	2598	3670	5796	7954
291	401	513	750	1107	1175
378	503	959	1552	2209	4124
1109	1033	1083	1301	2417	1964
258	516	678	976	1326	2721

5-6 城镇居民家庭人均购买主要商品数量(2013 年)

单位:千克

项 目	Item	全省调查户平均水平 Average	最低收入户占 10% Lowest Income Households (first decile group)	#更低收入户占 5% Poor Households (first five percent group)
食用植物油	Edible Vegetable Oil	32.29	27.52	23.91
猪肉	Pork	66.19	56.17	52.05
牛肉	Beef	6.51	4.00	2.39
羊肉	Mutton	2.50	1.36	0.99
鸡鸭	Chicken and Duck	23.15	17.65	12.75
鲜蛋	Fresh Eggs	30.09	29.77	24.69
鱼	Fish	43.19	36.61	32.59
虾	Shrimp	9.18	4.81	4.27
鲜菜	Fresh Vegetables	382.59	333.68	287.76
白酒	Liquor	7.72	7.57	6.52
啤酒	Beer	11.57	9.03	8.05
茶叶	Tea	0.62	0.20	0.09
鲜果	Fresh Fruits	129.32	82.56	58.33
鲜瓜	Fresh Melons	22.82	14.57	10.29
糕点	Cake	17.46	10.10	7.35
鲜乳品	Fresh Dairy Products	54.87	26.99	18.07
奶粉	Milk Powder	1.82	1.01	0.28
酸奶	Yagurt	9.58	4.41	2.34

Per Capita Annual Purchases of Major Commodities of Urban Households by Level of Income (2013)

(kg)

按收入水平分组 Grouped by Level of Income					
低收入户占10% Low Income Households (second decile group)	中等偏下户占20% Lower Middle Income Households (second quintile group)	中等收入户占20% Middle Income Households (third quintile group)	中等偏上户占20% Upper Middle Income Households (fourth quintile group)	高收入户占10% High Income Households (ninth decile group)	最高收入户占10% Highest Income Households (tenth decile group)
35.20	33.98	31.65	33.20	30.97	31.55
69.58	71.48	68.09	65.15	67.92	58.79
6.86	6.36	6.91	6.77	6.55	7.57
2.57	2.42	2.48	2.95	2.27	3.11
23.58	24.48	23.71	24.08	23.16	22.56
32.06	30.48	29.87	28.31	32.09	29.63
42.93	45.29	43.62	43.75	45.54	41.46
7.15	8.68	9.65	10.07	11.36	11.67
412.51	401.06	392.90	383.81	387.77	336.33
7.21	7.92	8.08	7.49	6.91	8.58
11.15	11.70	13.31	12.48	9.60	10.97
0.37	0.52	0.52	0.77	0.61	1.38
112.70	125.32	133.31	138.76	156.56	146.38
19.89	22.12	23.53	24.49	27.63	25.83
14.72	17.76	17.64	18.48	21.60	20.38
42.38	52.42	56.13	61.03	64.04	75.99
1.85	1.77	1.89	1.64	2.28	2.47
7.72	9.41	8.33	12.05	14.30	9.77

5－7 城镇居民家庭平均每百户年末耐用品拥有量(2013 年)

项 目	Item	全省调查户平均水平 Average	最低收入户占 10% Lowest Income Households (first decile group)	#更低收入户占 5% Poor Households (first five percent group)
摩托车 (辆)	Motorcycle (unit)	17.4	18.7	17.6
助力车 (辆)	Hand Car (unit)	93.2	108.9	87.8
家用汽车 (辆)	Automobile (unit)	33.9	11.8	8.6
洗衣机 (台)	Washing Machine (set)	99.7	92.3	87.3
电冰箱柜 (台)	Refrigerator (set)	100.4	90.4	83.3
彩色电视机 (台)	Color TV Set (set)	171.5	137.6	123.8
家用电脑 (台)	Computer (set)	98.1	64.0	49.1
组合音响 (套)	Hi-Fi Stereo Component System (set)	12.9	4.9	2.2
摄像机 (台)	Vedio Camera (set)	11.0	4.6	4.7
照相机 (架)	Camera (set)	46.5	18.2	8.6
其他中高档乐器 (件)	Other Medium and High-Grade Musical Instrument (unit)	6.0	1.6	1.2
微波炉 (台)	Microwave Oven (set)	90.8	72.6	65.5
空调器 (台)	Air Conditioner (set)	194.9	111.7	88.4
淋浴热水器 (台)	Water Heater for Shower (set)	104.4	84.4	71.9
消毒碗柜 (台)	Disinfection Cupboard (set)	9.1	4.0	2.4
洗碗机 (台)	Dishwasher (set)	1.4	0.9	0.0
健身器材 (件)	Ealth Equipment (unit)	6.8	1.5	0.0
固定电话 (部)	Fixed Telephone (set)	69.8	49.5	41.0
移动电话 (部)	Mobile Telephone (set)	233.2	209.2	180.9

Ownership of Durable Consumer Goods per 100 Urban Households at Year-end by Level of Income (2013)

收入水平分组 Grouped by Level of Income					
低收入户占10% Low Income Households (second decile group)	中等偏下户占20% Lower Middle Income Households (second quintile group)	中等收入户占20% Middle Income Households (third quintile group)	中等偏上户占20% Upper Middle Income Households (fourth quintile group)	高收入户占10% High Income Households (ninth decile group)	最高收入户占10% Highest Income Households (tenth decile group)
20.3	20.0	19.2	14.8	12.7	14.2
122.5	111.2	91.3	81.0	72.4	61.7
14.6	21.8	30.4	42.3	54.7	71.2
97.3	97.3	99.7	103.4	102.3	103.9
98.5	98.6	101.6	102.3	102.5	107.7
159.0	159.5	176.8	179.9	185.1	201.4
85.0	84.4	95.5	108.3	122.5	132.7
7.3	11.1	12.3	17.1	15.1	20.9
3.2	6.6	10.2	14.2	16.6	23.5
33.1	31.3	46.4	59.4	62.8	76.1
2.4	2.9	4.0	8.4	13.4	12.0
83.3	86.3	94.8	95.9	98.0	100.5
152.7	168.1	205.1	222.6	241.8	251.1
98.8	96.8	106.0	109.1	117.2	119.7
4.6	5.4	6.8	10.1	14.8	23.2
0.3	0.8	1.9	0.9	1.0	4.5
2.6	3.9	6.7	7.8	12.6	14.1
59.9	64.4	73.0	74.1	83.1	82.7
239.7	236.3	235.2	231.8	238.7	237.3

5-8 城镇居民家庭平均每人购买主要商品数量 Per Capita Annual Purchases of Major Commodities in Urban Households

单位:公斤 (kg)

项目	Item	1995	2000	2005	2010	2011	2012	2013
大米	Rice	71.28	56.16	50.33	47.06	44.08	43.74	46.43
面粉	Flour	10.60	5.74	6.25	5.58	5.37	5.42	5.62
植物油	Edible Vegetable Oil	7.31	8.60	8.62	8.22	8.44	8.40	8.86
鲜菜	Fresh Vegetables	112.30	105.01	104.70	121.55	115.34	118.49	128.64
猪肉	Pork	19.86	19.71	20.98	21.86	21.19	22.86	22.26
牛羊肉	Beef and Mutton	1.40	1.77	2.37	2.42	2.70	2.87	3.03
蛋类	Eggs	10.14	11.87	10.71	10.75	11.82	12.68	11.01
鱼虾	Fish and Shrimp	14.31	15.89	15.30	16.80	16.13	17.36	17.61
鲜瓜果	Fresh Melons&Fruits	45.39	47.42	51.87	54.44	47.32	53.88	51.16
糕点	Cake	3.11	3.01	3.73	5.09	5.31	6.07	5.87
鲜酸奶	Yogurt	4.19	12.04	22.00	20.16	19.03	20.39	21.67

5-9 城镇居民家庭平均每百户年末耐用品拥有量 Ownership of Major Durable Consumer Goods per 100 Urban Households at Year-end

项目	Item	1995	2000	2005	2010	2011	2012	2013
洗衣机（台）	Washing Machines (set)	95.35	96.15	99.38	102.08	101.04	101.90	99.69
电冰箱柜（台）	Refrigerators (set)	71.35	90.06	96.47	99.36	100.70	101.92	100.41
摩托车（辆）	Motorcycles (unit)	6.77	27.28	27.42	21.59	18.56	20.09	17.37
彩色电视机（台）	Color TV Sets (set)	85.22	124.45	153.19	170.66	171.79	173.47	171.55
空调器（台）	Air Conditioners (set)	10.53	45.90	123.92	170.61	195.96	198.21	194.94
家用电脑（台）	Computers (set)		10.65	46.35	81.36	96.94	100.30	98.08
健身器材（件）	Health Equipment (set)		5.09	5.59	5.46	6.20	6.31	6.79
固定电话（部）	Fixed Telephones (set)			130.79	109.29	83.10	82.81	69.82
移动电话（部）	Mobile Telephones (set)		25.47	120.61	183.26	210.87	215.68	233.16
家用汽车（辆）	Automobile (unit)			4.29	13.83	23.92	26.18	33.90

5－10 农村居民家庭基本情况
Basic Conditions of Rural Households

指 标	Item	2000	2005	2010	2011	2012	2013
调查户数 （户）	**Number of Households Surveyed （household）**	**3400**	**3400**	**3400**	**5000**	**5000**	**3437**
调查户人口 （人）	**Residents Surveyed （person）**						
常住人口	Permanent Residents	12711	12712	12499	17204	17088	12053
平均每户常住人口	Average Numbe of Permanent Residents per Household	3.74	3.74	3.68	3.44	3.42	3.51
平均每户整、半劳动力	Average Number of Full/Semi Labour Force per Household	2.62	2.66	2.66	2.55	2.53	2.56
平均每个劳动力负担人口（包括劳动力本人）	Average Number of Dependents per Labour Force(including the laborer-self)	1.43	1.41	1.38	1.35	1.35	1.37
人均住房面积 （平方米）	**Per Capita Floor Space of Houses (sq. m)**	**33.7**	**38.6**	**46.3**	**48.6**	**49.9**	**43.6**
平均每人全年收入 （元）	**Per Capita Annual Income （yuan）**						
总收入	Total Revenue	4542	6682	11139	13367	15069	16526
纯收入	Net Income	3595	5276	9118	10805	12202	13598
现金收入	Cash Income	3674	6035	10231	12421	14306	15880
按人均纯收入水平分组的户数占调查总户数的比重(%)	**Percentage of Households Grouped by Per Capita Annual Net Income （%）**						
1000 元以下	Below 1000 yuan	2.9	1.6	1.6	1.7	1.8	0.6
1000—2000 元	1000—2000 yuan	17.1	6.6	2.4	3.1	2.6	0.6
2000—3000 元	2000—3000 yuan	26.8	14.1	4.5	4.7	4.8	1.4
3000—4000 元	3000—4000 yuan	21.0	18.0	8.1	7.0	5.2	3.1
4000—5000 元	4000—5000 yuan	12.2	14.7	8.7	7.4	6.0	4.2
5000—6000 元	5000—6000 yuan	20.0	11.5	10.2	7.5	5.7	5.4
6000—8000 元	6000—8000 yuan		15.4	17.9	14.0	12.3	11.4
8000—10000 元	8000—10000 yuan		8.8	14.2	11.6	10.5	10.7
10000 元以上	10000 yuan and Over		9.3	32.4	43.0	51.3	62.5
平均每人全年支出 （元）	**Per Capita Annual Expenditures （yuan）**						
总支出	Total Expenditure	3434	5281	9164	11047	12397	13561
#家庭经营性费用支出	Expenditure for Household Operations	678	1185	1605	2032	2302	2480
购置生产性固定资产支出	Purchase of Productive Fixed Assets Expenditures	29	141	164	182	137	125
生活消费支出	Expenses on Household Consumption	2338	3567	6543	7693	8655	9607
财产性支出	Expenses on Properties	15	6	51	9	9	7
转移性支出	Expenses on Transfers	272	347	765	1101	1266	1337
现金支出	Cash Expenditure	2970	4776	8587	10569	11941	13101
#生产费用	Productive Costs	667	1261	1723	2162	2411	2469
税费支出	Taxes and Fees	97	33	35	30	29	1
生活消费支出	Expenses on Household Consumption	1922	3138	6042	7309	8263	9607

5-11 农村居民家庭平均每人总收入和纯收入

Annual per Capita Revenue and Net Income of Rural Households

单位:元 (yuan)

指标	Item	2000	2005	2010	2011	2012	2013
总收入	**Total Revenue**	**4542**	**6682**	**11139**	**13367**	**15069**	**16526**
工资性收入	Wages Income	1663	2786	4896	5747	6474	7272
家庭经营收入	Income from Household Operations	2636	3471	5068	6107	6793	7070
财产性收入	Income from Properties	48	150	399	476	562	672
转移性收入	Income from Transfers	195	275	775	1036	1239	1513
纯收入	**Net Income**	**3595**	**5276**	**9118**	**10805**	**12202**	**13598**
工资性收入	Wages Income	1663	2786	4896	5747	6474	7272
家庭经营收入	Household Operations	1771	2125	3215	3781	4181	4521
农业收入	Farming		946	1324	1514	1656	1745
林业收入	Forestry		40	74	76	79	82
牧业收入	Animal Husbandry		257	202	261	286	247
渔业收入	Fishery		136	245	306	351	372
工业收入	Industry		148	357	435	479	547
建筑业收入	Construction		104	140	167	181	203
交通运输邮电业收入	Transport and Post		189	268	270	297	338
批零贸易餐饮业收入	Wholesale and Retail Trade and Catering Services		205	464	576	650	803
社会服务业收入	Social Services		62	76	110	122	126
其他家庭经营收入	Income from Other Household Operations		36	48	50	61	59
财产性收入	Income from Properties	48	150	399	476	562	646
转移性收入	Income from Transfers	113	215	608	801	984	1159

5-12 农村居民家庭平均每人生活消费支出
Per Capita Rural Household Living Expenditures

单位:元 (yuan)

指标	Item	2000	2005	2010	2011	2012	2013
生活消费支出	**Total Consumption Expenditure**	**2338**	**3567**	**6543**	**7693**	**8655**	**9607**
食品	Food	1018	1569	2492	2958	3233	3488
主食	Staple Food	260	307	380	408	411	452
副食及其他食品	Non-Staple Food and Others	670	1031	1631	2017	2212	2445
在外饮食	Food Consumption Outside	88	231	480	534	610	591
衣着	Clothing	127	191	350	408	463	528
居住	Residence	442	513	1171	1319	1481	1679
家庭设备用品及服务	Household Facilities, Articles and Services	115	168	328	412	472	518
交通和通讯	Transport and Communications	156	364	786	917	1088	1299
文化教育娱乐用品及服务	Cultural, Educational and Recreational Articles and Services	269	479	908	1064	1210	1289
医疗保健	Healthcare and Medical Services	130	199	362	444	511	587
其他商品和服务	Miscellaneous Goods and Services	83	85	147	171	196	218

5-13 农村居民家庭房屋情况
Housing Conditions of Rural Household

指标		2000	2005	2010	2011	2012	2013
平均每人住房	**Per Capita Housing Conditions**						
人均住房价值 (元)	Per Capita Value of Houses (yuan)	9398	15463	25843	30495	32398	38136
人均住房面积 (平方米)	Per Capita Floor Space of Houses (sq. m)	33.7	38.6	46.3	48.6	49.9	43.6
按住房类型分	Grouped by Type of Houses						
#楼房面积	Per Capita Floor Space of Storied Buildings	19.7	25.5	31.71	32.3	32.8	32.4
砖瓦平房面积	Per Capita Floor Space of Brick and Wood Bungalow	13.5	12.7	14.39	16.3	16.9	11.2
按住房结构分	Grouped by House Structure						
#钢筋混凝土结构	Reinforced Concrete Structure	8.4	21.6	26.9	25.0	25.2	26.2
砖木结构	Brick and Wood Structure	24.8	16.6	19.3	23.6	24.6	17.2
平均每人本年新建房屋	**Houses Newly Built per Capita This Year**						
新建(购)住房每平方米价值 (元)	Value of per Square of the Rooms Newly Built (yuan)	353	563	904	1051	1054	1238
人均新建(购)住房面积 (平方米)	Per Capita Floor Space of Houses Newly Built (sq. m)	1.14	0.85	0.95	1.11	0.91	0.98

5－14　不同收入组农村居民家庭基本情况(2013 年)
Basic Condition of Rural Household Grouped by Income(2013)

指　标	Item	低收入户 Low Income Households	中低收入户 Low-medium Income Households	中等收入户 Medium Income Households	中高收入户 Upper-medium Income Households	高收入户 High Income Households
平均每户常住人口 (人)	Average Number of Permanent Residents per Household (person)	4.45	4.29	4.07	3.74	3.46
平均每户整、半劳动力 (人)	Average Number of Full/Semi Labour Force per Household (person)	2.86	2.83	2.83	2.67	2.61
平均每个劳动力负担人口 (人)	Average Number of Dependents per Labour Force (person)	1.56	1.52	1.44	1.40	1.32
平均每人总收入 (元)	Per Capita Total Income (yuan)	6856	10664	14233	18970	36231
#现金收入	Cash Income	6173	10104	13550	18280	35681
平均每人总支出 (元)	Per Capita Total Expenditure (yuan)	8591	9294	11051	15270	26329
#现金支出	Cash Expenditure	8192	8907	10597	14738	25792
平均每人纯收入 (元)	Per Capita Net Income (yuan)	4558	8487	12038	16785	29945
工资性收入	Wages Income	2507	5268	7892	10961	13170
家庭经营收入	Income from Other Household Operations	1433	2475	3032	4057	11695
财产性收入	Income from Properties	85	120	250	385	2345
转移性收入	Income from Transfers	533	624	863	1383	2735

5－15　不同收入组农村居民家庭平均每人生活消费支出(2013 年)
Per Capita Living Expenditure of Rural Household Grouped by Income(2013)

单位:元　　(yuan)

指　标	Item	低收入户 Low Income Households	中低收入户 Low-medium Income Households	中等收入户 Medium Income Households	中高收入户 Upper-medium Income Households	高收入户 High Income Households
生活消费支出	**Total Consumption Expenditures**	**6122**	**6922**	**8526**	**11356**	**18530**
食品	Food	2102	2555	3100	3883	5251
衣着	Clothing	341	491	675	847	1205
居住	Residence	1058	1010	1107	1608	4693
家庭设备用品及服务	Household Facilities, Articles and Services	320	464	510	596	986
交通和通讯	Transport and Communications	575	793	1179	1813	3147
文化教育娱乐用品及服务	Cultural, Educational and Recreational Articles and Services	587	775	965	1267	1692
医疗保健	Healthcare and Medical Services	997	609	686	896	871
其他商品和服务	Miscellaneous Goods and Services	142	225	304	446	684
生活消费现金支出	**Total Cash Consumption Expenditures**	**5771**	**6560**	**8103**	**10873**	**18027**
食品	Food	1793	2245	2740	3488	4834
衣着	Clothing	340	491	674	847	1205
居住	Residence	1021	962	1051	1529	4621
家庭设备用品及服务	Household Facilities, Articles and Services	318	461	508	592	980
交通和通讯	Transport and Communications	575	793	1179	1811	3145
文化教育娱乐用品及服务	Cultural, Educational and Recreational Articles and Services	586	775	965	1266	1691
医疗保健	Healthcare and Medical Services	997	609	686	896	871
其他商品和服务	Miscellaneous Goods and Services	142	223	301	445	679

5-16 农村居民家庭平均每人主要消费品消费量
Rural Household per Capita Consumption on Major Consumer Goods

单位:公斤 (kg)

指　标	Item	2000	2005	2010	2011	2012	2013
粮食(原粮)	Grain (Unprocessed Grains)	288.1	208.6	176.7	158.0	159.8	158.6
#稻谷	Rice	188.2	147.1	129.4	114.5	115.6	118.4
小麦	Wheat	72.5	45.4	35.0	35.8	38.4	36.3
蔬菜及其制品	Fresh Vegetables and processed products	115.7	108.9	107.0	93.2	92.2	81.4
植物油	Edible Vegetable Oil	8.9	7.8	7.0	7.8	7.5	9.0
动物油	Edible Animal Oil	0.7	0.3	0.2	0.1	0.2	0.2
肉类及其制品	Meat and Processed Products	17.8	23.0	24.0	23.5	23.4	25.3
#猪肉	Pork	11.5	12.8	12.9	12.7	12.8	14.4
牛羊肉	Beef and Mutton	0.8	1.3	1.3	1.3	1.2	1.2
家禽	Poultry	4.4	5.6	6.2	5.7	5.4	6.4
蛋类及其制品	Eggs and Processed Products	8.2	6.4	6.8	6.4	6.9	7.0
水产品及其制品	Aquatic Products	7.7	10.0	11.2	10.5	10.4	11.1
#鱼类	Fishes	6.8	8.2	9.2	8.8	8.3	8.8
虾、贝、蟹类	Shrimp, Shellfish and Crab	0.5	1.2	1.4	1.2	1.6	1.5
水果(含果用瓜)	Fruit (including melon fruits)	21.1	18.0	9.1	10.2	12.1	10.9
食糖	Sugar	1.5	1.2	1.2	1.1	1.0	0.8
酒	Liquor	7.4	11.2	11.5	10.6	10.7	8.5

5-17 农村居民家庭年末平均每百户耐用消费品拥有量
Rural Household Year-end Possession of Durable Consumer Goods per 100 Households

指　标	Item	2000	2005	2010	2011	2012	2013
彩色电视机 (台)	Color TV Sets (set)	53.9	104.7	142.1	142.1	140.8	149.0
影碟机 (台)	Video Disc Players (set)	11.2	30.1	40.6	30.0	24.0	-
电话机 (部)	Telephones (set)	51.4	89.4	90.9	84.2	83.7	72.2
移动电话 (部)	Mobile Telephones (set)	9.1	78.0	171.0	183.1	199.5	218.8
洗衣机 (台)	Washing Machines (set)	46.1	67.9	91.5	90.6	92.4	93.0
电冰箱 (台)	Refrigerators (set)	19.9	36.0	59.3	66.9	71.4	92.9
抽油烟机 (台)	Exhaust Fans (set)	5.1	12.6	24.1	30.8	35.5	38.3
自行车 (辆)	Bicycles (unit)	175.4	162.1	159.9	153.1	148.3	110.3
摩托车 (辆)	Motorcycles (unit)	28.5	52.7	63.3	57.0	57.8	44.7
空调机 (台)	Air Conditioners (set)	5.4	22.2	47.4	56.6	64.9	78.1
照相机 (架)	Cameras (set)	4.0	6.7	12.5	12.0	12.2	15.2
热水器 (台)	Water Heater for Shower (set)	11.1	32.1	62.6	71.4	80.5	87.3
家用电脑 (台)	Computer (set)		2.9	11.0	15.8	24.9	36.5
家用汽车 (辆)	Automobile (unit)	0.5	1.1	3.0	4.0	5.9	7.2

5-18 按纯收入分组农村居民家庭购买商品数量(2013年)

Annual Purchases of Commodities in Rural Households by Level of Net Income(2013)

单位:公斤 (kg)

项　目	Item	全省平均 Average	低收入户 Low Income Households	中低收入户 Low-medium Income Households	中等收入户 Medium Income Households	中高收入户 Upper-medium Income Households	高收入户 High Income Households
平均每人购买	**Per Capita Perchases of Commodities**						
粮食(原粮)	Grain(Unprocessed Grain)	68.3	58.2	60.2	60.6	71.3	97.4
食用植物油	Edible Vegetable Oil	6.6	5.4	6.1	6.0	7.0	8.8
动物油	Animal Oil	0.2	0.1	0.2	0.2	0.3	0.2
蔬菜	Vegetables	33.3	20.7	27.8	33.4	39.4	49.6
猪肉	Pork	13.9	9.3	11.8	14.1	16.2	19.8
牛羊肉	Beef and Mutton	1.2	0.7	1.1	1.1	1.4	1.8
家禽	Poultry	4.3	2.6	3.6	4.0	5.2	6.9
食糖	Sugar	0.8	0.6	0.7	0.9	1.0	1.0
卷烟　(盒)	Cigarettes　(pack)	30.2	20.5	23.5	27.8	35.4	48.0
酒	Liquor	8.6	5.8	7.9	9.2	9.8	10.9
茶叶	Tea	0.1	0.0	0.1	0.1	0.2	0.2
平均每户购买	**Per Household Perchases of Commodities**						
化肥	Chemical Fertilizers	649.7	764.7	747.9	676.1	540.7	519.6
饼肥	Cake Fertilizers	9.5	2.1	27.6	7.4	4.4	6.1

指 标 Item		全省平均 Average	低收入户 Low Income Households	中低收入户 Low-medium Income Households	中等收入户 Medium Income Households	中高收入户 Upper-medium Income Households	高收入户 High Income Households
农药 （元）	Chemical Insecticide （yuan）	299.7	314.0	315.9	332.8	265.3	270.6
农用薄膜 （公斤）	Plastic Film for Agricultural Use （kg）	0.9	0.7	0.9	1.2	0.7	1.0
平均每百户购买	**Per 100 Households Perchases of Commodities**						
彩色电视机（台）	Color TV Sets （set）	7.8	5.0	4.1	9.5	9.1	11.4
照相机 （架）	Cameras （set）	0.8	0.1	0.4	0.5	0.7	2.1
洗衣机 （台）	Washing Machines （set）	5.9	6.1	5.7	5.7	4.7	7.4
电冰箱 （台）	Refrigerators （set）	7.0	6.4	9.0	6.8	5.9	7.0
空调机 （台）	Air Conditioners （set）	12.5	7.3	13.2	12.8	11.7	17.7
油烟机 （台）	Exhaust Fans （set）	1.3	0.8	1.0	0.6	1.6	2.6
热水器 （台）	Water Heaters for Shower （set）	3.0	3.0	1.7	4.3	2.8	3.4
微波炉 （台）	Microwave Stoves （set）	2.2	1.4	2.2	1.5	2.3	3.4
自行车 （辆）	Bicycles （unit）	3.7	2.2	2.8	2.8	5.8	4.8
电动自行车（辆）	Power-driven Bicycles （unit）	18.5	13.3	19.3	20.2	20.3	19.7
摩托车 （辆）	Motorcycles （unit）	2.1	1.3	2.1	2.6	2.9	1.6
电话 （部）	Telephones （set）	4.0	4.2	2.6	3.8	4.7	4.7

5-19 分地区城镇居民家庭基本情况(2013年)

指标	Item	苏南 Southern Jiangsu	苏中 Mid Jiangsu	苏北 Northern Jiangsu
基本情况	**Basic Conditions**			
调查户数 (户)	Number of Households Surveyed (household)	3315	817	2159
平均每户家庭人口 (人)	Average Household Size (person)	2.92	3.04	3.05
平均每户就业人口 (人)	Average Number of Employed Persons Per Household (person)	1.74	1.78	1.78
平均每一就业人口负担人数 (人)	Number of Dependents per Employee (person)	1.68	1.71	1.72
平均每户就业面 (%)	Proportion of Employment per Household (%)	59.6	58.5	58.2
平均每人现住房建筑面积 (平方米)	Average Building Space per Capita (sq. m)	38.2	41.2	37.8
人均家庭总收入 (元)	**Per Capita Annual Income (yuan)**	**43034**	**33011**	**25069**
#人均可支配收入	Per Capita Disposable Income	39224	29706	22933
#工资性收入	Wages and Subsidies	26850	20003	14767
经营净收入	Net Income from Household Operations	3936	4138	3973
财产性收入	Income from Properties	1391	609	560
转移性收入	Income from Transfers	10857	8260	5769
人均家庭总支出 (元)	**Per Capita Annual Expenditure (yuan)**	**33874**	**25083**	**20470**
#消费性支出	Expenditures for Consumption	24728	19063	15851
食品	Food	8355	6675	5511
衣着	Clothing	2355	2230	1816
居住	Residence	1687	1378	1159
家庭设备用品及服务	Facilities, Articales and Services	1622	1251	1125
医疗保健	Hualth Care and Medical Services	1273	923	821
交通通讯	Transport and Communications	3965	2639	2142
教育文化娱乐服务	Recreation, Education and Cultural Services	4437	3291	2760
杂项商品和服务	Miscellaneous Goods and Services	1034	677	518

Basic Conditions of Urban Households by Region(2013)

南京 Nanjing	无锡 Wuxi	徐州 Xuzhou	常州 Changzhou	苏州 Suzhou	南通 Nantong	连云港 Lianyungang	淮安 Huaian	盐城 Yancheng	扬州 Yanzhou	镇江 Zhenjiang	泰州 Taizhou	宿迁 Suqian
1228	380	631	471	985	408	273	484	595	135	251	274	175
2.76	2.95	2.86	2.88	3.08	2.96	2.95	3.16	3.10	2.91	3.07	3.22	3.42
1.59	1.57	1.67	1.62	2.00	1.80	1.66	1.85	1.82	1.49	1.92	1.90	1.98
1.74	1.89	1.71	1.77	1.54	1.65	1.78	1.71	1.70	1.95	1.60	1.70	1.73
57.5	53.0	58.3	56.4	65.0	60.7	56.2	58.5	58.7	51.2	62.5	58.9	57.9
32.8	38.0	37.5	41.5	43.1	40.1	39.1	37.1	37.2	37.6	40.4	40.4	39.9
42741	**43141**	**25802**	**40285**	**46495**	**34040**	**24559**	**25723**	**25835**	**30773**	**35390**	**31333**	**19685**
38531	38999	23770	36611	42748	31059	22985	23107	24119	28145	32977	29112	18846
27623	24526	15896	26052	30213	20708	14248	15490	14299	18748	22406	18796	11830
3154	4321	2748	3891	4684	4270	3146	4756	4644	3913	3945	4328	4507
903	1061	647	986	3533	739	420	419	706	619	636	480	395
11061	13233	6512	9355	8065	8323	6745	5057	6186	7493	8404	7729	2953
32664	**35323**	**21959**	**32776**	**36812**	**26559**	**19847**	**21034**	**20690**	**22922**	**27483**	**23153**	**16035**
24591	25392	15963	22831	26739	19646	13992	16763	16678	17653	19795	18223	13135
8243	8787	5380	7884	8861	6776	5091	5800	5824	6583	7056	6341	4766
2378	2166	1761	2326	2384	2401	1523	1976	1956	2069	2461	1990	1532
1491	2347	1194	1393	1885	1354	1171	1194	1200	1272	1322	1464	821
1670	1762	1305	1427	1618	1240	1019	1230	1002	1074	1566	1238	833
1476	1373	844	1374	1044	954	786	872	830	880	964	899	642
3527	4028	2348	3554	5045	2913	1696	1956	2419	1793	2268	2478	1740
4683	3896	2543	3929	4889	3357	2265	3230	2928	3280	3263	3104	2365
1123	1033	588	945	1012	651	441	505	519	702	896	709	435

5-20 分地区农村居民家庭基本情况(2013年)

指标	Item	苏南 Southern Jiangsu	苏中 Mid Jiangsu	苏北 Northern Jiangsu
调查户数 (户)	**Number of Households Surveyed (household)**	**2407**	**1878**	**3945**
调查户人口 (人)	**Residents Surveyed (person)**			
常住人口	Permanent Residents	8125	6477	14562
平均每户常住人口	Average Numbe of Permanent Residents per Household	3.4	3.4	3.7
平均每户整、半劳动力	Average Number of Full/Semi Labour Force per Household	2.5	2.6	2.6
平均每个劳动力负担人口(包括劳动力本人)	Average Number of Dependents per Labour Force(including the laborer-self)	1.3	1.3	1.4
人均住房面积 (平方米)	**Per Capita Floor Space of Houses (sq.m)**	**57.2**	**51.0**	**44.9**
人均家庭总收入 (元)	**Per Capita Annual Income (yuan)**	**24951**	**17812**	**15357**
人均纯收入 (元)	**Per Capita Net Income (yuan)**	**19107**	**14375**	**11769**
#工资性收入	Wages Income	12611	8474	5962
家庭经营收入	Income from Household Operations	4028	4556	4919
财产性收入	Income from Properties	1021	372	214
转移性收入	Income from Transfers	1447	973	674
人均总支出 (元)	**Per Capita Annual Expenditure (yuan)**	**19341**	**11263**	**10951**
#家庭经营性费用支出	Expenditure for Household Operations	3776	2339	2779
购置生产性固定资产支出	Purchase of Productive Fixed Assets Expenditures	175	92	207
生活消费支出	Expenses on Household Consumption	13726	10214	7367
食品	Food	4833	3529	2621
衣着	Clothing	998	671	485
居住	Residence	1630	1375	1112
家庭设备用品及服务	Household Facilities, Articles and Services	746	619	441
交通和通讯	Transport and Communications	1876	1118	748
文化教育娱乐用品及服务	Cultural, Educational and Recreational Articles and Services	2524	1874	1339
医疗保健	Healthcare and Medical Services	785	706	473
其他商品和服务	Miscellaneous Goods and Services	335	321	148
财产性支出	Expenses on Properties	9	3	5
转移性支出	Expenses on Transfers	2262	1557	652
#现金支出	Cash Expenditure	20062	10554	10466
#生产费用	Productive Costs	3835	2214	2911
税费支出	Taxes and Fees	0	1	4
生活消费支出	Expenses on Household Consumption	13390	7871	6919

Basic Conditions of Rural Households by Region(2013)

南京 Nanjing	无锡 Wuxi	徐州 Xuzhou	常州 Changzhou	苏州 Suzhou	南通 Nantong	连云港 Lianyun gang	淮安 Huaian	盐城 Yancheng	扬州 Yangzhou	镇江 Zhenjiang	泰州 Taizhou	宿迁 Suqian
610	**404**	**863**	**329**	**563**	**724**	**688**	**830**	**1040**	**600**	**500**	**554**	**525**
2029	1311	3159	987	2090	2412	2640	3207	3380	2186	1709	1880	2176
3.3	3.2	3.7	3.0	3.7	3.3	3.8	3.9	3.3	3.6	3.4	3.4	4.1
2.5	2.2	2.6	2.4	2.7	2.6	2.7	2.8	2.4	2.7	2.6	2.5	2.9
1.3	1.5	1.4	1.3	1.4	1.3	1.4	1.4	1.4	1.4	1.3	1.4	1.4
59.9	**68.2**	**48.0**	**56.0**	**74.0**	**55.7**	**43.0**	**46.4**	**46.9**	**48.6**	**51.0**	**55.9**	**44.0**
19446	**22280**	**15746**	**25105**	**25086**	**18703**	**13904**	**14682**	**17635**	**17086**	**19122**	**16891**	**14196**
16531	**20587**	**12052**	**18643**	**21578**	**14754**	**10745**	**11045**	**13344**	**14214**	**16258**	**13982**	**10703**
10552	14833	5992	12392	13279	8271	6053	6263	6411	9035	9850	8083	5809
4484	3242	5206	4026	3665	4950	4018	3990	5770	4194	4669	4472	4187
633	821	245	898	2564	492	216	184	236	245	472	364	175
862	1691	608	1327	2070	1041	458	608	927	740	1267	1064	532
16643	**18146**	**11264**	**20568**	**23438**	**16491**	**10522**	**10949**	**12655**	**14067**	**16107**	**12934**	**10464**
5080	1074	2947	5495	3963	3096	2656	2761	3907	2296	2238	1718	2512
112	106	472	224	331	105	204	80	224	142	36	59	79
12392	14147	7246	13563	16251	10931	6932	7373	7712	9725	11995	9862	7454
4554	5065	2593	4799	5429	3864	2457	2670	2686	3435	4276	3210	2751
931	1017	599	977	1084	652	460	406	486	726	936	631	458
1562	1928	1064	1465	2097	1501	1203	1086	1140	1294	1429	1308	1026
697	571	391	971	762	642	479	395	495	639	737	568	420
1396	1785	800	1727	2524	1289	611	693	810	850	1497	1211	760
2333	2682	1306	2266	2999	1979	1260	1380	1412	1816	2133	1805	1403
625	808	411	1049	853	756	365	573	457	619	702	743	513
294	290	83	309	501	248	97	170	227	346	285	387	123
3	6	6	3	22	0	8	6	41	1	0	8	4
1748	2814	644	2118	2871	1736	703	713	759	1080	1821	1573	459
20590	17377	11084	18569	22285	15596	10062	10306	10766	12756	15468	12613	10221
5186	942	3327	5497	4490	3155	2738	2805	3149	2070	2051	1749	2582
0	0	0	0	0	25	3	12	10	1	0	1	4
13652	14196	7210	11571	15224	10622	6609	6782	6856	9603	11478	9196	7172

主要统计指标解释

家庭总收入 指调查户中生活在一起的所有家庭成员在调查期得到的工薪收入、经营净收入、财产性收入、转移性收入的总和，不包括借贷收入。收入的统计标准以实际发生的数额为准，无论收入是补发还是预发，只要是调查期得到的都应如实计算，不作分摊。

可支配收入 指调查户可用于最终消费支出和其它非义务性支出以及储蓄的总和，即居民家庭可以用来自由支配的收入。它是家庭总收入扣除交纳的个人所得税、个人交纳的社会保障费以及调查户的记账补贴后的收入。计算公式为：

可支配收入 = 家庭总收入 - 交纳的个人所得税 - 个人交纳的社会保障支出 - 记账补贴

消费支出 指调查户用于本家庭日常生活的全部支出，包括食品、衣着、家庭设备用品及服务、医疗保健、交通和通讯、娱乐教育文化服务、居住、杂项商品和服务八大类等。

农村居民家庭纯收入 指农村常住居民家庭总收入中，扣除从事生产和非生产经营费用支出、缴纳税款和上交承包集体任务金额以后剩余的，可直接用于进行生产性、非生产性建设投资、生活消费和积蓄的那一部分收入。农村居民家庭纯收入包括从事生产性和非生产性的经营收入，在外人口寄回带回和国家财政救济、各种补贴等非经营性收入；既包括货币收入，又包括自产自用的实物收入。但不包括向银行、信用社和向亲友借款等属于借贷性的收入。

农村居民家庭生活消费支出 指农村常住居民家庭用于日常生活的全部开支，是反映和研究农民家庭实际生活消费水平高低的重要指标。

Explanatory Notes on Main Statistical Indicators

Total Income of Households refers to the sum of incomes of all members living in a same family. The total incomes include wage income, net income of operation, property income, transferred income; exclude debit and credit incomes. The calculating of total incomes is based on the value actually occurred during the period of investigation. So long as the incomes are obtained during the period of in visitation, all the incomes are included in the total incomes, regardless the incomes are re-issued or issued in advance and don't to be shared.

Disposable Income refers to the sum of final consumption expenditure, non-obligation expenditure and saving deposits of the sample households. They are the incomes which can be freely allocated by household after some deducting. The deducting include the payment of individual taxes, payment of individual social security costs and subsidies of keeping account offered to sample households.

The formula is:

Disposable income = Total income of household-individual taxes payment-individual social security costs payment-subsidies of keeping account.

Consumption Expenditure refers to all of the daily expenditures of sample households, include food, clothing, home equipments articles and services, medicine and health care, means of transportation and telecommunications, recreation, education, culture and services, residence, and miscellaneous goods and services etc. eight categories.

Net Income of Rural Households refers to the total income of the permanent residents of the rural households during a year after the deduction of the expenses for productive and non-productive business operation, the payment for taxes and the payment for collective units for their contracted tasks, which can then be spent for investments in productive and non-productive construction, for consumption in daily life and for savings deposit. The net income of the rural households includes not only the income from the productive and non-productive business operation, but also includes the income from the non-business operation, such as the money remitted or brought back by the members of the household who are in other places, the government relief payment and various subsidies. It includes not only the money income, but also the income in kind. But the income borrowing from banks, friends and relatives is excluded.

Expenditure of Rural Households for Consumption refers to total expenses of rural households on daily life, including expenses on food, clothing, housing, fuel, articles for daily use, and expenses on cultural life and services. This indicator is very important to used to show the actual consumption level of peasants.

6

固定资产投资

Investment in Fixed Assets

简 要 说 明

一、本篇资料的主要内容

本篇资料通过对一定时期全社会建造和购置固定资产活动的数量方面的描述,反映报告期内固定资产投资的规模和速度、固定资产投资的结构和比例关系、固定资产投资的资金来源及固定资产投资的效果等。

二、本篇资料的统计范围

固定资产投资统计的范围包括:城乡建设项目投资,房地产开发投资。

三、本篇的资料来源

固定资产投资统计调查。

四、本篇的统计调查方法

全面统计报表。

Brief Introduction

Ⅰ. Main Contents

Statistics in this chapter describe activities on the construction and purchase of fixed assets of the whole country during a given period of time, and reflect the size, growth, structure, ratio, financing and results of the investment in fixed assets during the reference period.

Ⅱ. Scope of Statistics

Statistics on the investment in fixed assets cover investments in capital construction projects in urban and rural areas, investments in real estate development.

Ⅲ. Sources of Data

Data on investments in fixed assets are from surveys conducted.

Ⅳ. Methodology of Data Collection

Data on investments in fixed assets are collected by the system of reporting form with complete enumeration.

6－1 固定资产投资主要指标

Major Indicators of Investment in Fixed Assets

指　标	Item	2010	2011	2012	2013
投资总额（亿元）	**Total Investment (100 million yuan)**	**21643.02**	**26314.66**	**31706.58**	**35982.52**
按经济类型分	Grouped by Ownership				
国有经济	State Owned Units	4348.46	5004.82	6022.51	6865.27
集体经济	Collective Owned Units	902.96	1132.95	1393.13	1639.37
私营个体经济	Private Individuals	7778.02	9696.87	12074.90	14955.56
联营经济	Joint-ownership	11.83	58.12	74.66	82.69
股份制经济	Share-holding Economy	934.63	1305.12	1645.86	1567.00
有限责任公司	Limited Liability Corporations	4215.32	5187.19	5738.63	5924.45
港澳台投资经济	Funds from Hong Kong, Macao and Taiwan	1263.87	1368.34	1599.75	1597.74
外商投资经济	Foreign Investment	1706.07	1935.06	2218.49	2315.26
其他经济	Others	481.86	626.18	938.66	1035.18
按资金来源分	Grouped by Sources of Funds				
国家预算内资金	State Budget	273.00	344.87	448.05	529.19
国内贷款	Domestic Loans	3231.05	3751.24	4658.42	5091.04
利用外资	Foreign Investment	1135.69	1241.65	1216.78	1127.55
自筹资金	Self-raising Fund	16186.61	20652.57	25824.05	29444.25
其他资金来源	Others	4839.81	4394.19	5262.67	6822.96
按构成分	Grouped by Composition of Funds				
建筑安装工程	Construction and Installation	11804.76	14569.44	17913.03	20821.56
设备工器具购置	Purchase of Equipments and Instruments	6436.57	8112.05	9756.39	10903.11
其他费用	Others	3401.70	3633.17	4037.16	4257.84
按产业分	Grouped by Industry				
#住宅	Residential Buildings	3453.96	4515.78	4842.52	5646.33
第一产业	Primary Industry	131.79	155.20	205.23	195.71
第二产业	Secondary Industry	11518.55	13927.20	16631.07	18412.48
第三产业	Tertiary Industry	9992.68	12232.25	14870.28	17374.32
新增固定资产（亿元）	**Newly Increased Fixed Assets (100million yuan)**	**15376.53**	**18858.51**	**23327.46**	**26434.29**
房屋建筑面积（万平方米）	**Floor Space of Building (10000 sq. m)**				
施工面积	Floor Space Under Construction	67120.33	81473.45	93565.19	100944.93
#住宅	Residential Buildings	28487.84	33720.86	37150.80	42305.79
竣工面积	Floor Space Completed	24490.56	27670.93	32938.72	33342.59
#住宅	Residential Buildings	7619.06	7948.57	9301.97	9251.55
商品房销售面积（万平方米）	**Floor Space of Commercializ Buildings Sold (10000 sq. m)**	**9485.47**	**7970.49**	**9019.18**	**11454.77**

注：1. 自筹投资中含发行债券部分(下同)。
2. 从2003年开始,资金来源为可用于投资的资金到位数(下同)。
3. 从2004年开始,水利业投资从第一产业调到第三产业(下同)。
4. 从2010年开始,投资总额中不含农户投资(下同)。

a) Fund raising included bond publishing(so did as follows).
b) Since 2003, the sources of finance was available for investment(so did as follows).
c) Since 2004, the investment for water conservancy was transferred from primary industry to tertiary industry(so did as follows).
d) Since 2010, the investment of farm households was not included in the total investment.

6－2　固定资产投资额
Investment in Fixed Assets

单位:亿元　　　　(100 million yuan)

年　份 Items	投资额 Investment	#工业投资 Industrial Investment	#房地产开发 Real Estate Development	#国有经济 State-owned	#集体经济 Collective-owned	#私营个体 Private Individuals	#外商及港澳台商投资 Hong Kong, Macao, Taiwan and Foreign Funds
1978	21.75			20.70	1.05		
1980	34.73			34.73	3.08		
"六五"时期 The Period of the Sixth Five-year plan	**564.89**			**242.73**	**156.57**		
1985	191.93			80.43	59.06		
"七五"时期 The Period of the Seventh Five-year plan	**1606.75**			**642.46**	**377.21**		
1990	356.30		11.71	134.86	74.87		
"八五"时期 The Period of the Eighth Five-year plan	**5307.18**		**554.92**	**1944.32**	**1788.50**		
1991	439.98		17.22	172.09	109.87		
1992	711.70		30.42	288.00	276.16		
1993	1144.20		114.01	403.67	493.12		
1994	1331.13		152.42	477.86	418.27		
1995	1680.17		240.85	602.70	491.08		300.22
"九五"时期 The Period of the Ninth Five-year plan	**12426.20**		**1463.68**	**4912.01**	**2288.90**		**2124.97**
1996	1949.53		232.62	708.60	465.21		399.99
1997	2203.09		241.55	826.60	447.94		437.25
1998	2535.50		300.24	1031.96	457.36		514.23
1999	2742.65		330.55	1144.84	462.53	148.23	410.28
2000	2995.43		358.72	1200.01	455.86	326.08	363.22
"十五"时期 The Period of the Tenth Five-year plan	**28055.30**	**10495.83**	**4583.38**	**8790.13**	**2018.49**	**6453.90**	**4719.01**
2001	3302.96	684.83	414.36	1285.71	400.36	528.38	378.17
2002	3849.24	905.69	544.13	1422.06	297.56	769.90	568.77
2003	5335.80	1667.65	809.96	1998.19	456.98	932.11	972.88
2004	6827.59	2104.28	1269.78	2006.20	418.43	1599.91	1230.56
2005	8739.71	5133.38	1545.15	2077.97	445.16	2623.60	1568.63
"十一五"时期 The Period of the Eleventh Five-year plan	**79534.10**	**42558.47**	**15124.96**	**14898.12**	**3136.70**	**27735.48**	**12592.54**
2006	10071.42	5347.13	1906.71	2144.93	441.57	3049.30	1756.83
2007	12268.07	6599.08	2515.91	2092.57	453.28	4125.86	2301.12
2008	15060.45	8246.27	3064.46	2494.77	539.99	5268.79	2838.43
2009	18949.88	10167.44	3338.50	3677.11	753.73	6872.67	2681.77
2010	23184.28	12342.54	4299.38	4488.74	948.13	8418.86	3014.39
2010(新口径)(New Statistical Scale)	21643.02	11442.06	4299.38	4348.46	902.95	7778.03	2969.94
"十二五"时期 The Period of the Twelveth Five-year plan							
2011	26314.66	13771.12	5567.94	5004.82	1132.95	9696.87	3303.41
2012	31706.58	16544.02	6206.10	6022.51	1393.13	12074.90	3818.24
2013	35982.52	18369.54	7241.45	6865.27	1639.37	14955.56	3913.00

注:房地产开发投资统计制度从 1990 年开始建立,城乡私营个体投资统计制度从 1999 年开始建立。

a) The statitistical system of real estate development investment was established in 1990, while that of the urban and rural private and individual investment was established in 1999.

6-3 按登记注册类型分固定资产投资
Investment in Fixed Assets by Registration Status

单位:亿元 (100 million yuan)

类　别	Item	2012 投资额 Investment	2012 #工业投资 Industrial Investment	2013 投资额 Investment	2013 #工业投资 Industrial Investment
总　计	**Total**	**31706.58**	**16544.02**	**35982.52**	**18369.54**
内资企业	Domestic Funded Enterprises	27847.30	13813.35	32020.82	15682.63
国有企业	State-owned Enterprises	5556.01	1042.48	6291.82	1080.25
集体企业	Collective-owned Enterprises	1309.73	131.16	1544.45	129.48
股份合作企业	Cooperative Enterprises	70.57	27.54	82.21	52.02
联营企业	Joint Ownreship Enterprises	129.84	63.17	134.46	56.32
国有联营	State Joint Ownership Enterprises	42.34	15.88	39.06	16.79
集体联营	Collective Joint Ownership Enterprises	12.84	3.10	12.71	7.14
国有与集体联营	Joint State-collective Enterprises	43.96	19.66	53.43	26.79
其他联营企业	Other Joint Ownership Enterprises	30.70	24.54	29.26	5.61
有限责任公司	Limited Liability Corporations	6162.78	2901.81	6458.84	2757.93
国有独资公司	State Sole Funded Corporations	424.15	60.66	534.39	63.95
其他有限责任公司	Other Limited Liability Corporations	5738.63	2841.15	5924.45	2693.98
股份有限公司	Share-holding Corporations Ltd.	1645.86	1043.66	1567.00	1020.74
私营企业	Private Enterprises	12033.86	8213.71	14906.86	10102.01
其他企业	Others Enterprises	938.66	389.83	1035.18	483.88
港、澳、台商投资企业	Enterprises with Funds from Hong Kong, Macao and Taiwan	1599.75	917.43	1597.74	856.02
合资经营企业	Joint-venture Enterprises	550.28	265.35	587.93	310.16
合作经营企业	Cooperative Enterprises	33.46	7.01	17.97	5.47
独资企业	Enterprises with Sole Fund	895.28	574.74	911.25	485.72
股份有限公司	Share-holding Corporations Ltd.	93.91	58.95	74.82	50.94
其他港澳台商投资	Other Hong Kong, Macao Taiwan Investment	26.81	11.38	5.76	3.72
外商投资企业	Foreign Funded Enterprises	2218.49	1802.15	2315.26	1819.55
合资经营企业	Joint-venture Enterprises	733.57	578.96	746.80	575.10
合作经营企业	Cooperative Enterprises	29.02	12.98	42.17	23.59
独资企业	Enterprises with Sole Fund	1397.34	1163.55	1408.48	1114.34
股份有限公司	Share-holding Corporations Ltd.	53.03	44.22	74.45	63.81
其他外商投资	Others	5.53	2.45	43.36	42.72
个体经营	Individuals	41.04	11.09	48.70	11.33
个体户	Self-employed Individuals	36.63	9.25	45.37	11.33
个人合伙	Partnership Individuals	4.41	1.84	3.33	

6-4 按资金来源和构成分固定资产投资 Investment in Fixed Assets by Sources of Finance and Use of Funds

年 份 Year	按资金来源分 Grouped by Sources of Funds				
	国家预算内资金 State Budget	国内贷款 Domestic Loans	利用外资 Foreign Investment	自筹资金 Self-raising	其他资金来源 Others
投资额(亿元) Investment (100 million yuan)					
1985	17.25	36.79	3.98	64.45	69.46
1986	18.74	43.52	12.71	73.27	92.99
1987	21.46	63.15	19.15	85.66	127.71
1988	17.23	69.94	27.77	106.30	150.63
1989	16.80	41.74	19.91	91.66	150.12
1990	15.02	45.47	15.92	106.47	173.42
1991	16.38	84.77	20.41	290.13	28.29
1992	24.73	189.49	40.56	378.30	78.62
1993	17.85	253.80	89.48	649.95	133.12
1994	17.54	242.93	151.96	744.20	174.50
1995	25.83	270.16	228.89	880.02	275.27
1996	24.01	282.88	335.16	1001.29	306.19
1997	29.63	293.66	390.59	1199.29	289.92
1998	49.46	331.83	413.66	1406.39	334.16
1999	62.91	399.36	309.02	1639.01	332.35
2000	73.42	489.04	281.17	1827.79	324.01
2001	69.97	524.51	326.22	1977.97	404.29
2002	54.48	735.30	421.21	2237.73	400.52
2003	92.61	1141.99	579.51	2999.19	587.42
2004	81.30	1233.07	641.66	4201.29	928.38
2005	67.60	1264.49	836.19	5826.89	1205.90
2006	66.59	1445.16	874.82	6800.90	1590.15
2007	135.20	1561.06	1255.85	8522.18	2398.08
2008	153.86	1818.06	1394.98	10624.51	2210.27
2009	278.79	2774.45	1114.78	14064.93	4350.16
2010	282.11	3343.47	1154.87	17553.37	4912.63
2010(新口径)(New Statistical Scale)	273.00	3231.05	1135.69	16186.61	4839.81
2011	344.87	3751.24	1241.65	20652.57	4394.19
2012	448.05	4658.42	1216.78	25824.05	5262.67
2013	529.19	5091.04	1127.55	29444.25	6822.96
构成(%) Composition(%)					
1985	9.0	19.1	2.1	33.6	36.2
1990	4.2	12.8	4.5	29.9	48.6
1995	1.5	16.1	13.6	52.4	16.4
2000	2.5	16.3	9.4	61.0	10.8
2005	0.7	13.8	9.1	63.3	13.1
2006	0.6	13.4	8.1	63.1	14.8
2007	1.0	11.3	9.0	61.4	17.3
2008	0.9	11.2	8.6	65.6	13.6
2009	1.2	12.3	4.9	62.3	19.3
2010	1.0	12.3	4.2	64.4	18.0
2010(新口径)(New Statistical Scale)	1.1	12.6	4.4	63.1	18.9
2011	0.9	10.6	3.7	53.3	15.9
2012	1.1	12.3	4.1	68.0	14.5
2013	1.2	11.8	2.6	68.5	15.9

年 份 Year	按构成分 Grouped by Use of Funds		
	建筑安装工程 Construction and Installation	设备工器具购置 Purchases of Equipments and Instruments	其他费用 Others
投资额(亿元) Investment (100 million yuan)			
1985	149.40	34.41	8.12
1986	187.33	43.82	10.08
1987	240.92	60.61	15.60
1988	281.34	73.71	16.82
1989	256.23	52.25	11.75
1990	284.24	53.70	18.36
1991	347.72	71.33	20.93
1992	408.59	257.45	45.66
1993	651.17	395.34	97.69
1994	775.84	437.87	117.42
1995	983.24	536.48	160.45
1996	1151.16	600.59	197.78
1997	1307.24	688.66	207.19
1998	1503.62	755.02	276.86
1999	1682.72	746.75	313.18
2000	1817.08	867.74	310.61
2001	1901.68	967.21	434.07
2002	2091.15	1160.08	598.01
2003	2906.59	1510.59	918.62
2004	3886.52	1928.66	1012.41
2005	4879.72	2544.36	1315.63
2006	5624.16	2944.50	1502.76
2007	6804.65	3558.53	1904.89
2008	8310.70	4587.89	2161.86
2009	10454.05	5901.61	2594.22
2010	12601.51	7054.33	3528.44
2010(新口径)(New Statistical Scale)	11804.76	6436.57	3401.70
2011	14569.44	8112.05	3633.17
2012	17913.03	9756.39	4037.16
2013	20821.56	10903.11	4257.84
构成(%) Composition(%)			
1985	77.9	17.9	4.2
1990	80.0	15.1	4.9
1995	58.5	31.9	9.6
2000	60.6	29.0	10.4
2005	55.8	29.1	15.1
2006	55.9	29.2	14.9
2007	55.5	29.0	15.5
2008	55.2	30.5	14.3
2009	55.2	31.1	13.7
2010	54.4	30.4	15.2
2010(新口径)(New Statistical Scale)	54.5	29.7	15.7
2011	44.9	24.5	12.9
2012	55.4	30.8	13.8
2013	57.9	30.3	11.8

6-5 按构成分固定资产投资(2013年)

Investment in Fixed Assets by Use of Funds(2013)

单位:亿元 (100 million yuan)

行业	Sector	投资额 Investment	建筑工程 Construction	安装工程 Installation	设备工器具购置 Purchase of Equipment and Instruments	其他 Others
总计	**Total**	**35982.52**	**19120.21**	**1701.36**	**10903.11**	**4257.84**
农、林、牧、渔业	Agriculture, Forestry, Animal Husbandry and Fishery	195.71	119.39	8.52	38.81	29.00
农业	Farming	89.55	51.91	3.86	19.06	14.72
林业	Forestry	7.18	3.74	0.34	1.06	2.04
畜牧业	Animal Husbandry	36.77	21.33	2.21	8.41	4.81
渔业	Fishery	23.16	14.85	0.72	3.97	3.62
农、林、牧、渔服务业	Service in Support of Agriculture	39.06	27.57	1.38	6.31	3.80
采矿业	Mining	91.02	45.42	8.27	31.47	5.85
煤炭开采和洗选业	Mining and Washing of Coal	5.61	1.09	0.30	4.14	0.08
石油和天然气开采业	Extraction of Petroleum and Natural Gas	32.14	19.86	4.81	7.25	0.22
黑色金属矿采选业	Mining and Processing of Ferrous Metal Ores	12.07	3.57	0.53	3.75	4.22
有色金属矿采选业	Mining and Processing of Non-ferracs Metal Ores	0.51	0.31	0.05	0.16	
非金属矿采选业	Mining and Processing of Nonmetal Ores	38.87	19.79	2.45	15.34	1.29
开采辅助活动	Auxiliary Mining	1.53	0.81	0.08	0.60	0.04
其他采矿业	Mining of Other Ores	0.29		0.06	0.23	
制造业	Manufacturing	17318.24	6126.08	920.37	9199.25	1072.55
农副食品加工业	Processing of Food from Agricultural Products	335.93	143.28	16.11	149.93	26.61
食品制造业	Manufacture of Food	185.48	69.83	9.78	94.16	11.70
酒、饮料和精制茶制造业	Manufacture of Beverage	173.73	77.23	7.84	82.82	5.84
烟草制品业	Manufacture of Tobacco	31.87	19.53	0.41	10.35	1.58
纺织业	Manufacture of Textile	856.99	257.24	38.84	528.67	32.24
纺织服装、服饰业	Manufacture of Textile Wearing, Apparel, Footwear and Caps	353.44	137.33	18.06	175.21	22.84
皮革、毛皮、羽毛及其制品和制鞋业	Manufacture of Leather, Fur, Feather and Related Products	91.34	37.96	6.31	41.43	5.64
木材加工和木、竹、藤、棕、草制品业	Processing of Timber, Manufacture of Wood, Bamboo, Rattan, Palm and Straw Products	226.93	98.69	11.66	100.33	16.25
家具制造业	Manufacture of Furniture	146.18	61.92	6.94	68.94	8.38
造纸和纸制品业	Manufacture of Paper and Paper Products	193.24	58.76	9.49	115.11	9.87
印刷和记录媒介复制业	Printing, Reproduction of Recording Media	113.19	40.71	4.91	61.95	5.62
文教、工美、体育和娱乐用品制造业	Manufacture of Articles For Culture, Education and Sport Activities	150.24	58.17	8.01	76.26	7.80
石油加工、炼焦和核燃料加工业	Processing of Petroleum, Coking, Processing of Nuclear Fuel	103.26	39.15	6.57	47.28	10.25
化学原料和化学制品制造业	Manufacture of Raw Chemical Materials and Chemical Products	1630.78	492.66	140.75	861.19	136.18
医药制造业	Manufacture of Medicines	434.59	187.32	22.87	191.47	32.94
化学纤维制造业	Manufacture of Chemical Fibers	313.82	79.98	9.83	196.46	27.55
橡胶和塑料制品业	Rubber and Plastic	559.13	182.08	25.85	323.13	28.07
非金属矿物制品业	Manufacture of Non - metallic Mineral Products	958.32	347.92	53.35	498.22	58.83
黑色金属冶炼和压延加工业	Smelting and Pressing of Ferrous Metals	533.74	159.97	37.01	315.97	20.78
有色金属冶炼和压延加工业	Smelting and Pressing of Non - ferrous Metals	330.08	112.31	17.11	182.27	18.40

6－5 续 表 1 Continued 1

单位:亿元 (100 million yuan)

行业	Sector	投资额 Investment	建筑工程 Construction	安装工程 Installation	设备工器具购置 Purchase of Equipment and Instruments	其他 Others
金属制品业	Manufacture of Metal Products	995.33	362.59	55.08	524.82	52.84
通用设备制造业	Manufacture of General Purpose Machinery	1890.30	719.58	89.14	965.73	115.86
专用设备制造业	Manufacture of Special Purpose Machinery	1636.80	627.55	82.27	821.45	105.54
汽车制造业	Manufacture of Automobile	901.24	318.97	44.44	479.25	58.58
铁路、船舶、航空航天和其他运输设备制造业	Manufacture of Railroad, Marine Aviation and other Transport Equipment	469.19	173.79	23.91	237.70	33.79
电气机械和器材制造业	Manufacture of Electrical Machinery and Equipment	1674.78	571.74	82.68	913.93	106.43
计算机、通信和其他电子设备制造业	Manufacture of Communication Equipment, Computers and Other Electronic Equipment	1376.82	387.32	56.67	853.77	79.05
仪器仪表制造业	Manufacture of Instrumentation	333.62	117.69	16.40	181.86	17.68
其他制造业	Other Manufacturing	231.17	153.81	11.15	56.56	9.64
废弃资源综合利用业	Manufacture of Recycling and Disposal of Waste	67.06	23.52	5.82	33.44	4.29
金属制品、机械和设备修理业	Manufacture of Metal Products, Machinery and Equipment Repair	19.68	7.50	1.11	9.59	1.48
电力、热力、燃气及水生产和供应业	Production and Supply of Electricity, Gas and Water	960.28	326.34	105.68	460.76	67.50
电力、热力生产和供应业	Production and Supply of Electric Power and Heat Power	714.20	192.84	90.66	382.49	48.21
燃气生产和供应业	Production and Supply of Gas	52.32	22.77	2.76	23.46	3.34
水的生产和供应业	Production and Supply of Water	193.75	110.73	12.26	54.81	15.96
建筑业	Construction	42.95	26.11	3.09	11.13	2.60
房屋建筑业	Housing Construction	12.85	8.27	0.33	3.78	0.47
土木工程建筑业	Civil Engineering Construction	19.91	13.02	2.26	2.92	1.72
建筑安装业	Building Installation	3.59	1.60	0.22	1.60	0.17
建筑装饰和其他建筑业	Other Construction	6.59	3.23	0.29	2.82	0.25
批发和零售业	Wholesale and Retail Trades	816.24	571.05	27.25	104.83	113.11
批发业	Wholesale Trades	285.19	185.07	9.01	49.35	41.75
零售业	Retail Trades	531.05	385.98	18.24	55.48	71.36
交通运输、仓储和邮政业	Transport, Storage and Post	1685.86	1114.08	35.70	267.66	268.42
铁路运输业	Railway Transport	9.75	6.49	0.04	2.82	0.40
道路运输业	Road Transport	1015.93	682.65	13.51	105.07	214.70
水上运输业	Water Transport	287.94	181.84	6.33	79.77	20.00
航空运输业	Air Transport	42.42	25.41	4.06	7.19	5.76
管道运输业	Transport Via Pipelines	14.30	8.24	0.53	2.27	3.26
装卸搬运和运输代理业	Loading, Unloading and Other Transport Services	58.18	33.23	1.78	18.85	4.32
仓储业	Storage	252.62	173.65	9.29	49.76	19.93
邮政业	Post	4.71	2.57	0.15	1.93	0.06
住宿和餐饮业	Hotels and Catering Services	502.09	348.73	21.77	73.98	57.61
住宿业	Hotels	304.39	218.85	11.17	40.98	33.40
餐饮业	Catering Services	197.70	129.88	10.60	33.00	24.22
信息传输、软件和信息技术服务业	Information Transfer、Software and IT Services	381.62	195.47	61.43	96.68	28.04
电信、广播电视和卫星传输服务	Telecommunications、Satellites Radio and Television Services	101.47	28.43	45.43	26.26	1.35
互联网和相关服务	Internet and Relatiue Services	36.88	17.75	3.81	10.15	5.17
软件和信息技术服务业	Software and IT Services	243.27	149.29	12.19	60.27	21.52

6-5 续 表 2 Continued 2

单位:亿元 (100 million yuan)

行业	Sector	投资额 Investment	建筑工程 Constru-ction	安装工程 Installa-tion	设备工器具购置 Purchase of Equipment and Instr-uments	其他 Others
金融业	Financial Intermediation	116.60	82.75	3.65	9.98	20.22
货币金融服务	Monetary and Financial	72.10	51.24	2.05	5.63	13.18
资本市场服务	Capital Markets	12.78	8.61	0.74	3.02	0.41
保险业	Insurance	2.13	2.03	0.01	0.03	0.06
其他金融业	Other Financial Activities	29.59	20.86	0.86	1.29	6.58
房地产业	Real Estate	8864.63	6320.83	339.24	216.51	1988.06
房地产业	Real Estate	8864.63	6320.83	339.24	216.51	1988.06
租赁和商务服务业	Leasing and Business Services	691.85	522.10	15.79	63.09	90.87
租赁业	Leasing	7.77	3.41	0.41	3.24	0.70
商务服务业	Business Services	684.08	518.69	15.38	59.85	90.17
科学研究和技术服务业	Scientific Research and Technical Services	369.22	254.15	11.47	74.25	29.35
研究和试验发展	Research and Experimental Development	106.48	74.96	3.12	19.44	8.96
专业技术服务业	Professional Technical Services	120.52	73.07	3.29	37.81	6.35
科技推广和应用服务业	Promation and Application of Science	142.22	106.11	5.07	17.00	14.03
水利、环境和公共设施管理业	Management of Water Conservancy, Environment and Public Facilities	2571.41	2040.23	95.05	107.70	328.42
水利管理业	Management of Water Conservancy	209.62	162.82	3.89	14.17	28.74
生态保护和环境治理业	Ecological Protection and Enviromental	81.64	51.71	1.77	6.19	21.99
公共设施管理业	Management of Public Facilities	2280.15	1825.71	89.40	87.35	277.70
居民服务、修理和其他服务业	Services to Households and Other Services	138.61	101.19	6.18	21.25	9.99
居民服务业	Services to Households	85.92	67.44	2.74	9.37	6.37
机动车、电子产品和日用产品修理业	Vehicle、Electronics and Dairy Maintenance	22.00	11.01	0.98	8.46	1.54
其他服务业	Other Services	30.70	22.73	2.46	3.42	2.09
教育	Education	330.12	272.33	9.33	26.55	21.92
教育	Education	330.12	272.33	9.33	26.55	21.92
卫生和社会工作	Health and Social Work	207.34	148.60	8.62	33.76	16.36
卫生	Health	173.92	122.53	7.73	31.66	12.00
社会工作	Social Work	33.42	26.06	0.89	2.11	4.36
文化、体育和娱乐业	Culture, Sports and Entertainment	424.35	276.43	12.24	45.14	90.54
新闻和出版业	Journalism and Publishing Activities	17.06	12.47	0.93	1.56	2.10
广播、电视、电影和影视录音制作业	Broadcasting, Movies, Television and Audiovisual Activities	49.04	34.86	0.88	5.82	7.48
文化艺术业	Cultural and Art Activities	181.01	103.02	4.64	11.65	61.70
体育	Sports Activities	66.97	53.56	2.00	6.37	5.04
娱乐业	Entertainment	110.27	72.52	3.79	19.74	14.22
公共管理、社会保障和社会组织	Public Management and Social Organization	274.38	228.94	7.70	20.30	17.44
中国共产党机关	Organs of Communist Party of China	4.15	3.81	0.13	0.10	0.12
国家机构	Government Agencies	208.55	172.39	6.17	16.83	13.16
人民政协、民主党派	People's Political Cousultative Conference and Remocratic Parlies	0.54	0.54			
社会保障	Social Security	5.14	4.06	0.12	0.55	0.41
群众团体、社会团体和其他成员组织	Non-governmental Organizations, Social Organizations and Relighion Organizations	22.61	18.07	0.67	1.67	2.20
基层群众自治组织	Grass Roots Self-governing Organizataions	33.38	30.06	0.61	1.16	1.55

6-6 按建设性质分固定资产投资（2013 年）
Investment in Fixed Assets by Type of Construction(2013)

单位：亿元 (100 million yuan)

行业	Sector	投资额 Investment	#新建 New Construction	#扩建 Expansion	#改建 Reconstruction
总计	**Total**	**35982.52**	**15978.94**	**7272.55**	**4221.01**
农、林、牧、渔业	Agriculture, Forestry, Animal Husbandry and Fishery	195.71	146.21	40.99	5.96
农业	Farming	89.55	69.13	17.46	2.58
林业	Forestry	7.18	4.44	2.74	
畜牧业	Animal Husbandry	36.77	33.03	3.44	0.30
渔业	Fishery	23.16	19.35	2.93	0.50
农、林、牧、渔服务业	Service in Support of Agriculture	39.06	20.25	14.42	2.59
采矿业	Mining	91.02	11.57	20.07	59.28
煤炭开采和洗选业	Mining and Washing of Coal	5.61	0.61	3.95	1.05
石油和天然气开采业	Extraction of Petroleum and Natural Gas	32.14			32.14
黑色金属矿采选业	Mining and Processing of Ferrous Metul Ores	12.07	2.71	5.13	4.23
有色金属矿采选业	Mining and Processing of Non-ferrous Metal Ores	0.51	0.24		0.27
非金属矿采选业	Mining and Processing of Nonmetal Ores	38.87	6.86	10.99	20.91
开采辅助活动	Auxiliary Mining	1.53	1.15		0.38
其他采矿业	Mining of Other Ores	0.29			0.29
制造业	Manufacturing	17318.24	7948.22	4587.47	3817.11
农副食品加工业	Processing of Food from Agricultural Products	335.93	179.59	76.74	77.37
食品制造业	Manufacture of Food	185.48	100.45	44.04	30.24
酒、饮料和精制茶制造业	Manufacture of Beverage	173.73	57.82	74.90	28.12
烟草制品业	Manufacture of Tobacco	31.87	15.40	1.95	7.87
纺织业	Manufacture of Textile	856.99	325.17	286.45	188.34
纺织服装、服饰业	Manufacture of Textile Wearing, Apparel, Footwear and Caps	353.44	171.58	95.06	71.04
皮革、毛皮、羽毛及其制品和制鞋业	Manufacture of Leather, Fur, Feather and Related Products	91.34	46.35	14.31	27.89
木材加工和木、竹、藤、棕、草制品业	Processing of Timber, Manufacture of Wood, Bamboo, Rattan, Palm and Straw Products	226.93	134.21	62.60	27.12
家具制造业	Manufacture of Furniture	146.18	91.83	36.43	14.49
造纸和纸制品业	Manufacture of Paper and Paper Products	193.24	70.61	73.34	38.57
印刷和记录媒介复制业	Printing, Reproduction of Recording Media	113.19	45.38	33.72	24.60
文教、工美、体育和娱乐用品制造业	Manufacture of Articles for Culture, Education and Sport Activities	150.24	71.41	41.17	23.24
石油加工、炼焦和核燃料加工业	Processing of Petroleum, Coking, Processing of Nuclear Fuel	103.26	33.35	36.45	31.49
化学原料和化学制品制造业	Manufacture of Raw Chemical Materials and Chemical Products	1630.78	621.12	448.34	491.30
医药制造业	Manufacture of Medicines	434.59	218.17	107.89	96.44
化学纤维制造业	Manufacture of Chemical Fibers	313.82	143.78	105.85	54.23
橡胶和塑料制品业	Rubber and Plastic	559.13	267.04	148.95	105.33
非金属矿物制品业	Manufacture of Non-metallic Mineral Products	958.32	506.42	213.75	208.77
黑色金属冶炼和压延加工业	Smelting and Pressing of Ferrous Metals	533.74	159.98	107.76	244.29
有色金属冶炼和压延加工业	Smelting and Pressing of Non-ferrous Metals	330.08	132.90	97.46	82.17

6-6 续 表 1 Continued 1

单位:亿元 (100 million yuan)

行业	Sector	投资额 Investment	#新建 New Construction	#扩建 Expansion	#改建 Reconstruction
金属制品业	Manufacture of Metal Products	995.33	413.59	310.64	218.63
通用设备制造业	Manufacture of General Purpose Machinery	1890.30	833.29	525.92	419.87
专用设备制造业	Manufacture of Special Purpose Machinery	1636.80	788.47	441.63	319.14
汽车制造业	Manufacture of Automobile	901.24	470.94	232.17	133.06
铁路、船舶、航空航天和其他运输设备制造业	Manufacture of Railroad, Marine Aviation and other Transport Equipment	469.19	225.65	113.40	106.35
电气机械和器材制造业	Manufacture of Electrical Machinery and Equipment	1674.78	843.44	419.21	306.61
计算机、通信和其他电子设备制造业	Manufacture of Communication Equipment, Computers and Other Electronic Equipment	1376.82	668.71	249.21	319.15
仪器仪表制造业	Manufacture of Instrumentation	333.62	132.62	101.34	75.38
其他制造业	Other Manufacturing	231.17	133.88	56.29	36.57
废弃资源综合利用业	Manufacture of Recycling and Disposal of Waste	67.06	40.25	20.12	5.49
金属制品、机械和设备修理业	Manufacture of Metal Products, Machinery and Equipment Repair	19.68	4.83	10.40	3.95
电力、热力、燃气及水生产和供应业	Production and Supply of Electricity, Gas and Water	960.28	446.17	315.15	187.14
电力、热力生产和供应业	Production and Supply of Electric Power and Heat Power	714.20	301.91	248.93	155.60
燃气生产和供应业	Production and Supply of Gas	52.32	28.32	9.96	12.99
水的生产和供应业	Production and Supply of Water	193.75	115.93	56.27	18.55
建筑业	Construction	42.95	22.58	11.17	4.21
房屋建筑业	Housing Construction	12.85	9.18	2.32	0.53
土木工程建筑业	Civil Engineering Construction	19.91	10.52	6.59	2.02
建筑安装业	Building Installation	3.59	1.78	1.14	0.28
建筑装饰和其他建筑业	Other Construction	6.59	1.10	1.14	1.38
批发和零售业	Wholesale and Retail Trades	816.24	624.70	161.83	3.62
批发业	Wholesale Trades	285.19	198.84	70.10	0.47
零售业	Retail Trades	531.05	425.86	91.73	3.15
交通运输、仓储和邮政业	Transport, Storage and Post	1685.86	1159.96	413.70	44.37
铁路运输业	Railway Transport	9.75	5.63	2.03	
道路运输业	Road Transport	1015.93	709.44	275.96	21.62
水上运输业	Water Transport	287.94	199.90	28.68	13.57
航空运输业	Air Transport	42.42	0.43	38.76	3.22
管道运输业	Transport Via Pipelines	14.30	12.86	0.23	0.15
装卸搬运和运输代理业	Loading, Unloading and Other Transport Services	58.18	33.69	17.09	2.11
仓储业	Storage	252.62	194.21	50.03	3.69
邮政业	Post	4.71	3.81	0.90	
住宿和餐饮业	Hotels and Catering Services	502.09	372.59	114.19	0.32
住宿业	Hotels	304.39	235.52	64.59	0.07
餐饮业	Catering Services	197.70	137.07	49.60	0.25
信息传输、软件和信息技术服务业	Information Transfer, Software and IT Services	381.62	227.51	108.85	39.57
电信、广播电视和卫星传输服务	Telecommunications, Satellites Radio and Television Services	101.47	31.90	54.11	15.04
互联网和相关服务	Internet and Relatiue Services	36.88	24.95	1.54	7.57
软件和信息技术服务业	Software and IT Services	243.27	170.66	53.20	16.96

6－6 续 表 2 Continued 2

单位:亿元 (100 million yuan)

行　业	Sector	投资额 Investment	#新 建 New Construction	#扩 建 Expansion	#改 建 Reconstruction
金融业	Financial Intermediation	116.60	85.87	23.86	0.22
货币金融服务	Monetary and Financial	72.10	50.10	15.99	
资本市场服务	Capital Markets	12.78	8.25	4.18	0.22
保险业	Insurance	2.13	1.17	0.96	
其他金融业	Other Financial Activities	29.59	26.35	2.73	
房地产业	Real Estate	8864.63	1373.70	214.92	13.63
房地产业	Real Estate	8864.63	1373.70	214.92	13.63
租赁和商务服务业	Leasing and Business Services	691.85	565.96	109.97	0.15
租赁业	Leasing	7.77	4.69	1.53	
商务服务业	Business Services	684.08	561.28	108.44	0.15
科学研究和技术服务业	Scientific Research and Technical Services	369.22	270.67	48.92	28.01
研究和试验发展	Research and Experimental Development	106.48	74.61	19.90	10.58
专业技术服务业	Professional Technical Serrices	120.52	76.11	12.97	14.87
科技推广和应用服务业	Promation and Application of Science	142.22	119.94	16.05	2.56
水利、环境和公共设施管理业	Management of Water Conservancy, Environment and Public Facilities	2571.41	1730.25	796.23	9.72
水利管理业	Management of Water Conservancy	209.62	102.14	106.19	
生态保护和环境治理业	Ecological Protection and Enviromental	81.64	43.44	33.72	0.82
公共设施管理业	Management of Public Facilities	2280.15	1584.66	656.33	8.90
居民服务、修理和其他服务业	Services to Households and Other Services	138.61	100.34	32.87	0.79
居民服务业	Services to House Holds	85.92	69.06	14.01	
机动车、电子产品和日用产品修理业	Vehicle、Electronics and Dairy Maintenance	22.00	8.74	10.71	0.79
其他服务业	Othe Services	30.70	22.55	8.15	
教育	Education	330.12	249.44	65.15	0.08
教育	Education	330.12	249.44	65.15	0.08
卫生和社会工作	Health and Social Work	207.34	132.27	51.71	2.95
卫生	Health	173.92	103.62	48.12	2.95
社会工作	Social Work	33.42	28.65	3.59	
文化、体育和娱乐业	Culture, Sports and Entertainment	424.35	311.42	93.08	3.02
新闻和出版业	Journalism and Publishing Activities	17.06	8.94	2.75	
广播、电视、电影和影视录音制作业	Broadcasting, Movies, Television and Audiovisual Activities	49.04	41.45	5.16	0.49
文化艺术业	Cultural and Art Activities	181.01	120.48	54.04	1.82
体育	Sports Activities	66.97	56.16	9.47	0.72
娱乐业	Entertainment	110.27	84.38	21.66	
公共管理、社会保障和社会组织	Public Management and Social Organization	274.38	199.52	62.42	0.86
中国共产党机关	Organs of Communist Party of China	4.15	4.15		
国家机构	Government Agencies	208.55	150.87	46.25	0.76
人民政协、民主党派	People's Political Cousultative Conference and Remocratic Parlies	0.54	0.54		
社会保障	Social Security	5.14	5.14		
群众团体、社会团体和其他成员组织	Non-governmental Organizations, Social Organizations and Religion Organizations	22.61	16.32	5.78	0.10
基层群众自治组织	Grass Roots Self-governing Organizations	33.38	22.50	10.39	

6-7 按隶属关系和注册类型分固定资产投资(2013年)

单位:亿元

行业	Sector	投资额 Investment	中央 Central Investment	地方 Local Investment
总计	**Total**	**35982.52**	**607.84**	**35374.68**
农、林、牧、渔业	Agriculture, Forestry, Animal Husbandry and Fishery	195.71		195.71
农业	Farming	89.55		89.55
林业	Forestry	7.18		7.18
畜牧业	Animal Husbandry	36.77		36.77
渔业	Fishery	23.16		23.16
农、林、牧、渔服务业	Service in Support of Agriculture	39.06		39.06
采矿业	Mining	91.02	35.94	55.08
煤炭开采和洗选业	Mining and Washing of Coal	5.61		5.61
石油和天然气开采业	Extraction of Petroleum and Natural Gas	32.14	29.59	2.55
黑色金属矿采选业	Mining and Processing of Ferrous Metul Ores	12.07	1.06	11.01
有色金属矿采选业	Mining and Processing of Non-ferrous Metal Ores	0.51		0.51
非金属矿采选业	Mining and Processing of Nonmetal Ores	38.87	5.29	33.58
开采辅助活动	Auxiliary Mining	1.53		1.53
其他采矿业	Mining of Other Ores	0.29		0.29
制造业	Manufacturing	17318.24	252.22	17066.02
农副食品加工业	Processing of Food from Agricultural Products	335.93	2.31	333.62
食品制造业	Manufacture of Food	185.48		185.48
酒、饮料和精制茶制造业	Manufacture of Beverage	173.73		173.73
烟草制品业	Manufacture of Tobacco	31.87		31.87
纺织业	Manufacture of Textile	856.99		856.99
纺织服装、服饰业	Manufacture of Textile Wearing, Apparel, Footwear and Caps	353.44		353.44
皮革、毛皮、羽毛及其制品和制鞋业	Manufacture of Leather, Fur, Feather and Related Products	91.34		91.34
木材加工和木、竹、藤、棕、草制品业	Processing of Timber, Manufacture of Wood, Bamboo, Rattan, Palm and Straw Products	226.93		226.93
家具制造业	Manufacture of Furniture	146.18		146.18
造纸和纸制品业	Manufacture of Paper and Paper Products	193.24		193.24
印刷和记录媒介复制业	Printing, Reproduction of Recording Media	113.19		113.19
文教、工美、体育和娱乐用品制造业	Manufacture of Articles For Culture, Education and Sport Activities	150.24		150.24
石油加工、炼焦和核燃料加工业	Processing of Petroleum, Coking, Processing of Nuclear Fuel	103.26	19.97	83.29
化学原料和化学制品制造业	Manufacture of Raw Chemical Materials and Chemical Products	1630.78	106.79	1523.99
医药制造业	Manufacture of Medicines	434.59		434.59
化学纤维制造业	Manufacture of Chemical Fibers	313.82	1.10	312.72
橡胶和塑料制品业	Rubber and Plastic	559.13		559.13
非金属矿物制品业	Manufacture of Non-metallic Mineral Products	958.32	5.86	952.46
黑色金属冶炼和压延加工业	Smelting and Pressing of Ferrous Metals	533.74	1.51	532.22
有色金属冶炼和压延加工业	Smelting and Pressing of Non-ferrous Metals	330.08	3.50	326.58

Investment in Fixed Assets by Jurisdiction of Management and Registration Status(2013)

(100 million yuan)

内　资 Domestic Funds	港澳台商投资 Funds from Hong Kong, Macao and Taiwan	外商投资 Foreign Funded	国有控股 State-holding	集体控股 Collective-holding	私人控股 Private-holding
32020.82	**1597.74**	**2315.26**	**7880.74**	**2266.40**	**20377.70**
186.30	3.19	2.79	19.83	32.86	127.55
84.88	1.97	0.67	3.88	15.26	61.35
6.87			0.58	1.86	4.55
34.38		1.90		1.00	32.39
21.58	0.77	0.22	7.51	1.27	12.68
38.60	0.46		7.87	13.46	16.58
89.14		1.78	49.01	14.03	26.19
5.61			0.10	2.98	2.53
31.34		0.80	30.59		0.75
12.07			6.30		5.77
0.51					0.51
37.79		0.98	11.73	11.06	15.10
1.53					1.53
0.29			0.29		
14762.59	742.64	1801.78	906.20	328.05	13293.22
310.00	6.45	18.81	3.06	4.52	301.76
159.22	10.86	15.14	1.00	1.89	154.67
152.29	4.09	17.35	60.63	1.86	70.18
31.87			25.79		5.91
805.26	31.91	19.73	1.84	6.44	802.64
328.73	13.46	10.01	1.27	2.28	324.85
86.28	2.00	2.84		0.65	84.71
218.19	2.32	6.27	1.21	1.75	211.69
134.33	3.79	7.81		0.45	133.99
128.52	24.01	40.51	0.10	2.55	122.77
108.45	1.75	2.99	1.33	0.37	105.55
132.65	4.02	13.15	1.01		132.50
89.33	10.89	3.04	22.02		66.76
1312.33	74.83	243.61	136.50	23.73	1079.44
372.98	15.79	45.83	20.43	9.12	340.92
290.35	12.24	11.23	22.71	2.05	269.55
500.50	13.19	45.13	30.22	2.06	459.84
887.19	24.22	45.50	12.40	8.84	852.11
506.41	10.78	16.48	6.98	74.42	412.09
299.06	11.48	19.48	3.64	3.89	294.69

6-7 续 表 1

单位:亿元

行业	Sector	投资额 Investment	中 央 Central Investment	地 方 Local Investment
金属制品业	Manufacture of Metal Products	995.33	4.00	991.33
通用设备制造业	Manufacture of General Purpose Machinery	1890.30	7.16	1883.14
专用设备制造业	Manufacture of Special Purpose Machinery	1636.80	8.21	1628.59
汽车制造业	Manufacture of Automobile	901.24		901.24
铁路、船舶、航空航天和其他运输设备制造业	Manufacture of Railroad, Marine Aviation and other Transport Equipment	469.19	4.43	464.75
电气机械和器材制造业	Manufacture of Electrical Machinery and Equipment	1674.78	16.39	1658.39
计算机、通信和其他电子设备制造业	Manufacture of Communication Equipment, Computers and Other Electronic Equipment	1376.82	57.02	1319.80
仪器仪表制造业	Manufacture of Instrumentation	333.62	13.93	319.69
其他制造业	Other Manufacturing	231.17		231.17
废弃资源综合利用业	Manufacture of Recycling and Disposal of Waste	67.06	0.05	67.01
金属制品、机械和设备修理业	Manufacture of Metal Products, Machinery and Equipment Repair	19.68		19.68
电力、热力、燃气及水生产和供应业	Production and Supply of Electricity, Gas and Water	960.28	158.72	801.56
电力、热力的生产和供应业	Production and Supply of Electric Power and Heat Power	714.20	148.44	565.76
燃气生产和供应业	Production and Supply of Gas	52.32	5.46	46.86
水的生产和供应业	Production and Supply of Water	193.75	4.82	188.93
建筑业	Construction	42.95	0.43	42.52
房屋建筑业	Housing Construction	12.85		12.85
土木工程建筑业	Civil Engineering Construction	19.91	0.43	19.48
建筑安装业	Building Installation	3.59		3.59
建筑装饰和其他建筑业	Other Construction	6.59		6.59
批发和零售业	Wholesale and Retail Trades	816.24	2.18	814.06
批发业	Wholesale Trades	285.19	1.89	283.30
零售业	Retail Trades	531.05	0.29	530.76
交通运输、仓储和邮政业	Transport, Storage and Post	1685.86	38.55	1647.30
铁路运输业	Railway Transport	9.75		9.75
道路运输业	Road Transport	1015.93	3.28	1012.64
水上运输业	Water Transport	287.94	16.15	271.79
航空运输业	Air Transport	42.42	0.43	41.99
管道运输业	Transport Via Pipelines	14.30	8.41	5.89
装卸搬运和运输代理业	Loading, Unloading and Other Transport Services	58.18		58.18
仓储业	Storage	252.62	9.83	242.80
邮政业	Post	4.71	0.45	4.26
住宿和餐饮业	Hotels and Catering Services	502.09		502.09
住宿业	Hotels	304.39		304.39
餐饮业	Catering Services	197.70		197.70
信息传输、软件和信息技术服务业	Information Transfer、Software and IT Services	381.62	14.52	367.11
电信、广播电视和卫星传输服务	Telecommunications、Satellites Radio and Television Services	101.47	9.46	92.02
互联网和相关服务	Internet and Relatiue Services	36.88	2.24	34.64
软件和信息技术服务业	Software and IT Services	243.27	2.82	240.45

(100 million yuan)

内　资 Domestic Funds	港澳台商投资 Funds from Hong Kong, Macao and Taiwan	外商投资 Foreign Funded	国有控股 State-holding	集体控股 Collective-holding	私人控股 Private-holding
900.44	53.37	38.94	3.16	15.91	876.75
1658.90	59.19	170.28	33.08	19.92	1591.88
1428.05	48.79	159.68	112.11	21.32	1300.20
593.97	24.36	282.72	34.75	5.90	545.43
412.15	11.39	45.33	48.60	7.61	351.91
1454.73	93.31	126.58	114.18	12.42	1299.39
881.70	155.48	339.25	105.98	32.16	702.30
277.70	13.17	42.75	36.12	5.43	227.12
218.75	2.04	10.32	56.70	60.19	102.19
64.71	2.32	0.03	9.40	0.08	53.15
17.52	1.15	1.01		0.25	16.27
830.90	113.38	16.00	513.59	50.30	247.17
604.47	100.28	9.45	397.33	22.47	180.54
41.67	7.82	2.84	12.13	1.27	20.23
184.77	5.28	3.70	104.13	26.56	46.40
40.87		1.24	7.48	5.44	26.00
12.50			1.53	0.56	10.76
19.91			5.77	4.88	5.24
3.59					3.59
4.87		1.24	0.18		6.41
768.84	11.05	31.37	74.85	48.89	606.57
282.09	0.91	0.97	39.66	11.29	225.32
486.75	10.14	30.40	35.19	37.60	381.24
1603.21	24.13	48.36	1153.16	63.95	349.19
9.75			4.15	0.98	4.62
1006.18	3.20	5.76	904.34	26.37	68.05
257.24	6.10	15.62	134.42	17.37	89.03
42.42			42.42		
14.10	0.20		11.49	1.64	0.98
57.36	0.19	0.54	13.28	0.05	42.80
211.46	14.44	26.44	42.62	17.54	139.72
4.71			0.45		3.99
476.35	3.17	13.39	81.52	27.99	359.42
290.70	1.91	8.78	48.39	13.11	225.97
185.65	1.26	4.61	33.13	14.88	133.45
349.60	11.48	20.55	170.56	20.02	130.45
81.26	7.49	12.72	76.48	1.27	1.21
35.22	1.66		18.27	3.36	13.59
233.12	2.33	7.82	75.81	15.39	115.64

单位:亿元

行业	Sector	投资额 Investment	中央 Central Investment	地方 Local Investment
金融业	Financial Intermediation	116.60	3.20	113.40
货币金融服务	Monetary and Financial	72.10	3.20	68.90
资本市场服务	Capital Markets	12.78		12.78
保险业	Insurance	2.13		2.13
其他金融业	Other Financial Activities	29.59		29.59
房地产业	Real Estate	8864.63	56.93	8807.70
房地产业	Real Estate	8864.63	56.93	8807.70
租赁和商务服务业	Leasing and Business Services	691.85	7.83	684.02
租赁业	Leasing	7.77		7.77
商务服务业	Business Services	684.08	7.83	676.26
科学研究和技术服务业	Scientific Research and Technical Services	369.22	5.38	363.84
研究和试验发展	Research and Experimental Developmant	106.48	2.49	103.99
专业技术服务业	Professional Technical Serrices	120.52	2.78	117.74
科技推广和应用服务业	Promation and Application of Science	142.22	0.10	142.11
水利、环境和公共设施管理业	Management of Water Conservancy, Environment and Public Facilities	2571.41	10.16	2561.25
水利管理业	Management of Water Conservancy	209.62	2.73	206.89
生态保护和环境治理业	Ecological Protection and Enviromental	81.64		81.64
公共设施管理业	Management of Public Facilities	2280.15	7.43	2272.72
居民服务、修理和其他服务业	Services to Households and Other Services	138.61		138.61
居民服务业	Services to Households	85.92		85.92
机动车、电子产品和日用产品修理业	Vehicle、Electronics and Dairy Maintenance	22.00		22.00
其他服务业	Other Services	30.70		30.70
教育	Education	330.12	19.57	310.56
教育	Education	330.12	19.57	310.56
卫生和社会工作	Health and Social Work	207.34		207.34
卫生	Health	173.92		173.92
社会工作	Social Work	33.42		33.42
文化、体育和娱乐业	Culture, Sports and Entertainment	424.35	0.81	423.54
新闻和出版业	Journalism and Publishing Activities	17.06		17.06
广播、电视、电影和影视录音制作业	Broadcasting, Movies, Television and Audiovisual Activities	49.04		49.04
文化艺术业	Cultural and Art Activities	181.01	0.81	180.20
体育	Sports Activities	66.97		66.97
娱乐业	Entertainment	110.27		110.27
公共管理、社会保障和社会组织	Public Management and Social Organization	274.38	1.41	272.96
中国共产党机关	Organs of Communist Party of China	4.15		4.15
国家机构	Government Agencies	208.55	1.38	207.17
人民政协、民主党派	People's Political Cousultative Conference and Remocratic Parlies	0.54		0.54
社会保障	Social Security	5.14		5.14
群众团体、社会团体和其他成员组织	Non-governmental Organizations, Social Organizations and Religion Organizations	22.61	0.03	22.58
基层群众自治组织	Grass Roots Self-governing Organizations	33.38		33.38

6－7 Continued 2

(100 million yuan)

内　资 Domestic Funds	港澳台商投资 Funds from Hong Kong, Macao and Taiwan	外商投资 Foreign Funded	国有控股 State-holding	集体控股 Collective-holding	私人控股 Private-holding
115.87	0.28	0.44	85.29	8.60	18.41
71.86		0.24	56.77	5.86	7.37
12.58		0.20	3.80	0.00	7.83
2.13			1.62		0.51
29.31	0.28		23.10	2.74	2.70
7861.01	657.49	343.98	1912.71	718.69	4292.87
7861.01	657.49	343.98	1912.71	718.69	4292.87
656.56	22.17	12.77	265.38	102.64	258.64
7.66				0.10	7.67
648.89	22.17	12.77	265.38	102.54	250.98
353.52	2.31	12.88	136.04	54.13	153.42
98.11	1.92	6.45	33.86	14.64	46.51
113.58		6.42	42.07	31.81	37.71
141.83	0.39	0.00	60.12	7.69	69.20
2565.95	2.08	3.33	1741.31	541.57	217.21
209.62			153.39	47.93	6.47
81.64			56.09	13.95	8.59
2274.68	2.08	3.33	1531.83	479.69	202.15
134.71	0.77	1.99	42.04	24.94	64.29
84.65	0.12		29.33	16.50	39.57
21.35	0.65		0.39	1.03	16.81
28.71		1.99	12.32	7.41	7.91
328.31	0.55	1.17	230.65	57.12	27.46
328.31	0.55	1.17	230.65	57.12	27.46
204.74	1.51	0.89	134.40	29.96	28.29
171.52	1.51	0.89	114.49	25.07	21.41
33.22			19.91	4.89	6.88
418.43	1.09	0.56	197.86	64.06	135.23
17.06			14.35		2.11
49.04			22.11	12.77	7.37
180.45		0.56	124.16	25.75	19.56
66.60			21.69	18.51	23.67
105.28	1.09	0.00	15.56	7.03	82.53
273.93	0.45		158.86	73.16	16.14
4.15				1.73	
208.55			142.12	42.97	8.33
0.54					0.54
5.14			2.92	1.53	0.10
22.16	0.45		5.50	7.97	4.48
33.38			8.31	18.96	2.70

6－8　按行业分施工投产项目个数（2013 年）
Number of Projects Under Construction and Put into Use by Sector(2013)

行　　业	Sector	施工项目（个）Number of Projects under Construction (unit)	#新开工 Number of Proiects Started this Year	全部建成投产项目（个）Number of Projects Completed and Put into Use (unit)	项目建成投产率（%）Rate of Construction Projects Completed and Put into Use(%)
总　计	**Total**	**41611**	**32306**	**31660**	**76.09**
农、林、牧、渔业	Agriculture, Forestry, Animal Husbandry and Fishery	630	499	493	78.25
农业	Farming	292	235	225	77.05
林业	Forestry	39	31	32	82.05
畜牧业	Animal Husbandry	134	103	103	76.87
渔业	Fishery	58	47	44	75.86
农、林、牧、渔服务业	Service in Support of Agriculture	107	83	89	83.18
采矿业	Mining	106	94	92	86.79
煤炭开采和洗选业	Mining and Washing of Coal	6	4	5	83.33
石油和天然气开采业	Exctraction of Petroleum and Natural Gas	9	9	8	88.89
黑色金属矿采选业	Mining and Processing of Ferrous Metal Ores	20	18	18	90.00
有色金属矿采选业	Mining and Processing of Non-ferrous Metal Ores	2	2	1	50.00
非金属矿采选业	Mining and Processing of Nonmetal Ores	65	57	56	86.15
开采辅助活动	Auxiliary Mining	3	3	3	100.00
其他采矿业	Mining of Other Ores	1	1	1	100.00
制造业	Manufacturing	26306	21352	21319	81.04
农副食品加工业	Processing of Food from Agricultural	617	501	473	76.66
食品制造业	Manufacture of Food	319	253	259	81.19
酒、饮料和精制茶制造业	Manufacture of Beverage	143	112	113	79.02
烟草制品业	Manufacture of Tobacco	11	7	7	63.64
纺织业	Manufacture of Textile	2363	2024	2072	87.69
纺织服装、服饰业	Manufacture of Textile Wearing, Apparel, Footwear and Caps	961	863	831	86.47
皮革、毛皮、羽毛及其制品和制鞋业	Manufacture of Leather, Fur, Feather and Related Products	191	161	161	84.29
木材加工和木、竹、藤、棕、草制品业	Processing of Timber, Manufacture of Wood, Bamboo, Rattan, Palm and Straw Products	477	402	393	82.39
家具制造业	Manufacture of Furniture	296	247	222	75.00
造纸和纸制品业	Manufacture of Paper and Paper Products	287	244	240	83.62
印刷和记录媒介复制业	Printing, Reproduction of Recording Media	234	210	196	83.76
文教、工美、体育和娱乐用品制造业	Manufacture of Articles For Culture, Education and Sport Activities	359	314	276	76.88
石油加工、炼焦及核燃料加工业	Processing of Petroleum, Coking, Processing of Nuclear Fuel	68	51	51	75.00
化学原料和化学制品制造业	Manufacture of Raw Chemical Materials and Chemical Products	1695	1330	1351	79.71
医药制造业	Manufacture of Medicines	484	357	360	74.38
化学纤维制造业	Manufacture of Chemical Fibers	287	236	229	79.79
橡胶和塑料制品业	Rubber and Plastic	1100	931	907	82.45
非金属矿物制品业	Manufacture of Non－metallic Mineral Products	1668	1339	1377	82.55
黑色金属冶炼和压延加工业	Smelting and Pressing of Ferrous Metals	620	503	529	85.32
有色金属冶炼和压延加工业	Smelting and Pressing of Non-ferrous Metals	417	329	348	83.45

行业	Sector	施工项目（个）Number of Projects under Construction（unit）	#新开工 Number of Proiects Started this Year	全部建成投产项目（个）Number of Projects Completed and Put into Use（unit）	项目建成投产率（%）Rate of Construction Projects Completed and Put into Use（%）
金属制品业	Manufacture of Metal Products	1790	1478	1483	82.85
通用设备制造业	Manufacture of General Purpose Machinery	3388	2795	2743	80.96
专用设备制造业	Manufacture of Special Purpose Machinery	2520	1990	1999	79.33
汽车制造业	Manufacture of Automobile	956	751	731	76.46
铁路、船舶、航空航天和其他运输设备制造业	Manufacture of Railroad, Marine Aviation and other Transport Equipment	547	428	416	76.05
电气机械和器材制造业	Manufacture of Electrical Machinery and Equipment	2159	1698	1681	77.86
计算机、通信和其他电子设备制造业	Manufacture of Communication Equipment, Computers and Other Electronic Equipment	1443	1112	1144	79.28
仪器仪表制造业	Manufacture of Instrumentation	534	404	431	80.71
其他制造业	Other Manufacturing	251	185	198	78.88
废弃资源综合利用业	Manufacture of Recycling and Disposal of Waste	79	64	60	75.95
金属制品、机械和设备修理业	Manufacture of Metal Products, Machinery and Equipment Repair	42	33	38	90.48
电力、热力、燃气及水生产和供应业	Production and Supply of Electricity, Gas and Water	777	548	524	67.44
电力、热力生产和供应业	Production and Supply of Electric Power and Heat Power	399	276	254	63.66
燃气生产和供应业	Production and Supply of Gas	77	54	56	72.73
水的生产和供应业	Production and Supply of Water	301	218	214	71.10
建筑业	Construction	99	82	80	80.81
房屋建筑业	Housing Construction	24	18	19	79.17
土木工程建筑业	Civil Engineering Construction	37	33	25	67.57
建筑安装业	Building Installation	19	14	18	94.74
建筑装饰和其他建筑业	Other Construction	19	17	18	94.74
批发和零售业	Wholesale and Retail Trades	1311	1050	974	74.29
批发业	Wholesale Trades	493	410	368	74.65
零售业	Retail Trades	818	640	606	74.08
交通运输、仓储和邮政业	Transport, Storage and Post	1137	718	693	60.95
铁路运输业	Railway Transport	13	9	9	69.23
道路运输业	Road Transport	593	383	347	58.52
水上运输业	Water Transport	143	78	77	53.85
航空运输业	Air Transport	8	4	1	12.50
管道运输业	Transport Via Pipelines	9	5	6	66.67
装卸搬运和运输代理业	Loading, Unloading and Other Transport Services	85	67	67	78.82
仓储业	Storage	278	167	181	65.11
邮政业	Post	8	5	5	62.50
住宿和餐饮业	Hotels and Catering Services	692	541	512	73.99
住宿业	Hotels	345	249	221	64.06
餐饮业	Catering Services	347	292	291	83.86
信息传输、软件和信息技术服务业	Information Transfer、Software and IT Services	387	295	274	70.80
电信、广播电视和卫星传输服务	Telecommunications、Satellites Radio and Television Services	82	71	53	64.63
互联网和相关服务	Internet and Relatiue Services	36	27	30	83.33
软件和信息技术服务业	Software and IT Services	269	197	191	71.00

6-8 续 表2 Continued 2

行 业 Sector		施工项目(个) Number of Projects under Construction (unit)	#新开工 Number of Proiects Started this Year	全部建成投产项目(个) Number of Projects Completed and Put into Use (unit)	项目建成投产率(%) Rate of Construction Projects Completed and Put into Use(%)
金融业	Financial Intermediation	154	116	91	59.09
货币金融服务	Monetary and Financial	91	68	55	60.44
资本市场服务	Capital Markets	27	18	16	59.26
保险业	Insurance	4	3	2	50.00
其他金融业	Other Financial Activities	32	27	18	56.25
房地产业	Real Estate	1560	955	931	59.68
房地产业	Real Estate	1560	955	931	59.68
租赁和商务服务业	Leasing and Business Services	744	503	485	65.19
租赁业	Leasing	20	19	14	70.00
商务服务业	Business Services	724	484	471	65.06
科学研究和技术服务业	Scientific Research and Technical Services	534	382	357	66.85
研究和试验发展	Research and Experimental Developmant	171	102	106	61.99
专业技术服务业	Professional Technical Serrices	193	164	146	75.65
科技推广和应用服务业	Promation and Application of Science	170	116	105	61.76
水利、环境和公共设施管理业	Management of Water Conservancy, Environment and Public Facilities	4574	3344	3102	67.82
水利管理业	Management of Water Conservancy	407	304	289	71.01
生态保护和环境治理业	Ecological Protection and Enviromental	113	86	79	69.91
公共设施管理业	Management of Public Facilities	4054	2954	2734	67.44
居民服务、修理和其他服务业	Services to Households and Other Services	270	222	213	78.89
居民服务业	Services to Households	178	143	137	76.97
机动车、电子产品和日用产品修理业	Vehicle、Electronics and Dairy Maintenance	53	47	45	84.91
其他服务业	Other Services	39	32	31	79.49
教育	Education	772	489	507	65.67
教育	Education	772	489	507	65.67
卫生和社会工作	Health and Social Work	342	224	199	58.19
卫生	Health	254	160	148	58.27
社会工作	Social Work	88	64	51	57.95
文化、体育和娱乐业	Culture, Sports and Entertainment	509	352	320	62.87
新闻和出版业	Journalism and Publishing Activities	10	4	3	30.00
广播、电视、电影和影视录音制作业	Broadcasting, Movies, Television and Audiovisual Activities	44	30	26	59.09
文化艺术业	Cultural and Art Activities	194	130	110	56.70
体育	Sports Activities	85	58	53	62.35
娱乐业	Entertainment	176	130	128	72.73
公共管理、社会保障和社会组织	Public Management and Social Organization	707	540	494	69.87
中国共产党机关	Organs of Communist Party of China	8	7	6	75.00
国家机构	Government Agencies	486	371	345	70.99
人民政协、民主党派	People's Political Cousultative Conference and Remocratic Parlies	1	1	1	100.00
社会保障	Social Security	7	4	5	71.43
群众团体、社会团体和其他成员组织	Non-governmental Organizations, Social Organizations and Religion Organizations	58	41	37	63.79
基层群众自治组织	Grass Roots Self-governing Organizations	147	116	100	68.03

6-9 国有单位固定资产投资
Investment of State-owned Units in Capital Construction

指标	Item	2011		2012		2013	
		合计 Total	#房地产开发 Real Estate Development	合计 Total	#房地产开发 Real Estate Development	合计 Total	#房地产开发 Real Estate Development
建设项目	**Construction Projects**						
施工项目（个）	Number of Projects Under Construction (unit)	5350		5741		6262	
全部建成投产项目（个）	Total Projects Completed and Put into Use (unit)	3136		3490		3674	
建成项目投产率（%）	Rate of Projects Completed and Put into Use (%)	58.6		60.8		58.7	
建设周期（年）	Construction Cycle (year)	1.71		1.64		1.70	
资金来源（亿元）	**Sources of Funds (100 million yuan)**						
国家预算内资金	State Budget	307.90		375.40		463.42	
国内贷款	Domestic Loans	1103.57	249.97	1454.72	441.89	1409.10	446.78
利用外资	Foreign Investment	3.32		16.36		3.24	
自筹资金	Self-raising Funds	3486.55	242.13	4299.60	290.80	5237.40	479.27
其他资金	Others	403.44	227.29	503.49	282.41	625.48	382.99
投资总额（亿元）	**Total Investment (100 million yuan)**	**5004.82**	**575.14**	**6022.51**	**720.76**	**6865.27**	**783.44**
按构成分	Grouped by Use of Funds						
#建筑工程	Construction	3346.64	383.78	4066.09	542.56	4804.78	586.18
安装工程	Installation	218.36	13.13	272.20	23.28	275.12	18.69
设备工具器具购置	Purchase of Equipment and Instruments	617.00	7.87	714.01	10.09	824.89	12.13
按产业分	Grouped by Industry						
第一产业	Primary Industry	13.14		23.56		19.56	
第二产业	Secondary Industry	1072.10		1145.94		1168.47	
第三产业	Tertiary Industry	3919.58	575.14	4853.00	720.76	5677.25	783.44
#住宅	Residential Buildings	632.89	445.14	731.48	529.46	810.87	603.98
按建设性质分	Grouped by Type of Construction						
#新建	New Construction	2501.20		3302.19		4185.89	
扩建	Expension	1094.69		1331.93		1513.38	
改建	Reconstruction	732.43		535.17	269.56		
房屋建筑面积（万平方米）	**Floor Space of Buildings (10000 sq. m)**						
施工面积	Floor Space Under Construction	11604.56	4228.05	14850.27	5284.89	15750.77	5507.76
#住宅	Residential Buildings	5043.93	3511.21	5946.12	4322.88	5874.33	4400.01
竣工面积	Floor Space Completed	3193.05	809.07	4652.41	1400.69	4675.01	1124.86
#住宅	Residential Buildings	1217.44	686.90	1766.51	1220.36	1475.56	928.96

注：建设周期按项目个数计算。

a) Construction cycle was calculated by the number of construction projects.

6－10 分市固定资产投资(2013 年)

指　　标 Item		南京 Nanjing	无锡 Wuxi	徐州 Xuzhou	常州 Changzhou
投资总额 (亿元)	**Total Investment (100 million yuan)**	**5093.78**	**3973.52**	**3090.13**	**2850.12**
按经济类型分	Grouped by Ownership				
国有经济	State Owned Units	1679.65	741.28	434.48	343.99
集体经济	Collective Owned Units	172.13	400.26	54.36	95.94
私营个体经济	Private Individuals	1545.92	1309.25	1422.48	1380.29
联营经济	Joint-ownership	0.91	0.57	29.63	2.12
股份制经济	Share Holding Co. Lid.	203.67	174.51	313.59	39.34
有限责任公司	Limited Liability Corporations	1044.91	725.58	465.39	545.40
港澳台投资经济	Funds from Hong Kong, Macao and Taiwan	167.21	251.63	36.16	232.53
外商投资经济	Foreign Investment	221.99	337.19	64.70	190.14
其他经济	Others	57.37	33.25	269.34	20.36
按资金来源分	Grouped by Sources of Funds				
国家预算内资金	State Budget	64.28	60.83	53.72	37.01
国内贷款	Domestic Loans	1192.64	507.08	402.98	498.30
利用外资	Foreign Investment	18.11	219.65	58.68	173.61
自筹资金	Self-raising Fund	3870.71	2806.73	2644.61	1913.66
其他资金来源	Others	1298.64	710.08	383.50	571.09
按构成分	Grouped by Composition of Funds				
建筑安装工程	Construction and Installation	2862.30	2394.71	1804.07	1545.88
设备工器具购置	Purchase of Equipments and Instruments	1375.75	1076.22	1016.58	887.18
其他费用	Others	855.73	502.60	269.49	417.06
按产业分	Grouped by Industry				
#住宅	Residential Buildings	739.20	799.55	316.68	503.60
第一产业	Primary Industry	21.82	16.05	31.09	5.49
第二产业	Secondary Industry	2407.26	1537.34	1696.05	1517.45
#工业	Industry	2398.70	1535.59	1696.05	1513.62
第三产业	Tertiary Industry	2664.70	2420.12	1363.00	1327.18
新增固定资产 (亿元)	**Newly Increased Fixed Assets (100million yuan)**	**2998.16**	**2861.01**	**2467.38**	**2068.39**
房屋建筑面积 (万平方米)	**Floor Space of Building (10000 sq. m)**				
施工面积	Floor Space Under Construction	12964.04	11379.49	6594.97	7205.06
#住宅	Residential Buildings	4213.34	4988.25	2460.05	3540.23
竣工面积	Floor Space Completed	3483.04	4022.39	2786.97	2673.28
#住宅	Residential Buildings	815.82	1164.01	706.73	972.72
商品房销售面积 (万平方米)	**Floor Space of Commercializ Buildings Sold (10000 sq. m)**	**1222.01**	**909.44**	**856.82**	**875.98**

Investment by Region (2013)

苏州 Suzhou	南通 Nantong	连云港 Lianyungang	淮安 Huaian	盐城 Yancheng	扬州 Yanzhou	镇江 Zhenjiang	泰州 Taizhou	宿迁 Suqian
5822.14	**3298.73**	**1350.12**	**1453.05**	**2217.69**	**2025.18**	**1753.15**	**1764.17**	**1290.75**
1229.24	513.46	293.73	174.23	345.51	335.91	337.76	298.66	137.35
478.50	56.19	12.05	67.87	86.44	71.63	53.43	54.83	35.74
1716.81	1614.90	778.06	684.21	1012.33	1100.68	632.13	892.70	865.79
4.06	18.46	0.69	0.64	1.60	0.50	23.50	0.00	0.00
253.44	126.39	15.78	102.46	72.62	80.39	61.58	43.04	80.20
816.87	601.50	181.02	262.00	510.37	162.44	184.71	309.31	114.95
424.95	88.32	32.63	78.96	31.21	96.48	71.89	57.06	28.71
840.71	185.18	27.07	27.89	101.83	81.01	170.41	58.94	8.20
57.57	94.32	9.09	54.80	55.79	96.13	217.75	49.62	19.80
40.28	135.39	13.71	38.33	13.33	18.40	22.75	2.64	28.53
969.90	308.75	134.24	114.55	262.35	98.74	342.15	169.60	89.77
405.84	32.05	24.44	51.34	35.77	51.12	17.46	12.76	26.72
4572.67	2953.88	1130.14	1240.31	2097.45	1941.43	1434.00	1543.20	1295.48
1614.57	412.99	164.74	259.23	272.39	295.00	348.68	246.65	245.42
3296.01	1664.29	828.31	981.80	1394.74	1238.18	1003.35	1097.32	710.60
1717.31	1400.62	456.48	335.82	672.17	464.73	554.85	444.56	500.86
808.82	233.82	65.33	135.43	150.79	322.26	194.96	222.29	79.29
1118.94	470.77	132.59	295.66	254.79	300.59	238.39	247.11	228.49
6.71	1.92	17.61	17.68	28.98	26.55	0.85	14.28	6.69
2366.59	1856.06	849.40	815.82	1383.44	1146.40	1014.34	990.87	831.45
2363.57	1856.06	849.33	804.24	1383.44	1146.40	1014.19	977.15	831.20
3448.83	1440.75	483.10	619.55	805.27	852.23	737.96	759.02	452.60
4570.66	**2359.77**	**916.12**	**1080.97**	**1650.68**	**1519.76**	**1480.08**	**1507.12**	**954.18**
18562.64	9426.64	3948.80	4464.85	5678.72	5069.61	3964.86	4800.18	6885.09
7749.95	3804.34	1807.28	2767.14	2058.41	2045.22	1873.86	1865.52	3132.20
5364.94	3001.68	1077.74	1249.88	1578.43	2394.51	1159.12	2173.08	2377.53
1466.69	867.36	208.04	596.73	349.67	691.84	319.97	457.19	634.78
1875.05	**1035.26**	**489.64**	**842.43**	**742.32**	**699.49**	**592.21**	**491.41**	**822.73**

6－11 房地产开发投资主要指标
Major Indicaotrs of Real Estate Investment

指　　标	Item	2000	2005	2010	2012	2013
投资完成额（亿元）	**Investment Completed This Year (100 million yuan)**	**358.72**	**1545.15**	**4299.38**	**6206.10**	**7241.45**
按构成分	Grouped by Use of Funds					
#建筑安装工程	Construction and Installation Projects	255.81	1091.29	2897.21	4402.07	5248.90
设备工器具购置	Purchase of Equipment and Instruments	3.34	12.53	41.09	140.42	171.70
按工程用途分	Grouped by Use of Project					
#住宅	Residential Buidlings	260.79	1133.06	3158.46	4354.63	5171.50
#90 平方米以下	Below 90 Square Meters			733.15	1009.50	1178.06
#140 平方米以上	Above 140 Square Meters			744.76	1047.26	1087.79
办公楼	Office Buildings	21.59	54.27	154.61	260.10	324.18
商业营业用房	Houses for Business Use	48.48	217.02	611.08	976.08	1119.95
其他	Others	27.86	140.81	375.23	615.29	625.83
按资金来源分	Grouped by Sources of Funds					
国内贷款	Domesitc Loans	88.01	392.73	1515.66	1890.71	2373.97
利用外资	Foreign Investment	5.82	33.16	92.76	61.57	109.41
自筹投资	Self－raising Funds	101.34	614.76	2031.38	3087.53	3932.97
其他投资	Others	195.48	998.18	4382.54	4817.07	6265.69
房屋建筑面积（万平方米）	**Floor Space of Building (10000 sq. m)**					
施工面积	Floor Space Under Construction	4268.45	15619.26	35106.90	45097.54	52574.17
#住宅	Residential Buidlings	3348.36	12385.98	26347.13	33412.17	38756.78
竣工面积	Floor Space Completed	2143.22	5500.12	8696.28	9848.40	9711.60
#住宅	Residential Buildings	1774.80	4497.68	6553.53	7687.13	7584.17
商品房销售情况（万平方米）	**Sale of Commercialized Buildings (10000 sq. m)**					
房屋销售面积	Floor Space of Commercialized Buildings	1740.93	5135.55	9485.47	9019.18	11454.77
#住宅	Residential Buildings	1555.97	4523.14	8112.37	7923.37	10191.52
#90 平方米以下	Below 90 Square Meters			1583.11	1578.85	1794.78
#140 平方米以上	Above 140 Square Meters			1816.86	1267.87	1426.71

注：1. 本表资金来源为资金到位数。
　　2. 从 2011 年开始，将 140 平方米及以上住宅改为 144 平方米及以上。

a) The funds sources of this table were all available for investment.

b) The high－grade residential area standard has been changed to 144 square meters and above.

6-12 房地产开发企业经营情况
Operating Statistics on Enterprises for Real Estate Development

指标	Item	2000	2005	2010	2012	2013
企业个数 (个)	**Number of Enterprises (unit)**	**1930**	**3810**	**6070**	**6357**	**6784**
内资	Domestic Funded	1636	3384	5450	5762	6163
#国有	State-owned Enterprises	585	248	252	280	216
集体	Collective-owned Enterprises	482	192	124	96	49
港澳台商投资	Enterprises with Funds from Hong Kong, Macao and Taiwan	197	277	352	363	391
外商投资	Foreign Funded	97	149	268	232	230
平均从业人数 (万人)	**Average Number of Employed Persons (10000 persons)**	**5.74**	**8.47**	**13.17**	**15.89**	**17.77**
内资	Domestic Funded		7.54	11.61	14.11	15.69
#国有	State-owned Enterprises		0.63	0.59	0.83	0.68
集体	Collective-owned Enterprises		0.33	0.19	0.15	0.16
港澳台商投资	Enterprises with Funds from Hong Kong, Macao and Taiwan		0.59	0.87	1.08	1.30
外商投资	Foreign Funded		0.34	0.69	0.69	0.77
土地开发及购置 (万平方米)	**Land Development and Purchase (10000 sq. m)**					
本年土地成交价款 (亿元)	Total Value of Land Purchased (100 million yuan)		319.02	613.85	776.89	1084.21
待开发土地面积	Land Space Pending Development	928.335	3981.34	3798.79	4887.33	5872.50
本年购置土地面积	Land Space Purchased This Year	1395.98	2848.80	2055.71	3071.00	4207.74
资产负债 (亿元)	**Assets and Liabilities (100 million yuan)**					
实收资本	Capital Held		953.90	4061.51	5908.99	
资产总计	Total Assets	1201.82	5679.81	19791.32	30590.01	
累计折旧	Total Depreciation	13.25	34.48	128.74	181.33	
#本年折旧	Depreciation This Year	2.75	8.45	33.70	46.91	
负债总计	Total Liabilities	958.47	4343.07	14233.81	22398.13	
所有者权益	Owners' Equity	243.36	1336.74	5557.51	8191.88	
资产负债率 (%)	Assets Liability Ratio (%)					
经营情况 (亿元)	**Operating Statistics (100 million yuan)**					
经营总收入	Total Revenue	294.00	1279.25	5384.70	5854.69	
土地转让收入	Land Transferred	3.19	15.18	14.22	102.04	
商品房屋销售收入	Commercialized Buildings Sold	274.84	1225.33	5280.77	5553.63	
房屋出租收入	Houses Leased	3.50	5.19	28.68	46.49	
其他收入	Others	12.47	33.55	61.03	152.53	
经营税金及附加	Operating Tax and Extra Charges	13.11	79.89	413.99	506.78	
营业利润	Operating Profit	8.73	112.96	793.91	562.73	

6－13　按登记注册类型分房地产开发投资(2013 年)

项　　目		总　计 Total	内　资 Domestic Funds	国　有 State-owned	集　体 Collective-owned
企业个数　（个）	**Number of Enterprises　(unit)**	**6784**	**6163**	**101**	**43**
本年完成投资　（亿元）	**Investment Completed This Year (100 million yuan)**	**7241.45**	**6251.84**	**663.68**	**52.48**
按构成分	Grouped by Use of Funds				
建筑工程	Construction Projects	4949.15	4304.23	500.96	44.43
安装工程	Installation Projects	299.75	249.94	12.64	3.36
设备工器具购置	Pruchase of Equipment and Instruments	171.70	141.35	9.44	2.71
其他费用	Others Expenses	1820.85	1556.32	140.63	1.98
按构成用途分	Grouped by Use of Project				
住宅	Residential Buildings	5171.50	4453.07	519.65	42.86
#90 平方米以下	Below 90 Square Meters	1178.06	1044.21	228.54	11.31
140 平方米以上住房	Above 140 Square Meters	1087.79	859.68	55.42	3.96
别墅、高档公寓	Villas, High－grade Apartments	461.19	346.63	18.43	0.00
办公楼	Office Buidings	324.18	286.68	24.55	0.70
商业营业用房	Buidings for Business Use	1119.95	982.73	55.91	4.28
其他	Others	625.83	529.37	63.56	4.64
本年新增固定资产　（亿元）	**Newly Increased Fixed Assets This Year (100 million yuan)**	**4255.06**	**3570.33**	**327.92**	**39.99**
资金来源	**Sources of Funds**				
本年资金来源合计	Total of Funds This Year	15808.97	13406.11	1328.80	99.89
上年末结余资金	Balance of Founds Last Year	3126.93	2469.25	208.73	10.29
本年资金来源小计	Subtotal Funds This Year	12682.03	10936.86	1120.07	89.59
国内贷款	Domestic Loans	2373.97	2132.87	366.89	6.15
利用外资	Foreign Investment	109.41	3.33		
自筹资金	Self-raising Funds	3932.97	3618.50	427.11	57.57
#自有资金	Self-owned	1497.06	1377.50	239.09	39.17
其他资金来源	Others	6265.69	5182.15	326.06	25.88
#定金及预收款	Bargain Money and Pre-received Money	3872.77	3165.55	197.50	11.63

Investment in Real Estate Development by Registration Status(2013)

股份合作 Cooperative Enterprises	联　营 Joint Ownership	国有独资公司 State Sole Funded	其它有限责任公司 Other Limited Liability Corporations	股份有限公司 Share Holding Co., Ltd.	私　营 Private	其　它 Other
6	**1**	**115**	**2083**	**281**	**3512**	**21**
9.72	**11.17**	**111.36**	**2213.79**	**216.58**	**2861.72**	**111.34**
5.40	7.94	80.05	1476.02	162.42	1942.38	84.63
0.25	0.02	6.03	79.81	9.21	131.24	7.38
0.10	0.01	2.68	47.51	5.82	69.22	3.87
3.98	3.20	22.61	610.44	39.14	718.89	15.45
5.36	9.91	77.14	1588.27	163.72	1976.64	69.52
0.09	2.00	24.40	335.96	36.83	388.53	16.56
0.97	1.23	9.57	342.69	27.03	393.23	25.57
0.46		1.44	156.89	10.93	141.06	17.42
0.07		7.14	118.24	6.59	123.56	5.84
2.70	0.74	13.56	318.82	31.60	534.24	20.87
1.60	0.52	13.53	188.45	14.68	227.28	15.11
6.41	**1.89**	**78.48**	**1356.87**	**141.05**	**1496.66**	**121.07**
19.60	27.22	207.99	4900.66	520.55	5946.56	354.84
4.73	1.51	36.06	939.87	129.84	1023.58	114.63
14.87	25.71	171.93	3960.79	390.71	4922.98	240.21
0.88	5.57	75.72	789.96	55.73	765.27	66.69
			3.33			
9.60	8.71	44.66	1137.77	136.24	1706.77	90.07
2.01	6.00	20.78	407.93	40.34	589.93	32.26
4.39	11.44	51.56	2029.72	198.73	2450.94	83.45
3.38	8.57	33.89	1273.68	130.11	1453.68	53.11

指 标 Iteam		港澳台商投资 Funds from Hong Kong, Macao and Taiwan	合资经营 Joint-venture Enterprises	合作经营 Cooperative Enterprises
企业个数 （个）	**Number of Enterprises (unit)**	**391**	**157**	**15**
本年完成投资 （亿元）	**Investment Completed This Year (100 million yuan)**	**648.10**	**242.72**	**11.75**
按构成分	Grouped by Use of Funds			
建筑工程	Construction Projects	420.33	150.31	7.85
安装工程	Installation Projects	35.78	13.84	2.53
设备工器具购置	Pruchase of Equipment and Instruments	19.60	9.34	0.92
其他费用	Others Expenses	172.39	69.23	0.44
按构成用途分	Grouped by Use of Project			
住宅	Residential Buildings	448.63	156.45	8.65
#90 平方米以下	Below 90 Square Meters	85.47	27.44	2.00
140 平方米以上住房	Above 140 Square Meters	156.77	52.22	1.21
别墅、高档公寓	Villas, High-grade Apartments	69.48	23.70	
办公楼	Office Buidings	33.51	15.12	
商业营业用房	Buidings for Business Use	106.69	46.28	2.54
其他	Others	59.28	24.88	0.57
本年新增固定资产 （亿元）	**Newly Increased Fixed Assets This Year (100 million yuan)**	**485.27**	**164.26**	**17.30**
资金来源	**Sources of Funds**			
本年资金来源合计	Total of Funds This Year	1478.47	505.32	20.79
上年末结余资金	Balance of Founds Last Year	361.61	110.47	5.25
本年资金来源小计	Subtotal Funds This Year	1116.86	394.85	15.54
国内贷款	Domestic Loans	129.82	49.06	0.15
利用外资	Foreign Investment	70.77	13.52	0.24
自筹资金	Self-raising Funds	225.46	98.27	2.03
#自有资金	Self-owned	76.56	31.86	1.21
其他资金来源	Others	690.81	234.01	13.12
#定金及预收款	Bargain Money and Pre-received Money	443.11	157.91	8.75

独资公司 Enterprises with Sole Fund	股份有限公司 Share Holding Co. , Ltd.	其他港澳台商投资 Other Funds from Hong Kong, Macao and Taiwan	外商投资 Foreign Inveslment	合资经营 Joint-venture Enterprises	合作经营 Cooperative Enterprises	独资公司 Enterprises with Sole Fund	股份有限公司 Share Holding Co. , Ltd.	其他外商投资 Other Foreign Inveslment
212	**5**	**2**	**230**	**90**	**10**	**126**	**3**	**1**
375.14	**17.61**	**0.89**	**341.51**	**110.42**	**13.79**	**215.44**	**1.87**	
246.34	14.93	0.89	224.59	71.46	9.99	141.27	1.87	
19.31	0.10		14.03	5.05	2.10	6.87		
9.29	0.05		10.75	2.31	1.06	7.39		
100.19	2.52		92.14	31.59	0.64	59.91		
267.94	15.43	0.16	269.81	91.87	11.17	166.46	0.30	
50.28	5.75		48.38	23.32	4.74	20.25	0.08	
102.46	0.77	0.11	71.34	14.31	1.46	55.56		
45.78			45.08	14.91	0.49	29.68		
17.83		0.56	3.99	0.94	0.00	3.05		
56.88	0.84	0.16	30.53	8.99	2.36	17.62	1.56	
32.49	1.33	0.01	37.19	8.62	0.25	28.32		
296.14	**7.57**		**199.46**	**106.18**	**4.92**	**86.57**	**1.80**	
908.31	39.79	4.26	924.40	343.42	45.66	530.54	4.78	
219.17	24.10	2.61	296.08	155.92	23.96	115.91	0.29	
689.14	15.69	1.64	628.32	187.49	21.71	414.63	4.49	
80.61			111.28	32.29	4.48	71.76	2.75	
57.01			35.31	2.54		32.77		
123.03	2.13		89.00	31.89		56.27	0.84	
43.49			42.99	25.24		17.75		
428.49	13.55	1.64	392.73	120.78	17.23	253.83	0.90	
268.26	6.80	1.38	264.12	65.98	10.63	187.01	0.50	

6－14 分市房地产开发投资(2013 年)

指标	Item	南京 Nanjing	无锡 Wuxi	徐州 Xuzhou	常州 Changzhou
企业个数 (个)	Number of Enterprises (unit)	675	722	377	482
平均从业人数 (万人)	Average Number of Employed Persons (10000 persons)	2.37	1.98	1.22	1.37
本年购置土地面积 (万平方米)	Land Space Purchased This Year (10000 sq. m)	121.11	487.15	350.57	433.88
投资完成额 (亿元)	Investment Completed This Year (100 million yuan)	1037.71	1128.91	380.47	681.39
按构成分	Grouped by Use of Funds				
#建筑安装工程	Construction and Installation Projects	705.11	808.45	287.50	482.49
设备工器具购置	Purchase of Equipment and Instruments	33.70	35.11	9.89	13.20
按工程用途分	Grouped by Use of Project				
住宅	Residential Buidlings	729.13	735.85	288.94	473.46
办公楼	Office Buildings	59.77	80.30	23.66	30.93
商业营业用房	Houses for Business Use	120.78	220.55	53.99	105.30
其他	Others	128.04	92.21	13.88	71.70
按资金来源分	Grouped by Sources of Funds				
国内贷款	Domesitc Loans	536.98	347.22	73.12	183.77
利用外资	Foreign Investment	1.27	28.25	13.26	30.36
自筹投资	Self－raising Funds	499.69	516.50	198.41	297.78
其他投资	Others	1177.50	648.65	300.14	495.43
本年新增固定资产 (亿元)	Newly Increased Fixed Assets This Year (100 million yuan)	477.05	550.00	263.33	434.27
房屋建筑面积 (万平方米)	Floor Space of Building (10000 sq. m)				
施工面积	Floor Space Under Construction	6156.48	6367.65	2924.44	4732.18
#住宅	Residential Buidlings	4131.71	4424.86	2363.66	3354.49
竣工面积	Floor Space Completed	1039.39	1150.82	702.67	1155.54
#住宅	Residential Buildings	754.04	859.32	615.57	889.72
商品房销售情况 (万平方米)	Sale of Commercialized Buildings (10000 sq. m)				
房屋销售面积	Floor Space of Commercialized Buildings	1222.01	909.44	856.82	875.98
#住宅	Residential Buildings	1143.15	780.77	765.84	769.45

Real Estate Investment by Region (2013)

苏州 Suzhou	南通 Nantong	连云港 Lianyungang	淮安 Huaian	盐城 Yancheng	扬州 Yanzhou	镇江 Zhenjiang	泰州 Taizhou	宿迁 Suqian
1358	580	338	404	445	373	339	299	392
2.91	1.20	0.76	1.07	1.19	0.95	0.96	0.77	1.02
591.01	216.33	82.96	317.18	202.53	376.80	280.93	281.57	465.73
1414.01	596.52	174.07	312.22	327.31	315.91	296.31	271.16	305.46
960.63	475.55	148.82	236.68	282.37	211.45	215.61	179.79	254.46
20.78	7.35	5.61	8.69	7.67	6.43	12.84	3.83	6.60
988.62	444.90	131.01	231.64	249.55	239.98	221.11	214.16	223.16
53.34	37.70	4.16	3.38	7.03	7.63	4.67	4.13	7.49
224.89	78.29	26.44	56.15	60.05	39.32	37.43	36.71	60.04
147.16	35.64	12.46	21.05	10.69	28.97	33.10	16.15	14.77
645.18	202.62	22.31	41.11	53.71	64.45	76.52	63.43	63.54
4.36	1.44	0.00	6.31	0.06	14.95	5.73	3.41	0.00
764.70	353.12	105.70	182.94	234.90	237.39	231.78	126.62	183.42
1565.26	394.71	156.16	227.48	254.19	248.52	335.80	222.89	238.98
1019.29	331.73	78.93	159.61	166.48	249.82	187.06	167.17	170.31
9297.49	4532.27	2395.78	2932.05	2655.72	2214.35	2372.41	2158.02	3835.33
6729.22	3522.19	1794.98	2230.69	2008.30	1724.17	1794.01	1670.20	3008.30
1692.51	925.68	273.20	403.73	411.75	591.82	362.84	405.13	596.52
1227.53	772.49	195.74	313.38	331.22	475.26	298.94	324.28	526.69
1875.05	1035.26	489.64	842.43	742.32	699.49	592.21	491.41	822.73
1633.41	937.83	427.69	749.88	589.93	643.93	551.25	453.20	745.18

主要统计指标解释

固定资产投资　是以货币表现的建造和购置固定资产活动的工作量，它是反映固定资产投资规模、速度、比例关系和使用方向的综合性指标。全社会固定资产投资按登记注册类型可分为国有、集体、个体、联营、股份制、外商、港澳台商、其他等。全社会固定资产投资总额分为城镇项目投资、农村建设项目投资和房地产开发投资三个部分。

城镇和农村建设项目投资　指城镇和农村各种登记注册类型的企业、事业、行政单位及个体户进行的计划总投资500万元及500万元以上建设项目的投资。

房地产开发投资　指房地产开发公司、商品房建设公司及其他房地产开发法人单位和附属于其他法人单位实际从事房地产开发或经营的活动单位统一开发的包括统代建、拆迁还建的住宅、厂房、仓库、饭店、宾馆、度假村、写字楼、办公楼等房屋建筑物和配套的服务设施，土地开发工程（如道路、给水、排水、供电、供热、通讯、平整场地等基础设施工程）的投资；不包括单纯的土地交易活动。

固定资产投资的资金来源　根据固定资产投资的资金来源不同，分为国家预算内资金、国内贷款、利用外资、自筹资金和其他资金来源。

（1）国家预算内资金：分为财政拨款和财政安排的贷款两部分。包括中央财政的基本建设基金、专项支出、收回再贷、贴息资金，财政安排的挖潜改造和新产品试制支出、城建支出、商业部门简易建筑支出、不发达地区发展基金等资金中用于固定资产投资的资金；地方财政中由国家统筹安排的资金等。

（2）国内贷款：指报告期内企、事业单位向银行及非银行金融机构借入的用于固定资产投资的各种国内借款。包括银行利用自有资金及吸收的存款发放的贷款、上级主管部门拨入的国内贷款、国家专项贷款（包括煤代油贷款、劳改煤矿专项贷款等）、地方财政专项资金安排的贷款、国内储备贷款、周转贷款等。

（3）利用外资：指报告期收到的用于固定资产建造和购置投资的境外资金（包括设备、材料、技术在内）。计算利用外资时，需要折算成人民币，折算中所使用的外汇汇率按现汇计算，即按使用外汇时的汇率计算。包括外商直接投资、对外借款及外商其他投资。不包括我国自有外汇资金。

（4）自筹资金：指固定资产投资单位报告期收到的，由各地区、各部门及企业、事业单位筹集用于固定资产投资的预算外资金，包括中央各部门、各级地方和企业、事业单位的自有资金。

（5）其他资金：指在报告期收到的除以上各种资金之外其他用于固定资产投资的资金。包括社会集资、个人资金、无偿捐赠的资金及其他单位拨入的资金等。

固定资产投资按国民经济行业分　按建设项目建成投产后的主要产品或主要用途及社会经济活动性质来确定。一般情况下，一个建设项目或一个企业、事业单位只能属于一种国民经济行业。

固定资产投资按建设性质分　建设项目的性质一般分为新建、扩建、改建、迁建、恢复。

（1）新建：一般是指从无到有、"平地起家"新开始建设的单位。有的单位原有的基础很小，经过建设后其新增加的固定资产价值超过原有固定资产价值（原值）三倍以上的也算新建。

（2）扩建：一般是指为扩大原有产品的生产能力，在厂内或其他地点增建主要生产车间（或主要工程）、独立的生产线或分厂的企业；事业单位和行政单位在原单位增建业务用房（如学校增建教学用房、医院增建门诊部或病床用房、行政机关增建办公楼等）也作为扩建。

（3）改建：一般是指现有企业、事业单位为了技术进步，提高产品质量，增加花色品种，促进产品升级换代，降低消耗和成本，加强资源综合利用和三废治理、劳保安全等，采用新技术、新工艺、新设备、新材料等对现有设施、工艺条件进行技术改造或更新（包括相应配套的辅助性生产、生活福利设施）。有的企业为充分发挥现有生产能力，进行填平补齐而增建不增加本单位主要产品生产能力的车间等，也属于改建。

固定资产投资按构成分　固定资产投资活动按其工作内容和实现方式分为建筑安装工程，设备、工具、器具购置，其他费用三个部分。

（1）建筑安装工程（建筑安装工作量）：指各种房屋、建筑物的建造工程和各种设备、装置的安装工程。包括各种房屋建造工程，各种用途设备基础和各种工业窑炉的砌筑工程；为施工而进行的各种准备工作和临时工程以及完工后的清理工作等；铁路、道路的铺设，矿井的开凿及石油管道的架设等；水利工程；防空地下建筑等特殊工程；以及各种机械设备的安装工程；为测定安装工程质量，对设备进行的试运工作。在安装工程中，不包括被安装设备本身的价值。

（2）设备、工具、器具购置：指购置或自制达到固定资产标准的设备、工具、器具的价值，固定资产的标准按财务部门规定。新建单位、扩建单位的新建车间按照设计和计划要求购置或自制的全部设备、工具、器具，不论是否达到固定资产标准均计入"设备、工具、器具购置"中。

(3)其他费用:指在固定资产建造和购置过程中发生的,除建筑安装工程和设备、工具、器具购置以外的各种应摊入固定资产的费用。

施工项目 指报告期内曾进行建筑或安装工程施工活动的建设项目,包括报告期内新开工项目、报告期以前开工跨入报告期继续施工的项目以及报告期施过工并在报告期内全部建成投产或停缓建的项目。

全部建成投产项目 工业项目是指设计文件规定形成生产能力的主体工程及其相应配套的辅助设施全部建成,经负荷试运转,证明具备生产设计规定合格产品的条件,并经过验收鉴定合格或达到竣工验收标准,与生产性工程配套的生活福利设施可以满足近期正常生产的需要,正式移交生产的建设项目。非工业项目是指设计文件规定的主体工程和相应的配套工程全部建成,能够发挥设计规定的全部效益,经验收鉴定合格或达到竣工验收标准,正式移交使用的建设项目。

房屋建筑面积 指从房屋外墙线算起的各层平面面积的总和,包括可供使用的有效面积和房屋结构(如柱、墙)占用的面积。多层建筑按各层(包括地下室)面积总和计算。

住宅建筑面积 指施工和竣工房屋建筑面积中供居住用的施工和竣工房屋建筑面积。

施工面积 指报告期内施工的全部房屋建筑面积。包括本期新开工的面积、上期跨入本期继续施工的房屋面积、上期停缓建在本期恢复施工的房屋面积、本期竣工的房屋面积及本期施工后又停缓建的房屋面积。

竣工面积 指在报告期内房屋建筑按照设计要求已全部完工,达到住人和使用条件,经验收鉴定合格,正式移交使用单位的建筑面积。

房屋建筑面积竣工率 指一定时期内房屋竣工面积占同期房屋施工面积的比率。它是从房屋建筑施工速度的角度反映投资效果和建筑业经济效益的指标。

新增固定资产 指通过投资活动所形成的新的固定资产价值,包括已经建成投入生产或交付使用的工程价值和达到固定资产标准的设备、工具、器具的价值及有关应摊入的费用。它是以价值形式表示的固定资产投资成果的综合性指标,可以综合反映不同时期、不同部门、不同地区的固定资产投资成果。

建设项目投产率 指一定时期内全部建成投入生产项目个数与同期正式施工项目个数的比率。它是从项目建设速度的角度反映投资效果的指标。

建设周期 是指报告期(年)所有正式施工项目全部建成平均需要的时间,它是从宏观角度反映建设速度的指标。建设周期的计算方法有两种:

(1)按建设项目计算:建设周期=报告期正式施工项目个数/报告期全部建成投产项目个数

(2)按投资额计算:建设周期=报告期正式施工项目计划总投资之和/报告期正式施工项目完成投资之和。

Explanatory Notes on Main Statistical Indicators

Investment in Fixed Assets refers to the volume of activities in construction and purchases of fixed assets of the whole country expressed in monetary terms, it is a comprehensive indicator which shows the size, pace, proportional relations and use direction of the investment in fixed assets. Total investment in fixed assets in the whole country includes, by type of ownership, the investment by State – owned units, collective – owned units, individuals, joint ownership units, share – holding units, as well as investments by entrepreneurs from foreign countries and from Hong Kong, Macao and Taiwan, and by other units. The investment in fixed assets in the whole country is classified into the following three parts: investment in urban projects, rural construction projects and real estate development.

Urban and Rural Investment in Construction Projects refers to construction projects involving a total planned investment of 5 million yuan and over by enterprises of various types of ownership, institutions, administrative units and individuals in urban and rural areas.

Investment in Real Estate Development It includes the investment by the real estate development companies, commercial buildings construction companies and other real estate development units of various types of ownership in the construction of house buildings, such as residential buildings, factory buildings, warehouses, hotels, guesthouses, holiday villages, office buildings, and the complementary service facilities and land development projects, such as roads, water supply, water drainage, power supply, heating, telecommunications, land leveling and other projects of infrastructure. It excludes the activities in simple land transactions.

Sources of Funds for Investment in Fixed Assets state budgetary appropriation, domestic loans, foreign investment, self-raised funds, and others.

(1) Fund from the State budget consists of budgetary appropriation and loans from the State budget. More specifically, it includes, from the budget of the central government, capital construction fund, special expenses, loans from repayment, discount fund,

expenses on innovation and trial production of new products, expenses on urban construction, expenses on temporary construction from business departments, development fund for less developed areas, as well as local budgetary fund transferred from the central budget.

(2) Domestic loans refer to various funds borrowed by enterprises and institutions from banks and non-bank financial institutions during the reference period for the purpose of investment in fixed assets, including loans issued by banks from their self-owned funds and deposit, loans appropriated by higher responsible authorities, special loans by government (including loan for replacing petroleum with coal, special loan for reform through labor coal mines), loans arranged by local government from special funds, domestic reserve loan, and working loan, etc.

(3) Foreign investment refers to foreign funds received during the reference period for the construction and purchase of investment in fixed assets (covering equipment, materials and technology). In calculating the utilization of foreign capital, foreign currencies are converted into Chinese RMB applying the current exchange rate when the foreign capitals are actually used. It includes foreign borrowings (loans from foreign governments and international financial institutions, export credit, commercial loans from foreign banks, issue of bonds and stocks overseas), foreign direct investment and other foreign investments.

(4) Self – raised funds refer to extra – budgetary funds for investment in fixed assets received during the reference period by investing units from central government ministries, local governments, enterprises and institutions, including their self – raised funds.

(5) Others refer to funds for investment in fixed assets received from sources other than those listed above, including funds raised from society and individuals, donations, and funds transferred from other units.

Investment in Fixed Assets by Sector In general, one project or one enterprise or institution can only be classified into one sector.

Investment in Fixed Assets by Types of Construction The construction projects in general can be classified by the type of construction into new construction, expansion, reconstruction, moving and resumption.

(1) New construction in general refers to newly constructed units. In the case in which the value of the original fixed assets is quite small, and the value of newly added fixed assets exceeds the original ones by three times, the expansion construction is considered as new construction.

(2) Expansion refers to construction of new major production workshop or independent production line within a factory or in other locations, or construction of a branch factory so as to increase the production capacity of the original products. Newly constructed business houses in institutions and administrative organizations (such as the newly constructed teaching buildings in schools, clinics or bed building in hospitals, and office buildings in administrative agencies, etc.) are also classified as expansion.

(3) Reconstruction refers to technical innovation and transformation of the existing equipment and technical conditions undertaken by enterprises and institutions for the purposes of technological advancement, improvement in product quality, enlarging variety of products, promoting new generation of products, reducing production consumption and cost, promoting comprehensive utilization of resources, strengthening treatment of waste gas, waste water and solid wastes, and safety in production, etc. through application of new technologies and techniques, use of new equipment and new materials (including accessory facilities for production or for living and welfare purposes). Construction of new workshops for improving existing production capacity rather than increasing production capacity is also considered as reconstruction.

Investment in Fixed Assets by Structure refers to the three major parts of investment activities, i. e. construction and installation, purchase of equipment and instrument, and other expenses.

(1) Construction and installation (work volume of construction and installation) refers to the construction of various houses and buildings and installation of various kinds of equipment and instruments, including construction of various houses, equipment foundations and industrial kilns and stoves, preparation works for project construction, and clearing up works post project construction, pavement of railways and roads, drilling of mines and putting up of oil pipes, construction of projects of water conservancy, construction of underground air-raid shelters and construction of other special projects, installation of various machinery equipment, testing operation for pretesting the quality of installation projects. The value of equipment installed is not included in the value of installation projects.

(2) Purchase of equipment and instruments refers to the total value of equipment, tools, and vessels purchased or self-produced which come up to standards for fixed assets. Equipment, tools and vessels purchased or self produced for new workshops by newly established or expanded units are categorized as "purchase of equipment and instruments" no matter whether they come up to the standards for fixed assets or not.

(3) Other expenses refer to expenses occurring during the construction or purchase of fixed assets other than construction, installation or purchase of equipment and instruments.

Projects under Construction refer to projects having construction and installation activities undertaken in the reference period, including projects started in the reference period, or continued from the previous pound, or completed and put into production or suspended in the reference period.

Projects Completed and Put into Use Industrial projects refer to the major projects and accessory facilities completed which result in forming production capacity and have been checked and accepted while the living and welfare facilities have been completed and can ensure normal production and formally put into production. Non-industrial projects refer to the major projects and accessory facilities completed which possess the designed capacity and have been checked, accepted and formally put into production.

Floor Space of Buildings under Construction refers to total floor space in each story of buildings calculated from the outside line of building walls, including both usable space and the space occupied by constructions like pillars or walls. The floor space of multi-story buildings includes the total floor space of each story (including basement).

Floor Space of Residential Buildings refers to the floor space of the residential buildings among the total space of buildings under construction or completed.

Floor Space under Construction refers to total floor space of all buildings under construction during the reference period, including floor space of newly started buildings during the reference period, floor space of construction extended from the previous period to the current period, floor space of construction suspended during the previous period and resumed in the current period, floor space of construction completed in the current period, and floor space of construction started and then suspended in the current period.

Floor Space of Buildings Completed refers to the floor space of buildings completed in the reference period, which have come up to the designed standards and have been put into use.

Completion Rate of Floor Space of Buildings refers to the ratio of the floor space of buildings completed in certain period of time to the floor space of buildings under construction in the same period which reflects the investment result and economic efficiency of the construction industry from the angle of the speed of project construction.

Newly Increased Fixed Assets refer to the newly increased value of fixed assets through investment, including the value of projects completed and put into production, the value of equipment, tools, and vessels considered as fixed assets, as well as the relevant expenses as investment in fixed assets. This is a comprehensive indicator of investment in fixed assets, reflecting the achievements of investment in fixed assets in different periods, different sectors, and different regions.

Rate of Construction Projects Completed and Put into Use refers to the ratio of the number of construction projects completed and put into use in certain period of time to the number of projects under construction in the same period. This reflects the investment efficiency from the angle of the speed of projects construction.

Construction cycle refers to how longtime it will be taken in average that all the projects formally under construction can be completed in reference year. This indicator reflect the speed of construction in view of macrocosm.

There are two formulas in calculating the construction cycle:

(1) By the number of construction projects

Construction cycle = number of projects formally under construction in reference period (year)/number of all the projects are completed and put in production in reference period (year)

(2) By the value of investment

Construction cycle = total investment plan for the projects formally under construction in reference period (year)/total fulfihnent of investment on the projects formally under construction in reference period (year).

7

财政、金融

Government Finance, Financial Intermediation

简要说明

本篇主要反映财政收支的基本情况及金融、证券和保险业的发展情况。

一、财政部分的主要内容、资料来源和口径说明

财政统计资料主要内容：一是财政收支历年统计数据，二是财政收支的主要构成项目。

资料来源：财政相关统计资料由江苏省财政厅提供，资料基础为财政决算表。其中，有关财政收支方面的资料根据财政决算收支总表、财政决算收入明细表、财政决算支出明细表的数据加工整理编制。

财政统计资料口径变动说明：财政预算外资金从 1982 年开始建立统计制度，1993 年实施新的财务通则和会计准则，国营企业更新改造资金、大修理基金等不再作为预算外资金。从 1997 年起，财政部将政府预算收支科目分为两部分，即：将纳入预算管理的政府性基金收支及原属预算外的地方税费附加收支称为财政基金预算收支，原来的财政预算收支改称为财政一般预算收支。2007 年财政收支科目实施了较大改革，特别是财政支出项目口径变化很大。

二、金融部分的主要内容和资料来源

金融统计资料主要内容：反映我省金融、证券和保险业发展情况。由四个部分构成：一是金融机构金融活动情况，二是金融机构、人员情况，三是保险业务情况，四是直接融资情况。

资料来源：金融机构金融活动情况和金融机构、人员情况由人民银行南京分行提供；保险业务情况由中国保险监督管理委员会江苏监管局提供；直接融资情况由中国证券监督管理委员会江苏监管局提供。

Brief Introduction

The data in this chapter present the government revenue and expenditure situation. Also present the development of financial, securities and insurance industries.

Ⅰ. Main Contents, Sources of Data and Diameter Description of Government Revenue

Financial Statistics main including the revenue and expenditure statistics over the years, the main component of revenue and expenditure project.

The data is provided by of the Finance Department of Jiangsu province. The base data from the financial balance sheets. Among them, information about revenue and expenditure of the total balance sheet based on financial accounts, financial accounts of income schedule, schedule of expenditures of financial accounts data processing order preparation.

Data on the extra-budgetary funds have been collected in accordance with the statistical reporting scheme since 1982. In 1993, new general financial rules and accounting standards were implemented. As a result, the innovation fund and the major repair fund in the state-owned enterprises were no longer listed as extra-budgetary funds. Starting from 1997, government funds have been reclassified into budget management and have not been included in the extra-budgetary revenue and expenditure.

In 2007, financial renvenve and expenditure subject a large reform especially the caliber charges of financial support for projects.

Ⅱ. Main Contents and Sources of Data of Finance

Data in this chapter show the development of Jiangsu province's financial, securities and insurance industries. (1) the financial activities of the financial institutions; (2) the Situation of Financial

Institutions and Personnel; (3) the situation regarding the insurance business ;(4) the situation regarding direct financing.

Financial situation of financial institutions and institutions, personnel provided by the People's Bank of China, Nanjing Branch. Major indicator of Insurance Business provided by China Insurance Regulatory Commission ,Jiangsu Branch. Basic Information of direct finacing provided b by the China Securities Regulatory Commission, Jiangsu province.

7-1 历年财政收支

Financial Revenue and Expenditure over the Years

单位:亿元 (100 million yuan)

年 份 Year	财政总收入 Government Revenue	#公共财政预算收入 Public Finance Budget Revenue	#税收收入 Taxes	公共财政预算支出 Public Finance Budget Expenditure	财政总收入占地区生产总值的比重(%) Percentage of Government Revenue to GDP(%)	公共财政预算收入占地区生产总值的比重(%) Percentage of Budget Revenue to GDP(%)
1978	61.09	61.09	35.93	28.38	24.5	24.5
1979	59.28	59.28	38.33	32.06	19.9	19.9
1980	62.45	62.45	41.36	28.95	19.5	19.5
1981	63.04	63.04	44.64	23.79	18.0	18.0
1982	66.61	66.61	49.84	24.63	17.1	17.1
1983	73.63	73.63	54.57	32.29	16.8	16.8
1984	76.28	76.28	61.79	39.15	14.7	14.7
1985	89.00	89.00	80.32	50.53	13.7	13.7
1986	98.73	98.73	87.29	66.16	13.3	13.3
1987	107.17	107.17	94.96	68.00	11.6	11.6
1988	117.96	117.96	107.74	81.45	9.8	9.8
1989	126.39	126.39	122.82	92.25	9.6	9.6
1990	136.20	136.20	130.96	100.97	9.6	9.6
1991	143.29	143.29	125.91	128.18	8.9	8.9
1992	152.31	152.31	145.49	125.86	7.1	7.1
1993	221.30	221.30	220.05	163.87	7.4	7.4
1994	293.41	136.62	121.05	200.17	7.2	3.4
1995	350.08	172.64	146.39	253.49	6.8	3.3
1996	427.99	223.17	184.65	310.94	7.1	3.7
1997	512.93	255.59	210.56	364.36	7.7	3.8
1998	579.90	296.58	244.20	424.90	8.1	4.1
1999	680.23	343.36	314.26	484.65	8.8	4.5
2000	865.00	448.31	409.14	591.28	10.1	5.2
2001	1064.99	572.15	523.84	729.64	11.3	6.1
2002	1483.68	643.70	565.30	860.25	14.0	6.1
2003	1968.92	798.11	690.53	1047.68	15.8	6.4
2004	2216.41	980.43	833.64	1312.04	14.8	6.5
2005	3124.83	1322.68	1107.27	1673.40	16.8	7.1
2006	3935.87	1656.68	1389.13	2013.25	18.1	7.6
2007	5591.29	2237.73	1894.77	2553.72	21.5	8.6
2008	7109.72	2731.41	2278.71	3247.49	22.9	8.8
2009	8404.99	3228.78	2654.75	4017.36	24.4	9.4
2010	11743.22	4079.86	3312.61	4914.06	28.3	9.8
2011	14119.85	5148.92	4124.62	6221.72	28.8	10.5
2012	14843.89	5860.69	4782.59	7027.67	27.5	10.8
2013	17328.80	6568.46	5419.49	7798.47	29.3	11.1

注：财政总收入为公共财政预算收入、基金收入、上划中央四税之和。

a) Provincial financial revenue is the sum of public finance budget revenue, fund revenue and four kinds of taxes to the central government.

7-2 公共财政收支
Public Financial Budget Revenue and Expenditure

单位:亿元　　　　(100 million yuan)

指标	Item	2010	2011	2012	2013
公共财政预算收入	**Public Finance Budget Revenue**	**4079.86**	**5148.91**	**5860.69**	**6568.46**
税收收入	Taxes	3312.61	4124.62	4782.59	5419.49
增值税	Value Added Tax	562.60	650.80	708.75	859.26
营业税	Business Taxes	1023.92	1260.60	1659.67	1872.41
企业所得税	Company Income Tax	554.43	731.17	745.88	763.66
个人所得税	Personal Income Tax	180.94	237.74	224.22	264.88
城市维护建设税	Urban Maintenance and Development Tax	164.81	270.82	309.93	339.53
房产税	Tax on Real Estates	92.11	121.39	160.88	192.84
土地增值税	Value Added Tax on Land	170.36	256.97	317.17	405.79
耕地占用税	Tax on Use of Arable Land	58.98	54.33	57.96	42.91
契税	Tax on Contracts	324.72	319.78	332.84	383.75
其他各项税收	Others	179.75	221.02	265.29	294.46
非税收收入	Non-tax Income	767.25	1024.29	1078.10	1148.98
专项收入	Special Project Income	107.37	160.76	179.34	193.11
行政事业性收费收入	Income from Administrative Fees	224.57	321.22	375.31	389.60
罚没收入	Penalty and Cofiscatory Income	89.31	97.53	98.51	118.54
国有资本经营收入	Profit from State-owned Assets	257.53	285.63	234.91	241.10
其他各项收入	Other Income	88.47	159.15	190.03	206.62
上划中央收入	**Turn Over Revenue to the Central Government**	**3134.39**	**3800.57**	**3922.35**	**4167.00**
消费税	Consumption Tax	361.21	431.46	453.30	506.78
增值税	Value Added Tax	1705.21	1964.85	2080.03	2178.15
企业所得税	Company Income Tax	796.56	1047.65	1052.69	1084.76
个人所得税	Personal Income Tax	271.41	356.61	336.34	397.32
公共财政预算支出	**Public Finance Budget Expenditure**	**4914.06**	**6221.72**	**7027.67**	**7798.47**
一般公共服务	General Public Service	631.24	748.45	820.43	859.41
公共安全	Public Security	326.80	371.40	407.78	452.99
教育	Education	865.36	1093.22	1350.61	1434.99
科学技术	Science and Technology	150.35	213.40	257.24	302.59
文化体育与传媒	Culture, Sports and Media	88.67	116.86	150.90	173.54
社会保障和就业	Social Security and Employment	364.48	481.65	557.77	631.15
医疗卫生	Medical Treatment and Healthcare	249.69	349.86	418.14	475.86
节能环保	Envionment Protection	139.89	170.37	193.83	229.18
城乡社区事务	Operating Expenses of Urban and Rural Communities	624.53	812.06	858.13	1006.80
农林水事务	Operating Expenses of Agriculture, Forestry and Water	489.16	618.13	754.09	868.34
交通运输	Transport	276.00	391.69	436.58	448.58
资源勘探电力信息等事务	Operating Expenses of Industry, Commerce and Financial Intermediation	262.96	294.39	283.18	345.89
其他各项支出	Others	444.92	560.24	538.99	569.15

7-3 分市财政收支(2013年)

单位:亿元

指标	Item	南京 Nanjing	无锡 Wuxi	徐州 Xuzhou	常州 Changzhou
公共财政预算收入	**Public Finance Budget Revenue**	**831.31**	**710.91**	**422.84**	**408.88**
税收收入	Taxes	684.47	579.11	341.11	327.18
增值税	Value Added Tax	126.00	123.87	39.52	60.73
营业税	Business Taxes	195.82	168.73	134.70	83.74
企业所得税	Company Income Tax	100.38	88.43	20.81	41.38
个人所得税	Personal Income Tax	46.28	34.44	7.58	20.89
城市维护建设税	Urban Maintenance and Development Tax	57.11	43.24	24.31	21.04
房产税	Tax on Real Estates	24.55	24.81	10.07	13.46
土地增值税	Value Added Tax on Land	63.70	25.73	39.79	23.44
耕地占用税	Tax on Use of Arable Land	1.72	5.66	1.64	5.49
契税	Tax on Contracts	38.37	29.03	33.07	29.65
其他各项税收	Others	30.54	35.15	29.61	27.37
非税收收入	Non-tax Income	146.84	131.81	81.73	81.70
专项收入	Special Project Income	28.03	21.73	13.69	11.57
行政事业性收费收入	Income from Administrative Fees	46.79	19.07	33.44	25.88
罚没收入	Penalty and Cofiscatory Income	17.60	12.51	11.54	6.37
国有资本经营收入	Profit from State-owned Assets	17.23	75.82	12.54	6.16
其他各项收入	Other Income	37.18	2.68	10.52	31.71
上划中央收入	**Turn Over Revenue to the Central Government**	**760.28**	**517.44**	**237.11**	**261.27**
消费税	Consumption Tax	239.72	10.80	97.43	3.99
增值税	Value Added Tax	300.57	322.33	97.10	163.88
企业所得税	Company Income Tax	150.57	132.65	31.21	62.07
个人所得税	Personal Income Tax	69.42	51.65	11.37	31.33
公共财政预算支出	**Public Finance Budget Expenditure**	**850.91**	**711.49**	**595.61**	**417.90**
一般公共服务	General Public Service	84.77	65.55	57.00	46.10
公共安全	Public Security	56.84	44.40	30.27	26.06
教育	Education	125.89	121.28	121.72	66.54
科学技术	Science and Technology	40.12	35.10	14.49	22.11
文化体育与传媒	Culture, Sports and Media	27.80	19.33	6.02	6.73
社会保障和就业	Social Security and Employment	82.88	53.40	57.64	45.58
医疗卫生	Medical Treatment and Healthcare	48.52	37.89	45.16	26.29
节能环保	Envionment Protection	30.18	33.13	13.48	16.85
城乡社区事务	Operating Expenses of Urban and Rural Communities	174.39	114.62	80.08	60.33
农林水事务	Operating Expenses of Agriculture, Forestry and Water	57.73	52.36	101.24	34.58
交通运输	Transport	29.15	31.76	10.62	14.29
资源勘探电力信息等事务	Operating Expenses of Industry, Commerce and Financial Intermediation	42.79	41.02	21.22	8.69
其他各项支出	Others	49.84	61.64	36.66	43.74

Financial Revenue and Expenditure by Region (2013)

(100 million yuan)

苏州 Suzhou	南通 Nantong	连云港 Lianyungang	淮安 Huaian	盐城 Yancheng	扬州 Yanzhou	镇江 Zhenjiang	泰州 Taizhou	宿迁 Suqian
1331.03	**485.88**	**233.30**	**271.42**	**366.77**	**259.26**	**254.52**	**251.28**	**185.12**
1138.33	399.89	188.79	221.39	302.51	212.75	208.65	206.55	157.98
252.92	56.30	20.37	21.48	32.60	35.23	29.78	39.12	15.66
275.33	149.50	82.80	84.89	117.61	70.28	84.30	69.35	66.82
200.63	41.81	5.64	12.98	25.72	22.05	19.33	25.01	17.18
64.62	28.22	4.25	6.94	11.07	12.30	7.15	7.10	6.52
76.37	22.87	9.94	14.21	16.82	14.19	13.37	14.38	7.50
55.65	12.34	4.95	11.86	11.91	6.65	6.13	5.44	3.70
78.70	25.07	15.68	33.08	34.83	17.22	20.91	15.13	12.37
6.39	4.71	0.18	1.21	3.57	4.02	2.70	4.23	1.39
69.46	36.77	28.62	21.11	32.13	18.59	13.97	14.21	18.74
58.25	22.30	16.37	13.63	16.25	12.23	11.01	12.57	8.10
192.69	85.99	44.51	50.03	64.26	46.51	45.86	44.73	27.14
42.96	12.79	6.36	7.56	9.94	8.04	7.20	9.36	4.67
44.31	33.26	21.34	24.14	19.78	13.27	14.48	14.80	8.71
12.30	8.08	5.59	7.71	7.89	3.70	4.35	6.42	6.13
52.61	15.91	7.68	4.32	14.20	16.37	13.35	4.62	0.29
40.52	15.95	3.54	6.31	12.45	5.12	6.47	9.53	7.35
1074.78	**253.75**	**64.12**	**145.78**	**163.70**	**159.28**	**114.34**	**161.29**	**88.01**
11.02	4.85	3.21	62.61	28.63	14.24	2.37	13.08	14.84
665.89	143.86	46.08	53.27	79.90	93.53	72.25	100.05	37.62
300.95	62.72	8.46	19.47	38.57	33.07	28.99	37.51	25.77
96.92	42.33	6.37	10.41	16.61	18.45	10.73	10.65	9.78
1212.68	**576.41**	**362.38**	**385.05**	**555.62**	**319.28**	**286.23**	**343.81**	**311.16**
133.07	71.84	38.66	48.77	68.23	44.63	32.15	44.89	28.72
83.24	34.06	16.72	18.92	23.08	22.57	18.67	20.97	12.09
196.07	132.37	63.35	73.25	104.66	56.98	49.71	57.03	68.07
76.37	19.07	8.86	8.88	19.79	10.46	10.70	7.71	9.22
26.73	12.57	4.61	5.08	10.82	3.69	5.65	8.13	5.77
114.61	47.57	23.52	33.29	45.53	24.71	18.87	29.61	31.68
61.03	41.39	20.53	25.64	44.17	21.33	16.39	27.46	21.11
45.28	12.18	11.52	7.99	12.41	7.31	11.84	9.79	9.72
189.92	59.03	68.48	54.19	56.85	42.57	46.25	39.15	19.63
100.48	70.23	49.84	52.85	76.25	38.53	26.21	46.41	63.00
51.41	8.83	22.72	8.67	10.73	10.01	8.67	10.83	8.47
50.76	18.07	9.81	32.07	46.56	13.21	12.66	17.33	12.09
83.72	49.19	23.75	15.43	36.54	23.28	28.45	24.51	21.59

7-4 历年金融机构存贷款

The Balance of Deposits of Financial Institutions over the Years

单位:亿元 (100 million yuan)

年份 Year	金融机构各项存款余额(本外币) The Balance of Deposits of Financial Institutions(RMB and Foreign Currency)	#居民储蓄 Household Savings	金融机构各项贷款余额(本外币) Financial Institutions, the LoanBalance (RMB and Foreign Currency)	金融机构各项存款余额(人民币) The Balance of Deposits of Financial Institutions (RMB)	#居民储蓄 Household Savings	金融机构各项贷款余额(人民币) Financial Institutions, the Loan Balance (RMB)
1978				60.72	12.40	115.29
1979				78.31	16.68	129.70
1980				95.55	23.72	159.11
1981				124.54	30.42	195.33
1982				146.21	40.60	217.87
1983				171.12	56.93	242.28
1984				221.68	74.76	333.40
1985				247.12	99.35	387.06
1986				372.62	139.59	528.83
1987				443.44	193.68	659.29
1988				517.81	231.85	742.10
1989				640.84	331.86	835.56
1990				860.33	471.18	1013.45
1991				1136.51	617.61	1230.49
1992				1422.61	766.11	1480.80
1993				1797.33	964.22	1777.80
1994				2481.10	1352.57	2218.15
1995				3500.49	1922.33	2875.39
1996				4706.36	2581.06	3840.74
1997				5674.94	3101.89	4452.46
1998				6578.80	3656.46	5063.57
1999				7470.43	4131.98	5535.15
2000				8400.75	4456.83	5967.66
2001				9700.68	5172.83	6671.74
2002				11881.19	6276.20	8234.58
2003				15378.49	7638.18	11299.55
2004				18211.02	8863.10	13480.98
2005	22821.57	10860.60	16282.60	22001.44	10581.27	15396.59
2006	26722.83	12454.90	19383.65	25860.47	12183.47	18485.02
2007	31337.99	13213.11	23265.83	30450.54	13014.92	22092.10
2008	38063.38	16916.74	27081.06	37017.48	16721.18	26160.72
2009	50061.85	20303.67	36846.34	48850.29	20080.63	35296.73
2010	60583.07	23533.13	44180.21	58984.14	23334.48	42121.04
2011	67638.75	26111.82	50283.52	65723.56	25914.74	47868.30
2012	78109.00	30285.44	57652.84	75481.51	30057.19	54412.30
2013	88302.07	34072.84	64908.22	85604.08	33823.90	61836.53

7-5 金融机构本外币存贷款年末余额
Deposits and Loans of Financial Institutions at Year-end (RMB and Foreign Currency)

单位:亿元 (100 million yuan)

指 标	Item	2010	2011	2012	2013
各项存款	**The Deposits**	**60583.07**	**67638.75**	**78109.00**	**88302.07**
#单位存款	Unit Deposits	35380.66	38982.01	44510.93	49575.07
#活期存款	Demand Deposits	13693.00	13680.09	14910.90	16018.24
定期存款	Time Deposits	8135.66	9646.37	12269.46	14937.02
通知存款	Notice Deposits	1679.97	1733.07	1751.09	1792.86
保证金存款	Margin Deposits	6265.73	7788.09	8459.54	8318.86
个人存款	Individual Deposits	23574.97	26446.99	30847.59	35407.69
#储蓄存款	Savings Deposits	23489.57	26111.82	30285.44	34072.84
财政性存款	Fiscal Deposits	603.57	638.69	772.23	760.96
临时性存款	Temporary Deposits	195.72	199.21	199.21	207.51
委托存款	Trust Deposits	230.79	202.12	146.77	280.94
其他存款	Other Deposits	618.69	1169.72	1632.25	2069.89
各项贷款	**Loans**	**44180.21**	**50283.52**	**57652.84**	**64908.22**
#境内贷款	Domestic Loans	44019.56	50130.17	57430.50	64692.06
#短期贷款	Short-term Loans	19306.57	23257.14	27967.92	30604.85
#个人贷款及透支	Personal Loans and Overdrafts	2306.53	2968.87	3413.92	4023.39
#个人消费贷款	Loans for Personal Consumption	323.75	431.48	495.14	756.33
单位普通贷款及透支	Units of Ordinary Loans and Overdrafts	14940.43	17499.66	20413.93	22743.62
#经营贷款	Business Loans	14577.78	17141.53	20011.90	22318.51
中长期贷款	Long-term Loans	23433.32	25459.51	27492.54	31732.42
#个人贷款	Personal Loans	7243.62	8244.59	9297.55	11080.20
#个人消费贷款	Loans for Personal Consumption	6323.41	7108.32	8016.96	9688.91
单位普通贷款	The Unit Normal Loans	13962.66	14563.91	14998.14	17028.66
#经营贷款	Business Loans	2681.81	2611.24	2485.52	2100.11
融资租赁	Finance Leases	68.22	98.71	140.41	173.20
票据融资	Bill Financing	1197.89	1300.82	1757.67	2102.53
各项垫款	The Advances	13.55	13.98	71.96	79.06

注:表中2010年末数据为2011年年初数。

a) Data of the end of 2010 refer to early 2011.

7-6 金融机构人民币存贷款年末余额
Deposits and Loans of Financial Institutions at Year-end(RMB)

单位:亿元 (100 million yuan)

指 标	Item	2010	2011	2012	2013
各项存款	**The Deposits**	**58984.14**	**65723.56**	**75481.51**	**85604.08**
#单位存款	Unit Deposits	33995.00	37299.96	42152.63	47175.23
#活期存款	Demand Deposits	12845.72	12780.91	13875.74	15052.90
定期存款	Time Deposits	7850.47	9326.89	11787.09	14237.27
通知存款	Notice Deposits	1523.81	1557.38	1565.16	1596.47
保证金存款	Margin Deposits	6171.62	7511.86	7827.45	7807.78
个人存款	Individual Deposits	23374.55	26239.72	30608.52	35147.09
#储蓄存款	Savings Deposits	23297.60	25914.74	30057.19	33823.90
财政性存款	Fiscal Deposits	603.36	638.69	772.23	760.96
临时性存款	Temporary Deposits	176.33	177.22	173.80	176.95
委托存款	Trust Deposits	229.19	201.41	146.53	280.66
其他存款	Other Deposits	614.36	1166.56	1627.79	2063.18
各项贷款	**Loans**	**42121.04**	**47868.30**	**54412.30**	**61836.53**
#境内贷款	Domestic Loans	42120.18	47817.11	54361.84	61787.95
#短期贷款	Short-term Loans	17689.03	21338.26	25331.98	28177.42
#个人贷款及透支	Personal Loans and Overdrafts	2308.61	2968.62	3413.56	4021.97
#个人消费贷款	Loans for Personal Consumption	328.14	431.22	494.78	754.90
单位普通贷款及透支	Units of Ordinary Loans and Overdrafts	14451.65	16976.63	19920.39	22232.99
#经营贷款	Business Loans	13991.67	16631.71	19537.21	21808.56
中长期贷款	Long-term Loans	23163.45	25067.34	27062.87	31260.79
#个人贷款	Personal Loans	7285.87	8244.38	9297.24	11080.02
#个人消费贷款	Loans for Personal Consumption	6419.82	7108.11	8016.66	9688.73
单位普通贷款	The Unit Normal Loans	13816.01	14318.05	14688.03	16672.03
#经营贷款	Business Loans	2809.36	2535.34	2354.89	1884.36
融资租赁	Finance Leases	68.22	98.71	140.41	173.20
票据融资	Bill Financing	1167.02	1300.55	1757.43	2098.42
各项垫款	The Advances	9.86	12.26	69.16	78.12

注:表中2010年末存款数据为2011年年初数。

a) The deposits of the end of 2010 refer to early 2011.

7-7 金融机构外汇存贷款年末余额

Deposits and Loans of Financial Institutions at Year-end (Foreign Currency)

单位:亿美元 (100 million yuan)

指标	Item	2010	2011	2012	2013
各项存款	**The Deposits**	**241.43**	**303.95**	**418.02**	**442.52**
#单位存款	Unit Deposits	209.22	266.95	375.20	393.62
#活期存款	Demand Deposits	127.94	142.71	164.69	158.33
定期存款	Time Deposits	43.06	50.70	76.74	114.77
通知存款	Notice Deposits	23.58	27.88	29.58	32.21
保证金存款	Margin Deposits	14.21	43.84	100.56	83.83
个人存款	Individual Deposits	30.27	32.90	38.04	42.74
#储蓄存款	Savings Deposits	28.99	31.28	36.31	40.83
临时性存款	Temporary Deposits	2.93	3.49	4.04	5.01
委托存款	Trust Deposits	0.24	0.11	0.04	0.05
其他存款	Other Deposits	0.65	0.50	0.71	1.10
各项贷款	**Loans**	**310.93**	**373.31**	**515.56**	**503.81**
#境内贷款	Domestic Loans	300.71	367.10	488.21	476.33
#短期贷款	Short - term Loans	253.26	304.54	419.37	398.14
#个人贷款及透支	Personal Loans and Overdrafts	0.02	0.04	0.06	0.23
#个人消费贷款	Loans for Personal Consumption	0.02	0.04	0.06	0.23
单位普通贷款及透支	Units of Ordinary Loans and Overdrafts	82.43	83.01	78.52	83.75
#经营贷款	Business Loans	81.98	80.91	75.52	83.64
中长期贷款	Long - term Loans	46.83	62.24	68.36	77.36
#个人贷款	Personal Loans		0.03	0.05	0.03
#个人消费贷款	Loans for Personal Consumption		0.03	0.05	0.03
单位普通贷款	The Unit Normal Loans	23.09	39.02	49.34	58.49
#经营贷款	Business Loans	8.18	12.05	20.78	35.39
融资租赁	Finance Leases				
票据融资	Bill Financing	0.06	0.04	0.04	0.67
各项垫款	The Advances	0.55	0.27	0.45	0.15

注:表中2010年末数据为2011年年初数。

a) Data of the end of 2010 refer to early 2011.

7－8　分地区金融机构本外币存贷款年末余额(2013 年)

单位:亿元

指　　标	Item	南京 Nanjing	无锡 Wuxi	徐州 Xuzhou	常州 Changzhou
各项存款	**The Deposits**	**18417.90**	**11641.96**	**3920.50**	**6538.33**
#单位存款	Unit Deposits	12083.41	7000.79	1684.10	3472.01
#活期存款	Demand Deposits	3991.00	1957.72	686.50	1121.45
定期存款	Time Deposits	3714.51	2292.26	412.86	1078.47
通知存款	Notice Deposits	330.41	333.61	20.25	81.61
保证金存款	Margin Deposits	1426.46	1315.89	339.26	648.68
个人存款	Individual Deposits	5264.64	4290.74	2161.99	2914.08
#储蓄存款	Savings Deposits	4955.76	4120.67	2096.60	2770.68
财政性存款	Fiscal Deposits	251.29	53.96	43.96	34.81
临时性存款	Temporary Deposits	86.02	20.86	23.29	8.24
委托存款	Trust Deposits	96.45	53.11	0.01	18.28
其他存款	Other Deposits	636.10	222.49	7.16	90.92
各项贷款	**Loans**	**14538.65**	**8565.39**	**2375.30**	**4490.23**
#境内贷款	Domestic Loans	14406.28	8562.61	2375.18	4489.65
#短期贷款	Short－term Loans	4844.91	4517.26	1317.89	2514.85
#个人贷款及透支	Personal Loans and Overdrafts	557.69	274.09	243.48	257.58
#个人消费贷款	Loans for Personal Consumption	164.13	70.07	21.52	38.69
单位普通贷款及透支	Units of Ordinary Loans and Overdrafts	3620.11	3659.12	953.29	1929.49
#经营贷款	Business Loans	3507.75	3640.18	925.90	1901.58
中长期贷款	Long－term Loans	8932.85	3618.28	948.49	1843.65
#个人贷款	Personal Loans	1941.37	1073.23	517.92	734.78
#个人消费贷款	Loans for Personal Consumption	1763.78	941.00	429.57	638.80
单位普通贷款	The Unit Normal Loans	5331.89	2083.87	325.22	1016.13
#经营贷款	Business Loans	738.29	379.03	66.62	76.78
融资租赁	Finance Leases	173.20			
票据融资	Bill Financing	447.10	409.43	101.81	124.62
各项垫款	The Advances	8.21	17.64	6.99	6.52

Deposits and Loans of Financial Institutions at Year-end by Region (RMB and Foreign Currency) (2013)

(100 million yuan)

苏州 Suzhou	南通 Nantong	连云港 Lianyungang	淮安 Huaian	盐城 Yancheng	扬州 Yangzhou	镇江 Zhenjiang	泰州 Taizhou	宿迁 Suqian
21237.59	**7542.12**	**1709.93**	**1737.07**	**3219.99**	**3888.39**	**3346.73**	**3612.56**	**1488.99**
13238.78	3177.48	811.84	773.94	1342.15	1833.05	1725.00	1720.79	711.73
3748.15	1005.42	373.96	393.41	595.06	665.13	553.85	558.33	368.25
4064.63	1024.11	193.07	124.91	272.56	607.53	485.35	527.28	139.48
753.18	72.33	16.75	10.77	62.16	44.75	38.13	16.41	12.51
2183.77	629.47	116.04	111.90	272.17	301.43	448.69	362.30	162.79
6799.41	4234.30	850.95	947.05	1820.45	1988.35	1544.62	1837.11	754.01
6470.70	4150.54	827.97	934.30	1793.26	1940.28	1483.62	1790.89	737.58
228.68	28.58	32.15	9.05	35.87	13.79	12.42	11.34	5.06
27.98	12.23	2.74	5.29	7.00	3.18	4.88	3.48	2.32
79.54	7.41	…	…	0.12	16.49	3.27	6.28	
863.20	82.12	12.26	1.73	14.39	33.54	56.54	33.58	15.87
16675.52	**4672.81**	**1425.50**	**1397.49**	**2214.59**	**2375.62**	**2422.71**	**2464.15**	**1290.26**
16597.42	4672.37	1425.36	1397.43	2214.53	2374.90	2422.14	2464.07	1290.12
7457.51	2660.67	686.19	656.67	1125.10	1261.04	1443.37	1434.85	684.53
858.26	397.46	168.63	161.24	223.55	225.60	155.59	252.23	247.99
194.57	67.94	25.47	16.67	33.74	33.59	28.44	30.57	30.93
5389.70	2015.07	457.92	452.16	798.19	932.25	1129.01	1014.00	393.31
5347.66	1909.97	426.34	448.53	770.57	931.61	1113.02	1008.37	387.03
8667.16	1879.02	702.96	699.44	951.49	1030.11	938.96	943.05	576.96
3163.10	571.34	346.37	437.14	525.85	531.05	360.82	450.22	427.01
2831.17	463.63	296.15	381.73	451.71	461.34	313.08	353.03	363.91
4657.83	1133.39	326.76	254.92	356.26	465.64	498.52	437.04	141.21
410.44	79.73	70.59	28.30	43.72	69.00	64.57	60.93	12.11
445.82	131.26	31.90	40.88	137.08	82.72	36.89	84.85	28.18
26.94	1.42	4.31	0.45	0.86	1.03	2.92	1.32	0.44

7-9 分地区金融机构人民币存贷款年末余额(2013 年)

单位:亿元

指标	Item	南京 Nanjing	无锡 Wuxi	徐州 Xuzhou	常州 Changzhou
各项存款	**The Deposits**	**18050.82**	**11205.78**	**3884.46**	**6348.10**
#单位存款	Unit Deposits	11816.64	6603.28	1655.27	3300.96
#活期存款	Demand Deposits	3849.11	1812.21	667.37	1028.38
定期存款	Time Deposits	3659.28	2182.44	410.22	1037.40
通知存款	Notice Deposits	321.15	292.25	20.25	76.24
保证金存款	Margin Deposits	1372.95	1218.11	332.21	617.13
个人存款	Individual Deposits	5187.96	4255.55	2154.98	2895.79
#储蓄存款	Savings Deposits	4883.29	4086.84	2089.77	2753.31
财政性存款	Fiscal Deposits	251.29	53.96	43.96	34.81
临时性存款	Temporary Deposits	64.61	17.41	23.09	7.36
委托存款	Trust Deposits	96.33	53.10	0.01	18.28
其他存款	Other Deposits	634.00	222.48	7.16	90.91
各项贷款	**Loans**	**13791.06**	**8108.14**	**2360.80**	**4318.32**
#境内贷款	Domestic Loans	13786.15	8106.39	2360.69	4317.73
#短期贷款	Short-term Loans	4494.15	4102.67	1303.82	2344.57
#个人贷款及透支	Personal Loans and Overdrafts	557.47	273.83	243.45	257.44
#个人消费贷款	Loans for Personal Consumption	163.90	69.81	21.48	38.55
单位普通贷款及透支	Units of Ordinary Loans and Overdrafts	3518.94	3552.92	951.91	1917.76
#经营贷款	Business Loans	3406.59	3533.98	924.52	1889.85
中长期贷款	Long-term Loans	8663.61	3576.97	948.06	1842.37
#个人贷款	Personal Loans	1941.24	1073.22	517.92	734.78
#个人消费贷款	Loans for Personal Consumption	1763.65	940.99	429.57	638.80
单位普通贷款	The Unit Normal Loans	5115.26	2052.11	324.79	1016.13
#经营贷款	Business Loans	604.80	361.71	66.19	76.78
融资租赁	Finance Leases	173.20			
票据融资	Bill Financing	446.97	409.43	101.81	124.62
各项垫款	The Advances	8.21	17.32	6.99	6.18

Deposits and Loans of Financial Institutions at Year-end by Region(RMB)(2013)

(100 million yuan)

苏州 Suzhou	南通 Nantong	连云港 Lianyungang	淮安 Huaian	盐城 Yancheng	扬州 Yangzhou	镇江 Zhenjiang	泰州 Taizhou	宿迁 Suqian
20037.58	**7342.00**	**1671.65**	**1721.30**	**3196.06**	**3836.87**	**3289.46**	**3544.42**	**1475.58**
12114.08	2998.10	778.41	760.71	1323.21	1791.13	1676.23	1657.61	699.61
3347.98	948.66	361.64	387.31	584.56	639.99	519.80	542.10	363.78
3689.85	956.86	178.04	118.57	272.32	596.17	480.59	517.44	138.09
628.68	66.91	16.75	10.06	62.16	44.23	37.65	13.36	6.76
1968.29	582.99	109.97	111.82	263.97	298.86	439.21	329.97	162.30
6732.91	4213.77	846.11	944.55	1815.52	1978.83	1536.24	1832.17	752.72
6408.32	4130.22	823.19	931.81	1788.34	1931.02	1475.49	1786.01	736.29
228.68	28.58	32.15	9.05	35.87	13.79	12.42	11.34	5.06
23.91	12.02	2.72	5.26	6.94	3.11	4.76	3.45	2.31
79.39	7.41	…	…	0.12	16.48	3.27	6.28	
858.61	82.12	12.26	1.73	14.39	33.54	56.54	33.58	15.87
15495.24	**4508.54**	**1366.94**	**1375.15**	**2179.75**	**2341.85**	**2364.38**	**2344.27**	**1282.09**
15456.23	4508.10	1366.80	1375.09	2179.70	2341.13	2363.80	2344.19	1281.95
6424.32	2503.05	642.73	634.85	1091.26	1230.21	1395.27	1334.15	676.36
857.82	397.35	168.61	161.22	223.53	225.56	155.52	252.20	247.98
194.13	67.84	25.45	16.65	33.72	33.55	28.37	30.54	30.91
5137.80	2004.45	452.73	452.16	797.42	928.09	1119.48	1006.09	393.25
5096.44	1899.34	421.16	448.53	769.79	927.45	1103.48	1000.46	386.97
8563.37	1872.38	687.86	698.92	950.50	1027.17	928.73	923.89	576.96
3163.09	571.34	346.37	437.13	525.85	531.04	360.82	450.22	427.01
2831.17	463.63	296.15	381.72	451.70	461.33	313.08	353.03	363.91
4588.14	1127.50	325.35	254.41	355.65	463.38	490.11	418.00	141.21
366.85	79.73	70.59	28.30	43.11	68.24	59.24	46.71	12.11
441.86	131.25	31.90	40.88	137.08	82.72	36.89	84.83	28.18
26.67	1.42	4.31	0.45	0.86	1.03	2.92	1.32	0.44

7－10　分地区金融机构外汇存贷款年末余额(2013 年)

单位:亿美元

指　　标	Item	南京 Nanjing	无锡 Wuxi	徐州 Xuzhou	常州 Changzhou
各项存款	**The Deposits**	**60.21**	**71.54**	**5.91**	**31.20**
#单位存款	Unit Deposits	43.76	65.20	4.73	28.06
#活期存款	Demand Deposits	23.27	23.87	3.14	15.27
定期存款	Time Deposits	9.06	18.01	0.43	6.74
通知存款	Notice Deposits	1.52	6.78		0.88
保证金存款	Margin Deposits	8.78	16.04	1.16	5.17
个人存款	Individual Deposits	12.58	5.77	1.15	3.00
#储蓄存款	Savings Deposits	11.89	5.55	1.12	2.85
财政性存款	Fiscal Deposits				
临时性存款	Temporary Deposits	3.51	0.57	0.03	0.15
委托存款	Trust Deposits	0.02	…		…
其他存款	Other Deposits	0.34	…	…	…
各项贷款	**Loans**	**122.62**	**75.00**	**2.38**	**28.20**
#境内贷款	Domestic Loans	101.71	74.83	2.38	28.20
#短期贷款	Short－term Loans	57.53	68.00	2.31	27.93
#个人贷款及透支	Personal Loans and Overdrafts	0.04	0.04	0.01	0.02
#个人消费贷款	Loans for Personal Consumption	0.04	0.04	0.01	0.02
单位普通贷款及透支	Units of Ordinary Loans and Overdrafts	16.59	17.42	0.23	1.92
#经营贷款	Business Loans	16.59	17.42	0.23	1.92
中长期贷款	Long－term Loans	44.16	6.77	0.07	0.21
#个人贷款	Personal Loans	0.02	…		
#个人消费贷款	Loans for Personal Consumption	0.02	…		
单位普通贷款	The Unit Normal Loans	35.53	5.21	0.07	
#经营贷款	Business Loans	21.89	2.84	0.07	
融资租赁	Finance Leases				
票据融资	Bill Financing	0.02	…		
各项垫款	The Advances		0.05		0.06

Deposits and Loans of Financial Institutions at Year-end by Region(Foreign Currency)(2013)

(USD 100 million)

苏州 Suzhou	南通 Nantong	连云港 Lianyungang	淮安 Huaian	盐城 Yancheng	扬州 Yangzhou	镇江 Zhenjiang	泰州 Taizhou	宿迁 Suqian
196.82	**32.82**	**6.28**	**2.59**	**3.93**	**8.45**	**9.39**	**11.18**	**2.20**
184.47	29.42	5.48	2.17	3.11	6.88	8.00	10.36	1.99
65.64	9.31	2.02	1.00	1.72	4.12	5.58	2.66	0.73
61.47	11.03	2.46	1.04	0.04	1.86	0.78	1.61	0.23
20.42	0.89		0.12		0.08	0.08	0.50	0.94
35.34	7.62	1.00	0.01	1.35	0.42	1.55	5.30	0.08
10.91	3.37	0.79	0.41	0.81	1.56	1.37	0.81	0.21
10.23	3.33	0.78	0.41	0.81	1.52	1.33	0.80	0.21
0.67	0.03		0.01	0.01	0.01	0.02		
0.03								
0.75								
193.59	**26.94**	**9.60**	**3.66**	**5.71**	**5.54**	**9.57**	**19.66**	**1.34**
187.18	26.94	9.60	3.66	5.71	5.54	9.57	19.66	1.34
169.46	25.85	7.13	3.58	5.55	5.06	7.89	16.52	1.34
0.07	0.02	…		…	0.01	0.01	0.01	…
0.07	0.02	…		…	0.01	0.01	0.01	…
41.32	1.74	0.85		0.13	0.68	1.56	1.30	0.01
41.20	1.74	0.85		0.13	0.68	1.56	1.30	0.01
17.02	1.09	2.48	0.09	0.16	0.48	1.68	3.14	
…		…	…	…	…	…		
…		…	…	…	…	…		
11.43	0.97	0.23	0.09	0.10	0.37	1.38	3.12	
7.15				0.10	0.13	0.87	2.33	
0.65								
0.04								

7-11 分行业金融机构贷款年末余额

行业 Sector		本外币(亿元) RMB and Foreign Currency (100 million yuan)			
		2010	2011	2012	2013
总计	**Total**	**42743.01**	**48665.72**	**55900.17**	**62805.68**
农、林、牧、渔业	Agriculture, Forestry, Animal Husbandry and Fishery	411.89	584.54	915.00	1270.13
采矿业	Mining	47.88	53.19	62.65	105.39
制造业	Manufacturing	10694.57	13351.59	15821.34	16509.63
电力、热力、燃气及水生产和供应业	Production and Supply of Electricity, Gas and Water	1444.92	1538.19	1612.77	1655.21
建筑业	Construction	1293.83	1769.66	2374.62	2766.82
批发和零售业	Wholesale and Retail Trades	3748.17	4454.30	5229.39	5875.73
交通运输、仓储和邮政业	Transport, Storage and Post	2936.28	3033.82	3377.03	3549.03
住宿和餐饮业	Hotels and Catering Services	200.75	251.02	353.83	458.04
信息传输、软件和信息技术服务业	Information Transfer, Software and IT Services	95.32	138.44	168.67	202.27
金融业	Financial Intermediation	124.09	133.94	293.03	246.78
房地产业	Real Estate	3037.71	3284.49	3749.14	4620.55
租赁和商务服务业	Leasing and Business Services	3797.22	3834.58	4107.14	4707.19
科学研究和技术服务业	Scientific and Technical Services	73.31	86.98	104.34	136.20
水利、环境和公共设施管理业	Management of Water Conservancy, Environment and Public Facilities	4092.26	3683.33	3520.44	3956.03
居民服务、修理和其他服务业	Services to Households and Other Services	152.51	171.69	150.84	158.45
教育	Education	425.27	396.14	404.51	413.00
卫生和社会工作	Health and Social Work	196.48	253.50	349.60	409.74
文化、体育和娱乐业	Culture, Sports and Entertainment	86.21	108.84	204.90	267.78
公共管理、社会保障和社会组织	Public Management and Social Organization	238.04	181.42	167.16	177.96

注:本表不含票据融资、非银行金融机构的委托贷款以及外资银行的数据。

Loans of Financial Institutions at Year-end by Sector

人民币(亿元) RMB (100 million yuan)				外汇(亿美元) Foreign Currency (USD 100 million)			
2010	2011	2012	2013	2010	2011	2012	2013
40781.85	**46372.30**	**52659.87**	**59738.11**	**296.13**	**363.98**	**515.52**	**503.14**
411.20	584.19	914.49	1268.70	0.10	0.06	0.08	0.23
39.44	52.79	61.91	103.10	1.27	0.06	0.12	0.38
9608.31	11824.17	13590.36	14410.26	164.02	242.41	354.94	344.33
1360.45	1440.63	1545.92	1599.08	12.75	15.48	10.64	9.21
1290.76	1769.05	2372.22	2761.16	0.46	0.10	0.38	0.93
3141.21	3989.32	4583.52	5202.70	91.65	73.79	102.76	110.39
2893.71	2996.54	3335.86	3511.98	6.43	5.92	6.55	6.08
200.38	251.01	353.83	458.04	0.06	0.00		
90.58	132.66	167.83	201.64	0.72	0.92	0.13	0.10
74.85	94.32	258.57	246.74	7.44	6.29	5.48	0.01
3035.74	3284.20	3748.51	4620.24	0.30	0.05	0.10	0.05
3789.53	3822.21	4084.06	4688.80	1.16	1.96	3.67	3.02
72.94	85.96	103.79	135.97	0.06	0.16	0.09	0.04
4086.27	3679.16	3505.41	3955.63	0.90	0.66	2.39	0.07
152.00	170.60	147.81	156.81	0.08	0.17	0.48	0.27
425.27	396.14	404.51	413.00				
194.15	251.43	348.15	407.94	0.35	0.33	0.23	0.30
86.15	108.84	204.90	267.78	0.01			
238.04	181.42	167.01	177.96			0.02	

a) This table does not include bill financing, trust loans of non-banking financial institutions and data from foreign banks.

7-12 分市分行业金融机构本外币贷款年末余额(2013 年)

行业	Sector	南京 Nanjing	无锡 Wuxi	徐州 Xuzhou	常州 Changzhou
总计	**Total**	**14091.55**	**8155.96**	**2273.49**	**4365.61**
农、林、牧、渔业	Agriculture, Forestry, Animal Husbandry and Fishery	102.62	188.55	31.95	133.05
采矿业	Mining	33.08	0.10	39.57	4.17
制造业	Manufacturing	2093.66	3195.64	514.05	1454.04
电力、热力、燃气及水生产和供应业	Production and Supply of Electricity, Gas and Water	571.75	117.01	72.02	70.97
建筑业	Construction	599.00	172.93	68.29	244.98
批发和零售业	Wholesale and Retail Trades	1357.60	818.97	323.61	384.35
交通运输、仓储和邮政业	Transport, Storage and Post	2124.41	207.01	26.49	98.11
住宿和餐饮业	Hotels and Catering Services	67.85	53.75	14.80	41.46
信息传输、软件和信息技术服务业	Information Transfer, Software and IT Services	80.20	39.26	6.69	5.04
金融业	Financial Intermediation	130.32	12.23	0.36	3.60
房地产业	Real Estate	1245.09	631.05	159.94	336.02
租赁和商务服务业	Leasing and Business Services	1180.88	733.37	153.33	286.63
科学研究和技术服务业	Scientific and Technical Services	50.29	16.45	2.76	5.72
水利、环境和公共设施管理业	Management of Water Conservancy, Environment and Public Facilities	1340.81	527.82	54.15	193.79
居民服务、修理和其他服务业	Services to Households and Other Services	39.06	11.56	5.67	10.82
教育	Education	135.33	29.58	17.88	22.75
卫生和社会工作	Health and Social Work	127.40	21.58	17.64	37.43
文化、体育和娱乐业	Culture, Sports and Entertainment	70.52	15.34	2.23	39.50
公共管理、社会保障和社会组织	Public Management and Social Organization	110.27	13.64	0.55	0.23
国际组织	International Organization				
对境外贷款	Overseas Loans	132.37	2.78	0.12	0.59
个人贷款及透支	Personal Loans and Overdrafts	2499.06	1347.32	761.40	992.36

注:本表不含票据融资、非银行金融机构的委托贷款数据,含外资银行数据。

Deposits and Loans of Financial Institutions at Year-end by Region and Sector (2013)

苏州 Suzhou	南通 Nantong	连云港 Liangyungang	淮安 Huaian	盐城 Yancheng	扬州 Yangzhou	镇江 Zhenjiang	泰州 Taizhou	宿迁 Suqian
16229.71	**4541.55**	**1393.60**	**1356.61**	**2077.51**	**2292.90**	**2385.82**	**2379.30**	**1262.07**
473.09	110.47	17.02	26.49	30.06	55.40	48.92	35.18	17.32
3.50	3.06	2.65	7.79	0.65	0.30	10.02		0.50
4347.81	1178.38	199.81	287.44	586.74	591.69	993.86	776.63	289.89
369.24	183.53	97.64	25.57	30.29	41.64	35.35	34.47	5.75
442.81	508.26	45.81	41.72	119.98	200.36	109.16	165.64	47.87
1338.24	495.30	182.28	114.56	171.44	172.45	210.81	223.38	82.76
595.55	107.02	137.62	16.91	63.22	49.74	49.85	55.11	17.99
155.98	25.69	4.56	8.66	20.57	29.55	12.67	17.15	5.37
34.65	16.12	1.65	1.09	3.88	4.27	3.10	5.55	0.77
57.68	2.72	1.56	0.37	10.85	8.93	6.94	10.19	1.03
1176.94	411.65	44.45	86.50	110.77	127.76	117.92	119.45	52.99
1650.87	234.96	51.59	32.24	70.50	90.87	82.78	125.72	13.44
55.93	0.56	0.76	0.74	0.55	0.61	0.37	1.14	0.33
1088.51	224.26	61.78	61.52	58.64	118.78	142.43	62.53	21.02
68.17	2.22	1.77	4.13	2.14	2.47	3.80	5.58	1.06
66.67	31.49	12.69	22.11	19.21	20.33	10.61	14.19	10.16
67.27	19.00	11.56	15.87	19.72	17.14	20.45	22.52	12.16
106.33	11.23	1.92	1.59	4.21	2.20	8.23	0.55	3.92
31.01	6.39	1.34	2.88	4.62	1.06	1.55	1.82	2.61
78.10	0.44	0.14	0.06	0.06	0.71	0.57	0.08	0.14
4021.37	968.80	515.00	598.38	749.41	756.65	516.41	702.45	675.00

a) This table contains data from foreign banks and does not contain bill financing and trust loans of non-banking institutions.

7－13 金融机构人员情况表

Number of Institutions and Staff and Workers of Banking Organizations

项　　目	Item	2005	2010	2011	2012	2013
机构数（家）	**Number of Institutions (unit)**	**9662**	**11425**	**11661**	**12029**	**12330**
#国有商业银行	State-owned Commercial Banks	5124	4561	4641	4768	4849
政策性银行	Banks of Budgetary Subsidies	91	92	93	93	93
其他商业银行	Other Commercial Banks	1081	736	768	832	915
农村合作银行	Rural Cooperative Banks	105	715	330	71	0
农村商业银行	Rural Commercial Banks	705	1283	1975	2692	2932
农村信用社	Rural Credit Cooperatives	2474	1073	677	269	146
财务公司	Financial Companies	3	6	7	9	11
信托投资公司	Trusted Investment Agencies	5	4	4	4	4
租赁公司	Rent Companies	3	1	1	1	1
职工人数（人）	**Number of Staff and Workers (person)**	**147533**	**179177**	**191572**	**204366**	**215558**
#国有商业银行	State-owned Commercial Banks	84802	92892	96267	99346	100229
政策性银行	Banks of Budgetary Subsidies	2096	2126	2165	2254	2341
其他商业银行	Other Commercial Banks	22710	24390	27527	30973	34570
农村合作银行	Rural Cooperative Banks	1118	8982	4279	917	0
农村商业银行	Rural Commercial Banks	6761	15278	25937	36592	41065
农村信用社	Rural Credit Cooperatives	25413	13411	8694	3989	2293
财务公司	Financial Companies	48	126	177	227	292
信托投资公司	Trusted Investment Agencies	181	222	242	285	336
租赁公司	Rent Companies	37	78	93	112	121

注：机构数为营业网点数。

a) The Insititution means business department.

7－14 保险业务主要指标
Major Indicators of Insurance Business

指标	Item	2010	2011	2012	2013
保费收入 （亿元）	**Premium（100 million yuan）**	**1162.67**	**1200.02**	**1301.28**	**1446.08**
财产险	Property Insurance	311.91	379.92	440.92	518.61
#企业财产保险	Enterprise Property Insurance	28.22	33.66	36.71	39.77
家庭财产保险	Household Property Insurance	1.62	1.89	2.36	2.65
机动车辆保险	Motor Vehicle Insurance	236.92	285.03	328.91	393.49
人身意外伤害险	Accident Injury Insurance	25.96	31.08	35.20	41.88
健康险	Health Insurance	44.39	47.93	59.29	76.41
寿险	Life Insurance	780.41	741.09	765.87	809.17
各项赔款和给付 （亿元）	**Claim and Payment （100 million yuan）**	**251.78**	**324.41**	**386.97**	**527.02**
财产险	Property Insurance	134.41	178.49	240.08	303.23
#企业财产保险	Enterprise Property Insurance	9.78	14.06	16.91	25.05
家庭财产保险	Household Property Insurance	0.35	0.48	0.59	0.53
机动车辆保险	Motor Vehicle Insurance	109.88	146.61	191.94	246.34
人身意外伤害险	Accident Injury Insurance	7.01	8.36	10.02	11.18
健康险	Health Insurance	17.99	28.60	17.85	24.00
寿险	Life Insurance	92.38	108.95	119.03	188.62
保险公司数 （家）	**Number of Insurance Co. （unit）**	**76**	**86**	**90**	**90**
#财产保险公司	Property Insurance Co.	32	38	39	39
人寿保险公司	Life Insurance Co.	44	48	51	51
#中资保险公司	Chinese-Funded Co.	52	59	63	63
外资保险公司	Foreign-Funded Co.	24	27	27	27
保险公司分支机构 （家）	**Branches of Insurance Co. （unit）**	**5600**	**5881**	**5718**	**5743**
从业人员数 （万人）	**Number of Staff and Workers （10000 persons）**	**22.70**	**23.05**	**22.80**	**23.49**

7-15 江苏辖区证券市场基本情况

Basic Information of Securities Markets within Jiangsu

项目	Item	2010	2011	2012	2013
上市公司数 （家）	Number of Listed Companies (unit)	169	214	236	235
#A 股	A Shares	164	203	231	230
#B 股	B Shares	5	5	5	5
辅导企业数 （家）	Number of Guidance Enterprises (unit)	153	204	244	206
证券公司数 （家）	Number of Securities Companies (unit)	5	6	6	6
证券营业部数 （家）	Number of Securities Business Departments (unit)	306	331	365	540
证券交易服务部数 （家）	Number of Securities Trading Service Departments (unit)	0	0	0	0
期货经纪公司 （家）	Number of Futures Broker Companies (unit)	11	11	11	10
期货经纪公司营业部 （个）	Number of Trading Offices of Futures Broker Companies (unit)	74	87	101	119
证券投资咨询机构数 （家）	Number of Securities Investment Consultative Institutions (unit)	3	3	2	2
证券从业人员数 （人）	Number of Staff and Workers in Securities (person)	9278	11381	11280	9333
期货从业人员数 （人）	Number of Staff and Workers in Futures (person)	1821	2199	2336	2636
证券投资者开户数 （万户）	Number of Accounts of Securities Investors (10000 accounts)	666	700	737	767
期货投资者开户数 （户）	Number of Accounts of Futures Investors (account)	135600	159100	195338	210026
上市公司募集资金总额 （亿元）	Total Capital Volume Collected by Listed Companies (100 million yuan)	791.77	670	344	283.69
发行	Issuing	470.70	477	135	0
配股	Share Right Issued	54.78	9.03	5.71	0.00
增发	Adding Shares Issue	194.89	137.28	82.46	79.84
公司债	Debenture	14.20	47.00	120.30	178.85
上市公司总资产 （亿元）	Total Assets of Listed Companies (100 million yuan)	10259.40	11036.57	12489.34	10848.16
上市公司净资产 （亿元）	Net Assets of Listed Companies (101 million yuan)	3628.08	4103.76	4360.70	
上市公司总股本 （亿股）	Total Capital Shares of Listed Companies (100 million yuan)	899.01	1136.70	1250.60	1379.89
市价总值 （亿元）	Total Market Value (100 million yuan)	13824.31	10514.50	11394.27	12787.24
上市公司净利润 （亿元）	Net Profit of Listed Companies (100 million yuan)	447.72	474.63	525.25	424.42
上市公司每股收益 （元）	Per Share Income of Listed Companies (yuan)	0.51	0.48	0.42	0.36
证券经营机构证券交易量 （亿元）	Trading Volume of Securities Business Institutions (100 million yuan)	76897.17	59694.48	41877.16	62452.24
期货经营机构代理交易量 （亿元）	Proxy Trading Volume of Futures Business Institutions (100 million yuan)	215753.23	178479.60	197158.93	212668.01

主要统计指标解释

财政收入 指国家财政参与社会产品分配所取得的收入，是实现国家职能的财力保证。按我省口径，财政总收入为公共财政预算收入、基金收入和上划中央四税之和。

财政支出 国家财政将筹集起来的资金进行分配使用，以满足经济建设和各项事业的需要。

存款 指企业、机关、团体或居民根据资金必须收回的原则，把货币资金存入银行或其他信用机构保管并取得一定利息的一种信用活动形式。它是银行信贷资金的主要来源。

贷款 指银行或其他信用机构根据资金必须归还的原则，按一定利率，为企业、个人等提供资金的一种信用活动形式。

保险公司 经保险监管机构批准设立，并依法登记注册经营保险业务的公司。

保险金额 保险人承担赔偿或者给付保险金责任的最高限额。

保费 投保人为取得保险保障，按保险合同约定向保险人支付的费用。

赔款 保险人对保险事故造成的损失，根据合同约定向被保险人或受益人给予的经济补偿。

给付 人身保险合同中，保险人向被保险人或受益人给付保险金的行为。包括死伤医疗给付、满期给付和年金给付。死伤医疗给付指因人寿保险及长期健康保险业务的被保险人在保险期内发生保险责任范围内的保险事故，保险公司按保险合同约定支付给被保险人（或受益人）的保险金。满期给付指因人寿保险业务的被保险人生存至保险期满，保险公司按保险合同约定支付给被保险人的满期保险金。年金给付指保险公司因年金保险业务的被保险人生存至规定的年龄，按保险合同约定支付给被保险人的给付金额。

Explanatory Notes on Main Statistical Indicators

Government Revenue refers to income for the government finance through participating in the distribution of social products. It is the financial guarantee to ensure government functioning. In our province, total financial revenue is the sum of public finance budgetary revenue, funds budgetary revenue and four taxes turned over to central government.

Government Expenditure refers to the distribution and use of the funds which the government finance has raised, so as to meet the needs of economic construction and various causes.

Deposit is a form of credit by which enterprises, institutions, organizations or residents can put money into banks and other credit institutions for safekeeping and interest earning under the principle of freedrawal. Deposits are major sources of credit funds of banks.

Loan is a form of credit by which banks and other credit institutions provide funds at certain interest rate to enterprises and individual in the light of the principle of unconditional repayment.

Insurance Companies refer to commercial insurance companies of various forms registered by law and established with the approval of insurance regulatory agencies.

Amount Insured refers to the maximum that the insurant will get for the claim of the case insured.

Premium is the fee paid by the insurant to the insurer to obtain the obligation of compensation from the insurance within the agreed terms.

Settled Claim is the compensation paid by the insurer to the insurant or beneficiary for the loss of the insurance accident in accordance with the insurance contract.

Payment is the behavior that the insurer pays insured amount to the insurant or the beneficiary according to the personal insurance contract. It includes payment for death, injury or medical treatment, payment at maturity and annuity payment. Payment for death, injury or medical treatment refers to the money paid to the insurant (or the beneficiary) in accordance with the life or health insurance contract when the insurant encounters accidents within the insured period covered in the contract. Payment at maturity refers to the payment to the insurant in accordance with the life insurance contract at the end of the insured period. Annuity payment refers to the payment to the insurant in accordance with the life insurance contract when the insurant under the annuity insurance lives to the specified age.

8

对外经济贸易

Foreign Trade and Economic Cooperation

简 要 说 明

本篇资料综合反映江苏的对外贸易、利用外资、对外直接投资、对外经济合作的历年概况，重点反映对外经济贸易的近期发展状况。

一、对外贸易部分

对外贸易统计的主要内容包括：进出口货物的品种、数(重)量、金额、国别(地区)、经营单位、境内目的地、境内货源地、贸易方式、关别等项目。

对外贸易统计的资料来源于海关总署，调查方法是全面调查。

历年出口商品分类金额和历年进口商品分类金额按照联合国《国际贸易标准分类》(SITC)进行统计。

对各国(地区)进出口总额表中，出口货物按中华人民共和国关境外最终目的国(地区)，进口货物按中华人民共和国关境外原产国(地区)统计。进出口总额分别按境内经营单位所在地和目的地、货源地列示。经营单位所在地是指江苏省境内进出口企业报关注册的登记地；境内货源地是指出口货物在江苏省境内的产地或原始发货地。

二、利用外资统计部分

利用外资统计的主要内容包括：对外借款、外商直接投资和外商其他投资、外商投资企业登记注册情况。

统计范围是凡经工商行政管理机关核准登记，在江苏省境内所有利用外资的单位和部门，经批准设立的中外合资经营企业、合作经营企业、外资企业、外商投资股份制企业、合作开发项目等具有法人资格的独立核算企业(包括港澳台地区投资企业)，在华从事经营活动的外国及港澳台地区企业及外国公司在江苏境内设立的分支机构。

利用外资统计的资料来源于商务部门，其中，外商投资企业的登记注册情况资料来源于工商行政管理部门，调查方法是全面调查。

三、对外经济合作部分

对外经济合作统计的主要内容包括：对外承包工程、对外劳务合作的合同数、合同金额、完成营业额等。

统计范围是对外承包工程、对外劳务合作。

该制度统计单位是经各级商务主管部门批准的从事对外承包和劳务合作业务并具有法人地位的对外承包劳务企业。

资料来源是商务部门，调查方法是全面调查。

四、对外直接投资部分

对外直接投资统计的内容主要包括：境内投资主体的基本情况、境外企业的基本情况等。

统计范围主要包括境内投资主体通过直接投资在境外设立的各类公司型企业和非公司型企业。

资料来源是商务部门，调查方法是全面调查。

五、其他

历年人民币对美元、日元、港币的年平均汇价，资料来源于国家外汇管理局，各年的年平均汇价是根据当年国家外汇管理局公布的每日汇价进行加权平均计算而得出的。

Brief Introduction

Data in this chapter provide summary data of Jiangsu's foreign trade, utilization of foreign capital, overseas direct investment, contracted projects and labour cooperation with foreign countries or territories over the years, focusing on the recent situation of foreign trade and economic cooperation.

Ⅰ. Foreign Trade

Data on foreign trade include: varieties of imports and exports, amount (weight), value, countries (regions), imports and exports corporations, destination within territory, origin of goods within territory, mode of trade, types of tariffs and so on.

Sources of data on foreign trade are from the General Administration of Customs of the People's Republic of China through a comprehensive reporting system.

Customs statistics in value terms for both imports and exports are compiled according to the classifications of *UN Standard International Trade Classification* (*SITC*).

In the table on total imports and exports with related countries and regions, the export commodities are calculated at the Customs of the countries (regions) of destination and the import commodities are calculated at the Customs of the countries (regions) of origin. The total values of the import and export commodities are calculated respectively at the provinces where the import or export corporations are situated and at the provinces of destination or provinces of origin within the border of Jiangsu. The province where the import or export corporations are situated refers to the province where the import or export corporations have applied to and have been registered at the Customs. The province of origin within the border of Jiangsu refers to the province where the export commodities are produced or originally delivered.

Ⅱ. Statistics on Utilization of Foreign Capitals

Utilization of foreign capitals includes: foreign loans, foreign direct investments and other foreign investments, and the basic condition of registration of foreign funded enterprises.

The statistics cover all the units and departments which have utilized foreign capital and all the Sino-foreign joint ventures, Sino-foreign cooperative enterprises, ventures exclusively with foreign investment, foreign-funded stock companies, Sino-foreign cooperative development projects and other corporate enterprises (including the enterprises funded by the entrepreneurs from Hong Kong, Macao and Taiwan) with independent accounting system which have been approved by the Chinese government to set up in the boundary of Jiangsu.

Data on utilization of foreign capitals are from departments of commerce, of which, data on basic condition of registration of foreign funded enterprises are from industrial and commercial administrations through comprehensive reporting system.

Ⅲ. Foreign Economic Cooperation

Data on foreign economic cooperation include: number of contracted foreign projects and foreign labour services cooperation, contracted volume, complete business turnover and so on.

The statistics cover contracted projects, labour services cooperation.

The statistical unit in the scheme is the corporate enterprise engaged in contracted projects and labour services cooperation with foreign countries and has been approved by the department of commerce at various levels.

Data on foreign economic cooperation are from departments of commerce through a comprehensive reporting system.

Ⅳ. Overseas Direct Investment

Contents of statistics on overseas direct investment include basic situation of domestic investors and overseas enterprises they invest in.

The statistics cover overseas corporate and non-corporate enterprises of various forms established by domestic investors through their investment operation.

Data on foreign economic cooperation are from departments of commerce through a comprehensive reporting system.

Ⅴ. Others

The average exchange rates of RMB yuan to US dollar, Japanese yen and Hong Kong dollar over the years come from the State Administration of Exchange Control. The annual average exchange rate is calculated as the weighted mean of the daily exchange rates provided by the State Administration of Foreign Exchange in the year.

8-1 对外经济主要指标
Major Indicators of Foreign Trade and Economic Cooperation

单位:亿美元 (USD 100 million)

指标	Item	2005	2010	2011	2012	2013
进出口总额	**Total Imports and Exports**	**2279.41**	**4657.93**	**5397.59**	**5480.93**	**5508.44**
进口总额	Total Import	1049.59	1952.42	2271.36	2195.55	2219.88
初级产品	Primary Goods	97.08	279.60	377.63	329.81	346.21
工业制成品	Manufactured Goods	952.51	1672.83	1893.73	1816.88	1831.55
出口总额	Total Exports	1229.82	2705.50	3126.23	3285.38	3288.57
初级产品	Primary Goods	15.77	43.74	61.33	54.86	52.56
工业制成品	Manufactured Goods	1214.05	2661.76	3064.90	3189.55	3193.96
合同外商直接投资项目 (个)	**Number of Projects for Contracted Foreign Direct Investment (unit)**	**7126**	**4661**	**4496**	**4156**	**3453**
合同外商直接投资	**Total Amount of Contracted Foreign Direct Investment**	**464.39**	**568.33**	**595.54**	**571.41**	**472.68**
实际外商直接投资	**Total Amount of Actual Foreign & Regions Direct Investment**	**131.83**	**284.98**	**321.32**	**357.60**	**332.59**
外商投资企业基本情况	**Registered Foreign-funded Enterprises**					
年底登记户数 (户)	Number of Registered Enterprises (unit)	33321	39207	52959	50461	50514
投资总额	Total Investment	2657.28	5081.06	5728.51	6250.00	6663.76
注册资本	Registered Capital	1321.32	2738.99	3050.09	3301.38	3542.82
对外经济合作	**Economic Cooperation with Foreign Countries & Regions**					
合同金额	Contracted Value					
对外承包工程	Contracted Projects	29.01	54.47	59.49	71.98	86.57
对外劳务合作	Labor Services	4.05	7.60	6.49	6.20	7.57
完成营业额	Value of Turnover Fulfilled					
对外承包工程	Contracted Projects	25.11	51.98	59.92	64.68	72.63
对外劳务合作	Labor Services	6.81	7.69	7.36	7.74	8.88
境外投资情况	**Overseas Investment**					
新批项目数 (个)	Newly Approved projects (unit)	160	408	505	572	605
贸易型项目	Trade	82	162	213	243	210
非贸易型项目	Nontrade	78	246	292	329	395
中方协议金额 (万美元)	Protocol Fund from China (USD 10000)	20504	217613	360154	504547	614272
贸易型项目	Trade	4214	61064	101672	154336	128831
非贸易型项目	Nontrade	16291	156549	258483	350210	485441

注:本表进出口额按 HS 统计,初级产品、工业制成品按 SITC 统计。

a) Data of imports and exports are counted by HS, data of Primary goods and manufactured goods are counted by SITC.

8-2 人民币对主要外币年平均汇价(中间价)

Average Exchange Rate of RMB Yuan Against Main Convertible Currencies (Middle Price)

单位:人民币元 (RMB yuan)

年 份 Year	100 美元 100 US Dollars	100 日元 100 Japanese Yen	100 港元 100 Hong Kong Dollars	100 欧元 100 Euro
1985	293.66	1.2457	37.57	
1986	345.28	2.0694	44.22	
1987	372.21	2.5799	47.74	
1988	372.21	2.9082	47.70	
1989	376.51	2.7360	48.28	
1990	478.32	3.3233	61.39	
1991	532.33	3.9602	68.45	
1992	551.46	4.3608	71.24	
1993	576.20	5.2020	74.41	
1994	861.87	8.4370	111.53	
1995	835.10	8.9225	107.96	
1996	831.42	7.6352	107.51	
1997	828.98	6.8600	107.09	
1998	827.91	6.3488	106.88	
1999	827.83	7.2932	106.66	
2000	827.84	7.6864	106.18	
2001	827.70	6.8075	106.08	
2002	827.70	6.6237	106.07	800.58
2003	827.70	7.1466	106.24	936.13
2004	827.68	7.6552	106.23	1029.00
2005	819.17	7.4484	105.30	1019.53
2006	797.18	6.8570	102.62	1001.90
2007	760.40	6.4632	97.46	1041.75
2008	694.51	6.7427	89.19	1022.27
2009	683.10	7.2986	88.12	952.70
2010	676.95	7.7279	87.13	897.25
2011	645.88	8.1050	82.97	900.11
2012	631.25	7.9037	81.38	810.67
2013	619.32	6.3323	79.85	822.19

8－3 对外贸易进出口总额
Total Imports and Exports

单位:亿美元 (USD 100 million)

年份 Year	海关进出口总额(经营单位) Total Import and Export Value by Customs (Running Unit)			海关进出口总额(目源地) Total Import and Export Value by Customs (Goods Destination or Original Place)		
	合计 Total	进口 Imports	出口 Exports	合计 Total	进口 Imports	出口 Exports
1985	19.87	4.01	15.86			
1986	24.12	5.42	18.70			
1987	28.73	7.56	21.17			
1988	34.58	10.41	24.17			
1989	38.43	13.07	25.36			
1990	41.39	11.95	29.44			
1991	53.10	18.85	34.25			
1992	69.62	29.60	40.02			
1993	91.29	44.77	46.52	107.75	59.81	47.94
1994	117.59	50.73	66.86	122.47	52.86	69.61
1995	162.78	64.96	97.82	180.05	79.42	100.63
1996	206.88	90.87	116.01	222.17	102.92	119.25
1997	236.21	95.32	140.89	252.93	108.82	144.11
1998	264.26	107.75	156.51	281.66	122.09	159.57
1999	312.61	129.52	183.09	328.62	142.80	185.82
2000	456.38	198.68	257.70	491.98	228.17	263.81
2001	513.55	224.77	288.78	544.84	250.91	293.93
2002	703.05	318.25	384.80	745.09	354.80	390.29
2003	1136.70	545.30	591.40	1213.37	617.26	596.11
2004	1708.57	833.60	874.97	1794.72	913.67	881.05
2005	2279.41	1049.59	1229.82	2384.86	1138.75	1246.11
2006	2839.95	1235.77	1604.19	2990.58	1360.67	1629.91
2007	3496.71	1459.38	2037.33	3723.93	1646.19	2077.74
2008	3922.68	1542.32	2380.36	4304.81	1852.62	2452.19
2009	3388.32	1395.89	1992.43	3659.94	1585.99	2073.95
2010	4657.93	1952.42	2705.50	4987.59	2173.02	2814.58
2011	5397.59	2271.36	3126.23	5813.74	2568.98	3244.77
2012	5480.93	2195.55	3285.38	5887.95	2545.48	3342.47
2013	5508.44	2219.88	3288.57	5932.74	2594.53	3338.21

8－4 按贸易方式和经济类型分的进口额
Total Imports by Type of Trade and Ownership

单位：万美元 (USD 10000)

项	目 Item	2010	2011	2012	2013
总值	**Total**	**19524242**	**22713585**	**21955510**	**22198752**
按贸易方式分	**Grouped by Type of Trade**				
#一般贸易	Ordinary Trade	6661871	8808975	7973301	8769215
来料加工装配贸易	Assembling Trade with Provided Raw Material	3029632	2584198	2070277	2057496
进料加工贸易	Processing Trade with Raw Material	6259631	6846520	6544109	6301517
加工贸易进口设备	Processing and Assembling with Equipments Provided	24046	12439	7228	2437
外商投资企业作为投资进口的设备、物品	Import Equipments as Investment	540942	543889	402209	307201
出料加工贸易	Processing Trade Providing Raw Material	10011	1264	3938	5463
易货贸易	Barter Trade				
保税监管场所进出境货物	Bonded Inbounded and Outbound Goods	1316980	1423321	1382722	1197681
海关特殊监管区域物流货物	Areas under Special Customs Supervision Logistics Goods	1438972	2235781	3326683	3325124
按经济类型分	**Grouped by Ownership**				
#国有企业	State-owned Enterprises	1233789	1687688	1701424	1791109
集体企业	Collective-owned Enterprises	630165	882131	644130	626162
私营企业	Private Enterprise		3115689	4274827	5183857
外商投资企业	Foreign-funded Enterprises	15487958	17016200	15320624	14514309
#中外合作	Sino-Foreign Cooperative	83739	151522	155013	177934
中外合资	Sino-Foreign Joint Funded	3741557	4448230	4119048	3555275
外商独资	Foreign Funded	11662662	12416448	11046563	10781100

8－5 按贸易方式和经济类型分的出口额
Total Exports by Type of Trade and Ownership

单位：万美元 (USD 10000)

项	目 Item	2010	2011	2012	2013
出口总额	**Total**	**27055014**	**31262305**	**32853789**	**32885683**
按贸易方式分	**Grouped by Type of Trade**				
#一般贸易	Ordinary Trade	9893423	12623974	13954791	14552930
来料加工装配贸易	Assembling Trade with Provided Raw Material	2366301	2225413	2140849	1774011
进料加工贸易	Processing Trade with Raw Material	13614392	14993058	13879105	13232056
出料加工贸易	Processing Trade Providing Raw Material	8547	650	3674	3542
易货贸易	Barter Trade	3			
保税监管场所进出境货物	Bonded Inbounded and Outbound Goods	798224	622100	275183.4	305546
海关特殊监管区域物流货物	Areas under Special Customs Supervision Logistics Goods	290044	714457	2471844	2917852
按经济类型分	**Grouped by Ownership**				
#国有企业	State-owned Enterprises	2432073	2650599	2758608	2876115
集体企业	Collective-owned Enterprises	536210	610920	692981	593346
私营企业	Private Enterprise		6454030	8908287	9967602
外商投资企业	Foreign-funded Enterprises	19231877	21521089	20468393	19422155
#中外合作	Sino-foreign Cooperative	86417	115562	103405	116745
中外合资	Sino-foreign Joint Funded	3792282	4694500	4548370	4354884
外商独资	Foreign Funded	15353178	16711028	15816618	14950527

8－6　进口商品分类总额
Total Value of Imports by Category of Commodities

单位：万美元　　　　(USD 10000)

项　　目	Item	2010	2011	2012	2013
进口总额	**Total**	**19524242**	**22713585**	**21466875**	**21777542**
初级产品	**Primary Goods**	**2795967**	**3776321**	**3298097**	**3462069**
#食品及活动物	Food and Live Animals	90348	139635	151494	153986
饮料及烟类	Beverages and Tobacco	2360	4462	5286	6663
非食用原料(燃料除外)	Non-edible Raw Materials	2156528	2964063	2505048	2538023
矿物燃料、润滑油及有关原料	Mineral Fuels, Lubricants and Related Materials	357542	454514	462749	624094
动植物油、脂及蜡	Animal and Vegetable Oils, Fats and Wax	189189	213646	173522	139303
工业制成品	**Manufactured Goods**	**16728275**	**18937265**	**18168778**	**18315473**
#化学成品及有关产品	Chemicals and Related Products	3065531	3934639	3708609	3823328
按原料分类的制成品	Manufactured Goods Grouped by Raw Materials	1586613	1834901	1725394	1661021
机械及运输设备	Machinery and Transport Equipments	9279548	10117268	9814610	10110878
杂项制品	Miscellaneous Products	2790729	3043768	2911090	2646724

注：本表按 SITC 分类统计(8－7 表、8－8 表同)。

a) Data in this table are complied according to the classifications of SITC(The same applies to the table 8－7 and 8－8).

8－7　出口商品分类总额
Total Value of Exports by Category of Commodities

单位：万美元　　　　(USD 10000)

项　　目	Item	2010	2011	2012	2013
出口总额	**Total**	**27055014**	**31262305**	**32444163**	**32465195**
初级产品	**Primary Goods**	**437429**	**613281**	**548632**	**525635**
#食品及活动物	Food and Live Animals	192966	208191	207354	213710
饮料及烟类	Beverages and Tobacco	253	417	528	833
非食用原料(燃料除外)	Non-edible Raw Materials	174192	250927	209821	218957
矿物燃料、润滑油及有关原料	Mineral Fuels, Lubricants and Related Materials	66033	148631	122658	84308
动植物油、脂及蜡	Animal and Vegetable Oils, Fats and Wax	3986	5115	8272	7828
工业制成品	**Manufactured Goods**	**26617586**	**30649025**	**31895531**	**31939561**
#化学成品及有关产品	Chemicals and Related Products	1667929	2273585	2160801	2289492
按原料分类的制成品	Manufactured Goods Grouped by Raw Materials	3781028	4847150	5105959	5262112
机械及运输设备	Machinery and Transport Equipments	16448028	17880782	18079423	18132848
杂项制品	Miscellaneous Products	4704451	5625714	6547831	6253457

8－8 进出口商品细分类总额（2013 年）

Value of Imports and Exports by Category of Commodities（2013）

单位：万美元 （USD 10000）

项目	Item	进出口总额 Total Improts and Exports Value	进口 Imports	出口 Exports
总计	**Total**	**54242737**	**21777542**	**32465195**
初级产品	**Primary Goods**	**3987704**	**3462069**	**525635**
食品及活动物	**Food and Live Animal**	**367696**	**153986**	**213710**
活动物	Live Animals	1728	924	804
肉及肉制品	Meat and Related Products	53340	50684	2656
乳品及蛋品	Dairy Products and Eggs	12976	12621	355
鱼、甲壳及软体类动物及其制品	Fish, Shellfish Products	14919	1638	13281
谷物及其制品	Cereals and Related Products	16399	4737	11661
蔬菜及水果	Vegetables and Fruits	152794	54385	98410
糖、糖制品及蜂蜜	Sugar, Sugar Products and Natural Honey	11717	2808	8908
咖啡、茶、可可、调味料及其制品	Coffee, Tea, Cocoa, Spices and Related Products	25528	11072	14456
饲料（不包括未碾磨谷物）	Forage	33087	7282	25805
杂项食品	Miscellaneous Food	45209	7835	37374
饮料及烟类	**Beverages and Tobacco**	**7496**	**6663**	**833**
#饮料	Beverages	7463	6647	816
非食用原料（燃料除外）	**Non-edible Materials**	**2756980**	**2538023**	**218957**
生皮及生毛皮	Raw Hides and Raw Furs	25513	25446	67
油籽及含油果实	Oil Seeds and Oil-bearing Fruits	9959	9859	100
生橡胶（包括合成橡胶及再生橡胶）	Raw Rubber	110040	92796	17245
软木及木材	Cork and Wood	214046	202216	11830
纸浆及废纸	Paper Pulp and Paper Waste	337940	337140	800
纺织纤维（羊毛条除外）及其废料	Textile Fiber and Waste	525889	410065	115824
天然肥料及矿物（煤、石油及宝石除外）	Natural Fertilizers and Minerals	69990	60345	9645
金属矿砂及金属废料	Metallic Ore and Metallic Waste	1395726	1382368	13358
其他动、植物原料	Other Raw Materials of Animals and Plants	67877	17788	50089
矿物燃料、润滑油及有关原料	**Mineral Fuels, Lubricants and Related Materials**	**708402**	**624094**	**84308**
煤、焦炭及煤砖	Coal, Coke and Coal Brick	150691	147812	2878
石油、石油产品及有关原料	Petroleum, Petroleum Products and Related Materials	322600	253085	69515
天然气及人造气	Natural Gas and Man-made Gas	235111	223197	11914
动植物油、脂	**Animal and Vegetable Oils and Wax**	**147131**	**139303**	**7828**
动物油、脂	Animal Oil, Fat	9043	1760	7283
植物油、脂	Vegetable Oil, Fat	135015	134651	364
已加工的动植物油、脂及动植物蜡	Processed Animal and Vegetable Oils, Fats and Wax	3072	2892	181

8-8 续表 Continued

单位:万美元 (USD 10000)

指标	Item	进出口总额 Total Improts and Exports Value	进口 Imports	出口 Exports
工业制成品	**Manufactured Goods**	**50255033**	**18315473**	**31939561**
化学成品及有关产品	**Chemicals and Related Products**	**6112819**	**3823328**	**2289492**
有机化学品	Organic Chemicals	3023427	2128457	894971
无机化学品	Inorganic Chemicals	248172	106824	141348
染料、鞣料及着色料	Dye, Tanning Material and Colouring Materials	164647	59665	104982
医药品	Pharmaceutical Products	391610	232527	159082
精油、香料及盥洗、光洁制品	Essential Oils, Perfumed Materials, Toilet Preparations, Bright and clean products	125130	41402	83728
制成肥料	Finished Fertilizers	55051	8462	46589
初级形状的塑料	Primary Shaped Plastics	987769	616891	370879
非初级形状的塑料	Non-primary Shaped Plastics	468180	290629	177551
其他化学原料及产品	Other Chemical Materials and Related Products	648834	338471	310363
按原料分类的制成品	**Manufactured Goods Grouped by Materials**	**6923133**	**1661021**	**5262112**
皮革、皮革制品及已鞣毛皮	Leather and Related Products and Tanned Furs	35797	23448	12348
橡胶制品	Rubber and Related Products	311111	81688	229423
软木及木制品(家具除外)	Cork and Wooden Products	305326	12470	292857
纸及纸板;纸浆、纸及纸板制品	Paper and Paperboard; Articles of Paper Pulp, of Paper or Paperboard	305492	52740	252752
纺纱、织物、制成品及有关产品	Textile Fabrics, Textile Materials and Related Pro -	2160707	274038	1886669
非金属矿物制品	Non-metalic Mineral Products	468598	136275	332324
钢铁	Iron and Steel	1373364	337770	1035595
有色金属	Nonferrous Metal	726343	473113	253230
金属制品	Metallic Products	1236394	269480	966914
机械及运输设备	**Machinery and Transport Equipment**	**28243726**	**10110878**	**18132848**
动力机械及设备	Power-driven Machinery and Related Equipment	919818	304051	615767
特种工业专用机械	Special Industrial Machinery of Particular Use	1494710	770746	723964
金工机械	Metalworking Machinery	408642	279183	129459
通用工业机械设备及零件	Equipment and Accessories for General Industrial	2284140	816910	1467231
办公用机械及自动数据处理设备	Machinery for Office Use and Automatic Data - processing Equipment	5276480	794028	4482452
电信及声音的录制及重放装置设备	Telecommunication and Recorders	3936148	899750	3036399
电力机械、器具及其电气零件	Electronic Machinery, Equipment and Accessories	11882529	5958400	5924129
陆路车辆(包括气垫式)	Overland Vehicles	1162984	230769	932215
其他运输设备	Other Transport Equipment	878274	57042	821232
杂项制品	**Miscellaneous Products**	**8900180**	**2646724**	**6253457**
活动房屋;卫生、水道、供热及照明装置	Movable Houses, Public Health, Waterway, Heat Supply and Lighting Installation	213049	10034	203016
家具及其零件;褥垫及类似填充制品	Furniture and Accessories, Beddings and Filler Products and Similar Products for Stuffing	588268	17666	570601
旅行用品、手提包及类似品	Travel Articles, Handbag and Similar Articles	186031	2693	183338
服装及衣着附件	Garments and Clothing Accessories	2437725	28354	2409371
鞋靴	Parts of Footwear	270066	42675	227391
专业、科学及控制用仪器和装置	Instruments and Equipment for Professional, Scientific and Control Use	3330306	1943166	1387140
摄影器材、光学物品及钟表	Photographic and Optical Equipment and Clocks	552195	348484	203710
杂项制品	Miscellaneous Products	1322541	253652	1068890

8 -9 进出口商品主要国家和地区
Imports and Exports Value by Country and Region

单位:万美元 (USD 10000)

国 家 (地 区)	Country (Region)	2012			2013		
		进出口 Imports and Exports	进 口 Imports	出 口 Exports	进出口 Imports and Exports	进 口 Imports	出 口 Exports
亚 洲	**Asia**	**30539608**	**15659134**	**14880475**	**31051350**	**15359610**	**15691740**
#巴林	Bahrain	27264	12708	14556	20812	9069	11744
孟加拉国	Bangladesh	219700	5732	213968	253444	7132	246313
缅甸	Myanmar	52556	2647	49909	60872	1368	59504
柬埔寨	Cambodia	55887	2888	52999	70043	2492	67551
塞浦路斯	Cyprus	12455	40	12415	13149	32	13117
中国香港	Hong Kong, China	3434786	62464	3372322	3744814	61403	3683411
印度	India	1018024	218599	799425	999158	193809	805349
印度尼西亚	Indonesia	859025	352614	506411	824235	279913	544323
伊朗	Iran	214154	94966	119189	184054	77979	106075
以色列	Israel	120942	26111	94832	119248	31047	88202
日本	Japan	6316594	3234361	3082234	6100651	2976946	3123705
科威特	Kuwait	86402	62459	23943	97407	70244	27163
中国澳门	Macao, China	10928	299	10629	14626	336	14290
马来西亚	Malaysia	1341845	823962	517884	1133088	601036	532053
巴基斯坦	Pakistan	122484	22177	100307	123493	17479	106015
菲律宾	Philippines	491638	296308	195329	469420	228258	241163
卡塔尔	Qatar	45774	26617	19157	196563	170997	25566
沙特阿拉伯	Saudi Arabia	546928	307179	239750	528560	303627	224933
新加坡	Singapore	1278294	497759	780535	1358810	545208	813602
韩国	Korea, Rep.	5489324	3849879	1639445	5825721	4151041	1674680
斯里兰卡	Sri Lanka	32813	1303	31510	38673	1388	37285
叙利亚	Syria	13464	113	13351	7632	220	7412
泰国	Thailand	1188625	623253	565372	1105223	534136	571087
土耳其	Turkey	335360	26005	309355	337801	27170	310631
阿拉伯联合酋长国	United Arab Emirates	430680	29582	401098	422147	51644	370503
越南	Vietnam	500951	117880	383071	605251	105259	499992
中国台湾	Taiwan, China	4092319	3035596	1056723	4312397	3115886	1196511
非 洲	**Africa**	**1166170**	**177397**	**988773**	**1189250**	**259367**	**929883**
#喀麦隆	Cameroon	12551	5408	7143	17992	7575	10417
埃及	Egypt	95814	3103	92712	82611	2492	80119
加蓬	Gabon	7896	2983	4912	6271	2403	3868
摩洛哥	Morocco	41162	4617	36545	33956	4040	29916
尼日利亚	Nigeria	102535	1741	100793	135513	10278	125235
南非	South Africa	313302	84748	228554	365552	129525	236027
欧 洲	**Europe**	**9689022**	**2595336**	**7093686**	**9120033**	**2677710**	**6442323**
#比利时	Belgium	375134	92031	283103	347535	91027	256508
丹麦	Denmark	121301	26857	94444	104549	27097	77452
英国	United Kindom	888006	136007	751999	931621	147357	784264

8－9 续表 Continued

单位:万美元 (USD 10000)

国 别（地 区）	Country (Region)	2012 进出口 Imports and Exports	2012 进 口 Imports	2012 出 口 Exports	2013 进出口 Imports and Exports	2013 进 口 Imports	2013 出 口 Exports
德国	Germany	2268822	986299	1282523	2206277	1051318	1154960
法国	France	622462	169128	453335	616310	192446	423864
爱尔兰	Ireland	47264	8637	38627	54888	9653	45235
意大利	Italy	626054	218782	407271	566793	216000	350793
荷兰	Netherlands	1588013	136629	1451384	1386301	127190	1259111
希腊	Greece	61825	9989	51836	42598	6128	36469
葡萄牙	Portugal	47863	6136	41727	39150	6568	32582
西班牙	Spain	305987	55648	250338	324865	65756	259109
奥地利	Austria	114815	80314	34501	103841	71389	32452
芬兰	Finland	272894	60078	212816	180488	57042	123447
匈牙利	Hungary	149589	25831	123758	110535	24154	86381
挪威	Norway	79845	34911	44934	80877	23819	57059
波兰	Poland	277378	27606	249772	233166	27387	205779
罗马尼亚	Romania	69956	6609	63347	70662	6792	63870
瑞典	Sweden	320619	198366	122253	325959	206649	119311
瑞士	Switzerland	155368	96532	58836	150656	92146	58511
俄罗斯联邦	Russia Fed.	642255	95078	547177	577681	84467	493214
乌克兰	Ukraine	129899	41691	88209	141966	52023	89943
捷克	Czech Rep.	195311	31861	163450	180069	39943	140126
拉丁美洲	**Latin America**	**3047393**	**853895**	**2193499**	**2871561**	**889340**	**1982221**
#阿根廷	Argentina	215627	73663	141964	227915	59450	168465
巴西	Brazil	1122814	456346	666467	1145120	526709	618411
智利	Chile	273147	96442	176705	256969	83248	173721
哥伦比亚	Colombia	102893	5157	97736	107179	4105	103073
危地马拉	Guatemala	15628	368	15260	17979	135	17844
墨西哥	Mexico	540531	82596	457935	551328	88419	462909
巴拿马	Panama	222896	97	222800	92844	168	92676
秘鲁	Peru	108510	29133	79377	109120	20671	88449
乌拉圭	Uruguay	73508	42228	31280	80117	47889	32228
委内瑞拉	Venezuela	149648	9357	140291	82428	2263	80165
北美洲	**North America**	**8591719**	**1719274**	**6872445**	**8980099**	**1949272**	**7030828**
#加拿大	Canada	777420	281039	496382	781514	293775	487739
美国	United States	7814228	1438235	6375993	8198507	1655497	6543011
大洋洲	**Oceania**	**1774017**	**949141**	**824875**	**1869090**	**1060433**	**808658**
#澳大利亚	Australia	1556174	867472	688702	1579522	950086	629437
新西兰	New Zealand	126025	62169	63857	143133	74992	68141
巴布亚新几内亚	Papua New Guinea	17618	11235	6384	25560	20871	4689
附:东南亚国家联盟	Association of Southeast - Asia Nations	5788037	2718532	3069505	5643719	2299347	3344372
欧洲联盟	European Union	8622198	2317401	6304797	8127276	2415175	5712101
亚太经济合作组织	Asia-Pacific Economic Cooperation	38717687	17711305	21006382	39444573	17599788	21844785

8－10　主要商品进口数量和金额

Major Import Commodities in Volume and Value

商品名称		Item		2012 数量 Volume	2012 金额（千美元）Value（USD 1000）	2013 数量 Volume	2013 金额（千美元）Value（USD 1000）
冻鱼	（吨）	Frozen Fish	（ton）	1102	2961	1635	4602
鲜、干水果及坚果	（吨）	Fresh，Dried Fruits and Nuts	（ton）	17904	13079	14387	13198
谷物及谷物粉	（万吨）	Cereals and Cereal Powder	（10000 tons）	63	198546	56	197806
大豆	（万吨）	Soybean	（ton）	490	2956463	457	2757721
食用植物油	（万吨）	Edible Vegetable Oil	（10000 tons）	84	985837	68	747905
食糖	（万吨）	Sugar	（10000 tons）	1	5728	1	4632
酒类	（千升）	Alcohol	（kiloliter）	16660	52464	18901	64046
饲料用鱼粉	（万吨）	Fish Powder for Forage	（10000 tons）	1	17334	2	36020
纸烟	（万条）	Cigarette	（10000 carton）			10	164
天然橡胶（包括胶乳）	（万吨）	Natural Rubber	（10000 tons）	14	465173	14	365281
合成橡胶（包括胶乳）	（吨）	Synthetic Rubber	（ton）	189997	662849	192107	558259
原木	（万立方米）	Log	（10 kilostere）	615	1077559	733	1449985
锯材	（万立方米）	Wood Sawn	（10 kilostere）	169	419723	198	535263
胶合板及类似多层板	（万立方米）	Veneer	（10 kilostere）	1	4021		3634
纸浆	（万吨）	Paper Pulp	（10000 tons）	388	2804441	375	2610281
羊毛	（吨）	Wool	（ton）	167804	1580255	192061	1632067
毛条	（吨）	Woolen Yarn	（ton）	1569	15498	3657	32737
棉花	（万吨）	Cotton	（10000 tons）	93	2059527	96	1926928
二醋酸纤维丝束	（吨）	Acetate	（ton）	143	845	501	2949
纺织用合成纤维	（万吨）	Synthietic Fibre for Spinning	（10000 tons）	8	238434	9	265462
人造纤维短纤	（吨）	Man-made Fibre	（ton）	9548	39206	20997	62068
铁矿砂及其精矿	（万吨）	Iron Ores	（10000 tons）	6649	8991728	7641	10589996
锰矿砂及其精矿	（万吨）	Manganese Ores	（10000 tons）	31	49415	37	61881
铜矿砂及其精矿	（万吨）	Copper Ores	（10000 tons）	19	453501	3	48236
铬矿砂及其精矿	（万吨）	Chrome Ores	（10000 tons）	74	170584	108	237416
氧化铝	（万吨）	Alumina	（10000 tons）	82	299931	45	174759
煤及褐煤	（万吨）	Coal and Brown Coal	（10000 tons）	1270	1420857	1320	1472335
成品油	（万吨）	Petroleum Products Refined	（10000 tons）	100	1188189	113	1301750
液化石油气及其他烃类气	（万吨）	Liquefied Petroleum Gas	（10000 tons）	51	502595	241	2231969
甲苯	（吨）	Toluene	（ton）	145025	170947	223181	266075
二甲苯	（万吨）	Xylene	（10000 tons）	160	2408280	186	2837999

8－10 续 表 1 Continued 1

商品名称 Item		2012		2013	
		数 量 Volume	金 额（千美元）Value（USD 1000）	数 量 Volume	金 额（千美元）Value（USD 1000）
苯乙烯 （吨）	Styrene （ton）	1867274	2715331	1859928	3219977
乙二醇 （吨）	Glycol （ton）	4018003	4136043	4432844	4698889
异氰酸酯 （吨）	Isocyanic Ester （ton）	19166	70325	24402	84318
对苯二甲酸 （吨）	Telephthalic Acid （ton）	1937371	2108052	1141593	1237928
己内酰胺 （吨）	Caprolactam （ton）	144218	372464	102215	239463
医药品 （吨）	Pharmaceuticals （ton）	8504	2053298	6991	2325273
美容化妆品及护肤品 （吨）	Cosmetics and Skin Care Products （ton）	3603	73982	3603	83198
肥料 （万吨）	Fertilizer （10000 tons）	16	70695	22	84819
合成有机染料 （吨）	Synthetic Organic Dyeing （ton）	3663	36250	3596	35242
钛白粉 （吨）	Titanium Dioxide （ton）	5855	22738	5659	18288
聚合物油漆及清漆 （吨）	Polymer Paint and Varnish （ton）	17891	104627	18384	112034
感光材料	Sensitization Material		57217		61679
初级形状的塑料 （万吨）	Primary-shape Plastic （10000 tons）	228	5220928	243	5432200
初级形状的聚乙烯 （吨）	Primary-shape Polythene （ton）	382857	585148	460374	720415
初级形状的线型低密度聚乙烯（吨）	Primary-shape Line-type Low-density Polythene （ton）	134519	201166	151257	242441
初级形状的聚丙烯 （吨）	Primary-shape Polypropylene （ton）	265985	420165	300951	488479
初级形状的聚苯乙烯聚合物（吨）	Primary-shape Polystyrene （ton）	401000	854511	396158	849733
ABS 树脂 （吨）	ABS Colophony （ton）	179993	437739	168881	379579
初级形状的聚氯乙烯 （吨）	Primary-shape PVC （ton）	163960	202965	149928	191664
初级形状的聚酯 （吨）	Primary-shape Polyester （ton）	179519	578891	184029	548358
聚酯切片 （吨）	Polyester Slice （ton）	26076	47086	46287	83345
聚酰胺切片 （吨）	Polyamide Slice （ton）	79104	260760	102664	315736
非泡沫塑料的板、片、膜、箔 （吨）	Non-foam Plastic Board, Slice, Film and Foil （ton）	202513	2107446	189401	1835769
废塑料 （万吨）	Waste Plastic （10000 tons）	84	666294	95	736707
杀虫剂、除草剂及类似品 （吨）	Insecticide、Herbicide and the Like （ton）	13350	192580	13570	238079
牛皮革及马皮革 （吨）	Cowskin and Horse Leather （ton）	41066	281530	35003	197187
废纸 （万吨）	Waste Paper （10000 tons）	403	872550	355	761120
纸及纸板（未切成形的） （万吨）	Paper and Paper Board （10000 tons）	41	550296	33	474737
纺织纱线、织物及制品	Textile Yarn, Textile and Their Products		2696676		2756501
服装及衣着附件	Garments and Clothing Accessories		258347		285213
玻璃纤维及其制品 （吨）	Fiberglass （ton）	47413	234058	64779	274606
钻石 （千克）	Diamond （kg）	31	2074	12	1095
废金属 （万吨）	Waste Metal （10000 tons）	246	1909217	227	1612622
钢坯及粗锻件 （万吨）	Billet and Crude Forgings （10000 tons）	9	125452	27	196875

8－10 续 表 2 Continued 2

商 品 名 称 Item		2012		2013	
		数 量 Volume	金 额（千美元）Value（USD 1000）	数 量 Volume	金 额（千美元）Value（USD 1000）
钢材 （万吨）	Rolled Steel （10000 tons）	205	2912597	215	2837368
钢铁制标准紧固件 （吨）	Iron and Steel Standard Solidity Articles （ton）	35644	409090	42300	452090
未锻造的铜及铜材 （吨）	Copper and its Material （ton）	350833	3284016	329607	2914363
未锻造的铝及铝材 （吨）	Aluminium and its Material （ton）	157537	970761	155332	911723
钢铁或铝制结构体及其部件（吨）	Iron and Steel and Aluminium Units and Parts （ton）	33227	146196	33331	161041
蒸汽锅炉及过热水锅炉 （台）	Steam Boiler （set）	74	7560	102	4873
活塞式内燃机的零件 （吨）	Parts of Piston Internal-combustion Engine （ton）	33998	436690	37910	524307
液泵及液体提升机 （台）	Hydraulic Pumps and Lifters （set）	11739599	615147	13058596	625237
制冷设备用压缩机 （万台）	Compressors for Refrigerating Equipment （10000 sets）	167	145616	186	157968
空气调节器 （台）	Air Conditioners （set）	3785	21144	1855	19270
冷冻机和制冷设备 （台）	Refrigerating Equipment （set）	111562	123615	134804	173789
非家用型水的过滤、净化机器（台）	Non-household Water Purify Machines （set）	18159	35770	14208	41193
饮料及液体食品灌装设备 （台）	Beverage Filling Equipment （set）	42	83170	85	59386
机械提升搬运装卸设备及零件	Machine Lifting, Transporting and Loading and Unloading Equipment and Accessories		775119		851688
建筑及采矿用机械及零件	Construction and Mining Machinery and Spare Parts		722538		523048
食品、饮料工业用加工机械及零件	Food Processing Machinery and Spare Parts		39500		41758
制造纸及纸制品用机械及零件	Paper and Related Articles Production Machinery		283586		150685
印刷、装订机械及零件	Printing and Bookbinding Machinery		896831		978264
纺织机械及零件	Textile Machinery		1388766		1266635
工业用缝纫机 （台）	Industrial Use Sewing Machine （set）	3736	8304	5363	8465
金属加工机床 （台）	Machine Tools （set）	22493	2648678	17470	2201409
加工中心 （台）	Machining Center （set）	10875	1123139	6291	739203
金属轧机及零件	Metal Rolling Machine and Accessories		90587		100886
橡胶或塑料加工机械及零件	Rubber and Plastic Processing Machinery		812455		910520
型模及金属铸造用型箱 （吨）	Metal Forging Molds （ton）	2393	317507	2616	306327
阀门 （万套）	Valves （10000 sets）	4211	801507	4781	824678
自动数据处理设备及其部件（万台）	Automatic Data Processing Machines and Accessories （10000 sets）	15644	5350654	11970	4154453
自动数据处理设备的零件 （吨）	Accessories of Automatic Data Processing Machines （ton）	25867	3879472	23236	3082598
制造单晶柱或晶圆用的机器及装置 （台）	Crystal Pole Making Machine （set）	716	198577	6998	105551
制造半导体器件或集成电路用的机器及装置 （台）	Semiconductor and IC Making Machine （set）	1655	945863	1328	915364
制造平板显示器用的机器及装置 （台）	Flat Display Making Machine （set）	687	116862	882	544205
电动机及发电机 （万台）	Electric Motors and Generators （10000 sets）	6941	559224	9710	667204
发电机组及旋转式变流机 （台）	Electric Moter Set and Converters （set）	2834	218021	2340	160090
变压、整流、电感器及零件	Transformer, Recitifier, Inductance and Accessories		1700415		1486753

商品名称	Item	2012 数量 Volume	2012 金额(千美元) Value (USD 1000)	2013 数量 Volume	2013 金额(千美元) Value (USD 1000)
蓄电池 (万个)	Accumulator (10000 units)	77451	1358140	51446	917469
电话机 (台)	Telephone (set)	4924074	842722	142336	29826
数字式程控电话或电报交换机(台)	Digital Program-controlled Telephone or Telegraph Exchange (set)	83	455	138	902
无线电导航雷达及遥控设备(台)	Radio Navigation Radar and Remote Device (set)	2881795	66147	2302637	53200
电视摄像机、数字照相机及视频摄录一体机 (万台)	TV Camera, Digital Camera and Video Creator (10000 sets)	4159	1396971	10094	4725878
声音录制或重放设备 (万台)	Audio Recorder and Playback Device (10000 sets)		51		49
收音设备(包括收录音组合机及整套散件) (万台)	Radio Device (10000 sets)	12	2900	4	6710
电视机(包括整套散件) (万台)	TV set (10000 sets)		616		804
电视、收音机及无线电讯设备的零附件 (吨)	TV sets, Radio and Spare Parts of Wireless Dispatch Equipments (ton)	8969	1598944	9333	1225357
电容器 (吨)	Capacitor (ton)	7968	1333344	7880	1226598
电阻器 (吨)	Resistor (ton)	2577	321892	2523	318228
印刷电路 (万块)	Printing Circuits (10000 board)	1089487	2530809	1163211	2311058
通断保护电路装置及零件	Electrical Apparatus and Spare Parts for Switching or Protecting Electrical Cursuits		3444716		3411410
电视显像管 (万只)	Kinescope (10000 units)				
彩色数据/图形显示管 (万只)	Color Digital/Graph Display (10000 units)				
二极管及类似半导体器件(百万个)	Diodes and Similar Semi Conductors (million)	56882	4099170	60387	3950090
集成电路 (百万个)	IC (million)	63380	36175862	73196	41615479
电线和电缆 (吨)	Electric Wire and Cable (ton)	28565	701616	27492	702449
汽车(包括整套散件) (辆)	Automobile (set)	2931	236309	2972	232790
装有引擎的汽车底盘 (台)	Moter Underpan with Engine (set)	272	19832	363	27664
汽车零件	Parts of Motor Vehicles		1783231		1915224
航空器零件 (吨)	Aerostat Parts (ton)	171	33865	184	31987
船舶 (艘)	Watercrafts (unit)	147	13875	279	13833
液晶显示板 (万个)	Liquid Crystal Display Panel (10000 board)	67198	15139147	60721	13051155
医疗仪器及器械	Medical Instruments and Appliances		361233		422817
计量检测分析自控仪器及器具	Automatic Instruments of Measuring, Examining and Analysing and Related Apparatus		3785403		3630954
手表 (万只)	Watch (10000 sets)	1	262	1	3797
印刷品 (吨)	Printed Matter (ton)	6305	213393	4835	153004
塑料制品 (吨)	Plastic Products (ton)	82538	967381	80051	929373
农产品	Agricultural Products		10925493		10529416
机电产品	Electronic Mechanical Products		128880366		128821673
高新技术产品	New and High Technology Products		92173887		93008685

8－11 主要商品出口数量和金额
Major Export Commodities in Volume and Value

商品名称		Item		2012 数量 Volume	2012 金额（千美元）Value (USD 1000)	2013 数量 Volume	2013 金额（千美元）Value (USD 1000)
冻鸡	（吨）	Frozen Chicken	(ton)				
水海产品	（万吨）	Aquatic and Seawater Products	(10000 tons)	5	214336	5	260991
谷物及谷物粉	（万吨）	Cereals and Cereal Powder	(10000 tons)		2072		1302
蔬菜	（万吨）	Vegetables	(10000 tons)	57	593748	57	606370
鲜、干水果及坚果	（万吨）	Fresh, Dried Fruits and Nuts	(10000 tons)	1	8512	1	8570
食用油籽	（万吨）	Edible Oil Seeds	(10000 tons)		4649		4198
食用植物油	（吨）	Edible Vegetable Oil	(ton)	1548	3888	1458	3522
食糖	（吨）	Sugar	(ton)	1184	1297	814	874
天然蜂蜜	（吨）	Natural Honey	(ton)	9792	18005	10593	20091
茶叶	（吨）	Tea	(ton)	4231	10847	2814	6767
猪肉罐头	（吨）	Canned Pork	(ton)	2439	7251	2040	6223
蘑菇罐头	（吨）	Canned Mushroom	(ton)	5825	8032	5108	9032
啤酒	（万升）	Beer	(10 kiloliter)	334	2251	337	2342
肠衣	（吨）	Casings	(ton)	28532	236294	25695	196621
填充用羽毛；羽绒	（吨）	Feathers and Down for Stuffing	(ton)	4363	81183	5120	109581
中药材及中式成药	（吨）	Chinese Medical Materials and Medicaments of Chinese Type	(ton)	8041	31309	14274	75585
肥料	（万吨）	Fertilizer	(10000 tons)	143	472045	189	480888
锯材	（立方米）	Wood Sawn	(stere)	11104	5880	8989	5411
胶合板及类似多层板	（万立方米）	Veneer	(10 kilostere)	425	1712148	409	1694524
印刷品	（吨）	Printed Matter	(ton)	35159	226829	33501	204503
生丝	（吨）	Raw Silk	(ton)	2092	100939	1696	93353
煤及褐煤	（万吨）	Coal and Brown Coal	(10000 tons)	7	12966	2	2624
成品油	（万吨）	Petroleum Products Refined	(10000 tons)	91	668195	55	396530
氧化铝	（吨）	Alumina	(ton)	9824	5323	119345	49745
氧化锌及过氧化锌	（吨）	Zinc Oxide and Zinc Peroxide	(ton)	1398	3509	717	1674
合成有机染料	（吨）	Synthetic Organic Dyeing	(ton)	51428	317960	62228	406986
医药品	（吨）	Pharmaceuticals	(ton)	105038	1675972	111109	1590824
美容化妆品及护肤品	（吨）	Cosmetics and Skin Care Products	(ton)	7537	99189	7689	100342
口腔及牙齿清洁剂	（吨）	Mouth and Teech Detergent	(ton)	6806	23711	7012	26213
洗衣粉	（吨）	Detergent Powder	(ton)	13334	9843	14670	8389
烟花、爆竹	（吨）	Firework and Cracker	(ton)	2707	6342	2474	6464

商品名称 Item		2012		2013	
		数量 Volume	金额（千美元）Value（USD 1000）	数量 Volume	金额（千美元）Value（USD 1000）
新的充气橡胶轮胎 （万条）	New Pneumatic Rubber Tyres （10000 units）	4154	1626450	4150	1591007
家用或装饰用木制品 （万吨）	Wooden Products for Domestic Use and Decoration （10000 tons）	1	42655	2	50102
纸及纸板（未切成形的）（万吨）	Paper and Paper Board （10000 tons）	173	1952451	168	1814917
纺织纱线、织物及制品	Textile Yarn Thread, Woven Goods and Related Products		17552625		19016694
水泥及水泥熟料 （万吨）	Cement （10000 tons）	42	21969	61	30268
平板玻璃 （万平方米）	Plate Glass （10 kilostere）	2239	96189	1461	65435
玻璃制品 （吨）	Glass Products （ton）	257582	695488	244774	573452
家用陶瓷 （万吨）	Pottery Ware for Household Use （10000 tons）	10	160220	10	229439
珍珠、钻石、宝石及半宝石	Pearl, Gem and Semi-gem		3274		11808
生铁及镜铁 （万吨）	Pig Iron and Spiegeleisen （10000 tons）	11	54578	16	67048
铁合金 （万吨）	Ferroalloy （10000 tons）	5	215113	15	245705
钢坯及粗锻件 （万吨）	Billet and Crude Forgings （10000 tons）		188		251
钢材 （万吨）	Rolled Steel （10000 tons）	1060	9833094	1155	9982644
废钢 （吨）	Waste Steel （ton）	710	295	1	1
未锻造的铜及铜材 （吨）	Copper and Its Material （ton）	73381	592900	69503	571170
未锻造的铝及铝材 （万吨）	Aluminium and Its Material （10000 tons）	55	1697122	60	1837283
未锻造的锰 （吨）	Manganese （ton）	214	814	194	552
钢铁或铜制标准紧固件 （万吨）	Standard Infrangible Articles made of Steel or Copper （10000 tons）	24	603802	25	615861
不锈钢厨具、餐具等家用器具（吨）	Kitchenware, Tableware and Home Appliances Made of Stainless Steel （ton）	9991	62697	8860	55529
餐桌、厨房及其他家用搪瓷器（吨）	Porcelain and Pottery Ware for Table, Kitchen and Other Household Use （ton）	4424	9213	4373	9285
手用或机用工具 （万吨）	Hand Tools and Tools for Machines （10000 tons）	21	1279206	20	1329389
电扇 （万台）	Electric Fans （10000 sets）	2775	141343	2532	150481
空气调节器 （万台）	Air Conditioners （10000 sets）	220	536858	189	492390
冰箱 （万台）	Refrigerators （10000 sets）	425	957463	401	959384
洗衣机 （万台）	Washing Machines （10000 sets）	664	1436939	694	1733043
纺织机械及零件	Textile Machinery		587087		681490
家用型缝纫机 （万台）	Ordinary Sewing Machines （10000 sets）	133	64465	119	65796
工业用缝纫机 （万台）	Industrial Sewing Machines （10000 sets）	11	35668	12	42841
金属加工机床 （万台）	Machine Tools for Processing Metal （10000 sets）	204	621993	222	609471
电子计算器（包括具有计算功能的袖珍数据记录重现机）（万台）	Electrcn Calculators （10000 sets）	653	16443	514	13420
自动数据处理设备及其部件（万台）	Automatic Data Processing Machines and Accessories （10000 sets）	38184	46215364	32706	39609878

8-11 续 表 2 Continued 2

商品名称	Item	2012 数量 Volume	2012 金额（千美元） Value (USD 1000)	2013 数量 Volume	2013 金额（千美元） Value (USD 1000)
自动数据处理设备的零件（万吨）	Accessories of Automatic Data Processing Machines (10000 tons)	7	5476983	7	5081884
打印机（包括多功能一体机）（万台）	Printers (including Multi Function Printers) (10000 sets)	352	2336931	168	2251384
液晶显示板（万个）	Liquid Crystal Display Panel (10000 board)	40539	12262701	44262	9363638
轴承（万套）	Bearings (10000 sets)	64307	552746	68831	543445
电动机及发电机（万台）	Electric Motors and Generators (10000 sets)	24359	1601094	24364	1752740
变压器（万个）	Transformers (10000)	5421	227522	5634	255459
静止式变流器（万个）	Static Converters (10000 sets)	98620	2234620	132629	2235113
原电池（万个）	Primary Cells and Batteries (10000 sets)	39700	22812	50421	31088
蓄电池（万个）	Accumulator (10000 sets)	38080	1765756	30373	1453550
电话机（万台）	Telephone (10000 sets)	1830	1960843	2000	1786514
扬声器（万个）	Loudspeakers (10000 sets)	16327	456720	14899	489844
激光唱机（万台）	Laser Phonographs (10000 sets)		332	3	1093
录、放像机（万台）	Video Cassette Recorders (10000 sets)	81	50003	80	57268
声音录制或重放设备（万台）	Audio Recorder and Playback Device (10000 sets)	99	53183	54	19408
收音设备（包括收录音组合机及整套散件）（万台）	Radio Device (10000 sets)	445	148208	282	151841
电视机（包括整套散件）（万台）	TV-sets (10000 sets)	806	2257262	683	1715397
录放音、像机及唱机的零附件	Accessories of Videorecorder, Camera and Gramophone		37199		18846
电视、收音机及无线电讯设备的零附件（吨）	TV-sets, Radio and Spare Parts of Wireless Dispatch Equipments (ton)	110287	2217153	88230	1879395
电容器（吨）	Capacitor (ton)	16846	967443	19106	1093790
印刷电路（百万块）	Printing Circuits (10000 board)	6489	3412663	6106	2921948
通断保护电路装置及零件	Electrical Apparatus and Spare Parts for Switching or Protecting Electrical Cursuits		2977437		3178684
节能灯（百万只）	Energy-saving Lights (million)	75	83591	108	116493
二极管及类似半导体器件（百万个）	Diodes and Similar Semi Conductors (million)	64250	9644684	67861	7569212
集成电路（百万个）	IC (million)	43516	18892674	50312	24791737
电线和电缆（万吨）	Electric Wire and Cable (ton)	25	2290298	27	2401313
集装箱（万个）	Containers (million)	32	1527185	39	1734241
汽车和汽车底盘（万辆）	Motor Vehicles and Chassis (10000 sets)	3	1055191	3	805803
汽车零件	Parts of Motor Vehicles		4410720		4750227
摩托车（万辆）	Motorcycles (10000 sets)	95	487339	84	510284

8－11 续 表 3 Continued 3

商品名称		Item		2012 数量 Volume	2012 金额(千美元) Value (USD 1000)	2013 数量 Volume	2013 金额(千美元) Value (USD 1000)
自行车	(万辆)	Bicycles	(10000 sets)	1043	890954	1003	860732
摩托车及自行车的零件		Parts of Motorcycles and Bicycles			647487		645473
船舶	(艘)	Watercrafts	(unit)	16535	8603469	16500	6923795
照相机	(万架)	Cameras	(10000 sets)	2448	2320972	1389	1393459
医疗仪器及器械		Medical Instruments and Appliances			1214194		1367822
手表	(万只)	Watches	(10000 sets)	1738	28272	1419	26388
日用钟	(万只)	Clocks	(10000 sets)	1336	46499	693	25310
家具及其零件		Furniture and its Parts			4349556		3726173
床垫、寝具及类似品		Beddings, Bedclothing and Similar Products			1876930		1979840
灯具、照明装置及类似品		Lamps and Lanterns, Lighting Installation and Similar Products			1793666		1761953
旅行用品及箱包	(千克)	Travel Articles, Suitcases and Handbags and Similar Articles	(kg)	216278881	2275547	193476267	1803838
体育用具及设备		Physical Appliances and Equipments			1019296		1006406
服装及衣着附件		Garments and Clothing Accessories			23639535		24691224
鞋类	(吨)	Footware	(ton)		2534267	217126	2335752
塑料制品	(万吨)	Plastic Products	(10000 tons)	115	3876967	124	3963931
玩具		Toys			1032697		1067405
游戏机	(万台)	Recreational Machines	(10000 sets)	523	252940	197	84432
圣诞用品	(吨)	Christmas Articles		17470	242414	13570	161733
足球、篮球、排球	(万个)	Footballs, Basketballs and Volleyballs	(10000 units)	4152	90355	3836	84010
打火机	(百万个)	Lighters	(million)	109	11409	53	5733
艺术品、收藏品及古董		Artworks, Collections and Antiques			29889		18471
贵金属或包贵金属的首饰		Noble Metals			13489		211342
伞	(万把)	Umbrellas	(10000 units)	1111	48800	1100	56201
竹编结品	(吨)	Bamboo-work	(ton)	653	3192	447	2748
藤编结品	(吨)	Bine-work	(ton)	25	259	14	297
草编结品	(吨)	Grass-work	(ton)	246	1287	282	1756
柳编结品	(吨)	Wickerwork	(ton)	943	4823	940	5207
农产品		Farm Products			3066677		3162298
机电产品		Electronic Mechanical Products			217504537		214257505
高新技术产品		New and High Technology Products			131555112		127965274

8－12 合同外商直接投资项目
Number of Contracted Projects of Foreign Direct Investment

单位：个 (unit)

指 标 Item		2013 年止累计 2013 Year end Accumulated	2000	2005	2010	2011	2012	2013
合 计	**Total**	**109820**	**2645**	**7126**	**4661**	**4496**	**4156**	**3453**
合资经营企业	Joint Venture Enterprises	48688	1119	1749	934	932	721	632
合作经营企业	Cooperative Enterprises	3046	116	112	26	29	15	14
独资经营企业	Foreign Solely Funded	58041	1410	5259	3696	3531	3414	2806
外商投资股份制企业	Share Holding with Foreign Investment	45		6	5	4	6	1

8－13 合同外商直接投资金额
Value of Contracted Projects of Foreign Direct Investment

单位：万美元 (USD 10000)

指 标 Item		2013 年止累计 2013 Year end Accumulated	2000	2005	2010	2011	2012	2013
合 计	**Total**	**65538388**	**1061059**	**4643882**	**5683321**	**5955372**	**5714109**	**4726816**
合资经营企业	Joint Venture Enterprises	12411755	348861	602054	801993	980904	743004	561458
合作经营企业	Cooperative Enterprises	1483414	55431	73794	65786	34123	32100	26282
独资经营企业	Foreign Solely Funded	51291639	656767	3949724	4764618	4889203	4869617	4128148
外商投资股份制企业	Share Holding with Foreign Investment	351580		18310	50924	51142	69388	10928

8-14 实际外商直接投资金额
Actual Value of Foreign Direct Investment

单位:万美元 (USD 10000)

指	标 Item	1985~2013	1990	1995	2000	2005	2007
合 计	**Total**	**32237931**	**14110**	**478058**	**642358**	**1318339**	**2189206**
合资经营企业	Joint Venture Enterprises	7591148	13787	332166	227369	248652	342890
合作经营企业	Cooperative Enterprises	660697	249	27684	35755	19130	23355
独资经营企业	Foreign Solely Funded	23653230	74	118208	378946	1041074	1819913
外商投资股份制企业	Share Holding with Foreign Investment	332856			288	9483	3048

8-14 续表 Continued

单位:万美元 (USD 10000)

指	标 Item	2008	2009	2010	2011	2012	2013
合 计	**Total**	**2512001**	**2532298**	**2849777**	**3213173**	**3575956**	**3325922**
合资经营企业	Joint Venture Enterprises	435198	404788	474350	597420	577193	590073
合作经营企业	Cooperative Enterprises	20293	36554	24697	25950	19118	20102
独资经营企业	Foreign Solely Funded	2048174	2030215	2283780	2554283	2887099	2692125
外商投资股份制企业	Share Holding with Foreign Investment	8336	60741	66950	35520	92546	23622

8－15 按行业分外商直接投资（2013 年）
Foreign Direct Investment Grouped by Sector（2013）

单位：万美元 （USD 10000）

行业	Item	项目（个） Number of Projects（unit）	合同外资 Contracted Foreign Capital	实际投资 Actual Investment
总计	**Total**	**3453**	**4726816**	**3325922**
农、林、牧、渔业	Agriculture, Forestry, Animal Husbandry and Fishery	211	191732	98695
采矿业	Mining	2	3804	6092
制造业	Manufacturing	1630	2523719	1742598
农副食品加工业	Processing of Food from Agricultural Products	10	7895	13765
食品制造业	Manufacture of Food	24	32210	14548
饮料制造业	Manufacture of Beverage	7	22055	14670
烟草制品业	Manufacture of Tobacco			
纺织业	Manufacture of Textile	40	62134	36881
纺织服装、鞋、帽制造业	Manufacture of Textile Wearing, Apparel, Footwear and Caps	100	95374	47461
皮革、毛皮、羽毛（绒）及其制品业	Manufacture of Leather, Fur, Feather and Related Products	6	11804	4429
木材加工及木、竹、藤、棕、草制品业	Processing of Timber, Manufacture of Wood, Bamboo, Rattan, Palm and Straw Products	17	12305	8188
家具制造业	Manufacture of Furniture	30	45951	13995
造纸及纸制品业	Manufacture of Paper and Paper Products	10	27646	52958
印刷业和记录媒介的复制	Printing, Reproduction of Recording Media	2	10919	4827
文教体育用品制造业	Manufacture of Articles For Culture, Education and Sport Activities	23	11683	8752
石油加工、炼焦及核燃料加工业	Processing of Petroleum, Coking, Processing of Nuclear Fuel	1	4836	7933
化学原料及化学制品制造业	Manufacture of Raw Chemical Materials and Chemical Products	55	206625	153454
医药制造业	Manufacture of Medicines	36	54916	42724
化学纤维制造业	Manufacture of Chemical Fibers	5	5961	20606
橡胶制品业	Manufacture of Rubber	8	14595	23127
塑料制品业	Manufacture of Plastics	41	47989	35826
非金属矿物制品业	Manufacture of Non－metallic Mineral Products	57	63979	48563
黑色金属冶炼及压延加工业	Smelting and Pressing of Ferrous Metals	2	14397	20903
有色金属冶炼及压延加工业	Smelting and Pressing of Non-ferrous Metals	11	22595	28123
金属制品业	Manufacture of Metal Products	97	145998	96879

8－15 续 表 Continued

单位:万美元 (USD 10000)

行 业	Item	项 目(个) Number of Projects(unit)	合同外资 Contracted Foreign Capital	实际投资 Actual Investment
通用设备制造业	Manufacture of General Purpose Machinery	334	416643	218704
专用设备制造业	Manufacture of Special Purpose Machinery	196	241368	151854
交通运输设备制造业	Manufacture of Transport Equipment	124	281165	200646
电气机械及器材制造业	Manufacture of Electrical Machinery and Equipment	158	304372	216582
通信设备、计算机及其他电子设备制造业	Manufacture of Communication Equipment, Computers and Other Electronic Equipment	180	319531	208692
仪器仪表及文化、办公用机械制造业	Manufacture of Measuring Instruments and Machinery for Cultural Activity and Office Work	32	16889	21502
工艺品及其他制造业	Manufacture of Artwork and Other Manufacturing	20	9460	17834
废弃资源和废旧材料回收加工业	Recycling and Disposal of Waste	4	12422	8180
电力、燃气及水的生产和供应业	Production and Supply of Electricity, Gas and Water	25	41272	25571
建筑业	Construction	58	118453	56644
交通运输、仓储和邮政业	Transport, Storage and Post	65	194814	110862
信息传输、计算机服务和软件业	Information Transmission, Computer Services and Software	117	59823	22169
批发和零售业	Wholesale and Retail Trades	693	418789	253547
住宿和餐饮业	Hotels and Catering Services	30	4238	9685
金融业	Financial Intermediation	41	89991	43848
房地产业	Real Estate	98	658213	689593
租赁和商务服务业	Leasing and Business Services	223	242989	157833
科学研究、技术服务和地质勘查业	Scientific Research, Technical Service and Geologic Prospecting	198	78984	60608
水利、环境和公共设施管理业	Management of Water Conservancy, Environment and Public Facilities	27	54425	34433
居民服务和其他服务业	Services to Households and Other Services	12	21247	4551
教育	Education	3	401	660
卫生、社会保障和社会福利业	Health, Social Security and Social Welfare	1	204	1211
文化、体育和娱乐业	Culture, Sports and Entertainment	19	23718	7322

8－16　按国家或地区分外商直接投资

Foreign Direct Investment by Country or Region

单位:万美元　　　　(USD 10000)

国家(地区) Country(Region)		2012			2013		
		项目(个) Number of Projects (unit)	合同外资 Contracted Foreign Capital	实际投资 Actual Investment	项目(个) Number of Projects (unit)	合同外资 Contracted Foreign Capital	实际投资 Actual Investment
合　计	**Total**	**4156**	**5714109**	**3575956**	**3453**	**4726816**	**3325922**
亚　洲	**Asia**	**3090**	**4364040**	**2592795**	**2537**	**3840377**	**2549989**
#中国香港	Hong Kong, China	1664	2829218	1796399	1497	2946167	1852987
中国澳门	Macao, China	14	21132	13699	13	5705	8052
中国台湾	Taiwan, China	650	595599	161733	437	307771	87763
印度尼西亚	Indonesia	10	8518	2616	4	7358	3148
日本	Japan	303	398127	263670	166	174053	247508
马来西亚	Malaysia	20	31224	13170	26	21101	14547
菲律宾	Philippines	11	12040	8393	11	18040	2778
新加坡	Singapore	136	207994	207120	116	168482	239166
韩国	Korea, Rep.	195	188849	99482	191	143393	72174
泰国	Thailand	7	1317	3763	4	5742	531
非　洲	**Africa**	**66**	**34193**	**48139**	**52**	**39426**	**37271**
欧　洲	**Europe**	**310**	**339534**	**205055**	**284**	**231820**	**180119**
#比利时	Belgium	10	1242	323	2	283	277
丹麦	Dermark	14	4599	2285	10	22617	4014
英国	United Kindom	44	59423	11483	30	17049	16806
德国	Germany	79	105621	71079	85	60327	58183
法国	France	23	20969	22416	22	43975	23127
爱尔兰	Ireland	1	2741	1443	3	1557	1139
意大利	Italy	35	26006	8592	50	19167	9995
卢森堡	Luxembourg	6	11024	8074	7	9769	8888
荷兰	Netherlands	17	39352	33273	12	11541	28640
希腊	Greece				2	161	6
葡萄牙	Portugal	1	－246	2	1	1029	247
西班牙	Spain	16	8960	12191	7	1565	7169
芬兰	Finland	9	12074	7125	3	3987	1679
瑞士	Switzerland	15	20458	9534	7	12580	8644
北美洲	**North America**	**436**	**294167**	**149450**	**335**	**202075**	**114152**
#加拿大	Canada	96	70883	34510	72	44582	27376
美国	United States	335	208212	85784	257	137394	78295
大洋洲	**Oceania**	**176**	**174972**	**91564**	**151**	**107238**	**77414**
#澳大利亚	Australia	58	43789	16003	50	30077	15856
南美洲	**South America**				**88**	**143022**	**223070**

8－17　年末登记外商投资企业行业分布情况（2013 年）
Sector Distribution Registered of Foreign-funded Enterprises at Year-end（2013）

行　业	Sector	企业数（个）Number of Registered Enterprises（unit）	投资总额（万美元）Total Investment（USD 10000）	注册资本（万美元）Registered Capital（USD 10000）	#外方 Capital Invested by Foreign Partner
总　计	**Total**	**50514**	**66637647**	**35428158**	**30003522**
农、林、牧、渔业	Agriculture, Forestry, Animal Husbandry and Fishery	809	742308	528919	501190
采矿业	Mining	21	137818	65975	59380
制造业	Manufacturing	29703	45274466	22591799	19271263
电力、燃气及水的生产和供应业	Production and Supply of Electricity, Gas and Water	487	1573192	591035	395224
建筑业	Construction	584	1024163	664381	569236
交通运输、仓储和邮政业	Transport, Storage and Post	6458	2565242	1427761	1342269
信息传输、计算机服务和软件业	Information Transmission, Computer Services and Software	845	1499388	701550	535533
批发和零售业	Wholesale and Retail Trades	1975	352126	218150	192146
住宿和餐饮业	Hotels and Catering Services	1980	400367	236937	203633
金融业	Financial Intermediation	714	251906	215103	110171
房地产业	Real Estate	1742	6359406	4292132	3799785
租赁和商务服务业	Leasing and Business Services	2120	1876410	1408996	1243576
科学研究、技术服务和地质勘查业	Scientific Research, Technical Service and Geologic Prospecting	2359	3758942	1976788	1392336
水利、环境和公共设施管理业	Management of Water Conservancy, Environment and Public Facilities	108	348628	234073	145870
居民服务和其他服务业	Services to Households and Other Services	382	220354	121467	111754
教育	Education	25	6551	4844	4388
卫生、社会保障和社会福利业	Health, Social Security and Social Welfare	24	103004	51584	42505
文化、体育和娱乐业	Culture, Sports and Entertainment	168	141569	95839	82458
其他	Other	10	1811	825	805

8－18 对外承包工程和劳务合作

Contracted Projects and Labor Services Cooperation with Foreign Countries

年 份 Year	合 同 数(份) Number of Contracts (unit)	合同金额 (万美元) Contracted Value (USD 10000)	实际完成营业额 (万美元) Value of Business Fulfilled (USD 10000)	年末在外人数(人) Number of Persons Abroad at the Year-end(person)
对外承包工程 Contracted Projects				
1985	13	262		
1990	32	3571	3521	881
1995	101	19495	19774	2946
1996	148	24040	22725	3298
1997	239	34599	31011	5997
1998	224	38224	34878	5784
1999	273	52110	34636	7403
2000	306	58544	49722	8616
2001	513	71200	62747	8320
2002	587	133743	105403	10992
2003	642	174201	142671	13449
2004	3317	213267	188958	21073
2005	1853	290079	251095	30211
2006	4975	426788	376509	38432
2007	922	400569	344919	41268
2008	791	432043	388434	34945
2009	727	449596	433249	36739
2010	968	544726	519838	35987
2011	891	594909	599171	35484
2012	1009	719844	646755	35615
2013	1021	865653	726299	36266
对外劳务合作 Labor Cooperation				
1985	75	2704		
1990	45	475	525	390
1995	205	8591	6120	5260
1996	163	12253	6287	9068
1997	188	13022	7454	9049
1998	427	24250	17271	17439
1999	523	29286	26538	25012
2000	754	39394	30293	34426
2001	911	48689	45316	56852
2002	622	37401	49989	62670
2003	597	33444	53984	65576
2004	421	31322	56974	69984
2005	464	40451	68056	70049
2006	467	41243	58843	73984
2007	506	51874	71087	75924
2008	461	56072	71304	66240
2009	1625	53793	74555	63045
2010	1055	76040	76864	59778
2011		64883	73590	53864
2012		62021	77438	51234
2013		75680	88826	51748

注：合同数口径 2007 年起调整，在国内承包的外资项目不再作为对外承包工程。

a) "Contracted projects" are adjusted from 2007, foreign funded projects contracted in domestic are no longer "contracted projects with foreign countries".

8－19　境外投资情况
Information of Overseas Investment

指　　标	Item	2010	2011	2012	2013
新批项目数　（个）	**Number of Newly Approved Projects (unit)**	**408**	**505**	**572**	**605**
#企业	Enterprise	360	443	528	550
#子公司	Sub-enterprise	326	410	501	522
独资子公司	Joint Venture Enterprise	269	343	390	414
合资子公司	Solely Funded Enterprise	57	67	111	108
联营公司	Joint Ownership Enterprise	34	33	27	28
#国有及国有控股企业	State-owned Enterprise	39	34	60	58
集体企业	Collective-owned Enterprise	5	3	4	3
民营企业	Private Enterprise	269	369	383	426
外资企业	Foreign Funded Enterprise	95	99	125	118
机构	Institution	48	62	44	55
#参股并购类项目	Projects of Share Participating and Merging	47	64	83	80
风险投资类项目	Venture Investment Projects	2	9	13	10
#贸易型项目	Trade Projects	162	213	243	210
非贸易型项目	Nontrade Projects	246	292	329	395
#境外加工贸易项目	Projects of Overseas Processing Trade	41	32	33	38
境外资源开发项目	Projects of Overseas Resource Development	7	18	33	9
中方协议金额　（万美元）	**Protocol Fund from China　(USD 10000)**	**217613**	**360154**	**504547**	**614272**
#企业	Enterprise	216646	359239	504089	611917
#子公司	Sub-enterprise	211877	351789	491387	579871
独资子公司	Joint Venture Enterprise	191032	315587	393106	488365
合资子公司	Solely Funded Enterprise	20846	36202	98281	91506
联营公司	Joint Ownership Enterprise	4769	7450	12702	32046
#国有及国有控股企业	State-owned Enterprise	39	27271	84488	46418
集体企业	Collective-owned Enterprise	5	1495	2185	974
民营企业	Private Enterprise	269	251638	320725	434218
外资企业	Foreign Funded Enterprise	95	79750	97149	132663
机构	Institution	967	915	458	2356
#参股并购类项目	Projects of Share Participating and Merging	46726	49129	99294	126803
风险投资类项目	Venture Investment Projects	137	8899	13522	28342
#贸易型项目	Trade Projects	61064	101672	154336	128831
非贸易型项目	Nontrade Projects	156549	258483	350210	485441
#境外加工贸易项目	Projects of Overseas Processing Trade	30787	14760	34988	34307
境外资源开发项目	Projects of Overseas Resource Development	3202	39067	61756	24100

8-20 境外投资主要国别地区情况

Information of Overseas Investment to Main Countries or Regions

国家(地区) Country(Region)		2012 新批项目数(个) Number of Newly Approved Projects (unit)	2012 中方协议投资(万美元) Protocol Fund from China (USD 10000)	2013 新批项目数(个) Number of Newly Approved Projects (unit)	2013 中方协议投资(万美元) Protocol Fund from China (USD 10000)
全　部	**Total**	**572**	**504547**	**605**	**614272**
亚洲	**Asia**	**292**	**268443**	**335**	**307995**
孟加拉国	Bangladesh	5	1802	2	
缅甸	Burma	4	560	5	1654
柬埔寨	Cambodia	16	23703	17	21648
朝鲜	North Korea			1	205
中国香港	Hong Kong, China	139	169810	174	231876
印度	India	15	3115	8	2108
印度尼西亚	Indonesia	12	25175	16	12235
伊朗	Iran	3	1151	2	3226
以色列	Israel	1	27	1	155
日本	Japan	21	3221	20	1338
老挝	Laos	2	1000	2	300
中国澳门	Macao, China	1	8	1	50
马来西亚	Malaysia	4	395	7	2409
蒙古	Mongolia	2	1400		
尼泊尔	Nepal	1	1000		
菲律宾	Philippines	3	1200		
卡塔尔	Qatar	1	100		
沙特阿拉伯	Saudi Arabia	6	3818		
新加坡	Singapore	19	10238	29	10347
韩国	Korea	11	8360	11	206
叙利亚	Syria				
泰国	Thailand	4	5510	10	6900
土耳其	Tether	1		1	500
阿拉伯联合酋长国	United Arab Emirates	6	2276	6	675
越南	Vietnam	5	3826	8	11050
中国台湾	Taiwan, China	9	729	11	603
哈萨克斯坦	Kazakhstan	1	20		
乌兹别克斯坦	Uzbekistan			1	510

8-20 续 表 1 Contiued 1

国家(地区) Country(Region)		2012 新批项目数(个) Number of Newly Approved Projects (unit)	2012 中方协议投资(万美元) Protocol Fund from China (USD 10000)	2013 新批项目数(个) Number of Newly Approved Projects (unit)	2013 中方协议投资(万美元) Protocol Fund from China (USD 10000)
非洲	**Africa**	**43**	**36689**	**43**	**52266**
阿尔及利亚	Airily	1	100	2	
安哥拉	Angola	2	75	2	2000
贝宁	Benin	1			
喀麦隆	Cameroon	3	136	1	601
埃及	Egypt	1	980	3	7595
赤道几内亚	Guinea	1	788		
埃塞俄比亚	Ethiopia	3	1498	3	3150
加蓬	Gabon	1	128		
几内亚	Guinea			1	4500
肯尼亚	Kenya	1	15	2	
马里	Mali	6	2880		
毛里塔尼亚	Mauritania	1	50		
毛里求斯	Mauritius	2	2578	1	600
莫桑比克	Mozambique			2	4940
纳米比亚	Namibia	1	3000	1	1000
尼日利亚	Nigeria	6	6471	4	3640
南非	South Africa	6	1683	7	12025
乌干达	Uganda	2	500	1	105
坦桑尼亚	Tanzania	1	988	7	10505
民主刚果	Democratic Congo	1	1220		
赞比亚	Zambia	1	8000	2	500
津巴布韦	Zimbabwe	1	3500	1	756
欧洲	**Europe**	**81**	**51940**	**73**	**117642**
比利时	Belgium	2	530	3	269
丹麦	Denmark	1	14	2	140
英国	United Kingdom	7	1928	6	2877
德国	Germany	24	21367	18	34955
法国	France	5	1651	4	1173
意大利	Italy	4	3900	2	204
卢森堡	Luxembourg	5	15604	7	64310

8－20 续 表 2 Contiued 2

国家(地区) Country(Region)		2012		2013	
		新批项目数(个) Number of Newly Approved Projects (unit)	中方协议投资(万美元) Protocol Fund from China (USD 10000)	新批项目数(个) Number of Newly Approved Projects (unit)	中方协议投资(万美元) Protocol Fund from China (USD 10000)
荷兰	Netherlands	11	2411	8	9673
西班牙	Spain	2	246	3	1241
奥地利	Austria	1	1		
保加利亚	Bulgaria	1	707	1	－467
匈牙利	Hungary			1	105
挪威	Norway	1	2	1	560
波兰	Poland	3	969	1	200
罗马尼亚	Romania			2	68
瑞典	Sweden	1	35	1	35
瑞士	Switzerland	2	1150	3	－14
立陶宛	Lithuania	1			
白俄罗斯	White Russia	2	833		
俄罗斯联邦	the Russian Federation	5	775	5	1726
捷克	Czech	1	－350	2	72
乌克兰	Ukraine	1	50		
斯洛伐克	Slovakia	1	120		
塞尔维亚	Serbia			1	315
拉丁美洲	**Latin America**	**33**	**43162**	**26**	**46895**
阿根廷	Argentina			1	5
巴西	Brazil	3	821	7	3049
开曼群岛	Cayman Islands	9	4835	4	2442
智利	Chili	2	304	2	1700
哥伦比亚	Colombia	1	700		
墨西哥	Mexico	3	3827	1	14700
英属维尔京群岛	British Virgin Islands	10	27040	7	17419
伯利兹	Belize	1	35		
玻利维亚	Bolivia	2	600		
北美洲	**North America**			**106**	**57556**
加拿大	Canada			9	7004
美国	United States			97	50552
大洋洲	**Oceania**	**18**	**44084**	**22**	**31917**
澳大利亚	Australia	16	42816	19	31695
斐济	Fiji			1	100
萨摩亚	Samoa	2	1268	2	122

8－21 分行业境外投资情况

Information of Overseas Investment by Sector

行业	Sector	2012 新批项目数（个）Number of Newly Approved Projects (unit)	2012 中方协议投资（万美元）Protocol Fund from China (USD 10000)	2013 新批项目数（个）Number of Newly Approved Projects (unit)	2013 中方协议投资（万美元）Protocol Fund from China (USD 10000)
全　部	**Total**	**572**	**504547**	**605**	**614272**
第一产业	**Primary Industry**	**14**	**23286**	**15**	**26338**
农、林、牧、渔业	Farming, Forestry, Animal Husbandry and Fishery	14	23286	15	26338
农业	Farming	4	4440	7	7969
林业	Forestry	4	10367	2	1398
畜牧业	Animal Husbandry	5	8430		
渔业	Fishery	1	50	2	980
农、林、牧、渔服务业	Services of Farming, Forestry, Animal Husbandry and Fishery			4	15992
第二产业	**Secondary Industry**	**175**	**150560**	**190**	**229016**
采矿业	Mining	15	33260	11	31576
煤炭开采和洗选业	Mining and Washing of Coal			1	3226
黑色金属矿采选业	Mining and Processing of Ferrous Metal Ores	2	3810	4	17650
有色金属矿采选业	Mining and Processing of Non-ferrous Metal Ores	11	28950	4	5700
非金属矿采选业	Mining and Processing of Nonmetal Ores	1	500	1	4500
其他采矿业	Other Mining	1		1	500
制造业	Manufacturing	124	72820	148	127190
农副食品加工业	Processing of Food from Agricultural Products	2	550	4	3603
食品制造业	Manufacture of Food	1	65	1	
饮料制造业	Manufacture of Beverage	1	50		
纺织业	Manufacture of Textile	4	6464	8	18960
纺织服装、鞋、帽制造业	Manufacture of Textile Wearing, Apparel, Footwear and Caps	14	7141	12	2330
皮革、毛皮、羽毛（绒）及其制品业	Manufacture of Textile, Fur, Feather and Related Products	1	190	2	120
木材加工及木、竹、藤、棕、草制品业	Processing of Timber, Manufacture of Wood, Bamboo, Rattan, Palm and Straw Products	1	300	7	4999
家具制造业	Manufacture of Furniture			2	345
造纸及纸制品业	Manufacture of Paper and Paper Products	3	525	2	1500
印刷业和记录媒介的复制	Printing, Reproduction of Recording Media	2	308	3	1190
文教体育用品制造业	Manufacture of Articles For Culture, Education and Sport Activities	1	160	1	200
石油加工、炼焦及核燃料加工业	Processing of Petroleum, Coking, Processing of Nuclear Fuel	1	30		

8－21 续 表 1 Continued 1

行业 Sector		2012		2013	
		新批项目数（个）Number of Newly Approved Projects (unit)	中方协议投资（万美元）Protocol Fund from China (USD 10000)	新批项目数（个）Number of Newly Approved Projects (unit)	中方协议投资（万美元）Protocol Fund from China (USD 10000)
化学原料及化学制品制造业	Manufacture of Raw Chemical Materials and Chemical Products	7	15295	8	5255
医药制造业	Manufacture of Medicines	3	2277	3	8323
化学纤维制造业	Manufacture of Chemical Fibers	3	2460	1	350
橡胶制品业	Manufacture of Rubber	1	370		
塑料制品业	Manufacture of Plastics	5	1545	6	2357
非金属矿物制品业	Manufacture of Non-metallic Mineral Products			2	600
黑色金属冶炼及压延加工业	Smelting and Pressing of Ferrous Metals	4	6598	2	5556
有色金属冶炼及压延加工业	Smelting and Pressing of Non-ferrous Metals	4	1520		
金属制品业	Manufacture of Metal Products	4	470	6	309
通用设备制造业	Manufacture of General Purpose Machinery	9	2166	8	3331
专用设备制造业	Manufacture of Special Purpose Machinery	12	8075	22	25115
交通运输设备制造业	Manufacture of Transport Equipment	11	2475	12	20830
电气机械及器材制造业	Manufacture of Electrical Machinery and Equipment	10	5448	15	14005
通信设备、计算机及其他电子设备制造业	Manufacture of Communication Equipment, Computers and Other Electronic Equipment	13	6327	14	3112
仪器仪表及文化、办公用机械制造业	Manufacture of Measuring Instruments and Machinery for Cultural Activity and Office Work	2	320	1	500
工艺品及其他制造业	Manufacture of Artwork and Other Manufacturing	3	1250	3	1000
废弃资源和废旧材料回收加工业	Recycling and Disposal of Waste	2	441	3	3300
电力、燃气及水的生产和供应业	Production and Supply of Electricity, Gas and Water	16	40314	11	65428
电力、热力的生产和供应业	Production and Supply of Electric Power and Heat Power	16	40314	11	65428
建筑业	Construction	20	4167	20	4822
房屋和土木工程建筑业	Construction of Building & Civil Engineering	12	1176	6	3121
建筑安装业	Building Installation	1	1000	2	82
建筑装饰业	Building Decoration			2	209
其他建筑业	Other Construction	7	1991	10	1410
第三产业	**Tertiary Industry**	**383**	**330701**	**400**	**358918**
交通运输、仓储和邮政业	Transport, Storage and Post	5	9805	4	3869

8－21 续 表 2 Continued 2

行 业 Sector		2012		2013	
		新批项目数（个）Number of Newly Approved Projects (unit)	中方协议投资（万美元）Protocol Fund from China (USD 10000)	新批项目数（个）Number of Newly Approved Projects (unit)	中方协议投资（万美元）Protocol Fund from China (USD 10000)
道路运输业	Road Transport				
水上运输业	Warter Transport	2	9500	2	3500
装卸搬运和其他运输服务业	Loading, Unloading and Other Transport Services	2	205	1	19
仓储业	Storage	1	100		
邮政业	Post			1	350
信息传输、计算机服务和软件业	Information Transmission, Computer Services and Software	20	7597	7	4040
电信和其他信息传输服务业	Information Transmission	1	980		
计算机服务业	Computer Services	2	3100	2	1880
软件业	Software	17	3517	5	2160
批发和零售业	Wholesale and Retail Trades	203	89584	212	98450
批发业	Wholesale Trades	201	89434	204	95069
零售业	Retail Trads	2	150	8	3381
住宿和餐饮业	Hotels and Catering Services	2	3100	4	3395
住宿业	Hotels	1	3000	1	3150
餐饮业	Catering Services	1	100	3	245
金融业	Financial Intermediation	3	2080		
其他金融活动	Other Financial Activities	3	2080		
房地产业	Real Estate	10	41140	16	49904
房地产业	Real Estate	10	41140	16	49904
租赁和商务服务业	Leasing and Business Services	102	158432	105	171393
租赁业	Leasing	1	642	2	1500
商务服务业	Business Services	101	157790	103	169893
科学研究、技术服务和地质勘查业	Scientific Research, Technical Services and Geologic Prospecting	27	12682	31	19450
研究与试验发展	Research and Experimental Development	17	6107	16	5049
专业技术服务业	Professional Technical Services	2	202	7	7105
科技交流和推广服务业	Services of Science and Technology Exchanges and Promotion	8	6373	8	7296
居民服务和其他服务业	Services to Households and Other Services	10	6201	14	4850
其他服务业	Other Services	10	6201	14	4850
教育	Education			1	0
教育	Education			1	0
文化、体育和娱乐业	Culture, Sports and Entertainment	1	80	6	3568
广播、电视、电影和音像业	Broadcasting, Movies, Television and Audiovisual Activities	1	80	4	2568
新闻出版业	Journalism and Publishing Activities			1	20
文化艺术业	Cultural and Art Activities			1	980

8－22 分地区境外投资情况
Information of Overseas Investment by Region

地　区 Region		2012		2013	
		新批项目数（个）Number of Newly Approved Projects (unit)	中方协议投资（万美元）Protocol Fund from China (USD 10000)	新批项目数（个）Number of Newly Approved Projects (unit)	中方协议投资（万美元）Protocol Fund from China (USD 10000)
全　省	**Total**	**572**	**504547**	**605**	**614272**
苏　南	Southern Jiangsu	432	336480	433	436849
苏　中	Middle Jiangsu	98	94161	106	108156
苏　北	Northern Jiangsu	42	73906	66	69267
南京市	Nanjing	83	91775	90	100663
无锡市	Wuxi	85	92036	87	120157
徐州市	Xuzhou	19	60860	20	20299
常州市	Changzhou	51	25107	48	42838
苏州市	Suzhou	187	122163	159	161851
南通市	Nantong	54	79882	53	80135
连云港市	Lianyungang	5	1520	17	20463
淮安市	Huaian	3	2304	4	385
盐城市	Yancheng	9	8692	20	27396
扬州市	Yangzhou	14	1771	29	15432
镇江市	Zhenjiang	26	5399	49	11339
泰州市	Taizhou	30	12507	24	12590
宿迁市	Suqian	6	530	5	725

主要统计指标解释

进出口总额 海关进出口总额指实际进出我国国境的货物总金额。包括对外贸易实际进出口货物,来料加工装配进出口货物,国家间、联合国及国际组织无偿援助物资和赠送品,华侨、港澳台同胞和外籍华人捐赠品,租赁期满归承租人所有的租赁货物,进料加工进出口货物,边境地方贸易及边境地区小额贸易进出口货物(边民互市贸易除外),中外合资企业、中外合作经营企业、外商独资经营企业进出口货物和公用物品,到、离岸价格在规定限额以上的进出口货样和广告品(无商业价值、无使用价值和免费提供出口的除外),从保税仓库提取在中国境内销售的进口货物,以及其他进出口货物。进出口总额用以观察一个国家在对外贸易方面的总规模。我国规定出口货物按离岸价格统计,进口货物按到岸价格统计。

商品经营单位所在地进、出口额 指所在地海关注册登记的有进出口经营权的企业实际进、出口额。

商品目的地进口额和商品货源地出口额 目的地进口额指进口货物的消费、使用或最终抵运地的实际进口额,货源地出口额是指出口货物的产地或原始发货地的实际出口额。

外商直接投资 指外国企业和经济组织或个人(包括华侨、港澳台胞以及我国在境外注册的企业)按我国有关政策、法规,用现汇、实物、技术等在我国境内开办外商独资企业、与我国境内的企业或经济组织共同举办中外合资经营企业、合作经营企业或合作开发资源的投资(包括外商投资收益的再投资)。

对外承包工程 指各对外承包公司以招标议标承包方式承揽的下列业务:(1)承包国外工程建设项目,(2)承包我国对外经援项目,(3)承包我国驻外机构的工程建设项目,(4)承包我国境内利用外资进行建设的工程项目,(5)与外国承包公司合营或联合承包工程项目时我国公司分包部分,(6)对外承包兼营的房垕开发业务。对外承包工程的营业额是以货币表现的本期内完成的对外承包工程的工作量,包括以前年度签订的合同和本年度新签订的合同在报告期内完成的工作量。

对外劳务合作 指以收取工资的形式向业主或承包商提供技术和劳动服务的活动。我国对外承包公司在境外开办的合营企业,中国公司同时又提供劳务的,其劳务部分也纳入劳务合作统计。劳务合作营业额按报告期内向雇主提交的结算数(包括工资、加班费和奖金等)统计。

Explanatory Notes on Main Statistical Indicators

Total Imports and Exports at Customs refer to the value of commodities imported into and exported from the boundary of China. They include the actual imports and exports through foreign trade, imported and exported goods under the processing and assembling trades and materials, supplies and gifts as aid given gratis between governments and by the United Nations and other international organizations, and contributions donated by overseas Chinese, compatriots in Hong Kong and Macao and Chinese with foreign citizenship, leasing commodities owned by tenant at the expiration of leasing period, the imported and exported commodities processed with imported materials, commodities trading in border areas (excluding mutual exchange goods), the imported and exported commodities and articles for public use of the Sino-foreign joint ventures, cooperative enterprises and ventures exclusively with foreign own investment. Also included are import or export of samples and advertising goods for whose CIF or FOB value are beyond the permitted ceiling (excluding goods of no trading or use value and free commodities for export), imported goods sold in China from bonded warehouses and other imported or exported goods. The indicator of the total imports and exports at customs can be used to observe the total size of external trade in a country. In accordance with the stipulation of the Chinese government, imports are calculated at CIF, while exports are calculated at FOB.

Import Export Value by Location of Chinas Foreign Trade Managing Units refers to actual value of imports and exports carried out by corporations which have been registered by the local customhouse and are vested with fight to run import export business.

Import Value of Commodities by the Places of their Destination and Export Value of Commodities by the Places of their Origin in China: The former indicator refers to the value of import commodities of the places of their consumption, utilization or the places of their final destination. The latter indicator refers to the value of export commodities of the places of their origin or the places of the commodities dispatched.

Direct Investment by Foreign Entrepreneurs refers to the investments inside China by foreign enterprises and economic organizations or individuals (including overseas Chinese, compatriots from Hong Kong and Macao, and Chinese enterprises registered abroad), following the relevant policies and laws of China, for the establishment of ventures exclusively with foreign own investment, Sino-foreign joint ventures and cooperative enterprises or for co-operative exploration of resources with enterprises or economic organizations in China. It includes the re investment of the foreign entrepreneurs with the profits gained from the investment. Foreign direct investment of 2005 was the volume affirmed by the Commercial Department.

Contracted Projects with Foreign Countries refer to projects undertaken by Chinese contractors (project contracting companies) through bidding process. They include: (1) overseas civil engineering construction projects financed by foreign investors; (2) overseas projects financed by the Chinese government through its foreign aid programs; (3) construction projects of Chinese diplomatic missions, trade offices and other institutions stationed abroad; (4) construction projects in China financed by foreign investment; (5) sub – contracted projects to be taken by Chinese contractors through a joint umbrella project with foreign contractor(s); (6) housing development projects. The business income from international contracted projects is the work volume of contracted projects completed during the reference period, expressed in monetary terms, including completed work on projects signed in previous years.

Service Cooperation with Foreign Countries refers to the activities of providing technology and labor services to employers or contractors in the forms of receiving salaries and wages. Labor services providing by contractual joint ventures of Chinese international contracting corporations should be included in the statistics of service co – operation with foreign countries. The business income of labor service co operation is the income in the form of wages and salaries, overtime pay, bonuses and other remuneration received from the employers during the reference period.

13－6　全社会港口码头泊位和通过能力

指　　标	Item	2010 合　计 Total	2010 沿海港口 Coastal Ports	2010 内河港口 Ports of Inland Rivers
生产用码头泊位	Number of Berths of Ports			
泊位个数　（个）	Number of Berths　(unit)	7304	130	7174
泊位长度　（米）	Length of Ports Line　(m)	424145	15577	408568
泊位年通过能力	Comprehensive Traffic Capacity			
货物　（万吨）	Freight　(10000 tons)	128836	8242	120594
旅客　（万人）	Passenger　(10000 persons)	993		
非生产用码头泊位	Ports for Nonproductive Use			
泊位个数　（个）	Number of Berths　(unit)	56		
泊位长度　（米）	Length of Ports Line　(m)	3481		

13－7　主要港口吞吐量

港口名称	Ports	2010 旅客吞吐量（万人） Passenger (10000 persons)	2010 货物吞吐量（万吨） Freight (10000 tons)
总　计	**Total**	**13.51**	**158976.79**
沿海港口	Coastal Ports	13.51	15139.59
#连云港	Lianyungang	13.51	13506.39
内河港口	Ports of Inland Rivers		143837.19
#长江干流水系	Yangtze River Mainstream System		101983.90
长江支流水系	Yangtze River Tributary System		8334.92
京杭运河水系	Jinghang Canal System		24819.03
淮河水系	Huaihe River System		5651.36

17-19 人民检察院处理申诉案件情况（2013年）
Appeals Handled by People's Procuratorate(2013)

单位：件 (case)

案件分类	Category of Cases	受案 Cases Accepted	立案复查 Cases Registered for Reinvestigation	结案 Cases Settled	#改变原决定 Original Decision Changed
合计	**Total**	**1643**	**775**	**717**	**13**
不服检察机关处理决定	Appeals against Decision of Procurator's Offices	205	122	97	9
不服不批捕	Appeals against Rejection of Arrest	40	34	28	1
不服不起诉	Appeals against Rejection of Prosecuting	96	58	42	1
不服撤案	Appeals against Withdrawal of the Case	0	0	1	1
不服原免予起诉	Appeals against Original Exemption of Lawsuit	0	0	0	0
其他	Others	69	30	26	6
不服法院刑事判决裁定	Appeals against Judgment of Criminal Case	1438	653	620	4
刑罚执行中被害人申诉	Appeals of the Victim at the Punishment	421	225	212	0
刑罚执行中被告人申诉	Appeals of the Defendant at the Punishment	655	301	297	3
刑罚执行完毕后被害人申诉	Appeals of the Victim after the Punishment	53	23	22	0
刑罚执行完毕后被告人申诉	Appeals of the Defendant after the Punishment	309	104	89	1

17-20 人民法院审理刑事一审案件收结案情况
First Trial Criminal Cases Accepted and Settled by Courts

单位：件 (case)

项目	Item	2012 收案 Cases Accepted	2012 结案 Cases Settled	2013 收案 Cases Accepted	2013 结案 Cases Settled
合计	**Total**	**70630**	**70449**	**65124**	**63910**
危害公共安全罪	Offences Against Public Security	17467	17437	17617	17468
破坏社会主义市场经济秩序罪	Offences Against Socialist Economic Order	5679	5555	3958	3830
侵犯公民人身权利民主权利罪	Offences Against Citizens's Personal and Democratic Rights	9052	9068	9648	9348
侵犯财产罪	Offences Against Properties	24009	23966	20780	20528
妨害社会管理秩序罪	Offences Against Social Management of Order	12780	12786	11688	11449
危害国防利益罪	Offences Against National Defense	10	10	14	12
贪污贿赂罪	Offences on Corruption and Bribery	1396	1376	1160	1074
渎职罪	Offences on Dereliction of Duty	236	251	252	195
其他	Others	1		7	6
合计中含自诉案件	Private Prosecution Among the Total	622	619	597	581

注：结案含上年旧存（下同）。
a) Data of cases settled include cases turned over from previous year (The same as the following tables).

21－3 第一产业增加值（2013 年）
Value-added of the Primary Industry（2013）

位次 No.	县（市）名称 County（City）		绝对数（亿元）Absolute Figure（100 million yuan）	位次 No.	县（市）名称 County（City）		绝对数（亿元）Absolute Figure（100 million yuan）
1	邳州市	Pizhou City	89.64	24	丹阳市	Danyang City	49.75
2	兴化市	Xinghua City	87.67	25	泗洪县	Sihong County	49.60
3	东台市	Dongtai City	84.10	26	阜宁县	Funing County	49.56
4	沛县	Peixian County	76.47	27	涟水县	Lianshui County	48.00
5	沭阳县	Shuyang County	75.80	28	泗阳县	Siyang County	47.50
6	射阳县	Sheyang County	74.69	29	盱眙县	Xuyi County	46.13
7	大丰市	Dafeng City	68.60	30	泰兴市	Taixing City	46.01
8	启东市	Qidong City	65.26	31	建湖县	Jianhu County	45.06
9	高邮市	Gaoyou City	62.79	32	灌南县	Guannan County	42.72
10	睢宁县	Suining County	62.46	33	溧阳市	Liyang City	42.61
11	如东县	Rudong County	62.11	34	常熟市	Changshu City	40.50
12	宝应县	Baoying County	59.94	35	响水县	Xiangshui County	38.08
13	东海县	Donghai County	58.09	36	句容市	Jurong City	37.08
14	如皋市	Rugao City	57.04	37	太仓市	Taicang City	36.84
15	赣榆县	Ganyu County	56.24	38	张家港市	Zhangjiagang City	30.41
16	灌云县	Guanyun County	56.17	39	金坛市	Jintan City	30.15
17	丰县	Fengxian County	53.80	40	洪泽县	Hongze County	28.03
18	滨海县	Binhai County	52.98	41	昆山市	Kunshan City	26.94
19	新沂市	Xinyi City	52.43	42	金湖县	Jinhu County	26.03
20	海安县	Haian County	52.09	43	仪征市	Yizheng City	21.23
21	宜兴市	Yixing City	51.71	44	靖江市	Jingjiang City	20.19
22	江阴市	Jiangyin City	51.53	45	扬中市	Yangzhong City	12.65
23	海门市	Haimen City	50.76				

21－22　农村居民人均纯收入(2013年)
Per Capita Net Income of Rural Households(2013)

位次 No.	县(市)名称 County (City)	绝对数(元) Absolute Figure (yuan)	位次 No.	县(市)名称 County (City)	绝对数(元) Absolute Figure (yuan)
1	江阴市 Jiangyin City	21882	24	射阳县 Sheyang County	13121
2	昆山市 Kunshan City	21793	25	宝应县 Baoying County	13093
3	常熟市 Changshu City	21691	26	如皋市 Rugao City	13004
4	张家港市 Zhangjiagang City	21689	27	沛县 Peixian County	12725
5	太仓市 Taicang City	21605	28	邳州市 Pizhou City	12635
6	宜兴市 Yixing City	18783	29	洪泽县 Hongze County	12160
7	扬中市 Yangzhong City	18644	30	金湖县 Jinhu County	11931
8	金坛市 Jintan City	17371	31	阜宁县 Funing County	11853
9	溧阳市 Liyang City	16985	32	滨海县 Binhai County	11702
10	丹阳市 Danyang City	16983	33	赣榆县 Ganyu County	11564
11	海门市 Haimen City	16920	34	盱眙县 Xuyi County	11255
12	启东市 Qidong City	15766	35	东海县 Donghai County	11118
13	靖江市 Jingjiang City	15347	36	响水县 Xiangshui County	11084
14	东台市 Dongtai City	15312	37	新沂市 Xinyi City	10979
15	大丰市 Dafeng City	15166	38	丰县 Fengxian County	10957
16	句容市 Jurong City	14824	39	沭阳县 Shuyang County	10799
17	海安县 Haian County	14119	40	泗阳县 Siyang County	10765
18	泰兴市 Taixing City	13993	41	睢宁县 Suining County	10686
19	仪征市 Yizheng City	13701	42	泗洪县 Sihong County	10540
20	如东县 Rudong County	13529	43	涟水县 Lianshui County	10333
21	高邮市 Gaoyou City	13248	43	灌云县 Guanyun County	10016
22	兴化市 Xinghua City	13247	45	灌南县 Guannan County	9488
23	建湖县 Jianhu County	13156			

周恩来纪念馆全景

江苏省淮安市

京杭大运河水利枢纽

淮安市位于江苏北部，是一代伟人周恩来的故乡。淮安秦时置县、历史悠久，现辖四县四区，总面积1.01万平方公里，总人口550万。近年来，淮安积极抢抓省委、省政府支持苏北加快建设小康社会和建设淮安苏北重要中心城市机遇，科学规划、统筹发展，开拓进取、跨越发展，全面小康社会建设取得重大突破：2013年，淮安以市为单位达到省定2003版全面小康社会标准，为迈向更高水平全面小康社会奠定了坚实基础。

中国漕运博物馆

综合实力日益增强。坚持项目推动，促进经济快速增长。富士康、实联化工、国宝空调、天淮钢管、奔驰商用以及中国移动呼叫中心等一批重大项目相继落户淮安。2013年，全市实现GDP2156亿元，人均GDP44774元，规模以上固定资产投资1453亿元，社会消费品零售总额721亿元，财政公共预算收入271亿元。**转型升级步伐加快**。培育并初步形成以盐化工、特钢、电子信息、食品四大主导产业和高端装备制造、新能源汽车及零部件两大战略性新兴产业为主体的“4+2”现代工业体系。2013年，“4+2”产业完成产值2332亿元，占全市规上工业比重49%。现代服务业加快发展，现代商务集聚区纳入省级服务业综合改革试点。2013年，三次产业结构为：12.6：45.6：41.8。**人民生活不断改善**。实施收入倍增计划，重抓就业创业富民。2013年，城镇居民人均可支配收入23107元，农民人均纯收入11045元，城镇家庭人均拥有住房面积37.1平方米，农村家庭人均拥有住房面积46.4平方米，居民恩格尔系数35.3%，城镇登记失业率降低至2.24%。**社会事业蓬勃发展**。坚持社会创新驱动，施行科技创新券制度，以市为单位实现区域教育基本现代化，义务教育质量位居全省前列，高考二本以上录取率苏北第一。2013年，财政性教育投入超过70亿元，R&D经费支出占GDP比重1.5%，新增财力75%用于民生保障改善，城镇基本养老、失业和基本医疗三大保险覆盖面均超过95%，卫生服务体系健全率100%。**协调发展美好家园**。坚持综合规划引领，统筹城乡以及经济社会生态协调发展。2013年，城镇化率55.06%，环境质量综合指数89.8%，城市绿化覆盖率超过40%。拥有国家历史文化名城、国家卫生城市、国家园林城市、国家环保模范城市、中国优秀旅游城市、江苏省文明城市等荣誉称号。当前正加快创建国家生态城市，所辖清浦区、金湖县在苏北率先通过国家级生态县区技术评估。

明祖陵

水韵淮安

建设中的生态新城

楚秀园

稳中有进、质效提升”的良好态势。实现地区生产总值 342.72 亿元，增长 12.5%；其中：一产 39.67 亿元、二产 189.33 亿元、三产 113.72 亿元，三次产业比例为 11.6 ∶ 55.2 ∶ 33.2。农业经济形势平稳。粮食实收面积 123.68 万亩，总产 62.34 万吨，实现“十连增”。工业经济运行较好。实现规模工业增加值 165.22 亿元，增长 13.9%。规模工业开票销售 145 亿元，增长 9.8%；入库税收 7.8 亿元，增长 13.7%。开票销售超亿元企业 31 家，其中超 10 亿元 2 家、超 5 亿元 4 家。入库税收超 500 万元企业 31 家，其中超亿元 1 家，超 5000 万元 2 家。人民生活持续改善。实现城镇居民人均可支配收入 26254 元，增长 9.9%；农民人均纯收入 14352 元，增长 11.8%。新发展私营企业 1630 户，新发展个体工商户 7600 户，新增注册资本金 233.2 亿元。新增转移农村劳动力 1 万人，组织各类培训 1 万人次，新增就业再就业 1.32 万人，城镇登记失业率 2%。对外开放不断扩大。注册外资实际到账 1.55 亿美元，外贸出口总额 2.5 亿美元。外资工业园新落户韩资项目 4 个，已累计集聚韩资企业 17 家。积极寻求新的对外合作空间，与德国茨维考市成功缔结友好城市，投资合作、技术交流、经贸往来和文化旅游互动迈出了新步伐。

充满生机活力、蕴含无限希望的魅力盐都，热忱欢迎海内外宾朋、各界人士视察指导！

①重庆啤酒盐城公司
②悦达纺织园
③华锐风电产业园
④秀美乡村——大纵湖镇三官
⑤盐都区博物馆
⑥盐都七星现代化农场
⑦江苏翡翠湾花卉交易中心
⑧盐都郭猛台湾农民创业园
⑨盐城市第三医院

⑤

⑥

⑦

⑧

①

②

③

④

⑨

丹阳概况

丹阳，丹凤朝阳之意，位于江苏省南部，东邻常州市武进区、新北区，西接镇江市丹徒区、句容市，南与金坛市接壤，北接镇江新区，并与扬中市隔江相望。总面积1047平方公里，户籍人口81.3万人，辖10个镇、2个街道和1个省级开发区。

丹阳历史悠久，是董永与七仙女传说的发源地，境内的凤凰山遗址表明6000多年前就有先民在此生活。战国时期设云阳邑，公元前221年秦朝建立后，设云阳县，不久改名为曲阿县。唐天宝元年（742年），取“丹凤朝阳”之意，定名丹阳。西晋玉乳泉、唐中和铜钟、南朝石刻、北宋嘉山寺、明朝万善塔等众多名胜古迹是丹阳悠久历史的有效见证。丹阳人杰地灵、人文荟萃，名人志士，贤臣良将，代不乏人。丹阳是春秋时期伟大德者、智者和贤者——季子的隐居之地，也是南朝齐梁两代帝王的故里。唐代大诗人许浑，近现代著名教育家、上海复旦大学创始人马相伯，著名社会科学家、教育家戴伯韬，著名书画家、美术教育家吕凤子，语言学泰斗吕叔湘，以及对革命事业作出过贡献的共产党人夏霖、黄竞西、管文蔚和匡亚明等一大批名人志士均是丹阳人。

通过多年的努力，丹阳已成为沪宁线上新兴的工贸城市，位列“2013全国县级市综合竞争力排行榜”第12位、“2013全国县级市成长竞争力排行榜”第8位，先后荣获“中国和谐城市”、“中国特色魅力城市200强”等称号，是全国首家“国家旅游产业创新发展实验市”。

1、发展提速、质量提升、效益提高正成为丹阳发展的主趋势。2013年全市实现地区生产总值925亿元，增长12.8%；公共财政预算收入60.4亿元，增长20.6%；工业销售收入2443亿元，增长16.5%；规模以上固定资产投资323亿元，增长21.6%。企业和产业规模不断壮大，目前拥有亿元企业171家，10亿企业33家，百亿企业4家，相继建成“中国眼镜生产基地”、“中国眼镜出口基地”、“江苏省五金工具出口基地”和“国家级车辆灯具检测重点实验室”、“中国汽车零部件制造基地”、“全国汽车零部件出口基地”、“中国鞋业基地”、“国家汽摩配件生产示范区”。眼镜产业成为国家行业标准的制定者，五金工具产业正从普通工具钢向模具钢、特钢发展，木业产业夺得国内同行业10大品牌中的三块，汽车零部件产业正从零部件制造走向整车制造。同时，新材料、新能源、装备制造、新医药等新兴产业逐步形成规模，成为新的亮点。尤其是新材料产业，与国家大飞机项目形成了紧密的合作关系，创建了航空航天产业园和院士工作站，正打造我市第一个千亿级产业群。为进一步促进产业集聚集约发展，丹阳正在全力打造开发区、高新技术产业园、航空航天产业园、生命科学产业园等“6+1”重点产业园区。

全国最大的眼镜交易市场——中国眼镜城

2．创新驱动、人才带动、金融推动已成为丹阳发展的主动力。丹阳连续9年被评为全国科技进步先进县（市），是国家知识产权示范城市创建市，科技创新专项资金设立、争取省重大科技成果转化专项扶持

9

能源、资源、环境

Energy, Resource and Environment

简 要 说 明

一、本篇资料的主要内容

本篇主要反映我省自然资源状况、能源消费、环境保护事业发展情况。

自然资源状况包括水资源、气象等数据资料。

能源消费包括综合能源平衡表、规模以上工业企业主要能源品种消费量等。

环境保护事业发展情况主要包括污染排放与处理情况、生态环境保护情况等。

二、本篇资料的统计范围

本篇资料的统计范围为全社会。

三、本篇的资料来源

气象、水资源、环境保护事业发展情况分别由气象、水利、环保等部门提供。

能源消费数据来自历年能源平衡表及相关能源统计年报。

Brief Introduction

I. Main Contents

This chapter contains information that reflects natural resource conditions, energy consumption and the development of environment protection.

Data on natural resource cover water resource and meteorological phenomena, etc.

Data on energy cover aggregate balance sheet of energy and major energy consumption of above designated industrial enterprises, etc. Data on the development of environment protection mainly include discharge and treatment of pollution, ecological and environmental protection, etc.

II. Sources of Data

The scope of data in this chapter is the whole country.

III. Sources of Data

Data on meteorological phenomena, water resources, development of environment protection are provided respectively by meteorology, water conservancy and environment protection ministry.

Data on energy consumption are from the energy balance sheets over the years and relevant energy statistics annals.

9－1　主要城市月平均气温（2013 年）

Monthly Average Temperature of Major Cities（2013）

单位:摄氏度　　　　　　　　　　　　　　　　　　　　　　　　　　　　　　　　　　　　　　（℃）

城　市 City	1 月 Jan	2 月 Feb	3 月 Mar	4 月 Apr	5 月 May	6 月 June	7 月 July	8 月 Aug	9 月 Sept	10 月 Oct	11 月 Nov	12 月 Dec	年平均气温 Yearly Average
南京市 Nanjing	3.0	5.5	10.8	16.0	21.7	24.3	30.5	30.8	23.6	18.4	12.1	4.7	16.8
无锡市 Wuxi	3.6	6.0	11.1	15.9	21.8	24.5	32.2	31.1	24.4	18.9	12.7	5.6	17.3
徐州市 Xuzhou	0.1	3.5	10.1	15.0	21.5	25.7	29.7	30.0	22.6	17.2	9.0	2.4	15.6
常州市 Changzhou	3.3	5.7	10.8	15.8	21.7	24.4	31.6	31.3	24.3	18.6	12.3	5.2	17.1
苏州市 Suzhou	4.2	6.4	11.2	16.0	21.8	24.6	32.3	31.5	25.2	19.7	13.7	6.3	17.7
南通市 Nantong	2.9	5.0	9.5	14.1	20.2	23.1	31.2	29.9	23.5	18.1	11.8	4.7	16.2
连云港市 Lianyungang	0.0	2.6	7.8	12.5	18.6	23.2	28.6	28.3	21.7	16.2	9.5	2.5	14.3
淮安市 Huaian	0.8	3.6	8.8	13.8	20.0	24.1	29.1	28.8	21.8	16.1	9.6	2.2	14.9
盐城市 Yancheng	1.1	3.6	8.5	13.4	19.6	23.0	30.2	29.7	23.0	17.5	10.9	3.6	15.3
扬州市 Yangzhou	2.7	5.0	10.5	15.5	21.1	24.4	31.0	31.2	23.8	18.0	11.5	4.2	16.6
镇江市 Zhenjiang	3.1	5.5	10.6	15.7	21.6	24.3	30.5	31.2	24.1	18.4	12.0	4.9	16.8
泰州市 Taizhou	2.1	4.6	9.4	14.2	20.4	23.7	30.6	30.2	23.3	17.9	11.2	3.9	16.0
宿迁市 Suqian	0.6	3.5	9.3	14.7	20.5	24.5	29.4	29.4	22.3	17.0	10.1	2.8	15.3

9－2　主要城市月降水量（2013 年）

Monthly Precipitation of Major Cities（2013）

单位:毫米　　　　　　　　　　　　　　　　　　　　　　　　　　　　　　　　　　　　　　（mm）

城　市 City	1 月 Jan	2 月 Feb	3 月 Mar	4 月 Apr	5 月 May	6 月 June	7 月 July	8 月 Aug	9 月 Sept	10 月 Oct	11 月 Nov	12 月 Dec	全年累计 Yearly Total
南京市 Nanjing	17.8	69.9	42.9	22.8	110.1	172.6	229.6	115.5	67.0	22.4	17.2	10.6	898.4
无锡市 Wuxi	13.2	115.0	45.2	35.4	164.8	133.8	99.1	150.1	85.0	178.5	17.0	27.2	1064.3
徐州市 Xuzhou	6.3	17.6	20.1	22.4	157.4	19.9	142.5	147.0	94.4	4.0	40.4	0.0	672.0
常州市 Changzhou	11.0	98.4	38.4	26.7	120.8	174.7	95.8	51.4	82.7	141.6	12.4	14.1	868.0
苏州市 Suzhou	29.8	113.8	82.7	51.7	126.2	229.3	74.7	89.0	85.7	257.1	19.3	47.2	1206.5
南通市 Nantong	18.6	98.7	37.0	46.4	92.6	275.4	79.6	76.3	83.8	198.7	20.9	11.3	1039.3
连云港市 Lianyungang	2.9	29.8	32.8	28.2	120.3	22.9	291.8	105.9	166.6	0.2	21.4	0.8	823.6
淮安市 Huaian	11.7	42.9	24.5	9.0	121.7	54.3	176.9	77.2	165.6	13.0	33.2	1.1	731.1
盐城市 Yancheng	7.9	61.3	27.1	28.5	113.2	51.2	319.7	59.8	54.8	40.3	30.9	0.0	794.7
扬州市 Yangzhou	9.7	69.9	36.4	31.7	118.4	314.7	159.1	54.6	59.6	74.5	21.8	3.8	954.2
镇江市 Zhenjiang	13.3	77.1	33.0	26.4	126.5	202.0	126.2	69.1	73.3	73.6	27.8	7.5	855.8
泰州市 Taizhou	11.8	67.9	29.0	44.5	100.1	195.5	156.9	142.0	42.7	73.7	18.8	1.9	884.8
宿迁市 Suqian	13.4	32.1	30.3	7.8	127.5	37.9	159.8	66.5	173.4	2.6	26.6	1.0	678.9

9－3 水资源总量（2013 年）
Water Resources（2013）

单位:亿立方米 （100 million cu. m）

项目	Item	水资源总量 Total	地表水资源量 Surface Water Volume	地下水资源量 Underground Water Volume	地下水与地表水重复计算量 Duplicated Computation Volume of Surface Water and Underground Water	年降水量 Annual Precipitation
合计	**Total**	**283.53**	**202.32**	**97.20**	**15.99**	**833.43**
按流域区域分	**by Drainage Area**					
淮河流域	Drainage Area of Huaihe River	164.29	108.69	65.58	9.99	763.84
王家坝至中渡区	from Wangjiaba to Zhongdu	18.45	9.74	9.84	1.14	715.37
中渡以下	below Zhongdu	62.64	45.89	22.54	5.79	772.59
沂沭泗河区	Yishusi River District	83.20	53.06	33.20	3.06	770.79
长江流域	Drainage Area of Yangtze River	119.24	93.63	31.62	6.00	948.16
湖口以下干流	below Hukou	56.26	41.72	16.46	1.92	911.53
太湖流域	Drainage Area of Taihu Lake	62.98	51.91	15.15	4.08	984.20
按行政区域分	**by Administrative Areas**					
南京市	Nanjing	23.72	19.26	5.33	0.87	927.68
无锡市	Wuxi	19.88	17.12	3.71	0.95	1002.86
徐州市	Xuzhou	36.46	18.23	18.94	0.71	738.44
常州市	Changzhou	15.41	13.21	2.44	0.24	995.07
苏州市	Suzhou	20.48	15.64	6.55	1.72	998.24
南通市	Nantong	24.52	17.78	8.45	1.71	918.56
连云港市	Lianyungang	27.87	21.55	6.97	0.65	842.15
淮安市	Huaian	25.87	17.10	11.51	2.74	745.44
盐城市	Yancheng	31.58	21.34	12.53	2.30	747.22
扬州市	Yangzhou	16.39	12.80	3.72	0.13	849.66
镇江市	Zhenjiang	9.85	8.08	3.58	1.81	842.56
泰州市	Taizhou	13.97	10.34	3.95	0.32	797.97
宿迁市	Suqian	17.54	9.85	9.53	1.84	708.62

9－4 农村自然灾害情况
Basic Siatistics on Rural Natural Disaster

单位:千公顷 （1000 hectares）

指标	Item	2000	2005	2010	2011	2012	2013
受灾面积	Area Covered	3411.68	2139.50	1070.93	1810.60	1406.45	487.36
#旱灾	Drought	1196.87	225.94	522.99	1261.69	219.46	222.28
水灾	Flood	175.59	781.97	316.37	290.39	156.86	98.37

9-5 综合能源平衡表
Aggregate Balance Sheet of Energy

单位:万吨标准煤　　　　(10000 tons standardized coal)

项　　目 Item		2000	2005	2008	2009
可供消费的能源总量	**Total Energy**				
一次能源生产量	Primary Energy Output	1996.86	2267.63	2489.40	2618.54
回收能	Retrieved	136.24	356.07	883.24	1039.79
进口量	Imported	708.45	2315.38	2226.54	2806.18
出口量	Exported	48.20	186.52	97.34	205.33
年初年末库存差额	Stock Changes in the Year	13.21	-19.73	-200.66	-26.50
能源消费总量	**Total Energy Consumption**	**8612.43**	**17167.39**	**22232.23**	**23709.28**
在总量中:	of This Total:				
农、林、牧、渔、水利业	Farming Forestry, Animal Husbandry, Fishery and Water Conservancy	400.39	321.59	330.89	360.96
工业	Industry	6743.95	14020.33	18133.51	19260.23
建筑业	Constlructlion	41.34	204.68	232.93	249.09
交通运输、仓储及邮电通讯业	Transportantion, Storage, Post and Telecommunication	358.52	899.45	1201.71	1254.10
批发和零售贸易餐饮业	Wholesale and Retail and Catering Trade	169.94	249.86	341.13	366.74
其他	Others	209.38	373.21	538.59	628.20
生活消费	Residential Consumption	688.91	1098.27	1453.47	1589.96
在总量中:	of This Total:				
终端消费	Final Consumption	8220.49	16311.17	21245.30	22667.03
#工业	Industry	6352.00	13164.12	17146.59	18218.00
损失量	Loss	269.36	653.43	803.13	826.90

9－5 续 表 Continued

单位:万吨标准煤 (10000 tons standardized coal)

项	目 Item	2010	2011	2012	2013
可供消费的能源总量	**Total Energy**				
一次能源生产量	Primary Energy Output	2771.96	2627.41	2751.62	2781.90
回收能	Retrieved	884.86	128.43	137.68	134.23
进口量	Imported	3267.83	3142.29	3226.63	3951.28
出口量	Exported	176.89	318.74	164.53	241.17
年初年末库存差额	Stock Changes in the Year	－377.43	－119.56	150.92	26.59
能源消费总量	**Total Energy Consumption**	**25773.70**	**27588.97**	**28849.84**	**30293.98**
在总量中:	of This Total:				
农、林、牧、渔、水利业	Farming Forestry, Animal Husbandry, Fishery and Water Conservancy	394.68	451.96	515.26	583.41
工业	Industry	20597.82	22013.25	22636.42	23314.00
建筑业	Constlructlion	281.22	328.45	355.74	411.27
交通运输、仓储及邮电通讯业	Transportantion, Storage, Post and Telecommunication	1462.56	1566.30	1701.85	1863.04
批发和零售贸易餐饮业	Wholesale and Retail and Catering Trade	400.80	442.59	500.34	535.57
其他	Others	753.80	850.81	937.38	1051.28
生活消费	Residential Consumption	1882.82	1935.61	2202.85	2535.41
在总量中:	of This Total:				
终端消费	Final Consumption	24267.83	26031.34	27243.10	28805.08
#工业	Industry	19976.78	20455.61	21029.68	21825.10
损失量	Loss	954.20	985.96	963.63	902.18

9-6 规模以上工业企业主要能源消费量
Major Energy Consumption of above Designated Industrial Enterprises

单位:万吨 (10000 tons)

名称	Item	2005	2008	2009	2010	2011	2012	2013
原煤	Coal	15154.25	19195.26	19726.52	22159.36	24268.18	24627.54	25927.40
焦炭	Coke	1562.66	2356.47	2519.04	2784.16	3151.45	3169.66	3210.61
原油	Crude Oil	2250.86	2305.25	2652.49	2992.16	2974.73	2942.17	3382.97
汽油	Gasoline	32.07	43.68	44.60	47.54	41.24	38.37	36.51
煤油	Kerasene	3.75	3.31	2.24	2.53	1.91	1.97	1.51
柴油	Diesel Oil	117.88	121.51	108.36	111.37	105.08	96.13	94.32
燃料油	Fuel Oil	212.52	138.58	116.47	110.60	87.32	70.71	61.43
液化石油气	LPG	53.40	45.56	44.64	38.03	42.03	33.39	41.86

9-7 规模以上工业企业平均每天主要能源消费量
Average Daily Energy Consumption of above Designated Industrial Enterprises

单位:吨 (ton)

名称	Item	2005	2008	2009	2010	2011	2012	2013
原煤	Coal	415185	525897	540453	607106	664882	674727	710340
焦炭	Coke	42813	64561	69015	76278	86341	86840	87962
原油	Crude Oil	61667	63158	72671	81977	81499	80607	92684
汽油	Gasoline	879	1197	1222	1302	1130	1051	1000
煤油	Kerasene	103	91	61	69	52	54	41
柴油	Diesel Oil	3230	3329	2969	3051	2879	2634	2584
燃料油	Fuel Oil	5822	3797	3191	3030	2392	1937	1683
液化石油气	LPG	1463	1248	1223	1042	1152	915	1147

9-8 江苏电网生产经营综合情况
General Production and Business of Jiangsu Power Grid

指标名称	Item	2005	2009	2010
发电装机 (万千瓦)	Power Generation Capacity (10000 kW)	4270	5650	6458
发电量 (亿千瓦时)	Power Generation (100 million kW·h)	2120.00	2984.31	3499.29
统调发电最高负荷(万千瓦)	Maximum Controlled Power Generation Load (10000 kW)	3215.7	4479.5	5302.6
统调发电平均负荷率 (%)	Average Controlled Power Generation Load Rate (%)	89.67	90.36	90.99
全社会用电量 (亿千瓦时)	Total Electricity Consumption (100 million kW·h)	2193.45	3313.99	3864.37
#第一产业	Primary Industry (100 million kW·h)	29.12	25.45	28.36
第二产业	Secondary Industry (100 million kW·h)	1793.34	2660.16	3085.35
#工业	Industry (100 million kW·h)	1771.28	2631.28	3052.12
第三产业	Tertiary Industry (100 million kW·h)	170.27	304.44	361.04
统调用电最高负荷(万千瓦)	Maximum Controlled Electricity Consumption Load (10000 kW)	3319.3	5229.7	6033.7
统调用电平均负荷率 (%)	Average Controlled Electricity Consumption Load Rate (%)	88.94	89.61	90.22
电源固定资产投资 (亿元)	Investment in Fixed Assets in Power Supply (100 million yuan)	289.02	93.06	103.89
电网固定资产投资 (亿元)	Investment in Fixed Assets in Power Grid (100 million yuan)	166.02	321.29	296.95
新增110千伏及以上输电能力 (公里)	Newly Increased Capacity of 110 kV and above Power Transmission (km)	5188	5987	5210
新增110千伏及以上变电能力 (万千伏安)	Newly Increased Capacity of 110 kV and above Power Transformation (10000 kW)	1863	4091	4061
新投发电装机 (万千瓦)	Newly Increased Power Generation Capacity (10000 kW)	1450.50	303.90	864.80

9-8 续表 Continued

指标名称	Item	2011	2012	2013
发电装机 (万千瓦)	Power Generation Capacity (10000 kW)	6992	7532	8229
发电量 (亿千瓦时)	Power Generation (100 million kW·h)	3932.92	4158.37	4404.94
统调发电最高负荷(万千瓦)	Maximum Controlled Power Generation Load (10000 kW)	5815.3	5820.0	6400.8
统调发电平均负荷率 (%)	Average Controlled Power Generation Load Rate (%)	91.41	91.39	91.66
全社会用电量 (亿千瓦时)	Total Electricity Consumption (100 million kW·h)	4281.62	4580.90	4956.62
#第一产业	Primary Industry (100 million kW·h)	33.01	37.96	43.40
第二产业	Secondary Industry (100 million kW·h)	3424.64	3605.58	3844.47
#工业	Industry (100 million kW·h)	3385.19	3562.48	3794.18
第三产业	Tertiary Industry (100 million kW·h)	415.76	468.51	521.67
统调用电最高负荷(万千瓦)	Maximum Controlled Electricity Consumption Load (10000 kW)	6627.5	6856.6	7738.2
统调用电平均负荷率 (%)	Average Controlled Electricity Consumption Load Rate (%)	90.77	90.97	91.55
电源固定资产投资 (亿元)	Investment in Fixed Assets in Power Supply (100 million yuan)	172.13	220.05	201.65
电网固定资产投资 (亿元)	Investment in Fixed Assets in Power Grid (100 million yuan)	330.71	368.70	378.71
新增110千伏及以上输电能力 (公里)	Newly Increased Capacity of 110 kV and above Power Transmission (km)	6291	6726	3145
新增110千伏及以上变电能力 (万千伏安)	Newly Increased Capacity of 110 kV and above Power Transformation (10000 kW)	3828	3432	1773
新投发电装机 (万千瓦)	Newly Increased Power Generation Capacity (10000 kW)	618.47	670.84	778.23

9－9 全社会用电情况
Basic Situation of Total Electricity Consumption

单位:亿千瓦小时 (100 million kW・h)

项 目	Item	2005	2009	2010	2011	2012	2013
全社会用电量	**Total**	**2193.45**	**3313.99**	**3864.37**	**4281.62**	**4580.90**	**4956.62**
按产业分	Grouped by Type of Industry						
第一产业	Primary Industry	29.12	25.45	28.36	33.01	37.96	43.40
第二产业	Secondary Industry	1793.34	2660.16	3085.35	3424.64	3605.58	3844.47
第三产业	Tertiary Industry	170.27	304.44	361.04	415.76	468.51	521.67
按行业分	Grouped by Sector						
农林牧渔水利业	Farming, Forestry, Animal Husbandry, Fishery and Water Conservancy	29.12	25.45	28.36	33.01	37.96	43.40
#排灌	Irrigation	12.05	8.44	8.94	10.17	10.85	11.12
工业	Industry	1771.28	2631.28	3052.12	3385.19	3562.48	3794.18
#轻工业	Light Industry	519.99	640.56	725.64	795.72	867.46	924.66
重工业	Heavy Industry	1251.29	1990.73	2326.48	2589.48	2695.02	2869.52
#制造业	Manufacturing	1745.07	2090.27	2447.56	2719.94	2902.94	3137.53
#纺织业	Manufacture of Textile	228.39	309.01	340.06	366.68	398.56	419.09
化学原料及化学制品制造业	Chemical Raw Materials and Chemical Products	210.26	287.34	311.38	328.08	371.35	372.34
非金属矿物制品业	Manufacture of Non-metallic Mineral Products	118.77	154.33	172.91	190.28	186.99	195.92
黑色金属冶炼及压延加工业	Smelting and Pressing of Ferrous Metals	224.90	343.37	388.12	424.59	428.99	498.99
通用及专用设备制造业	Ordinary and Special Purpose Equipment	67.39	132.72	178.23	215.80	225.89	256.83
建筑业	Construction	22.06	28.88	33.23	39.45	43.09	50.29
交通运输、仓储和邮政业	Transportation, Post and Telecommunication	16.45	25.40	31.01	39.99	47.24	52.26
信息传输、计算机服务和软件业	Information Transmission, Computer Service and Software	9.01	17.70	20.80	25.42	30.00	33.88
商业、住宿和餐饮业	Commerce, Hotel and Catering Industry	55.52	93.64	108.25	121.00	137.28	150.74
金融、房地产、商务及居民服务业	Banking, Real Estate, Commercial and Residents' Service	27.72	62.66	78.92	93.91	110.36	125.60
公共事业及管理组织	Public Undertaking and Management Organizations	61.58	105.05	122.05	135.46	143.63	159.18
城乡居民生活用电	Electricity Consumption by Urban and Rural Residents	200.72	323.93	389.62	408.21	468.86	547.08
城镇居民	Urban Area	102.18	159.26	194.26	201.34	230.64	264.52
乡村居民	Rural Area	98.54	164.67	195.36	206.87	238.22	282.56

9－10　分地区全社会用电量
Electricity Consumption by Region

单位:亿千瓦小时　　　　(100 million kW·h)

地　区	Region	2005	2009	2010	2011	2012	2013
全　省	**Total**	**2193.45**	**3313.99**	**3864.37**	**4281.62**	**4580.90**	**4956.62**
苏　南	**Southern Jiangsu**	**1429.59**	**2097.90**	**2403.82**	**2627.72**	**2737.87**	**2935.47**
南京市	Nanjing	246.67	337.05	373.66	399.74	424.96	462.67
镇江市	Zhenjiang	97.18	144.92	164.22	184.09	193.47	212.20
常州市	Changzhou	182.66	255.41	291.19	331.66	351.51	390.98
无锡市	Wuxi	337.05	480.57	550.64	580.60	578.01	606.40
苏州市	Suzhou	566.04	879.94	1024.10	1131.63	1189.93	1263.21
苏　中	**Mid Jiangsu**	**316.61**	**502.04**	**577.40**	**643.67**	**686.72**	**746.08**
扬州市	Yangzhou	82.04	129.16	151.09	167.22	173.63	197.38
泰州市	Taizhou	95.74	155.43	176.61	195.68	211.31	222.55
南通市	Nantong	138.83	217.45	249.70	287.30	301.79	326.15
苏　北	**Northern Jiangsu**	**322.18**	**549.83**	**672.60**	**796.00**	**908.96**	**1031.48**
徐州市	Xuzhou	120.18	202.44	246.01	287.30	318.57	336.42
淮安市	Huaian	59.05	95.82	111.77	126.37	134.78	148.39
宿迁市	Suqian	25.90	53.89	72.69	94.03	114.34	136.58
盐城市	Yancheng	76.26	131.64	158.63	184.58	225.31	275.16
连云港市	Lianyungang	40.80	66.03	83.52	103.71	115.97	134.94

注：各市用电量中未包括网损、大厂厂用电量和沙河抽水电量(下同)。

a) Begion Electricity consumption are not included network losses, point plant and river pumping pouser consumption.

9－11 分地区工业用电量
Industrial Electricity Consumption by Region

单位:亿千瓦小时 (100 million kW·h)

地 区	Region	2005	2009	2010	2011	2012	2013
全 省	**Total**	**1771.28**	**2631.28**	**3052.12**	**3385.19**	**3562.48**	**3794.18**
苏 南	**Southern Jiangsu**	**1168.80**	**1685.72**	**1916.54**	**2095.47**	**2142.30**	**2265.03**
南京市	Nanjing	173.53	223.75	242.66	256.84	265.64	286.71
镇江市	Zhenjiang	79.96	117.14	131.81	148.95	151.62	163.38
常州市	Changzhou	145.20	205.41	231.82	267.21	277.88	308.06
无锡市	Wuxi	286.55	400.88	455.00	476.28	464.51	476.28
苏州市	Suzhou	483.56	738.54	855.25	946.19	982.66	1030.61
苏 中	**Mid Jiangsu**	**243.06**	**383.84**	**436.74**	**489.32**	**510.97**	**542.52**
扬州市	Yangzhou	60.32	93.72	109.96	122.04	123.20	139.13
泰州市	Taizhou	77.59	124.71	138.94	155.13	164.81	169.02
南通市	Nantong	105.15	165.41	187.84	212.15	222.96	234.38
苏 北	**Northern Jiangsu**	**234.35**	**397.50**	**488.30**	**586.17**	**661.87**	**743.04**
徐州市	Xuzhou	91.61	156.85	191.90	225.91	246.08	252.97
淮安市	Huaian	45.10	71.28	81.75	92.09	95.50	102.30
宿迁市	Suqian	15.87	34.61	48.81	66.04	79.90	94.86
盐城市	Yancheng	54.34	93.42	111.86	132.29	164.49	204.19
连云港市	Lianyungang	27.43	41.34	53.99	69.84	75.91	88.73

9-12 主要发电厂发电情况
Electricity Production of Major Power Plants

厂 名	Item	2012 装机容量（万千瓦）Installed Capacity (10000 kW)	2012 发电量（亿千瓦时）Electricity Production (100 million kW·h)	2013 装机容量（万千瓦）Installed Capacity (10000 kW)	2013 发电量（亿千瓦时）Electricity Production (100 million kW·h)
全省总计	**Total**	**7532**	**4158.37**	**8229**	**4404.94**
#统调发电厂	Unified Planning Power Plant	6792	3813.49	7411	4032.50
非统调发电厂	Non-unified Planning Power Plant	739	344.88	818	372.44
（一）国网新源公司	**State Grid Xinyuan Co.**	**100**	**9.35**	**100**	**9.20**
华东宜兴抽水蓄能有限公司	East China Yixing Pumped Storage Power Co., Ltd.	100	9.35	100	9.20
（二）中国国电集团公司	**China Guodian Group Co.**	**1011**	**549.38**	**1001**	**572.90**
中国国电集团谏壁发电厂	China Guodian Jianbi Power Plant	332	166.60	299	191.45
国电江苏谏壁发电有限公司	Guodian Jiangsu Jianbi Power Co., Ltd.	66	35.71	66	32.29
江阴苏龙热电有限公司	Jiangyin Sulong Thermal Power Co., Ltd.	122	71.72	122	70.16
国电常州发电有限公司	Guodian Changzhou Power Co., Ltd.	126	78.20	126	75.97
国电宿迁热电有限公司	Guodian Suqian Thermal Power Co., Ltd.	27	15.77	27	17.78
国电泰州发电有限公司	Guodian Taizhou Power Co., Ltd.	200	122.94	200	121.32
天生港发电有限公司	Tianshenggang Power Co., Ltd.	66	40.60	66	40.48
（三）中国华能集团公司	**China Huaneng Group Co.**	**835**	**475.37**	**876**	**478.16**
华能（苏州工业园区）发电有限责任公司	Huaneng (Suzhou Industrial Park) Power CO., Ltd.	64	41.44	64	36.86
华能太仓发电有限责任公司	Taicang Power Co., Ltd. of Huaneng Group	126	75.28	126	77.59
华能南通发电厂	Nantong Power Plant of Huaneng Group	140	84.06	140	79.51
华能南京发电厂	Naijing Power Plant of Huaneng Group	64	38.27	64	36.78
华能南京金陵发电有限责任公司（燃机）	Nanjing Jinling Power Co., Ltd. of Huaneng Group(Combustion Generating)	78	37.88	78	24.00
华能南京金陵发电有限责任公司（煤机）	Nanjing Jinling Power Co., Ltd. of Huaneng Group(Coal machine)	200	115.38	200	128.11
华能金陵燃机热电有限公司	Huaneng Jinling Internal - combustion Thermal Power Co., Ltd			36	11.15
华能淮阴第二发电有限责任公司	Huaiyin Second Power Co., Ltd. of Huaneng Group	132	71.52	132	72.44
（四）中国电力投资集团公司	**China Power Investment Group Co.**	**281**	**140.22**	**514**	**211.10**
江苏常熟发电有限公司	Jiangsu Changshu Power Co., Ltd.	132	76.28	332	136.75
江苏阚山发电有限公司	Jiangsu Kanshan Power Co., Ltd.	120	58.56	120	68.27
（五）中国大唐集团公司	**China Datang Group Co.**	**528**	**298.18**	**564**	**300.85**
江苏徐塘发电有限公司	Jiangsu Xutang Power Co., Ltd.	130	57.32	130	55.73
江苏大唐国际吕四港发电有限责任公司	Jiangsu Datang Lvsi Power Co., Ltd.	264	157.58	264	155.90
大唐南京发电厂	Datang Nanjing Power Plant	132	83.04	132	80.60
大唐苏州热电有限责任公司	Datang Nanjing Thermal Power Co., Ltd			36	8.34
（六）中国华电集团公司	**China Huadian Group Co.**	**559**	**255.00**	**774**	**286.23**
江苏华电扬州发电有限公司	Jiangsu Huadian Yangzhou Power Co., Ltd.	88	30.85	66	32.62
上海华电电力发展有限公司	Shanghai Huadian Power Development Co., Ltd.	130	73.52	64	60.08
中国华电集团公司望亭发电厂	Wangting Power Plant of China Huadian Group	66	41.88	132	53.72
江苏华电集团望亭天然气发电有限公司	Jiangsu Huadian Wangting Natural Gas Power Co., Ltd.	78	40.84	78	23.99

厂 名 Item		2012		2013	
		装机容量（万千瓦）Installed Capacity（10000 kW）	发电量（亿千瓦时）Electricity Production（100 million kW·h）	装机容量（万千瓦）Installed Capacity（10000 kW）	发电量（亿千瓦时）Electricity Production（100 million kW·h）
江苏华电戚墅堰发电有限公司（燃机）	Jiangsu Huadian Qishuyan Power Co., Ltd（Combustion Generating）	78	37.95	78	23.91
江苏华电戚墅堰热电有限公司	Jiangsu Huadian Qishuyan Thermal Power Co., Ltd.	40	15.38	40	16.60
江苏华电仪征热电有限公司	Jiangsu Huadian Yizheng Thermal Power Co., Ltd.	66	12.39	66	23.23
江苏华电吴江热电有限公司（燃机）	Jiangsu Huadian Wujiang Thermal Power Co., Ltd			36	7.56
（七）江苏省国信集团公司	**Jiangsu Province Guoxin Group Co.**	**664**	**321.59**	**664**	**380.55**
新海发电有限公司	Xinhai Power Co., Ltd.	166	44.00	166	90.44
盐城发电有限公司	Yancheng Power Co., Ltd.	41	11.24	41	13.52
江苏淮阴发电有限责任公司	Jiansu Huaiying Power Co., Ltd.	66	40.74	66	39.38
江苏射阳港发电有限责任公司	Jiansu Sheyanggang Power Co., Ltd.	66	37.99	66	54.96
扬州第二发电有限责任公司	Yangzhou No. 2 Power Co., Ltd.	126	72.93	126	72.87
江苏国信扬州发电有限公司	Yanzhou Power Co., Ltd. of Jiangsu Province Guoxin Group	126	83.14	126	78.61
江苏国信淮安燃气发电有限公司	Huaian Power Co., Ltd. of Jiangsu Province Guoxin Group	36	19.89	36	17.99
（八）华润集团公司	**Huarun Group Co.**	**951**	**588.00**	**1011**	**595.26**
华润电力（常熟）有限公司	Huarun（Changsu）Power Co., Ltd.	195	120.87	195	121.57
江苏镇江发电有限公司	Jiangsu Zhenjiang Power Co., Ltd.	153	97.28	153	86.17
徐州华润电力有限公司	Xuzhou Huarun Power Co., Ltd.	128	62.73	128	65.31
南京华润热电有限公司	Nanjing Huarun Thermal Power Co., Ltd.	66	34.96	66	36.48
徐州华鑫发电有限公司	Xuzhou Huaxing Power Co., Ltd.	66	33.70	66	33.12
江苏南热发电有限责任公司	Jiangsu Nanjing Thermal Power Co., Ltd.	120	64.50	120	74.88
铜山华润电力有限公司	Tongshan Huarun Power Co., Ltd.	200	125.28	200	123.81
南京化学工业园热电有限公司	Nanjing Chemical Industry Park Thermal Power Co., Ltd			60	37.81
（九）省内其他电厂	**Other Plant Invested by Other Co.**	**2602**	**1521.29**	**2725**	**1570.69**
江苏利港电力有限公司	Jiangsu Ligang Power Co., Ltd.	144	76.91	144	76.86
江阴利港发电股份公司	Jiangyin Ligang Power Co., Ltd.	126	102.88	126	137.72
太仓港协鑫发电有限公司	Taicanggang Xiexin Power Co., Ltd.	157	86.33	157	83.71
国华太仓发电有限责任公司	Guohua Taicang Power Co., Ltd.	126	82.69	126	80.02
张家港沙洲电力有限公司	Zhangjiagang Shazhou Power Co., Ltd.	126	80.25	126	78.54
张家港华兴电力有限公司	Zhangjiagang Huaxing Power Co., Ltd.	78	41.05	78	23.94
苏州工业园区蓝天燃气热电有限公司	Suzhou Lantian Internal-combustion Thermal Power Co., Ltd.	36	24.30	36	19.22
国华徐州发电有限公司	Guohua Xuzhou Power Company	200	138.51	200	127.26
江苏徐矿综合利用发电有限公司	Jiangsu Xukuang Comprehensive utilization Power Co., Ltd.	60	35.99	60	32.74
江苏国华陈家港发电有限公司	Jiangsu Guohua Chenjiagang Power Co., Ltd.	132	59.57	132	87.62
江苏核电有限公司	Jiangsu Nuclear Power Co., Ltd.	200	162.41	200	166.87

9－13　环境保护基本情况
Basic Statistics on Environmental Protection

项　目	Item	2005	2010	2011	2012	2013
污染排放与处理利用情况	**Discharge and Treatment of Pollution**					
废水	**Waster Water**					
工业废水排放量（亿吨）	Industrial Waste Water Emission (100 million tons)	29.63	26.38	24.63	23.61	22.06
城镇生活污水排放量（亿吨）	Volume of Urban Domestic Sewage E-mission (100 million tons)	22.31	29.17	34.63	36.18	37.35
集中式治理设施污水排放量（亿吨）	Volume of Centralized Sewage Treatment Facilities (100 million tons)			0.02	0.03	0.03
化学需氧量排放量（万吨）	Volume of COD (10000 tons)		78.80	124.62	119.7	114.89
#工业源	Industry		25.63	23.93	23.14	20.92
农业源	Agriculture			39.93	38.77	37.61
城镇生活源	Urban Life		53.17	60.23	57.25	55.87
集中式治理设施	Centralized Sewage Treatment Facilities			0.53	0.54	0.49
氨氮排放量（万吨）	Ammonia Emissions (10000 tons)		6.3	15.72	15.31	14.74
#工业源	Industry		1.5	1.67	1.63	1.44
农业源	Agriculture			3.99	3.91	3.82
城镇生活源	Urban Life		4.8	9.99	9.7	9.43
集中式治理设施	Centralized Sewage Treatment Facilities			0.07	0.07	0.05
废气	**Waste Gas**					
二氧化硫排放量（万吨）	Volume of Sulphur Dioxide Emission (10000 tons)	137.34	105.05	105.38	99.2	94.17
#工业源	Industry	131.24	100.25	102.50	95.92	90.95
城镇生活源	Urban Life	6.1	4.80	2.85	3.25	3.20
集中式治理设施	Centralized Sewage Treatment Facilities			0.02	0.03	0.03
氮氧化物排放量（万吨）	Oxynitride Emissions (10000 tons)			153.57	147.96	133.80
#工业源	Industry			119.56	113.36	98.53
城镇生活源	Urban Life			0.62	0.65	0.61

9－13 续 表1 Continued 1

项 目	Item	2005	2010	2011	2012	2013
机动车	Motor			33.35	33.9	34.62
集中式治理设施	Centralized Sewage Treatment Facilities			0.04	0.05	0.04
烟(粉)尘排放量(万吨)	Volume of Soot Emission (10000 tons)	80.70	48.64	52.74	44.32	50.00
#工业源	Industry	78.09	45.02	48.64	39.6	45.56
城镇生活源	Urban Life	2.61	3.62	1.2	1.85	1.71
机动车	Motor			2.88	2.85	2.7
集中式治理设施	Centralized Sewage Treatment Facilities			0.02	0.02	0.03
工业固体废物	**Industrial Solid Waste**					
一般工业固体废物产生量 (万吨)	General Industrial Solid Waste (10000 tons)	5757.37	9063.83	10475.50	10224.44	10855.87
一般工业固体废物综合利用量 (万吨)	Comprehensive Utilization of General Industrial Solid Waste (10000 tons)	5986.51	8760.59	9997.24	9341.57	10501.86
#综合利用往年贮存量	Storage Capacity Utilization in Previous years		49.44	59.61	34.32	113.87
一般工业固体废物综合利用率 (%)	Comprehensive Rate of General Industrial Solid Waste (%)		96.13	94.89	91.06	95.73
污染治理投资情况	**Pollution Control Investment**					
工业污染防治施工项目本年完成投资 (亿元)	Investment of Industrial Pollution Contral in this Year (100 million yuan)	38.95	18.60	42.78	55.87	74.48
废水治理项目	Waste Water	8.16	7.44	15.20	9.96	13.41
废气治理项目	Waste Gas	28.46	7.19	14.28	36.79	56.22
工业固体废物治理项目	General Industrial Solid Waste	0.20	0.90	1.70	3.49	2.06
噪声治理项目	Noice Abatement	0.22	0.20	0.17	0.65	0.22
其它治理项目	Others	1.91	2.87	11.44	4.98	2.57
当年完成环保验收项目环保投资 (亿元)	Investment of Acceptable Enviromental Projects (100 million yuan)			198.48	327.62	311.72
自然生态保护与建设情况	**Natural Ecological Protection**					
自然保护区个数 (个)	Number of Natural Reserves (unit)	40	29	31	31	31
#国家级自然保护区	Natural	2	3	3	3	3
自然保护区面积 (万公顷)	Areas of Natural Reserves (10000 hectares)	85.15	56.71	56.64	56.64	56.64
自然保护区面积占辖区面积 (%)	Rate of area (%)	6.8	5.5	5.5	5.5	5.5

9－14 分市环境保护基本情况(2013 年)

项目	Item	南京 Nanjing	无锡 Wuxi	徐州 Xuzhou
污染排放与处理利用情况	**Discharge and Treatment of Pollution**			
废水	**Waster Water**			
工业废水排放量（万吨）	Industrial Waste Water Emission (10000 tons)	25291	23093	15376
城镇生活污水排放量（万吨）	Volume of Urban Domestic Sewage Emission (10000 tons)	52336	42500	31607
集中式治理设施污水排放量（万吨）	Volume of Centralized Sewage Treatment Facilities (10000 tons)	52.21	45.46	6.25
化学需氧量排放量（吨）	Volume of COD (tons)	103040	39072	138356
#工业源	Industry	21697	11070	13340
农业源	Agriculture	18209	8662	48053
城镇生活源	Urban Life	62535	19317	76371
集中式治理设施	Centralized Sewage Treatment Facilities	599	23	592
氨氮排放量（吨）	Ammonia Emissions (tons)	16517	3913	13876
#工业源	Industry	1283	442	730
农业源	Agriculture	1809	1133	3337
城镇生活源	Urban Life	13337	2330	9801
集中式治理设施	Centralized Sewage Treatment Facilities	89	9	7
废气	**Waste Gas**			
二氧化硫排放量（吨）	Volume of Sulphur Dioxide Emission (tons)	112435	83745	136060
#工业源	Industry	110665	83213	134558
城镇生活源	Urban Life	1750	512	1502
集中式治理设施	Centralized Sewage Treatment Facilities	20	21	…
氮氧化物排放量（吨）	Oxynitride Emissions (tons)	143701	148750	209055
#工业源	Industry	109693	117610	149156
城镇生活源	Urban Life	400	300	373
机动车	Motor	33587	30808	59526
集中式治理设施	Centralized Sewage Treatment Facilities	20	32	1
烟(粉)尘排放量（吨）	Volume of Soot Emission (tons)	68910	47123	58398
#工业源	Industry	65256	44330	52174
城镇生活源	Urban Life	1000	387	1413
机动车	Motor	2646	2376	4810
集中式治理设施	Centralized Sewage Treatment Facilities	9	30	1
工业固体废物	**Industrial Solid Waste**			
一般工业固体废物产生量（万吨）	General Industrial Solid Waste (10000 tons)	1697.01	1051.89	1608.03
一般工业固体废物综合利用量（万吨）	Comprehensive Utilization of General Industrial Solid Waste (10000 tons)	1555.24	956.72	1688.98
#综合利用往年贮存量	Storage Capacity Utilization in Previous Years	8.31	0.01	94.08
一般工业固体废物综合利用率（%）	Comprehensive Rate of General Industrial Solid Waste (%)	91.2	91.0	99.2
污染治理投资情况	**Pollution Control Investment**			
工业污染防治施工项目本年完成投资（万元）	Investment of Industrial Pollution Contral in this Year (10000 yuan)	120993	79959	75336
废水治理项目	Waste Water	35743	10279	537
废气治理项目	Waste Gas	79064	69013	73882
工业固体废物治理项目	General Industrial Solid Waste	121		2
噪声治理项目	Noice Abatement	761		22
其它治理项目	Others	5303	667	895
当年完成环保验收项目环保投资（万元）	Investment of Acceptable Enviromental Projects (10000 yuan)	209725	347152	108705

Basic Statistics on Environmental Protection by Region (2013)

常州 Changzhou	苏州 Suzhou	南通 Nantong	连云港 Lianyungang	淮安 Huaian	盐城 Yancheng	扬州 Yanzhou	镇江 Zhenjiang	泰州 Taizhou	宿迁 Suqian
12017	66916	14584	5618	8348	17555	9731	9665	7514	4850
24961	66435	29877	16668	16496	27712	18584	14346	16899	15105
23.87	74.23	17.14	1.79	8.65	3.07	17.33	9.00	6.37	8.63
37871	85941	112590	107699	71810	157326	54952	41890	95501	102839
6948	45323	23954	10622	9206	21105	11919	5876	12649	15465
14948	22054	51369	47736	20789	54667	11257	7749	30027	40591
15966	18394	37014	48333	41452	81431	30894	28109	52808	46076
9	170	253	1008	363	124	883	156	17	707
5664	15473	16752	11311	9557	19311	7345	4984	11828	10900
321	3259	1094	1585	780	1329	954	441	1431	743
1417	2201	6497	2832	2488	6962	1776	1083	3758	2910
3925	9968	9133	6808	6226	11011	4486	3419	6636	7174
…	45	29	86	62	9	129	41	2	72
35916	165939	65145	49739	47931	47125	48891	66346	52501	29906
35830	164970	63010	43462	44957	44815	45803	63190	50372	24634
82	786	2121	6274	2973	2308	3089	3156	2127	5272
4	183	13	3	…	2	…		3	1
93502	248636	71126	45952	70366	51645	81567	82025	53889	37826
72646	180801	51706	29657	51871	30786	62680	70572	38963	19171
594	405	240	812	401	336	582	566	300	803
20255	67106	19147	15475	18093	20515	18304	10886	14624	17849
7	325	33	8	2	9			2	2
36964	70299	36439	23221	23899	32914	19023	24452	18243	40074
35161	65042	33970	19179	20886	29705	16050	21489	15584	36743
384	347	978	3026	1406	1281	1365	2143	1368	1993
1400	4778	1481	1014	1608	1882	1607	821	1280	1338
19	133	10	2	…	46	…		11	…
666.85	2486.06	438.52	492.94	506.10	288.89	314.87	723.42	439.43	141.85
654.96	2435.04	429.61	478.36	494.38	230.06	307.92	710.00	431.62	128.98
	0.35	0.01	9.09	0.01	…	0.27		0.01	1.73
98.2	97.9	98.0	95.3	97.7	79.6	97.7	98.1	98.2	89.8
17027	136703	75462	48455	45472	2250	44332	71408	25086	2298
400	10611	30830	28828	3910		505	2710	8555	1153
16577	107728	32744	18149	33817	2250	42852	68684	16381	1100
30	16132	2070	1340	30		851			15
	889	314	33	45		105			8
20	1344	9503	105	7670		19	15	150	22
129601	1160002	216949	89164	67144	116376	128763	91264	144922	93124

9－15 重点调查工业污染排放及处理利用情况(2013 年)

行　业	Sector	工　业企业数(个) Number of Industrial Enterprises (unit)	工　业锅炉数(台) Industrial Boiler (unit)	工　业锅炉蒸吨数(蒸吨) Industrial Boiler (steam tons)
总　计	**Total**	**10743**	**6774**	**236117**
煤炭开采和洗选业	Mining and Washing of Coal	24	36	238
石油和天然气开采业	Extraction of Petroleum and Natural Gas	2	34	65
黑色金属矿采选业	Mining and Processing of Ferrous Metal Ores	9		
有色金属矿采选业	Mining and Processing of Non－ferrous Metals Ores	5	1	2
非金属矿采选业	Mining and Processing of Nonmetal Ores	8	1	2
开采辅助活动	Mining Activities	1	2	8
农副食品加工业	Processing of Food from Agricultural Products	432	316	1640
食品制造业	Manufacture of Food	164	130	698
酒、饮料和精制茶制造业	Manufacture of Beverage	171	135	1147
烟草制品业	Manufacture of Tobacco	4	9	67
纺织业	Manufacture of Textile	1820	1436	7389
纺织服装、服饰业	Manufacture of Textile Wearing, Apparel, Footwear and Caps	131	86	307
皮革、毛皮、羽毛及其制品和制鞋业	Manufacture of Textile, Fur, Feather and Related Products	59	45	173
木材加工和木、竹、藤、棕、草制品业	Processing of Timber, Manufacture of Wood, Bamboo, Rattan, Palm and Straw Products	269	284	1582
家具制造业	Manufacture of Furniture	12	4	7
造纸和纸制品业	Manufacture of Paper and Paper Products	199	181	8370
印刷和记录媒介复制业	Printing, Reproduction of Recording Media	30	18	44
文教、工美、体育和娱乐用品制造业	Manufacture of Articles For Culture, Education and Sport Activities	36	11	28
石油加工、炼焦和核燃料加工业	Processing of Petroleum, Coking, Processing of Nuclear Fuel	86	72	2457
化学原料和化学制品制造业	Manufacture of Raw Chemical Materials and Chemical Products	1719	1266	14794

Major Survey of Industrial Pollution Discharge and Treatment Utilization(2013)

工业窑炉数(座) Number of Industrial Klin Stove (unit)	工业废水排放量(万吨) Total Volume of Industrial Waste Water Discharged (10000 tons)	#直接排入环境的 Dischanged Directly into the Environment	工业源化学需氧量排放量(吨) Volume of COD of Industry(ton)	工业源氨氮排放量(吨) Volume of Ammonia Emission of Industry(ton)	工业废气排放量(亿立方米) Total Volume of Industrial Waste Gas Emission (100 million cu. m)
4416	**200943.77**	**127807.55**	**191499**	**13246**	**49797.32**
	4344.77	4175.46	3683	143	16.82
	2.99	2.99	6		1.76
2	361.05	361.05	248	29	2.20
	33.48	33.48	19	1	0.04
5	56.94	55.44	44	2	10.39
	0.14	0.14	…	…	0.29
13	6217.56	4932.61	13385	831	186.14
14	3332.76	2345.80	3108	161	70.77
5	9468.49	6528.72	13784	992	72.04
	100.75	31.10	44	2	36.97
66	53040.03	22153.79	40695	2785	470.31
	1191.70	821.19	1155	82	13.55
8	681.05	376.73	1148	98	19.32
3	334.77	311.40	501	19	213.47
	71.33	29.29	50	4	0.46
7	13966.80	12972.64	16890	844	738.69
2	139.80	66.55	84	5	32.62
14	233.29	197.17	237	10	10.00
196	6685.76	6155.46	5812	735	1108.71
347	39439.38	27327.10	41305	3586	2531.13

9-15 续 表 1

行业	Sector	工业企业数(个) Number of Industrial Enterprises (unit)	工业锅炉数(台) Industrial Boiler (unit)	工业锅炉蒸吨数(蒸吨) Industrial Boiler (steam tons)
医药制造业	Manufacture of Medicines	304	211	771
化学纤维制造业	Manufacture of Chemical Fibers	114	215	4396
橡胶和塑料制品业	Manufacture of Rubber	189	192	1266
非金属矿物制品业	Manufacture of Non – metallic Mineral Products	1163	155	951
黑色金属冶炼和压延加工业	Smelting and Pressing of Ferrous Metals	320	130	4180
有色金属冶炼和压延加工业	Smelting and Pressing of Non – ferrous Metals	237	67	205
金属制品业	Manufacture of Metal Products	1260	304	576
通用设备制造业	Manufacture of General Purpose Machinery	370	99	288
专用设备制造业	Manufacture of Special Purpose Machinery	185	42	86
汽车制造业	Manufacture of Transport Equipment	131	60	168
铁路、船舶、航空航天和其他运输设备制造业	Manufacture of Transport Equipment	123	47	126
电气机械和器材制造业	Manufacture of Electrical Machinery and Equipment	286	110	339
计算机、通信和其他电子设备制造业	Manufacture of Communications and other Electronic Equipment	439	244	563
仪器仪表制造业	Manufacture of Measuring Instruments and Machinery for Cultural Activity and Office Work	57	54	64
其他制造业	Manufacture of Artwork and Other Manufacturing	73	32	91
废弃资源综合利用业	Recycling and Disposal of Waste	52	14	68
金属制品、机械和设备修理业	Manufacture of Metal Products, Machinery and Equipment Repair	12	3	14
电力、热力生产和供应业	Production and Supply of Electric Power and Heat Power	245	724	182376
燃气生产和供应业	Production and Supply of Gas	2	4	572

工业窑炉数（座）Number of Industrial Klin Stove (unit)	工业废水排放量（万吨）Total Volume of Industrial Waste Water Discharged (10000 tons)	#直接排入环境的 Dischanged Directly into the Environment	工业源化学需氧量排放量（吨）Volume of COD of Industry(ton)	工业源氨氮排放量（吨）Volume of Ammonia Emission of Industry(ton)	工业废气排放量（亿立方米）Total Volume of Industrial Waste Gas Emission (100 million cu. m)
8	5104.41	3879.40	6442	468	110.22
38	6964.64	4814.56	6574	392	524.76
10	1527.64	864.77	1319	75	292.50
1038	2330.73	1814.96	1772	93	4539.36
856	9642.45	9084.50	7107	280	17778.53
377	1357.31	911.39	1132	57	267.35
741	5828.19	4216.55	5196	308	1736.36
224	2453.94	1532.00	2298	96	184.62
134	930.45	499.01	880	42	178.14
100	1651.05	847.53	1470	71	352.92
51	1664.16	852.81	1663	81	173.70
42	2289.17	694.43	1346	110	320.32
60	13739.49	5019.54	8298	625	1438.18
5	523.03	387.44	517	19	7.55
19	1213.19	325.15	736	26	41.43
20	340.23	230.41	286	35	44.30
1	35.46	20.54	102	6	1.24
10	3610.19	2899.26	2140	129	16092.01
	35.20	35.20	21	1	178.17

行 业 Sector		工业源二氧化硫排放量(吨) Volume of Sulphur Dioxide Emission of Industry (ton)	工业源氮氧化物排放量(吨) Volume of Oxynitride Emission of Industry (ton)	工业烟(粉)尘排放量(吨) Volume of Dust Emission of Industry(ton)
总 计	**Total**	**832556**	**941064**	**431637**
煤炭开采和洗选业	Mining and Washing of Coal	893	499	349
石油和天然气开采业	Extraction of Petroleum and Natural Gas	304	42	65
黑色金属矿采选业	Mining and Processing of Ferrous Metal Ores	146	16	148
有色金属矿采选业	Mining and Processing of Non－ferrous Metals Ores	3	1	1
非金属矿采选业	Mining and Processing of Nonmetal Ores	36	9	18
开采辅助活动	Mining Activities	47	6	10
农副食品加工业	Processing of Food from Agricultural Products	5848	1601	3283
食品制造业	Manufacture of Food	3926	1278	2264
酒、饮料和精制茶制造业	Manufacture of Beverage	6766	2607	4069
烟草制品业	Manufacture of Tobacco	102	80	22
纺织业	Manufacture of Textile	42709	13244	15990
纺织服装、服饰业	Manufacture of Textile Wearing, Apparel, Footwear and Caps	1221	279	622
皮革、毛皮、羽毛及其制品和制鞋业	Manufacture of Textile, Fur, Feather and Related Products	681	269	426
木材加工和木、竹、藤、棕、草制品业	Processing of Timber, Manufacture of Wood, Bamboo, Rattan, Palm and Straw Products	6098	1003	28198
家具制造业	Manufacture of Furniture	3	3	41
造纸和纸制品业	Manufacture of Paper and Paper Products	36027	28837	5749
印刷和记录媒介复制业	Printing, Reproduction of Recording Media	54	53	46
文教、工美、体育和娱乐用品制造业	Manufacture of Articles For Culture, Education and Sport Activities	178	51	772
石油加工、炼焦及核燃料加工业	Processing of Petroleum, Coking, Processing of Nuclear Fuel	46061	26572	13920
化学原料和化学制品制造业	Manufacture of Raw Chemical Materials and Chemical Products	83665	54361	31758

一般工业固体废物产生量（万吨）Industrial Solid Waste Produced (10000 tons)	一般工业固体废物综合利用量（万吨）Volume of Industrial Solid Wastes Utilized in a Comprehensive Way (10000 tons)	#综合利用往年贮存量 Storage Capacity of Comprehensive Utilization in Previous Years	一般工业固体废物处置量（万吨）Volume of Industrial Solid Wastes Treated (10000 tons)	#处置往年贮存量 Storage Capacity Treated in Previous Years	一般工业固体废物贮存量（万吨）Volume of Industrial Solid Wastes Accumulated (1000 tons)
10488.95	**10144.01**	**113.87**	**278.48**	**16.04**	**196.38**
333.48	333.48		16.00	16.00	
0.01	0.01				
63.47	59.37		2.65		1.45
17.67	15.04		0.02		2.61
44.45	44.40		0.06		
0.07	0.07				
33.90	32.08	0.01	1.83	…	0.01
42.82	41.79	0.32	1.34		
109.38	107.87		1.41		0.10
1.89	0.89		1.01		
121.95	93.50	0.35	28.69	0.01	0.11
2.00	1.80		0.20		
2.62	1.49	0.01	1.13		
8.31	8.22	0.06	0.10		0.05
0.34	0.29	…	…	…	0.06
224.74	211.30		13.43		
0.73	0.65		0.09		
0.42	0.34	…	0.08	…	…
106.15	105.34	…	0.76	…	0.05
595.33	560.84	17.26	21.85	0.01	29.92

9－15 续 表 3

行 业	Sector	工业源二氧化硫排放量(吨) Volume of Sulphur Dioxide Emission of Industry (ton)	工业源氮氧化物排放量(吨) Volume of Oxynitride Emission of Industry (ton)	工业烟(粉)尘排放量(吨) Volume of Dust Emission of Industry(ton)
医药制造业	Manufacture of Medicines	3880	870	1588
化学纤维制造业	Manufacture of Chemical Fibers	15160	18005	3226
橡胶和塑料制品业	Manufacture of Rubber	4204	1941	1832
非金属矿物制品业	Manufacture of Non－metallic Mineral Products	53004	103844	71412
黑色金属冶炼和压延加工业	Smelting and Pressing of Ferrous Metals	118847	77633	88220
有色金属冶炼和压延加工业	Smelting and Pressing of Non－ferrous Metals	6067	2318	11092
金属制品业	Manufacture of Metal Products	9657	4204	7596
通用设备制造业	Manufacture of General Purpose Machinery	2735	1098	4169
专用设备制造业	Manufacture of Special Purpose Machinery	914	524	1749
汽车制造业	Manufacture of Transport Equipment	313	239	4012
铁路、船舶、航空航天和其他运输设备制造业	Manufacture of Transport Equipment	531	219	2088
电气机械和器材制造业	Manufacture of Electrical Machinery and Equipment	1752	1014	1263
计算机、通信和其他电子设备制造业	Manufacture of communications and other electronic equipment	989	1435	680
仪器仪表制造业	Manufacture of Measuring Instruments and Machinery for Cultural Activity and Office Work	73	29	130
其他制造业	Manufacture of Artwork and other Manufacturing	718	147	309
废弃资源综合利用业	Recycling and Disposal of Waste	449	196	459
金属制品、机械和设备修理业	Manufacture of Metal Products, Machinery and Equipment Repair	56	32	15
电力、热力生产和供应业	Production and Supply of Electric Power and Heat Power	378398	595978	124048
燃气生产和供应业	Production and Supply of Gas	41	529	

一般工业固体废物产生量（万吨）Industrial Solid Waste Produced (10000 tons)	一般工业固体废物综合利用量（万吨）Volume of Industrial Solid Wastes Utilized in a Comprehensive Way (10000 tons)	#综合利用往年贮存量 Storage Capacity of Comprehensive Utilization in Previous Years	一般工业固体废物处置量（万吨）Volume of Industrial Solid Wastes Treated (10000 tons)	#处置往年贮存量 Storage Capacity Treated in Previous Years	一般工业固体废物贮存量（万吨）Volume of Industrial Solid Wastes Accumulated (1000 tons)
12.78	11.41	…	1.38	…	…
76.50	72.73	0.27	2.80		1.23
14.88	13.22		1.66		0.01
334.77	332.94	3.02	4.81	…	0.05
3846.04	3712.66		8.42		124.96
42.30	32.53	0.01	9.74		0.05
145.33	135.49	…	9.82	0.01	0.04
24.34	18.75	0.03	5.63		…
7.40	5.29	0.05	2.16	…	…
19.33	15.45		3.88		…
69.63	65.59		3.79		0.25
11.34	9.28		2.05		0.01
29.07	13.84	…	15.15	…	0.08
1.97	1.80		0.17		0.01
3.60	2.25		1.36		…
10.64	10.62		0.02		
1.09	1.08		…		…
4128.21	4070.36	92.47	115.00		35.32

主要统计指标解释

水资源 水在自然界中以固体、液体和气态三种聚集状态存在，分布于海洋、陆地（包括土壤）以及大气之中，通过水循环形成水资源。水资源包括经人类控制并直接可供灌溉、发电、给水、航运、养殖等用途的地表水和地下水，以及江河、湖泊、井、泉、潮汐、港湾和养殖水域等。水资源是发展国民经济不可缺少的重要自然资源。

地表水和地下水 陆地上的水因空间分布不同，分为地表水和地下水。地表水指分别存在于河流、湖泊、沼泽、冰川和冰盖等水体中水分的总称，又称陆地水。地下水指储存在地面以下饱和岩土孔隙、裂隙及溶洞中的水。

气温 指空气的温度，我国一般以摄氏度（℃）为单位表示。气象观测的温度表是放在离地面约1.5米处通风良好的百叶箱里测量的，因此，通常说的气温指的是离地面1.5米处百叶箱中的温度。其统计计算方法为：

月平均气温是将全月各日的平均气温相加，除以该月的天数而得。

年平均气温是将12个月的月平均气温累加后除以12而得。

降水量 指从天空降落到地面的液态或固态（经融化后）水，未经蒸发、渗透、流失而在地面上积聚的深度。其统计计算方法为：

月降水量是将全月各日的降水量累加而得。

年降水量是将12个月的月降水量累加而得。

能源生产总量 指一定时期内，全国一次能源生产量的总和。该指标是观察全国能源生产水平、规模、构成和发展速度的总量指标。一次能源生产量包括原煤、原油、天然气、水电、核能及其他动力能（如风能、地热能等）发电量，不包括低热值燃料生产量、生物质能、太阳能等的利用和由一次能源加工转换而成的二次能源产量。

能源消费总量 指一定时期内，全国各行业和居民生活消费的各种能源的总和。该指标是观察能源消费水平、构成和增长速度的总量指标。能源消费总量包括原煤和原油及其制品、天然气、电力，不包括低热值燃料、生物质能和太阳能等的利用。能源消费总量分为终端能源消费量、能源加工转换损失量和能源损失量三部分。

（1）终端能源消费量：指一定时期内，全国生产和生活消费的各种能源在扣除了用于加工转换二次能源消费量和损失量以后的数量。

（2）能源加工转换损失量：指一定时期内，全国投入加工转换的各种能源数量之和与产出各种能源产品之和的差额。该指标是观察能源在加工转换过程中损失量变化的指标。

（3）能源损失量：指一定时期内，能源在输送、分配、储存过程中发生的损失和由客观原因造成的各种损失量，不包括各种气体能源放空、放散量。

工业废水排放量 指报告期内经过企业厂区所有排放口排到企业外部的工业废水量。包括生产废水、外排的直接冷却水、超标排放的矿井地下水和与工业废水混排的厂区生活污水，不包括外排的间接冷却水（清污不分流的间接冷却水应计算在废水排放量内）。

城镇生活污水排放量 指报告期内城镇居民排放生活污水的量。城镇生活包括"住宿业与餐饮业、居民服务和其他服务业、医院和独立燃烧设施以及城镇生活污染源"。

集中式治理设施污水排放量 指报告期内集中式治理设施的渗滤液排放量。集中式治理设施包括垃圾处理场（厂）和危险废物（医疗废物）集中处置厂。

化学需氧量排放量 指报告期内工业、农业、城镇生活和集中式治理设施排放的废水中COD排放量之和。

氨氮排放量 指报告期内工业、农业、城镇生活和集中式治理设施排放的废水中氨氮排放量之和。

二氧化硫排放量 指报告期内工业、城镇生活和集中式治理设施SO_2排放量之和。

氮氧化物排放量 指报告期内工业、城镇生活、机动车和集中式治理设施氮氧化物排放量之和。

烟（粉）尘排放量 指报告期内工业、城镇生活、机动车和集中式治理设施烟（粉）尘排放量之和。

一般工业固体废物产生量 指未被列入《国家危险废物名录》或者根据国家规定的危险废物鉴别标准（GB5085）、固体废物浸出毒性浸出方法（GB5086）及固体废物浸出毒性测定方法（GB/T 15555）鉴别方法判定不具有危险特性的工业固体废物。

一般工业固体废物综合利用量 指报告期内企业通过回收、加工、循环、交换等方式，从固体废物中提取或者使其转化为可以利用的资源、能源和其他原材料的固体废物量（包括当年利用的往年工业固体废物累计贮存量）。如用作农业肥料、生产建筑材料、筑路等。

综合利用往年贮存量　指企业在报告期内对往年贮存的工业固体废物进行综合利用的量。

工业污染防治投资　指在报告期内用于污染治理项目的投资额。

当年完成环保验收项目环保投资　指调查年度完成环保验收项目环保投资的汇总数额。

Explanatory Notes on Main Statistical Indicators

Water Resource　Water exists in the nature in solid, liquid and gaseous states, is distributed in the ocean, land (including earth) and air, and constitutes the water resource through the circulation of water. Water resource includes the surface water and underground water that is controlled by the human being for irrigation, power-generation, water supply, navigation and cultivation. It also includes rivers, lakes, wells, springs, tides, gulf and water area for cultivation. Water resource as an important natural resource is indispensable for the development of the national economy.

Surface Water and Underground Water　Water on earth can be divided into surface water and underground water according to its distribution. Surface water refers to moisture exists in rivers, lakes, swamps, glaciers, icecaps and so on. It is also called land water. The underground water refers to water deposited underground in the cranny and the hole of saturated rock soil and in the water-eroded cave.

Temperature　refers to the air temperature. China uses centigrade as the unit. The thermometry used for weather observation is put in a breezy shutter, which is 1.5 meters high from the ground. Therefore, the commonly used temperature refers to the temperature in the breezy shutter 1.5 meters away from the ground. The calculation method is as follows:

Monthly average temperature is the summation of average daily temperature of one month divided by the actual days of that particular month.

Annual average temperature is the summation of monthly average of a year divided by 12 months.

Volume of Precipitation　refers to the deepness of liquid state or solid state (thawed) water falling from the sky to the ground that has not been evaporated, infiltrated or run off. The calculation method is as follows:

Monthly precipitation is the summation of daily precipitation of a month.

Annual precipitation is the summation of 12 months precipitation of a year.

Total Energy Production　refers to the total production of primary energy by all energy producing enterprises in the country (region) in a given period of time. It is a comprehensive indicator to show the level, scale, composition and pace of development of energy production of the country (region). The production of primary energy includes that of coal, crude oil, natural gas, hydro – power and electricity generated by nuclear energy and other means such as wind power and geothermal power. However, it does not include the secondary energy converted from primary energy.

Total Energy Consumption　refers to the total consumption of energy of various kinds by the production sectors and the households in the country (region) in a given period of time. Total energy consumption can be divided into three parts: end-use energy consumption; loss during the process of energy conversion; and energy loss.

(1) End-use Energy Consumption: It refers to the total energy consumption by the production sectors and the households in the country (region) in a given period of time. It does not include the consumption during the conversion of primary energy into secondary energy and the loss in the process of energy conversion.

(2) Loss During the Process of Energy Conversion: It refers to the total input of various kinds of energy for conversion, minus the total output of various kinds of energy in the country (region) in a given period of time. It is an indicator to show the loss that occurs during the process of energy conversion.

(3) Energy Loss: It refers to the total of the loss of energy during the course of energy transport, distribution and storage and the loss caused by any objective reason in a given period of time. The loss of various kinds of gas due to gas discharges and stocktaking is not included.

Waste Water Discharged by Industry　refer to the volume of waste water discharged by industrial enterprises through all their outlets during the period, including waste water from production process, directly cooled water, groundwater from mining wells which does not meet discharge standards and sewage from households mixed with waste water produced by industrial activities, but excluding indirectly cooled water discharged (It should be included if the discharge is not separated with waste water).

Urban Domestic Sewage Emission refer to the volume of sewage discharged by urban living during the period. Urban living contain hotels and catering services, residential service and others, hospital, Independent burning facilities and so on.

Volume of Centralized Sewage Treatment Facilities refer to the volume of leachate discharged by centralized treatment facilities during the period, such as waste treatment plants, hazardous waste treatment plants and medical waste plants.

Volume of COD refer to the sum of COD discharged by industry, agriculture, urban living and centralized sewage treatment facilities during the period.

Ammonia Emissions refer to the sum of ammonia emissions in waste water discharged by industry, agriculture, urban living and centralized sewage treatment facilities during the period.

Sulphur Dioxide Emission refer to the sum of sulphur dioxide discharged by industry, urban living and centralized treatment facilities during the period.

Oxynitride Emissions refer to the sum of Oxynitridede discharged by industry, urban living, motor vehicles and centralized treatment facilities during the period.

Soot Emissions refer to the sum of soot discharged by industry, urban living, motor vehicles and centralized treatment facilities during the period.

Common Industrial Solid Waste Produce refer to the industrial solid wastes that are not listed in the National Catalogue of Hazardous Wastes, or not regarded as hazardous according to the national hazardous waste identification standards (GB5085), solid waste - Extraction procedure for leaching toxicity (GB5086) and solid waste - Extraction procedure for leaching toxicity (GB/T 15555).

Common Industrial Solid Wastes Comprehensively Utilized refer to volume of solid wastes from which useful materials can be extracted or which can be converted into usable resources, energy or other materials by means of reclamation, processing recycling and exchange(including utilizing in the year the stocks of industrial solid wastes of the previous year) during the report period, e. g. being used as agricultural fertilizers, building materials or as material for paving road. Examples of such utilizations include fertilizers, building materials and road materials.

Storage Capacity Utilization in Previous Years refer to the volume of comprehensive utilization of industrial solid wastes stored in previous.

Investment of Industrial Pollution Contral refer to the investment which were used for industrial pollution contral during the period.

Investment of Acceptable Environmental Projects refer to the sum of investment of acceptable environmental projects in the annual survey.

10

农 业

Agriculture

简 要 说 明

一、本篇资料的主要内容及统计范围

本篇资料反映我省农业生产和农村经济的基本情况，内容主要包括农业机械拥有量、农林牧渔业产值、主要农产品产量、国营农场基本情况等方面的统计资料。

农业统计范围包括全社会除军马生产及农业科研机构进行的农业生产以外的所有农业生产活动。包括：农村各种经济组织和农户经营的农林牧渔业生产活动；各种专业性农、林、牧、渔场的农业生产活动；国家各级机关、团体、学校、部队进行的农业生产活动；集体所有制的乡、镇、村办农场的农业生产活动；以及工矿企业经营的农、林、牧、渔业生产活动。

1．农业：指对各种农作物的种植活动。包括谷物、豆类、薯类、棉花、油料、糖料、麻类、烟叶、蔬菜、园艺作物、水果、坚果、饮料和香料作物、中草药及其他作物的种植。

2．林业：包括林木的栽培（不包括茶园、桑园和果园的栽培、管理和收获等活动），木材和竹材的采运，林产品的采集。

3．畜牧业：包括牲畜饲养和放牧，家禽饲养以及野生动物的捕猎和饲养。

4．渔业：包括水生动物和海藻类植物的养殖和捕捞。

5．农、林、牧、渔服务业：指对农、林、牧、渔业生产活动进行的各种支持性服务，但不包括各种科学技术和专业性技术服务活动。

二、本篇的资料来源及统计调查方法

1．农业生产基本情况：根据《农林牧渔业统计调查制度》、《农业产值与增加值核算统计报表制度》、《县域社会经济基本情况统计报表制度》的有关资料整理提供。

《农林牧渔业统计调查制度》为全面报表，由各级统计部门根据当地实际情况，采取抽样调查、重点调查或全面调查的办法搜集资料并逐层上报，或利用同级业务部门统计资料上报。如林业生产情况、渔业生产情况等指标取自同级业务部门的统计资料。

《县域社会经济基本情况统计报表制度》主要对乡、村基本情况每年进行一次全面调查。

2．国营农场基本情况资料主要取材于农垦系统汇总的统计报表，统计方法为逐级上报、全面汇总。

Brief Introduction

I. Main Contents and Statistical Scopes

The data in this chapter show the basic conditions of agricultural production and rural economy, including mainly quantity of agricultural machinery, output of agriculture, forestry, animal husbandry and fishery, output of major products, basic conditions of State-owned farms.

Statistics on agriculture cover all agricultural production activities except horse raising for military purpose and agricultural production activities undertaken by agriculture research institutions. Including agriculture, forestry, animal husbandry and fishery production activities undertaken by rural economic units of various types and by rural households; production activities of farms specializing in agriculture, forestry, animal husbandry and fishery; production activities in agriculture undertaken by government agencies, institutions, schools and military units; production activities in agriculture undertaken by collective farms run by townships and villages; and production activities in agriculture, forestry, animal husbandry and fishery undertaken by manufacturing and mining enterprises.

(1) Agriculture: refers to cultivation of farm crops, including cereals, beans, tuber crops, cotton, oil-bearing crops, sugar crops, hemp, tobacco leaves, vegetables, gardening plants, fruits, nuts, crops for beverages and spices, medicinal herbs and other farm crops.

(2) Forestry: includes the planting of trees

(excluding the operations of planting, management and harvesting on tea plantations, mulberry fields and orchards), cutting and transport of timber and bamboo and collection of forest products.

(3) Animal husbandry: includes the raising and grazing of domestic animals and poultry, and the hunting and raising of wild animals.

(4) Fishery: includes cultivation and catching of aquatic animals and seaweed.

(5) Services of agriculture, forestry, animal husbandry and fishery: include supporting services to production activities in agriculture, forestry, animal husbandry and fishery but do not include activities of science and technology and professional services.

Ⅱ. Data Sources and Survey Methods

(1) Data on agricultural production come from the *Statistical Survey System on Agriculture, Forestry, Animal Husbandry and Fishery*; the *Statistical Reporting System on Agricultural Output and Value-added Accounting*; *Statistical Reporting System on Basical Social Economy of Country*.

Statistical Survey System on Agriculture, Forestry, Animal Husbandry and Fishery is a comprehensive reporting program. Data required in this reporting program are collected by statistical offices at all levels by means of sample surveys, surveys of key units or complete enumeration depending on the local circumstances, or estimated by using information from other government agencies at the same level. For instance, some data on forestry and fishery are obtained from statistics data collected by other government agencies at the same level.

Statistical Reporting System on Basical Social Econorny of Country is conducted every year to collect information on the basic conditions of all towns, townships and villages, and a complete enumeration in administratively designated towns.

(2) Data on the basic conditions of the State-owned farms come from the statistical reports tabulated by the Bureau of Reclamation. Data are collected from the grassroots units in accordance with the statistical reporting scheme whereby reporting is done level by level for aggregation.

10－1 农业基本情况
Basic Statistics of Agriculture

指　　标	Item	2010	2011	2012	2013
乡村户数　（万户）	Rural Households　(10000 units)	1483.26	1466.28	1444.65	1436.59
乡村劳动力　（万人）	Rural Laborers　(10000 persons)	2670.68	2652.65	2620.82	2613.96
按性别分	Grouped by Sex				
男	Male	1401.55	1390.26	1373.68	1368.96
女	Female	1269.13	1262.39	1247.14	1245.00
按行业分	Grouped by Sector				
农林牧渔业	Agriculture, Forestry, Animal Husbandry, Fishery	859.83	821.69	796.03	776.05
#农业	Farming	707.28	672.09	643.16	622.56
工业	Industry	773.89	790.79	798.46	807.46
建筑业	Construction	367.42	372.52	377.65	383.69
交通运输、仓储业和邮电通讯业	Transport, Storage, Post and Telecommunication	111.74	113.15	114.55	114.56
批发、零售贸易业、餐饮业	Wholesale, Retail Sales and Catering Services	199.60	208.22	213.40	217.76
金融、保险业	Banking and Insurance	8.36	9.49	9.69	10.07
房地产、社会服务业	Real Estate and Social Services	37.23	37.39	37.35	37.61
卫生、体育、社会福利业	Healthcare, Sports and Social Welfare	12.89	13.63	13.90	14.00
教育、文化、艺术和广播电视事业	Education, Culture, Arts, Broadcasting and Television	15.93	16.74	17.09	17.27
科学研究和综合技术服务事业	Scientific Research and Ploytechnical Services	3.20	3.53	3.65	3.75
乡经济组织管理	Rural Economic Management	12.08	11.94	12.23	12.33
其他	Others	268.51	253.56	226.82	219.41
农作物总播种面积　（千公顷）	Sown Area of Farm Crops　(1000 hectares)	7619.58	7663.25	7651.57	7683.64
#粮食	Grain Crops	5282.36	5319.20	5336.57	5360.78
主要农产品产量　（万吨）	Output of Major Farm Products　(10000 tons)				
粮食	Grain	3235.10	3307.76	3372.48	3422.98
棉花	Cotton	26.08	24.68	22.04	20.93
油料	Oil-bearing	151.97	144.05	146.95	150.37
肉类产量	Meat	366.64	375.92	396.52	383.23
水产品产量	Aquatic Products	460.44	475.97	493.74	509.38

10－2 农业现代化情况
Statistics on Agricultural Modernization

指　　标	Item	2010	2011	2012	2013
农业机械化情况	**Statistics on Agricultural Machinery**				
农业机械总动力 （万千瓦）	Total Power of Agricultural Machinery (10000 kW)	3937.34	4106.11	4214.64	4405.78
机耕面积 （千公顷）	Ploughed Area by Tractors (1000 hectares)	5537.78	5622.49	5845.67	5947.94
机播面积 （千公顷）	Sown Area by Tractors (1000 hectares)	3259.80	3476.19	3887.94	4371.78
#机播小麦面积	Sown Area of Wheat by Tractors	1850.47	1934.98	2026.10	2099.42
机械植保面积 （千公顷）	Planting Protection Area by Tractors (1000 hectares)	5202.20	5116.25	5400.50	6732.05
机械收获面积 （千公顷）	Harvest Area by Tractors (1000 hectares)	4790.50	4903.66	4896.87	5114.39
农村电气化情况	**Electrification of Rural Area**				
农村用电量 （亿千瓦小时）	Electricity Consumed in Rural Areas (100 million kW·h)	1472.89	1606.83	1696.41	1801.86
农用物资使用情况	**Agricultural Product Material Used**				
化肥施用量(折纯量) （万吨）	Consumption of Chemical Fertilizers (pure) (10000 tons)	341.11	337.21	330.94	326.82
每亩耕地施用化肥(折纯量) （千克）	Per Mu Consumption of Chemical Fertilizers(pure) (kg)	48.51	48.83	48.03	47.43
农用塑料薄膜使用量 （万吨）	Plastic Film (10000 tons)	10.02	10.64	11.26	11.68
农用柴油使用量 （万吨）	Diesel Oil (10000 tons)	97.48	99.96	102.97	106.8
农药使用量 （万吨）	Agricultural Chemical Insecticides (10000 tons)	9.01	8.65	8.37	8.12
农田水利情况	**Irrigation and Water Conservancy**				
有效灌溉面积 （千公顷）	Effective Irrigation Area (1000 hectares)	3819.74	3817.92	3704.17	3785.27
节水灌溉面积 （千公顷）	Water-saving Irrigated Area (1000 hectares)	1627.93	1733.33	1923.37	2005.43
除涝面积 （千公顷）	Flooded or Waterlogged Area (1000 hectares)	2802.51	2778.25	2812.02	2853.25
水土流失治理面积 （千公顷）	Area of Soil Erosion under Control (1000 hectares)	1155.27	1110.23	717.31	886.97
堤防长度 （公里）	Total Length of Dikes (km)	52261.72	51852.69	55105.47	55402.58
堤防保护面积 （千公顷）	Area of Land Protected by Dikes (1000 hectares)	3494.30	3355.19	3257.81	3519.38

10－3 主要年份农林牧渔业总产值
Gross Output Value of Agriculture, Forestry, Animal Husbandry and Fishery in Major Years

当年价格,单位:亿元 (at current price,100 million yuan)

年 份 Year	农林牧渔业总产值 Total	农 业 Farming	林 业 Foresty	畜牧业 Animal Husbandry	渔 业 Fishery	农林牧渔服务业 Services of Agriculture, Forestry, Animal Husbandry and Fishery
1949	22.59	19.41	…	3.02	0.16	
1952	31.87	26.14	0.03	5.00	0.70	
1957	36.81	30.10	0.22	5.25	1.24	
1962	40.15	34.19	0.32	4.48	1.16	
1965	57.27	47.02	0.63	8.25	1.37	
1970	71.33	57.08	0.85	11.76	1.64	
1975	91.66	72.17	1.47	15.55	2.47	
1976	100.71	82.53	1.31	14.86	2.01	
1977	89.16	73.05	1.25	12.90	1.96	
1978	105.87	85.17	1.48	16.78	2.44	
1979	145.25	114.26	2.03	25.77	3.19	
1980	138.45	105.98	1.94	26.65	3.88	
1981	153.62	119.90	2.00	27.11	4.61	
1982	188.11	145.69	1.96	35.80	4.66	
1983	206.86	160.38	3.30	36.66	6.52	
1984	253.82	193.28	4.33	47.17	9.04	
1985	288.55	201.85	4.63	66.54	15.53	
1986	332.66	235.07	5.15	69.83	22.61	
1987	380.25	257.90	6.02	87.95	28.38	
1988	497.95	310.20	7.29	140.49	39.97	
1989	522.25	325.02	7.02	148.13	42.08	
1990	580.53	362.46	7.94	160.78	49.35	
1991	580.93	354.42	7.55	168.30	50.66	
1992	673.82	411.33	9.93	188.64	63.92	
1993	875.37	518.55	14.61	236.81	105.40	
1994	1335.23	777.94	18.38	390.70	148.21	
1995	1686.78	986.15	21.42	475.67	203.54	
1996	1693.76	1062.39	23.48	368.54	239.35	
1997	1816.37	1085.26	22.56	430.57	277.98	
1998	1849.20	1096.88	24.16	435.51	292.65	
1999	1837.43	1095.13	26.13	413.95	302.22	
2000	1869.73	1096.02	30.17	430.53	313.01	
2001	1956.10	1142.66	30.76	448.51	334.17	
2002	2011.48	1165.49	36.29	456.02	353.68	
2003	1952.20	981.25	31.49	458.87	371.56	109.03
2004	2417.63	1242.41	40.16	563.44	449.47	122.15
2005	2576.98	1291.06	45.27	599.14	511.86	129.65
2006	2718.61	1416.91	54.26	544.48	543.39	159.57
2007	3064.72	1542.53	58.88	704.38	579.00	179.94
2008	3590.64	1746.83	64.92	916.46	665.75	196.69
2009	3816.02	1948.20	70.79	873.97	719.25	203.81
2010	4297.14	2269.56	78.12	923.25	805.25	220.95
2011	5237.45	2640.95	92.81	1190.50	1060.44	252.74
2012	5808.81	2966.72	99.74	1226.18	1235.40	280.77
2013	6158.03	3167.78	107.3	1222.22	1351.11	309.60

10-4 主要年份农林牧渔业总产值指数
Indices of Gross Output Value of Agriculture, Forestry, Animal Husbandry and Fishery in Major Years

按可比价格计算,上年=100　　(at constant price with 100 in preceding year)

年份 Year	农林牧渔业总产值指数 Total	农业 Farming	林业 Forestry	畜牧业 Animal Husbandry	渔业 Fishery	农林牧渔服务业 Services of Agriculture, Forestry, Animal Husbandry and Fishery
1949						
1952	117.4	110.0		141.9	306.1	
1957	103.4	99.2	553.8	128.4	106.9	
1962	101.1	97.5	98.2	135.2	94.9	
1965	105.7	100.5	168.0	141.7	95.6	
1970	107.2	107.1	67.2	109.4	124.2	
1975	100.9	99.5	98.0	107.1	104.0	
1976	103.9	105.1	121.1	93.4	94.4	
1977	89.9	89.5	99.2	93.0	101.9	
1978	121.5	123.4	84.5	115.6	98.8	
1979	110.9	108.5	105.0	131.8	110.3	
1980	94.5	91.9	99.5	102.1	118.2	
1981	107.9	109.7	95.3	99.3	115.4	
1982	114.9	113.0	106.0	123.8	105.2	
1983	105.9	107.2	110.8	98.2	99.6	
1984	116.4	106.3	117.8	118.2	124.1	
1985	103.1	99.0	107.9	117.1	126.3	
1986	106.3	106.6	97.3	100.6	134.9	
1987	103.1	103.3	104.8	101.2	108.1	
1988	106.6	104.8	93.8	114.4	108.9	
1989	100.3	100.6	94.4	99.5	101.7	
1990	102.5	101.1	97.4	106.7	107.9	
1991	98.9	95.9	90.0	105.2	101.2	
1992	113.0	113.7	119.1	110.5	115.6	
1993	111.3	106.2	124.1	114.0	134.8	
1994	112.1	108.0	112.4	117.5	119.0	
1995	113.6	112.9	117.0	110.8	124.0	
1996	107.4	108.7	107.4	103.1	111.8	
1997	107.7	106.4	92.6	110.9	109.5	
1998	104.0	103.0	109.9	104.2	107.2	
1999	105.2	105.9	100.0	103.5	106.5	
2000	105.0	103.1	119.9	107.5	107.4	
2001	104.5	105.0	99.1	102.4	106.7	
2002	103.8	102.3	115.8	103.9	108.0	
2003	101.0	94.3	120.0	102.8	106.6	130.0
2004	107.8	113.8	109.4	97.7	109.7	107.0
2005	103.7	101.1	107.5	103.6	110.7	104.0
2006	104.9	105.4	115.7	101.2	106.8	106.0
2007	103.1	102.6	109.9	100.7	104.4	108.3
2008	104.5	103.2	104.7	107.1	105.4	102.6
2009	104.6	103.3	105.2	106.6	105.2	104.0
2010	104.4	103.8	105.6	105.3	104.5	105.1
2011	104.2	104.3	104.0	102.7	104.4	107.6
2012	104.8	104.5	102.8	105.3	104.4	107.8
2013	102.6	103.3	103.9	96.9	105.3	107.1

10－5 主要年份农林牧渔业总产值定基指数
Fixed-base Indices of Gross Output Value of Agriculture, Forestry, Animal Husbandry and Fishery in Major Years

按可比价格计算,1949 年＝100 （at constant price with 100 in 1949）

年　份 Year	农林牧渔业总产值指数 Total	农　业 Farming	林　业 Forestry	畜牧业 Animal Husbandry	渔　业 Fishery	农林牧渔服务业 Services of Agriculture, Forestry, Animal Husbandry and Fishery
1949	100.0	100.0		100.0	100.0	
1952	144.2	135.7	100.0	166.5	612.2	
1957	157.4	151.4	900.0	159.0	563.4	
1962	134.7	134.1	1387.5	106.8	407.3	
1965	201.4	190.7	2162.5	224.6	534.1	
1970	239.7	232.5	1487.5	255.0	575.6	
1975	294.7	281.6	2487.5	322.3	819.5	
1976	306.2	296.1	3012.5	301.1	773.2	
1977	275.4	264.9	2987.0	280.1	787.8	
1978	334.6	326.8	2525.0	323.9	778.0	
1979	371.1	354.7	2650.0	426.8	858.5	
1980	350.7	326.0	2637.5	435.8	1014.6	
1981	378.4	357.7	2512.5	432.6	1170.7	
1982	434.8	404.2	2662.5	535.6	1231.7	
1983	460.6	433.3	2950.0	525.9	1226.8	
1984	536.3	460.6	3475.0	621.5	1522.0	
1985	553.1	456.1	3750.0	727.9	1922.0	
1986	587.7	486.4	3650.0	732.5	2592.7	
1987	605.9	502.4	3825.0	741.1	2802.4	
1988	646.1	526.3	3587.5	847.5	3051.2	
1989	648.3	529.4	3387.5	843.1	3102.4	
1990	664.6	535.2	3300.5	899.3	3346.3	
1991	657.1	513.3	2971.7	946.3	3385.3	
1992	742.5	583.6	3538.2	1045.7	3913.7	
1993	826.4	619.6	4391.5	1191.6	5275.3	
1994	926.3	668.9	4936.8	1400.2	6278.5	
1995	1052.7	755.4	5774.3	1551.0	7785.4	
1996	1130.6	821.0	6204.0	1599.2	8707.8	
1997	1217.1	873.5	5746.0	1773.5	9532.8	
1998	1265.6	899.4	6313.9	1847.5	10219.7	
1999	1331.1	952.4	6312.3	1911.5	10883.6	
2000	1397.9	981.6	7566.8	2055.1	11688.1	
2001	1461.5	1030.6	7500.2	2103.9	12474.9	
2002	1516.9	1053.8	8681.6	2186.3	13475.4	100.0
2003	1532.8	994.0	10415.4	2248.1	14369.5	130.0
2004	1653.0	1131.5	11389.9	2196.7	15768.3	139.1
2005	1714.2	1143.9	12245.5	2275.4	17448.0	144.6
2006	1798.2	1205.6	14168.0	2302.7	18634.5	153.3
2007	1853.2	1236.7	15569.2	2319.0	19458.1	166.1
2008	1936.8	1276.4	16294.7	2483.0	20510.8	170.5
2009	2024.9	1318.4	17144.7	2646.0	21573.2	177.4
2010	2113.6	1368.5	18104.8	2786.9	22552.0	186.5
2011	2201.6	1427.5	18836.2	2863.4	23554.6	200.8
2012	2307.0	1491.7	19371.5	3015.0	24591.8	216.5
2013	2365.9	1540.6	20123.0	2922.6	25885.6	231.7

10-6 农林牧渔业分项产值
Gross Output Value of Agriculture, Forestry, Animal Husbandry and Fishery by Branch

按当年价格计算,单位:亿元 (at current price, 100 million yuan)

指标	Item	2005	2010	2011	2012	2013
农林牧渔业总产值	**Total**	**2576.98**	**4297.14**	**5237.45**	**5808.81**	**6158.03**
农业产值	**Farming**	**1291.06**	**2269.56**	**2640.95**	**2966.72**	**3167.78**
谷物及其他作物	Planting	722.50	993.21	1140.33	1261.04	1285.32
#谷物	Cereal	495.04	736.25	876.60	948.87	996.38
薯类	Tubers	28.41	34.00	36.07	41.27	37.79
豆类	Soybeans	24.16	37.01	37.74	39.55	36.67
棉花	Cotton	57.31	80.75	72.72	93.78	79.12
油料	Oil-bearing	64.06	66.49	71.92	89.43	84.34
蔬菜园艺作物	Vegetables and Gardening Crops	454.17	1074.92	1258.82	1440.13	1592.70
#蔬菜(含菜用瓜、食用菌)	Vegetable (include Melons、Edible Mushroom)	391.98	989.12	1165.18	1265.38	1392.49
水果、坚果、饮料和香料作物	Fresh Fruits, Nuts, Beverage and Perfume Crops	100.04	192.72	232.25	254.31	280.24
#水果、坚果(含果用瓜)	Fresh Fruits, Nuts (include Melons)	87.70	158.26	196.50	213.57	240.42
中药材	Chinese Herbal Medicine	14.35	8.71	9.55	11.25	9.52
林业产值	**Forestry**	**45.27**	**78.12**	**92.81**	**99.74**	**107.30**
林木的培育和种植	Afforestation	29.68	58.89	70.42	73.65	76.85
竹木采运	Cutting and Transportation of Bamboo and Timber	6.66	10.98	13.37	16.01	19.86
林产品	Forest Products	8.93	8.25	9.02	10.08	10.58
牧业产值	**Animal Husbandry**	**599.14**	**923.25**	**1190.50**	**1226.18**	**1222.22**
牲畜饲养	Livestock Raising	54.43	59.59	73.81	92.56	98.52
#牛	Cattle and Buffaloes	7.13	8.16	10.24	11.86	12.10
羊	Sheep and Goats	29.24	25.62	32.52	46.44	52.09
猪的饲养	Hogs Raising	240.53	364.96	470.12	464.84	467.51
家禽饲养	Poultry Raising	239.50	425.35	545.43	540.46	501.37
#肉禽	Live Animal and Poultry Products	116.18	245.86	316.81	326.65	284.00
禽蛋	Poultry Eggs	121.73	177.20	225.73	210.05	214.44
狩猎和捕捉动物	Hunting	1.87	1.46	1.86	1.96	1.98
其他畜牧业	Other Animal Husbandry	62.81	71.90	99.28	126.36	152.85
渔业产值	**Fishery**	**511.86**	**805.25**	**1060.44**	**1235.40**	**1351.11**
海水产品	Seawater Aquatic Products	123.76	207.77	279.56	344.21	370.70
内陆水域水产品	Freshwater Aquatic Products	388.10	597.48	780.88	891.19	980.42
农林牧渔服务业产值	**Services in Support of Agriculture**	**129.65**	**220.95**	**252.74**	**280.77**	**309.60**

10－7　农作物播种面积

单位:千公顷

年　份 Year	总播种面积 Total Sown Areas	粮食作物 Grain Crops	#小　麦 Wheat	#稻　谷 Rice	#薯　类 Tubers	#玉　米 Corn	#大　豆 Sonja
1978	8582.74	6310.93	1412.82	2661.18	478.29	445.01	345.36
1980	8248.93	6090.25	1519.47	2676.15	332.02	386.21	236.47
1985	8557.84	6432.44	2170.39	2431.11	282.45	659.62	317.93
1989	8384.33	6454.51	2353.54	2419.67	248.16	501.15	309.39
1990	8259.18	6363.02	2399.19	2454.44	221.65	461.01	244.67
1991	8091.70	6202.77	2364.93	2351.40	214.51	426.44	177.81
1992	8234.63	6180.77	2366.23	2447.27	192.59	421.14	192.28
1993	8032.29	6029.66	2281.66	2278.44	201.00	472.37	270.67
1994	7861.76	5748.78	2114.26	2168.36	179.46	458.95	255.41
1995	7909.01	5755.15	2150.35	2250.31	166.71	461.98	201.32
1996	7914.10	5877.42	2216.26	2335.91	180.59	467.83	179.49
1997	7966.78	5994.43	2341.37	2377.62	169.61	439.00	217.44
1998	8058.28	5946.26	2314.95	2369.70	162.67	473.49	220.83
1999	8023.43	5828.52	2251.70	2398.45	156.89	454.31	210.41
2000	7944.87	5304.31	1954.60	2203.46	158.26	423.16	249.19
2001	7777.42	4886.66	1712.81	2010.25	146.01	429.81	244.37
2002	7797.40	4882.58	1715.85	1982.05	143.75	436.53	243.44
2003	7681.49	4659.47	1620.45	1840.93	134.20	451.90	241.68
2004	7668.98	4774.59	1601.17	2112.90	114.17	389.11	216.42
2005	7641.20	4909.48	1684.44	2209.33	100.16	370.24	214.80
2006	7385.16	5110.80	1912.67	2216.00	76.27	378.17	213.00
2007	7407.73	5215.59	2039.12	2228.07	67.73	391.21	222.73
2008	7510.27	5267.10	2073.12	2232.55	66.17	398.51	232.77
2009	7558.15	5272.04	2077.61	2233.24	66.55	399.84	232.98
2010	7619.58	5282.36	2093.07	2234.16	61.26	403.70	226.90
2011	7663.25	5319.20	2112.41	2248.63	59.43	414.34	219.71
2012	7651.57	5336.57	2132.56	2254.22	60.15	418.90	210.46
2013	7683.64	5360.78	2146.93	2265.67	58.47	426.38	209.36

Total Sown Areas of Farm Crops

(1000 hectares)

经济作物 Economic Crops	#棉花 Cotton	#油菜籽 Rape-seeds	#花生 Peanuts	#芝麻 Sesame	#黄红麻 Jute and Ambary Hemp	#甘蔗 Sugar-cane	#甜菜 Beet-roots	#烤烟 Flue-cured Tobacco	其他作物 Others
905.84	589.99	156.46	65.49	10.60	20.71	0.75	6.91	7.05	1365.97
957.04	631.00	169.58	83.79	4.61	11.51	0.35	5.78	2.17	1201.64
1302.77	592.24	442.64	134.11	12.85	24.78	4.11	4.39	3.47	822.63
1194.62	535.19	459.12	116.39	6.29	5.14	3.92	2.09	9.47	735.20
1188.41	572.13	440.81	108.71	5.85	5.16	3.35	2.23	5.63	707.75
1202.48	550.61	482.80	102.95	4.79	4.57	3.18	0.73	5.16	686.45
1350.29	673.43	483.78	107.36	7.14	3.99	3.83	0.70	7.39	703.57
1143.39	517.65	458.30	125.42	8.65	5.20	5.50	1.31	2.02	859.24
1225.86	534.57	516.59	146.52	6.65	2.15	4.57	0.70	0.87	887.12
1268.75	564.90	530.66	148.66	7.54	1.31	3.95	0.17	1.17	885.11
1132.24	485.91	498.00	123.55	9.19	0.89	3.66	0.87	1.44	904.44
1063.10	438.74	473.93	117.25	13.66	0.79	3.46	1.51	2.61	909.25
1063.32	416.16	468.94	141.39	16.23	0.54	3.25	0.52	0.09	1048.70
1006.41	261.99	518.83	177.25	20.62	0.41	4.20	0.15	0.01	1188.50
1227.97	295.27	650.50	227.90	18.20	0.20	5.16	0.07	0.02	1412.59
1347.53	383.99	681.04	230.21	15.53	0.36	5.75	0.40	…	1543.23
1255.19	311.35	668.08	223.63	15.00	0.32	6.08	0.38	…	1659.63
1315.37	369.50	683.03	214.52	12.70	0.31	5.98	0.29	…	1706.65
1356.65	409.62	689.86	218.59	11.91	0.16	4.89	0.12	…	1537.74
1237.36	368.27	660.50	174.29	11.92	0.18	4.10	0.02		1494.36
1007.48	330.40	525.47	130.60	11.38	0.04	1.39	0.01		1266.88
876.25	326.93	434.36	95.71	10.59	0.02	1.18	0.00		1315.89
883.86	300.47	454.49	101.58	11.26	0.02	1.59	0.00	0.02	1359.31
862.07	252.34	476.27	105.50	11.44	0.05	2.00	0.02	0.04	1424.04
824.77	235.68	460.08	103.39	10.80		1.70	0.08	0.24	1512.45
806.93	239.25	441.28	100.21	10.71	0.02	1.63		0.04	1537.12
712.58	170.63	421.31	95.90	10.39		1.62	0.03	0.03	1602.42
690.79	155.22	413.87	94.21	10.06		1.57	0.02	0.02	1632.07

10－8　主要农作物种植结构
Planting Structure of Major Farm Crops

单位:%　　　　　　　　　　　　　　　　　　　　　　　　　　　(%)

项　　目	Item	2005	2010	2011	2012	2013
农作物总播种面积	**Total Sown Area of Farm Crops**	**100.00**	**100.00**	**100.00**	**100.00**	**100.00**
粮食作物	**Grain Crops**	**64.25**	**69.33**	**69.41**	**69.74**	**69.77**
谷物	Cereal	58.42	64.14	64.29	64.76	64.91
稻谷	Rice	28.91	29.32	29.34	29.46	29.49
小麦	Wheat	22.04	27.47	27.57	27.87	27.94
玉米	Corn	4.85	5.30	5.41	5.47	5.55
其它谷物	Other Cereal	2.62	2.05	1.97	1.96	1.93
豆类	Soybeans	4.52	4.38	4.35	4.19	4.10
#大豆	Sonja	2.81	2.98	2.87	2.75	2.72
杂豆	Miscellaneous Beans	0.19	0.18	0.17	0.17	0.16
薯类	Tubers	1.31	0.80	0.78	0.79	0.76
油料作物	**Oil-bearing Crops**	**11.08**	**7.54**	**7.21**	**6.90**	**6.75**
#花生	Peanuts	2.28	1.36	1.31	1.25	1.23
油菜籽	Rapeseeds	8.64	6.04	5.76	5.51	5.39
芝麻	Sesame	0.16	0.14	0.14	0.14	0.13
棉花	**Cotton**	**4.82**	**3.09**	**3.12**	**2.23**	**2.02**
麻类	**Fiber Crops**	**0.02**	**0.01**	**0.01**	**0.01**	**0.01**
糖料	**Sugar Crops**	**0.05**	**0.02**	**0.02**	**0.02**	**0.02**
#甘蔗	Sugarcane	0.05	0.02	0.02	0.02	0.02
烟叶	**Tobacco**	**0.01**	…	…	…	…
药材	**Medicinal Materials**	**0.19**	**0.15**	**0.16**	**0.15**	**0.19**
蔬菜、瓜类	**Vegetables and Melon**	**17.26**	**17.94**	**18.28**	**19.17**	**19.52**
#蔬菜	Vegetables	15.63	16.14	16.44	17.30	17.63
其他农作物	**Other Farm Crops**	**2.31**	**1.91**	**1.78**	**1.78**	**1.72**
#青饲料	Succulence	0.58	0.39	0.37	0.38	0.39

10－9 主要农作物播种面积和产量(2013年)

Total Sown Areas of Farm Crops and Output (2013)

指标	Item	播种面积(千公顷) Sown Area (1000 hectares)	单位面积产量(千克/公顷) Per Hectare Output (kg/hectare)	总产量(吨) Total Output (ton)
农作物总播种面积	**Total Sown Area of Farm Crops**	**7683.64**		
粮食作物	**Total Grain and Soybeans**	**5360.78**	**6385**	**34229846**
夏粮	Summer Grain	2386.53	5011	11958274
小麦	Wheat	2146.93	5130	11013109
元麦	Hull-less Barley	2.66	3600	9576
大麦	Barley	143.77	4953	712093
蚕豌豆	Horsebean and Pea	93.17	2399	223496
秋粮	Autumn Grain	2974.25	7488	22271572
稻谷	Rice	2265.67	8484	19222600
#中稻和一季晚稻	Early Rice	2265.67	8484	19222600
#籼稻	Among Rice: Long-grained Nonglutinous Rice	279.04	7055	1968534
玉米	Corn	426.38	5076	2164271
高粱	Sorghum	0.07	1429	100
谷子	Millet	0.14	1429	200
薯类	Tubers	58.47	6463	377872
大豆	Sonja	209.36	2246	470200
其他秋粮	Others	14.16	2566	36329
经济作物	**Economic Crops**	**690.79**		
棉花	Cotton	155.22	1348	209314
油料	Oil-bearing Crops	518.28	2901	1503712
#花生	Peanuts	94.21	3745	352816
油菜籽	Rapeseed	413.87	2737	1132644
芝麻	Sesame	10.06	1781	17917
麻类	Fiber Crops	0.72	2644	1904
#黄麻	Jute			
苎　麻	Ramee	0.67	2425	1625
糖类	Sugar Crops	1.59	60122	95594
#甘蔗	Sugarcane	1.57	60761	95394
烟叶	Tobacco Crops	0.02	1700	34
药材	Medicinal Materials	14.61		
其他经济作物	Others	0.35		
#薄荷	Mint	0.35	169	59
其他农作物	**Others**	**1632.07**		
#蔬菜	Vegetable	1354.94	38657	52377810
瓜果类	Melon and Fruits Crops	145.28	37143	5396091
绿肥	Organic Fertilizer	7.93		

10－10 主要农产品产量
Output of Major Farm Crops

单位:万吨 (10000 tons)

年 份 Year	粮 食 Grain	夏 粮 Summer Grain	秋 粮 Autumn Grain	棉 花 Cotton	油 料 Oil-bearing Crops	#花 生 Peanuts	#油菜籽 Rape-seeds
1949	748.50	217.00	531.50	2.81	15.94	11.82	3.60
1952	997.55	277.85	719.70	9.28	21.68	14.38	6.00
1957	1063.60	274.85	788.75	15.01	25.07	19.81	4.93
1962	965.35	280.65	684.70	8.21	10.27	6.38	3.52
1965	1442.75	379.85	1062.90	26.44	21.68	13.87	7.41
1970	1705.15	415.50	1289.65	32.82	21.67	10.31	10.87
1975	2056.85	524.40	1532.45	45.48	29.64	11.73	17.63
1978	2400.65	677.30	1723.35	47.54	37.44	13.60	23.06
1980	2417.95	873.60	1544.35	41.81	38.64	14.50	23.93
1985	3126.52	1064.46	2062.06	47.91	108.78	34.13	73.11
1989	3282.80	1033.00	2249.80	48.47	99.91	31.25	67.72
1990	3264.15	1143.46	2120.69	46.42	112.39	30.12	81.41
1991	3035.51	1032.43	2003.08	55.71	114.06	28.12	85.32
1992	3320.55	1251.19	2069.36	52.74	127.33	30.51	95.88
1993	3279.70	1152.60	2127.10	42.90	125.71	37.66	87.04
1994	3124.05	1105.29	2018.76	45.71	133.59	44.80	87.77
1995	3286.30	1073.46	2212.84	56.16	159.46	48.43	109.54
1996	3476.35	1200.95	2275.40	53.75	147.50	39.65	106.34
1997	3563.79	1226.91	2336.88	50.75	141.93	39.53	100.53
1998	3415.12	864.22	2550.90	46.19	115.63	48.90	64.26
1999	3559.03	1195.96	2363.07	24.60	184.04	63.25	117.89
2000	3106.63	899.75	2206.88	31.45	225.65	79.75	142.99
2001	2942.05	821.44	2120.61	46.05	232.53	84.09	145.81
2002	2907.05	758.18	2148.87	36.28	217.03	83.71	130.81
2003	2471.85	729.29	1742.56	29.10	199.45	51.57	145.74
2004	2829.06	807.24	2021.82	50.28	238.38	69.12	167.32
2005	2834.59	844.42	1990.17	32.27	215.99	55.46	158.67
2006	3096.03	1017.12	2078.91	35.52	176.47	45.51	129.00
2007	3132.24	1070.70	2061.54	34.75	145.08	33.84	109.46
2008	3175.49	1094.50	2080.99	32.60	150.29	35.57	112.81
2009	3230.10	1103.20	2126.90	25.55	162.23	38.67	121.69
2010	3235.10	1105.33	2129.77	26.08	151.97	37.70	112.44
2011	3307.76	1117.18	2190.58	24.68	144.05	37.00	105.25
2012	3372.48	1143.52	2228.97	22.04	146.95	36.02	109.13
2013	3422.98	1195.83	2227.15	20.93	150.37	35.28	113.26

10-11 人均占有主要农产品产量

Per Capita Output of Major Farm Products

单位:千克/人 (kg/person)

年 份 Year	粮食产量 Grain	棉花产量 Cotton	油料产量 Oil-bearing Grops	生猪饲养量(头/人) Output of Raising Hogs (head/person)	猪、牛、羊肉产量 Output of Pork, Beef and Mutton	水产品产量 Output of Aquatic Products
1952	270.0	2.5	5.9	0.24		4.6
1957	257.0	3.7	6.1	0.34		6.9
1962	225.0	1.9	2.4	0.22		4.5
1965	316.0	5.8	4.8	0.46		5.5
1970	329.0	6.4	4.2	0.50		5.2
1975	367.0	8.1	5.3	0.60		6.5
1978	414.0	8.2	6.5	0.60		6.9
1980	408.5	7.1	6.6	0.70	18.1	7.2
1985	505.0	7.8	17.6	0.64	22.4	10.9
1989	506.1	7.5	15.4	0.60	23.3	17.0
1990	486.0	6.9	16.7	0.59	23.6	17.6
1991	446.1	8.2	16.8	0.59	24.0	17.3
1992	482.8	7.7	18.5	0.61	25.1	19.6
1993	472.6	6.2	18.1	0.62	25.8	22.7
1994	446.7	6.5	19.1	0.65	28.5	25.8
1995	466.6	8.0	22.6	0.69	30.9	31.2
1996	490.4	7.6	20.8	0.51	24.7	34.7
1997	499.9	7.1	19.9	0.57	26.2	37.3
1998	476.6	6.4	16.1	0.63	29.2	39.4
1999	494.5	3.4	25.6	0.63	29.9	41.2
2000	427.3	4.3	31.0	0.66	31.3	42.5
2001	400.8	6.3	31.7	0.67	32.2	43.7
2002	394.6	4.9	29.5	0.67	32.6	45.4
2003	334.4	3.9	27.0	0.68	33.1	46.4
2004	381.3	6.8	32.1	0.66	32.7	49.3
2005	380.3	4.3	29.0	0.66	32.5	52.1
2006	412.1	4.7	23.5	0.63	28.4	53.0
2007	412.8	4.6	19.1	0.52	25.5	53.9
2008	415.1	4.3	19.6	0.56	26.7	55.4
2009	419.5	3.3	21.1	0.59	28.0	57.6
2010	415.0	3.3	19.5	0.59	28.7	59.1
2011	419.6	3.1	18.3	0.59	28.8	60.4
2012	426.4	2.8	18.6	0.61	30.3	62.4
2013	431.7	2.6	19.0	0.61	30.4	64.3

10-12 蚕、茶、果生产情况
Statistics on Silkworm Cocoons, Tea and Fruits

单位:万吨 (10000 tons)

指标	Item	2000	2005	2010	2011	2012	2013
蚕茧产量 (万吨)	Silkworm Cocoons (10000 tons)	9.01	10.59	7.91	7.07	6.83	5.90
茶叶产量 (万吨)	Tea (10000 tons)	1.20	1.21	1.49	1.44	1.54	1.39
红毛茶	Black Tea	0.18	0.14	0.24	0.24	0.25	0.20
绿毛茶	Green Tea	0.90	1.01	1.23	1.18	1.27	1.19
其他茶	Others	0.12	0.06	0.02	0.02	0.02	…
水果产量 (万吨)	Fruits (10000 tons)	176.44	202.18	237.03	267.60	281.22	274.58
#苹果	Apples	69.53	55.28	56.63	61.67	60.12	54.18
柑桔	Citrus	4.27	5.20	5.36	5.00	5.80	4.73
梨	Pears	39.01	55.62	66.91	72.97	74.82	69.45
葡萄	Grapes	8.77	15.30	33.19	39.12	48.57	51.35
桃子	Peaches		31.87	45.70	49.79	55.57	50.81
红枣	Dates	0.25	1.00	0.97	1.17	1.34	1.06
柿子	Persimmons	19.41	12.10	5.23	13.36	14.62	14.31
桑园面积 (千公顷)	Area of Mulberry Plantations (1000 hectares)	88.12	88.37	55.76	54.22	53.17	49.07
茶园面积 (千公顷)	Area of Tea Plantations (1000 hectares)	19.93	24.56	32.36	32.42	34.04	33.98
#当年采摘面积	Picked Area in the Year	15.47	20.17	27.60	27.33	28.82	28.42
果园 (千公顷)	Area of Orchards (1000 hectares)	153.33	191.85	191.51	202.98	209.83	222.05
#苹果园	Apples	49.57	38.44	34.02	35.84	34.33	32.95
柑桔园	Citrus	3.25	3.88	3.59	3.40	3.54	3.02
梨园	Pears	38.60	47.26	37.80	39.46	39.42	39.14
葡萄园	Grapes	5.93	11.44	21.65	25.43	31.15	34.11

10－13　林业生产情况
Statistics on Forestry

指　　　　标　　　Item		2000	2005	2010	2011	2012	2013
造林面积　（千公顷）	Area of Forestation　(1000 hectares)	51.25	54.67	89.89	57.29	57.34	65.26
用材林	Timber Forests	40.83	14.20	4.69	7.60	10.12	7.85
经济林	By-product Forests	7.28	7.69	6.58	7.68	10.01	11.45
防护林	Protection Forests	2.95	32.77	78.62	41.08	36.82	43.92
其他林	Others	0.19	0.01		0.93	0.39	2.04
林产品产量　（吨）	Output of Forestry Products　(ton)						
油茶籽	Tea-oil Seeds	38	170	15	4	61	62
竹笋干	Bamboo Shoots	1279	686	7739	2794	3140	3200
板栗	Chestnut	13514	20535	26805	26255	26065	26905
白果	Ginkgo	8729	12000	33518	34228	39455	59908
育苗面积　（千公顷）	Area of Seedlings　(1000 hectares)	16.56	79.34	112.57	109.44	86.96	121.29
当年苗木产量　（亿株）	Output of Seedlings in the Year (100 million units)		18.00	29.07	79.03	50.24	54.41
林木种子采集量　（吨）	Output of Forestry Seeds Picking (ton)	177	320	468	1315	1602	3889
木材采伐量　（万立方米）	Output of Timber Cutting (10000 cu. m)	136.16	57.90	150.70	166.14	173.00	144.00
竹材采伐量　（万根）	Bamboo Cutting　(10000 units)	646.60	555.00	391.90	359.11	627.00	408.00
四旁植树　（万株）	Planting　(10000 units)	12435	13445	12184	9476	10964	10696

10－14　畜牧业生产情况
Statistics on Livestock

指　　　标	Item	2000	2005	2010	2011	2012	2013
牲畜年末头数　（万头）	**Livestock（Year-end）（10000 units）**						
大牲畜	Large Animals	74.51	73.88	40.90	39.25	36.40	34.53
牛	Cattle and Buffaloes	59.14	64.61	35.70	34.05	32.06	30.41
#良种及改良乳牛	Thoroughbred and Improved Cows	6.75	16.11	22.10	21.47	20.87	20.41
马	Horses	1.40	1.35	0.38	0.38	0.31	0.29
驴	Donkeys	12.57	6.39	3.73	3.73	2.98	2.82
骡	Mules	1.40	1.53	1.09	1.09	1.05	1.01
猪	Hogs	2015.42	1927.20	1728.52	1745.49	1775.17	1787.26
羊	Sheep and Goats	1022.97	1174.99	411.15	415.57	400.61	403.07
山羊	Goats	994.39	1155.17	401.30	405.69	391.24	393.59
绵羊	Sheep	28.58	19.82	9.80	9.88	9.37	9.48
畜禽产品产量	**Output of Livestock and Poultry Products**						
猪牛羊出栏头数　（万头）	Hogs, Sheep and Goats　（10000 units）						
当年肉猪出栏头数	Hogs	2787.35	2974.88	2847.03	2878.23	3043.12	3049.56
当年出售和自宰的肉用牛	Cattle and Buttaloes Sold and Killed in the Year	27.43	30.71	18.71	19.36	18.82	17.29
当年出售和自宰的肉用羊　（万只）	Sheep and Goats Sold and Killed in the Year　（10000 units）	1372.40	1569.06	672.48	663.73	687.96	703.87
肉类产量　（万吨）	Output of Meat　（10000 tons）	328.87	352.34	366.64	375.92	396.52	383.23
猪肉	Pork	206.54	218.54	213.06	215.86	228.84	229.86
牛肉	Beef	5.12	5.71	3.48	3.58	3.47	3.19
羊肉	Mutton	15.75	17.88	7.37	7.32	7.61	7.79
禽肉	Poultry	96.51	104.60	132.67	138.87	146.08	131.93
其他畜禽产品产量　（吨）	Others　（ton）						
牛奶产量	Milk	255223	566204	572836	591700	612980	598912
绵羊毛产量	Sheep's Wool	1104	640	350	326	340	344
山羊毛产量	Goat's Wool	17	32	1	1	9	10
蜂蜜	Honey	7116	7079	5079	4116	3975	4058
禽蛋　（万吨）	Poultry Eggs　（10000 tons）	181.38	182.01	190.57	194.86	197.20	200.07

10－15 水产品产量
Output of Aquatic Products

指　　标	Item	2000	2005	2010	2011	2012	2013
水产品产量　（万吨）	**Output of Aquatic Products (10000 tons)**	**308.79**	**388.66**	**460.44**	**475.97**	**493.74**	**509.38**
海水产品	Seawater Aquatic Products	90.87	113.43	136.44	142.08	148.48	151.20
按生产性质分	Grouped by Nature						
天然生产	Naturally Grown	66.00	58.28	57.93	57.84	57.98	57.33
人工养殖	Artificially Cultured	24.87	55.15	78.51	84.24	90.50	93.87
按类别分	Grouped by Category						
鱼类	Fish	47.33	45.04	38.87	39.52	40.89	40.75
甲壳类	Shrimp, Prawn and Crab	12.92	15.44	20.13	21.50	22.21	25.93
贝类	Shellfish	29.78	51.08	67.60	72.09	76.04	76.13
藻类	Algae	0.84	1.87	2.99	2.60	2.42	3.09
按主要品种分	Among Seawater Aquatic						
大黄鱼	Big Yellow Croaker	0.31	0.09	0.05	0.02	0.06	0.05
小黄鱼	Little Yellow Croaker	4.35	4.29	3.09	3.38	3.54	3.07
带鱼	Hairtail	8.51	9.99	6.22	6.25	5.73	5.67
墨鱼	Cuttlefish	0.20	0.14	0.22		1.30	1.34
淡水产品	Freshwater Aquatic Products	217.92	275.23	324.00	333.88	345.26	358.18
按生产性质分	Grouped by Nature						
天然生产	Naturally Grown	29.68	32.91	33.24	33.37	33.42	32.85
人工养殖	Artificially Cultured	188.24	242.32	290.76	300.51	311.84	325.33
按类别分	Grouped by Category						
鱼类	Fish	183.06	211.90	238.11	245.58	253.80	264.64
甲壳类	Shrimp, Prawn and Crab	31.50	54.48	69.93	72.11	75.27	78.18
贝类	Shellfish	3.36	8.85	11.68	12.23	12.23	11.55
水产养殖面积　（千公顷）	**Aquatic Raise Areas (1000 hectares)**	**705.99**	**813.59**	**750.08**	**769.40**	**771.18**	**765.28**
淡水养殖面积	Freshwater Area for Breeding	561.81	640.64	557.65	568.33	571.83	571.47
海水养殖面积	Seawater Area for Breeding	144.18	172.95	192.43	201.07	199.35	193.81

10－16 主要农业机械和农产品加工机械年底拥有量
Agricultural Machinery and Machinery for Processing Farm Products at Year-end

年 份 Year	农业机械总动力（万千瓦）Total Power of Agricultural Machinery (10000 kW)	农用小型及手扶拖拉机（万台）Small and Walking Agricultural Tractors (10000 units)	农用排灌动力机械（万千瓦）Machinery for Agricultural Drainage and Irrigation (10000 kW)	农用水泵（万台）Agricultural Water Pumps (10000 units)	联合收割机（台）Combine Harvesters (unit)
1978	855.16	19.25	363.73	29.20	295
1980	1113.05	25.61	442.48	36.18	478
1985	1675.06	49.16	450.27	37.75	687
1989	2212.37	70.02	475.95	40.29	1821
1990	2004.77	71.65	490.83	39.63	2411
1991	1966.61	72.64	492.88	40.73	3583
1992	2016.07	72.41	494.57	41.55	5964
1993	2081.75	73.52	501.35	41.59	7279
1994	2161.40	74.98	507.66	42.63	8604
1995	2226.95	75.04	508.91	43.36	12063
1996	2297.43	76.53	515.99	44.84	20074
1997	2499.69	83.32	538.66	50.63	27656
1998	2594.83	83.87	553.73	52.20	33343
1999	2767.89	86.78	577.99	54.07	42266
2000	2925.29	88.89	576.25	65.62	48821
2001	2957.93	89.42	618.72	58.09	52025
2002	2983.89	89.75	604.04	59.74	56151
2003	3029.10	87.46	567.79	58.81	58645
2004	3052.51	86.71	599.71	56.88	61115
2005	3135.33	90.11	609.08	61.93	69569
2006	3278.53	91.37	606.00	62.00	77100
2007	3392.44	89.95	431.40	59.09	78498
2008	3630.86	120.44	601.83	59.80	85327
2009	3810.57	123.32	612.87	60.42	90979
2010	3937.34	122.84	630.46	59.29	98511
2011	4106.11	123.41	642.41	63.49	103500
2012	4214.64	98.71	664.80	66.29	118078
2013	4405.78	92.53	687.98	66.53	136619

10－16 续 表1 continued 1

年 份 Year	机动脱粒机（万台） Motorized Huller（10000 units）	机动喷雾(粉)器（万部） Motorized Duster（10000 units）	大中型拖拉机配套农具（万件） Large and Mediumsized Tractor Towing Farm Machinery（10000 units）	小型拖拉机配套农具（万件） Small Tractor Towing Farm Machinery（10000 units）
1978	32.96	2.01	2.45	33.99
1980	40.99	4.33	3.23	53.58
1985	68.51	5.51	3.38	111.15
1989	86.36	7.08	3.29	112.49
1990	89.42	9.49	3.42	118.26
1991	92.29	11.35	3.91	122.40
1992	93.37	12.37	4.16	122.33
1993	94.80	12.63	4.30	124.66
1994	98.32	13.28	4.37	125.50
1995	105.22	17.08	4.69	127.74
1996	105.01	19.64	5.68	129.22
1997	121.42	26.55	7.00	138.63
1998	123.80	29.10	7.69	143.08
1999	124.52	31.59	8.51	148.41
2000	129.69	33.26	8.62	152.45
2001	120.16	35.17	8.39	151.48
2002	111.45	34.54	8.17	145.02
2003	93.56	34.99	7.84	145.70
2004	91.45	34.88	7.52	144.45
2005	73.95	37.41	8.08	143.64
2006	75.00	39.50	8.37	144.68
2007	59.00	41.39	9.13	143.07
2008	43.62	50.27	11.01	163.43
2009	38.00	53.50	13.29	170.91
2010	33.19	57.32	16.41	168.83
2011	20.92	61.92	19.17	173.59
2012	18.39	67.11	19.83	155.64
2013	16.44	68.60	22.28	149.98

10－17 乡镇企业主要指标（2013 年）

单位:亿元

指标	Item	企业个数（个）Number of Enterprises (unit)	年末从业人员（万人）Employees (10000 persons)
总　计	Total	762257	1719.00
按登记注册类型分组	Grouped by Status of Registration		
内资	Domestic Funded Enterprises	743303	1473.12
#集体企业	Collective-owned Enterprises	3899	21.46
联营企业	Joint Ownership Enterprises	678250	1259.86
港、澳、台商投资企业	Enterprises with Funds from Hong Kong, Macao and Taiwan	7983	105.29
外商投资企业	Foreign Funded Enterprises	10971	140.59
按国民经济行业分组	**Grouped by Sector**		
农业企业	Enterprises in Rural Areas	7453	18.30
工业	Industry	415153	1249.19
建筑业	Construction	12643	154.82
#资质等级企业	Qualified Enterprises	4567	70.23
交通运输仓储业	Transport and Storage	36985	59.37
批发和零售业	Wholesale and Retail Sales	153932	117.02
住宿和餐饮业	Hotels and Catering	54448	45.24
#餐饮业	Catering	29972	25.78
居民服务、修理和其他服务业	Services to Household, Other Services and Entertainment	44650	36.24
其他	Others	36993	38.83

Main Indicators of Township Enterprises (2013)

(100 million yuan)

总产值（现价）Total Output Value	营业收入 Business Revenue	利润总额 Total Profits	上交税金 Taxes	劳动者报酬 Earning
121349.62	**120675.48**	**7578.26**	**3949.84**	**5945.27**
102549.95	102166.69	6184.79	3313.50	4896.28
3354.02	3272.72	297.06	84.17	103.90
82396.01	73587.66	4979.33	2723.94	4138.29
7906.86	7723.84	576.87	253.29	420.41
10892.81	10784.95	816.59	383.06	628.58
539.52	517.38	112.18	24.80	84.24
98887.10	97801.53	5943.69	3166.00	4329.26
6190.43	5113.18	368.16	197.19	595.33
2535.23	2215.93	158.70	75.33	250.49
1532.56	1480.21	116.81	80.13	171.77
9638.69	11320.22	625.00	264.09	405.01
1204.47	1194.83	124.77	53.95	114.86
632.08	637.12	64.85	32.24	62.00
1377.59	1375.71	98.28	43.06	120.24
1979.25	1872.42	189.37	120.62	124.57

10－18 农业主要经济效益指标
Main Indicators on Economic Benefit of Agriculture

指标	Item	2000	2005	2010	2011	2012	2013
每个农林牧渔业劳动力创造的	**Per Labor Creating**						
农林牧渔业总产值（元）	Gross Output Value of Agriculture, Forestry, Animal Husbandry and Fishery (yuan)	12526.54	23500.48	49502.22	62294.20	71814.83	78342.40
粮食产量（公斤）	Output of Grain (kg)	2081.33	2584.97	3726.78	3934.25	4169.42	4354.72
棉花产量（公斤）	Output of Cotton (kg)	21.07	29.42	30.05	29.35	27.25	26.63
油料产量（公斤）	Output of Oil-bearing Crops (kg)	151.18	196.97	175.07	171.34	181.67	191.30
肉类产量（公斤）	Output of Meat (kg)	220.88	321.31	422.37	447.12	490.22	487.54
水产品产量（公斤）	Output of Aquatic Products (kg)	206.88	354.43	530.42	566.06	610.42	648.03
每亩耕地创造的	**Per Mu Cultivated Land Creating**						
农林牧渔业总产值（元）	Gross Output Value of Agriculture, Forestry, Animal Husbandry and Fishery (yuan)	2488.80	3593.83	6110.76	7583.40	8431.00	8936.98
农林牧渔业增加值（元）	Value Added of Agriculture, Forestry, Animal Husbandry and Fishery (yuan)	1372.59	2038.18	3612.17	4437.55	4961.36	5291.43

注：产值、增加值均为现行价格。

a) Both output value and value-added are caculated at current prices.

10-19 国有农场基本情况
Basic Statistics on State Farms

指标	Item	2005	2010	2011	2012	2013
农场数 （个）	Number of Farms (unit)	18	18	18	18	17
职工人数 （万人）	Number of Staff and Workers (10000 persons)	7.13	6.63	6.48	6.19	5.72
耕地面积 （千公顷）	Cultivated Area (1000 hectares)	64.26	73.11	72.86	71.43	67.67
农业机械总动力 （万千瓦）	Total Power of Agricultural Machinery (10000 kW)	36.62	46.39	47.89	45.22	43.55
农业机械拥有量 （台、辆）	Ownership of Agricultural Machinery (unit)					
大中型农用拖拉机	Large and Medium-sized Agricultural Tractors	2222	3737	3606	3475	3369
小型及手扶拖拉机	Small and Walking Agricultural Tractors	3392	2011	1820	1528	1357
农用排灌动力机械	Machinery for Agricultural Drainage and Irrigation	1545	1224	1102	702	842
联合收割机	Combine Harvesters	1564	2096	2029	1933	1975
农用载重汽车	Trucks for Agricultural Use	146	118	88	151	101
农用化肥施用量 （万吨）	Consumption of Chemical Fertilizers (10000 tons)	13.76	14.71	13.14	13.80	13.79
农业总产值 （亿元）	Gross Agricultural Output Value (100 million yuan)	25.21	45.10	51.44	53.40	58.95
农作物总播种面积 （千公顷）	Sown Area of Farm Crops (1000 hectares)	116.59	137.47	136.36	148.36	124.12
粮食作物	Grain	95.49	125.60	122.44	123.22	116.08
棉　花	Cotton	11.25	0.22	0.29	0.23	0.14
油　料	Oil-bearing Crops	2.73	0.09	0.07	0.05	0.03
年底实有桑园面积 （公顷）	Area of Mulberry Plantations (year-end) (hectare)	213	250	239	231	231
年底实有果园面积 （公顷）	Area of Orchards (year-end) (hectare)	105	203	206	260	126
主要农产品产量	Output of Major Farm Products					
粮食作物 （万吨）	Grain (10000 tons)	68.70	86.68	91.05	94.34	88.61
棉　花 （万吨）	Cotton (10000 tons)	0.87	0.32	0.45	0.22	0.20
油　料 （万吨）	Oil-bearing Crops (10000 tons)	0.75	0.23	0.21	0.14	0.10
水　果 （万吨）	Fruits (10000 tons)	0.12	0.19	0.36	0.28	0.19
畜牧业、渔业生产	Production of Animal Husbandry and Fishery					
大牲畜年底头数 （万头）	Number of Large Animals (year-end) (10000 heads)	0.26	0.42	0.46	0.57	0.43
猪年底头数（万头）	Number of Hogs (10000 heads)	4.17	7.65	8.19	8.42	7.55
羊年底只数（万只）	Number of Sheep and Goats Sheep (10000 heads)	1.46	1.33	1.21	1.22	1.95
畜产品产量 （万吨）	Output of Livestock Products (10000 tons)					
猪牛羊肉	Pork, Beef and Mutton	3.75	7.83	7.87	7.69	6.76
#猪　肉	Pork	1.18	2.08	2.16	2.10	2.06
牛　奶	Milk	0.46	0.76	0.82	0.88	1.06
禽　蛋	Poultry Eggs	0.32	0.97	1.22	1.48	1.35
羊　毛	Sheep Wool					
水产品总产量（万吨）	Output of Aquatic Products (10000 tons)	2.43	4.55	4.66	4.78	4.85

注：本表为农垦系统数据。

a) Data in this table are from farming system.

10－20　分市农业基本情况（2013年）

指　　标	Item	南京市 Nanjing	无锡市 Wuxi	徐州市 Xuzhou
乡村户数　（万户）	Rural Households　(10000 units)	64.18	63.32	179.53
乡村劳动力　（万人）	Rural Laborers　(10000 persons)	120.24	115.10	361.44
#农林牧渔业	Agriculture, Forestry, Animal Husbandry, Fishery	26.36	19.41	140.10
工业	Industry	36.36	67.57	99.77
建筑业	Construction	24.53	7.88	50.74
交通运输、仓储业和邮电通讯业	Transport, Storage, Post and Telecommunication	7.44	3.79	14.62
批发、零售贸易业、餐饮业	Wholesale, Retail Sales and Catering Services	12.43	7.90	31.39
农业机械总动力　（万千瓦）	Total Power of Agricultural Machinery　(10000 kW)	218.08	100.96	626.68
化肥施用量　（万吨）	Consumption of Chemical Fertilizers　(10000 tons)	8.05	5.73	64.96
农村用电量　（亿千瓦小时）	Electricity Consumed in Rural Areas　(100 million kW · h)	31.53	384.97	63.38
农作物总播种面积　（千公顷）	Sown Area of Farm Crops　(1000 hectares)	324.47	178.67	1126.58
#粮食	Grain Crops	161.35	112.00	729.75
主要农产品产量　（万吨）	Output of Major Farm Products　(10000 tons)			
粮食	Grain	116.95	79.64	451.13
棉花	Cotton	0.42		3.63
油料	Oil-bearing	10.79	0.90	9.96
肉类产量	Meat	12.16	10.32	98.48
#猪牛羊肉	Pork, Beef and Mutton	7.23	7.33	47.87
水产品产量	Aquatic Products	22.17	12.68	18.37
农林牧渔业总产值　（亿元）	Gross Output Value of Agriculture, Forestry, Animal Husbandry and Fishery　(100 million yuan)	351.31	241.43	802.94
农业	Farming	205.23	125.32	495.66
林业	Forestry	3.66	19.32	14.18
畜牧业	Animal Husbandry	52.04	34.86	239.77
渔业	Fishery	73.79	36.54	33.13
农林牧渔服务业	Services in Support of Agriculture	16.59	25.40	20.21

Basic Statistics of Agriculture by Region (2013)

常州市 Changzhou	苏州市 Suzhou	南通市 Nantong	连云港市 Lianyungang	淮安市 Huaian	盐城市 Yancheng	扬州市 Yanzhou	镇江市 Zhenjiang	泰州市 Taizhou	宿迁市 Suqian
75.32	90.11	202.42	89.77	99.03	184.60	102.72	57.71	119.70	108.18
128.33	176.85	306.30	175.06	212.49	302.48	180.78	99.16	211.64	224.09
24.70	23.49	68.84	81.98	87.45	113.07	34.48	23.97	44.74	87.46
57.14	105.34	82.19	29.81	38.24	59.19	62.80	47.00	60.95	61.10
17.30	10.05	62.98	30.06	31.58	36.70	34.03	11.31	36.63	29.90
5.37	5.52	17.10	7.43	7.14	13.52	7.68	3.52	13.44	7.99
9.39	14.71	36.36	11.38	13.27	18.42	16.93	5.18	21.71	18.69
159.16	164.99	365.53	512.07	518.40	596.35	246.81	151.27	254.25	499.36
6.27	8.12	23.49	34.23	38.78	54.06	19.88	5.72	17.56	39.96
176.25	581.69	154.84	30.18	13.48	75.42	57.63	78.81	114.22	39.46
224.17	257.63	843.53	628.82	799.26	1460.13	510.27	237.44	582.32	705.80
150.32	154.27	519.67	498.68	657.65	972.32	419.80	176.70	438.52	572.71
113.71	113.12	333.46	354.73	461.02	686.51	312.19	125.79	326.68	375.99
0.05	0.10	5.07	0.28	0.01	9.75	0.46	0.11	1.40	0.19
4.26	2.42	40.84	12.11	9.62	31.52	7.57	5.80	12.29	4.99
15.68	12.84	47.89	29.72	32.18	88.93	18.42	8.55	26.63	35.70
7.74	8.16	29.46	23.32	21.07	57.23	10.54	5.19	21.25	20.16
18.53	27.99	87.04	75.05	25.93	110.06	39.37	9.27	37.30	25.65
240.11	369.82	594.78	474.24	499.83	991.66	403.93	196.14	344.59	445.10
129.73	150.78	263.62	227.58	316.54	430.43	188.43	107.28	187.72	261.37
1.74	23.13	3.73	13.41	10.17	24.24	9.38	8.33	3.55	16.47
37.24	40.05	138.25	102.14	112.85	271.72	70.46	27.08	67.25	88.81
59.15	115.69	141.11	105.84	51.59	195.98	115.92	26.15	68.38	68.85
12.25	40.18	48.06	25.27	8.69	69.30	19.74	27.30	17.69	9.60

主要统计指标解释

农林牧渔业总产值 指以货币表现的农、林、牧、渔业全部产品和对农业生产进行各种支持性服务活动的总量，它反映一定时期内农业生产总规模和总成果。从2003年开始农林牧渔业总产值执行新的国民经济行业分类标准，包括农业、林业、牧业、渔业、农林牧渔服务业，不再包括农民兼营商品性工业。农林牧渔业总产值中的农、林、牧、渔四业的计算方法通常是按农、林、牧、渔业产品及其副产品的产量分别乘以各自单位产品价格求得，现行价格从2003年开始使用生产价格调查的价格；少数生产周期较长，当年没有产品或产品产量不易统计的，则采用间接方法匡算其产值；然后将四业产品产值与农林牧渔服务业相加即为农林牧渔业总产值。1957年以前的农林牧渔业总产值中包括了厩肥和农民自给性手工业（如农民自制衣服、鞋、袜，自己从事粮食初步加工等）。1958年及以后，林业中增加了村及村以下竹木采伐产值；牧业中取消了厩肥产值；副业中取消了农民自给性手工业产值，增加了村及村以下办的工业产值；渔业中增加了海洋捕捞水产品产值。1980年及以后，在副业中增加了农民家庭兼营工业商品部分的产值。从1984年起村及村以下工业产值划归工业。从1993年起取消副业，将野生动物的捕猎划入牧业、野生植物采集和农民家庭兼营商品性工业划归农业，从2003年起不再包括农民家庭兼营商品性工业产值。1996年第一次农业普查以后，由于畜牧业产品年报数据与普查数据之间存在一定的差距，国家统计局农调总队对畜牧业年报数据与普查数据进行衔接，相应的畜牧业产值进行调整。

粮食产量 指全社会的产量。包括国有经济经营的、集体统一经营的和农民家庭经营的粮食产量，还包括工矿企业办的农场和其他生产单位的产量。粮食除包括稻谷、小麦、玉米、高粱、谷子及其他杂粮外，还包括薯类和豆类。其产量计算方法，豆类按去豆荚后的干豆计算；薯类（包括甘薯和马铃薯，不包括芋头和木薯）1963年以前按每4公斤鲜薯折1公斤粮食计算，从1964年开始改为按5公斤鲜薯折1公斤粮食计算。城市郊区作为蔬菜的薯类（如马铃薯等）按鲜品计算，并且不作粮食统计。其他粮食一律按脱粒后的原粮计算。

棉花产量 指全社会的产量。包括春播棉和夏播棉。产量按皮棉计算。

油料产量 指全部油料作物的生产量。包括花生、油菜籽、芝麻、向日葵籽、胡麻籽（亚麻籽）和其他油料。不包括大豆、木本油料和野生油料。花生以带壳干花生计算。

水产品产量 指人工养殖的水产品和天然生长的水产品的捕捞量。包括海水的鱼类、虾蟹类、贝类和藻类以及内陆水域的鱼类、虾蟹类和贝类，不包括淡水水生植物。

猪、牛、羊肉产量 指当年出栏并已屠宰、除去头蹄下水后带骨肉（即胴体重）的重量。

期初（末）畜禽存栏头（只）数 指报告期初（末）农村各种合作经济组织和国营农场、农民个人、机关、团体、学校、工矿企业、部队等单位以及城镇居民饲养的大牲畜、猪、羊、家禽等畜禽的存栏数。

耕地面积 是指年初可用来种植农作物并经常进行耕种、能够正常收获的土地。包括当年实际耕种的熟地、当年新开荒地、休闲不满三年随时可以复耕的地和当年休闲地以及以种植农作物为主并附带种植桑树、茶树、果树和其他林木的土地、沿海、沿湖地区已围垦利用的"海涂"、"湖田"等面积。不包括临时种植农作物的坡度在25度以上的陡坡地、在河套、湖畔、库区临时开发的成片或零星土地，属于专业性的桑园、茶园、果园、果木苗圃、林地、芦苇地、天然或人工草地面积、也不包括已列为国家和省（区、市）退耕计划但临时耕种的土地。

农作物播种面积 指实际播种或移植有农作物的面积。凡是实际种植有农作物的面积，不论种植在耕地上还是种植在非耕地上，均包括在农作物播种面积中。在播种季节基本结束后，因遭灾而重新改种和补种的农作物面积，也包括在内。

有效灌溉面积 指具有一定的水源，地块比较平整，灌溉工程或设备已经配套，在一般年景下当年能够进行正常灌溉的耕地面积。在一般情况下，有效灌溉面积应等于灌溉工程或设备已经配备，能够进行正常灌溉的水田和水浇地面积之和。

农用化肥施用量 指本年内实际用于农业生产的化肥数量，包括氮肥、磷肥、钾肥和复合肥。化肥施用量要求按折纯量计算数量。折纯量是指把氮肥、磷肥、钾肥分别按含氮、含五氧化二磷、含氧化钾的百分之一百成份进行折算后的数量。复合肥按其所含主要成分折算。

农业机械总动力 指主要用于农、林、牧、渔业的各种动力机械的动力总和。包括耕作机械、排灌机械、收获机械、农用运输机械、植物保护机械、牧业机械、林业机械、渔业机械和其他农业机械[内燃机按引擎马力折成瓦（特）计算、电动机按功率折成瓦（特）计算]。不包括专门用于乡、镇、村、组办工业、基本建设、非农业运输、科学试验和教学等非农业生产方面用的动力机械与作业机械。

农林牧渔业劳动力 指全社会直接参加农林牧渔业生产活动的劳动力。

Explanatory Notes on Main Statistical Indicators

Gross Output Value of Farming, Forestry, Animal Husbandry and Fishery refers to the total value of products of farming, forestry, animal husbandry and fishery and various supporting service activities for agricultural production, which reflects the total scale and result of agricultural production during a given period. Since 2003, the total output value of farming, forestry, animal husbandry and fishery is counted with new classified standard of the national economy, including the service industry serving for agricultural production, while excluding the output value of commercialized handicraft products. Gross output value of farming, forestry, animal husbandry, fishery and the value of service industry is obtained by first multiplying the output of each product with its price, resulting in the output value of each single item. Since 2003, the current price is used by the investigated production price. For a small number of products, annual output of which is not available or difficult to get due to the long production growing process involved, the output value is estimated through an indirect approach. The sum of output value of all products of farming, forestry, animal husbandry, fishery and service activities for them is then equal to the gross output value of agriculture. Prior to 1957, gross agricultural output value included barnyard manure and handicraft products for self consumption (clothes, shoes, stockings, and initial grain processing undertaken by peasants). Since 1958, cutting and felling of bamboo and trees by villages and other cooperative organizations under villages have been included in forestry; value of barnyard manure has been excluded from animal husbandry; self consumed handicrafts has been excluded from sideline occupations, while the output value of industries run by villages and cooperative organizations under village had been included in sideline occupations and the output value of fish catches by motor fishing boats has been added to fishery. Since 1980, the value of handicraft products made for sale by individuals in households had been added to sideline occupations. Since 1984, industries run by villages and under villages have been included in the sector of industry. Since 1993, the subdivision of sideline occupations has been canceled, and the hunting of wild animals has been classified into animal husbandry, and the gathering of wild plants and commodity industryrun by rural household have been included infarming. Since 2003, the output value of commercialized handicraft products, as the farmer's household sideline occupation, don't include in farming anymore. The first agriculture census of China in 1996 revealed some discrepancy between the production of animal products from the annual reports and that from the census. Efforts were made by the Rural Socio – economic Survey Organization of NBS to adjust the output value of animal husbandry to make the figures from the annual reports consistent with the census data.

Grain Output refers to the grain production in the whole country including grains produced by state farms, collective units, industrial enterprises and mines. Grain includes rice, wheat, corn, sorghum, millet and other miscellaneous grains as well as tubers and beans. Output of beans refers to dry beans without pods. The output of tubers (sweet potatoes and potatoes, not including taros and cassava) was converted into that of grain at the ratio 4∶1, e. 4 kilograms of fresh tubers was equivalent to 1 kilogram of grain up to 1963. Since 1964 the ratio for conversion has been 5∶1. Tubers supplied as vegetables (such as potatoes) in cities and suburbs are calculated as fresh vegetables and their output is not included in the output of grain. Output of all other grains refers to husked grain.

Cotton Output refers to the cotton production in the whole country including cotton sown in spring and in autumn. Output is measured as the weight of ginned cotton.

Output of Oil-bearing Crops refers to the total production of oil bearing crops of various kinds, including peanuts, (dry, in shell) rapeseeds, sesame, sunflower seeds, flax seeds, and other oil bearing crops. Soybeans, oil-bearing woody plants, and wild oil-bearing crops are not included.

Output of Aquatic Products refers to catches of both artificially cultured and naturally grown aquatic products, including fish, shrimps, crabs and shellfish in sea and inland water as well as seaweed. Freshwater plants are not included.

Output of Pork, Beef, and Mutton refers to the meat of slaughtered hogs, cattle, sheep and goats with head, feet, and offal taken away.

Number of Livestock or Poultry in Stock at Beginning (or End) refers to the total number of large animals, pigs, sheep, fowls, etc. raised by rural cooperative organizations, state farms, rural individuals, government agencies, schools, industrial and mining enterprises, army, and urban residents at the beginning (or end) of the reference period.

Regularly Cultivated Land refers to farmland among the total land resources which is exclusively used for farming and is under regular cultivation with harvest in normal years. Included are currently cultivated land, land that has been abandoned or put in idle for less than 3 years and could be re-used for cultivation at any time, and new-claimed land that has been put into cultivation for more than 3 years. Excluded under this category are steep slope land over 25 degrees under temporary cultivation, land (large or small plots) that is claimed along river bends, lake sides or banks of reservoirs, as well as land that has been designated under the "Green for Grain" programmes of the state and provincial governments but is still temporarily under cultivation.

Sown Area of Crops refers to area of land sown or transplanted with crops regardless of being in cultivated area or non cultivated area. Area of land re-sown due to natural disasters is also included.

Irrigated Area refers to areas that are effectively irrigated, level land which has water source and complete sets of irrigation facilities to lift and move adequate water for irrigation purpose under normal conditions. Under normal conditions, irrigated area is the sum of watered fields and irrigated fields where irrigation systems or equipment have been installed for regular irrigation purpose.

Consumption of Chemical Fertilizers in Agriculture refers to the quantity of chemical fertilizers applied in agriculture in the year, including nitrogenous fertilizer, phosphate fertilizer, potash fertilizer, and compound fertilizer. The consumption of chemical fertilizers is required in calculation to convert the gross weight into weight containing 100% effective component(e. g. 100% nitrogen content in nitrogenous fertilizer, 100% phosphorous pentoxide contents in phosphate fertilizer, 100% potassium oxide contents in potash fertilizer). Compound fertilizer is converted with its major component.

Total Power of Farm Machinery refers to total mechanical power of machinery used in farming, forestry, animal husbandry, and fishery, including ploughing, irrigation and drainage, harvesting, transport, plant protection, stock breeding, forestry and fishery. The power of internal combustion engines is required to convert horsepower into watts and the power of electric motors is required to beconverted into watts. Machinery employed for non agricultural purposes, such as the machines used in township run and village – run industry, construction, non agricultural transport, scientific experiments and teaching, is excluded.

Labour Force Engaged in Farming, Forestry, Animal Husbandry and Fishery refers to the total laborers who are directly engaged in production of farming, forestry, animal husbandry and fishery.

11

工 业

Industry

简 要 说 明

一、本篇资料的主要内容

本篇资料反映我省工业经济方面的基本情况，包括：

1. 全省规模以上工业企业主要经济指标，以及按企业登记注册类型、轻重工业、企业规模、工业行业大类分组的主要经济指标和经济效益指标；

2. 国有及国有控股、私营、外商投资和港澳台商投资工业企业按工业行业大类分组的主要经济指标和经济效益指标；

3. 大中型工业企业按工业行业大类分组的主要经济指标和经济效益指标；

4. 主要工业产品产量等。

二、本篇资料的统计范围

本篇资料的统计范围1998年至2006年为全部国有及年主营业务收入在500万元以上非国有工业企业，2007至2010年为年主营业务收入在500万元以上工业企业，2011年起为年主营业务收入2000万元以上工业企业（即规模以上工业企业）。

本篇资料中工业行业分类按2011年《国民经济行业分类》标准划分；企业大中小微型划分按2011年《统计上大中小微型企业划分办法》标准执行。

三、本篇的资料来源和统计调查方法

本篇工业企业统计数据主要是根据工业统计进度报表中有关年度资料整理汇总的。

Brief Introduction

I. Main Contents

Data in this chapter reflect the basic conditions of the industrial sector in Jiangsu:

(1) Main economic indicators of industrial enterprises above designated size; as well as their main economic indicators and efficiency indicators classified by type of registration, by light and heavy industries, by size of enterprise, by branch of industry .

(2) Main economic indicators and efficiency indicators of State - owned industrial enterprises and enterprises where the State holds the majority of shares; private industrial enterprises, foreign - funded industrial enterprises and enterprises funded by entrepreneurs from Hong Kong, Macao and Taiwan classified by branch of industry.

(3) Main economic indicators and efficiency indicators of large and medium - sized industrial enterprises classified by branch of industry.

(4) Output of key industrial products.

II. Scopes of Statistics

The scopes of industrial statistics are all State - owned industrial enterprises and non - State - owned industrial enterprises with revenue from principal business over 5 million yuan from 1998 to 2006. From 2007 to 2010, the scopes of industrial statistics are all industrial enterprises with revenue from principal business over 5 million yuan, since 2011, the scope is adjusted to all industrial enterprises with revenue from principal above 20 million. (or the industrial enterprises above designated size).

Data by branch of industry this chapter are based on the *2011's National Industrial Classification of all Economic Activities*, and data by size of enterprise are based on the *2011's Preliminary Standards of Enterprises by Size.*

III. Sources of Data and Methods of Survey

The data on enterprises statistics in this Chapter are collected mainly based on the annual relevant data in the month industrial statistics reporting forms.

11－1 1998—2013年规模以上工业企业主要经济指标

Main Indicators of Industrial Enterprises above Designated Size(1998—2013)

单位:亿元 (100 million yuan)

年份 Year / 地区 Region	企业单位数(个) Number of Enterprises (unit)	工业总产值 Gross Industrial Output Value	主营业务收入 Revenue from Principal Business	利润总额 Total Profits	利税总额 Total Profits and Taxes	应收账款净额 Accounts Receivalble	产成品 Finished Goods
1998	17957	8053.03	7375.45	151.51	491.61	1238.11	584.21
1999	18001	8915.44	8256.12	234.07	623.42	1360.48	617.49
2000	18309	10452.87	9971.01	370.03	833.65	1496.80	666.81
2001	19684	11747.83	11247.52	419.85	942.60	1583.56	707.66
2002	21476	13865.86	13534.77	554.21	1128.57	1848.48	734.00
2003	23862	18034.60	18019.97	793.98	1474.09	2420.45	845.99
2004	27123	24836.47	24492.28	1111.42	1939.56	3025.34	1164.41
2005	32224	32707.09	32098.48	1384.64	2387.07	4056.66	1298.38
2006	36319	41410.40	41015.28	1906.91	3168.41	4954.52	1527.95
2007	41841	53316.38	52594.30	2765.77	4423.16	6287.46	1916.52
2008	45818	67798.68	66481.84	3972.93	6574.69	7239.07	2484.95
2009	60817	73200.03	71724.90	4099.58	6794.67	8316.41	2676.61
2010	64136	92056.48	91077.41	5970.56	9316.01	10261.18	3042.05
2011	43368	107680.68	107030.09	7074.44	11038.45	11885.97	3655.22
2012	45859	120124.91	119286.78	7250.20	11934.34	13577.65	3986.09
2013	46387	134648.91	132270.41	7834.06	12951.79	14922.61	4067.47
南京市 Nanjing	2601	12647.14	12428.16	751.27	1421.24	1574.12	327.58
无锡市 Wuxi	5255	14890.65	14450.48	741.88	1125.17	2564.93	698.14
徐州市 Xuzhou	2874	10523.10	10506.88	856.08	1533.37	675.39	198.06
常州市 Changzhou	3887	10067.88	10223.05	512.56	844.46	1337.21	398.06
苏州市 Suzhou	10476	30392.90	29937.18	1305.95	1879.59	4850.68	1242.55
南通市 Nantong	4964	11351.54	11093.04	828.49	1290.70	960.20	280.50
连云港市 Lianyungang	1419	4130.59	4041.62	301.21	482.17	249.12	74.10
淮安市 Huaian	2097	4802.92	4731.24	218.77	413.31	232.95	75.24
盐城市 Yancheng	2890	6454.58	6297.05	404.19	703.69	351.02	150.94
扬州市 Yangzhou	2589	8499.39	8189.53	540.53	951.75	636.44	150.11
镇江市 Zhenjiang	2470	7197.27	7021.31	427.23	673.12	693.46	202.15
泰州市 Taizhou	2541	8501.65	8149.57	605.06	1022.33	654.73	201.51
宿迁市 Suqian	2338	2845.15	2821.44	305.83	439.73	162.34	81.73

11－2 规模以上工业企业单位数和产销总值(2013 年)

Number of Industrial Enterprises above Designated Size and Their Total Value of Gross Output and Sales (2013)

单位:亿元 (100 million yuan)

项 目	Item	企业单位数(个) Number of Enterprises (unit)	工业总产值(现价) Gross Industrial Output Value (current price)	#新产品产值 Output Value of New Products	工业销售产值(现价) Value of Industrial Products Seld (current price)	#出口交货值 Delivery Value for Export
总 计	**Total**	**46387**	**134648.91**	**11741.97**	**132562.41**	**22346.82**
按登记注册类型分	**Grouped by Status of Registration**					
内资企业	Domestic Funded Enterprises	35133	85930.11	5712.01	84603.91	4555.61
国有企业	State－owned Enterprises	314	6284.44	342.10	6329.80	110.66
集体企业	Collective－owned Enterprises	407	1071.27	46.47	1025.57	20.44
股份合作企业	Cooperative Enterprises	207	512.52	11.09	500.90	13.27
联营企业	Joint Ownership Enterprises	33	64.12	0.74	64.16	4.05
有限责任公司	Limited Liability Corporations	3922	19078.90	2314.90	18880.56	1126.60
#国有独资	State Sole Funded Corporatios	52	1294.23	334.37	1297.36	85.91
股份有限公司	Share－holding Corporations Ltd.	879	7222.40	806.04	7104.00	609.85
私营企业	Private Enterprises	28676	50419.63	2150.56	49435.19	2619.17
其他企业	Other Enterprises	695	1276.83	40.10	1263.73	51.58
港、澳、台商投资企业	Enterprises with Funds from Hong Kong, Macao and Taiwan	4032	14844.25	1028.77	14572.95	4402.48
外商投资企业	Foreign Funded Enterprises	7222	33874.55	5001.20	33385.55	13388.72
按轻重工业分	**Grouped by Light & Heavy Industries**					
轻工业	Light Industry	17459	35001.96	2219.18	34448.94	5587.83
重工业	Heavy Industry	28928	99646.95	9522.79	98113.48	16758.99
按企业规模分	**Grouped by Size of Enterprises**					
大型企业	Large Enterprises	1196	52421.94	8309.79	51689.84	14432.36
中型企业	Medium－sized Enterprises	5932	30612.17	1948.42	30061.32	4526.75
小微型企业	Small Enterprises	39259	51614.80	1483.76	50811.25	3387.71
按行业分	**Grouped by Sector**					
采矿业	**Mining**	**155**	**729.42**	**2.29**	**721.00**	**0.75**
煤炭开采和洗选业	Mining and Washing of Coal	16	292.29	1.98	289.02	

单位:亿元 (100 million yuan)

项目	Item	企业单位数(个) Number of Enteprises (unit)	工业总产值(现价) Gross Industrial Output Value (current price)	#新产品产值 Output Value of New Products	工业销售产值(现价) Value of Industrial Products Seld (current price)	#出口交货值 Delivery Value for Export
石油和天然气开采业	Extraction of Petroleum and Natural Gas					
黑色金属矿采选业	Mining and Processing of Ferrous Metal Ores	21	85.57		85.30	
有色金属矿采选业	Mining and Processing of Non-ferrous Metals Ores	7	9.85		9.74	
非金属矿采选业	Mining and Processing of Nonmetal Ores	108	247.61	0.31	242.86	0.75
开采辅助活动	Mining Activities					
其他采矿业	Mining of Other Ores					
制造业	**Manufacturing**	**45811**	**129079.03**	**11732.82**	**127014.11**	**22323.37**
农副食品加工业	Processing of Food from Agricultural Products	1508	3792.73	48.33	3762.93	95.51
食品制造业	Manufacture of Food	343	697.03	20.50	683.02	83.67
酒、饮料和精制茶制造业	Manufacture of Beverage	188	932.02	39.46	934.17	2.68
烟草制品业	Manufacture of Tobacco	5	480.16	1.36	537.23	
纺织业	Manufacture of Textile	4880	6503.77	348.37	6373.91	811.13
纺织服装、服饰业	Manufacture of Textile and apparol	2617	3862.35	349.74	3811.57	938.64
皮革、毛皮、羽毛及其制品和制鞋业	Manufacture of Textile, Fur, Feather and footwear Products	592	846.73	18.35	822.89	204.02
木材加工和木、竹、藤、棕、草制品业	Processing of Timber, Manufacture of Wood, Bamboo, Rattan, Palm and Straw Products	1319	1951.12	74.94	1931.75	187.29
家具制造业	Manufacture of Furniture	229	251.72	3.91	248.02	84.89
造纸和纸制品业	Manufacture of Paper and Paper Products	642	1347.80	75.98	1325.34	108.41
印刷和记录媒介复制业	Printing, Reproduction of Recording Media	521	551.84	17.49	545.62	56.63
文教、工美、体育和娱乐用品制造业	Manufacture of Articles For Culture, Education and Sport Activities	1020	1331.35	60.29	1298.55	343.81
石油加工、炼焦和核燃料加工业	Processing of Petroleum, Coking, Processing of Nuclear Fuel	122	2351.91	45.00	2323.46	58.70
化学原料和化学制品制造业	Manufacture of Raw Chemical Materials and Chemical Products	3815	15003.55	674.14	14789.90	1070.89

单位:亿元 (100 million yuan)

项 目	Item	企业单位数(个) Number of Enterprises (unit)	工业总产值(现价) Gross Industrial Output Value (current price)	#新产品产值 Output Value of New Products	工业销售产值(现价) Value of Industrial Products Seld (current price)	#出口交货值 Delivery Value for Export
医药制造业	Manufacture of Medicines	662	2768.29	465.23	2688.34	204.18
化学纤维制造业	Manufacture of Chemical Fibers	878	2748.21	78.91	2689.39	191.89
橡胶和塑料制品业	Manufacture of Rubber	1860	2410.64	156.41	2374.29	398.19
非金属矿物制品业	Manufacture of Non－metallic Mineral Products	2465	4182.46	135.18	4117.89	165.00
黑色金属冶炼和压延加工业	Smelting and Pressing of Ferrous Metals	1595	10512.43	618.05	10374.68	435.66
有色金属冶炼和压延加工业	Smelting and Pressing of Non－ferrous Metals	1027	3684.79	145.39	3642.80	126.47
金属制品业	Manufacture of Metal Products	3048	5420.44	248.40	5316.41	515.23
通用设备制造业	Manufacture of General Purpose Machinery	3932	7201.35	774.37	7069.68	1037.25
专用设备制造业	Manufacture of Special Purpose Machinery	2678	5028.10	440.97	4962.23	814.35
汽车制造业	Manufacture of Transport Equipment	1305	5765.66	514.47	5714.72	345.14
铁路、船舶、航空航天和其他运输设备制造业	Manufacture of Transport Equipment	947	3715.53	444.52	3663.07	980.96
电气机械和器材制造业	Manufacture of Electrical Machinery and Equipment	3775	14621.36	1519.40	14307.09	1950.67
计算机、通信和其他电子设备制造业	Manufacture of communications and other electronic equipment	2622	17323.23	4133.62	17010.73	10773.28
仪器仪表制造业	Manufacture of Measuring Instruments and Machinery for Cultural Activity and Office Work	896	3140.96	274.14	3050.37	288.72
其他制造业	Manufacture of Artwork and Other Manufacturing	147	271.15	2.82	264.97	49.15
废弃资源综合利用业	Recycling and Disposal of Waste	142	350.21	3.07	349.66	0.48
金属制品、机械和设备修理业	Manufacture of Metal Products, Machinery and Equipment Repair	31	30.15	0.01	29.44	0.47
电力、燃气及水的生产和供应业	**Production and Supply of Electricity, Gas and Water**	**421**	**4840.46**	**6.86**	**4827.30**	**22.70**
电力、热力的生产和供应业	Production and Supply of Electric Power and Heat Power	243	4341.49	5.15	4333.15	
燃气生产和供应	Production and Supply of Gas	76	367.45	0.84	364.82	22.70
水的生产和供应业	Production and Supply of Water	102	131.52	0.87	129.33	

11－3 分市规模以上工业总产值(2013 年)

单位:亿元

项目	Item	南京市 Nanjing	无锡市 Wuxi	徐州市 Xuzhou
总计	**Total**	**12647.14**	**14890.65**	**10523.10**
按登记注册类型分	**Grouped by Status of Registration**			
内资企业	Domestic Funded Enterprises	7480.99	9653.68	9638.91
国有企业	State－owned Enterprises	1614.46	244.91	312.86
集体企业	Collective－owned Enterprises	87.09	479.44	21.30
股份合作企业	Cooperative Enterprises	30.81	69.47	29.17
联营企业	Joint Ownership Enterprises	11.41	5.06	2.15
有限责任公司	Limited Liability Corporations	2126.25	1749.72	1673.92
#国有独资	State Sole Funded Corporatios	248.15	15.48	569.33
股份有限公司	Share－holding Corporations Ltd.	1491.79	694.89	600.17
私营企业	Private Enterprises	1923.76	6105.75	6907.56
其他企业	Other Enterprises	195.43	304.44	91.78
港、澳、台商投资企业	Enterprises with Funds from Hong Kong, Macao and Taiwan	731.89	1859.49	472.05
外商投资企业	Foreign Funded Enterprises	4434.27	3377.48	412.14
按轻重工业分	**Grouped by Light & Heavy Industries**			
轻工业	Light Industry	2562.47	3537.31	3120.51
重工业	Heavy Industry	10084.67	11353.35	7402.58
按企业规模分	**Grouped by Size of Enterprises**			
大型企业	Large Enterprises	6254.07	6628.05	2431.99
中型企业	Medium－sized Enterprises	2554.28	3420.80	2776.99
小微型企业	Small Enterprises	3838.79	4841.81	5314.12
按行业分	**Grouped by Sector**			
采矿业	**Mining**	**30.42**		**374.69**
煤炭开采和洗选业	Mining and Washing of Coal			290.35

Gross Industrial Output Value above Designated Size by Region (2013)

(100 million yuan)

常州市 Changzhou	苏州市 Suzhou	南通市 Nantong	连云港市 Lianyungang	淮安市 Huaian	盐城市 Yancheng	扬州市 Yanzhou	镇江市 Zhenjiang	泰州市 Taizhou	宿迁市 Suqian
10067.88	**30392.90**	**11351.54**	**4130.59**	**4802.92**	**6454.58**	**8499.39**	**7197.27**	**8501.65**	**2845.15**
6969.21	10713.40	7336.64	3186.00	3679.13	4823.52	6206.34	4744.73	6296.11	2632.99
135.09	144.96	150.69	25.53	205.02	66.35	270.84	250.19	269.50	23.10
6.38	30.08	17.25	2.84	23.34	9.32	164.89	72.96	154.25	2.12
91.53	87.35	65.79	18.75	8.89	40.15	27.18	4.53	36.19	2.71
3.02	18.61	1.66			11.57	5.15	5.50		
1172.23	3943.11	994.58	875.79	780.27	1181.38	1148.58	1067.31	2052.68	319.81
16.50	88.67	0.52	29.51	64.06	13.64	217.83	29.07	1.47	
183.43	1235.44	637.61	150.65	268.13	262.27	465.27	380.09	513.47	334.22
5358.77	5197.92	5403.68	2076.83	2366.35	3111.76	4039.12	2847.25	3182.40	1899.19
18.76	55.93	65.39	35.60	27.12	140.72	85.31	116.89	87.62	51.83
1104.85	5035.58	1440.01	177.44	789.40	321.29	1034.68	1143.86	689.79	136.50
1993.82	14643.92	2574.89	767.15	334.39	1309.77	1258.37	1308.68	1515.75	75.67
2121.06	7774.24	3756.02	1150.96	1897.86	2198.50	1943.92	1243.42	2212.48	1483.21
7946.81	22618.65	7595.53	2979.64	2905.06	4256.09	6555.47	5953.85	6289.16	1361.95
3627.38	16727.68	2380.50	1102.55	1261.52	1600.36	2809.64	2147.18	2609.17	460.70
2311.88	5859.89	3123.35	1159.04	730.61	1468.99	2709.77	2308.59	1639.41	550.19
4128.61	7805.32	5847.69	1869.00	2810.79	3385.23	2979.98	2741.50	4253.06	1834.27
3.69	**2.20**		**51.10**	**57.43**	**3.59**	**106.72**	**69.72**	**1.82**	**15.00**
						1.93			

单位:亿元

项目	Item	南京市 Nanjing	无锡市 Wuxi	徐州市 Xuzhou
石油和天然气开采业	Extraction of Petroleum and Natural Gas			
黑色金属矿采选业	Mining and Processing of Ferrous Metal Ores	5.93		12.42
有色金属矿采选业	Mining and Processing of Non－ferrous Metals Ores	3.61		
非金属矿采选业	Mining and Processing of Nonmetal Ores	20.88		71.91
开采辅助活动	Mining Activities			
其他采矿业	Mining of Other Ores			
制造业	**Manufacturing**	**12331.75**	**14654.92**	**9945.32**
农副食品加工业	Processing of Food from Agricultural Products	169.04	14.87	617.23
食品制造业	Manufacture of Food	115.28	64.63	92.29
酒、饮料和精制茶制造业	Manufacture of Beverage	60.14	11.69	341.05
烟草制品业	Manufacture of Tobacco	179.71		184.07
纺织业	Manufacture of Textile	84.98	794.90	433.59
纺织服装、服饰业	Manufacture of Textile and apparol	379.77	516.52	118.43
皮革、毛皮、羽毛及其制品和制鞋业	Manufacture of Textile, Fur, Feather and footwear Products	68.76	8.20	65.11
木材加工和木、竹、藤、棕、草制品业	Processing of Timber, Manufacture of Wood, Bamboo, Rattan, Palm and Straw Products	13.16	21.16	974.72
家具制造业	Manufacture of Furniture	18.10	6.71	47.65
造纸和纸制品业	Manufacture of Paper and Paper Products	40.30	86.32	96.33
印刷和记录媒介复制业	Printing, Reproduction of Recording Media	31.73	107.05	24.80
文教、工美、体育和娱乐用品制造业	Manufacture of Articles For Culture, Education and Sport Activities	115.57	28.80	95.01
石油加工、炼焦和核燃料加工业	Processing of Petroleum, Coking, Processing of Nuclear Fuel	1083.23	156.28	203.25
化学原料和化学制品制造业	Manufacture of Raw Chemical Materials and Chemical Products	1783.90	1294.95	1650.19

11－3　Continued 1

(100 million yuan)

常州市 Changzhou	苏州市 Suzhou	南通市 Nantong	连云港市 Lianyungang	淮安市 Huaian	盐城市 Yancheng	扬州市 Yanzhou	镇江市 Zhenjiang	泰州市 Taizhou	宿迁市 Suqian
0.47						28.44	36.50	1.82	
	0.49		4.81				0.94		
3.22	1.71		41.57	57.43	3.59		32.28		15.00
9954.62	**29840.79**	**11164.70**	**3969.43**	**4666.79**	**6326.09**	**8286.92**	**6980.42**	**8405.93**	**2807.89**
29.59	300.10	399.11	321.81	464.24	360.96	133.92	182.52	558.64	240.70
27.19	157.69	25.16	26.82	45.55	21.55	16.79	19.37	32.66	52.05
9.84	51.50	17.92	40.91	42.19	44.24	29.85	7.41	33.23	242.04
	1.36	10.55		104.46					
479.26	1440.89	1410.74	32.22	242.01	832.41	215.69	101.32	244.69	191.07
251.10	754.13	524.77	74.92	237.06	233.80	326.62	143.54	141.81	159.89
50.14	66.07	85.20	18.04	136.59	85.92	179.54	53.27	10.49	19.39
77.72	57.60	11.08	56.54	84.34	19.55	20.28	185.38	14.10	415.50
4.78	93.54	18.72	4.69	3.89	1.50	3.23	9.69	20.12	19.10
52.73	492.82	45.68	23.37	110.95	42.58	82.60	224.89	28.24	20.99
29.17	192.64	15.91	8.76	39.08	8.22	14.49	23.74	4.81	51.44
101.47	220.06	265.55	33.02	77.18	68.40	129.16	59.38	34.40	103.36
45.12	124.66	14.23	205.89	84.68	25.23	34.02	110.57	267.98	2.08
1492.72	1666.43	1648.49	744.51	338.67	829.25	1032.10	1349.95	918.77	253.63

11－3 续 表 2

单位:亿元

项 目	Item	南京市 Nanjing	无锡市 Wuxi	徐州市 Xuzhou
医药制造业	Manufacture of Medicines	212.28	194.57	416.21
化学纤维制造业	Manufacture of Chemical Fibers	48.94	534.29	67.45
橡胶和塑料制品业	Manufacture of Rubber	163.73	293.50	230.25
非金属矿物制品业	Manufacture of Non－metallic Mineral Products	328.29	279.58	495.37
黑色金属冶炼和压延加工业	Smelting and Pressing of Ferrous Metals	801.61	2042.52	691.54
有色金属冶炼和压延加工业	Smelting and Pressing of Non－ferrous Metals	309.72	1270.26	199.91
金属制品业	Manufacture of Metal Products	384.06	792.24	322.41
通用设备制造业	Manufacture of General Purpose Machinery	401.74	824.46	614.67
专用设备制造业	Manufacture of Special Purpose Machinery	272.85	602.41	278.25
汽车制造业	Manufacture of Transport Equipment	1637.40	513.73	59.62
铁路、船舶、航空航天和其他运输设备制造业	Manufacture of Transport Equipment	355.60	343.63	80.25
电气机械和器材制造业	Manufacture of Electrical Machinery and Equipment	788.48	2126.63	716.85
计算机、通信和其他电子设备制造业	Manufacture of communications and other electronic equipment	2172.61	1601.85	293.53
仪器仪表制造业	Manufacture of Measuring Instruments and Machinery for Cultural Activity and Office Work	268.53	111.02	507.48
其他制造业	Manufacture of Artwork and Other Manufacturing	0.16	6.62	15.04
废弃资源综合利用业	Recycling and Disposal of Waste	35.90	4.98	10.54
金属制品、机械和设备修理业	Manufacture of Metal Products, Machinery and Equipment Repair	6.19	0.56	2.23
电力、燃气及水的生产和供应业	**Production and Supply of Electricity, Gas and Water**	**284.98**	**235.73**	**203.09**
电力、热力的生产和供应业	Production and Supply of Electric Power and Heat Power	205.77	173.47	196.70
燃气生产和供应	Production and Supply of Gas	59.89	50.18	2.94
水的生产和供应业	Production and Supply of Water	19.32	12.08	3.45

11－3 Continued 2

(100 million yuan)

常州市 Changzhou	苏州市 Suzhou	南通市 Nantong	连云港市 Lianyun gang	淮安市 Huaian	盐城市 Yancheng	扬州市 Yanzhou	镇江市 Zhenjiang	泰州市 Taizhou	宿迁市 Suqian
129.57	265.67	252.57	333.38	50.56	174.35	98.02	35.80	579.81	25.51
46.33	1269.97	334.61	27.08	33.62	90.03	49.54	28.62	36.56	181.18
97.35	716.70	169.22	47.00	138.70	122.21	143.63	94.61	127.24	66.49
368.75	553.66	338.42	398.00	214.81	360.23	209.10	358.33	139.37	139.24
1570.63	2936.43	239.73	609.33	292.77	207.24	305.79	310.04	511.67	58.83
257.19	627.76	123.14	146.75	131.19	129.90	178.62	146.25	86.99	77.11
540.75	802.87	712.57	134.44	134.41	127.08	312.58	318.89	792.77	70.40
423.88	1842.83	838.83	87.20	233.74	677.66	332.19	383.45	463.54	78.31
592.94	968.63	521.87	122.06	210.15	324.16	476.32	203.92	436.92	17.62
250.89	859.49	126.12	35.25	112.92	982.35	727.67	295.28	158.21	11.68
312.59	240.67	429.13	160.59	17.80	22.08	495.35	322.62	1052.84	11.44
1927.76	2480.70	1564.34	142.96	402.78	295.37	1610.38	1293.84	1162.37	133.51
535.02	10135.35	567.71	113.14	587.12	65.83	434.41	346.99	333.22	136.44
232.76	352.01	441.21	5.41	40.95	152.78	511.17	324.76	180.86	12.02
	5.47	4.50	3.71	15.99	2.56	172.77	27.65	7.26	9.42
16.23	161.78	3.19	11.65	36.02	10.08	11.10	18.13	23.71	6.90
1.18	1.29	4.41		2.36	8.56		0.20	2.63	0.55
109.56	**549.91**	**186.84**	**110.06**	**78.69**	**124.90**	**105.75**	**147.13**	**93.90**	**22.26**
80.37	386.44	148.38	101.81	66.05	115.31	90.53	119.80	53.06	16.15
20.19	116.55	26.92	6.05	8.45	3.79	9.49	22.13	35.42	5.45
9.00	46.93	11.54	2.20	4.19	5.80	5.74	5.20	5.43	0.67

11－4 规模以上工业企业主要经济指标(2013 年)

单位:亿元

项 目	Item	资产总计 Total Assets	流动资产 Current Assets	应收账款 Accounts Receivalble
总 计	**Total**	**92081.69**	**50358.02**	**14922.61**
按登记注册类型分	**Grouped by Status of Registration**			
内资企业	Domestic Funded Enterprises	57441.76	30661.38	8383.04
国有企业	State－owned Enterprises	6985.75	2138.02	417.88
集体企业	Collective－owned Enterprises	826.49	540.06	91.38
股份合作企业	Cooperative Enterprises	312.15	203.30	50.07
联营企业	Joint Ownership Enterprises	55.99	27.29	7.57
有限责任公司	Limited Liability Corporations	16205.62	8404.94	2113.62
#国有独资	State Sole Funded Corporatios	2326.76	1204.06	394.58
股份有限公司	Share－holding Corporations Ltd.	6623.40	3740.64	887.49
私营企业	Private Enterprises	25669.88	15165.99	4694.78
其他企业	Other Enterprises	762.48	441.14	120.23
港、澳、台商投资企业	Enterprises with Funds from Hong Kong, Macao and Taiwan	11501.16	6351.98	1962.17
外商投资企业	Foreign Funded Enterprises	23138.77	13344.65	4577.40
按轻重工业分	**Grouped by Light & Heavy Industries**			
轻工业	Light Industry	22694.53	12662.80	3061.38
重工业	Heavy Industry	69387.16	37695.21	11861.23
按企业规模分	**Grouped by Size of Enterprises**			
大型企业	Large Enterprises	40690.50	20941.81	5422.27
中型企业	Medium－sized Enterprises	22019.71	12138.09	3717.29
小微型企业	Small Enterprises	29371.48	17278.12	5783.05
按行业分	**Grouped by Sector**			
采矿业	**Mining**	**1167.56**	**348.84**	**67.47**
煤炭开采和洗选业	Mining and Washing of Coal	631.82	191.96	35.39
石油和天然气开采业	Extraction of Petroleum and Natural Gas			
黑色金属矿采选业	Mining and Processing of Ferrous Metal Ores	48.76	28.15	5.42
有色金属矿采选业	Mining and Processing of Non－ferrous Metals Ores	12.66	5.64	0.32
非金属矿采选业	Mining and Processing of Nonmetal Ores	222.54	84.42	16.39
开采辅助活动	Mining Activities			
其他采矿业	Mining of Other Ores			
制造业	**Manufacturing**	**83864.86**	**48586.25**	**14613.09**
农副食品加工业	Processing of Food from Agricultural Products	1529.22	838.26	147.77

Main Economic Indicators of above Designated Size Industrial Enterprises(2013)

(100 million yuan)

存货 Inventory	#产成品 Finished Goods	负债合计 Total Liabilities	主营业务收入 Revenue from Principal Business	主营业务成本 Cost of Principle Business	主营业务税金及附加 Taxes and Other Charges on Principle Business	利润总额 Total Profits	利税总额 Total Profits and Taxes	应交增值税 Value Added Tax Payable
11189.12	**4067.47**	**52286.71**	**132270.41**	**115111.59**	**1127.44**	**7834.06**	**12951.79**	**3985.16**
6959.11	2619.88	33995.14	84943.69	73650.21	897.31	5041.58	8821.20	2878.37
505.02	88.63	4197.26	6316.58	5410.71	347.98	307.47	958.91	303.01
121.13	36.34	467.32	1037.26	934.25	4.37	53.10	88.06	29.67
55.71	27.76	196.60	495.99	430.40	1.87	29.65	49.24	17.68
7.87	4.20	27.61	68.87	60.88	0.43	3.27	5.83	2.13
1865.90	674.22	10249.16	19352.63	16799.72	115.02	1009.84	1686.96	560.70
259.88	80.82	1553.32	1308.60	1102.08	14.33	36.85	90.60	38.91
901.27	303.99	3292.97	7206.24	5927.26	152.01	544.50	925.48	228.91
3408.03	1436.63	15076.32	49190.07	42976.30	268.13	3016.08	4982.14	1696.87
94.18	48.12	487.91	1276.04	1110.68	7.51	77.68	124.59	39.40
1395.22	486.06	6298.34	14382.94	12672.27	50.53	837.63	1274.90	386.39
2834.79	961.53	11993.22	32943.79	28789.11	179.59	1954.84	2855.69	720.41
3186.04	1240.94	12362.38	34357.33	29120.01	462.67	2180.08	3796.68	1153.03
8003.08	2826.53	39924.33	97913.08	85991.58	664.76	5653.98	9155.12	2832.14
4733.75	1541.46	23432.13	51752.70	45516.52	646.34	2650.04	4677.37	1377.65
2796.72	1083.95	12337.17	30148.82	25753.72	163.82	2099.67	3263.74	999.53
3658.65	1442.06	16517.41	50368.90	43841.35	317.27	3084.35	5010.68	1607.99
57.11	**26.25**	**683.34**	**734.51**	**574.95**	**29.45**	**39.38**	**119.41**	**50.15**
36.04	19.33	394.54	291.10	234.76	5.65	10.14	41.81	25.61
3.53	1.21	30.20	84.34	76.16	0.34	3.65	8.24	4.24
0.60	0.34	9.01	9.76	7.94	0.13	0.94	1.55	0.48
13.20	4.66	122.46	245.34	203.41	3.52	16.58	30.05	9.95
11033.48	**4039.03**	**47090.29**	**126714.56**	**110326.19**	**1074.57**	**7339.10**	**12103.46**	**3685.79**
240.96	91.06	934.99	3727.17	3321.47	18.34	241.86	371.94	111.60

11-4 续 表 1

单位:亿元

项 目 Item		资产总计 Total Assets	流动资产 Current Assets	应收账款 Accounts Receivalble
食品制造业	Manufacture of Food	546.00	296.40	66.56
酒、饮料和精制茶制造业	Manufacture of Beverage	879.22	450.05	46.66
烟草制品业	Manufacture of Tobacco	486.86	377.17	12.10
纺织业	Manufacture of Textile	4046.77	2315.17	536.94
纺织服装、服饰业	Manufacture of Textile and apparol	2190.09	1249.00	283.87
皮革、毛皮、羽毛及其制品和制鞋业	Manufacture of Textile, Fur, Feather and footwear Products	300.59	189.69	49.59
木材加工和木、竹、藤、棕、草制品业	Processing of Timber, Manufacture of Wood, Bamboo, Rattan, Palm and Straw Products	658.99	360.03	76.67
家具制造业	Manufacture of Furniture	181.78	99.00	25.03
造纸和纸制品业	Manufacture of Paper and Paper Products	1691.86	759.91	174.04
印刷和记录媒介复制业	Printing, Reproduction of Recording Media	516.54	284.54	98.41
文教、工美、体育和娱乐用品制造业	Manufacture of Culture, Education, Arts, Crafts Sports and Enterfaiment Supplies	596.30	336.76	94.08
石油加工、炼焦和核燃料加工业	Processing of Petroleum, Coking, Processing of Nuclear Fuel	846.59	457.72	80.92
化学原料和化学制品制造业	Manufacture of Raw Chemical Materials and Chemical Products	9642.44	4804.77	1218.89
医药制造业	Manufacture of Medicines	1726.12	1002.10	332.62
化学纤维制造业	Manufacture of Chemical Fibers	2159.01	1073.26	161.20
橡胶和塑料制品业	Manufacture of Rubber and Plastics	1702.91	952.40	368.41
非金属矿物制品业	Manufacture of Non-metallic Mineral Products	3241.10	1846.72	662.33
黑色金属冶炼和压延加工业	Smelting and Pressing of Ferrous Metals	6769.61	3358.32	430.87
有色金属冶炼和压延加工业	Smelting and Pressing of Non-ferrous Metals	1699.26	1126.83	303.03
金属制品业	Manufacture of Metal Products	3354.79	2066.29	690.18
通用设备制造业	Manufacture of General Purpose Machinery	6314.18	3960.43	1395.95
专用设备制造业	Manufacture of Special Purpose Machinery	4108.13	2674.85	926.51
汽车制造业	Manufacturing of Transport Equipment	3509.52	2155.15	748.67

11－4 Continued 1

(100 million yuan)

存货 Inventory	#产成品 Finished Goods	负债合计 Total Liabilities	主营业务收入 Revenue from Principal Business	主营业务成本 Cost of Principle Business	主营业务税金及附加 Taxes and Other Charges on Principle Business	利润总额 Total Profits	利税总额 Total Profits and Taxes	应交增值税 Value Added Tax Payable
66.60	29.38	299.07	694.60	554.85	4.35	55.56	88.68	28.75
180.38	30.46	385.34	922.57	661.63	27.07	148.74	219.95	44.14
145.51	3.63	56.26	474.30	96.12	271.67	90.97	425.01	62.38
686.49	300.29	2463.71	6387.13	5702.22	29.19	321.63	541.75	190.74
345.59	152.53	1206.54	3853.31	3318.32	24.33	244.57	397.18	128.27
53.68	16.88	161.50	814.18	716.33	4.44	41.25	75.93	30.23
100.41	44.95	292.98	1935.96	1662.17	13.45	151.77	245.89	80.67
29.53	9.68	96.63	248.29	216.33	1.44	9.95	18.78	7.39
119.59	45.91	882.35	1315.94	1131.89	5.48	71.16	116.67	40.01
53.23	24.67	281.55	531.15	442.25	3.57	37.78	59.50	18.12
94.31	38.94	316.06	1310.40	1130.83	7.70	78.55	132.07	45.74
162.15	35.93	542.07	2373.93	2085.52	144.44	79.34	284.18	60.26
1070.56	442.06	5258.09	14906.50	13081.88	87.54	861.67	1372.23	422.50
207.60	77.94	703.96	2675.86	1766.06	19.64	273.79	439.15	145.68
288.40	150.03	1384.17	2680.92	2484.54	6.58	87.90	164.76	70.19
218.76	92.88	791.31	2376.03	2031.25	13.10	147.35	232.88	72.32
279.05	113.80	1963.41	4094.78	3509.45	25.72	264.51	456.00	165.73
914.03	340.41	4459.96	10624.75	9811.31	30.58	336.57	599.54	231.34
227.73	80.28	1092.52	3641.28	3364.08	9.59	128.34	212.72	74.73
506.40	196.65	1860.76	5282.80	4597.61	25.45	330.70	535.89	179.35
928.73	334.56	3437.00	7107.65	5915.89	38.72	512.59	784.91	233.43
663.05	210.72	2260.42	4941.79	4118.30	27.64	347.00	541.72	166.89
379.70	160.30	2044.87	5466.09	4536.64	104.53	462.54	737.84	170.74

单位:亿元

项　目 Item		资产总计 Total Assets	流动资产 Current Assets	应收账款 Accounts Receivalble
铁路、船舶、航空航天和其他运输设备制造业	Manufacture of Railroad, Marine, Aviation and other Transport Equipment	3428.43	1954.42	396.46
电气机械和器材制造业	Manufacture of Electrical Machinery and Equipment	9754.28	6366.70	2436.76
计算机、通信和其他电子设备制造业	Manufacture of Computer Communications and other Electronic Equipment	9479.89	5687.40	2342.18
仪器仪表制造业	Manufacture of Instrumentation	2138.59	1302.21	429.49
其他制造业	Other Manufacturing	88.95	44.91	14.39
废弃资源综合利用业	Manufacture of Recycling and Disposal of Waste	256.33	185.75	58.64
金属制品、机械和设备修理业	Manufacture of Metal Products, Machinery and Equipment Repair	20.51	10.06	3.89
电力、燃气及水的生产和供应业	**Production and Supply of Electricity, Gas and Water**	**7049.27**	**1422.92**	**242.04**
电力、热力的生产和供应业	Production and Supply of Electric Power and Heat Power	5589.59	857.20	204.66
燃气生产和供应	Production and Supply of Gas	452.54	192.05	24.94
水的生产和供应业	Production and Supply of Water	1007.14	373.67	12.44
按省辖市分	**by Region**			
南京市	Nanjing	9423.67	5069.42	1574.12
无锡市	Wuxi	13979.64	8660.02	2564.93
徐州市	Xuzhou	5338.27	2378.50	675.39
常州市	Changzhou	7374.10	4583.58	1337.21
苏州市	Suzhou	24696.71	15099.57	4850.68
南通市	Nantong	6732.44	3490.35	960.20
连云港市	Lianyungang	2265.18	982.23	249.12
淮安市	Huaian	1917.32	905.12	232.95
盐城市	Yancheng	3490.05	1500.79	351.02
扬州市	Yangzhou	4037.28	2031.40	636.44
镇江市	Zhenjiang	4887.41	2436.05	693.46
泰州市	Taizhou	4151.28	2390.45	654.73
宿迁市	Suqian	1874.22	953.01	162.34

11－4 Continued 2

(100 million yuan)

存货 Inventory	#产成品 Finished Goods	负债合计 Total Liabilities	主营业务收入 Revenue from Principal Business	主营业务成本 Cost of Principle Business	主营业务税金及附加 Taxes and Other Charges on Principle Business	利润总额 Total Profits	利税总额 Total Profits and Taxes	应交增值税 Value Added Tax Payable
527.78	85.00	2058.64	3503.08	3030.52	20.01	258.95	409.05	130.02
1096.66	480.87	5581.13	14176.31	12262.02	59.84	863.62	1366.10	442.29
1079.79	335.53	4988.23	16956.83	15632.70	29.86	617.16	849.01	201.79
317.17	87.33	1053.34	3049.65	2556.62	17.29	249.16	377.42	110.89
14.30	5.14	39.87	260.44	227.89	1.29	15.34	28.03	11.40
33.96	20.76	180.76	351.41	333.84	1.34	7.03	15.52	7.15
1.36	0.47	12.79	29.43	25.68	0.36	1.76	3.17	1.04
98.52	**2.19**	**4513.08**	**4821.33**	**4210.46**	**23.41**	**455.58**	**728.92**	**249.22**
78.28	0.41	3590.40	4344.16	3840.38	20.52	391.28	647.31	235.13
9.86	0.74	270.30	350.56	284.09	1.70	52.07	61.74	7.74
10.38	1.04	652.39	126.61	85.98	1.19	12.23	19.87	6.35
1212.45	327.58	5488.23	12428.16	10548.28	324.68	751.27	1421.24	344.92
1853.53	698.14	8181.48	14450.48	12639.83	54.61	741.88	1125.17	326.90
532.92	198.06	2832.46	10506.88	8902.10	189.78	856.08	1533.37	486.85
1016.89	398.06	4455.50	10223.05	8960.23	37.74	512.56	844.46	293.91
3283.59	1242.55	14029.78	29937.18	26714.71	81.36	1305.95	1879.59	491.27
844.53	280.50	3761.97	11093.04	9674.49	48.75	828.49	1290.70	413.20
206.03	74.10	1284.58	4041.62	3368.14	35.21	301.21	482.17	145.65
223.27	75.24	982.64	4731.24	4166.36	91.45	218.77	413.31	103.01
343.26	150.94	1923.15	6297.05	5407.73	65.18	404.19	703.69	234.26
438.25	150.11	2129.92	8189.53	7135.21	76.61	540.53	951.75	334.56
489.26	202.15	2830.97	7021.31	6052.86	24.92	427.23	673.12	220.88
513.08	201.51	2243.01	8149.57	6879.84	59.15	605.06	1022.33	358.06
270.24	81.73	853.09	2821.44	2346.53	27.45	305.83	439.73	106.34

11－5 规模以上工业企业主要经济效益指标（2013 年）

单位：%

项 目 Item		企业亏损面 Percentage of Loss Making Enterprises	产值利税率 Percentage of Profit and Tax to Output Value
总 计	**Total**	**12.98**	**9.62**
按登记注册类型分	**Grouped by Status of Registration**		
内资企业	Domestic Funded Enterprises	9.78	10.27
国有企业	State－owned Enterprises	16.24	15.26
集体企业	Collective－owned Enterprises	11.30	8.22
股份合作企业	Cooperative Enterprises	9.18	9.61
联营企业	Joint Ownership Enterprises	18.18	9.09
有限责任公司	Limited Liability Corporations	11.45	8.84
#国有独资	State Sole Funded Corporatios	25.00	7.00
股份有限公司	Share－holding Corporations Ltd.	11.60	12.81
私营企业	Private Enterprises	9.40	9.88
其他企业	Other Enterprises	9.64	9.76
港、澳、台商投资企业	Enterprises with Funds from Hong Kong, Macao and Taiwan	21.97	8.59
外商投资企业	Foreign Funded Enterprises	23.54	8.43
按轻重工业分	**Grouped by Light & Heavy Industries**		
轻工业	Light Industry	12.38	10.85
重工业	Heavy Industry	13.34	9.19
按企业规模分	**Grouped by Size of Enterprises**		
大型企业	Large Enterprises	9.03	8.92
中型企业	Medium－sized Enterprises	15.31	10.66
小微型企业	Small Enterprises	12.75	9.71
按行业分	**Grouped by Sector**		
采矿业	**Mining**	**9.03**	**16.37**
煤炭开采和洗选业	Mining and Washing of Coal	12.50	14.31
石油和天然气开采业	Extraction of Petroleum and Natural Gas		
黑色金属矿采选业	Mining and Processing of Ferrous Metal Ores	19.05	9.62
有色金属矿采选业	Mining and Processing of Non－ferrous Metals Ores	28.57	15.77
非金属矿采选业	Mining and Processing of Nonmetal Ores	4.63	12.14
开采辅助活动	Mining Activities		
其他采矿业	Mining of Other Ores		
制造业	**Manufacturing**	**13.03**	**9.38**
农副食品加工业	Processing of Food from Agricultural Products	5.70	9.81

Main Indicators on Economic Benefit of above Designated Size Industrial Enterprises(2013)

(%)

销售利税率 Percentage of Profit and Tax to Sales	资产负债率 Assets Liability Ratio	流动资产周转次数(次/年) Times of Turnover of Circulating Funds (times/year)	成本费用利润率 Ratio of Profits to Industrial Cost	产品销售率 Proportion of Products Sold	总资产贡献率 Ratio of Total Assets to Industrial Output Value
9.79	**56.78**	**2.63**	**6.20**	**98.45**	**15.22**
10.38	59.18	2.77	6.20	98.46	16.79
15.18	60.08	2.95	5.28	100.72	14.63
8.49	56.54	1.92	4.58	95.73	11.94
9.93	62.98	2.44	6.36	97.73	17.81
8.46	49.32	2.52	4.99	100.05	11.26
8.72	63.24	2.30	5.16	98.96	11.97
6.92	66.76	1.09	1.99	100.24	5.37
12.84	49.72	1.93	8.18	98.36	14.95
10.13	58.73	3.24	6.50	98.05	21.04
9.76	63.99	2.89	6.49	98.97	17.44
8.86	54.76	2.26	6.05	98.17	11.90
8.67	51.83	2.47	6.26	98.56	12.96
11.05	54.47	2.71	6.75	98.42	17.87
9.35	57.54	2.60	6.01	98.46	14.35
9.04	57.59	2.47	5.22	98.60	12.54
10.83	56.03	2.48	7.43	98.20	15.97
9.95	56.24	2.92	6.51	98.44	18.36
16.26	**58.53**	**2.11**	**4.86**	**98.85**	**11.04**
14.36	62.44	1.52	2.45	98.88	7.37
9.76	61.94	3.00	4.50	99.68	17.75
15.90	71.22	1.73	10.21	98.97	12.43
12.25	55.03	2.91	7.16	98.08	14.71
9.55	**56.15**	**2.61**	**6.06**	**98.40**	**15.56**
9.98	61.14	4.45	6.87	99.21	25.93

11－5 续 表1

单位:%

项 目 Item		企业亏损面 Percentage of Loss Making Enterprises	产值利税率 Percentage of Profit and Tax to Output Value
食品制造业	Manufacture of Food	12.54	12.72
酒、饮料和精制茶制造业	Manufacture of Beverage	9.04	23.60
烟草制品业	Manufacture of Tobacco	0.00	88.51
纺织业	Manufacture of Textile	11.99	8.33
纺织服装、服饰业	Manufacture of Textile and apparol	12.69	10.28
皮革、毛皮、羽毛及其制品和制鞋业	Manufacture of Textile, Fur, Feather and footwear Products	14.19	8.97
木材加工和木、竹、藤、棕、草制品业	Processing of Timber, Manufacture of Wood, Bamboo, Rattan, Palm and Straw Products	3.18	12.60
家具制造业	Manufacture of Furniture	20.96	7.46
造纸和纸制品业	Manufacture of Paper and Paper Products	14.33	8.66
印刷和记录媒介复制业	Printing, Reproduction of Recording Media	16.12	10.78
文教、工美、体育和娱乐用品制造业	Manufacture of Culture, Education, Arts, Crafts Sports and Enterfaiment Supplies	7.75	9.92
石油加工、炼焦和核燃料加工业	Processing of Petroleum, Coking, Processing of Nuclear Fuel	13.93	12.08
化学原料和化学制品制造业	Manufacture of Raw Chemical Materials and Chemical Products	11.95	9.15
医药制造业	Manufacture of Medicines	11.18	15.86
化学纤维制造业	Manufacture of Chemical Fibers	20.96	6.00
橡胶和塑料制品业	Manufacture of Rubber and Plastics	14.35	9.66
非金属矿物制品业	Manufacture of Non－metallic Mineral Products	12.09	10.90
黑色金属冶炼和压延加工业	Smelting and Pressing of Ferrous Metals	15.67	5.70
有色金属冶炼和压延加工业	Smelting and Pressing of Non－ferrous Metals	18.01	5.77
金属制品业	Manufacture of Metal Products	10.53	9.89
通用设备制造业	Manufacture of General Purpose Machinery	11.93	10.90
专用设备制造业	Manufacture of Special Purpose Machinery	14.34	10.77
汽车制造业	Manufacturing of Transport Equipment	12.26	12.80

11－5　Continued 1

（%）

销售利税率 Percentage of Profit and Tax to Sales	资产负债率 Assets Liability Ratio	流动资产周转次数(次/年) Times of Turnover of Circulating Funds (times/year)	成本费用利润率 Ratio of Profits to Industrial Cost	产品销售率 Proportion of Products Sold	总资产贡献率 Ratio of Total Assets to Industrial Output Value
12.77	54.77	2.34	8.59	97.99	17.21
23.84	43.83	2.05	19.44	100.23	25.64
89.61	11.56	1.26	56.93	111.89	86.17
8.48	60.88	2.76	5.20	98.00	15.05
10.31	55.09	3.09	6.74	98.69	19.37
9.33	53.73	4.29	5.36	97.19	26.66
12.70	44.46	5.38	8.53	99.01	39.34
7.56	53.16	2.51	4.18	98.53	11.23
8.87	52.15	1.73	5.66	98.33	7.85
11.20	54.51	1.87	7.54	98.87	12.38
10.08	53.00	3.89	6.39	97.54	23.38
11.97	64.03	5.19	3.68	98.79	34.57
9.21	54.53	3.10	6.05	98.58	15.66
16.41	40.78	2.67	11.38	97.11	26.08
6.15	64.11	2.50	3.31	97.86	9.45
9.80	46.47	2.49	6.58	98.49	14.67
11.14	60.58	2.22	6.90	98.46	15.47
5.64	65.88	3.16	3.05	98.69	10.59
5.84	64.29	3.23	3.62	98.86	13.79
10.14	55.47	2.56	6.54	98.08	17.49
11.04	54.43	1.79	7.26	98.17	13.41
10.96	55.02	1.85	7.47	98.69	14.27
13.50	58.27	2.54	9.21	99.12	21.70

11-5 续 表2

单位:%

项 目 Item		企业亏损面 Percentage of Loss Making Enterprises	产值利税率 Percentage of Profit and Tax to Output Value
铁路、船舶、航空航天和其他运输设备制造业	Manufacture of Railroad, Marine, Aviation and other Transport Equipment	13.20	11.01
电气机械和器材制造业	Manufacture of Electrical Machinery and Equipment	13.27	9.34
计算机、通信和其他电子设备制造业	Manufacture of Computer Communications and other Electronic Equipment	24.56	4.90
仪器仪表制造业	Manufacture of Instrumentation	10.04	12.02
其他制造业	Other Manufacturing	11.56	10.34
废弃资源综合利用业	Manufacture of Recycling and Disposal of Waste	20.42	4.43
金属制品、机械和设备修理业	Manufacture of Metal Products, Machinery and Equipment Repair	12.90	10.50
电力、燃气及水的生产和供应业	**Production and Supply of Electricity, Gas and Water**	**9.50**	**15.06**
电力、热力的生产和供应业	Production and Supply of Electric Power and Heat Power	9.05	14.91
燃气生产和供应	Production and Supply of Gas	6.58	16.80
水的生产和供应业	Production and Supply of Water	12.75	15.11
按省辖市分	**by Region**		
南京市	Nanjing	16.57	11.24
无锡市	Wuxi	20.93	7.56
徐州市	Xuzhou	2.82	14.57
常州市	Changzhou	13.71	8.39
苏州市	Suzhou	25.03	6.18
南通市	Nantong	3.97	11.37
连云港市	Lianyungang	10.01	11.67
淮安市	Huaian	7.49	8.61
盐城市	Yancheng	4.43	10.90
扬州市	Yangzhou	5.48	11.20
镇江市	Zhenjiang	11.50	9.35
泰州市	Taizhou	5.31	12.03
宿迁市	Suqian	3.12	15.46

11 -5 Continued 2

(%)

销售利税率 Percentage of Profit and Tax to Sales	资产负债率 Assets Liability Ratio	流动资产周转次数(次/年) Times of Turnover of Circulating Funds (times/year)	成本费用利润率 Ratio of Profits to Industrial Cost	产品销售率 Proportion of Products Sold	总资产贡献率 Ratio of Total Assets to Industrial Output Value
11.68	60.05	1.79	7.90	98.59	12.54
9.64	57.22	2.23	6.44	97.85	15.24
5.01	52.62	2.98	3.76	98.20	9.30
12.38	49.25	2.34	8.89	97.12	18.50
10.76	44.83	5.80	6.33	97.72	32.76
4.42	70.52	1.89	2.02	99.84	7.05
10.76	62.38	2.93	6.43	97.63	16.19
15.12	**64.02**	**3.39**	**10.11**	**99.73**	**11.87**
14.90	64.23	5.07	9.68	99.81	13.29
17.61	59.73	1.83	16.10	99.28	14.36
15.69	64.78	0.34	8.65	98.33	2.88
11.44	58.24	2.45	6.47	98.59	15.99
7.79	58.52	1.67	5.08	97.78	9.26
14.59	53.06	4.42	8.46	99.08	30.39
8.26	60.42	2.23	5.20	98.07	12.91
6.28	56.81	1.98	4.45	98.72	8.48
11.64	55.88	3.18	8.07	98.69	20.43
11.93	56.71	4.11	8.08	98.22	23.06
8.74	51.25	5.23	4.92	98.04	23.24
11.17	55.10	4.20	6.89	98.54	21.83
11.62	52.76	4.03	7.11	97.84	24.57
9.59	57.92	2.88	6.51	98.66	15.19
12.54	54.03	3.41	8.00	97.89	25.67
15.59	45.52	2.96	12.19	98.92	24.30

11－6 国有控股工业企业主要经济指标（2013 年）

单位：亿元

项目	Item	企业单位数（个）Number of Enterprises (unit)	资产总计 Total Assets	流动资产 Current Assets	应收账款 Accounts Receivalble
总　计	**Total**	**904**	**16549.96**	**6668.36**	**1622.37**
按登记注册类型分	**Grouped by Status of Registration**				
内资企业	Domestic Funded Enterprises	781	14710.61	5849.82	1442.10
国有企业	State－owned Enterprises	314	6985.75	2138.02	417.88
集体企业	Collective－owned Enterprises				
股份合作企业	Cooperative Enterprises	5	28.89	16.87	5.51
联营企业	Joint Ownership Enterprises	12	29.44	13.80	2.97
有限责任公司	Limited Liability Corporations	372	5886.90	2823.37	803.12
#国有独资	State Sole Funded Corporatios	52	2326.76	1204.06	394.58
股份有限公司	Share－holding Corporations Ltd.	70	1747.04	847.74	209.04
私营企业	Private Enterprises				
其他企业	Other Enterprises	8	32.59	10.03	3.59
港、澳、台商投资企业	Enterprises with Funds from Hong Kong, Macao and Taiwan	47	365.46	112.42	24.47
外商投资企业	Foreign Funded Enterprises	76	1473.89	706.12	155.79
按轻重工业分	**Grouped by Light & Heavy Industries**				
轻工业	Light Industry	236	2299.23	1260.55	109.85
重工业	Heavy Industry	668	14250.73	5407.81	1512.52
按企业规模分	**Grouped by Size of Enterprises**				
大型企业	Large Enterprises	139	11631.53	4595.86	1111.67
中型企业	Medium－sized Enterprises	268	3056.08	1293.12	323.27
小微型企业	Small Enterprises	497	1862.34	779.37	187.43
按行业分	**Grouped by Sector**				
采矿业	**Mining**	**32**	**1037.83**	**291.95**	**49.86**
煤炭开采和洗选业	Mining and Washing of Coal	5	609.77	182.53	31.77
石油和天然气开采业	Extraction of Petroleum and Natural Gas				
黑色金属矿采选业	Mining and Processing of Ferrous Metal Ores				
有色金属矿采选业	Mining and Processing of Non－ferrous Metals Ores				
非金属矿采选业	Mining and Processing of Nonmetal Ores	19	151.05	55.47	7.18
开采辅助活动	Mining Activities				
其他采矿业	Mining of Other Ores				
制造业	**Manufacturing**	**708**	**9993.89**	**5401.87**	**1432.12**
农副食品加工业	Processing of Food from Agricultural Products	33	241.17	185.19	28.51
食品制造业	Manufacture of Food	16	61.84	25.98	4.42
酒、饮料和精制茶制造业	Manufacture of Beverage	9	108.31	61.07	9.34
烟草制品业	Manufacture of Tobacco	5	486.86	377.17	12.10
纺织业	Manufacture of Textile	25	176.54	90.17	9.39
纺织服装、服饰业	Manufacture of Textile and apparol	24	39.89	24.89	2.29

Main Economic Indicators of State Shareholding Industrial Enterprises(2013)

(100 million yuan)

存货 Inventory	#产成品 Finished Goods	负债合计 Total Liabilities	主营业务收入 Revenue from Principal Business	主营业务成本 Cost of Principle Business	主营业务税金及附加 Taxes and Other Charges on Principle Business	利润总额 Total Profits	利税总额 Total Profits and Taxes	应交增值税 Value Added Tax Payable
1515.44	**364.24**	**10396.73**	**14561.14**	**12428.71**	**538.73**	**802.51**	**1901.45**	**558.61**
1345.18	319.10	9247.35	12697.04	10827.17	516.17	667.85	1684.69	499.20
505.02	88.63	4197.26	6316.58	5410.71	347.98	307.47	958.91	303.01
6.51	3.25	21.76	52.90	46.82	0.22	2.59	5.54	2.73
4.62	2.09	19.06	37.08	33.01	0.16	1.52	2.84	1.16
588.48	171.15	4004.82	4139.81	3535.21	41.02	237.28	410.14	130.83
259.88	80.82	1553.32	1308.60	1102.08	14.33	36.85	90.60	38.91
237.57	53.41	981.75	2102.22	1756.20	126.73	118.18	306.06	61.13
2.98	0.58	22.70	48.44	45.23	0.06	0.81	1.20	0.34
37.70	7.18	228.86	345.51	304.01	1.65	26.95	41.48	12.88
132.56	37.97	920.52	1518.59	1297.52	20.91	107.72	175.28	46.52
312.34	48.45	1170.80	1602.96	1021.86	287.14	187.57	582.20	107.34
1203.11	315.79	9225.93	12958.18	11406.84	251.59	614.94	1319.25	451.27
1120.15	229.79	7148.25	10455.74	8960.08	492.34	476.86	1368.55	398.08
244.90	77.58	2031.08	2560.02	2138.32	29.01	216.52	341.01	95.28
150.39	56.88	1217.40	1545.38	1330.30	17.38	109.12	191.90	65.25
47.86	**21.91**	**612.12**	**456.99**	**340.34**	**26.70**	**17.96**	**79.43**	**34.34**
34.00	18.09	381.94	245.06	196.79	5.20	5.70	32.71	21.40
8.83	2.98	87.03	84.73	69.04	1.58	4.53	8.51	2.40
1394.01	**341.57**	**6196.96**	**10147.73**	**8544.51**	**493.32**	**479.10**	**1284.03**	**311.02**
44.79	6.69	183.04	339.85	323.62	0.37	10.27	19.16	8.46
7.21	1.18	45.05	66.25	50.46	0.84	4.84	8.96	3.28
31.75	4.21	60.60	79.04	38.13	10.35	29.09	45.43	5.98
145.51	3.63	56.26	474.30	96.12	271.67	90.97	425.01	62.38
25.72	9.46	105.96	109.84	100.35	0.45	1.78	5.08	2.84
3.14	1.76	17.62	38.40	29.41	0.19	2.57	4.41	1.65

单位:亿元

项 目	Item	企业单位数(个) Number of Enterprises (unit)	资产总计 Total Assets	流动资产 Current Assets	应收账款 Accounts Receivalble
皮革、毛皮、羽毛及其制品和制鞋业	Manufacture of Textile, Fur, Feather and footwear Products				
木材加工和木、竹、藤、棕、草制品业	Processing of Timber, Manufacture of Wood, Bamboo, Rattan, Palm and Straw Products				
家具制造业	Manufacture of Furniture				
造纸和纸制品业	Manufacture of Paper and Paper Products	6	36.25	18.08	1.44
印刷和记录媒介复制业	Printing, Reproduction of Recording Media	20	28.94	12.33	4.44
文教、工美、体育和娱乐用品制造业	Manufacture of Culture, Education, Arts, Crafts Sports and Enterfaiment Supplies				
石油加工、炼焦和核燃料加工业	Processing of Petroleum, Coking, Processing of Nuclear Fuel	11	328.44	144.35	18.86
化学原料和化学制品制造业	Manufacture of Raw Chemical Materials and Chemical Products	78	1692.82	662.78	92.36
医药制造业	Manufacture of Medicines	19	104.35	56.63	13.06
化学纤维制造业	Manufacture of Chemical Fibers	11	166.70	60.30	3.85
橡胶和塑料制品业	Manufacture of Rubber and Plastics	10	30.80	14.28	4.81
非金属矿物制品业	Manufacture of Non-metallic Mineral Products	63	344.87	152.31	37.61
黑色金属冶炼和压延加工业	Smelting and Pressing of Ferrous Metals	18	647.71	200.54	30.66
有色金属冶炼和压延加工业	Smelting and Pressing of Non-ferrous Metals	11	35.83	20.79	2.63
金属制品业	Manufacture of Metal Products	26	145.73	89.47	31.48
通用设备制造业	Manufacture of General Purpose Machinery	55	1440.37	904.83	367.51
专用设备制造业	Manufacture of Special Purpose Machinery	47	467.97	346.23	154.67
汽车制造业	Manufacturing of Transport Equipment	37	790.67	459.10	109.98
铁路、船舶、航空航天和其他运输设备制造业	Manufacture of Railroad, Marine, Aviation and other Transport Equipment	41	798.86	446.99	122.01
电气机械和器材制造业	Manufacture of Electrical Machinery and Equipment	55	553.87	384.05	202.50
计算机、通信和其他电子设备制造业	Manufacture of Computer Communications and other Electronic Equipment	50	897.77	410.11	72.36
仪器仪表制造业	Manufacture of Instrumentation	30	346.69	238.28	93.62
其他制造业	Other Manufacturing				
废弃资源综合利用业	Manufacture of Recycling and Disposal of Waste				
金属制品、机械和设备修理业	Manufacture of Metal Products, Machinery and Equipment Repair				
电力、燃气及水的生产和供应业	**Production and Supply of Electricity, Gas and Water**	**164**	**5518.24**	**974.54**	**140.39**
电力、热力的生产和供应业	Production and Supply of Electric Power and Heat Power	96	4491.88	562.63	126.58
燃气生产和供应	Production and Supply of Gas	15	234.00	100.81	5.85
水的生产和供应业	Production and Supply of Water	53	792.36	311.10	7.96

11－6 Continued 1

(100 million yuan)

存货 Inventory	#产成品 Finished Goods	负债合计 Total Liabilities	主营业务收入 Revenue from Principal Business	主营业务成本 Cost of Principle Business	主营业务税金及附加 Taxes and Other Charges on Principle Business	利润总额 Total Profits	利税总额 Total Profits and Taxes	应交增值税 Value Added Tax Payable
5.22	2.00	13.40	46.30	39.40	0.57	2.89	4.68	1.22
2.01	0.47	11.29	19.19	16.27	0.12	1.04	2.17	1.01
111.97	12.58	221.21	1363.68	1170.77	131.89	40.48	216.76	44.39
198.80	60.09	935.57	1954.80	1780.26	34.32	31.77	94.24	27.81
12.28	6.27	38.79	99.14	69.42	0.71	9.70	16.01	5.61
16.44	9.54	85.89	123.01	92.33	0.70	24.54	30.66	5.42
3.79	2.25	18.74	25.38	21.25	0.13	1.14	2.58	1.32
18.55	8.55	227.43	268.40	221.23	1.26	18.28	31.30	11.76
49.73	13.12	478.07	540.63	522.60	0.78	3.27	13.51	9.46
11.12	1.95	22.53	187.12	183.03	0.03	-0.19	0.79	0.94
25.27	11.59	76.65	169.44	145.27	0.62	13.01	19.50	5.87
185.70	80.07	930.14	780.90	656.60	2.63	43.26	66.69	20.79
61.67	17.94	336.24	309.49	261.19	1.37	9.59	17.66	6.69
74.51	28.85	597.29	1229.54	1068.01	28.27	44.91	105.63	32.42
130.32	14.85	530.32	489.41	418.44	2.28	22.89	36.45	11.26
77.25	23.61	400.33	604.10	518.47	1.68	27.97	53.14	23.49
106.14	18.04	589.45	561.23	495.87	0.96	24.34	31.31	5.98
43.67	2.55	199.45	255.94	214.83	1.09	20.26	32.00	10.62
73.57	**0.77**	**3587.66**	**3956.41**	**3543.86**	**18.71**	**305.45**	**538.00**	**213.26**
60.75	0.03	2916.33	3766.73	3410.35	17.29	277.43	501.75	206.71
4.63	0.04	142.95	109.21	81.95	0.65	22.69	25.64	2.12
8.19	0.70	528.38	80.47	51.56	0.77	5.33	10.60	4.43

11－7 国有控股工业企业主要经济效益指标（2013 年）

单位：%

项 目	Item	企业亏损面 Percentage of Loss Making Enterprises	产值利税率 Percentage of Profit and Tax to Output Value
总 计	**Total**	**18.36**	**13.30**
按登记注册类型分	**Grouped by Status of Registration**		
内资企业	Domestic Funded Enterprises	18.18	13.60
国有企业	State－owned Enterprises	16.24	15.26
集体企业	Collective－owned Enterprises		
股份合作企业	Cooperative Enterprises	20.00	10.19
联营企业	Joint Ownership Enterprises	16.67	8.68
有限责任公司	Limited Liability Corporations	21.24	10.59
#国有独资	State Sole Funded Corporatios	25.00	7.00
股份有限公司	Share－holding Corporations Ltd.	10.00	14.60
私营企业	Private Enterprises		
其他企业	Other Enterprises	25.00	2.43
港、澳、台商投资企业	Enterprises with Funds from Hong Kong, Macao and Taiwan	14.89	11.17
外商投资企业	Foreign Funded Enterprises	22.37	11.38
按轻重工业分	**Grouped by Light & Heavy Industries**		
轻工业	Light Industry	17.37	36.84
重工业	Heavy Industry	18.71	10.37
按企业规模分	**Grouped by Size of Enterprises**		
大型企业	Large Enterprises	11.51	13.38
中型企业	Medium－sized Enterprises	16.79	13.76
小微型企业	Small Enterprises	21.13	12.06
按行业分	**Grouped by Sector**		
采矿业	**Mining**	**21.88**	**17.74**
煤炭开采和洗选业	Mining and Washing of Coal	40.00	13.28
石油和天然气开采业	Extraction of Petroleum and Natural Gas		
黑色金属矿采选业	Mining and Processing of Ferrous Metal Ores		
有色金属矿采选业	Mining and Processing of Non－ferrous Metals Ores		
非金属矿采选业	Mining and Processing of Nonmetal Ores	10.53	10.09
开采辅助活动	Mining Activities		
其他采矿业	Mining of Other Ores		
制造业	**Manufacturing**	**20.34**	**12.98**
农副食品加工业	Processing of Food from Agricultural Products	15.15	5.76
食品制造业	Manufacture of Food	6.25	13.69
酒、饮料和精制茶制造业	Manufacture of Beverage	22.22	55.94
烟草制品业	Manufacture of Tobacco		88.51
纺织业	Manufacture of Textile	36.00	4.96
纺织服装、服饰业	Manufacture of Textile and apparol	16.67	15.28

Main Indicators on Economic Benefit of State Shareholding Industrial Enterprises(2013)

(%)

销售利税率 Percentage of Profit and Tax to Sales	资产负债率 Assets Liability Ratio	流动资产周转次数(次/年) Times of Turnover of Circulating Funds (times/year)	成本费用利润率 Ratio of Profits to Industrial Cost	产品销售率 Proportion of Products Sold	总资产贡献率 Ratio of Total Assets to Industrial Output Value
13.06	**62.82**	**2.18**	**5.65**	**100.01**	**12.57**
13.27	62.86	2.17	5.37	100.10	12.55
15.18	60.08	2.95	5.28	100.72	14.63
10.47	75.34	3.14	5.18	97.23	20.84
7.66	64.75	2.69	4.26	100.52	10.80
9.91	68.03	1.47	5.19	99.53	8.38
6.92	66.76	1.09	1.99	100.24	5.37
14.56	56.20	2.48	6.23	99.40	18.33
2.49	69.65	4.83	1.64	98.93	4.13
12.01	62.62	3.07	7.85	98.02	12.82
11.54	62.46	2.15	7.57	99.72	12.69
36.32	50.92	1.27	14.83	104.29	25.73
10.18	64.74	2.40	4.76	99.47	10.45
13.09	61.46	2.28	4.62	100.35	12.70
13.32	66.46	1.98	9.03	99.63	12.59
12.42	65.37	1.98	7.35	98.37	11.71
17.38	**58.98**	**1.57**	**3.23**	**98.95**	**8.48**
13.35	62.64	1.34	1.53	98.99	6.13
10.04	57.62	1.53	5.39	97.24	6.96
12.65	**62.01**	**1.88**	**4.85**	**100.13**	**13.73**
5.64	75.90	1.84	2.87	105.78	8.97
13.52	72.84	2.55	7.93	99.71	16.97
57.47	55.95	1.29	61.34	100.59	42.17
89.61	11.56	1.26	56.93	111.89	86.17
4.62	60.02	1.22	1.58	98.26	3.64
11.48	44.17	1.54	7.11	103.30	10.89

11-7 续 表1

单位:%

项　目 Item		企业亏损面 Percentage of Loss Making Enterprises	产值利税率 Percentage of Profit and Tax to Output Value
皮革、毛皮、羽毛及其制品和制鞋业	Manufacture of Textile, Fur, Feather and footwear Products		
木材加工和木、竹、藤、棕、草制品业	Processing of Timber, Manufacture of Wood, Bamboo, Rattan, Palm and Straw Products		
家具制造业	Manufacture of Furniture		
造纸和纸制品业	Manufacture of Paper and Paper Products	33.33	9.95
印刷和记录媒介复制业	Printing, Reproduction of Recording Media	20.00	11.40
文教、工美、体育和娱乐用品制造业	Manufacture of Culture, Education, Arts, Crafts Sports and Enterfaiment Supplies		
石油加工、炼焦和核燃料加工业	Processing of Petroleum, Coking, Processing of Nuclear Fuel	27.27	15.65
化学原料和化学制品制造业	Manufacture of Raw Chemical Materials and Chemical Products	32.05	5.01
医药制造业	Manufacture of Medicines	5.26	18.93
化学纤维制造业	Manufacture of Chemical Fibers	18.18	24.82
橡胶和塑料制品业	Manufacture of Rubber and Plastics	10.00	9.60
非金属矿物制品业	Manufacture of Non－metallic Mineral Products	15.87	11.31
黑色金属冶炼和压延加工业	Smelting and Pressing of Ferrous Metals	27.78	2.94
有色金属冶炼和压延加工业	Smelting and Pressing of Non－ferrous Metals	9.09	0.54
金属制品业	Manufacture of Metal Products	15.38	11.31
通用设备制造业	Manufacture of General Purpose Machinery	23.64	8.95
专用设备制造业	Manufacture of Special Purpose Machinery	21.28	5.88
汽车制造业	Manufacturing of Transport Equipment	24.32	9.15
铁路、船舶、航空航天和其他运输设备制造业	Manufacture of Railroad, Marine, Aviation and other Transport Equipment	17.07	6.88
电气机械和器材制造业	Manufacture of Electrical Machinery and Equipment	21.82	8.26
计算机、通信和其他电子设备制造业	Manufacture of Computer Communications and other Electronic Equipment	18.00	5.86
仪器仪表制造业	Manufacture of Instrumentation	13.33	12.25
其他制造业	Other Manufacturing		
废弃资源综合利用业	Manufacture of Recycling and Disposal of Waste		
金属制品、机械和设备修理业	Manufacture of Metal Products, Machinery and Equipment Repair		
电力、燃气及水的生产和供应业	**Production and Supply of Electricity, Gas and Water**	**9.15**	**13.59**
电力、热力的生产和供应业	Production and Supply of Electric Power and Heat Power	9.38	13.38
燃气生产和供应	Production and Supply of Gas		20.68
水的生产和供应业	Production and Supply of Water	11.32	12.45

11 - 7　Continued 1

(%)

销售利税率 Percentage of Profit and Tax to Sales	资产负债率 Assets Liability Ratio	流动资产周转次数(次/年) Times of Turnover of Circulating Funds (times/year)	成本费用利润率 Ratio of Profits to Industrial Cost	产品销售率 Proportion of Products Sold	总资产贡献率 Ratio of Total Assets to Industrial Output Value
10.11	36.95	2.56	6.71	98.51	13.22
11.33	39.01	1.56	5.25	101.21	7.95
15.90	67.35	9.45	3.39	99.73	66.63
4.82	55.27	2.95	1.65	99.80	6.72
16.15	37.17	1.75	10.74	97.45	15.88
24.92	51.52	2.04	21.52	97.62	19.19
10.18	60.85	1.78	3.62	91.25	11.56
11.66	65.95	1.76	7.20	98.40	10.93
2.50	73.81	2.70	0.60	99.84	3.66
0.42	62.89	9.00	-0.10	99.51	3.51
11.51	52.60	1.89	8.22	98.77	14.43
8.54	64.58	0.86	3.62	98.62	5.82
5.71	71.85	0.89	3.14	101.11	4.49
8.59	75.54	2.68	3.82	98.66	13.66
7.45	66.38	1.09	4.76	99.38	5.39
8.80	72.28	1.57	4.86	100.17	11.07
5.58	65.66	1.37	4.43	98.01	4.13
12.50	57.53	1.07	8.46	98.26	9.54
13.60	**65.01**	**4.06**	**8.11**	**99.83**	**11.24**
13.32	64.92	6.69	7.77	99.91	12.81
23.48	61.09	1.08	22.79	98.42	11.58
13.18	66.68	0.26	5.53	98.09	2.25

11－8 私营工业企业主要经济指标（2013 年）

单位:亿元

项　目	Item	企业单位数（个）Number of Enterprises (unit)	资产总计 Total Assets	流动资产 Current Assets	应收账款 Accounts Receivalble
总　计	**Total**	**28676**	**25669.88**	**15165.99**	**4694.78**
按登记注册类型分	**Grouped by Status of Registration**				
私营独资企业	Private Solely Funds Enterprises	4567	2251.92	1139.39	366.66
私营合伙企业	Private Partnership Enterprises	425	253.24	134.63	45.92
私营有限责任公司	Private Limited Liabieity Corporations	22767	21157.89	12709.14	3947.91
私营股份有限公司	Private Share Holding Co. , Ltd.	917	2006.83	1182.82	334.29
按轻重工业分	**Grouped by Light & Heavy Industries**				
轻工业	Light Industry	11173	7515.18	4226.31	1109.49
重工业	Heavy Industry	17503	18154.70	10939.68	3585.28
按企业规模分	**Grouped by Size of Enterprises**				
大型企业	Large Enterprises	243	5403.39	3134.04	667.22
中型企业	Medium－sized Enterprises	2365	6150.30	3502.49	1026.89
小微型企业	Small Enterprises	26068	14116.19	8529.45	3000.66
按行业分	**Grouped by Sector**				
采矿业	**Mining**	**83**	**43.08**	**16.99**	**6.82**
煤炭开采和洗选业	Mining and Washing of Coal	9	2.59	0.95	0.33
石油和天然气开采业	Extraction of Petroleum and Natural Gas				
黑色金属矿采选业	Mining and Processing of Ferrous Metal Ores	9	12.40	4.53	2.60
有色金属矿采选业	Mining and Processing of Non－ferrous Metals Ores				
非金属矿采选业	Mining and Processing of Nonmetal Ores	63	26.48	10.31	3.73
开采辅助活动	Mining Activities				
其他采矿业	Mining of Other Ores				
制造业	**Manufacturing**	**28531**	**25486.62**	**15098.22**	**4677.50**
农副食品加工业	Processing of Food from Agricultural Products	1111	539.31	265.28	54.72
食品制造业	Manufacture of Food	165	117.33	69.67	14.28
酒、饮料和精制茶制造业	Manufacture of Beverage	91	96.91	43.32	7.68
烟草制品业	Manufacture of Tobacco				
纺织业	Manufacture of Textile	3561	2020.45	1180.78	306.36
纺织服装、服饰业	Manufacture of Textile and apparol	1491	999.59	574.42	120.21
皮革、毛皮、羽毛及其制品和制鞋业	Manufacture of Textile, Fur, Feather and footwear Products	356	119.15	72.15	20.52
木材加工和木、竹、藤、棕、草制品业	Processing of Timber, Manufacture of Wood, Bamboo, Rattan, Palm and Straw Products	1138	421.24	210.92	44.25
家具制造业	Manufacture of Furniture	130	76.86	37.64	7.33
造纸和纸制品业	Manufacture of Paper and Paper Products	415	287.05	167.74	51.58

Main Economic Indicators of Private Industrial Enterprises(2013)

(100 million yuan)

存货 Inventory	#产成品 Finished Goods	负债合计 Total Liabilities	主营业务收入 Revenue from Principal Business	主营业务成本 Cost of Principle Business	主营业务税金及附加 Taxes and Other Charges on Principle Business	利润总额 Total Profits	利税总额 Total Profits and Taxes	应交增值税 Value Added Tax Payable
3408.03	**1436.63**	**15076.32**	**49190.07**	**42976.30**	**268.13**	**3016.08**	**4982.14**	**1696.87**
249.85	109.84	1155.11	6442.69	5602.24	44.90	450.80	737.96	242.23
27.24	12.56	141.17	660.57	575.28	3.79	42.79	70.58	24.00
2859.10	1192.12	12756.43	39528.21	34607.12	207.11	2342.43	3900.23	1349.72
271.85	122.11	1023.61	2558.60	2191.67	12.33	180.06	273.37	80.93
1094.48	487.05	4552.54	14646.97	12878.63	84.01	834.90	1413.15	493.92
2313.55	949.57	10523.77	34543.10	30097.66	184.12	2181.18	3568.98	1202.95
813.15	350.73	3232.37	8347.42	7362.50	31.18	504.85	828.53	292.03
825.45	353.21	3563.41	11075.43	9512.50	61.07	781.14	1259.61	417.29
1769.43	732.69	8280.54	29767.22	26101.30	175.88	1730.08	2894.00	987.55
3.10	**1.95**	**20.20**	**142.35**	**121.43**	**1.37**	**8.77**	**16.35**	**6.20**
0.23	0.14	1.51	15.27	13.21	0.09	1.14	1.96	0.73
0.72	0.56	6.87	10.95	9.11	0.11	0.14	0.95	0.70
1.94	1.05	10.20	111.37	94.30	1.17	7.65	13.60	4.77
3400.49	**1434.15**	**14974.03**	**48962.12**	**42789.20**	**266.34**	**2994.96**	**4950.08**	**1687.77**
76.70	34.85	262.43	1794.34	1581.25	11.27	119.94	183.60	52.34
24.25	14.03	68.00	218.45	187.32	1.27	14.39	22.83	7.17
12.13	5.33	48.88	170.35	139.67	5.80	13.87	25.46	5.79
337.86	159.38	1325.96	3505.15	3134.13	17.34	170.77	300.45	112.17
169.76	76.83	569.50	1823.29	1575.02	11.18	117.81	192.42	63.44
21.12	6.70	70.83	373.30	328.37	2.64	20.29	35.91	12.98
55.16	23.30	152.88	1474.74	1271.16	10.35	126.44	200.30	63.51
11.11	4.13	47.08	132.20	114.90	0.97	8.01	13.86	4.88
35.23	14.14	181.15	520.07	454.69	2.99	27.10	47.18	17.08

11-8 续 表 1

单位:亿元

项 目	Item	企业单位数(个) Number of Enterprises (unit)	资产总计 Total Assets	流动资产 Current Assets	应收账款 Accounts Receivalble
印刷和记录媒介复制业	Printing, Reproduction of Recording Media	341	255.42	138.22	47.08
文教、工美、体育和娱乐用品制造业	Manufacture of Culture, Education, Arts, Crafts Sports and Enterfaiment Supplies	598	272.09	149.32	44.12
石油加工、炼焦和核燃料加工业	Processing of Petroleum, Coking, Processing of Nuclear Fuel	66	77.61	51.93	14.57
化学原料和化学制品制造业	Manufacture of Raw Chemical Materials and Chemical Products	2104	2451.87	1395.16	399.79
医药制造业	Manufacture of Medicines	303	324.06	176.29	62.70
化学纤维制造业	Manufacture of Chemical Fibers	712	986.42	519.65	94.23
橡胶和塑料制品业	Manufacture of Rubber and Plastics	1069	503.07	296.83	119.38
非金属矿物制品业	Manufacture of Non - metallic Mineral Products	1687	1597.19	952.87	389.03
黑色金属冶炼和压延加工业	Smelting and Pressing of Ferrous Metals	1223	1714.67	940.10	214.63
有色金属冶炼和压延加工业	Smelting and Pressing of Non - ferrous Metals	713	869.57	600.49	164.14
金属制品业	Manufacture of Metal Products	2096	1737.40	1079.28	359.53
通用设备制造业	Manufacture of General Purpose Machinery	2471	1685.31	988.10	357.78
专用设备制造业	Manufacture of Special Purpose Machinery	1635	1520.06	988.86	326.35
汽车制造业	Manufacturing of Transport Equipment	658	718.72	428.18	146.42
铁路、船舶、航空航天和其他运输设备制造业	Manufacture of Railroad, Marine, Aviation and other Transport Equipment	537	846.36	453.58	129.25
电气机械和器材制造业	Manufacture of Electrical Machinery and Equipment	2317	3390.43	2252.32	834.99
计算机、通信和其他电子设备制造业	Manufacture of Computer Communications and other Electronic Equipment	866	918.63	537.22	202.01
仪器仪表制造业	Manufacture of Instrumentation	477	795.40	449.00	124.54
其他制造业	Other Manufacturing	104	66.05	33.16	11.53
废弃资源综合利用业	Manufacture of Recycling and Disposal of Waste	77	66.32	40.35	6.53
金属制品、机械和设备修理业	Manufacture of Metal Products, Machinery and Equipment Repair	19	12.10	5.40	1.98
电力、燃气及水的生产和供应业	**Production and Supply of Electricity, Gas and Water**	**62**	**140.18**	**50.77**	**10.46**
电力、热力的生产和供应业	Production and Supply of Electric Power and Heat Power	42	118.50	41.56	9.04
燃气生产和供应	Production and Supply of Gas	13	15.68	6.18	1.11
水的生产和供应业	Production and Supply of Water	7	5.99	3.03	0.31

11－8 Continued 1

(100 million yuan)

存货 Inventory	#产成品 Finished Goods	负债合计 Total Liabilities	主营业务收入 Revenue from Principal Business	主营业务成本 Cost of Principle Business	主营业务税金及附加 Taxes and Other Charges on Principle Business	利润总额 Total Profits	利税总额 Total Profits and Taxes	应交增值税 Value Added Tax Payable
26.82	10.79	163.42	291.44	249.71	2.07	16.50	27.41	8.83
38.30	17.13	151.09	709.17	609.07	4.51	46.91	78.18	26.74
12.74	3.45	56.17	179.32	168.20	0.60	4.04	7.54	2.89
289.89	128.87	1425.92	5548.70	4861.20	27.63	350.82	572.74	194.26
35.85	15.78	158.11	787.40	668.11	5.03	62.66	100.34	32.65
115.92	51.41	673.72	1429.29	1336.78	3.21	39.50	87.37	44.61
59.49	25.22	285.68	1023.19	891.83	5.76	61.12	102.14	35.25
135.90	53.49	999.37	2453.67	2117.50	16.74	162.34	277.51	98.41
256.99	130.40	1070.51	3759.86	3371.94	15.41	186.03	313.40	111.92
96.27	37.24	592.97	2125.37	1946.91	6.33	82.69	132.55	43.52
255.65	94.07	1042.70	3240.82	2831.88	16.65	198.09	333.07	118.00
238.93	89.39	902.62	2859.70	2427.63	18.20	185.21	315.03	111.50
239.77	83.28	896.55	2342.88	1967.52	15.37	166.61	272.00	89.99
87.34	36.31	415.70	1121.01	958.88	6.06	68.21	114.33	40.05
127.34	38.39	536.39	1426.71	1231.98	7.95	101.20	159.84	50.68
407.92	188.32	1891.56	6194.46	5399.28	30.85	401.58	646.95	214.46
108.58	45.57	518.35	1600.12	1366.91	8.77	109.11	173.05	55.15
103.58	37.97	391.01	1485.51	1264.39	9.12	115.26	180.11	55.69
10.05	4.17	27.51	207.91	183.23	1.11	12.93	23.12	9.08
8.78	3.79	40.67	145.38	134.03	0.90	4.37	9.42	4.15
1.06	0.42	7.31	18.34	15.73	0.26	1.15	1.97	0.57
4.45	**0.52**	**82.08**	**85.61**	**65.67**	**0.41**	**12.35**	**15.70**	**2.89**
3.06	0.07	71.53	61.47	45.33	0.32	10.48	12.80	1.99
0.87	0.14	7.30	12.39	10.04	0.07	0.87	1.30	0.33
0.52	0.31	3.25	11.75	10.31	0.02	1.00	1.60	0.58

11－9 私营工业企业主要经济效益指标（2013 年）

单位：%

项　　目	Item	企业亏损面 Percentage of Loss Making Enterprises	产值利税率 Percentage of Profit and Tax to Output Value
总　计	**Total**	**9.40**	**9.88**
按登记注册类型分	**Grouped by Status of Registration**		
私营独资企业	Private Solely Funds Enterprises	4.03	11.22
私营合伙企业	Private Partnership Enterprises	6.82	10.33
私营有限责任公司	Private Limited Liabieity Corporations	10.46	9.62
私营股份有限公司	Private Share Holding Co. , Ltd.	10.91	10.42
按轻重工业分	**Grouped by Light & Heavy Industries**		
轻工业	Light Industry	9.41	9.45
重工业	Heavy Industry	9.39	10.06
按企业规模分	**Grouped by Size of Enterprises**		
大型企业	Large Enterprises	4.53	9.66
中型企业	Medium－sized Enterprises	7.95	11.05
小微型企业	Small Enterprises	9.57	9.51
按行业分	**Grouped by Sector**		
采矿业	**Mining**	**6.02**	**11.18**
煤炭开采和洗选业	Mining and Washing of Coal		12.35
石油和天然气开采业	Extraction of Petroleum and Natural Gas		
黑色金属矿采选业	Mining and Processing of Ferrous Metal Ores	11.11	7.91
有色金属矿采选业	Mining and Processing of Non－ferrous Metals Ores		
非金属矿采选业	Mining and Processing of Nonmetal Ores	3.17	11.97
开采辅助活动	Mining Activities		
其他采矿业	Mining of Other Ores		
制造业	**Manufacturing**	**9.40**	**9.86**
农副食品加工业	Processing of Food from Agricultural Products	3.69	9.98
食品制造业	Manufacture of Food	10.30	10.28
酒、饮料和精制茶制造业	Manufacture of Beverage	3.30	14.89
烟草制品业	Manufacture of Tobacco		
纺织业	Manufacture of Textile	10.70	8.37
纺织服装、服饰业	Manufacture of Textile and apparol	8.65	10.54
皮革、毛皮、羽毛及其制品和制鞋业	Manufacture of Textile, Fur, Feather and footwear Products	8.43	9.36
木材加工和木、竹、藤、棕、草制品业	Processing of Timber, Manufacture of Wood, Bamboo, Rattan, Palm and Straw Products	1.67	13.47
家具制造业	Manufacture of Furniture	11.54	10.30
造纸和纸制品业	Manufacture of Paper and Paper Products	11.81	8.92

Main Indicators on Economic Benefit of Private Industrial Enterprises(2013)

(%)

销售利税率 Percentage of Profit and Tax to Sales	资产负债率 Assets Liability Ratio	流动资产周转次数(次/年) Times of Turnover of Circulating Funds (times/year)	成本费用利润率 Ratio of Profits to Industrial Cost	产品销售率 Proportion of Products Sold	总资产贡献率 Ratio of Total Assets to Industrial Output Value
10.13	**58.73**	**3.24**	**6.50**	**98.05**	**21.04**
11.45	51.29	5.65	7.58	98.06	34.50
10.68	55.74	4.91	6.96	97.81	29.81
9.87	60.29	3.11	6.26	98.08	20.08
10.68	51.01	2.16	7.50	97.58	14.89
9.65	60.58	3.47	6.02	98.15	20.57
10.33	57.97	3.16	6.71	98.00	21.23
9.93	59.82	2.66	6.23	97.85	17.05
11.37	57.94	3.16	7.59	97.71	22.04
9.72	58.66	3.49	6.18	98.23	22.13
11.49	**46.90**	**8.38**	**6.63**	**97.55**	**39.29**
12.83	58.13	16.05	8.12	93.80	76.94
8.66	55.38	2.42	1.25	98.03	8.22
12.21	38.53	10.80	7.47	97.92	53.16
10.11	**58.75**	**3.24**	**6.49**	**98.05**	**21.05**
10.23	48.66	6.76	7.21	98.27	36.08
10.45	57.96	3.14	7.09	97.64	21.08
14.95	50.44	3.93	9.15	99.64	27.95
8.57	65.63	2.97	5.09	97.91	16.74
10.55	56.97	3.17	6.82	98.47	20.64
9.62	59.45	5.17	5.79	98.16	32.01
13.58	36.29	6.99	9.45	98.90	49.04
10.48	61.26	3.51	6.50	98.34	19.46
9.07	63.11	3.10	5.53	98.57	18.30

11－9 续 表 1

单位:%

项 目 Item		企业亏损面 Percentage of Loss Making Enterprises	产值利税率 Percentage of Profit and Tax to Output Value
印刷和记录媒介复制业	Printing, Reproduction of Recording Media	12.02	9.01
文教、工美、体育和娱乐用品制造业	Manufacture of Culture, Education, Arts, Crafts Sports and Enterfaiment Supplies	3.51	10.92
石油加工、炼焦和核燃料加工业	Processing of Petroleum, Coking, Processing of Nuclear Fuel	13.64	4.23
化学原料和化学制品制造业	Manufacture of Raw Chemical Materials and Chemical Products	8.51	10.12
医药制造业	Manufacture of Medicines	9.57	12.38
化学纤维制造业	Manufacture of Chemical Fibers	19.52	5.96
橡胶和塑料制品业	Manufacture of Rubber and Plastics	8.70	9.77
非金属矿物制品业	Manufacture of Non－metallic Mineral Products	9.84	11.09
黑色金属冶炼和压延加工业	Smelting and Pressing of Ferrous Metals	14.47	8.02
有色金属冶炼和压延加工业	Smelting and Pressing of Non－ferrous Metals	15.99	6.05
金属制品业	Manufacture of Metal Products	8.30	9.99
通用设备制造业	Manufacture of General Purpose Machinery	9.27	10.68
专用设备制造业	Manufacture of Special Purpose Machinery	9.17	11.27
汽车制造业	Manufacturing of Transport Equipment	8.05	10.01
铁路、船舶、航空航天和其他运输设备制造业	Manufacture of Railroad, Marine, Aviation and other Transport Equipment	9.68	11.03
电气机械和器材制造业	Manufacture of Electrical Machinery and Equipment	9.93	10.14
计算机、通信和其他电子设备制造业	Manufacture of Computer Communications and other Electronic Equipment	10.39	10.57
仪器仪表制造业	Manufacture of Instrumentation	7.34	11.68
其他制造业	Other Manufacturing	4.81	10.60
废弃资源综合利用业	Manufacture of Recycling and Disposal of Waste	12.99	6.45
金属制品、机械和设备修理业	Manufacture of Metal Products, Machinery and Equipment Repair	15.79	10.69
电力、燃气及水的生产和供应业	**Production and Supply of Electricity, Gas and Water**	**11.29**	**18.97**
电力、热力的生产和供应业	Production and Supply of Electric Power and Heat Power	7.14	21.99
燃气生产和供应	Production and Supply of Gas	23.08	10.34
水的生产和供应业	Production and Supply of Water	14.29	13.39

11－9 Continued 1

(%)

销售利税率 Percentage of Profit and Tax to Sales	资产负债率 Assets Liability Ratio	流动资产周转次数(次/年) Times of Turnover of Circulating Funds (times/year)	成本费用利润率 Ratio of Profits to Industrial Cost	产品销售率 Proportion of Products Sold	总资产贡献率 Ratio of Total Assets to Industrial Output Value
9.40	63.98	2.11	5.89	98.37	12.01
11.02	55.53	4.75	7.13	98.44	30.29
4.20	72.38	3.45	2.29	98.00	10.77
10.32	58.16	3.98	6.70	98.17	25.27
12.74	48.79	4.47	8.67	98.15	32.41
6.11	68.30	2.75	2.78	98.10	11.05
9.98	56.79	3.45	6.37	98.33	21.82
11.31	62.57	2.58	7.09	98.51	18.88
8.34	62.43	4.00	5.11	97.72	20.07
6.24	68.19	3.54	4.06	97.83	16.75
10.28	60.02	3.00	6.33	97.83	21.12
11.02	53.56	2.89	6.96	98.17	20.17
11.61	58.98	2.37	7.57	97.83	19.50
10.20	57.84	2.62	6.52	97.77	17.40
11.20	63.38	3.15	7.69	98.48	20.03
10.44	55.79	2.75	6.94	97.74	20.53
10.81	56.43	2.98	7.31	98.42	20.30
12.12	49.16	3.31	8.45	97.21	23.72
11.12	41.65	6.27	6.69	97.35	36.32
6.48	61.32	3.60	3.11	98.25	15.55
10.76	60.39	3.40	6.77	97.97	17.38
18.34	**58.56**	**1.69**	**16.53**	**98.62**	**13.15**
20.82	60.36	1.48	20.46	98.57	12.92
10.52	46.51	2.00	6.91	98.88	9.39
13.62	54.30	3.87	9.17	98.61	27.52

11－10　外商投资和港澳台商投资工业企业主要经济指标（2013 年）

单位:亿元

项　目	Item	企业单位数（个）Number of Enterprises (unit)	资产总计 Total Assets	流动资产 Current Capitals	应收账款 Accounts Receivalble
总　计	**Total**	**11254**	**34639.94**	**19696.64**	**6539.57**
按登记注册类型分	**Grouped by Status of Registration**				
与港澳台商合资经营	Joint－venture Enterprises with Hong Kong Macao and Taiwan	1542	4643.07	2394.42	625.63
与港澳台商合作经营	Cooperative Enterprises with Hong Kong, Macao and Taiwan	60	227.06	170.99	48.11
港澳台商独资	Enterprises with Sole Funds from Hong Kong, Macao and Taiwan	2332	5990.73	3465.79	1182.32
港澳台商投资股份有限公司	Share Holding with Hong Kong, Macao and Taiwan Investment	82	603.00	299.68	95.69
其他港澳台投资	Other Share Hold with Hong Kong. Macao and Taiwan Investment	16	37.30	21.11	10.42
中外合资经营	Joint－venture Enterprises with Foreign Funded	2241	7875.99	4263.37	1204.67
中外合作经营	Chinese－foreign Cooperative Enterprises	116	254.32	131.05	39.65
外资企业	Foreign Solely Funded	4748	14081.22	8535.91	3230.61
外商投资股份有限公司	Share Holding with Foreign Investment	94	888.84	397.72	95.43
其他外商投资	Others	23	38.41	16.61	7.04
按轻重工业分	**Grouped by Light & Heavy Industries**				
轻工业	Light Industry	4189	8580.61	4795.47	1319.33
重工业	Heavy Industry	7065	26059.33	14901.17	5220.23
按企业规模分	**Grouped by Size of Enterprises**				
大型企业	Large Enterprises	610	15113.05	8392.40	2790.30
中型企业	Medium－sized Enterprises	2518	9767.14	5503.61	1804.68
小微型企业	Small Enterprises	8126	9759.75	5800.63	1944.59
按行业分	**Grouped by Sector**				
采矿业	**Mining**	**8**	**16.94**	**8.72**	**2.31**
煤炭开采和洗选业	Mining and Washing of Coal				
石油和天然气开采业	Extraction of Petroleum and Natural Gas				
黑色金属矿采选业	Mining and Processing of Ferrous Metal Ores				
有色金属矿采选业	Mining and Processing of Non－ferrous Metals Ores				
非金属矿采选业	Mining and Processing of Nonmetal Ores				
开采辅助活动	Mining Activities				
其他采矿业	Mining of Other Ores				
制造业	**Manufacturing**	**11113**	**33225.28**	**19306.78**	**6444.87**
农副食品加工业	Processing of Food from Agricultural Products	172	687.92	418.58	64.15
食品制造业	Manufacture of Food	100	300.93	160.13	35.70
酒、饮料和精制茶制造业	Manufacture of Beverage	54	187.21	76.36	14.96
烟草制品业	Manufacture of Tobacco				
纺织业	Manufacture of Textile	847	1089.99	642.67	147.91
纺织服装、服饰业	Manufacture of Textile and apparol	869	567.17	340.06	85.75

Main Economic Indicators of Industrial Enterprises with Hong Kong, Macao, Taiwan and Foreign Funds (2013)

(100 million yuan)

存　货 Inventory	#产成品 Finished Goods	负债合计 Total Liabilities	主营业务收入 Revenue from Principal Business	主营业务成本 Cost of Principle Business	主营业务税金及附加 Taxes and Other Charges on Principle Business	利润总额 Total Profits	利税总额 Total Profits and Taxes	应交增值税 Value Added Tax Payable
4230.00	**1447.59**	**18291.56**	**47326.72**	**41461.38**	**230.12**	**2792.48**	**4130.60**	**1106.80**
610.51	189.11	2775.46	5233.57	4576.09	20.27	318.96	508.39	168.99
27.43	3.59	153.91	277.55	211.55	2.31	37.77	48.99	8.92
713.57	277.83	3042.77	8190.46	7353.49	24.69	397.12	606.05	184.08
37.97	12.81	308.64	608.72	465.74	3.12	81.69	107.35	22.54
5.74	2.73	17.57	72.64	65.40	0.16	2.10	4.11	1.86
850.93	314.49	4220.86	10861.40	9287.03	114.54	809.33	1248.79	324.70
38.34	6.57	140.52	330.32	284.67	1.43	20.31	32.65	10.91
1870.77	621.86	7235.42	20999.51	18627.15	60.34	1048.53	1467.97	358.46
71.98	17.64	379.31	699.19	547.50	2.73	71.79	99.32	24.79
2.78	0.97	17.11	53.37	42.76	0.55	4.88	6.97	1.54
1117.56	414.14	4460.77	11830.87	10154.57	49.07	688.83	1076.10	337.88
3112.44	1033.45	13830.80	35495.85	31306.81	181.05	2103.65	3054.49	768.92
1605.50	492.78	8166.54	22124.35	19879.05	85.01	1081.06	1571.74	405.13
1292.41	463.37	5139.39	12432.12	10620.48	60.50	857.55	1277.93	359.51
1332.09	491.44	4985.63	12770.26	10961.85	84.62	853.86	1280.93	342.15
1.19	**0.52**	**10.40**	**25.59**	**21.84**	**0.15**	**2.36**	**4.05**	**1.54**
4205.73	**1446.54**	**17479.00**	**46522.41**	**40850.23**	**225.24**	**2632.12**	**3927.54**	**1069.12**
107.78	33.63	467.51	1051.83	949.98	2.26	62.70	98.58	33.60
27.19	10.90	150.79	309.59	231.17	2.28	32.75	50.67	15.63
23.21	7.13	95.17	194.80	153.73	4.17	14.62	26.05	7.26
192.33	80.51	608.32	1489.24	1310.64	5.73	84.64	133.33	42.94
83.25	30.31	300.46	1164.92	1016.56	6.90	63.15	111.23	41.16

单位:亿元

项 目	Item	企业单位数（个）Number of Enterprises (unit)	资产总计 Total Assets	流动资产 Current Capitals	应收账款 Accounts Receivalble
皮革、毛皮、羽毛及其制品和制鞋业	Manufacture of Textile, Fur, Feather and footwear Products	185	158.61	105.38	25.69
木材加工和木、竹、藤、棕、草制品业	Processing of Timber, Manufacture of Wood, Bamboo, Rattan, Palm and Straw Products	78	100.20	64.04	16.74
家具制造业	Manufacture of Furniture	82	94.34	54.48	16.63
造纸和纸制品业	Manufacture of Paper and Paper Products	144	1308.35	540.84	112.67
印刷和记录媒介复制业	Printing, Reproduction of Recording Media	104	161.10	91.51	30.12
文教、工美、体育和娱乐用品制造业	Manufacture of Culture, Education, Arts, Crafts Sports and Enterfaiment Supplies	334	248.90	145.69	42.02
石油加工、炼焦和核燃料加工业	Processing of Petroleum, Coking, Processing of Nuclear Fuel	17	98.56	63.13	15.02
化学原料和化学制品制造业	Manufacture of Raw Chemical Materials and Chemical Products	958	4029.59	1947.37	554.82
医药制造业	Manufacture of Medicines	165	631.04	384.45	108.22
化学纤维制造业	Manufacture of Chemical Fibers	88	574.74	226.61	29.47
橡胶和塑料制品业	Manufacture of Rubber and Plastics	583	963.17	514.24	197.22
非金属矿物制品业	Manufacture of Non－metallic Mineral Products	380	771.83	421.70	162.33
黑色金属冶炼和压延加工业	Smelting and Pressing of Ferrous Metals	172	1109.72	522.48	97.10
有色金属冶炼和压延加工业	Smelting and Pressing of Non－ferrous Metals	179	480.99	292.76	90.21
金属制品业	Manufacture of Metal Products	579	1039.50	624.91	207.65
通用设备制造业	Manufacture of General Purpose Machinery	917	2120.71	1394.10	472.46
专用设备制造业	Manufacture of Special Purpose Machinery	686	1753.88	1120.49	385.15
汽车制造业	Manufacturing of Transport Equipment	470	1803.19	1124.22	417.13
铁路、船舶、航空航天和其他运输设备制造业	Manufacture of Railroad, Marine, Aviation and other Transport Equipment	232	1635.43	943.27	120.72
电气机械和器材制造业	Manufacture of Electrical Machinery and Equipment	877	3247.92	2087.52	837.66
计算机、通信和其他电子设备制造业	Manufacture of Computer Communications and other Electronic Equipment	1506	7304.34	4495.84	1969.06
仪器仪表制造业	Manufacture of Instrumentation	251	577.92	366.61	134.81
其他制造业	Other Manufacturing	34	18.58	9.94	2.51
废弃资源综合利用业	Manufacture of Recycling and Disposal of Waste	45	153.25	123.80	49.54
金属制品、机械和设备修理业	Manufacture of Metal Products, Machinery and Equipment Repair	5	6.19	3.62	1.46
电力、燃气及水的生产和供应业	**Production and Supply of Electricity, Gas and Water**	**133**	**1397.71**	**381.13**	**92.38**
电力、热力的生产和供应业	Production and Supply of Electric Power and Heat Power	73	928.49	250.14	67.14
燃气生产和供应	Production and Supply of Gas	41	304.33	100.72	22.18
水的生产和供应业	Production and Supply of Water	19	164.90	30.27	3.06

(100 million yuan)

存　货 Inventory	#产成品 Finished Goods	负债合计 Total Liabilities	主营业务收入 Revenue from Principal Business	主营业务成本 Cost of Principle Business	主营业务税金及附加 Taxes and Other Charges on Principle Business	利润总额 Total Profits	利税总额 Total Profits and Taxes	应交增值税 Value Added Tax Payable
28.91	7.95	76.68	384.87	337.46	1.48	18.70	35.35	15.17
18.72	8.73	50.24	183.00	155.44	1.29	12.68	20.70	6.73
16.55	5.10	42.96	104.65	91.89	0.39	1.24	3.77	2.14
72.96	26.58	654.15	663.73	563.56	1.49	35.82	56.15	18.84
14.65	6.04	65.75	152.61	117.72	0.89	15.34	21.99	5.73
43.99	16.37	119.07	449.89	390.37	2.23	22.74	39.68	14.67
17.47	10.73	47.62	283.23	239.77	8.49	24.81	40.66	7.36
405.70	179.50	2154.84	5009.60	4391.57	14.17	312.18	456.22	129.77
85.58	33.59	261.75	725.83	438.14	6.06	92.50	144.68	46.10
79.00	32.17	317.12	621.67	559.97	1.71	33.56	49.96	14.65
128.83	52.04	393.97	1082.11	911.62	5.91	69.20	103.91	28.70
77.81	33.93	398.85	786.80	672.06	4.27	40.96	75.49	30.25
162.58	52.99	724.42	1647.69	1515.93	3.81	38.06	77.53	35.66
78.41	25.73	264.04	814.09	757.50	1.62	25.79	45.57	18.15
151.93	59.65	497.60	1302.77	1127.04	4.98	84.28	129.53	40.22
360.57	104.64	1003.58	2395.74	1943.98	11.78	215.86	290.14	62.48
294.00	86.09	873.77	1744.12	1442.76	7.14	123.75	175.57	44.52
193.60	85.63	961.55	2977.25	2372.97	85.13	338.56	520.88	97.19
255.05	20.83	894.13	1268.65	1102.05	7.18	113.32	173.03	52.49
343.19	141.43	1910.97	4431.84	3860.43	12.36	234.25	351.70	104.84
811.05	249.39	3738.11	14250.95	13309.20	18.01	452.09	596.48	126.25
105.17	28.57	273.80	817.02	683.20	3.17	65.71	91.45	22.58
3.51	0.79	10.24	41.46	34.84	0.14	1.76	3.83	1.93
22.53	15.57	116.80	169.80	166.20	0.20	1.10	3.32	2.01
0.22		4.73	2.69	2.46	0.01	0.02	0.10	0.07
23.08	**0.52**	**802.17**	**778.72**	**589.31**	**4.73**	**158.00**	**199.01**	**36.14**
12.89	0.07	542.70	501.50	370.05	3.08	111.18	143.60	29.29
7.47	0.46	166.72	257.40	205.28	1.37	41.69	49.06	5.91
2.72		92.75	19.82	13.99	0.27	5.12	6.35	0.95

11－11　外商投资和港澳台商投资工业企业主要经济效益指标（2013 年）

单位：%

项　　目	Item	企业亏损面 Percentage of Loss Making Enterprises	产值利税率 Percentage of Profit and Tax to Output Value
总　计	**Total**	**22.98**	**8.48**
按登记注册类型分	**Grouped by Status of Registration**		
与港澳台商合资经营	Joint－venture Enterprises with Hong Kong Macao and Taiwan	18.35	9.27
与港澳台商合作经营	Cooperative Enterprises with Hong Kong, Macao and Taiwan	21.67	17.49
港澳台商独资	Enterprises with Sole Funds from Hong Kong, Macao and Taiwan	24.44	7.23
港澳台商投资股份有限公司	Share Holding with Hong Kong, Macao and Taiwan Investment	17.07	17.30
其他港澳台投资	Other Share Hold with Hong Kong. Macao and Taiwan Investment	37.50	5.50
中外合资经营	Joint－venture Enterprises with Foreign Funded	16.82	10.94
中外合作经营	Chinese－foreign Cooperative Enterprises	20.69	9.54
外资企业	Foreign Solely Funded	26.83	6.88
外商投资股份有限公司	Share Holding with Foreign Investment	23.40	13.54
其他外商投资	Others	13.04	12.71
按轻重工业分	**Grouped by Light & Heavy Industries**		
轻工业	Light Industry	21.34	8.95
重工业	Heavy Industry	23.95	8.32
按企业规模分	**Grouped by Size of Enterprises**		
大型企业	Large Enterprises	12.46	6.84
中型企业	Medium－sized Enterprises	22.95	10.17
小微型企业	Small Enterprises	23.78	9.73
按行业分	**Grouped by Sector**		
采矿业	**Mining**	**12.50**	**16.04**
煤炭开采和洗选业	Mining and Washing of Coal		
石油和天然气开采业	Extraction of Petroleum and Natural Gas		
黑色金属矿采选业	Mining and Processing of Ferrous Metal Ores		
有色金属矿采选业	Mining and Processing of Non－ferrous Metals Ores		
非金属矿采选业	Mining and Processing of Nonmetal Ores		
开采辅助活动	Mining Activities		
其他采矿业	Mining of Other Ores		
制造业	**Manufacturing**	**23.17**	**8.20**
农副食品加工业	Processing of Food from Agricultural Products	15.12	9.52
食品制造业	Manufacture of Food	17.00	16.47
酒、饮料和精制茶制造业	Manufacture of Beverage	20.37	12.82
烟草制品业	Manufacture of Tobacco		
纺织业	Manufacture of Textile	17.95	8.81
纺织服装、服饰业	Manufacture of Textile and apparol	20.37	9.39

Main Indicators on Economic Benefit of Industrial Enterprises with Hong Kong, Macao, Taiwan and Foreign Funds (2013)

(%)

销售利税率 Percentage of Profit and Tax to Sales	资产负债率 Assets Liability Ratio	流动资产周转次数(次/年) Times of Turnover of Circulating Funds (times/year)	成本费用利润率 Ratio of Profits to Industrial Cost	产品销售率 Proportion of Products Sold	总资产贡献率 Ratio of Total Assets to Industrial Output Value
8.73	**52.80**	**2.40**	**6.20**	**98.44**	**12.61**
9.71	59.78	2.19	6.19	98.43	12.34
17.65	67.78	1.62	15.74	98.28	21.49
7.40	50.79	2.36	5.06	98.01	10.54
17.64	51.18	2.03	15.37	98.09	18.34
5.66	47.09	3.44	2.96	97.46	13.24
11.50	53.59	2.55	7.99	98.82	16.65
9.88	55.25	2.52	6.44	100.25	14.14
6.99	51.38	2.46	5.22	98.45	10.95
14.20	42.67	1.76	11.39	96.86	11.51
13.06	44.54	3.21	10.19	98.49	19.85
9.10	51.99	2.47	6.13	98.33	13.27
8.61	53.07	2.38	6.22	98.47	12.39
7.10	54.04	2.64	5.06	98.17	10.94
10.28	52.62	2.26	7.34	98.39	13.83
10.03	51.08	2.20	7.09	98.95	13.98
15.81	**61.36**	**2.93**	**10.19**	**101.19**	**24.58**
8.44	**52.61**	**2.41**	**5.93**	**98.42**	**12.47**
9.37	67.96	2.51	6.23	101.61	15.13
16.37	50.11	1.93	11.47	97.72	17.26
13.37	50.84	2.55	8.03	99.11	14.40
8.95	55.81	2.32	5.96	97.84	13.49
9.55	52.98	3.43	5.76	98.91	20.80

单位:%

项 目 Item		企业亏损面 Percentage of Loss Making Enterprises	产值利税率 Percentage of Profit and Tax to Output Value
皮革、毛皮、羽毛及其制品和制鞋业	Manufacture of Textile, Fur, Feather and footwear Products	25.95	8.77
木材加工和木、竹、藤、棕、草制品业	Processing of Timber, Manufacture of Wood, Bamboo, Rattan, Palm and Straw Products	23.08	11.39
家具制造业	Manufacture of Furniture	39.02	3.56
造纸和纸制品业	Manufacture of Paper and Paper Products	26.39	8.19
印刷和记录媒介复制业	Printing, Reproduction of Recording Media	28.85	14.29
文教、工美、体育和娱乐用品制造业	Manufacture of Culture, Education, Arts, Crafts Sports and Enterfaiment Supplies	14.97	8.55
石油加工、炼焦和核燃料加工业	Processing of Petroleum, Coking, Processing of Nuclear Fuel	17.65	13.97
化学原料和化学制品制造业	Manufacture of Raw Chemical Materials and Chemical Products	19.62	9.02
医药制造业	Manufacture of Medicines	16.97	18.86
化学纤维制造业	Manufacture of Chemical Fibers	34.09	7.85
橡胶和塑料制品业	Manufacture of Rubber and Plastics	26.24	9.58
非金属矿物制品业	Manufacture of Non－metallic Mineral Products	23.68	9.41
黑色金属冶炼和压延加工业	Smelting and Pressing of Ferrous Metals	25.00	4.50
有色金属冶炼和压延加工业	Smelting and Pressing of Non－ferrous Metals	27.93	5.51
金属制品业	Manufacture of Metal Products	19.34	9.83
通用设备制造业	Manufacture of General Purpose Machinery	18.54	11.96
专用设备制造业	Manufacture of Special Purpose Machinery	26.68	10.03
汽车制造业	Manufacturing of Transport Equipment	17.66	15.67
铁路、船舶、航空航天和其他运输设备制造业	Manufacture of Railroad, Marine, Aviation and other Transport Equipment	23.71	12.21
电气机械和器材制造业	Manufacture of Electrical Machinery and Equipment	23.72	7.70
计算机、通信和其他电子设备制造业	Manufacture of Computer Communications and other Electronic Equipment	33.73	4.08
仪器仪表制造业	Manufacture of Instrumentation	17.13	11.09
其他制造业	Other Manufacturing	35.29	9.19
废弃资源综合利用业	Manufacture of Recycling and Disposal of Waste	35.56	1.97
金属制品、机械和设备修理业	Manufacture of Metal Products, Machinery and Equipment Repair	20.00	3.19
电力、燃气及水的生产和供应业	**Production and Supply of Electricity, Gas and Water**	**7.52**	**24.53**
电力、热力的生产和供应业	Production and Supply of Electric Power and Heat Power	9.59	27.69
燃气生产和供应	Production and Supply of Gas		18.01
水的生产和供应业	Production and Supply of Water	15.79	31.29

11 - 11 Continued 1

(%)

销售利税率 Percentage of Profit and Tax to Sales	资产负债率 Assets Liability Ratio	流动资产周转次数(次/年) Times of Turnover of Circulating Funds (times/year)	成本费用利润率 Ratio of Profits to Industrial Cost	产品销售率 Proportion of Products Sold	总资产贡献率 Ratio of Total Assets to Industrial Output Value
9.19	48.34	3.65	5.12	96.39	23.54
11.31	50.13	2.86	7.44	100.73	21.84
3.60	45.53	1.92	1.19	98.74	4.49
8.46	50.00	1.23	5.57	98.10	5.04
14.41	40.81	1.67	11.14	99.69	14.09
8.82	47.84	3.09	5.30	96.05	16.83
14.35	48.31	4.49	9.94	95.93	42.50
9.11	53.48	2.57	6.60	98.45	12.43
19.93	41.48	1.89	14.58	95.83	23.19
8.04	55.18	2.74	5.59	96.61	9.81
9.60	40.90	2.10	6.76	98.64	11.49
9.60	51.68	1.87	5.49	98.74	10.78
4.71	65.28	3.15	2.13	98.28	8.74
5.60	54.90	2.78	3.16	99.53	10.27
9.94	47.87	2.08	6.84	99.00	13.32
12.11	47.32	1.72	9.85	98.53	14.02
10.07	49.82	1.56	7.55	99.67	10.70
17.50	53.33	2.65	12.75	99.90	29.34
13.64	54.67	1.34	9.56	98.58	10.71
7.94	58.84	2.12	5.51	97.84	11.71
4.19	51.18	3.17	3.27	98.08	8.28
11.19	47.38	2.23	8.71	98.05	16.52
9.24	55.13	4.17	4.58	99.49	21.82
1.95	76.22	1.37	0.64	101.44	3.18
3.64	76.40	0.74	0.68	96.12	1.72
25.56	**57.39**	**2.04**	**24.06**	**99.61**	**15.65**
28.63	58.45	2.00	27.86	99.63	17.08
19.06	54.78	2.56	17.84	99.65	17.11
32.03	56.25	0.65	21.43	98.64	4.89

11－12 大中型工业企业主要经济指标(2013 年)

单位:亿元

项 目	Item	企业单位数(个) Number of Enterprises (unit)	资产总计 Total Assets	流动资产 Current Assets	应收账款 Accounts Receivalble
总 计	**Total**	**7128**	**62710.21**	**33079.90**	**9139.56**
按登记注册类型分	**Grouped by Status of Registration**				
内资企业	Domestic Funded Enterprises	4000	37830.02	19183.89	4544.58
国有企业	State－owned Enterprises	149	6358.95	1894.29	371.50
集体企业	Collective－owned Enterprises	45	643.90	415.33	48.70
股份合作企业	Cooperative Enterprises	33	214.56	134.49	27.67
联营企业	Joint Ownership Enterprises	7	20.76	11.24	3.23
有限责任公司	Limited Liability Corporations	756	12828.22	6608.27	1596.56
#国有独资	State Sole Funded Corporatios	29	2252.72	1185.77	391.67
股份有限公司	Share－holding Corporations Ltd.	328	5812.94	3254.04	755.40
私营企业	Private Enterprises	2608	11553.68	6636.54	1694.12
其他企业	Other Enterprises	74	397.00	229.69	47.41
港、澳、台商投资企业	Enterprises with Funds from Hong Kong, Macao and Taiwan	1104	8047.89	4306.89	1316.66
外商投资企业	Foreign Funded Enterprises	2024	16832.30	9589.12	3278.32
按轻重工业分	**Grouped by Light & Heavy Industries**				
轻工业	Light Industry	2761	15141.07	8344.26	1805.53
重工业	Heavy Industry	4367	47569.14	24735.64	7334.03
按行业分	**Grouped by Sector**				
采矿业	**Mining**	**45**	**1071.38**	**313.40**	**56.74**
煤炭开采和洗选业	Mining and Washing of Coal	8	629.68	191.19	35.09
石油和天然气开采业	Extraction of Petroleum and Natural Gas				
黑色金属矿采选业	Mining and Processing of Ferrous Metal Ores	5	32.83	19.26	4.18
有色金属矿采选业	Mining and Processing of Non－ferrous Metals Ores				
非金属矿采选业	Mining and Processing of Nonmetal Ores	28	154.18	62.12	8.26
开采辅助活动	Mining Activities				
其他采矿业	Mining of Other Ores				
制造业	**Manufacturing**	**6995**	**56256.39**	**31887.69**	**8932.74**
农副食品加工业	Processing of Food from Agricultural Products	100	792.50	467.99	74.83
食品制造业	Manufacture of Food	65	322.81	158.51	29.03
酒、饮料和精制茶制造业	Manufacture of Beverage	39	666.90	359.16	30.73
烟草制品业	Manufacture of Tobacco				
纺织业	Manufacture of Textile	612	2159.93	1195.16	219.39
纺织服装、服饰业	Manufacture of Textile and apparol	634	1608.04	922.91	192.04
皮革、毛皮、羽毛及其制品和制鞋业	Manufacture of Textile, Fur, Feather and footwear Products	136	158.78	104.84	26.99
木材加工和木、竹、藤、棕、草制品业	Processing of Timber, Manufacture of Wood, Bamboo, Rattan, Palm and Straw Products	105	281.43	177.80	37.71
家具制造业	Manufacture of Furniture	35	69.89	39.28	11.12
造纸和纸制品业	Manufacture of Paper and Paper Products	62	1331.89	556.56	96.30

Main Economic Indicators of Big and Medium Size Industrial Enterprises (2013)

(100 million yuan)

存货 Inventory	#产成品 Finished Goods	负债合计 Total Liabilities	主营业务收入 Revenue from Principal Business	主营业务成本 Cost of Principle Business	主营业务税金及附加 Taxes and Other Charges on Principle Business	利润总额 Total Profits	利税总额 Total Profits and Taxes	应交增值税 Value Added Tax Payable
7530.47	**2625.41**	**35769.30**	**81901.51**	**71270.24**	**810.16**	**4749.71**	**7941.11**	**2377.17**
4632.56	1669.26	22463.36	47345.05	40770.71	664.66	2811.09	5091.45	1612.53
461.80	71.39	3793.78	5854.59	5015.56	340.31	273.26	893.04	279.07
101.90	27.06	353.06	605.98	555.10	1.83	30.01	46.44	13.69
40.27	20.94	140.67	268.23	235.02	0.70	13.78	23.65	9.17
2.80	1.58	11.11	27.36	25.71	0.11	0.08	0.90	0.71
1524.34	547.27	8199.11	14290.78	12402.18	84.56	687.82	1167.18	393.57
254.74	79.10	1499.83	1275.38	1074.15	14.24	36.64	89.28	37.90
807.76	266.96	2889.79	6228.39	5098.02	141.24	478.45	809.47	189.73
1638.60	703.93	6795.78	19422.85	16874.99	92.25	1286.00	2088.13	709.32
55.08	30.12	280.05	646.87	564.12	3.66	41.70	62.63	17.27
971.66	311.00	4472.48	9951.82	8776.37	32.13	584.45	885.66	268.94
1926.25	645.15	8833.46	24604.65	21723.17	113.38	1354.17	1964.01	495.70
2115.81	789.32	8047.97	19822.40	16413.03	376.90	1329.38	2399.38	692.63
5414.66	1836.09	27721.33	62079.11	54857.20	433.26	3420.34	5541.73	1684.54
51.98	**23.53**	**625.65**	**534.32**	**401.89**	**27.19**	**27.45**	**97.26**	**42.18**
35.90	19.28	393.26	276.96	222.52	5.57	9.09	40.03	24.95
2.55	0.58	19.84	57.86	52.21	0.24	2.22	5.27	2.81
10.07	3.16	84.80	97.01	76.57	1.49	7.61	13.45	4.34
7406.63	**2601.04**	**31661.93**	**77385.95**	**67318.82**	**764.24**	**4392.17**	**7278.95**	**2119.41**
117.89	40.78	548.36	1385.47	1244.93	5.29	87.62	141.74	48.74
35.57	16.12	187.17	383.94	294.91	2.53	33.09	54.03	18.40
151.92	19.01	276.09	645.63	429.47	21.96	126.78	184.03	35.29
373.56	157.81	1248.08	2960.39	2647.06	12.73	146.03	242.88	84.01
263.87	120.36	902.46	2409.77	2059.96	14.32	166.90	258.56	77.31
27.59	9.51	83.72	411.49	358.70	2.37	21.38	40.06	16.31
52.77	25.55	148.46	635.68	535.50	4.57	44.73	76.77	27.46
13.18	3.85	30.69	97.34	86.12	0.39	1.77	4.44	2.28
80.85	31.37	672.34	727.47	620.26	2.17	41.53	65.34	21.64

11－12 续 表 1

单位:亿元

项 目	Item	企业单位数(个) Number of Enterprises (unit)	资产总计 Total Assets	流动资产 Current Assets	应收账款 Accounts Receivalble
印刷和记录媒介复制业	Printing, Reproduction of Recording Media	58	242.57	125.23	43.70
文教、工美、体育和娱乐用品制造业	Manufacture of Culture, Education, Arts, Crafts Sports and Enterfaiment Supplies	178	293.67	160.85	41.27
石油加工、炼焦和核燃料加工业	Processing of Petroleum, Coking, Processing of Nuclear Fuel	22	621.77	284.35	42.30
化学原料和化学制品制造业	Manufacture of Raw Chemical Materials and Chemical Products	417	5944.25	2794.13	601.06
医药制造业	Manufacture of Medicines	132	1242.46	755.35	274.58
化学纤维制造业	Manufacture of Chemical Fibers	94	1726.40	830.92	94.55
橡胶和塑料制品业	Manufacture of Rubber and Plastics	217	854.44	430.59	168.73
非金属矿物制品业	Manufacture of Non－metallic Mineral Products	233	1310.08	634.31	154.32
黑色金属冶炼和压延加工业	Smelting and Pressing of Ferrous Metals	185	5734.00	2750.35	253.63
有色金属冶炼和压延加工业	Smelting and Pressing of Non－ferrous Metals	94	659.61	403.48	95.80
金属制品业	Manufacture of Metal Products	296	1560.61	962.91	287.13
通用设备制造业	Manufacture of General Purpose Machinery	482	4001.93	2557.46	896.45
专用设备制造业	Manufacture of Special Purpose Machinery	399	2416.34	1605.59	537.29
汽车制造业	Manufacturing of Transport Equipment	288	2460.03	1497.02	463.39
铁路、船舶、航空航天和其他运输设备制造业	Manufacture of Railroad, Marine, Aviation and other Transport Equipment	213	2883.03	1628.98	288.41
电气机械和器材制造业	Manufacture of Electrical Machinery and Equipment	669	6822.14	4375.45	1661.24
计算机、通信和其他电子设备制造业	Manufacture of Computer Communications and other Electronic Equipment	991	8068.48	4787.60	2008.36
仪器仪表制造业	Manufacture of Instrumentation	199	1452.55	895.54	279.06
其他制造业	Other Manufacturing	26	54.17	27.50	9.87
废弃资源综合利用业	Manufacture of Recycling and Disposal of Waste	6	29.26	19.82	1.10
金属制品、机械和设备修理业	Manufacture of Metal Products, Machinery and Equipment Repair				
电力、燃气及水的生产和供应业	**Production and Supply of Electricity, Gas and Water**	**88**	**5382.43**	**878.81**	**150.07**
电力、热力的生产和供应业	Production and Supply of Electric Power and Heat Power	46	4485.37	575.06	134.93
燃气生产和供应	Production and Supply of Gas	13	163.96	63.37	7.97
水的生产和供应业	Production and Supply of Water	29	733.10	240.38	7.17

11－12 Continued 1

(100 million yuan)

存货 Inventory	#产成品 Finished Goods	负债合计 Total Liabilities	主营业务收入 Revenue from Principal Business	主营业务成本 Cost of Principle Business	主营业务税金及附加 Taxes and Other Charges on Principle Business	利润总额 Total Profits	利税总额 Total Profits and Taxes	应交增值税 Value Added Tax Payable
24.78	13.28	118.19	220.05	177.51	1.26	20.16	29.75	8.33
47.79	21.00	156.85	584.46	500.31	3.12	33.58	57.77	21.03
121.98	16.99	407.69	1778.06	1555.39	124.23	48.20	205.64	33.06
651.01	254.09	3293.69	7951.37	7008.46	54.28	436.83	706.12	214.59
148.98	51.83	486.62	1703.84	957.59	12.84	190.46	308.29	104.96
237.01	123.43	1090.83	2016.95	1874.00	4.46	64.60	124.97	55.83
108.02	45.66	359.77	980.44	827.57	5.43	68.30	102.95	29.12
114.06	46.84	738.18	1265.41	1058.12	6.95	94.85	156.85	55.04
766.05	274.99	3815.08	8670.00	8047.08	21.69	248.50	447.08	175.86
100.91	34.29	400.54	1145.90	1054.64	3.30	45.64	78.75	29.81
253.81	100.68	848.95	2166.41	1872.89	8.30	152.73	241.08	79.72
571.65	221.16	2247.94	3657.26	2985.74	17.10	297.05	424.22	110.03
401.11	121.68	1388.32	2559.19	2114.40	13.51	194.72	290.00	81.60
261.49	112.97	1482.90	3646.03	3074.06	67.44	244.49	417.05	105.10
436.81	59.76	1734.64	2663.22	2310.70	15.09	201.70	316.40	99.56
758.45	331.23	3952.20	9188.53	7881.36	34.87	592.65	917.19	289.47
901.81	275.63	4242.97	14919.98	13855.50	20.98	517.03	689.55	151.36
224.59	61.53	700.94	1914.10	1591.95	10.48	167.07	248.07	70.46
8.90	3.59	22.26	162.02	141.74	0.65	10.34	18.75	7.76
4.51	2.44	17.37	57.14	52.98	0.23	2.30	5.22	2.69
71.86	**0.84**	**3481.72**	**3981.24**	**3549.53**	**18.72**	**330.09**	**564.90**	**215.58**
58.67	0.02	2903.76	3790.23	3408.43	17.23	305.45	531.13	208.10
6.21	0.27	102.33	120.67	96.97	0.72	19.07	23.38	3.49
6.98	0.55	475.63	70.34	44.13	0.78	5.57	10.39	3.99

11－13 大中型工业企业主要经济效益指标（2013 年）

单位：%

项　　目 Item		企业亏损面 Percentage of Loss Making Enterprises	产值利税率 Percentage of Profit and Tax to Output Value
总　　计	**Total**	**14.25**	**9.56**
按登记注册类型分	**Grouped by Status of Registration**		
内资企业	Domestic Funded Enterprises	9.05	10.72
国有企业	State－owned Enterprises	13.42	15.39
集体企业	Collective－owned Enterprises	8.89	7.41
股份合作企业	Cooperative Enterprises	12.12	8.42
联营企业	Joint Ownership Enterprises	42.86	3.82
有限责任公司	Limited Liability Corporations	12.17	8.39
#国有独资	State Sole Funded Corporatios	13.79	7.10
股份有限公司	Share－holding Corporations Ltd.	9.76	13.00
私营企业	Private Enterprises	7.63	10.46
其他企业	Other Enterprises	10.81	9.89
港、澳、台商投资企业	Enterprises with Funds from Hong Kong, Macao and Taiwan	19.20	8.57
外商投资企业	Foreign Funded Enterprises	21.84	7.79
按轻重工业分	**Grouped by Light & Heavy Industries**		
轻工业	Light Industry	13.98	11.89
重工业	Heavy Industry	14.43	8.82
按行业分	**Grouped by Sector**		
采矿业	**Mining**	**11.11**	**18.47**
煤炭开采和洗选业	Mining and Washing of Coal	25.00	14.42
石油和天然气开采业	Extraction of Petroleum and Natural Gas		
黑色金属矿采选业	Mining and Processing of Ferrous Metal Ores	40.00	8.95
有色金属矿采选业	Mining and Processing of Non－ferrous Metals Ores		
非金属矿采选业	Mining and Processing of Nonmetal Ores	0.00	13.81
开采辅助活动	Mining Activities		
其他采矿业	Mining of Other Ores		
制造业	**Manufacturing**	**14.40**	**9.27**
农副食品加工业	Processing of Food from Agricultural Products	8.00	9.94
食品制造业	Manufacture of Food	15.38	14.05
酒、饮料和精制茶制造业	Manufacture of Beverage	15.38	28.34
烟草制品业	Manufacture of Tobacco		
纺织业	Manufacture of Textile	14.38	8.04
纺织服装、服饰业	Manufacture of Textile and apparol	14.20	10.85
皮革、毛皮、羽毛及其制品和制鞋业	Manufacture of Textile, Fur, Feather and footwear Products	16.18	9.28
木材加工和木、竹、藤、棕、草制品业	Processing of Timber, Manufacture of Wood, Bamboo, Rattan, Palm and Straw Products	3.81	11.99
家具制造业	Manufacture of Furniture	40.00	4.54
造纸和纸制品业	Manufacture of Paper and Paper Products	16.13	8.71

Main Indicators on Economic Benefit of Big and Medium Size Industrial Enterprises (2013)

(%)

销售利税率 Percentage of Profit and Tax to Sales	资产负债率 Assets Liability Ratio	流动资产周转次数(次/年) Times of Turnover of Circulating Funds (times/year)	成本费用利润率 Ratio of Profits to Industrial Cost	产品销售率 Proportion of Products Sold	总资产贡献率 Ratio of Total Assets to Industrial Output Value
9.70	**57.04**	**2.48**	**6.01**	**98.45**	**13.75**
10.75	59.38	2.47	6.12	98.61	14.85
15.25	59.66	3.09	5.10	100.82	14.87
7.66	54.83	1.46	3.98	93.98	8.53
8.82	65.56	1.99	5.41	96.94	12.91
3.28	53.54	2.43	0.28	94.56	5.38
8.17	63.91	2.16	4.64	99.20	10.76
7.00	66.58	1.08	2.02	100.48	5.43
13.00	49.71	1.91	8.32	98.37	14.86
10.75	58.82	2.93	6.99	97.77	19.71
9.68	70.54	2.82	6.89	99.50	16.87
8.90	55.57	2.31	6.07	97.88	11.79
7.98	52.48	2.57	5.79	98.40	12.21
12.10	53.15	2.38	7.14	98.36	16.86
8.93	58.28	2.51	5.66	98.48	12.76
18.20	**58.40**	**1.70**	**4.40**	**98.99**	**9.88**
14.45	62.45	1.45	2.27	99.16	7.11
9.12	60.43	3.00	3.94	99.73	17.13
13.87	55.00	1.56	8.13	97.19	10.01
9.41	**56.28**	**2.43**	**5.88**	**98.38**	**13.99**
10.23	69.19	2.96	6.57	99.34	19.22
14.07	57.98	2.42	9.22	97.44	17.69
28.50	41.40	1.80	24.78	101.05	28.10
8.20	57.78	2.48	4.98	97.53	12.98
10.73	56.12	2.61	7.34	98.80	17.18
9.73	52.73	3.92	5.50	96.21	26.31
12.08	52.75	3.58	7.53	99.28	29.99
4.56	43.92	2.48	1.84	98.45	6.84
8.98	50.48	1.31	5.95	98.16	5.71

单位：%

项 目 Item		企业亏损面 Percentage of Loss Making Enterprises	产值利税率 Percentage of Profit and Tax to Output Value
印刷和记录媒介复制业	Printing, Reproduction of Recording Media	10.34	13.09
文教、工美、体育和娱乐用品制造业	Manufacture of Culture, Education, Arts, Crafts Sports and Enterfaiment Supplies	8.43	9.64
石油加工、炼焦和核燃料加工业	Processing of Petroleum, Coking, Processing of Nuclear Fuel	22.73	11.82
化学原料和化学制品制造业	Manufacture of Raw Chemical Materials and Chemical Products	11.51	8.85
医药制造业	Manufacture of Medicines	9.09	17.53
化学纤维制造业	Manufacture of Chemical Fibers	20.21	6.05
橡胶和塑料制品业	Manufacture of Rubber and Plastics	22.58	10.37
非金属矿物制品业	Manufacture of Non－metallic Mineral Products	15.02	12.11
黑色金属冶炼和压延加工业	Smelting and Pressing of Ferrous Metals	9.73	5.26
有色金属冶炼和压延加工业	Smelting and Pressing of Non－ferrous Metals	14.89	6.95
金属制品业	Manufacture of Metal Products	8.78	10.78
通用设备制造业	Manufacture of General Purpose Machinery	8.09	11.54
专用设备制造业	Manufacture of Special Purpose Machinery	13.03	11.20
汽车制造业	Manufacturing of Transport Equipment	11.46	11.44
铁路、船舶、航空航天和其他运输设备制造业	Manufacture of Railroad, Marine, Aviation and other Transport Equipment	9.39	11.06
电气机械和器材制造业	Manufacture of Electrical Machinery and Equipment	11.96	9.65
计算机、通信和其他电子设备制造业	Manufacture of Computer Communications and other Electronic Equipment	26.74	4.52
仪器仪表制造业	Manufacture of Instrumentation	7.54	12.61
其他制造业	Other Manufacturing	3.85	11.12
废弃资源综合利用业	Manufacture of Recycling and Disposal of Waste	16.67	8.68
金属制品、机械和设备修理业	Manufacture of Metal Products, Machinery and Equipment Repair		
电力、燃气及水的生产和供应业	**Production and Supply of Electricity, Gas and Water**	**4.55**	**14.18**
电力、热力的生产和供应业	Production and Supply of Electric Power and Heat Power	2.17	14.06
燃气生产和供应	Production and Supply of Gas	0.00	18.05
水的生产和供应业	Production and Supply of Water	10.34	13.78

Continued

(%)

销售利税率 Percentage of Profit and Tax to Sales	资产负债率 Assets Liability Ratio	流动资产周转次数(次/年) Times of Turnover of Circulating Funds (times/year)	成本费用利润率 Ratio of Profits to Industrial Cost	产品销售率 Proportion of Products Sold	总资产贡献率 Ratio of Total Assets to Industrial Output Value
13.52	48.72	1.76	9.78	98.87	12.57
9.88	53.41	3.63	6.08	96.29	20.99
11.57	65.57	6.25	3.00	98.88	34.08
8.88	55.41	2.85	5.69	98.42	13.42
18.09	39.17	2.26	12.53	96.62	25.21
6.20	63.19	2.43	3.23	97.57	9.11
10.50	42.11	2.28	7.41	98.41	12.85
12.39	56.35	1.99	8.04	98.19	13.41
5.16	66.53	3.15	2.71	98.83	9.57
6.87	60.72	2.84	4.09	98.04	13.29
11.13	54.40	2.25	7.22	98.05	16.91
11.60	56.17	1.43	7.75	98.03	11.50
11.33	57.46	1.59	8.06	99.52	13.03
11.44	60.28	2.44	7.21	98.97	17.57
11.88	60.17	1.63	8.08	98.61	11.51
9.98	57.93	2.10	6.81	97.98	14.66
4.62	52.59	3.12	3.58	98.16	8.79
12.96	48.26	2.14	9.56	97.17	17.93
11.57	41.09	5.89	6.89	98.18	35.92
9.13	59.35	2.88	4.19	99.05	18.93
14.19	**64.69**	**4.53**	**8.84**	**99.90**	**11.94**
14.01	64.74	6.59	8.65	99.92	13.38
19.37	62.41	1.90	16.44	99.81	14.95
14.78	64.88	0.29	6.32	98.77	2.43

11-14 主要年份工业主要产品产量
Output of Main Industrial Products in Major Years

年份 Year	原煤（万吨） Coal (100000 tons)	发电量（亿千瓦时） Electricity (100 million kW·h)	钢材（万吨） Rolled Steel (10000 tons)	水泥（万吨） Cement (10000 tons)	农用化肥（万吨） Chemical Fertilizer (10000 tons)	布（亿米） Cloth (100 million m)	化学纤维（万吨） Chemical Fiber (10000 tons)	汽车（辆） Motor Vehicles (units)
1949	81.49	1.98	0.03	3.10	0.38	2.32		
1952	113.21	4.10	0.19	36.90	1.32	6.10		
1957	193.11	7.08	0.27	80.70	3.63	6.97		
1962	462.70	15.43	6.19	58.60	10.09	3.20		452
1965	485.66	25.78	18.48	103.00	20.25	6.76	0.54	2350
1970	699.17	49.96	18.36	163.12	28.21	9.60	0.52	7472
1975	1143.75	81.80	44.09	274.16	41.82	11.68	0.88	13932
1978	1707.02	126.42	60.31	444.10	72.18	14.06	2.11	15079
1980	1690.00	156.32	104.87	629.00	111.61	17.97	3.26	19624
1985	2193.85	234.48	145.18	1116.90	121.71	21.05	12.52	24474
1990	2407.79	404.47	203.01	1532.89	145.90	28.91	40.76	46291
1991	2470.55	441.20	247.76	1823.18	147.33	27.01	48.15	64045
1992	2457.76	481.15	387.51	2275.59	144.63	29.04	55.09	101009
1993	2505.53	536.84	466.02	2660.50	133.69	30.19	66.18	124334
1994	2503.44	631.90	674.19	3087.38	153.09	32.71	78.09	129957
1995	2650.72	700.41	787.89	3966.42	191.85	48.90	102.20	125197
1996	2606.52	756.87	795.58	4040.28	184.30	34.55	105.94	110157
1997	2506.01	777.00	856.79	4031.73	187.98	40.46	139.11	104801
1998	2378.53	754.27	933.63	3856.30	170.12	31.72	140.94	89828
1999	2291.97	787.06	1170.25	4378.32	171.27	31.76	170.06	91300
2000	2479.02	909.69	1401.83	4599.52	192.38	33.74	190.99	90636
2001	2451.14	986.64	1754.13	5135.59	187.62	32.91	219.75	97682
2002	2593.58	1116.56	2274.56	6035.29	205.02	37.28	261.22	168248
2003	2760.40	1277.88	2876.80	7225.14	190.90	37.61	303.76	212566
2004	2747.03	1539.49	3749.91	7993.22	227.22	42.74	377.81	243750
2005	2817.56	1789.53	4328.32	9579.15	284.63	53.97	458.49	305726
2006	3047.53	2216.40	5816.26	10880.77	254.66	64.95	665.14	274820
2007	2480.20	2674.43	7276.33	11787.42	259.93	64.20	803.35	269387
2008	2428.09	2776.85	7364.13	12683.21	255.83	74.55	790.67	330257
2009	2397.44	2928.21	7859.69	14434.14	317.34	78.97	894.50	506188
2010	2122.48	3358.98	9122.95	15647.46	241.96	88.46	1027.19	728700
2011	2100.27	3755.63	9994.01	14899.69	243.70	67.73	1123.80	803758
2012	2104.16	3928.35	10989.18	16777.87	267.15	80.34	1274.95	886959
2013	2011.18	4288.91	12398.00	17991.86	246.95	81.12	1296.33	1072024

11－15 规模以上工业企业主要产品生产、销售、库存（2013 年）
Main Indicators on Economic Benefit of above Designated Size Industrial Enterprises(2013)

单位：万吨　　(10000 tons)

产品名称	Item	年初库存 Stock at Year-beginning	本年生产 Production This Year	本年销售 Sales This Year	年末库存 Stock at Year-end
原煤	Coal	24.06	2011.18	604.87	26.65
天然原油	Crude Oil	1.40	201.46	191.82	1.46
原盐	Salt	74.67	698.87	684.82	67.12
精制食用植物油	Refined Edible Vegetable Oil	35.98	519.08	527.88	26.70
乳制品	Dairy Products	4.54	141.63	141.89	4.25
罐头	Canned Food	2.52	16.68	16.15	3.05
卷烟　（亿支）	Cigartetes　(100 million pieces)	4.96	1021.29	1012.67	13.56
化学纤维	Chemical Fiber	62.15	1296.33	1256.93	76.82
纱	Yarn	31.55	483.33	477.24	32.99
布　（亿米）	Cloth　(100 million m)	3.41	81.12	79.73	4.30
#棉布	Pure Cotton Cloth	1.71	50.73	49.65	2.40
棉混纺布（混纺交织布）	Blend Cloth	0.54	10.57	10.36	0.67
绒线（毛线）	Knitting Wool	1.35	12.22	12.11	1.45
毛机织物（呢绒）　（亿米）	Woollen Goods　(100 million m)	0.32	2.60	2.58	0.33
蚕丝	Raw Silk	0.04	2.09	2.06	0.06
蚕丝及交织机织物（含蚕丝≥50%）（亿米）	Silk Textiles (Silk≥50%) (100 million m)	0.10	1.03	1.03	0.10
人造板　（万立方米）	Manmade Board　(10000 cu. m)	109.63	4440.68	4384.38	160.41
汽油	Gasoline	2.10	451.95	451.46	2.57
煤油	Kerosene	1.70	244.84	245.52	1.01
燃料油	Fuel Oil	13.64	281.16	278.21	13.73
焦炭	Coke	55.37	2252.51	1090.68	78.47
硫酸（折 100%）	Sulphuric Acid(100%)	8.40	370.69	308.32	12.59
浓硝酸（折 100%）	Concentrated Nitric Acid(100%)	0.84	43.00	22.21	0.32
氢氧化钠（烧碱）（折 100%）	Caustic Soda (Sodium Hydroxide) (100%)	6.99	413.63	344.60	25.55
碳酸钠（纯碱）	Soda Ash(Sodium Carhonate)	5.33	325.40	323.45	5.90
农用化学肥料（折纯）	Chemical Fertilizers(100%)	4.71	246.95	245.19	6.17
#氮肥（折含 N 100%）	Nitrogen(N100%)	3.11	237.29	236.30	4.09
磷肥（折含 P_2O_5 100%）	Phosphate(P_2O_5 100%)	1.33	8.86	8.42	1.47
化学农药原药（折有效成分 100%）	Chemical Pesticides (100% effectiveness)	4.84	75.73	69.17	7.78
乙烯	Ethylene	0.54	145.90	5.56	0.45
合成洗涤剂	Synthetic Detergents	0.25	11.94	11.92	0.23
化学药品原药（化学原料药）	Chemical Medicines	0.56	14.31	13.37	1.28

11－15 续 表

单位:万吨 (10000 tons)

产品名称		Item		年初库存 Stock at Year-beginning	本年生产 Production This Year	本年销售 Sales This Year	年末库存 Stock at Year-end
橡胶轮胎外胎(轮胎外胎)	(万条)	Tires	(10000 turige)	799.59	10704.96	10507.32	981.43
水泥		Cement		288.66	17991.86	17881.38	398.32
平板玻璃	(万重量箱)	Peain Glass	(10000 wtcases)	467.38	5930.62	5883.35	484.48
生铁		Pig Iron		25.62	6690.62	2652.50	30.78
粗钢		Crude Steel		96.57	9286.16	3245.59	146.48
钢材		Rolled Steel		293.75	12398.00	11793.17	399.45
铁合金		Iron Alloy		5.47	107.18	109.37	3.16
十种有色金属		Ten Kinds of Nonferrous Metal		0.77	52.87	52.67	0.97
工业锅炉	(万蒸发量吨)	Industrial Boiler	(10000 steam-tons)	0.29	3.06	2.94	0.41
金属切削机床	(万台)	Metal-cutting Machine Tools	(10000 units)	0.76	9.69	9.58	0.87
#数控机床		Digital Machine Tools		0.18	2.35	2.32	0.21
大中型拖拉机	(万台)	Large and Medium Tractors	(10000 units)	0.85	9.92	9.16	1.62
汽车	(万辆)	Motor Vechicles	(10000 units)	4.28	107.20	107.94	3.54
#轿车		Cars		1.78	63.15	63.21	1.73
载货汽车		Trucks		0.79	12.12	12.47	0.43
摩托车整车	(万辆)	Motorcycles	(10000 units)	5.20	151.07	150.94	5.18
两轮脚踏自行车	(万辆)	Bicycles	(10000 units)	35.84	869.53	869.62	35.75
家用洗衣机	(万台)	Household Washing Machines	(10000 units)	188.84	1354.43	1417.16	109.06
家用吸尘器	(万台)	Vacuum Cleaners	(10000 units)	131.18	4278.59	4222.31	187.23
家用电冰箱	(万台)	Household Refrigerators	(10000 units)	40.57	1063.06	1060.28	43.04
家用电风扇	(万台)	Electric Fans	(10000 units)	22.06	180.61	182.21	20.46
房间空气调节器	(万台)	Air conditioners	(10000 units)	4.29	270.93	270.12	5.08
家用吸排油烟机	(万台)	Range Hoods	(10000 units)	3.02	28.52	28.44	3.11
程控交换机	(万线)	Programcontrollecl Switchboards	(10000 lines)		5.21	5.21	
#数字程控交换机		Digital Programcontrolled Switchboards			5.21	5.21	
微型电子计算机	(万台)	Micro Computers	(10000 units)	42.80	7520.65	7518.32	45.13
#笔记本计算机		Notebook PCS		32.47	6832.50	6828.19	36.78
打印机	(万台)	Printers	(10000 units)	2.83	143.77	143.44	3.14
集成电路	(亿块)	Integrated Circuits	(100 million pieces)	7.08	285.63	284.75	7.79
彩色电视机	(万台)	Color TV Sets	(10000 units)	15.46	1059.00	1049.71	24.74
照相机	(万台)	Cameras	(10000 units)	60.92	1576.15	1568.47	68.60
#数码照相机		Digital Cameras		51.12	1283.46	1280.82	53.76

主要统计指标解释

工业 指从事自然资源的开采，对采掘品和农产品进行加工和再加工的物质生产部门。具体包括：(1)对自然资源的开采，如采矿、晒盐、森林采伐等(但不包括禽兽捕猎和水产捕捞)；(2)对农副产品的加工、再加工，如粮油加工、食品加工、缫丝、纺织、制革等；(3)对采掘品的加工、再加工，如炼铁、炼钢、化工生产、石油加工、机器制造、木材加工等，以及电力、自来水、煤气的生产和供应等；(4)对工业品的修理、翻新，如机器设备的修理、交通运输工具(包括小卧车)的修理等。

1984 年以前农村的村及村以下办工业归属农业，1984 年以后划归工业。

国有及国有控股企业 指国有企业加上国有控股企业。国有企业是指企业全部资产归国家所有，并按《中华人民共和国企业法人登记管理条例》规定登记注册的非公司制的经济组织。1957 年以前的公私合营和私营工业，后均改造为国营工业，1992 年改为国有工业，这部分工业的资料不单独分列时，均包括在国有企业内。国有控股企业是对混合所有制经济的企业进行的"国有控股"分类。它是指这些企业的全部资产中国有资产(股份)相对其他所有者中的任何一个所有者占资(股)最多的企业。该分组反映了国有经济控股情况。

集体企业 指企业资产归集体所有，并按《中华人民共和国企业法人登记管理条例》规定登记注册的经济组织。是社会主义公有制经济的组成部分。包括城乡所有使用集体投资举办的企业，以及部分个人通过集资自愿放弃所有权并依法经工商行政管理机关认定为集体所有制的企业。

股份合作企业 指以合作制为基础，由企业职工共同出资入股，吸收一定比例的社会资产投资组建，实行自主经营，自负盈亏，共同劳动，民主管理，按劳分配与按股分红相结合的一种集体经济组织。

联营企业 指两个及两个以上相同或不同所有制性质的企业法人或事业单位法人，按自愿、平等、互利的原则，共同投资组成的经济组织。联营企业包括：国有联营企业指国有企业与国有企业间的联营；集体联营企业指集体企业与集体企业间的联营；国有与集体联营企业指国有企业与集体企业间的联营。

有限责任公司 指根据《中华人民共和国公司登记管理条例》规定登记注册，由两个以上，五十个以下的股东共同出资，每个股东以其所认缴的出资额对公司承担有限责任，公司以其全部资产对其债务承担责任的经济组织。

有限责任公司包括国有独资公司以及其他有限责任公司。

股份有限公司 指根据《中华人民共和国企业法人登记管理条例》规定登记注册，其全部注册资本由等额股份构成并通过发行股票筹集资本，股东以其认购的股份对公司承担有限责任，公司以其全部资产对其债务承担责任的经济组织。

私营企业 指由自然人投资设立或由自然人控股，以雇佣劳动为基础的营利性经济组织。包括按照《公司法》、《合伙企业法》、《私营企业暂行条例》规定登记注册的私营有限责任公司、私营股份有限公司、私营合伙企业和私营独资企业。

港、澳、台商投资企业 指企业注册登记类型中的港、澳、台资合资、合作、独资经营企业和股份有限公司之和。

外商投资企业 指企业注册登记类型中的中外合资、合作经营企业、外资企业和外商投资股份有限公司之和。

"三资"企业 系指港、澳、台商投资企业和外资企业的简称。

轻工业 指主要提供生活消费品和制作手工工具的工业。按其所使用的原料不同，可分为两大类：(1)以农产品为原料的轻工业，是指直接或间接以农产品为基本原料的轻工业。主要包括食品制造、饮料制造、烟草加工、纺织、缝纫、皮革和毛皮制作、造纸以及印刷等工业；(2)以非农产品为原料的轻工业，是指以工业品为原料的轻工业。主要包括文教体育用品、化学药品制造、合成纤维制造、日用化学制品、日用玻璃制品、日用金属制品、手工工具制造、医疗器械制造、文化和办公用机械制造等工业。

重工业 是指为国民经济各部门提供物质技术基础的主要生产资料的工业。按其生产性质和产品用途，可以分为下列三类：(1)采掘(伐)工业，是指对自然资源的开采，包括石油开采、煤炭开采、金属矿开采、非金属矿开采和木材采伐等工业；(2)原材料工业，指向国民经济各部门提供基本材料、动力和燃料的工业。包括金属冶炼及加工、炼焦及焦炭、化学、化工原料、水泥、人造板以及电力、石油和煤炭加工等工业；(3)加工工业，是指对工业原材料进行再加工制造的工业。包括装备国民经济各部门的机械设备制造工业、金属结构、水泥制品等工业，以及为农业提供的生产资料如化肥、农药等工业。

根据上述划分原则，修理业中以重工业产品为修理作业对象的划为重工业，反之划为轻工业。

工业总产值 是以货币表现的工业企业在一定时期内生产的已出售或可供出售工业产品总量，它反映一定时间内工业生产的总规模和总水平。它包括：在本企业内不再进行加工，经检验、包装入库(规定不需包装的产品除外)的成品价值，对外加工费收入，自制半成品、在产品期末初差额价值。工业总产值采用"工厂法"计算，即以工业企业作为一个整体，按企业工业生产活动的最终成果来计算，企业内部不允许重复计算，不能把企业内部各个车间(分厂)生产的成果相加。但在企业之间、行业之间、地区之间存在着重复计算。

轻重工业总产值的划分是按"工厂法"计算的，即一个工业企业生产的主要产品性质属于轻工业，则该企业的全部总产值作为轻工业总产值;如它的主要产品性质属于重工业,则该企业的全部总产值作为重工业总产值。

工业增加值 是指工业行业在报告期内以货币表现的工业生产活动的最终成果。

实收资本 指企业实际收到的投资人投入的资本。按投资主体可分为国家资本、集体资本、法人资本、个人资本、港澳台资本和外商资本等。

资产总计 指企业拥有或控制的能以货币计量的经济资源。包括各种财产、债权和其他权利。资产按其流动性划分为流动资产、长期投资、固定资产、无形及递延资产和其他资产。

(1)流动资产 指企业可以在一年内或者超过一年的一个生产周期内变现或耗用的资产合计。包括现金及各种存款、短期投资、应收及预付款项、存货等。

(2)固定资产 指企业固定资产净值、固定资产清理、在建工程、待处理固定资产损失所占用的资金合计。

(3)无形资产 指企业长期使用而没有实物形态的资产。包括专利权、非专利技术、商标权、著作权、土地使用权、商誉等。

负债合计 指企业承担的能以货币计量,将以资产或劳务偿付的债务。负债一般按偿还期长短分为流动负债和长期负债、递延税项等。

(1)流动负债 指企业在一年内或者超过一年的一个营业周期内需要偿还的债务合计,其中包括短期借款、应付及预收款项、应付工资、应交税金和应交利润等。

(2)长期负债 指企业在一年以上或者超过一年的一个营业周期以上需要偿还的债务合计,其中包括长期借款、应付债务、长期应付款项等。

所有者权益 指企业投资人对企业净资产的所有权。企业净资产等于企业全部资产减去全部负债后的余额,其中包括投资者对企业的最初投入,以及资本公积金、盈余公积金和未分配利润,对股份制企业即为股东权益。

固定资产原价 指企业在建造、购置、安装、改建、扩建、技术改造某项固定资产时所支出的全部货币总额。它一般包括买价、包装费、运杂费和安装费等。

固定资产净值 是指固定资产原价减去历年已提折旧额后的净额。

流动资产 是指可以在一年或者超过一年的一个营业周期内变现或者耗用的资产,包括现金及各种存款、短期投资、应收及预付货款、存货等。

主营业务收入 指企业销售商品、提供劳务及让渡资产信用权等日常活动中所产生的收入。

主营业务成本 指企业销售商品、提供劳及让渡资产信用权等日常活动而发生的实际成本。

主营业务税金及附加 企业日常活动应负担的税金及附加,包括营业税、消费税、城市维护建设税、资源税、土地增值税和教育费附加等。

利润总额 指企业实现的利润。

应交增值税 指企业在报告期内应交纳的增值税额。

资产负债率 该指标既反映企业经营风险的大小,也反映企业利用债权人提供的资金从事经营活动的能力。计算公式为:

资产负债率 = 负债总额/资产总额 × 100%

工业成本费用利润率 指在一定时期内实现的利润与成本费用之比,是反映工业生产成本及费用投入的经济效益指标,同时也是反映降低成本的经济效益的指标。计算公式为:

工业成本费用利润率(%) = 利润总额/成本及费用总额 × 100%

流动资产周转次数 指在一定时期内流动资产完成的周转次数,反映流动资产的周转速度。计算公式为:

流动资产周转次数 = 产品销售收入/全部流动资产平均余额

产品销售率 指报告期工业销售产值与同期全部工业总产值之比,是反映工业产品已实现销售的程度,分析工业产销衔接情况,研究工业产品满足社会需求程度的指标。计算公式为:

产品销售率(%) = 工业销售产值/工业总产值(现价) × 100%

Explanatory Notes on Main Statistical Indicators

Industry refers to the material production sector which is engaged in extraction of natural resources and processing or reprocessing of minerals and agricultural products, including (1) extraction of natural resources, such as mining, salt production, logging (but not including hunting and fishing); (2) processing and reprocessing of farm and sideline produces, such as rice husking, flour milling, wine making, oil pressing, cotton ginning, silk reeling, spinning and weaving, and leather making; (3) manufacture of industrial products, such as steel making, iron smelting, chemicals manufacturing, petroleum processing, machine building, timber processing; water and gas production and electricity generation and supply; (4) repairing of industrial products such as the repairing of machinery and means of transport(including cars).

Prior to 1984, the rural industry runed by villages and cooperative organizations under village was classified into agriculture. Since 1984, it has been grouped into industry.

(1) **State-owned and State-share holding Enterprises** State-owned enterprises refer to industrial enterprises where the means of production are all owned by the state. Joint state-private industries and private industries, which existed before 1957, have been transformed into state run industries. Statistics on these enterprises has been included in the state-owned industries since 1992 when separation of data was no longer necessary. State-share holding Enterprises refers to classification of "state-share holding" to the mixed-owned enterprises, which indicate that among the total assets of enterprises, the state assets (share) occupying the most part (share) than any other enterprises. Such group reflects the condition of share-holding of the state-owned economy.

(2) **Collective-owned Enterprises** refer to industrial enterprises where the means of production are owned collectively. It is part of sociolist public economy. It including urban and rural enterprises invested by collectives and some enterprises which were formerly owned privately but have been registered in industrial and commercial administration agency as collective units through raising fund from the public.

(3) **Share-holding Cooperative Enterprises** refer to economic units set up on cooperative basis, with funding partly from members of the enterprise and partly from outside investment, where the operation and management is decided by the members who also participate in the production. And the distribution of income is based both on work(labour input) and on shares(capital input).

(4) **Joint – operation enterprises** refer to economic units that established by joint investment by two or more corporate enterprises or institutions of the same or different types of ownership on voluntary, equal and mutual-beneficial basis. They include:

a) state-owned joint-operation enterprises(joint operation between state-owned enterprises);

b) collective joint-operation enterprises(joint operation between collective enterprises);

c) state-collective joint-operation enterprises(joint operation between state and collective enterprises).

(5) **Limited Liability Corporations** refer to economic units registered in accordance with the Regulation of the People's Republic of China on the Management of Registration of Corporations, with capitals from 2 to 49 investors, each investor bears limited liability to the corporation depending on the holding of shares, and the corporation bears liability to its debt to the maximum of its total assets. Limited Liability corporations State-owned Enterprises and othe limited liabliliy corporations.

(6) **Share-holding Corporations Ltd.** refer to economic units registered in accordance with the Regulation of the People's Republic of China on the Management of Registration of Corporate Enterprises, with total registered capitals divided into equal shares and raised through issuing stocks. Each investor bears limited liability to the corporation depending on the holding of shares, and the corporation bears liability to its debt to the maximum of its total assets.

(7) **Private Enterprises** refer to economic units invested or controlled(by holding the majority of the shares) by natural persons who hire labours for profit-making activities. Included in this category are private limited liability corporations, private share-holding corporations Ltd., private partnership enterprises and private sole investment enterprises registered in accordance with the Corporation Law, Partnership Enterprise Law and Tentative Regulation on Private Enterprises.

(8) **Enterprises with Funds form Hong Kong, Macao and Taiwan** refers to all industrial enterprises registered as the joint-venture, cooperative, sole(exclusive) investment industrial enterprises and limited liability corporations with funds from Hong Kong, Macao and Taiwan.

(9) **Foreign Funded Enterprises** refers to all industrial enterprises registered as the joint-venture, cooperative, sole(exclusive) investment industrial enterprises and limited liability corporations with foreign funds.

Sino-foreign Joint Vontures inculding Enterpries with Funds form Hong Kong, Macao and Taiwon, Foreign Funded Enterpries.

Light Industry refers to the industry that produces consumer goods and hand tools. It consists of two categories, depending on the materials used:

(1) Industries using farm products as raw materials. These are branches of light industry which directly or indirectly use farm products as basic raw materials, including the manufacture of food and beverages, tobacco processing, textile, clothing, fur and leather manufacturing, paper making, printing, etc.

(2) Industries using non farm products as raw materials. These are branches of light industry which use manufactured goods as raw-materials, including the manufacture of cultural, educational articles and sports goods. chemicals, synthetic fiber, chemical products for

daily use, glass products for daily use, metal products for daily use, hand tools, medical apparatus and instruments, and the manufacture of cultural and clerical machinery.

Heavy Industry refers to the industry which produces capital goods, and provides various sectors of the national economy with necessary material and technical basis. It consists of the following three branches according to the purpose of production or the use of products:

(1) Mining, quarrying and logging industry refers to the industry that extracts natural resources. Including extraction of petroleum, coal, metal and non – metal ores and logging.

(2) Raw materials industry refers to the industry that provides various sectors of the national economy with raw materials, fuels and power. It includes smelting and processing of metals, coking and coke chemistry, chemical materials and building materials such as cement, plywood, and power, petroleum refining and coal dressing.

(3) Manufacturing industry refers to the industry that processes raw materials. It includes machine building industry which equips sectors of the national economy, industries of metal structure and cement products, industries producing means of agricultural production, such as chemical fertilizers and pesticides.

According to the above principle of classification, the repairing trades which are engaged primarily in repairing products of heavy industry are classified into heavy industry while these engaged in repairing products of light in – dustry are classified into light industry.

Gross Industrial Output Value is the total volume of industrial products sold or available for sale in value terms which reflects the total achievements and overall scale of industrial production during a given period. It includes the value of the finished products, which are not to be further processed in the enterprises and have been inspected, packed and put in storage, the value of industrial services rendered to other units, and the changes in the value of the semi – finished products and products in process between the be – ginning and closing of the period. The gross industrial output value is calculated with "factory method". No double calculations are to be made within the same enterprise. However, double counting does occur among different enterprises.

Output value of light and heavy industries is based on the "factory" method. If the major products of an industrial enterprise are classified as light industry products, the entire gross output value of that enterprise is classified into the light industry; the same principle applies to heavy industry.

Value – added of Industry refers to the final results of industrial production of the industrial trade in money terms during the reporting period.

Acctually Received Capital refer main management capital actually received by enterprises used for long – term circulation, including state capital, collective capital, individual capital, Hong Kong Macao Taiwan capital and foreign capital.

Total Assets refer to all economic resources, owned or controlled by enterprises, that could be measured in monetary terms, including properties, creditors equity and other economic rights of all forms. Classified by the degree of equitability, total assets include current assets, long term investment, fixed assets, intangible assets and deferred assets, and other assets.

(1) Current assets (working capital) refer to assets which can be cashed in or spent or consumed in an operating cycle of one year or over one year, including cash, all kinds of deposits, short term investment, receivables, advance payment, stock, etc.

(2) Fixed assets refer to the net value of fixed assets, elearance of fixed assets, project under construction, fixed assets losses in suspense. These are corporations' fund holdings.

(3) Intangible assets refer to the assets without material form used by enterprises over a long time, such as patents, non – patent technologies, trade marks, copyright, land use right, business reputation, etc.

Total Liabilities refer to the debts, measured in monetary terms, that enterprises are responsible for repayment in the form of cash, assets or labour. Classified by terms of repayment, liability include liquid liabilities and long-term liabilities.

(1) Liquid liabilities (also called quick liabilities or immediate liabilities) refer to enterprises' total debt payable within an operating cycle of one year or over one year, including short term loans, payable and advance payments, wages payable, taxes payable and profit payable, etc.

(2) Long term liabilities refers to total debt payable within an operating cycle of one year or over one year, including long-term loans, payable liabilities, long-term payable, etc.

Creditors' Equity refers to investors ownership of net assets of the enterprise. It is equal to the total assets of the enterprise minus its total liabilities, including the primary input from investors, capital accumulation fund, surplus accumulation fund and undistributed profit. It is the shareholder's equity in share-holdting companies.

Original Value of Fixed Assets refers to the original value of all fixed assets owned by industrial enterprises, calculated at the cost paid at the time of purchase, installation, reconstruction, expansion, technical innovation and transformation of the said assets, which includes expenses on purchase, package, transportation, and installation, etc.

Net Value of Fixed Assets is obtained by deducting depreciation over years from the original value of fixed assets.

Working Capital (Current Current) refers to assets which can be cashed in or spent or consumed in an operating cycle of one year or over one year, which includes cash, various deposits, short term investment, and receivable payments, and advance payments, stock, etc.

Major Business Revenue refer to the revenue from the sales of products, service provided and transferring the usage right of assets ect in daily activities.

Cost of Major Business refers to the actual cost of products of industrial enterprises, service provided and transferring the usage right of assets ect in daily activities.

Tax and extra of Major Business refers to the tax and extra, including city maintenance and construction tax, operation tax, consumption tax, resources tax, extra charges for education and tax on land value added, which should be born by the enterprises.

Total Profits refer to the profits gained by the enterprises.

Value-added Tax Payable refers to the amount of the value added tax which should be paid by the enterprises in the reporting period.

Ratio of Debts to Assets reflect both the operation risk and the capability of the enterprise in making use of the capital from the creditors. It is calculated as follows:

Ratio of debts to assets (%) = (Total debts/total assets) × 100%

Ratio of Profits to Total Industrial Costs refers to the ratio of profits realized in a given period to the total costs in the same period, which reflects the economic efficiency of input cost and is calculated as follows:

Ratio of Profits to Total Industrial Cost (%) = (Total Profits/Total Costs) × 100%

Turnover of Working Capital refers to the number of times of turnover of working capital in a given period of time, which reflects the speed of the turnover of working capital and is calculated as follows:

Turnover of Working Capital (%) = (Sales Revenue of Products)/(Average Balance of Total Working Capital) × 100%

Ratio of Sales to Gross Output Value refers to the sales of industrial products to the gross industrial output value during the reference period, and is important in reflecting the linkage between production and sales and the extent of the needs of the society that has been met by the supply of industrial products. It is calculated as follows:

Ratio of Sales to Gross Output Value = [Industrial sales/Gross industrial output value (at current prices)] × 100%

12

建筑业

Construction

简 要 说 明

一、本篇资料的主要内容

本篇资料反映我省建筑业概况和发展情况。包括建筑业企业基本情况和生产经营情况。主要指标有企业个数、从业人员数、建筑业总产值、房屋建筑面积、劳动生产率等。

二、本篇资料的统计范围

根据建筑业发展的实际情况，建筑业统计范围从 2002 年年报起由原具有建筑业资质等级四级及四级以上的独立核算的建筑业企业调整为具有建筑业资质的独立核算建筑业企业。

三、本篇的资料来源及统计调查方法

本篇建筑业企业统计数据是根据国家统计局制定的《建筑业统计报表制度》整理汇总的。建筑业统计报表是各级统计部门根据当地实际情况，采取全面调查的方法布置、收集，由辖区内各资质内建筑业企业通过联网直报上报的统计数据。

Brief Introduction

I. Main Contents

Data in this chapter show the general situation and the development of the construction industry in Jiangsu. They cover the situation of production and management of the construction enterprises, including the number of enterprises; number of employed persons; gross output value of the construction industry; floor space of buildings under construction and labour productivity etc.

II. Scope of Statistics

In view of the development of the construction industry, starting from 2002 the scope of construction statistics has been adjusted to include all the construction enterprises of various types of ownership with qualification certificates and independent accounting systems, replacing the previous criteria that required construction enterprises of various types of ownership to have qualification certificates at or above Class 4 with independent accounting systems.

III. Sources of Data and Methods of Survey

Data on construction enterprises are collected in accordance with the *Reporting Form System of Construction Statistics* stipulated by the National Bureau of Statistics. The construction statistical reports are deployed and collected through comprehensive survey by each Bureau of statistics in accordance with real conditions of the enterprises, they are directly reported by qualified construction enterprises through internet.

12－1 建筑施工企业概况
Basic Statistics on Construction Enterprises

项目 Item	总计 Total	国有经济 State-owned	地方 Local-owned	部属 Central-owned	城镇集体经济 Urban Collective-owned	乡镇企业及其它经济 Rural and Township Enterprises and Others
企业单位个数（个）Number of Enterprises (unit)						
1985	2360	114	86	28	148	2098
1989	2408	175	144	31	204	2029
1990	2284	162	138	24	201	1921
1991	2316	173	147	26	209	1934
1992	2417	203	176	27	251	1963
1993	2810	308	273	35	429	2073
1994	3348	389	353	36	513	2446
1995	3426	406	370	36	505	2515
1996	3528	589	554	35	868	2071
1997	3546	564	525	39	884	2098
1998	3587	573	535	38	881	2133
1999	3994	550	514	36	980	2464
2000	3948	529	485	44	903	2516
2001	3872	469	424	45	631	2772
2002	4084	489	438	51	440	3155
2003	4267	358	322	36	326	3583
2004	5241	318	279	39	266	4657
2005	5909	556	524	32	220	5133
2006	6371	444	439	5	206	5721
2007	7017	453	449	4	204	6360
2008	8389	413	380	33	213	7763
2009	8664	391	362	29	181	8092
2010	8949	375	347	28	392	8182
2011	9164	392	359	33	380	8392
2012	9254	383	350	33	324	8547
2013	9709	389	355	34	321	8999
从事主营业务活动的从业人员平均人数（万人）The average number of employees engaged in principal Business (10000 persons)						
1985	124.09	17.60	13.82	3.78	14.05	92.44
1989	128.55	22.08	15.10	6.98	20.30	86.17
1990	124.31	21.53	15.24	6.29	23.94	78.44
1991	126.44	22.06	15.83	6.23	25.46	78.92
1992	143.44	24.67	17.66	7.01	30.07	88.70
1993	175.06	34.58	27.50	7.08	34.00	106.48
1994	212.17	44.60	31.60	13.00	34.37	133.20
1995	232.94	45.42	38.58	6.84	51.56	135.96
1996	220.71	59.55	52.14	7.41	55.26	105.90
1997	215.69	51.20	44.57	6.63	61.70	102.78
1998	232.32	50.52	42.22	8.30	83.97	97.83

12－1 续表 1 Continued 1

项 目 Item	总 计 Total	国有经济 State-owned	地 方 Local-owned	部 属 Central-owned	城镇集体经济 Urban Collective-owned	乡镇企业及其它经济 Rural and Township Enterprises and Others
1999	222.80	46.30	38.85	7.45	63.59	112.91
2000	221.48	43.85	36.41	7.44	59.73	117.9
2001	239.52	41.74	35.33	6.41	44.11	153.67
2002	251.36	45.96	39.26	6.70	30.27	175.13
2003	277.91	30.37	23.85	6.52	23.62	223.92
2004	305.64	30.06	23.31	6.75	15.84	259.74
2005	342.24	60.77	53.98	6.79	13.50	267.97
2006	379.77	50.24	48.44	1.80	17.49	312.04
2007	437.10	54.50	52.81	1.69	16.08	366.52
2008	488.67	44.49	34.90	9.60	22.22	421.96
2009	540.52	40.43	28.30	12.13	17.25	482.84
2010	598.98	40.23	31.09	9.14	34.48	524.27
2011	607.55	38.41	29.09	9.33	37.65	531.48
2012	700.96	40.23	29.74	10.49	38.89	621.84
2013	768.48	43.24	31.91	11.33	41.09	684.15
建筑业总产值 （亿元） Gross Output Value of Construction Enterprises （100 million yuan）						
1985	82.63	14.32	10.92	3.39	10.80	57.52
1989	142.05	30.94	9.52	11.42	23.97	87.14
1990	147.23	32.00	21.49	10.51	29.76	85.47
1991	176.21	37.84	26.04	11.80	34.35	104.02
1992	265.80	58.20	40.07	18.12	55.99	151.62
1993	449.99	104.73	82.40	22.33	86.87	258.40
1994	738.60	171.60	131.04	40.56	178.46	388.53
1995	998.11	257.36	207.39	49.97	259.76	480.98
1996	1049.42	377.92	318.79	59.13	253.63	417.88
1997	1102.12	352.86	294.21	58.65	308.08	441.18
1998	1224.42	335.16	272.55	62.61	387.29	501.97
1999	1338.46	343.12	282.03	61.09	346.97	648.37
2000	1546.17	376.59	308.3	68.29	377.31	792.27
2001	1859.41	414.58	339.7	74.88	284.9	1159.93
2002	2199.52	492.90	414.84	78.06	222.35	1484.27
2003	2794.94	345.39	258.10	87.29	194.75	2254.80
2004	3656.66	436.40	299.08	137.32	134.09	3086.17
2005	4368.95	865.07	727.50	137.57	154.46	3349.42
2006	5424.85	812.35	770.02	42.33	190.51	4421.99
2007	7010.57	1075.79	1038.81	36.98	222.50	5712.28
2008	8547.94	917.82	620.31	297.51	328.16	7301.96
2009	10264.92	981.35	618.32	363.03	291.15	8992.42
2010	12405.90	1206.68	703.69	502.99	668.42	10530.80
2011	15122.74	1411.67	799.54	612.13	955.45	12755.61
2012	18423.55	1595.37	951.82	643.55	1081.19	15746.99
2013	21712.16	1835.19	1053.99	781.20	1260.31	18616.66

12－1　续表 2　Continued 2

项　　目 Item	总　计 Total	国有经济 State-owned	地　方 Local-owned	部　属 Central-owned	城镇集体经济 Urban Collective-owned	乡镇企业及其它经济 Rural and Township Enterprises and Others
房屋建筑施工面积（万平方米） Housing Construction Area (10000 sq. m)						
1985	5570.32	619.94	536.58	83.36	690.92	4259.46
1989	5447.40	672.60	547.40	125.20	927.70	3847.10
1990	5240.98	699.10	580.30	118.80	1070.40	3471.48
1991	5711.13	778.71	660.44	118.27	1143.12	3789.30
1992	7780.32	1049.90	901.00	148.90	1688.30	5042.12
1993	10229.96	1801.32	1573.13	228.19	2045.54	6383.10
1994	13201.21	2356.00	2062.20	293.90	3269.60	7575.61
1995	16646.14	3470.96	3135.28	335.68	4621.48	8553.70
1996	15672.95	5032.00	4663.09	368.91	3723.69	6917.26
1997	16191.85	4407.38	4031.04	376.34	4344.53	7439.94
1998	17803.33	3831.67	3593.61	238.06	5887.35	8084.31
1999	18748.25	3830.22	3633.96	196.26	4710.61	10207.42
2000	21287.10	4096.75	3871.42	225.33	4982.85	12207.50
2001	24319.01	3706.55	3380.84	325.71	4060.51	16551.95
2002	27753.39	3669.91	3301.01	368.90	3113.95	20969.53
2003	33949.95	1893.32	1503.56	389.76	2369.63	29687.00
2004	43170.57	2815.09	2273.46	541.63	1655.20	38700.28
2005	52242.23	7706.17	7383.99	322.18	1966.09	42569.97
2006	63140.49	6553.90	6329.13	224.77	2248.13	54338.46
2007	79901.63	9386.76	9092.19	294.57	2833.32	67681.55
2008	90144.64	5437.75	4655.54	782.21	4115.15	80591.74
2009	99659.92	3580.73	2684.79	895.94	3416.26	92662.93
2010	119035.52	4465.90	3273.48	1192.42	5966.74	108602.88
2011	145451.48	6273.08	4486.17	1786.91	8661.59	130516.81
2012	166779.12	7006.79	5281.84	1724.95	8567.65	151204.68
2013	192982.11	8503.97	6522.56	1981.41	9972.88	174505.26
房屋建筑竣工面积（万平方米） Buildings Completed (10000 sq. m)						
1985	3527.20	272.55	245.03	27.52	382.94	2871.71
1989	3446.50	284.50	246.40	38.10	502.10	2659.90
1990	3307.93	354.40	302.20	52.20	617.00	2336.53
1991	3422.75	361.35	322.27	39.08	618.49	2442.91
1992	4387.99	446.60	395.90	50.70	837.40	3103.99
1993	5767.78	772.59	705.11	67.48	1077.09	3918.10
1994	9336.28	903.20	838.60	64.60	1620.00	6813.08
1995	8739.38	1304.03	1243.04	60.99	2056.55	5378.80
1996	8252.13	1946.38	1872.36	74.02	2141.69	4164.06
1997	8787.36	1678.84	1601.39	77.46	2600.34	4508.18
1998	9958.90	1748.46	1686.40	62.05	3497.35	4713.10
1999	10558.22	1692.42	1636.92	55.50	2751.61	6114.19

项　目 Item	总　计 Total	国有经济 State-owned	地　方 Local-owned	部　属 Central-owned	城镇集体经济 Urban Collective-owned	乡镇企业及其它经济 Rural and Township Enterprises and Others
2000	12329.65	1961.86	1896.93	64.93	2986.11	7381.68
2001	14268.89	1822.02	1718.15	103.87	2622.17	9824.70
2002	15478.58	1877.94	1773.00	104.94	1867.91	11732.73
2003	17730.02	879.14	786.81	92.33	1490.80	15360.08
2004	21756.82	1246.57	1084.82	161.75	1040.82	19469.43
2005	25391.86	3696.89	3526.71	170.18	1113.19	20581.78
2006	28715.39	2517.69	2448.11	69.58	1244.15	24953.55
2007	34992.20	3610.75	3505.88	104.87	1580.78	29800.67
2008	40272.98	2182.40	1948.24	234.16	2350.51	35740.07
2009	43307.52	1294.73	1063.59	231.15	1763.20	40249.59
2010	48560.07	1388.19	1034.71	353.48	2826.55	44345.33
2011	54650.20	1505.31	1291.08	214.23	4139.90	49004.99
2012	61241.69	1788.25	1539.63	248.62	3922.45	55530.99
2013	67932.37	2599.77	2236.71	363.06	4195.62	61136.98
房屋建筑面积竣工率（%） **Rate of Buildings Completed（%）**						
1985	66.2	44.0	45.7	33.0	55.4	67.4
1989	63.3	42.3	45.0	30.4	54.1	69.1
1990	63.1	50.7	52.1	43.9	57.6	67.3
1991	59.9	46.4	48.8	33.0	54.1	64.5
1992	56.4	42.5	43.9	34.0	49.6	61.6
1993	56.4	42.9	44.8	29.6	52.7	61.4
1994	70.7	38.3	40.7	22.0	49.5	89.9
1995	52.5	34.9	39.6	18.2	44.5	62.9
1996	52.7	38.7	40.2	20.1	57.5	60.2
1997	54.3	38.1	39.7	20.6	59.9	60.6
1998	55.9	45.6	46.9	26.1	59.4	58.3
1999	56.3	44.2	45.0	28.3	58.4	59.9
2000	57.9	47.9	49.0	28.8	59.9	60.5
2001	58.7	49.2	50.8	31.9	64.6	59.4
2002	55.8	51.2	53.7	28.4	60.0	56.0
2003	52.2	46.4	52.3	23.7	62.9	51.7
2004	50.4	44.3	47.7	29.9	62.9	50.3
2005	48.6	48.0	47.8	52.8	56.6	48.3
2006	45.5	38.4	38.7	31.0	55.3	45.9
2007	43.8	38.5	38.6	35.6	55.8	44.0
2008	44.7	40.1	41.8	29.9	57.1	44.3
2009	43.5	36.2	39.6	25.8	51.6	43.4
2010	40.8	31.1	31.6	29.6	47.4	40.8
2011	37.6	24.0	28.8	12.0	47.8	37.5
2012	36.7	25.5	29.1	14.4	45.8	36.7
2013	35.2	30.6	34.3	18.3	42.1	35.0

注：本表资料包括施工总承包和专业承包企业，不含劳务分包企业（下同）。

a) In this table, the data including general contract and specilized contract enterprises under construction, excluding labor divided contract (the same as in the following tables).

12-2 建筑业企业主要经济指标
Main Economic Indicators on Construction Enterprises

指标	Item	2000	2005	2010	2011	2012	2013
施工企业个数（个）	Number of Construction Enterprises (unit)	3948	5909	8949	9164	9254	9709
建筑业总产值（亿元）	Gross Product of Construction Industry (100 million yuan)	1546.17	4368.95	12405.90	15122.74	18423.55	21712.16
#建筑工程	Construction	1356.76	3914.22	11483.20	14136.16	17298.82	20229.72
安装工程	Installation	159.64	388.38	842.73	877.59	983.17	1306.60
固定资产折旧	Depreciation of Fixed Assets	18.58	40.51	78.94	90.01	115.67	
本年应付职工薪酬	Workers Salary Paid in this Year	236.62	652.55	1760.64	2199.71	2802.85	
工程结算税金及附加	Taxes and Added Taxes of Settle Accounts	36.18	120.40	357.45	433.76	531.08	
竣工产值（亿元）	Output Value of Completion (100 million yuan)	1142.69	3490.42	9851.91	11225.40	13857.12	16495.03
房屋建筑施工面积（万平方米）	Floor Space of Buildings under Construction (10000 sq. m)	21287.10	52242.23	119035.52	145451.48	166779.12	192982.11
#本年新开工	Newly Started Projects this Year	13398.70	31885.45	62250.40	69732.86	75120.88	85132.16
#投标承包面积	Floor Space of Bidding System	14987.55	45874.76	107026.96	127662.52	149296.98	174874.37
房屋建筑竣工面积（万平方米）	Floor Space of Completed Buildings (10000 sq. m)	12329.65	25391.86	48560.07	54650.20	61241.69	67932.37
自有施工机械设备总台数（万台）	Number of Owned Construction Machinery Equipments (10000 sets)	65.55	85.93	143.29	158.99	166.36	
自有施工机械设备总功率（万千瓦）	Total Power of Owned Construction Machinery Equipments (10000 kW)	756.70	1386.93	3058.54	3717.78	4015.20	
自有施工机械设备净值（亿元）	Net Value of Owned Construction Machinery Equipments (100 million yuan)	126.39	258.15	507.61	631.61	677.42	
从事主营业务活动的从业人员平均人数（万人）	The Average Number of Employees Engaged in Principal Business (10000 persons)	221.03	342.24	598.98	607.55	700.96	768.48
全员劳动生产率（元/人）	Overall Labor Productivity (yuan/person)	69953	127658	207117	248914	262833	282532
技术装备率（元/人）	Rate of Technical Equipment (yuan/person)	5718.23	7598.44	8577.83	10172.49	9151.80	
动力装备率（千瓦/人）	Rate of Power Equipment (kW/person)	3.42	4.08	5.17	5.99	5.42	
利润总额（亿元）	Total Profits (100 million yuan)	20.66	111.95	496.87	594.29	727.17	
利税总额（亿元）	Total Pre-tax Profits (100 million yuan)	58.67	237.95	875.72	1061.27	1297.41	

12－3 建筑业主要指标情况(2013 年)
Main Indicators of Construction Industry(2013)

项 目	Item	施工企业个数(个) Number of Construction Enterprises (unit)	建筑业总产值(亿元) Gross Product (100 million yuan)	建筑工程 Construction	安装工程 Installation	其他 Other	竣工产值(亿元) Completed Product (100 million yuan)
总计	**Total**	**9709**	**21712.16**	**20229.72**	**1306.60**	**175.84**	**16495.03**
按登记注册类型分	**Registration Status**						
内资企业	Domestic Funded Enterprises	9597	21604.09	20142.17	1286.26	175.65	16403.02
国有	State－owned Enterprises	237	933.56	763.42	162.22	7.92	478.66
集体	Collective－owned Enterprises	195	297.85	275.11	19.77	2.97	244.08
股份合作	Cooperative Enterprises	113	127.14	113.07	13.39	0.68	99.15
联营	Joint Ownership Enterprises	53	115.66	111.20	4.40	0.06	74.44
有限责任	Limited Liability Corporations	2482	9925.90	9332.81	504.35	88.74	7353.89
股份有限	Share-holding Corporations Limited	420	1903.42	1803.65	81.42	18.34	1593.25
私营	Private Enterprises	5988	7840.50	7288.97	494.80	56.73	6203.59
其他	Others	109	460.06	453.95	5.91	0.20	355.97
港澳台商投资企业	Enterprises with Fund from HongKong, Macco and Taiwan	54	48.75	43.05	5.70	0.00	48.31
外商投资企业	Foreign Funded Enterprises	58	59.31	44.50	14.64	0.18	43.69
按行业分	**Sector**						
房屋和土木工程建筑业	Building and Civil Engineering Construction	5659	19044.87	18560.19	324.41	160.27	14439.63
房屋工程	Building	3610	15980.83	15670.52	188.96	121.36	12203.18
土木工程	Civil Engineering	2049	3064.04	2889.67	135.45	38.91	2236.45
建筑安装业	Construction Installation	1695	1362.06	436.91	920.74	4.40	1018.63
建筑装饰业	Construction Decoration	1516	1012.58	989.37	17.39	5.82	807.33

12－3 续表 Continued

项目	Item	房屋建筑施工面积(万平方米) Floor Space of Buildings Under Construction (10000 m²)	#本年新开工 Newly Started Projects This Year	#投标承包面积 Floor Space of Bidding System	房屋建筑竣工面积(万平方米) Floor Space of Completed Buildings (10001 m²)	从事主营业务活动的从业人员平均人数(万人) The average number of employees engaged in principal Business (10000 persons)	全员劳动生产率(元/人) Overall Labor Productivity (yuan/person)
总计	**Total**	**192982.11**	**85132.16**	**174874.37**	**67932.37**	**768.48**	**282532**
按登记注册类型分	**Registration Status**						
内资企业	Domestic Funded Enterprises	192569.48	84997.62	174557.50	67725.48	765.36	282274
国有	State-owned Enterprises	2330.89	874.35	2312.00	618.55	19.11	488473
集体	Collective-owned Enterprises	2027.57	1113.70	1635.59	979.33	11.82	252011
股份合作	Cooperative Enterprises	558.21	276.86	428.33	254.54	4.18	304134
联营	Joint Ownership Enterprises	322.69	149.76	288.37	149.54	2.61	443814
有限责任	Limited Liability Corporations	96519.32	42643.33	90464.07	31825.86	332.78	298272
股份有限	Share-holding Corporations Limited	20555.69	8027.97	18548.24	7254.11	66.41	286609
私营	Private Enterprises	65936.01	30301.59	56747.34	25408.47	314.89	248992
其他	Others	4319.09	1610.05	4133.55	1235.07	13.56	339279
港澳台商投资企业	Enterprises with Fund from HongKong, Macco and Taiwan	220.81	71.19	178.70	143.04	1.60	304711
外商投资企业	Foreign Funded Enterprises	191.82	63.35	138.18	63.86	1.53	388916
按行业分	**Sector**						
房屋和土木工程建筑业	Building and Civil Engineering Construction	189771.61	83017.62	172206.33	67058.33	671.68	283542
房屋工程	Building	187262.35	81826.09	170272.66	66006.17	583.09	274071
土木工程	Civil Engineering	2509.27	1191.53	1933.67	1052.16	88.59	345884
建筑安装业	Construction Installation	1974.84	1020.00	1583.72	690.72	47.77	285136
建筑装饰业	Construction Installation	3.03	3.03	2.10	0.00	36.71	275811

12－4　按地区分建筑业企业主要指标

地　区 Region		建筑施工企业个数(个) Number of Construction Enterprises (unit)				从业人员期末人数(万人) Number of Employed Persons by the Final(10000 persons)			
		2010	2011	2012	2013	2010	2011	2012	2013
全　省	Total	8949	9164	9254	9709	591.77	620.90	740.20	764.47
南京市	Nanjing	1517	1579	1605	1687	60.35	64.85	77.39	83.82
无锡市	Wuxi	598	619	574	592	25.47	24.49	25.48	26.00
徐州市	Xuzhou	364	382	390	443	33.75	40.90	46.70	47.66
常州市	Changzhou	564	577	594	648	36.12	30.78	43.41	47.55
苏州市	Suzhou	1454	1479	1476	1481	56.28	54.62	54.79	51.81
南通市	Nantong	890	931	946	944	107.19	121.81	157.27	155.84
连云港市	Lianyungang	214	223	231	304	17.89	20.42	24.60	27.24
淮安市	Huaian	624	623	579	661	37.81	44.44	48.33	50.69
盐城市	Yancheng	668	692	709	746	42.41	43.77	51.43	47.69
扬州市	Yangzhou	743	728	763	758	70.70	69.32	79.14	88.20
镇江市	Zhenjiang	374	368	381	401	15.40	13.40	14.66	15.81
泰州市	Taizhou	640	656	673	687	66.67	55.51	79.76	84.39
宿迁市	Suqian	299	307	333	357	21.72	36.58	37.24	37.77
苏　南	Southern Jiangsu	4507	4622	4630	4809	193.63	188.14	215.73	224.98
苏　中	Middle Jiangsu	2273	2315	2382	2389	244.56	246.64	316.17	328.43
苏　北	Northern Jiangsu	2169	2227	2242	2511	153.58	186.12	208.30	211.06

Main Indicators on Construction Enterprises by Region

建筑业总产值(亿元) Gross Output Value of Construction (100 million yuan)				房屋建筑施工面积(万平方米) Floor Space of Building under Construction (10000 sq. m)				房屋建筑竣工面积(万平方米) Floor Space of Building Completed (10000 sq. m)			
2010	2011	2012	2013	2010	2011	2012	2013	2010	2011	2012	2013
12405.90	15122.74	18423.55	21712.16	119035.52	145451.48	166779.12	192982.11	48560.07	54650.20	61241.69	67932.37
1643.31	2006.60	2647.31	3065.41	10639.05	13479.02	16636.91	17620.98	3962.71	4288.39	5076.74	5966.00
499.50	540.61	570.69	644.06	4146.27	4192.57	4430.64	5240.57	1894.48	1864.70	1852.81	1707.49
535.72	648.07	881.66	1089.66	4872.40	5517.02	7702.88	9978.95	2530.61	2584.80	3247.33	3853.46
735.49	883.87	1050.20	1158.50	6225.53	7657.71	8765.07	10079.05	2659.14	2849.49	3067.89	3450.37
1275.58	1530.81	1743.71	1974.76	8323.86	10105.76	10999.47	12135.80	3344.18	3945.09	4056.02	4378.51
2731.22	3571.78	4423.51	5339.82	35745.28	49322.87	54420.45	61239.14	10912.19	12783.23	16294.79	16692.61
330.16	367.75	431.53	555.13	2637.24	3052.39	3451.11	5189.15	1454.53	1653.76	1584.53	2626.73
571.88	679.21	838.99	1032.10	6716.36	6083.98	8054.09	9914.49	3127.22	3411.01	3316.22	3437.43
649.44	814.79	945.45	1107.77	7030.32	8280.46	8942.53	10485.15	3120.42	4065.04	3979.24	4100.64
1553.43	1894.38	2241.78	2625.70	13578.07	15495.91	17651.69	21201.56	6749.26	7010.33	7507.02	8669.87
321.19	349.55	370.91	458.51	1682.19	1863.85	1904.81	2191.29	653.32	915.18	772.88	797.28
1264.10	1436.35	1751.16	2009.16	14830.48	16859.29	18977.08	21661.46	6755.31	7451.74	8317.65	9537.09
294.90	398.95	526.66	651.59	2608.46	3540.66	4842.38	6044.52	1396.69	1827.44	2168.58	2714.89
4475.07	5311.44	6382.81	7301.24	31016.90	37298.91	42736.91	47267.69	12513.83	13862.85	14826.34	16299.65
5548.74	6902.51	8416.46	9974.67	64153.83	81678.06	91049.22	104102.16	24416.77	27245.30	32119.45	34899.57
2382.10	2908.78	3624.28	4436.25	23864.79	26474.51	32992.99	41612.27	11629.47	13542.06	14295.89	16733.15

主要统计指标解释

建筑业统计单位 指从事房屋、构筑物建造、装饰装修、设备安装活动和工程准备、提供施工设备服务等其他建筑活动的、具有建筑业资质的法人企业。建筑业法人企业应同时具备的条件是:①依法成立,有自己的名称、组织机构和场所,能够承担民事责任;②独立拥有和使用资产,承担负债,有权与其他单位签订合同;③独立核算盈亏,能够编制资产负债表。

建筑业总产值(即自行完成施工产值) 是以货币表现的建筑业企业在一定时期内生产的建筑业产品和服务的总和。建筑业总产值包括:

(1)建筑工程产值:指列入建筑工程预算内的各种工程价值。

(2)安装工程产值:指设备安装工程价值,不包括被安装设备本身价值。

(3)其他产值:指建筑业总产值中除建筑工程、安装工程以外的产值。包括房屋、构筑物修理所完成的产值(不包括被修理的房屋、构筑物本身的价值)、非标准设备制造产值、总包企业向分包企业收取的管理费和不能明确划分的施工活动所完成的产值。

房屋建筑施工面积 指在报告期内施过工的全部房屋建筑面积,包括本期新开工的房屋面积、上期跨入本期继续施工的房屋面积、上期停缓建在本期恢复施工的房屋面积、本期竣工的房屋面积及本期施工后又停缓建的房屋面积。

房屋建筑竣工面积 指在报告期内房屋建筑按照设计要求全部完工,达到了住人和使用条件,经检查验收鉴定合格的房屋建筑面积。

自有施工机械设备年末总台数 指归本企业(或单位)所有,属于本企业(或单位)固定资产的直接用于工程施工的各种机械设备年末总台数。但不包括附属辅助生产机械设备、运输机械设备、生产试验机械设备的台数。

自有施工机械设备年末总功率 指本企业(或单位)自有施工机械设备年末总功率,按设定能力或查定能力计算。包括机械本身的动力和为该机械服务的单独动力设备,如电动机等。计算单位用千瓦,动力换算可按 1 马力 = 0.735 千瓦折合成千瓦数。电焊机、变压器、锅炉不计算动力。

工程结算收入 指企业承包工程实现的工程价款结算收入,以及向发包单位收取的除工程价款以外按规定列作营业收入的各种款项,如临时设施费、劳动保险费、施工机械调迁费等以及向发包单位收取的各种索赔款。

工程结算利润 指已结算工程实现的利润,如亏损以“ - ”号表示。计算公式为:

工程结算利润 = 工程结算收入 - 工程结算成本 - 工程结算税金及附加 - 经营费用

企业总收入 指与企业生产经营直接有关的各项收入,包括工程结算收入和其他业务收入。计算公式为:

企业总收入 = 工程结算收入 + 其他业务收入

从事主营业务活动的从业人员平均人数 指建筑业企业(或单位)报告期实际拥有的、与建筑施工活动有关的人员的平均人数,包括参加本企业(或单位)建筑施工活动的非本企业(或单位)人员,但不包括企业内部社会服务性机构的人员以及由本企业支付工资但所从事的工作与本企业生产基本无关的人员。

Explanatory Notes on Main Statistical Indicators

Statistical Unit in Construction refers to corporate enterprise engaged in the construction of buildings、structures in the installation of equipment and with constrution qualifications. A corporate constrnction enterprise should meet the following 3 requirements: ①being set up in line with relevant legal basis, having its full name, organization and location, and capable of taking civil liabilities; ② independently possessing and using its assets and assuming its liabilities, and entitled to sign contracts with other institutions; ③making independent accounts of its profits and losses, and capable of compiling its own balance sheet.

Gross Output Value of Construction (Output Value of Projects Under Construction) refers to total of construction products and services expressed in money terms, completed by construction enterprises during a given period of time. It includes:

(1) Output: value of construction projects, that is the value of projects covered by the project budgets;

(2) Output value of installation projects, that is the value of the installation of equipment (excluding the value of the equipment to be installed);

(3) Other Output Value refers to the total output of construction industry except the output value of constrution projects, output value of installation projects. It covered the output value of buildings and strucutres repairing (excluding the value of buildings and structures being repaired); output value of manufactured non-standard equipment; management expenses collected by general contracted enterprises from branch contracted enterprises, and the output value of const ruction activities which can't to be divided definitely.

Housing Construction area refers to floor space of buildings under construction during the reference period, including newly started buildings, buildings started earlier and continued during the reference period, and buildings suspended earlier but restarted during the reference period, buildings completed during the reference period, and buildings under construction and then suspended during the reference period.

Buildings Completed refers to the floor space of buildings that are completed in the reference period in accordance with the requirements of the design, up to the standard for putting them into use, and have been checked and accepted by concerned departments as qualified ones.

Total Number of Machinery and Equipment Owned by the End of Year refers to the number of machines and equipment owned by the enterprises, directly used the prodution by the end of the year, but not including auailiary, transport and test equipment.

Total Power of Machinery and Equipment Owned by the End of Year refers to the total power of machinery and equipment owned by the enterprises, including machinery and equipment for construction. The power of the machinery is calculated on basis of the designed or verified capacity, covering the power of the machinery/equipment and the separate power equipment serving the machinery/equipment (such as electric motors), but excluding welders, transformers and boilers. The unit used for the calculation of power is kilowatt, with horsepower converted to kilowatt by 1 horsepower = 0.735 kilowatt.

Income from Settlement of Projects refers to the income received by the construction enterprise from the contracted project through settlement procedures, and other charges to the contractoree as operational costs in addition to the value of the project, such as temporary facility fee, labour insurance premium, moving cost of construction equipment, as well as various types of claims to the contractee.

Profit from Settlement of Projects refers to profit realized through settled projects. It is calculated with the following formula:

Profit from Settlement of Projects = Income from Settlement of Projects – Settled Cost – Settled Taxes and Other Cost – cost of Operation.

Total Revenue of Enterprises refers to the sum of income from production and operation of enterprises, including income from settlement of projects and other operational income, namely:

Total Revenue of Enterprises = Income from Settlement of Projects + Other Operational Income.

The average number of employees engaged in principal Business refers to the average personnels actually held by construction enterprises (units) and related to construction activities in the reference period, including the personnels of other enterprises, who took part in the construction activities of these enterprises, but excluding the personnels of the inner social service institutions, and the personnels their wages were paid by the enterprises but did not take part in the construction activities basically.

13

运输、邮电

Transport, Postal and Telecommunication Services

简　要　说　明

本篇反映我省交通运输业和邮政、电信业发展情况。

一、交通运输邮政电信业部分的主要内容

1. 交通运输业资料主要包括：五种运输方式的线路里程、各种运输方式完成的货物运输量和旅客运输量，全社会港口码头泊位和通过能力，主要港口吞吐量以及民用车辆拥有量等资料。

2. 邮政电信业资料主要包括：邮电业务总量、业务收入情况，电信主要通信能力，邮电主要业务完成情况，邮政电信发展水平等资料。

二、交通运输邮政电信业部分的资料来源和相关说明

1. 铁路资料：由上海铁路局提供。范围是江苏境内国家铁路（含控股合资）、地方铁路和非控股合资铁路运营情况，不含军用铁路及由厂矿企事业单位自建的铁路专用线和专用铁道。

2. 公路、水运、港口资料：由江苏省交通运输厅以及南京港、连云港、南通港、苏州港提供。(1)公路和水路线路里程为年末通车和通航里程数，不含未正式投入使用的公路和航道里程；(2)民用车辆拥有量及机动车和汽车驾驶员人数，根据江苏省公安厅交通管理局登记注册的车辆资料和驾驶员资料整理，不含军用车辆，不含拖拉机数量。(3)公路营运汽车拥有量，根据各省辖市道路运输主管部门登记注册的从事公路运输的营业性运输车辆资料整理，从2010年起，不含出租车数量；(4)营业性运输船舶拥有量，根据各省辖市交通运输主管部门登记注册的从事水上客、货运输的营业性船舶资料整理，不含非运输船舶及农业、渔业生产船舶；(5)公路、水路客货运输量资料，由省交通运输厅负责收集整理；(6)公路、水路运输量统计包括全面调查和非全面调查两种方式，统计范围是在各省辖市交通运输主管部门登记注册的从事公路、水路客、货运输的营业性的车辆和船舶所完成的运输量，由交通部门组织实施。(7)规模以上港口的统计范围为年通过能力在1000万吨以上的沿海港口和200万吨以上的内河港口，以及从事外贸、集装箱装卸的港口，具体范围由交通运输部划定。江苏港口数量为15个，沿海1个，内河港口14个。

3. 管道运输资料：由中国石油化工股份有限公司徐州管道储运分公司提供。包括输原油、输成品油、输天然气及输其他气体的运输量。

4. 民航运输资料：由中国民航江苏安全监督管理局提供。统计对象为在江苏省境内注册从事民用航空运输飞行和通用飞行的航空运输企业和民用航空机场。统计范围为民航运输企业及东航公司从事国内运输、港澳台运输、国际运输的定期航班航线条数及里程、运输量及运营情况，飞行完成情况等。

5. 邮政电信资料：由江苏省邮政管理局和江苏省通信管理局提供。包括邮政企业和年业务收入200万元以上快递企业，以及所有从事电信运营的企业（即中国电信、中国移动、中国联通三家基础电信企业），不含专用网业务资料。邮电业务量按业务种类分为邮政业务量和电信业务量；按业务范围分为国内业务量和国际及港澳业务量（对台业务量统计在港澳中）。

Brief Introduction

Data in this chapter present the development of transportation, post and telecommunications in Jiangsu Province.

Ⅰ. Main Contents

1. Data on transport cover mainly the length of the routes of five means of transportation, freight traffic and passenger traffic accomplished by various means of transportation, number of berths and traffic capacity in all ports, volume of freight and passenger handled at major ports, and number of civil motor vehicles.

2. Data on business volume of post and telecommunication services, revenue from post and telecommunication services, telephone lines, tele-

graph lines and the possession of telecommunication facilities; business volume of postal and telecommunication services achieved; and the level of development of postal and telecommunication services.

Ⅱ. Scope of Statistics

1. Data on railway transportation: from Shanghai Railway Bureau. Including the operation and management of the national, local and joint-venture railways in Jiangsu Province but not including railways for military purpose, lines built by industrial and mining enterprises and special railways.

2. Data on highways, waterways and ports: from Jiangsu Provincial Communications Department and Nanjing, Lianyungang, Nantong. (1) The length of highways and waterways refer to the length open to traffic or navigation at the end of the year, but not including the highways and waterways under construction or not officially having been put into use. (2) Data on the possession of civil motor vehicles and the number of drivers are provided by the divisions of vehicle management under the provincial departments of public security, subordinate to the Traffic Management Bureau, Ministry of Public Security, but not including vehicles for military use. (3) Data on possession of highway vehicles are provided by the divisions of vehicle management under provincial departments of public security, which are subordinate to the Traffic Management Bureau, Ministry of Public Security, including vehicles for business use and non-business use. From 2010, possession of taxies are not included. (4) Data on possession of ships are provided by the divisions of navigation or ports management under municipal departments of communications, which are subordinate to the Ministry of Transport. However, fishing boats, boats for constructions in water and boats for military use are not included. (5) Data on passenger traffic and freight traffic by highways and waterways are collected and prepared by Jiangsu Provincial Communications Department. (6) Data on highway and waterway transportation are collected through both comprehensive reporting system and non-comprehensive reporting system. The statistical scope encompasses all the enterprises, institutional units and individuals (including joint-households) registered in municipal departments of communications and engaged in highway or waterway freight or passenger transport business. (7) Data on production capacity and handling capacity include the seaports handling cargo more than 1 million tons, inland river ports with turnover over 2 million tons and ports with operation in foreign trade and containing shipping. The specific scope are decided by the Administration of Transportation. There are 15ports in Jiangsu Province: 1 coastal port and 14 ports of inland rivers.

3. Data on pipeline transport: Data are from Xuzhou PSTC of China Petroleum & Chemical Corporation. The data on pipeline transport cover the volume transported of petroleum (crude oil) pipelines, petroleum products pipelines, natural gas pipelines and other gas pipelines.

4. Data on civil aviation transport: Data are from Jiangsu Provincial Bureau of Safety Administration of Civil Aviation. The targets of statistical collection are enterprises registered for engagement in civil aviation transport flights and flights for general purposes and civil airports in Jiangsu Province. The scope of statistics encompasses number of lines, mileage flown, transport volume, composition of the fleets operational situation of the airlines, performance of general purpose flights in respect of domestic transport, transport between China mainland and Hong Kong, Macao and Taiwan,

and international transport.

5. Data on post and telecommunications: Data are from JiangSu Provincial Postal Administration and Jiangsu Communication Administration. Data in this category include postal enterprises express delivery company with revenue above 2 million yuan and all telecommunication enterprises (i. e. the three major enterprises of telecommunication China Telecom, China Mobile and China Unicom), but exclude services provided through dedicated networks. The business volume of post and telecommunications is classified by type of business into postal and telecommunication services, and by customers into domestic service, international service, and service between the Mainland and Hong Kong, Macao (business volume of the service to Taiwan is covered in that for Hong Kong and Macao).

13－1 交通运输基本情况
Basic Statistics of Transport

指标	Item	2010	2011	2012	2013
运输线路长度（公里）	**Length of Transport Routes (km)**				
铁路营业里程	Railways in Operation	1908	2348	2348	2554
铁路正线延展长度	Extended Raitways	2922	3720	3725	4125
公路通车里程	Highways in Operation	150307	152247	154118	156094
#等级公路里程	Expressway and Class Ⅰ to Ⅳ Highway	141706	144113	146100	148263
#高速公路	Expressways	4059	4122	4371	4443
一级公路	Class Ⅰ Highways	9514	9949	10476	11283
二级公路	Class Ⅱ Highways	21328	21779	22144	22677
内河航道里程	Navigable Inland Waterways	24248	24272	24280	24315
输油管道里程	Petroleum Pipelines	5557	6067	6264	6299
公路桥梁（座）	Highway Bridges (unit)	64675	65815	67159	68306
公路桥梁长度（米）	Length of Highway Bridges (m)	2829872	2910978	3050891	3174281
客运量总计（万人）	**Total Passenger Traffic (10000 persons)**	**226627**	**247405**	**268371**	**152172**
铁路	Railways	9711	10598	11757	13435
公路	Highways	215850	235673	255358	135555
水运	Waterways	590	579	594	2454
民用航空	Civil Aviation	476	555	662	728
旅客周转量（亿人公里）	**Total Passenger-kilometers (100 million person-km)**	**1604.00**	**1777.80**	**1949.80**	**1451.14**
货运量总计（万吨）	**Total Freight Traffic (10000 tons)**	**188565**	**212594**	**231295**	**194048**
铁　路	Railways	6374	7282	7223	6806
公　路	Highways	123500	140803	153696	103709
水　运	Waterways	48702	54012	58639	70909
民用航空	Civil Aviation	5.46	6.08	6.69	6.67
输油管道	Petroleum Pipelines	9977	10491	11730	12617
货物周转量（亿吨公里）	**Total Freight Ton-kilometers (100 million ton-km)**	**6111.57**	**7514.00**	**8474.63**	**10536.84**
民用车辆拥有量（万辆）	**Possession of Civil Motor Vehicles (10000 coaches)**	**1381.88**	**1535.17**	**1604.18**	**1725.34**
#民用汽车拥有量	Civil Vehicles	567.71	688.38	813.12	954.38
#载客汽车	Passenger Vehicles	472.78	586.59	706.27	840.52
载货汽车	Trucks	72.50	82.39	89.29	96.79
#营运汽车	Motor Vehicles in Operation	76.26	82.08	82.15	94.65
#私人汽车	Private Vehicles	434.57	541.68	657.27	790.13
民用运输船舶拥有量（万艘）	**Possession of Civil Transport Vessels (10000 units)**	**4.90**	**4.93**	**4.88**	**4.77**
机动船	Motor Vessels	3.83	3.94	3.96	3.93
驳船	Barges	1.07	0.99	0.92	0.84
港口货物吞吐量（万吨）	**Volume of Freight Handled at Ports (10000 tons)**	**158977**	**180683**	**195417**	**213987**
#外　贸	Foreign Trade	23937	27865	31390	35160

注:1. 公路客运量2013年不包括公交车和出租车的运输量；
　2. 公路货运量2013年不包含农用车和拖拉机的运输量。

a) Highway passenger traffic of 2013 don't contain bus and taxi traffic.

b) Highway freight traffic of 2013 don't contain tractors and agricultural vehicles.

13－2 客 运 量

Passenger Traffic

单位:万人 （10000 persons）

年份 Year	总计 Total	铁路 Railway	公路 Highway	水运 Waterway	民用航空 Civil Aviation
1978	25621	2752	18694	4175	
1980	34002	3364	26463	4175	
1985	53935	4819	45751	3365	
1990	48339	4788	41850	1701	
1991	50264	4932	43764	1568	
1992	55400	5035	48748	1617	
1993	59666	5533	53331	797	5
1994	61104	5471	54930	677	26
1995	84803	5185	78947	623	48
1996	91870	4502	86801	499	68
1997	93684	4433	88826	341	84
1998	97033	4451	92215	273	94
1999	101000	4824	95564	504	108
2000	107244	4891	101713	514	126
2001	110713	5029	105105	430	149
2002	115889	5297	110139	284	170
2003	123462	5104	118046	147	165
2004	128516	5997	122218	91	210
2005	145204	6658	138287	37	222
2006	161425	7293	153824	27	280
2007	187241	7658	179206	27	350
2008	208237	8846	199008	32	351
2009	201262	9167	191001	686	408
2010	226627	9711	215850	590	476
2011	247405	10598	235673	579	555
2012	268371	11757	255358	594	662
2013	152172	13435	135555	2454	728

注：民用航空客运量仅指省内航空公司完成数。

a）The passenger traffic by civil aviation only referred to the fulfillment in our province.

13-3 旅客周转量
Turnover Volume of Passenger Traffic

单位:亿人公里 (100 million person-km)

年份 Year	总计 Total	铁路 Railway	公路 Highway	水运 Waterway	民用航空 Civil Aviation
1978	105.29	46.35	49.93	9.01	
1980	140.15	61.60	68.25	10.30	
1985	273.76	107.46	156.30	10.00	
1990	324.94	124.13	195.24	5.57	
1991	342.12	132.57	204.11	5.44	
1992	515.08	147.53	361.28	6.27	
1993	520.86	161.36	355.50	3.42	0.58
1994	541.09	166.94	367.98	3.28	2.89
1995	630.56	163.69	459.08	3.42	4.37
1996	647.73	143.85	495.70	2.51	5.67
1997	657.93	144.68	504.05	1.64	7.56
1998	680.02	141.15	527.62	1.12	10.13
1999	725.66	157.65	554.04	1.40	12.57
2000	776.25	165.87	594.48	1.45	14.45
2001	874.63	173.40	682.25	1.06	17.93
2002	924.31	183.80	719.08	0.70	20.71
2003	978.03	182.88	774.11	0.50	20.53
2004	1109.19	226.73	855.41	0.27	26.78
2005	1222.03	245.37	948.10	0.11	28.45
2006	1366.95	267.99	1062.61	0.10	36.25
2007	1596.06	309.83	1241.13	0.33	44.77
2008	1766.00	319.14	1400.80	0.37	45.69
2009	1423.33	311.29	1058.01	1.29	52.74
2010	1604.00	351.00	1196.59	1.50	54.00
2011	1777.80	398.10	1307.30	1.50	70.90
2012	1949.80	446.40	1418.40	1.40	83.60
2013	1451.14	505.88	847.28	3.97	94.01

13-4 货 运 量
Freight Traffic

单位:万吨 (10000 tons)

年份 Year	总计 Total	铁路 Railway	公路 Highway	水运 Waterway	内河 Inland Waterway	沿海、远洋 Seashipping	民用航空 Civil Aviation	输油管道 Petroleum Pipeline
1978	14626	3224	4488	6557	6557			357
1980	16527	3420	4427	6482	6452	30		2198
1985	46842	4037	23255	18117	18067	50		1433
1990	49399	4235	27904	15908	15809	99		1352
1991	49298	4078	27948	16064	15884	180		1208
1992	56953	4343	30730	20751	20533	218		1129
1993	66339	4344	35060	25915	25610	305		1020
1994	69470	4318	36899	27279	26920	359		974
1995	81830	4143	49578	27161	26728	433		948
1996	84666	4361	50571	28819	28429	390		915
1997	82290	4131	52441	24826	24424	402		892
1998	80429	3793	54328	21363	21059	304		945
1999	81529	3941	54803	21596	20045	1551		1188
2000	90436	4077	59056	25902	24275	1627		1395
2001	87505	4239	59058	22583	21030	1553		1622
2002	88588	4407	60299	22411	20681	1730		1468
2003	93511	4462	64321	23320	20845	2475		1405
2004	100093	4665	69058	24812	21239	3573		1554
2005	112909	5090	76301	29277	25061	4216		2236
2006	125114	5169	84319	32862	25779	7083		2759
2007	143805	5177	97473	37858	29567	8291	5.32	3292
2008	166322	5118	110302	42799	27154	15645	4.68	8098
2009	160967	6137	104002	42016	30221	11795	4.44	8807
2010	188558	6374	123500	48702	35713	12989	5.46	9977
2011	212594	7282	140803	54012	37783	16229	6.08	10491
2012	231295	7223	153696	58639	41007	17632	6.69	11730
2013	194048	6806	103709	70909	47559	23350	6.67	12617

注：民用航空货运量仅指省内航空公司完成数。
a) The Freight traffic by civil aviation only referred to the fulfillment in our province.

13－5 货 物 周 转 量
Turnover Volume of Freight Traffic

单位：亿吨公里 (100 million ton-km)

年份 Year	总计 Total	铁路 Railway	公路 Highway	水运 Waterway	内河 Inland Waterway	沿海、远洋 Seashipping	民用航空 Civil Aviation	输油管道 Petroleum Pipeline
1978	283.85	172.72	11.24	87.97	87.97			11.92
1980	382.77	186.31	11.45	93.56	91.51	2.05		91.45
1985	575.58	240.48	81.30	205.90	194.83	11.07		47.90
1990	730.22	297.44	154.01	233.65	209.53	24.12		45.12
1991	788.41	301.73	166.21	280.59	240.23	40.36		39.88
1992	963.94	333.85	179.92	400.78	361.87	38.91		49.39
1993	1193.87	346.49	235.07	578.01	520.51	57.50		34.30
1994	1246.12	372.13	243.33	598.02	523.21	74.81		32.64
1995	1376.88	393.51	281.04	670.75	585.84	84.91		31.58
1996	1412.56	380.09	289.44	712.33	635.20	77.13		30.70
1997	1370.63	355.73	303.40	681.42	617.18	64.24		30.08
1998	1353.23	343.41	316.14	661.85	579.51	82.34		31.71
1999	1400.55	342.65	319.75	704.01	436.89	267.12		33.91
2000	1505.57	371.32	340.72	746.39	463.17	283.22		46.84
2001	1524.96	371.97	340.73	757.58	489.01	268.57		54.37
2002	1549.12	377.17	351.95	770.03	395.05	374.98		49.63
2003	1817.44	408.69	365.01	995.34	444.98	550.36		47.97
2004	2398.64	434.72	386.91	1523.63	468.13	1055.50		52.87
2005	3068.88	480.49	459.18	2056.90	631.98	1424.92		71.73
2006	3644.79	497.42	542.09	2515.09	583.94	1931.15		89.54
2007	4099.16	424.00	638.59	2930.08	634.65	2295.43	0.74	105.75
2008	4707.74	346.50	723.60	3179.30	598.29	2581.01	0.67	457.67
2009	5154.46	323.90	971.13	3372.05	638.45	2733.60	0.64	486.74
2010	6111.57	336.86	1149.10	4095.70	694.11	3401.59	0.78	529.13
2011	7513.99	398.57	1315.27	5236.91	748.30	4488.61	0.84	562.40
2012	8474.64	391.53	1452.45	6052.95	823.60	5229.35	0.91	576.80
2013	10536.84	373.17	1790.40	7753.02	1336.55	6416.46	0.95	619.30

注：民用航空货物周转量仅指省内航空公司完成数。

a) The turnover volume of freight traffic by civil aviation only referred to the fulfillment in our province.

13-6 全社会港口码头泊位和通过能力

指　标	Item	2010 合　计 Total	沿海港口 Coastal Ports	内河港口 Ports of Inland Rivers
生产用码头泊位	Number of Berths of Ports			
泊位个数　（个）	Number of Berths　(unit)	7304	130	7174
泊位长度　（米）	Length of Ports Line　(m)	424145	15577	408568
泊位年通过能力	Comprehensive Traffic Capacity			
货物　（万吨）	Freight　(10000 tons)	128836	8242	120594
旅客　（万人）	Passenger　(10000 persons)	993		
非生产用码头泊位	Ports for Nonproductive Use			
泊位个数　（个）	Number of Berths　(unit)	56		
泊位长度　（米）	Length of Ports Line　(m)	3481		

13-7 主要港口吞吐量

港口名称	Ports	2010 旅客吞吐量(万人) Passenger (10000 persons)	货物吞吐量(万吨) Freight (10000 tons)
总　计	**Total**	**13.51**	**158976.79**
沿海港口	Coastal Ports	13.51	15139.59
#连云港	Lianyungang	13.51	13506.39
内河港口	Ports of Inland Rivers		143837.19
#长江干流水系	Yangtze River Mainstream System		101983.90
长江支流水系	Yangtze River Tributary System		8334.92
京杭运河水系	Jinghang Canal System		24819.03
淮河水系	Huaihe River System		5651.36

Number of Berths and Traffic Capacity in All Ports

2011			2012			2013		
合　计 Total	沿海港口 Coastal · Ports	内河港口 Ports of Inland Rivers	合　计 Total	沿海港口 Coastal Ports	内河港口 Ports of Inland Rivers	合　计 Total	沿海港口 Coastal Ports	内河港口 Ports of Inland Rivers
7239	129	7110	7300	136	7164	7546	133	7413
431056	16833	414223	443396	18697	424699	466125	19830	446295
138120	10381	127739	148097	12364	135733	159563	13369	146194
993			992			992		
56			53			56		
3481			3175			3569		

Volume of Freight and Passenger Handled at Major Ports

2011		2012		2013	
旅客吞吐量(万人) Passenger (10000 persons)	货物吞吐量(万吨) Freight (10000 tons)	旅客吞吐量(万人) Passenger (10000 persons)	货物吞吐量(万吨) Freight (10000 tons)	旅客吞吐量(万人) Passenger (10000 persons)	货物吞吐量(万吨) Freight (10000 tons)
14.16	180683.31	12.19	195417.07	12.18	213986.54
14.16	19785.11	12.19	23245.41	12.18	26919.33
14.16	16628.02	12.19	18527.53	12.18	20165.06
	160898.20		172171.66		187067.21
	115554.05		126369.77		135756.00
	8933.75		9906.08		10383.39
	26938.26		26445.54		29323.95
	6517.14		6807.42		8994.85

13－8 全省民用车辆拥有量(2013 年)
Number of Civil Motor Vehicles(2013)

单位:辆 (coach)

指标	Item	总计 Total	#营运 Working	#进口 Import	#个人 Individual
合计	**Total**	**16492846**	**1387394**	**419240**	**14744726**
汽车	Civil Vehicles	9543821	946552	418216	7901333
载客汽车	Passenger Vehicles	8405278	165963	416148	7294560
#大型	Large Scale	92629	67681	780	1379
中型	Medium Scale	96904	9706	2881	42158
小型	Small Scale	8017180	88356	405528	7067836
#轿车	Cars	6179506	85888	233030	5546187
载货汽车	Trucks	967900	689569	1086	488352
#重型	Heavy Scale	343494	311782	627	141035
中型	Medium Scale	171228	127372	17	74262
轻型	Light Scale	451444	249886	442	271687
#普通载货	Ordinary Trucks	504794	311577	419	287520
其他汽车	Other Vehicles	170643	91020	982	118421
#三轮汽车	Tricycle Motors	80163	64738		78271
低速汽车	Lowspeed Vehicles	20175	15230	9	18775
摩托车	Motor	6853757	347414	995	6814148
#普通	Ordinary Motor	6697655	347212	981	6658204
轻便	Light Motors	156102	202	14	155944
挂车	Freight Trailers	95235	93417	29	29238
其他类型车	Other Motor Vehicles	33	11		7
拖拉机	Tractors	760582			

注:合计数中不含拖拉机数量。

a) Total do not include number of tractors.

13－9 个人车辆拥有量
Number of Private-owned Vehicles

单位:辆 (coach)

指标	Item	2005	2010	2011	2012	2013
合计	**Total**	**8778943**	**12401784**	**13030125**	**13624122**	**14744726**
民用汽车	Civil Vehicles	1474688	4345668	5416833	6572682	7901333
载客汽车	Passenger Vehicles	942143	3839416	4881307	6005133	7294560
#大型	Large Scale	905	1982	2147	1910	1379
轿车	Cars	607462	2886147	3696667	4559240	5546187
载货汽车	Ordinary Trucks	146146	328679	391099	443303	488352
#重型	Large Scale	17523	84235	107613	124053	141035
其他汽车	Other	386399	177573	144427	124246	118421
摩托车	Motors	7045361	8037707	7590819	7025815	6814148
挂车	Freight Trailers	4756	18404	22467	25625	29238

13－10 全省公路运输汽车拥有量
Number of Transport Motor Vehicles

单位:辆 (coach)

指 标	Item	2005	2010	2011	2012	2013
合 计	**Total**	**410338**	**790417**	**696443**	**659825**	**774126**
载客汽车	Passenger Vehicles					
辆数	Number	86038	39614	40935	44221	44005
客位 (万客位)	Seats (10000 seats)	124	145	155	164	162
载货汽车	Trucks					
辆数	Number	324300	750803	655508	615604	727784
#普通载货汽车	Ordinary Trucks	309874	520226	517568	535764	506945
吨位 (万吨)	Tonnages (10000 tons)	148	475	482	525	579
#普通载货汽车	Ordinary Trucks	130	380	387	402	280

13－11 全社会运输船舶拥有量
Number of Transport Vessels

指 标	Item	2012			2013		
		数量(艘) Number (unit)	载客量(客位) Passenger Capacity (seat)	净载重量(万吨位) Dead Weight Tonnage (10000 tons)	数量(艘) Number (unit)	载客量(客位) Passenger Capacity (seat)	净载重量(万吨位) Dead Weight Tonnage (10000 tons)
总 计	**Total**	**48818**	**41121**	**3984.93**	**47772**	**61914**	**4313.19**
#内河船舶	Inland Waterway Vessels	47532	40593	2350.60	46397	61399	2632.70
沿海船舶	Coastal Vessels	1148	528	771.94	1224	515	722.82
远洋船舶	Oceanic Vessels	138		862.39	151		957.67
#机动船	Motor Vessels	39645	41121	3624.13	39378	53534	3935.47
客船	Passenger Ships	227	16197	1.16	312	28445	3.64
客货船	Passenger Cargo Ships	60	24924	1.29	62	25089	12536.00
货船	Cargo Ships	38193		3621.68	37830		3930.57
拖轮	Tugboats	1165			1188		
驳船	Cargo Barges	9173		360.80	8396		377.72

13－12 分市交通运输基本情况(2013 年)

指　标	Item	南京市 Nanjing	无锡市 Wuxi	徐州市 Xuzhou	常州市 Changzhou
运输线路	**Transport Routes**				
公路通车里程　（公里）	Highways in Operation　(km)	11131	7655	16332	8847
#等级公路里程	Expressway and Class Ⅰ to Ⅳ Highway	10166	7655	15207	8795
#高速公路	Expressways	539	274	441	268
一级公路	Class Ⅰ Highways	917	840	1137	950
二级公路	Class Ⅱ Highways	1427	1689	1522	1242
内河航道里程　（公里）	Navigable Inland Waterways　(km)	630	1578	909	1089
公路桥梁　（座）	Highway Bridges　(unit)	2132	4051	4812	2783
公路桥梁长度　（米）	Length of Highway Bridges　(m)	167968	251585	223593	185667
客运量	**Passenger Traffic**				
公路　（万人）	Highways　(10000 persons)	10493	7152	14814	6657
水运　（万人）	Waterways　(10000 persons)	19	403		461
民用航空　（万人）	Civil Aviation　(10000 persons)	1501	359	111	153
货运量	**Freight Traffic　(10000 tons)**				
公路　（万吨）	Highways　(10000 tons)	10912	11579	15455	9620
水运　（万吨）	Waterways　(10000 tons)	16459	2253	4796	1921
民用航空　（吨）	Civil Aviation　(tons)	255788	87641	6298	15251
机动车拥有量　（万辆）	**(10000 coaches)**	**176.90**	**148.60**	**143.86**	**105.86**
#机动汽车拥有量	Civil Vehicles	140.41	114.67	68.41	76.53
#载客汽车	Passenger Vehicles	129.99	104.16	53.22	68.84
载货汽车	Trucks	9.31	9.82	12.14	7.28
#营运汽车	Motor Vehicles in Operation	9.85	8.83	12.76	3.37
#私人汽车	Private Vehicles	117.72	89.60	59.08	62.02
全社会船舶拥有量（万艘）	**Number of Transport Vessels　(10000 units)**	**1815**	**1591**	**4272**	**2094**
机动船	Motor Vessels	1697	1529	1146	2039
驳船	Barges	118	62	3126	55
港口货物吞吐量　（万吨）	**Volume of Freight Handled at Ports　(10000 tons)**	**21106**	**20881**	**8226**	**8177**
#外　贸	Foreign Trade	2204	1499		534

Basic Statistics of Transport by Region (2013)

苏州市 Suzhou	南通市 Nantong	连云港市 Lianyungang	淮安市 Huaian	盐城市 Yancheng	扬州市 Yanzhou	镇江市 Zhenjiang	泰州市 Taizhou	宿迁市 Suqian
12608	17995	11771	12930	19141	10415	7201	9335	10731
12608	17924	11679	12040	17122	9155	7201	9317	9395
550	298	349	401	322	318	182	256	245
1672	1067	482	517	1271	380	782	811	458
4044	1571	1950	1482	2598	1263	901	1413	1576
2760	3522	1114	1402	4344	2171	597	2550	837
9526	7770	2960	3495	15427	4732	1259	6090	3269
494805	294952	211820	168954	481960	188134	95601	253497	155746
39050	9833	5381	8296	9284	4746	4418	8809	6623
534	582	49	3		23		380	
	68	56	40	35	61			
10799	10137	7554	5076	4639	5924	6290	2265	3458
992	6871	1610	5218	8826	4604	1252	14106	2000
	21594	1463	2529	3035	3076			
264.55	**205.95**	**79.20**	**87.10**	**133.61**	**92.07**	**62.91**	**100.85**	**121.00**
210.57	83.75	32.21	29.47	47.60	41.94	33.74	40.51	32.16
193.63	76.33	24.36	23.74	39.39	36.18	30.05	35.41	23.01
15.65	6.74	6.08	4.88	6.75	5.20	3.33	4.43	4.97
14.34	5.99	5.63	4.90	6.70	5.87	3.28	4.91	8.18
173.04	71.66	27.01	24.52	40.28	34.94	28.00	33.63	28.57
428	**1670**	**1815**	**3601**	**13644**	**3126**	**566**	**10876**	**2276**
386	1435	1487	3059	11318	2899	494	10786	1103
42	235	328	542	2326	227	72	90	1173
50939	**24445**	**20870**	**6508**	**7825**	**9050**	**15907**	**17938**	**2116**
10949	4538	10599		501	404	2653	1280	

13－13 邮电业务基本情况
Basic Conditions of Post and Telecommunication Services

指标	Item	2010	2011	2012	2013
邮电业务总量 （亿元）	Business Volume of Postal & Telecommunication Services (100 million yuan)	2194.60	974.30	1120.37	1252.18
邮政业务总量	Postal Services	188.30	145.50	205.75	269.60
电信业务总量	Telecommunicatoin Services	2006.33	828.80	914.62	982.58
邮电业务收入 （亿元）	Revenue from Post and Telecommunication Services (100 million yuan)	789.20	882.60	1000.48	1107.62
邮政业务收入	Postal Revenue	111.10	133.10	178.75	233.10
电信业务收入	Telecommunication Revenue	687.11	749.50	821.73	874.52
函件 （亿件）	Letters (100 million pcs)	9.36	9.45	8.95	7.61
包件 （万件）	Parcels (10000 pcs)	401.40	422.14	416.80	407.20
快递 （万件）	Special Express (10000 pcs)	23796.50	38500.00	63870.50	98415.50
报刊期发数 （万份）	Newspapers and Magazines Circulation (10000 pcs)	1091.63	1198.65	1168.04	1243.86
长途电话通话量 （万分钟）	Long-distance Calls (10000 minutes)	582494	477714	433597	360575
移动短信业务量 （亿条）	Short Message Services (100 million messages)	680.80	689.71	633.31	581.54
年末固定电话用户 （万户）	Fixed Telephone Subscribers at Year-end (10000 subscribers)	2498.80	2370.94	2387.20	2289.81
#城市	Urban	1527.80	1392.53	1341.00	1275.85
乡村	Rural	971.00	978.41	1046.20	1013.95
#住宅电话用户	Household Fixed Telephone Subscribers	1759.01	1658.28	1574.00	1471.05
城市	Urban	949.11	856.17	733.70	655.55
乡村	Rural	809.90	802.11	840.30	815.50
年末移动电话用户 （万户）	Mobile Telephone Subscribers at Year-end (10000 subscribers)	5923.10	6684.83	7471.40	7941.95
固定宽带接入用户 （万户）	Fixed Broadband Users (10000 subscribers)	1062.20	1221.19	1406.40	1431.35
邮政局所 （个）	Number of Post Offices (unit)	2540	2508	2470	2414

13－13 续表 Continued

指标	Item	2010	2011	2012	2013
邮路及农村投递路线总长度（万公里）	Length of Postal Routes and Rural Delivery Routes (10000 km)	32.64	33.00	33.32	32.98
#汽车邮路	Highway Routes	5.91	5.67	6.11	6.70
铁路邮路	Railway Routes	0.59	0.58	0.58	0.12
长途电话业务电路（2M）	Long Distance Telephone Lines (2M)	14046	12954	6000006	7201820
局用电话交换机容量（万门）	Capacity of Local Office Telephone Exchanges (10000 lines)	4288	2197.81	3768.00	3346.30
移动电话交换机容量（万门）	Capacity of Mobile Telephone Exchanges (10000 lines)	8795	9536	9666	10357
固定长途电话交换机容量（万路端）	Capacity of Long-distance Fixed Telephone Exchanges (10000 circuits)	110	110	110	38
长途光缆线路长度（公里）	Length of Long Distance Optical Cable Lines (km)	33034	33318	32820	35864
邮政通信水平	**Level of Postal and Telecommunication**				
每局所服务面积（平方公里）	Per Bureau (Office) Service Area (sq. km)	40.39	40.91	41.53	42.50
人均邮电业务量（元/人）	Per Capita Business Volume of Post (yuan/person)	2788.95	1225.50	1414.61	1577.15
每百人平均函件量（件/百人）	Number of Letters Mailed Per 100 Persons (unit/100 persons)	1189.00	1198.53	1053.89	958.49
每百人平均订阅报刊量（份/百人）	Number of Newspaper and Magazine Subscribed Per 100 Persons (unit/100 persons)	13.87	15.23	13.76	15.66
每百人平均包件（件/百人）	Number of Parcels Per 100 Persons (unit/100 persons)	5.10	5.36	4.91	5.12
每百人长途电话时长（分钟/百人）	Number of Long Distance Telephone Calls Per 100 Persons (minute/100 persons)	7323.38	6047.00	5474.72	4541.81
每百人移动短信量（条/百人）	Number of Short Messages Per 100 Persons (unit/person)	86517	87305	79964	73251
电话普及率（部/百人）	Popularization Rate of Telephones (unit/100 persons)	109.00	115.08	125.00	188.87
固定电话普及率	Popularization Rate of Fixed Telephones	32.35	30.13	30.00	28.84
移动电话普及率	Popularization Rate of Mobile Telephones	76.68	84.95	95.00	100.03

注：2008 年起邮政业业务总量、邮政业业务收入及快递包含国有、民营、外资各类企业的快递业务活动；2011 年起，电信由 2000 年不变单价调整为 2010 年不变单价。

a) Postal services, postal revenue and express services contain express state-owned, services of private and foreign enterprises from 2008; telecommunication Revenue is caculated at 2010 constant prices ratner than 2000 constant prices.

13－14　分市邮电业务基本情况(2013 年)

指　　标	Item	南京市 Nanjing	无锡市 Wuxi	徐州市 Xuzhou	常州市 Changzhou
邮电业务总量　（亿元）	Business Volume of Postal & Telecommunication Services (100 million yuan)	187.63	141.35	78.46	87.44
邮政业务总量	Postal Services	47.40	28.60	11.80	17.10
电信业务总量	Telecommunicatoin Services	140.23	112.75	66.66	70.34
邮电业务收入　（亿元）	Revenue from Post and Telecommunication Services (100 million yuan)	163.57	125.80	69.40	79.48
邮政业务收入	Postal Revenue	39.80	24.80	10.50	16.80
电信业务收入	Telecommunication Revenue	123.77	101.00	58.90	62.68
函件　（亿件）	Letters (100 million pcs)	1.02	0.71	0.26	0.77
包件　（万件）	Parcels (10000 pcs)	64.85	39.25	22.99	24.81
快递　（万件）	Special Express (10000 pcs)	19728.90	11301.50	3104.00	5711.30
报刊期发数　（万份）	Newspapers and Magazines Circulation (10000 pcs)	168.72	170.83	73.19	113.89
年末固定电话用户　（万户）	Fixed Telephone Subscribers at Year-end (10000 subscribers)	305.66	229.52	161.01	160.80
#城市	Urban	252.20	119.37	95.52	89.36
乡村	Rural	53.46	110.15	65.50	71.44
#住宅电话用户	Household Fixed Telephone Subscribers	158.43	137.79	112.84	95.02
年末移动电话用户　（万户）	Mobile Telephone Subscribers at Year-end (10000 subscribers)	992.27	815.16	727.18	523.07
固定宽带接入用户　（万户）	Fixed Broadband Users (10000 subscribers)	214.95	143.74	102.92	107.76
邮政局所　（个）	Number of Post Offices (unit)	181	141	235	150
邮路及农村投递路线总长度　（万公里）	Length of Postal Routes and Rural Delivery Routes (10000 km)	2.56	2.19	3.28	1.98
#汽车邮路	Highway Routes	1.34	0.34	0.63	0.62
移动电话交换机容量　（万户）	Capacity of Mobile Telephone Exchanges (10000 subscribers)	1635	1046	876	635
邮政通信水平	**Level of Postal and Telecommunication**				
每局所服务面积　（平方公里）	Per Bureau (Office) Service Area (sq. km)	36.39	32.82	47.91	29.15
人均邮电业务量　（元/人）	Per Capita Business Volume of Post (yuan/person)	2291.56	2179.87	913.33	1863.50
每百人平均函件量　（件/百人）	Number of Letters Mailed Per 100 Persons (unit/100 persons)	1254.83	1099.02	304.96	1634.67
每百人平均订阅报刊量　（份/百人）	Number of Newspaper and Magazine Subscribed Per 100 Persons (unit/100 persons)	20.67	26.42	8.55	24.30
每百人平均包件（件/百人）	Number of Parcels Per 100 Persons (unit/100 persons)	7.95	6.07	2.68	5.29
电话普及率　（部/百人）	Popularization Rate of Telephones (unit/100 persons)	158.52	161.11	103.39	145.82
固定电话普及率	Popularization Rate of Fixed Telephones	37.33	35.40	18.74	34.29
移动电话普及率	Popularization Rate of Mobile Telephones	121.19	125.72	84.64	111.53

Basic Conditions of Post and Telecommunication Services by Region (2013)

苏州市 Suzhou	南通市 Nantong	连云港市 Lianyungang	淮安市 Huaian	盐城市 Yancheng	扬州市 Yanzhou	镇江市 Zhenjiang	泰州市 Taizhou	宿迁市 Suqian
307.90	97.30	41.70	40.21	63.57	60.53	43.00	51.93	46.23
78.70	22.20	6.50	5.50	9.90	12.30	8.30	9.20	12.20
229.20	75.10	35.20	34.71	53.67	48.23	34.70	42.73	34.03
273.10	86.16	36.35	36.12	55.26	53.09	37.62	46.54	40.35
65.40	19.50	5.60	5.90	8.30	10.40	7.10	8.60	10.50
207.70	66.66	30.75	30.22	46.96	42.69	30.52	37.94	29.85
2.74	0.44	0.12	0.10	0.32	0.61	0.21	0.19	0.13
158.99	20.95	11.48	5.79	8.07	19.08	11.55	10.50	8.86
28334.90	6130.10	2243.30	1398.90	2620.00	3470.30	2805.60	2510.60	9056.00
179.79	118.72	34.71	59.55	83.62	71.59	57.20	76.98	35.06
357.92	248.98	103.12	95.19	162.92	142.21	103.35	138.59	80.55
233.08	99.14	52.49	53.97	72.45	67.08	54.22	55.93	31.05
124.84	149.84	50.62	41.22	90.47	75.13	49.13	82.65	49.50
194.61	183.92	71.66	63.87	122.93	97.82	68.13	101.03	63.00
1474.47	641.87	352.50	357.85	562.02	430.23	318.43	380.00	366.89
273.42	121.76	63.59	53.62	87.45	77.24	59.83	73.73	51.33
246	314	132	174	229	191	109	177	135
4.17	4.68	1.33	2.04	3.23	2.09	1.50	2.17	1.77
1.04	0.55	0.23	0.36	0.52	0.29	0.28	0.25	0.25
1939	849	430	484	715	469	385	463	430
34.50	25.48	57.69	57.89	74.11	34.51	35.29	32.69	63.37
2910.56	1333.36	941.59	833.12	880.46	1354.04	1358.44	1120.69	959.40
2595.92	603.37	268.20	214.12	445.85	1355.11	659.08	414.72	270.04
17.04	16.27	7.88	12.40	11.59	16.03	18.13	16.63	7.31
15.07	2.87	2.61	1.21	1.12	4.27	3.66	2.27	1.85
173.36	122.20	103.08	93.99	100.55	128.06	133.47	112.00	93.02
33.86	34.15	23.33	19.75	22.60	31.81	32.70	29.93	16.75
139.50	88.05	79.75	74.24	77.95	96.25	100.77	82.07	76.28

主要统计指标解释

铁路营业里程　又称营业长度(包括正式营业和临时营业里程),指办理客货运输业务的铁路正线总长度。凡是全线或部分建成双线及以上的线路,以第一线的实际长度计算;复线、站线、段管线、岔线和特殊用途线以及不计算运费的联络线都不计算营业里程。铁路营业里程是反映铁路运输业基础设施发展水平的重要指标,也是计算客货周转量、运输密度和机车车辆运用效率等指标的基础资料。

铁路正线延展里程　指正线第一线、第二线、第三线和其他正线建筑里程之和,不包括站线、段管线、岔线及特殊用途线的延展里程。它是作为计算铁路线上钢轨、枕木及路基砂石需要量的主要依据。

公路里程　指在一定时期内实际达到《公路工程技术标准 JTJ01－88》规定的等级公路,并经公路主管部门正式验收交付使用的公路里程数。包括大中城市的郊区公路以及通过小城镇街道部分的公路里程和桥梁、渡口的长度,不包括大中城市的街道、厂矿、林区生产用道和农业生产用道的里程。两条或多条公路共同经由同一路段,只计算一次,不得重复计算里程长度。它是反映公路建设发展规模的重要指标,也是计算运输网密度等指标的基础资料。

内河航道里程　也称内河通航里程,指在一定时期内,能通航运输船舶及排筏的天然河流、湖泊水库、运河及通航渠道的长度。包括全年季节性通航累计三个月以上的航道,不包括仅供零散流放竹、木排的河道。它是反映内河水运网规模、水平和发展情况的主要指标。

输油(气)管道长度　也称输油(气)里程,指油品(或天然气)的实际输送距离,一般按输油(气)管道的单线长度计算。若包括复线和备用线长度则称为输油(气)管道延展长度,是指管道铺设的实际长度。我们通常使用的是不包括复线的"输油(气)管道里程",它是反映管道运输发展规模和水平的主要指标。

货(客)运量　指在一定时期内,各种运输工具实际运送的货物(旅客)数量。它是反映运输业为国民经济和人民生活服务的数量指标,也是制定和检查运输生产计划、研究运输发展规模和速度的重要指标。货运按吨计算,客运按人计算。货物不论运输距离长短、货物类别,均按实际重量统计。旅客不论行程远近或票价多少,均按一人一次客运量统计;半价票、小孩票也按一人统计。

货物(旅客)周转量　指在一定时期内,由各种运输工具运送的货物(旅客)数量与其相应运输距离的乘积之总和。它是反映运输业生产总成果的重要指标,也是编制和检查运输生产计划,计算运输效率、劳动生产率以及核算运输单位成本的主要基础资料。计算货物周转量通常按发出站与到达站之间的最短距离,也就是计费距离计算。计算公式为:

货物(旅客)周转量 = $\sum$货物(旅客)运输量 × 运输距离

沿海主要港口货物吞吐量　指经水运进出沿海主要港区范围,并经过装卸的货物数量,包括邮件及办理托运手续的行李、包裹以及补给运输船舶的燃、物料和淡水。货物吞吐量按货物流向分为进口、出口吞吐量,按货物交流性质分为外贸货物吞吐量和国内贸易货物吞吐量。货物吞吐量的货类构成及其流向,是衡量港口生产能力大小的重要指标。

邮电业务总量　指以价值量形式表现的邮电通信企业为社会提供各类邮电通信服务的总数量。邮电业务量按专业分类包括函件、包件、汇票、报刊发行、邮政快件、特快专递、邮政储蓄、集邮、公众电报、用户电报、传真、长途电话、出租电路、无线寻呼、移动电话、分组交换数据通信、出租代维等。计算方法为各类产品乘以相应的平均单价(不变价)之和,再加上出租电路和设备、代用户维护电话交换机和线路等的服务收入。它综合反映了一定时期邮电业务发展的总成果,是研究邮电业务量构成和发展趋势的重要指标。计算公式为:

邮电业务总量 = $\sum$(各类邮电业务量 × 不变单价) + 出租代维及其他业务收入

移动电话用户　是指通过移动电话交换机进入移动电话网、占用移动电话号码的电话用户。用户数量以报告期末在移动电话营业部门实际办理登记手续进入移动电话网的户数进行计算,一部移动电话统计为一户。

电话用户　指接入国家公众固定电话网,并按固定电话业务进行经营管理的电话用户。1997 年以前,电话用户分为市内电话用户和农村电话用户。"市内电话用户"是指接入县城及县以上城市的电话网上的电话用户;"农村电话用户"是指接入县邮电局农话台及县以下农村电话交换点,以县城为中心(除市话用户外)联通县、乡(镇)、行政村、村民小组的用户。从 1997 年起,电话用户数分组调整为以用户所在区域划分为"城市电话用户"和"乡村电话用户",与过去的按市内电话和农村电话划分方法不同。而电话用户总数、电话机总部数统计范围不变。

城市电话用户　指直辖市、省辖市、地级市、县级市的市区、市郊区及县城(包括县人民政府所在地的县城关区或行政建制相当于县人民政府所在地的镇)范围内接入局用交换机的电话用户数,包括分布在农村地区的独立工矿区、林区、驻军等接入局用交换机的电话用户数。

乡村电话用户　指县城关区以下的集镇和农村接入局用交换机的电话用户数。

住宅电话用户 是指安装在居民住宅或农民家里并按照住宅电话用户登记注册和收费的电话用户。包括私人付费、单位付费和按规定免费安装的住宅电话用户。

局用交换机容量 是指安装在本地电信运营商内用于接续本地固定电话的电话交换机容量，有倍增设备按倍增后的数量计数。包括现用和备用的人工或自动交换机的全部容量。

Explanatory Notes on Main Statistical Indicators

Length of Railways in Operation refers to the total length of the trunk line under passenger and freight transportation(including both full operation and temporary operation). The calculation is based on the actual length of the first line even if this line has a full or partial double track or more tracks, excluding double tracks, station sidings, tracks under the charge of stations, branch lines, special-purpose lines and the non-payable connecting lines. The length of railways in operation is an important indicator to show the development of the infrastructure for the railway transport, and also the essential data to calculate volume of passenger freight transport, traffic density and utilization efficiency of the locomotives and carriages.

Extenuation Length of Trunk Lines refers to the sum of the first, the second, the third lines and other constructed length of the trunk railways, excluding the extenuation length of the station lines, lines under the jurisdiction depots, siding and lines for special purpose. It provides important information for the calculation of the needs for rails, sleepers, sand and stone for the construction ot railways.

Length of Highways refers to the length of highways which are built in conformity with the grades specified by the highway engineering standard formulated by the Ministry of Communications, and have been formally checked and accepted by the departments of highways and put into use. The length of highways includes that of the suburb highways at large and medium-sized cities, highways passing through streets at small cities and towns, and also the length of bridges and ferries. It does not include the length of streets in big and medium-sized cities and highways built for the production purpose at factories, mines, forest areas and agricultural areas. If two or more highways go the same section of the way, the length of the section is only calculated for once and no duplication is allowed. The length of highways is an important indicator to show the development of the highway construction and to provide essential information to calculate the transport network density.

Length of Navigable Inland Waterways an indicator reflecting the size and development of inland water network, it refers to the length of the natural rivers, lakes, reservoirs, canals, and ditches open to navigation during a given period, which enables the transport by ships and rafts. It includes the channels open to navigation for over an accumulative 3 months in a year, yet this does not include the river courses which are only used to float odd logs and bamboo rafts.

Length of Oil(Gas) Pipelines used as an indicator to show the development, scale and level of the pipeline transportation, it refers to the actual transport distance of oil (or gas) products, and is in general calculated in the length of single pipe line. If the length of the double pipelines and alternate pipeline are included, it is called the extension length of the oil (gas) pipelines, which indicates the actual length of the pipelines built, excluding double pipelines.

Freight(Passenger) Traffic refers to the volume of freight (passenger) transported with various means. Freight transport is calculated in tons and passenger traffic is calculated in the number of persons. Despite the type of freight and travelling distance, the freight transport is calculated in the actual weight of the goods; and despite the travelling distance and ticket price, the passenger traffic is calculated by the principle that one person can be counted only once in one travel. The passenger who travel with a half price ticket or a child ticket is also calculated as one person. The freight(passenger) traffic provides a quantitative measure to show how the transport industry serves the national economy and people, and is also an important indicator for planning the transport industry and for studying the development scale and speed of the transport industry.

Freight Ton-kilometers (Passenger-kilometers) refer to the sum of the products of the volume of transported cargo (passengers) multiplying by the transport distance, usually using ton-kilometer and passenger-kilometer as units for measurement. Normally, the shortest distance between the departure station and the destination station(i. e. , the payable distance) is the basis to calculate the freight ton-kilometers. This is an important indicator to show the total results of the transport industry, to prepare and examine the transport plan and to measure the efficiency, the labour productivity and the unit cost of transport. The formula is as follows:

Freight Ton-kilometers(Passenger-kilometers) = {fFreight(Passenger) Traffic × Distance of Transportation}

Volume of Freight Handled in Major Coastal Ports refers to the volume of cargo passing in and out the harbor area of the major coastal ports and having been loaded and unloaded. The volume includes that of the postal matters, registered luggage and fuels, materials and fresh water as supplies of the ships. The volume of freight handled may be classified by direction of flow as freight for import and freight for export, or by nature of cargo as freight for domestic trade and freight for foreign trade. As an important indicator, the volume of freight handled by type of cargo and by main flow direction reflects the production capacity of ports.

Business Volume of Post and Telecommunications refers to the total amount of post and telecommunications services, expressed in value terms, provided by the post and telecommunications departments for the society. Post and telecommunication services can be classified as letters, parcels, remittance, issue of newspapers and magazines, fast mail service, express mail service, savings deposits, stamps for collection, public and individual telegraph service, facsimiles, long-distance telephone service, leasing of telephone lines, urban paging service, mobile telephone service, data transfer and transmission, etc. The accounting approach is to multiply the service products of all types with their average unit price (constant price) to get sum of business value, plus income from other services such as leasing of telephone lines and equipment, maintenance of telephone switchboards and lines on behalf of customers. This indicator reflects the overall results of post and telecommunications service during a given period, and is important to study the composition of business service and the development of post and telecommunications service. The formula is as follows:

Business Volume of Post and Telecommunications = $\sum$ (Transaction of Post and Telecommunication Service × Constant Price) + Income from Leasing, Maintenance and other Services.

Mobile Telephone Subscribers refer to the persons who own mobile telephone numbers and are connected with the mobile telephone communication network through the mobile telephone switchboards. The number of subscribers is calculated by the subscribers who have completed registration at mobile communication business centers and entered into the mobile telephone network. One mobile telephone is taken as a subscriber.

Telephone Subscribers refer to subscribers that are connected to the public line telephone network provided with telephone services. Before 1997, telephone subscribers were classified as city subscribers and village subscribers. City subscribers referred to those connected to city telephone networks in county towns and cities, while village subscribers referred to those connected to village telephone stations at and below counties. Since 1997, the classification of telephone subscribers was modified on the basis of physical location of the subscribers as rban telephone subscribers and ural telephone subscribers, which is different from the previous classification of catgorizing local telephones and ural telephones, while the definition of total subscribers and total number of telephones remain unchanged.

Urban Telephone Subscribers refer to subscribers telephone subscribers, located at municipalities, cities under the jurisdiction of province, cities at prefectural level, downtown and suburb of city at county level town and county towns (including country towns where county government located, and towns of county level according to the administrative organizational system), that are connected to the public line telephone network, including rural mineral area, forest area, military area.

Rural Telephone Subscribers refer to telephone subscribers, located at towns under county town and country, that are connected to the public line telephone network.

Household Telephone Subscribers refer to telephone sets installed in the dwelling units of urban or rural residents, and registered as residence subscribers for payment, including 3 types of payment for the service: private payment, public payment and free service.

Capacity of Office Telephone Exchanges refers to the capacity (measured in gate) of telephone exchanges installed in the offices of local telecommunication service providers for communication between fixed telephones. It includes the capacity of both manual and automatic exchanges in use and for stand-by purpose. Equipment with expansion function is to be counted by the expanded capacity.

14

批发零售、住宿餐饮和旅游

Wholesale and Retail Trade, Hotels, Catering Services and Tourism

简 要 说 明

一、本篇资料的主要内容

本篇资料主要反映江苏消费品市场、批发和零售业、住宿和餐饮业以及旅游业的发展状况。主要内容包括社会消费品零售总额；限额以上批发和零售业、住宿和餐饮业的连锁经营情况；亿元以上商品交易市场基本情况和成交情况；旅游业主要指标等。

二、本篇资料的统计范围

社会消费品零售总额的统计范围为参与市场商品零售或餐饮经营活动的各行业法人企业、产业活动单位和个体经营户；限额以上批发和零售业连锁经营情况的统计范围为年主营业务收入达到2000万元及以上的批发业、年主营业务收入达到500万元及以上的零售业法人企业、产业活动单位和个体经营户；限额以上住宿和餐饮业连锁经营情况的统计范围为年主营业务收入达到200万元及以上的住宿和餐饮业法人企业、产业活动单位和个体经营户；亿元以上商品交易市场基本情况和成交情况统计范围为年商品成交额达到亿元及以上的现货商品交易市场；旅游的统计范围为全省范围内的旅行社、星级饭店和旅游者。

三、本篇资料的来源

本篇资料中社会消费品零售总额以及批发和零售业、住宿和餐饮业发展情况根据《批发和零售业统计报表制度》《住宿和餐饮业统计报表制度》规定的有关统计内容进行加工整理；旅游业发展情况根据旅游局提供的有关资料编制。

四、本篇资料的统计调查方法

本篇资料中社会消费品零售总额以及批发和零售业、住宿和餐饮业发展情况方面资料涉及限额以上法人企业、产业活动单位和个体经营户以及亿元及以上商品交易市场的采用全面调查方法；涉及限额以下法人企业、产业活动单位和个体经营户的采用抽样调查方法推算。旅游业发展情况数据中国际、国内旅游收入和国内居民旅游人数等指标采用抽样调查方法，其余数据均为全面调查统计取得。

Brief Introduction

Ⅰ. Main Contents

Data in this chapter reflect the development of markets of consumer goods, wholesale and retail trades, hotels and catering services and tourism. Main contents include the total sales of consumer goods, the chain operation of the wholesale and retail trades and hotel and catering services above designated size, the basic condition and turnover of large commodity transaction markets with transaction over 100 million yuan, the main index of tourism.

Ⅱ. Scope of Statistics

The scope of statistics of the total sales of consumer goods include corporate enterprises, establishments, and self-employed individuals involved in wholesale and retail trades and hotels and catering services. The scope of statistics of chain operation of the wholesale and retail trades above designated size include corporate enterprises, establishments, and self-employed individuals involved in wholesale trade with annual principal business sales over 20 million yuan, retail trade with annual principal business sales over 5 million yuan. The scope of statistics of chain operation of the hotel and catering services above designated size include corporate enterprises, establishments, and self-employed individuals involved in the hotel and catering services with annual principal business sales over 2 million yuan. The scope of statistics of the basic condition and turnover of large commodity transaction markets with transaction over 100 million yuan include all transaction markets with the total sales value of commodities over 100 million yuan. The scope of statistics of the tourism include all travel agencies, star-rated hotels and tourists in Jiangsu Province.

Ⅲ. Sources of Data

The total sales of consumer goods and the development of wholesale and retail trades, hotels and catering services are collected and processed in accordance with The Statistical Reporting Form System on Wholesale and Retail Trades and The Satistical Reporting Form System on Hotels and Catering Services. The data on tourism are from the Ministry of Public Security and State Tourism Administration.

Ⅳ. Methods of Survey

Data on corporate enterprises above designated size, establishments, self-employed individuals and commodity transaction markets with transaction over 100 million yuan are collected through comprehensive reporting system. Data on enterprises and self-employed individuals below the designated size are collected by sample surveys. Data on tourism are from the comprehensive reporting form system except those on the earnings from international and domestic tourism and number of domestic tourists going abroad from sample surveys.

14-1 按行业分社会消费品零售总额
Total Retail Sales of Consumer Goods by Sector

单位:亿元 (100 million yuan)

年 份 Year	社会消费品零售总额 Total Retail Sales of Consumer Goods	批发和零售业 Wholesale and Retail Sales Trade	住 宿 业 Hotel	餐 饮 业 Catering Services	其他行业 Others
1978	84.79	79.18		3.24	2.37
1979	99.16	91.61		3.90	3.65
1980	122.56	114.35		4.72	3.49
1981	134.79	125.16		5.17	4.46
1982	150.01	138.87		5.49	5.65
1983	169.12	156.28		6.14	6.70
1984	205.05	188.80		7.61	8.64
1985	262.57	240.69		10.45	11.43
1986	304.58	279.25		12.53	12.80
1987	360.74	329.31		15.84	15.59
1988	471.83	432.06		20.33	19.44
1989	509.56	467.11		22.47	19.98
1990	515.43	472.72		24.17	18.54
1991	578.12	529.94		27.86	20.32
1992	704.52	644.61		33.64	26.27
1993	967.77	888.24		44.74	34.79
1994	1359.61	1238.30		71.44	49.87
1995	1741.92	1573.01		95.21	73.70
1996	2080.44	1901.47		135.64	43.33
1997	2300.61	2082.71		167.92	49.99
1998	2453.84	2208.24		192.52	53.08
1999	2649.56	2367.59		227.58	54.39
2000	2908.46	2583.19		269.59	55.69
2001	3233.35	2845.89		326.71	60.76
2002	3656.57	3179.23		410.83	66.52
2003	4194.50	3613.67		510.94	69.88
2004	4892.18	4333.18	41.67	496.10	21.22
2005	5735.50	5051.70	49.81	583.09	50.91
2006	6706.19	5898.79	67.68	678.83	60.89
2007	7985.90	7023.48	82.48	810.56	69.38
2008	9905.10	8890.30	99.80	826.10	88.90
2009	11484.10	10312.81	107.66	957.23	106.40
2010	13606.80	12207.18	127.15	1147.99	124.50
2011	15988.38	14320.87	161.94	1359.27	146.30
2012	18331.30	16448.83	178.42	1588.08	115.97
2013	20796.50	18694.85	173.23	1788.44	139.98

注:1. 1996 年及以后社会消费品零售总额及各分组指标中不含售给城乡居民生活用住房的零售额。
2. 2004 年为第一次经普数据,2005 年为按经普口径统计数据,1993 - 2003 年原则根据原各年环比发展速度和 2004 年经济普查数据调整。
3. 2008 年为第二次经普数据,2009 年为按经普口径统计数据,2005 - 2007 年根据趋势离差法和 2008 年经济普查数据调整。
4. 批发和零售业中包括原制造业和其他行业中原农民对非农业居民的零售额。
5. 2003 年前住宿业包括在餐饮业和其他行业中。

a) Since 1996, the residential house was excluded from the total retail sales of consumer goods and all the targets by groups.
b) Figures of 2004 refer to the First National Economic Census, Figures of 2005 have been adjusted according to the Economic Census. Figures of 1993—2003 have been adjusted in principle according to chain growth rates of every year and the First National Economic Census.
c) Figures of 2008 refer to the Second National Economic Census, Figures of 2009 have been adjusted according to the Economic Census. Figures of 2005—2007 have been adjusted to Trend Deviation Method and the Second Economic Sensus.
d) Wholesale and retail sales trade includes the retail sales of mannufacturing industry and retail sales of the farmers to nonagricultural residents which was included in the original other industry.
e) Before 2003, the retail sales of hotel industry was involved in other industries.

14－2　按地区分社会消费品零售总额(2013年)
Total Retail Sales of Consumer Goods by Region (2013)

年 份 Year		社会消费品零售总额 Total Retail Sales of Consumer Goods	批发和零售业 Wholesale and Retail Sales Trade	住 宿 业 Hotel	餐 饮 业 Catering Services	其他行业 Others
苏 南	Southern Jiangsu	12433.71	11168.63	136.77	1031.18	97.12
苏 中	Mid Jiangsu	3884.38	3496.32	29.33	338.07	20.66
苏 北	Northern Jiangsu	4478.51	3996.73	48.08	411.40	22.30
南京市	Nanjing	3531.73	3203.34	45.88	254.95	27.56
无锡市	Wuxi	2759.98	2535.82	22.39	182.71	19.07
徐州市	Xuzhou	1495.91	1313.59	11.83	148.19	22.30
常州市	Changzhou	1607.63	1459.16	13.83	124.02	10.62
苏州市	Suzhou	3662.24	3197.24	48.08	382.28	34.64
南通市	Nantong	1940.41	1775.26	6.79	145.04	13.32
连云港市	Lianyungang	655.57	600.91	7.84	46.83	0.00
淮安市	Huaian	721.22	648.36	6.72	66.14	0.00
盐城市	Yancheng	1163.38	1048.44	11.22	103.72	0.00
扬州市	Yangzhou	1106.88	999.10	11.78	88.63	7.37
镇江市	Zhenjiang	872.13	773.07	6.60	87.23	5.24
泰州市	Taizhou	837.09	721.96	10.76	104.40	-0.03
宿迁市	Suqian	442.43	385.44	10.47	46.52	0.00

注:因分行业计算方法问题,分行业零售额全省数与各市之和有所不等。
Note: Because the method of calculation of industry, the province total retail sales by industry is not equal to 13 cities.

14－3　批发和零售业、住宿和餐饮业连锁总店经营情况（2013 年）

项　　目	Item	连　锁 总店数 （个） Number of Chain Shops （unit）	连　锁 门店数 （个） Number of Chain Stores （unit）
总　计	**Total**	**200**	**19897**
批发和零售业	**Retail Trade**	**177**	**18461**
#外商及港澳台投资	Enterprises Prisese with Funds from Hong Kong, Macao Taiwan and Foreign Fanded	22	2819
按零售业态分	Grouped by Store Type		
百货商店	Department Store	7	1259
超级市场	Supermarket	44	4425
专业店	Specialty Store	95	11492
专卖店	Franchised Store	17	945
便利店	Convenience Store	12	337
家居建材店	Building Material Store	2	3
其他	Other Store		
住宿业和餐饮业	**Hotel Service and Catering Service**	**23**	**1436**
#外商及港澳台投资	Enterprises Prisese with Funds from Hong Kong, Macao Taiwan and Foreign Fanded	11	1311
住宿业	**Hotel Service**	**2**	**8**
餐饮业	**Catering Service**	**21**	**1428**
按行业分	Grouped by Sector		
正餐	Dinner	6	83
快餐	Fast Food Snack	11	1270
其他	Others	4	75

Management Conditions of General Chain Stores of Wholesale and Retail Sale Trade, Hotel and Catering Trade Service (2013)

商品销售总额（或营业总收入）（亿元）Total Sales of Commodities (100 million yuan)	#商品零售额 Retail Sales	零售或餐饮营业面积（万平方米）Business Area for Retail and Catering Service (10000 sq. m)	从业人员（万人）Employees (10000 persons)
4831.87	**2827.99**	**2001.37**	**45.23**
4741.82	**2738.86**	**1953.75**	**38.69**
1094.86	881.48	595.29	12.42
233.13	174.48	90.16	2.48
989.35	823.55	570.37	13.76
3484.02	1707.66	1271.44	21.71
21.76	19.64	9.15	0.47
11.22	11.20	4.08	0.24
2.34	2.34	8.54	0.03
0.00	0.00	0.00	0.00
90.05	**89.13**	**47.63**	**6.55**
85.93	85.42	42.87	6.31
0.47	**0.01**	**0.04**	**0.02**
89.58	**89.12**	**47.59**	**6.53**
2.53	2.44	3.74	0.13
83.80	83.42	40.85	6.18
3.26	3.26	3.00	0.22

14－4　亿元以上商品交易市场基本情况（2013年）

项　　目	Item	市场个数（个） Number of Markets (unit)	年末摊位数（个） Number of Booths at Year-end (unit)
总　计	**Total**	**547**	**393826**
按经营环境分	**Grouped by Business Environment**		
露天式	Open Air	64	25180
封闭式	Close	401	314500
其他	Others	82	54146
按经营方式分	**Grouped by Business Mode**		
以批发为主	Whole-sale	283	255208
以零售为主	Retail-sale	264	138618
按市场类别分	**Grouped by Catergary of Market**		
综合市场	Integrated Market	138	114812
综合贸易市场	Integrated Trade Market	138	114812
生产资料综合市场	Integrated Production Material Market	5	11051
工业消费品综合市场	Integrated Industrial Consumer Goods Market	19	30851
农产品综合市场	Integrated Farm Products Market	89	49784
其他综合市场	Others	25	23126
专业市场	Specialty Market	409	279014
生产资料市场	Production Goods Market	96	61682
农业生产用具市场	Agricultural Production Appliances Market	1	460
农用生产资料市场	Means of Agricultural Production	3	430
煤炭市场	Coal		
木材市场	Wood	8	4673
建材市场	Building Material	31	24514
化工材料及制品市场	Chemical Material and Products	8	7881
金属材料市场	Matel Materials	40	21514
机械设备市场	Machinery	4	1510
其他生产资料市场	Others	1	700
农产品市场	Farm Products Market	106	48426
粮油市场	Grain and Oil	9	4207
肉禽蛋市场	Meat, Poultry and Eggs	29	9494
水产品市场	Aquatic Products	27	10004
蔬菜市场	Vegetables	19	9936
干鲜果品市场	Dried and Fresh Fruits	10	6371
棉麻土畜、烟叶市场	Cotton, Hemp, Livestock and Tobacco Leaf	2	2438

Basic Condition of Transaction Markets with Transaction Value over 100 Million Yuan (2013)

年末已出租摊位（个）Number of Rented Booths at Year-end (unit)	商品成交额（亿元）Transaction Value (100 million yuan)	营业面积（万平方米）Business Area (10000 sq. m)	交易业主从业人员（万人）Persons Engaged by Transaction Proprietor (10000 persons)
351917	**16595.82**	**3294.69**	**105.07**
21737	1349.57	275.63	17.23
285694	10571.19	2483.18	75.95
44486	4675.06	535.89	11.89
222786	14532.82	2400.23	78.66
129131	2063.00	894.47	26.41
105246	2372.89	692.54	23.93
105246	2372.89	692.54	23.93
10503	203.91	140.71	1.91
30040	706.95	202.07	7.46
43945	1113.99	181.61	9.83
20758	348.04	168.15	4.74
246671	14222.93	2602.15	81.14
47090	6488.02	702.90	12.83
400	5.50	1.83	0.13
386	22.92	13.66	0.23
4165	76.22	49.60	0.78
19170	268.49	245.16	4.99
4497	1282.33	34.70	1.26
16532	4794.72	348.47	5.04
1240	30.04	7.70	0.32
700	7.80	1.80	0.10
43024	1320.04	351.72	22.46
3956	188.36	63.15	0.64
7698	192.80	32.80	2.14
8590	274.47	80.69	10.04
9684	231.32	50.21	5.85
5318	163.50	36.07	1.14
2411	226.32	43.00	1.26

项　　目	Item	市场个数（个）Number of Markets (unit)	年末摊位数（个）Number of Booths at Year-end (unit)
其他农产品市场	Others	10	5976
食品、饮料及烟酒市场	Food, Beverage, Tobacco and Alcohol Market	17	9468
食品饮料市场	Food and Beverage	8	6554
茶叶市场	Tea	1	401
烟酒市场	Tobacco and Alcohol	1	200
其他食品、饮料及烟酒市场	Others	7	2313
纺织、服装、鞋帽市场	Textile Products, Garment, Footware and Headgear Market	37	84885
布料及纺织品市场	Cloth and Testile Products	8	21260
服装市场	Garment	11	33996
鞋帽市场	Footware and Headgear	3	3024
其他纺织服装鞋帽市场	Others	15	26605
日用品及文化用品市场	Commodity and Culture Articles Market	9	5812
小商品市场	Small Commodities	4	4555
箱包市场	Boxes and Bags		
玩具市场	Toyes		
文具市场	Stationeries		
图书、报刊杂志市场	Books, Newspapers and Magazines	2	149
音像制品及电子出版物市场	Audio and Video Products and E-journal	1	313
体育用品市场	Sports Goods		
其他日用品及文化用品市场	Others	2	795
黄金、珠宝、玉器等首饰市场	Gold, Jewelry and Jade Article Market	2	1500
黄金、珠宝、玉器等首饰市场	Gold, Jewelry and Jade Article Market	2	1500
电器、通讯器材、电子设备市场	Electrical Appliances, Communications Equipments and Electronic Equipment Market	10	4325
家电市场	Electric Household Appliances	2	880
通讯器材市场	Communications Equipments	1	1610
照相、摄像器材市场	Photographic and Video Equipments		
计算机及辅助设备市场	Computers and Ancillary Equipments	7	1835
其他电器、通讯器材、电子设备市场	Others		
医药、医疗用品及器材市场	Medicine, Medical Articles and Appliances		
中药材市场	Chinese Traditional Medicine Material		

14－4 Continued 1

年末已出租摊位（个）Number of Rented Booths at Year-end (unit)	商品成交额（亿元）Transaction Value (100 million yuan)	营业面积（万平方米）Business Area (10000 sq. m)	交易业主从业人员（万人）Persons Engaged by Transaction Proprietor (10000 persons)
5367	43.26	45.80	1.39
8049	439.82	91.10	3.17
5695	348.02	65.92	2.57
401	2.30	4.00	0.02
185	2.50	0.32	0.04
1768	86.99	20.87	0.55
79820	3974.24	484.50	24.59
20942	2377.90	224.96	6.71
30559	1245.00	136.01	10.83
2744	33.31	53.22	0.37
25575	318.02	70.31	6.68
5724	57.10	12.49	1.45
4535	46.87	8.44	1.15
145	4.11	1.30	0.08
313	2.54	1.10	0.12
731	3.58	1.65	0.11
1478	74.82	6.00	0.54
1478	74.82	6.00	0.54
4067	61.93	10.29	1.17
810	14.36	1.60	0.17
1601	5.86	4.42	0.32
1656	41.71	4.27	0.68

项　　目	Item	市场个数（个）Number of Markets (unit)	年末摊位数（个）Number of Booths at Year-end (unit)
其他医药、医疗用品及器材市场	Others		
家具、五金及装饰材料市场	Furniture, Hardware and Decorating Material Market	97	52743
家具市场	Furniture	28	14048
装饰材料市场	Decorating Material	42	21589
灯具市场	Lamps and Lanterns	4	2333
厨具、盥洗设备市场	Kitchenware and Toilet Facility		
五金材料市场	Hardware Material	15	9731
其他装修市场	Others	8	5042
汽车、摩托车及零配件市场	Motor Vehicles, Motorcycles and Spare Parts Market	25	5824
汽车市场	Motor Vehicles	19	3138
摩托车市场	Motorcycles		
机动车零配件市场	Spare Parts for Motor－driven Vehicles	6	2686
花、鸟、鱼、虫市场	Flowers, Birds, Fish and Insects Market	3	3130
花卉市场	Flowers	3	3130
鸟市场	Birds		
观赏鱼市场	Display Fish		
其他花鸟鱼虫市场	Others		
旧货市场	Secondhand Goods	1	73
古玩、古董、字画市场	Antiques, Calligraphy and Painting		
邮票、硬币市场	Stamps and Coins		
其他旧货市场	Others	1	73
其他专业市场	Other Speciality Markets	6	1146
按省辖市分	**by City**		
南京市	Nanjing	46	38223
无锡市	Wuxi	59	44395
徐州市	Xuzhou	29	39123
常州市	Changzhou	61	42466
苏州市	Suzhou	87	81764
南通市	Nantong	82	47381
连云港市	Lianyungang	25	15209
淮安市	Huaian	20	12543
盐城市	Yancheng	29	12150
扬州市	Yangzhou	60	21280
镇江市	Zhenjiang	17	7197
泰州市	Taizhou	26	20774
宿迁市	Suqian	6	11321

年末已出租摊位（个）Number of Rented Booths at Year-end (unit)	商品成交额（亿元）Transaction Value (100 million yuan)	营业面积（万平方米）Business Area (10000 sq. m)	交易业主从业人员（万人）Persons Engaged by Transaction Proprietor (10000 persons)
48136	965.70	677.64	10.42
12946	203.93	211.70	2.25
19380	345.00	301.27	4.41
2298	82.39	36.56	0.65
8473	173.44	74.61	1.26
5039	160.93	53.50	1.85
4980	585.92	187.68	2.50
2770	502.76	152.46	1.52
2210	83.16	35.22	0.98
3095	182.70	64.30	1.64
3095	182.70	64.30	1.64
70	1.80	2.50	0.00
70	1.80	2.50	0.00
1138	70.85	11.04	0.35
36630	911.42	294.49	6.65
39465	3836.12	509.64	10.73
35779	870.20	228.77	10.07
38350	1947.50	516.16	12.18
72669	5504.46	592.56	26.05
42615	1486.27	305.41	7.40
13938	200.19	92.96	3.16
9844	124.64	88.78	2.78
10656	92.10	81.83	2.68
20056	705.75	165.14	15.48
6907	458.58	136.54	1.26
17915	269.41	188.95	3.35
7093	189.19	93.47	3.28

14-5 省外批发和零售业、住宿和餐饮业连锁总店在江苏分店经营情况(2013)

Management Conditions of Branch Stores of Wholesale and Retail Sale Trade Hotel and Catering Trade of General Chain Stores of Other Province in Jiangsu(2013)

项目	Item	连锁门店数(个) Number of Chain Stores (unit)	商品销售总额(或营业总收入)(亿元) Total Sales of Commodities (100 million yuan)	#商品零售额 Retail Sales	零售或餐饮营业面积(万平方米) Business Area for Retail and Catering Service (10000 sq. m)	从业人员(万人) Employees (10000 persons)
总计	**Total**	**124**	**151.23**	**117.03**	**61.63**	**1.30**
批发和零售业	**Retail Trade**	**78**	**145.80**	**112.78**	**57.54**	**1.06**
#外商及港澳台投资	Enterprisese with Funds from Hong Kong, Macao Taiwan and Foreign Fanded	29	52.87	50.32	22.32	0.41
按零售业态分	Grouped by Store Type					
百货商店	Department Store	3	2.86	2.86	5.40	0.03
超级市场	Supermarket	39	61.11	61.10	35.73	0.71
专业店	Specialty Store	8	10.74	10.33	7.99	0.11
专卖店	Franchised Store	14	10.19	6.88	0.97	0.05
便利店	Convenience Store					
家居建材店	Building Material Store	1	4.39	4.39	0.67	0.01
其他	Other Store	13	56.50	27.23	6.77	0.15
住宿和餐饮业	**Hotel Service and Catering Service**	**46**	**5.43**	**4.25**	**4.10**	**0.24**
#外商及港澳台投资	Enterprisese with Funds from Hong Kong, Macao, Taiwan and Foreign Funded	23	3.10	2.84	1.54	0.11
住宿业	**Hotel Service**	**12**	**1.06**	**0.05**	**0.52**	**0.05**
餐饮业	**Catering Service**	**34**	**4.37**	**4.19**	**3.57**	**0.19**
按行业分	Grouped by Sector					
正餐	Dinner	18	2.21	2.04	2.81	0.12
快餐	Fast Food Snack	5	0.78	0.78	0.32	0.04
其他	Others	11	1.37	1.37	0.45	0.03

14－6 旅游业主要指标

Main Indicators of Tourism

项　　目	Item	2000	2005	2010	2011	2012	2013
旅行社数　（个）	**Number of Travel Agencies (unit)**	**646**	**1307**	**1857**	**1986**	**2117**	**2204**
星级饭店数　（个）	**Number of Star－rated Hotel (unit)**	**408**	**722**	**902**	**893**	**890**	**970**
国内旅游接待人数（万人次）	**Number of Domestic Visitors (10000 person-times)**	**7191.53**	**17234.26**	**35518.60**	**41150.01**	**46437.41**	**51539.20**
南京市	Nanjing City	1272.70	3189.66	6365.50	7180.54	7950.45	8674.01
无锡市	Wuxi City	1127.77	2637.50	5067.27	5725.23	6365.25	6993.57
徐州市	Xuzhou City	360.09	993.59	2049.40	2457.31	2752.56	3087.15
常州市	Changzhou City	428.33	1282.78	2802.43	3360.88	3958.27	4425.71
苏州市	Suzhou City	1496.05	3656.87	7004.88	7775.38	8624.43	9416.33
南通市	Nantong City	319.88	743.08	1756.79	2108.97	2407.46	2716.00
连云港市	Lianyungang City	308.49	700.28	1392.73	1655.93	1894.27	2136.03
淮安市	Huaian City	280.89	549.85	1156.29	1398.21	1610.73	1833.20
盐城市	Yancheng City	328.80	529.91	1105.39	1325.07	1536.80	1754.36
扬州市	Yangzhou City	436.66	1113.05	2647.22	3166.65	3572.47	3965.36
镇江市	Zhenjiang City	442.75	1166.97	2607.45	3100.83	3502.86	3895.00
泰州市	Taizhou City	286.02	488.28	1072.83	1284.66	1457.04	1640.46
宿迁市	Suqian City	103.10	182.44	490.42	610.35	804.82	1002.02
国内旅游收入（亿元）	**Earnings from Domestic Tourism (100 million yuan)**	**587.52**	**1625.62**	**4287.86**	**5161.47**	**6055.80**	**6940.05**
南京市	Nanjing City	101.08	328.20	852.41	1013.43	1169.01	1317.48
无锡市	Wuxi City	101.75	280.07	703.92	844.83	974.92	1100.40
徐州市	Xuzhou City	23.87	76.81	215.84	264.83	311.82	360.47
常州市	Changzhou City	36.10	114.42	320.75	391.66	481.96	557.39
苏州市	Suzhou City	125.22	380.28	917.76	1084.82	1254.38	1419.09
南通市	Nantong City	28.24	65.13	202.26	252.20	299.29	348.16
连云港市	Lianyungang City	24.21	61.06	153.58	188.32	221.59	257.25
淮安市	Huaian City	12.48	34.55	118.59	146.17	172.65	200.12
盐城市	Yancheng City	29.46	38.04	99.10	120.34	142.79	166.09
扬州市	Yangzhou City	37.26	92.36	271.84	330.23	392.50	454.42
镇江市	Zhenjiang City	41.93	103.48	285.59	345.63	410.14	474.53

项 目	Item	2000	2005	2010	2011	2012	2013
泰州市	Taizhou City	20.46	41.01	113.34	136.91	160.88	186.19
宿迁市	Suqian City	5.46	10.21	32.88	42.12	63.85	98.47
接待海外旅游者人数（人次）	**Number of Overseas Tourists Received (person-times)**	**1609439**	**3783023**	**6535498**	**7373266**	**7915366**	**2880287**
南京市	Nanjing City	419006	876279	1308791	1506642	1627142	518568
无锡市	Wuxi City	283739	616786	791592	908324	981947	391185
徐州市	Xuzhou City	17825	73010	158277	182180	199488	25849
常州市	Changzhou City	33067	181966	359067	413101	455706	109958
苏州市	Suzhou City	566672	1185892	2075299	2326318	2492157	1442138
南通市	Nantong City	58257	151305	355133	404852	440788	216943
连云港市	Lianyungang City	11518	53758	116663	132289	144684	24228
淮安市	Huaian City	6307	21634	28313	32328	34699	10565
盐城市	Yancheng City	10903	40710	62100	72008	80077	26048
扬州市	Yangzhou City	85477	238649	560113	622012	660160	47783
镇江市	Zhenjiang City	104906	306482	613277	650074	663075	36675
泰州市	Taizhou City	9082	29249	79016	91632	101323	26644
宿迁市	Suqian City	2680	7303	27857	31506	34120	3703
旅游外汇收入（万美元）	**Foreign Exchange Earnings from International Tourism (USD 10000)**	**72384**	**225974**	**478343**	**565297**	**629972**	**237989**
南京市	Nanjing City	22107	57557	98062	119960	136216	40063
无锡市	Wuxi City	9787	26323	48146	59839	68138	26985
徐州市	Xuzhou City	1307	5658	15287	18694	21045	2193
常州市	Changzhou City	2412	14364	34707	42138	47439	7590
苏州市	Suzhou City	20136	63905	125059	146998	164723	135687
南通市	Nantong City	4803	13531	36066	39916	42995	11196
连云港市	Lianyungang City	791	4601	10747	12869	14434	1668
淮安市	Huaian City	418	1322	2475	2703	3056	888
盐城市	Yancheng City	809	2125	4535	5556	6477	2533
扬州市	Yangzhou City	3935	15177	45988	52348	55921	3711
镇江市	Zhenjiang City	4988	17988	46966	52181	55819	3130
泰州市	Taizhou City	676	2899	7931	9440	10855	1990
宿迁市	Suqian City	217	524	2375	2655	2854	355

14－7　接待海外旅游者人数和收入
Number of Overseas Tourists Received and Earnings

项　　目	Item	2000	2005	2010	2011	2012	2013
接待人数（人次）	**Number of Received Tourists (person-times)**	**1609439**	**3783023**	**6535498**	**7373266**	**7915366**	**2880287**
外国人	Foreigners	981486	2621472	4734996	5379065	5752148	1934356
#亚洲	Asia						
#日本	Japan	299176	635260	1129775	1249206	1219303	439400
菲律宾	Philippines	4436	21791	38971	41954	45548	28269
新加坡	Singapore	58513	133521	218380	239092	270166	67429
泰国	Thailand	19623	63427	85253	84927	99093	30296
印度尼西亚	Indonesia	14548	36298	64835	78389	95112	41472
马来西亚	Malaysia	115748	232236	235926	231752	267864	94160
韩国	Korea	96849	353345	553331	637006	649399	327453
北美洲	America						
#美国	United States	108455	303362	548192	609512	651505	184712
加拿大	Canada	17388	65294	171362	197170	247105	63359
欧洲	Europe						
#英国	United Kingdom	28567	77726	182089	205710	230102	52147
法国	France	32960	77917	122234	142915	159688	45511
德国	Germany	30394	119195	244057	312351	347216	92110
意大利	Italy	19239	51965	73654	100078	115336	30156
瑞士	Switzerland	4842	14938	24371	32177	32419	8261
瑞典	Sweden	5652	21332	29155	31235	36151	14014
俄罗斯	Russia Fed.	7024	21867	45431	52231	54369	16486
西班牙	Spain	7162	29474	30800	32082	36986	15591
大洋洲	Oceania						
#澳大利亚	Australia	20522	73928	158935	188832	212149	50570
香港同胞	Chinese Compatriots from Hong Kong	248958	413467	569562	655964	715111	129068
澳门同胞	Chinese Compatriots from Macao	21653	36501	71677	74495	81436	5071
台湾同胞	Chinese Compatriots from Taiwan	357342	711583	1159263	1263742	1366671	811792
接待人天数（人天）	**Number of Received (person-days)**	**6103764**	**14369090**	**27433741**	**31057691**	**33912453**	**10424885**
外国人	Foreigners	3669436	10071313	19668542	22262771	24287413	6457922
香港同胞	Chinese Compatriots from Hong Kong	557459	1387882	2530030	3028140	3321504	321902
澳门同胞	Chinese Compatriots from Macao	65491	121217	224431	232428	266955	12179
台湾同胞	Chinese Compatriots from Taiwan	1811378	2788678	5010738	5534352	6036581	3632882
旅游外汇收入（万美元）	**Foreign Exchange Earnings From Tourism (USD 10000)**	**72384**	**225974**	**478343**	**565297**	**629972**	**237989**

主要统计指标解释

社会消费品零售总额　指企业(单位、个体户)通过交易直接售给个人、社会集团非生产、非经营用的实物商品金额,以及提供餐饮服务所取得的收入金额。个人包括城乡居民和入境人员,社会集团包括机关、社会团体、部队、学校、企事业单位、居委会或村委会等。

商品交易市场　指有固定场所、设施,有若干经营者入场实行集中、公开交易各类实物商品的市场。

商品交易市场成交额　指商品交易市场内所有经营者所实现的商品销售金额。商品交易市场包括消费品市场和生产资料市场。

旅游者人数

(1)入境国际旅游者人数:指来中国参观、访问、旅行、探亲、访友、休养、考察、参加会议和从事经济、科技、文化、教育、宗教等活动的外国人、华侨、港澳同胞和台湾同胞的人数。不包括外国在我国的常驻机构,如使领馆、通讯社、企业办事处的工作人员;来我国常住的外国专家、留学生以及在岸逗留不过夜人员。

(2)出境居民人数:指大陆居民因公务活动或私人事务短期出境的人数。公务活动出境居民人数包括在国际交通工具上的中国服务员工,因私出境居民人数不包括在国际交通工具上的中国服务员工。

(3)国内旅游者人数:指我国大陆居民和在我国常住1年以上的外国人、华侨、港澳台同胞离开常住地在境内其他地方的旅游设施内至少停留一夜,最长不超过6个月的人数。

旅游外汇收入　指入境旅游的外国人、华侨、港澳同胞和台湾同胞在中国大陆旅游过程中发生的一切旅游支出。

Explanatory Notes on Main Statistical Indicators

Wholesale Trade　refers to the activities of selling wholesale commodities for daily use and capital goods to enterprises of wholesale and retail trades (including self-employed individuals) and other enterprises, institutions and government organs and organizations, and the activities of engaging in import and export and acting as a trade agent. The wholesaler may have the ownership of the commodities for wholesale and trade in the name of its own (a company), and the wholesaler can act as commission agent or commodity broker without the ownership of commodities. Also included are the wholesale activities at the fixed stalls in wholesale market and the acquisition for sales purpose.

Commodity Transaction Markets　refers to the markets provided with fixed place and equipments, and there are some operators who engaged in transaction of various substantial commodities in the markets by public and concentrating transaction.

Value of Transaction at Transaction Markets　refers to the total sales value of commodities realized by the operators in the transaction market. Commodity transaction markets include consumer good markets and means of production markets.

Number of Tourists

(1) International tourists refer to foreigners, overseas Chinese, Chinese compatriots from Hong Kong, Macao and Taiwan coming to China for sight-seeing, visits, tours, family reunions, vacations, study tours, conferences and other activities of a business, scientific and technological, cultural, educational and religious nature. It does not include representatives and employees of resident institutions of foreign countries in China such as embassies, consulates, news agencies and offices of foreign companies and organizations, nor does it include long-term foreign experts or students residing in China, or persons in transition without spending a night in China.

(2) Chinese residents going abroad refer to Chinese residents going abroad for short terms for either public business or private purposes. Chinese employees working on international transport carriers are included in those going abroad for public business purpose, not in those for private purpose.

(3) Domestic tourists refer to residents of the mainland of China who stay for one night at least but no more than 6 months at tourist facilities in other places than their permanent residence within the territory of the mainland China, including foreigners, overseas Chinese and Chinese compatriots from Hong Kong, Macao and Taiwan who have resided in China for over one year.

Foreign Exchange Earnings from International Tourism　refer to the total expenditures of foreigners, overseas Chinese, Chinese compatriots from Hong Kong, Macao and Taiwan during their stay in the mainland of China.

15

教育、科技

Education, Science and Technology

简 要 说 明

一、本篇资料的主要内容

本篇主要反映科技、人才、专利、产品质量、教育情况等内容。

科技部分主要包括科技活动、研究与发展课题情况，县级以上政府部门所属研究与开发机构情况，大中型工业企业、高等学校科技活动情况；人才部分包括工程、农业、科研、卫生等各类专业技术人员数，各类人才资源情况；专利部分主要包括三种专利申请受理量，三种专利授权量；教育事业部分包括各级各类教育事业情况，各级各类学校招生、在校生、专任教师人数等情况。

二、本篇的资料来源

根据各部门制定的统计报表制度汇总加工整理而成。科技资料主要来自省科技厅、省教育厅、省统计局；人才资料来自省人力资源和社会保障厅；专利资料来自省知识产权局；产品质量资料来自省质量技术监督局；教育事业资料来自省教育厅。

Brief Introduction

Ⅰ. Main Contents

Data in this chapter show statistics on science and technology, talents, patents, quality of products, education.

Data on technology mainly include: data on scientific and technical activities, research and development (R&D) projects, state-owned R&D institutions above county level, large and medium-sized industrial enterprises, scientific and technical activities of institutions of higher education; data on talents mainly include: number of scientific and technical personnel of engineering, agriculture, scientific research, health care and so on, all kinds of human resources; data on patents mainly include: application of three kinds of patents accepted, three kinds of patents granted; data on education consist of education by level and type, new student enrollment, student enrollment full-time teachers of all kinds of school.

Ⅱ. Sources of Data

Data are collected and tabulated in accordance with the statistic reporting schemes stipulated by the departments concerned. Data on scientific and technical are mainly from Provincial Science and Technology Department, Education Department and Statistics Bureau; data on talents are from Provincial Human Resources and Social Security Department; data on patents are provided by Provincial Intellectual Property Office, data on product quality supervision are from Provincial Pledges Inspect Bureau; data on education are from Provincial Education Department.

15－1 科技活动基本情况
Basic Statistics on Scientific and Technical Activities

指标	Item	2000	2005	2010	2011	2012	2013
科技机构数（个）	Number of Scientific and Technical Research Institutions (unit)	1784	3751	6798	9061	17776	19393
科研单位	Research Institutions	355	159	135	148	148	143
规模以上工业企业	Industrial Engineers above Designated Size				6518	16417	17996
#大中型工业企业	Large and Medium-sized Industrial Enterprises	968	1193	2734	3166	7395	7231
高等院校	Institutions of Higher Education	461	541	579	647	761	801
其他	Others		1858	3350	1748	450	453
科技活动人员数（万人）	Persons Engaged in Scientific and Technical Activities (10000 persons)	19.42	38.17	73.69	81.62	98.23	109.46
#大学本科及以上学历	Bechelor and Above Education Regree	11.03	23.08	25.54	32.72	44.96	49.09
研究与发展经费内部支出（亿元）	Internal Expenses of Research and Development (100 million yuan)	50.83	270.30	857.95	1071.96	1288.02	1440.00
研究与发展经费支出占地区生产总值比重（%）	Ratio of Internal Expenses of Research and Development to GDP (%)	0.59	1.48	2.1	2.2	2.3	2.4

注：规模以上工业企业科技统计从2011年开始实施。

a) Statistics of science and technology of industry enterprises above designated size is implemented from 2011.

15－2 研究与发展课题情况
Research and Development Projects

单位：项 (unit)

指标	Item	2000	2005	2010	2011	2012	2013
研究与发展课题	Research and Development Projects	12962	29610	71815	79100	97602	107690
#科研单位	Research Institutions	2477	1946	3583	3989	4831	5430
高等院校	Institutes of Higher Education	7857	13503	44668	39700	44383	48980
规上工业企业	Industrial Enterprises above Designated Size				31933	44575	48559
#大中型工业企业	Large and Medium-sized Industrial Enterprises	2628	9241	10234	19005	24545	25966
其他	Others		4920	13330	3478	3813	4721
#基础研究	Basic Research	2214	5152	16594	17609	19736	22669
应用研究	Applied Research	5538	8034	22650	22743	25708	28227
实验发展	Experiment al Development	5210	16424	32571	33640	52158	56794

15－3 县级以上政府部门所属研究与开发机构(2013 年)

项　　目	Item	机构数(个) Institutions (unit)	从业人员总数(人) Employees (person)
总　　计	**Total**	**131**	**17442**
按隶属关系分	by Administrative Relationship		
地方部门属	Local Departments	114	12138
省级部门属	Provincial Departments	51	9822
副省级部门属	Departments of Municipalities Directly under the Central Government in Plan	8	384
地市级部门属	Departments of City and Region Under Province	55	1932
中央部门属	Central Departments	17	5304
#中国科学院	Academy of Science of China	6	1802
按国民经济行业分	by Sector		
农、林、牧、渔业	Agriculture, Forestry, Animal Husbandry and Fishery	33	3760
农业	Farming	20	2613
林业	Forestry	2	366
畜牧业	Animal Husbandry	2	230
渔业	Fishery	6	441
农、林、牧、渔服务业	Service in Support of Agriculture	3	110
制造业	Manufacturing	13	2349
印刷业和记录媒介的复制	Printing, Reproduction of Recording Media	1	23
化学原料和化学制品制造业	Manufacture of Raw Chemical Material and Chemical Products	1	210
医药制造业	Manufacture of Medicines	4	1319
非金属矿物制品业	Mining and Processing of Nonmental Ores	1	9
通用设备制造业	Manufacture of General Purpose Machinery	3	450
专用设备制造业	Manufacture of Transport Equipment	1	220
通信设备、计算机及其他电子设备制造业	Manufacture of Communication Equipment, Computers and Other Electronic Equipment	1	100
仪器仪表及文化、办公用机械制造业	Manufacture of Measuring Instruments and Machinery for Cultural Activity and Office Work	1	18
电力、燃气及水的生产和供应业	Production and Supply of Electricity, Gas and Water	3	75
电力、热力的生产和供应业	Production and Supply of Electric Power and Heat Power	3	75
建筑业	Construction	2	135
房屋和土木工程建筑业	Housing and Civil Engineering Construction	2	135
交通运输、仓储和邮政业	Transport, Storage and Post	1	184
道路运输业	Road Transport	1	184
信息传输、计算机服务和软件业	Information Transmission, Computer Services and Software	1	11
计算机服务业	Computer Services	1	11
科学研究、技术服务和地质勘查业	Scientific Research, Technical Service and Geologic Prospecting	40	5602
研究与试验发展	Research and Experimental Development	14	1884
专业技术服务业	Professional Technology Service	22	2948
科技交流和推广服务业	Science & Technology Exchage and Popularization Service	4	770
水利、环境和公共设施管理业	Water Conservancy, Environment and Public Facility Management	16	2077
水利管理业	Water Conservancy Management	6	1427
环境管理业	Environmental Manegement	9	616
公共设施管理业	Public Facility Management	1	34
教育	Education	3	151
教育	Education	3	151
卫生、社会保障和社会福利业	Health Care, Social Security and Social Welfare	16	3006
卫生	Health Care	16	3006
文化、体育和娱乐业	Culture, Sports and Recreation	3	92
文化艺术业	Cultural and Artistic Industry	2	50
体育	Sports	1	42

State-owned Research and Development Institutions above County Level(2013)

#单位在职科技活动人员 Personnels Engaged in Scientific and Technical Activities	经费收入总额（万元） Total Funds Revenue (10000 yuan)	#政府资金 Government Appropriated	经费支出总额（万元） Total Expenditure (10000 yuan)	#科技经费支出 Expenditure for Science & Technology
13449	**1012662**	**526766**	**914469**	**571773**
8910	647492	301240	570952	304842
7206	560982	253463	495406	257678
270	13372	10726	12100	7855
1434	73138	37051	63445	39309
4539	365170	225525	343518	266930
1670	134846	122124	124619	110399
2792	174080	142477	159527	121758
1995	122517	100920	112747	91341
168	12555	10360	12287	5707
188	10254	9002	9789	7948
345	20855	18767	17151	14458
96	7900	3428	7552	2303
1601	116859	56325	105754	52930
23	667	533	586	521
185	10814	8625	10075	7076
776	63581	8529	59535	11919
9	103	10	108	86
295	20442	18422	20254	18370
204	12015	12005	10138	10138
100	8742	8201	4563	4380
9	495		494	441
72	3546	3539	3544	3544
72	3546	3539	3544	3544
135	12262	840	8816	6368
135	12262	840	8816	6368
153	34566	2787	34405	11582
153	34566	2787	34405	11582
10	79	70	98	98
10	79	70	98	98
4974	317582	240741	303909	232217
1684	117255	106564	110437	90039
2542	156850	100357	153614	104946
748	43477	33821	39859	37232
1723	114758	49231	113404	99388
1192	88480	38794	86331	78280
518	25385	9619	26183	20816
13	893	819	891	292
146	7973	5145	8488	4685
146	7973	5145	8488	4685
1760	225798	20902	172727	36190
1760	225798	20902	172727	36190
83	5161	4709	3800	3015
42	2444	2421	1946	1440
41	2717	2288	1854	1575

15－4　县级以上政府部门所属研究与开发机构课题情况(2013年)

项　　目	Item	课题数(个) Number of Projects (unit)	#R&D课题 R&D Projects	课题经费内部支出(万元) Intramural Expenditures on Projects (10000 yuan)
总　计	**Total**	**6769**	**5136**	**320792**
中央政府部门下达课题	Projects Assigned by Central Governmental Departments	2460	2148	147887
国家重大科技专项	Major National Science and Technology and Special	62	46	17254
自然科学基金课题	Natural Scientific Foundation	841	841	22331
863计划课题	863 Plan	65	60	4268
国家科技支撑(攻关)计划课题	National S&T Support Plan	90	73	8027
国家火炬计划课题	National Torch Plan	16	1	929
国家星火计划课题	National Spark Plan	4	3	53
国家973计划课题	National 973 Plan	55	55	3186
公益性行业科研专项	Public Welfare Industry Research Speical	197	154	18709
国家社会科学基金课题	National Social Scientific Fundation	18	18	716
其它课题	Other Projects	1112	897	72415
地方政府部门下达课题	Projects Assigned by Local Governmental Depurtments	2757	1898	95676
地方自然科学基金课题	Local Natural Scientific Fundation	309	298	7528
地方科技攻关计划课题	Local Key Tackling Plan Items	567	484	17157
地方火炬计划课题	Local Torch Plan	1	1	37
地方星火计划课题	Local Spark Plan	1	1	31
地方社会科学基金课题	Local Social Scientific Fundation	63	58	3099
其它课题	Other Projects	1816	1056	67824
企业委托课题	Projects Entrusted by Enterprises	860	503	33652
自选课题	Optional	336	300	22793
国际合作课题	International Coorperation	40	33	1168
其它课题	Others	316	254	19616

Projects of State-owned Research and Development Institutions above County Level(2013)

#政府资金 Govern-ment Approp-riation	#R&D 课题经费 Funds for R&D Projects	课题投入人员(人年) Project Personnels (man-years)	#R&D 人员 R&D Personnels	#外聘的流动研究人员 Floating Research Personnels Invited from Outside	#在读研究生 Postgraduates (studying)
210597	**224224**	**10403**	**7647**	**463**	**1336**
112118	116186	4789	3855	257	750
8742	11995	350	238	1	32
19207	22331	1246	1246	113	363
4004	3167	112	98	4	26
6025	6027	359	271	14	42
355	153	37	5		
53	43	7	2		
3177	3186	84	84	13	28
16052	16207	473	390	15	79
671	716	43	43	4	
53833	52362	2079	1479	95	180
60147	58362	3693	2486	91	312
4899	7097	483	464	17	75
13690	14850	756	649	22	68
37	37	1	1		
31	31	1	1		
2437	2652	194	162	6	3
39053	33695	2260	1210	45	166
3709	16676	793	432	36	117
21547	17040	490	379	47	42
935	993	55	46	4	8
12140	14967	584	448	28	108

15－5 县级以上政府部门所属研究与开发机构基本情况
Basic Statistics on State-owned Research and Development Institutions above County Level

指　　标	Item	2000	2005	2010	2011	2012	2013
机构数　（个）	Number of Institutions (unit)	313	146	135	136	136	131
职工总数　（人）	Employees (person)	44071	13482	15720	16280	16797	17442
#大学本科及以上学历	Bachelor Degree or Above				9982	10360	11043
经费收入总额　（亿元）	Funds Revenue (100 million yuan)	56.09	20.09	67.22	77.12	89.75	101.27
#政府拨款	Government Appropriations	24.88	13.67	38.11	41.22	49.52	52.68
经费支出总额　（亿元）	Expenditures (100 million yuan)	51.53	17.16	64.77	72.91	87.63	91.45
#科研基建支出	Expenditures for Capital Construction	4.14	3.28	6.66	5.95	6.29	5.40

15－6 县级以上政府部门所属研究与开发机构成果
Achievements of State-owned Research and Development Institutions above County Level

年　份 Year	科学著作(种) Scientific Works (kind)	科学论文(篇) Scientific Papers (piece)
1978	2138(万字)	2532
1989	1717(万字)	3263
1990	2540(万字)	3728
1991	2454(万字)	3392
1992	2086(万字)	3962
1993	2273(万字)	4629
1994	2783(万字)	4049
1995	4196(万字)	4662
1996	107(部)	4378
1997	93	4906
1998	92	4798
1999	139	4782
2000	113	4774
2001	139	4872
2002	129	5502
2003	116	5463
2004	106	5214
2005	110	4306
2006	153	4920
2007	169	5396
2008	147	6259
2009	240	6779
2010	145	6919
2011	167	7020
2012	135	7877
2013	163	8021

15－7 大中型工业企业科技情况
Basic Statistics on Scientific and Technical Activities of Large and Medium-sized Industrial Enterprises

单位:亿元　　　　(100 million yuan)

指标	Item	2000	2005	2010	2011	2012	2013
企业数（个）	Number of Enterprise (unit)	2091	3374	5418	6726	7128	7316
#有科技机构的企业数	Enterprises Having S&T Institutions	779	1695	2257	2984	4503	4569
企业办科技机构数（个）	Science and Technology Institutions of Enterprises (unit)	968	1193	2734	4545	7395	7231
从事科技的人员数(万人)	Personnel Engaed in S&T Activities (10000 persons)	14.71	20.25	40.51	47.09	56.70	58.21
#科技机构中的人员	Personnel in Science and Technology Institutions	4.46	6.20	16.57	24.19	34.78	36.42
#有高中级职称或大学本科及以上学历的人员	Personnel with Senior or Medium, Professional Title or Over Regular College Schooling	2.65	3.89	10.07	15.07	21.80	22.41
R&D 经费内部支出总额	R&D Internal Expenditure	33.15	175.84	551.35	700.75	802.73	891.16
经常性支出	Recurrent Expenditure	30.95	164.15	484.36	604.39	698.03	776.80
#R&D 人员劳务费	Service Fee of R&D	8.15	43.24	119.38	157.57	209.22	247.07
资产性支出	Capital Expenditure	2.20	11.69	66.99	96.36	104.70	114.36
#土建工程	Civil Engineering	0.17	0.89	3.26	3.40	3.22	2.97
仪器设备	Intruments and Apparatuses	2.04	10.80	63.73	92.96	101.48	111.40
R&D 经费来源	Sources of R&D Funds						
#政府资金	Loans from Financial Institutions	0.91	4.81	10.24	13.83	16.19	16.50
企业资金	Seff-raised Funds by Enterprise	30.66	162.62	525.63	671.02	768.78	856.74
境外资金	Offshore Funds	1.00	5.31	8.69	8.26	7.17	4.60
其它资金	Others Funds	0.58	3.10	6.78	7.64	10.59	13.33
R&D 经费外部支出经费	External Expenditure of R&D Funds			23.12	36.90	31.04	32.03
技术改造支出总额	Technological Fransformation	100.52	279.57	483.95	524.45	583.63	499.76
技术引进支出总额	Technology Introduction	20.97	41.55	36.05	66.89	53.48	47.64
#用于消化吸收的经费	Funds for Digestion and Absorption	0.99	6.06	13.10	22.91	23.43	17.33
购买国内技术用款	Funds for Purchasing Domestic Fechndogy	3.39	9.62	14.78	20.76	24.61	35.22
科技活动支出	Science and Technology Activities Spending						
新产品销售收入	Sale Revenue of New Products	973.30	2679.67	9387.21	13217.37	15486.97	16735.09
企业专利申请数（件）	Total Number of Owning Inventive Patents (unit)	1183	5226	31132	43645	47397	50776
#发明专利数	Number of Invention Patents		1408	8194	12781	15247	18052
企业拥有有效发明专利数（件）	Total Number of Owning Effective Inventive Patents (unit)		2868	13976	17077	28202	31602

15－8 大中型工业企业研究与发展经费内部支出

Basic Statistics on Intramural R&D Expenditure of Large and Medium-sized Industrial Enterprises

单位:亿元 (100 million yuan)

指标	Item	2000	2005	2010	2011	2012	2013
总计	**Total**	**33.15**	**175.84**	**551.35**	**700.75**	**802.73**	**891.16**
按登记注册类型分	**Grouped by Statys of Registration**						
内资企业	Domestic Funded Enterprises	29.26	123.04	335.85	410.89	471.16	550.91
国有企业	State-owned Enterprises	11.37	14.29	32.38	33.48	39.88	13.11
集体企业	Collective-owned Enterprises	4.63	6.19	1.15	1.90	2.61	3.16
股份合作企业	Cooperative Enterprises	0.99	1.32	2.94	3.57	1.95	0.60
联营企业	Joint Ownership Enterprises	0.3	0.12		0.17	0.13	0.03
有限责任公司	Limited Liability Corporations	7.06	51.03	132.74	147.55	164.86	200.72
#国有独资	State Solely Funded Corporatios	3.52	15.88	21.93	27.07	29.08	29.49
股份有限公司	Share-holding Corporations Ltd.	4.65	30.45	49.61	71.97	79.43	110.32
私营企业	Private Enterprises	0.25	19.56	116.22	149.88	177.86	222.41
其他企业	Other Enterprises	0	0.08	0.59	2.36	4.44	0.56
港、澳、台商投资企业	Enterprises with Funds from Hong Kong, Macao and Taiwan	1.42	16.63	64.81	82.04	105.18	117.06
外商投资企业	Foreign Funded Enterprises	2.48	36.17	150.68	207.83	226.38	223.19
按企业规模分	**Grouped by Size of Enterprises**						
大型企业	Large Enterprises	22.16	85.90	294.17	459.62	488.48	529.68
中型企业	Medium-sized Enterprises	10.99	89.94	257.17	241.13	314.25	361.48
按行业分	**Grouped by Sector**						
采矿业	**Mining**	**0.75**	**2.65**	**6.22**	**8.91**	**7.73**	**7.29**
煤炭开采和洗选业	Mining and Washing of Coal	0.43	1.85	4.70	6.28	4.55	3.75
石油和天然气开采业	Extraction of Petroleum and Natural Gas	0.21	0.61	0.94	1.15	1.97	2.51
黑色金属矿采选业	Mining and Processing of Ferrous Metal Ores	0.05	0.01	0.00	0.10	0.07	0.03
有色金属矿采选业	Mining and Processing of Non-ferrous Metals Ores	0.01	0.02	0.12	0.11	0.19	0.12
非金属矿采选业	Mining and Processing of Nonmetal Ores	0.05	0.14	0.47	1.27	0.94	0.88
其他矿采选业	Mining of Other Ores						
制造业	**Manufacturing**	**31.88**	**172.26**	**543.29**	**689.51**	**792.87**	**880.31**
农副食品加工业	Processing of Food from Agricultural Products	0.13	0.27	1.54	2.32	3.27	4.69
食品制造业	Manufacture of Food	0.05	0.83	1.01	1.71	3.78	4.06
饮料制造业	Manufacture of Beverage	0.69	0.49	5.36	6.73	4.35	4.72
烟草制品业	Manufacture of Tobacco	0.09	0.15	0.18	0.35	0.29	0.34
纺织业	Manufacture of Textile	2.7	6.85	21.11	25.90	30.29	32.04
纺织服装、鞋、帽制造业	Manufacture of Textile Wearing, Apparel, Footwear and Caps	0.23	4.44	5.11	7.46	17.57	20.88
皮革、毛皮、羽毛(绒)及其制品业	Manufacture of Textile, Fur, Feather and Related Products	0.04	0.25	0.61	0.65	2.81	2.55

15-8 续表 Continued

单位:亿元 (100 million yuan)

指标	Item	2000	2005	2010	2011	2012	2013
木材加工及木、竹、藤、棕、草制品业	Processing of Timber, Manufacture of Wood, Bamboo, Rattan, Palm and Straw Products	0.01	2.94	0.90	2.78	4.21	7.68
家具制造业	Manufacture of Furniture	0	0.02	0.27	0.07	0.52	0.71
造纸及纸制品业	Manufacture of Paper and Paper Products	0.33	1.22	5.07	8.03	9.48	7.45
印刷业和记录媒介的复制	Printing, Reproduction of Recording Media	0.05	0.17	0.66	2.06	3.47	4.52
文教体育用品制造业	Manufacture of Articles for Culture, Education and Sport Activities	0	0.27	1.73	1.66	6.36	8.23
石油加工、炼焦及核燃料加工业	Processing of Petroleum, Coking, Processing of Nuclear Fuel	0.43	0.57	0.70	0.82	3.87	3.91
化学原料及化学制品制造业	Manufacture of Raw Chemical Materials and Chemical Products	5.07	29.01	56.37	70.03	79.63	92.70
医药制造业	Manufacture of Medicines	1.34	6.38	20.64	24.68	34.50	38.65
化学纤维制造业	Manufacture of Chemical Fibers	1.36	4.33	11.62	19.52	22.21	22.03
橡胶制品业	Manufacture of Rubber	0.17	0.60	3.81	4.23	25.34	14.89
塑料制品业	Manufacture of Plastics	0.33	2.26	4.08	5.58	0.00	0.00
非金属矿物制品业	Manufacture of Non-metallic Mineral Products	0.53	1.98	6.44	9.74	13.50	15.79
黑色金属冶炼及压延加工业	Smelting and Pressing of Ferrous Metals	1.03	12.39	50.61	59.90	59.39	62.84
有色金属冶炼及压延加工业	Smelting and Pressing of Non-ferrous Metals	0.35	1.15	6.20	10.02	9.70	12.14
金属制品业	Manufacture of Metal Products	0.65	3.75	18.78	21.30	23.67	30.65
通用设备制造业	Manufacture of General Purpose Machinery	3.8	18.58	44.00	51.04	56.96	63.87
专用设备制造业	Manufacture of Special Purpose Machinery	1.42	6.12	23.03	26.05	37.42	48.50
交通运输设备制造业	Manufacture of Transport Equipment	3.24	14.89	47.55	53.33	67.64	69.68
电气机械及器材制造业	Manufacture of Electrical Machinery and Equipment	2.77	20.50	92.85	121.96	132.26	145.14
通信设备、计算机及其他电子设备制造业	Manufacture of Communication Equipment, Computers and Other Electronic Equipment	4.16	28.59	94.49	124.29	126.26	132.43
仪器仪表及文化、办公用机械制造业	Manufacture of Measuring Instruments and Machinery for Cultural Activity and Office Work	0.67	2.83	17.41	25.60	26.71	28.29
工艺品及其他制造业	Manufacture of Artwork and Other Manufacturing		0.42	1.13	1.71	0.75	0.71
废弃资源和废旧材料回收加工业	Recycling and Disposal of Waste					0.05	0.17
金属制品、机械和设备修理业	Manufacture of Metal Products, Machinery and Equipment Repair					0.11	0.02
电力、燃气及水的生产和供应业	**Production and Supply of Electricity, Gas and Water**	**0.52**	**0.93**	**1.84**	**2.33**	**2.12**	**3.55**
电力、热力的生产和供应业	Production and Supply of Electric Power and Heat Power	0.47	0.92	1.52	1.88	1.36	2.34
燃气生产和供应	Production and Supply of Gas	0.01	0.00	0.04	0.06	0.41	0.21
水的生产和供应业	Production and Supply of Water	0.04	0.01	0.28	0.39	0.35	1.00

15－9 高等学校科技活动情况
Basic Statistics on Scientific and Technical Activities of Institutions of Higher Education

项 目 Item		2000	2005	2010	2011	2012	2013
参加科技统计的高校（所）	**Institutions of Higher Education in Statistics (unit)**	**48**	**39**	**58**	**61**	**102**	**111**
从事科技活动人数 （人）	**Personnel in Scientific and Technical Activities (person)**	**59252**	**39003**	**51374**	**52776**	**61939**	**65116**
教 师	Teachers	30497	22999	33672	34898	42185	44799
其他技术人员	Other Technical Persons	26174	15315	17702	17878	19754	20317
辅助人员	Assistants	2581	689	588	685	731	740
从事研究与发展活动人员（人）	**Perssonnel in Research and Development (person)**	**18919**	**22999**	**33672**	**34898**	**42185**	**44799**
#正教授	Professors	1832	3741	5413	5804	6545	7035
副教授	Vice-professors	4100	6590	10086	10802	13350	14475
讲 师	Lecturers	6761	7486	14640	15219	18446	19639
助 教	Assistants	1380	4616	3444	3033	3767	3551
研究与发展机构 （个）	**Institution of Research and Development (unit)**	**469**	**361**	**390**	**447**	**521**	**557**
机构中研究与发展人员（人）	Personnel (person)	5901	7265	10886	13207	15266	16778
当年研究与开发经费收入（万元）	**Funds Revenue of Research and Development (10000 yuan)**	**142685**	**390441**	**935840**	**1044550**	**1211365**	**1339448**
#科技事业费	Scientific and Technical Funds	8915	31608	55727	48503	57310	55326
主管部门专项费	Speical Funds of Responsible Department for the Work	14835	47648	93634	164674	177115	208425
国务院各部门专项费	Speical Funds of State Council Department	10807	59097	199110	137764	168465	187936
省专项费	Provincial Special Foundation	11405	25956	52707	57220	80368	90773
企事业单位委托经费	Entrusting Funds of Enterprises and Institutions	70874	181625	407228	478370	524513	575251
国家自然科学基金	State Natural Sciences Foundation	6640	23256	74767	106308	136205	139787
各种收入转入科研经费	Funds from Other Revenues	4101	18045	49661	48434	64777	79158
研究与发展课题 （项）	**Projects of Research and Development (unit)**	**8412**	**13503**	**21760**	**31158**	**33489**	**37596**
#基础研究	Fundamental Research	2007	4723	8895	8941	10181	12022
应用研究	Applied Research	5084	6861	9224	11751	11740	12154
实验发展	Experimental Development	1321	1919	3641	3488	3069	3189
研究与发展成果	**Achievements of Research and Development**						
出版科学专著 （部）	Published Scientific Works (book)	449	153	239	216	212	275
发表学术论文 （篇）	Published Papers (piece)	24303	39868	68563	75298	77244	79321
#国外发表	Abroad	2710	5436	20020	22838	25592	25998
科技成果转让 （项）	**Scientific Achievements Transfered (unit)**	**660**	**558**	**1231**	**1977**	**1573**	**1703**
获奖成果数 （项）	**Prized Achievements (unit)**	**262**	**360**	**427**	**436**	**480**	**539**
#国家级	National Level	11	36	32	41	32	30
部省级	Provincial Level	251	170	221	247	280	330

15－10 高新技术产业产值

Output Value in High-tech Industry

单位:亿元 (100 million yuan)

项目	Item	2005	2010	2011	2012	2013
总计	**Total**	**7928.17**	**30354.84**	**38377.76**	**45041.48**	**51899.10**
按行业分	**Grouped by Sector**					
航空航天制造业	Aviation and Aircrafts Manufacturing	10.42	64.84	76.42	218.30	263.65
电子计算机及办公设备制造业	Electronic Computers and Office Equipments	1447.91	2634.34	2940.80	2260.06	2548.86
电子及通信设备制造业	Electronic and Communication Equipments	2607.55	7411.99	9114.40	11367.89	12288.74
生物医药制造业	Medical and Pharmaceutical Products	427.26	1656.94	2123.22	2651.73	3184.23
仪器仪表制造业	Manufactune of Special purpose Scientific Equipment	309.92	1697.01	2233.28	1084.99	1190.99
高端装备制造业	Manufacture of Eleetrical Machinary & Equipment	1488.58	5724.60	7332.90	12123.94	15561.06
新材料制造业	Manufacture of New Material	1636.54	7486.61	9791.83	12214.01	13602.31
新能源制造业	Manufacture of New Energy		3678.51	4764.90	3120.55	3259.25
按地区分	**Grouped by Region**					
南京市	Nanjing City	1236.80	3383.41	4260.40	4739.55	5402.73
无锡市	Wuxi City	1312.16	4429.91	5337.22	5665.21	6346.30
徐州市	Xuzhou City	85.14	1061.13	2000.01	3016.11	4013.63
常州市	Changzhou City	609.05	2370.12	3100.55	3555.22	4471.83
苏州市	Suzhou City	3085.17	9022.65	10530.84	11888.80	14178.77
南通市	Nantong City	426.15	2599.99	3250.83	3822.80	5115.92
连云港市	Lianyungang City	62.04	646.28	868.70	1144.58	1426.58
淮安市	Huaian City	46.93	479.17	580.70	956.49	1244.63
盐城市	Yancheng City	126.73	687.54	908.46	1302.54	1830.27
扬州市	Yangzhou City	272.07	2341.29	3093.06	3106.72	3650.80
镇江市	Zhenjiang City	324.97	1654.37	2251.51	2814.42	3560.56
泰州市	Taizhou City	334.82	1591.51	2063.19	2639.27	3772.74
宿迁市	Suqian City	6.15	87.46	132.30	389.76	572.70

注:2012 年起,高新技术产业行业目录调整。

a) Industry direction of high-tech industry has been adjusted since 2012.

15-11 各类专业技术人员数
Number of Scientific and Technical Personnels

单位:万人 (10000 persons)

年份 地区 Year Region	各类专业技术人员 Total	#工程技术人员 Engineering	#农业技术人员 Agriculture	#科学研究人员 Scientific Research	#卫生技术人员 Health Care	#教学人员 Teaching
1980	43.87	9.63	1.13	1.47	9.02	17.13
1985	83.41	20.70	1.76	1.59	13.35	35.90
1990	158.86	31.84	2.35	1.84	13.87	44.50
1995	184.97	28.38	2.65	0.60	15.48	50.72
2000	194.24	44.84	4.61	1.81	23.04	66.15
2001	186.05	40.11	4.18	1.75	23.19	66.95
2002	175.79	35.79	3.74	1.56	22.96	67.56
2003	163.20	29.19	3.74	1.82	22.07	68.01
2004	147.23	22.16	3.25	1.77	20.86	69.25
2005	148.67	20.96	3.18	1.83	23.45	69.33
2006	142.20	20.54	3.11	1.69	21.35	69.27
2007	142.18	20.03	2.92	1.64	21.86	69.00
2008	142.26	19.72	3.06	1.68	22.04	69.89
2009	141.61	19.67	2.99	1.64	21.88	69.48
2010	140.53	19.00	2.72	1.53	21.21	66.69
2011	140.51	19.82	2.85	1.71	22.04	69.09
2012	140.65	19.79	2.69	1.77	22.30	68.93
2013	117.11	10.99	2.58	0.82	22.37	66.95
南京市 Nanjing	9.77	1.14	0.11	0.03	2.29	5.09
无锡市 Wuxi	8.44	0.79	0.11	0.03	1.85	4.59
徐州市 Xuzhou	12.54	0.83	0.21	0.03	2.42	7.92
常州市 Changzhou	6.45	0.42	0.13	0.03	1.80	3.38
苏州市 Suzhou	12.00	1.02	0.20	0.03	2.87	6.81
南通市 Nantong	9.43	0.94	0.25	0.02	1.77	5.52
连云港市 Lianyungang	7.09	0.54	0.23	0.02	1.12	4.43
淮安市 Huaian	6.33	0.36	0.20	0.02	1.13	4.10
盐城市 Yancheng	9.51	0.61	0.33	0.01	1.69	6.04
扬州市 Yanzhou	6.26	0.51	0.16	0.01	1.29	3.70
镇江市 Zhenjiang	4.73	0.53	0.13	0.01	1.02	2.50
泰州市 Taizhou	6.68	0.47	0.25	0.02	1.46	3.94
宿迁市 Suqian	5.38	0.41	0.13	0.01	0.14	4.10

注：本表数据含辖区内的全民所有制单位和集体所有制单位。

a) Figures in the table are the data of state-owned and collective-owned units.

15－12 三种专利申请受理量
Application for Three Kinds of Patents Accepted

单位:件 (unit)

项 目	Item	2000	2005	2010	2011	2012	2013
申请受理量合计	**Applications Accepted**	**8210**	**34811**	**235873**	**348381**	**472656**	**504500**
#发 明	Inventions	1159	6582	50298	84678	110091	141259
实用新型	Utility Models	4590	11071	51436	81097	107091	128898
外观设计	Designs	2461	17158	134139	182606	255474	234343
#非职务	Non-official	4530	20693	97222	130334	135058	145244
职 务	Official	3680	14118	138651	218047	337598	359256
大专院校	Universities and Colleges	212	2529	11290	17821	23329	26818
科研单位	Scientific Resarch Institutions	129	382	1743	2944	4086	4631
工矿企业	Industrial and Mineral Enterprises	3296	11157	125089	196198	308801	325090
机关团体	Government Agencies and Organizations	43	50	529	1084	1382	2717

15－13 三种专利授权量
Three Kinds of Patents Granted

单位:件 (unit)

项 目	Item	2000	2005	2010	2011	2012	2013
申请授权量合计	**Patents Granted**	**6432**	**13580**	**138382**	**199814**	**269944**	**239645**
#发 明	Inventions	341	1241	7210	11043	16242	16790
实用新型	Utility Models	4095	6483	41161	53414	77944	98246
外观设计	Designs	1996	5856	90011	135357	175758	124609
#非职务	Non-official	3125	7021	59588	71061	68424	50663
职务	Official	3307	6559	78794	128753	201520	188982
大专院校	Universities and Colleges	139	896	6038	8373	11234	12116
科研单位	Scientific Resarch Institutions	106	182	688	1033	1128	1822
工矿企业	Industrial and Mineral Enterprises	3022	5436	71781	118919	186220	172787
机关团体	Government Agencies and Organizations	40	45	287	428	2938	2257

15 - 14 全省产品质量监督检查情况（2013 年）
Results of Sampling Check on the Quality of Products under Provincial Supervision (2013)

产品名称	Item	监督检查批次数 Batches of Supervision and Inspection	监督检查合格批次数 Qualified Batches	批次合格率（%）Rate of Batch-times Qualified (%)
合　计	**Total**	**33343**	**32410**	**97.2**
食品	**Food**	**13820**	**13551**	**98.1**
大米	Rice	2242	2242	100.0
乳制品	Dairy	188	188	100.0
小麦粉	Wheat Flour	418	418	100.0
肉制品	Meat Products	636	625	98.3
水产加工品	Aquatic Products	513	508	99.0
白酒	Distilled Spirit	443	426	96.2
食用植物油	Edible Vegertable Oil	98	97	99.0
炒货及坚果制品	Stir-fry	246	237	96.3
糕点	Cake	1128	1105	98.0
纯净水	Drink	1237	1110	89.7
其它	Others	6671	6595	98.9
日用消费品	**Consumer Goods**	**6823**	**6535**	**95.8**
车用汽油	Gasoline	48	48	100.0
家用电冰箱和食品冷冻箱	Housenold Rofrigerators and Food Freezers	14	14	100.0
电风扇	Fan	11	10	90.9
太阳能热水器	Solar Water Heater	136	130	95.6
皮鞋	Shoes	80	77	96.3
食品用塑料包装、容器	Plastic Food Packaging	422	422	100.0
休闲服装	Casual Clothing	634	607	95.7
配装眼镜	Glasses	1763	1650	93.6
电动自行车	Electric Bicycle	201	190	94.5
液化石油气	LPG	113	106	93.8
不锈钢制品	Stainless Steel Products	235	232	98.7
其他	Others	3166	3049	96.3
建筑装饰装修材料	**Building Raw Materials**	**4518**	**4354**	**96.4**
水泥	Cement	226	225	99.6
铝合金建筑型材	Aluminum Building Materials	125	121	96.8

15－14 续表 Continued

产品名称	Item	监督检查批次数 Batches of Supervision and Inspection	监督检查合格批次数 Qualified Batches	批次合格率（%）Rate of Batch-times Qualified（%）
溶剂型涂料	Solvent－based Paints	78	75	96.2
安全玻璃	Safety Glass	275	263	95.6
钢筋混凝土用热轧钢筋	Hot Rolled Steel Reinforced Concrete	37	35	94.6
浸渍纸层压木质地板	Laminate Wood Flooring	219	203	92.7
新型节能环保墙体材料	New Energy Saving Wall Materials	830	815	98.2
内、外墙涂料	Inferior and Exterior Paint	304	289	95.1
预拌混凝土	Ready－mixed Concrete	318	315	99.1
安全网	Safety Net	45	41	91.1
其他	Others	2061	1972	95.7
工业生产资料	**Industrial Production**	**7625**	**7428**	**97.4**
瓦楞纸箱	Corrugated Boxes	50	48	96.0
压缩、液化气体	Compressed and Liquefied Gases	277	220	96.9
防爆电气	Explosion－off Electrcal	69	69	100.0
低压成套设备	Low－voltage Equipment	848	820	96.7
无机类危险化学品	Inorganic Hazards Chemical	101	101	100.0
轴承	Bearings	152	150	98.7
有机类危险化学品	Organic Hazards Chemical	162	161	99.4
危险化学品包装物、容器	Packaging of Dangerous Chemicals	219	219	100.0
铜及铜合金制品	Copper and Alloy Products	115	114	99.1
阀门	Valve	56	55	98.2
中小型电机	Small Motors	76	76	100.0
其他	Others	5500	5395	98.1
农业生产资料	**Aqricultural Production**	**557**	**542**	**97.3**
农用塑料薄膜	Agricultural Plastic Film	20	20	100.0
塑料编织袋	Plastic Woven	54	50	92.6
农用拖拉机	Agricultural Tractors	36	36	100.0
复混肥料	Fertilizer	214	209	97.7
农药	Pesticide	153	149	97.4
植物保护机械	Plant Protection Machinery	27	25	92.6
旋耕机	Tiller	37	37	100.0
其他	Others	16	16	100.0

15－15 教育事业基本情况
Basic Statistics on Education

指　　标	Item	2005	2010	2011	2012	2013
学校数　（所）	**Number of Schools (unit)**					
普通高等学校	Regular Institutions of Higher Education	115	124	126	128	131
普通中等学校	Secondary Schools	3530	3058	2975	2903	2886
中等专业学校	Specialized Schools	150	160	169	168	169
普通中学	Regular Secondary Schools	3141	2776	2721	2660	2651
#高　中	Senior Secondary Shools	849	653	620	594	578
职业高中	Vocational Senior Secondary Schools	239	122	85	75	66
小　学	Primary Schools	6261	4498	4328	4128	4020
特殊教育	Special Schools	109	112	108	107	107
专任教师　（万人）	**Number of Fulltime Teachers (10000 persons)**					
普通高等学校	Regular Institutions of Higher Education	6.73	10.20	10.40	10.60	10.83
普通中等学校	Secondary Schools	31.13	32.36	32.14	31.94	31.51
中等专业学校	Specialized Schools	1.42	2.43	2.71	2.80	2.97
普通中学	Regular Secondary Schools	27.98	28.46	28.23	27.95	27.43
#高　中	Senior Secondary Shools	8.88	9.82	9.71	9.72	9.73
职业高中	Vocational Senior Secondary Schools	1.73	1.47	1.20	1.19	1.11
小　学	Primary Schools	26.16	24.96	25.01	25.26	25.82
特殊教育	Special Schools	0.25	0.30	0.30	0.31	0.32
招生数　（万人）	**New Student Enrollment (10000 persons)**					
普通高等教育	Regular Higher Education	39.02	47.52	48.03	48.13	48.75
研究生	Postgraduates	2.87	4.25	4.42	4.62	4.80
本专科生	University and College Students	36.15	43.27	43.61	43.50	43.95
普通中等学校	Secondary Schools	197.19	147.67	132.83	126.37	119.63
中等专业学校	Specialized Secondary Schools	24.45	22.78	20.61	19.70	18.51
普通中学	Regular Secondary Schools	157.55	115.07	105.84	101.72	96.00
#高　中	Senior Secondary Shools	52.25	44.03	40.88	37.69	42.59
职业高中	Vocational Senior Secondary Schools	15.19	9.82	6.38	4.95	5.12
小　学	Primary Schools	61.93	73.13	76.18	79.48	85.13
特殊教育	Special Schools	0.40	0.48	0.37	0.35	0.35
在校学生　（万人）	**Students Enrollment (10000 persons)**					
普通高等教育	Regular Higher Education	123.77	177.49	179.38	181.07	183.04
研究生	Postgraduates	7.79	12.55	13.44	13.95	14.59
本专科生	University and College Students	115.98	164.94	165.94	167.12	168.45
普通中等学校	Secondary Schools	592.97	462.79	423.62	398.58	369.10
中等专业学校	Specialized Secondary Schools	66.10	68.30	63.59	63.12	56.68
普通中学	Regular Secondary Schools	491.56	368.61	339.82	317.89	296.74
#高　中	Senior Secondary Shools	145.34	135.66	128.70	120.87	110.99
职业高中	Vocational Senior Secondary Schools	35.31	25.88	20.21	17.57	15.68
小　学	Primary Schools	485.53	398.78	409.60	422.76	435.37
特殊教育	Special Schools	3.07	2.97	2.55	2.47	2.31
毕业生数　（万人）	**Graduates (10000 persons)**					
普通高等教育	Regular Higher Education	24.46	50.88	51.05	50.86	51.41
研究生	Postgraduates	1.49	2.99	3.34	3.84	4.03
本专科生	University and College Students	22.97	47.89	47.71	47.03	47.38
普通中等学校	Secondary Schools	180.99	166.50	157.43	141.67	138.52
中等专业学校	Specialized Secondary Schools	10.90	16.73	19.59	15.45	21.36
普通中学	Regular Secondary Schools	162.98	140.04	130.44	119.69	110.11
#高　中	Senior Secondary Shools	42.65	48.64	46.61	44.48	42.59
职业高中	Vocational Senior Secondary Schools	7.11	9.73	7.40	6.53	7.05
小　学	Primary Schools	105.52	70.58	64.97	64.51	63.94
特殊教育	Special Schools	0.43	0.52	0.33	0.33	0.34

15－16　各级各类教育事业(2013 年)
Basic Statistics on Education by Level and Type (2013)

单位:人　　　　(person)

指标	Item	学校数(所) Number of Schools (unit)	毕业生数 Graduates	招生数 New Student Enrollment	在校学生数 Students Enrollment in schools	教职工数 Teachers and Staff	#专任教师 Full-time Teachers
普通高等教育	Regular Higher Education	131	514130	487491	1830402	166223	108272
研究生	Postgraduates		40287	47985	145947		
本专科学生	Undergraduate and Specialized Courses		473843	439506	1684455		
普通中等专业学校	Regular Specialized Secondary Schools	169	213533	185157	566800	36282	29708
普通中学	Regular Secondary Schools	2651	1101130	960014	2967368	344331	274279
高　中	Senior Secondary Schools	578	425924	341417	1109899	344331	97293
初　中	Junior Secondary Schools	2073	675206	618597	1857469		176986
职业高中	Vocational Senior Secondary Schools	66	70450	51199	156781	13107	11134
技工学校	Technical Schools	126	83605	100874	261830	17816	13205
小　学	Primary Schools	4020	639404	851334	4353694	254395	258173
特殊教育学校	Special Education	107	3394	3491	23055	3901	3170
幼儿园	Kindergartens	4722	789435	842565	2318102	175634	106840
成人高等教育	Adult Higher Education	9	150467	168363	397921	1348	774
#广播电视大学	Radio and TV Universities	2	3370	2755	6271	521	219
管理干部学院	Colleges for Training Managerial Personnel	2	3241	2626	4886	392	389
职工高等学校	Schools of Higher Education for Staff	4	802	921	1400	283	169
教育学院	Pedagogical College	1	1331	1489	3197	152	97
成人中等专业学校	Specialized Secondary Schools for Adults	34	22163	22697	70135	2633	1464
成人中学	Secondary Schools for Adults	492	20912		14144	1768	1152
网络教育	Internet-based Education	3	16991	26863	53721		

15－17　分市教育事业基本情况(2013年)

指　　标	Item	南京市 Nanjing	无锡市 Wuxi	徐州市 Xuzhou	常州市 Changzhou
学校数　(所)	**Number of Schools　(unit)**				
普通高等学校	Regular Institutions of Higher Education	44	12	9	9
普通中等学校	Secondary Schools	243	202	345	175
中等专业学校	Specialized Schools	24	20	10	12
普通中学	Regular Secondary Schools	219	176	321	163
#高　中	Senior Secondary Shools	56	44	77	36
职业高中	Vocational Senior Secondary Schools	0	6	14	0
小　学	Primary Schools	339	194	870	182
特殊教育	Special Schools	13	9	12	5
专任教师　(万人)	**Number of Fulltime Teachers　(10000 persons)**				
普通高等学校	Regular Institutions of Higher Education	4.82	0.59	0.76	0.50
普通中等学校	Secondary Schools	2.59	2.36	3.88	1.68
中等专业学校	Specialized Schools	0.35	0.38	0.17	0.28
普通中学	Regular Secondary Schools	2.24	1.92	3.46	1.40
#高　中	Senior Secondary Shools	0.80	0.68	1.25	0.48
职业高中	Vocational Senior Secondary Schools	0.00	0.05	0.25	0.00
小　学	Primary Schools	2.08	1.91	3.65	1.27
特殊教育	Special Schools	0.05	0.02	0.04	0.01
招生数　(万人)	**New Student Enrollment　(10000 persons)**				
普通高等教育	Regular Higher Education	19.25	3.55	3.69	3.13
研究生	Postgraduates	3.26	0.20	0.36	0.06
本专科生	University and College Students	15.99	3.36	3.33	3.07
普通中等学校	Secondary Schools	9.20	8.87	15.13	6.79
中等专业学校	Specialized Secondary Schools	1.85	1.36	1.62	1.25
普通中学	Regular Secondary Schools	7.35	7.14	11.51	5.54
#高　中	Senior Secondary Shools	2.54	2.20	4.47	1.80
职业高中	Vocational Senior Secondary Schools	0.00	0.36	2.00	0.00
小　学	Primary Schools	6.17	5.84	15.39	4.54
特殊教育	Special Schools	0.03	0.02	0.09	0.01
在校学生　(万人)	**Students Enrollment　(10000 persons)**				
普通高等教育	Regular Higher Education	80.75	11.14	13.63	10.63
研究生	Postgraduates	9.95	0.61	1.11	0.16
本专科生	University and College Students	70.79	10.53	12.52	10.47
普通中等学校	Secondary Schools	28.05	26.26	47.13	20.33
中等专业学校	Specialized Secondary Schools	5.63	4.38	4.81	3.85
普通中学	Regular Secondary Schools	22.43	20.82	37.52	16.48
#高　中	Senior Secondary Shools	8.08	6.87	15.04	5.64
职业高中	Vocational Senior Secondary Schools	0.00	1.06	4.79	0.00
小　学	Primary Schools	32.14	32.53	66.18	24.36
特殊教育	Special Schools	0.17	0.14	0.51	0.08
毕业生数　(万人)	**Graduates　(10000 persons)**				
普通高等教育	Regular Higher Education	23.61	3.28	3.48	2.97
研究生	Postgraduates	2.75	0.15	0.32	0.04
本专科生	University and College Students	20.86	3.13	3.16	2.93
普通中等学校	Secondary Schools	9.49	8.98	18.43	6.93
中等专业学校	Specialized Secondary Schools	1.71	1.78	1.37	1.33
普通中学	Regular Secondary Schools	7.78	6.84	15.11	5.48
#高　中	Senior Secondary Shools	2.99	2.53	5.71	2.04
职业高中	Vocational Senior Secondary Schools	0.00	0.36	1.95	0.12
小　学	Primary Schools	4.82	4.98	8.30	3.60
特殊教育	Special Schools	0.03	0.03	0.06	0.01

Basic Statistics on Education by Region (2013)

苏州市 Suzhou	南通市 Nantong	连云港市 Lianyungang	淮安市 Huaian	盐城市 Yancheng	扬州市 Yanzhou	镇江市 Zhenjiang	泰州市 Taizhou	宿迁市 Suqian
20	6	3	6	5	5	5	5	2
291	239	190	192	294	184	126	200	205
24	5	9	14	7	10	12	4	18
261	222	176	175	277	170	113	191	187
65	53	35	29	56	38	23	38	28
6	12	5	3	10	4	1	5	0
304	321	439	284	375	207	114	141	250
13	9	7	7	10	7	5	5	5
1.07	0.44	0.19	0.34	0.30	0.50	0.52	0.27	0.10
3.06	2.88	2.33	2.22	3.08	1.90	1.16	2.13	2.24
0.42	0.09	0.16	0.24	0.12	0.17	0.16	0.11	0.31
2.58	2.49	2.08	1.94	2.77	1.68	1.00	1.95	1.93
0.91	0.99	0.70	0.68	0.95	0.62	0.36	0.70	0.61
0.05	0.30	0.09	0.04	0.20	0.06	0.00	0.06	0.00
2.66	1.96	2.09	1.95	2.42	1.37	0.91	1.48	2.08
0.03	0.03	0.02	0.02	0.03	0.02	0.01	0.02	0.02
6.07	2.25	1.04	1.88	1.54	2.27	2.22	1.34	0.51
0.38	0.06	…	…	0.00	0.19	0.28	0.00	0.00
5.69	2.18	1.04	1.87	1.54	2.08	1.95	1.34	0.51
11.31	10.42	9.12	9.10	11.00	7.81	3.88	6.76	10.26
1.87	1.57	1.29	1.50	1.01	1.63	0.68	0.44	2.44
9.37	8.27	7.37	7.26	9.02	6.18	3.20	5.98	7.82
2.65	3.02	2.59	2.71	3.42	2.36	1.11	2.23	3.03
0.07	0.57	0.46	0.34	0.97	0.00	0.00	0.35	0.00
9.23	5.33	7.04	6.16	7.78	3.50	2.36	3.73	8.06
0.03	0.02	0.01	0.03	0.03	0.03	0.01	0.02	0.01
20.19	7.63	3.76	6.69	5.49	8.17	8.31	4.91	1.75
1.17	0.18	…	…	0.00	0.53	0.87	0.00	0.00
19.02	7.45	3.76	6.68	5.49	7.64	7.43	4.91	1.75
32.49	32.92	28.83	29.67	34.03	24.03	12.15	21.20	32.03
5.57	4.67	4.30	5.07	2.84	4.99	2.20	1.62	6.76
26.69	26.00	23.15	22.71	28.24	19.02	9.95	18.46	25.26
8.04	10.00	8.61	8.66	11.10	7.59	3.76	7.31	10.28
0.22	2.24	1.39	1.89	2.95	0.02	0.00	1.12	0.00
47.24	31.82	35.52	32.54	40.41	22.06	13.44	22.04	35.08
0.27	0.15	0.11	0.17	0.20	0.24	0.09	0.09	0.09
4.94	2.08	1.04	1.94	1.54	2.51	2.17	1.42	0.42
0.32	0.05	…	0.00	0.00	0.15	0.24	0.00	0.00
4.63	2.03	1.04	1.94	1.54	2.36	1.93	1.42	0.42
10.50	12.85	10.58	11.47	14.04	8.66	4.44	8.30	13.84
1.87	1.46	1.17	2.10	1.73	1.80	0.81	0.74	3.49
8.46	10.18	8.98	8.58	10.86	6.83	3.63	7.04	10.35
2.96	4.07	3.73	3.25	4.30	2.79	1.49	3.06	3.67
0.16	1.20	0.43	0.80	1.46	0.02	0.00	0.52	0.00
6.35	5.26	5.08	4.68	5.63	3.82	2.10	3.76	5.55
0.05	0.03	0.02	0.02	0.03	0.03	0.01	0.02	0.01

15－18 全省研究生数
Number of Postgraduates

单位:人 (person)

指标	Item	2000	2005	2010	2011	2012	2013
高等学校	**Institutions of Higher Education**						
招生数	New Student Enrollment	21705	28306	42070	43827	45807	47588
在读人数	Student Enrollment	52875	76783	124209	133171	138284	144699
#女　性	Female	19409	31608	57225	62049	66868	67069
毕业生数	Graduates	8918	14699	29553	33038	37998	39936
研究所(院)	**Research Institutions (Academies)**						
招生数	New Student Enrollment	318	379	389	390	407	397
在读人数	Student Enrollment	758	1101	1241	1233	1245	1248
#女　性	Female	187	309	416	428	440	442
毕业生数	Graduates	117	184	366	350	354	351

15－19 各级各类学校女在校学生和女专任教师数
Number of Female Students Enrollment and Teachers by Level and Type of Schools

指标	Item	2000	2005	2010	2011	2012	2013
女在校学生数（万人）	**Number of Female Students in Schools (10000 persons)**						
普通高等教育本、专科	Regular Institutions of Higher Education	16.32	53.99	81.46	82.21	82.68	83.16
普通中等专业学校	Regular Specialized Secondary Schools	23.17	35.78	33.96	31.82	31.12	28.00
普通中学	Regular Secondary Schools	166.00	224.09	168.64	156.55	147.80	138.70
职业高中	Vocational Senior Secondary Schools	7.23	16.51	11.92	9.31	7.97	6.85
小　学	Primary Schools	338.08	222.77	180.74	185.77	192.28	198.53
女在校学生占在校学生总数（%）	**Percentage of Female Students in Schools to Total Students (%)**						
普通高等教育本、专科	Regular Institutions of Higher Education	38.1	46.6	49.4	49.5	49.4	49.4
普通中等专业学校	Regular Specialized Secondary Schools	53.1	54.1	49.7	50.1	49.3	49.4
普通中学	Regular Secondary Schools	44.4	45.6	45.8	46.1	46.5	46.7
职业高中	Vocational Senior Secondary Schools	43.3	46.8	46.1	46.1	45.3	43.7
小　学	Primary Schools	47.1	45.9	45.3	45.4	45.5	45.6
女专任教师数（万人）	**Number of Full Time Female Teachers (10000 persons)**						
普通高等学校	Regular Institutions of Higher Education	1.14	2.77	4.55	4.65	4.77	4.91
普通中等专业学校	Regular Specialized Secondary Schools	0.58	0.69	1.26	1.43	1.50	1.59
普通中学	Regular Secondary Schools	7.69	11.86	13.35	13.40	13.42	13.37
职业高中	Vocational Senior Secondary Schools	0.81	0.75	0.71	0.58	0.57	0.54
小　学	Primary Schools	13.93	14.08	14.77	15.03	15.40	16.00
女专任教师占专任教师总数（%）	**Percentage of Full Time Female Teachers to Total Teachers (%)**						
普通高等学校	Regular Institutions of Higher Education	34.5	41.2	44.6	44.8	44.9	45.3
普通中等专业学校	Regular Specialized Secondary Schools	42.0	48.6	52.0	52.6	53.4	53.5
普通中学	Regular Secondary Schools	35.6	42.4	46.9	47.5	48.0	48.8
职业高中	Vocational Senior Secondary Schools	39.4	43.6	47.9	48.4	47.9	48.8
小　学	Primary Schools	48.2	53.8	59.2	60.1	61.0	62.0

15－20 普通高等教育分科学生数(2013 年)
Student Enrollment in Regular Higher Education by Field of Study (2013)

单位:人 (person)

项目	Item	毕业生数 Graduates	招生数 New Enrollment	在校生数 Total Enrollment
本科合计	**Undergraduate**	**236363**	**260672**	**1000820**
#女生	Female	117470	133165	501937
哲 学	Philosophy	90	248	561
经济学	Economics	14283	14738	57322
法 学	Law	6069	7803	27849
教育学	Education	5086	6309	23236
文 学	Literature	10170	10657	39358
#外语	Foreign Language	11739	11199	44858
#艺术	Art	750	672	2698
历史学	History	15992	17481	66788
理 学	Science	98063	108794	415448
工 学	Engineering	3402	3505	13647
农 学	Agriculture	10837	13659	57916
医 学	Medicine	45215	47884	186056
管理学	Management	14667	17723	65083
专科合计	**Specialist**	**237480**	**250389**	**683635**
#女生	Female	123026	122392	329636
农林牧渔大类	Animou Husbandry and Fishery	4800	6111	15894
交通运输大类	Transportation	11336	10896	31408
生化与药品大类	Biochemical and Drug	7417	7463	21407
资源开发与测绘大类	Resource Develpment and Mapping	873	679	1770
材料与能源大类	Material and Energy	1726	2359	6767
土建大类	Civil Construction	21634	28550	75505
水利大类	Water Conservation	115	46	302
制造大类	Manufacture	42984	45387	126657
电子信息大类	Electronic Information	32662	32706	90208
环保、气象与安全大类	Meteorology and Environmental Safety	1858	1391	4433
轻纺食品大类	Textile, Food	7285	5779	18151
财经大类	Finance and Economices	45232	49595	131685
医药卫生大类	Medicine and Health	12415	13269	34545
旅游大类	Tourism	7592	8508	23323
公共事业大类	Public Utilities	1419	1491	4552
文化教育大类	Public Education	22006	20224	53750
艺术设计传媒大类	Art Design and Media	14195	14926	40114
公安大类	Public Security	661	0	650
法律大类	Law	1270	1009	2514

注:招生数含五年制高职、专转本学生。

a) The enrollment number include five years higher vocational enducation and upgraded students.

15－21 每万人口在校学生数和中小学升学情况
Number of Students Per 10000 Population and Enrollment Rate of Secondary and Primary Schools

年份 Year	平均每万人口中 Number of Students per 10000 Population 大学生(人) University and College Students (person)	中学生(人) Secondary School Students (person)	小学生(人) Primary School Students (person)	小学学龄儿童入学率(%) Enrollment Rate of School-age Children (%)	小学毕业生升学率(%) Primary school Graduates Entering into Junior Secondary Schools (%)	初中毕业生升学率(%) Junior Secondary Graduates Entering into Senior Secondary Schools (%)
1978	10.4	667.9	1489.3	96.7	90.3	42.3
1980	14.2	553.8	1409.4	97.1	81.3	28.4
1985	19.2	492.3	1091.1	99.5	74.2	29.5
1989	23.0	426.4	980.9	98.8	79.8	38.2
1990	21.7	460.3	904.8	99.9	82.0	39.6
1991	21.1	467.4	869.1	99.3	84.2	40.0
1992	22.1	476.6	846.5	99.5	85.9	41.8
1993	25.9	481.3	853.9	99.4	88.0	45.4
1994	28.7	503.8	877.7	99.4	93.5	51.1
1995	29.5	530.5	912.5	99.8	96.6	56.8
1996	31.0	549.1	967.4	99.8	96.6	61.2
1997	33.4	547.9	1024.6	99.8	97.1	63.8
1998	38.0	550.3	1046.8	99.8	97.5	62.4
1999	49.8	565.8	1027.6	99.8	97.2	65.1
2000	61.7	592.3	980.7	99.8	97.2	68.5
2001	79.6	643.1	933.4	98.7	97.9	73.9
2002	94.9	710.7	860.6	99.6	98.2	78.6
2003	116.1	761.3	782.3	99.6	98.7	83.2
2004	133.8	795.3	710.7	99.7	98.8	84.8
2005	155.2	793.3	649.6	99.8	99.8	89.6
2006	173.0	775.1	603.7	99.9	100.0	93.5
2007	193.1	740.8	562.9	99.6	100.0	95.7
2008	204.9	697.7	531.6	99.9	100.0	96.0
2009	214.0	642.6	512.7	99.9	100.0	97.3
2010	209.6	588.1	506.8	99.9	100.0	97.5
2011	227.1	430.2	518.6	99.9	100.0	97.7
2012	228.6	401.4	533.8	100.0	100.0	98.0
2013	232.7	374.7	549.7	100.0	100.0	98.3

15-22 各级学校教师负担学生数
Student-teacher Ratio by Level of School

年　份 Year	普通高等学校 Institutions of Regular Higher Education		普通中等学校 Regular Secondary Schools		小　学 Primary Schools	
	教师数（万人）Number of Teachers (10000 persons)	平均每个教师负担学生数（人）Student-teacher Ratio (person)	教师数（万人）Number of Teachers (10000 persons)	平均每个教师负担学生数（人）Student-teacher Ratio (person)	教师数（万人）Number of Teachers (10000 persons)	平均每个教师负担学生数（人）Student-teacher Ratio (person)
1978	1.34	4.5	16.75	23.3	27.07	32.1
1980	1.59	5.3	16.83	19.5	27.97	29.9
1985	2.30	5.2	16.53	18.5	25.91	26.2
1989	2.79	5.3	19.00	16.0	26.74	23.6
1990	2.76	5.3	19.63	15.9	26.95	22.7
1991	2.76	5.2	20.06	15.9	27.00	22.0
1992	2.70	5.7	20.32	16.2	26.66	21.9
1993	2.70	6.7	20.71	16.2	25.59	23.2
1994	2.73	7.4	21.28	16.6	26.95	22.9
1995	2.73	7.6	22.16	16.9	27.35	23.6
1996	2.74	8.1	22.82	17.1	27.96	24.6
1997	2.79	8.6	23.26	16.8	28.32	25.9
1998	2.86	9.6	23.57	16.8	28.20	26.7
1999	3.04	11.8	24.10	16.9	28.41	26.1
2000	3.31	13.7	25.02	17.3	28.90	24.9
2001	3.80	15.4	25.96	18.2	28.84	23.8
2002	4.43	15.8	27.38	19.2	27.95	22.7
2003	4.98	18.3	28.74	19.6	26.84	21.6
2004	5.90	18.0	30.19	19.6	29.22	19.9
2005	6.73	18.4	31.14	19.0	26.16	18.6
2006	7.84	17.8	31.92	18.3	26.05	17.5
2007	8.86	17.7	32.30	17.5	25.83	16.6
2008	9.63	17.4	32.51	16.5	25.47	16.0
2009	9.99	17.7	32.54	15.3	25.47	15.6
2010	10.20	17.4	32.36	14.3	24.96	16.0
2011	10.39	17.3	32.14	13.2	25.01	16.4
2012	10.60	17.1	31.94	12.5	25.26	16.7
2013	10.83	16.9	31.51	11.7	25.82	16.9

主要统计指标解释

科技活动 指在自然科学、农业科学、医药科学、工程与技术科学、人文与社会科学领域(简称科学技术领域)中,与科技知识的产生、发展、传播和应用密切相关的有组织的活动。可分为研究与试验发展(R&D)、研究与试验发展成果应用及相关的科技服务三类活动。

科技活动人员 指直接从事科技活动、以及专门从事科技活动管理和为科技活动提供直接服务的人员。累计从事科技活动的实际工作时间占全年制度工作时间10%及以上的人员。(1)直接从事科技活动的人员包括:在独立核算的科学研究与技术开发机构、高等学校、各类企业及其他事业单位内设的研究室、实验室、技术开发中心及中试车间(基地)等机构中从事科技活动的研究人员、工程技术人员、技术工人及其它人员;虽不在上述机构工作,但编入科技活动项目(课题)组的人员;科技信息与文献机构中的专业技术人员;从事论文设计的研究生等。(2)专门从事科技活动管理和为科技活动提供直接服务的人员包括:独立核算的科学研究与技术开发机构、科技信息与文献机构、高等学校、各类企业及其他事业单位主管科技工作的负责人,专门从事科技活动的计划、行政、人事、财务、物资供应、设备维护、图书资料管理等工作的各类人员,但不包括保卫、医疗保健人员、司机、食堂人员、茶炉工、水暖工、清洁工等为科技活动提供间接服务的人员。

科学家与工程师 指科技活动人员中具有高、中级技术职称(职务)的人员和不具有高、中级技术职称(职务)的大学本科及以上学历人员。

研究与试验发展(R&D) 指在科学技术领域,为增加知识总量、以及运用这些知识去创造新的应用而进行的系统的创造性的活动,包括基础研究、应用研究、试验发展三类活动。

基础研究 指为了获得关于现象和可观察事实的基本原理的新知识(揭示客观事物的本质、运动规律,获得新发现、新学说)而进行的实验性或理论性研究,它不以任何专门或特定的应用或使用为目的。其成果以科学论文和科学著作为主要形式。

应用研究 指为获得新知识而进行的创造性研究,主要针对某一特定的目的或目标。应用研究是为了确定基础研究成果可能的用途,或是为达到预定的目标探索应采取的新方法(原理性)或新途径。其成果形式以科学论文、专著、原理性模型或发明专利为主。

试验发展 指利用从基础研究、应用研究和实际经验所获得的现有知识,为产生新的产品、材料和装置,建立新的工艺、系统和服务,以及对已产生和建立的上述各项作实质性的改进而进行的系统性工作。其成果形式主要是专利、专有技术、具有新产品基本特征的产品原型或具有新装置基本特征的原始样机等。在社会科学领域,试验发展是指把通过基础研究、应用研究获得的知识转变成可以实施的计划(包括为进行检验和评估实施示范项目)的过程。人文科学领域没有对应的试验发展活动。

研究与试验发展人员 指参与研究与试验发展项目研究、管理和辅助工作的人员,包括项目(课题)组人员,企业科技行政管理人员和直接为项目(课题)活动提供服务的辅助人员。

研究与试验发展人员全时当量 指全时人员数加非全时人员按工作量折算为全时人员数的总和。例如:有两个全时人员和三个非全时人员(工作时间分别为20%、30%和70%),则全时当量为2+0.2+0.3+0.7=3.2人年。

专业技术人员 指从事专业技术工作和专业技术管理工作的人员,即企事业单位中已经聘任专业技术职务从事专业技术工作和专业技术管理工作的人员,以及未聘任专业技术职务,现在专业技术岗位上工作的人员。包括工程技术人员,农业技术人员,科学研究人员,卫生技术人员,教学人员,经济人员,会计人员,统计人员,翻译人员,图书资料、档案、文博人员,新闻出版人员,律师、公证人员,广播电视播音人员,工艺美术人员,体育人员,艺术人员及企业政治思想工作人员,共十七个专业技术职务类别。

科技活动经费筹集 指从各种渠道筹集到的计划用于科技活动的经费,包括政府资金、企业资金、事业单位资金、金融机构贷款、国外资金和其他资金等。

政府资金 指从各级政府部门获得的计划用于科技活动的经费,包括科学事业费、科技三项费、科研基建费、科学基金、教育等部门事业费中计划用于科技活动的经费以及政府部门预算外资金中计划用于科技活动的经费等。

企业资金 指从自有资金中提取或接受其他企业委托的、科研院所和高校等事业单位接受企业委托获得的,计划用于科研和技术开发的经费。不包括来自政府、金融机构及国外的计划用于科技活动的资金。

金融机构贷款 指从各类金融机构获得的用于科技活动的贷款。

科技活动经费内部支出 指报告年内用于科技活动的实际支出包括劳务费、科研业务费、科研管理费,非基建投资购建的固定资产、科研基建支出以及其他用于科技活动的支出。不包括生产性活动支出、归还贷款支出及转拨外单位支出。

劳务费 指以货币或实物形式直接或间接支付给从事科技活动人员的劳动报酬及各种费用。包括各种形式的工资、津贴、奖金、福利、离退休人员费用、人民助学金等。

固定资产购建费 指报告年内使用非基建投资购建的固定资产和用于科研基建投资的实际支出额，即固定资产实际支出和科研基建投资实际完成额之和。固定资产是指长期使用而不改变原有实物形态的主要物资设备、图书资料、实验材料和标本以及其他设备和家具、房屋、建筑物。

新产品 指采用新技术原理、新设计构思研制、生产的全新产品，或在结构、材质、工艺等某一方面比原有产品有明显改进，从而显著提高了产品性能或扩大了使用功能的产品。既包括政府有关部门认定并在有效期内的新产品，也包括企业自行研制开发，未经政府有关部门认定，从投产之日起一年之内的新产品。

专利 是专利权的简称，是对发明人的发明创造经审查合格后，由专利局依据专利法授予发明人和设计人对该项发明创造享有的专有权。包括发明、实用新型和外观设计。

发明 指对产品、方法或者其改进所提出的新的技术方案。

实用新型 指对产品的形状、构造或者其结合所提出的适于实用的新的技术方案。

外观设计 指对产品的形状、图案、色彩或者其结合所作出的富有美感并适于工业上应用的新设计。

普通高等学校 指按照国家规定的设置标准和审批程序批准举办，通过国家统一招生考试，招收高中毕业生为主要培养对象，实施高等学历教育的全日制大学、独立设置的学院和高等专科学校、高等职业学校和其他机构。

成人高等学校 指按照国家规定的设置标准和审批程序批准举办的，通过全国成人高等教育统一招生考试，招收具有高中毕业或同等学历的人员为主要培养对象，利用脱产、业余或函授等多种形式对其实施高等学历教育的学校。包括广播电视大学、职工高等学校、农民高等学校、管理干部学院、教育学院、独立函授学院、其他机构。

小学学龄儿童入学率 指调查范围内已入小学学习的学龄儿童占校内外学龄儿童总数（包括弱智儿童，不包括盲聋哑儿童）的比重。计算公式为：

小学学龄儿童入学率 = 已入学的小学学龄儿童数/校内外小学学龄儿童总数 × 100%

Explanatory Notes on Main Statistical Indicators

Scientific and Technological Activities(S&T Activities) refer to organized activities which are closely related to the creation, development, dissemination and application of the scientific and technical knowledge in the fields of natural sciences, agricultural science, medical science, engineering and technological science, humanities and social sciences (referred to as scientific and technological fields). S&T activities can be classified in to 3 categories: research and development(R&D) activities, application of R&D results, and related S&T services.

Personnel Engaged in S&T Activities refer to personnel directly engaged in S&T activities, in the management of S&T activ—ities, and in providing direct service to S&T activities, who spend over 10% of the total working hours in a year in S&T activities. (1) Personnel directly engaged in S&T activities include researchers, engineers, technicians and other related personnel engaged in S&T activities in independent—accounting R&D institutions, institutions of higher learning, and in research institutes, laboratories, technology development centers and central experiment workshops under enterprises and institutions. Also included are people working in S&T research project teams, professional and technical personnel working in S&T information archiving institutes, and graduate students working on the design of their thesis. (2) Personnel engaged in the management of S&T activities and in providing direct service to S&T activities include senior management people responsible for S&T activities in independent-accounting R&D institutions, S&T infor-mation archiving institutes, institutions of higher learning, and in enterprises and institutions where S&T activities are undertaken. Also included are people responsible for the planning, administration, personnel management, financial management, logistics supply, equipment maintenance, information and library management that are related with S&T activities. People providing indirect services are excluded, such as security, medical service, drivers, plumbers, cleaners and those providing catering and related service.

Scientists and Engineers refer to persons engaged in S&T activities who have obtained titles of senior and middle level professional positions, and those without such position but have completed university or higher education.

Research and Development(R&D) refers to systematic and creative activities in the field of science and technology aiming at increasing the knowledge and using the knowledge for new application. R&D includes 3 categories of activities: basic research, applied research and experiments and development.

Basic Research refers to empirical or theoretical research aiming at obtaining new knowledge on the fundamental principles of phenomena of observable facts to reveal the nature and law of movement of objects and to acquire new discoveries or new theories. Basic research takes no specific or designated application as the aim of the research. Results of basic research are mainly released or disseminated in the form of scientific papers or monographs.

Applied research refers to creative research aiming at obtaining new knowledge on a specific objective or target. Purpose of the applied research is to identify the possible use of results from basic research, or to explore new (fundamental) methods or new approaches. Results of applied research are expressed in the form of scientific papers, monographs, fundamental models or invention patents.

Experiments and Development refer to systematic activities aiming at using the knowledge from basic and applied researches or from practical experience to develop new products, materials and equipment, to establish new production process, systems and services, or to make substantial improvement on the existing products, process or services. Results of experiment and development activities are embodied in patents, exclusive technology, monotype of new products or equipment. In social sciences, experiment and development activities refer to the process of converting the knowledge from basic or applied researches into feasible programmes (including conduct of demonstration projects for assessment and evaluation). There is no experiment and development activities in the science of humani-ties. R&D Personnel refer to persons engaged in research, management and supporting activities of R&D, including persons in the project teams, persons engaged in the management of S&T activities of enterprises and supporting staff providing direct service to the research projects.

R&D Personnel refer to persons engaged in reasearch, management and supporting activities of R&D, including persons in project teams, persons engaged in management of S&T activities of enterprises and supporting staff providing direct service to the research projects.

Full-time Equivalent of R&D Personnel refers to the sum of the full-time persons and the full-time equivalent of part-time persons converted by workload. For instance, if there are 2 full-time persons and 3 part-time workers (20%, 30% and 70% of working hours respectively on R&D activities), the full-time equivalent is $2 + 0.2 + 0.3 + 0.7 = 3.2$ person-years.

Professional and Technical Personnel refer to person engaged in professional and technical work or in the management of professional and technical activities, i. e., people with professional or technical positions who are engaged in professional and technical work or in the management of professional and technical activities, and people without professional or technical positions but are working on professional or technical posts. They include professionals and technicians working in 17 categories of technical occupations including engineering, agriculture, scientific researches, medical service, teaching, economic research and application, accounting, statistics, translation, libraries, archives, cultural and museum service, journalism and publication, lawyers, notarization service, radio and television broadcasting, handicraft and fine arts, sports, performing art, and political workers in enterprises.

Funding for S&T Activities refers to funds obtained from various sources for S&T activities, including government funds, self-raised funds by enterprises, self-raised funds by institutions, loans from financial institutions, foreign funds and other funds.

Government Funds refer to funds obtained from government agencies at all levels to be used for S&T activities, including fund for scientific undertakings, 3 kinds of fund for S&T activities, fund for capital construction for scientific researches, science fund, funds from education expenditures by education departments for S&T activities, and extra-budget fund from government agencies for S&T activities.

Self-raised Funds by Enterprises refers to self-raised funds by enterprises from their own expenditure or from other enterprises and funds received by universities or research institutions from enterprises for scientific research or technical development projects. Excluded in this category are funds from government agencies, financial institutions or from foreign institutions. Loans from Financial Institutions refer to loans from various financial institutions for S&T activities.

Loans from Financial Institutions refer to loans from various financial institutions for S&T activities.

Total Internal Expenditure of Funds on R&D refers to the real expenditure of surveyed units on their own R&D activities (basic research, application study, test and development) including direct expenditure on R&D activities, indirect expendure of management and services on R&D activities, expenditure on capital construction and material processing by others. Excluding the expenditure on production activities, return of loan, and fees transferred to cooperated and entrusted agencies on R&D activities.

Service Fees refer to direct or indirect payment, in cash or in kind, made to personnel engaged in S&T activities as remuneration and other fees. They include, in various forms, salaries, subsidies, bonus, benefits, retirement pension, stipend, etc.

Purchase or Construction of Fixed Assets refers to the fixed assets purchased or constructed using funds other than the investment in capital construction, and the actual expenditure on capital construction for scientific researches. In other words, it is the sum of the actual expenditure on fixed assets and the accomplished investment in capital construction for scientific researches. Fixed assets refer to main materials and equipment, literatures and documents in libraries, materials for experiments, specimen, instruments, furniture, buildings and constructions that can be used for a long time without changing the form and shape of those articles or constructions.

New Products refer to new products produced with new technology and new design, or products that represent noticeable improvement in terms of structure, material, or production process so as to improve significantly the character or function of the older versions. They include new products certified by relevant government agencies within the period of certification, as well as new products designed and produced by enterprises within a year without certification by government agencies.

Patent is an abbreviation for the patent right and refers to the exclusive right of ownership by the inventors or designers for the creation or inventions, given from the patent offices after due process of assessment and approval in accordance with the Patent Law.

Patents are granted for inventions, utility models and designs.

Inventions refer to the new technical proposals to the products or methods or their modifications.

Utility Models refer to the practical and new technical proposals on the shape and structure of the product or the combination of both.

Designs refer to the aesthetics and industrially applicable new designs for the shape, pattern and color of the product, or their combinations.

Regular Institutions of Higher Learning refer to educational establishments set up according to the government evaluation and approval procedures, enrolling graduates from senior secondary schools and providing higher education courses and training for senior professionals. They include full-time universities, colleges, high professional schools, high vocatoinal universities and other institutions.

Institutions of Higher Learning for Adults refer to educational establishments, set up in line with the government evalution and approval procedures, enrolling personnels with senior secondary school or equivalent education as main training objects, and providing higher education courses in many forms of full time, spare time, or correspondence for adults. Institutions of higher learning for adults include Radio and TV universities, schools of high education for staff and workers and peasants, colleges for management cadres, pedagogical colleges, independent correspondence colleges and other institutions.

Enrollment Rate of Primary School Age Children refers to the proportion of school age children enrolled at schools to the total number of school age children both in and outside schools (including retarded children, but excluding blind, deaf and mute children). The formula is:

Enrollment Rate of Primary School-age Children = (Total Primary School—age Children at Schools) (Total Primary School age Children Both at and outside Schools) 100%

16

文化、体育、卫生

Culture, Sports and Public Health

简 要 说 明

一、本篇资料的主要内容

本篇主要反映文化、新闻出版、广播电影电视、体育、卫生事业的发展情况。

文化部分主要包括文化艺术和文物机构人员情况，群众艺术馆、文化馆站、公共图书馆业务活动及经费情况；新闻出版部分包括报纸、期刊、图书出版情况；广播电影电视部分包括广播、电视事业发展情况，广播、电视节目制作时间；体育部分主要内容包括体育系统职工人数，等级运动员、裁判员人数，运动员在各级比赛中获奖牌情况；卫生部分主要内容有卫生机构、人员、床位数，医院诊疗人次及入院人数，主要疾病死亡原因及构成，传染病的发病及死亡等情况。

二、本篇的资料来源

根据各部门制定的统计报表制度汇总加工整理而成。文化艺术业、文物业、图书馆业、群众文化服务业的资料主要来自省文化厅；新闻出版资料来自省新闻出版局；广播、电视资料来自省广播电影电视局；体育资料来自省体育局；卫生部分的资料来自省卫生厅。

Brief Introduction

I. Main Contents

Data in this chapter mainly reflect the development of culture; news and publication; radio broadcasting; films and television; sports; and public health.

Data on culture cover mainly information on institution and personnel of cultural and cultural relics; mass art centers; cultural centers (stations); facilities, services and expenditures of public libraries; Press and Publication section includes newspaper, periodicals and books published; Part of Radio, Film and TV includes broadcasting and television stations; production of broadcasting and TV programs.

Data on sports cover number of staff and workers in sports commissions, athletes and referees in grades and awards for athletes in competitions of all levels.

Data on public health include mainly the number of institutions; personnel, hospital beds; number of patients treated and in – patients; major diseases as the causes of death and their proportions in total deaths; the incidence of and the deaths caused by infections diseases.

II. Sources of Data

Data are collected and tabulated in accordance with the statistic reporting schemes stipulated by the departments concerned. Data on cultural and arts, Cultural relics, libraries and mass culture are mainly from Provincial Department of Culture; data on journalism are from Provincial bureau of Press and Publication; data on broadcasting and television are from provincial Administration of Radio, Film and Television; data on sports are from Province sports bureau; data on public heath are from provincial bureau of health.

16－1 文化艺术和文物事业机构、人员情况
Number of Cultural Institution and Personnel

项 目	Item	机构数(个) Institution (unit) 2012	2013	从业人数(人) Personnel (person) 2012	2013
总计	**Total**	**19189**	**18979**	**155264**	**158483**
艺术业	Art	284	403	11918	12158
#艺术展览、创作机构	Art Exhibition and Creation Mechanism	56	75	335	625
#艺术表演团体	Art Performance Troupes	116	290	5768	9069
话剧、儿童剧、滑稽剧类	Drama, Plays for Children and Comedy Troupes	4	27	166	671
歌舞、音乐类	Song and Dance	0	79	0	1769
京剧、昆曲类	Peking Opera and Kunqu	15	7	933	273
地方戏曲类	Local Drama	4	94	123	2880
杂技、魔术、马戏类	Acrobatics, Magic and Circus	70	24	2382	659
曲艺类	Art Class	16	12	577	323
综合性艺术表演团体	Compenhensive Art Performing Groups	7	47	1587	2494
#艺术表演场馆	Art Centers	112	110	5815	3076
#剧场、影剧院	Theaters and Music Halls	92	91	4853	1821
图书馆业	Libraries	111	113	2901	3033
#少儿图书馆	Children's Libraries	7	9	88	111
群众文化服务业	Mass Culture	1419	1394	6775	6917
群众艺术馆、文化馆	Mass Art Centers	119	116	2005	2089
文化站	Cultural Stations	1300	1278	4770	4828
#乡镇文化站	Township Cultural Stations	969	920	3585	3501
艺术教育业	Art Education	14	14	870	896
中等专业学校	Secondary Art Schools	8	8	705	745
其他教育机构	Others	6	6	165	151
文化市场经营单位	Business Units Deding in Cultural Market	16583	16323	90743	95594
文艺科研	Art Research Institutions	10	10	110	110
其他文化类	Others	419	488	36160	36358
非文化产业	Non-cultural Industry	2		23	
文物业	Cultural Relic Industry	347	410	5764	6780
文物保护管理机构	Agencies of Historical Relics Preservation	58	5	397	58
文物科研及其他文物机构	Research and Other Historical Relics Agencies	15	56	171	375
博物馆	Museums	266	292	4966	5665
综合类	Comprehensive	73	75	1964	2324
历史类	History	121	133	2217	2447
艺术类	Arts	53	56	591	666
自然科技类	Natural Science and Technology	8	8	63	63
其他	Other	11	20	131	165
文物商店	Cultural Relics Shops	8	8	230	225

16－2 群众艺术馆、文化馆站业务活动及经费情况（2013 年）

Basic Statistics on Activities and Expenditures of Mass Art Centers and Cultural Centers (2013)

项目	Item	总计 Total	群众艺术馆、文化馆 Mass Art Centers	文化站 Cultural Stations
单位数（个）	Number of Units (unit)	1394	116	1278
举办展览（个）	Number of Exhibitions (unit)	7829	1302	6527
组织文艺活动（次）	Number of Cultural Activities (times)	42647	8792	33855
举办训练班班次（次）	Number of Training Classes (times)	18787	4812	13975
举办训练班结业人次（万人次）	Number of Persons Completing Courses (10000 person-times)	158	40	117
由群众艺术馆、文化馆（站）指导的单位	Units Responsible for Guiding Mass Art Center and Cultural Centers	17434	3355	14079
馆办文艺团体（个）	Art Groups Run by Cultural Centers (unit)	325	325	
馆办老年大学（个）	Colleges for Senior Citizens Run by Cultural Centers (unit)	44	44	
群众业余文艺团队（个）	Part-time Art Groups (unit)	17065	2986	14079
总支出（万元）	Total Expenditures (10000 yuan)	125470	59876	65594

注：本表仅为文化系统内。

a) Data in this table only refer to those under the administration of the cultural departments.

16－3 公共图书馆业务活动及经费情况（2013 年）

Facilities, Services and Expenditures of Public Libraries (2013)

项目	Item	总计 Total	#省级公共图书馆 Public Libraries at Provincial Level	#县（市、区）级公共图书馆 Public Libraries at County Level
总藏量（万册、件）	Total Collections (10000 volumes)	4028	1006.15	3022.21
书架单层总长度（万米）	Total Length of Bookshelves (10000 m)	61	26.00	35.47
累计发放有效借书证数（万个）	Number of Library Cards Distributed Accumulately (10000 units)	218	33.67	184.56
书刊文献外借人次（万人次）	Total Number of Circulation Borrowed by the Readers (10000 person-times)	1631	73.69	1557.65
书刊文献外借册次（万册次）	Number of Books Borrowed by the Readers (10000 volume-times)	2590	180.23	2409.49
组织各类讲座次数（次）	Number of Activities Provided for Readers (times)	2054	168	1886
参加人数（万人次）	Number of Readers Involved in Activities (10000 person-times)	41	6.80	34.47
举办展览（个）	Number of Exhibition (unit)	666	73	593
参观人次（万人次）	Visitors (10000 person-times)	124	39.58	84.89
举办培训班（个）	Number of Training Classes (unit)	1341	261	1080
培训人次（万人次）	Training Persons (10000 person-times)	11	3.16	7.53
总支出（万元）	Total Expenditures (10000 yuan)	46569	13825	32744
#新增藏量购置费	Purchase Expenses	7252	3003	4249
本年新购藏量（万册、件）	Number of Books Purchased During the Year (10000 volumes)	310	38.99	270.81
公用房屋建筑面积（万平方米）	Floor Space of Public Buildings (10000 sq. m)	58	9.69	48.08
#书库	Stack Rooms	8	1.03	7.23
阅览室座席（个）	Seating Capacity of Reading Rooms (seats)	31024	2352	28672

16－4 报纸、期刊出版情况（2013年）
Basic Statistics on Newspaper and Periodicals Published (2013)

指标	Item	种数（种）Number of Publications (kind)	总印数（万册、万份）Printed Copies (10000 volumes)	总印张（万印张）Printed Sheets (10000 sheets)
报纸	**Newspapers**	**143**	**286494**	**1340982**
期刊	**Periodicals**	**442**	**11846**	**47203**
#综合	Comprehensiveness	20	106	671
哲学、社会科学	Philosophy and Social Sciences	88	4190	16309
自然科学、技术	Natural Sciences and Technology	253	2562	10250
文化、教育	Culture and Education	55	4373	16918
文学、艺术	Literature and Art	25	611	3041
画刊	Pictorials	1	4.4	15.02
少年儿童读物	**Children's Reading Material**	**9**	**3175**	**8938**

16－5 图书出版情况(2013年)
Basic Statistics on Books Published (2013)

指标	Item	出版图书种数（种）Number of Publications (kind)	总印数（万册）Printed Copies (10000 volumes)	总印张（万印张）Printed Sheets (10000 sheets)
总计	**Total**	**23353**	**56578.60**	**397675**
马列主义、毛泽东思想	Marxism-leninism, Mao Zedong Thought	23	24.97	346
哲学	Philosophy	279	137.98	1713
社会科学总论	General Social Sciences	126	60.61	865
政治、法律	Politics and Law	317	253.27	2906
军事	Military Affairs	32	83.86	970
经济	Economics	586	234.63	3510
文化、科学、教育、体育	Culture, Science, Education and Sports	13943	49723.43	321909
语言、文字	Languages	590	328.83	3986
文学	Literature	2511	2613.85	30511
艺术	Arts	1551	1350.80	7790
历史、地理	History and Geography	642	338.21	5027
自然科学总论	General Natural Sciences	27	10.13	105
数理科学、化学	Mathematics and Chemistry	249	109.66	1488
天文学、地理科学	Astronomy and Geology	75	40.29	325
生物科学	Biology	82	43.83	412
医药、卫生	Medicine and Health Care	605	423.89	4969
农业科学	Agricultural Science	172	135.31	637
工业技术	Industrial Technology	1351	554.50	9050
交通运输	Transportation	56	17.29	303
航空、航天	Aeronautics and Aerospace	2	0.92	12
环境科技	Environmental Science	69	65.38	451
综合性图书	General Books	65	26.95	390

注：该表为使用中国标准书刊号部分。

a) In this table, the data were used according to the standard serial number of China.

16－6 广播、电视事业发展情况 Basic Statistics on Broadcasting and Television Stations

项 目	Item	2005	2010	2011	2012	2013
职工人数 （人）	Number of Staff and Workers (person)	33551	48790	52399	51291	52089
广播电台 （座）	Number of Broadcasting Stations (set)	14	14	14	14	14
中短波发射台及转播台 （座）	Number of Transmission and Relaying Stations of Medium and Short Ware Broadcast (set)	21	21	21	21	21
中短波发射机功率（千瓦）	Power of Transmitters of Medium and Short Ware Broadcast (kW)	542	718	711	618	718
广播人口覆盖率 （%）	Radio Coverage of Population (%)	99.67	99.99	99.99	99.99	99.99
电视台 （座）	Number of Television Stations (set)	14	14	14	14	14
电视发射及转播台（座）	Television Transmission Stations and Relaying Stations (set)	111	96	83	83	83
发射机功率 （千瓦）	Power of Transmitters (kW)	463	520	520	520	520
电视人口覆盖率 （%）	TV Coverage of Population (%)	99.49	99.88	99.88	99.88	99.88
有线电视用户数（万户）	Users of Cable TV (10000 households)	1076	1886	1988	2178	2249
数字电视用户数（万户）	Users of Digital TV (10000 households)	14	1008	1196	1450	1662
有线电视入户率 （%）	Cable TV Coverage of Households (%)	46.1	78.5	82.2	89.8	93.1

16－7 广播、电视节目制作时间 Time of Production of Broadcasting and TV Programs

单位：小时 (hour)

项 目	Item	2005	2010	2011	2012	2013
广播节目制作	**Production of Broadcasting Programs**	**491458**	**569636**	**580799**	**582066**	**600722**
#新闻	News Programs	69994	100216	102619	106333	108120
专题	Special Subject Programs	148229	156430	147870	151635	147833
文艺(综艺)	General Entertainment Programs	148248	135887	150640	138443	149552
广告	Advertising Programs	57666	78699	73825	84744	87249
电视节目制作	**Production of TV Programs**	**212222**	**226743**	**191070**	**205738**	**217672**
#新闻	News Programs	49939	46154	50623	58072	61432
专题	Special Subject Programs	36679	52894	53195	50250	54437
文艺(综艺)	General Entertainment Programs	14131	54994	20453	23289	23194
广告	Advertising Programs	33596	43630	32434	48722	46610

16－8 体育系统职工人数（2013 年）
Number of Staff and Workers in Sports Commissions（2013）

单位：人 （person）

项 目	Item	总计 Total	体育行政机关 Sports Administration	优秀运动队 Excellent Sports Teams	体育运动学校 Physical Education and Sports Schools	业余体校 Spare-time Sports Schools	体育场馆 Public Stadiums and Gymnasiums	其他 Others
总 计	**Total**	**9854**	**987**	**1831**	**1213**	**1204**	**1273**	**3346**
公务员	Civil Servant	900	900					
教练员	Coaches	1598		195	428	534	198	243
运动员	Athletes	1917		967	93	95		762
科研人员	Scientific and Technical Personnel	101		5	8	17	1	70
医务人员	Medical Personnel	91		36	9	4	4	38
文化教师	Teachers	980		192	519	195	50	24
管理人员	Administrative Staff	1952		285	156	228	426	857
其他人员	Others	2315	87	151		131	594	1352

16－9 等级运动员、裁判员人数
Number of Athletes and Referees in Grades

单位：人 （person）

项 目	Item	2000	2005	2010	2011	2012	2013
等级运动员发展人数	**Number of Athletes in Grades**						
运动健将	Master of Sports	76	104	72	170	155	122
一级	First Grade	200	212	632	206	507	692
二级	Second Grade	1028	1992	1573	1112	1915	2517
等级裁判员发展人数	**Number of Referees in Grades**						
国家（际）级	National（International）Referees	30	48	39	42	53	80
一级	First Grade	194	242	782	782	465	761
二级	Second Grade	779	1780	3438	2468	3740	3788

注：2011 年始运动健将包含国际运动健将。

a）From the 2011，Athlete inculdes World－Class.

16－10 运动员在各级比赛中获奖牌情况（2013 年）
Awards for Athletes in Competitions of All Levels（2013）

单位：个 （unit）

项 目	Item	冠军 Champion	亚军 Second Place	季军 Third Place
世界最高比赛	World Highest Competition	7	5	2
亚洲最高比赛	Asian Highest Competition	12	5	7
全国最高比赛	National Highest Competition	97	88	78

16－11 卫生事业基本情况（2013 年）
Basic Statistics on Health Care（2013）

项　　　目	Item	机构数（个）Institutions（unit）	床位数（张）Hospital Beds（bed）	卫　生工作人员（人）Personnel（person）	#卫生技术人员 Medical Technical Personnel	#医师 Doctors
总　计	**Total**	**31001**	**368287**	**551233**	**428983**	**169661**
医　院	**Total Hospitals**	**1490**	**286183**	**323325**	**270589**	**91332**
综合医院	General Hospitals	991	189971	218352	185363	62408
中医医院	Hospitals Specialized in Traditional Chinese Medicine	97	36410	44402	37896	14000
中西结合医院	Hospitals of Integrated Traditional Chinese and Western Medicine	20	4275	6357	5326	1951
专科医院	Specialized Hospitals	331	46735	50608	40213	12620
护理院	Nursing Hospitals	51	8792	3606	1791	353
基层医疗卫生机构	**Primary Health Care Institutions**	**28815**	**74118**	**195764**	**134841**	**69610**
社区卫生服务中心(站)	Health Service Center for Community	2747	18778	41207	34756	14779
卫生院	Township Hospitals	1066	55060	71070	59089	26370
村卫生室	Village Health Stations	15575		51306	11514	10850
门诊部	Outpatient Departments	921	174	11181	9456	4876
诊所、卫生所、医务室	County (District) Chinics, Sanitation Offices and Medical Matter Centers Sanitation Service Station	8506	106	21000	20026	12735
专业公共卫生机构	**Professional Public Health Agencies**	**469**	**5443**	**26382**	**20659**	**7763**
疾病预防控制中心	Disease Prevention and Controlling Centers	124		8105	6204	3666
专科疾病防治院(所、站)	Specilized Disease Prevention and Treatment Institutes	45	1182	1392	1023	478
健康教育所(站、中心)	Health Education Centers	5		91	34	11
妇幼保健院(所、站)	Maternity and Child Care Centers	109	4247	9469	7854	3121
急救中心(站)	Emergency Treatment Centers (Stations)	34	14	1118	470	285
采供血机构	Blood Collection and Supply Institutions	30		1879	1297	134
卫生监督所(中心)	Sanitation Supervision Agenicies	116		4217	3685	
计划生育技术服务机构	Family Planning Technical Services Institutions	6		111	92	68
其他卫生机构	**Other Health Care Institutions**	**227**	**2543**	**5762**	**2894**	**956**
疗养院	Sanatoriums	14	2543	1393	721	255
医学科学研究机构	Institutions of Medical Sciences Research	8		426	154	79
医学在职培训机构	In-service Training of Medical Science	32		1488	357	134
临床检验中心(所、站)	Clinical Laboratory Center and Stations	20		1014	641	24
其他	Other	153		1441	1021	464

注:本表项目根据卫生部新统计制度设置。本表人员合计中包括乡村医生和卫生员,不含乡镇卫生院在村卫生室工作的执业（助理）医师、注册护士数。

a) Items in this table are seted by the new statistical system of Ministry of Health. Total personeels of this table contain rural doctors and health workers, don't contain certified (assistant) doctors and registered nurses of township hospitals who work in village health stations.

16－12 卫生机构数
Number of Health Care Institutions

单位:个 (unit)

年份 地区 Year Region	总 计 Total	#医 院 Hospitals	#卫生院 Township Hospitals	#门诊部 Clinics	#妇幼保健院(所、站) Maternity and Child Care Conters	#专科疾病防治院(所、站) Specialized Disease Prevention and Treatment Institutes	#疾病预防控制中心(防疫站) Disease Prevention and Controlling Centers
1978	9277	2428			84	9	107
1980	9943	2457			99	17	119
1985	11515	2460			105	84	127
1990	12366	2491			114	108	135
1995	12039	2534			117	122	141
2000	12813	634	1877	106	112	118	142
2001	13208	662	1771	119	112	113	147
2002	12368	891	1625	293	111	80	145
2003	12733	920	1602	313	106	59	136
2004	14447	995	1493	371	107	45	143
2005	15324	1014	1472	372	107	49	154
2006	17143	1061	1407	395	107	48	153
2007	19129	1087	1384	458	106	49	166
2008	13451	1093	1448	474	104	49	170
2009	13388	1112	1440	484	105	47	170
2010	30961	1157	1276	535	103	46	130
2011	31680	1283	1223	708	106	53	129
2012	31054	1426	1117	813	110	48	128
2013	31001	1490	1066	921	109	45	124
南京市 Nanjing	2315	186	22	89	13	6	18
无锡市 Wuxi	2027	132	32	95	6	4	9
徐州市 Xuzhou	4454	118	159	51	12	1	13
常州市 Changzhou	1123	45	58	34	8	2	8
苏州市 Suzhou	3007	181	82	232	7	7	11
南通市 Nantong	3187	200	110	51	7	3	9
连云港市 Lianyungang	2616	66	91	44	10	1	10
淮安市 Huaian	2153	49	129	4	9	4	9
盐城市 Yancheng	3067	139	135	70	11	4	10
扬州市 Yangzhou	1815	62	74	129	8	4	7
镇江市 Zhenjiang	897	40	48	36	6	3	7
泰州市 Taizhou	1995	50	126	64	6	5	7
宿迁市 Suqian	2345	222	0	22	6	1	6

注:从2010年起卫生机构数包括村卫生室的数字(以下表同)。

a) From 2010, the number of health care institutions have involved the figure of village health stations (the same below).

16－13　卫生机构人员数

Number of Persons Engaged in Health Care Institutions

单位:万人　　(10000 persons)

年份 地区 Year　Region	卫生工作人员 Medical Personnel	卫生技术人员 Medical Technical Personnel	#执业(助理)医师 Doctors	#注册护士 Registered Nurses	每万人拥有医师数(人) Number of Doctors per 10000 Population (person)
1978	17.45	14.00	5.70	1.79	9.7
1980	19.03	15.04	6.10	2.08	10.2
1985	23.68	18.28	7.65	3.61	12.3
1990	27.58	21.35	9.94	5.34	14.6
1995	31.57	24.55	11.22	6.44	15.9
2000	32.18	25.36	11.44	7.39	15.6
2001	32.08	25.36	11.46	7.54	16.2
2002	30.08	24.00	10.22	7.25	14.3
2003	30.37	24.37	10.40	7.37	14.5
2004	30.95	25.01	10.60	7.70	14.7
2005	31.61	25.71	10.87	8.05	15.0
2006	33.45	27.54	11.46	8.59	15.7
2007	35.53	28.62	11.87	9.45	16.1
2008	36.13	29.16	11.97	10.09	15.6
2009	37.76	30.65	12.32	11.06	15.9
2010	45.93	32.84	12.90	12.26	16.4
2011	48.18	35.05	13.47	13.56	17.1
2012	52.02	39.61	15.80	15.53	19.9
2013	55.12	42.90	16.97	17.42	21.4
南京市 Nanjing	7.06	5.80	2.07	2.54	25.2
无锡市 Wuxi	4.78	3.89	1.48	1.68	22.8
徐州市 Xuzhou	6.12	4.36	1.62	1.80	18.8
常州市 Changzhou	3.23	2.67	1.09	1.11	23.1
苏州市 Suzhou	7.47	6.11	2.43	2.41	23.0
南通市 Nantong	4.74	3.65	1.56	1.39	21.3
连云港市 Lianyungang	2.85	2.05	0.76	0.88	17.3
淮安市 Huaian	3.57	2.78	1.12	1.20	23.1
盐城市 Yancheng	4.41	3.29	1.50	1.12	20.8
扬州市 Yangzhou	2.89	2.25	0.93	0.89	20.8
镇江市 Zhenjiang	2.16	1.77	0.72	0.73	22.8
泰州市 Taizhou	2.85	2.18	0.96	0.79	20.6
宿迁市 Suqian	3.00	2.11	0.75	0.86	15.5

16－14　卫生机构床位数

Number of Beds in Health Care Institutions

单位:万张　　　　　　　　　　　　　　　　　　　　　　　　　　　　　　　　　　　(10000 beds)

年份　地区 Year　Region	总　计 Total	#医　院 Hospitals	#卫生院 Township Hospitals	#社区卫生服务中心 Health Service Center for Community	#专科疾病防治院(所、站) Specialized Disease Prevention and Treatment Institutes	每万人拥有医院、卫生院床位数(张) Number of Hospital Beds per 10000 Population (bed)
1978	12.29	11.07				19.0
1980	12.75	11.62				19.6
1985	14.29	12.65				20.4
1990	16.45	14.54				21.5
1995	17.46	15.48				21.9
2000	17.31	10.01	6.18		0.13	22.1
2001	17.32	10.14	6.13		0.09	22.9
2002	17.45	11.38	5.58		0.10	23.8
2003	17.99	11.54	5.63		0.08	24.0
2004	18.90	12.31	5.42		0.14	24.6
2005	19.75	13.18	5.41		0.10	25.6
2006	21.16	14.27	5.31		0.10	26.8
2007	22.00	15.15	5.30	0.92	0.10	27.8
2008	23.51	16.39	5.70	0.82	0.07	28.8
2009	25.15	17.76	5.71	1.07	0.07	30.4
2010	26.97	19.55	5.20	1.58	0.09	31.5
2011	29.64	22.17	5.13	1.57	0.11	34.6
2012	33.31	25.59	5.18	1.67	0.13	38.8
2013	36.83	28.62	5.51	1.81	0.12	43.0
南京市 Nanjing	41760	36701	485	3465	222	45.4
无锡市 Wuxi	33243	28385	831	2500	109	45.1
徐州市 Xuzhou	43138	30829	9350	2080	0	46.8
常州市 Changzhou	21286	14831	4326	1288	130	40.8
苏州市 Suzhou	51663	45237	4104	2092	20	46.6
南通市 Nantong	33234	25274	6990	807	160	44.2
连云港市 Lianyungang	17500	12283	3761	728	200	36.2
淮安市 Huaian	23467	14324	7357	863	127	44.9
盐城市 Yancheng	30461	22051	6827	727	100	40.0
扬州市 Yangzhou	19202	13831	3223	1312	92	38.2
镇江市 Zhenjiang	14311	10611	2035	1267	0	40.0
泰州市 Taizhou	19937	12875	5771	961	22	40.2
宿迁市 Suqian	19085	18951	0	0	0	39.3

注:分市数计量单位为张。

a) The units of measurement is bed by region.

16－15 医疗机构门诊情况（2013 年）
Service of Health Institutions（2013）

指　　标	Item	诊疗人次（万人次）Total Number of Patients Treated（10000 person-times）	#门　诊 Out-patients Service	#急　诊 Emergency Patients
总　计	**Total**	**49420.23**	**44940.26**	**2899.10**
医　院	**Hospitals**	**21201.24**	**18721.03**	**2063.96**
综合医院	General Hospitals	14846.21	12991.42	1597.08
中医医院	Hospitals Specialized in Traditional Chinese Medicine	3533.15	3193.03	243.06
中西医结合医院	Hospitals of Integrated Traditional Chinese and Western Medicine	441.80	383.36	53.76
专科医院	Specialized Hospitals	2364.10	2143.68	169.90
基层医疗卫生机构	**Primary Health Care Institutions**	**27071.57**	**25253.80**	**748.21**
社区卫生服务中心(站)	Health Service Center for Commnunity	6876.74	6115.60	352.53
卫生院	Township Hospitals	7942.61	7391.10	395.68
乡镇卫生院	Rural Township Hospitals	7941.34	7389.86	395.68
村卫生室	Village Health Stations	8708.42	8284.92	0.00
门诊部	Outpatient Departments	731.51	671.21	0.00
诊所、卫生所、医务室	County(District) Chinics, Sanitation Offices and Medical Matter Centers Sanitation Service Station	2812.29	2790.97	0.00
专业公共卫生机构	**Professional Public Health Agencies**	**1074.19**	**894.06**	**86.06**
专科疾病防治院(所、站)	Specialized Disease Prevention and Treatment Institutes	118.51	102.82	0.34
妇幼保健院(所、站)	Maternity and Child Care Centers	909.90	791.25	39.94
急救中心(站)	Emergency Treatment Centers (Stations)	45.78	0.00	45.78
其他机构	**Other Health Care Institutions**	**73.24**	**71.36**	**0.88**
疗养院	Sanatoriums	29.71	27.83	0.88

16－16 医疗机构住院服务、病床使用情况（2013年）
Situation of Hospitalization Service and Beds Utilization of Health Institutions (2013)

指标	Item	病床使用率（%） Utilization Rate of Beds (%) 合计 Total	非营利 Non-profit	营利 Profit	入院人数（万人） Hospital Admissions (10000 persons) 合计 Total	非营利 Non-profit	营利 Profit	每百门急诊人次的入院人数（人） Hospital Admissions per 100 Patient-times (person)
总计	**Total**	**84.22**	**85.41**	**62.91**	**1052.72**	**1005.49**	**47.22**	**2.92**
医院	**Hospitals**	**91.06**	**93.04**	**63.37**	**850.46**	**803.30**	**47.16**	**4.09**
综合医院	General Hospitals	91.72	93.43	69.49	623.37	587.54	35.83	4.27
中医医院	Hospitals Specialized in Traditional Chinese Medicine	92.64	93.35	51.99	114.84	113.97	0.87	3.34
中西医结合医院	Hospitals of Integrated Traditional Chinese and Western Medicine	87.34	90.05	74.44	13.67	11.39	2.28	3.13
专科医院	Specialized Hospitals	90.24	94.69	43.68	96.86	88.68	8.19	4.19
基层医疗卫生机构	**Primary Health Care Institutions**	**57.98**	**58.01**	**28.95**	**177.31**	**177.30**	**0.01**	**1.24**
社区卫生服务中心	Health Service Center for Community	48.72	48.81	28.95	29.95	29.95	0.00	0.58
卫生院	Township Hospitals	61.23	61.23	0.00	147.26	147.26	0.00	1.89
乡镇卫生院	Rural Township Hospitals	61.25	61.25	0.00	147.22	147.22	0.00	1.89
专业公共卫生机构	**Professional Public Health Agencies**	**83.28**	**83.28**	**0.00**	**17.97**	**17.97**	**0.00**	**1.92**
专科疾病防治院（所、站）	Specialized Disease Prevention and Treatment Institutes	57.94	57.94	0.00	0.65	0.65	0.00	0.63
妇幼保健院（所、站）	Maternity and Child Care Centers	90.33	90.33	0.00	17.32	17.32	0.00	2.08
其他机构	**Other Health Care Institutions**	**56.44**	**58.63**	**5.37**	**6.97**	**6.93**	**0.05**	**9.65**
疗养院	Sanatoriums	56.44	58.63	5.37	6.97	6.93	0.05	24.28

16－17　法定报告传染病发病及死亡情况（2013 年）
Legal Report on Infection Disease Incidence and Death（2013）

病　名	Item	发病率（1/10 万）Incidence（1/100 thousand）	死亡率（1/10 万）Rate of Death（1/100 thousand）	病死率（%）Rate of Death from illness（%）
鼠疫	Pestilence			
霍乱	Cholera	0.0088		
传染性非典型肺炎	SARS			
艾滋病	AIDS	1.4811	0.2689	18.16
病毒性肝炎	Viral Hepatitis	26.745	0.0114	0.04
脊髓灰质炎	Polio			
人感染高致病性禽流感	Highly Pathogenic Avian Influenza to Humans			
甲型 H1N1 流感	Influenza A Virus Subtype HIM	0.6023	0.0013	0.21
麻疹	Measles	0.1212		
流行性出血热	Hemorrhage Fever	0.4407	0.0152	3.44
狂犬病	Hydrophobia	0.0467	0.0455	97.30
流行性乙型脑炎	Epidemic Encephalitis B	0.0354		
登 革 热	Pengue	0.0164		
炭疽	Anthrax			
细菌性和阿米巴性痢疾	Dysentery	5.7386		
肺结核	Pulmonary Tuberculosis	44.1301	0.1199	0.27
伤寒、副伤寒	Typhoid and Paralyphoid Fever	0.2727		
流行性脑脊髓膜炎	Epidemic Cerebrospinal Meningitis	0.0076	0.0013	16.67
百日咳	Pertussis	0.0391		
白喉	Diphtheria			
新生儿破伤风	Newborn Tetanus	0.0072		
猩红热	Scarlet Fever	1.7967	0.0013	0.07
布鲁氏菌病	Brucellosis	0.0543		
淋病	Gonorrhea	7.3599		
梅毒	Syphilis	27.3991	0.0025	0.01
钩端螺旋体病	Leptospirosis			
血吸虫病	Bilharziasis	0.0013		
疟疾	Malaria	0.4343		
人感染 H7N9 禽流感	Avian Influenza H7N9 Infection	0.0379	0.0126	33.33

16－18　孕产妇及婴儿死亡率
Death Rate of Pregnant Women and Babies

指　标	Item	2000	2005	2010	2011	2012	2013
孕产妇死亡率　（1/10 万）	Death Rate of Pregnant Women （1/100 thousand）	28.51	18.56	6.24	6.00	5.28	4.99
婴儿死亡率　（‰）	Death Rate of Babies （‰）	11.20	6.69	4.21	4.04	3.81	3.79
5 岁以下儿童死亡率（‰）	Death Rate of Children Aged 5 and Below （‰）	14.61	8.56	5.60	5.44	4.91	4.82

主要统计指标解释

文化事业机构 指从事专业文化工作和为专业文化工作服务的独立建制的单位。不包括这些单位另外举办独立核算的其他机构和各部门的业余文化组织。

艺术表演团体 指从事戏曲、音乐、舞蹈、杂技等专业艺术表演,有独立帐户的单位,不包括半工半艺、半农半艺和民间职业剧团。

等级运动员人数 指经考核正式批准授予等级运动员称号的人数。运动员等级分为国际级运动健将、运动健将、一级运动员、二级运动员、三级运动员、少年级运动员。

等级裁判员人数 指经考核正式批准授予等级裁判员称号的人数。裁判员等级分为国际裁判、国家级裁判、一级裁判、二级裁判、三级裁判。

卫生机构 指从卫生行政部门取得《医疗机构执业许可证》,或从民政、工商行政、机构编制管理部门取得法人单位登记证书,为社会提供医疗保障、疾病控制、卫生监督服务或从事医学科研和教育等工作的单位。

卫生技术人员 指卫生事业机构支付工资的全部职工中现任职务为卫生技术工作的专业人员,包括执业医师、执业助理医师、注册护士、药剂人员、检验人员和其他卫生技术人员。

执业(助理)医师和注册护士 指领取医师执业证书和注册护士证书的人员。

Explanatory Notes on Main Statistical Indicators

Cultural Institutions refer to units which have their own organizational system and independent accounting system and specilize in or serve cultural development. They exclude other establishment runed by these cultural institutions and amateur groups established by various departments.

Art Troupe refer to the troupe which is engaged in drama, opera, music, dance, acrobatics or other art performance, opens independent accounts with banks and has self-accounting system; excluding the troupes which are engaged partly in industrial or agricultural activities, partly in art performance and the professional troupes organized by the people.

Number of Athletes in Grades refers to the number of athletes who have been given titles through examination. The titles of athlets include international masters of sports, masters of sports, first grade, second grade and third grade sportsmen and young athletes.

Number of Referees in Grades refers to the number of referees who have been given titles after examination. They are classified as international referees, national referees and referees of the first, second and third grades.

Health Care Institutions refers to the units which have received the "Practitioner Licence Certification of Medical and Health Institutions" from health administration, or the registered certification of corporation units from the civil, industrial and commercial, and establishment administration. They provide the services of medical security, disease controlling, health supervision, or engaged in medical scientific research and education.

Medical Technical Personnel refer to all medical staff and workers employed by medical institutions, including doctor of Chinese and Western medicine, senior doctors who integrated traditional Chinese therapeutics with Western therapeutics in practice, senior nurses, pharmacists of Chinese and Western medicine, laboratory specialists, other specialists, paramedics of Chinese and Western medicine, nurses, midwives, druggists in Chinese and Western medicine, laboratory technicians, other technicians, other practitioners of Chinese medicine, nursing attendants, pharmacological workers of Chinese and Western medicine, laboratory workers and other primary medical personnel.

Practitioner(Assistant) Doctor and Registered Nurse refer to the doctors and nurses who have received the practitioner doctor certification and registered nurse certification respectively.

17

公共管理、社会保障和社会组织

Public Management, Social Services and Social Organizations

简 要 说 明

一、本篇资料的主要内容

本篇主要反映档案、民政、残疾人、社会保障、工会妇联、公检法司情况等内容。

档案部分主要包括档案机构人员，档案馆档案资料馆藏和利用情况；民政事业部分主要包括民政行业单位情况，民政事业经费情况，收养类单位情况，办理结婚、离婚情况；社会保障部分主要包括社会保险基本情况，社会保险基金收支及累计结余情况；公检法司部分主要包括公安机关的刑事案件立案情况和治安案件查处情况，交通、火灾事故情况，人民检察院的办案情况，人民法院审理案件和收结案情况，以及律师、公证、调解工作等情况。

二、本篇的资料来源

根据各部门制定的统计报表制度汇总加工整理而成。档案资料来自省档案局；民政事业资料来自省民政厅；残疾人事业资料来自省残疾人联合会；社会保障资料来自省人力资源和社会保障厅；工会妇联资料分别来自省妇女联合会和省总工会；公检法司资料分别来自省公安厅、省人民检察院、省高级人民法院、省司法厅。

Brief Introduction

I. Main Contents

Data in this chapter show statistics on archives, civil affairs, disabled persons, social security, labour union, woman's federation, public security, procuratorial, legal and judicial affairs and so on.

Data on archives cover mainly information on persons and institutions of archives, conditions of files stored and used in archives; data on civil affairs include: basic conditions of affairs agencies, expenses for civil administration, statistics on adoptive homes, marriages and divorces; data on social security cover information such as basic statistics of social insurance, revenue, expenses and balance of social insurance fund; data on public security, procuratorial, legal and judicial affairs covering information on criminal cases registered and offense cases handled by the public security agencies, traffic or fire accidents, cases handled by procuratorate's offices, cases accepted and settled by the people's courts, and statistics on lawyers, notarization and mediation.

II. Sources of Data

Data are collected and tabulated in accordance with the statistic reporting schemes stipulated by the departments concerned; data on archives are provided by the Province Archives; data on civil affairs are from Provincial Department of Civil Affairs; data on disabled persons are from Province Disabled Persons' Federation; data on social security are from Provincial Department of Human Resources and Social Security; data on labour union and woman's federation are respectively from Province Women's Federation and Federation of Trade Unions; data on public security, procuratorial, legal and judicial affairs are respectively from Provincial Public Security Bureau, People's Procuratorate, Higher people's court and Justice Department.

17－1 档案事业机构人员数（2013 年）
Number of Persons and Institutions of Archives (2013)

项目	Item	机构数（个）Number of Institutions (unit)	专职人员数（人）Full-time Personnel (person)	#女性 Female	#大专以上文化程度 College and Higher Level
总计	**Total**	**3324**	**5581**	**3660**	**5208**
档案行政管理部门	Administrative Department of Archives	113	1326	584	1265
档案馆	Archives	164	1113	681	1039
档案室(处、科)	Archives Offices (Sections)	3047	3142	2395	2904

17－2 档案馆档案资料馆藏和利用情况
Conditions of Files Stored and Used in Archives

项目	Item	2005	2010	2011	2012	2013
馆藏档案	**Archives Stored**					
全宗（个）	Whole Volume (unit)	15363	17030	17700	18771	19463
案卷（万卷/万件）	Files (10000 volumes)	913.74	1593	1845	2226	2590
录音录像影片档案（盘）	Records, Films of Videotape Files (copy)	52498	75292	76637	81210	84706
照片档案（万张）	Photos (10000 pieces)	38.42	72.17	99	127	131
馆藏资料（万册）	**Number of Material Stored (10000 volumes)**	**122.04**	**131.69**	**137**	**141**	**145**
档案馆面积（平方米）	**Areas of Archives (sq. m)**	**209148**	**363823**	**468391**	**532830**	**547802**
#库房面积	Areas of Storerooms	114737	161740	176151	195364	200630
档案资料利用	**Use of Material**					
利用档案人次（万人次）	Number of Person-times Using Files Material (10000 person-times)	12.14	33	38	42	39
利用档案卷次（万卷/万件次）	Number of Archives Used (10000 volume-times)	37.48	78.56	83.5	85.4	97
利用资料（册/件次）	Number of Data Used (volumes-times)	4.14	5.1	5.50	2.81	2.70
开放档案	**Opening archives**					
全宗（个）	Whole Volume (unit)	9523	10593	10796	10940	11313
案卷（万卷/万件）	Files (10000 volumes)	163	234	236	261	302

注：本表档案馆指综合档案馆。
a) Archives in this table refer to comprehensive archives.

17－3 律师、公证及调解工作基本情况
Basic Statistics on Lawyers, Notarization and Mediation

项 目		Item		2005	2010	2011	2012	2013
律师工作		**Lawyers**						
律师事务所	(个)	Number of Lawyer Offices	(unit)	709	1112	1180	1238	1288
律师所工作人员	(人)	Number of Lawyers	(person)	9829	11903	13018	13874	15475
担任法律顾问	(家)	Number of Units with Legal Advisors	(unit)	30796	57670	67160	74212	80298
民事案件诉讼代理	(件)	Agent of Civil Cases	(case)	85107	180151	207173	196469	232835
刑事诉讼辩护及代理	(件)	Defender and Agent of Criminal Cases	(case)	20301	28472	31319	33310	37677
非诉讼法律事务	(件)	Agent of Non-litigious Legal Affairs	(case)	41451	31780	36547	45630	58463
解答法律咨询	(人次)	Agent of Legal Advisory Services	(person-times)	326291	317252	319079	313569	308575
代写法律事务文书	(件)	Agent of Legal Document Written on Behalf of Clients	(case)	59474	29612	31031	34242	28488
行政诉讼		Administrative Lawsuit			2703	2973	2364	2202
公证工作		**Notarization**						
公证处	(个)	Number of Notary Offices	(unit)	112	110	110	109	106
公证人员	(人)	Notarial Personnel	(person)	1023	1230	1262	1312	1402
#公证员		Notaries		550	574	604	614	632
助理公证员		Assistant Notaries		256	343	362	384	417
办理国内公证文书	(件)	Number of Domestic Notarized Documents	(case)	542289	570380	558835	507842	540186
人民调解工作		**People's Mediation**						
人民调解委员会	(个)	Number of People's Mediation Committees	(unit)	33327	32189	32987	33233	36048
调解人员	(人)	Number of Mediators	(person)	374810	226714	200776	170141	160403
调解民事纠纷	(件)	Number of Civil Disputes Mediated	(case)	255647	355671	538044	580968	

17－4 涉外公证文书分类
Foreign-related Notarial Documents by Type

单位：件 (case)

指 标	Item	2005	2010	2011	2012	2013
总　　计	**Total**	**124690**	**191226**	**190004**	**192882**	**214405**
出　　生	Births	16414	22685	23989	25622	26930
学　　历	Schooling	13745	18117	17651	19573	14781
经　　历	Personal Histories	3967	1547	1906	1217	2543
生存、居住	Survival and Residence	514	1850	1821	826	1490
死　　亡	Deaths	477	256	578	382	226
收　　养	Child Adoption	494	159	163	392	77
亲属关系	Kinship Confirmation	10145	14343	15223	16560	18158
婚姻状况	Marital Status	5816	6654	6845	5401	6018
继 承 权	Rights of Inheritance	2	42	741	30	13
遗　　嘱	Testaments	6	65	66	155	13
委 托 书	Proxy	1886	1316	3609	2480	2459
声 明 书	Announcement	2545	4173	4212	4451	4615
受、未受刑事处分	Criminal Records	16237	20140	21471	23567	24897
文本相符	Confirmation of Copies and Photo-offset Copies to Originals	19045	37670	40160	43282	43960
其　　他	Others	33397	37255	25850	26388	32762

17－5 民政行业单位基本情况
Basic Conditions of Affairs Agencies

指标	Item	单位数(个) Number of Institutions (unit)		职工人数(人) Number of Staff and Workers(person)	
		2012	2013	2012	2013
民政行业单位	**Civil Affairs Agencies**	**72387**	**85562**	**838393**	**863765**
民政行政机关	Civil Affairs Administrative Departments	124	122	3509	3459
民政事业单位	Civil Affairs Institutions	4607	5079	46176	49429
优抚安置单位	Agencies for Serviceman	234	244	2160	2146
救灾储备单位	Salvation and Institutions	7	7	18	16
社区服务中心	Community Service Centers	1048	1492	8253	9303
婚姻登记服务类单位	Marriage Registration Institutions	78	81	501	544
收养类单位	Residential Institutions	2671	2686	28885	30958
救助类单位	Salvation Institutions	86	103	710	765
殡仪类单位	Funeral and Interment Institutions	241	242	4095	4062
福利彩票发行单位	Welfare Lottery Issuing Institutions	81	81	663	717
老龄事业单位	Aging Population Institutions	79	70	274	260
其他事业单位	Other Institutions	82	73	617	658
民间组织	Non-governmental Organizations	43119	56234	386851	429104
社会团体	Social Organization	21843	26164	154569	167189
基金会	Fund Organization	415	444	1183	1356
民办非企业单位	Non-enterprise Units Run by NGO	20861	29626	231099	260559
基层群众自治组织	Grass Roots Autonomy Organizations	21510	21355	108952	107637
社区居委会	Neighborhood Committee	6337	6817	34688	36337
村委会	Village Committee	15173	14538	74264	71300
福利企业	Social Welfare Enterprises	3027	2772	292905	274136

17－6　民政事业费支出情况
Operating Expenses for Civil Administration

单位:万元　　　　(10000 yuan)

年　　份 Year	民政事业费实际支出 Actual Operating Expenses for Civil Administration	#抚恤事业费 Commiserate	#社会救济福利事业费 Subsidies of Social Welfare	#自然灾害救济费 Subsidies of Natural Calamity
1980	15208	5138	7188	2882
1985	24095	11115	10976	2004
1989	27647	9098	7396	4203
1990	46657	20676	20333	5648
1991	69567	20530	27005	22032
1992	60808	22548	23267	14993
1993	60972	25920	27448	7605
1994	72276	31933	34078	6265
1995	87470	38966	39544	8961
1996	104278	48874	46470	8935
1997	119396	57247	52304	9846
1998	141192	67183	63207	10803
1999	157082	78084	69053	9945
2000	175738	86088	78046	11604
2001	187786	89952	87732	10102
2002	205763	54223	72244	8918
2003	255690	58221	91748	27724
2004	309196	72157	117935	13954
2005	419996	103882	178157	14999
2006	502744	118955	229594	17130
2007	632560	137177	274117	17801
2008	811832	161662	372348	13468
2009	996449	200052	450462	8037
2010	1265312	238040	559834	15339
2011	1726189	290324	926602	14140
2012	1970956	346611	748848	23477
2013	2335260	400631	966893	21365

注:社会救济福利事业费包含:城乡低保、农村社会救济、其他城镇社会救济、社会福利。

a) Subsidies of social welfare consists of urban and rural low, sucial relief of country, other town social relief and social welfare.

17－7 收养类单位基本情况（2013 年）
Basic Statistics on Adoptive Homes（2013）

项目	Item	院数（个） Homes (unit)	工作人员（人） Staff (person)	床位（张） Beds (unit)	年末收养人员（人） Inmates at Year-end (person)
总计	**Total**	**2686**	**30958**	**398574**	**238100**
#工商登记	State Run	10	394	2320	1474
编制部门登记	Collective Run	682	10561	139930	97161
民政部门登记	Civilian Run	1387	16096	193261	103042
未登记	Unregistered	607	3907	63063	36423
#优抚类收养性单位	Gencies for Service man	17	669	2361	1672
荣誉军人康复医院	Convalescent Hospitals for Honorable Serviceman	1	181	220	100
复员军人疗养院	Sanatoriums for Ex-serviceman	4	95	464	256
复退军人精神病院	Mental Hospitals for Ex-serviceman	1	288	964	964
光荣院	Homes for Disabled Veteran	11	105	713	352
福利类收养性单位	Social Welfare Institutions	2667	30265	395887	236290
社会福利院	Social Welfare Homes	66	2494	26724	11892
儿童福利院	Baby Welfare Homes	16	538	3196	2136
社会福利医院	Social Welfare Hospitals	11	1485	4435	4121
城市养老服务机构	Unban Welfare Homes for Aged persons	1030	14539	154761	75215
农村养老服务机构	Rural Welfare Homes for Aged persons	1544	11209	206771	142926
其他收养性机构	Other Adoptive Homes	2	24	326	138

17－8　残疾人事业基本情况
Basic Statistics of People with Disabilities

项　目	Item	2005	2010	2011	2012	2013
康　复	**Rehabilitation**					
视力残疾康复	Rehabilitation of Persons with Sight Disability					
白内障复明手术　（万例）	Sight-restoring Cataract Surgeries (10000 cases)	3.2	5.7	5.7	6.0	5.8
#贫困白内障患者免费手术	Free Surgeries for Poor Cataract Patients		1.6	1.6	1.7	1.5
低视力者配用助视器　（人）	Vision-aids Provided for Persons of Low-vision (person)	2122	1543	1857	6501	5911
盲人定向行走训练数　（人）	Blind People Trained with Direction Walking (person)		1094	824	8081	7514
听力语言残疾康复	Rehabilitation of Children with Hearing Disability					
新收训聋儿　（人）	Hearing and Speech Training (person)	1019	1270	1396	1179	1064
培训家长　（人）	Parents Trained (person)	1279	1270	1940	2309	2670
肢体残疾康复　（人）	Rehabilitation of Persons with Physical Disability (person)					
肢体残疾儿童康复训练	Persons Rehabilitated at Institutions	1408	3345	4430	5430	6824
成人肢体残疾人社区、家庭康复训练	Persons Rehabilitated at Community and Family	7194	16071	19030	27989	29399
智力残疾康复　（人）	Rehabilitation of Persons with Intellectual Disability (person)					
智残儿童康复训练	Children Rehabilitated	2261	2135	2232	11359	11464
精神病防治康复	Prevention and Treatment of Psychiatric Diseases					
开展精神病防治康复工作市县数　（个）	Counties Carried on the Works of Prevention and Treatment of Psychiatric Diseases (unit)	86	108	109	108	104
监护精神病人　（万人）	Prevention and Treatment Provided for Patients with Severe Psychiatric Diseases (10000 persons)	31	44	45	43	42
监护率　（%）	Guardianship Rate (%)	90	96	94	81	80
显好率　（%）	Significant Improvement Rate (%)	60	74	71	74	75
社会参与率　（%）	Social Involvement Rate (%)	50	61	58	63	63
孤独症儿童训练数　（人）	Trained Persons with Infantile Autism (person)		533	668	821	940

17－8 续表 Continued

项目	Item	2005	2010	2011	2012	2013
教 育	**Education**					
未入学适龄残疾儿童少年（万人）	School-age Disabled Children without Schooling (10000 persons)	0.4	0.2	0.2	0.1	0.1
特殊教育普通高中在校生	Special Ordinary High Schol Students	110	288	381	392	397
残疾人中等职业教育在校生	Disabled Stadents in Vocational Education Focus	539	1010	989	944	1015
高等院校录取残疾考生	Bisabled Stadents in High Learning of Institutions	271	519	563	523	658
就 业	**Employment**					
城镇残疾人就业状况（万人）	Employment of Urban Handicapped (10000 persons)					
当年安排就业	Persons Employed in the Year	1.9	1.7	1.7	2.1	2.2
#按比例就业	Employed by Quota Scheme	0.5	0.5	0.5	0.7	0.7
集中就业	Employed at Welfare Enterprises	0.9	0.7	0.6	0.7	0.8
个体及其他形式就业	Self-employed	0.5	0.5	0.6	0.7	0.7
社会保障（万人）	**Social Security (10000 persons)**					
城镇残疾职工参加社会保险	Urban Workes with Disabilities in Insurance	14.7	24.0	25.4	26.8	27.7
残疾居民参加新型农村合作医疗保险	Disabilities with New Rural Cooperative Medical Insurance		166.3	113.1	121.7	128.9
城乡残疾人纳入最低生活保障	Disabilities with Subsistenle Allowance	25.5	30.7	32.6	32.7	31.8
扶 贫	**Poverty Alleviation**					
扶贫开展情况（万人次）	Poverty Alleviation and Development					
扶持贫困残疾人	Support Poor People with Disabilities	7.5	5.8	4.5	4.1	3.1
实用技术培训	Practical Technical	1.7	1.7	2.3	1.8	1.8
农村贫困残疾人危房改造	Renovation Buildirgs with Disabilities in Rural					
危房改造（户）	Renovation Buildirgs		351	542	1072	992
受益残疾人（人）	Benefit People with Disabilities		809	630	1247	1133
残联组织建设	**Organization of the Disabled Persons ´Federation**					
残疾人工作者数（万人）	Workers for the Disabled (10000 persons)	0.3	0.5	0.5	0.5	0.5

17 - 9 婚姻登记和离婚情况

Number of Marriages and Divorces

年份 Year 地区 Region	结婚登记对数(万对) Total Number of Registered Marriages (10000 couples)	内地居民登记结婚(万人) Registered Marriages in the Mainland (10000 persons)	涉外及港澳台居民登记结婚(万人) Registered Marriages with Foreigner or the Citizen of Hong Kong, Macao, Taiwan (10000 persons)	初婚(万人) First Marriages (10000 persons)	再婚(万人) Re-marriages (10000 persons)	离婚(万对) Divorces (10000 couples)
1985	43.01	86.01	0.01	84.51	1.51	2.11
1990	52.72	105.40	0.04	102.88	2.56	4.63
1995	57.51	114.93	0.10	112.00	3.03	6.76
2000	49.81	99.50	0.12	94.43	4.95	8.19
2001	44.42	88.60	0.13	83.25	5.35	8.62
2002	48.14	96.15	0.13	89.41	6.60	9.70
2003	46.15	92.17	0.13	85.84	6.20	9.65
2004	51.64	103.13	0.14	93.98	9.00	11.74
2005	47.20	94.26	0.14	84.94	9.66	12.38
2006	59.23	118.30	0.16	105.70	12.76	13.80
2007	57.14	114.11	0.17	99.93	14.36	16.04
2008	62.47	123.64	0.17	110.60	14.30	13.55
2009	73.09	145.99	0.17	129.51	16.66	14.37
2010	75.71	151.42	0.16	137.41	14.02	16.02
2011	86.75	173.34	0.17	152.53	20.97	16.68
2012	88.76	177.18	0.17	159.03	18.50	18.12
2013	90.38	180.42	0.33	158.20	22.55	21.66
南京市 Nanjing	8.38	16.76		12.84	3.92	4.11
无锡市 Wuxi	4.69	9.38		8.17	1.21	1.34
徐州市 Xuzhou	11.98	23.97		22.11	1.86	2.28
常州市 Changzhou	3.82	7.65		6.32	1.33	1.15
苏州市 Suzhou	6.27	12.54		10.44	2.10	1.97
南通市 Nantong	7.30	14.59		12.38	2.21	1.65
连云港市 Lianyungang	6.66	13.31		12.04	1.28	1.31
淮安市 Huaian	7.72	15.44		14.01	1.43	1.31
盐城市 Yancheng	9.29	18.59		16.60	1.99	1.82
扬州市 Yangzhou	5.40	10.79		9.53	1.26	1.10
镇江市 Zhenjiang	2.92	5.84		4.93	0.92	0.85
泰州市 Taizhou	5.85	11.70		10.29	1.41	1.15
宿迁市 Suqian	9.93	19.86		18.32	1.54	1.61

17－10 社会保险基本情况
Basic Statistics of Social Insurance

单位:万人 (10000 persons)

年份 Year / 地区 Region	失业保险 Unemployment Insurance			城镇职工基本医疗保险 Basic Medical Care Insurance		工伤保险 Work Injury Insurance		年末参加生育保险人数 Maternity Insurance Contributors at Year-end
	年末参保人数 Contributors at Year-end	全年发放失业保险金人数 Beneficiaries of Unemployment Insurance Fund	全年发放失业保险金(亿元) Unemployment Relief (100 million yuan)	年末参保职工人数 Contributors at Year-end	年末参保退休人员 Retirees Contributors at Year-end	年末参保人数 Contributors at Year-end	年末享受工伤待遇的人数 Beneficiaries at Year-end	
2001	750.90	53.70	9.16	367.64	122.65	473.94	0.79	483.46
2002	733.87	76.71	13.00	507.69	183.24	480.00	1.44	486.06
2003	761.62	88.25	13.92	608.41	226.67	503.02	1.68	504.06
2004	797.09	85.98	14.73	715.11	261.62	577.20	2.28	552.68
2005	838.48	67.02	12.03	821.07	303.02	680.21	3.22	630.92
2006	901.08	51.63	9.36	935.77	338.51	812.69	5.06	711.49
2007	968.48	48.65	9.37	1070.34	365.45	920.98	5.84	794.11
2008	1052.24	48.83	11.57	1213.90	390.35	1055.71	7.90	907.23
2009	1079.14	49.98	14.17	1282.50	418.63	1118.10	9.34	962.46
2010	1153.78	46.51	13.95	1405.06	443.20	1205.52	9.79	1086.44
2011	1238.16	57.70	19.83	1541.55	470.89	1327.46	10.66	1199.21
2012	1332.18	64.14	28.73	1646.53	508.94	1420.74	12.29	1276.25
2013	1389.34	68.70	31.69	1731.09	543.64	1487.27	13.57	1355.62
南京市 Nanjing	235.98	26.13	13.66	275.36	81.46	232.10	1.92	252.62
无锡市 Wuxi	194.78	9.30	4.04	219.53	67.32	191.40	1.72	180.60
徐州市 Xuzhou	83.15	2.61	1.10	109.63	43.32	80.19	0.97	64.40
常州市 Changzhou	100.06	4.23	1.78	129.99	42.15	104.88	0.92	92.44
苏州市 Suzhou	316.96	11.98	5.35	400.12	100.21	341.50	3.17	352.91
南通市 Nantong	97.43	4.16	1.70	123.23	46.69	119.04	1.29	98.43
连云港市 Lianyungang	33.77	0.87	0.34	51.88	19.65	44.03	0.25	38.20
淮安市 Huaian	61.09	0.98	0.36	60.90	19.92	45.25	0.36	41.00
盐城市 Yancheng	67.50	1.83	0.74	88.13	33.86	76.05	0.58	60.20
扬州市 Yangzhou	61.80	2.82	1.04	85.57	27.41	71.13	0.70	51.85
镇江市 Zhenjiang	47.76	1.50	0.67	65.36	22.20	58.63	0.63	40.47
泰州市 Taizhou	60.44	1.79	0.68	82.35	27.24	78.67	0.82	55.81
宿迁市 Suqian	28.63	0.50	0.22	39.04	12.20	39.88	0.24	26.70

17－11 社会保险基金收支及累计结余
Revenue, Expenses and Balance of Social Insurance Fund

单位：亿元 (100 million yuan)

年 份 Year	合 计 Total	企业职工基本养老保险 Enterprise Basic Pension Insurance	失业保险 Unemployment Insurance	城镇职工基本医疗保险 Urban Workers Basic Medical Care Insurance	工伤保险 Work Injury Insurance	生育保险 Maternity Insurance
基金收入 Revenue						
2001	205.03	148.53	18.28	33.43	2.18	2.61
2002	271.46	194.12	20.10	51.27	2.67	3.30
2003	344.49	238.86	24.97	73.32	3.32	4.01
2004	413.75	283.40	26.69	94.40	4.25	5.01
2005	519.83	356.23	31.63	117.99	6.66	7.32
2006	667.93	456.36	39.23	154.62	9.05	8.67
2007	874.11	598.45	48.71	203.65	12.12	11.19
2008	1107.35	749.30	62.88	264.07	16.12	14.98
2009	1251.93	865.28	63.00	291.67	15.74	16.24
2010	1450.34	999.80	72.46	339.90	18.77	19.41
2011	1854.94	1269.20	105.71	421.94	32.29	25.80
2012	2295.10	1566.17	121.63	531.60	43.70	32.00
2013	2513.41	1674.81	134.20	611.10	57.00	36.30
基金支出 Expenses						
2001	187.12	145.79	16.50	21.60	1.48	1.75
2002	251.47	192.36	20.09	35.42	1.68	1.92
2003	289.96	207.41	22.05	55.55	2.80	2.15
2004	339.98	243.75	21.13	69.35	2.82	2.92
2005	401.03	281.85	20.22	90.60	4.01	4.34
2006	493.45	355.28	20.06	107.73	5.41	4.96
2007	586.98	419.36	19.81	133.83	7.05	6.93
2008	751.91	524.33	31.00	178.56	9.85	8.17
2009	913.13	617.65	40.77	231.80	11.92	10.99
2010	1075.78	737.91	41.37	270.26	13.94	12.29
2011	1337.14	884.20	74.92	338.01	24.19	15.82
2012	1615.07	1078.06	57.35	418.74	38.70	22.22
2013	1943.66	1309.63	62.85	496.12	48.12	26.94
累计结余 Balance at Year-end						
2001	104.48	56.99	18.46	18.37	6.08	4.59
2002	124.37	58.74	18.37	34.22	7.07	5.97
2003	178.03	90.25	20.37	52.00	7.59	7.83
2004	249.39	127.58	25.83	77.05	9.02	9.91
2005	368.71	201.96	37.76	104.44	11.66	12.89
2006	550.51	305.40	58.26	154.95	15.31	16.59
2007	837.51	484.54	87.16	224.57	20.38	20.85
2008	1192.97	709.52	119.04	310.08	26.67	27.66
2009	1531.68	957.14	141.18	369.95	30.50	32.91
2010	1906.24	1219.03	172.27	439.60	35.32	40.03
2011	2424.02	1604.03	203.03	523.52	43.42	50.02
2012	3104.13	2092.14	267.30	636.40	48.50	59.79
2013	3667.81	2457.32	332.57	751.42	57.35	69.15

17-12 工会、妇联基本情况
Basic Statistics on Labour Union and Women's Federation

单位：个　　(unit)

项　目	Item	2005	2010	2011	2012	2013
工会基本情况	**Basic Condition of Labour Union**					
基层工会组织数	Number of Grassroot Labour Unions	224605	350068	397350	431393	461681
职工人数（万人）	Number of Staff and Workers (10000 persons)	1017.65	1648.03	1817.45	1962.39	2085.53
#女职工人数	Women Workers	424.14	692.46	762.08	819.81	874.36
会员人数（万人）	Number of Members (10000 persons)	1002.25	1575.11	1743.15	1887.40	2012.32
#女会员人数	Women Members	411.46	666.03	735.66	792.69	849.42
女职工工作委员会	Number of Women Workers Working Committees	42342	73223	82067	99924	109128
建立工会经费审查组织	Number of Units Established with Funds Examing by Labour Union	38390	83607	86204	103453	109904
建立职工代表大会制度的单位	Number of Units Established with Workers Delegating Congress System	30075	65815	70131	117272	122424
实行厂务公开的单位	Number of Units Carried Out the Factory Business to Public	23355	59208	60405	111380	115605
建立工会劳动保护监督检查委员会	Number of Units Established with Labour Protection, Supervisting and Examing Committees	21018	57087	57536	80085	90250
建立工会劳动法律监督组织	Number of Organizations Established with Law of Labour Supervising Committees by Labour Union	18641	47111	45645	81421	93340
建立劳动争议调解委员会的单位	Number of Units Established with Mediating Committee of Labour Disputes	21687	52540	49521	78524	85574
建有职工技协组织	Number of Organizations Established with Technical Association of Staff and Workers	1818	3669	3856	5024	4526
职工董事人数（人）	Staff Sensible		6262	6418	8490	8849
#女性	Femel		2759	2762	3125	3289
职工监事人数（人）	Staff Supervisor		6542	6272	8289	6801
#女性	Femel		3166	3134	2886	2408
妇联基本情况	**Basic Condition of Women's Federation**					
基层妇代会数	Number of Grassroot Dlegating Congress	32520	22702	22271	23740	21410
妇联干部数（人）	Number of Cadres of Women's Federation (person)	2532	1237	2293	3006	2542
按年龄分	Grouped by Age					
35岁以下	Aged 35 and Below	1045	333	781	1051	1070
36-45岁	Aged 36-45	888	558	812	1053	1014
46-55岁	Aged 46-55	542	291	620	790	434
56岁以上	Aged 56 and Above	57	55	80	112	24
按文化程度分	Grouped by Educational Attainment					
研究生	Postgraduates	66	177	28	153	239
大学本科、大专学历	University or College	2215	1025	2169	2719	2157
高中、中专及以下	Senior Middle School, Specialized Secondary School and Below	251	35	96	134	146

注：2011年起，基层妇代会包括乡镇街道、村社区；干部人数统计到县、乡镇街道，含行政、事业和其他。

a) From 2011, Grassroots Women's Congress inluding township and village communities; the number of cadres statistics to country, township, including administrative, institution and others.

17 - 13 公安机关立案的刑事案件情况
Criminal Cases Registered in Public Security Organs

案件类别	Category of Cases	立案(起) Number of Cases Registered(case)		构成(%) Composition(%)	
		2012	2013	2012	2013
合计	**Total**	**403123**	**398214**	**100**	**100**
杀人	Homicide	370	344	0.09	0.08
伤害	Injury	5177	5238	1.28	1.31
抢劫	Robbery	2154	1726	0.53	0.43
强奸	Rape	1664	1505	0.41	0.37
拐卖人口	Bduction	48	61	0.01	0.01
盗窃	Larceny	296106	304723	73.45	76.52
诈骗	Fraud	32719	40652	8.12	10.20
持有使用假币	Holding and Using Counterfeit Money	52	24	0.01	0.01
其他	Others	64833	43941	16.10	11.03

17 - 14 公安机关受理、查处治安案件情况
Offense Cases Against Public Order Handled by Public Security Organs

单位:件 (case)

案件类别	Category of Cases	2012		2013	
		受理 Number of Cases Accepted to be Treated	查处 Number of Cases Investigated and Treated	受理 Number of Cases Accepted to be Treated	查处 Number of Cases Investigated and Treated
合计	**Total**	**904086**	**895718**	**780562**	**770679**
扰乱公共场所秩序	Disturbing the Orders in Public Places	14215	14067	4084	4081
寻衅滋事	Causing Quarrels and Making Troubles	5351	5320	4090	4080
非法携带枪支、弹药、管制刀具	Violation of Firearms Control Regulations	4089	4083	2944	2943
违反危险物质管理规定	Violation of Provisions of Risk Material Management	1499	1499	650	650
殴打他人	Battering Other Persons	326671	325545	264488	263357
盗窃	Stealing Property	259636	254884	236785	231969
诈骗、抢夺、敲诈勒索	Swindling, Robbery and Racketeering	24274	23863	21892	21194
伪造、变造、倒卖有价票证、凭证	Forge, Alter, Scalp Valuable Coupons or Certificates	215	214	186	185
利用迷信活动危害社会	Endangering the Society through Superstition	149	146	115	115
卖淫、嫖娼	Prostitution or Soliciting Prostitutes	21604	21585	12931	12905
赌博	Gambling	40479	40438	29097	29080
其他	Others	205904	204074	203300	200120

17－15　交通事故情况(2013年)
Basic Statistics on Traffic Accidents (2013)

类　别　Type		发生数(起) Number of Traffic Accidents (case)	死亡人数(人) Number of Deaths (person)	受伤人数(人) Number of Injuries (person)	损失折款(万元) Losses Coverted into Cash (10000 yuan)
总计	**Total**	**13395**	**4679**	**12177**	**6764.11**
#一次死亡3人以上事故	Accident with More Than Three Persons' Death at one Time	22	83	31	96.48
机动车	Vehicles	11237	4154	10040	6108.26
#汽车	Motor Vehicles	8374	3097	7122	5371.58
摩托车	Motorcycles	2220	710	2479	553.29
非机动车	Non-motor-driven Vehicles	2035	466	2086	450.57
#自行车	Bicycles	1654	344	1725	378.89
行人乘车人	Pedestrians and Passengers	174	78	62	207.06

17－16　火灾事故情况(2013年)
Basic Statistics on Fire Accidents (2013)

项　目　Item		合计 Total	按事故发生程度分 By Degree	
			重大 Serious	一般 Ordinary
发生数　(起)	Number of Fire Accidents　(case)	30513	0	30513
死亡人数　(人)	Number of Deaths　(person)	165	0	165
受伤人数　(人)	Number of Injuries　(person)	167	0	167
直接财产损失　(万元)	Direct Property Losses　(10000 yuan)	26502	0	26502
平均每起事故损失　(万元)	Average Loss per Fire　(10000 yuan)	0.86	0	0.86

17－17 人民检察院直接立案侦查案件情况（2013 年）

Cases under Direct Investigation by People's Procuratorate(2013)

案件分类	Category of Cases	受案（件） Cases Accepted (case)	立案件数（件） Number of Cases Registered (case)	立案人数（人） Person of Cases Registered (person)	#要案 Key Case	结案件数（件） Number of Cases Settled (case)	结案人数（人） Person of Cases Settled (person)
合计	Total	3267	1760	2155	115	1620	2003
贪污贿赂案件	Sub-total of Cases on Corruption and Bribery	2548	1393	1646	107	1272	1508
贪污	Corruption	816	259	417	10	240	393
贿赂	Bribery	1537	1006	1072	88	911	964
挪用公款	Misappropriation of Public Funds	158	124	149	6	117	144
集体私分	Collective Illegal Possession of Public Funds	15	4	8	3	4	7
巨额财产来源不明	Unstated Source of Large Properities	20	0	0	0	0	0
其他	Others	2	0	0	0	0	0
渎职案件	Sub-total of Cases on Abuse and Dereliction of Duty	719	367	509	8	348	495
滥用职权	Abuse of Power	352	162	233	5	166	246
玩忽职守	Dereliction of Duty	238	150	191	2	137	178
徇私舞弊	Fraudulent Practice	69	16	17	0	15	19
其他	Others	35	33	54	0	24	37

注:结案中含上年旧存（以下各表同）。

a) Data of cases settled include cases turned over from previous year. (The same as in the following tables).

17－18 人民检察院审查批准、决定逮捕犯罪嫌疑人和提起公诉被告人情况（2013 年）

Arrests of Criminal Suspects and Defendants under Public Prosecution Approved by People's Procuratorate(2013)

案件分类	Category of Cases	批捕、决定逮捕 Total of Arrests		决定起诉 Total of Public Prosecutions	
		件 (case)	人 (person)	件 (case)	人 (person)
合计	**Total**	**31231**	**41390**	**64330**	**87636**
公安、安全、监狱机关提请	**Sub-total of Requests by Departments of State and Public Security and Prisons**	**30372**	**40476**	**62884**	**85837**
危害国家安全案	Offences Against State Security	3	4	2	3
危害公共安全案	Offences Against Public Security	2084	2139	17639	17836
破坏社会主义市场经济秩序案	Offences Against Socialist Economic Order	1762	2385	3878	6804
侵犯公民人身、民主权利案	Offences Against Citizens' Personal and Democratic Rights	4972	5937	9010	11356
侵犯财产案	Offences Against Properties	14301	18900	20778	28652
妨害社会管理秩序案	Offences Against Social Management of Order	7240	11100	11565	21173
危害国防利益案	Offences Against National Defense	10	11	12	13
检察机关直接立案侦查案件	**Sub -total of Cases Directly Handled by Procuratorate officess**	**859**	**914**	**1446**	**1799**
贪污贿赂案	Offences on Corruption and Bribery	799	845	1134	1361
渎职案	Offences on Abuse and Dereliction of Duty	600	69	312	438

17－19 人民检察院处理申诉案件情况（2013 年）
Appeals Handled by People's Procuratorate(2013)

单位:件 (case)

案件分类	Category of Cases	受案 Cases Accepted	立案复查 Cases Registered for Reinvestigation	结案 Cases Settled	#改变原决定 Original Decision Changed
合计	**Total**	**1643**	**775**	**717**	**13**
不服检察机关处理决定	Appeals against Decision of Procurator's Offices	205	122	97	9
不服不批捕	Appeals against Rejection of Arrest	40	34	28	1
不服不起诉	Appeals against Rejection of Prosecuting	96	58	42	1
不服撤案	Appeals against Withdrawal of the Case	0	0	1	1
不服原免予起诉	Appeals against Original Exemption of Lawsuit	0	0	0	0
其他	Others	69	30	26	6
不服法院刑事判决裁定	Appeals against Judgment of Criminal Case	1438	653	620	4
刑罚执行中被害人申诉	Appeals of the Victim at the Punishment	421	225	212	0
刑罚执行中被告人申诉	Appeals of the Defendant at the Punishment	655	301	297	3
刑罚执行完毕后被害人申诉	Appeals of the Victim after the Punishment	53	23	22	0
刑罚执行完毕后被告人申诉	Appeals of the Defendant after the Punishment	309	104	89	1

17－20 人民法院审理刑事一审案件收结案情况
First Trial Criminal Cases Accepted and Settled by Courts

单位:件 (case)

项目	Item	2012		2013	
		收案 Cases Accepted	结案 Cases Settled	收案 Cases Accepted	结案 Cases Settled
合 计	**Total**	**70630**	**70449**	**65124**	**63910**
危害公共安全罪	Offences Against Public Security	17467	17437	17617	17468
破坏社会主义市场经济秩序罪	Offences Against Socialist Economic Order	5679	5555	3958	3830
侵犯公民人身权利民主权利罪	Offences Against Citizens's Personal and Democratic Rights	9052	9068	9648	9348
侵犯财产罪	Offences Against Properties	24009	23966	20780	20528
妨害社会管理秩序罪	Offences Against Social Management of Order	12780	12786	11688	11449
危害国防利益罪	Offences Against National Defense	10	10	14	12
贪污贿赂罪	Offences on Corruption and Bribery	1396	1376	1160	1074
渎职罪	Offences on Dereliction of Duty	236	251	252	195
其他	Others	1		7	6
合计中含自诉案件	Private Prosecution Among the Total	622	619	597	581

注:结案含上年旧存(下同)。

a) Data of cases settled include cases turned over from previous year (The same as the following tables).

17－21 人民法院审理婚姻家庭、继承一审案件收结案情况（2013年）

First Trial Civil Cases of Marriages, Family Affairs and Inheritance Accepted and Settled by Courts(2013)

单位：件 (case)

项目	Item	收案 Cases Accepted	结案 Cases Settled	调解 Mediation	判决 Judgement	驳回 Reject	撤诉 With-drawal	其他 Other
合计	**Total**	**114168**	**108046**	**53780**	**30344**	**294**	**21748**	**1880**
婚姻家庭	Marriages and Family Affairs	109740	104023	51224	29509	255	21234	1801
离婚	Divorce	91988	87372	42379	25418	190	17929	1456
赡养纠纷	Support Disputes	2000	1900	803	561	2	488	46
抚养、扶养关系纠纷	Upbringing Disputes	3173	3049	2147	454	5	412	31
抚育费纠纷	Upbringing Fee Disputes	2650	2487	1220	672	14	534	47
其他	Others	9929	9215	4675	2404	44	1871	221
继承	Inheritance	4428	4023	2556	835	39	514	79
法定继承	Legal Inheritance	2702	2492	1707	419	25	297	44
遗嘱继承	Testament Inheritance	793	705	384	197	5	105	14
其他	Others	933	826	465	219	9	112	21

17－22 人民法院审理合同纠纷一审案件收结案情况（2013年）

First Trial Cases of Contracts Disputes Accepted and Settled by Courts (2013)

单位：件 (case)

项目	Item	收案 Cases Accepted	结案 Cases Settled	调解 Mediation	判决 Judgement	驳回 Reject	撤诉 With-drawal	其他 Other
合计	**Total**	**436087**	**394563**	**167394**	**138543**	**4424**	**71848**	**12354**
借款合同	Loan Contracts	177071	158492	55347	73552	1373	23668	4552
买卖合同	Trade Contracts	67895	61314	26922	19201	552	12468	2171
电信合同	Telecom Contracts	3072	3219	2111	40	3	1061	4
租赁合同	Lease Contracts	16180	14143	4722	5234	169	3572	446
劳动争议	Work Disputes	48876	45854	29303	10145	450	5292	664
劳务合同	Service contracts	13492	13005	9431	1966	116	1322	170
房地产合同	Real Estate Contracts	15490	13787	7171	3486	151	2459	520
供用动力合同	Labor Contracts	733	735	521	84	3	123	4
建设工程合同	Construction Contracts	14212	11887	3692	4301	253	2943	698
农村承包合同	Rural Contracts	972	900	332	273	44	221	30
承揽合同	Contracts for Work	12886	11782	5246	2994	112	2787	643
保险合同	Insurance Contracts	11133	10449	4713	4267	78	1201	190
服务合同	Service Contracts	22002	20807	8231	2821	125	9112	518
信用卡纠纷	Credit Card Dispute	7631	6891	2411	2721	648	832	279
经营合同	Work Disputes	2828	2409	698	866	43	649	153
其他	Others	21614	18889	6543	6592	304	4138	1312

17－23 人民法院审理权属、侵权纠纷及其他民事一审收结案情况（2013年）
First Trial Cases of Disputes of Right, Infringement of Right and Other Civil Affairs Accepted and Settled by Courts(2013)

单位：件 (case)

项目	Item	收案 Cases Accepted	结案 Cases Settled	调解 Mediation	判决 Judgement	驳回 Reject	撤诉 With-drawal	其他 Other
合计	**Total**	**189002**	**172435**	**80881**	**47471**	**1350**	**21379**	**21354**
所有权及其相关权利	Ownership and Related Rights	17724	15257	4496	5182	457	4542	580
票据、证券权益纠纷	Disputes of Bill, Securities and Stocks	648	620	123	261	17	168	51
股东权纠纷	Stockholder's Right Disputes	2467	2155	556	815	61	530	193
知识产权案件	Intellectual Rights	7273	7016	2180	1042	23	3643	128
人身权纠纷	Personal Rights	127093	115299	70135	34278	181	9785	920
特殊侵权纠纷	Disputes of Special Infringement of Right	6319	5468	2366	1583	78	1296	145
不当得利	Unjustified Enrichment	2076	1844	612	629	42	475	86
特别程序	Special Proceedings	24467	24018	143	3448	473	770	19184
其他	Others	935	758	270	233	18	170	67

17－24 人民法院行政一审案件收结案情况（2013年）
First Trial Administrative Cases Accepted and Settled by Courts(2013)

单位：件 (case)

项目	Item	收案 Cases Accepted	结案 Cases Settled	维持 Affirmation of Original Judgement	撤销 Cancel	驳回 Reject	撤诉 With-drawal	单独赔偿 Separate Compen-sation	其他 Other
合计	**Total**	**6194**	**5783**	**186**	**117**	**1859**	**2444**	**8**	**1169**
土地等资源	Land	465	412	5	13	121	189	1	83
公安	Public Security	696	648	24	3	218	337	0	66
城建	City Construction	1365	1262	26	33	397	507	3	296
交通运输	Traffic and Transport	120	144	4	0	20	74	0	46
工商	Industry and Commerce	125	121	3	7	43	63	0	5
环保	Environment Protection	30	24	1	1	4	9	0	9
计划生育	Family Planning	39	35	1	0	3	27	0	4
税务	Tax	37	40	0	0	13	23	0	4
卫生	Health	53	49	2	2	11	29	0	5
乡政府	Townships Government	119	117	0	0	37	55	1	24
劳动和社会保障	Labour and Social Security	1405	1322	94	16	585	595	0	32
其他	Other	1740	1609	26	42	407	536	3	595

主要统计指标解释

民政事业费支出 指报告期内本辖区各项民政事业费实际支出的总数额。包括抚恤事业费、军队移交地方安置的离退休人员费用、社会救济福利事业费、救灾支出以及其它民政事业费。

城镇居民最低生活保障人数 指在报告期末家庭平均收入在当地规定的最低生活保障线以下的城镇居民数。包括“三无”对象、失业人员和在职、下岗、退休人员等。

农村居民最低生活保障人数 指报告期末在建立农村最低生活保障制度的地区,得到当地政府或集体给予最低生活保障的农业人口数。

农村传统救济人数 指未开展最低生活保障制度的农村地区,仍沿用传统救济制度救济贫困人口数。

收养性福利单位 指荣誉军人康复医院、复员军人疗养院、复退军人精神病院、光荣院、社会福利院、儿童福利院、精神病福利院、城镇老年福利机构、农村老年福利机构以及其它收养性单位的总称。

社会福利企业 指以集中安置有一定劳动能力的残疾人就业为目的(残疾职工占生产人员10%以上)、带有社会福利性质的特殊企业的总称。

律师 指受聘参加法律顾问处工作,担任法律顾问、刑(民)事代理人、刑事辩护人,办理非诉讼事件、解答法律询问,代写法律事务文书等主要从事律师业务的专职法律工作者和兼职律师。

公证人员 指在国家公证机关依法办理公证事务的司法人员,包括公证员、助理公证员和在公证处工作的其他人员。

办理公证文书 指公证处在一定时期内办结的公证文书件数。公证文书按司法部规定或批准的格式制作,包括国内公证和涉外公证两部分。国内公证分为经济合同公证和民事法律关系公证两大类。

调解人员 指在人民调解委员会担负调解民间一般民事纠纷和轻微违法行为引起纠纷的工作人员,包括调解委员会的委员和调解小组的调解员。

调解民间纠纷 指调解委员会依照法律规定,根据自愿原则,用说服教育的方法调解民间发生的有关民事权利和义务的争执,促成当事双方达到协议和谅解,解决纠纷。包括婚姻家庭纠纷,财产权益纠纷等,不包括法院受理调解的民事案件数。

受理劳动争议案件数 指劳动争议仲裁委员会根据国家有关规定,对劳动争议当事人的申请予以审查,符合受理条件而正式立案、准备处理的劳动争议案件数。

决定逮捕 指检察机关对直接受理、自行侦查的案件,认为需要逮捕犯罪嫌疑人时,依据法律作出的逮捕决定。

批准逮捕 指检察机关对公安机关、国家安全机关、监狱管理机关提出逮捕的犯罪嫌疑人进行审查,根据事实,依法作出逮捕决定。

决定起诉 指检察机关对公安机关、国家安全机关、监狱管理机关和检察机关内设机构反贪污贿赂部门移送起诉的刑事犯罪嫌疑人进行审查,根据事实,依法向人民法院提起公诉。

Explanatory Notes on Main Statistical Indicators

Operation Expenses for Civil Adiministration refer to the total actual expenditures for all the operating expenses of civil administration in this jurisdiction district at reference period, including pensions, settlement allowance for the retirees who are transfered from P. L. A. units to the local government to be settled down, social welfare, disaster relief and other civil administration expenses.

Number of Persons Receiving Lowest-Lost-Living in Urban Area refer to the number of urban residents their family average income is below the lowest living standard insurance line at the year end, according to the local regulation; including "three proverty-striken people", unemployment, employees, laid off and retired personnels.

Number of Persons Receiving Lowest-Cost-Living in Rural Area refer the number of rural population in rural area with the system of lowest living standard insurance has been established, they are being insured by the local government and collective units.

Number of Traditional Relief Persons in Rural Areas refer to the rural areas which has not been established the system of lowest living standard insurance, the poor people are still succoured according to the traditional relief system.

Adopting Social Welfare Institutions refer to the all names of social welfare homes and adopting social welfare institutions, including homes for disabled soldiers, convalescent homes for demobilized soldiers, psychopathy welfare homes for demobilized soldiers, homes for disabled verterancs, social welfare homes, children welfare homes, urban eldery welfare units, rural elderly welfare units.

Social Welfare Enterprises refer the all names of special enterprises with the social welfare character, for the aim of employment of the disabled persons who still provide certain labor capacity, and are settled down concentratively (10% above are disabled staff and workers).

Lawyers are legal workers who are employed full time by legal counseling firms to act as a legal adivisers, agents in criminal civil lawsuits or defenders in criminal lawsuits, or to handle non-liligious legal affairs, to advise on matters of law or to write legal papers for others. Both full time and part time lawyers are included.

Notary Personnel refer to judicial workers of the state notary offices handling notarization work according to law. They include notaries and other people working for notary offices.

Notarized Documents refer to documents settled by notary offices in a year. The notary documents are drawn up in accordance with the regulations of the Ministry of Justice, including domestic documents and foreign-related documents. Domestic documents are divided into two major categories, documents on economic contracts and documents on civil legal relation.

Mediators refer to workers on peoples mediation committees responsible for mediating in civil disputes and cases of slight infraction of the law. They include members of the mediation committees and mediators of mediation groups.

Mediatoin of Civil Disputes refers to mediation committees work in mediating in civil disputes concerning civil rights and duties through persuasion and education in accordance with the provisions of law on a voluntary basis, so as to solve disputes by helping the parties involved come to an agreement and understanding. These disputes include divora cases and disputes over property ownership, but exclude the civil cases to be handled by the court.

Number of Labour Dispute Cases Accepted refer to the number of cases of labour dispute submitted that, after being reviewed by the labour dispute arbitraction committees in line with relevant state regulations, are accepted and registered for treatment.

Decision on Arrest refers to decision made by procurators office, in accordance:e with laws, to arrest the suspect(s) in the cases that are accepted and to be investigated by procurators office.

Approval for Arrest refers to the decision made b procurators office, in accordance with laws and relevant facts, to approve the arrest of the suspect(s) that is proposed by the public security departments or authority of prisons.

Decision on Prosecution refers to the decision made by procurators office, in accordance with laws and relevent facts, to institute proeedings to the people court against the suspect(s) of criminal cases handed by the public security departments, state security departments or authority of prisons, or by the anti-corruption departments within the procurators office.

18

城市经济与建设

Urban Economy and Construction

简 要 说 明

一、本篇资料的主要内容

本篇资料反映城市建设基本情况、城市经济社会发展情况。

二、资料来源

城市建设数据来自住房与城乡建设部门及交通运输部门，城市经济社会发展统计数据来自市县社会经济基本情况统计年报。

Brief Introduction

I. Main Contents

Data in this chapter reflect the basic situation of cities construction, cities economic and social development.

Ⅱ. Date Source

Data of city construction provided by Ministry of Housing and Urban - rural Development, Ministry of communications. Data of City economic and social development come from cities and counties in basic socio - economic statistics annual report.

18－1 城市公用事业基本情况
Basic Statisics on Urban Public Utilities

指标	Item	2005	2010	2011	2012	2013
城市基本情况	**Basic Condition of City**					
建成区面积（平方公里）	Areas of Built Districts (sq. km)	2379	3271	3494	3655	3809
城市人口密度（人/平方公里）	Population Density of City Districts (person/sq. km)	1321	2027	2013	2002	2016
供水、供气	**Water Supply and Gas Supply**					
自来水年供水量（亿吨）	Annual Supply of Tap Water (100million tons)	39.05	48.28	47.70	49.28	48.93
#生活用水量	Residential Consumption	18.59	20.23	20.61	21.90	22.01
平均每人日生活用水（升）	Daily Per Capita Residential Tap Water Comsuption (litre)	211.47	220.37	212.26	215.44	209.76
用水普及率（%）	Coverage Rate of Urban Population with Access to Tap Water (%)	96.3	99.6	99.6	99.7	99.7
煤气(天燃气)供气量（亿立方米）	Gaswork Gas and Natural Gas Supply (100 million cu. m)	129.08	240.43	60.18	69.67	76.98
#家庭用量	Residential Use	2.78	8.88	10.84	12.59	14.28
煤气(天燃气)管道长度（公里）	Length of Gas Pipelines (km)	5320	30091	37062	44567	50457
液化气家庭用量（万吨）	Residential Consumption of Liquefied Gas (10000 tons)	64.99	47.17	46.71	50.23	69.85
燃气普及率（%）	Population with Access to Gas (%)	93.3	99.1	99.0	99.4	99.6
市政工程	**Municipal Engineering**					
年末实有道路长度（公里）	Length of Paved Roads at Year-end (km)	28674	31899	32491	34966	36975
平均每万人拥有道路长度（公里）	Length of Paved Roads Per 10000 Persons (km)	11.46	12.62	12.16	12.52	12.82
年末实有道路面积（万平方米）	Area of Paved Roads at Year-end (10000 sq. m)	40830	53723	58405	62438	66970
人均拥有道路面积（平方米）	Per Capita Area of Paved Roads (sq. m)	16.32	21.26	21.86	22.35	23.22
排水管道长度（公里）	Length of Sewer Pipelines (km)	28568	46867	51735	56887	62194
建成区排水管道密度（公里/平方公里）	Density of Drainage Pipelines (km/sq. km)	12.01	14.33	14.81	15.56	16.33
公共交通	**Public Traffic**					
公共汽(电)车总数（辆）	Operating Public Transportation Vehicles (unit)	22197	28687	30867	32105	34176
平均每万人拥有公共汽(电)车（辆）	Number of Public Transportation Vehicles Per 10000 Persons (unit)	9.1	11.9	12.0	11.7	12.7
出租汽车（万辆）	Taxis (10000 units)	4.10	5.30	5.34	5.45	5.68
城市绿化	**Landscaping in Cities**					
公园绿地面积（公顷）	Area of Parks and Green Land (hectare)	25687	33585	35634	38069	40413
人均公园绿地面积（平方米）	Per Capita Area of Parks and Green Land (sq. m)	10.27	13.29	13.34	13.63	14.01
公园面积（公顷）	Area of Parks (hectare)	9924	12433	15687	16465	18707
环境卫生	**Sanitation and Hygiene**					
清运生活垃圾（万吨）	Garbage Disposal (10000 tons)	834.8	1017.05	1119.77	1210.07	1202.69
清运粪便（万吨）	Disposal of Night Soil (10000 tons)	388.4	84.93	95.17	72.92	81.70
每万人拥有公厕（座）	Public Restrooms Per 10000 Persons (unit)	4.23	3.75	3.79	3.59	3.62

注：2011 年起，煤气、天燃气供气量统计口径调整。

a) From 2011, gaswork gas, natural gas supply statistical adjustment.

18－2 城市自来水情况

Basic Statistics on Tap Water Supply in Cities

年份 Year 城市 City	综合生产能力（万吨/日）General Production Capacity (10000 tons/day)	全年供水总量（万吨）Total Aunual Supply of Tap Water (10000 tons)	#生产用水量 Productive Use	#生活用水量 Residential Use	用水人口（万人）Residents with Access to Tap Water (10000 persons)	人均日生活用水量（升）Daily Per Capita Residential Tap Water Comsuption (liter)	城市人口用水普及率（%）Population with Access to Tap Water (%)
1978	112.3	35056	20073	12013	347.2	94.8	83.6
1980	142.6	45221	26005	16323	463.0	89.0	92.2
1985	218.9	76609	40908	29280	585.4	137.0	89.0
1989	856.3	233848	167472	54326	896.6	166.0	88.3
1990	941.7	256664	181543	62369	968.0	176.4	91.3
1991	1056.1	282691	201088	68287	1049.2	178.3	93.8
1992	1191.4	317812	224575	77010	1158.6	182.1	96.0
1993	1299.5	342780	239520	83041	1238.6	183.7	97.1
1994	1368.9	358696	243332	93030	1212.3	210.2	98.7
1995	1388.7	382325	190471	105192	1277.5	225.6	98.9
1996	1424.4	349423	192948	135429	1300.7	285.3	99.0
1997	1457.1	343106	189889	131650	1346.1	267.9	99.3
1998	1543.6	358999	199055	137663	1388.0	271.8	99.2
1999	1585.5	339066	173487	138264	1425.4	265.8	99.1
2000	1641.6	353366	172552	145707	1503.1	265.6	99.2
2001	1698.5	332155	156019	156717	1745.2	246.0	91.0
2002	1803.7	380991	182591	168929	2048.7	225.9	89.0
2003	1835.0	380395	174834	171830	2167.7	217.2	91.9
2004	1871.4	392462	179602	179068	2273.7	215.8	94.0
2005	1977.6	390460	161320	185906	2408.5	211.5	96.3
2006	2166.8	472128	225805	164928	2209.1	204.6	99.2
2007	2334.7	452628	198647	167341	2300.9	199.5	99.5
2008	2356.9	436597	187915	173506	2331.5	205.0	99.9
2009	2534.1	449037	185461	183641	2443.9	207.2	99.7
2010	2714.7	482821	204878	197408	2515.6	220.4	99.6
2011	2757.2	477044	198830	206120	2660.5	212.3	99.6
2012	2749.8	492791	200532	219008	2785.1	215.4	99.7
2013	2902.6	489286	194884	220130	2875.2	209.8	99.7
南京市区 Nanjing	641.4	126656	47345	61668	599.5	281.8	100.0
无锡市区 Wuxi	280.0	43021	18369	18792	245.8	209.5	100.0
徐州市区 Xuzhou	93.0	23363	12050	8813	165.8	145.6	99.4
常州市区 Changzhou	196.0	26465	10754	12058	146.0	226.3	100.0
苏州市区 Suzhou	378.9	70278	35370	28600	286.8	273.2	100.0
南通市区 Nantong	167.5	21688	7065	9831	144.8	186.0	100.0
连云港市区 Lianyungang	39.1	10074	4121	4373	82.8	144.7	100.0
淮安市区 Huaian	69.9	19366	9213	8644	136.1	174.0	98.6
盐城市区 Yancheng	43.5	7210	851	4806	78.4	168.0	100.0
扬州市区 Yangzhou	80.7	17529	3862	9104	109.6	227.6	100.0
镇江市区 Zhenjiang	59.0	16750	6495	7318	88.5	226.5	100.0
泰州市区 Taizhou	42.0	8945	2374	3813	89.8	116.3	100.0
宿迁市区 Suqian	26.0	6873	3158	2818	62.3	124.0	100.0

18－3 城市煤气、液化石油气情况

Basic Statistics on Supply of Gas and Liquefied Petroleum Gas in Cities

年份 Year 城市 City	全年供气总量 Total Gas Supply			家庭用气量 Residential Use			用气人口(万人) Population with Access to Gas (10000 persons)			燃气普及率(%)
	煤气(万立方米) Gaswork Gas (10000 cu. m)	天然气(万立方米) Natural Gas (10000 cu. m)	液化石油气(吨) Liquefied Petroleum Gas(ton)	煤气(万立方米) Gaswork Gas (10000 cu. m)	天然气(万立方米) Natural Gas (10000 cu. m)	液化石油气(吨) Liquefied Petroleum Gas(ton)	煤气 Gaswork Gas	天然气 Natural Gas	液化石油气 Liquefied Petroleum Gas	Percentage of Population Using Gas for Household Use (%)
1978	11756		23666	1592		22043	15.7		48.4	15.7
1980	11401		32591	2215		31350	20.0		69.6	17.8
1985	13155		42495	3851		38834	39.9		76.2	17.9
1989	140497		190471	13429		105671	93.0		186.1	32.5
1990	142681		216936	15902		122691	101.2		219.3	36.8
1991	142665		252342	17750		137780	116.3		261.2	41.9
1992	147625		337456	20943		190861	131.0		373.1	53.3
1993	153994		442089	23774		258003	150.6		498.0	63.5
1994	184552		574191	26281		337126	180.3		558.8	74.1
1995	282227		436131	30877		361990	213.4		637.3	81.8
1996	271852		543989	35837		468838	243.3		701.2	86.6
1997	274853		468106	34055		392574	244.1		746.2	87.8
1998	331580		620344	34797		430131	271.1		798.3	93.0
1999	350299		667556	41206		427971	323.9		814.1	94.9
2000	362606		705010	39141		492377	324.7		882.9	95.8
2001	376025		780527	44685		523600	373.2		1200.3	82.0
2002	788537		1252001	38761		632199	361.1		1600.0	85.2
2003	802430		1357710	47369		687358	405.8		1673.5	88.6
2004	1027886		1226675	40926		708033	333.8		1712.1	92.0
2005	1290834		1110300	27831		649936	234.1		1720.0	93.3
2006	1420015	155940	1042278	18120	22710	591415	177.1	574.9	1408.8	97.1
2007	1633281	254507	999243	13228	39383	548113	146.1	699.8	1407.3	97.4
2008	1554953	299726	931734	12518	62207	578762	123.2	841.7	1328.2	98.2
2009	1728890	343544	865663	11741	53244	531023	135.5	1029.6	1248.1	98.4
2010	1931995	472309	766586	9664	79160	471731	89.8	1299.7	1115.0	99.1
2011	10310	591493	766635	9270	99133	464117	45.8	1557.5	1042.6	99.0
2012	4889	691763	735757	3883	121988	502258	27.5	1743.6	1006.5	99.4
2013	3940	765869	700765	2270	140471	458823	9	1906.6	956.6	99.6
南京市区 Nanjing		86128	119147		24492	74242		373.5	221.5	99.2
无锡市区 Wuxi		62975	44122		12415	27030		220.2	25.6	100.0
徐州市区 Xuzhou		13982	28480		5659	21297		111.1	54.8	99.5
常州市区 Changzhou		58829	6123		8476	1652		142.7	3.3	100.0
苏州市区 Suzhou	3940	109599	86976	2270	19364	34300	9	248.5	29.3	100.0
南通市区 Nantong		15761	30490		4052	24980		87.2	57.6	100.0
连云港市区 Lianyungang		9828	9246		2834	6901		57.4	24.6	98.9
淮安市区 Huaian		14584	37551		6858	31269		68.4	69.6	100.0
盐城市区 Yancheng		9600	24500		2300	20000		49.2	28.7	99.4
扬州市区 Yangzhou		15164	35707		5255	17225		74.0	35.2	99.6
镇江市区 Zhenjiang		30271	24830		4189	11927		62.4	26.1	100.0
泰州市区 Taizhou		15577	24029		1940	20170		37.1	52.3	99.5
宿迁市区 Suqian		11471	12301		573	11890		17.1	45.1	99.9

18－4 城市市政工程情况
Basic Statistics on Municipal Engineering in Cities

年份 Year 城市 City	年末实有道路长度（公里） Length of Paved Roads at Year-end (km)	年末实有道路面积（万平方米） Area of Paved Roads at Year-end (10000 sq. m)	排水管道长度（公里） Length of Drainage Pipelines (km)	城市污水日处理能力（万吨） Day Capacity of Sewerage Disposal (10000 tons)	城市路灯盏数（千盏） Number of Street Light (1000 units)	人均拥有道路面积（平方米） Per Capita Area of Paved Roads (sq. m)	建成区排水管道密度（公里/平方公里） Density of Drainage Pipelines (km/sq. km)	污水处理率（%） Rate of Sewerage Disposal (%)
1978	1893	1154	1503					
1980	1881	1160	1650	0.1	48	2.3		0.2
1985	2437	1623	2277	1.8	71	2.5	5.3	0.6
1989	5272	6607	3782	91.3	122	7.7	5.7	23.0
1990	5812	5672	4099	103.5	129	6.3	5.7	16.4
1991	5658	5216	4872	133.2	144	5.8	5.4	13.4
1992	6781	6587	5721	155.5	165	7.0	5.6	16.7
1993	7090	7581	6653	160.7	194	7.4	4.7	22.9
1994	6150	7094	7019	236.7	194	7.1	6.0	31.8
1995	8163	8669	8262	273.5	215	8.3	7.5	38.7
1996	8552	9711	8860	390.3	256	8.9	7.5	42.7
1997	9440	10438	8812	434.3	290	9.3	7.1	47.5
1998	9618	11336	9574	589.3	328	9.8	7.6	49.3
1999	10066	12283	10382	632.9	381	10.2	8.0	58.1
2000	11011	13357	11097	712.9	437	10.6	8.0	61.8
2001	16702	20309	13974	736.7	549	10.6	9.0	65.3
2002	22656	26987	16744	800.4	753	11.7	8.6	66.0
2003	25541	31859	20343	906.6	971	13.5	9.6	69.9
2004	26598	35596	25537	1017.8	1169	14.7	11.3	76.1
2005	28674	40830	28568	1084.7	1296	16.3	12.0	77.7
2006	27058	41623	31215	1224.9	1501	18.7	12.1	81.8
2007	28456	44595	34050	1184.1	1701	19.3	12.6	84.4
2008	28761	47330	38062	1432.2	1660	20.3	13.1	84.1
2009	30003	50075	42826	1411.2	1982	20.4	14.1	85.4
2010	31899	53723	46867	1590.0	2174	21.3	14.3	87.6
2011	32491	58405	51735	1555.5	2331	21.9	14.8	89.9
2012	34966	62438	56887	1564.5	2727	22.4	15.6	90.7
2013	36975	66970	62194	1606.5	2877	23.2	16.3	92.1
南京市区 Nanjing	7142	12761	7398	458.8	346	21.3	10.4	94.2
无锡市区 Wuxi	3358	6081	12536	150.6	302	24.7	38.6	96.1
徐州市区 Xuzhou	2600	3750	2016	57.5	189	22.5	8.0	91.5
常州市区 Changzhou	1956	3719	5003	105.8	182	25.5	26.9	94.4
苏州市区 Suzhou	3677	8005	7631	255.4	388	27.9	17.3	95.5
南通市区 Nantong	1853	3816	2507	56.3	146	26.4	14.6	91.8
连云港市区 Lianyungang	1069	1748	1429	24.8	63	21.1	9.5	83.8
淮安市区 Huaian	1703	2810	1970	37.5	104	20.4	14.1	79.5
盐城市区 Yancheng	684	1679	1092	27.4	159	21.4	11.4	86.0
扬州市区 Yangzhou	1512	2329	2232	44.4	125	21.3	16.9	93.1
镇江市区 Zhenjiang	1333	2114	1969	45.0	99	23.9	15.4	92.6
泰州市区 Taizhou	1138	2199	1582	35.0	109	24.5	16.4	89.4
宿迁市区 Suqian	799	1724	978	21.5	56	27.7	13.1	90.1

18－5 城市园林绿化情况

Basic Statistics on Parks, Gardens and Green Areas in Cities

年份 Year 城市 City	园林绿地面积（公顷）Total Area of Parks, Gardens and Green Areas in Cities (hectare)	#公园绿地 Parks and Green Land	建成区绿化覆盖面积（公顷）Coverage Space of Green Areas Developed (hectare)	公园 Park 个数（个）Number (unit)	公园 Park 面积（公顷）Area (hectare)	人均公园绿地面积（平方米）Per Capita Area of Parks and Green Land (sq. m)	建成区面积（平方里）Areas of Built Districts (sp. m)	建成区绿化覆盖率（%）Coverage Rate of Green Area Developed (%)
1978	7303			59	786			
1980	6582	1341		72	944	2.7		19.3
1985	7998	1450		83	1030	2.3		20.6
1989	18148	3214	12804	172	2725	3.7		19.2
1990	20337	3447	14112	184	2991	3.8		19.5
1991	19096	3841	16423	201	3071	4.3		18.4
1992	20898	4283	21726	217	2958	4.5		21.4
1993	30174	5882	31133	242	5179	5.8		22.1
1994	33089	6124	34728	241	5396	6.1		29.6
1995	48564	7226	34093	264	5648	6.9		30.8
1996	50558	7528	35964	283	5263	6.9		30.3
1997	52349	8175	38356	287	4831	7.3		30.9
1998	54756	8891	40513	295	4920	7.7		32.3
1999	57386	9581	43725	303	5027	8.0		33.7
2000	60064	10248	45925	313	5159	8.1		33.2
2001	94175	12724	49456	374	5549	6.6	1549	31.9
2002	137702	16252	68413	403	6374	7.1	1939	35.3
2003	145956	18743	74929	446	7317	7.9	2120	35.4
2004	172563	21617	85367	489	9098	8.9	2253	37.9
2005	189070	25687	94778	539	9924	10.3	2379	39.8
2006	152885	25868	107752	492	10608	11.6	2583	41.7
2007	180784	29125	116157	601	11787	12.6	2714	42.8
2008	195460	30645	123801	628	13026	13.1	2904	42.6
2009	214989	32403	127930	590	13740	13.2	3046	42.0
2010	227584	33585	137623	584	12433	13.3	3271	44.1
2011	237486	35634	147157	701	15687	13.3	3494	42.1
2012	247001	38069	154135	783	16465	13.6	3655	42.2
2013	256263	40413	161671	842	18707	14.0	3810	42.4
南京市区 Nanjing	86117	8725	31425	110	6548	14.6	713	44.1
无锡市区 Wuxi	18333	3616	13908	38	1290	14.7	325	42.8
徐州市区 Xuzhou	15269	2720	10846	70		16.3	253	42.9
常州市区 Changzhou	8088	1873	7960	27	666	12.8	186	42.9
苏州市区 Suzhou	21315	4341	18549	159	1911	15.1	441	42.1
南通市区 Nantong	7271	2070	7232	29	413	14.3	172	42.2
连云港市区 Lianyungang	19852	1168	5989	21	415	14.1	150	39.9
淮安市区 Huaian	6170	1793	5703	9	289	13.0	140	40.7
盐城市区 Yancheng	4040	944	3860	32	726	12.0	96	40.4
扬州市区 Yangzhou	6724	1899	5704	9	262	17.3	132	43.2
镇江市区 Zhenjiang	7388	1576	5423	23	617	17.8	128	42.4
泰州市区 Taizhou	3585	834	3909	18	423	9.3	96	40.5
宿迁市区 Suqian	8300	810	3148	15	333	13.0	75	42.1

18－6 城市环境卫生情况
Basic Statistics on Urban Environmental Sanitation

年份 Year 城市 City	清扫面积（万平方米）Sweeping Areas (10000 sq. m)	生活垃圾清运量（万吨）Residential Garbages Disposal Cleared (10000 tons)	粪便清运量（万吨）Night Soil Disposal Cleared (10000 tons)	无害化处理厂日处理能力（吨）Day Disposal Capacities of No Harmful Disposal Factory (ton)	垃圾粪便年处理量（万吨）Annual Garbages and Night Soil Disposal Cleared (10000 tons)	环卫机械（辆）Machines of Environment Sanitation (unit)	公共厕所（座）Public Toilet (unit)
1978	503	79	229			223	3545
1980	601	158	232			296	3712
1985	1078	159	147	20		734	4700
1989	2136	262	260	162		1735	7910
1990	2445	288	221	385		1322	8072
1991	3068	341	271	1588	357.3	1604	9974
1992	3432	409	419	7622	531.7	1785	9265
1993	4095	408	441	14014	654.1	1998	9162
1994	4240	360	388	16442	658.8	1736	7095
1995	5429	398	209	13810	532.5	2072	7263
1996	6252	426	198	13125	523.9	2144	6932
1997	7085	479	196	15813	606.0	2351	7675
1998	7589	486	302	18570	721.4	2407	7486
1999	8221	505	310	43419	756.0	2458	7337
2000	8773	515	309	17392	762.9	2569	7393
2001	10971	634	338	17324	868.1	3800	9532
2002	16101	723	400	19997	985.9	4573	11016
2003	20874	775	406	20728	1060.9	4456	10660
2004	22505	808	389	23569	1106.6	4494	10260
2005	27101	835	388	24000	1030.5	5094	10591
2006	29409	851	126.9	24545	915.7	5447	9165
2007	31072	898	140.2	24192	942.8	5589	8520
2008	35418	934	159.9	27985	1024.8	5939	9050
2009	36160	957	116.1	34570	1048.4	6923	9654
2010	44088	1017	84.9	37637	1064.3	7481	9475
2011	46162	1120	95.2	42170	1142.0	7984	10134
2012	48098	1210	72.9	43113	1258.4	8709	10035
2013	52029	1203	81.7	40723	1250	9865	10438
南京市区 Nanjing	8182	250	15.7	4800	254	1327	1262
无锡市区 Wuxi	4920	114	9.2	2875	114	850	1632
徐州市区 Xuzhou	1684	59		2200	59	457	493
常州市区 Changzhou	2544	59	0.7	2960	62	292	863
苏州市区 Suzhou	8959	146	1.7	5550	158	2182	819
南通市区 Nantong	4044	49	7.8	910	50	790	226
连云港市区 Lianyungang	1426	24	4.6	1300	27	290	510
淮安市区 Huaian	2242	40	2.2	2100	34	212	450
盐城市区 Yancheng	1480	24	1.1	800	25	113	235
扬州市区 Yangzhou	1590	47	4.1	2110	51	218	476
镇江市区 Zhenjiang	1399	26	0.9	1050	26	232	313
泰州市区 Taizhou	1776	27	2.5	1600	29	115	430
宿迁市区 Suqian	1460	20	3.7	1050	20	184	307

18-7 城市公共汽(电)车、出租汽车情况

Basic Statistics on Buses (Trolley Buses) and Taxis in Cities

年份 Year 城市 City	年末实有公共汽(电)车营运车辆(辆) Operating Public Transit Vehicles at Year-end (unit)	实有公共汽(电)车营运标准车台(标台) Operating Standard Public Transit Vehicles (Standardized) (unit)	公共汽(电)车营运线路长度(公里) Length of Public Transit Route (km)	公共汽(电)车客运总量(万人次) Passengers Carried by Transit (10000 person-times)	每万人拥有公共交通车辆(标台) Public Transit Vehicales Per 10000 Population (Standard sets)	出租汽车营运车数(辆) Operating Taxis (unit)
1978	1407		1772			
1980	1605		1920	100671		150
1985	2237		2904	143146		605
1989	2826	3167	4603	135947	3.7	4555
1990	2827	3210	3991	130641	3.6	5775
1991	2968	3727	4229	124409	4.1	5005
1992	4578	4855	6939	120282	5.1	8133
1993	6384	5954	7570	109248	5.8	9838
1994	7367	6808	10127	110921	6.8	12307
1995	8019	7215	13642	95362	7.1	18073
1996	7962	7144	3544	104583	6.6	25403
1997	9665	7916	5684	124805	7.0	32493
1998	12411	10080	5198	157600	8.9	34661
1999	14136	11625	5858	191831	9.7	36613
2000	14838	13341	6896	246314	10.6	36603
2001	16244	14871	7296	224582	7.8	41480
2002	16902	15874	12397	245227	6.9	41933
2003	17822	17015	14696	233586	7.2	40073
2004	19079	19098	15888	263088	7.9	40746
2005	22197	22484	18077	283760	9.1	41476
2006	22002	22898	12121	304669	10.4	42032
2007	23874	26419	16133	322230	11.6	44993
2008	25369	28664	14657	352597	12.4	44708
2009	30432	34335	18881	389293	11.7	52282
2010	28687	32927	44941	391856	11.9	52957
2011	30867	35715	50971	424699	12.0	53409
2012	32105	37743	52887	444148	11.7	54464
2013	34176	40463	53903	453366	12.7	56785
南京市区 Nanjing	6789	8416	7937	104610	17.0	11164
无锡市区 Wuxi	3261	4085	5124	44283	16.8	4040
徐州市区 Xuzhou	2067	2436	3786	31090	16.1	3866
常州市区 Changzhou	2705	3326	3567	30938	23.6	3042
苏州市区 Suzhou	4493	5546	6710	63580	21.6	4303
南通市区 Nantong	1408	1689	2629	12152	16.0	1472
连云港市区 Lianyungang	780	916	1330	13162	11.1	1611
淮安市区 Huaian	991	1210	1073	15220	9.3	1373
盐城市区 Yancheng	549	665	935	7250	8.7	1010
扬州市区 Yangzhou	1416	1662	1865	15867	15.5	2574
镇江市区 Zhenjiang	1176	1442	2077	13309	16.6	1323
泰州市区 Taizhou	656	732	1114	7762	13.8	800
宿迁市区 Suqian	697	787	1453	6494	14.0	769

18－8　主要城市土地面积、人口情况（2013 年）
Land Area and Population of Major Cities(2013)

城市 City		土地面积（平方公里）Land Area (sq. km)	年末户籍人口（万人）Registered Population at Year-end (10000 persons)	#女 Female	当年出生人口（万人）Births (10000 persons)	当年死亡人口（万人）Deaths (10000 persons)	年末常住人口（万人）Permanent Population at Year-end (10000 persons)
南京市区	Nanjing	6587	643.09	320.19	6.40	3.70	818.78
无锡市区	Wuxi	1643	242.62	122.72	2.05	1.55	360.41
徐州市区	Xuzhou	3038	326.37	160.79	6.28	1.11	316.79
常州市区	Changzhou	1862	231.74	117.30	2.11	1.63	337.39
苏州市区	Suzhou	4467	332.90	168.61	3.76	2.13	546.83
南通市区	Nantong	1521	212.32	108.26	1.76	1.71	232.95
连云港市区	Lianyungang	1498	98.21	48.15	1.12	0.69	110.28
淮安市区	Huaian	3160	287.05	138.91	4.78	1.05	267.56
盐城市区	Yancheng	1862	167.83	81.19	2.15	1.25	161.79
扬州市区	Yangzhou	2306	230.88	115.96	2.02	1.72	241.63
镇江市区	Zhenjiang	1082	103.30	51.82	0.85	0.79	122.37
泰州市区	Taizhou	1567	163.27	81.00	1.51	1.28	161.68
宿迁市区	Suqian	2153	168.47	81.14	3.82	0.39	152.80

18－9　主要城市就业情况（2013 年）
Employment of Major Cities(2013)

单位：万人　　(10000 persons)

城市 City		年末从业人员 Employment at Year-end	#城镇私营企业从业人员 Number of Employed Persons Private Enterprises	#城镇个体从业人员 Number of Self-employed Individuals	从业人员按三次产业分 Employment Grouped by Type of Industry		
					第一产业 Primary Industry	第二产业 Secondary Industry	第三产业 Tertiary Industry
南京市区	Nanjing	452.40	163.41	59.41	48.50	150.20	253.70
无锡市区	Wuxi	215.25	111.05	24.64	3.83	117.99	93.43
徐州市区	Xuzhou	165.51	35.70	24.66	37.07	49.87	78.58
常州市区	Changzhou	196.41	111.85	29.24	13.29	104.91	78.21
苏州市区	Suzhou	340.66	131.37	40.44	12.06	160.69	167.90
南通市区	Nantong	138.00	33.22	13.28	20.00	60.20	57.80
连云港市区	Lianyungang	52.26	13.34	6.00	8.43	18.69	25.14
淮安市区	Huaian	152.50	24.54	13.49	39.08	48.66	64.76
盐城市区	Yancheng	98.15	24.38	15.68	19.55	35.45	43.15
扬州市区	Yangzhou	138.36	46.97	16.03	16.55	65.00	56.81
镇江市区	Zhenjiang	68.92	24.67	10.91	6.03	28.23	34.66
泰州市区	Taizhou	99.03	30.10	11.64	17.97	42.23	38.83
宿迁市区	Suqian	78.77	16.76	9.96	25.20	26.94	26.63

18－10 主要城市地区生产总值及指数（2013 年）
Gross Domestic Product of Major Cities(2013)

城 市 City		地区生产总值(亿元) Gross Domestic Product (100 million yuan)	第一产业 Primary Industry	第二产业 Secondary Industry	第三产业 Tertiary Industry	人均地区生产总值(元) Per Capita GDP (yuan)	地区生产总值指数(上年=100) GDP Index (preceding year =100)
南京市区	Nanjing	8011.78	204.64	3450.58	4356.56	98011	111.0
无锡市区	Wuxi	4173.89	45.30	2059.91	2068.68	115985	109.0
徐州市区	Xuzhou	2641.76	74.59	1423.18	1143.99	83828	111.3
常州市区	Changzhou	3349.68	65.36	1728.94	1555.38	99368	111.1
苏州市区	Suzhou	6620.83	79.78	3420.10	3120.95	121230	109.7
南通市区	Nantong	1908.79	58.16	1008.80	841.83	82054	111.5
连云港市区	Lianyungang	603.02	35.95	302.53	264.54	54815	111.4
淮安市区	Huaian	1290.92	124.39	623.45	543.08	48405	111.9
盐城市区	Yancheng	953.40	76.11	529.28	348.01	59043	113.1
扬州市区	Yangzhou	2182.33	80.50	1158.72	943.11	90355	112.1
镇江市区	Zhenjiang	1265.96	29.53	642.79	593.64	103675	112.0
泰州市区	Taizhou	1291.20	52.08	726.25	512.87	79930	111.8
宿迁市区	Suqian	621.05	56.12	313.31	251.62	41390	112.7

18－11 主要城市固定资产投资（2013 年）
Investment in Fixed Assets of Major Cities(2013)

单位:亿元 (100 million yuan)

城 市 City		固定资产投资 Investment in Fixed Assers	房地产开发投资 Investment in Real Estate Development	#住宅 Resdential Building	新增固定资产 Newly Increased Fixed Assets	商品房屋销售建筑面积(万平方米) Construction Floor Space of Commercial House Sold (10000 sq. m)	#住宅 Resdential Building
南京市区	Nanjing	5176.24	1120.18	773.99	2994.80	1222.01	1143.15
无锡市区	Wuxi	2511.65	764.93	480.53	1734.54	583.73	497.75
徐州市区	Xuzhou	1682.42	261.13	192.63	1207.58	470.11	411.76
常州市区	Changzhou	2224.09	604.84	418.78	1535.96	722.63	634.60
苏州市区	Suzhou	3065.94	869.45	593.46	2316.51	932.96	833.92
南通市区	Nantong	1359.69	380.11	264.90	921.11	568.31	517.03
连云港市区	Lianyungang	645.66	105.89	78.21	332.05	201.86	176.93
淮安市区	Huaian	878.04	189.18	146.57	481.90	510.75	462.91
盐城市区	Yancheng	679.17	157.49	121.36	474.14	324.50	218.39
扬州市区	Yangzhou	1241.19	232.84	172.04	892.28	82.83	71.77
镇江市区	Zhenjiang	1049.68	163.49	125.58	992.97	297.92	274.59
泰州市区	Taizhou	863.28	154.63	130.33	650.55	251.91	239.60
宿迁市区	Suqian	524.19	122.24	81.95	355.58	231.69	206.49

18－12 主要城市工业基本情况（2013 年）
Basic Statistics on Industry of Major Cities(2013)

单位：亿元 (100 million yuan)

城市 City		工业企业单位数(个) Number of Industrial Enterprises (unit)	#大中型企业 Enterprises of Large and Medium Size	资产总计 Total Assets	负债合计 Total Liabilities	主营业务收入 Major Business Income	利税总额 Total Pretax Profits
南京市区	Nanjing	2783	540	9415.67	5452.60	12425.21	1789.17
无锡市区	Wuxi	2924	410	5722.80	2979.45	5733.56	450.91
徐州市区	Xuzhou	873	203	4139.13	2269.54	5174.35	786.16
常州市区	Changzhou	3164	453	5876.32	3428.71	8029.57	630.96
苏州市区	Suzhou	4823	996	10498.99	5689.23	11493.65	784.66
南通市区	Nantong	1619	198	2981.56	1628.29	3829.90	416.61
连云港市区	Lianyungang	315	58	1418.65	840.83	1389.29	220.01
淮安市区	Huaian	1013	111	1297.52	630.85	2888.45	275.33
盐城市区	Yancheng	656	138	1110.99	584.65	2211.57	366.99
扬州市区	Yangzhou	1536	419	2735.22	1444.49	5356.13	665.64
镇江市区	Zhenjiang	986	136	2281.58	1324.35	2739.94	292.26
泰州市区	Taizhou	1023	103	1787.17	996.37	3500.53	450.27
宿迁市区	Suqian	609	88	1048.47	568.07	1014.60	177.48

18－13 主要城市工业总产值（2013 年）
Gross Output Value of Industry of Major Cities(2013)

单位：亿元 (100 million yuan)

城市 City		工业总产值 Tatal Output Value of Industry	内资企业 Inner Funded Enterprises	外商港澳台投资企业 Foreign, Hong Kong, Macao and Taiwan Funded Enterprises	#国有控股企业 State-owned Share Holding Enterprises	#大中型企业 Large and Medium-sized Enterprises	#制造业 Manufacturing
南京市区	Nanjing	12563.09	7427.64	5135.46	4339.43	8588.71	12262.73
无锡市区	Wuxi	5853.36	2590.66	3262.70	401.04	3796.01	5807.62
徐州市区	Xuzhou	5085.10	4550.15	534.95	1070.78	3486.88	4632.97
常州市区	Changzhou	7873.58	5401.14	2472.44	320.73	4703.16	7774.17
苏州市区	Suzhou	11620.00	3087.86	8532.15	338.78	8379.46	11424.78
南通市区	Nantong	3826.80	2014.90	1811.90	521.22	2173.67	3754.19
连云港市区	Lianyungang	1383.53	643.42	740.11	258.31	1111.40	1254.01
淮安市区	Huaian	2873.22	1949.04	924.18	331.73	1572.78	2765.33
盐城市区	Yancheng	2208.07	1191.32	1016.75	63.10	1481.08	2182.59
扬州市区	Yangzhou	5425.97	3951.47	1474.50	586.71	3887.12	5234.24
镇江市区	Zhenjiang	2761.84	1497.48	1264.35	410.09	1784.32	2578.35
泰州市区	Taizhou	3617.52	2737.34	880.18	372.40	1998.56	3557.45
宿迁市区	Suqian	1018.82	874.68	144.14	55.78	684.75	989.38

18-14 主要城市财政、金融（2013 年）
Government Revenue and Expenditures of Major Cities(2013)

单位:亿元 (100 million yuan)

城市 City		公共财政预算收入 Local Financial General Budgetary Revenue	#税收收入 Taxes	公共财政预算支出 Local Financial General Budgetary Expenditure	存款余额 Deposits Balance	#居民储蓄存款 Savings Deposits from Residents	贷款余款 Loans Balance
南京市区	Nanjing	831.31	684.47	850.91	18050.82	4955.76	13791.06
无锡市区	Wuxi	442.02	353.49	449.28	6976.11	2472.09	4880.23
徐州市区	Xuzhou	225.19	172.28	277.68	2595.02	1183.39	1552.87
常州市区	Changzhou	337.39	266.31	332.58	5080.49	2101.24	3443.36
苏州市区	Suzhou	694.61	602.41	625.51	11737.59	3286.88	9351.36
南通市区	Nantong	218.75	177.45	226.00	3460.13	1593.97	2169.00
连云港市区	Lianyungang	104.19	78.30	151.19	967.87	365.41	837.70
淮安市区	Huaian	180.15	143.61	227.69	1055.96	554.81	853.22
盐城市区	Yancheng	120.82	100.68	165.99	1263.84	483.61	890.46
扬州市区	Yangzhou	181.73	148.78	202.69	2801.90	1276.63	1720.40
镇江市区	Zhenjiang	136.43	107.95	145.20	1652.40	617.47	1069.94
泰州市区	Taizhou	130.08	106.70	167.15	1760.50	767.86	1198.47
宿迁市区	Suqian	76.49	67.64	119.85	709.68	250.01	601.30

18-15 主要城市贸易、外经(2013 年)
Domestic Trade and Foreign Economy of Major Cities(2013)

城市 City		社会消费品零售总额(亿元) Total Retail Sales of Consumer Goods (100 million yuan)	进出口总额(亿美元) Total Imports and Exports (USD 100 million)	出口 Exports	进口 Imports	实际外商直接投资(亿美元) Actual Foreign Direct Investment (USD 100 million)	星级饭店数(个) Star Class Hotel (unit)
南京市区	Nanjing	3531.73	558.05	322.73	235.32	40.33	107
无锡市区	Wuxi	1758.85	445.64	266.53	179.11	22.01	34
徐州市区	Xuzhou	953.26	38.67	29.47	9.20	8.47	79
常州市区	Changzhou	1192.38	265.42	182.67	82.75	29.39	42
苏州市区	Suzhou	1875.04	1567.60	910.53	657.06	46.59	72
南通市区	Nantong	715.60	163.95	116.38	47.57	10.03	44
连云港市区	Lianyungang	259.99	54.94	28.46	26.48	5.11	31
淮安市区	Huaian	445.54	25.30	17.85	7.44	8.11	20
盐城市区	Yancheng	393.75	35.52	14.34	21.18	5.78	15
扬州市区	Yangzhou	729.30	74.11	60.72	13.39	14.84	44
镇江市区	Zhenjiang	435.62	62.95	32.64	30.31	16.20	20
泰州市区	Taizhou	411.13	46.98	30.56	16.42	8.13	15
宿迁市区	Suqian	172.34	15.56	11.23	4.32	1.84	17

18－16 主要城市邮电、电力（2013 年）
Post and Telecommunication Service and Power Consumption of Major Cities(2013)

城市 City		邮电业务收入（亿元）Revenue from Posts and Telecommunication Services (100 million yuan)	本地电话用户（万户）Telephones (10000 Subscribers)	年末移动电话用户（万户）Mobile Telephones (10000 Subscribers)	国际互联网用户（万户）Internet Service (10000 Subscribers)	全年用电量（亿千瓦时）Power Consumption (100 million kWh)	#城乡居民生活用电 Urban and Rural Residents Power Consumption
南京市区	Nanjing	163.57	305.66	992.27	214.95	462.67	67.55
无锡市区	Wuxi	82.48	119.65	567.45	133.96	276.18	32.67
徐州市区	Xuzhou	31.22	91.63	384.86	59.90	203.16	20.62
常州市区	Changzhou	46.03	112.99	351.17	105.80	280.31	19.34
苏州市区	Suzhou	151.99	158.90	904.41	183.64	549.28	52.19
南通市区	Nantong	36.73	81.58	333.54	64.96	134.41	37.80
连云港市区	Lianyungang	15.33	34.68	145.94	27.29	48.41	8.54
淮安市区	Huaian	17.08	51.90	169.20	30.74	91.35	14.74
盐城市区	Yancheng	24.13	41.71	119.81	23.51	46.06	10.15
扬州市区	Yangzhou	30.31	79.36	307.72	57.57	108.21	18.46
镇江市区	Zhenjiang	17.05	43.81	153.66	32.32	108.43	9.75
泰州市区	Taizhou	17.63	42.09	163.81	39.89	76.22	10.83
宿迁市区	Suqian	11.75	26.57	156.43	26.73	65.83	7.20

18－17 主要城市居民收支情况（2013 年）
Household Income and Expenditure of Major Cities(2013)

单位:元 (yuan)

城市 City		城市居民人均可支配收入 Per Capita Disposable Income of Urban Residents	城市居民人均消费性支出 Per Capita Living Expenditure of Urban Residents	食品 Food	衣着 Clothing Articles	居住 Residence	家庭设备用品及服务 Household Facilities, Articles and Services
南京市区	Nanjing	39881	25647	8469	2385	1638	1922
无锡市区	Wuxi	37971	24696	8285	1872	2582	1781
徐州市区	Xuzhou	29347	18907	6336	1766	1482	1506
常州市区	Changzhou	36946	23090	8200	2097	1561	1513
苏州市区	Suzhou	41143	25197	8761	2144	1667	1544
南通市区	Nantong	33136	20978	7562	2296	1565	1492
连云港市区	Lianyungang	26898	17172	6271	1808	1474	1301
淮安市区	Huaian	25456	16919	6108	1856	1159	1134
盐城市区	Yancheng	28402	19015	6697	2116	1408	1236
扬州市区	Yangzhou	30690	19153	7114	2243	1256	1315
镇江市区	Zhenjiang	32352	20985	7762	2606	1387	1430
泰州市区	Taizhou	30069	18874	6685	1913	1535	1091
宿迁市区	Suqian	20325	13496	4859	1580	681	798

18－18 主要城市居民消费支出、物价（2013年）
Household Living Expenditure and Price of Major Cities(2013)

单位:元 (yuan)

城市 City		城市居民人均消费性支出 Per Capita Living Expenditures for Consumption of Urban Residents				人均住房建筑面积（平方米）Per Capita Construction Floor Space of Residential Building (sq. m)	居民消费价格指数（上年＝100）Consumer Price Index (preceding year = 100)
		医疗保健 Medicine and Medical Services	交通通讯 Transportation and Telecom-munication	教育文化娱乐服务 Recreation, Education and Cultural Services	杂项商品和服务		
南京市区	Nanjing	1744	3568	4816	1105	30.2	102.7
无锡市区	Wuxi	1477	4219	3376	1105	36.0	102.1
徐州市区	Xuzhou	1151	3504	2540	623	28.9	102.3
常州市区	Changzhou	1443	3541	4022	713	41.7	102.2
苏州市区	Suzhou	1081	4627	4487	886	43.6	102.1
南通市区	Nantong	1175	3103	3126	659	36.1	102.2
连云港市区	Lianyungang	1111	2395	2233	580	32.9	102.2
淮安市区	Huaian	969	1801	3252	640	37.1	102.2
盐城市区	Yancheng	893	3282	2503	880	35.9	102.7
扬州市区	Yangzhou	878	2155	3505	687	33.6	102.2
镇江市区	Zhenjiang	1008	2656	3081	1055	33.9	102.1
泰州市区	Taizhou	1029	2813	3013	796	38.0	101.9
宿迁市区	Suqian	872	2229	2010	467	41.0	102.4

18－19 主要城市文教、科技、卫生（2013年）
Culture, Education, Science and Technology and Public Health of Major Cities(2013)

城市 City		高等学校在校学生数（万人）Number of Students Enrollement in Regular Institutions of High Education (10000 persons)	专利申请受理量（件）Applications Accepted (unit)	公共图书馆图书藏量（千册）Total Volume of Collections of Public Libraries (1000 volumes)	卫生机构数（个）Number of Health Care Institutions (unit)	卫生机构床位数（万张）Number of Beds in Health Care Institutions (10000 units)	执业（助理）医师（万人）Practitioner Doctors (Assistant) (10000 persons)
南京市区	Nanjing	80.75	55094	15053	2315	4.18	2.07
无锡市区	Wuxi	9.68	57748	2538	1127	2.13	0.93
徐州市区	Xuzhou	13.63	13752	1519	1532	2.47	0.81
常州市区	Changzhou	10.63	33827	2279	729	1.64	0.81
苏州市区	Suzhou	14.82	68537	3512	1488	2.77	1.22
南通市区	Nantong	8.55	23116	2140	1043	1.45	0.68
连云港市区	Lianyungang	3.76	3813	1551	641	0.70	0.35
淮安市区	Huaian	6.69	6130	1461	1091	1.39	0.65
盐城市区	Yancheng	5.49	4075	1076	662	0.91	0.39
扬州市区	Yangzhou	7.64	12517	2614	1047	1.27	0.58
镇江市区	Zhenjiang	8.31	13253	1638	408	0.82	0.37
泰州市区	Taizhou	4.91	9285	1198	662	0.80	0.40
宿迁市区	Suqian	1.75	1900	542	692	0.61	0.23

18－20 市辖区主要指标（2013 年）

市辖区	Municipal District	年末户籍人口（万人）Registered Population at Year-end (10000 persons)	土地面积（平方公里）Land Area (sq. m)	地区生产总值（亿元）Gross Domestic Product (100 million yuan)	#第二产业 Secondary Industry	#第三产业 Tertiary Industry
南京市	**Nanjing City**					
玄武区	Xuanwu District	50.18	76	596.28	44.47	551.81
秦淮区	Qinhuai District	70.99	49	733.48	76.44	657.02
建邺区	Jianye District	27.65	82	387.84	209.07	178.42
鼓楼区	Gulou District	93.94	54	948.46	91.12	857.33
浦口区	Pukou District	61.09	911	597.99	312.46	251.57
栖霞区	Qixia District	43.65	395	1058.86	764.36	287.85
雨花台区	Yuhuatai District	24.37	132	359.82	142.73	216.79
江宁区	Jiangning District	95.62	1563	1154.49	605.70	500.60
六合区	Luhe District	89.74	1471	881.63	581.67	250.92
溧水区	Lishui District	42.33	1064	450.70	250.21	167.87
高淳区	Gaochun District	43.53	790	441.75	222.27	186.16
无锡市	**Wuxi City**					
崇安区	Chongan District	18.53	16	487.32	28.73	458.59
南长区	Nanchang District	32.45	24	224.30	72.22	152.08
北塘区	Beitang District	25.45	31	259.32	71.12	188.20
锡山区	Xishan District	42.66	399	590.54	321.69	249.24
惠山区	Huishan District	43.88	325	632.32	392.58	221.31
滨湖区	Binhu District	46.36	628	696.52	329.66	362.38
徐州市	**Xuzhou City**					
鼓楼区	Gulou District	50.63	68	172.01	51.66	120.16
云龙区	Yunlong District	32.21	118	202.83	27.12	174.38
贾汪区	Jiawang District	50.93	834	220.05	116.47	86.48
泉山区	Quanshan District	55.54	108	395.24	81.49	313.33
铜山区	Tongshan District	137.06	1909	737.14	397.77	279.58
常州市	**Changzhou City**					
天宁区	Tianning District	37.31	65	438.82	131.80	306.96
钟楼区	Zhonglou District	35.87	67	400.05	177.05	222.87
戚墅堰区	Qishuyan District	7.87	32	100.12	67.50	32.60
新北区	Xinbei District	47.75	453	791.05	467.66	308.70
武进区	Wujin District	102.93	1246	1725.85	976.43	698.97
苏州市	**Suzhou City**					
虎丘区	Huqiu District	35.19	335	880.04	629.79	248.24
吴中区	Wuzhong District	61.59	2043	870.17	446.84	400.27

Major Indicators of Municipal Districts(2013)

公共财政预算收入（亿元）Public Budget Revenues（100 million yuan）	固定资产投资（亿元）Investment in Fixed Assets（100 million yuan）	#房地产开发 Real Estate Development	社会消费品零售总额（亿元）Total Retail Sales of Consumer Goods（100 million yuan）	进出口总额（亿美元）Total Imports and Exports（USD 100 million）	#出口 Exports	实际外商直接投资（万美元）Actual Foreign Direct Investment（USD 10000）
42.87	108.99	40.59	336.49	48.21	20.71	15220
56.28	184.89	89.45	670.88	95.75	63.66	25821
63.29	345.04	148.80	125.33	7.33	5.45	35108
75.10	229.79	128.28	566.22	45.66	34.41	16834
75.37	735.26	138.07	207.13	17.95	15.09	41522
68.85	407.80	82.25	137.88	138.93	64.85	98603
44.47	255.29	86.11	224.44	33.12	22.71	16236
156.37	819.21	119.93	302.86	107.48	66.03	84949
62.72	681.89	77.90	230.55	32.22	14.61	40234
35.40	427.53	35.56	113.77	2.57	2.46	18057
25.52	356.29	35.43	89.69	4.10	3.74	11072
25.77	127.14	92.17	501.61	14.49	13.01	16438
23.27	123.79	100.39	258.31	5.46	4.65	18504
19.30	98.13	63.85	246.12	5.73	5.00	8284
54.74	513.90	110.88	176.90	44.57	32.80	37598
64.89	433.30	101.10	133.28	24.81	20.12	24912
76.47	419.55	158.86	224.83	21.54	15.66	21011
14.63	235.91	76.09	215.76	1.17	1.09	216
20.32	243.46	89.91	225.15	1.78	1.69	190
16.00	178.64	8.97	49.82	2.78	1.32	4954
21.59	242.54	48.34	294.64	2.75	2.25	1854
60.08	486.94	24.51	132.97	7.77	7.20	20099
41.63	286.04	158.80	335.55	30.28	25.55	30010
33.20	275.27	114.30	234.11	24.16	20.85	30500
9.68	72.24	20.52	16.70	6.01	5.25	8005
83.49	611.52	140.33	204.96	101.32	67.05	102002
125.84	894.04	170.90	401.05	103.65	63.98	102000
91.87	456.88	125.77	179.73	362.03	240.62	90981
100.53	438.43	134.47	279.26	108.78	69.16	50299

市辖区 Municipal District		年末户籍人口（万人）Registered Population at Year-end (10000 persons)	土地面积（平方公里）Land Area (sq. m)	地区生产总值（亿元）Gross Domestic Product (100 million yuan)	#第二产业 Secondary Industry	#第三产业 Tertiary Industry
相城区	Xiangcheng District	39.28	490	540.32	276.59	249.08
姑苏区	Gushu District	74.66	83	538.00	71.06	466.94
吴江区	Wujiang District	80.86	1238	1415.47	773.90	603.47
南通市	**Nantong City**					
崇川区	Chongchuan District	52.18	100	518.51	203.75	314.23
港闸区	Gangzha District	19.14	134	257.75	176.86	78.57
通州区	Tongzhou District	126.27	1166	759.46	404.14	302.19
连云港市	**Lianyungang City**					
连云区	Lianyun District	25.47	797	87.26	38.69	44.08
新浦区	Xinpu District	48.58	417	121.08	26.25	88.90
海州区	Haizhou District	24.16	284	71.30	39.22	22.10
淮安市	**Huaian City**					
清河区	Qinghe District	24.27	32	122.98	23.58	99.40
淮安区	Huaian District	120.11	1452	326.32	136.25	136.73
淮阴区	Huaiyin District	91.91	1264	319.56	143.14	116.91
清浦区	Qingpu District	30.82	277	143.19	47.95	86.53
盐城市	**Yancheng City**					
亭湖区	Tinghu District	71.28	732	290.83	120.08	141.28
盐都区	Yandu District	71.18	1047	342.72	189.33	113.72
扬州市	**Yangzhou City**					
广陵区	Guangling District	49.82	335	505.51	256.26	240.09
邗江区	Hanjiang District	74.13	641	525.50	230.10	276.99
江都区	Jiangdu District	106.93	1330	713.06	369.06	293.10
镇江市	**Zhenjiang City**					
京口区	Jingkou District	31.66	118	379.40	118.86	258.33
润州区	Runzhou District	24.54	130	284.99	111.76	171.00
丹徒区	Dantu District	28.93	611	292.97	160.81	115.12
泰州市	**Taizhou City**					
海陵区	Hailing District	42.36	237	408.08	210.08	191.22
高港区	Gaogang District	26.34	287	300.16	198.53	91.72
姜堰区	Jiangyan District	79.57	928	452.89	231.92	186.85
宿迁市	**Suqian City**					
宿城区	Sucheng District	104.16	917	214.70	84.03	113.36
宿豫区	Suyu District	64.31	1237	211.35	134.81	51.77

公共财政预算收入(亿元) Public Budget Revenues (100 million yuan)	固定资产投资(亿元) Investment in Fixed Assets (100 million yuan)	#房地产开发 Real Estate Development	社会消费品零售总额(亿元) Total Retail Sales of Consumer Goods (100 million yuan)	进出口总额(亿美元) Total Imports and Exports (USD 100 million)	#出口 Exports	实际外商直接投资(万美元) Actual Foreign Direct Investment (USD 10000)
60.42	373.74	103.92	154.96	43.58	27.84	29993
56.89	178.84	128.70	629.05	28.21	22.84	1573
129.51	713.55	146.67	353.55	220.41	124.77	97004
63.01	347.23	163.92	277.26	64.69	42.21	5899
31.80	200.97	100.39	94.84	26.75	21.17	12014
61.18	436.36	42.86	265.30	28.77	25.99	26265
16.12	136.75	17.91	51.03	8.83	4.76	6638
26.66	202.37	68.42	162.95	9.19	8.03	5809
5.35	44.01	0.58	33.55	2.18	1.56	4163
30.87	106.02	50.93	114.99	2.34	1.91	10817
28.01	180.56	32.67	111.15	2.91	2.79	18885
33.89	184.99	39.71	75.86	4.57	3.08	6773
21.37	87.44	17.55	77.69	1.25	1.15	11054
31.40	230.41	67.47	179.29	2.75	2.57	13835
38.94	200.57	27.69	148.87	4.35	2.50	15531
33.41	259.86	50.54	215.77	18.78	16.74	38243
47.95	344.68	109.55	214.09	16.67	14.72	39042
41.60	444.29	52.40	224.43	13.04	11.06	25020
16.84	257.24	39.38	216.49	9.17	5.58	25847
20.07	257.58	66.26	107.66	7.56	5.93	15437
22.07	206.10	21.01	49.23	5.91	4.95	27352
34.01	222.75	48.51	185.88	14.63	11.61	13290
24.92	174.73	31.03	34.41	12.53	5.94	20071
26.92	267.36	37.15	137.38	8.58	7.06	14721
20.93	135.92	41.20	104.10	4.76	4.31	6400
18.96	162.07	29.79	47.75	5.96	4.42	6400

18－21 市辖区人口、面积(2013 年)

Population and Land Area of Municipal District(2013)

市辖区	Municipal District	年末户籍人口(万人) Registered Population at Year-end (10000 persons)	出生人口(人) Births (person)	死亡人口(人) Deaths (person)	年末总户数(万户) Total Households at Year-end (10000 household)	土地面积(平方公里) Land Area (sq. m)	人口密度(人/平方公里) Population Density (person/sq. m)
南京市浦口区	Nanjing Pukou District	61.09	7435	3204	20.28	911	671
南京市栖霞区	Nanjing Qixia District	43.65	3949	2253	14.76	395	1104
南京市雨花台区	Nanjing Yuhuatai District	24.37	2798	1217	8.69	132	1846
南京市江宁区	Nanjing Jiangning District	95.62	11771	5302	33.67	1563	612
南京市六合区	Nanjing Luhe District	89.74	8563	5773	29.19	1471	610
南京市溧水区	Nanjing Lishui District	42.33	5221	2805	14.99	1064	398
南京市高淳区	Nanjing Gaochun District	43.53	4591	3202	15.19	790	551
无锡市锡山区	Wuxi Xishan District	42.66	3494	3013	12.70	399	1069
无锡市惠山区	Wuxi Huishan District	43.88	3656	2723	13.50	325	1350
无锡市滨湖区	Wuxi Binhu District	46.36	4130	2765	17.04	628	738
徐州市贾汪区	Xuzhou Jiawang District	50.93	10622	1895	13.97	834	611
徐州市铜山区	Xuzhou Tongshan District	137.06	33522	4681	38.22	1909	718
常州市新北区	Changzhou Xinbei District	47.75	5269	3203	15.42	453	1055
常州市武进区	Changzhou Wujin District	102.93	9339	7856	36.26	1246	826
苏州市吴中区	Suzhou Wuzhong District	61.59	7376	3713	18.75	2043	301
苏州市相城区	Suzhou Xiangcheng District	39.28	4929	2612	12.54	490	802
苏州市吴江区	Suzhou Wujiang District	80.86	8029	6092	25.65	1238	653
南通市崇川区	Nantong Chongchuan District	52.18	4281	2986	18.74	100	5218
南通市港闸区	Nantong Gangzha District	19.14	1609	1699	7.44	134	1428
南通市通州区	Nantong Tongzhou District	126.27	10405	11453	47.34	1166	1083
连云港市连云区	Lianyungang Lianyun District	25.47	2621	1627	8.26	797	320
淮安市淮安区	Huaian Huaian District	120.11	19373	3434	33.68	1452	827
淮安市淮阴区	Huaian Huaiyin District	91.91	17318	4541	27.34	1264	727
盐城市盐都区	Yancheng Yandu District	71.18	9118	8763	24.36	1047	680
扬州市邗江区	Yangzhou Hanjiang District	74.13	7925	4673	23.84	641	1157
扬州市江都区	Yangzhou Jiangdu District	106.93	8119	8858	36.23	1330	804
镇江市丹徒区	Zhenjiang Dantu District	28.93	2454	2478	10.33	611	473
泰州市海陵区	Taizhou Hailing District	42.36	4190	2886	15.54	237	1785
泰州市高港区	Taizhou Gaogang District	26.34	2588	2458	8.17	287	918
泰州市姜堰区	Taizhou Jiangyan District	79.57	6447	6290	27.33	928	858
宿迁市宿豫区	Suqian Suyu District	64.31	15440	2112	16.26	1237	520

18－22　市辖区从业人员(2013年)
Employment of Municipal District(2013)

单位:万人　　(10000 persons)

市辖区	Municipal District	从业人员 Employment	第一产业 Primary Industry	第二产业 Secondary Industry	第三产业 Tertiary Industry	私营企业从业人员 Employment in Private Enterprises	个体从业人员 Employment in Self-employed Individuals
南京市浦口区	Nanjing Pukou District	40.74	2.57	17.84	20.33	11.64	6.43
南京市栖霞区	Nanjing Qixia District	35.37	1.41	16.35	17.61	13.87	5.25
南京市雨花台区	Nanjing Yuhuatai District	20.57	0.15	4.24	16.18	7.16	4.50
南京市江宁区	Nanjing Jiangning District	72.45	6.69	39.44	26.32	25.25	11.46
南京市六合区	Nanjing Luhe District	48.85	6.57	24.01	18.27	18.78	6.61
南京市溧水区	Nanjing Lishui District	32.23	3.95	18.29	9.99	10.81	2.90
南京市高淳区	Nanjing Gaochun District	30.82	6.01	16.42	8.39	14.99	2.14
无锡市锡山区	Wuxi Xishan District	45.57	1.81	30.91	12.85	19.32	5.18
无锡市惠山区	Wuxi Huishan District	45.66	1.50	30.03	14.13	24.45	4.24
无锡市滨湖区	Wuxi Binhu District	34.86	0.49	15.62	18.75	19.00	3.34
徐州市贾汪区	Xuzhou Jiawang District	24.00	7.56	9.32	7.12	6.26	2.41
徐州市铜山区	Xuzhou Tongshan District	65.33	26.93	18.85	19.55	11.22	3.70
常州市新北区	Changzhou Xinbei District	40.59	2.52	23.01	15.06	24.03	5.73
常州市武进区	Changzhou Wujin District	96.51	10.45	60.68	25.38	59.94	13.01
苏州市吴中区	Suzhou Wuzhong District	73.04	4.93	36.13	31.98	40.60	11.57
苏州市相城区	Suzhou Xiangcheng District	38.39	1.70	22.43	14.26	25.48	8.84
苏州市吴江区	Suzhou Wujiang District	84.77	4.29	45.73	34.75	37.41	9.41
南通市崇川区	Nantong Chongchuan District	37.40	0.30	8.00	29.10	13.26	10.04
南通市港闸区	Nantong Gangzha District	17.00	0.80	10.00	6.20	6.18	2.03
南通市通州区	Nantong Tongzhou District	71.10	18.00	34.10	19.00	28.42	13.06
连云港市连云区	Lianyungang Lianyun District	11.67	2.83	5.20	3.64	1.00	1.06
淮安市淮安区	Huaian Huaian District	56.61	20.23	17.50	18.88	10.28	4.40
淮安市淮阴区	Huaian Huaiyin District	45.04	14.68	14.04	16.32	7.27	5.03
盐城市盐都区	Yancheng Yandu District	40.23	10.32	14.38	15.53	10.64	5.45
扬州市邗江区	Yangzhou Hanjiang District	37.69	1.45	16.55	19.69	20.46	7.68
扬州市江都区	Yangzhou Jiangdu District	61.40	12.26	27.86	21.27	24.23	5.98
镇江市丹徒区	Zhenjiang Dantu District	19.68	4.04	8.51	7.13	9.52	4.10
泰州市海陵区	Taizhou Hailing District	29.29	1.98	12.85	14.46	10.95	5.40
泰州市高港区	Taizhou Gaogang District	15.44	3.06	6.75	5.63	6.28	3.07
泰州市姜堰区	Taizhou Jiangyan District	9.55	1.05	4.78	3.72	16.68	4.26
宿迁市宿豫区	Suqian Suyu District	27.98	9.23	11.09	7.66	6.57	2.63

18－23 市辖区地区生产总值(2013 年)
Gross Domestic Product of Municipal District(2013)

市辖区 Municipal District		地区生产总值(亿元) Gross Domestic Product (100 million yuan)	第一产业 Primary Industry	第二产业 Secondary Industry	#工业 Industry	第三产业 Tertiary Industry	地区生产总值指数(上年=100) GDP Index (preceding year =100)
南京市浦口区	Nanjing Pukou District	597.99	33.96	312.46	286.52	251.57	112.7
南京市栖霞区	Nanjing Qixia District	1058.86	6.65	764.36	725.53	287.85	112.4
南京市雨花台区	Nanjing Yuhuatai District	359.82	0.31	142.73	121.56	216.79	111.9
南京市江宁区	Nanjing Jiangning District	1154.49	48.19	605.70	506.29	500.60	112.4
南京市六合区	Nanjing Luhe District	881.63	49.04	581.67	537.85	250.92	111.9
南京市溧水区	Nanjing Lishui District	450.70	32.62	250.21	212.97	167.87	112.5
南京市高淳区	Nanjing Gaochun District	441.75	33.32	222.27	176.32	186.16	112.3
无锡市锡山区	Wuxi Xishan District	590.54	19.60	321.69	277.10	249.24	109.8
无锡市惠山区	Wuxi Huishan District	632.32	18.43	392.58	361.87	221.31	109.8
无锡市滨湖区	Wuxi Binhu District	696.52	4.48	329.66	289.74	362.38	109.3
徐州市贾汪区	Xuzhou Jiawang District	220.05	17.10	116.47	110.03	86.48	112.6
徐州市铜山区	Xuzhou Tongshan District	737.14	59.79	397.77	338.28	279.58	112.8
常州市新北区	Changzhou Xinbei District	791.05	14.69	467.66	445.45	308.70	111.5
常州市武进区	Changzhou Wujin District	1725.85	50.45	976.43	926.87	698.97	112.2
苏州市吴中区	Suzhou Wuzhong District	870.17	23.07	446.84	411.18	400.27	110.0
苏州市相城区	Suzhou Xiangcheng District	540.32	14.65	276.59	224.51	249.08	110.3
苏州市吴江区	Suzhou Wujiang District	1415.47	38.10	773.90	730.15	603.47	109.6
南通市崇川区	Nantong Chongchuan District	518.51	0.53	203.75	157.27	314.23	110.8
南通市港闸区	Nantong Gangzha District	257.75	2.32	176.86	154.80	78.57	110.6
南通市通州区	Nantong Tongzhou District	759.46	53.14	404.14	332.66	302.19	112.2
连云港市连云区	Lianyungang Lianyun District	87.26	4.49	38.69	32.41	44.08	110.2
淮安市淮安区	Huaian Huaian District	326.32	53.34	136.25	89.55	136.73	112.1
淮安市淮阴区	Huaian Huaiyin District	319.56	59.51	143.14	121.30	116.91	112.2
盐城市盐都区	Yancheng Yandu District	342.72	39.67	189.33	163.24	113.72	112.5
扬州市邗江区	Yangzhou Hanjiang District	525.50	18.41	230.10	184.32	276.99	112.0
扬州市江都区	Yangzhou Jiangdu District	713.06	50.90	369.06	311.88	293.10	112.0
镇江市丹徒区	Zhenjiang Dantu District	292.97	17.04	160.81	152.55	115.12	112.3
泰州市海陵区	Taizhou Hailing District	408.08	6.78	210.08	171.38	191.22	111.5
泰州市高港区	Taizhou Gaogang District	300.16	9.91	198.53	184.54	91.72	112.3
泰州市姜堰区	Taizhou Jiangyan District	452.89	34.12	231.92	190.01	186.85	111.6
宿迁市宿豫区	Suqian Suyu District	211.35	24.77	134.81	119.64	51.77	112.3

18－24 市辖区投资、财政收支(2013 年)
Investment, Government Revenue and Expenditure of Municipal District (2013)

单位:亿元　　(100 million yuan)

市辖区 Municipal District		固定资产投资 Investment in Fixed Assets	房地产开发投资 Investment in Real Estate Development	#住宅 Resdential Building	公共财政预算收入 Public Budget Revenues	#税收收入 Taxes	公共财政预算支出 Public Finance Budget Expenditure
南京市浦口区	Nanjing Pukou District	735.26	138.07	107.93	75.37	61.92	72.76
南京市栖霞区	Nanjing Qixia District	407.80	82.25	66.47	68.85	63.71	45.65
南京市雨花台区	Nanjing Yuhuatai District	255.29	86.11	59.68	44.47	40.03	34.75
南京市江宁区	Nanjing Jiangning District	819.21	119.93	83.16	156.37	133.34	136.59
南京市六合区	Nanjing Luhe District	681.89	77.90	71.26	62.72	52.91	62.39
南京市溧水区	Nanjing Lishui District	427.53	35.56	27.23	35.40	29.26	42.93
南京市高淳区	Nanjing Gaochun District	356.29	35.43	28.68	25.52	21.20	37.70
无锡市锡山区	Wuxi Xishan District	513.90	110.88	73.20	54.74	46.03	50.81
无锡市惠山区	Wuxi Huishan District	433.30	101.10	57.08	64.89	51.93	58.72
无锡市滨湖区	Wuxi Binhu District	419.55	158.86	118.41	76.47	61.68	55.07
徐州市贾汪区	Xuzhou Jiawang District	178.64	8.97	6.45	16.00	13.61	31.74
徐州市铜山区	Xuzhou Tongshan District	486.94	24.51	18.33	60.08	50.45	82.42
常州市新北区	Changzhou Xinbei District	611.52	140.33	92:55	83.49	67.70	50.24
常州市武进区	Changzhou Wujin District	894.04	170.90	122.95	125.84	104.47	119.89
苏州市吴中区	Suzhou Wuzhong District	438.43	134.47	86.50	100.53	90.74	80.69
苏州市相城区	Suzhou Xiangcheng District	373.74	103.92	84.60	60.42	53.79	48.88
苏州市吴江区	Suzhou Wujiang District	713.55	146.67	99.80	129.51	104.64	122.92
南通市崇川区	Nantong Chongchuan District	347.23	163.92	100.57	63.01	57.84	29.20
南通市港闸区	Nantong Gangzha District	200.97	100.39	77.41	31.80	29.30	15.09
南通市通州区	Nantong Tongzhou District	436.36	42.86	30.72	61.18	50.87	77.24
连云港市连云区	Lianyungang Lianyun District	136.75	17.91	10.67	16.12	13.42	12.33
淮安市淮安区	Huaian Huaian District	180.56	32.67	25.12	28.01	23.49	49.09
淮安市淮阴区	Huaian Huaiyin District	184.99	39.71	27.32	33.89	28.13	48.67
盐城市盐都区	Yancheng Yandu District	200.57	27.69	27.24	38.94	34.29	43.22
扬州市邗江区	Yangzhou Hanjiang District	344.68	109.55	82.50	47.95	38.89	39.02
扬州市江都区	Yangzhou Jiangdu District	444.29	52.40	44.18	41.60	34.14	49.85
镇江市丹徒区	Zhenjiang Dantu District	206.10	21.01	17.13	22.07	19.58	21.20
泰州市海陵区	Taizhou Hailing District	222.75	48.51	39.75	34.01	31.46	22.11
泰州市高港区	Taizhou Gaogang District	174.73	31.03	29.95	24.92	20.44	21.72
泰州市姜堰区	Taizhou Jiangyan District	267.36	37.15	26.92	26.92	22.16	39.16
宿迁市宿豫区	Suqian Suyu District	162.07	29.79	22.67	18.96	16.59	32.33

18－25　市辖区规模以上工业产值(2013 年)

Gross Output Value of above Designated Size Industry of Municipal District (2013)

市辖区	Municipal District	规模以上工业企业个数(个) Number of Industrial Enterprises (unit)	工业总产值(亿元) Tatal Output Value of Industry (100 million yuan)	内资企业 Inner Funded Enterprises	港澳台商投资企业 Hong Kong, Macao and Taiwan Funded Enterprises	外商投资企业 Foreign Funded Enterprises
南京市浦口区	Nanjing Pukou District	352	1202.73	832.19	216.91	153.63
南京市栖霞区	Nanjing Qixia District	259	2375.77	425.58	147.48	1802.71
南京市雨花台区	Nanjing Yuhuatai District	107	206.25	190.98	3.37	11.90
南京市江宁区	Nanjing Jiangning District	695	2533.97	821.02	107.95	1605.00
南京市六合区	Nanjing Luhe District	493	1488.30	752.70	132.79	602.81
南京市溧水区	Nanjing Lishui District	446	797.13	667.38	51.92	77.84
南京市高淳区	Nanjing Gaochun District	312	714.88	630.69	49.15	35.04
无锡市锡山区	Wuxi Xishan District	682	1120.14	745.04	129.75	245.35
无锡市惠山区	Wuxi Huishan District	836	1148.14	782.94	196.56	168.64
无锡市滨湖区	Wuxi Binhu District	461	486.37	324.63	51.09	110.65
徐州市贾汪区	Xuzhou Jiawang District	196	584.49	548.92	1.41	34.16
徐州市铜山区	Xuzhou Tongshan District	469	2916.16	2740.18	80.80	95.18
常州市新北区	Changzhou Xinbei District	856	2027.37	921.29	318.67	787.40
常州市武进区	Changzhou Wujin District	1740	3946.59	3275.21	384.81	286.56
苏州市吴中区	Suzhou Wuzhong District	941	1156.05	461.41	207.26	487.38
苏州市相城区	Suzhou Xiangcheng District	727	930.52	587.40	109.78	233.34
苏州市吴江区	Suzhou Wujiang District	1636	3096.17	1359.14	846.79	890.24
南通市崇川区	Nantong Chongchuan District	117	373.97	114.34	33.22	226.41
南通市港闸区	Nantong Gangzha District	266	423.14	248.06	45.33	129.75
南通市通州区	Nantong Tongzhou District	762	1625.26	1041.26	161.93	422.07
连云港市连云区	Lianyungang Lianyun District	61	91.07	58.97	14.55	17.55
淮安市淮安区	Huaian Huaian District	299	470.86	423.47	27.54	19.85
淮安市淮阴区	Huaian Huaiyin District	387	909.83	861.93	11.87	36.03
盐城市盐都区	Yancheng Yandu District	335	665.44	575.59	30.43	59.43
扬州市邗江区	Yangzhou Hanjiang District	426	1048.33	840.83	101.93	105.57
扬州市江都区	Yangzhou Jiangdu District	633	1998.23	1784.33	79.59	134.30
镇江市丹徒区	Zhenjiang Dantu District	335	838.02	611.46	130.92	95.64
泰州市海陵区	Taizhou Hailing District	242	1090.12	786.03	48.17	255.92
泰州市高港区	Taizhou Gaogang District	189	1178.52	973.97	11.40	193.14
泰州市姜堰区	Taizhou Jiangyan District	456	948.86	756.98	82.91	108.97
宿迁市宿豫区	Suqian Suyu District	275	405.43	380.65	18.85	5.93

18－26 市辖区规模以上工业效益(2013年)

Economic Benefit of above Designated Size Industry of Municipal District (2013)

市辖区 Municipal District		主营业务收入(亿元) Major Business Income (100 million yuan)	利润总额(亿元) Total Profits (100 million yuan)	利税总额(亿元) Total Pre-tax Profits (100 million yuan)	本年应交增值税(亿元) Added Value Payable (100 million yuan)	从业人员年平均人数(万人) Annual Average Persons Employed (10000 persons)
南京市浦口区	Nanjing Pukou District	1191.98	110.23	163.18	47.55	8.42
南京市栖霞区	Nanjing Qixia District	2421.30	256.54	318.54	57.90	10.56
南京市雨花台区	Nanjing Yuhuatai District	212.02	13.50	23.40	8.72	2.18
南京市江宁区	Nanjing Jiangning District	2194.71	266.14	389.19	77.88	19.40
南京市六合区	Nanjing Luhe District	1447.32	75.34	125.80	42.87	12.27
南京市溧水区	Nanjing Lishui District	788.40	90.93	134.22	36.33	7.11
南京市高淳区	Nanjing Gaochun District	724.19	53.47	85.26	29.10	8.37
无锡市锡山区	Wuxi Xishan District	1105.38	47.86	81.89	25.99	14.06
无锡市惠山区	Wuxi Huishan District	1102.34	58.55	91.20	26.10	11.88
无锡市滨湖区	Wuxi Binhu District	478.63	35.96	55.82	15.87	6.59
徐州市贾汪区	Xuzhou Jiawang District	587.88	32.95	59.74	20.54	3.44
徐州市铜山区	Xuzhou Tongshan District	2867.63	278.18	432.93	133.16	15.61
常州市新北区	Changzhou Xinbei District	1993.34	82.73	141.86	50.80	17.02
常州市武进区	Changzhou Wujin District	4119.21	181.24	306.52	114.07	39.39
苏州市吴中区	Suzhou Wuzhong District	1126.68	53.60	86.59	28.03	22.18
苏州市相城区	Suzhou Xiangcheng District	926.36	39.84	61.64	19.05	16.62
苏州市吴江区	Suzhou Wujiang District	3073.93	100.48	156.69	48.91	43.89
南通市崇川区	Nantong Chongchuan District	367.57	37.66	48.11	8.72	3.23
南通市港闸区	Nantong Gangzha District	421.16	31.72	46.85	13.16	4.86
南通市通州区	Nantong Tongzhou District	1614.14	108.42	186.33	69.76	16.56
连云港市连云区	Lianyungang Lianyun District	92.58	3.02	6.00	2.71	0.74
淮安市淮安区	Huaian Huaian District	476.31	16.82	35.71	16.38	4.03
淮安市淮阴区	Huaian Huaiyin District	893.05	63.39	88.54	17.66	5.18
盐城市盐都区	Yancheng Yandu District	663.87	42.89	86.41	37.98	14.27
扬州市邗江区	Yangzhou Hanjiang District	1009.26	68.69	121.99	47.30	15.31
扬州市江都区	Yangzhou Jiangdu District	1981.64	150.94	274.75	102.74	15.77
镇江市丹徒区	Zhenjiang Dantu District	826.57	60.82	96.72	32.28	6.28
泰州市海陵区	Taizhou Hailing District	1077.79	58.00	134.87	65.13	5.57
泰州市高港区	Taizhou Gaogang District	1157.88	100.41	164.65	56.71	6.80
泰州市姜堰区	Taizhou Jiangyan District	877.30	62.18	100.05	32.99	5.79
宿迁市宿豫区	Suqian Suyu District	392.66	27.10	44.48	15.78	5.42

18－27 市辖区贸易、外资(2013年)

Trade and Foreign Economy of Municipal District(2013)

市辖区	Municipal District	社会消费品零售总额(亿元) Total Retail Sales of Consumer Goods (100 million yuan)	进出口总额(亿美元) Total Imports and Exports (USD 100 million)	出口总额(亿美元) Total Exports (USD 100 million)	合同外商直接投资(亿美元) Contract of Foreign Direct Investment (USD 100 million)	实际外商直接投资(亿美元) Actual Foreign Direct Investment (USD 100 million)
南京市浦口区	Nanjing Pukou District	207.13	17.95	15.09	1.05	4.15
南京市栖霞区	Nanjing Qixia District	137.88	138.93	64.85	14.85	9.86
南京市雨花台区	Nanjing Yuhuatai District	224.44	33.12	22.71	1.35	1.62
南京市江宁区	Nanjing Jiangning District	302.86	107.48	66.03	12.25	8.49
南京市六合区	Nanjing Luhe District	230.55	32.22	14.61	1.84	4.02
南京市溧水区	Nanjing Lishui District	113.77	2.57	2.46	3.58	1.81
南京市高淳区	Nanjing Gaochun District	89.69	4.10	3.74	2.06	1.11
无锡市锡山区	Wuxi Xishan District	176.90	44.57	32.80	6.11	3.76
无锡市惠山区	Wuxi Huishan District	133.28	24.81	20.12	3.24	2.49
无锡市滨湖区	Wuxi Binhu District	224.83	21.54	15.66	1.77	2.10
徐州市贾汪区	Xuzhou Jiawang District	49.82	2.78	1.32	0.65	0.50
徐州市铜山区	Xuzhou Tongshan District	132.97	7.77	7.20	3.40	2.01
常州市新北区	Changzhou Xinbei District	204.96	101.32	67.05	13.98	10.20
常州市武进区	Changzhou Wujin District	401.05	103.65	63.98	14.32	10.20
苏州市吴中区	Suzhou Wuzhong District	279.26	108.78	69.16	8.24	5.03
苏州市相城区	Suzhou Xiangcheng District	154.96	43.58	27.84	1.58	3.00
苏州市吴江区	Suzhou Wujiang District	353.55	220.41	124.77	19.32	9.70
南通市崇川区	Nantong Chongchuan District	277.26	64.69	42.21	3.13	0.59
南通市港闸区	Nantong Gangzha District	94.84	26.75	21.17	2.52	1.20
南通市通州区	Nantong Tongzhou District	265.30	28.77	25.99	5.17	2.63
连云港市连云区	Lianyungang Lianyun District	51.03	8.83	4.76	0.53	0.66
淮安市淮安区	Huaian Huaian District	111.15	2.91	2.79	0.88	1.89
淮安市淮阴区	Huaian Huaiyin District	75.86	4.57	3.08	1.05	0.68
盐城市盐都区	Yancheng Yandu District	148.87	4.35	2.50	3.20	1.55
扬州市邗江区	Yangzhou Hanjiang District	214.09	16.67	14.72	6.32	3.90
扬州市江都区	Yangzhou Jiangdu District	224.43	13.04	11.06	4.37	2.50
镇江市丹徒区	Zhenjiang Dantu District	49.23	5.91	4.95	4.26	2.74
泰州市海陵区	Taizhou Hailing District	185.88	14.63	11.61	3.67	1.33
泰州市高港区	Taizhou Gaogang District	34.41	12.53	5.94	3.88	2.01
泰州市姜堰区	Taizhou Jiangyan District	137.38	8.58	7.06	3.43	1.47
宿迁市宿豫区	Suqian Suyu District	47.75	5.96	4.42	0.78	0.64

18－28 市辖区教育、卫生、收入(2013 年)
Education, Public Health and Income of Municipal District(2013)

市辖区 Municipal District		普通中学在校学生(万人) Regular Secondary School Students Enrollment (10000 persons)	小学在校学生(万人) Primary School Student Enrollment (10000 persons)	医院个数(个) Number of Hospitals (unit)	医院床位数(张) Number of Beds in Hospitals (unit)	执业(助理)医师(人) Practitioner (Assistant) Doctors (person)	城镇居民人均可支配收入(元) Per Capita Disposable Income of Urban Residents (yuan)
南京市浦口区	Nanjing Pukou District	1.75	3.07	17	1826	1171	37104
南京市栖霞区	Nanjing Qixia District	1.20	2.34	17	1563	1197	36911
南京市雨花台区	Nanjing Yuhuatai District	1.21	1.67	9	899	606	36526
南京市江宁区	Nanjing Jiangning District	3.44	5.55	22	3854	1981	38222
南京市六合区	Nanjing Luhe District	2.84	4.01	9	2562	1587	36381
南京市溧水区	Nanjing Lishui District	1.55	1.93	4	970	589	34686
南京市高淳区	Nanjing Gaochun District	1.51	1.88	17	1572	664	36137
无锡市锡山区	Wuxi Xishan District	2.09	3.36	9	1683	1081	
无锡市惠山区	Wuxi Huishan District	2.35	3.76	3	760	976	
无锡市滨湖区	Wuxi Binhu District	1.47	2.88	21	6675	2429	
徐州市贾汪区	Xuzhou Jiawang District	1.71	2.98	5	1315	755	22582
徐州市铜山区	Xuzhou Tongshan District	4.23	8.56	15	1330	1412	24884
常州市新北区	Changzhou Xinbei District	1.60	3.24	4	288	843	38668
常州市武进区	Changzhou Wujin District	5.52	8.81	7	2241	2479	38330
苏州市吴中区	Suzhou Wuzhong District	2.08	4.02	20	3509	1763	44891
苏州市相城区	Suzhou Xiangcheng District	1.41	3.31	7	1260	855	
苏州市吴江区	Suzhou Wujiang District	3.47	5.43	12	4367	2521	43439
南通市崇川区	Nantong Chongchuan District	0.68	3.86	19	7259	3852	
南通市港闸区	Nantong Gangzha District	0.39	1.03	8	1290	622	
南通市通州区	Nantong Tongzhou District	3.90	4.60	7	2984	2324	32406
连云港市连云区	Lianyungang Lianyun District	0.52	0.90	8	860	776	
淮安市淮安区	Huaian Huaian District	4.43	5.65	6	1810	1908	20500
淮安市淮阴区	Huaian Huaiyin District	3.42	5.61	4	3038	2310	22268
盐城市盐都区	Yancheng Yandu District	2.56	3.14	3	2060	1275	26254
扬州市邗江区	Yangzhou Hanjiang District	2.08	3.29	16	1813	1543	31926
扬州市江都区	Yangzhou Jiangdu District	4.14	4.68	10	2710	1909	28774
镇江市丹徒区	Zhenjiang Dantu District	0.97	1.25	2	360	478	32603
泰州市海陵区	Taizhou Hailing District	1.26	2.37	15	3533	2129	
泰州市高港区	Taizhou Gaogang District	0.56	1.32	3	423	400	
泰州市姜堰区	Taizhou Jiangyan District	3.35	3.41	9	2066	1439	29306
宿迁市宿豫区	Suqian Suyu District	1.32	2.70	27	2110	696	18403

主要统计指标解释

供水综合生产能力 指按供水设施取水、净化、送水、出厂输水干管等环节实际测定计算的综合生产能力。

供水管道长度 指从送水泵到用户水表之间所有管道的长度。在同一条街道埋设两条或两条以上管道时,应按每条管道的长度计算。

供水总量 指报告期供水企业(单位)供出的全部水量。包括有效供水量及损失水量。

生活用水量 指居民日常生活与公共福利设施的用水量,包括居民、饮食店、旅馆、医院、理发店、浴池、洗衣店、游泳池、商店、学校、机关、部队等单位的用水量。

城市人口用水普及率 指城市用水人口数与城市人口总数之比。计算公式为:

用水普及率 = 城市用水人口数/城市人口总数 × 100%

燃气综合生产能力 指报告期末燃气生产厂制气、净化、输送等环节的综合生产能力,不包括备用设备能力。一般按设计能力计算,如果实际生产能力大于设计能力时,应按实际测定的生产能力计算。测定时应以制气、净化、输送三个环节中最薄弱的环节为主。

燃气供气管道长度 指报告期末从气源厂压缩机的出口或门站出口到各类用户引入管之间的全部已经通气投入使用的管道长度。不包括煤气生产厂、输配站、液化气储存站、灌瓶站、储配站、气化站、混气站、供应站等厂(站)内的管道。按不同的材质、压力级别、管径分别统计。

燃气供应总量 指报告期燃气企业(单位)向用户供应的燃气数量。包括销售量及损失量。

燃气普及率 指报告期末使用燃气的城市人口数与城市人口总数的比率。计算公式为:

燃气普及率 = 用气人口数/城市人口总数 × 100%

道路长度 指道路长度和与道路相通的桥梁、隧道的长度,按车行道中心线计算。

排水管道长度 指所有排水总管、干管、支管、检查井及连接井进出口等长度之和。

计算时应按单管计算,即在同一条街道上如有两条或两条以上并排的排水管道时,应按每条排水管道的长度相加计算。

城市污水处理能力 指污水处理厂(或处理装置)每昼夜处理污水量的设计能力。

营运车数 指报告期末公交企业(单位)用于运营业务的全部车辆数。以企业(单位)固定资产台帐中已投入运营的车辆数为准;新购、新制和调入的运营车辆,自投入之日起开始计算;调出、报废和调作他用的运营车辆,自上级主管机关批准之日起不再计入。

园林绿地面积 指报告期末用于园林和绿化的各种绿地面积。包括公共绿地、居住区绿地、单位附属绿地、防护绿地、生产绿地、道路绿地和风景林地面积。不包括:

1. 屋顶绿化、垂直绿化、阳台绿化和室内绿化。
2. 以物质生产为主的林地、耕地、牧草地、果园和竹园等。
3. 城市总体规划中不列入绿地的水域。

公园绿地 指城市中向公众开放的以游憩为主要功能,有一定的游憩设施和服务设施,同时兼有健全生态、美化景观,防灾减灾等综合作用的绿化用地。包括综合公园、社区公园、专类公园、带状公园和街旁绿地。其中综合公园、专类公园和带状公园面积之和为公园面积。

Explanatory Notes on Main Statistical Indicators

Comprehensive Production Capacity of Tap Water refers to the actual comprehensive production capacity of the waterworks, taking the capacity of the main links such as waterflow, purification, conveyance and outflow of the trunk pilelines into account.

Length of Water Pipelines refers to the total length of all the pipelines between the water pumps and the user's water meters. If there are two or more than two pipelies buried in a same street, the length of every pipeline should be taken into account.

Volume of Water Supply refers to the total volume of water supply by the water supply enterprises (units) during the reference period, including both the effective water supply and loss.

Consumption of Water for Residential Use refers to the water consumption of households for daily life and the water consumption of public welfare facilities, including the consumption of restaurants, hotels, hospitals, barber shops, public bathhouses, laundries, swimming pools, shops, schools, institutions, army units and other units.

Percentage of Urban Population with Access to Tap Water refers to the ratio of the urban population with access to tap water to the total urban population. The formula is:

Percentage of Population with Access to Tap Water = (Urban Population with Access to Tap Water)/(Urban Population) × 100%

Comprehensive Production Capacity of Burning Gas refers to the comprehensive production capacity of the burning gas—works in burning gas generation, purification and delivering, excluding the reserve capacity of the equipment. In general, the capacity is counted in accordance with the designed requirement. If the actual production capacity is larger than designed requirement, it should be counted according to the actual capacity through determination. In determination, the most weak link should be determined as the main one among the three links of burning gas generation, purification and delivering.

Length of Burning Gas Pipelines refers to the total length of pipelines between the outlet of the compressor, blower or burning gas tank of the source factory and the burning gas meters of users, which are all put in use, excluding the pipelines in burning gas—works (stations) and the pipelines of transportation and distribution station, liquefied petroluem gas storage station, pipeline and bottle station, storage and distribution station, gasification station, gas mixed station, supply station. They are counted respectively according to the different quality of materials, level of preasure and the size of bores.

Volume of Burning Gas Supply refers to the volume of burning gas supplied by the burning gas enterprises, including both the sales volume and loss.

Percentage of Urban Population with Access to Burning Gas refers to the ratio of the urban population with access to burning gas to the urban population at the reference period. The formula is:

Percentage of Urban Population with Access to Burning Gas = (Urban Population with Access to Burning Gas)/Urban Population) $\times 100\%$

Length of Roads refers to the length of roads, as well as the length of bridges and tunnels, the same as the roads, and taking the middle line of traffic lane into account.

Length of Sewage Pipes refers to the total length of general drainage, trunks, branch and blind drainages, inspection wells, connection wells, inlets and outlets, ete., taking the single pipe into account. Namely if there are two or more than two pipes standing side by side in a street, the length of every pipe should put into account.

Daily Disposal Capacity of Urban Sewage refers to the designed 24 hour capacity of sewage disposal at the sewage treatment works.

Number of Vehicles (Public Transit) in Working refers to the total of operatoinal vehicles (buses and trolley buses) available at the end of the reference period, taking them as the fixed assets registered in account book of the enterprises and put in operation as the accounting standard. Vehicles, newly bought, newly manufactured and transfered in from other units, should be put into account since the day of putting into operation, while the vehicles, transfered to other units, being scrapped and turned to other use, should not be put into account since the day of permission made by higher responsible department.

Area of Gardens and Green Areas refers to the various green land used for gardening and afforestation at the end of reference period, including public green land, residential area green land, subsidiary green land of the units, protection green land, production green land, roadside green land and scenic forest land, excluding:

1. Roof, perpendicular, balcony and indoor green area.
2. Areas taking the material production as the main aim, such as forest land, cultivated land, pasture, orchard and bamboo forest.
3. Water areas which are not listed in the urban general plan.

Park Green Area refers to green areas open to the public for amusement and rest with the facilities of amusement, rest and services. Its function includes perfecting ecology, beautifying landscape, and preventing and reducing disaster. Park green areas include comprehensive park, community park, topic park, belt – shaped park and green area nearby street. Total areas of comprehensive park, topic park and belt – shaped is the area of park.

19

区域经济

Regional Economy

简 要 说 明

一、本篇资料的主要内容

本篇资料反映苏南苏中苏北、沿江、沿海、沿东陇海线及长江三角洲地区经济社会发展情况。

二、资料来源

本篇资料主要根据市县社会经济基本情况统计年报加工整理。

Brief Introduction

I. Main Contents

Data in this chapter reflect economic and social development of the Southern, Mid and Northern Jiangsu; zone along the Yangtze rive; Coastal region; region along the Long－hai rarlway; Yangtze River Delta

Ⅱ. Date Source

Data in this chapter mainly based on the basic socio－economic situation annual report.

19－1　三大区域主要经济指标（2013年）
Major Economic Indicators of Three Regions（2013）

指　　标	Item	苏　南 Southern Jiangsu	苏　中 Mid Jiangsu	苏　北 Northern Jiangsu
年末常住人口（万人）	Permanent Resident Population at Year-end (10000 persons)	3310.81	1640.17	2988.51
土地面积（平方公里）	Land Area (sq. km)	27921	20739	54442
地区生产总值（亿元）	Gross Domestic Product (100 million yuan)	36385.87	11297.81	13558.88
第一产业	Primary Industry	834.79	775.76	1688.31
第二产业	Secondary Industry	18307.79	5891.26	6360.48
#工业	Industry	16728.87	4999.25	5339.95
第三产业	Tertiary Industry	17243.29	4630.79	5510.09
人均地区生产总值（元）	Per Capita GDP (yuan)	110051	68897	45444
地区生产总值指数（上年＝100）	Indices of GDP (preceding year＝100)	110.2	111.8	112.0
粮食产量（万吨）	Grain (10000 tons)	549.22	972.34	2329.38
油料产量（万吨）	Oil-bearing Crops (10000 tons)	24.16	60.70	68.20
棉花产量（万吨）	Cotton (10000 tons)	0.68	6.93	13.87
规模以上工业利税总额（亿元）	Profits and Taxes of above Designated Size Industrial Enterprises (100 million yuan)	5943.58	3264.78	3572.27
固定资产投资额（亿元）	Urban Completed Investment in Fixed Assets (100 million yuan)	19492.70	7088.08	9401.74
社会消费品零售总额（亿元）	Total Retail Sale of Consumer Goods (100 million yuan)	12433.71	3884.38	4478.51
进出口总额（亿美元）	Total Imports and Exports (USD 100 million)	4746.41	497.62	264.42
#出口	Exports	2757.17	351.19	180.21
实际外商直接投资（亿美元）	Actual Foreign Direct Invesment (USD 100 million)	222.77	54.02	55.80
公共财政预算收入（亿元）	Public Finance Budget Revenue (100 million yuan)	3536.64	996.42	1479.45
公共财政预算支出（亿元）	Public Finance Budget Expenditure (100 million yuan)	3479.21	1239.50	2209.83
金融机构存款余额（亿元）	Deposits Balance of Banking Institution (100 million yuan)	58931.73	14723.30	11949.05
#居民储蓄存款	Saving Deposits by Residents	19607.25	7847.25	6369.40
金融机构贷款余额（亿元）	Loans Balance of Banking Institution (100 million yuan)	44077.14	9194.66	8564.73
城镇居民人均可支配收入（元）	Per Capita Disposable Income of Urban Households (yuan)	39224	29706	22933
农村居民人均纯收入（元）	Per Capita Net Income of Rural Households (yuan)	19107	14375	11769
居民人均储蓄存款（元）	Per Capita Saving Deposits of Residents (yuan)	59222	47844	21313

19－2　三大区域经济社会基本情况（2013年）

指　标	Item	苏南合计 Southern Jiangsu	南京 Nanjing	无锡 Wuxi	常州 Changzhou	苏州 Suzhou
人口、就业	**Population and Employment**					
土地面积（平方公里）	Land Area (sq. km)	27921	6587	4627	4372	8488
年末户籍人口（万人）	Population (Registered) (year-end) (10000 persons)	2406.82	643.09	472.23	365.91	653.84
男	Male	1195.28	322.90	234.09	181.86	321.57
女	Female	1211.54	320.19	238.14	184.05	332.27
年均户籍人口（万人）	Yearly Average Population (Registered) (10000 persons)	2399.67	640.79	471.15	365.34	650.82
年末常住人口（万人）	Population (Permanent) (10000 persons)	3310.81	818.78	648.41	469.21	1057.87
城镇化率（%）	Rate of Urbanization (%)	73.7	80.5	73.7	67.5	73.1
年末总户数（万户）	Households (year-end) (10000 subs)	821.92	218.04	158.09	128.81	215.57
#乡村户数	Rural Households	350.64	64.18	63.32	75.32	90.11
出生人口（万人）	Births (10000 persons)	23.08	6.40	4.14	3.37	6.74
死亡人口（万人）	Deaths (10000 persons)	16.30	3.70	3.20	2.85	4.45
人口密度（人/平方公里）	Density of Population (person/sq. km)	1186	1243	1401	1073	1246
从业人员（万人）	Employed Persons (10000 persons)	2009.8	452.4	389.2	280.9	695.2
第一产业	Primary Industry	147.4	48.5	18.1	31.5	25.1
第二产业	Secondary Industry	1037.2	150.2	222.5	147.2	425.9
第三产业	Tertiary Industry	825.2	253.7	148.6	102.2	244.2
私营企业从业人员（万人）	Number of Employed Persons in Private Enterprises (10000 persons)	993.73	183.46	219.20	149.66	353.95
个体从业人员（万人）	Number of Self-employed Individuals (10000 persons)	268.15	64.91	41.37	39.04	89.90
年末城镇登记失业人员（万人）	Registered Unemployed Persons in Urban Areas at Year-end (10000 persons)	19.19	6.60	4.26	3.27	3.46
年末城镇登记失业率（%）	Registered Unemployed Persons in Urban Areas at Year-end (%)	2.13	2.15	2.12	2.14	2.12
国民核算	**National Accounting**					
地区生产总值（亿元）	Gross Domestic Product (100 million yuan)	36385.87	8011.78	8070.18	4360.93	13015.70
第一产业	Primary Industry	834.79	204.64	148.54	138.12	214.49
第二产业	Secondary Industry	18307.79	3450.58	4207.42	2250.80	6849.59

Basic Statistics on Economy and Society of Three Regions (2013)

镇江 Zhenjiang	苏中合计 Mid Jiangsu	南通 Nantong	扬州 Yangzhou	泰州 Taizhou	苏北合计 Northern Jiangsu	徐州 Xuzhou	连云港 Lianyungang	淮安 Huaian	盐城 Yancheng	宿迁 Suqian
3847	20739	8001	6951	5787	54442	11259	7615	10072	16972	8524
271.75	1734.15	766.51	459.84	507.80	3475.87	1006.85	520.18	552.96	823.77	572.11
134.86	867.88	378.07	230.28	259.53	1800.33	521.91	271.36	284.79	424.90	297.37
136.89	866.27	388.44	229.56	248.27	1675.54	484.94	248.82	268.17	398.87	274.74
271.57	1732.06	765.85	459.13	507.08	3453.44	998.69	515.59	549.89	823.08	566.19
316.54	1640.17	729.77	447.00	463.40	2988.51	859.10	442.83	482.69	721.98	481.91
65.4	59.7	59.9	60.0	59.0	56.1	58.1	55.7	55.1	57.2	52.4
101.41	603.55	283.35	150.65	169.55	998.07	275.57	139.45	161.13	273.37	148.55
57.71	424.84	202.42	102.72	119.70	661.11	179.53	89.77	99.03	184.60	108.18
2.44	14.12	5.41	4.01	4.70	63.60	21.16	10.92	9.01	9.40	13.11
2.11	13.33	6.12	3.25	3.96	16.33	3.34	1.86	2.41	6.87	1.86
823	791	912	643	801	549	763	582	479	425	565
192.1	1017.1	467.2	265.7	284.2	1733.0	478.7	250.2	281.3	446.4	276.4
24.2	230.0	107.3	51.9	70.8	579.3	171.5	81.8	82.6	132.9	110.5
91.4	456.6	216.6	120.6	119.4	548.2	145.8	78.3	85.2	146.9	92.0
76.5	330.5	143.3	93.2	94.0	605.5	161.4	90.1	113.5	166.6	73.9
87.46	439.58	247.72	101.29	90.57	460.05	118.73	42.80	62.30	153.88	82.34
32.93	139.41	69.95	32.03	37.43	216.61	52.07	18.34	32.26	68.56	45.38
1.60	8.10	3.46	2.79	1.85	10.32	3.38	1.41	2.07	2.11	1.35
2.12	2.19	2.15	2.26	2.16	2.20	2.14	2.30	2.20	2.14	2.38
2927.28	11297.81	5038.89	3252.01	3006.91	13558.88	4435.82	1785.42	2155.86	3475.50	1706.28
129.00	775.76	345.41	224.45	205.90	1688.31	432.38	259.17	272.58	489.18	235.00
1549.40	5891.26	2623.50	1693.70	1574.06	6360.48	2118.32	807.42	983.15	1635.98	815.61

指 标	Item	苏南合计 Southern Jiangsu	南京 Nanjing	无锡 Wuxi	常州 Changzhou	苏州 Suzhou
#工业	Industry	16728.87	2997.63	3893.56	2036.27	6370.37
第三产业	Tertiary Industry	17243.29	4356.56	3714.22	1972.01	5951.62
人均地区生产总值（按常住人口计算，元）	Per Capita GDP(Permanent) (yuan)	110051	98011	124640	92995	123209
人均地区生产总值（按户籍人口计算，元）	Per Capita GDP(Registered) (yuan)	151628	125030	171287	119367	199989
地区生产总值指数（上年＝100）	Indices of GDP (preceding year＝100)	110.2	111.0	109.3	110.9	109.6
第一产业	Primary Industry	103.1	103.4	103.0	103.1	103.0
第二产业	Secondary Industry	109.3	111.1	108.7	111.2	107.5
#工业	Industry	109.4	111.1	109.0	111.6	107.5
第三产业	Tertiary Industry	111.6	111.3	110.3	111.2	112.7
地区生产总值构成（%）	Composition of GDP (%)					
第一产业	Primary Industry	2.3	2.6	1.8	3.2	1.6
第二产业	Secondary Industry	50.3	43.1	52.1	51.6	52.6
#工业	Industry	46.0	37.4	48.2	46.7	48.9
第三产业	Tertiary Industry	47.4	54.4	46.0	45.2	45.7
固定资产投资	**Investment in Fixed Assets**					
固定资产投资额（亿元）	Urban Investment in Fixed Assets (100 million yuan)	19492.70	5093.78	3973.52	2850.12	5822.14
#房地产投资	Investment in Real Estate Development	4558.33	1037.71	1128.91	681.39	1414.01
#住宅	Residence	3148.17	729.13	735.85	473.46	988.62
固定资产投资本年资金来源构成 （%）	Grouped by Source of Finance (%)					
国家预算内资金	State Appropriation	0.9	1.0	1.4	1.2	0.5
国内贷款	Domestic Loans	14.8	18.5	11.8	15.6	12.8
利用外资	Foreign Inventment	3.5	0.3	5.1	5.4	5.3
自筹资金	Fund Raising	61.6	60.1	65.2	59.9	60.1
其他资金	Others	19.2	20.2	16.5	17.9	21.2
新增固定资产 （亿元）	Newly Increased Investment in Fixed Assets (100 million yuan)	13978.31	2998.16	2861.01	2068.39	4570.66
商品房销售建筑面积（万平方米）	Floor Space of Selling Commercial Houses (10000 sq. m)	5474.69	1222.01	909.44	875.98	1875.05
#住宅	Residencial Buildings	4878.03	1143.15	780.77	769.45	1633.41
财政、金融、保险	**Finance, Banking and Insurance**					
财政总收入（新口径）（亿元）	Total Financial Budgetary Revenue (New Statistical Scale) (100 million yuan)	6264.75	1591.59	1228.35	670.15	2405.80

Continued 1

镇 江 Zhenjiang	苏中合计 Mid Jiangsu	南 通 Nantong	扬 州 Yangzhou	泰 州 Taizhou	苏北合计 Northern Jiangsu	徐 州 Xuzhou	连云港 Lianyungang	淮 安 Huaian	盐 城 Yancheng	宿 迁 Suqian
1431.04	4999.25	2168.16	1468.79	1362.30	5339.95	1793.48	642.67	819.60	1405.02	679.18
1248.88	4630.79	2069.98	1333.86	1226.95	5510.09	1885.12	718.83	900.13	1350.34	655.67
92633	68897	69049	72775	64917	45444	51714	40416	44774	48150	35484
107790	65228	65794	70829	59299	39262	44416	34629	39206	42225	30136
112.1	111.8	111.8	112.0	111.8	112.0	111.8	111.8	112.0	112.3	112.5
103.2	103.5	103.1	104.6	103.1	103.2	103.3	103.1	103.3	103.2	103.0
112.5	112.1	112.0	112.3	112.1	113.3	112.3	113.0	113.2	114.0	114.9
113.0	112.7	112.3	113.2	112.8	114.0	113.1	113.9	113.4	115.1	115.5
112.2	112.8	112.9	112.7	112.7	113.1	112.8	113.1	113.3	113.4	113.0
4.4	6.9	6.9	6.9	6.8	12.5	9.7	14.5	12.6	14.1	13.8
52.9	52.1	52.1	52.1	52.3	46.9	47.8	45.2	45.6	47.1	47.8
48.9	44.2	43.0	45.2	45.3	39.4	40.4	36.0	38.0	40.4	39.8
42.7	41.0	41.1	41.0	40.8	40.6	42.5	40.3	41.8	38.9	38.4
1753.15	7088.08	3298.73	2025.18	1764.17	9401.74	3090.13	1350.12	1453.05	2217.69	1290.75
296.31	1183.58	596.52	315.91	271.16	1499.54	380.47	174.07	312.22	327.31	305.46
221.11	899.04	444.90	239.98	214.16	1124.29	288.94	131.01	231.64	249.55	223.16
1.1	1.9	3.5	0.8	0.1	1.3	1.5	0.9	2.2	0.5	1.7
15.8	7.0	8.0	4.1	8.6	9.1	11.4	9.1	6.7	9.8	5.3
0.8	1.2	0.8	2.1	0.6	1.8	1.7	1.7	3.0	1.3	1.6
66.2	78.3	76.9	80.7	78.1	75.9	74.6	77.0	72.8	78.2	76.8
16.1	11.6	10.7	12.3	12.5	12.0	10.8	11.2	15.2	10.2	14.6
1480.08	5386.65	2359.77	1519.76	1507.12	7069.33	2467.38	916.12	1080.97	1650.68	954.18
592.21	2226.15	1035.26	699.49	491.41	3753.93	856.82	489.64	842.43	742.32	822.73
551.25	1533.62	937.83	140.05	455.74	3278.53	765.84	427.70	749.88	589.93	745.18
368.86	1580.85	739.64	418.54	422.68	2178.16	659.95	297.43	417.19	530.47	273.12

19－2 续 表2

指 标	Item	苏南合计 Southern Jiangsu	南京 Nanjing	无锡 Wuxi	常州 Changzhou	苏州 Suzhou
上划中央收入	Turn Over Revenue to the Central Government	2728.11	760.28	517.44	261.27	1074.78
公共财政预算收入	Public Finance Budget Revenue	3536.64	831.31	710.91	408.88	1331.03
#税收收入	Taxes	2937.74	684.47	579.11	327.18	1138.33
公共财政预算支出（亿元）	Public Finance Budget Expenditure (100 million yuan)	3479.21	850.91	711.49	417.90	1212.68
人均公共财政预算收入（元）	Per Capita Public Finance Budget Revenue (yuan)	10697	10170	10980	8719	12600
公共财政预算收入占GDP比重（%）	Percentage of Public Finance Budget Revenue to GDP (%)	9.7	10.4	8.8	9.4	10.2
金融机构存款余额（亿元）	Deposits Balance of Banking Institutions (100 million yuan)	58931.73	18050.82	11205.78	6348.10	20037.58
#居民储蓄存款	Savings Deposits by Residents	19607.25	4883.29	4086.84	2753.31	6408.32
金融机构贷款余额（亿元）	Loans Balance of Banking Institutions (100 million yuan)	44077.14	13791.06	8108.14	4318.32	15495.24
保费收入（亿元）	Premium (100 million yuan)	884.38	264.75	169.62	118.42	269.80
财产险	Property Insurance	339.38	94.19	65.06	39.38	122.79
人寿险	Life Insurance	545.00	170.56	104.56	79.04	147.01
赔款和给付（亿元）	Claim and Payment (100 million yuan)	306.78	84.43	68.58	39.89	94.34
财产险	Property Insurance	202.86	54.74	43.98	23.37	72.17
人寿险	Life Insurance	103.92	29.68	24.60	16.52	22.17
农业	**Agriculture**					
乡村从业人员（万人）	Rural Employees (10000 persons)	639.68	120.24	115.10	128.33	176.85
#农林牧渔业	Farming, Forestry, Animal Husbandry and Fishery	117.93	26.36	19.41	24.70	23.49
工业	Industry	313.41	36.36	67.57	57.14	105.34
建筑业	Construction	71.07	24.53	7.88	17.30	10.05
农林牧渔业总产值（亿元）	Gross Output Value of Farming, Forestry, Animal Husbandry and Fishery (100 million yuan)	1398.82	351.31	241.43	240.11	369.82
农业	Farming	718.35	205.23	125.32	129.73	150.78
林业	Forestry	56.17	3.66	19.32	1.74	23.13
牧业	Animal Husbandry	191.27	52.04	34.86	37.24	40.05
渔业	Fishery	311.32	73.79	36.54	59.15	115.69
农林牧渔服务业	Service Industry of FFAF	121.71	16.59	25.40	12.25	40.18

Continued 2

镇 江 Zhenjiang	苏中合计 Mid Jiangsu	南 通 Nantong	扬 州 Yangzhou	泰 州 Taizhou	苏北合计 Northern Jiangsu	徐 州 Xuzhou	连云港 Lianyungang	淮 安 Huaian	盐 城 Yancheng	宿 迁 Suqian
114.34	584.43	253.75	159.28	171.40	698.71	237.11	64.12	145.78	163.70	88.01
254.52	996.42	485.88	259.26	251.28	1479.45	422.84	233.30	271.42	366.77	185.12
208.65	819.19	399.89	212.75	206.55	1211.78	341.11	188.79	221.39	302.51	157.98
286.23	1239.50	576.41	319.28	343.81	2209.83	595.61	362.38	385.05	555.62	311.16
8054	6076	6658	5802	5425	4958	4930	5281	5637	5081	3850
8.7	8.8	9.6	8.0	8.4	10.9	9.5	13.1	12.6	10.6	10.8
3289.46	14723.30	7342.00	3836.87	3544.42	11949.05	3884.46	1671.65	1721.30	3196.06	1475.58
1475.49	7847.25	4130.22	1931.02	1786.01	6369.40	2089.77	823.19	931.81	1788.34	736.29
2364.38	9194.66	4508.54	2341.85	2344.27	8564.73	2360.80	1366.94	1375.15	2179.75	1282.09
61.79	304.03	142.92	87.89	73.23	282.33	94.79	44.06	42.35	69.03	32.11
17.96	86.15	40.78	23.90	21.47	97.81	32.43	15.67	15.54	21.50	12.66
43.84	217.88	102.14	63.98	51.76	184.52	62.36	28.38	26.80	47.52	19.45
19.54	94.33	51.79	15.78	26.75	120.21	52.03	15.70	13.70	28.72	10.05
8.60	62.71	38.34	13.28	11.09	51.98	16.87	8.72	7.92	11.34	7.14
10.95	31.62	13.45	2.51	15.66	68.22	35.16	6.97	5.78	17.39	2.92
99.16	698.72	306.30	180.78	211.64	1275.56	361.44	175.06	212.49	302.48	224.09
23.97	148.06	68.84	34.48	44.74	510.06	140.10	81.98	87.45	113.07	87.46
47.00	205.94	82.19	62.80	60.95	288.11	99.77	29.81	38.24	59.19	61.10
11.31	133.64	62.98	34.03	36.63	178.98	50.74	30.06	31.58	36.70	29.90
196.14	1343.29	594.78	403.93	344.59	3213.78	802.94	474.24	499.83	991.66	445.10
107.28	639.78	263.62	188.43	187.72	1731.58	495.66	227.58	316.54	430.43	261.37
8.33	16.66	3.73	9.38	3.55	78.46	14.18	13.41	10.17	24.24	16.47
27.08	275.96	138.25	70.46	67.25	815.28	239.77	102.14	112.85	271.72	88.81
26.15	325.41	141.11	115.92	68.38	455.38	33.13	105.84	51.59	195.98	68.85
27.30	85.48	48.06	19.74	17.69	133.07	20.21	25.27	8.69	69.30	9.60

19－2 续表 3

指标	Item	苏南合计 Southern Jiangsu	南京 Nanjing	无锡 Wuxi	常州 Changzhou	苏州 Suzhou
农业机械总动力 （万千瓦）	Total Power of Agricultural Machinery (10000 kW)	794.46	218.08	100.96	159.16	164.99
化肥施用量 （万吨）	Consumption of Chemical Fertilizer (10000 tons)	33.90	8.05	5.73	6.27	8.12
农村用电量 （亿千瓦小时）	Electricity Consumed in Rural Areas (100 million kW · h)	1253.25	31.53	384.97	176.25	581.69
农作物总播种面积 （千公顷）	Total Sown Area (1000 hectares)	1222.38	324.47	178.67	224.17	257.63
#粮食	Grain	754.64	161.35	112.00	150.32	154.27
主要产品产量 （万吨）	Total Output of Major Products (10000 tons)					
粮食	Grain	549.22	116.95	79.64	113.71	113.12
油料	Oil-bearing Crops	24.16	10.79	0.90	4.26	2.42
棉花 （吨）	Cotton (ton)	6837	4217		462	1038
肉类	Meat	59.54	12.16	10.32	15.68	12.84
#猪肉	Pork	34.58	6.75	7.24	7.58	7.98
牛肉	Beef	0.19	0.10	0.03	0.03	
羊肉	Mutton	0.88	0.39	0.06	0.13	0.18
水产品	Aquatic Products	90.63	22.17	12.68	18.53	27.99
工业（规模以上）	**Industry (above Designated Size)**					
工业企业单位数 （个）	Number of Industrial Enterprises (unit)	24689	2601	5255	3887	10476
工业总产值 （亿元）	Gross Output Value of Industry (100 million yuan)	75195.84	12647.14	14890.65	10067.88	30392.90
#内资企业	Domestic Funded Enterprises	39562.01	7480.99	9653.68	6969.21	10713.40
外商港澳台商投资企业	Enterprises Funded by Foreign, Hong Kong, Macao and Taiwan Enterprises	35633.83	5166.15	5236.97	3098.67	19679.50
#国有控股企业	State-owned Share Holding Enterprises	6921.20	4339.43	658.02	368.53	1118.03
#大中型企业	Large and Medium-sized Enterprises	51839.80	8808.35	10048.85	5939.26	22587.57
#轻工业	Light Industry	17238.50	2562.47	3537.31	2121.06	7774.24
#制造业	Manufacturing	73762.50	12331.75	14654.92	9954.62	29840.79
电力、燃气及水的生产和供应业	Electric Power, Gas and Water Production and Supply	1327.31	284.98	235.73	109.56	549.91
资产总计 （亿元）	Total Industrial Assets (100 million yuan)	60361.53	9423.67	13979.64	7374.10	24696.71
负债合计 （亿元）	Total Liabilities (100 million yuan)	34985.96	5488.23	8181.48	4455.50	14029.78
主营业务收入 （亿元）	Major Business Revenue (100 million yuan)	74060.18	12428.16	14450.48	10223.05	29937.18

Continued 3

镇 江 Zhenjiang	苏中合计 Mid Jiangsu	南 通 Nantong	扬 州 Yangzhou	泰 州 Taizhou	苏北合计 Northern Jiangsu	徐 州 Xuzhou	连云港 Lianyungang	淮 安 Huaian	盐 城 Yancheng	宿 迁 Suqian
151.27	866.59	365.53	246.81	254.25	2752.86	626.68	512.07	518.40	596.35	499.36
5.72	60.93	23.49	19.88	17.56	231.99	64.96	34.23	38.78	54.06	39.96
78.81	326.69	154.84	57.63	114.22	221.92	63.38	30.18	13.48	75.42	39.46
237.44	1936.12	843.53	510.27	582.32	4720.59	1126.58	628.82	799.26	1460.13	705.80
176.70	1377.99	519.67	419.80	438.52	3431.11	729.75	498.68	657.65	972.32	572.71
125.79	972.34	333.46	312.19	326.68	2329.38	451.13	354.73	461.02	686.51	375.99
5.80	60.70	40.84	7.57	12.29	68.20	9.96	12.11	9.62	31.52	4.99
1120	69341	50657	4637	14047	138687	36291	2837	147	97529	1883
8.55	92.95	47.89	18.42	26.63	285.01	98.48	29.72	32.18	88.93	35.70
5.04	57.60	26.46	10.30	20.85	154.35	41.32	20.74	20.08	53.80	18.41
0.03	0.15	0.02	0.07	0.06	5.14	1.09	1.96	0.37	0.48	1.25
0.13	3.49	2.98	0.17	0.34	10.15	5.46	0.63	0.62	2.95	0.50
9.27	163.70	87.04	39.37	37.30	255.05	18.37	75.05	25.93	110.06	25.65
2470	10094	4964	2589	2541	11618	2874	1419	2097	2890	2338
7197.27	28352.58	11351.54	8499.39	8501.65	28756.34	10523.10	4130.59	4802.92	6454.58	2845.15
4744.73	19839.09	7336.64	6206.34	6296.11	23960.55	9638.91	3186.00	3679.13	4823.52	2632.99
2452.54	8513.49	4014.90	2293.05	2205.54	4795.79	884.19	944.59	1123.79	1631.06	212.16
437.19	2655.83	688.64	1390.80	576.39	2084.53	1129.23	294.70	390.47	180.46	89.68
4455.77	15271.84	5503.85	5519.41	4248.58	13542.94	5208.98	2261.59	1992.13	3069.35	1010.89
1243.42	7912.42	3756.02	1943.92	2212.48	9851.04	3120.51	1150.96	1897.86	2198.50	1483.21
6980.42	27857.55	11164.70	8286.92	8405.93	27715.52	9945.32	3969.43	4666.79	6326.09	2807.89
147.13	386.49	186.84	105.75	93.90	539.00	203.09	110.06	78.69	124.90	22.26
4887.41	14921.00	6732.44	4037.28	4151.28	14885.04	5338.27	2265.18	1917.32	3490.05	1874.22
2830.97	8134.90	3761.97	2129.92	2243.01	7875.92	2832.46	1284.58	982.64	1923.15	853.09
7021.31	27432.14	11093.04	8189.53	8149.57	28398.23	10506.88	4041.62	4731.24	6297.05	2821.44

指 标	Item	苏南合计 Southern Jiangsu	南京 Nanjing	无锡 Wuxi	常州 Changzhou	苏州 Suzhou
#主营业务税金及附加	Major Business Tax and Extra	523.31	324.68	54.61	37.74	81.36
利税总额 （亿元）	Total Pre-tax Profits （100 million yuan）	5943.58	1421.24	1125.17	844.46	1879.59
#利润总额	Total Profits	3738.89	751.27	741.88	512.56	1305.95
建筑业	**Construction**					
建筑企业单位数 （个）	Number of Construction Enterprise （unit）	4809	1687	592	648	1481
建筑业总产值 （亿元）	Gross Output Value of Construction （100 million yuan）	7301.24	3065.41	644.06	1158.50	1974.76
房屋建筑施工面积 （万平方米）	Floor Space of Building under Construction （10000 sq. m）	47267.69	17620.98	5240.57	10079.05	12135.80
房屋建筑竣工面积 （万平方米）	Floor Space of Buildings Completed （10000 sq. m）	16299.65	5966.00	1707.49	3450.37	4378.51
交通运输、邮电业	**Transportation, Postal and Telecommunication Sercices**					
公路里程 （公里）	Total Length of Highways （km）	47442	11131	7655	8847	12608
#等级公路	Expressway and Class Ⅰ to Ⅳ Highways	46425	10166	7655	8795	12608
#高速公路	Expressway	1813	539	274	268	550
公路客运量 （万人）	Passenger Traffic of Highways （10000 persons）	67770	10493	7152	6657	39050
公路货运量 （万吨）	Freight Traffic of Highways （10000 tons）	49200	10912	11579	9620	10799
民用汽车拥有量（万辆）	Number of Civil Motor Vehicles Owned （10000 units）	575.92	140.41	114.67	76.53	210.57
#私人汽车拥有量	Number of Private-owned Vehicles	470.38	117.72	89.60	62.02	173.04
邮政业务总量 （亿元）	Total Post Services （100 million yuan）	180.10	47.40	28.60	17.10	78.70
电信业务总量 （亿元）	Total Telecommunication Revenue （100 million yuan）	587.21	140.23	112.75	70.34	229.20
固定电话用户 （万户）	Number of Fixed Telephone Subscribers （10000 subscribers）	1157.25	305.66	229.52	160.80	357.92
移动电话用户 （万户）	Number of Mobile Telephone Subscribers （10000 subscribers）	4123.41	992.27	815.16	523.07	1474.47
互联网宽带接入用户 （万户）	Number of Subscribers of Internet Service （10000 subscriber）	799.71	214.95	143.74	107.76	273.42
全年用电量 （亿千瓦小时）	Total Consumption of Electricity （100 million kW · h）	2935.47	462.67	606.40	390.98	1263.21
#工业用电	Consumption of Electricity for Industrial Use	2265.03	286.71	476.28	308.06	1030.61
居民生活用电	Consumption of Electricity for Living Use by Residents	274.72	67.55	56.93	28.37	99.12

Continued 4

镇 江 Zhenjiang	苏中合计 Mid Jiangsu	南 通 Nantong	扬 州 Yangzhou	泰 州 Taizhou	苏北合计 Northern Jiangsu	徐 州 Xuzhou	连云港 Lianyungang	淮 安 Huaian	盐 城 Yancheng	宿 迁 Suqian
24.92	184.51	48.75	76.61	59.15	409.07	189.78	35.21	91.45	65.18	27.45
673.12	3264.78	1290.70	951.75	1022.33	3572.27	1533.37	482.17	413.31	703.69	439.73
427.23	1974.08	828.49	540.53	605.06	2086.08	856.08	301.21	218.77	404.19	305.83
401	2389	944	758	687	2511	443	304	661	746	357
458.51	9974.67	5339.82	2625.70	2009.16	4436.25	1089.66	555.13	1032.10	1107.77	651.59
2191.29	104102.16	61239.14	21201.56	21661.46	41612.27	9978.95	5189.15	9914.49	10485.15	6044.52
797.28	34899.57	16692.61	8669.87	9537.09	16733.15	3853.46	2626.73	3437.43	4100.64	2714.89
7201	37745	17995	10415	9335	70905	16332	11771	12930	19141	10731
7201	36396	17924	9155	9317	65443	15207	11679	12040	17122	9395
182	872	298	318	256	1758	441	349	401	322	245
4418	23388	9833	4746	8809	44398	14814	5381	8296	9284	6623
6290	18326	10137	5924	2265	36182	15455	7554	5076	4639	3458
33.74	166.20	83.75	41.94	40.51	209.85	68.41	32.21	29.47	47.60	32.16
28.00	140.23	71.66	34.94	33.63	179.46	59.08	27.01	24.52	40.28	28.57
8.30	43.70	22.20	12.30	9.20	45.90	11.80	6.50	5.50	9.90	12.20
34.70	166.06	75.10	48.23	42.73	224.28	66.66	35.20	34.71	53.67	34.03
103.35	529.78	248.98	142.21	138.59	602.78	161.01	103.12	95.19	162.92	80.55
318.43	1452.10	641.87	430.23	380.00	2366.44	727.18	352.50	357.85	562.02	366.89
59.83	272.73	121.76	77.24	73.73	358.90	102.92	63.59	53.62	87.45	51.33
212.20	746.08	326.15	197.38	222.55	1031.48	336.42	134.94	148.39	275.16	136.58
163.38	542.52	234.38	139.13	169.02	743.04	252.97	88.73	102.30	204.19	94.86
22.75	151.03	91.78	30.34	28.92	156.61	44.48	23.93	25.68	39.89	22.63

19－2 续 表5

指 标	Item	苏南合计 Southern Jiangsu	南京 Nanjing	无锡 Wuxi	常州 Changzhou	苏州 Suzhou
批发零售贸易、餐饮业	**Wholesale and Retail Trade and Catering Services**					
社会消费品零售总额（亿元）	Total Retail Sale of Consumer Goods (100 million yuan)	12433.71	3531.73	2759.98	1607.63	3662.24
#批发和零售业	Wholesale and Retail Trade	11168.63	3203.34	2535.82	1459.16	3197.24
住宿和餐饮业	Catering Services	1167.96	300.83	205.10	137.85	430.36
对外经济贸易、旅游	**Foreign Economy, Trade and Tourism**					
进出口总额（亿美元）	Total Imports and Exports (USD 100 million)	4746.41	557.57	703.71	292.15	3093.48
出口	Exports	2757.17	322.66	411.48	203.74	1757.06
进口	Imports	1989.24	234.91	292.23	88.41	1336.41
外贸依存度（%）	Interdependent Level to Foreign Trade (%)	80.8	43.1	54.0	41.5	147.2
实际外商直接投资（亿美元）	Actual Foreign Direct Investment (USD 100 million)	222.77	40.33	33.39	31.11	86.98
接待境外旅游者人数（万人次）	Number of Overseas Recieved Tourists (10000 person-times)	249.85	51.86	39.12	11.00	144.21
星级饭店数（个）	Star Class Hotels (unit)	459	117	64	72	154
旅游外汇收入（亿美元）	Foreign Exchange Earnings from Tourism (USD 100 million)	21.35	4.01	2.70	0.76	13.57
教育	**Education**					
学校数（所）	Total Number of School (unit)					
#普通高校	Institutions of Regular Higher Education	106	53	12	10	25
普通中等专业学校	Regular Specialized Secondary Schools	92	24	20	12	24
普通中学	Regular Secondary Schools	932	219	176	163	261
小学	Primary Schools	1133	339	194	182	304
在校学生数（万人）	Total Number of Students Enrollment (10000 persons)					
#普通高校	Institutions of Regular Higher Education	131.02	80.75	11.14	10.63	20.19
普通中等专业学校	Regular Specialized Secondary Schools	21.63	5.63	4.38	3.85	5.57
普通中学	Regular Secondary Schools	96.37	22.43	20.82	16.48	26.69

Continued 5

镇 江 Zhenjiang	苏中合计 Mid Jiangsu	南 通 Nantong	扬 州 Yangzhou	泰 州 Taizhou	苏北合计 Northern Jiangsu	徐 州 Xuzhou	连云港 Lianyungang	淮 安 Huaian	盐 城 Yancheng	宿 迁 Suqian
872.13	3884.38	1940.41	1106.88	837.09	4478.51	1495.91	655.57	721.22	1163.38	442.43
773.07	3496.32	1775.26	999.10	721.96	3996.73	1313.59	600.91	648.36	1048.44	385.44
93.83	367.40	151.83	100.41	115.16	459.48	160.02	54.67	72.86	114.95	56.99
99.50	497.62	298.14	95.07	104.41	264.42	62.89	66.41	36.61	65.28	33.22
62.23	351.19	212.78	75.50	62.91	180.21	48.97	37.84	27.81	37.79	27.80
37.27	146.43	85.37	19.57	41.50	84.21	13.92	28.58	8.80	27.50	5.42
21.1	27.3	36.6	18.1	21.5	12.1	8.8	23.0	10.5	11.6	12.1
30.97	54.02	22.87	18.28	13.23	55.80	15.00	8.70	11.51	15.50	5.09
3.67	29.14	21.69	4.78	2.66	9.04	2.58	2.42	1.06	2.60	0.37
52	216	120	67	29	295	117	60	39	55	24
0.31	1.69	1.12	0.37	0.20	0.76	0.22	0.17	0.09	0.25	0.04
6	22	8	7	7	28	11	4	6	5	2
12	19	5	10	4	58	10	9	14	7	18
113	583	222	170	191	1136	321	176	175	277	187
114	669	321	207	141	2218	870	439	284	375	250
8.31	20.71	7.63	8.17	4.91	31.32	13.63	3.76	6.69	5.49	1.75
2.20	11.28	4.67	4.99	1.62	23.78	4.81	4.30	5.07	2.84	6.76
9.95	63.48	26.00	19.02	18.46	136.88	37.52	23.15	22.71	28.24	25.26

指　　标	Item	苏南合计 Southern Jiangsu	南京 Nanjing	无锡 Wuxi	常州 Changzhou	苏州 Suzhou
小学	Primary Schools	149.71	32.14	32.53	24.36	47.24
专任教师数（万人）	Total Number of Full-time Teachers (10000 persons)					
#普通高校	Institutions of Regular Higher Education	7.50	4.82	0.59	0.50	1.07
普通中等专业学校	Regular Specialized Secondary Schools	1.59	0.35	0.38	0.28	0.42
普通中学	Regular Secondary Schools	9.14	2.24	1.92	1.40	2.58
小学	Primary Schools	8.83	2.08	1.91	1.27	2.66
幼儿园数（所）	Kindergartens (unit)	2031	757	325	246	509
在园幼儿数（万人）	School-age Children Enrolled in Schools (10000 persons)	75.00	17.55	14.98	11.19	24.80
成人高等学校在校学生数（万人）	Total Number of Adult Students in Institutions of Higher Education (10000 persons)	28.97	17.53	2.07	3.17	3.50
科技、文化、卫生	**Science, Culture and Public Health**					
专利申请受理量（件）	Applications Accepted (unit)	346091	54784	80271	41705	141076
#发　明	Inventions	108948	22482	20959	11840	44477
专利申请授权量（件）	Patents Granted (unit)	168994	19484	39828	18207	81666
#发　明	Inventions	13902	4729	2713	1173	4413
公共图书馆（个）	Public Libraries (unit)	51	18	10	4	11
公共图书馆藏书量（千册、件）	Total Collections of Public Libraries (1000 volumes)	37921	15053	3921	2849	13539
卫生机构数（个）	Number of Health Institutions (unit)	9369	2315	2027	1123	3007
#医院	Hospitals	584	186	132	45	181
卫生院	Commune Hospitals	242	22	32	58	82
卫生机构床位数（万张）	Number of Beds in Health Institutions (10000 units)	16.23	4.18	3.32	2.13	5.17
#医院	Hospital	13.58	3.67	2.84	1.48	4.52
卫生院	Commune Hospitals	1.18	0.05	0.08	0.43	0.41
卫生技术人员（万人）	Number of Medical and Technical Personnel (10000 persons)	20.24	5.80	3.89	2.67	6.11

Continued 6

镇 江 Zhenjiang	苏中合计 Mid Jiangsu	南 通 Nantong	扬 州 Yangzhou	泰 州 Taizhou	苏北合计 Northern Jiangsu	徐 州 Xuzhou	连云港 Lianyungang	淮 安 Huaian	盐 城 Yancheng	宿 迁 Suqian
13.44	75.92	31.82	22.06	22.04	209.73	66.18	35.52	32.54	40.41	35.08
0.52	1.21	0.44	0.50	0.27	1.69	0.76	0.19	0.34	0.30	0.10
0.16	0.37	0.09	0.17	0.11	1.00	0.17	0.16	0.24	0.12	0.31
1.00	6.12	2.49	1.68	1.95	12.18	3.46	2.08	1.94	2.77	1.93
0.91	4.81	1.96	1.37	1.48	12.19	3.65	2.09	1.95	2.42	2.08
194	904	388	286	230	1787	557	320	263	289	358
6.49	35.49	14.98	9.87	10.63	121.32	40.89	18.64	16.69	24.36	20.75
2.70	3.72	1.42	1.60	0.69	7.10	4.17	0.70	1.05	1.19	
28255	89222	40771	22825	25626	69183	23472	9396	12075	16689	7551
9190	18614	8029	5089	5496	13806	6087	1046	2337	3056	1280
9809	41811	22086	11416	8309	28836	10647	4410	4573	4718	4488
874	1400	746	406	248	1595	674	290	278	283	70
8	24	11	7	6	40	8	7	8	11	6
2559	10731	5284	3270	2177	11734	2994	2977	2081	2652	1030
897	6997	3187	1815	1995	14635	4454	2616	2153	3067	2345
40	312	200	62	50	594	118	66	49	139	222
48	310	110	74	126	514	159	91	129	135	
1.43	7.24	3.32	1.92	1.99	13.37	4.31	1.75	2.35	3.05	1.91
1.06	5.20	2.53	1.38	1.29	9.84	3.08	1.23	1.43	2.21	1.90
0.20	1.60	0.70	0.32	0.58	2.73	0.94	0.38	0.74	0.68	
1.77	8.08	3.65	2.25	2.18	14.58	4.36	2.05	2.78	3.29	2.11

指 标	Item	苏南合计 Southern Jiangsu	南京 Nanjing	无锡 Wuxi	常州 Changzhou	苏州 Suzhou
#执业(助理)医师	Practitioner (Assistant) Doctors	7.78	2.07	1.48	1.09	2.43
注册护士	Registered Nurses	8.47	2.54	1.68	1.11	2.41
人民生活	**People's Livelihood**					
人均居民储蓄存款 (元)	Per Capita Saving Deposits of Residents (yuan)	59222	59641	63029	58680	60578
城镇居民人均可支配收入 (元)	Per Capita Disposable Income of Urban Households (yuan)	39224	38531	38999	36611	42748
城镇居民人均消费支出 (元)	Per Capita Living Expenditure for Consumption of Urban Households (yuan)	24728	24591	25392	22831	26739
#食品支出	Expenditure for Food	8355	8243	8787	7884	8861
恩格尔系数 (城镇)(%)	Engle Coefficient (Urban, %)	33.8	33.5	34.6	34.5	33.1
农村居民人均纯收入 (元)	Per Capita Net Income of Rural Households (yuan)	19107	16531	20587	18643	21578
农村居民人均生活费支出 (元)	Per Capita Living Expenditure for Consumption of Rural Households (yuan)	13726	12392	14147	13563	16251
#食品支出	Expenditure for Food	4833	4554	5065	4799	5429
恩格尔系数 (农村)(%)	Engle Coefficient (Rural, %)	35.2	36.7	35.8	35.4	33.4
城镇居民人均住房建筑面积 (平方米)	Per Capita Residential Space of Urban Residents (sq. m)	38.2	32.8	38.0	41.5	43.1
农村居民人均住房面积 (平方米)	Per Capita Residential Space of Rural Residents (sq. m)	57.2	59.9	68.2	56.0	74.0
居民消费价格指数 (上年=100)	Consumer Price Indices (preceding year=100)	—	102.7	102.1	102.2	102.1

Continued 7

镇 江 Zhenjiang	苏中合计 Mid Jiangsu	南 通 Nantong	扬 州 Yangzhou	泰 州 Taizhou	苏北合计 Northern Jiangsu	徐 州 Xuzhou	连云港 Lianyungang	淮 安 Huaian	盐 城 Yancheng	宿 迁 Suqian
0.72	3.44	1.56	0.93	0.96	5.75	1.62	0.76	1.12	1.50	0.75
0.73	3.07	1.39	0.89	0.79	5.87	1.80	0.88	1.20	1.12	0.86
46613	47844	56596	43200	38541	21313	24325	18589	19304	24770	15279
32977	29706	31059	28145	29112	22933	23770	22985	23107	24119	18846
19795	19063	19646	17653	18223	15851	15963	13992	16763	16678	13135
7056	6675	6776	6583	6341	5511	5380	5091	5800	5824	4766
35.6	35.0	34.5	37.3	34.8	34.8	33.7	36.4	34.6	34.9	36.3
16258	14375	14754	14214	13982	11769	12052	10745	11045	13344	10703
11995	10214	10931	9725	9862	7367	7246	6932	7373	7712	7454
4276	3529	3864	3435	3210	2621	2593	2457	2670	2686	2751
35.6	34.6	35.4	35.3	32.5	35.6	35.8	35.4	36.2	34.8	36.9
40.4	41.2	40.1	37.6	40.4	37.8	37.5	39.1	37.1	37.2	39.9
51.0	51.0	55.7	48.6	55.9	44.9	48.0	43.0	46.4	46.9	44.0
102.1	—	102.2	102.2	101.9	—	102.3	102.2	102.2	102.7	102.4

19－3 江苏主要指标占长江三角洲比重（2013年）
Proportion of Main Indicators of Jiangsu in Yangtze River Delta (2013)

指　　标	Item	长江三角洲三省市合计 Yangtze River Delta	长江三角洲占全国比重(%) Proportion of Yangtze River Delta in the Country(%)	江苏占长江三角洲比重(%) Proportion of Jiangsu in Yangtze River Delta (%)
土地面积　（万平方公里）	Land Area (10000 sq. km)	21.1	2.2	48.7
年末总人口　（万人）	Year－end Total Population (10000 persons)	15852.6	11.7	50.1
地区生产总值　（亿元）	Gross Domestic Product (100 million yuan)	118332.4	20.8	50.0
第一产业	Primary Industry	5560.0	9.8	65.6
第二产业	Secondary Industry	55568.5	22.3	52.4
#工业	Industry	49217.4	23.4	52.0
第三产业	Tertiary Industry	57203.9	21.8	46.2
固定资产投资　（亿元）	Total Investment in Fixed Assets (100 million yuan)	61815.7	14.2	58.2
#房地产开发	Investment in Real Estate Development	16277.3	18.9	44.5
公共财政预算收入　（亿元）	Public Finance Budget Revenue (100 million yuan)	14474.9	11.2	45.4
金融机构本外币存款余额（亿元）	Deposits Balance of Banking Institutions (100 million yuan)	231290.7	21.6	38.2
金融机构本外币贷款余额（亿元）	Loans Balance of Banking Institutions (100 million yuan)	84619.0	11.0	40.3
社会消费品零售总额（亿元）	Total Rtail Sales of Consumer Goods (100 million yuan)	44074.0	18.5	47.2
进出口总额　（亿美元）	Total Imports and Exports (USD 100 million)	13278.6	31.9	41.5
出口	Exports	7817.9	35.4	42.1
进口	Imports	5460.7	28.0	40.7
实际外商直接投资（亿美元）	Actual Foreign Direct Investment (USD 100 million)	612.0	52.0	54.3
旅游外汇收入　（亿美元）	Foreign Exchange Earnings from Tourism (USD 100 million)	131.2	25.4	18.1
在读研究生　（万人）	Postgraduates (10000 persons)	34.3	19.1	43.8
普通高等学校本专科在校学生　（万人）	University and College Students (10000 persons)	314.9	12.8	53.5
专利申请受理量　（万件）	Applications Accepted (10000 units)	88.5	37.2	57.0
专利申请受权量　（万件）	Patents Granted (10000 units)	49.0	37.3	48.9
图书出版量　（亿册）	Books Pubished (100 million copies)	12.8	15.5	44.1
执业医师数　（万人）	Doctors (10000 persons)	36.6	13.1	46.4

19－4　沿江开发区域主要指标占全省比重（2013 年）
Proportion of Main Indicators of Development Zones along the Yangtze River in Jiangsu Province（2013）

指标	Item	全省 Province	沿江开发区域 Development Zones along the Yangtze River	沿江开发区域占全省比重（%） Proportion of Development Zones along the Yangtze River in Jiangsu Province（%）
年末户籍人口（万人）	Registered Population at Year－end（10000 persons）	7616.84	2719.22	35.7
土地面积（万平方公里）	Land Area（10000 sq. km）	10.26	2.81	27.4
地区生产总值（亿元）	Gross Domestic Product（100 million yuan）	59161.75	31296.13	52.9
第一产业	Primary Industry	3646.08	1009.52	27.7
第二产业	Secondary Industry	29094.02	15909.19	54.7
#工业	Industry	25612.23	14331.72	56.0
第三产业	Tertiary Industry	26421.65	14377.42	54.4
规模以上工业总产值（亿元）	Gross Industrial Output Value of Over Scale Enterprises（100 million yuan）	134648.91	66247.79	49.2
#制造业	Manufacturing	129079.03	64835.94	50.2
固定资产投资额（亿元）	Urban Investment in Fixed Assets（100 million yuan）	35982.52	17614.97	49.0
#房地产开发投资	Real Estate Dvelopment	7241.45	3481.67	48.1
社会消费品零售总额（亿元）	Total Retail Sales of Consumer Goods（100 million yuan）	20796.52	10430.78	50.2
进出口总额（亿美元）	Total Imports and Exports（USD 100 million）	5508.44	2188.34	39.7
#出口	Exports	3288.57	1282.72	39.0
实际外商直接投资（亿美元）	Actual Foreign Direct Investment（USD 100 million）	332.59	178.77	53.8
公共财政预算收入（亿元）	Public Finance Budget Revenue（100 million yuan）	6568.46	2832.82	43.1
公共财政预算支出（亿元）	Public Finance Budget Expenditure（100 million yuan）	7027.67	2962.25	42.2
金融机构存款余额（亿元）	Deposits Balance of Banking Institutions（100 million yuan）	85604.08	46863.93	54.7
#居民储蓄存款	Saving Deposits of Residents	33823.90	17758.70	52.5
金融机构贷款余额（亿元）	Loans Balance of Banking Institutions（100 million yuan）	61836.53	33499.81	54.2

19－5 沿江地区主要指标（2013 年）

Main Indicators of the Region along the Yangtze River（2013）

地 区	Region	年末户籍人口（万人）Registered Population at Year-end (10000 persons)	土地面积（平方公里）Land Area (sq. km)	人口密度（人/平方公里）Density of Population (person/sq. km)	从业人员（万人）Employed Persons (10000 persons)	#第二产业 Secondary Industry	#第三产业 Tertiary Industry
沿江八市	**Eight Cities**	**4140.97**	**48660**	**851**	**3026.90**	**1493.80**	**1155.70**
沿江开发区域	**Development Regions**	**2719.22**	**28132**	**967**	**1923.15**	**870.81**	**798.21**
南京市区	Nanjing	643.09	6587	976	452.40	150.20	253.70
江 阴 市	Jiangyin	121.73	987	1233	99.52	62.90	31.47
常州市区	Changzhou	231.74	1862	1245	196.41	104.91	78.21
常 熟 市	Changshu	106.73	1276	836	106.50	53.87	48.69
张家港市	Zhangjiagang	91.47	990	924	93.59	51.17	39.00
太 仓 市	Taicang	47.45	823	577	48.47	26.92	18.30
南通市区	Nantong	212.32	1521	1396	138.00	60.20	57.80
启 东 市	Qidong	112.35	1208	930	68.70	29.60	18.60
如 皋 市	Rugao	143.22	1492	960	75.60	35.10	19.30
海 门 市	Haimen	100.06	939	1066	66.60	31.70	16.30
扬州市区	Yangzhou	230.88	2306	1001	138.36	65.00	56.81
仪 征 市	Yizheng	56.42	902	626	39.71	18.34	11.98
镇江市区	Zhenjiang	103.30	1082	955	68.92	28.23	34.66
丹 阳 市	Danyang	81.33	1047	777	62.81	34.88	21.62
扬 中 市	Yangzhong	28.18	331	851	21.49	12.13	7.92
句 容 市	Jurong	58.94	1387	425	38.88	16.16	12.30
泰州市区	Taizhou	163.27	1567	1042	99.03	42.23	38.83
靖 江 市	Jingjiang	66.79	656	1019	42.03	20.92	12.79
泰 兴 市	Taixing	119.95	1170	1026	66.12	26.36	19.93

地 区	Region	地区生产总值（亿元）Gross Domectic Product (100 million yuan)	第一产业 Primary Industry	第二产业 Seconary Industry	#工业 Industry	第三产业 Tertiary Industry	人均地区生产总值（元）Per Capita GDP (yuan)
沿江八市	**Eight Cities**	**47683.68**	**1602.76**	**24198.93**	**21728.12**	**21881.99**	**96407**
沿江开发区域	**Development Regions**	**31296.13**	**1009.52**	**15909.19**	**14331.72**	**14377.42**	**99052**
南京市区	Nanjing	8011.78	204.64	3450.58	2997.63	4356.56	98011
江 阴 市	Jiangyin	2706.06	51.53	1518.07	1457.48	1136.46	166307
常州市区	Changzhou	3349.68	65.36	1728.94	1604.72	1555.38	99368
常 熟 市	Changshu	1980.31	40.50	1048.29	1000.75	891.52	131338
张家港市	Zhangjiagang	2145.31	30.41	1192.34	1142.35	922.56	172093
太 仓 市	Taicang	1002.28	36.84	532.46	501.69	432.98	141785
南通市区	Nantong	1908.79	58.16	1008.80	855.15	841.83	82054
启 东 市	Qidong	658.31	65.26	333.35	258.07	259.70	68653
如 皋 市	Rugao	657.01	57.04	343.33	285.93	256.64	52185
海 门 市	Haimen	740.01	50.76	407.60	337.09	281.65	82005
扬州市区	Yangzhou	2182.33	80.50	1158.72	1025.21	943.11	90355
仪 征 市	Yizheng	410.16	21.23	231.75	204.87	157.18	72963
镇江市区	Zhenjiang	1265.96	29.53	642.79	570.35	593.64	103675
丹 阳 市	Danyang	925.15	49.75	484.06	463.45	391.34	94839
扬 中 市	Yangzhong	395.10	12.65	215.25	207.22	167.20	116001
句 容 市	Jurong	385.65	37.08	196.01	178.72	152.56	61912
泰州市区	Taizhou	1291.20	52.08	726.25	619.16	512.87	79931
靖 江 市	Jingjiang	670.43	20.19	368.02	340.09	282.22	97730
泰 兴 市	Taixing	610.61	46.01	322.57	281.79	242.03	56735

19-5 续 表2 Continued 2

单位:% (%)

地区	Region	三次产业占GDP比重 Percentage of Three Industries to GDP 第一产业 Primary Industry	第二产业 Seconary Industry	#工业 Industry	第三产业 Tertiary Industry	公共财政预算收入占GDP比重 Percentage of Public Finance Budget Revenue to GDP	外贸依存度 Interdependent Level to Foreign Trade
沿江八市	**Eight Cities**	**3.4**	**50.7**	**45.6**	**45.9**	**9.5**	**68.1**
沿江开发区域	**Development Regions**	**3.2**	**50.8**	**45.8**	**45.9**	**9.1**	**43.3**
南京市区	Nanjing	2.6	43.1	37.4	54.4	10.4	43.1
江阴市	Jiangyin	1.9	56.1	53.9	42.0	6.7	45.8
常州市区	Changzhou	2.0	51.6	47.9	46.4	10.1	49.1
常熟市	Changshu	2.0	52.9	50.5	45.0	7.0	58.3
张家港市	Zhangjiagang	1.4	55.6	53.2	43.0	7.2	93.0
太仓市	Taicang	3.7	53.1	50.1	43.2	10.0	78.8
南通市区	Nantong	3.0	52.9	44.8	44.1	11.5	53.2
启东市	Qidong	9.9	50.6	39.2	39.5	8.9	30.4
如皋市	Rugao	8.7	52.3	43.5	39.1	9.2	29.7
海门市	Haimen	6.9	55.1	45.6	38.1	8.3	15.7
扬州市区	Yangzhou	3.7	53.1	47.0	43.2	8.3	21.0
仪征市	Yizheng	5.2	56.5	49.9	38.3	6.9	15.0
镇江市区	Zhenjiang	2.3	50.8	45.1	46.9	10.8	30.8
丹阳市	Danyang	5.4	52.3	50.1	42.3	6.5	17.3
扬中市	Yangzhong	3.2	54.5	52.4	42.3	6.9	7.2
句容市	Jurong	9.6	50.8	46.3	39.6	7.9	9.9
泰州市区	Taizhou	4.0	56.2	48.0	39.7	10.1	22.5
靖江市	Jingjiang	3.0	54.9	50.7	42.1	8.6	25.2
泰兴市	Taixing	7.5	52.8	46.1	39.6	6.3	25.2

地 区	Region	规模以上工业企业个数（个）Number of Over Scale Industrial Enterprises (unit)	工业总产值（亿元）Total Output Value of Industry (100 million yuan)	#制造业 Manufacturing	主营业务收入（亿元）Major Business Revenue (100 million yuan)	利税总额（亿元）Total Pre-tax Profits (100 million yuan)	利润总额（亿元）Total Profits (100 million yuan)
沿江八市	**Eight Cities**	**36471**	**102910.58**	**100977.68**	**102305.21**	**8860.70**	**5635.83**
沿江开发区域	**Development Regions**	**21700**	**66247.79**	**64835.94**	**65778.31**	**6979.14**	**4158.85**
南京市区	Nanjing	2783	12563.09	12262.73	12425.21	1789.17	979.10
江阴市	Jiangyin	1439	6140.78	5984.21	5928.67	523.52	336.69
常州市区	Changzhou	3164	7724.21	7774.17	8029.57	630.96	383.97
常熟市	Changshu	1500	3582.25	3468.43	3557.36	252.15	179.08
张家港市	Zhangjiagang	1300	4922.05	4827.44	5071.75	218.92	115.12
太仓市	Taicang	1227	1994.70	1877.45	1930.48	154.86	103.15
南通市区	Nantong	1619	3826.80	3754.19	3829.90	416.61	267.06
启东市	Qidong	527	1356.46	1294.21	1341.92	176.51	114.53
如皋市	Rugao	806	1412.27	1408.12	1336.23	106.47	59.72
海门市	Haimen	638	1629.51	1625.08	1646.99	272.71	180.88
扬州市区	Yangzhou	1536	5425.97	5234.24	5356.13	665.64	367.56
仪征市	Yizheng	341	1257.42	1241.28	1256.18	155.88	100.59
镇江市区	Zhenjiang	986	2761.84	2578.35	2739.94	292.26	201.43
丹阳市	Danyang	819	2263.70	2256.85	2246.59	176.14	117.89
扬中市	Yangzhong	409	1056.61	1055.21	1013.05	116.93	70.10
句容市	Jurong	567	1096.64	1058.23	1085.04	102.87	50.21
泰州市区	Taizhou	1023	3617.52	3557.45	3500.53	450.27	243.24
靖江市	Jingjiang	451	1933.65	1904.78	1812.60	228.15	139.13
泰兴市	Taixing	565	1682.32	1673.52	1670.17	249.11	149.41

地区	Region	固定资产投资（亿元）Investment in Fixed Assets (100 million yuan)	#房地产开发 Real Estate Development	社会消费品零售总额（亿元）Total Retail Sales of Consumer Goods (100 million yuan)	进出口总额（亿美元）Total Imports and Exports (USD 100 million)	#出口 Exports	实际外商直接投资（亿美元）Actual Direct Foreign Investment (USD 100 million)
沿江八市	**Eight Cities**	**26580.78**	**5741.92**	**16318.09**	**5244.03**	**3108.36**	**282.65**
沿江开发区域	**Development Regions**	**17614.97**	**3481.67**	**10430.78**	**2188.34**	**1282.72**	**178.77**
南京市区	Nanjing	5093.78	1037.71	3531.73	557.57	322.66	40.33
江阴市	Jiangyin	948.79	234.01	581.95	199.99	108.33	8.08
常州市区	Changzhou	2224.09	604.84	1192.38	265.42	182.67	29.39
常熟市	Changshu	715.21	134.23	564.43	186.26	116.43	10.24
张家港市	Zhangjiagang	762.22	98.18	413.80	322.19	128.24	6.42
太仓市	Taicang	500.54	67.79	218.70	127.60	55.14	6.18
南通市区	Nantong	1359.69	380.11	715.60	163.95	116.38	10.03
启东市	Qidong	407.17	44.18	255.62	32.33	26.51	2.54
如皋市	Rugao	374.86	46.06	257.81	31.54	23.72	2.48
海门市	Haimen	423.49	40.07	266.37	18.76	15.44	2.48
扬州市区	Yangzhou	1241.19	232.84	729.30	74.11	60.72	14.84
仪征市	Yizheng	281.37	22.72	125.56	9.96	5.75	3.17
镇江市区	Zhenjiang	1049.68	163.49	435.62	62.95	32.64	16.20
丹阳市	Danyang	322.13	55.99	226.83	25.81	21.08	6.30
扬中市	Yangzhong	174.15	14.84	101.34	4.59	3.75	2.66
句容市	Jurong	207.19	61.99	103.10	6.15	4.75	5.81
泰州市区	Taizhou	863.28	154.63	411.13	46.98	30.56	8.13
靖江市	Jingjiang	342.41	48.49	138.34	27.28	16.25	0.76
泰兴市	Taixing	323.75	39.48	161.17	24.88	11.67	2.73

单位:亿元 (100 million yuan)

地区	Region	公共财政预算收入 Public Finance Budget Revenue	#税收收入 Taxes	公共财政预算支出 Public Finance Budget Expenditure	年末金融机构存款余额 Deposits Balance of Banking Institutions (year－end)	#城乡居民储蓄存款 Savings Deposits by Residents	年末金融机构贷款余额 Loans Balance of Banking Institutions (year－end)
沿江八市	**Eight Cities**	**4533.07**	**3756.93**	**4718.71**	**73655.03**	**27454.50**	**53271.80**
沿江开发区域	**Development Regions**	**2832.82**	**2320.03**	**2962.25**	**46863.93**	**17758.70**	**33499.81**
南京市区	Nanjing	831.31	684.47	850.91	18050.82	4883.29	13791.06
江阴市	Jiangyin	182.28	151.90	171.19	2606.77	872.36	1987.44
常州市区	Changzhou	337.39	266.31	332.58	5080.49	2101.24	3443.36
常熟市	Changshu	138.58	115.74	128.08	2208.20	987.42	1658.50
张家港市	Zhangjiagang	154.18	125.02	145.02	2286.21	832.72	1675.57
太仓市	Taicang	100.13	82.12	92.36	1145.18	420.82	994.92
南通市区	Nantong	218.75	177.45	226.00	3460.13	1593.97	2169.00
启东市	Qidong	58.54	48.73	68.87	825.53	564.37	487.30
如皋市	Rugao	60.13	50.16	83.49	762.31	506.02	443.49
海门市	Haimen	61.17	50.57	66.37	864.86	557.31	522.96
扬州市区	Yangzhou	181.73	148.78	202.69	2801.90	1276.63	1720.40
仪征市	Yizheng	28.37	23.64	33.49	395.23	223.23	217.76
镇江市区	Zhenjiang	136.43	107.95	145.20	1652.40	617.47	1069.94
丹阳市	Danyang	60.42	51.48	69.85	860.93	422.15	729.36
扬中市	Yangzhong	27.15	23.12	31.50	408.73	229.76	293.16
句容市	Jurong	30.51	26.11	39.68	367.41	206.11	271.92
泰州市区	Taizhou	130.08	106.70	165.78	1760.50	767.86	1198.47
靖江市	Jingjiang	57.45	48.12	53.76	761.87	355.06	501.88
泰兴市	Taixing	38.20	31.68	55.44	564.47	340.91	323.34

19－5 续 表6 Continued 6

地　　区	Region	公路里程（公里）Total Length of Highways (km)	民用汽车拥有量（万辆）Number of Civil Motor Vehicles Owned (10000 units)	公路客运量（万人）Passenger Traffic (10000 persons)	公路货运量（万吨）Freight Traffic (10000 tons)	全社会用电量（亿千瓦时）Total Consumption of Electricity (100 million kW·h)	#工业用电 Consumption of Electricity for Industrial Use
沿江八市	**Eight Cities**	**85187**	**742.12**	**91158**	**67526**	**3681.55**	**2807.55**
沿江开发区域	**Development Regions**	**56390**	**464.13**	**53502**	**50226**	**2262.11**	**1724.03**
南京市区	Nanjing	11131	140.41	10493	10912	462.67	286.71
江 阴 市	Jiangyin	2362	28.64	1608	4473	239.47	211.62
常州市区	Changzhou	4276	61.01	4673	6932	280.31	215.48
常 熟 市	Changshu	3158	27.70	4101	1241	155.98	129.35
张家港市	Zhangjiagang	1539	23.91	4224	1896	278.38	256.85
太 仓 市	Taicang	1296	13.97	1953	1273	89.54	75.83
南通市区	Nantong	3928	34.56	6586	4769	134.41	96.62
启 东 市	Qidong	3513	10.36	876	746	26.76	17.14
如 皋 市	Rugao	3191	12.37	434	1400	45.38	31.70
海 门 市	Haimen	2464	9.96	695	584	34.58	23.78
扬州市区	Yangzhou	4203	29.02	6035	6155	108.21	69.70
仪 征 市	Yizheng	1483	4.74	717	1076	32.24	26.60
镇江市区	Zhenjiang	1602	16.15	2245	3529	108.43	84.67
丹 阳 市	Danyang	2140	10.75	941	1433	66.79	53.64
扬 中 市	Yangzhong	1000	4.03	445	983	14.79	10.25
句 容 市	Jurong	2459	2.82	787	945	22.19	14.82
泰州市区	Taizhou	3242	17.97	3437	1123	76.22	53.43
靖 江 市	Jingjiang	1308	8.06	1332	315	34.81	25.15
泰 兴 市	Taixing	2095	7.70	1920	441	50.95	40.69

19－6 沿海地区主要指标（2013 年）
Main Indicators of the Coastal Regions(2013)

地　区	Region	年末户籍人口(万人) Registered Population at Year-end (10000 persons)	土地面积(平方公里) Land Area (sq. km)	人口密度(人/平方公里) Density of Population (person/sq. km)	从业人员(万人) Employed Persons (10000 persons)	#第二产业 Secondary Industry	#第三产业 Tertiary Industry
沿海三市合计	**Three Cities**	**2110.46**	**32588**	**648**	**1163.8**	**441.8**	**400.0**
沿海地带合计	**Coastal Regions**	**1655.72**	**26460**	**626**	**935.78**	**357.67**	**327.69**
南通市市区	Nantong	212.32	1521	1396	138.00	60.20	57.80
海安县	Haian	94.18	1108	850	55.20	29.00	14.00
如东县	Rudong	104.38	1733	602	63.10	31.00	17.30
启东市	Qidong	112.35	1208	930	68.70	29.60	18.60
海门市	Haimen	100.06	939	1066	66.60	31.70	16.30
连云港市区	Lianyungang	98.21	1498	656	52.26	18.69	25.14
赣榆县	Ganyu	117.85	1514	778	57.36	19.02	19.99
灌云县	Guanyun	103.58	1538	673	47.77	14.05	14.10
灌南县	Guannan	80.34	1028	782	36.38	8.84	10.75
盐城市市区	Yancheng	167.83	1862	901	98.15	35.45	43.15
响水县	Xiangshui	61.77	1461	423	28.90	9.20	9.72
滨海县	Binhai	120.10	1915	627	55.51	16.86	19.18
射阳县	Sheyang	96.63	2855	338	55.35	17.47	19.89
东台市	Dongtai	113.58	3221	353	66.19	22.20	24.39
大丰市	Dafeng	72.54	3059	237	46.32	14.40	17.39

地 区	Region	地区生产总值（亿元）Gross Domectic Product (100 million yuan)	第一产业 Primary Industry	第二产业 Seconary Industry	#工 业 Industry	第三产业 Tertiary Industry	人均地区生产总值（元）Per Capita GDP (yuan)
沿海三市合计	**Three Cities**	**10299.81**	**1093.76**	**5066.90**	**4215.85**	**4139.15**	**54401**
沿海地带合计	**Coastal Regions**	**8662.83**	**874.01**	**4348.07**	**3627.99**	**3440.76**	**57196**
南通市市区	Nantong	1908.79	58.16	1008.80	855.15	841.83	82054
海安县	Haian	538.73	52.09	266.48	219.47	220.17	62199
如东县	Rudong	536.03	62.11	263.93	212.46	209.99	54431
启东市	Qidong	658.31	65.26	333.35	258.07	259.70	68653
海门市	Haimen	740.01	50.76	407.60	337.09	281.65	82005
连云港市区	Lianyungang	603.02	35.95	302.53	239.84	264.54	54815
赣榆县	Ganyu	376.41	56.24	187.55	146.39	132.62	39612
灌云县	Guanyun	249.92	56.17	115.56	87.96	78.19	31544
灌南县	Guannan	235.90	42.72	117.18	99.62	76.00	37844
盐城市市区	Yancheng	953.40	76.11	529.28	453.53	348.01	59043
响水县	Xiangshui	203.12	38.08	100.47	90.21	64.57	40382
滨海县	Binhai	300.10	52.98	131.54	112.11	115.58	31794
射阳县	Sheyang	351.47	74.69	137.29	124.49	139.49	39402
东台市	Dongtai	564.09	84.10	252.34	223.18	227.65	57201
大丰市	Dafeng	443.52	68.60	194.15	168.43	180.77	63229

19－6 续 表2 Continued 2

单位:% (%)

地　区	Region	三次产业占GDP比重 Percentage of Three Industries to GDP 第一产业 Primary Industry	第二产业 Seconary Industry	#工　业 Industry	第三产业 Tertiary Industry	公共财政预算收入占GDP比重 Percentage of Public Finance Budget Revenue to GDP	外贸依存度 Interdependent Level to Foreign Trade
沿海三市合计	**Three Cities**	**10.6**	**49.2**	**40.9**	**40.2**	**10.5**	**25.8**
沿海地带合计	**Coastal Regions**	**10.1**	**50.2**	**41.9**	**39.7**	**10.7**	**27.9**
南通市市区	Nantong	3.0	52.9	44.8	44.1	11.5	53.2
海 安 县	Haian	9.7	49.5	40.7	40.9	8.7	26.3
如 东 县	Rudong	11.6	49.2	39.6	39.2	7.6	33.2
启 东 市	Qidong	9.9	50.6	39.2	39.5	8.9	30.4
海 门 市	Haimen	6.9	55.1	45.6	38.1	8.3	15.7
连云港市区	Lianyungang	6.0	50.2	39.8	43.9	17.3	56.4
赣 榆 县	Ganyu	14.9	49.8	38.9	35.2	9.3	6.9
灌 云 县	Guanyun	22.5	46.2	35.2	31.3	12.4	4.5
灌 南 县	Guannan	18.1	49.7	42.2	32.2	12.9	5.9
盐城市市区	Yancheng	8.0	55.5	47.6	36.5	12.7	23.1
响 水 县	Xiangshui	18.7	49.5	44.4	31.8	11.8	26.8
滨 海 县	Binhai	17.7	43.8	37.4	38.5	9.7	7.7
射 阳 县	Sheyang	21.3	39.1	35.4	39.7	6.4	3.6
东 台 市	Dongtai	14.9	44.7	39.6	40.4	9.3	4.4
大 丰 市	Dafeng	15.5	43.8	38.0	40.8	11.3	8.0

地 区	Region	规模以上工业企业个数（个）Number of Over Scale Industrial Enterprises (unit)	工业总产值（亿元）Total Output Value of Industry (100 million yuan)	#制造业 Manufacturing	主营业务收入（亿元）Major Business Revenue (100 million yuan)	利税总额（亿元）Total Pre-tax Profits (100 million yuan)	利润总额（亿元）Total Profits (100 million yuan)
沿海三市合计	**Three Cities**	**9676**	**21725.55**	**21248.30**	**21668.80**	**2645.31**	**1605.61**
沿海地带合计	**Coastal Regions**	**7812**	**18554.44**	**18096.72**	**18610.17**	**2352.67**	**1440.21**
南通市市区	Nantong	1619	3826.80	3754.19	3829.90	416.61	267.06
海安县	Haian	860	1546.88	1540.65	1558.28	183.03	125.42
如东县	Rudong	657	1482.04	1443.95	1482.48	175.69	113.92
启东市	Qidong	527	1356.46	1294.21	1341.92	176.51	114.53
海门市	Haimen	638	1629.51	1625.08	1646.99	272.71	180.88
连云港市区	Lianyungang	315	1383.53	1254.01	1389.29	220.01	139.14
赣榆县	Ganyu	471	1090.75	1082.16	1079.91	109.33	62.17
灌云县	Guanyun	246	506.13	492.17	498.02	49.54	35.02
灌南县	Guannan	188	500.13	499.62	497.71	60.69	34.84
盐城市市区	Yancheng	656	2208.07	2182.59	2211.57	366.99	176.57
响水县	Xiangshui	142	517.19	481.93	519.41	78.19	56.59
滨海县	Binhai	210	491.01	487.86	501.08	54.10	29.95
射阳县	Sheyang	285	494.93	464.12	491.88	38.51	19.54
东台市	Dongtai	573	863.06	853.16	872.68	86.75	47.69
大丰市	Dafeng	425	657.95	641.03	689.06	64.01	36.89

19－6 续 表4 Continued 4

地 区	Region	固定资产投资（亿元）Investment in Fixed Assets (100 million yuan)	#房地产开发 Real Estate Development	社会消费品零售总额（亿元）Total Retail Sales of Consumer Goods (100 million yuan)	进出口总额（亿美元）Total Imports and Exports (USD 100 million)	#出 口 Exports	实际外商直接投资（亿美元）Actual Direct Foreign Investment (USD 100 million)
沿海三市合计	**Three Cities**	**6866.54**	**1097.90**	**3759.36**	**429.84**	**288.40**	**47.07**
沿海地带合计	**Coastal Regions**	**5916.09**	**974.72**	**3151.42**	**389.37**	**256.81**	**40.45**
南通市市区	Nantong	1359.69	380.11	715.60	163.95	116.38	10.03
海安县	Haian	374.28	47.69	204.99	22.85	20.06	2.61
如东县	Rudong	359.24	38.40	226.70	28.70	10.66	2.74
启东市	Qidong	407.17	44.18	255.62	32.33	26.51	2.54
海门市	Haimen	423.49	40.07	266.37	18.76	15.44	2.48
连云港市区	Lianyungang	645.66	95.87	259.99	54.94	28.46	5.11
赣榆县	Ganyu	203.08	21.71	123.64	4.21	3.22	1.22
灌云县	Guanyun	158.56	12.21	89.57	1.83	1.65	0.96
灌南县	Guannan	155.61	15.84	61.48	2.26	1.85	0.05
盐城市市区	Yancheng	679.17	157.49	393.75	35.52	14.34	5.61
响水县	Xiangshui	163.35	10.12	47.54	4.02	3.24	0.95
滨海县	Binhai	215.11	21.51	78.89	2.75	2.25	1.30
射阳县	Sheyang	188.72	24.10	123.88	2.75	1.79	1.32
东台市	Dongtai	327.36	36.42	179.91	5.71	5.23	1.76
大丰市	Dafeng	255.60	28.99	123.48	8.77	5.71	1.76

19－6　续　表5　Continued 5

单位:亿元　(100 million yuan)

地　区	Region	公共财政预算收入 Public Finance Budget Revenue	#税收收入 Taxes	公共财政预算支出 Public Finance Budget Expenditure	年末金融机构存款余额 Deposits Balance of Banking Institutions (year－end)	#城乡居民储蓄存款 Savings Deposits by Residents	年末金融机构贷款余额 Loans Balance of Banking Institutions (year－end)
沿海三市合计	**Three Cities**	**1085.95**	**891.20**	**1494.41**	**12209.71**	**6741.75**	**8055.24**
沿海地带合计	**Coastal Regions**	**925.18**	**757.30**	**1245.72**	**10710.91**	**5742.82**	**7074.72**
南通市市区	Nantong	218.75	177.45	226.00	3460.13	1593.97	2169.00
海 安 县	Haian	46.63	39.21	64.58	823.33	497.64	583.34
如 东 县	Rudong	40.66	33.78	67.11	605.84	410.91	302.45
启 东 市	Qidong	58.54	48.73	68.87	825.53	564.37	487.30
海 门 市	Haimen	61.17	50.57	66.37	864.86	557.31	522.96
连云港市区	Lianyungang	104.19	78.30	151.19	967.87	365.41	837.70
赣 榆 县	Ganyu	34.93	29.81	59.47	213.69	141.66	170.75
灌 云 县	Guanyun	30.88	26.72	49.99	163.04	103.73	115.82
灌 南 县	Guannan	30.53	26.27	47.77	109.33	72.67	88.67
盐城市市区	Yancheng	120.82	100.68	165.99	1263.84	483.61	890.46
响 水 县	Xiangshui	23.98	19.71	38.21	109.41	61.95	94.63
滨 海 县	Binhai	29.07	23.37	53.01	181.96	114.79	134.74
射 阳 县	Sheyang	22.50	18.03	45.08	243.33	164.23	171.08
东 台 市	Dongtai	52.46	43.62	73.47	497.98	375.52	267.22
大 丰 市	Dafeng	50.07	41.09	68.62	380.76	235.05	238.60

19－6　续　表 6　Continued 6

地　区	Region	公路里程（公里）Total Length of Highways (km)	民用汽车拥有量（万辆）Number of Civil Motor Vehicles Owned (10000 units)	公路客运量（万人）Passenger Traffic (10000 persons)	公路货运量（万吨）Freight Traffic (10000 tons)	全社会用电量（亿千瓦时）Total Consumption of Electricity (100 million kW·h)	#工业用电 Consumption of Electricity for Industrial Use
沿海三市合计	**Three Cities**	**48907**	**163.56**	**24498**	**22330**	**736.25**	**527.29**
沿海地带合计	**Coastal Regions**	**39181**	**132.58**	**21302**	**19105**	**621.58**	**447.28**
南通市市区	Nantong	3928	34.56	6586	4769	134.41	96.62
海 安 县	Haian	2362	7.71	830	1614	42.28	33.03
如 东 县	Rudong	2537	8.72	412	1024	39.75	29.12
启 东 市	Qidong	3513	10.36	876	746	26.76	17.14
海 门 市	Haimen	2464	9.96	695	584	34.58	23.78
连云港市区	Lianyungang	1529	8.51	3133	3053	48.41	28.35
赣 榆 县	Ganyu	2827	5.90	331	1514	32.82	24.55
灌 云 县	Guanyun	2564	4.54	381	1085	11.13	5.86
灌 南 县	Guannan	1920	3.04	727	475	24.03	18.85
盐城市市区	Yancheng	2891	14.91	4018	2110	46.06	24.96
响 水 县	Xiangshui	1763	2.64	762	306	51.35	47.00
滨 海 县	Binhai	2138	5.10	358	638	24.45	17.50
射 阳 县	Sheyang	2484	4.97	381	93	18.69	11.29
东 台 市	Dongtai	3185	5.96	854	725	38.99	29.62
大 丰 市	Dafeng	3076	5.70	958	368	47.88	39.62

19－7　沿东陇海线地区主要指标（2013 年）

Main Indicators of the East Region along the Long-hai Railway(2013)

地　　区	Region	年末户籍人口(万人) Registered Population at Year-end (10000 persons)	土地面积(平方公里) Land Area (sq. km)	人口密度(人/平方公里) Density of Population (person/ sq. km)	从业人员(万人) Employed Persons (10000 persons)	#第二产业 Secondary Industry	#第三产业 Tertiary Industry
东陇海合计	**Total**	**837.39**	**10232**	**818**	**405.44**	**122.36**	**158.39**
徐州市市区	Xuzhou	326.37	3038	1074	165.51	49.87	78.58
新 沂 市	Xinyi	109.66	1571	698	54.05	14.43	13.33
邳 州 市	Pizhou	182.95	2088	876	77.19	21.67	21.22
连云港市区	Lianyungang	98.21	1498	656	52.26	18.69	25.14
东 海 县	Donghai	120.20	2037	590	56.43	17.70	20.12

19－7　续 表 1　Continued 1

地　　区	Region	地区生产总　值(亿元) Gross Domectic Product (100 million yuan)	第一产业 Primary Industry	第二产业 Seconary Industry	#工　业 Industry	第三产业 Tertiary Industry	人均地区生产总值(元) Per Capita GDP (yuan)
东陇海合计	**Total**	**4576.31**	**310.70**	**2302.70**	**2007.04**	**1962.91**	**60660**
徐州市市区	Xuzhou	2641.76	74.59	1423.18	1281.93	1143.99	83828
新 沂 市	Xinyi	412.22	52.43	174.89	148.54	184.90	45414
邳 州 市	Pizhou	599.14	89.64	257.50	212.87	252.00	41800
连云港市区	Lianyungang	603.02	35.95	302.53	239.84	264.54	54815
东 海 县	Donghai	320.17	58.09	144.60	123.86	117.48	33645

19－7　续　表 2　Continued 2

地　　区	Region	规模以上工业企业个数(个) Number of over Scale Industrial Enterprises (unit)	工业总产值(亿元) Total Output Value (100 million yuan)	#制造业 Manufacturing	主营业务收入(亿元) Major Business Revenue (100 million yuan)	利税总额(亿元) Total Pre-tax Profits (100 million yuan)	利润总额(亿元) Total Profits (100 million yuan)
东陇海合计	**Total**	**2613**	**10186.74**	**9498.88**	**10256.45**	**1495.63**	**841.91**
徐州市市区	Xuzhou	873	5085.10	4632.97	5174.35	786.16	410.73
新 沂 市	Xinyi	452	1212.17	1191.80	1208.03	140.33	73.37
邳 州 市	Pizhou	544	1885.40	1810.89	1866.03	279.33	173.74
连云港市区	Lianyungang	315	1383.53	1254.01	1389.29	220.01	139.14
东 海 县	Donghai	429	620.54	609.22	618.74	69.79	44.92

19－7　续 表 3　Continued 3

地　　区	Region	固定资产投资(亿元) Urban Investment in Fixed Assets (100 million yuan)	#房地产开发 Real Estate Development	社会消费品零售总额(亿元) Total Retail Sales of Consumer Goods (100 million yuan)	进出口总额(亿美元) Total Imports and Exports (USD 100 million)	#出　口 Export	实际外商直接投资(亿美元) Actual Direct Foreign Investment (USD 100 million)
东陇海合计	**Total**	**3271.93**	**461.44**	**1559.17**	**109.32**	**71.03**	**18.08**
徐州市市区	Xuzhou	1682.42	261.13	953.26	38.67	29.47	8.47
新 沂 市	Xinyi	307.58	32.46	94.77	5.22	3.89	0.62
邳 州 市	Pizhou	449.06	33.52	130.26	7.31	6.57	2.52
连云港市区	Lianyungang	645.66	105.89	259.99	54.94	28.46	5.11
东 海 县	Donghai	187.20	28.43	120.89	3.17	2.65	1.36

19－7 续 表4 Continued 4

单位:亿元 (100 million yuan)

地 区	Region	公共财政预算收入 Public Finance Budget Revenue	#税收收入 Taxes	公共财政预算支出 Public Finance Budget Expenditure	年末金融机构存款余额 Deposits Balance of Banking Institutions (year－end)	#城乡居民储蓄存款 Savings Deposits by Residents	年末金融机构贷款余额 Loans Balance of Banking Institutions (year－end)
东陇海合计	**Total**	**450.66**	**354.31**	**622.27**	**4296.35**	**2036.59**	**2956.82**
徐州市市区	Xuzhou	225.19	172.28	277.68	2595.02	1183.39	1552.87
新沂市	Xinyi	39.62	33.98	61.70	218.13	139.81	186.21
邳州市	Pizhou	48.88	42.05	77.74	297.61	208.26	226.04
连云港市区	Lianyungang	104.19	78.30	151.19	967.87	365.41	837.70
东海县	Donghai	32.78	27.71	53.97	217.73	139.72	154.00

19－7 续 表5 Continued 5

地 区	Region	公路里程（公里） Total Length of Highways (km)	民用汽车拥用量（万辆） Number of Civil Motor Vehicles Owned (10000 units)	公路客运量（万人） Passenger Traffic (10000 persons)	公路货运量（万吨） Freight Traffic (10000 tons)	全社会用电量（亿千瓦时） Total Consumption of Electricity (100 million kW·h)	#工业用电 Consumption of Electricity for Industrial Use
东陇海合计	**Total**	**14231**	**65.43**	**16244**	**15910**	**333.59**	**245.10**
徐州市市区	Xuzhou	3926	35.80	10259	7529	203.16	158.90
新沂市	Xinyi	2802	5.32	925	1871	38.49	31.74
邳州市	Pizhou	3043	9.20	1115	2030	24.97	14.99
连云港市区	Lianyungang	1529	8.51	3133	3053	48.41	28.35
东海县	Donghai	2931	6.60	812	1427	18.56	11.12

20

市县社会经济

Social Economy of Cities and Counties

简 要 说 明

一、本篇资料的主要内容

本篇资料反映市县经济社会发展情况。

二、资料来源

本篇资料主要根据市县社会经济基本情况统计年报加工整理。

Brief Introduction

I. Main Contents

Data in this chapter reflect the economic and social development of cities and counties.

Ⅱ. Date Source

Data in this chapter mainly based on the basic socio – economic situation annual report.

20－1 人 口（2013 年）
Population（2013）

市 县 City and County		年末户籍人口（万人）Registered Population at Year-end（10000 persons）	#女 Female	年末常住人口（万人）Permanent Population at Year-end（10000 persons）	出生人数（人）Birth（person）	死亡人数（人）Death（person）	人口密度（人/平方公里）Density of Population（person/sq. km）
南京市	**Nanjing City**	**643.09**	**320.19**	**818.78**	**63954**	**36955**	**1243**
无锡市	**Wuxi City**	**472.23**	**238.14**	**648.41**	**41364**	**32020**	**1401**
江阴市	Jiangyin City	121.73	60.84	163.00	11412	8058	1651
宜兴市	Yixing City	107.88	54.58	125.00	9470	8413	626
徐州市	**Xuzhou City**	**1006.85**	**484.94**	**859.10**	**211582**	**33430**	**763**
丰县	Fengxian County	118.23	56.47	94.75	24003	7594	655
沛县	Peixian County	128.91	59.55	111.26	26730	5911	825
睢宁县	Suining County	140.74	67.44	102.28	36745	1800	579
新沂市	Xinyi City	109.66	52.89	90.71	27848	2162	577
邳州市	Pizhou City	182.95	87.80	143.31	33486	4859	686
常州市	**Changzhou City**	**365.91**	**184.05**	**469.21**	**33666**	**28502**	**1073**
溧阳市	Liyang City	79.01	39.08	76.02	7573	5783	495
金坛市	Jintan City	55.16	27.67	55.80	4984	6396	572
苏州市	**Suzhou City**	**653.84**	**332.27**	**1057.87**	**67396**	**44478**	**1246**
常熟市	Changshu City	106.73	54.87	150.85	8166	8741	1182
张家港市	Zhangjiagang City	91.47	46.52	125.14	8881	6352	1265
昆山市	Kunshan City	75.29	37.83	164.35	9419	4261	1763
太仓市	Taicang City	47.45	24.45	70.70	3368	3804	859

20－1 续 表1 Continued 1

市 县 City and County		年末户籍人口（万人）Registered Population at Year-end (10000 persons)	#女 Female	年末常住人口（万人）Permanent Population at Year-end (10000 persons)	出生人数（人）Birth (person)	死亡人数（人）Death (person)	人口密度（人/平方公里）Density of Population (person/sq. km)
南通市	**Nantong City**	**766.51**	**388.44**	**729.77**	**54137**	**61249**	**912**
海安县	Haian County	94.18	47.49	86.63	5670	6987	782
如东县	Rudong County	104.38	52.93	98.36	6101	9874	568
启东市	Qidong City	112.35	57.26	95.78	7508	7922	793
如皋市	Rugao City	143.22	71.71	125.80	11139	11042	843
海门市	Haimen City	100.06	50.79	90.25	6092	8288	961
连云港市	**Lianyungang City**	**520.18**	**248.82**	**442.83**	**109189**	**18561**	**582**
赣榆县	Ganyu County	117.85	55.93	95.24	24249	2510	629
东海县	Donghai County	120.20	57.67	95.36	29973	6850	468
灌云县	Guanyun County	103.58	49.28	79.47	19585	2270	517
灌南县	Guannan County	80.34	37.79	62.48	20779	4463	608
淮安市	**Huaian City**	**552.96**	**268.17**	**482.69**	**90140**	**24084**	**479**
涟水县	Lianshui County	112.10	53.50	84.18	23546	5127	502
洪泽县	Hongze County	38.80	19.25	33.42	4468	1349	240
盱眙县	Xuyi County	79.27	38.67	64.70	11304	4003	259
金湖县	Jinhu County	35.74	17.84	32.83	3045	3101	244
盐城市	**Yancheng City**	**823.77**	**398.87**	**721.98**	**94009**	**68651**	**425**
响水县	Xiangshui County	61.77	29.32	50.27	7378	4693	344
滨海县	Binhai County	120.10	56.91	94.30	14094	8844	492
阜宁县	Funing County	111.07	52.92	83.90	18250	13604	583

市 县 City and County		年末户籍人口（万人）Registered Population at Year-end (10000 persons)	#女 Female	年末常住人口（万人）Permanent Population at Year-end (10000 persons)	出生人数（人）Birth (person)	死亡人数（人）Death (person)	人口密度（人/平方公里）Density of Population (person/sq. km)
射阳县	Sheyang County	96.63	47.09	89.18	9779	6891	312
建湖县	Jianhu County	80.25	38.89	73.73	8158	7247	636
东台市	Dongtai City	113.58	56.23	98.64	9181	8969	306
大丰市	Dafeng City	72.54	36.35	70.17	5718	5864	229
扬州市	**Yangzhou City**	**459.84**	**229.56**	**447.00**	**40136**	**32466**	**643**
宝应县	Baoying County	90.72	44.66	75.22	8725	4958	515
仪征市	Yizheng City	56.42	27.93	56.16	5310	4149	623
高邮市	Gaoyou City	81.82	41.02	73.99	5906	6132	385
镇江市	**Zhenjiang City**	**271.75**	**136.89**	**316.54**	**24386**	**21061**	**823**
丹阳市	Danyang City	81.33	41.07	97.70	7608	6510	933
扬中市	Yangzhong City	28.18	14.35	34.11	2766	2341	1031
句容市	Jurong City	58.94	29.65	62.36	5484	4328	450
泰州市	**Taizhou City**	**507.80**	**248.27**	**463.40**	**46959**	**39621**	**801**
兴化市	Xinghua City	157.79	74.94	125.45	16848	11986	524
靖江市	Jingjiang City	66.79	33.69	68.62	4741	4675	1047
泰兴市	Taixing City	119.95	58.63	107.65	10273	10138	920
宿迁市	**Suqian City**	**572.11**	**274.74**	**481.91**	**131065**	**18575**	**565**
沭阳县	Shuyang County	190.95	91.35	153.91	43955	7111	669
泗阳县	Siyang County	105.18	50.17	84.30	20792	4953	612
泗洪县	Sihong County	107.51	52.07	90.90	28134	2650	337

20-2 户数及土地面积（2013年）
Number of Households and Land Area (2013)

市县 City and County		年末总户数（万户）Number of Households at Year-end (10000 households)	#乡村户数 Rural Household	土地面积（平方公里）Land Area (sq. km)	建成区面积（平方公里）Developed Areas (sq. km)	建成区绿化覆盖面积（公顷）Coverage Space of Green Areas Developed (hectare)
南京市	**Nanjing City**	**218.04**	**64.18**	**6587**	**713**	**31425**
无锡市	**Wuxi City**	**158.09**	**63.32**	**4627**	**455**	**19464**
江阴市	Jiangyin City	36.66	20.43	987	55	2310
宜兴市	Yixing City	37.91	21.33	1997	75	3246
徐州市	**Xuzhou City**	**275.57**	**179.53**	**11259**	**424**	**17806**
丰县	Fengxian County	31.59	24.23	1446	24	970
沛县	Peixian County	37.07	23.59	1349	36	1518
睢宁县	Suining County	33.53	25.94	1767	33	1258
新沂市	Xinyi City	31.86	22.11	1571	34	1401
邳州市	Pizhou City	45.39	35.08	2088	43	1813
常州市	**Changzhou City**	**128.81**	**75.32**	**4372**	**234**	**9975**
溧阳市	Liyang City	26.34	19.98	1535	26	1108
金坛市	Jintan City	20.60	14.02	976	22	907
苏州市	**Suzhou City**	**215.57**	**90.11**	**8488**	**727**	**31118**
常熟市	Changshu City	33.05	18.17	1276	98	4398
张家港市	Zhangjiagang City	33.54	18.93	990	68	2984
昆山市	Kunshan City	25.42	10.43	932	72	3169
太仓市	Taicang City	14.68	6.92	823	48	2018

20－2 续 表1 Continued 1

市 县	City and County	年末总户数（万户）Number of Households at Year-end (10000 households)	#乡村户数 Rural Household	土地面积（平方公里）Land Area (sq. km)	建成区面积（平方公里）Developed Areas (sq. km)	建成区绿化覆盖面积（公顷）Coverage Space of Green Areas Developed (hectare)
南 通 市	**Nantong City**	**283.35**	**202.42**	**8001**	**300**	**12384**
海 安 县	Haian County	37.02	24.78	1108	27	1073
如 东 县	Rudong County	37.31	30.90	1733	23	940
启 东 市	Qidong City	45.55	38.70	1208	24	963
如 皋 市	Rugao City	45.31	35.50	1492	31	1235
海 门 市	Haimen City	38.37	29.98	939	24	941
连云港市	**Lianyungang City**	**139.45**	**89.77**	**7615**	**262**	**10348**
赣 榆 县	Ganyu County	34.32	24.48	1514	32	1265
东 海 县	Donghai County	28.97	22.52	2037	28	1135
灌 云 县	Guanyun County	26.38	19.36	1538	28	1047
灌 南 县	Guannan County	20.69	14.81	1028	24	912
淮 安 市	**Huaian City**	**161.13**	**99.03**	**10072**	**243**	**9904**
涟 水 县	Lianshui County	29.25	22.10	1676	33	1323
洪 泽 县	Hongze County	12.29	7.93	1394	18	694
盱 眙 县	Xuyi County	21.56	14.98	2497	32	1318
金 湖 县	Jinhu County	12.82	8.13	1344	21	903
盐 城 市	**Yancheng City**	**273.37**	**184.60**	**16972**	**297**	**12014**
响 水 县	Xiangshui County	17.03	11.72	1461	21	849
滨 海 县	Binhai County	34.02	25.55	1915	32	1273
阜 宁 县	Funing County	36.35	22.01	1439	39	1583

市 县 City and County		年末总户数（万户） Number of Households at Year-end (10000 households)	#乡村户数 Rural Household	土地面积（平方公里） Land Area (sq. km)	建成区面积（平方公里） Developed Areas (sq. km)	建成区绿化覆盖面积（公顷） Coverage Space of Green Areas Developed (hectare)
射 阳 县	Sheyang County	32.04	21.50	2855	22	897
建 湖 县	Jianhu County	30.28	19.13	1160	25	1020
东 台 市	Dongtai City	39.55	32.20	3221	35	1423
大 丰 市	Dafeng City	27.78	20.91	3059	27	1109
扬 州 市	**Yangzhou City**	**150.65**	**102.72**	**6591**	**227**	**9611**
宝 应 县	Baoying County	28.45	20.72	1462	31	1282
仪 征 市	Yizheng City	18.98	11.93	902	39	1595
高 邮 市	Gaoyou City	25.99	19.42	1922	25	1030
镇 江 市	**Zhenjiang City**	**101.41**	**57.71**	**3847**	**190**	**7970**
丹 阳 市	Danyang City	28.20	19.23	1047	26	1066
扬 中 市	Yangzhong City	10.67	7.50	331	13	510
句 容 市	Jurong City	22.55	15.46	1387	24	971
泰 州 市	**Taizhou City**	**169.55**	**119.70**	**5787**	**190**	**7727**
兴 化 市	Xinghua City	52.81	37.52	2395	36	1419
靖 江 市	Jingjiang City	21.56	14.47	656	34	1398
泰 兴 市	Taixing City	39.50	31.13	1170	25	1001
宿 迁 市	**Suqian City**	**148.55**	**108.18**	**8524**	**207**	**8516**
沭 阳 县	Shuyang County	49.27	37.96	2299	63	2530
泗 阳 县	Siyang County	27.27	19.64	1378	36	1465
泗 洪 县	Sihong County	29.23	19.23	2694	34	1372

20－3　年末从业人员（2013 年）
Number of Employed Persons（Year-end）（2013）

单位:万人　　　　(10000 persons)

市　县	City and County	从业人员 Total Employed Persons	第一产业 Primary Industry	第二产业 Secondary Industry	第三产业 Tertiary Industry	私营企业从业人员 Employed Persons in Private Enterprises	个　体从业人员 Self-employed Individuals
南京市	**Nanjing City**	**452.4**	**48.5**	**150.2**	**253.7**	**183.46**	**64.91**
无锡市	**Wuxi City**	**389.2**	**18.1**	**222.5**	**148.6**	**219.21**	**41.35**
江阴市	Jiangyin City	99.52	5.15	62.90	31.47	57.22	9.80
宜兴市	Yixing City	74.43	9.12	41.61	23.70	47.85	6.73
徐州市	**Xuzhou City**	**478.7**	**171.5**	**145.8**	**161.4**	**118.73**	**52.07**
丰　县	Fengxian County	56.05	28.40	15.00	12.65	7.91	3.24
沛　县	Peixian County	66.25	26.13	22.89	17.23	14.21	4.73
睢宁县	Suining County	59.66	19.32	21.94	18.40	10.04	3.95
新沂市	Xinyi City	54.05	26.29	14.43	13.33	23.70	4.75
邳州市	Pizhou City	77.19	34.30	21.67	21.22	14.46	7.57
常州市	**Changzhou City**	**280.9**	**31.5**	**147.2**	**102.2**	**149.66**	**39.04**
溧阳市	Liyang City	49.37	11.35	25.81	12.21	19.47	5.77
金坛市	Jintan City	35.13	6.86	16.48	11.79	17.01	3.92
苏州市	**Suzhou City**	**695.2**	**25.1**	**425.9**	**244.2**	**353.95**	**89.89**
常熟市	Changshu City	105.50	4.25	66.60	34.65	44.75	14.21
张家港市	Zhangjiagang City	78.02	4.66	48.30	25.06	49.87	9.58
昆山市	Kunshan City	116.23	1.90	76.57	37.76	55.92	15.34
太仓市	Taicang City	46.12	2.72	27.76	15.64	20.41	4.72

20－3 续 表1 Continued 1

单位：万人 (10000 persons)

市 县 City and County		从业人员 Total Employed Persons	第一产业 Primary Industry	第二产业 Secondary Industry	第三产业 Tertiary Industry	私营企业从业人员 Employed Persons in Private Enterprises	个 体 从业人员 Self-employed Individuals
南通市	**Nantong City**	**467.2**	**107.3**	**216.6**	**143.3**	**247.72**	**69.95**
海安县	Haian County	55.20	12.20	29.00	14.00	31.42	8.90
如东县	Rudong County	63.10	14.80	31.00	17.30	31.02	5.51
启东市	Qidong City	68.70	20.50	29.60	18.60	28.87	6.75
如皋市	Rugao City	75.60	21.20	35.10	19.30	40.49	10.41
海门市	Haimen City	66.60	18.60	31.70	16.30	44.12	10.76
连云港市	**Lianyungang City**	**250.2**	**81.8**	**78.3**	**90.1**	**36.47**	**18.34**
赣榆县	Ganyu County	57.36	18.35	19.02	19.99	6.23	2.97
东海县	Donghai County	56.43	18.61	17.70	20.12	6.40	3.50
灌云县	Guanyun County	47.77	19.62	14.05	14.10	3.97	2.93
灌南县	Guannan County	36.38	16.79	8.84	10.75	4.93	2.53
淮安市	**Huaian City**	**281.3**	**82.6**	**85.2**	**113.5**	**62.30**	**32.26**
涟水县	Lianshui County	47.65	17.61	10.65	19.39	7.73	3.02
洪泽县	Hongze County	20.20	6.62	6.27	7.31	7.36	3.32
盱眙县	Xuyi County	39.23	12.34	12.00	14.89	5.68	3.40
金湖县	Jinhu County	21.72	6.95	7.62	7.15	6.03	3.10
盐城市	**Yancheng City**	**446.4**	**132.9**	**146.9**	**166.6**	**153.97**	**68.56**
响水县	Xiangshui County	28.90	9.99	9.20	9.72	4.32	2.50
滨海县	Binhai County	55.51	19.47	16.86	19.18	21.16	7.56
阜宁县	Funing County	51.39	18.09	15.71	17.59	21.71	7.11

单位:万人 (10000 persons)

市 县 City and County		从业人员 Total Employed Persons	第一产业 Primary Industry	第二产业 Secondary Industry	第三产业 Tertiary Industry	私营企业从业人员 Employed Persons in Private Enterprises	个 体 从业人员 Self-employed Individuals
射 阳 县	Sheyang County	55.35	17.99	17.47	19.89	8.79	6.38
建 湖 县	Jianhu County	44.60	13.69	15.61	15.30	15.39	5.49
东 台 市	Dongtai City	66.19	19.60	22.20	24.39	23.31	8.54
大 丰 市	Dafeng City	46.32	14.53	14.40	17.39	23.14	7.57
扬 州 市	**Yangzhou City**	**265.7**	**51.9**	**120.6**	**93.2**	**101.29**	**32.03**
宝 应 县	Baoying County	42.07	12.78	17.89	11.40	11.15	4.02
仪 征 市	Yizheng City	39.71	9.39	18.34	11.98	10.27	3.99
高 邮 市	Gaoyou City	45.55	13.17	19.38	13.00	17.60	4.47
镇 江 市	**Zhenjiang City**	**192.1**	**24.2**	**91.4**	**76.5**	**87.47**	**32.93**
丹 阳 市	Danyang City	62.81	6.31	34.88	21.62	27.35	10.57
扬 中 市	Yangzhong City	21.49	1.44	12.13	7.92	13.40	1.91
句 容 市	Jurong City	38.88	10.42	16.16	12.30	13.39	5.45
泰 州 市	**Taizhou City**	**284.2**	**70.8**	**119.4**	**94.0**	**90.58**	**37.43**
兴 化 市	Xinghua City	77.01	24.63	29.89	22.49	14.39	9.34
靖 江 市	Jingjiang City	42.03	8.32	20.92	12.79	16.48	4.95
泰 兴 市	Taixing City	66.12	19.83	26.36	19.93	18.22	8.63
宿 迁 市	**Suqian City**	**276.4**	**110.5**	**92.0**	**73.9**	**82.34**	**45.38**
沭 阳 县	Shuyang County	101.76	39.18	35.22	27.36	40.05	22.66
泗 阳 县	Siyang County	47.74	18.45	18.52	10.77	11.38	5.07
泗 洪 县	Sihong County	48.13	27.67	11.32	9.14	10.80	4.74

20－4　乡村从业人员（2013 年）
Rural Employment (2013)

单位：万人　　(10000 persons)

市　县	City and County	乡村从业人员 Total Employment	#农林牧渔业 Farming, Forestry, Animal Husbandry and Fishery	#工　业 Industry	#建筑业 Construction	#交通运输、仓储及邮政业 Transportation, Storage, and Postal Services	#批发和零售业 Wholesale and Retail Trade
南 京 市	**Nanjing City**	**120.24**	**26.36**	**36.36**	**24.53**	**7.44**	**8.19**
无 锡 市	**Wuxi City**	**115.10**	**19.41**	**67.57**	**7.88**	**3.79**	**5.86**
江 阴 市	Jiangyin City	39.17	5.67	23.37	2.75	1.56	2.21
宜 兴 市	Yixing City	35.44	9.96	16.72	3.52	1.21	1.61
徐 州 市	**Xuzhou City**	**361.44**	**140.10**	**99.77**	**50.74**	**14.62**	**21.59**
丰　　县	Fengxian County	54.14	26.02	13.55	7.11	1.48	2.36
沛　　县	Peixian County	49.89	16.97	14.40	9.87	1.75	2.44
睢 宁 县	Suining County	59.28	24.02	16.38	8.37	1.39	2.74
新 沂 市	Xinyi City	46.63	18.83	10.71	8.70	1.16	2.67
邳 州 市	Pizhou City	68.22	22.42	21.60	6.60	4.20	5.80
常 州 市	**Changzhou City**	**128.33**	**24.70**	**57.14**	**17.30**	**5.37**	**6.73**
溧 阳 市	Liyang City	31.69	8.12	8.71	9.01	1.78	1.76
金 坛 市	Jintan City	20.09	5.25	6.73	4.45	0.86	0.79
苏 州 市	**Suzhou City**	**176.85**	**23.49**	**105.34**	**10.05**	**5.52**	**10.20**
常 熟 市	Changshu City	39.16	3.80	23.91	2.14	1.23	2.40
张家港市	Zhangjiagang City	31.16	3.31	20.11	1.69	1.33	1.68
昆 山 市	Kunshan City	20.90	1.82	13.12	1.04	0.54	1.32
太 仓 市	Taicang City	15.92	3.18	9.96	0.59	0.33	0.38

单位:万人 (10000 persons)

市 县 City and County		乡村从业人员 Total Employment	#农林牧渔业 Farming, Forestry, Animal Husbandry and Fishery	#工 业 Industry	#建筑业 Construction	#交通运输、仓储及邮政业 Transportation, Storage, and Postal Services	#批发和零售业 Wholesale and Retail Trade
南通市	**Nantong City**	**306.30**	**68.84**	**82.19**	**62.98**	**17.10**	**29.17**
海安县	Haian County	37.80	7.41	10.99	8.38	3.07	3.40
如东县	Rudong County	47.70	8.80	15.35	10.23	2.61	2.85
启东市	Qidong City	50.41	13.32	11.88	9.39	2.62	5.79
如皋市	Rugao City	60.60	14.26	16.90	11.00	2.60	3.50
海门市	Haimen City	49.22	12.07	11.38	11.42	2.25	6.70
连云港市	**Lianyungang City**	**175.06**	**81.98**	**29.81**	**30.06**	**7.43**	**8.06**
赣榆县	Ganyu County	43.24	18.86	8.08	10.68	1.48	1.67
东海县	Donghai County	44.23	19.97	7.61	8.43	2.22	1.93
灌云县	Guanyun County	37.51	19.06	6.22	4.23	1.08	1.34
灌南县	Guannan County	31.68	16.39	4.15	4.10	1.85	1.52
淮安市	**Huaian City**	**212.49**	**87.45**	**38.24**	**31.58**	**7.14**	**8.67**
涟水县	Lianshui County	49.93	21.18	4.74	4.71	1.03	1.52
洪泽县	Hongze County	17.13	6.33	4.90	2.74	0.66	0.72
盱眙县	Xuyi County	32.87	12.99	6.08	3.45	1.19	1.23
金湖县	Jinhu County	13.61	5.25	3.69	2.55	0.43	0.56
盐城市	**Yancheng City**	**302.48**	**113.07**	**59.19**	**36.70**	**13.52**	**13.61**
响水县	Xiangshui County	21.25	9.04	5.39	1.30	0.72	0.82
滨海县	Binhai County	45.43	17.54	5.92	4.69	2.45	1.88
阜宁县	Funing County	37.56	15.75	4.78	5.71	1.37	1.31

20－4 续 表2 Continued 2

单位:万人 (10000 persons)

市 县 City and County		乡 村 从业人员 Total Employment	#农林牧渔业 Farming, Forestry, Animal Husbandry and Fishery	#工 业 Industry	#建筑业 Construction	#交通运输、仓储及邮政业 Transportation, Storage, and Postal Services	#批发和零售业 Wholesale and Retail Trade
射 阳 县	Sheyang County	34.93	12.95	5.31	3.75	1.70	1.88
建 湖 县	Jianhu County	30.32	9.30	9.09	3.57	1.35	1.68
东 台 市	Dongtai City	48.14	20.14	9.78	6.53	1.98	2.12
大 丰 市	Dafeng City	31.36	10.21	7.35	2.78	1.42	1.40
扬 州 市	**Yangzhou City**	**180.78**	**34.48**	**62.80**	**34.03**	**7.68**	**12.31**
宝 应 县	Baoying County	42.01	10.13	11.02	10.18	2.01	3.55
仪 征 市	Yizheng City	22.75	3.45	7.31	4.86	0.82	1.19
高 邮 市	Gaoyou City	36.15	8.84	13.65	6.72	1.42	2.00
镇 江 市	**Zhenjiang City**	**99.16**	**23.97**	**47.00**	**11.31**	**3.52**	**3.47**
丹 阳 市	Danyang City	36.14	8.01	20.06	3.07	1.10	1.16
扬 中 市	Yangzhong City	13.07	2.20	8.13	0.69	0.37	0.50
句 容 市	Jurong City	24.93	8.21	7.31	5.30	0.93	0.66
泰 州 市	**Taizhou City**	**211.64**	**44.74**	**60.95**	**36.63**	**13.44**	**16.83**
兴 化 市	Xinghua City	61.16	20.24	10.30	5.97	4.30	5.61
靖 江 市	Jingjiang City	27.30	5.56	13.20	2.40	1.80	1.59
泰 兴 市	Taixing City	56.46	9.20	15.79	11.71	3.30	5.62
宿 迁 市	**Suqian City**	**224.09**	**87.46**	**61.10**	**29.90**	**7.99**	**13.28**
沭 阳 县	Shuyang County	83.30	28.74	26.84	9.05	3.47	4.72
泗 阳 县	Siyang County	39.19	15.16	10.89	5.79	1.09	1.94
泗 洪 县	Sihong County	38.62	22.14	6.08	4.65	0.91	1.89

20－5 地区生产总值(2013年)
Gross Domestic Product (2013)

单位:亿元　　(100 million yuan)

市县	City and County	地区生产总值 Gross Domestic Product	第一产业 Primary Industry	第二产业 Secondary Industry	#工业 Industry	第三产业 Tertiary Industry	人均地区生产总值(元) Per Capita GDP(yuan)
南京市	**Nanjing City**	**8011.78**	**204.64**	**3450.58**	**2997.63**	**4356.56**	**98011**
无锡市	**Wuxi City**	**8070.18**	**148.54**	**4207.42**	**3893.56**	**3714.22**	**124640**
江阴市	Jiangyin City	2706.06	51.53	1518.07	1457.48	1136.46	166307
宜兴市	Yixing City	1190.23	51.71	629.44	543.21	509.08	95295
徐州市	**Xuzhou City**	**4435.82**	**432.38**	**2118.32**	**1793.48**	**1885.12**	**51714**
丰县	Fengxian County	281.78	53.80	128.04	93.20	99.94	29711
沛县	Peixian County	495.37	76.47	228.20	185.41	190.70	44514
睢宁县	Suining County	360.16	62.46	158.68	123.70	139.02	35177
新沂市	Xinyi City	412.22	52.43	174.89	148.54	184.90	45414
邳州市	Pizhou City	599.14	89.64	257.50	212.87	252.00	41800
常州市	**Changzhou City**	**4360.93**	**138.12**	**2250.80**	**2036.27**	**1972.01**	**92995**
溧阳市	Liyang City	637.20	42.61	338.43	304.51	256.16	83815
金坛市	Jintan City	406.12	30.15	211.56	179.81	164.41	72755
苏州市	**Suzhou City**	**13015.70**	**214.49**	**6849.59**	**6370.37**	**5951.62**	**123209**
常熟市	Changshu City	1980.31	40.50	1048.29	1000.75	891.52	131338
张家港市	Zhangjiagang City	2145.31	30.41	1192.34	1142.35	922.56	172093
昆山市	Kunshan City	2920.08	26.94	1691.09	1605.40	1202.05	177923
太仓市	Taicang City	1002.28	36.84	532.46	501.69	432.98	141785

20－5 续 表1 Continued 1

单位:亿元 (100 million yuan)

市 县 City and County		地区生产总值 Gross Domestic Product	第一产业 Primary Industry	第二产业 Secondary Industry	#工 业 Industry	第三产业 Tertiary Industry	人均地区生产总值(元) Per Capita GDP(yuan)
南 通 市	**Nantong City**	**5038.89**	**345.41**	**2623.50**	**2168.16**	**2069.98**	**69049**
海 安 县	Haian County	538.73	52.09	266.48	219.47	220.17	62199
如 东 县	Rudong County	536.03	62.11	263.93	212.46	209.99	54431
启 东 市	Qidong City	658.31	65.26	333.35	258.07	259.70	68653
如 皋 市	Rugao City	657.01	57.04	343.33	285.93	256.64	52185
海 门 市	Haimen City	740.01	50.76	407.60	337.09	281.65	82005
连云港市	**Lianyungang City**	**1785.42**	**259.17**	**807.42**	**642.67**	**718.83**	**40416**
赣 榆 县	Ganyu County	376.41	56.24	187.55	146.39	132.62	39612
东 海 县	Donghai County	320.17	58.09	144.60	123.86	117.48	33645
灌 云 县	Guanyun County	249.92	56.17	115.56	87.96	78.19	31544
灌 南 县	Guannan County	235.90	42.72	117.18	99.62	76.00	37844
淮 安 市	**Huaian City**	**2155.86**	**272.58**	**983.15**	**819.60**	**900.13**	**44774**
涟 水 县	Lianshui County	260.31	48.00	105.92	84.25	106.39	30997
洪 泽 县	Hongze County	178.06	28.03	75.88	63.70	74.15	53399
盱 眙 县	Xuyi County	260.15	46.13	110.49	87.80	103.53	40333
金 湖 县	Jinhu County	166.42	26.03	67.41	58.82	72.98	50461
盐 城 市	**Yancheng City**	**3475.50**	**489.18**	**1635.98**	**1405.02**	**1350.34**	**48150**
响 水 县	Xiangshui County	203.12	38.08	100.47	90.21	64.57	40382
滨 海 县	Binhai County	300.10	52.98	131.54	112.11	115.58	31794
阜 宁 县	Funing County	302.17	49.56	140.76	105.06	111.85	36003

20－5 续 表2 Continued 2

单位:亿元 (100 million yuan)

市 县 City and County		地区生产总值 Gross Domestic Product	第一产业 Primary Industry	第二产业 Secondary Industry	#工 业 Industry	第三产业 Tertiary Industry	人均地区生产总值(元) Per Capita GDP(yuan)
射 阳 县	Sheyang County	351.47	74.69	137.29	124.49	139.49	39402
建 湖 县	Jianhu County	360.75	45.06	167.78	145.64	147.91	48915
东 台 市	Dongtai City	564.09	84.10	252.34	223.18	227.65	57201
大 丰 市	Dafeng City	443.52	68.60	194.15	168.43	180.77	63229
扬 州 市	**Yangzhou City**	**3252.01**	**224.45**	**1693.70**	**1468.79**	**1333.86**	**72775**
宝 应 县	Baoying County	364.42	59.94	168.76	136.31	135.72	48481
仪 征 市	Yizheng City	410.16	21.23	231.75	204.87	157.18	72963
高 邮 市	Gaoyou City	381.50	62.79	173.31	141.24	145.40	51590
镇 江 市	**Zhenjiang City**	**2927.28**	**129.00**	**1549.40**	**1431.04**	**1248.88**	**92633**
丹 阳 市	Danyang City	925.15	49.75	484.06	463.45	391.34	94839
扬 中 市	Yangzhong City	395.10	12.65	215.25	207.22	167.20	116001
句 容 市	Jurong City	385.65	37.08	196.01	178.72	152.56	61912
泰 州 市	**Taizhou City**	**3006.91**	**205.90**	**1574.06**	**1362.30**	**1226.95**	**64917**
兴 化 市	Xinghua City	575.84	87.67	248.10	215.86	240.07	45911
靖 江 市	Jingjiang City	670.43	20.19	368.02	340.09	282.22	97730
泰 兴 市	Taixing City	610.61	46.01	322.57	281.79	242.03	56735
宿 迁 市	**Suqian City**	**1706.28**	**235.00**	**815.61**	**679.18**	**655.67**	**35484**
沭 阳 县	Shuyang County	543.51	75.80	251.79	222.35	215.92	35155
泗 阳 县	Siyang County	305.20	47.50	156.83	130.68	100.87	36076
泗 洪 县	Sihong County	300.28	49.60	129.84	103.08	120.84	32782

20－6 地区生产总值构成(2013 年)
Composition and Indices of Gross Domestic Product (2013)

市 县	City and County	地区生产总值指数(上年=100) GDP Index (preceding year=100)	三次产业占 GDP 比重(%) Percentage of Three Industries to GDP 第一产业 Primary Industry	第二产业 Secondary Industry	第三产业 Tertiary Industry	公共财政预算收入占 GDP 比重(%) Percentage of Public Budget Revenue to GDP(%)	外贸依存度(%) Interdependent Level to Foreign Trade(%)
南京市	**Nanjing City**	**111.0**	**2.6**	**43.1**	**54.4**	**10.4**	**43.1**
无锡市	**Wuxi City**	**109.3**	**1.8**	**52.1**	**46.0**	**8.8**	**54.0**
江阴市	Jiangyin City	109.6	1.9	56.1	42.0	6.7	45.8
宜兴市	Yixing City	110.5	4.3	52.9	42.8	7.3	30.2
徐州市	**Xuzhou City**	**111.8**	**9.7**	**47.8**	**42.5**	**9.5**	**8.8**
丰县	Fengxian County	113.0	19.1	45.4	35.5	11.1	4.0
沛县	Peixian County	112.7	15.4	46.1	38.5	9.3	3.3
睢宁县	Suining County	113.1	17.3	44.1	38.6	8.9	12.4
新沂市	Xinyi City	113.2	12.7	42.4	44.9	9.6	7.8
邳州市	Pizhou City	113.0	15.0	43.0	42.1	8.2	7.6
常州市	**Changzhou City**	**110.9**	**3.2**	**51.6**	**45.2**	**9.4**	**41.5**
溧阳市	Liyang City	112.2	6.7	53.1	40.2	7.2	11.7
金坛市	Jintan City	108.6	7.4	52.1	40.5	6.4	22.4
苏州市	**Suzhou City**	**109.6**	**1.6**	**52.6**	**45.7**	**10.2**	**147.2**
常熟市	Changshu City	109.0	2.0	52.9	45.0	7.0	58.3
张家港市	Zhangjiagang City	106.1	1.4	55.6	43.0	7.2	93.0
昆山市	Kunshan City	109.7	0.9	57.9	41.2	8.3	188.7
太仓市	Taicang City	110.1	3.7	53.1	43.2	10.0	78.8

20-6 续 表1 Continued 1

市　县 City and County		地区生产总值指数（上年=100）GDP Index (preceding year=100)	三次产业占GDP比重（%）Percentage of Three Industries to GDP 第一产业 Primary Industry	第二产业 Secondary Industry	第三产业 Tertiary Industry	公共财政预算收入占GDP比重（%）Percentage of Public Budget Revenue to GDP（%）	外贸依存度（%）Interdependent Level to Foreign Trade（%）
南通市	**Nantong City**	**111.8**	**6.9**	**52.1**	**41.1**	**9.6**	**36.6**
海安县	Haian County	112.5	9.7	49.5	40.9	8.7	26.3
如东县	Rudong County	112.2	11.6	49.2	39.2	7.6	33.2
启东市	Qidong City	111.9	9.9	50.6	39.5	8.9	30.4
如皋市	Rugao City	111.8	8.7	52.3	39.1	9.2	29.7
海门市	Haimen City	112.1	6.9	55.1	38.1	8.3	15.7
连云港市	**Lianyungang City**	**111.8**	**14.5**	**45.2**	**40.3**	**13.1**	**23.0**
赣榆县	Ganyu County	112.7	14.9	49.8	35.2	9.3	6.9
东海县	Donghai County	111.6	18.1	45.2	36.7	10.2	6.1
灌云县	Guanyun County	111.9	22.5	46.2	31.3	12.4	4.5
灌南县	Guannan County	111.6	18.1	49.7	32.2	12.9	5.9
淮安市	**Huaian City**	**112.0**	**12.6**	**45.6**	**41.8**	**12.6**	**10.5**
涟水县	Lianshui County	112.0	18.4	40.7	40.9	9.9	6.3
洪泽县	Hongze County	112.2	15.7	42.6	41.6	11.3	7.0
盱眙县	Xuyi County	112.4	17.7	42.5	39.8	10.4	8.5
金湖县	Jinhu County	112.3	15.6	40.5	43.9	11.0	11.5
盐城市	**Yancheng City**	**112.3**	**14.1**	**47.1**	**38.9**	**10.6**	**11.6**
响水县	Xiangshui County	113.3	18.7	49.5	31.8	11.8	12.3
滨海县	Binhai County	112.7	17.7	43.8	38.5	9.7	5.7
阜宁县	Funing County	112.0	16.4	46.6	37.0	9.7	4.2

20－6 续 表2 Continued 2

市 县 City and County		地区生产总值指数(上年＝100) GDP Index (preceding year＝100)	三次产业占GDP比重(％) Percentage of Three Industries to GDP			公共财政预算收入占GDP比重(％) Percentage of Public Budget Revenue to GDP(％)	外贸依存度(％) Interdependent Level to Foreign Trade(％)
			第一产业 Primary Industry	第二产业 Secondary Industry	第三产业 Tertiary Industry		
射阳县	Sheyang County	112.0	21.2	39.1	39.7	6.4	4.8
建湖县	Jianhu County	112.7	12.5	46.5	41.0	10.6	6.4
东台市	Dongtai City	112.7	14.9	44.7	40.4	9.3	6.3
大丰市	Dafeng City	113.4	15.5	43.8	40.7	11.3	12.3
扬州市	**Yangzhou City**	**112.0**	**6.9**	**52.1**	**41.0**	**8.0**	**18.1**
宝应县	Baoying County	112.4	16.4	46.3	37.2	6.5	12.2
仪征市	Yizheng City	112.1	5.2	56.5	38.3	6.9	15.0
高邮市	Gaoyou City	112.5	16.5	45.4	38.1	6.7	6.2
镇江市	**Zhenjiang City**	**112.1**	**4.4**	**52.9**	**42.7**	**8.7**	**21.1**
丹阳市	Danyang City	112.8	5.4	52.3	42.3	6.5	17.3
扬中市	Yangzhong City	112.5	3.2	54.5	42.3	6.9	7.2
句容市	Jurong City	112.5	9.6	50.8	39.6	7.9	9.9
泰州市	**Taizhou City**	**111.8**	**6.8**	**52.3**	**40.8**	**8.4**	**21.5**
兴化市	Xinghua City	111.6	15.2	43.1	41.7	5.8	5.7
靖江市	Jingjiang City	111.8	3.0	54.9	42.1	8.6	25.2
泰兴市	Taixing City	111.9	7.5	52.8	39.6	6.3	25.2
宿迁市	**Suqian City**	**112.5**	**13.8**	**47.8**	**38.4**	**10.8**	**12.1**
沭阳县	Shuyang County	112.4	13.9	46.3	39.7	10.7	8.0
泗阳县	Siyang County	112.7	15.6	51.4	33.1	8.6	12.6
泗洪县	Sihong County	112.5	16.5	43.2	40.2	8.1	9.2

20－7　农林牧渔业总产值(2013年)
Gross Output Value of Agriculture, Forestry, Animal Husbandry and Fishery (2013)

单位:亿元　　　　(100 million yuan)

市　县	City and County	农林牧渔业总产值 Total Output Value of Agriculture, Forestry, Animal Husbandry and Fishery	农　业 Farming	林　业 Forestry	畜牧业 Animal Husbandry	渔　业 Fishery	农林牧渔服务业 Service in Support of Agriculture
南京市	**Nanjing City**	**351.31**	**205.23**	**3.66**	**52.04**	**73.79**	**16.59**
无锡市	**Wuxi City**	**241.43**	**125.32**	**19.32**	**34.86**	**36.54**	**25.40**
江阴市	Jiangyin City	84.47	36.53	7.39	18.63	10.71	11.22
宜兴市	Yixing City	83.58	45.38	5.21	8.41	17.86	6.71
徐州市	**Xuzhou City**	**802.94**	**495.66**	**14.18**	**239.77**	**33.13**	**20.21**
丰　县	Fengxian County	102.77	75.80	0.81	22.37	0.89	2.91
沛　县	Peixian County	135.22	84.98	0.69	41.77	2.88	4.90
睢宁县	Suining County	118.30	64.57	2.01	45.31	3.77	2.64
新沂市	Xinyi City	102.87	50.94	3.52	32.05	13.18	3.19
邳州市	Pizhou City	162.85	101.42	3.07	46.26	7.68	4.42
常州市	**Changzhou City**	**240.11**	**129.73**	**1.74**	**37.24**	**59.15**	**12.25**
溧阳市	Liyang City	75.89	41.29	1.04	6.96	23.84	2.76
金坛市	Jintan City	57.23	24.82	0.35	11.84	16.93	3.30
苏州市	**Suzhou City**	**369.82**	**150.78**	**23.13**	**40.05**	**115.69**	**40.18**
常熟市	Changshu City	68.02	37.02	2.46	6.55	14.23	7.77
张家港市	Zhangjiagang City	53.63	29.99	6.75	4.61	5.09	7.19
昆山市	Kunshan City	45.98	13.28	4.35	2.12	23.87	2.36
太仓市	Taicang City	63.10	26.90	2.61	14.90	12.95	5.74

单位:亿元 (100 million yuan)

市 县	City and County	农林牧渔业总产值 Total Output Value of Agriculture, Forestry, Animal Husbandry and Fishery	农 业 Farming	林 业 Forestry	畜牧业 Animal Husbandry	渔 业 Fishery	农林牧渔服务业 Service in Support of Agriculture
南 通 市	**Nantong City**	**594.78**	**263.62**	**3.73**	**138.25**	**141.11**	**48.06**
海 安 县	Haian County	95.71	38.56	0.30	42.37	7.69	6.80
如 东 县	Rudong County	120.51	46.12	0.91	28.50	38.68	6.30
启 东 市	Qidong City	115.71	39.22	0.64	11.95	55.40	8.50
如 皋 市	Rugao City	92.36	51.62	0.20	29.84	5.25	5.45
海 门 市	Haimen City	80.43	39.88	0.59	11.53	19.62	8.80
连云港市	**Lianyungang City**	**474.24**	**227.58**	**13.41**	**102.14**	**105.84**	**25.27**
赣 榆 县	Ganyu County	131.79	41.63	3.72	19.41	65.61	1.42
东 海 县	Donghai County	106.31	60.59	4.19	23.33	9.81	8.39
灌 云 县	Guanyun County	101.82	51.12	2.52	29.80	11.15	7.22
灌 南 县	Guannan County	78.16	46.71	1.72	18.95	5.99	4.78
淮 安 市	**Huaian City**	**499.83**	**316.54**	**10.17**	**112.85**	**51.59**	**8.69**
涟 水 县	Lianshui County	91.19	67.70	2.09	17.15	2.49	1.77
洪 泽 县	Hongze County	56.15	27.78	3.13	13.96	10.05	1.23
盱 眙 县	Xuyi County	85.62	52.34	1.22	16.67	14.06	1.33
金 湖 县	Jinhu County	47.36	27.53	1.45	5.90	11.09	1.40
盐 城 市	**Yancheng City**	**991.66**	**430.43**	**24.24**	**271.72**	**195.98**	**69.30**
响 水 县	Xiangshui County	68.05	32.73	1.27	17.15	10.76	6.15
滨 海 县	Binhai County	95.13	45.75	4.04	21.85	20.09	3.41
阜 宁 县	Funing County	98.65	37.40	3.41	33.36	16.39	8.09

单位:亿元 (100 million yuan)

市 县 City and County		农林牧渔业总产值 Total Output Value of Agriculture, Forestry, Animal Husbandry and Fishery	农 业 Farming	林 业 Forestry	畜牧业 Animal Husbandry	渔 业 Fishery	农林牧渔服务业 Service in Support of Agriculture
射阳县	Sheyang County	165.21	64.56	4.16	37.89	45.28	13.31
建湖县	Jianhu County	82.86	31.05	1.22	23.48	20.01	7.10
东台市	Dongtai City	181.05	84.15	3.87	52.97	27.16	12.89
大丰市	Dafeng City	155.41	74.10	3.38	36.27	31.15	10.51
扬州市	**Yangzhou City**	**403.93**	**188.43**	**9.38**	**70.46**	**115.92**	**19.74**
宝应县	Baoying County	107.54	40.74	1.76	17.33	43.28	4.42
仪征市	Yizheng City	38.10	23.14	1.87	8.62	1.48	3.00
高邮市	Gaoyou City	113.96	42.01	1.71	19.24	44.93	6.06
镇江市	**Zhenjiang City**	**196.14**	**107.28**	**8.33**	**27.08**	**26.15**	**27.30**
丹阳市	Danyang City	70.67	41.75	1.75	9.07	8.19	9.91
扬中市	Yangzhong City	19.98	9.72	0.77	2.97	2.66	3.86
句容市	Jurong City	56.99	33.00	3.97	6.47	5.99	7.56
泰州市	**Taizhou City**	**344.59**	**187.72**	**3.55**	**67.25**	**68.38**	**17.69**
兴化市	Xinghua City	147.89	70.47	1.53	15.73	51.78	8.39
靖江市	Jingjiang City	33.66	18.80	0.49	8.06	3.18	3.13
泰兴市	Taixing City	76.30	45.36	1.01	23.38	4.32	2.22
宿迁市	**Suqian City**	**445.10**	**261.37**	**16.47**	**88.81**	**68.85**	**9.60**
沭阳县	Shuyang County	145.93	110.76	4.90	26.14	2.62	1.51
泗阳县	Siyang County	87.97	48.56	6.34	14.02	15.96	3.08
泗洪县	Sihong County	104.51	46.44	1.55	18.22	36.70	1.59

20-8 农业生产情况(2013年)
Basic Conditions of Agricultural Production (2013)

市 县	City and County	农作物总播种面积(千公顷) Total Sown Area (1000 hectares)	#粮食作物 Grain Grops	农业机械总动力(万千瓦) Total Power of Agricultural Machinery (10000 kW)	农用化肥施用量(万吨) Consumption of Chemical Fertilizer (10000 tons)	农村用电量(亿千瓦小时) Electricity Consumed in Rural Area (100 million kW·h)
南京市	**Nanjing City**	**324.47**	**161.35**	**218.08**	**8.05**	**31.53**
无锡市	**Wuxi City**	**178.67**	**112.00**	**100.96**	**5.73**	**384.97**
江阴市	Jiangyin City	47.49	28.09	24.69	1.58	167.43
宜兴市	Yixing City	93.59	67.55	52.35	2.61	83.75
徐州市	**Xuzhou City**	**1126.58**	**729.75**	**626.68**	**64.96**	**63.38**
丰 县	Fengxian County	145.87	85.36	77.83	9.49	4.11
沛 县	Peixian County	148.84	88.01	95.94	8.25	6.78
睢宁县	Suining County	188.00	149.53	106.30	11.52	8.54
新沂市	Xinyi City	157.00	98.86	81.13	8.17	3.58
邳州市	Pizhou City	229.80	124.63	113.25	13.52	13.71
常州市	**Changzhou City**	**224.17**	**150.32**	**159.16**	**6.27**	**176.25**
溧阳市	Liyang City	94.38	68.38	53.38	2.26	47.04
金坛市	Jintan City	56.16	37.96	40.86	2.25	20.68
苏州市	**Suzhou City**	**257.63**	**154.27**	**164.99**	**8.12**	**581.69**
常熟市	Changshu City	74.03	42.32	33.94	2.91	76.39
张家港市	Zhangjiagang City	54.96	38.62	31.73	1.14	137.93
昆山市	Kunshan City	23.16	15.66	17.18	1.03	105.32
太仓市	Taicang City	49.37	29.35	19.06	1.07	51.47

市 县 City and County		农作物总播种面积（千公顷） Total Sown Area (1000 hectares)	#粮食作物 Grain Grops	农业机械总动力（万千瓦） Total Power of Agricultural Machinery (10000 kW)	农用化肥施用量（万吨） Consumption of Chemical Fertilizer (10000 tons)	农村用电量（亿千瓦小时） Electricity Consumed in Rural Area (100 million kW·h)
南通市	**Nantong City**	**843.53**	**519.67**	**365.53**	**23.49**	**154.84**
海安县	Haian County	102.95	79.13	60.90	4.46	20.49
如东县	Rudong County	171.58	132.56	83.29	4.11	20.68
启东市	Qidong City	152.74	72.37	50.96	3.37	9.59
如皋市	Rugao City	150.54	108.78	78.48	3.35	33.90
海门市	Haimen City	106.97	37.81	33.74	4.75	24.88
连云港市	**Lianyungang City**	**628.82**	**498.68**	**512.07**	**34.23**	**30.18**
赣榆县	Ganyu County	108.77	78.63	106.62	5.20	9.24
东海县	Donghai County	202.39	157.12	132.82	6.79	9.27
灌云县	Guanyun County	134.05	111.21	116.60	10.13	5.66
灌南县	Guannan County	108.50	87.19	97.28	4.69	1.95
淮安市	**Huaian City**	**799.26**	**657.65**	**518.40**	**38.78**	**13.48**
涟水县	Lianshui County	167.92	132.60	93.45	5.90	1.53
洪泽县	Hongze County	69.77	58.81	71.86	5.18	0.87
盱眙县	Xuyi County	166.13	141.26	102.63	5.02	2.49
金湖县	Jinhu County	82.31	74.68	72.41	3.23	2.06
盐城市	**Yancheng City**	**1460.13**	**972.32**	**596.35**	**54.06**	**75.42**
响水县	Xiangshui County	112.61	78.93	66.45	4.61	2.72
滨海县	Binhai County	175.50	125.70	78.75	6.55	8.15
阜宁县	Funing County	168.99	125.76	79.36	4.04	6.68

市 县 City and County		农作物总播种面积（千公顷）Total Sown Area (1000 hectares)	#粮食作物 Grain Grops	农业机械总动力（万千瓦）Total Power of Agricultural Machinery (10000 kW)	农用化肥施用量（万吨）Consumption of Chemical Fertilizer (10000 tons)	农村用电量（亿千瓦小时）Electricity Consumed in Rural Area (100 million kW·h)
射阳县	Sheyang County	208.18	154.07	78.61	10.62	9.37
建湖县	Jianhu County	116.46	99.45	50.27	3.51	10.45
东台市	Dongtai City	250.04	143.27	82.68	5.80	15.58
大丰市	Dafeng City	246.49	119.30	76.09	10.81	12.70
扬州市	**Yangzhou City**	**510.27**	**419.80**	**246.81**	**19.88**	**57.63**
宝应县	Baoying County	137.29	119.91	47.91	3.53	9.71
仪征市	Yizheng City	60.90	48.89	35.15	1.12	3.92
高邮市	Gaoyou City	142.62	115.96	68.21	5.10	10.96
镇江市	**Zhenjiang City**	**237.44**	**176.70**	**151.27**	**5.72**	**78.81**
丹阳市	Danyang City	84.24	70.48	41.79	1.56	54.03
扬中市	Yangzhong City	18.69	13.84	21.35	0.41	9.06
句容市	Jurong City	78.03	50.69	53.01	2.23	5.89
泰州市	**Taizhou City**	**582.32**	**438.52**	**254.25**	**17.56**	**114.22**
兴化市	Xinghua City	230.18	184.05	112.18	6.72	37.21
靖江市	Jingjiang City	54.01	45.63	24.93	2.14	16.05
泰兴市	Taixing City	138.05	96.33	58.57	2.82	31.07
宿迁市	**Suqian City**	**705.80**	**572.71**	**499.36**	**39.96**	**39.46**
沭阳县	Shuyang County	249.22	184.60	185.73	15.25	18.94
泗阳县	Siyang County	112.30	90.14	85.54	3.62	5.35
泗洪县	Sihong County	187.33	166.06	127.88	11.10	3.24

20-9 农产品产量(2013年)
Output of Agricultural Products (2013)

单位:万吨 (10000 tons)

市县 City and County		粮食产量 Grain	油料产量 Oil-bearing Crops	棉花产量(吨) Cotton (ton)	肉类总产量 Meat	#猪牛羊肉 Pork, Beef and Mutton	水产品产量 Aquatic Products
南京市	**Nanjing City**	**116.95**	**10.79**	**4217**	**12.16**	**7.23**	**22.17**
无锡市	**Wuxi City**	**79.64**	**0.90**		**10.32**	**7.33**	**12.68**
江阴市	Jiangyin City	19.95	0.21		4.37	2.82	2.60
宜兴市	Yixing City	48.00	0.65		3.66	2.64	8.06
徐州市	**Xuzhou City**	**451.13**	**9.96**	**36291**	**98.48**	**47.87**	**18.37**
丰县	Fengxian County	51.76	0.45	16230	16.19	7.10	0.46
沛县	Peixian County	58.99	0.27	4552	18.55	6.21	1.54
睢宁县	Suining County	85.03	1.46	1564	14.34	8.02	2.25
新沂市	Xinyi City	62.68	5.51		13.28	8.07	5.46
邳州市	Pizhou City	78.74	1.50	5845	20.62	8.38	2.93
常州市	**Changzhou City**	**113.71**	**4.26**	**462**	**15.68**	**7.74**	**18.53**
溧阳市	Liyang City	53.63	3.16	439	2.38	1.33	6.56
金坛市	Jintan City	28.29	0.86	23	5.64	2.51	4.59
苏州市	**Suzhou City**	**113.12**	**2.42**	**1038**	**12.84**	**8.16**	**27.99**
常熟市	Changshu City	31.61	0.89	648	1.92	1.56	3.75
张家港市	Zhangjiagang City	27.23	0.45	44	1.18	0.94	1.76
昆山市	Kunshan City	11.21	0.16	22	0.57	0.50	5.03
太仓市	Taicang City	21.45	0.48	324	5.42	1.86	3.16

20-9 续 表1 Continued 1

单位:万吨 (10000 tons)

市 县	City and County	粮食产量 Grain	油料产量 Oil-bearing Crops	棉花产量(吨) Cotton (ton)	肉类总产量 Meat	#猪牛羊肉 Pork, Beef and Mutton	水产品产量 Aquatic Products
南通市	**Nantong City**	**333.46**	**40.84**	**50657**	**47.89**	**29.46**	**87.04**
海安县	Haian County	64.09	1.48	26	9.33	6.33	3.36
如东县	Rudong County	92.28	4.69	13751	10.02	6.18	30.23
启东市	Qidong City	26.12	10.34	16894	5.82	2.84	36.21
如皋市	Rugao City	74.04	3.84	160	10.95	7.47	2.54
海门市	Haimen City	18.38	9.54	11472	4.21	1.61	8.75
连云港市	**Lianyungang City**	**354.73**	**12.11**	**2837**	**29.72**	**23.32**	**75.05**
赣榆县	Ganyu County	55.69	6.98	517	6.68	5.67	45.91
东海县	Donghai County	112.17	4.83	60	7.95	6.25	6.01
灌云县	Guanyun County	79.34	0.09	216	5.35	4.67	5.50
灌南县	Guannan County	61.91	0.20	30	5.07	4.64	3.41
淮安市	**Huaian City**	**461.02**	**9.62**	**147**	**32.18**	**21.07**	**25.93**
涟水县	Lianshui County	90.02	3.32		6.94	5.10	1.86
洪泽县	Hongze County	44.02	0.28		2.34	1.42	5.57
盱眙县	Xuyi County	95.57	2.49	147	7.62	3.34	5.38
金湖县	Jinhu County	52.89	0.77		1.42	0.81	4.83
盐城市	**Yancheng City**	**686.51**	**31.52**	**97529**	**88.93**	**57.23**	**110.06**
响水县	Xiangshui County	53.65	2.46	97	5.02	3.92	6.40
滨海县	Binhai County	93.01	4.34	1062	11.11	7.07	9.70
阜宁县	Funing County	93.02	1.80	108	18.54	12.78	7.07

20－9 续 表2 Continued 2

单位:万吨 (10000 tons)

市 县 City and County		粮食产量 Grain	油料产量 Oil-bearing Crops	棉花产量(吨) Cotton (ton)	肉类总产量 Meat	#猪牛羊肉 Pork, Beef and Mutton	水产品产量 Aquatic Products
射阳县	Sheyang County	110.35	3.47	21461	8.34	5.53	20.54
建湖县	Jianhu County	72.07	1.70	2004	6.40	4.18	9.74
东台市	Dongtai City	95.08	8.58	9603	14.20	8.35	17.62
大丰市	Dafeng City	77.92	6.18	41598	12.57	6.91	16.91
扬州市	**Yangzhou City**	**312.19**	**7.57**	**4637**	**18.42**	**10.54**	**39.37**
宝应县	Baoying County	92.30	1.50		4.77	3.03	14.67
仪征市	Yizheng City	33.75	1.04	85	2.23	1.33	0.62
高邮市	Gaoyou City	87.52	2.29	3384	4.78	2.66	16.27
镇江市	**Zhenjiang City**	**125.79**	**5.80**	**1120**	**8.55**	**5.19**	**9.27**
丹阳市	Danyang City	50.88	1.05	8	2.58	1.95	3.83
扬中市	Yangzhong City	10.52	0.17		0.98	0.74	0.69
句容市	Jurong City	35.37	3.45	1091	1.56	1.01	2.55
泰州市	**Taizhou City**	**326.68**	**12.29**	**14047**	**26.63**	**21.25**	**37.30**
兴化市	Xinghua City	141.11	3.83	12408	5.87	4.13	28.47
靖江市	Jingjiang City	33.59	0.48		3.21	2.79	1.00
泰兴市	Taixing City	70.37	4.06		8.48	7.60	2.41
宿迁市	**Suqian City**	**375.99**	**4.99**	**1883**	**35.70**	**20.16**	**25.65**
沭阳县	Shuyang County	126.73	1.42		10.21	7.46	1.80
泗阳县	Siyang County	58.68	0.99	26	5.16	3.59	8.04
泗洪县	Sihong County	100.96	2.08	1790	7.75	4.56	9.74

20-10 工业总产值(2013年)
Gross Output Value of Industry (2013)

单位:亿元 (100 million yuan)

市县	City and County	工业总产值 Gross Output Value of Industry	内资企业 Domestic Funded Enterprises	外商港澳台商投资企业 Foreign, Hong Kong Macao and Taiwan Invested Enterprises	#国有控股企业 State-owned Share Holding Enterprises	#大中型企业 Large and Medium Scale Enterprises	#轻工业 Light Industry
南京市	**Nanjing City**	**12647.14**	**7480.99**	**5166.16**	**4339.43**	**8808.35**	**2562.47**
无锡市	**Wuxi City**	**14890.65**	**9653.68**	**5236.97**	**658.02**	**10048.85**	**3537.31**
江阴市	Jiangyin City	6140.78	4598.86	1541.92	149.44	4904.45	1771.81
宜兴市	Yixing City	2896.51	2464.16	432.35	92.75	1348.39	246.68
徐州市	**Xuzhou City**	**10523.10**	**9638.91**	**884.19**	**1129.23**	**5208.98**	**3120.51**
丰县	Fengxian County	425.68	392.31	33.37	31.74	102.01	182.66
沛县	Peixian County	1212.61	1193.54	19.07		559.08	465.69
睢宁县	Suining County	702.14	603.88	98.25		270.04	378.91
新沂市	Xinyi City	1212.17	1156.49	55.68	0.21	160.44	380.10
邳州市	Pizhou City	1885.40	1742.55	142.86	26.50	630.53	414.28
常州市	**Changzhou City**	**10067.88**	**6969.21**	**3098.67**	**368.53**	**5939.26**	**2121.06**
溧阳市	Liyang City	1581.98	1141.47	440.51	23.41	921.69	100.13
金坛市	Jintan City	657.64	466.45	191.19	26.33	334.42	195.40
苏州市	**Suzhou City**	**30392.90**	**10713.40**	**19679.50**	**1118.03**	**22587.57**	**7774.24**
常熟市	Changshu City	3582.25	2061.53	1520.72	68.66	2505.95	1551.41
张家港市	Zhangjiagang City	4922.05	3754.12	1167.93	425.92	3773.71	1172.49
昆山市	Kunshan City	8157.30	901.82	7255.47	141.65	6751.96	995.82
太仓市	Taicang City	1994.70	1005.00	989.70	143.55	1053.91	782.10

20－10 续 表1 Continued 1

单位:亿元 (100 million yuan)

市 县 City and County		工业总产值 Gross Output Value of Industry	内资企业 Domestic Funded Enterprises	外商港澳台商投资企业 Foreign, Hong Kong Macao and Taiwan Invested Enterprises	#国有控股企业 State-owned Share Holding Enterprises	#大中型企业 Large and Medium Scale Enterprises	#轻工业 Light Industry
南通市	**Nantong City**	**11351.54**	**7336.64**	**4014.90**	**688.64**	**5503.85**	**3756.02**
海安县	Haian County	1546.88	1228.89	317.99	1.71	810.81	631.80
如东县	Rudong County	1482.04	998.73	483.31	32.30	572.59	658.54
启东市	Qidong City	1356.46	938.04	418.42	96.32	510.98	282.58
如皋市	Rugao City	1412.27	1116.20	296.07	18.83	762.22	428.14
海门市	Haimen City	1629.51	1046.84	582.67	18.28	722.13	502.71
连云港市	**Lianyungang City**	**4130.59**	**3186.00**	**944.59**	**294.70**	**2261.59**	**1150.96**
赣榆县	Ganyu County	1090.75	1032.34	58.40	18.56	572.00	219.73
东海县	Donghai County	620.54	518.71	101.83	4.52	87.86	227.58
灌云县	Guanyun County	506.13	490.98	15.14	10.03	214.77	164.23
灌南县	Guannan County	500.13	486.68	13.45	3.29	357.30	32.53
淮安市	**Huaian City**	**4802.92**	**3679.13**	**1123.79**	**390.47**	**1992.13**	**1897.86**
涟水县	Lianshui County	375.51	338.06	37.44	35.73	122.96	224.74
洪泽县	Hongze County	442.20	400.89	41.31	11.34	62.74	159.78
盱眙县	Xuyi County	606.21	572.67	33.54	11.44	129.81	241.19
金湖县	Jinhu County	340.97	292.68	48.29	0.22	111.64	140.47
盐城市	**Yancheng City**	**6454.58**	**4823.52**	**1631.06**	**180.46**	**3069.35**	**2198.50**
响水县	Xiangshui County	517.19	439.16	78.03	4.43	293.52	150.79
滨海县	Binhai County	491.01	470.87	20.14	1.85	209.31	265.53
阜宁县	Funing County	487.11	442.87	44.23	4.20	106.87	168.62

20－10 续 表 2 Continued 2

单位:亿元 (100 million yuan)

市 县 City and County		工业总产值 Gross Output Value of Industry	内资企业 Domestic Funded Enterprises	外商港澳台商投资企业 Foreign, Hong Kong Macao and Taiwan Invested Enterprises	#国有控股企业 State-owned Share Holding Enterprises	#大中型企业 Large and Medium Scale Enterprises	#轻工业 Light Industry
射 阳 县	Sheyang County	494.93	434.15	60.78	38.26	89.57	330.09
建 湖 县	Jianhu County	651.20	554.86	96.34	1.41	292.36	274.74
东 台 市	Dongtai City	863.06	730.72	132.34	33.00	266.98	347.38
大 丰 市	Dafeng City	657.95	528.63	129.33	34.20	307.73	266.10
扬 州 市	**Yangzhou City**	**8499.39**	**6206.34**	**2293.05**	**1390.80**	**5519.41**	**1943.92**
宝 应 县	Baoying County	759.11	691.36	67.75	192.41	446.98	150.82
仪 征 市	Yizheng City	1257.42	686.70	570.72	611.68	780.75	169.82
高 邮 市	Gaoyou City	881.71	754.26	127.45		365.04	323.32
镇 江 市	**Zhenjiang City**	**7197.27**	**4744.73**	**2452.54**	**437.19**	**4455.77**	**1243.42**
丹 阳 市	Danyang City	2263.70	1620.12	643.58	8.48	1543.16	411.53
扬 中 市	Yangzhong City	1056.61	924.30	132.31	1.14	837.18	45.33
句 容 市	Jurong City	1096.64	713.34	383.30	17.48	500.84	358.57
泰 州 市	**Taizhou City**	**8501.65**	**6296.11**	**2205.54**	**576.39**	**4248.58**	**2212.48**
兴 化 市	Xinghua City	1163.75	1046.16	117.59	11.43	197.46	280.02
靖 江 市	Jingjiang City	1933.65	1134.76	798.89	157.46	1498.20	245.92
泰 兴 市	Taixing City	1682.32	1323.44	358.88	35.10	714.24	444.91
宿 迁 市	**Suqian City**	**2845.15**	**2632.99**	**212.17**	**89.68**	**1010.89**	**1483.21**
沭 阳 县	Shuyang County	957.46	906.63	50.82	1.54	194.31	420.85
泗 阳 县	Siyang County	492.30	478.91	13.39	0.62	119.13	224.29
泗 洪 县	Sihong County	519.59	496.78	22.81	31.74	127.95	322.64

注：统计范围为年主营业务收入2000万元以上工业企业(下同)。

a) The statistical scope of industry covers industrial enterprises with major business revenue of over 20 million yuan. (Similarly in following tables.)

20－11 工业企业主要经济指标(2013 年)

Major Economic Indicators on Industrial Enterprises (2013)

单位:亿元 (100 million yuan)

市 县	City and County	资产合计 Total Assets	负债合计 Total Liabilities	主营业务收入 Major Business Revenue	利税总额 Total Pre-tax Profits	#利润总额 Total Profits	本年应交增值税 Added Value Payable
南 京 市	**Nanjing City**	**9423.67**	**5488.23**	**12428.16**	**1421.24**	**751.27**	**344.92**
无 锡 市	**Wuxi City**	**13979.64**	**8181.48**	**14450.48**	**1125.17**	**741.88**	**326.90**
江 阴 市	Jiangyin City	5678.24	3488.89	5928.67	523.52	336.69	152.41
宜 兴 市	Yixing City	2578.60	1713.14	2788.26	175.27	104.62	59.73
徐 州 市	**Xuzhou City**	**5338.27**	**2832.46**	**10506.88**	**1533.37**	**856.08**	**486.85**
丰 县	Fengxian County	162.75	77.88	411.50	61.76	35.85	23.15
沛 县	Peixian County	216.66	126.10	1164.22	156.90	85.02	65.61
睢 宁 县	Suining County	179.31	73.87	682.74	108.21	77.36	26.99
新 沂 市	Xinyi City	287.95	162.61	1208.03	140.33	73.37	54.52
邳 州 市	Pizhou City	352.47	122.45	1866.03	279.33	173.74	86.79
常 州 市	**Changzhou City**	**7374.10**	**4455.50**	**10223.05**	**844.46**	**512.56**	**293.91**
溧 阳 市	Liyang City	989.01	682.24	1597.46	139.04	80.88	50.30
金 坛 市	Jintan City	585.01	379.10	667.16	78.73	50.29	23.89
苏 州 市	**Suzhou City**	**24696.71**	**14029.78**	**29937.18**	**1879.59**	**1305.95**	**491.27**
常 熟 市	Changshu City	3456.81	2064.67	3557.36	252.19	179.08	61.98
张家港市	Zhangjiagang City	4435.89	2909.51	5071.75	218.92	115.12	91.59
昆 山 市	Kunshan City	4817.07	2518.24	8171.68	526.26	385.05	125.61
太 仓 市	Taicang City	1920.07	1141.71	1930.48	154.86	103.15	41.85

单位:亿元 (100 million yuan)

市县	City and County	资产合计 Total Assets	负债合计 Total Liabilities	主营业务收入 Major Business Revenue	利税总额 Total Pre-tax Profits	#利润总额 Total Profits	本年应交增值税 Added Value Payable
南通市	**Nantong City**	**6732.44**	**3761.97**	**11093.04**	**1290.70**	**828.49**	**413.20**
海安县	Haian County	778.23	437.34	1558.28	183.03	125.42	51.00
如东县	Rudong County	673.91	319.76	1482.48	175.69	113.92	57.15
启东市	Qidong City	871.51	509.02	1341.92	176.51	114.53	50.00
如皋市	Rugao City	986.78	623.44	1336.23	106.47	59.72	41.64
海门市	Haimen City	603.07	321.68	1646.99	272.71	180.88	86.42
连云港市	**Lianyungang City**	**2265.18**	**1284.58**	**4041.62**	**482.17**	**301.21**	**145.65**
赣榆县	Ganyu County	307.86	149.47	1079.91	109.33	62.17	32.28
东海县	Donghai County	214.68	102.30	618.74	69.79	44.92	19.66
灌云县	Guanyun County	147.15	69.14	498.02	49.54	35.02	10.62
灌南县	Guannan County	238.92	148.34	497.71	60.69	34.84	21.01
淮安市	**Huaian City**	**1917.32**	**982.64**	**4731.24**	**413.31**	**218.77**	**103.01**
涟水县	Lianshui County	161.37	79.02	472.65	33.28	21.46	7.74
洪泽县	Hongze County	237.39	119.26	434.62	46.77	31.06	14.40
盱眙县	Xuyi County	201.08	112.29	639.64	42.77	24.49	13.14
金湖县	Jinhu County	148.41	86.75	357.82	21.46	14.47	6.19
盐城市	**Yancheng City**	**3490.05**	**1923.15**	**6297.05**	**703.69**	**404.19**	**234.26**
响水县	Xiangshui County	325.12	176.57	519.41	78.19	56.59	20.24
滨海县	Binhai County	240.71	120.10	501.08	54.10	29.95	20.67
阜宁县	Funing County	203.97	121.16	485.40	42.73	21.31	18.65

单位:亿元 (100 million yuan)

市 县 City and County		资产合计 Total Assets	负债合计 Total Liabilities	主营业务收入 Major Business Revenue	利税总额 Total Pre-tax Profits	#利润总额 Total Profits	本年应交增值税 Added Value Payable
射阳县	Sheyang County	314.37	187.51	491.88	38.51	19.54	14.83
建湖县	Jianhu County	255.99	118.52	618.26	73.65	39.45	29.16
东台市	Dongtai City	525.62	328.40	872.68	86.75	47.69	34.70
大丰市	Dafeng City	588.77	346.05	689.06	64.01	36.89	23.96
扬州市	**Yangzhou City**	**4037.28**	**2129.92**	**8189.53**	**951.75**	**540.53**	**334.56**
宝应县	Baoying County	381.25	198.42	713.15	63.66	36.97	24.58
仪征市	Yizheng City	641.21	363.58	1256.18	155.88	100.59	40.20
高邮市	Gaoyou City	401.13	179.67	876.66	112.18	70.93	34.98
镇江市	**Zhenjiang City**	**4887.41**	**2830.97**	**7021.31**	**673.12**	**427.23**	**220.88**
丹阳市	Danyang City	1320.29	838.48	2246.59	176.14	117.89	53.42
扬中市	Yangzhong City	833.36	455.70	1013.05	116.93	70.10	42.13
句容市	Jurong City	666.93	373.93	1085.04	102.87	50.21	46.31
泰州市	**Taizhou City**	**4151.28**	**2243.01**	**8149.57**	**1022.33**	**605.06**	**358.06**
兴化市	Xinghua City	444.40	202.26	1143.21	112.39	64.30	42.30
靖江市	Jingjiang City	1260.24	670.50	1812.60	228.15	139.13	79.80
泰兴市	Taixing City	773.24	445.99	1670.17	249.11	149.41	85.35
宿迁市	**Suqian City**	**1874.22**	**853.09**	**2821.44**	**439.73**	**305.83**	**106.34**
沭阳县	Shuyang County	449.59	169.07	946.99	136.40	90.89	39.60
泗阳县	Siyang County	255.65	83.96	493.64	61.55	44.06	15.99
泗洪县	Sihong County	312.80	122.82	512.74	88.05	61.06	14.72

20－12 交 通 运 输 （2013年）
Transportation（2013）

市 县 City and County		公路里程（公里）Total Length of Highway（km）	#等级公路 Grade Highway	公路客运量（万人）Passenger Traffic of Highways（10000 persons）	公路货运量（万吨）Freight Traffic of Highways（10000 tons）	民用汽车拥有量（万辆）Civil Vehicles Owned（10000 units）	#私人汽车 Private Vehicles
南 京 市	**Nanjing City**	**11131**	**10166**	**10493**	**10912**	**140.41**	**117.72**
无 锡 市	**Wuxi City**	**7655**	**7655**	**7152**	**11579**	**114.67**	**89.60**
江 阴 市	Jiangyin City	2362	2362	1608	4473	28.64	23.21
宜 兴 市	Yixing City	2342	2342	2180	2372	18.40	14.87
徐 州 市	**Xuzhou City**	**16332**	**15207**	**14814**	**15455**	**68.41**	**59.08**
丰 县	Fengxian County	1813	1813	511	1249	5.67	5.21
沛 县	Peixian County	2288	2288	1015	1138	6.02	5.26
睢 宁 县	Suining County	2460	2278	989	1639	6.40	5.90
新 沂 市	Xinyi City	2802	2298	925	1871	5.32	4.74
邳 州 市	Pizhou City	3043	2722	1115	2030	9.20	8.40
常 州 市	**Changzhou City**	**8847**	**8795**	**6657**	**9620**	**76.53**	**62.02**
溧 阳 市	Liyang City	2512	2512	1162	1758	9.28	7.80
金 坛 市	Jintan City	2059	2007	822	930	6.24	5.17
苏 州 市	**Suzhou City**	**12608**	**12608**	**39050**	**10799**	**210.57**	**173.04**
常 熟 市	Changshu City	3158	3158	4101	1241	27.70	23.41
张家港市	Zhangjiagang City	1539	1539	4224	1896	23.91	20.25
昆 山 市	Kunshan City	2005	2005	4762	1324	31.77	25.51
太 仓 市	Taicang City	1296	1296	1953	1273	13.97	11.59

市 县 City and County		公路里程（公里）Total Length of Highway (km)	#等级公路 Grade Highway	公路客运量（万人）Passenger Traffic of Highways (10000 persons)	公路货运量（万吨）Freight Traffic of Highways (10000 tons)	民用汽车拥有量（万辆）Civil Vehicles Owned (10000 units)	#私人汽车 Private Vehicles
南通市	**Nantong City**	**17995**	**17924**	**9833**	**10137**	**83.75**	**71.66**
海安县	Haian County	2362	2289	830	1614	7.71	6.71
如东县	Rudong County	2537	2532	412	1024	8.72	7.82
启东市	Qidong City	3513	3462	876	746	10.36	9.41
如皋市	Rugao City	3191	3127	434	1400	12.37	11.21
海门市	Haimen City	2464	2406	695	584	9.96	8.91
连云港市	**Lianyungang City**	**11771**	**11679**	**5381**	**7554**	**32.21**	**27.01**
赣榆县	Ganyu County	2827	2827	331	1514	5.90	5.28
东海县	Donghai County	2931	2931	812	1427	6.60	5.90
灌云县	Guanyun County	2564	2564	381	1085	4.54	4.07
灌南县	Guannan County	1920	1889	724	475	3.04	2.73
淮安市	**Huaian City**	**12930**	**12040**	**8296**	**5076**	**29.47**	**24.52**
涟水县	Lianshui County	2532	2278	1396	1165	4.27	3.66
洪泽县	Hongze County	1465	1357	594	380	1.52	1.23
盱眙县	Xuyi County	2675	2674	1143	1108	2.81	2.18
金湖县	Jinhu County	1387	1212	743	203	1.57	1.26
盐城市	**Yancheng City**	**19141**	**17122**	**9284**	**4639**	**47.60**	**40.28**
响水县	Xiangshui County	1763	1680	762	306	2.64	2.22
滨海县	Binhai County	2138	1851	358	638	5.10	4.16
阜宁县	Funing County	1842	1495	1073	151	4.15	3.73

20－12 续 表2 Continued 2

市 县 City and County		公路里程（公里）Total Length of Highway (km)	#等级公路 Grade Highway	公路客运量（万人）Passenger Traffic of Highways (10000 persons)	公路货运量（万吨）Freight Traffic of Highways (10000 tons)	民用汽车拥有量（万辆）Civil Vehicles Owned (10000 units)	#私人汽车 Private Vehicles
射阳县	Sheyang County	2484	1932	381	93	4.97	4.58
建湖县	Jianhu County	1762	1648	880	247	3.27	2.77
东台市	Dongtai City	3185	2976	854	725	5.96	5.29
大丰市	Dafeng City	3076	2720	958	368	5.70	5.20
扬州市	**Yangzhou City**	**10415**	**9155**	**4746**	**5924**	**41.94**	**34.94**
宝应县	Baoying County	2196	1844	1370	770	4.09	3.54
仪征市	Yizheng City	1483	1482	717	1076	4.74	3.94
高邮市	Gaoyou City	2532	2073	1477	1117	4.63	3.90
镇江市	**Zhenjiang City**	**7201**	**7201**	**4418**	**6290**	**33.74**	**28.00**
丹阳市	Danyang City	2140	2140	941	1433	10.75	9.20
扬中市	Yangzhong City	1000	1000	445	383	4.03	3.49
句容市	Jurong City	2459	2459	787	945	2.82	2.28
泰州市	**Taizhou City**	**9335**	**9317**	**8809**	**2265**	**40.51**	**33.63**
兴化市	Xinghua City	2690	2677	2120	386	6.79	6.02
靖江市	Jingjiang City	1308	1308	1332	315	8.06	6.72
泰兴市	Taixing City	2095	2095	1920	441	7.70	6.48
宿迁市	**Suqian City**	**10731**	**9395**	**6623**	**3458**	**32.16**	**28.57**
沭阳县	Shuyang County	3409	2579	1805	1776	8.66	7.88
泗阳县	Siyang County	1690	1646	1275	465	4.74	4.44
泗洪县	Sihong County	2404	2396	2169	455	4.31	3.82

20－13 邮电、电力（2013年）
Postal and Telecommunications, Power Services (2013)

市县 City and County		邮电业务总量（亿元）Post & Telecommunication Services (100 million yuan)	固定电话用户（万户）Telephone Subscribers (10000 subscribers)	移动电话用户（万户）Number of Mobile Telephones Subscribers at Year-end (10000 subscribers)	国际互联网用户（万户）International Exchange Network Users (10000 subscribers)	全年用电量（亿千瓦时）Total Consumption of Electricity of the Year (100 million kW·h)	#工业用电 Consumption of Electricity for Industrial Use
南京市	**Nanjing City**	**187.63**	**305.66**	**992.27**	**214.95**	**462.67**	**286.71**
无锡市	**Wuxi City**	**141.35**	**229.52**	**815.16**	**143.74**	**606.40**	**476.28**
江阴市	Jiangyin City	26.85	47.18	216.98	46.48	239.47	211.62
宜兴市	Yixing City	16.95	35.19	151.44	39.66	90.76	70.65
徐州市	**Xuzhou City**	**78.46**	**161.01**	**727.18**	**102.92**	**336.42**	**252.97**
丰县	Fengxian County	6.57	10.00	63.70	9.28	18.13	11.08
沛县	Peixian County	8.14	14.69	80.10	11.62	30.05	22.18
睢宁县	Suining County	7.59	15.53	70.88	11.52	21.61	14.08
新沂市	Xinyi City	7.25	13.38	67.03	12.25	38.49	31.74
邳州市	Pizhou City	9.71	15.78	94.65	14.22	24.97	14.99
常州市	**Changzhou City**	**87.44**	**160.80**	**523.07**	**107.76**	**390.98**	**308.06**
溧阳市	Liyang City	7.39	23.48	59.71	14.13	67.75	57.25
金坛市	Jintan City	5.59	18.78	48.00	10.72	42.92	35.34
苏州市	**Suzhou City**	**307.90**	**357.92**	**1474.47**	**273.42**	**1263.21**	**1030.61**
常熟市	Changshu City	32.14	41.48	202.87	45.13	155.98	129.35
张家港市	Zhangjiagang City	23.96	33.51	174.11	43.19	278.38	256.85
昆山市	Kunshan City	47.98	48.87	287.34	57.75	190.03	150.57
太仓市	Taicang City	15.19	18.83	100.33	20.54	89.54	75.83

市 县 City and County		邮电业务总量（亿元） Post & Telecommunication Services (100 million yuan)	固定电话用户（万户） Telephone Subscribers (10000 subscribers)	移动电话年末用户（万户） Number of Mobile Telephones Subscribers at Year-end (10000 subscribers)	国际互联网用户（万户） International Exchange Network Users (10000 subscribers)	全年用电量（亿千瓦时） Total Consumption of Electricity of the Year (100 million kW·h)	#工业用电 Consumption of Electricity for Industrial Use
南通市	**Nantong City**	**97.30**	**248.98**	**641.87**	**121.76**	**326.15**	**234.38**
海安县	Haian County	8.46	35.35	90.73	20.07	42.28	33.03
如东县	Rudong County	8.04	29.29	95.12	17.81	39.75	29.12
启东市	Qidong City	9.12	35.71	102.84	19.17	26.76	17.14
如皋市	Rugao City	11.79	36.49	131.49	21.84	45.38	31.70
海门市	Haimen City	10.25	34.10	98.31	18.47	34.58	23.78
连云港市	**Lianyungang City**	**41.70**	**103.12**	**352.50**	**63.59**	**134.94**	**88.73**
赣榆县	Ganyu County	6.64	19.92	84.13	13.63	32.82	24.55
东海县	Donghai County	7.29	17.94	79.54	11.95	18.56	11.12
灌云县	Guanyun County	4.54	12.30	57.79	7.07	11.13	5.86
灌南县	Guannan County	3.54	10.06	46.83	5.93	24.03	18.85
淮安市	**Huaian City**	**40.21**	**95.19**	**357.85**	**53.62**	**148.39**	**102.30**
涟水县	Lianshui County	3.99	12.03	44.16	5.64	14.86	8.87
洪泽县	Hongze County	1.91	5.96	21.84	4.13	16.60	13.55
盱眙县	Xuyi County	3.26	9.13	37.27	5.21	15.10	9.00
金湖县	Jinhu County	2.17	6.11	22.35	4.13	10.48	7.23
盐城市	**Yancheng City**	**63.57**	**162.92**	**562.02**	**87.45**	**275.16**	**204.19**
响水县	Xiangshui County	2.02	9.32	19.16	4.33	51.35	47.00
滨海县	Binhai County	3.93	17.87	29.68	6.72	24.45	17.50
阜宁县	Funing County	3.86	16.20	27.94	9.73	30.48	23.28

市 县 City and County		邮电业务总量（亿元） Post & Telecommunication Services (100 million yuan)	固定电话用户（万户） Telephone Subscribers (10000 subscribers)	移动电话年末用户（万户） Number of Mobile Telephones Subscribers at Year-end (10000 subscribers)	国际互联网用户（万户） International Exchange Network Users (10000 subscribers)	全年用电量（亿千瓦时） Total Consumption of Electricity of the Year (100 million kW·h)	#工业用电 Consumption of Electricity for Industrial Use
射阳县	Sheyang County	4.45	18.20	40.93	7.78	18.69	11.29
建湖县	Jianhu County	3.82	14.26	33.86	6.84	17.26	10.93
东台市	Dongtai City	5.82	26.67	44.48	11.64	38.99	29.62
大丰市	Dafeng City	4.89	18.68	41.88	9.21	47.88	39.62
扬州市	**Yangzhou City**	**60.53**	**142.21**	**430.23**	**77.24**	**197.38**	**139.13**
宝应县	Baoying County	5.84	16.11	61.77	9.91	16.49	10.00
仪征市	Yizheng City	5.39	15.37	60.85	10.74	32.24	26.60
高邮市	Gaoyou City	6.37	18.00	71.31	12.22	27.57	19.96
镇江市	**Zhenjiang City**	**43.00**	**103.35**	**318.43**	**59.83**	**212.20**	**163.38**
丹阳市	Danyang City	12.77	28.17	101.70	22.72	66.79	53.64
扬中市	Yangzhong City	4.54	12.31	38.91	9.87	14.79	10.25
句容市	Jurong City	5.82	17.69	55.21	9.51	22.19	14.82
泰州市	**Taizhou City**	**51.93**	**138.59**	**380.00**	**73.73**	**222.55**	**169.02**
兴化市	Xinghua City	8.15	26.26	88.38	14.62	60.57	49.75
靖江市	Jingjiang City	7.28	19.60	65.97	13.19	34.81	25.15
泰兴市	Taixing City	8.99	27.55	85.06	14.69	50.95	40.69
宿迁市	**Suqian City**	**46.23**	**80.55**	**366.89**	**51.33**	**136.58**	**94.86**
沭阳县	Shuyang County	13.63	21.52	106.13	13.71	37.36	25.50
泗阳县	Siyang County	8.16	17.86	64.66	9.82	17.98	10.83
泗洪县	Sihong County	8.00	14.28	65.14	8.89	15.41	7.52

20－14 固定资产投资完成额(2013年)
Completed Investment in Fixed Assets (2013)

单位:亿元 (100 million yuan)

市 县	City and County	固定资产投资 Investment in Fixed Assets	房地产开发投资 Investment in Real Estate Development	#住宅 Residential Buildings	新增固定资产 Newly Added Fixed Assets	商品房屋销售建筑面积(万平方米) Constraction Floor Space of the Commercial Houses Sold (10000 sq. m)	#住宅 Residential Buildings
南京市	**Nanjing City**	**5093.78**	**1037.71**	**729.13**	**2998.16**	**1222.01**	**1143.15**
无锡市	**Wuxi City**	**3973.52**	**1128.91**	**735.85**	**2861.01**	**909.44**	**780.77**
江阴市	Jiangyin City	948.79	234.01	161.81	750.00	185.48	157.34
宜兴市	Yixing City	555.34	129.97	93.51	413.02	140.23	125.68
徐州市	**Xuzhou City**	**3090.13**	**380.47**	**288.94**	**2467.38**	**856.82**	**765.84**
丰县	Fengxian County	144.97	18.09	11.24	115.09	56.96	49.01
沛县	Peixian County	331.30	18.20	14.93	300.83	61.79	57.14
睢宁县	Suining County	174.79	17.07	12.15	191.76	55.02	47.95
新沂市	Xinyi City	307.58	32.46	26.45	206.04	96.99	85.65
邳州市	Pizhou City	449.06	33.52	31.53	447.78	115.94	114.33
常州市	**Changzhou City**	**2850.12**	**681.39**	**473.46**	**2068.39**	**875.98**	**769.45**
溧阳市	Liyang City	411.66	42.24	32.33	338.52	79.78	73.63
金坛市	Jintan City	214.36	34.31	22.35	174.93	73.57	61.22
苏州市	**Suzhou City**	**5822.14**	**1414.01**	**988.62**	**4570.66**	**1875.05**	**1633.41**
常熟市	Changshu City	715.21	134.23	98.94	617.81	180.53	150.04
张家港市	Zhangjiagang City	762.22	98.18	73.28	610.72	110.44	90.23
昆山市	Kunshan City	840.00	306.11	215.89	657.35	545.47	468.86
太仓市	Taicang City	500.54	67.79	38.93	416.24	105.65	90.35

单位:亿元 (100 million yuan)

市 县 City and County		固定资产投资 Investment in Fixed Assets	房地产开发投资 Investment in Real Estate Development	#住宅 Residential Buildings	新增固定资产 Newly Added Fixed Assets	商品房屋销售建筑面积(万平方米) Constraction Floor Space of the Commercial Houses Sold (10000 sq. m)	#住宅 Residential Buildings
南通市	**Nantong City**	**3298.73**	**596.52**	**444.90**	**2359.77**	**1035.26**	**937.83**
海安县	Haian County	374.28	47.69	39.36	240.59	109.65	99.73
如东县	Rudong County	359.24	38.40	31.82	264.47	65.69	52.96
启东市	Qidong City	407.17	44.18	41.99	326.84	90.42	87.86
如皋市	Rugao City	374.86	46.06	33.96	304.38	102.17	89.38
海门市	Haimen City	423.49	40.07	32.87	302.37	99.01	90.88
连云港市	**Lianyungang City**	**1350.12**	**174.07**	**131.01**	**916.12**	**489.64**	**427.70**
赣榆县	Ganyu County	203.08	21.71	15.07	191.09	68.33	59.58
东海县	Donghai County	187.20	28.43	21.15	123.52	100.51	82.41
灌云县	Guanyun County	158.56	12.21	7.86	113.61	45.31	40.78
灌南县	Guannan County	155.61	15.84	14.41	156.14	73.64	68.00
淮安市	**Huaian City**	**1453.05**	**312.22**	**231.64**	**1080.97**	**842.43**	**749.88**
涟水县	Lianshui County	166.65	35.09	26.79	96.19	107.05	94.66
洪泽县	Hongze County	105.64	20.14	14.81	99.23	45.64	40.71
盱眙县	Xuyi County	203.26	52.53	41.50	103.32	121.49	100.93
金湖县	Jinhu County	99.46	15.28	10.98	65.69	57.51	50.67
盐城市	**Yancheng City**	**2217.69**	**327.31**	**249.55**	**1650.68**	**742.32**	**589.93**
响水县	Xiangshui County	163.35	10.12	6.41	120.23	34.72	32.53
滨海县	Binhai County	215.11	21.51	14.28	143.01	55.03	47.06
阜宁县	Funing County	183.29	23.44	20.85	128.68	55.40	50.49

单位:亿元 (100 million yuan)

市 县 City and County		固定资产投资 Investment in Fixed Assets	房地产开发投资 Investment in Real Estate Development	#住宅 Residential Buildings	新增固定资产 Newly Added Fixed Assets	商品房屋销售建筑面积(万平方米) Constraction Floor Space of the Commercial Houses Sold (10000 sq. m)	#住宅 Residential Buildings
射阳县	Sheyang County	188.72	24.10	19.47	119.15	71.01	67.17
建湖县	Jianhu County	205.09	25.24	17.00	80.79	61.66	52.88
东台市	Dongtai City	327.36	36.42	28.79	198.60	67.60	58.80
大丰市	Dafeng City	255.60	28.99	21.39	219.61	72.40	62.61
扬州市	**Yangzhou City**	**2025.18**	**315.91**	**239.98**	**1519.76**	**699.49**	**140.05**
宝应县	Baoying County	224.14	25.36	22.64	193.16	6.28	4.49
仪征市	Yizheng City	281.37	22.72	20.55	244.09	18.99	17.97
高邮市	Gaoyou City	278.48	34.98	28.63	193.23	49.66	45.83
镇江市	**Zhenjiang City**	**1753.15**	**296.31**	**221.11**	**1480.08**	**592.21**	**551.25**
丹阳市	Danyang City	322.13	55.99	42.76	235.93	106.68	99.42
扬中市	Yangzhong City	174.15	14.84	8.26	114.92	19.23	15.76
句容市	Jurong City	207.19	61.99	44.51	136.26	168.37	161.47
泰州市	**Taizhou City**	**1764.17**	**271.16**	**214.16**	**1507.12**	**491.41**	**455.74**
兴化市	Xinghua City	234.73	28.56	22.55	274.60	80.50	71.17
靖江市	Jingjiang City	342.41	48.49	32.50	315.21	75.75	68.39
泰兴市	Taixing City	323.75	39.48	30.87	269.96	83.24	76.58
宿迁市	**Suqian City**	**1290.75**	**305.46**	**223.16**	**954.18**	**822.73**	**745.18**
沭阳县	Shuyang County	310.74	69.94	51.20	197.81	169.44	153.19
泗阳县	Siyang County	229.43	47.81	37.31	175.86	143.62	129.24
泗洪县	Sihong County	226.39	65.47	52.69	224.94	277.98	256.26

20 - 15 国内贸易对外经济(2013 年)
Domestic and Foreign Trade and Foreign Economy (2013)

市县 City and County		社会消费品零售总额(亿元) Total Retail of Consumer Goods (100 million Yuan)	#批发和零售业 Wholesale and Retail Trade	进出口总额(亿美元) Total Imports and Exports (USD 100 million)	出口 Exports	进口 Imports	实际外商直接投资(亿美元) Actual Foreign Direct Investment (USD 100 million)
南京市	**Nanjing City**	**3531.73**	**3203.34**	**557.57**	**322.66**	**234.91**	**40.33**
无锡市	**Wuxi City**	**2759.98**	**2535.82**	**703.71**	**411.48**	**292.23**	**33.39**
江阴市	Jiangyin City	581.95	544.57	199.99	108.33	91.66	8.08
宜兴市	Yixing City	419.18	395.97	58.08	36.62	21.46	3.30
徐州市	**Xuzhou City**	**1495.91**	**1313.59**	**62.89**	**48.97**	**13.92**	**15.00**
丰县	Fengxian County	78.25	70.40	1.83	1.71	0.11	1.33
沛县	Peixian County	141.97	132.39	2.67	2.59	0.08	0.94
睢宁县	Suining County	97.41	88.51	7.18	4.74	2.44	1.12
新沂市	Xinyi City	94.77	88.89	5.22	3.89	1.34	0.62
邳州市	Pizhou City	130.26	109.90	7.31	6.57	0.74	2.52
常州市	**Changzhou City**	**1607.63**	**1459.16**	**292.15**	**203.74**	**88.41**	**31.11**
溧阳市	Liyang City	227.48	207.32	12.02	9.17	2.85	4.65
金坛市	Jintan City	177.15	160.56	14.68	11.90	2.78	1.26
苏州市	**Suzhou City**	**3662.24**	**3197.24**	**3093.48**	**1757.06**	**1336.41**	**86.98**
常熟市	Changshu City	561.71	512.22	186.26	116.43	69.83	10.24
张家港市	Zhangjiagang City	410.90	356.26	322.19	128.24	193.95	6.42
昆山市	Kunshan City	561.26	457.28	889.84	546.73	343.11	17.54
太仓市	Taicang City	218.70	185.68	127.60	55.14	72.46	6.18

市 县 City and County		社会消费品零售总额（亿元）Total Retail of Consumer Goods (100 million Yuan)	#批发和零售业 Wholesale and Retail Trade	进出口总额（亿美元）Total Imports and Exports (USD 100 million)	出 口 Exports	进口 Imports	实际外商直接投资（亿美元）Actual Foreign Direct Investment (USD 100 million)
南 通 市	**Nantong City**	**1940.41**	**1775.26**	**298.14**	**212.78**	**85.37**	**22.87**
海 安 县	Haian County	204.99	188.93	22.85	20.06	2.79	2.61
如 东 县	Rudong County	226.70	208.45	28.70	10.66	18.04	2.74
启 东 市	Qidong City	255.62	234.77	32.33	26.51	5.83	2.54
如 皋 市	Rugao City	257.81	235.56	31.54	23.72	7.82	2.48
海 门 市	Haimen City	266.37	244.98	18.76	15.44	3.32	2.48
连云港市	**Lianyungang City**	**655.57**	**600.91**	**66.41**	**37.84**	**28.58**	**8.70**
赣 榆 县	Ganyu County	123.64	111.54	4.21	3.22	0.99	1.22
东 海 县	Donghai County	120.89	112.23	3.17	2.65	0.52	1.36
灌 云 县	Guanyun County	89.57	85.43	1.83	1.65	0.17	0.96
灌 南 县	Guannan County	61.48	55.14	2.26	1.85	0.41	0.05
淮 安 市	**Huaian City**	**721.22**	**648.36**	**36.61**	**27.81**	**8.80**	**11.51**
涟 水 县	Lianshui County	73.60	64.48	2.63	2.22	0.41	0.26
洪 泽 县	Hongze County	66.96	59.49	2.02	1.58	0.44	1.75
盱 眙 县	Xuyi County	71.66	62.71	3.57	3.11	0.46	1.89
金 湖 县	Jinhu County	63.45	56.69	3.09	3.04	0.05	1.00
盐 城 市	**Yancheng City**	**1163.38**	**1048.44**	**65.28**	**37.79**	**27.50**	**15.50**
响 水 县	Xiangshui County	47.54	43.40	4.02	3.24	0.78	0.95
滨 海 县	Binhai County	78.89	71.03	2.75	2.25	0.50	1.30
阜 宁 县	Funing County	92.55	87.48	2.19	1.82	0.37	1.46

20－15 续 表2 Continued 2

市 县 City and County		社会消费品零售总额（亿元）Total Retail of Consumer Goods (100 million Yuan)	#批发和零售业 Wholesale and Retail Trade	进出口总额（亿美元）Total Imports and Exports (USD 100 million)	出口 Exports	进口 Imports	实际外商直接投资（亿美元）Actual Foreign Direct Investment (USD 100 million)
射阳县	Sheyang County	123.88	108.56	2.75	1.79	0.96	1.32
建湖县	Jianhu County	123.37	104.33	3.72	3.39	0.33	1.32
东台市	Dongtai City	179.91	160.94	5.71	5.23	0.48	1.76
大丰市	Dafeng City	123.48	113.19	8.77	5.71	3.06	1.76
扬州市	**Yangzhou City**	**1106.88**	**999.10**	**95.07**	**75.50**	**19.57**	**18.28**
宝应县	Baoying County	120.35	114.43	7.15	5.43	1.72	0.84
仪征市	Yizheng City	125.56	112.19	9.96	5.75	4.21	3.17
高邮市	Gaoyou City	124.30	112.12	3.85	3.61	0.24	0.73
镇江市	**Zhenjiang City**	**872.13**	**773.07**	**99.50**	**62.23**	**37.27**	**30.97**
丹阳市	Danyang City	228.20	202.41	25.81	21.08	4.73	6.30
扬中市	Yangzhong City	101.95	84.20	4.59	3.75	0.84	2.66
句容市	Jurong City	103.73	95.59	6.15	4.75	1.39	5.81
泰州市	**Taizhou City**	**837.09**	**721.96**	**104.41**	**62.91**	**41.50**	**13.23**
兴化市	Xinghua City	126.48	108.85	5.28	4.43	0.85	1.60
靖江市	Jingjiang City	138.34	114.64	27.28	16.25	11.02	0.76
泰兴市	Taixing City	161.17	132.67	24.88	11.67	13.21	2.73
宿迁市	**Suqian City**	**442.43**	**385.44**	**33.22**	**27.80**	**5.42**	**5.09**
沭阳县	Shuyang County	123.50	107.52	6.98	6.18	0.80	1.42
泗阳县	Siyang County	72.54	62.49	6.20	6.10	0.10	0.91
泗洪县	Sihong County	74.04	67.87	4.48	4.29	0.19	1.00

20-16 财政、金融(2013年)

Government Finance, Financial Intermediation (2013)

单位:亿元 (100 million yuan)

市县	City and County	公共财政预算收入 Public Finance Budget Revenue	#税收收入 Taxes	公共财政预算支出 Public Finance Budget Expenditure	年末金融机构存款余额 Deposits Balance of Banking Institutions (Year-end)	#居民储蓄存款 Savings Deposits of Residents	年末金融机构贷款余额 Loans Balance of Banking Institutions (Year-end)
南京市	**Nanjing City**	**831.31**	**684.47**	**850.91**	**18050.82**	**4883.29**	**13791.06**
无锡市	**Wuxi City**	**710.91**	**579.11**	**711.49**	**11205.78**	**4086.84**	**8108.14**
江阴市	Jiangyin City	182.28	151.90	171.19	2606.77	872.36	1987.44
宜兴市	Yixing City	86.61	73.71	91.02	1622.90	742.40	1240.47
徐州市	**Xuzhou City**	**422.84**	**341.11**	**595.61**	**3884.46**	**2089.77**	**2360.80**
丰县	Fengxian County	31.22	26.53	54.14	205.87	156.08	114.68
沛县	Peixian County	46.01	39.18	67.22	323.18	221.48	141.79
睢宁县	Suining County	31.92	27.09	57.14	244.65	180.76	139.21
新沂市	Xinyi City	39.62	33.98	61.70	218.13	139.81	186.21
邳州市	Pizhou City	48.88	42.05	77.74	297.61	208.26	226.04
常州市	**Changzhou City**	**408.88**	**327.18**	**417.90**	**6348.10**	**2753.31**	**4318.32**
溧阳市	Liyang City	45.60	38.77	52.01	795.50	387.38	536.21
金坛市	Jintan City	25.89	22.10	33.30	472.11	264.69	338.75
苏州市	**Suzhou City**	**1331.03**	**1138.33**	**1212.68**	**20037.58**	**6408.32**	**15495.24**
常熟市	Changshu City	138.58	115.74	128.08	2208.20	987.42	1658.50
张家港市	Zhangjiagang City	154.18	125.02	145.02	2286.21	832.72	1675.57
昆山市	Kunshan City	243.52	213.04	221.70	2660.40	880.48	1814.90
太仓市	Taicang City	100.13	82.12	92.36	1145.18	420.82	994.92

单位:亿元 (100 million yuan)

市 县 City and County		公共财政预算收入 Public Finance Budget Revenue	#税收收入 Taxes	公共财政预算支出 Public Finance Budget Expenditure	年末金融机构存款余额 Deposits Balance of Banking Institutions (Year-end)	#居民储蓄存款 Savings Deposits of Residents	年末金融机构贷款余额 Loans Balance of Banking Institutions (Year-end)
南通市	**Nantong City**	**485.88**	**399.89**	**576.41**	**7342.00**	**4130.22**	**4508.54**
海安县	Haian County	46.63	39.21	64.58	823.33	497.64	583.34
如东县	Rudong County	40.66	33.78	67.11	605.84	410.91	302.45
启东市	Qidong City	58.54	48.73	68.87	825.53	564.37	487.30
如皋市	Rugao City	60.13	50.16	83.49	762.31	506.02	443.49
海门市	Haimen City	61.17	50.57	66.37	864.86	557.31	522.96
连云港市	**Lianyungang City**	**233.30**	**188.79**	**362.38**	**1671.65**	**823.19**	**1366.94**
赣榆县	Ganyu County	34.93	29.81	59.47	213.69	141.66	170.75
东海县	Donghai County	32.78	27.71	53.97	217.73	139.72	154.00
灌云县	Guanyun County	30.88	26.72	49.99	163.04	103.73	115.82
灌南县	Guannan County	30.53	26.27	47.77	109.33	72.67	88.67
淮安市	**Huaian City**	**271.42**	**221.39**	**385.05**	**1721.30**	**931.81**	**1375.15**
涟水县	Lianshui County	25.74	22.02	48.62	206.12	120.97	134.74
洪泽县	Hongze County	20.14	16.93	31.21	117.49	58.06	93.11
盱眙县	Xuyi County	27.13	22.55	45.68	198.63	108.67	175.07
金湖县	Jinhu County	18.27	16.27	31.85	143.09	89.29	118.99
盐城市	**Yancheng City**	**366.77**	**302.51**	**555.62**	**3196.06**	**1788.34**	**2179.75**
响水县	Xiangshui County	23.98	19.71	38.21	109.41	61.95	94.63
滨海县	Binhai County	29.07	23.37	53.01	181.96	114.79	134.74
阜宁县	Funing County	29.45	24.12	51.47	240.82	162.91	173.97

20－16 续 表2 Continued 2

单位:亿元 (100 million yuan)

市 县 City and County		公共财政预算收入 Public Finance Budget Revenue	#税收收入 Taxes	公共财政预算支出 Public Finance Budget Expenditure	年末金融机构存款余额 Deposits Balance of Banking Institutions (Year-end)	#居民储蓄存款 Savings Deposits of Residents	年末金融机构贷款余额 Loans Balance of Banking Institutions (Year-end)
射阳县	Sheyang County	22.50	18.03	45.08	243.33	164.23	171.08
建湖县	Jianhu County	38.42	31.90	59.77	277.95	190.28	209.06
东台市	Dongtai City	52.46	43.62	73.47	497.98	375.52	267.22
大丰市	Dafeng City	50.07	41.09	68.62	380.76	235.05	238.60
扬州市	**Yangzhou City**	**259.26**	**212.75**	**319.28**	**3836.87**	**1931.02**	**2341.85**
宝应县	Baoying County	23.72	19.45	41.95	297.36	197.02	197.77
仪征市	Yizheng City	28.37	23.64	33.49	395.23	223.23	217.76
高邮市	Gaoyou City	25.44	20.89	41.15	342.38	234.14	205.91
镇江市	**Zhenjiang City**	**254.52**	**208.65**	**286.23**	**3289.46**	**1475.49**	**2364.38**
丹阳市	Danyang City	60.42	51.48	69.85	860.93	422.15	729.36
扬中市	Yangzhong City	27.15	23.12	31.50	408.73	229.76	293.16
句容市	Jurong City	30.51	26.11	39.68	367.41	206.11	271.92
泰州市	**Taizhou City**	**251.28**	**206.55**	**343.81**	**3544.42**	**1786.01**	**2344.27**
兴化市	Xinghua City	33.53	27.55	67.43	457.59	322.19	320.59
靖江市	Jingjiang City	57.45	48.12	53.76	761.87	355.06	501.88
泰兴市	Taixing City	38.20	31.68	55.48	564.47	340.91	323.34
宿迁市	**Suqian City**	**185.12**	**157.98**	**311.16**	**1475.58**	**736.29**	**1282.09**
沭阳县	Shuyang County	58.16	48.28	90.41	317.01	214.79	266.46
泗阳县	Siyang County	26.29	22.08	50.45	225.02	135.51	204.48
泗洪县	Sihong County	24.18	19.98	50.45	223.87	135.98	209.85

20－17 科技、教育(2013年)

Science, Technology and Education (2013)

市 县 City and County		专利申请受理量(件) Applications Accepted (unit)	专利申请受权量(件) Patents Granted (unit)	普通中学在校学生(万人) Regular Secondary Schools Student Enrollment (10000 persons)	小学在校学生(万人) Primary Schools Student Enrollment (10000 persons)	普通中学专任教师(人) Full-time Teachers in Regular Secondary Schools (person)	小学专任教师(人) Full-time Teachers in Primary Schools (person)
南京市	**Nanjing City**	**54784**	**19484**	**22.43**	**32.14**	**22361**	**20761**
无锡市	**Wuxi City**	**80271**	**39828**	**20.82**	**32.53**	**19247**	**19108**
江阴市	Jiangyin City	18411	7778	5.51	8.99	5647	4696
宜兴市	Yixing City	4112	2403	4.35	6.10	3723	4093
徐州市	**Xuzhou City**	**23472**	**10647**	**37.52**	**66.18**	**34591**	**36511**
丰县	Fengxian County	1426	641	4.87	7.02	4879	4129
沛县	Peixian County	4008	1627	3.94	7.75	3576	4909
睢宁县	Suining County	1518	639	6.29	7.24	5888	4859
新沂市	Xinyi City	1512	707	3.40	8.55	3927	3642
邳州市	Pizhou City	1256	825	7.04	14.58	5135	7550
常州市	**Changzhou City**	**41705**	**18207**	**16.48**	**24.36**	**13958**	**12689**
溧阳市	Liyang City	3642	1774	2.98	3.79	2900	2407
金坛市	Jintan City	4236	755	1.99	2.49	2249	1821
苏州市	**Suzhou City**	**141076**	**81666**	**26.69**	**47.24**	**25792**	**26619**
常熟市	Changshu City	13079	13070	4.07	6.89	3627	4041
张家港市	Zhangjiagang City	15735	8011	3.71	6.11	3396	3203
昆山市	Kunshan City	34053	15439	3.56	7.32	3007	3627
太仓市	Taicang City	9672	6179	1.94	3.02	1734	1827

市　县 City and County		专利申请受理量（件） Applications Accepted (unit)	专利申请受权量（件） Patents Granted (unit)	普通中学在校学生（万人） Regular Secondary Schools Student Enrollment (10000 persons)	小学在校学生（万人） Primary Schools Student Enrollment (10000 persons)	普通中学专任教师（人） Full-time Teachers in Regular Secondary Schools (person)	小学专任教师（人） Full-time Teachers in Primary Schools (person)
南 通 市	**Nantong City**	**40771**	**22086**	**26.00**	**31.82**	**24898**	**19552**
海 安 县	Haian County	7115	3559	2.94	3.46	3347	2354
如 东 县	Rudong County	620	315	3.08	3.05	3051	2157
启 东 市	Qidong City	4671	2047	3.30	3.77	3393	2565
如 皋 市	Rugao City	3549	1471	4.97	6.22	4494	3584
海 门 市	Haimen City	1700	992	3.69	4.53	3755	2737
连云港市	**Lianyungang City**	**9396**	**4410**	**23.15**	**35.52**	**20822**	**20860**
赣 榆 县	Ganyu County	1198	1046	5.89	8.34	5586	4910
东 海 县	Donghai County	2521	510	5.00	9.10	4748	4953
灌 云 县	Guanyun County	934	275	4.31	6.18	3159	3423
灌 南 县	Guannan County	930	611	3.16	5.23	2831	3317
淮 安 市	**Huaian City**	**12075**	**4573**	**22.71**	**32.54**	**19354**	**19537**
涟 水 县	Lianshui County	1093	458	4.69	7.94	3422	4155
洪 泽 县	Hongze County	1608	375	1.46	1.89	1246	1319
盱 眙 县	Xuyi County	2142	767	3.26	4.74	3265	3134
金 湖 县	Jinhu County	1102	445	1.20	1.44	1007	980
盐 城 市	**Yancheng City**	**16689**	**4718**	**28.24**	**40.41**	**27697**	**24193**
响 水 县	Xiangshui County	545	65	2.02	4.30	2035	2584
滨 海 县	Binhai County	1328	141	3.49	6.86	3475	3399
阜 宁 县	Funing County	1076	259	3.52	5.45	3784	3081

20－17 续 表2 Continued 2

市 县 City and County		专利申请受理量（件） Applications Accepted (unit)	专利申请受权量（件） Patents Granted (unit)	普通中学在校学生（万人） Regular Secondary Schools Student Enrollment (10000 persons)	小学在校学生（万人） Primary Schools Student Enrollment (10000 persons)	普通中学专任教师（人） Full-time Teachers in Regular Secondary Schools (person)	小学专任教师（人） Full-time Teachers in Primary Schools (person)
射阳县	Sheyang County	1401	202	3.27	4.52	3060	3014
建湖县	Jianhu County	2391	614	2.69	4.06	2783	2481
东台市	Dongtai City	3159	1119	3.68	3.61	3823	2421
大丰市	Dafeng City	2714	1021	2.56	2.83	2610	2179
扬州市	**Yangzhou City**	**22825**	**11416**	**19.02**	**22.06**	**16757**	**13679**
宝应县	Baoying County	2875	1346	3.53	4.08	3181	2457
仪征市	Yizheng City	3141	1468	2.10	2.43	1939	1657
高邮市	Gaoyou City	4161	2229	3.26	2.98	2895	1975
镇江市	**Zhenjiang City**	**28255**	**9809**	**9.95**	**13.44**	**9983**	**9077**
丹阳市	Danyang City	5869	2617	3.38	4.65	3414	3114
扬中市	Yangzhong City	4174	1084	0.97	1.39	1100	977
句容市	Jurong City	4959	941	1.87	2.30	1968	1592
泰州市	**Taizhou City**	**25626**	**8309**	**18.46**	**22.04**	**19505**	**14760**
兴化市	Xinghua City	3583	1534	4.29	5.56	4578	4511
靖江市	Jingjiang City	7903	1005	2.45	3.14	2917	2080
泰兴市	Taixing City	4855	1737	4.96	5.33	5287	3240
宿迁市	**Suqian City**	**7551**	**4488**	**25.26**	**35.08**	**19314**	**20827**
沭阳县	Shuyang County	3188	1967	8.29	11.11	6483	6498
泗阳县	Siyang County	1523	961	5.05	7.38	3346	4407
泗洪县	Sihong County	940	404	4.73	7.00	3553	3908

20－18 文化、卫生(2013年)
Culture and Public Health (2013)

市县	City and County	公共图书馆(个) Public Libraries (unit)	公共图书馆图书藏量(千册) Total Collections of Public Libraries (1000 volumes)	卫生机构数(个) Number of Health Institutions (unit)	卫生机构床位数(张) Number of Hospital Beds (unit)	卫生技术人员(人) Medical Technical Personnel (person)	#执业(助理)医师 Practitioner (Assistant) Doctors
南京市	**Nanjing City**	**18**	**15053**	**2315**	**41760**	**58032**	**20662**
无锡市	**Wuxi City**	**10**	**3921**	**2027**	**33243**	**38940**	**14767**
江阴市	Jiangyin City	1	880	492	7402	7852	2999
宜兴市	Yixing City	1	503	408	4575	6556	2441
徐州市	**Xuzhou City**	**8**	**2994**	**4454**	**43138**	**43573**	**16175**
丰县	Fengxian County	1	192	515	3552	3768	1948
沛县	Peixian County	1	307	598	4083	4282	1719
睢宁县	Suining County	1	410	623	3503	3116	1129
新沂市	Xinyi City	1	128	447	2817	3682	1458
邳州市	Pizhou City	1	438	739	4526	5640	1828
常州市	**Changzhou City**	**4**	**2849**	**1123**	**21286**	**26733**	**10850**
溧阳市	Liyang City	1	327	220	2771	3583	1645
金坛市	Jintan City	1	243	174	2079	2608	1138
苏州市	**Suzhou City**	**11**	**13539**	**3007**	**51663**	**61051**	**24296**
常熟市	Changshu City	1	1771	446	6868	7887	3350
张家港市	Zhangjiagang City	1	1925	405	7878	7937	3278
昆山市	Kunshan City	1	1995	445	5966	9804	3959
太仓市	Taicang City	1	873	223	3297	3872	1541
南通市	**Nantong City**	**11**	**5284**	**3187**	**33234**	**36515**	**15579**
海安县	Haian County	1	580	387	3955	3702	1572
如东县	Rudong County	1	446	461	3233	3620	1582
启东市	Qidong City	1	493	379	3385	3533	1575
如皋市	Rugao City	2	915	505	4791	4952	2457
海门市	Haimen City	1	711	412	3410	3651	1595
连云港市	**Lianyungang City**	**7**	**2977**	**2616**	**17500**	**20453**	**7647**
赣榆县	Ganyu County	1	241	695	2801	3568	1317
东海县	Donghai County	1	771	526	2753	2883	1076
灌云县	Guanyun County	1	243	401	2370	2349	804
灌南县	Guannan County	1	171	353	2624	2429	936

市 县 City and County		公共图书馆（个） Public Libraries (unit)	公共图书馆图书藏量（千册） Total Collections of Public Libraries (1000 volumes)	卫生机构数（个） Number of Health Institutions (unit)	卫生机构床位数（张） Number of Hospital Beds (unit)	卫生技术人员（人） Medical Technical Personnel (person)	#执业（助理）医师 Practitioner (Assistant) Doctors
淮安市	**Huaian City**	**8**	**2081**	**2153**	**23467**	**27799**	**11173**
涟水县	Lianshui County	1	128	462	3721	3941	1863
洪泽县	Hongze County	1	219	132	1450	1700	683
盱眙县	Xuyi County	1	91	334	3064	3388	1432
金湖县	Jinhu County	1	182	134	1287	1658	680
盐城市	**Yancheng City**	**11**	**2652**	**3067**	**30461**	**32883**	**15008**
响水县	Xiangshui County	1	72	215	2025	1973	954
滨海县	Binhai County	1	205	405	3870	3805	1739
阜宁县	Funing County	2	257	385	2741	2385	1258
射阳县	Sheyang County	1	220	322	2806	3579	1839
建湖县	Jianhu County	1	218	350	2597	2918	1493
东台市	Dongtai City	1	261	392	4412	4347	2176
大丰市	Dafeng City	1	343	336	2895	3169	1685
扬州市	**Yangzhou City**	**7**	**3270**	**1815**	**19202**	**22464**	**9276**
宝应县	Baoying County	1	132	339	2049	2501	1116
仪征市	Yizheng City	1	327	181	2011	2582	1020
高邮市	Gaoyou City	1	197	248	2462	2779	1332
镇江市	**Zhenjiang City**	**8**	**2559**	**897**	**14311**	**17666**	**7204**
丹阳市	Danyang City	2	458	236	3324	4135	1793
扬中市	Yangzhong City	1	289	71	970	1527	696
句容市	Jurong City	1	174	182	1805	2284	1008
泰州市	**Taizhou City**	**6**	**2177**	**1995**	**19937**	**21794**	**9567**
兴化市	Xinghua City	1	232	671	4582	4102	1859
靖江市	Jingjiang City	1	441	298	3450	3584	1691
泰兴市	Taixing City	1	305	364	3907	4513	2072
宿迁市	**Suqian City**	**6**	**1030**	**2345**	**19085**	**21080**	**7457**
沭阳县	Shuyang County	1	162	747	5507	6406	2455
泗阳县	Siyang County	1	240	401	3946	3575	1229
泗洪县	Sihong County	1	85	505	3540	4196	1519

20－19 人民生活(2013 年)

市县	City and County	城镇居民人均可支配收入(元) Per Capita Disposable Income of Urban Households (yuan)	城镇居民人均生活消费支出(元) Per Capita Comsumption Expenditure of Urban Households (yuan)	#食品 Food	城镇居民恩格尔系数(%) Engle Coefficient of Urban Residents (%)	城镇居民人均住房建筑面积(平方米) Per Capital Construction Floor Space of Urban Residential Building (sq. m)
南京市	**Nanjing City**	**38531**	**24591**	**8243**	**33.5**	**32.8**
无锡市	**Wuxi City**	**38999**	**25392**	**8787**	**34.6**	**38.0**
江阴市	Jiangyin City	43144	29058	9652	33.2	40.8
宜兴市	Yixing City	36412	20771	8060	38.8	43.1
徐州市	**Xuzhou City**	**23770**	**15963**	**5380**	**33.7**	**37.5**
丰县	Fengxian County	17740	13071	4210	32.2	37.8
沛县	Peixian County	21073	14696	4415	30.0	41.5
睢宁县	Suining County	18009	12021	4775	39.7	45.1
新沂市	Xinyi City	19255	16316	6105	37.4	43.1
邳州市	Pizhou City	22473	12815	4030	31.4	57.7
常州市	**Changzhou City**	**36611**	**22831**	**7884**	**34.5**	**41.5**
溧阳市	Liyang City	32804	22560	7751	34.4	33.8
金坛市	Jintan City	34722	23049	7937	34.4	41.0
苏州市	**Suzhou City**	**42748**	**26739**	**8861**	**33.1**	**43.1**
常熟市	Changshu City	43161	27028	8418	31.1	40.1
张家港市	Zhangjiagang City	43426	29070	8432	29.0	38.1
昆山市	Kunshan City	43436	29876	9212	30.8	40.7
太仓市	Taicang City	43010	28420	9653	34.0	60.0

People's Living Condition (2013)

农村居民人均纯收入(元) Per Capita Net Income of Rural Households (yuan)	农村居民人均生活消费支出(元) Per Capita Living Expenditure of Rural Households (yuan)	#食品 Food	农村居民恩格尔系数(%) Engle Coefficient of Rural Residents (%)	农村居民人均住房面积(平方米) Per Capita Living Space of Housing of Rural Residents (sq. m)	人均居民储蓄存款(元) Per Capita Balance of Saving Deposit (yuan)
16531	**12392**	**4554**	**36.7**	**59.9**	**59641**
20587	**14147**	**5065**	**35.8**	**68.2**	**63029**
21882	13315	4698	35.3	71.0	53519
18783	13873	5367	38.7	67.8	59392
12052	**7246**	**2593**	**35.8**	**48.0**	**24325**
10957	8325	2933	35.2	44.0	16472
12725	7207	2313	32.1	47.3	19907
10686	6190	2475	40.0	43.9	17673
10979	7141	2643	37.0	45.9	15413
12635	6969	2179	31.3	52.8	14532
18643	**13563**	**4799**	**35.4**	**56.0**	**58680**
16985	14221	4997	35.1	47.0	50958
17371	13778	4918	35.7	51.0	47435
21578	**16251**	**5429**	**33.4**	**74.0**	**60578**
21691	17023	5450	32.0	82.1	65457
21689	17414	5158	29.6	70.0	66543
21793	18345	6176	33.7	55.0	53573
21605	15102	4922	32.6	76.9	59523

市 县	City and County	城镇居民人均可支配收入(元) Per Capita Disposable Income of Urban Households (yuan)	城镇居民人均生活消费支出(元) Per Capita Comsumption Expenditure of Urban Households (yuan)	#食 品 Food	城镇居民恩格尔系数(%) Engle Coefficient of Urban Residents (%)	城镇居民人均住房建筑面积(平方米) Per Capital Construction Floor Space of Urban Residential Building (sq. m)
南 通 市	**Nantong City**	**31059**	**19647**	**6776**	**34.5**	**40.1**
海 安 县	Haian County	29474	18600	5849	31.4	48.3
如 东 县	Rudong County	29445	17571	6190	35.2	45.3
启 东 市	Qidong City	29482	19543	6644	34.0	40.0
如 皋 市	Rugao City	28611	17716	6005	33.9	47.3
海 门 市	Haimen City	32387	20877	7320	35.1	42.0
连云港市	**Lianyungang City**	**22985**	**13992**	**5091**	**36.4**	**39.1**
赣 榆 县	Ganyu County	21506	12513	4637	37.1	39.5
东 海 县	Donghai County	21719	13225	4761	36.0	41.9
灌 云 县	Guanyun County	17617	10723	4006	37.4	39.7
灌 南 县	Guannan County	20479	11451	3994	34.9	40.3
淮 安 市	**Huaian City**	**23107**	**16763**	**5800**	**34.6**	**37.1**
涟 水 县	Lianshui County	19892	14720	5215	35.4	41.1
洪 泽 县	Hongze County	23889	15831	5979	37.8	36.8
盱 眙 县	Xuyi County	24409	15381	4799	31.2	36.0
金 湖 县	Jinhu County	24260	14721	5560	37.8	36.7
盐 城 市	**Yancheng City**	**24119**	**16678**	**5824**	**34.9**	**37.2**
响 水 县	Xiangshui County	20045	9466	3418	36.1	36.9
滨 海 县	Binhai County	21037	12709	4807	37.8	31.8
阜 宁 县	Funing County	20115	16353	6078	37.2	33.5

Continued 1

农村居民人均纯收入（元）Per Capita Net Income of Rural Households (yuan)	农村居民人均生活消费支出（元）Per Capita Living Expenditure of Rural Households (yuan)	#食品 Food	农村居民恩格尔系数（%）Engle Coefficient of Rural Residents (%)	农村居民人均住房面积（平方米）Per Capita Living Space of Housing of Rural Residents (sq. m)	人均居民储蓄存款（元）Per Capita Balance of Saving Deposit (yuan)
14754	**10931**	**3864**	**35.4**	**55.7**	**56596**
14119	11168	4099	36.7	54.0	57444
13529	10112	2483	24.6	53.5	41776
15766	11784	4302	36.5	54.0	58923
13004	9186	3031	33.0	51.9	40224
16920	12361	4584	37.1	59.0	61752
10745	**6932**	**2457**	**35.4**	**43.0**	**18589**
11564	7633	2521	33.0	41.1	14874
11118	7326	2623	35.8	41.7	14652
10016	5467	2066	37.8	45.0	13053
9488	6567	2504	38.1	41.0	11631
11045	**7373**	**2670**	**36.2**	**46.4**	**19304**
10333	6106	2037	33.4	44.0	14370
12160	6989	2633	37.7	44.0	17374
11255	5738	2173	37.9	43.0	16796
11931	9090	3494	38.4	60.0	27197
13344	**7712**	**2686**	**34.8**	**46.9**	**24770**
11084	5714	2144	37.5	45.0	12323
11702	6459	2108	32.6	40.8	12173
11853	6424	2256	35.1	42.2	19418

市 县 City and County		城镇居民人均可支配收入(元) Per Capita Disposable Income of Urban Households (yuan)	城镇居民人均生活消费支出(元) Per Capita Comsumption Expenditure of Urban Households (yuan)	#食 品 Food	城镇居民恩格尔系数(%) Engle Coefficient of Urban Residents (%)	城镇居民人均住房建筑面积(平方米) Per Capital Construction Floor Space of Urban Residential Building (sq. m)
射阳县	Sheyang County	21291	16608	5547	33.4	36.1
建湖县	Jianhu County	23272	10947	3963	36.2	37.3
东台市	Dongtai City	26241	16510	5405	32.7	45.2
大丰市	Dafeng City	24707	15960	5644	35.4	39.9
扬州市	**Yangzhou City**	**28145**	**17653**	**6583**	**37.3**	**37.6**
宝应县	Baoying County	20773	14017	5343	38.1	35.8
仪征市	Yizheng City	29057	17283	6710	38.8	35.0
高邮市	Gaoyou City	24711	14941	5939	39.8	37.0
镇江市	**Zhenjiang City**	**32977**	**19795**	**7056**	**35.6**	**40.4**
丹阳市	Danyang City	33083	17962	6576	36.6	42.8
扬中市	Yangzhong City	36599	20187	6218	30.8	53.0
句容市	Jurong City	32422	19678	6773	34.4	41.0
泰州市	**Taizhou City**	**29112**	**18223**	**6341**	**34.8**	**40.4**
兴化市	Xinghua City	26461	15560	5773	37.1	37.0
靖江市	Jingjiang City	31597	21621	7022	32.5	50.4
泰兴市	Taixing City	28840	18393	5911	32.1	43.4
宿迁市	**Suqian City**	**18846**	**13135**	**4766**	**36.3**	**39.9**
沭阳县	Shuyang County	19091	13500	5303	39.3	37.6
泗阳县	Siyang County	18270	12663	4486	35.4	41.1
泗洪县	Sihong County	17655	12936	4661	36.0	43.0

Continued 2

农村居民人均纯收入（元）Per Capita Net Income of Rural Households (yuan)	农村居民人均生活消费支出（元）Per Capita Living Expenditure of Rural Households (yuan)	#食品 Food	农村居民恩格尔系数（%）Engle Coefficient of Rural Residents (%)	农村居民人均住房面积（平方米）Per Capita Living Space of Housing of Rural Residents (sq. m)	人均居民储蓄存款（元）Per Capita Balance of Saving Deposit (yuan)
13121	6273	2264	36.1	41.3	18416
13156	8489	2906	34.2	43.3	25808
15312	8726	2854	32.7	54.8	38070
15166	9226	3092	33.5	51.0	33497
14214	**9725**	**3435**	**35.3**	**48.6**	**43200**
13093	9104	3192	35.1	46.1	26192
13701	12088	4376	36.2	59.0	39749
13248	10002	3462	34.6	35.0	31644
16258	**11995**	**4276**	**35.6**	**51.0**	**46613**
16983	13105	4610	35.2	62.0	43209
18644	11381	4000	35.1	64.0	67358
14824	10358	3554	34.3	46.2	33051
13982	**9862**	**3210**	**32.5**	**55.9**	**38541**
13247	8669	2993	34.5	43.6	25683
15347	12553	4169	33.2	58.0	51742
13993	8678	2804	32.3	64.0	31668
10703	**7454**	**2751**	**36.9**	**44.0**	**15279**
10799	7931	3100	39.1	41.3	13956
10765	8193	2928	35.7	42.8	16074
10540	5847	2217	37.9	42.6	14959

21

县（市）社会经济发展序列

Social Economy Development Alignment of Counties (Cities)

简 要 说 明

一、本篇资料的主要内容

本篇资料反映县(市)经济社会发展水平序列情况。

二、资料来源

本篇资料主要根据市县社会经济基本情况统计年报加工整理。

Brief Introduction

I. Main Contents

Data in this chapter reflects the counties (cities) rankings of economic and social development

Ⅱ. Date Source

Data in this chapter mainly based on the basic socio – economic situation annual report.

21－1　年末户籍人口(2013 年)

Total Registered Population at Year-end (2013)

位次 No.	县(市)名称 County (City)		绝对数(万人) Absolute Figure (10000 persons)	位次 No.	县(市)名称 County (City)		绝对数(万人) Absolute Figure (10000 persons)
1	沭阳县	Shuyang County	190.95	24	海门市	Haimen City	100.06
2	邳州市	Pizhou City	182.95	25	射阳县	Sheyang County	96.63
3	兴化市	Xinghua City	157.79	26	海安县	Haian County	94.18
4	如皋市	Rugao City	143.22	27	张家港市	Zhangjiagang City	91.47
5	睢宁县	Suining County	140.74	28	宝应县	Baoying County	90.72
6	沛县	Peixian County	128.91	29	高邮市	Gaoyou City	81.82
7	江阴市	Jiangyin City	121.73	30	丹阳市	Danyang City	81.33
8	东海县	Donghai County	120.20	31	灌南县	Guannan County	80.34
9	滨海县	Binhai County	120.10	32	建湖县	Jianhu County	80.25
10	泰兴市	Taixing City	119.95	33	盱眙县	Xuyi County	79.27
11	丰县	Fengxian County	118.23	34	溧阳市	Liyang City	79.01
12	赣榆县	Ganyu County	117.85	35	昆山市	Kunshan City	75.29
13	东台市	Dongtai City	113.58	36	大丰市	Dafeng City	72.54
14	启东市	Qidong City	112.35	37	靖江市	Jingjiang City	66.79
15	涟水县	Lianshui County	112.10	38	响水县	Xiangshui County	61.77
16	阜宁县	Funing County	111.07	39	句容市	Jurong City	58.94
17	新沂市	Xinyi City	109.66	40	仪征市	Yizheng City	56.42
18	宜兴市	Yixing City	107.88	41	金坛市	Jintan City	55.16
19	泗洪县	Sihong County	107.51	42	太仓市	Taicang City	47.45
20	常熟市	Changshu City	106.73	43	洪泽县	Hongze County	38.80
21	泗阳县	Siyang County	105.18	44	金湖县	Jinhu County	35.74
22	如东县	Rudong County	104.38	45	扬中市	Yangzhong City	28.18
23	灌云县	Guanyun County	103.58				

21-2 地区生产总值（2013 年）
Gross Domestic Product (2013)

位次 No.	县（市）名称 County (City)		绝对数（亿元）Absolute Figure (100 million yuan)	位次 No.	县（市）名称 County (City)		绝对数（亿元）Absolute Figure (100 million yuan)
1	昆山市	Kunshan City	2920.08	24	金坛市	Jintan City	406.12
2	江阴市	Jiangyin City	2706.06	25	扬中市	Yangzhong City	395.10
3	张家港市	Zhangjiagang City	2145.31	26	句容市	Jurong City	385.65
4	常熟市	Changshu City	1980.31	27	高邮市	Gaoyou City	381.50
5	宜兴市	Yixing City	1190.23	28	赣榆县	Ganyu County	376.41
6	太仓市	Taicang City	1002.28	29	宝应县	Baoying County	364.42
7	丹阳市	Danyang City	925.15	30	建湖县	Jianhu County	360.75
8	海门市	Haimen City	740.01	31	睢宁县	Suining County	360.16
9	靖江市	Jingjiang City	670.43	32	射阳县	Sheyang County	351.47
10	启东市	Qidong City	658.31	33	东海县	Donghai County	320.17
11	如皋市	Rugao City	657.01	34	泗阳县	Siyang County	305.20
12	溧阳市	Liyang City	637.20	35	阜宁县	Funing County	302.17
13	泰兴市	Taixing City	610.61	36	泗洪县	Sihong County	300.28
14	邳州市	Pizhou City	599.14	37	滨海县	Binhai County	300.10
15	兴化市	Xinghua City	575.84	38	丰县	Fengxian County	281.78
16	东台市	Dongtai City	564.09	39	涟水县	Lianshui County	260.31
17	沭阳县	Shuyang County	543.51	40	盱眙县	Xuyi County	260.15
18	海安县	Haian County	538.73	41	灌云县	Guanyun County	249.92
19	如东县	Rudong County	536.03	42	灌南县	Guannan County	235.90
20	沛县	Peixian County	495.37	43	响水县	Xiangshui County	203.12
21	大丰市	Dafeng City	443.52	44	洪泽县	Hongze County	178.06
22	新沂市	Xinyi City	412.22	45	金湖县	Jinhu County	166.42
23	仪征市	Yizheng City	410.16				

21－3 第一产业增加值（2013 年）
Value-added of the Primary Industry (2013)

位 次 No.	县（市）名称 County (City)		绝对数（亿元） Absolute Figure (100 million yuan)
1	邳州市	Pizhou City	89.64
2	兴化市	Xinghua City	87.67
3	东台市	Dongtai City	84.10
4	沛县	Peixian County	76.47
5	沭阳县	Shuyang County	75.80
6	射阳县	Sheyang County	74.69
7	大丰市	Dafeng City	68.60
8	启东市	Qidong City	65.26
9	高邮市	Gaoyou City	62.79
10	睢宁县	Suining County	62.46
11	如东县	Rudong County	62.11
12	宝应县	Baoying County	59.94
13	东海县	Donghai County	58.09
14	如皋市	Rugao City	57.04
15	赣榆县	Ganyu County	56.24
16	灌云县	Guanyun County	56.17
17	丰县	Fengxian County	53.80
18	滨海县	Binhai County	52.98
19	新沂市	Xinyi City	52.43
20	海安县	Haian County	52.09
21	宜兴市	Yixing City	51.71
22	江阴市	Jiangyin City	51.53
23	海门市	Haimen City	50.76
24	丹阳市	Danyang City	49.75
25	泗洪县	Sihong County	49.60
26	阜宁县	Funing County	49.56
27	涟水县	Lianshui County	48.00
28	泗阳县	Siyang County	47.50
29	盱眙县	Xuyi County	46.13
30	泰兴市	Taixing City	46.01
31	建湖县	Jianhu County	45.06
32	灌南县	Guannan County	42.72
33	溧阳市	Liyang City	42.61
34	常熟市	Changshu City	40.50
35	响水县	Xiangshui County	38.08
36	句容市	Jurong City	37.08
37	太仓市	Taicang City	36.84
38	张家港市	Zhangjiagang City	30.41
39	金坛市	Jintan City	30.15
40	洪泽县	Hongze County	28.03
41	昆山市	Kunshan City	26.94
42	金湖县	Jinhu County	26.03
43	仪征市	Yizheng City	21.23
44	靖江市	Jingjiang City	20.19
45	扬中市	Yangzhong City	12.65

21－4 第二产业增加值（2013 年）
Value-added of the Secondary Industry (2013)

位次 No.	县（市）名称 County (City)		绝对数（亿元）Absolute Figure (100 million yuan)	位次 No.	县（市）名称 County (City)		绝对数（亿元）Absolute Figure (100 million yuan)
1	昆山市	Kunshan City	1691.09	24	句容市	Jurong City	196.01
2	江阴市	Jiangyin City	1518.07	25	大丰市	Dafeng City	194.15
3	张家港市	Zhangjiagang City	1192.34	26	赣榆县	Ganyu County	187.55
4	常熟市	Changshu City	1048.29	27	新沂市	Xinyi City	174.89
5	宜兴市	Yixing City	629.44	28	高邮市	Gaoyou City	173.31
6	太仓市	Taicang City	532.46	29	宝应县	Baoying County	168.76
7	丹阳市	Danyang City	484.06	30	建湖县	Jianhu County	167.78
8	海门市	Haimen City	407.60	31	睢宁县	Suining County	158.68
9	靖江市	Jingjiang City	368.02	32	泗阳县	Siyang County	156.83
10	如皋市	Rugao City	343.33	33	东海县	Donghai County	144.60
11	溧阳市	Liyang City	338.43	34	阜宁县	Funing County	140.76
12	启东市	Qidong City	333.35	35	射阳县	Sheyang County	137.29
13	泰兴市	Taixing City	322.57	36	滨海县	Binhai County	131.54
14	海安县	Haian County	266.48	37	泗洪县	Sihong County	129.84
15	如东县	Rudong County	263.93	38	丰县	Fengxian County	128.04
16	邳州市	Pizhou City	257.50	39	灌南县	Guannan County	117.18
17	东台市	Dongtai City	252.34	40	灌云县	Guanyun County	115.56
18	沭阳县	Shuyang County	251.79	41	盱眙县	Xuyi County	110.49
19	兴化市	Xinghua City	248.10	42	涟水县	Lianshui County	105.92
20	仪征市	Yizheng City	231.75	43	响水县	Xiangshui County	100.47
21	沛县	Peixian County	228.20	44	洪泽县	Hongze County	75.88
22	扬中市	Yangzhong City	215.25	45	金湖县	Jinhu County	67.41
23	金坛市	Jintan City	211.56				

21－5 全部工业增加值(2013 年)
Value-added of All Industries (2013)

位 次 No.	县 (市) 名 称 County (City)		绝 对 数 (亿元) Absolute Figure (100 million yuan)	位 次 No.	县 (市) 名 称 County (City)		绝 对 数 (亿元) Absolute Figure (100 million yuan)
1	昆 山 市	Kunshan City	1605.40	24	句 容 市	Jurong City	178.72
2	江 阴 市	Jiangyin City	1457.48	25	大 丰 市	Dafeng City	168.43
3	张家港市	Zhangjiagang City	1142.35	26	新 沂 市	Xinyi City	148.54
4	常 熟 市	Changshu City	1000.75	27	赣 榆 县	Ganyu County	146.39
5	宜 兴 市	Yixing City	543.21	28	建 湖 县	Jianhu County	145.64
6	太 仓 市	Taicang City	501.69	29	高 邮 市	Gaoyou City	141.24
7	丹 阳 市	Danyang City	463.45	30	宝 应 县	Baoying County	136.31
8	靖 江 市	Jingjiang City	340.09	31	泗 阳 县	Siyang County	130.68
9	海 门 市	Haimen City	337.09	32	射 阳 县	Sheyang County	124.49
10	溧 阳 市	Liyang City	304.51	33	东 海 县	Donghai County	123.86
11	如 皋 市	Rugao City	285.93	34	睢 宁 县	Suining County	123.70
12	泰 兴 市	Taixing City	281.79	35	滨 海 县	Binhai County	112.11
13	启 东 市	Qidong City	258.07	36	阜 宁 县	Funing County	105.06
14	东 台 市	Dongtai City	223.18	37	泗 洪 县	Sihong County	103.08
15	沭 阳 县	Shuyang County	222.35	38	灌 南 县	Guannan County	99.62
16	海 安 县	Haian County	219.47	39	丰 县	Fengxian County	93.20
17	兴 化 市	Xinghua City	215.86	40	响 水 县	Xiangshui County	90.21
18	邳 州 市	Pizhou City	212.87	41	灌 云 县	Guanyun County	87.96
19	如 东 县	Rudong County	212.46	42	盱 眙 县	Xuyi County	87.80
20	扬 中 市	Yangzhong City	207.22	43	涟 水 县	Lianshui County	84.25
21	仪 征 市	Yizheng City	204.87	44	洪 泽 县	Hongze County	63.70
22	沛 县	Peixian County	185.41	45	金 湖 县	Jinhu County	58.82
23	金 坛 市	Jintan City	179.81				

21-6 第三产业增加值（2013年）
Value-added of the Tertiary Industry (2013)

位次 No.	县（市）名称 County (City)		绝对数（亿元） Absolute Figure (100 million yuan)	位次 No.	县（市）名称 County (City)		绝对数（亿元） Absolute Figure (100 million yuan)
1	昆山市	Kunshan City	1202.05	24	金坛市	Jintan City	164.41
2	江阴市	Jiangyin City	1136.46	25	仪征市	Yizheng City	157.18
3	张家港市	Zhangjiagang City	922.56	26	句容市	Jurong City	152.56
4	常熟市	Changshu City	891.52	27	建湖县	Jianhu County	147.91
5	宜兴市	Yixing City	509.08	28	高邮市	Gaoyou City	145.40
6	太仓市	Taicang City	432.98	29	射阳县	Sheyang County	139.49
7	丹阳市	Danyang City	391.34	30	睢宁县	Suining County	139.02
8	靖江市	Jingjiang City	282.22	31	宝应县	Baoying County	135.72
9	海门市	Haimen City	281.65	32	赣榆县	Ganyu County	132.62
10	启东市	Qidong City	259.70	33	泗洪县	Sihong County	120.84
11	如皋市	Rugao City	256.64	34	东海县	Donghai County	117.48
12	溧阳市	Liyang City	256.16	35	滨海县	Binhai County	115.58
13	邳州市	Pizhou City	252.00	36	阜宁县	Funing County	111.85
14	泰兴市	Taixing City	242.03	37	涟水县	Lianshui County	106.39
15	兴化市	Xinghua City	240.07	38	盱眙县	Xuyi County	103.53
16	东台市	Dongtai City	227.65	39	泗阳县	Siyang County	100.87
17	海安县	Haian County	220.17	40	丰县	Fengxian County	99.94
18	沭阳县	Shuyang County	215.92	41	灌云县	Guanyun County	78.19
19	如东县	Rudong County	209.99	42	灌南县	Guannan County	76.00
20	沛县	Peixian County	190.70	43	洪泽县	Hongze County	74.15
21	新沂市	Xinyi City	184.90	44	金湖县	Jinhu County	72.98
22	大丰市	Dafeng City	180.77	45	响水县	Xiangshui County	64.57
23	扬中市	Yangzhong City	167.20				

21－7 人均地区生产总值（2013年）
Per Capita Gross Domestic Product (2013)

位次 No.	县（市）名称 County (City)		绝对数（元） Absolute Figure (yuan)	位次 No.	县（市）名称 County (City)		绝对数（元） Absolute Figure (yuan)
1	昆山市	Kunshan City	177923	24	金湖县	Jinhu County	50461
2	张家港市	Zhangjiagang City	172093	25	建湖县	Jianhu County	48915
3	江阴市	Jiangyin City	166307	26	宝应县	Baoying County	48481
4	太仓市	Taicang City	141785	27	兴化市	Xinghua City	45911
5	常熟市	Changshu City	131338	28	新沂市	Xinyi City	45414
6	扬中市	Yangzhong City	116001	29	沛县	Peixian County	44514
7	靖江市	Jingjiang City	97730	30	邳州市	Pizhou City	41800
8	宜兴市	Yixing City	95295	31	响水县	Xiangshui County	40382
9	丹阳市	Danyang City	94839	32	盱眙县	Xuyi County	40333
10	溧阳市	Liyang City	83815	33	赣榆县	Ganyu County	39612
11	海门市	Haimen City	82005	34	射阳县	Sheyang County	39402
12	仪征市	Yizheng City	72963	35	灌南县	Guannan County	37844
13	金坛市	Jintan City	72755	36	泗阳县	Siyang County	36076
14	启东市	Qidong City	68653	37	阜宁县	Funing County	36003
15	大丰市	Dafeng City	63229	38	睢宁县	Suining County	35177
16	海安县	Haian County	62199	39	沭阳县	Shuyang County	35155
17	句容市	Jurong City	61912	40	东海县	Donghai County	33645
18	东台市	Dongtai City	57201	41	泗洪县	Sihong County	32782
19	泰兴市	Taixing City	56735	42	滨海县	Binhai County	31794
20	如东县	Rudong County	54431	43	灌云县	Guanyun County	31544
21	洪泽县	Hongze County	53399	44	涟水县	Lianshui County	30997
22	如皋市	Rugao City	52185	45	丰县	Fengxian County	29711
23	高邮市	Gaoyou City	51590				

21-8 固定资产投资（2013年）
Completed Investment in Fixed Assetes (2013)

位次 No.	县（市）名称 County (City)		绝对数（亿元） Absolute Figure (100 million yuan)	位次 No.	县（市）名称 County (City)		绝对数（亿元） Absolute Figure (100 million yuan)
1	江阴市	Jiangyin City	948.79	24	兴化市	Xinghua City	234.73
2	昆山市	Kunshan City	840.00	25	泗阳县	Siyang County	229.43
3	张家港市	Zhangjiagang City	762.22	26	泗洪县	Sihong County	226.39
4	常熟市	Changshu City	715.21	27	宝应县	Baoying County	224.14
5	宜兴市	Yixing City	555.34	28	滨海县	Binhai County	215.11
6	太仓市	Taicang City	500.54	29	金坛市	Jintan City	214.36
7	邳州市	Pizhou City	449.06	30	句容市	Jurong City	207.19
8	海门市	Haimen City	423.49	31	建湖县	Jianhu County	205.09
9	溧阳市	Liyang City	411.66	32	盱眙县	Xuyi County	203.26
10	启东市	Qidong City	407.17	33	赣榆县	Ganyu County	203.08
11	如皋市	Rugao City	374.86	34	射阳县	Sheyang County	188.72
12	海安县	Haian County	374.28	35	东海县	Donghai County	187.20
13	如东县	Rudong County	359.24	36	阜宁县	Funing County	183.29
14	靖江市	Jingjiang City	342.41	37	睢宁县	Suining County	174.79
15	沛县	Peixian County	331.30	38	扬中市	Yangzhong City	174.15
16	东台市	Dongtai City	327.36	39	涟水县	Lianshui County	166.65
17	泰兴市	Taixing City	323.75	40	响水县	Xiangshui County	163.35
18	丹阳市	Danyang City	322.13	41	灌云县	Guanyun County	158.56
19	沭阳县	Shuyang County	310.74	42	灌南县	Guannan County	155.61
20	新沂市	Xinyi City	307.58	43	丰县	Fengxian County	144.97
21	仪征市	Yizheng City	281.37	44	洪泽县	Hongze County	105.64
22	高邮市	Gaoyou City	278.48	45	金湖县	Jinhu County	99.46
23	大丰市	Dafeng City	255.60				

21-9 公共财政预算收入（2013年）
Public Finance Budget Revenue (2013)

位次 No.	县（市）名称 County (City)		绝对数（亿元）Absolute Figure (100 million yuan)	位次 No.	县（市）名称 County (City)		绝对数（亿元）Absolute Figure (100 million yuan)
1	昆山市	Kunshan City	243.52	24	兴化市	Xinghua City	33.53
2	江阴市	Jiangyin City	182.28	25	东海县	Donghai County	32.78
3	张家港市	Zhangjiagang City	154.18	26	睢宁县	Suining County	31.92
4	常熟市	Changshu City	138.58	27	丰县	Fengxian County	31.22
5	太仓市	Taicang City	100.13	28	灌云县	Guanyun County	30.88
6	宜兴市	Yixing City	86.61	29	灌南县	Guannan County	30.53
7	海门市	Haimen City	61.17	30	句容市	Jurong City	30.51
8	丹阳市	Danyang City	60.42	31	阜宁县	Funing County	29.45
9	如皋市	Rugao City	60.13	32	滨海县	Binhai County	29.07
10	启东市	Qidong City	58.54	33	仪征市	Yizheng City	28.37
11	沭阳县	Shuyang County	58.16	34	扬中市	Yangzhong City	27.15
12	靖江市	Jingjiang City	57.45	35	盱眙县	Xuyi County	27.13
13	东台市	Dongtai City	52.46	36	泗阳县	Siyang County	26.29
14	大丰市	Dafeng City	50.07	37	金坛市	Jintan City	25.89
15	邳州市	Pizhou City	48.88	38	涟水县	Lianshui County	25.74
16	海安县	Haian County	46.63	39	高邮市	Gaoyou City	25.44
17	沛县	Peixian County	46.01	40	泗洪县	Sihong County	24.18
18	溧阳市	Liyang City	45.60	41	响水县	Xiangshui County	23.98
19	如东县	Rudong County	40.66	42	宝应县	Baoying County	23.72
20	新沂市	Xinyi City	39.62	43	射阳县	Sheyang County	22.50
21	建湖县	Jianhu County	38.42	44	洪泽县	Hongze County	20.14
22	泰兴市	Taixing City	38.20	45	金湖县	Jinhu County	18.27
23	赣榆县	Ganyu County	34.93				

注：靖江包含江阴－靖江工业园区（下表同）。

a) Data of Jingjiang included jiangyin & Jingjiang Industrial Park. (The same as in the following table.)

21－10　人均公共财政预算收入（2013 年）
Per Capita Public Finance Budget Revenue（2013）

位次 No.	县（市）名称 County（City）	绝对数（元） Absolute Figure（yuan）	位次 No.	县（市）名称 County（City）	绝对数（元） Absolute Figure（yuan）
1	昆山市 Kunshan City	14838	24	金坛市 Jintan City	4638
2	太仓市 Taicang City	14165	25	新沂市 Xinyi City	4365
3	张家港市 Zhangjiagang City	12368	26	盱眙县 Xuyi County	4206
4	江阴市 Jiangyin City	11202	27	沛县 Peixian County	4135
5	常熟市 Changshu City	9191	28	如东县 Rudong County	4128
6	靖江市 Jingjiang City	8375	29	灌云县 Guanyun County	3897
7	扬中市 Yangzhong City	7971	30	沭阳县 Shuyang County	3762
8	大丰市 Dafeng City	7138	31	赣榆县 Ganyu County	3675
9	宜兴市 Yixing City	6935	32	泰兴市 Taixing City	3549
10	海门市 Haimen City	6779	33	阜宁县 Funing County	3509
11	丹阳市 Danyang City	6194	34	东海县 Donghai County	3444
12	启东市 Qidong City	6104	35	高邮市 Gaoyou City	3440
13	洪泽县 Hongze County	6038	36	邳州市 Pizhou City	3411
14	溧阳市 Liyang City	5998	37	丰县 Fengxian County	3292
15	金湖县 Jinhu County	5540	38	宝应县 Baoying County	3155
16	海安县 Haian County	5384	39	睢宁县 Suining County	3118
17	东台市 Dongtai City	5320	40	泗阳县 Siyang County	3107
18	建湖县 Jianhu County	5209	41	滨海县 Binhai County	3080
19	仪征市 Yizheng City	5047	42	涟水县 Lianshui County	3065
20	灌南县 Guannan County	4899	43	兴化市 Xinghua City	2673
21	句容市 Jurong City	4898	44	泗洪县 Sihong County	2639
22	如皋市 Rugao City	4776	45	射阳县 Sheyang County	2522
23	响水县 Xiangshui County	4768			

21－11 粮食产量（2013年）

Output of Grain（2013）

位 次 No.	县（市）名 称 County（City）	绝 对 数（万吨） Absolute Figure（10000 tons）	位 次 No.	县（市）名 称 County（City）	绝 对 数（万吨） Absolute Figure（10000 tons）
1	兴化市 Xinghua City	141.11	24	沛县 Peixian County	58.99
2	沭阳县 Shuyang County	126.73	25	泗阳县 Siyang County	58.68
3	东海县 Donghai County	112.17	26	赣榆县 Ganyu County	55.69
4	射阳县 Sheyang County	110.35	27	响水县 Xiangshui County	53.65
5	泗洪县 Sihong County	100.96	28	溧阳市 Liyang City	53.63
6	盱眙县 Xuyi County	95.57	29	金湖县 Jinhu County	52.89
7	东台市 Dongtai City	95.08	30	丰县 Fengxian County	51.76
8	阜宁县 Funing County	93.02	31	丹阳市 Danyang City	50.88
9	滨海县 Binhai County	93.01	32	宜兴市 Yixing City	48.00
10	宝应县 Baoying County	92.30	33	洪泽县 Hongze County	44.02
11	如东县 Rudong County	92.28	34	句容市 Jurong City	35.37
12	涟水县 Lianshui County	90.02	35	仪征市 Yizheng City	33.75
13	高邮市 Gaoyou City	87.52	36	靖江市 Jingjiang City	33.59
14	睢宁县 Suining County	85.03	37	常熟市 Changshu City	31.61
15	灌云县 Guanyun County	79.34	38	金坛市 Jintan City	28.29
16	邳州市 Pizhou City	78.74	39	张家港市 Zhangjiagang City	27.23
17	大丰市 Dafeng City	77.92	40	启东市 Qidong City	26.12
18	如皋市 Rugao City	74.04	41	太仓市 Taicang City	21.45
19	建湖县 Jianhu County	72.07	42	江阴市 Jiangyin City	19.95
20	泰兴市 Taixing City	70.37	43	海门市 Haimen City	18.38
21	海安县 Haian County	64.09	44	昆山市 Kunshan City	11.21
22	新沂市 Xinyi City	62.68	45	扬中市 Yangzhong City	10.52
23	灌南县 Guannan County	61.91			

21－12 油料产量（2013年）
Output of Oil-bearing Crops（2013）

位次 No.	县（市）名称 County（City）	绝对数（万吨） Absolute Figure（10000 tons）	位次 No.	县（市）名称 County（City）	绝对数（万吨） Absolute Figure（10000 tons）
1	启东市 Qidong City	10.34	23	宝应县 Baoying County	1.50
2	海门市 Haimen City	9.54	25	海安县 Haian County	1.48
3	东台市 Dongtai City	8.58	26	睢宁县 Suining County	1.46
4	赣榆县 Ganyu County	6.98	27	沭阳县 Shuyang County	1.42
5	大丰市 Dafeng City	6.18	28	丹阳市 Danyang City	1.05
6	新沂市 Xinyi City	5.51	29	仪征市 Yizheng City	1.04
7	东海县 Donghai County	4.83	30	泗阳县 Siyang County	0.99
8	如东县 Rudong County	4.69	31	常熟市 Changshu City	0.89
9	滨海县 Binhai County	4.34	32	金坛市 Jintan City	0.86
10	泰兴市 Taixing City	4.06	33	金湖县 Jinhu County	0.77
11	如皋市 Rugao City	3.84	34	宜兴市 Yixing City	0.65
12	兴化市 Xinghua City	3.83	35	太仓市 Taicang City	0.48
13	射阳县 Sheyang County	3.47	36	靖江市 Jingjiang City	0.48
14	句容市 Jurong City	3.45	37	张家港市 Zhangjiagang City	0.45
15	涟水县 Lianshui County	3.32	38	丰县 Fengxian County	0.45
16	溧阳市 Liyang City	3.16	39	洪泽县 Hongze County	0.28
17	盱眙县 Xuyi County	2.49	40	沛县 Peixian County	0.27
18	响水县 Xiangshui County	2.46	41	江阴市 Jiangyin City	0.21
19	高邮市 Gaoyou City	2.29	42	灌南县 Guannan County	0.20
20	泗洪县 Sihong County	2.08	43	扬中市 Yangzhong City	0.17
21	阜宁县 Funing County	1.80	44	昆山市 Kunshan City	0.16
22	建湖县 Jianhu County	1.70	45	灌云县 Guanyun County	0.09
23	邳州市 Pizhou City	1.50			

21－13　规模以上工业企业利税总额（2013年）
Profits and Taxes of above Designated Size Industrial Enterprises（2013）

位　次 No.	县（市）名称 County（City）	绝对数（亿元） Absolute Figure（100 million yuan）	位　次 No.	县（市）名称 County（City）	绝对数（亿元） Absolute Figure（100 million yuan）
1	江阴市 Jiangyin City	538.02	24	睢宁县 Suining County	108.21
2	昆山市 Kunshan City	523.52	25	如皋市 Rugao City	106.47
3	邳州市 Pizhou City	279.33	26	句容市 Jurong City	102.87
4	海门市 Haimen City	272.71	27	泗洪县 Sihong County	88.05
5	常熟市 Changshu City	252.15	28	东台市 Dongtai City	86.75
6	泰兴市 Taixing City	249.11	29	响水县 Xiangshui County	78.19
7	靖江市 Jingjiang City	228.15	30	金坛市 Jintan City	75.16
8	张家港市 Zhangjiagang City	218.92	31	建湖县 Jianhu County	73.65
9	海安县 Haian County	183.03	32	东海县 Donghai County	69.79
10	启东市 Qidong City	176.51	33	大丰市 Dafeng City	64.01
11	丹阳市 Danyang City	176.14	34	宝应县 Baoying County	63.66
12	如东县 Rudong County	175.69	35	丰县 Fengxian County	61.76
13	宜兴市 Yixing City	175.27	36	泗阳县 Siyang County	61.55
14	沛县 Peixian County	156.90	37	灌南县 Guannan County	60.69
15	仪征市 Yizheng City	155.88	38	滨海县 Binhai County	54.10
16	太仓市 Taicang City	154.86	39	灌云县 Guanyun County	49.54
17	新沂市 Xinyi City	140.33	40	洪泽县 Hongze County	46.77
18	溧阳市 Liyang City	138.09	41	盱眙县 Xuyi County	42.77
19	沭阳县 Shuyang County	136.40	42	阜宁县 Funing County	42.73
20	扬中市 Yangzhong City	116.93	43	射阳县 Sheyang County	38.51
21	兴化市 Xinghua City	112.39	44	涟水县 Lianshui County	33.28
22	高邮市 Gaoyou City	112.18	45	金湖县 Jinhu County	21.46
23	赣榆县 Ganyu County	109.33			

21－14 社会消费品零售总额（2013 年）
Total Retail Sale of Consumer Goods（2013）

位次 No.	县（市）名称 County（City）	绝对数（亿元） Absolute Figure（100 million yuan）	位次 No.	县（市）名称 County（City）	绝对数（亿元） Absolute Figure（100 million yuan）
1	江阴市 Jiangyin City	581.95	24	赣榆县 Ganyu County	123.64
2	常熟市 Changshu City	561.71	25	沭阳县 Shuyang County	123.50
3	昆山市 Kunshan City	561.26	26	大丰市 Dafeng City	123.48
4	宜兴市 Yixing City	419.18	27	建湖县 Jianhu County	123.37
5	张家港市 Zhangjiagang City	410.90	28	东海县 Donghai County	120.89
6	海门市 Haimen City	266.37	29	宝应县 Baoying County	120.35
7	如皋市 Rugao City	257.81	30	句容市 Jurong City	103.73
8	启东市 Qidong City	255.62	31	扬中市 Yangzhong City	101.95
9	丹阳市 Danyang City	228.20	32	睢宁县 Suining County	97.41
10	溧阳市 Liyang City	227.48	33	新沂市 Xinyi City	94.77
11	如东县 Rudong County	226.70	34	阜宁县 Funing County	92.55
12	太仓市 Taicang City	218.70	35	灌云县 Guanyun County	89.57
13	海安县 Haian County	204.99	36	滨海县 Binhai County	78.89
14	东台市 Dongtai City	179.91	37	丰县 Fengxian County	78.25
15	金坛市 Jintan City	177.15	38	泗洪县 Sihong County	74.04
16	泰兴市 Taixing City	161.17	39	涟水县 Lianshui County	73.60
17	沛县 Peixian County	141.97	40	泗阳县 Siyang County	72.54
18	靖江市 Jingjiang City	138.34	41	盱眙县 Xuyi County	71.66
19	邳州市 Pizhou City	130.26	42	洪泽县 Hongze County	66.96
20	兴化市 Xinghua City	126.48	43	金湖县 Jinhu County	63.45
21	仪征市 Yizheng City	125.56	44	灌南县 Guannan County	61.48
22	高邮市 Gaoyou City	124.30	45	响水县 Xiangshui County	47.54
23	射阳县 Sheyang County	123.88			

21 - 15 出口总额(2013 年)
Total Exports (2013)

位次 No.	县(市)名称 County (City)		绝对数(亿美元) Absolute Figure (100 million USD)	位次 No.	县(市)名称 County (City)		绝对数(亿美元) Absolute Figure (100 million USD)
1	昆山市	Kunshan City	546.73	24	句容市	Jurong City	4.75
2	张家港市	Zhangjiagang City	128.24	25	睢宁县	Suining County	4.74
3	常熟市	Changshu City	116.43	26	兴化市	Xinghua City	4.43
4	江阴市	Jiangyin City	108.33	27	泗洪县	Sihong County	4.29
5	太仓市	Taicang City	55.14	28	新沂市	Xinyi City	3.89
6	宜兴市	Yixing City	36.62	29	扬中市	Yangzhong City	3.75
7	启东市	Qidong City	26.51	30	高邮市	Gaoyou City	3.61
8	如皋市	Rugao City	23.72	31	建湖县	Jianhu County	3.39
9	丹阳市	Danyang City	21.08	32	响水县	Xiangshui County	3.24
10	海安县	Haian County	20.06	33	赣榆县	Ganyu County	3.22
11	靖江市	Jingjiang City	16.25	34	盱眙县	Xuyi County	3.11
12	海门市	Haimen City	15.44	35	金湖县	Jinhu County	3.04
13	金坛市	Jintan City	11.90	36	东海县	Donghai County	2.65
14	泰兴市	Taixing City	11.67	37	沛县	Peixian County	2.59
15	如东县	Rudong County	10.66	38	滨海县	Binhai County	2.25
16	溧阳市	Liyang City	9.17	39	涟水县	Lianshui County	2.22
17	邳州市	Pizhou City	6.57	40	灌南县	Guannan County	1.85
18	沭阳县	Shuyang County	6.18	41	阜宁县	Funing County	1.82
19	泗阳县	Siyang County	6.10	42	射阳县	Sheyang County	1.79
20	仪征市	Yizheng City	5.75	43	丰县	Fengxian County	1.71
21	大丰市	Dafeng City	5.71	44	灌云县	Guanyun County	1.65
22	宝应县	Baoying County	5.43	45	洪泽县	Hongze County	1.58
23	东台市	Dongtai City	5.23				

21－16　实际外商直接投资（2013年）
Actual Foreign Direct Investment（2013）

位次 No.	县（市）名称 County（City）		绝对数（亿美元）Absolute Figure（100 million USD）	位次 No.	县（市）名称 County（City）		绝对数（亿美元）Absolute Figure（100 million USD）
1	昆山市	Kunshan City	17.54	24	阜宁县	Funing County	1.46
2	常熟市	Changshu City	10.24	25	沭阳县	Shuyang County	1.42
3	江阴市	Jiangyin City	8.08	26	东海县	Donghai County	1.36
4	张家港市	Zhangjiagang City	6.42	27	丰县	Fengxian County	1.33
5	丹阳市	Danyang City	6.30	28	射阳县	Sheyang County	1.32
6	太仓市	Taicang City	6.18	28	建湖县	Jianhu County	1.32
7	句容市	Jurong City	5.81	30	滨海县	Binhai County	1.30
8	溧阳市	Liyang City	4.65	31	金坛市	Jintan City	1.26
9	宜兴市	Yixing City	3.30	32	赣榆县	Ganyu County	1.22
10	仪征市	Yizheng City	3.17	33	睢宁县	Suining County	1.12
11	如东县	Rudong County	2.74	34	金湖县	Jinhu County	1.00
12	泰兴市	Taixing City	2.73	34	泗洪县	Sihong County	1.00
13	扬中市	Yangzhong City	2.66	36	灌云县	Guanyun County	0.96
14	海安县	Haian County	2.61	37	响水县	Xiangshui County	0.95
15	启东市	Qidong City	2.54	38	沛县	Peixian County	0.94
16	邳州市	Pizhou City	2.52	39	泗阳县	Siyang County	0.91
17	如皋市	Rugao City	2.48	40	宝应县	Baoying County	0.84
17	海门市	Haimen City	2.48	41	靖江市	Jingjiang City	0.76
19	盱眙县	Xuyi County	1.89	42	高邮市	Gaoyou City	0.73
20	东台市	Dongtai City	1.76	43	新沂市	Xinyi City	0.62
20	大丰市	Dafeng City	1.76	44	涟水县	Lianshui County	0.26
22	洪泽县	Hongze County	1.75	45	灌南县	Guannan County	0.05
23	兴化市	Xinghua City	1.60				

21－17 金融机构各项存款余额(2013 年)

The Balance of Deposits of Financial Institutions (2013)

位次 No.	县（市）名称	County (City)	绝对数（亿元）Absolute Figure (100 million yuan)	位次 No.	县（市）名称	County (City)	绝对数（亿元）Absolute Figure (100 million yuan)
1	昆山市	Kunshan City	2660.40	24	沛县	Peixian County	323.18
2	江阴市	Jiangyin City	2606.77	25	沭阳县	Shuyang County	317.01
3	张家港市	Zhangjiagang City	2286.21	26	邳州市	Pizhou City	297.61
4	常熟市	Changshu City	2208.20	27	宝应县	Baoying County	297.36
5	宜兴市	Yixing City	1622.90	28	建湖县	Jianhu County	277.95
6	太仓市	Taicang City	1145.18	29	睢宁县	Suining County	244.65
7	海门市	Haimen City	864.86	30	射阳县	Sheyang County	243.33
8	丹阳市	Danyang City	860.93	31	阜宁县	Funing County	240.82
9	启东市	Qidong City	825.53	32	泗阳县	Siyang County	225.02
10	海安县	Haian County	823.33	33	泗洪县	Sihong County	223.87
11	溧阳市	Liyang City	795.50	34	新沂市	Xinyi City	218.13
12	如皋市	Rugao City	762.31	35	东海县	Donghai County	217.73
13	靖江市	Jingjiang City	761.87	36	赣榆县	Ganyu County	213.69
14	如东县	Rudong County	605.84	37	涟水县	Lianshui County	206.12
15	泰兴市	Taixing City	564.47	38	丰县	Fengxian County	205.87
16	东台市	Dongtai City	497.98	39	盱眙县	Xuyi County	198.63
17	金坛市	Jintan City	472.11	40	滨海县	Binhai County	181.96
18	兴化市	Xinghua City	457.59	41	灌云县	Guanyun County	163.04
19	扬中市	Yangzhong City	408.73	42	金湖县	Jinhu County	143.09
20	仪征市	Yizheng City	395.23	43	洪泽县	Hongze County	117.49
21	大丰市	Dafeng City	380.76	44	响水县	Xiangshui County	109.41
22	句容市	Jurong City	367.41	45	灌南县	Guannan County	109.33
23	高邮市	Gaoyou City	342.38				

21－18 金融机构各项贷款余额(2013 年)
The Balance of Loans of Financial Institutions (2013)

位次 No.	县（市）名称 County (City)		绝对数(亿元) Absolute Figure (100 million yuan)	位次 No.	县（市）名称 County (City)		绝对数(亿元) Absolute Figure (100 million yuan)
1	江阴市	Jiangyin City	1987.44	24	仪征市	Yizheng City	217.76
2	昆山市	Kunshan City	1814.90	25	泗洪县	Sihong County	209.85
3	张家港市	Zhangjiagang City	1675.57	26	建湖县	Jianhu County	209.06
4	常熟市	Changshu City	1658.50	27	高邮市	Gaoyou City	205.91
5	宜兴市	Yixing City	1240.47	28	泗阳县	Siyang County	204.48
6	太仓市	Taicang City	994.92	29	宝应县	Baoying County	197.77
7	丹阳市	Danyang City	729.36	30	新沂市	Xinyi City	186.21
8	海安县	Haian County	583.34	31	盱眙县	Xuyi County	175.07
9	溧阳市	Liyang City	536.21	32	阜宁县	Funing County	173.97
10	海门市	Haimen City	522.96	33	射阳县	Sheyang County	171.08
11	靖江市	Jingjiang City	501.88	34	赣榆县	Ganyu County	170.75
12	启东市	Qidong City	487.30	35	东海县	Donghai County	154.00
13	如皋市	Rugao City	443.49	36	沛县	Peixian County	141.79
14	金坛市	Jintan City	338.75	37	睢宁县	Suining County	139.21
15	泰兴市	Taixing City	323.34	38	涟水县	Lianshui County	134.74
16	兴化市	Xinghua City	320.59	38	滨海县	Binhai County	134.74
17	如东县	Rudong County	302.45	40	金湖县	Jinhu County	118.99
18	扬中市	Yangzhong City	293.16	41	灌云县	Guanyun County	115.82
19	句容市	Jurong City	271.92	42	丰县	Fengxian County	114.68
20	东台市	Dongtai City	267.22	43	响水县	Xiangshui County	94.63
21	沭阳县	Shuyang County	266.46	44	洪泽县	Hongze County	93.11
22	大丰市	Dafeng City	238.60	45	灌南县	Guannan County	88.67
23	邳州市	Pizhou City	226.04				

21－19 居民储蓄存款余额（2013 年）
Savings Deposit Balance of Residents(2013)

位次 No.	县（市）名称 County (City)		绝对数（亿元） Absolute Figure (100 million yuan)	位次 No.	县（市）名称 County (City)		绝对数（亿元） Absolute Figure (100 million yuan)
1	常熟市	Changshu City	987.42	24	沭阳县	Shuyang County	214.79
2	昆山市	Kunshan City	880.48	25	邳州市	Pizhou City	208.26
3	江阴市	Jiangyin City	872.36	26	句容市	Jurong City	206.11
4	张家港市	Zhangjiagang City	832.72	27	宝应县	Baoying County	197.02
5	宜兴市	Yixing City	742.40	28	建湖县	Jianhu County	190.28
6	启东市	Qidong City	564.37	29	睢宁县	Suining County	180.76
7	海门市	Haimen City	557.31	30	射阳县	Sheyang County	164.23
8	如皋市	Rugao City	506.02	31	阜宁县	Funing County	162.91
9	海安县	Haian County	497.64	32	丰县	Fengxian County	156.08
10	丹阳市	Danyang City	422.15	33	赣榆县	Ganyu County	141.66
11	太仓市	Taicang City	420.82	34	新沂市	Xinyi City	139.81
12	如东县	Rudong County	410.91	35	东海县	Donghai County	139.72
13	溧阳市	Liyang City	387.38	36	泗洪县	Sihong County	135.98
14	东台市	Dongtai City	375.52	37	泗阳县	Siyang County	135.51
15	靖江市	Jingjiang City	355.06	38	涟水县	Lianshui County	120.97
16	泰兴市	Taixing City	340.91	39	滨海县	Binhai County	114.79
17	兴化市	Xinghua City	322.19	40	盱眙县	Xuyi County	108.67
18	金坛市	Jintan City	264.69	41	灌云县	Guanyun County	103.73
19	大丰市	Dafeng City	235.05	42	金湖县	Jinhu County	89.29
20	高邮市	Gaoyou City	234.14	43	灌南县	Guannan County	72.67
21	扬中市	Yangzhong City	229.76	44	响水县	Xiangshui County	61.95
22	仪征市	Yizheng City	223.23	45	洪泽县	Hongze County	58.06
23	沛县	Peixian County	221.48				

21－20 人均居民储蓄存款（2013 年）
Per Capita Savings Deposit of Residents(2013)

位次 No.	县（市）名称 County (City)		绝对数（元） Absolute Figure (yuan)	位次 No.	县（市）名称 County (City)		绝对数（元） Absolute Figure (yuan)
1	扬中市	Yangzhong City	67358	24	宝应县	Baoying County	26192
2	张家港市	Zhangjiagang City	66543	25	建湖县	Jianhu County	25808
3	常熟市	Changshu City	65457	26	兴化市	Xinghua City	25683
4	海门市	Haimen City	61752	27	沛县	Peixian County	19907
5	太仓市	Taicang City	59523	28	阜宁县	Funing County	19418
6	宜兴市	Yixing City	59392	29	射阳县	Sheyang County	18416
7	启东市	Qidong City	58923	30	睢宁县	Suining County	17673
8	海安县	Haian County	57444	31	洪泽县	Hongze County	17374
9	昆山市	Kunshan City	53573	32	盱眙县	Xuyi County	16796
10	江阴市	Jiangyin City	53519	33	丰县	Fengxian County	16472
11	靖江市	Jingjiang City	51742	34	泗阳县	Siyang County	16074
12	溧阳市	Liyang City	50958	35	新沂市	Xinyi City	15413
13	金坛市	Jintan City	47435	36	泗洪县	Sihong County	14959
14	丹阳市	Danyang City	43209	37	赣榆县	Ganyu County	14874
15	如东县	Rudong County	41776	38	东海县	Donghai County	14652
16	如皋市	Rugao City	40224	39	邳州市	Pizhou City	14532
17	仪征市	Yizheng City	39751	40	涟水县	Lianshui County	14370
18	东台市	Dongtai City	38070	41	沭阳县	Shuyang County	13956
19	大丰市	Dafeng City	33497	42	灌云县	Guanyun County	13053
20	句容市	Jurong City	33051	43	响水县	Xiangshui County	12323
21	泰兴市	Taixing City	31668	44	滨海县	Binhai County	12173
22	高邮市	Gaoyou City	31643	45	灌南县	Guannan County	11631
23	金湖县	Jinhu County	27197				

21－21 城镇居民人均可支配收入(2013年)

Per Capita Annual Disposable Income of Urban Households(2013)

位次 No.	县(市)名称 County (City)		绝对数(元) Absolute Figure (yuan)	位次 No.	县(市)名称 County (City)		绝对数(元) Absolute Figure (yuan)
1	昆山市	Kunshan City	43436	24	盱眙县	Xuyi County	24409
2	张家港市	Zhangjiagang City	43426	25	金湖县	Jinhu County	24260
3	常熟市	Changshu City	43161	26	洪泽县	Hongze County	23889
4	江阴市	Jiangyin City	43144	27	建湖县	Jianhu County	23272
5	太仓市	Taicang City	43010	28	邳州市	Pizhou City	22473
6	扬中市	Yangzhong City	36599	29	东海县	Donghai County	21719
7	宜兴市	Yixing City	36412	30	赣榆县	Ganyu County	21506
8	金坛市	Jintan City	34722	31	射阳县	Sheyang County	21291
9	丹阳市	Danyang City	33083	32	沛县	Peixian County	21073
10	溧阳市	Liyang City	32804	33	滨海县	Binhai County	21037
11	句容市	Jurong City	32422	34	宝应县	Baoying County	20773
12	海门市	Haimen City	32387	35	灌南县	Guannan County	20479
13	靖江市	Jingjiang City	31597	36	阜宁县	Funing County	20115
14	启东市	Qidong City	29482	37	响水县	Xiangshui County	20045
15	海安县	Haian County	29474	38	涟水县	Lianshui County	19892
16	如东县	Rudong County	29445	39	新沂市	Xinyi City	19255
17	仪征市	Yizheng City	29057	40	沭阳县	Shuyang County	19091
18	泰兴市	Taixing City	28840	41	泗阳县	Siyang County	18270
19	如皋市	Rugao City	28611	42	睢宁县	Suining County	18009
20	兴化市	Xinghua City	26461	43	丰县	Fengxian County	17740
21	东台市	Dongtai City	26241	44	泗洪县	Sihong County	17655
22	高邮市	Gaoyou City	24711	45	灌云县	Guanyun County	17617
23	大丰市	Dafeng City	24707				

21－22　农村居民人均纯收入(2013 年)
Per Capita Net Income of Rural Households(2013)

位次 No.	县（市）名称	County (City)	绝对数（元）Absolute Figure (yuan)
1	江阴市	Jiangyin City	21882
2	昆山市	Kunshan City	21793
3	常熟市	Changshu City	21691
4	张家港市	Zhangjiagang City	21689
5	太仓市	Taicang City	21605
6	宜兴市	Yixing City	18783
7	扬中市	Yangzhong City	18644
8	金坛市	Jintan City	17371
9	溧阳市	Liyang City	16985
10	丹阳市	Danyang City	16983
11	海门市	Haimen City	16920
12	启东市	Qidong City	15766
13	靖江市	Jingjiang City	15347
14	东台市	Dongtai City	15312
15	大丰市	Dafeng City	15166
16	句容市	Jurong City	14824
17	海安县	Haian County	14119
18	泰兴市	Taixing City	13993
19	仪征市	Yizheng City	13701
20	如东县	Rudong County	13529
21	高邮市	Gaoyou City	13248
22	兴化市	Xinghua City	13247
23	建湖县	Jianhu County	13156
24	射阳县	Sheyang County	13121
25	宝应县	Baoying County	13093
26	如皋市	Rugao City	13004
27	沛县	Peixian County	12725
28	邳州市	Pizhou City	12635
29	洪泽县	Hongze County	12160
30	金湖县	Jinhu County	11931
31	阜宁县	Funing County	11853
32	滨海县	Binhai County	11702
33	赣榆县	Ganyu County	11564
34	盱眙县	Xuyi County	11255
35	东海县	Donghai County	11118
36	响水县	Xiangshui County	11084
37	新沂市	Xinyi City	10979
38	丰县	Fengxian County	10957
39	沭阳县	Shuyang County	10799
40	泗阳县	Siyang County	10765
41	睢宁县	Suining County	10686
42	泗洪县	Sihong County	10540
43	涟水县	Lianshui County	10333
43	灌云县	Guanyun County	10016
45	灌南县	Guannan County	9488

22

乡镇基本情况

Basic Conditions of Villages and Towns

简 要 说 明

一、本篇资料的主要内容

本篇资料反映乡镇经济社会基本情况。

二、资料来源

本篇资料根据乡镇社会经济基本情况统计年报加工整理。

Brief Introduction

I. Main Contents

Data in this chapter reflect economic and social basic conditions of villages and towns.

Ⅱ. Date Source

Data in this chapter mainly based on the basic conditions of villages and towns annual report.

22－1 乡镇基本情况(2013 年)
Basic Conditions of Villages and Towns(2013)

名称 Name	总人口(人) Total Population (person)	从业人员(人) Employment (person)	土地面积(公顷) Land Area (hectare)	耕地面积(公顷) Cultivated Area (hectare)	财政收入(万元) Financial Revenue (10000 yuan)	粮食产量(吨) Output of Grain (ton)
南京市 Nanjing City						
市辖区 Municipal District						
冶山镇 Yeshan Town	44905	23869	10274	5288	9481	23702
竹镇镇 Zhuzhen Town	65133	30457	21105	9469	11385	43880
永阳镇 Yongyang Town	107165	69851	13300	3676	145556	24664
白马镇 Baima Town	43058	20705	12400	4948	24800	34751
东屏镇 Dongping Town	40781	19903	11953	4271	22100	39181
柘塘镇 Zhetang Town	37154	23221	4600	3404	17497	26987
石湫镇 Shiqiu Town	49989	27221	11900	3127	25651	30373
洪蓝镇 Honglan Town	47420	27678	10900	2884	31500	28571
晶桥镇 Jingqiao Town	38600	22273	13233	2778	29551	32406
和凤镇 Hefeng Town	45140	27869	19000	3371	20066	32490
淳溪镇 Chunxi Town	122736	74951	8357	2785	47520	5377
阳江镇 Yangjiang Town	71042	43799	12503	5527	23293	19385
砖墙镇 Zhuanqiang Town	34717	22367	6888	3463	19896	4765
古柏镇 Gubai Town	38350	23552	5067	1923	30080	9494
漆桥镇 Qiqiao Town	25995	15856	5370	1659	19857	15364
固城镇 Gucheng Town	39850	23593	8346	3463	23636	24583
东坝镇 Dongba Town	45371	27595	10432	3892	24654	39627
桠溪镇 Yaxi Town	59387	33367	14900	5272	22860	69195
无锡市 Wuxi City						
市辖区 Municipal District						
羊尖镇 Yangjian Town	55464	34119	5046	2101	53874	19991
鹅湖镇 Ehu Town	69618	40984	5457	1301	56776	10420
锡北镇 Xibei Town	89321	52248	6238	2331	67190	12006
东港镇 Donggang Town	118000	85600	8505	3232	128700	18924
洛社镇 Luoshe Town	167817	96683	7757	1343	229102	1953
阳山镇 Yangshan Town	54902	31152	3278	614	45612	0
胡埭镇 Hudai Town	61802	32595	3608	535	80300	981
江阴市 Jiangyin City						
璜土镇 Huangtu Town	88138	54823	6449	1285	120888	12719
月城镇 Yuecheng Town	51352	31212	3853	823	57442	5208
青阳镇 Qingyang Town	94112	59592	6756	2060	50449	24539
徐霞客镇 Xuxiake Town	156941	81071	11017	4355	140510	27443

续 表 1 Continued 1

名 称	Name	总人口（人）Total Population (person)	从业人员（人）Employment (person)	土地面积（公顷）Land Area (hectare)	耕地面积（公顷）Cultivated Area (hectare)	财政收入（万元）Financial Revenue (10000 yuan)	粮食产量（吨）Output of Grain (ton)
华士镇	Huashi Town	134686	87538	7458	2317	178794	10303
周庄镇	Zhouzhuang Town	143952	87601	7596	2678	178267	12527
新桥镇	Xinqiao Town	51274	33302	2000	566	195860	1721
长泾镇	Changjing Town	95865	62461	5330	1755	51401	17813
顾山镇	Gushan Town	87910	56593	4971	1271	81845	14448
祝塘镇	Zhutang Town	140041	78559	5959	2447	80054	21251
宜兴市	**Yixing City**						
张渚镇	Zhangzhu Town	76461	44820	17530	3710	53087	21532
西渚镇	Xizhu Town	27982	16224	6666	3127	12070	17847
太华镇	Taihua Town	27765	12250	9157	659	8960	2110
徐舍镇	Xushe Town	97962	54784	17991	9388	63708	96915
官林镇	Guanlin Town	98596	43198	12400	4062	145140	33613
杨巷镇	Yangxiang Town	50674	24265	8642	3980	15634	37788
新建镇	Xinjian Town	31584	18666	4500	2303	22094	7093
和桥镇	Heqiao Town	84779	52411	10510	3642	52081	41939
高塍镇	Gaocheng Town	59372	32979	1080	659	99273	1952
万石镇	Wanshi Town	25099	13369	4377	2248	41800	30535
周铁镇	Zhoutie Town	58888	26829	7300	3821	56731	32285
芳桥镇	Fangqiao Town	27668	12213	4980	2603	27788	32757
丁蜀镇	Dingshu Town	197210	98648	19185	3877	139088	34166
湖父镇	Hufu Town	23723	12902	9324	1192	23731	3152
徐州市	**Xuzhou City**						
市辖区	**Municipal District**						
青山泉镇	Qingshanquan Town	46320	30108	6647	2854	69120	24051
紫庄镇	Zizhuang Town	50827	25639	6668	3200	4689	40319
塔山镇	Tashan Town	77505	28653	9468	5513	4628	33997
汴塘镇	Biantang Town	50099	18762	10080	4300	2867	36211
江庄镇	Jiangzhuang Town	35885	13349	7496	4228	22156	24017
何桥镇	Heqiao Town	51939	30473	7400	5326	7340	35876
黄集镇	Huangji Town	58594	32177	8340	4566	7755	49375
马坡镇	Mapo Town	51230	24180	6900	3502	7533	59200
郑集镇	Zhengji Town	52138	29326	6800	5062	10160	51692
柳新镇	Liuxin Town	69665	36692	8500	4120	68121	44278
刘集镇	Liuji Town	64362	29063	8360	4143	14164	47836

续 表 2 Continued 2

名称 Name		总人口（人）Total Population (person)	从业人员（人）Employment (person)	土地面积（公顷）Land Area (hectare)	耕地面积（公顷）Cultivated Area (hectare)	财政收入（万元）Financial Revenue (10000 yuan)	粮食产量（吨）Output of Grain (ton)
大彭镇	Dapeng Town	68500	45601	7600	3029	15210	40310
汉王镇	Hanwang Town	45179	14802	6420	2240	33510	22592
棠张镇	Tangzhang Town	56277	36280	8030	4375	12877	24780
张集镇	Zhangji Town	74650	33152	14800	7933	18278	62382
房村镇	Fangcun Town	75282	38121	13600	7987	6296	71274
伊庄镇	Yizhuang Town	47546	21135	8560	3340	5742	39391
单集镇	Shanji Town	66695	28503	13210	7384	6971	61117
利国镇	Liguo Town	57418	23346	7769	2586	76757	22598
徐庄镇	Xuzhuang Town	73287	31645	13259	6260	7165	85144
大许镇	Daxu Town	80057	35689	12900	6284	8120	73475
茅村镇	Maocun Town	75423	32118	8396	3845	19824	34516
柳泉镇	Liuquan Town	64307	35712	10520	4801	29391	43123
丰县	**Fengxian City**						
凤城镇	Fengcheng Town	40101	21769	5207	2230	108560	21611
首羡镇	Shouxian Town	85256	51088	12176	7885	20791	19086
顺河镇	Shunhe Town	52172	31905	8648	5831	11645	30528
常店镇	Changdian Town	66540	30499	7727	5019	11540	42476
欢口镇	Huankou Town	101747	57586	10500	6561	14240	81108
师寨镇	Shizhai Town	80199	51795	10450	6768	10745	67451
华山镇	Huashan Town	88865	55294	11300	3983	13028	26477
梁寨镇	Liangzhai Town	64993	31905	8680	4550	15179	37149
范楼镇	Fanlou Town	82830	40125	11610	7331	12164	44274
孙楼镇	Sunlou Town	56160	28721	6608	3782	12265	30472
宋楼镇	Songlou Town	92600	43805	12214	3668	10400	28057
大沙河镇	Dashahe Town	62108	26908	8150	1539	7656	13787
王沟镇	Wanggou Town	105107	55404	12621	8088	10336	62331
赵庄镇	Zhaozhuang Town	61110	38419	9100	5103	8882	33117
沛县	**Peixian City**						
龙固镇	Longgu Town	62862	30321	5302	2659	35305	29495
杨屯镇	Yangtun Town	56007	33539	4100	2070	26535	33586
大屯镇	Datun Town	70453	36944	5540	3375	79434	49341
沛城镇	Peicheng Town	192918	97798	10560	4260	102142	52640
胡寨镇	Huzhai Town	40375	23054	4594	2731	10118	39183
魏庙镇	Weimiao Town	59018	34990	5200	3950	7086	45011

名 称	Name	总人口（人）Total Population (person)	从业人员（人）Employment (person)	土地面积（公顷）Land Area (hectare)	耕地面积（公顷）Cultivated Area (hectare)	财政收入（万元）Financial Revenue (10000 yuan)	粮食产量（吨）Output of Grain (ton)
五段镇	Wuduan Town	40582	24104	4700	2855	10458	59633
张庄镇	Zhangzhuang Town	102285	66154	11200	6149	16912	48350
张寨镇	Zhangzhai Town	100095	38064	10634	7004	9431	56713
敬安镇	Jingan Town	57030	31157	9600	5015	21465	32727
河口镇	Hekou Town	58915	33057	8257	5332	8356	21185
栖山镇	Qishan Town	66695	31485	8951	6225	12125	33840
鹿楼镇	Lulou Town	70201	45625	12540	5996	10345	75066
朱寨镇	Zhuzhai Town	60311	27355	7900	4700	14298	36972
安国镇	Anguo Town	82525	44733	13328	5535	19487	45364
睢宁县	**Suining City**						
睢城镇	Suicheng Town	251637	173052	10173	5947	89879	35653
王集镇	Wangji Town	77716	46475	13152	7163	5945	43689
双沟镇	Shuanggou Town	48785	28579	8183	4362	8446	41007
岚山镇	Lanshan Town	73766	46688	12837	8366	6307	60466
李集镇	Liji Town	51508	29316	6368	3544	7089	30779
桃园镇	Taoyuan Town	69890	36063	9682	5339	10600	41872
官山镇	Guanshan Town	77631	51948	12528	7460	6407	68248
高作镇	Gaozuo Town	35069	22650	4171	2245	12747	23125
沙集镇	Shaji Town	56889	29030	4000	3406	4278	36080
凌城镇	Lingcheng Town	70598	38916	9365	5358	5140	62789
邱集镇	Qiuji Town	101851	54086	14079	8875	6694	89594
古邳镇	Gupi Town	71254	46933	10666	5040	5378	52975
姚集镇	Yaoji Town	94980	45020	16700	6700	5426	65920
魏集镇	Weiji Town	70500	41772	12938	7101	8575	62658
梁集镇	Liangji Town	51300	26956	11036	5803	6048	25446
庆安镇	Qingan Town	63091	35691	11571	7172	6373	54767
新沂市	**Xinyi City**						
瓦窑镇	Wayao Town	36576	23419	6312	3574	24555	30460
港头镇	Gangtou Town	36647	19990	7118	3045	14772	43831
合沟镇	Hegou Town	58150	28165	6872	2845	12105	27105
草桥镇	Caoqiao Town	63780	40377	10125	3650	16548	49874
窑湾镇	Yaowan Town	59886	32108	11597	4160	18481	54771
棋盘镇	Qipan Town	76427	37820	17634	6791	16769	68512
马陵山镇	Malingshan Town	56411	30630	10600	4100	12126	53490

名 称 Name		总人口（人）Total Population (person)	从业人员（人）Employment (person)	土地面积（公顷）Land Area (hectare)	耕地面积（公顷）Cultivated Area (hectare)	财政收入（万元）Financial Revenue (10000 yuan)	粮食产量（吨）Output of Grain (ton)
新店镇	Xindian Town	48195	25642	12800	4615	9065	53800
邵店镇	Shaodian Town	38345	17132	5800	2656	13060	26780
时集镇	Shiji Town	52034	28501	10600	6650	10579	72983
高流镇	Gaoliu Town	58955	32631	12290	7765	13406	47958
阿湖镇	Ahu Town	62933	35257	12545	5328	13160	61890
双塘镇	Shuangtang Town	38807	23870	8800	3552	23525	39610
邳州市	**Pizhou City**						
邳城镇	Picheng Town	73650	36941	9028	5035	7318	25723
官湖镇	Guanhu Town	99150	64396	8880	2298	52500	18837
四户镇	Sihu Town	54536	26677	8100	4880	13200	39563
宿羊山镇	Suyangshan Town	76897	41789	9013	4641	12011	31521
八义集镇	Bayiji Town	77356	44592	9112	8399	7856	46351
土山镇	Tushan Town	53440	33420	6380	3542	5607	36742
碾庄镇	Nianzhuang Town	87126	37228	12100	7117	31673	43206
港上镇	Gangshang Town	61789	32277	6400	3200	16459	9915
邹庄镇	Zouzhuang Town	56998	34534	7366	5690	12830	31104
占城镇	Zhancheng Town	42386	19868	8900	4200	4328	36190
新河镇	Xinhe Town	60120	33185	9797	4500	6817	39915
八路镇	Balu Town	45812	26150	6695	3660	5020	33285
铁富镇	Tiefu Town	117650	60454	12444	6020	28646	39860
岔河镇	Chahe Town	43839	21790	7030	3430	12438	45997
陈楼镇	Chenlou Town	51105	26470	3996	1715	19049	6000
邢楼镇	Xinglou Town	51412	33590	9650	5510	9500	35200
戴庄镇	Daizhuang Town	51030	30254	7373	3413	5754	32634
车辐山镇	Chefushan Town	56520	33849	9500	5512	6369	21616
燕子埠镇	Yanzibu Town	35353	22527	7700	4000	5095	38572
赵墩镇	Zhaodun Town	96650	58260	12000	5600	14680	56690
议堂镇	Yitang Town	35503	18610	5760	2619	21020	34150
常州市	**Changzhou City**						
市辖区	**Municipal District**						
春江镇	Chunjiang Town	151763	73071	17100	4391	240489	45938
孟河镇	Menghe Town	92030	44121	8824	3748	54536	45785
新桥镇	Xinqiao Town	30436	12009	2714	647	66414	6595
薛家镇	Xuejia Town	47583	20902	3757	450	127472	4883

续 表 5 Continued 5

名称	Name	总人口（人）Total Population (person)	从业人员（人）Employment (person)	土地面积（公顷）Land Area (hectare)	耕地面积（公顷）Cultivated Area (hectare)	财政收入（万元）Financial Revenue (10000 yuan)	粮食产量（吨）Output of Grain (ton)
罗溪镇	Luoxi Town	59269	26959	5351	2007	39938	18920
西夏墅镇	Xixiashu Town	57250	20731	5196	2376	38420	25006
湖塘镇	Hutang Town	263926	118767	8406	94	298153	108
牛塘镇	Niutang Town	87957	38007	3460	539	61184	363
洛阳镇	Luoyang Town	90994	56671	5577	1685	48378	8168
遥观镇	Yaoguan Town	108824	61075	4468	704	97052	4402
横林镇	Henglin Town	93191	49312	4668	920	70993	4324
横山桥镇	Hengshanqiao Town	86622	56234	5791	1267	61705	7602
郑陆镇	Zhenglu Town	116850	56662	8893	2744	87149	19347
雪堰镇	Xueyan Town	99545	43948	10438	3089	71892	22693
前黄镇	Qianhuang Town	85300	37855	10240	3375	36820	39201
礼嘉镇	Lijia Town	65820	31559	5822	2308	43736	17681
邹区镇	Zouqu Town	93100	44461	6086	2388	83955	2804
嘉泽镇	Jiaze Town	87140	44889	10632	4587	23869	123
湟里镇	Huangli Town	76216	40454	8715	3538	42127	646
奔牛镇	Benniu Town	59825	32849	5578	2468	32698	24887
溧阳市	**Liyang City**						
溧城镇	Licheng Town	334825	174822	15520	5310	201486	47633
埭头镇	Daitou Town	27576	15577	4369	2006	30034	19679
上黄镇	Shanghuang Town	26087	13176	4760	2122	12289	16143
戴埠镇	Daibu Town	47528	30503	13630	3684	25937	27458
天目湖镇	Tianmuhu Town	77897	34667	23897	5705	58551	32940
别桥镇	Bieqiao Town	70231	44333	11265	6554	21571	56880
上兴镇	Shangxing Town	78262	38219	22696	9722	35478	104474
竹箦镇	Zhuze Town	68488	33446	18360	6762	33129	63703
南渡镇	Nandu Town	76009	39661	12450	6784	36989	66259
社渚镇	Shezhu Town	72704	40120	20700	7866	31928	108446
金坛市	**Jintan City**						
金城镇	Jincheng Town	204787	150973	19251	9335	126064	62435
儒林镇	Rulin Town	34421	17126	10500	1580	12977	13244
尧塘镇	Yaotang Town	59012	43420	9880	3429	17800	24471
直溪镇	Zhixi Town	58905	41105	10662	4285	20320	50503
朱林镇	Zhulin Town	37835	26267	7699	3382	11198	35143
薛埠镇	Xuebu Town	68094	48315	23610	6494	21080	45169

名 称	Name	总人口（人）Total Population (person)	从业人员（人）Employment (person)	土地面积（公顷）Land Area (hectare)	耕地面积（公顷）Cultivated Area (hectare)	财政收入（万元）Financial Revenue (10000 yuan)	粮食产量（吨）Output of Grain (ton)
指前镇	Zhiqian Town	41378	25324	9172	3073	8265	35176
苏州市	**Suzhou City**						
市辖区	Municipal District						
浒墅关镇	Xushuguan Town	37487	20882	3200	526	162841	1198
通安镇	Tongan Town	71699	47200	3698	1104	78033	2169
东渚镇	Dongzhu Town	37338	19400	3772	671	16269	87
甪直镇	Luzhi Town	170516	123024	9799	2076	164399	4908
木渎镇	Mudu Town	274253	246190	6228	80	266900	410
胥口镇	Xukou Town	96482	66767	3650	228	189289	604
东山镇	Dongshan Town	56743	32576	9600	474	37074	236
光福镇	Guangfu Town	63011	45095	6156	1340	52522	457
金庭镇	Jinting Town	48213	27345	8342	779	23352	500
临湖镇	Linhu Town	68381	48551	5430	1795	57252	6850
望亭镇	Wangting Town	77214	50189	4406	1562	71166	6422
黄埭镇	Huangdai Town	140120	88905	5600	948	169320	9627
渭塘镇	Weitang Town	98608	57473	3669	833	104892	487
阳澄湖镇	Yangchenghu Town	65811	43246	6284	1681	56264	920
太湖新城镇	Taihuxincheng Town	351050	355402	26152	3045	894768	13159
同里镇	Tongli Town	55012	34245	10291	2360	75480	7554
平望镇	Pingwang Town	100474	63128	13565	3842	110732	33547
盛泽镇	Shengze Town	200415	146440	14774	4429	647468	35682
七都镇	Qidu Town	69850	44410	8620	1922	77572	3950
震泽镇	Zhenze Town	78898	46706	9561	3050	99091	18770
桃源镇	Taoyuan Town	77612	45869	9060	3635	87577	7012
黎里镇	Lili Town	175543	106863	25800	8473	377136	37354
常熟市	**Changshu City**						
虞山镇	Yushan Town	310067	223660	18900	3869	860732	48777
梅李镇	Meili Town	90228	61138	8084	3313	121266	24850
海虞镇	Haiyu Town	136760	97563	10997	3800	239247	46536
古里镇	Guli Town	102691	84325	9646	2608	185918	34718
沙家浜镇	Shajiabang Town	75628	51546	6500	2320	143578	4152
支塘镇	Zhitang Town	112485	52247	12896	5595	80380	54124
董浜镇	Dongbang Town	65100	47187	6261	3319	54358	10615
辛庄镇	Xinzhuang Town	108610	73301	10426	3328	113496	24083

续 表 7 Continued 7

名 称 Name		总人口（人）Total Population (person)	从业人员（人）Employment (person)	土地面积（公顷）Land Area (hectare)	耕地面积（公顷）Cultivated Area (hectare)	财政收入（万元）Financial Revenue (10000 yuan)	粮食产量（吨）Output of Grain (ton)
尚湖镇	Shanghu Town	124856	73999	11250	4170	89170	56235
张家港市	**Zhangjiagang City**						
杨舍镇	Yangshe Town	278521	229959	15309	3741	811878	25438
塘桥镇	Tangqiao Town	146360	92545	9427	4000	128374	39267
金港镇	Jingang Town	301526	207019	13161	4130	745886	33759
锦丰镇	Jinfeng Town	169996	105433	11434	4782	415972	37791
乐余镇	Leyu Town	76748	40670	7861	4425	55782	41728
凤凰镇	Fenghuang Town	119051	64694	7877	2785	142991	24155
南丰镇	Nanfeng Town	82507	51306	6249	2883	155940	26361
大新镇	Daxin Town	69503	35530	4048	1734	42150	13106
昆山市	**Kunshan City**						
玉山镇	Yushan Town	209194	144764	11800	890	1181604	14200
巴城镇	Bacheng Town	97860	80505	15700	1126	298369	8886
周市镇	Zhoushi Town	139615	104960	8156	560	403734	6621
陆家镇	Lujia Town	93205	81300	3558	333	254902	4813
花桥镇	Huaqiao Town	120433	90589	5000	485	923654	4623
淀山湖镇	Dianshanhu Town	50762	38254	6587	798	165800	10960
张浦镇	Zhangpu Town	138014	99913	10904	2469	387389	18981
周庄镇	Zhouzhuang Town	28185	20058	3605	450	40940	5045
千灯镇	Qiandeng Town	158543	100679	7853	1286	309880	16979
锦溪镇	Jinxi Town	51925	51394	9069	1122	163340	12187
太仓市	**Taicang City**						
城厢镇	Chengxiang Town	333776	227363	15341	3926	1149549	34058
沙溪镇	Shaxi Town	142281	83188	12580	5932	123935	50046
浏河镇	Liuhe Town	89876	70848	6459	3278	81514	19460
浮桥镇	Fuqiao Town	130213	86305	13720	4427	409987	43872
璜泾镇	Huangjing Town	86926	56367	7963	4422	51315	40364
双凤镇	Shuangfeng Town	57121	40787	6250	2678	51332	14604
南通市	**Nantong City**						
市辖区	**Municipal Distric**						
金沙镇	Jinsha Town	239449	126396	16858	8131	222791	38944
西亭镇	Xiting Town	39984	24344	5691	3151	10304	30278
二甲镇	Erjia Town	59454	44218	6601	3421	11835	9601
东社镇	Dongshe Town	46089	37008	7215	4276	6748	21465

续　表　8　Continued 8

名　称	Name	总人口（人）Total Population (person)	从业人员（人）Employment (person)	土地面积（公顷）Land Area (hectare)	耕地面积（公顷）Cultivated Area (hectare)	财政收入（万元）Financial Revenue (10000 yuan)	粮食产量（吨）Output of Grain (ton)
三余镇	Sanyu Town	85765	81736	18734	11751	19093	37254
十总镇	Shizong Town	29677	18519	5233	2928	9324	23720
骑岸镇	Qian Town	39040	25348	8084	4865	6940	49227
五甲镇	Wujia Town	26480	17522	4293	2529	8047	15903
石港镇	Shigang Town	62002	43280	11015	5685	18418	68110
四安镇	Sian Town	36973	24433	5070	3027	12373	33682
刘桥镇	Liuqiao Town	70097	42411	10728	5547	17846	67907
平潮镇	Pingchao Town	74193	45222	6196	2571	46455	30224
平东镇	Pingdong Town	42360	20872	4764	2302	13383	24270
五接镇	Wujie Town	40365	22620	3894	1582	47106	20859
兴仁镇	Xingren Town	45652	28616	3916	1501	35468	15156
兴东镇	Xingdong Town	32232	19441	3046	1196	17499	13363
张芝山镇	Zhangzhishan Town	51068	30784	4982	2711	23230	11871
川姜镇	Chuanjiang Town	83871	35921	4986	2255	82068	9146
先锋镇	Xianfeng Town	37449	21960	2654	991	25689	3384
海安县	**Haian County**						
海安镇	Haian Town	248914	179836	21434	7646	530376	84556
城东镇	Chengdong Town	136262	85456	16388	6483	329899	84271
曲塘镇	Qutang Town	89452	41595	11552	6298	33895	82685
李堡镇	Libao Town	75540	43939	9453	5019	16897	54981
角斜镇	Jiaoxie Town	61685	31664	12800	5032	23212	57029
大公镇	Dagong Town	57324	26936	8928	4880	26645	64095
雅周镇	Yazhou Town	54502	29401	8330	4482	5163	53654
白甸镇	Baidian Town	29518	15938	5305	2837	15160	27586
南莫镇	Nanmo Town	49380	25529	7420	3901	12685	48646
墩头镇	Duntou Town	60870	40280	11556	6184	11422	78868
如东县	**Rudong County**						
栟茶镇	Bingcha Town	48821	24780	9570	5530	14803	43858
洋口镇	Yangkou Town	68065	38904	12583	9368	42528	87288
苴镇	Ju Town	39824	16903	9398	4118	59404	33332
长沙镇	Changsha Town	36521	23461	9500	4929	45970	21383
大豫镇	Dayu Town	83031	53908	19547	12744	16906	51411
掘港镇	Juegang Town	205479	72916	26314	12602	188900	95080
马塘镇	Matang Town	80610	32857	14083	8674	20677	92800

名 称 Name		总人口（人） Total Population (person)	从业人员（人） Employment (person)	土地面积（公顷） Land Area (hectare)	耕地面积（公顷） Cultivated Area (hectare)	财政收入（万元） Financial Revenue (10000 yuan)	粮食产量（吨） Output of Grain (ton)
丰 利 镇	Fengli Town	81708	33868	14037	9479	12119	86508
曹 埠 镇	Caobu Town	47033	26294	9236	5330	15799	52651
岔 河 镇	Chahe Town	71746	37397	14163	8893	22200	91707
双 甸 镇	Shuangdian Town	69055	33669	11233	7230	17214	88282
新 店 镇	Xindian Town	37622	18668	8069	4370	9343	48592
河 口 镇	Hekou Town	56907	33043	11610	7035	45181	66050
袁 庄 镇	Yuanzhuang Town	53482	29437	9919	6010	11065	60506
启 东 市	**Qidong City**						
汇 龙 镇	Huilong Town	255765	112044	13463	6360	147947	24439
北 新 镇	Beixin Town	59036	44060	9720	6082	17563	22407
惠 萍 镇	Huiping Town	77760	56817	10785	7076	17270	20682
寅 阳 镇	Yinyang Town	71231	47662	10058	6299	47100	23194
东 海 镇	Donghai Town	52023	41955	8540	5443	8704	18396
近 海 镇	Jinhai Town	51442	39282	7990	5279	9850	22618
南 阳 镇	Nanyang Town	82747	65870	12680	7788	13925	31616
海 复 镇	Haifu Town	42950	34783	7380	4105	5491	16249
合 作 镇	Hezuo Town	52448	40460	8870	4636	8128	20013
王 鲍 镇	Wangbao Town	69767	57453	12600	6928	12411	27113
吕四港镇	Lusigang Town	138732	106795	15280	7275	75816	27328
启 隆 乡	Qilong Country	3899	2365	3431	1242	16877	7177
如 皋 市	**Rugao City**						
东 陈 镇	Dongchen Town	71704	40111	11232	6268	13453	54522
丁 堰 镇	Dingyan Town	46676	24501	7048	3996	21975	47792
白 蒲 镇	Baipu Town	108723	58674	14489	7800	28608	94867
下 原 镇	Xiayuan Town	52664	30323	7076	3847	12618	41826
九 华 镇	Jiuhua Town	62028	32795	6961	4036	18038	39507
石 庄 镇	Shizhuang Town	74635	43122	8506	4378	19976	33862
长 江 镇	Changjiang Town	121971	86502	12209	7595	178870	68294
吴 窑 镇	Wuyao Town	57240	35326	6436	3276	11186	28110
江 安 镇	Jiangan Town	104847	50506	11836	6225	14491	55413
搬 经 镇	Banjing Town	122878	59607	17485	9768	15979	86598
磨 头 镇	Motou Town	72697	35975	10315	5411	9668	45885
海 门 市	**Haimen City**						
常 乐 镇	Changle Town	64709	39271	9810	4766	38146	21686

续 表 10 Continued 10

名 称	Name	总人口（人）Total Population (person)	从业人员（人）Employment (person)	土地面积（公顷）Land Area (hectare)	耕地面积（公顷）Cultivated Area (hectare)	财政收入（万元）Financial Revenue (10000 yuan)	粮食产量（吨）Output of Grain (ton)
悦来镇	Yuelai Town	88023	53556	14144	6753	13583	24866
四甲镇	Sijia Town	69869	42228	9696	5146	14736	16992
余东镇	Yudong Town	48987	28391	6830	3458	14848	12095
正余镇	Zhengyu Town	52657	26975	7636	3422	14287	16877
海永乡	Haiyong Country	4186	3500	800	425	3677	1547
连云港市	**Lianyungang City**						
市辖区	**Municipal District**						
浦南镇	Punan Town	53748	29010	10850	5460	10730	73527
新坝镇	Xinba Town	31248	20488	6946	4484	3629	75230
锦屏镇	Jinping Town	30926	14508	5214	2201	4905	26376
板浦镇	Banpu Town	67531	43082	8064	4917	9293	45231
赣榆县	**Ganyu County**						
青口镇	Qingkou Town	207241	88965	9080	2222	86964	31654
柘汪镇	Zhewang Town	56461	26402	7230	2033	46178	19703
石桥镇	Shiqiao Town	63979	28042	29265	3299	10813	22487
金山镇	Jinshan Town	50716	20243	6690	3584	12029	26894
黑林镇	Heilin Town	45216	21435	8262	2615	2017	20742
厉庄镇	Lizhuang Town	37339	14199	6218	2901	3090	17183
海头镇	Haitou Town	85566	34106	7900	2945	39896	28000
塔山镇	Tashan Town	63106	28376	10484	4730	4833	41498
赣马镇	Ganma Town	87315	38116	8560	4550	12807	62025
班庄镇	Banzhuang Town	100658	43608	17561	7069	6170	48091
城头镇	Chengtou Town	82230	40311	11798	6448	7170	59254
城西镇	Chengxi Town	46230	20050	4916	3113	3573	32250
宋庄镇	Songzhuang Town	33424	14954	3320	1501	3670	17576
沙河镇	Shahe Town	118689	53446	13156	7235	6848	90686
墩尚镇	Dunshang Town	77846	43030	12854	4440	13569	60789
东海县	**Donghai County**						
白塔埠镇	Baitabu Town	60231	30210	10329	6053	10067	64642
黄川镇	Huangchuan Town	62443	31897	9383	4665	5409	55179
石梁河镇	Shilianghe Town	63178	30615	10216	3496	7916	31511
青湖镇	Qinghu Town	60888	35935	9432	6131	5073	55505
温泉镇	Wenquan Town	53788	23815	10271	4032	15380	33727
双店镇	Shuangdian Town	51980	30400	11700	7000	3914	37077

续 表 11 Continued 11

名 称	Name	总人口(人) Total Population (person)	从业人员(人) Employment (person)	土地面积(公顷) Land Area (hectare)	耕地面积(公顷) Cultivated Area (hectare)	财政收入(万元) Financial Revenue (10000 yuan)	粮食产量(吨) Output of Grain (ton)
桃林镇	Taolin Town	73552	34203	16978	9551	8660	41449
洪庄镇	Hongzhuang Town	35040	17782	6719	4450	4211	24270
安峰镇	Anfeng Town	67336	34351	13417	7487	17236	78817
房山镇	Fangshan Town	73943	45480	14972	9211	10200	96595
平明镇	Pingming Town	74299	30301	15731	10160	15524	137631
驼峰乡	Tuofeng Country	59629	31525	10425	7160	7345	72879
李埝乡	Linian Country	39314	15377	7009	2892	3445	11579
山左口乡	Shanzuokou Country	45809	18217	8906	4571	8297	23475
石湖乡	Shihu Country	26762	17518	7226	4019	5357	30608
曲阳乡	Quyang Country	38820	16095	7495	3967	3600	34848
张湾乡	Zhangwan Country	35214	21478	9500	5821	3894	70232
灌云县	**Guanyun County**						
伊山镇	Yishan Town	158540	65772	7675	3874	24800	52194
杨集镇	Yangji Town	120373	60620	12135	9529	21791	90646
燕尾港镇	Yanweigang Town	14212	8936	2580	78	21430	1286
同兴镇	Tongxing Town	82393	36512	10606	8849	12436	90041
四队镇	Sidui Town	70462	26116	8827	5989	8762	62503
圩丰镇	Weifeng Town	47279	26019	6901	5114	6489	69048
龙苴镇	Longju Town	85716	43762	12640	8535	8077	98617
下车镇	Xiache Town	94522	50551	10368	8154	11372	95233
图河乡	Tuhe Country	62731	32460	9500	4026	5879	72860
东王集乡	Dongwangji Country	66204	34116	9197	5653	7642	68992
侍庄乡	Shizhuang Country	52706	19573	6611	2400	63147	32000
小伊乡	Xiaoyi Country	65102	24579	7592	5454	4376	66512
南岗乡	Nangang Country	107670	40269	13372	9678	14468	95882
灌南县	**Guannan County**						
新安镇	Xinan Town	198800	88936	14327	7624	45956	84756
堆沟港镇	Duigougang Town	86166	43054	14082	6332	33642	88104
田楼镇	Tianlou Town	77900	46040	11144	5764	23073	72524
北陈集镇	Beichenji Town	39510	22101	5526	3437	8602	34572
张店镇	Zhangdian Town	39017	21029	5918	3791	8735	31147
三口镇	Sankou Town	62305	31432	8702	5516	12297	60391
孟兴庄镇	Mengxingzhuang Town	61717	26399	7809	4853	10856	46464
汤沟镇	Tanggou Town	30359	14875	3260	2006	12150	20128

名 称	Name	总人口（人）Total Population (person)	从业人员（人）Employment (person)	土地面积（公顷）Land Area (hectare)	耕地面积（公顷）Cultivated Area (hectare)	财政收入（万元）Financial Revenue (10000 yuan)	粮食产量（吨）Output of Grain (ton)
百禄镇	Bailu Town	65491	34523	10516	6323	12151	52919
新集镇	Xinji Town	71302	33521	12738	8127	17827	77856
李集乡	Liji Country	73145	35327	8819	5053	14242	50231
淮安市	**Huaian City**						
市辖区	**Municipal Distric**						
钵池乡	Bochi Country	7090	4506	620	90	70430	0
徐杨乡	Xuyang Country	52899	35102	3327	925	96096	2650
南马厂乡	Nanmachang Country	27375	12900	3600	1420	17581	16500
淮城镇	Huaicheng Town	188622	88102	4200	393	32420	3056
平桥镇	Pingqiao Town	37594	19865	4600	2855	2430	36652
上河镇	Shanghe Town	27815	13959	3375	2207	2956	23718
马甸镇	Madian Town	30066	15018	3400	1948	4238	23101
朱桥镇	Zhuqiao Town	46405	21640	5158	3172	3398	37184
溪河镇	Xihe Town	30250	15382	4308	2535	3305	32149
施河镇	Shihe Town	45214	21023	5775	3843	24715	36552
车桥镇	Cheqiao Town	62540	30432	6400	3629	6194	50821
泾口镇	Jingkou Town	46540	19750	5680	3369	5605	7056
流均镇	Liujun Town	63816	26953	8860	2857	5880	36029
博里镇	Boli Town	48116	26128	7191	4220	4275	55420
仇桥镇	Qiuqiao Town	45455	20596	7447	4607	5115	52470
复兴镇	Fuxing Town	42003	20065	6454	3438	4885	47553
苏嘴镇	Suzui Town	41200	24956	5987	5321	4185	24512
钦工镇	Qingong Town	28951	14150	4141	1990	4026	27655
顺河镇	Shunhe Town	42870	22074	7756	3745	3301	44332
季桥镇	Jiqiao Town	35712	18701	5140	2955	5455	36699
席桥镇	Xiqiao Town	24406	10426	2510	1684	4565	15158
林集镇	Linji Town	20185	9486	3660	1962	3348	32230
南闸镇	Nanzha Town	32936	18925	3457	2404	2261	43515
范集镇	Fanji Town	19273	11083	5990	2976	17874	51490
建淮乡	Jianhuai Country	35245	17893	3479	1905	7052	21892
茭陵乡	Jiaoling Country	34710	17892	3546	2041	4906	26102
宋集乡	Songji Country	41054	17753	5723	2675	3785	36335
城东乡	Chengdong Country	50870	22432	3724	987	10047	11265
三堡乡	Sanbao Country	31517	14496	3708	1722	6171	21665

续 表 13 Continued 13

名 称 Name		总人口（人）Total Population (person)	从业人员（人）Employment (person)	土地面积（公顷）Land Area (hectare)	耕地面积（公顷）Cultivated Area (hectare)	财政收入（万元）Financial Revenue (10000 yuan)	粮食产量（吨）Output of Grain (ton)
王营镇	Wangying Town	213248	29008	6139	1373	7802	8714
赵集镇	Zhaoji Town	40182	20835	9825	3062	19020	22714
吴城镇	Wucheng Town	34785	21084	5312	3551	6263	37832
南陈集镇	Nanchenji Town	63770	41788	13468	5012	7372	58715
码头镇	Matou Town	25310	13920	4200	2214	5457	20630
王兴镇	Wangxing Town	38126	21212	6100	2778	4702	39180
棉花庄镇	Mianhuazhuang Town	39558	21929	7078	2980	7260	28773
丁集镇	Dingji Town	33392	13284	4030	2973	8439	24092
五里镇	Wuli Town	29910	15955	5100	3321	5310	30812
徐溜镇	Xuliu Town	39012	20294	6430	4821	7678	31724
渔沟镇	Yugou Town	56952	25457	9700	4466	7560	54169
吴集镇	Wuji Town	33608	17843	5700	3910	3112	36268
西宋集镇	Xisongji Town	53229	26452	7390	3534	5850	40902
三树镇	Sanshu Town	40055	20052	7968	4042	5012	50106
韩桥乡	Hanqiao Country	33737	18139	5400	1926	4321	26787
新渡乡	Xindu Country	29710	14257	4650	2040	4566	16952
老张集乡	Laozhangji Country	28789	18947	5088	3086	9030	33612
凌桥乡	Lingqiao Country	29953	16375	6856	3674	6026	45620
袁集乡	Yuanji Country	27598	15037	3940	2488	3370	25136
刘老庄乡	Liulaozhuang Country	63790	13874	3279	2175	6810	41420
古寨乡	Guzhai Country	24132	12160	3885	1600	3380	18390
和平镇	Heping Town	32611	19882	7202	3088	11290	42648
武墩镇	Wudun Town	20463	9673	4078	2041	10650	19696
盐河镇	Yanhe Town	21439	13502	3283	1535	10734	19213
城南乡	Chengnan Country	31363	15244	2825	484	56129	2744
黄码乡	Huangma Country	30069	13959	4020	2081	6039	26997
涟水县	**Lianshui County**						
涟城镇	Liancheng Town	154411	137033	5642	1515	18968	9755
高沟镇	Gaogou Town	106215	58120	10907	5844	14679	50120
唐集镇	Tangji Town	34917	21098	6508	3793	6699	58141
保滩镇	Baotan Town	25320	11678	4082	2095	9557	15642
大东镇	Dadong Town	27984	16812	5668	2800	3363	29899
五港镇	Wugang Town	61083	38673	11218	5450	6699	45339
梁岔镇	Liangcha Town	39048	16934	6943	3647	1930	41985

续 表 14 Continued 14

名 称	Name	总人口（人）Total Population (person)	从业人员（人）Employment (person)	土地面积（公顷）Land Area (hectare)	耕地面积（公顷）Cultivated Area (hectare)	财政收入（万元）Financial Revenue (10000 yuan)	粮食产量（吨）Output of Grain (ton)
石湖镇	Shihu Town	46167	29942	8484	3675	7112	51079
朱码镇	Zhuma Town	38546	24990	5913	3001	11677	35973
岔庙镇	Chamiao Town	44492	26312	7647	4162	3912	48125
东胡集镇	Donghuji Town	32610	21005	6686	4127	2914	33024
南集镇	Nanji Town	32152	13900	6116	3210	5876	31530
义兴镇	Yixing Town	22583	10062	4441	1770	5256	19591
成集镇	Chengji Town	45178	22916	7728	4821	4068	32683
红窑镇	Hongyao Town	62375	36009	11314	5061	7568	70878
陈师镇	Chenshi Town	29968	19051	5401	2477	7822	23080
前进镇	Qianjin Town	28232	14646	5105	2475	3714	25614
徐集乡	Xuji Country	39825	23721	7585	3923	5486	42374
黄营乡	Huangying Country	58240	25350	11146	5847	7450	33540
洪泽县	**Hongze County**						
高良涧镇	Gaoliangjian Town	138258	85790	12100	3984	22188	50905
蒋坝镇	Jiangba Town	10020	4266	326	230	9594	4637
仁和镇	Renhe Town	27769	18706	7468	2906	6552	44229
岔河镇	Chahe Town	36215	23072	12500	4392	6495	63529
西顺河镇	Xishunhe Town	9182	5013	1900	307	15200	3702
老子山镇	Laozishan Town	15486	9146	1750	120	7266	1950
三河镇	Sanhe Town	21991	17004	2938	2799	1155	33436
朱坝镇	Zhuba Town	29446	17053	3760	3056	8654	43082
黄集镇	Huangji Town	20456	13017	5100	2695	6221	37055
万集镇	Wanji Town	25605	11112	5562	3351	3686	48668
东双沟镇	Dongshuanggou Town	34851	22153	4300	3855	7566	51549
共和镇	Gonghe Town	23928	13870	3850	3179	11323	48658
盱眙县	**Xuyi County**						
盱城镇	Xucheng Town	122394	55983	10613	1591	53994	11465
马坝镇	Maba Town	68053	47374	19500	8403	54585	89555
官滩镇	Guantan Town	39476	19697	13425	6630	31391	15723
旧铺镇	Jiupu Town	36449	18061	14979	4354	12724	76326
桂五镇	Guiwu Town	37423	16743	15850	9502	9318	42587
管镇镇	Guanzhen Town	32582	8115	6750	2138	9850	24235
河桥镇	Heqiao Town	39270	15315	17080	5490	10569	45171
鲍集镇	Baoji Town	53758	27649	13200	4017	6794	49119

续 表 15 Continued 15

名称 Name		总人口(人) Total Population (person)	从业人员(人) Employment (person)	土地面积(公顷) Land Area (hectare)	耕地面积(公顷) Cultivated Area (hectare)	财政收入(万元) Financial Revenue (10000 yuan)	粮食产量(吨) Output of Grain (ton)
黄花塘镇	Huanghuatang Town	32477	17491	13121	5466	12190	86595
明祖陵镇	Mingzuling Town	35963	20019	13500	3827	10236	55234
铁 佛 镇	Tiefo Town	40230	19092	10800	5620	12248	72012
淮 河 镇	Huaihe Town	30475	11752	10895	2259	12675	29874
仇 集 镇	Qiuji Town	31443	20499	16556	3836	10714	38714
观音寺镇	Guanyinsi Town	29700	13863	12197	4582	9367	61081
维 桥 乡	Weiqiao Country	20411	11025	6647	4357	5200	42500
穆 店 乡	Mudian Country	29798	16618	10270	2975	6584	63117
古 桑 乡	Gusang Country	21223	13648	9310	2895	16018	31612
兴 隆 乡	Xinglong Country	33312	21121	10100	2911	6489	44658
王 店 乡	Wangdian Country	39512	22256	15958	6087	4364	53053
金 湖 县	**Jinhu County**						
黎 城 镇	Licheng Town	105613	82361	6600	1245	52045	16684
金 南 镇	Jinnan Town	34874	21689	10201	4451	10756	60723
闵 桥 镇	Minqiao Town	22600	11129	6791	2906	11763	35686
塔 集 镇	Taji Town	24614	12448	4221	2851	7918	35210
银 集 镇	Yinji Town	19190	10840	5109	2648	9008	38701
涂 沟 镇	Tugou Town	24474	10666	5898	2492	8077	40726
前 锋 镇	Qianfeng Town	26823	14594	7329	3947	18306	65103
吕 良 镇	Luliang Town	19670	12497	7480	2461	9175	54003
陈 桥 镇	Chenqiao Town	22646	10811	5486	4254	8377	52702
金 北 镇	Jinbei Town	20791	9625	6667	3667	12084	41028
戴 楼 镇	Dailou Country	21235	12545	7596	3208	21426	43196
盐 城 市	**Yancheng City**						
市 辖 区	**Municipal District**						
南 洋 镇	Nanyang Town	77761	49310	12942	7589	19182	53190
新 兴 镇	Xinxing Town	63482	28909	9257	4954	28036	55120
便 仓 镇	Biancang Town	37089	15507	7197	3650	5810	47432
盐 东 镇	Yandong Town	56714	25578	14195	5669	12013	31237
黄 尖 镇	Huangjian Town	38582	17418	10500	4120	4945	40283
步 凤 镇	Bufeng Town	56732	26135	12790	6291	4026	47197
大纵湖镇	Dazonghu Town	51946	25341	9498	3945	9900	49340
楼 王 镇	Louwang Town	71897	44673	15073	5349	11500	77424
学 富 镇	Xuefu Town	42796	18633	8336	3922	4900	59203

续 表 16 Continued 16

名 称	Name	总人口（人）Total Population (person)	从业人员（人）Employment (person)	土地面积（公顷）Land Area (hectare)	耕地面积（公顷）Cultivated Area (hectare)	财政收入（万元）Financial Revenue (10000 yuan)	粮食产量（吨）Output of Grain (ton)
尚庄镇	Shangzhuang Town	67222	27905	10336	5362	5770	83539
秦南镇	Qinnan Town	88609	35068	12780	7492	8422	107053
龙冈镇	Longgang Town	75757	32102	9339	4846	26571	58071
郭猛镇	Guomeng Town	49380	22902	6242	3350	10228	48763
大冈镇	Dagang Town	86775	28500	13081	6084	22100	77555
响水县	**Xiangshui County**						
响水镇	Xiangshui Town	118021	68414	5121	1792	35170	18524
陈家港镇	Chenjiagang Town	47911	29132	8518	2781	14000	32056
小尖镇	Xiaojian Town	102907	44527	18815	8882	22700	82800
黄圩镇	Huangwei Town	31920	16594	6877	3476	7899	36085
大有镇	Dayou Town	57772	31611	11612	6486	17930	80386
双港镇	Shuanggang Town	61217	32544	10372	6979	18532	55849
南河镇	Nanhe Town	57555	24079	11674	7550	6982	78226
运河镇	Yunhe Town	69791	37053	13130	8304	13946	64229
滨海县	**Binhai County**						
东坎镇	Dongkan Town	204822	113472	15007	3603	80850	45356
五汛镇	Wuxun Town	79487	33151	15267	7425	16683	99974
蔡桥镇	Caiqiao Town	61353	18947	9212	4464	12050	64310
正红镇	Zhenghong Town	106534	35228	14500	7713	8078	99923
通榆镇	Tongyu Town	41037	21275	5600	2582	12105	35782
界牌镇	Jiepai Town	74859	33729	12194	5463	13676	75580
八巨镇	Baju Town	52212	21398	6893	4326	12232	38342
八滩镇	Batan Town	89258	36808	11185	4937	16800	60250
滨淮镇	Binhuai Town	106496	51672	20132	9022	23107	99886
天场镇	Tianchang Town	49626	20539	8150	3626	11373	34532
陈涛镇	Chentao Town	68623	33721	11091	4890	8631	52341
滨海港镇	Binhaigang Town	58421	29455	10440	3881	13510	46886
阜宁县	**Funing County**						
阜城镇	Fucheng Town	240218	127316	15095	7202	55457	74459
沟墩镇	Goudun Town	63278	41074	11520	6904	11044	87634
陈良镇	Chenliang Town	41267	15390	6752	3925	6216	54521
三灶镇	Sanzao Town	53509	21479	9120	5986	3061	61848
郭墅镇	Guoshu Town	42227	17764	7071	4320	16894	42035
新沟镇	Xingou Town	50404	20067	7742	4382	6657	58760

名 称 Name		总人口（人）Total Population (person)	从业人员（人）Employment (person)	土地面积（公顷）Land Area (hectare)	耕地面积（公顷）Cultivated Area (hectare)	财政收入（万元）Financial Revenue (10000 yuan)	粮食产量（吨）Output of Grain (ton)
陈集镇	Chenji Town	47023	22914	8727	5500	3615	55962
羊寨镇	Yangzhai Town	56896	21784	9420	5101	4111	51174
芦蒲镇	Lupu Town	50270	20117	8673	4298	2726	36008
板湖镇	Banhu Town	47758	25490	6906	4581	4425	58337
东沟镇	Donggou Town	115427	48802	16968	9790	11260	117706
益林镇	Yilin Town	96022	49385	10918	5024	27507	57381
古河镇	Guhe Town	57801	24556	8979	5986	3358	50493
罗桥镇	Luoqiao Town	59255	25335	8810	5500	3322	58491
射阳县	**Sheyang County**						
合德镇	Hede Town	286493	104098	30200	11872	51613	127468
临海镇	Linhai Town	78752	33456	18628	7125	21312	89530
千秋镇	Qianqiu Town	61452	27061	15750	7363	5404	80692
四明镇	Siming Town	82908	41852	17341	8845	6500	117822
海河镇	Haihe Town	105204	46720	24243	12103	8768	179359
海通镇	Haitong Town	33725	20813	7333	4096	29732	23746
兴桥镇	Xingqiao Town	55188	24563	12914	5070	7859	64510
新坍镇	Xintan Town	47887	24069	9816	4770	6498	49342
长荡镇	Changdang Town	46041	21998	9591	4347	6780	39772
盘湾镇	Panwan Town	40756	23810	9504	4446	10938	35982
特庸镇	Teyong Town	41389	16320	10295	4250	8536	21764
洋马镇	Yangma Town	32107	15445	9600	4100	6752	46203
黄沙港镇	Huangshagang Town	26245	14376	5922	1450	12380	11252
建湖县	**Jianhu County**						
近湖镇	Jinhu Town	197629	163857	7797	3607	116165	33630
建阳镇	Jianyang Town	53303	18337	7200	5580	36402	60457
九龙口镇	Jiulongkou Town	33867	15204	7480	3939	12185	40367
恒济镇	Hengji Town	31896	16878	8008	3692	12470	40598
颜单镇	Yandan Town	22951	13576	8974	3366	17019	22379
沿河镇	Yanhe Town	38179	20390	8181	4693	7776	43887
芦沟镇	Lugou Town	43843	20867	8586	4141	9299	56095
庆丰镇	Qingfeng Town	59573	31518	9400	5850	20190	63485
上冈镇	Shanggang Town	153810	66855	23127	15322	33728	148732
冈西镇	Gangxi Town	31478	19475	6811	4254	5854	51401
宝塔镇	Baota Town	27335	15322	5078	3543	6120	35471

续 表 18 Continued 18

名 称	Name	总人口(人) Total Population (person)	从业人员(人) Employment (person)	土地面积(公顷) Land Area (hectare)	耕地面积(公顷) Cultivated Area (hectare)	财政收入(万元) Financial Revenue (10000 yuan)	粮食产量(吨) Output of Grain (ton)
高作镇	Gaozuo Town	36425	20627	7010	4729	11379	50231
东台市	**Dongtai City**						
溱东镇	Qindong Tow	42787	20189	7574	4325	34964	41597
时堰镇	Shiyan Town	69752	34763	10226	6102	34196	56917
五烈镇	Wulie Town	87378	46715	13218	8571	19980	76366
梁垛镇	Liangduo Town	82760	43694	13217	8000	39612	69220
安丰镇	Anfeng Town	50993	23869	7128	4085	20421	41712
南沈灶镇	Nanshenzao Town	52458	24823	10323	6555	8799	44771
富安镇	Fuan Town	95459	48636	17001	10180	26231	87841
唐洋镇	Tangyang Town	49205	25446	10744	6198	6579	31613
新街镇	Xinjie Town	40861	24961	10289	5813	5957	14765
许河镇	Xuhe Town	47835	24510	10691	5813	6334	44053
三仓镇	Sancang Town	69765	27934	15726	10042	15047	46784
头灶镇	Touzao Town	74649	36057	20675	13991	20551	93427
弶港镇	Jianggang Town	45980	27974	26392	12770	43231	52850
东台镇	Dongtai Town	218481	122236	29671	10087	122168	83642
大丰市	**Dafeng City**						
大中镇	Dazhong Town	189885	102963	20012	10593	129503	49075
草堰镇	Caoyan Town	39433	18152	9589	6125	8029	52505
白驹镇	Baiju Town	40129	20404	11300	6975	14650	79383
刘庄镇	Liuzhuang Town	43477	21375	9624	5552	10870	58674
西团镇	Xituan Town	29275	15041	8681	5632	22704	41485
小海镇	Xiaohai Town	41297	20148	12114	8220	5172	45765
大桥镇	Daqiao Town	32549	15883	10254	6444	7194	47106
草庙镇	Caomiao Town	27056	17571	12279	7857	9758	52733
万盈镇	Wanying Town	47721	25175	14256	9388	10919	41745
南阳镇	Nanyang Town	36834	17177	9352	5182	19895	24762
新丰镇	Xinfeng Town	106188	49007	27431	16229	22963	61696
三龙镇	Sanlong Town	55157	31001	15257	8462	7208	42994
扬州市	**Yangzhou City**						
市辖区	**Municipal District**						
杭集镇	Hangji Town	37953	24291	4026	948	43000	11470
李典镇	Lidian Town	42109	24998	7045	1932	57900	28737
沙头镇	Shatou Town	37908	21314	5600	2162	20184	20549

续 表 19 Continued 19

名 称	Name	总人口（人）Total Population (person)	从业人员（人）Employment (person)	土地面积（公顷）Land Area (hectare)	耕地面积（公顷）Cultivated Area (hectare)	财政收入（万元）Financial Revenue (10000 yuan)	粮食产量（吨）Output of Grain (ton)
头桥镇	Touqiao Town	47173	25536	6421	2703	15122	34508
泰安镇	Taian Town	21306	10772	3209	1004	4152	12303
湾头镇	Wantou Town	27764	16248	2756	442	10870	5815
汤汪乡	Tangwang Country	13188	5888	1030	60	14585	0
公道镇	Gongdao Town	36309	18782	10605	2743	13544	30886
方巷镇	Fangxiang Town	44738	23827	8936	2742	12518	35585
槐泗镇	Huaisi Town	37975	18920	6000	2266	15909	24311
瓜洲镇	Guazhou Town	16844	8299	1602	294	9816	2623
杨寿镇	Yangshou Town	20992	11172	3940	1532	10210	17897
杨庙镇	Yangmiao Town	22657	13686	3102	1331	17345	11239
西湖镇	Xihu Town	35143	16725	2700	705	34921	4675
施桥镇	Shiqiao Town	34970	21186	3099	665	13455	6712
八里镇	Bali Town	23346	13950	2326	338	6341	2498
朴席镇	Puxi Town	32122	18075	4301	2387	3194	24370
双桥乡	Shuangqiao Country	11475	4600	639	1	46751	0
平山乡	Pingshan Country	12294	8963	1120	289	4608	2783
城北乡	Chengbei Country	20516	15612	1800	300	7423	1452
仙女镇	Xiannu Town	140147	91706	14158	3758	340729	56627
小纪镇	Xiaoji Town	93223	46209	17778	7467	28313	102862
武坚镇	Wujian Town	44894	27430	6180	3517	19466	46483
樊川镇	Fanchuan Town	68437	45022	11758	5878	13508	83106
真武镇	Zhenwu Town	55501	35496	6712	3327	15260	42617
宜陵镇	Yiling Town	52482	26141	5986	2282	24841	30950
丁沟镇	Dinggou Town	61356	44100	10232	4702	16830	70648
郭村镇	Guocun Town	88724	37482	10450	4212	5672	61229
邵伯镇	Shaobo Town	76365	63725	11465	3723	55000	55238
丁伙镇	Dinghuo Town	45248	33899	8020	4047	28323	35699
大桥镇	Daqiao Town	138821	96438	15566	4831	74800	69257
吴桥镇	Wuqiao Town	49091	23685	5596	2756	8546	33041
浦头镇	Putou Town	42934	24085	4290	1893	9375	25350
宝应县	**Baoying County**						
安宜镇	Anyi Town	132100	97835	14135	4239	59853	54265
氾水镇	Fanshui Town	96104	52546	17200	7152	18200	112252
夏集镇	Xiaji Town	62106	30725	12200	5840	8278	96533

续 表 20 Continued 20

名 称	Name	总人口（人）Total Population (person)	从业人员（人）Employment (person)	土地面积（公顷）Land Area (hectare)	耕地面积（公顷）Cultivated Area (hectare)	财政收入（万元）Financial Revenue (10000 yuan)	粮食产量（吨）Output of Grain (ton)
柳堡镇	Liubao Town	51726	29921	11740	4755	14169	81932
射阳湖镇	Sheyanghu Town	81389	40738	19650	7588	6770	118047
广洋湖镇	Guangyanghu Town	33939	21598	9020	3577	9867	54390
鲁垛镇	Luduo Town	33134	20223	6148	3090	6775	51280
小官庄镇	Xiaoguanzhuang Town	28326	18076	4600	2873	5974	42428
望直港镇	Wangzhigang Town	63433	40814	9000	4497	22432	72114
曹甸镇	Caodian Town	62979	36279	10000	4236	12441	67207
西安丰镇	Xianfeng Town	29187	15326	5839	1850	5918	31248
山阳镇	Shanyang Town	53067	30063	12277	4295	7556	71507
黄塍镇	Huangcheng Town	27361	16305	4200	1890	8459	29507
泾河镇	Jinghe Town	56484	27674	8317	3972	4956	58181
仪征市	**Yizheng City**						
真州镇	Zhenzhou Town	141520	72914	6084	1421	204481	11740
新集镇	Xinji Town	41974	26335	6389	3375	15884	36266
新城镇	Xincheng Town	46364	28767	7822	2995	28017	24804
马集镇	Maji Town	30069	17962	6573	3245	14299	28913
刘集镇	Liuji Town	45690	26102	9065	5185	20023	44721
陈集镇	Chenji Town	35972	19029	8155	4620	8440	42772
大仪镇	Dayi Town	45428	26675	10863	6381	14303	62120
月塘镇	Yuetang Town	55225	28832	14446	6820	19663	59077
青山镇	Qingshan Town	32442	20980	4603	1361	10467	5642
高邮市	**Gaoyou City**						
龙虬镇	Longqiu Town	34653	17681	3987	2040	7331	35861
车逻镇	Cheluo Town	33198	14598	3644	2604	13707	41259
汤庄镇	Tangzhuang Town	62361	37890	11303	7016	15000	104838
卸甲镇	Xiejia Town	79794	42299	16387	8003	24000	130327
三垛镇	Sanduo Town	77981	48686	15015	6923	15149	92763
甘垛镇	Ganduo Town	60389	35331	14972	6357	11223	72262
界首镇	Jieshou Town	32428	16660	8580	2421	7088	39374
周山镇	Zhoushan Town	27046	15056	6202	2986	3792	43286
临泽镇	Linze Town	93094	52162	19940	7901	14010	134789
送桥镇	Songqiao Town	67093	52613	14822	6591	41105	88311
菱塘回族乡	Lingtang Huizu Country	23599	14730	5392	1903	18550	28950

续 表 21 Continued 21

名称 Name		总人口(人) Total Population (person)	从业人员(人) Employment (person)	土地面积(公顷) Land Area (hectare)	耕地面积(公顷) Cultivated Area (hectare)	财政收入(万元) Financial Revenue (10000 yuan)	粮食产量(吨) Output of Grain (ton)
镇江市	**Zhenjiang City**						
市辖区	**Municipal District**						
姚桥镇	Yaoqiao Town	44207	21462	5588	3292	10152	34454
大路镇	Dalu Town	28332	16233	1750	1263	10792	19700
丁岗镇	Dinggang Town	23930	13188	3536	1958	8245	23905
高桥镇	Gaoqiao Town	20145	12913	2980	1279	8778	16028
辛丰镇	Xinfeng Town	54015	34901	7490	3697	30800	30762
谷阳镇	Guyang Town	30100	19739	4675	1985	15535	20660
上党镇	Shangdang Town	49723	28753	11263	3665	11306	36648
宝堰镇	Baoyan Town	22802	13984	4019	1786	7373	23337
世业镇	Shiye Town	14610	8482	2930	1244	4837	20894
丹阳市	**Danyang City**						
司徒镇	Situ Town	61647	39422	10177	5066	43240	38606
延陵镇	Yanling Town	76596	46198	11552	6276	22382	69263
珥陵镇	Erling Town	50528	28481	8367	4835	6991	50821
导墅镇	Daoshu Town	50065	27713	8060	4647	21052	50623
皇塘镇	Huangtang Town	58710	38851	8044	4197	24114	47494
吕城镇	Lucheng Town	51802	30530	6799	3750	24186	42007
陵口镇	Lingkou Town	44775	26931	6440	3919	13006	41995
访仙镇	Fangxian Town	51178	29805	7379	4403	14070	47651
界牌镇	Jiepai Town	56100	34869	2363	791	46919	8460
新桥镇	Xinqiao Town	36956	23300	2618	990	48392	8380
后巷镇	Houxiang Town	57658	36380	4965	1686	66813	14855
埤城镇	Picheng Town	24532	14095	3929	1561	33266	15804
云阳镇	Yunyang Town	189957	110825	7201	3634	196267	33070
扬中市	**Yangzhong City**						
新坝镇	Xinba Town	55071	32567	4920	1830	121330	19735
油坊镇	Youfang Town	46957	28090	4593	2166	33831	24499
八桥镇	Baqiao Town	37531	22488	3458	1550	22288	17876
西来桥镇	Xilaiqiao Town	19948	11051	1950	836	7881	8047
句容市	**Jurong City**						
华阳镇	Huayang Town	47975	26911	11997	3517	69737	29993
下蜀镇	Xiashu Town	40028	18589	12000	3083	46776	22793
白兔镇	Baitu Town	32980	21198	11550	4450	7334	44604

名 称 Name		总人口（人） Total Population (person)	从业人员（人） Employment (person)	土地面积（公顷） Land Area (hectare)	耕地面积（公顷） Cultivated Area (hectare)	财政收入（万元） Financial Revenue (10000 yuan)	粮食产量（吨） Output of Grain (ton)
边 城 镇	Biancheng Town	35384	17928	10900	2888	19508	33237
茅 山 镇	Maoshan Town	29336	16823	8100	2956	4308	27101
后 白 镇	Houbai Town	55282	35140	14328	5007	17635	58365
郭 庄 镇	Guozhuang Town	51718	29222	11700	6596	14569	52310
天 王 镇	Tianwang Town	56766	30044	13154	4704	20468	46508
宝 华 镇	Baohua Town	23390	11963	10000	831	48080	10630
泰 州 市	**Taizhou City**						
市 辖 区	**Municipal District**						
九 龙 镇	Jiulong Town	25132	15514	2680	700	32000	11052
罡 杨 镇	Gangyang Town	23393	15374	3400	1737	19492	23883
苏 陈 镇	Suchen Town	43267	25292	4580	2632	15216	31674
永安洲镇	Yonganzhou Town	33788	17348	5291	1147	57502	16014
白 马 镇	Baima Town	21960	12852	2402	1402	8306	14499
胡 庄 镇	Huzhuang Town	40241	23649	5387	3045	4676	33838
大 泗 镇	Dasi Town	24479	17461	3670	2025	6602	21317
野 徐 镇	Yexu Town	23997	15400	2267	712	7117	8962
姜 堰 镇	Jiangyan Town	211359	93042	9473	3470	239558	35884
溱 潼 镇	Qintong Town	34091	19894	3861	1271	16600	13133
蒋 垛 镇	Jiangduo Town	50200	29537	6505	4175	4246	43917
顾 高 镇	Gugao Town	29857	16320	3820	2432	6220	23413
大 伦 镇	Dalun Town	31627	17740	5503	3483	10186	36811
张 甸 镇	Zhangdian Town	70189	40087	9360	5769	20958	66708
梁 徐 镇	Liangxu Town	52339	26330	6663	3940	12258	42307
桥 头 镇	Qiaotou Town	24659	15429	3799	2003	8957	25641
淤 溪 镇	Yuxi Town	39951	25991	7168	3579	8140	23962
白 米 镇	Baimi Town	44382	28492	5487	3231	31541	38108
娄 庄 镇	Louzhuang Town	46441	23194	6792	3864	12512	53644
沈 高 镇	Shengao Town	39652	20642	5673	2811	11959	36848
兴 泰 镇	Xingtai Town	24891	15939	3691	2056	6939	28535
俞 垛 镇	Yuduo Town	46817	25612	7980	4371	7203	47601
华 港 镇	Huagang Town	43468	22869	6977	3646	9034	36356
兴 化 市	**Xinghua City**						
戴 窑 镇	Daiyao Town	68117	30050	10045	5675	15486	74674
合 陈 镇	Hechen Town	55715	25433	9928	6271	6120	72346

续 表 23 Continued 23

名 称 Name		总人口（人）Total Population (person)	从业人员（人）Employment (person)	土地面积（公顷）Land Area (hectare)	耕地面积（公顷）Cultivated Area (hectare)	财政收入（万元）Financial Revenue (10000 yuan)	粮食产量（吨）Output of Grain (ton)
永丰镇	Yongfeng Town	51458	21467	7802	4425	5133	52201
新垛镇	Xinduo Town	26774	10618	4908	2520	3675	27731
安丰镇	Anfeng Town	81243	37456	9900	5580	15840	59919
海南镇	Hainan Town	37548	15478	7209	3832	4024	49829
钓鱼镇	Diaoyu Town	45725	18635	7552	3919	2941	60522
大邹镇	Dazou Town	27941	11016	4656	2658	2727	26686
沙沟镇	Shagou Town	27870	10653	7003	2030	4013	23242
中堡镇	Zhongbao Town	34858	15568	8320	2987	2650	46145
李中镇	Lizhong Town	32428	15761	8100	2730	1600	32262
西郊镇	Xijiao Town	29864	13912	7024	3416	4606	32087
临城镇	Lincheng Town	51768	26904	9247	5290	27048	55857
垛田镇	Duotian Town	54219	28805	5955	2190	18590	1749
竹泓镇	Zhuhong Town	39784	17207	6450	2945	4146	42141
沈沦镇	Shenlun Town	28262	11796	4959	3011	4473	34060
大垛镇	Daduo Town	43041	19567	7363	3922	10485	53976
荻垛镇	Diduo Town	42418	19218	7200	3469	5977	63539
陶庄镇	Taozhuang Town	43476	17017	6960	4028	4712	55280
昌荣镇	Changrong Town	38233	17705	6180	3370	3384	57889
茅山镇	Maoshan Town	30420	12158	4304	2800	6586	31982
周庄镇	Zhouzhuang Town	56048	27235	9100	5185	10233	66578
陈堡镇	Chenbao Town	45458	19301	8068	4729	19009	59096
戴南镇	Dainan Town	120350	60927	10770	4792	172655	62576
张郭镇	Zhangguo Town	62021	37175	8450	4126	45759	53830
昭阳镇	Zhaoyang Town	170251	108542	5100	1011	102764	9528
大营镇	Daying Town	25003	11405	5067	3297	2170	40824
下圩镇	Xiawei Town	24856	13862	4912	3367	1790	42791
城东镇	Chengdong Town	29407	14545	5547	3424	6316	27541
老圩乡	Laowei Country	27890	10878	5243	2997	3058	42034
周奋乡	Zhoufen Country	27556	12712	5730	2948	1220	24052
缸顾乡	Ganggu Country	21613	9472	4633	2045	3587	24815
西鲍乡	Xibao Country	28867	16607	5241	2857	3326	32001
林湖乡	Linhu Country	38052	14891	6638	3290	4035	36555
靖江市	**Jingjiang City**						
新桥镇	Xinqiao Town	61860	30721	6135	3031	34800	39915

名 称	Name	总人口（人）Total Population (person)	从业人员（人）Employment (person)	土地面积（公顷）Land Area (hectare)	耕地面积（公顷）Cultivated Area (hectare)	财政收入（万元）Financial Revenue (10000 yuan)	粮食产量（吨）Output of Grain (ton)
东 兴 镇	Dongxing Town	35468	22128	3568	2012	17084	26146
斜 桥 镇	Xieqiao Town	90985	46262	10788	3113	17984	40681
西 来 镇	Xilai Town	48929	23130	4666	2524	19982	32320
季 市 镇	Jishi Town	49665	22929	4163	1956	8517	29002
孤 山 镇	Gushan Town	64581	36563	6042	3212	38457	39422
生 祠 镇	Shengci Town	47428	27676	7019	4208	10398	55171
马 桥 镇	Maqiao Town	36996	21621	5031	2936	9825	39500
泰 兴 市	**Taixing City**						
黄 桥 镇	Huangqiao Town	193851	102693	17595	8717	87356	110708
分 界 镇	Fenjie Town	60589	32294	7113	3770	3280	51985
古 溪 镇	Guxi Town	59099	32862	7606	3810	6399	49891
元 竹 镇	Yuanzhu Town	39457	22899	4749	2386	4650	31044
珊 瑚 镇	Shanhu Town	51161	29700	4926	2737	8713	36931
广 陵 镇	Guangling Town	57159	30615	5843	2906	5652	37337
曲 霞 镇	Quxia Town	32632	18425	3531	1987	2747	25709
张 桥 镇	Zhangqiao Town	57040	30674	6176	3185	12580	38110
河 失 镇	Heshi Town	56254	28871	6441	3210	6845	45009
新 街 镇	Xinjie Town	60487	34038	7206	3609	10237	44684
姚 王 镇	Yaowang Town	53634	30080	5792	2428	55630	33835
宣 堡 镇	Xuanbao Town	32525	17617	3227	1769	6639	20651
滨 江 镇	Binjiang Town	99670	53558	13257	4423	254250	60442
虹 桥 镇	Hongqiao Town	79510	40953	8825	4459	92885	67352
根 思 乡	Gensi Country	50613	25395	5890	3236	8875	39237
宿 迁 市	**Suqian City**						
市 辖 区	**Municipal District**						
双 庄 镇	Shuangzhuang Town	35946	21258	4178	1012	14030	6828
耿 车 镇	Gengche Town	34243	18503	3501	1316	5800	13046
埠 子 镇	Buzi Town	55610	34739	5242	2337	5093	23637
龙 河 镇	Longhe Town	50692	24436	5800	2509	4468	28366
洋 北 镇	Yangbei Town	29370	16260	4400	2256	7419	21627
中 扬 镇	Zhongyang Town	52100	29722	9315	6118	4926	53505
陈 集 镇	Chenji Town	46540	16306	6867	3695	2670	35120
蔡 集 镇	Caiji Town	43531	23683	4900	2613	4900	20013
王官集镇	Wangguanji Town	50704	24123	6270	3106	3196	31768

续 表 25 Continued 25

名 称 Name		总人口（人） Total Population (person)	从业人员（人） Employment (person)	土地面积（公顷） Land Area (hectare)	耕地面积（公顷） Cultivated Area (hectare)	财政收入（万元） Financial Revenue (10000 yuan)	粮食产量（吨） Output of Grain (ton)
洋河镇	Yanghe Town	108588	51820	8998	4207	70100	35317
仓集镇	Cangji Town	44628	25424	4800	3295	3251	43282
郑楼镇	Zhenglou Town	49509	22621	6086	2663	3954	22482
罗圩乡	Luowei Country	35075	21735	4379	2573	2437	22088
屠园乡	Tuyuan Country	36233	21005	6298	4344	3058	47065
三棵树乡	Sankeshu Country	37306	21993	3623	1847	20300	13168
南蔡乡	Nancai Country	34851	18297	3890	2052	3327	14665
顺河镇	Shunhe Town	85137	40101	6880	1895	20000	18029
仰化镇	Yanghua Town	36734	19750	5236	2467	3001	32263
大兴镇	Daxing Town	50846	31234	5838	3162	3871	27831
丁嘴镇	Dingzui Town	36183	18791	5300	2390	2523	27770
来龙镇	Lailong Town	38973	20515	7496	4195	3804	56926
陆集镇	Luji Town	24143	13484	4208	2248	3075	23408
关庙镇	Guanmiao Town	41068	22364	7946	4310	3205	47568
侍岭镇	Shiling Town	30506	14341	5806	2745	3404	34072
新庄镇	Xinzhuang Town	24330	11821	5368	2890	2400	43970
晓店镇	Xiaodian Town	49980	25899	14546	2879	24002	25901
皂河镇	Zaohe Town	48950	22749	26409	2152	4100	27897
黄墩镇	Huangdun Town	26240	11289	5125	2500	2500	44586
曹集乡	Caoji Country	30341	15646	4700	2533	2761	25424
保安乡	Baoan Country	22394	12941	4460	3026	2600	37538
井头乡	Jingtou Country	22809	11009	4013	2013	12230	15699
沭阳县	**Shuyang City**						
陇集镇	Longji Town	24286	13746	4688	3310	12627	31677
胡集镇	Huji Town	50218	29815	6868	3584	14749	32250
钱集镇	Qianji Town	32950	18093	4949	2975	7798	31468
塘沟镇	Tanggou Town	41015	22016	5795	3996	13227	34571
马厂镇	Machang Town	68712	38215	8412	5469	18814	54384
沂涛镇	Yitao Town	71620	39015	9456	5991	8561	56388
庙头镇	Miaotou Town	47005	27303	5847	3609	12229	23453
韩山镇	Hanshan Town	35730	20194	6557	4056	13193	44709
华冲镇	Huachong Town	48602	26035	5455	3750	15240	39640
桑墟镇	Sangxu Town	42750	23589	5319	2734	18556	27055

名 称 Name		总人口（人）Total Population (person)	从业人员（人）Employment (person)	土地面积（公顷）Land Area (hectare)	耕地面积（公顷）Cultivated Area (hectare)	财政收入（万元）Financial Revenue (10000 yuan)	粮食产量（吨）Output of Grain (ton)
悦来镇	Yuelai Town	42570	23038	8803	5748	7969	57529
刘集镇	Liuji Town	37646	19511	7200	4968	12002	52295
李恒镇	Liheng Town	40061	22039	6688	4400	8529	39582
扎下镇	Zhaxia Town	55102	29046	5534	2850	18874	8275
颜集镇	Yanji Town	51889	32815	9968	6539	11050	6045
潼阳镇	Tongyang Town	47185	25003	9968	6539	9628	36909
龙庙镇	Longmiao Town	46315	25061	4860	2510	9617	26157
高墟镇	Gaoxu Town	35602	19210	6115	3950	9215	54413
耿圩镇	Gengwei Town	34820	19043	7044	3925	6998	42621
汤涧镇	Tangjian Town	38150	20390	5500	3018	7142	29756
新河镇	Xinhe Town	37182	19847	4860	2650	8749	3045
贤官镇	Xianguan Town	49709	27965	5029	3394	17859	31960
吴集镇	Wuji Town	40365	22168	7305	3945	10030	35246
湖东镇	Hudong Town	37190	20507	6343	4530	8965	49737
青伊湖镇	Qingyihu Town	39060	20912	5000	2685	8085	33357
北丁集乡	Beidingji Country	24960	13560	3880	2021	6790	22952
周集乡	Zhouji Country	29173	15504	4387	2673	7235	34048
东小店乡	Dongxiaodian Country	34001	18536	5099	3142	8270	34847
张圩乡	Zhangwei Country	25607	12085	3902	2450	8059	21372
茆圩乡	Maowei Country	40216	21926	7223	5180	9192	36862
西圩乡	Xiwei Country	31362	13175	4776	3820	7851	18095
万匹乡	Wanpi Country	36219	19358	3500	2508	8750	22692
官墩乡	Guandun Country	30516	16640	5603	3635	5713	38462
泗阳县	**Siyang County**						
众兴镇	Zhongxing Town	351803	158311	26200	9060	49480	105709
爱园镇	Aiyuan Town	55958	28692	6501	3023	5560	38791
王集镇	Wangji Town	76293	33089	8531	4756	6871	43356
裴圩镇	Peiwei Town	63418	33075	7686	4601	5139	36389
新袁镇	Xinyuan Town	46924	21131	5359	3358	5062	22729
李口镇	Likou Town	50105	27348	6585	3527	5192	30369
临河镇	Linhe Town	49175	22307	5872	2498	6630	25642
穿城镇	Chuancheng Town	40165	24828	5436	3121	3741	36280
张家圩镇	Zhangjiawei Town	40340	19201	5764	3335	5024	31604

续 表 27 Continued 27

名 称	Name	总人口（人）Total Population (person)	从业人员（人）Employment (person)	土地面积（公顷）Land Area (hectare)	耕地面积（公顷）Cultivated Area (hectare)	财政收入（万元）Financial Revenue (10000 yuan)	粮食产量（吨）Output of Grain (ton)
高渡镇	Gaodu Town	38146	20567	5271	2698	3183	25743
卢集镇	Luji Town	44072	18220	8002	5570	3730	51690
庄圩乡	Zhuangwei Country	41408	19646	4876	3105	3526	30399
里仁乡	Liren Country	38312	17454	4482	2783	3578	25676
三庄乡	Sanzhuang Country	43739	16955	6588	4060	3869	42363
南刘集乡	Nanliuji Country	38536	19373	5850	4303	4374	24049
八集乡	Baji Country	28140	14517	4250	1928	4952	18607
泗洪县	**Sihong County**						
青阳镇	Qingyang Town	340151	146350	25322	10591	72520	88829
双沟镇	Shuanggou Town	50580	30167	7428	2782	39205	20380
上塘镇	Shangtang Town	53148	32460	13299	7582	5395	58609
魏营镇	Weiying Town	39527	17982	10615	4574	5785	44610
临淮镇	Linhuai Town	15829	9971	2100	91	2065	893
半城镇	Bancheng Town	17328	9268	8300	741	4593	7106
孙园镇	Sunyuan Town	45696	20469	9604	5657	3141	68416
梅花镇	Meihua Town	36225	20565	9350	5022	6304	55556
归仁镇	Guiren Town	64649	25008	11459	5346	9716	59850
金锁镇	Jinsuo Town	45493	25928	8073	4429	7734	46019
朱湖镇	Zhuhu Town	42061	22787	7370	3560	3103	47395
界集镇	Jieji Town	44150	22500	9600	6159	3450	53615
太平镇	Taiping Town	35981	18174	7251	3638	2868	44626
龙集镇	Longji Town	40776	19819	8741	2835	3381	35720
四河乡	Sihe Country	35751	16639	5983	2247	2141	14709
峰山乡	Fengshan Country	27593	13559	5684	1835	3107	15491
天岗湖乡	Tianganghu Country	34156	15556	8918	3830	3938	30500
车门乡	Chemen Country	29424	14992	8436	3715	3592	36652
瑶沟乡	Yaogou Country	28693	17824	6924	3015	4647	36652
石集乡	Shiji Country	24203	12090	8940	3866	6244	38162
城头乡	Chengtou Country	21388	10727	7817	4907	3197	60430
陈圩乡	Chenwei Country	38625	18005	8820	3825	3487	55403
曹庙乡	Caomiao Country	30614	19290	9185	4913	3859	56670

附录

全国分省主要指标

Appendix. Major Indicators by Region

简要说明

一、主要内容

包括全国各省、自治区、直辖市经济社会主要指标。

二、资料来源

资料均来自中国统计出版社出版的《中国统计摘要2014》，部分数据为初步统计数。其中江苏的数据与相应篇章内容保持一致。

Brief Introduction

I. Main Content

Data in this charter include social and economic indicators of provinces, autonomous regions and municipalities.

II. Source of Data

Data in this charter come from *china statistics abstract 2014* published by china statistics press, and part of the data are preliminary statistics. Data of Jiangsu province are consistent with corresponding chapter.

附录1－1 人口及地区生产总值（2013年）
Population and Gross Domestic Product (2013)

地区 Region		年末常住人口（万人）Permanent Population at Year-end (10000 persons)	年末城镇人口比重（%）Proportion of Urban Population at Year-end (%)	地区生产总值（亿元）Gross Domestic Products (100 million yuan)	第一产业 Primary Industry	第二产业 Secondary Industry	#工业 Industry	第三产业 Tertiary Industry	人均地区生产总值（元）Per Capita GDP (yuan)
全 国	**National Total**	**136072**	**53.7**	**568845**	**56957**	**249684**	**210689**	**262204**	**41908**
北 京	Beijing	2115	86.3	19500.56	161.83	4352.30	3536.89	14986.43	93213
天 津	Tianjin	1472	82.0	14370.16	188.45	7276.68	6678.60	6905.03	99607
河 北	Hebei	7333	48.1	28301.41	3500.42	14762.10	13194.76	10038.89	38716
山 西	Shanxi	3630	52.6	12602.24	773.81	6792.68	6032.99	5035.75	34813
内蒙古	Inner Mongolia	2498	58.7	16832.38	1599.41	9084.19	7944.40	6148.78	67498
辽 宁	Liaoning	4390	66.5	27077.65	2321.63	14269.46	12510.27	10486.56	61686
吉 林	Jilin	2751	54.2	12981.46	1509.34	6858.23	6033.35	4613.89	47191
黑龙江	Heilongjiang	3835	57.4	14382.93	2516.79	5918.22	5090.34	5947.92	37509
上 海	Shanghai	2415	89.6	21602.12	129.28	8027.77	7236.69	13445.07	90092
江 苏	**Jiangsu**	**7939**	**64.1**	**59161.75**	**3646.08**	**29094.02**	**25612.23**	**26421.65**	**74607**
浙 江	Zhejiang	5498	64.0	37568.49	1784.62	18446.65	16368.43	17337.22	68462
安 徽	Anhui	6030	47.9	19038.87	2348.09	10403.96	8928.02	6286.82	31684
福 建	Fujian	3774	60.8	21759.64	1936.31	11315.30	9455.32	8508.03	57856
江 西	Jiangxi	4522	48.9	14338.50	1636.49	7671.38	6434.41	5030.63	31771
山 东	Shandong	9733	53.8	54684.33	4742.63	27422.47	24222.16	22519.23	56323
河 南	Henan	9413	43.8	32155.86	4058.98	17806.39	15960.60	10290.49	34174
湖 北	Hubei	5799	54.5	24668.49	3098.16	12171.56	10531.37	9398.77	42613
湖 南	Hunan	6691	48.0	24501.67	3099.23	11517.35	10001.00	9885.09	36763
广 东	Guangdong	10644	67.8	62163.97	3047.51	29427.49	27426.26	29688.97	58540
广 西	Guangxi	4719	44.8	14378.00	2343.57	6863.04	5749.65	5171.39	30588
海 南	Hainan	895	52.7	3146.46	756.47	871.29	551.11	1518.70	35317
重 庆	Chongqing	2970	58.3	12656.69	1016.74	6397.92	5249.65	5242.03	42795
四 川	Sichuan	8107	44.9	26260.77	3425.61	13579.03	11578.55	9256.13	32454
贵 州	Guizhou	3502	37.8	8006.79	1029.05	3243.70	2686.52	3734.04	22922
云 南	Yunnan	4687	40.5	11720.91	1895.34	4927.82	3767.58	4897.75	25083
西 藏	Tibet	312	23.7	807.67	86.82	292.92	61.16	427.93	26068
陕 西	Shaanxi	3764	51.3	16045.21	1526.05	8911.64	7507.34	5607.52	42692
甘 肃	Gansu	2582	40.1	6268.01	879.37	2821.04	2225.22	2567.60	24296
青 海	Qinghai	578	48.5	2101.05	207.59	1204.31	970.53	689.15	36510
宁 夏	Ningxia	654	52.0	2565.06	222.98	1264.96	944.50	1077.12	39420
新 疆	Xinjiang	2264	44.5	8360.24	1468.29	3765.97	3024.27	3125.98	37181

注：地区生产总值为初步核算数。

a) Data of gross domestic products are preliminary verification data.

附录1－2 地区生产总值构成及增速（2013年）

Structure and Growth Rate of Gross Domestic Product (2013)

地 区 Region		地区生产总值构成（%）Structure of GDP(%)	第一产业 Primary Industry	第二产业 Secondary Industry	#工 业 Industry	第三产业 Tertiary Industry	地区生产总值比上年增长（%）Growth Rate of GDP Over Preceding Year (%)
全 国	**National Total**	**100.0**	**10.0**	**43.9**	**37.0**	**46.1**	**7.8**
北 京	Beijing	100.0	0.8	22.3	18.1	76.9	7.7
天 津	Tianjin	100.0	1.3	50.6	46.5	48.1	12.5
河 北	Hebei	100.0	12.4	52.2	46.6	35.5	8.2
山 西	Shanxi	100.0	6.1	53.9	47.9	40.0	8.9
内蒙古	Inner Mongolia	100.0	9.5	54.0	47.2	36.5	9.0
辽 宁	Liaoning	100.0	8.6	52.7	46.2	38.7	8.7
吉 林	Jilin	100.0	11.6	52.8	46.5	35.5	8.3
黑龙江	Heilongjiang	100.0	17.5	41.1	35.4	41.4	8.0
上 海	Shanghai	100.0	0.6	37.2	33.5	62.2	7.7
江 苏	**Jiangsu**	**100.0**	**6.1**	**49.2**	**43.3**	**44.7**	**9.6**
浙 江	Zhejiang	100.0	4.8	49.1	43.6	46.1	8.2
安 徽	Anhui	100.0	12.3	54.6	46.9	33.0	10.4
福 建	Fujian	100.0	8.9	52.0	43.5	39.1	11.0
江 西	Jiangxi	100.0	11.4	53.5	44.9	35.1	10.1
山 东	Shandong	100.0	8.7	50.1	44.3	41.2	9.6
河 南	Henan	100.0	12.6	55.4	49.6	32.0	9.0
湖 北	Hubei	100.0	12.6	49.3	42.7	38.1	10.1
湖 南	Hunan	100.0	12.6	47.0	40.8	40.3	10.1
广 东	Guangdong	100.0	4.9	47.3	44.1	47.8	8.5
广 西	Guangxi	100.0	16.3	47.7	40.0	36.0	10.2
海 南	Hainan	100.0	24.0	27.7	17.5	48.3	9.9
重 庆	Chongqing	100.0	8.0	50.5	41.5	41.4	12.3
四 川	Sichuan	100.0	13.0	51.7	44.1	35.2	10.0
贵 州	Guizhou	100.0	12.9	40.5	33.6	46.6	12.5
云 南	Yunnan	100.0	16.2	42.0	32.1	41.8	12.1
西 藏	Tibet	100.0	10.7	36.3	7.6	53.0	12.1
陕 西	Shaanxi	100.0	9.5	55.5	46.8	34.9	11.0
甘 肃	Gansu	100.0	14.0	45.0	35.5	41.0	10.8
青 海	Qinghai	100.0	9.9	57.3	46.2	32.8	10.8
宁 夏	Ningxia	100.0	8.7	49.3	36.8	42.0	9.8
新 疆	Xinjiang	100.0	17.6	45.0	36.2	37.4	11.0

附录1－3 固定资产投资完成额（2013年）
Completed Investment in Fixed Assets（2013）

地区 Region		固定资产投资（含农户）（亿元）Investment in Fixed Assets (Including Farm Households)（100 million yuan）	固定资产投资（不含农户）（亿元）Investment in Fixed Assets (Excluding Farm Households)（100 million yuan）	#房地产开发 Real Estate Development	商品房销售额（亿元）Sales Value of Commercial Housing（100 million yuan）	#住宅 Residence	商品房竣工面积（万平方米）Floor Space of Commercial Housing Completed（10000 sq. m）	商品房销售面积（万平方米）Sales Floor Space of Commercial Residence（10000 sq. m）
全　国	**National Total**	**447074**	**436528**	**86013**	**81428**	**67695**	**101435**	**130551**
北　京	Beijing	6847.06	6797.54	3483.40	3530.82	2434.71	2666.35	1903.11
天　津	Tianjin	9130.25	9103.01	1480.82	1615.47	1443.34	2805.37	1847.11
河　北	Hebei	23194.23	22629.77	3445.42	2779.69	2329.12	4437.02	5675.95
山　西	Shanxi	11031.89	10745.35	1308.63	728.26	625.14	2284.82	1642.82
内蒙古	Inner Mongolia	14215.49	14070.50	1479.01	1177.36	874.45	2638.24	2737.70
辽　宁	Liaoning	25107.65	24791.40	6450.75	4759.21	3941.86	6151.97	9292.33
吉　林	Jilin	10133.50	9880.00	1252.43	993.04	839.73	2253.65	2214.96
黑龙江	Heilongjiang	12125.97	11794.17	1604.83	1582.34	1305.90	2932.70	3339.95
上　海	Shanghai	5647.79	5644.13	2819.59	3911.57	3264.03	2254.44	2382.20
江　苏	**Jiangsu**	**36373.32**	**35982.52**	**7241.45**	**7913.70**	**6777.70**	**9711.60**	**11454.77**
浙　江	Zhejiang	20777.11	20189.07	6216.25	5396.03	4513.88	4692.34	4886.99
安　徽	Anhui	18621.58	18090.89	3946.23	3182.87	2662.04	5180.35	6265.35
福　建	Fujian	15327.44	15045.81	3702.97	4232.08	3410.57	3369.76	4676.16
江　西	Jiangxi	12866.14	12450.84	1174.58	1647.90	1396.06	1790.26	3167.06
山　东	Shandong	36789.08	35875.86	5444.53	5215.12	4461.07	7508.52	10329.80
河　南	Henan	26220.92	25321.52	3843.76	3074.14	2516.26	5965.87	7310.21
湖　北	Hubei	19307.33	18796.85	3286.02	2790.32	2310.04	3040.84	5298.54
湖　南	Hunan	17846.35	17230.14	2628.32	2525.64	2114.97	4593.76	5952.38
广　东	Guangdong	22307.85	21794.98	6489.59	8941.05	7476.10	6273.30	9836.39
广　西	Guangxi	11907.67	11383.93	1614.63	1375.79	1166.72	1712.68	2995.58
海　南	Hainan	2697.36	2625.02	1196.76	1032.65	997.00	609.40	1191.23
重　庆	Chongqing	10429.57	10285.29	3012.78	2682.76	2283.57	3804.36	4817.56
四　川	Sichuan	20325.18	19754.36	3853.00	4020.27	3308.58	5108.86	7312.78
贵　州	Guizhou	7373.60	7102.78	1942.54	1276.69	988.77	1764.78	2972.32
云　南	Yunnan	9968.30	9621.83	2488.33	1487.24	1192.55	2019.20	3309.30
西　藏	Tibet	876.00	876.00	9.68	10.60	8.85	18.09	25.40
陕　西	Shaanxi	14867.34	14516.71	2240.17	1608.11	1413.20	1511.67	3045.70
甘　肃	Gansu	6527.94	6407.20	724.65	474.07	418.08	915.56	1220.02
青　海	Qinghai	2361.09	2285.30	247.61	158.84	146.29	592.62	381.56
宁　夏	Ningxia	2651.14	2577.79	558.97	443.70	363.60	1104.45	1048.31
新　疆	Xinjiang	7724.46	7363.39	825.69	860.95	710.74	1722.16	2017.03

附录1－4　城乡居民家庭人均收支情况（2013年）
Per Capita Income and Expenditure of Urban and Rural Household (2013)

单位:元　　　　(yuan)

地区 Region		城镇居民家庭 Urban Household				农村居民家庭 Rural Household			
		总收入 Total Income	#可支配收入 Disposable Income	现金消费支出 Cash Consumption Expenditure	恩格尔系数(%) Engle Coefficient (%)	纯收入 Net Income	#工资性收入 Income from Wages and Salaries	消费支出 Consumption Expenditure	恩格尔系数(%) Engle Coefficient (%)
全　国	**National Total**	**29547**	**26955**	**18023**	**35.0**	**8896**	**4025**	**6626**	**37.7**
北　京	Beijing	45274	40321	26275	31.1	18337	12035	13553	34.6
天　津	Tianjin	35656	32294	21712	36.6	15841	9092	10155	34.9
河　北	Hebei	24143	22580	13641	32.3	9102	5237	6134	32.0
山　西	Shanxi	24014	22456	13166	27.9	7154	4041	5813	33.0
内蒙古	Inner Mongolia	26978	25497	19249	31.8	8596	1695	7268	35.5
辽　宁	Liaoning	27905	25578	18030	32.2	10523	4209	7159	35.2
吉　林	Jilin	23544	22275	15932	29.2	9621	1813	7380	33.0
黑龙江	Heilongjiang	21149	19597	14162	35.8	9634	1991	6814	35.2
上　海	Shanghai	48879	43851	28155	34.9	19595	12239	14235	37.5
江　苏	**Jiangsu**	**35131**	**32538**	**20371**	**34.7**	**13598**	**7272**	**9607**	**36.3**
浙　江	Zhejiang	41241	37851	23257	34.4	16106	9204	11760	35.6
安　徽	Anhui	25006	23114	16285	39.1	8098	3734	5725	39.6
福　建	Fujian	33383	30816	20093	37.0	11184	5194	8151	44.2
江　西	Jiangxi	22949	21873	13851	37.7	8781	4422	5654	42.3
山　东	Shandong	30628	28264	17112	32.9	10620	5127	7393	34.5
河　南	Henan	23687	22398	14822	33.2	8475	3582	5628	34.4
湖　北	Hubei	25180	22906	15749	39.7	8867	3868	6280	36.8
湖　南	Hunan	24643	23414	15887	35.1	8372	4596	6610	38.4
广　东	Guangdong	36504	33090	24133	36.7	11669	7072	8343	44.8
广　西	Guangxi	25029	23305	15418	37.9	6791	2712	5206	40.0
海　南	Hainan	24920	22929	15593	44.8	8343	3002	5466	48.0
重　庆	Chongqing	26850	25216	17814	40.7	8332	4089	5796	43.8
四　川	Sichuan	23894	22368	16343	39.6	7895	3543	6309	42.2
贵　州	Guizhou	21413	20667	13703	35.9	5434	2573	4740	43.0
云　南	Yunnan	24698	23236	15156	37.9	6141	1729	4744	44.2
西　藏	Tibet	22561	20023	12232	48.1	6578	1475	3574	54.2
陕　西	Shaanxi	24109	22858	16680	36.4	6503	3151	5724	31.8
甘　肃	Gansu	20149	18965	14021	36.8	5108	2203	4850	37.1
青　海	Qinghai	22131	19499	13540	35.3	6196	2347	6060	30.9
宁　夏	Ningxia	23767	21833	15321	32.0	6931	2878	6490	31.2
新　疆	Xinjiang	22388	19874	15206	35.0	7296	1312	6119	33.9

附录1－5 农林牧渔业总产值和增速(2013年)
Gross Output Value and Growth Rate of Agriculture, Forestry, Animal Husbandry and Fishery (2013)

地区	Region	农林牧渔业总产值(亿元)	Gross Output Value of Agriculture, Forestry, Animal Husbandry and Fishery (100 million yuan) #农业 Farming	#林业 Forestry	#畜牧业 Animal Husbandry	#渔业 Fishery	农林牧渔业总产值比上年增长(%) Grouth Rate of Gross Output Value of Agriculture, Forestry, Animal Husbandry and Fishery Over Preceding Year(%)
全国	**National Total**	**96995**	**51497**	**3902**	**28435**	**9635**	**4.0**
北京	Beijing	421.78	170.41	75.89	154.75	12.78	2.1
天津	Tianjin	412.36	217.16	3.09	108.63	73.20	3.8
河北	Hebei	5832.94	3473.27	96.30	1818.19	178.72	3.3
山西	Shanxi	1447.01	932.14	90.07	338.82	9.48	4.5
内蒙古	Inner Mongolia	2699.50	1328.07	96.14	1208.49	29.04	4.7
辽宁	Liaoning	4349.72	1673.86	136.49	1675.35	689.30	4.1
吉林	Jilin	2670.60	1261.68	98.12	1198.53	36.74	3.5
黑龙江	Heilongjiang	4633.26	2856.34	180.63	1430.10	82.54	4.7
上海	Shanghai	323.48	172.28	9.65	69.97	59.89	-2.9
江苏	**Jiangsu**	**6158.03**	**3167.78**	**107.30**	**1222.22**	**1351.11**	**2.6**
浙江	Zhejiang	2837.39	1336.79	141.54	546.18	757.97	0.4
安徽	Anhui	4009.24	2003.26	233.07	1171.36	439.07	3.4
福建	Fujian	3281.96	1376.29	293.83	513.76	986.28	4.5
江西	Jiangxi	2578.35	1072.80	252.67	796.44	370.15	4.5
山东	Shandong	8749.99	4509.88	120.30	2358.99	1397.42	3.8
河南	Henan	7198.08	4202.30	152.35	2486.28	93.52	4.4
湖北	Hubei	5160.56	2678.08	122.01	1395.39	748.40	5.6
湖南	Hunan	5043.58	2726.75	287.67	1467.37	309.89	2.7
广东	Guangdong	4946.81	2444.70	249.43	1106.86	975.28	2.2
广西	Guangxi	3755.19	1868.30	287.64	1101.23	366.66	4.4
海南	Hainan	1144.94	485.40	121.22	225.46	275.53	6.2
重庆	Chongqing	1513.74	909.18	48.02	482.80	53.82	4.6
四川	Sichuan	5620.27	2903.48	179.43	2267.56	177.49	3.5
贵州	Guizhou	1663.02	997.12	69.87	482.68	38.30	6.0
云南	Yunnan	3056.04	1639.40	293.25	962.55	70.41	7.0
西藏	Tibet	128.00	57.92	2.65	64.16	0.18	4.0
陕西	Shaanxi	2562.51	1714.79	67.62	643.67	17.76	4.8
甘肃	Gansu	1517.74	1104.47	22.53	253.39	2.01	4.9
青海	Qinghai	310.30	138.35	5.68	160.09	1.26	5.6
宁夏	Ningxia	430.00	269.00	9.84	120.01	13.22	4.7
新疆	Xinjiang	2538.88	1806.11	48.13	604.20	17.17	7.2

注：本表绝对数按当年价格计算，增速按可比价格计算。

a) In this table the absolute value is counted with current price, while the growth rate is counted with comparable price.

附录1-6 主要农产品产量（2013年）
Output of Major Agricultural Products (2013)

单位:万吨 (10000 tons)

地区		Region	粮食 Grain	油料 Oil-bearing Crops	棉花 Cotton	肉类 Meat	奶类 Milk	水果 Fruit
全	**国**	**National Total**	**60194**	**3517**	**630**	**8535**	**3650**	**25093**
北	京	Beijing	96.13	0.98	0.02	41.80	61.46	103.85
天	津	Tianjin	174.71	0.58	4.85	46.48	68.53	54.17
河	北	Hebei	3364.99	151.13	45.68	448.78	465.66	1863.31
山	西	Shanxi	1312.80	19.47	3.06	83.21	87.21	711.84
内蒙古		Inner Mongolia	2773.00	158.14	0.16	244.90	778.55	294.77
辽	宁	Liaoning	2195.60	113.64	0.10	420.12	125.74	944.65
吉	林	Jilin	3551.02	84.02	0.58	262.66	48.34	234.66
黑龙江		Heilongjiang	6004.07	19.02		221.28	522.52	274.37
上	海	Shanghai	114.15	1.50	0.39	23.75	26.53	74.73
江	**苏**	**Jiangsu**	**3422.98**	**150.37**	**20.93**	**383.23**	**59.89**	**814.19**
浙	江	Zhejiang	733.95	37.78	2.80	174.27	18.21	715.65
安	徽	Anhui	3279.60	225.43	25.11	403.83	25.34	905.06
福	建	Fujian	664.36	28.83	0.01	211.21	15.30	744.31
江	西	Jiangxi	2116.10	119.29	13.09	321.93	12.25	637.77
山	东	Shandong	4528.20	349.61	62.10	774.77	281.22	3028.84
河	南	Henan	5713.69	589.08	18.97	699.05	328.77	2599.66
湖	北	Hubei	2501.30	333.17	45.97	430.08	15.78	920.46
湖	南	Hunan	2925.74	224.44	19.80	519.23	8.90	879.44
广	东	Guangdong	1315.90	101.01		435.23	14.06	1485.40
广	西	Guangxi	1521.80	57.21	0.24	420.02	9.56	1433.42
海	南	Hainan	190.90	10.92		82.85	0.23	439.48
重	庆	Chongqing	1148.13	53.14	0.01	207.85	6.80	319.26
四	川	Sichuan	3387.10	290.44	1.31	690.39	71.12	840.07
贵	州	Guizhou	1029.99	91.53	0.10	199.74	5.45	167.75
云	南	Yunnan	1824.00	60.68	0.04	359.40	59.30	634.52
西	藏	Tibet	96.15	6.38		26.82	32.97	1.30
陕	西	Shaanxi	1215.80	59.52	5.79	112.56	188.55	1764.41
甘	肃	Gansu	1138.90	69.72	7.05	91.01	39.15	611.49
青	海	Qinghai	102.37	32.57		31.81	28.74	2.96
宁	夏	Ningxia	373.40	16.81	…	27.37	104.19	264.31
新	疆	Xinjiang	1377.00	60.63	351.75	139.40	139.19	1326.94

附录 1－7　规模以上工业企业主要经济指标（2013 年）

Main Economic Indicators of above Designated Size Industrial Enterprises（2013）

单位：亿元　　　　（100 million yuan）

地区 Region		主营业务收入 Revenue from Principal Business	利税总额 Total Profits and Taxes	利润总额 Total Profits	应收账款 Accounts Receivable	产成品 Finished Goods	资产总计 Total Assets
全　国	**National Total**	**1029150**	**108580**	**62831**	**95693**	**32759**	**850626**
北　京	Beijing	18624.82	2058.97	1254.78	3412.93	687.68	31398.28
天　津	Tianjin	27011.12	3170.04	1992.76	3090.74	859.40	22059.41
河　北	Hebei	45766.25	4097.09	2560.86	2781.49	1256.77	36040.17
山　西	Shanxi	18404.65	1445.81	547.91	1990.99	759.82	28058.27
内蒙古	Inner Mongolia	19550.83	2747.51	1682.55	1600.70	586.99	23141.71
辽　宁	Liaoning	52150.40	4568.12	2461.58	3412.44	1349.04	37989.29
吉　林	Jilin	21950.72	2336.26	1230.10	1274.49	529.65	15257.90
黑龙江	Heilongjiang	13569.81	2418.71	1150.21	1179.08	518.15	14059.17
上　海	Shanghai	34533.53	4231.14	2415.20	5528.11	1364.20	33538.26
江　苏	**Jiangsu**	**132270.41**	**12951.79**	**7834.06**	**14922.61**	**4067.47**	**92081.69**
浙　江	Zhejiang	61765.48	5684.51	3385.87	8790.34	3041.00	59633.11
安　徽	Anhui	33079.46	3046.62	1758.77	2895.88	977.84	25168.07
福　建	Fujian	32847.14	3253.27	1959.45	3320.27	1218.69	24671.06
江　西	Jiangxi	26700.22	2882.40	1756.66	1141.06	635.19	13640.12
山　东	Shandong	132318.98	13689.99	8507.73	6703.02	3170.37	78881.06
河　南	Henan	59454.79	6487.95	4410.82	3463.61	1190.53	42021.92
湖　北	Hubei	37864.54	3760.85	2080.66	3081.61	1256.24	30131.82
湖　南	Hunan	31616.57	3558.03	1585.06	2322.80	713.37	19031.64
广　东	Guangdong	103654.98	9538.61	5854.93	13404.01	3503.57	77943.52
广　西	Guangxi	16726.00	1720.78	874.00	1206.80	656.01	13063.37
海　南	Hainan	1640.70	254.50	110.80	176.94	96.68	2328.02
重　庆	Chongqing	15417.07	1683.43	878.43	1588.96	469.83	13135.92
四　川	Sichuan	35251.84	3988.71	2168.37	3325.17	1150.65	34729.16
贵　州	Guizhou	6878.40	1077.72	477.33	609.46	260.88	9703.64
云　南	Yunnan	9773.14	1775.90	549.08	833.09	498.92	15344.41
西　藏	Tibet	93.37	16.95	7.17	14.75	4.11	548.63
陕　西	Shaanxi	17763.00	3352.07	1973.32	1741.80	721.82	22443.11
甘　肃	Gansu	8443.65	745.37	286.71	548.50	440.69	10159.43
青　海	Qinghai	2045.38	279.65	141.34	197.01	107.39	4597.68
宁　夏	Ningxia	3374.49	307.18	139.11	334.43	214.27	5588.03
新　疆	Xinjiang	8608.03	1454.71	795.40	800.34	452.26	14238.01

附录1-8 规模以上工业企业主要经济效益指标(2013年)
Main Indicators on Economic Benefit of above Designated Size Industrial Enterprises (2013)

单位:% (%)

地区		Region	总资产贡献率 Ratio of Total Assets to Industrial Output Value	资本保值增值率 Capital Appreciation Rate	资产负债率 Assets Liability Ratio	流动资产周转次数(次) Times of Turnover of Circulating Funds(times)	成本费用利润率 Ratio of Profits to Industrial Cost	产品销售率 Proportion of Products Sold
全	**国**	**National Total**	**15.00**	**112.17**	**57.81**	**2.67**	**6.60**	**97.83**
北	京	Beijing	7.66	108.05	52.12	1.54	7.09	99.15
天	津	Tianjin	16.09	111.76	63.90	2.36	8.02	98.36
河	北	Hebei	13.56	113.08	58.73	3.20	6.02	97.89
山	西	Shanxi	7.33	100.26	71.32	1.65	3.09	95.25
内蒙	古	Inner Mongolia	13.92	109.49	60.04	2.41	9.73	97.28
辽	宁	Liaoning	14.14	110.49	58.49	3.22	5.06	97.63
吉	林	Jilin	17.47	108.03	54.76	3.51	6.06	98.44
黑龙	江	Heilongjiang	19.08	105.82	57.14	2.38	9.78	97.77
上	海	Shanghai	13.71	108.96	50.35	1.82	7.59	99.06
江	**苏**	**Jiangsu**	**15.22**	**111.19**	**56.78**	**2.63**	**6.20**	**98.45**
浙	江	Zhejiang	11.83	107.69	60.01	1.85	5.82	97.34
安	徽	Anhui	14.46	113.04	59.43	3.15	5.69	97.52
福	建	Fujian	15.97	111.89	54.68	2.76	6.41	97.39
江	西	Jiangxi	24.38	119.40	54.27	4.60	7.19	99.07
山	东	Shandong	20.21	111.89	55.79	3.74	6.97	98.81
河	南	Henan	18.49	127.10	48.80	3.38	8.13	98.49
湖	北	Hubei	15.00	119.06	56.31	3.03	5.91	97.32
湖	南	Hunan	21.64	116.90	54.04	4.11	5.62	98.50
广	东	Guangdong	13.85	113.18	57.29	2.42	6.03	97.42
广	西	Guangxi	15.70	112.64	62.89	2.96	5.65	94.96
海	南	Hainan	12.89	109.50	53.41	1.87	7.60	95.77
重	庆	Chongqing	15.57	118.02	63.30	2.71	6.10	97.87
四	川	Sichuan	14.10	110.29	62.78	2.52	6.71	97.87
贵	州	Guizhou	13.96	119.41	63.43	1.93	7.77	94.84
云	南	Yunnan	14.59	116.38	64.64	1.79	6.43	95.38
西	藏	Tibet	3.66	105.16	34.03	0.67	7.48	93.95
陕	西	Shaanxi	16.97	110.84	56.06	2.04	12.86	95.20
甘	肃	Gansu	9.54	107.94	64.35	2.22	3.63	93.67
青	海	Qinghai	8.23	110.60	66.24	1.53	7.58	92.12
宁	夏	Ningxia	8.06	113.98	66.53	1.77	4.37	97.70
新	疆	Xinjiang	12.82	110.83	60.51	2.13	10.64	97.29

附录1－9　主要工业产品产量(2013年)
Output of Major Industrial Products (2013)

地区 Region		发电量(亿千瓦小时) Electricity (100 million kW·h)	生铁(万吨) Pig Irom (10000 tons)	粗钢(万吨) Rough Steel (10000 tons)	钢材(万吨) Steel Products (10000 tons)	水泥(万吨) Cement (10000 tons)	农用化肥(万吨) Chemical Fertilizers (10000 tons)	汽车(万辆) Truck (10000 units)	布(亿米) Cloth (100 million meter)
全　国	**National Total**	**53976**	**70897**	**77904**	**106762**	**241614**	**7037**	**2212**	**883**
北　京	Beijing	335.8		2.3	219.0	900.5		200.0	
天　津	Tianjin	624.3	2214.2	2289.5	6640.9	951.9	13.5	55.7	2.1
河　北	Hebei	2499.4	17027.6	18849.6	22861.6	12676.2	218.4	97.4	63.4
山　西	Shanxi	2627.9	4303.2	4519.6	4486.2	4984.8	446.1		0.5
内蒙古	Inner Mongolia	3520.7	1367.2	1978.6	1797.7	6395.7	113.6	1.7	
辽　宁	Liaoning	1544.3	5698.0	5972.9	6863.0	6005.2	77.1	108.0	3.5
吉　林	Jilin	769.5	1116.2	1245.4	1510.1	3391.0	48.8	164.7	0.4
黑龙江	Heilongjiang	834.0	716.3	740.2	631.0	4028.5	61.5	10.5	0.1
上　海	Shanghai	959.5	1637.6	1800.6	2322.8	750.3	2.1	226.9	1.4
江　苏	**Jiangsu**	**4288.9**	**6690.6**	**9286.2**	**12398.0**	**17991.9**	**247.0**	**107.2**	**81.1**
浙　江	Zhejiang	2939.3	1059.8	1387.0	3823.4	12462.9	33.1	30.6	153.5
安　徽	Anhui	1965.8	2017.3	2351.5	3138.6	12131.4	277.3	100.7	10.0
福　建	Fujian	1767.7	588.3	1624.6	2782.8	7890.4	44.1	20.6	60.4
江　西	Jiangxi	874.6	2012.2	2156.6	2463.8	9204.2	107.3	36.8	7.8
山　东	Shandong	3510.9	6580.3	6119.8	8109.1	16217.8	760.0	104.4	128.5
河　南	Henan	2861.8	2551.9	2736.0	4255.2	16764.4	488.6	40.6	31.3
湖　北	Hubei	2158.2	2416.2	2887.8	3344.9	11042.5	1156.9	158.7	79.3
湖　南	Hunan	1347.0	1739.8	1746.5	1977.9	11264.7	135.5	32.1	3.5
广　东	Guangdong	3964.8	1149.9	1442.9	3384.5	13394.9	45.7	231.6	27.5
广　西	Guangxi	1259.5	1567.6	1666.6	2790.7	10707.5	105.7	186.9	0.2
海　南	Hainan	230.7			27.0	1988.4	65.9	10.8	
重　庆	Chongqing	627.4	556.2	608.9	1269.6	6127.0	215.4	184.0	5.4
四　川	Sichuan	2597.3	2011.4	1711.5	2785.2	13897.1	473.7	80.5	17.2
贵　州	Guizhou	1676.3	529.9	485.2	562.6	8140.5	533.6		0.1
云　南	Yunnan	2148.4	1936.5	1883.9	2053.9	9009.2	341.9	8.0	
西　藏	Tibet	29.1				295.8			
陕　西	Shaanxi	1508.7	882.5	916.9	1565.2	8545.5	100.7	10.5	5.7
甘　肃	Gansu	1195.0	897.5	953.9	1021.6	4412.7	62.4	2.1	
青　海	Qinghai	600.3	135.1	147.6	130.8	1786.3	425.2		
宁　夏	Ningxia	1096.5	123.0	32.2	149.8	1914.3	70.3		0.1
新　疆	Xinjiang	1611.7	1370.7	1176.9	1395.3	5040.2	361.8	1.0	0.4

附录1－10 建筑业主要指标(2013年)

Main Indicators on Construction (2013)

地区 Region		企业个数(个) Number of Construction Enterprises (unit)	直接从事生产经营活动的平均人数(万人) the Average Number of Directly Engaged in Production and Business Activities (10000 persons)	建筑业总产值(亿元) Gross Output Value of Construction (100 million yuan)	房屋建筑面积施工面积(万平方米) Floor Space of Building under Construction (10000 sq. m)	房屋建筑面积竣工面积(万平方米) Floor Space of Building Completed (10000 sq. m)	按建筑业总产值计算的劳动生产率(元/人) Calculated by the Gross Output Value of Construction Labor Productivity (yuan/person)
全　国	**National Total**	**79528**	**4904**	**159313**	**1129968**	**389245**	**324842**
北　京	Beijing	3114	87.92	7407.09	48791.27	8212.70	842475
天　津	Tianjin	1600	68.89	3670.53	12791.04	3394.73	532842
河　北	Hebei	2395	120.87	5203.92	35847.56	12335.96	430534
山　西	Shanxi	2189	100.37	2983.81	12868.60	3498.25	297286
内蒙古	Inner Mongolia	866	56.55	1540.48	8906.02	3624.72	272421
辽　宁	Liaoning	6005	235.28	8743.37	44279.74	18738.35	371612
吉　林	Jilin	1854	62.09	2200.15	12202.56	6325.41	354323
黑龙江	Heilongjiang	1965	101.18	2450.57	8085.48	4115.66	242193
上　海	Shanghai	2860	122.28	5102.84	29148.65	6274.25	417313
江　苏	**Jiangsu**	**9709**	**768.48**	**21712.16**	**192982.11**	**67932.37**	**282532**
浙　江	Zhejiang	5884	653.10	20066.42	185443.07	60569.28	307251
安　徽	Anhui	2674	166.00	4970.34	37117.24	14257.38	299427
福　建	Fujian	2648	224.73	5459.41	48509.50	13187.05	242927
江　西	Jiangxi	1626	108.69	3459.53	24897.15	11883.84	318287
山　东	Shandong	5756	296.85	8332.70	64055.44	22634.68	280704
河　南	Henan	4697	233.58	7082.37	43422.92	17244.31	303213
湖　北	Hubei	3197	171.58	8343.40	47915.00	22076.43	486265
湖　南	Hunan	1984	196.54	5255.98	43141.87	15528.47	267424
广　东	Guangdong	4395	204.41	7729.24	53506.11	13323.60	378116
广　西	Guangxi	1091	71.35	2271.39	18198.01	5814.79	318323
海　南	Hainan	146	6.27	285.31	2192.03	907.69	455360
重　庆	Chongqing	2394	158.45	4731.88	29745.90	12184.43	298643
四　川	Sichuan	3389	268.85	7239.49	49382.82	18294.25	269274
贵　州	Guizhou	605	37.01	1365.00	12174.30	2450.45	368854
云　南	Yunnan	2236	103.25	2888.82	15649.93	6446.16	279802
西　藏	Tibet	164	2.79	82.11	211.86	119.85	294010
陕　西	Shaanxi	1397	106.94	3993.81	19250.04	6133.23	373459
甘　肃	Gansu	1225	57.09	1708.27	10238.19	3751.17	299229
青　海	Qinghai	381	13.65	396.39	1136.55	417.43	290417
宁　夏	Ningxia	514	23.78	564.66	4665.94	1927.79	237415
新　疆	Xinjiang	972	75.49	2071.52	13210.80	5640.26	274400

附录1－11　客运量和旅客周转量（2013年）

Passenger Traffic and Turnover Volume of Passenger Traffic（2013）

地区	Region	客运量（万人）Passenger Traffic（10000 persons）	铁路 Railway	公路 Highway	水运 Waterway	旅客周转量（亿人公里）Turnover Volume of Passenger Traffic（100 million person-km）	铁路 Railway	公路 Highway	水运 Waterway
全国	**National Total**	**2122992**	**210597**	**1853463**	**23535**	**27572**	**10596**	**11251**	**68**
北京	Beijing	64161	11680	52481		254.0	118.0	136.1	
天津	Tianjin	17995	3352	14556	87	267.1	178.4	88.6	0.1
河北	Hebei	61718	8762	52956		1163.7	867.2	296.5	
山西	Shanxi	34899	6294	28487	118	386.6	189.8	196.6	0.1
内蒙古	Inner Mongolia	20819	4635	16184		360.5	187.1	173.4	
辽宁	Liaoning	91735	13033	78168	534	941.7	572.7	362.4	6.5
吉林	Jilin	34148	6629	27403	116	413.7	244.8	168.7	0.2
黑龙江	Heilongjiang	45566	10107	35102	357	473.3	256.8	216.1	0.4
上海	Shanghai	11691	7972	3476	243	195.0	75.3	119.1	0.6
江苏	**Jiangsu**	**152172**	**13435**	**135555**	**2454**	**1451.1**	**505.9**	**847.3**	**4.0**
浙江	Zhejiang	135348	11052	121185	3111	1025.1	437.0	583.0	5.1
安徽	Anhui	126710	7210	119433	67	1286.3	552.1	734.0	0.2
福建	Fujian	55107	6501	46895	1711	542.7	209.2	330.6	2.8
江西	Jiangxi	65067	6945	57915	207	930.7	622.6	307.7	0.4
山东	Shandong	75074	9246	64019	1809	1083.8	552.4	520.3	11.0
河南	Henan	136237	10532	125450	255	1574.7	861.9	712.4	0.4
湖北	Hubei	91522	10410	80670	442	1052.4	634.1	415.1	3.2
湖南	Hunan	159726	9231	149015	1480	1565.1	840.3	721.9	2.9
广东	Guangdong	153120	17658	133305	2157	1780.9	570.1	1202.5	8.4
广西	Guangxi	49275	3275	45606	394	611.3	193.7	415.7	1.9
海南	Hainan	13328	1389	10583	1356	112.4	25.2	85.0	2.2
重庆	Chongqing	65183	3251	61243	689	465.4	124.9	333.3	7.3
四川	Sichuan	134775	8240	124145	2390	912.1	310.1	599.2	2.9
贵州	Guizhou	83436	4322	77359	1755	593.6	211.2	377.9	4.5
云南	Yunnan	47626	3189	43392	1045	431.9	106.5	323.1	2.2
西藏	Tibet	1455	129	1326		42.4	11.4	31.0	
陕西	Shaanxi	70133	6123	63650	360	745.2	421.4	323.1	0.7
甘肃	Gansu	36163	2522	33556	85	595.4	383.2	212.0	0.2
青海	Qinghai	4790	592	4140	58	95.3	54.9	40.3	0.1
宁夏	Ningxia	8418	594	7568	256	102.9	44.5	58.3	0.1
新疆	Xinjiang	40926	2286	38640		544.5	224.8	319.6	

附录1－12 货运量和货物周转量（2013年）
Freight Traffic and Turnover Volume of Freight Traffic（2013）

地区	Region	货运量（万吨）Freight Traffic（10000 tons）	铁路 Railway	公路 Highway	水运 Waterway	货物周转量（亿吨公里）Turnover Volume of Freight Traffic（100 million ton-km）	铁路 Railway	公路 Highway	水运 Waterway
全国	**National Total**	**4102495**	**396697**	**3076648**	**559738**	**168165**	**29174**	**55738**	**79187**
北京	Beijing	25748	1097	24651		1051.1	894.9	156.2	
天津	Tianjin	45233	8349	28206	8678	3097.4	515.9	313.7	2267.8
河北	Hebei	198009	22469	172492	3048	11674.1	4233.6	6577.9	862.5
山西	Shanxi	156045	73181	82834	30	3592.4	2313.7	1278.6	0.1
内蒙古	Inner Mongolia	164346	67288	97058		4462.0	2589.2	1872.7	
辽宁	Liaoning	206868	20566	172923	13379	11970.3	1341.1	2792.0	7837.2
吉林	Jilin	44811	6516	38063	232	1681.3	580.0	1100.0	1.3
黑龙江	Heilongjiang	61094	14561	45288	1245	1930.0	949.2	972.9	7.9
上海	Shanghai	84305	702	43877	39726	14332.7	14.8	352.4	13965.5
江苏	**Jiangsu**	**194048**	**6806**	**103709**	**70909**	**10536.8**	**373.2**	**1790.4**	**7753.0**
浙江	Zhejiang	188679	4831	107186	76662	8951.2	272.1	1322.1	7357.0
安徽	Anhui	396391	11566	284534	100291	12335.3	877.7	6544.0	4913.7
福建	Fujian	96674	3636	69876	23162	3939.6	163.5	821.4	2954.7
江西	Jiangxi	135172	5217	121279	8676	3640.1	612.7	2829.0	198.4
山东	Shandong	264100	22876	227746	13478	8194.2	1487.4	5494.8	1212.0
河南	Henan	184823	12929	162040	9854	7259.8	2153.3	4488.0	618.5
湖北	Hubei	131000	5646	100945	24409	4751.8	914.3	2046.3	1791.3
湖南	Hunan	184535	5169	156269	23097	3832.3	950.3	2329.5	552.4
广东	Guangdong	349011	9711	261273	78027	9228.6	309.7	3003.4	5915.5
广西	Guangxi	151143	6916	124677	19550	3856.4	809.4	1857.2	1189.8
海南	Hainan	17325	960	10290	6075	621.0	13.1	75.4	532.5
重庆	Chongqing	87241	2475	71842	12924	2298.9	182.6	695.9	1420.4
四川	Sichuan	167759	8970	151689	7100	2248.6	816.7	1273.1	158.8
贵州	Guizhou	72703	6461	65100	1142	1294.6	658.3	610.6	25.6
云南	Yunnan	104329	5146	98675	508	1361.9	428.3	922.0	11.6
西藏	Tibet	1850	72	1778		103.4	22.0	81.5	
陕西	Shaanxi	141579	35767	105566	246	3200.6	1514.7	1685.0	0.8
甘肃	Gansu	51463	6381	45072	10	2362.0	1550.7	811.2	
青海	Qinghai	13372	3784	9588		451.9	249.2	202.8	
宁夏	Ningxia	40914	8412	32502		873.0	363.6	509.4	
新疆	Xinjiang	66908	7288	59620		1796.8	868.2	928.5	

附录 1－13　国内外贸易（2013 年）

Domestic and Foreign Trade（2013）

地区	Region	社会消费品零售总额（亿元）Total Ratail Sales of Consumer Goods（100 million yuan）	进出口总额（亿美元）Total Value of Imports and Exports Through Customs（USD 100 million）	出口 Exports	进口 Imports
全国	**National Total**	**237810**	**41597**	**22094**	**19503**
北京	Beijing	8375.12	4291.27	631.15	3660.12
天津	Tianjin	4470.43	1285.09	490.10	794.99
河北	Hebei	10516.75	549.00	309.61	239.39
山西	Shanxi	5139.29	157.91	79.96	77.96
内蒙古	Inner Mongolia	5114.16	119.96	40.95	79.01
辽宁	Liaoning	10581.44	1144.86	645.38	499.48
吉林	Jilin	5426.43	258.58	67.57	191.01
黑龙江	Heilongjiang	6251.17	388.80	162.32	226.48
上海	Shanghai	8051.96	4412.25	2041.82	2370.43
江苏	**Jiangsu**	**20796.52**	**5508.44**	**3288.57**	**2219.87**
浙江	Zhejiang	15225.54	3357.93	2487.54	870.39
安徽	Anhui	6542.42	455.56	282.54	173.02
福建	Fujian	8275.35	1693.26	1064.76	628.51
江西	Jiangxi	4576.11	367.50	281.67	85.84
山东	Shandong	22294.84	2665.58	1341.91	1323.67
河南	Henan	12426.61	599.51	359.88	239.63
湖北	Hubei	10885.94	363.78	228.35	135.42
湖南	Hunan	9018.64	251.72	148.21	103.51
广东	Guangdong	25453.93	10915.94	6363.75	4552.19
广西	Guangxi	5133.08	328.33	186.93	141.39
海南	Hainan	992.89	149.82	37.06	112.76
重庆	Chongqing	4599.77	686.97	467.96	219.02
四川	Sichuan	10561.45	645.74	419.50	226.24
贵州	Guizhou	2366.20	82.91	68.86	14.05
云南	Yunnan	4004.56	257.94	159.42	98.52
西藏	Tibet	293.20	33.19	32.69	0.50
陕西	Shaanxi	4999.54	201.29	102.26	99.03
甘肃	Gansu	2173.83	102.35	46.77	55.57
青海	Qinghai	544.08	14.03	8.47	5.55
宁夏	Ningxia	610.51	32.18	25.52	6.66
新疆	Xinjiang	2108.15	275.62	222.68	52.94

中国统计出版社最新图书简目

(仅供参考,以最后出书为准)

统计资料

综合类:中国统计年鉴　中国统计摘要　中国发展报告
国际资料类:国际统计年鉴　金砖国家联合统计手册　世界能源资源年鉴
区域资料类:中国区域经济统计年鉴　中国县域统计年鉴　中国城市统计年鉴
中国农村统计年鉴　中国地区经济监测报告
经贸与投资类:中国贸易外经统计年鉴　中国对外直接投资统计公报　中国商品交易市场统计年鉴
大中型批发零售和住宿餐饮企业统计年鉴　中国零售和餐饮连锁企业统计年鉴
住户与物价类:中国住户调查年鉴　中国价格统计年鉴　中国农产品价格调查年鉴
全国农产品成本收益资料汇编
资源与环境类:中国环境统计年鉴　中国能源统计年鉴
产业类:中国工业统计年鉴　中国建筑业统计年鉴　中国房地产统计年鉴
中国第三产业统计年鉴　中国证券期货统计年鉴
科技类:中国科技统计年鉴　中国高技术产业统计年鉴　工业企业科技活动资料
人口与就业类:中国劳动统计年鉴　中国人口和就业统计年鉴　中国人才资源统计报告
社会与文化类:中国社会统计年鉴　中国文化及相关产业统计年鉴
公共管理类:中国民政统计年鉴　中国民族统计年鉴　中国乡镇街道行政区域简册

省级综合统计年鉴系列

北京　天津　河北　山西　内蒙古　辽宁　吉林　黑龙江　上海　江苏　浙江　安徽　福建　江西　山东
河南　湖北　湖南　广东　广西　海南　重庆　四川　贵州　云南　西藏　陕西　甘肃　青海　宁夏
新疆　新疆生产建设兵团

市(县)级综合统计年鉴系列

天津滨海新区　石家庄　唐山　邯郸　太原　大同　阳泉　长治　晋城　朔州　晋中　运城　忻州　临汾
呼和浩特　鄂尔多斯　包头　沈阳　大连　长春　吉林市　四平　哈尔滨　黑龙江垦区　上海浦东新区　南京
无锡　徐州　常州　苏州　南通　连云港　淮安　盐城　扬州　镇江　泰州　宿迁　江阴　丹阳　杭州
宁波　温州　嘉兴　绍兴　金华　衢州　舟山　台州　合肥　福州　厦门　宁德　福州经济技术开发区
南昌　济南　青岛　郑州　洛阳　平顶山　三门峡　南阳　武汉　十堰　荆州　宜昌　荆门　咸宁
长沙　广州　深圳　惠州　东莞　南宁　柳州　桂林　来宾　海口　三亚　成都　贵阳　昆明　西安
兰州　庆阳　银川　乌鲁木齐　兵团一师　兵团十师

调查年鉴系列

山西　内蒙古　吉林　辽宁　上海　福建　湖北　广西　重庆　四川　云南　甘肃　宁夏　新疆　南宁　桂林

"十二五"规划教材

统计学(经济管理类专业本科适用,单薇 等)　抽样调查理论与方法(冯士雍 等)
贝叶斯统计(茆诗松 等)　统计学(黄良文 等)　试验设计(茆诗松 等)
统计学:从数据到结论(吴喜之)　医学统计学(于浩)　统计学(经济、管理类专业基础教材,张小斐)
概率论与数理统计三十三讲(魏振军)　概率论与数理统计三十三:学习指导与习题解答(魏振军)
非参数统计(吴喜之 等)　统计学:经济与管理中的数据分析(李慧云 等)
卫生管理统计学(新编医学院校基础课教材,尚磊)　医院统计学(新编医学院校基础课教材,徐天和 等)
社会统计学(蒋萍 等)　现代金融投资统计分析(李腊生 等)
国民经济核算初级教程(经济类、统计类、管理类专业适用,蒋萍 等)

重点图书

新中国65年　新编英汉汉英统计大词典　中华医学统计百科全书
挑大学选专业2014—考研择校指南　挑大学选专业2014—高考志愿填报指南

中国统计出版社发行部电话:(010)63376907,63376908　同榍行书店电话:68783171,68783172
通讯地址:北京市西城区三里河月坛南街57号　邮政编码:100826
网址:http://csp.stats.gov.cn

周恩来纪念馆全景

江苏省淮安市

京杭大运河水利枢纽

淮安市位于江苏北部，是一代伟人周恩来的故乡。淮安秦时置县、历史悠久，现辖四县四区，总面积1.01万平方公里，总人口550万。近年来，淮安积极抢抓省委、省政府支持苏北加快建设小康社会和建设淮安苏北重要中心城市机遇，科学规划、统筹发展，开拓进取、跨越发展，全面小康社会建设取得重大突破：2013年，淮安以市为单位达到省定2003版全面小康社会标准，为迈向更高水平全面小康社会奠定了坚实基础。

中国漕运博物馆

综合实力日益增强。坚持项目推动，促进经济快速增长。富士康、实联化工、国宝空调、天淮钢管、奔驰商用以及中国移动呼叫中心等一批重大项目相继落户淮安。2013年，全市实现GDP2156亿元，人均GDP44774元，规模以上固定资产投资1453亿元，社会消费品零售总额721亿元，财政公共预算收入271亿元。**转型升级步伐加快**。培育并初步形成以盐化工、特钢、电子信息、食品四大主导产业和高端装备制造、新能源汽车及零部件两大战略性新兴产业为主体的“4+2”现代工业体系。2013年，“4+2”产业完成产值2332亿元，占全市规上工业比重49%。现代服务业加快发展，现代商务集聚区纳入省级服务业综合改革试点。2013年，三次产业结构为：12.6：45.6：41.8。**人民生活不断改善**。实施收入倍增计划，重抓就业创业富民。2013年，城镇居民人均可支配收入23107元，农民人均纯收入11045元，城镇家庭人均拥有住房面积37.1平方米，农村家庭人均拥有住房面积46.4平方米，居民恩格尔系数35.3%，城镇登记失业率降低至2.24%。**社会事业蓬勃发展**。坚持社会创新驱动，施行科技创新券制度，以市为单位实现区域教育基本现代化，义务教育质量位居全省前列，高考二本以上录取率苏北第一。2013年，财政性教育投入超过70亿元，R&D经费支出占GDP比重1.5%，新增财力75%用于民生保障改善，城镇基本养老、失业和基本医疗三大保险覆盖面均超过95%，卫生服务体系健全率100%。**协调发展美好家园**。坚持综合规划引领，统筹城乡以及经济社会生态协调发展。2013年，城镇化率55.06%，环境质量综合指数89.8%，城市绿化覆盖率超过40%。拥有国家历史文化名城、国家卫生城市、国家园林城市、国家环保模范城市、中国优秀旅游城市、江苏省文明城市等荣誉称号。当前正加快创建国家生态城市，所辖清浦区、金湖县在苏北率先通过国家级生态县区技术评估。

明祖陵

水韵淮安

建设中的生态新城

楚秀园

南京市江宁区

七坊胜景

生命加速带

紫金方山科技创业特别社区

中关村（江宁）国际服务外包产业园

江宁是南京“三大新市区”之一，面积1558平方公里，辖10个街道，常住人口127万人。作为中国最早的建制县之一，江宁距今已有2200多年历史，境内汤山温泉、阳山碑材、南唐二陵、牛首山等众多名胜古迹闻名中外，谢安“东山再起”等人文典故广为流传。江宁地处长江与沿海两大经济带交汇点，拥有21.5公里长江岸线并已建成10个万吨级泊位，沪宁、宁杭、宁马、绕越等高速公路穿境而过，禄口国际机场坐落境内，亚洲最大的铁路南站正式运营，首个铁路客站宁杭高铁江宁站建成运营，地铁三号线、机场轻轨线正加快建设，是长三角重要区域交通枢纽之一。改革开放30多年来，江宁已初步建成一个高端要素集聚、创业活力充沛、现代风貌彰显的新城区。

2013年以来，区委坚决贯彻中央和省市决策部署，团结带领全区人民，紧扣创建苏南现代化建设样板区目标，突出质量效益为前提的加快发展，坚定务实地深化“四大行动战略”，锐意推进“五位一体”建设和党建创新工程，在新起点上迈出了转型创新跨越发展的新步伐。2013年，全区地区生产总值突破千亿元大关、达1086亿元，公共财政预算收入达156.4亿元，争先进位至全省第三，实现了“三年三大步”的跨越；规模以上工业总产值达2491亿元、比2010年翻了一番，其中高新技术产业产值占比提高到63%，江宁成为江苏首个“千人计划”、“万人计划”双基地区；城乡居民人均收入分别达38290元和16790元，增长9.3%和12%；全市镇街分类考核中，江宁再度包揽现代服务业

百家湖新全景

主导型、先进制造业主导型、现代农业主导型“三个第一”；黄龙岘等新一批“金花村”，成为江宁生态文明的靓丽品牌、全省农村新型社区建设的崭新样本。

2014 年，我们将深入贯彻十八届三中全会精神和省市重大决策部署，坚持稳中求进工作总基调，以深化四大行动战略为抓手，突出“改革”和“民生”两大主题，把改革创新贯穿于“五位一体”建设各领域各环节，把民生为先落实到党的群众路线教育实践全过程，坚决打好全面深化改革攻坚战，着力增创体制机制新优势；深入推进人才和科技创业，着力增强转型发展新动力；大力推动经济结构调整，着力拓展产业升级新空间；扎实推进新型城镇化，着力提升城乡一体发展新水平；高标准建设生态文明，着力构筑生态乐居新环境；加强以改善民生为重点的社会建设，着力形成民生幸福新格局；全力举办青奥盛会，着力展示江宁现代文明新形象，努力在转型升级中形成争当苏南现代化示范区建设排头兵的核心竞争力。

江宁智能电网博览馆

长安福特

石塘春晓

江苏省江阴市

江阴，简称“澄”，古称暨阳，北临长江，南接太湖，是历史上著名的军事重镇和重要商港，素有“江海门户”、“锁航要塞”之称。现辖10个镇、5个街道办事处、1个国家级高新区、2个省级开发区，总面积986.97平方公里，户籍人口121.73万，境内35公里长江深水岸线，被专家称为黄金水道的黄金地段。江阴交通便利发达，距上海、南京各150公里，以江阴为圆心，半径160公里范围内有6个机场，江阴大桥连接长江南北，京沪高速、沿江高速、新长铁路、锡澄运河穿境而过，是长江下游新兴的滨江港口城市和交通枢纽城市。

江阴地处温带，四季分明，气候宜人。辖内水网密布，土地肥沃，物产丰富。特产“长江三鲜”（长江鲥鱼、刀鱼、河豚），是江南著名的“鱼米之乡”。这里自古钟灵毓秀，人文荟萃，拥有7000年人文史、5000年文明史和2500年文字记载的历史，是良渚文化重要的发祥地之一。明清以来，江阴涌现了地理学家徐霞客、“中国近代图书馆之父”缪荃孙、现代文学家刘半农、民族音乐家刘天华、佛学家巨赞等一大批杰出人物，拥有近百名大学校长、60多名两院院士和学科带头人以及41位共和国将军。

改革开放以来，“人心齐、民性刚、敢攀登、创一流”的江阴人坚持科学发展、创新发展、率先发展，乡镇企业异军突起，成为“苏南模式”的重要发源地。江阴先后荣获全国双拥模范城、国家卫生城市、国家环保模范城市、全国科技进步示范市、国家生态市、中国优秀旅游城市、中国最佳经济活力魅力城市、首批国家可持续发展先进示范区等100多项全国性荣誉称号。2008年，江阴被中央确定为改革开放30年全国18个典型地区之一，被誉为“科学发展的先行者”。2013年江阴连续11年蝉联全国县域经济和县域基本竞争力百

强县排名第一名，连续6年蝉联中国全面小康十大示范县市（第一名）。全年实现地区生产总值2706.06亿元，全口径财政收入和公共财政预算收入分别达到486.98亿元和182.28亿元，拥有35家上市公司、36只股票，成为证券界独特的“江阴板块”。

2014年，江阴将高扬科学发展的大旗，以高点定位、勇争一流为不变追求；以解放思想、改革创新为强大动力；以转型发展、优化提升为主攻方向，进一步坚定信心、振奋精神、凝心聚力、埋头苦干，在新起点上谋求新跨越，在高平台上实现新提升，再创江阴新一轮改革发展的新辉煌，奋力开创江阴现代化建设新局面。

常州市武进区

花博会鸟瞰图

武进地处长三角地理中心，南枕太湖，西衔滆湖（西太湖），总面积1246平方公里，下辖14个镇、2个街道、1个国家级高新区、1个国家级出口加工区、1个省级经济开发区、1个省级旅游度假区和1个省级现代农业产业园区，户籍人口102万，常住人口约160万。2013年完成地区生产总值1726亿元，公共财政预算收入125.8亿元，规模以上工业总产值3947亿元，注册外资实际到账10.2亿美元，荣获2013年度中国市辖区综合实力百强第三名、中国最具投资潜力中小城市百强区第一名等综合性荣誉。

五一村

精彩花博，旅游胜地。经过两年多的精心筹备，2013年9月28日，第八届中国花博会如期精彩绽放，来自32个国家（地区）的2600多家组织和企业前来参展，展示花卉植物与花卉艺术品3万余件，1个月展会期间接待海内外游客超过268万人次，成功举办插花花艺大赛、花卉交易会、花卉产业发展论坛等国家级专题活动，办成了一届精彩、成功、难忘的花事盛会。旅游市场借势井喷，全年旅游接待人数达到1340万人次，武进被评为 “最美中国·最具发展潜力的旅游目的地”，逐步打响了“一古一今一生态”的旅游品牌。

季子文化公园

产业强区，投资福地。武进在前几年大力推动新兴产业倍增、服务业提速、传统产业提升、千亿产业和百亿企业培育“四大工程”的基础上，2013年全面启动实施大企业（集团）培育三年行动计划和“个转

横林地板城

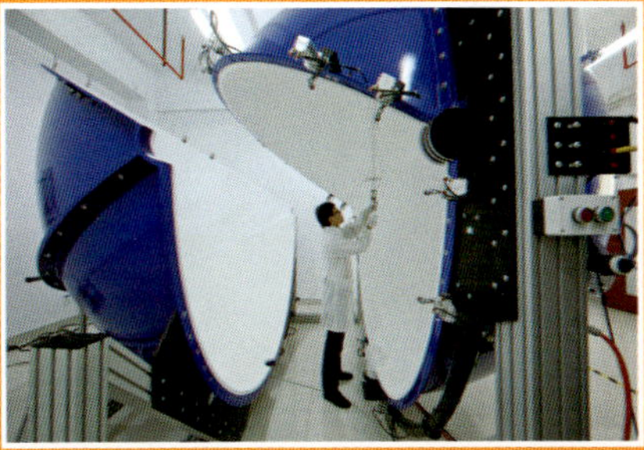

国家半导体照明产品质量监督检验中心

西太湖国际智慧园

企”工作，产业综合竞争力和对外影响力持续增强，先后被授予“中国纺织面料之都”、“中国灯具城”、“中国强化木地板之都”等称号，智能装备制造、新材料产业达到千亿元级别，新能源、生物医药、电子商务、绿色建筑等产业发展势头强劲。2013年，全区各类市场主体达到9.8万户，规模以上工业企业近1900家，中国驰名商标数达到45件；顺风光电出资重组了无锡尚德，近50个国家和地区、超过800家外资企业在武进落地生根、开花结果，累计完成投资超130亿美元，开创了一条民资和外资双轮驱动、互促并进的发展新路。

人居天地，花园城市。武进是国家级生态区，也是联合国环境署命名的国际花园城市、“最佳人居环境特别荣誉奖”城市和中国首个“人居实验城市”，在具体实践中坚持城乡统筹和绿色低碳的发展理念，制定出台了全国县级单位首个城乡发展一体化指标监测体系，深入开展清水工程、蓝天工程、环境专项整治“三大行动”，国家级生态镇顺利实现“满堂红”，近两年有57个村创成三星级“康居乡村”，环境质量综合指数达到87分，生态大气、宜居宜业的城市形态初步形成。

首善之区，幸福家园。全力克服财政增收压力较大的困难挑战，持续加大投入力度，全面完成30件为民实事，着力营造良好的创业就业环境，2013年城镇居民人均可支配收入达到3.9万元，农民人均纯收入达到2.1万元。社会事业全面繁荣进步，凤凰谷、游泳馆、新曲棍球基地等民生项目建成投用，教育、卫生、文化、养老等公共服务资源日趋丰富、分布更加合理，为实现人的全面现代化奠定了坚实的基础。

国标校车集中发车仪式

2013第四届环太湖国际公路自行车赛（武进赛段）

中心城区

江苏省张家港市

2013年，是张家港市现代化建设三年行动计划的启动之年。全市上下聚焦“810工程”，实施“六大提升行动”，突出重点抓落实，攻坚克难求实效，全力抓好稳增长、促转型、惠民生各项工作。全年实现地区生产总值2145亿元，增长6.1%；公共财政预算收入154.18亿元，增长3.1%；城镇居民人均可支配收入4.34万元，农村居民人均纯收入2.17万元，分别增长9.3%和11.4%。

（一）转型升级步伐加快

经济运行稳中有进。实现规模以上工业总产值4922.05亿元，增长3.9%；新兴产业产值占规模以上工业总产值比重达到40%。服务业增加值占GDP比重提高到43%，。完成口岸货物吞吐量2.6亿吨，进出口总额322.19亿美元。

重大项目加快建设。列入省重点的5个项目和苏州市重点的21个项目顺利推进。全市完成工业投资440亿元，增长6.7%，其中，新兴产业投资195亿元，增长17%；服务业投资330亿元，增长14%。实际利用外资7亿美元。

载体功能不断提升。“两区一园”以“810工程”产业项目为依托，加快拓展发展平台。新增创新创业载体面积34万平方米。引进研发机构和公共服务平台11家。节能环保装备产业基地列入国家火炬计划特色产业基地。

科技创新成效显著。新增国家“千人计划”人才4名；省“双创计划”人才18名；“姑苏计划”人才20名。引进“千人计划”专家产业化项目38个。培育年销售超10亿元科技型3家。万人拥有发明专利超过12件。

（二）城市功能优化提升

规划布局进一步完善。编制完成保留村庄布点规划、生态建设规划及三年行动计划、10个镇辖办事处控制性详规。沙洲湖工程全面完工。暨阳湖欢乐世界扩建项目竣工开园。镇区三年综合改造工程全面完成。

重大工程推进有力。“810工程”十大基础设施加快建设。沪通铁路张家港枢纽站区规划方案基本确定，疏港高速公路建设加速推进。老城区防汛能力提升三期工程、谷渎港清淤截污、背街小巷和里弄改造等工程如期竣工。

生态建设不断加强。十大生态工程建设顺利推进。制定生态文明建设三年行动计划，启动第三轮环保“三三三”工程，新增城镇污水管网60公里。新增林地、绿地7182亩。

城市管理服务水平不断提高。高标准推进10个苏州市美丽村庄示范点建设，建成18个省级“康居乡村”。9个智慧港城信息化项目上线运行。“网上村委会”综合信息服务平台建成省重大信息化示范工程。

（三）民生事业全面发展

富民强村取得新成效。开发就业援助岗位1.26万个，帮助7197名就业困难人员实现就业，本市籍应届高校毕业生、特困家庭劳动力、被征地农民就业率保持在99%以上。全市村均可支配收入达680万元、增长12%。

社会保障体系更加健全。新增城镇职工社保参保人员4.2万人，参保率达99.3%。发放“共享阳光”慈善助学金727.2万元，惠及困难家庭学生2435人。完成残疾人家庭无障碍改造1068户。新建优质蔬菜基地1100亩。

住房保障工程加速推进。新开工安置房面积409万平方米、竣工404万平方米。安置过渡户1万户。开工保障性住房23万平方米、3565套（户），竣工31万平方米、5251套（户）。新增住房公积金缴存职工3.3万人。

养老事业加快发展。新（改）建养老机构5家，新增养老机构床位1018张，总数达8450张，每千名老人拥有机构养老床位数达到41.2张。新（改）建省2A级以上标准居家养老服务中心（站）18家、日间照料中心9家、助餐点15家。

教育卫生水平协调提升。成为全国首批义务教育发展基本均衡县（市）、全省首批学前教育改革发展示范区。新增国标校车66辆。启动公立医院综合改革，组建市第一人民医院、市中医院两个医疗联合体，新建8家社区卫生服务分中心。

文化文明建设更具活力。建成首批国家公共文化服务体系示范区、全省首批“书香城市”、中国曲艺之乡。高分通过全国城市文明程度指数测评。“城区5分钟、中心镇区10分钟体育健身圈”基本建成。。

社会管理持续加强。新增登记社会组织134个，新增新市民子女积分入医5000名、入学5942名。平安、法治建设扎实开展。全市化工企业和规模以上非化工企业实现安全标准化运行。建成全国首批餐饮服务食品安全示范市。

实事工程建设优质高效。五大类15项实事工程项目顺利实施。老城区天然气配套用户改造、老农贸市场改造、增设惠民险种等10个项目全面完成；5个跨年度项目按时序推进。

（四）行政效能进一步提高

依法行政扎实推进。组织实施人大议案1件，办复人大代表建议251件、政协委员提案376件。深化行政决策事前、事中、事后全程评估，出台政府规范性文件17件。全面推行行政调解。办理行政复议案件69件。

服务绩效有效提升。公布2014年行政许可（审批）事项目录。办理各类行政服务事项22.3万件。按国家级试点标准建设“网上政务通”行政审批平台。组建市镇两级公共资源交易平台。完成地方政府性债务审计。

作风建设全面加强。深入开展“天天听民声”、“民生面对面”、机关干部下基层活动，落实领导干部“六个一”挂钩和“810工程”包挂联系制度。各项创建达标活动。12345便民热线服务功能和群众满意度不断提升。

昆山市

花桥经济开发区

璀璨夜色

经过“农转工”、“内转外”、“散转聚”、“低转高”、“大转强”五个阶段的转型发展，昆山步入科学发展新阶段，发展质量显著提升，综合实力连续九年位居全国百强县（市）之首，在《福布斯》中国大陆最佳县级城市排行榜上，连续五年位列第一。2013 年，全市经济社会发展呈现稳中有进、稳中有为、稳中提质的良好态势，完成地区生产总值 2920.08 亿元，比上年增长 10%；服务业增加值 1202.05 亿元，增长 15.1%；工业总产值 8157.30 亿元，增长 4.1%；公共财政预算收入 243.52 亿元，增长 10.6%；固定资产投资 840 亿元，增长 9.3%；进出口总额 889.84 亿美元，增长 2.8%；居民收入继续保持两位数增长。昆山经济社会发展主要呈现以下几个特点：

1. 注重质量效益，产业结构持续优化。通过实施新兴产业发展“3515”计划，培育新增 3 个千亿级产业、5 个数百亿级产业、15 个百亿级企业。加快发展总部经济、现代金融、电子商务等现代服务业，2013 年，全市服务业增加值占地区生产总值比重 41.2%，同比提升 2 个百分点；通过技术改造、创意设计、品牌创建、兼并重组等途径，提升改造传统产业，推动昆山产业向“微笑曲线”的两端攀升。

太极水村姜杭村

2. 发展创新型经济，内生动力不断增强。在创新资源集聚上，以工业技术研究院为核心，整合清华科技园、软件园、留学人员创业园等载体功能，建立各类产学研联合体667家。在科技成果转化上，全市共承担国家“863”、“973”计划项目26个。在金融服务上，设立创新股权投资母基金，首期规模达到10亿元。

3. 强化区镇联动，发展模式进一步创新。为打破资源环境瓶颈制约，促进区域平衡发展，进一步解放思想、创新举措，充分发挥沿沪对台优势，依托昆山深化两岸产业合作试验区的辐射带动效应，推进发展模式创新与突破，提升资源集约节约利用水平。加快昆山开发区、昆山高新区、花桥经济开发区、旅游度假区等重点园区的转型升级的同时，积极推进区镇联动发展，推动区镇资源整合、优势互补、功能共享、合作共赢，打造“大平台经济”。

4. 实施“五有”工程，群众幸福感受不断提升。实施学有优教、病有良医、老有颐养、住有宜居、劳有厚得“五有”工程，全力打造与经济发展水平相适应的中国和谐幸福城市。在全省率先实施城乡养老保险和医疗保险并轨，率先在低保政策上实行城乡统一标准，取消大病基金报销封顶线，实现了城乡公共服务全覆盖，基本做到新老昆山人公平享受公共服务资源。

5. 坚持绿色发展，生态文明建设取得新进展。一方面，始终把人的生态文明放在首要位置，充分激发全社会的生态自觉，建立符合生态文明要求的生产方式和生活方式。另一方面，注重生态环境的保护和建设，全面落实粮油、水产、果蔬、林木绿地“四个十万亩”的生态布局，重点做好“加减乘除”四法，即生态功能布局的“加法”、落后产能和污染物排放的“减法”、产业转型升级的“乘法”、资源产出效益的“除法”。

6. 创新体制机制，发展活力进一步释放。围绕“简政放权、转变职能、优化服务”，不断深化重点领域和关键环节改革，全面推进体制机制创新，努力向改革要红利、向创新要活力，为转型升级提供坚强的制度环境保障。以省直管县、经济发达镇行政管理体制改革为契机，下放管理权限，减少管理层级，降低行政成本，提高效率效能。

下一步，我们将大力弘扬“敢于争第一、勇于创唯一”新昆山精神，进一步强化“改革、开放、创新、责任、担当”意识，抢抓上海自由贸易试验区、苏南现代化建设示范区、昆山深化两岸产业合作试验区建设机遇，协调推进经济、政治、文化、社会、生态文明建设和党的建设，以改革新突破构筑发展新优势，争当新一轮改革发展排头兵，全力开创现代化建设新局面。

2013年世界电子竞技大赛

第八届中国零售商大会暨展会

海纳百川 安居乐业

中共海安县委书记
海安县人民政府县长 陆卫东

海安地处南通、盐城、泰州三市交界处，是苏中水陆交通要冲，辖10个区镇，总面积1180平方公里，人口94.18万人。近年来，海安经济社会发展突飞猛进，综合实力不断提升。2013年实现地区生产总值538.73亿元，完成地方公共财政预算收入46.63亿元，城镇居民人均可支配收入29474元，农民人均纯收入14119元。

2014年，海安将进一步解放思想、抢抓机遇，坚持“枢纽海安、物流天下”战略取向，全面彰显、充分发挥“动车时代、节点城市”新优势，持续“打好新征程七大战役，实现新时期七战七捷”，全力打造长三角北翼最具竞争力的新型工业化基地，江苏东部“公铁水”无缝对接的商贸物流高地，科技资源有效聚集、创业活力竞相迸发、社会和谐生态宜居的创新创业型城市。

艰辛创伟业，奋斗铸辉煌。让我们携起手来，以火一样的激情，真抓实干，披荆斩棘，做到踏石留印，抓铁有痕，在转变发展方式上取得新进展，在深化改革开放上取得新突破，在改善民生上取得新成就，使“中国梦”海安篇章更加绚丽多彩。

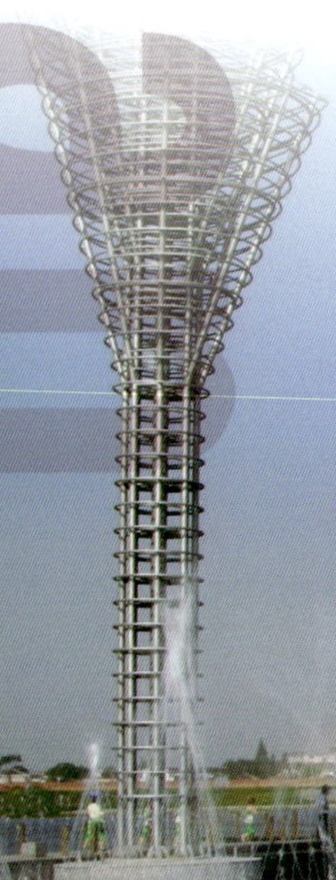

江苏晨朗电子集团

simon电气

海安会议中心

东海县

六月双湖

桃林新小区

水晶大集

2013年，东海以县为单位被省认定建成全面小康社会，省级生态县创建达到考核验收标准，成功举办第十二届中国·东海国际水晶节，扎实推进一大批民生实事，全国县域经济百强县排名上升至95位。依托独特的区域自然禀赋，打造成为国际知名的水晶之都、中国重要的硅材料产业基地、生态旅游型现代化湖滨城市。全年实现地区生产总值320.17亿元，公共财政预算收入32.78亿元，全社会固定资产投资234.76亿元，社会消费品零售总额120.89亿元，城乡居民人均可支配收入15202元。

一、着力稳定经济运行，三次产业全面发展。工业经济提质增效，实现规模以上工业增加值121.21亿元，硅工业、食品工业、新型建材、机械汽配“四大板块”总产值增长27.5%，净增规模以上工业企业77家。现代农业稳步推进，建成万亩高产创建示范区33个，再次获评全国粮食生产先进县，新增高效农业13万亩。现代服务业繁荣发展，实现服务业增加值122.32亿元，水晶市场年交易额突破70亿元，中国东海水晶博物馆开馆运行，东海获评中国水晶雕刻艺术之乡，温泉水文化展示馆投入使用，举办第三届温泉沐浴文化节，累计接待游客365万人次。

二、全力推进开放创新，经济发展活力增强。中国最具投资潜力中小城市百强县排名上升至29位，获评苏商投资中国首选亲商城市、省科技兴贸出口创新优秀基地、全省人才工作先进县、省土地执法模范县、省首批国土资源节约集约模范县，获批建设国家级可持续发展实验区，实现全国科技进步考核先进县“四连冠”。

休闲双人骑行

百合园集体婚礼

水晶特色旅游

三、打造生态宜居城市，城乡面貌显著提升。编制完成《滨河新区城市设计》、《东部新城控制性详细规划》等47项规划，城市建设投入超过160亿元，城市外环连徐高速东海西互通全线通车，建成区面积扩大到28平方公里。城市品质持续提高，获批国家智慧城市试点，顺利通过省文明城市指数年度测评。完成所有乡镇新一轮城乡统筹规划编制，城镇规模快速拓展，镇村环境持续改善，新增植树造林5.4万亩，城市绿化率42%，新建10个乡镇污水处理厂，完成378个村庄环境整治任务。

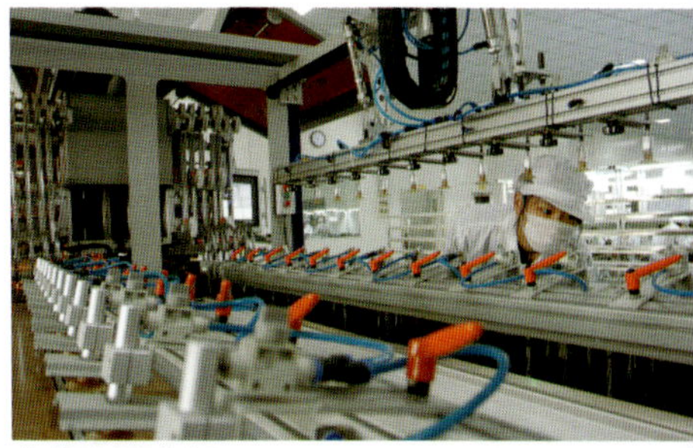

光伏产品车间

四、推进民生持续改善，社会建设不断加强。新增城镇就业1.5万人，实现农村劳动力转移就业1.2万人，城镇登记失业率控制在2.2%以内，城乡居民养老保险基础养老金最低标准提高到每人每月80元，城乡居民医保财政补贴标准提高到每人每年280元。新建经济适用房180套、廉租房60套、公共租赁房570套。3.2万低收入人口实现稳定脱贫。获评全国平安建设先进县、全国群众体育先进县、省社会管理综合治理先进县、省职业教育和成人教育示范县、省妇幼卫生先进县、省农民健康促进示范县、省新农村新家庭示范县，获批建设全国农村学校艺术教育实验县，东海电大获批建设东海开放大学。

水晶博物馆

江苏省灌云县

中共灌云县委书记鲁林视察农业生产

灌云县人民政府县长朱兴波视察水利工程

船舶制造

装备制造

金属冶炼

服装制造

灌云建县于1912年，因南有大川灌河、北有名山云台而得名，总面积1538平方公里，人口103万，辖8镇、5乡，1个省级开发区，以及省属五图河农场、市属灌西盐场。

悠久古老的历史，深远长久。早在6500多年前，先民就在这里繁衍生息，并创造了灿烂的新石器文明，承载着厚重历史积淀的大伊山石棺墓遗址是国家级重点保护文物。楚汉战争时大将钟离昧、司马龙苴曾在此建城御敌，留下了历经千年的龙苴古城遗址。县博物馆作为全县文物的收藏中心，精品荟萃，共藏有陶瓷器、青铜器、汉画像石、书画等珍贵历史文物3000多件。

璀璨厚重的文化，神韵流长。通江达海的河是一条文明的脉络，明清时期这里商贾云集，繁荣的商业与人文相互融合，催生了独具特色的盐河文化。东晋“元嘉三大家”之一鲍照在此吟诗疾书，清末最后一位武状元卞赓于此闻鸡起舞，清代文学家李汝珍成就了旷世奇书《镜花缘》。当今的灌云更是人才辈出，当代科学泰斗汪氏三杰、陈吉余等4位院士也出自灌云。

秀美宜居的山水，心旷神怡。坐落于县城的淮北平川第一神山——大伊山是国家4A级风景区，山上峰、岩、洞、松自然景观美不胜收；梅鹿石岩画、星相石、石佛寺神奇迷幻，深藏着无数的千年难解之谜。源出一个山脉的伊芦山中六神台、奇泉等景观，每一个都有一个神话传说。美丽的

潮河湾生态优美，风景宜人，正在被逐步打造为集自然园林、生态休闲、文化体验于一体的现代旅游胜地。

富有特色的美食，享誉全国。肥沃的土地和丰饶的特产培育了灌云富有特色的美色文化，使灌云已经成为名符其实的“名厨之乡、美食之城”，自古以来民间就有“穿在海州，吃在灌云”的赞誉。特色美味佳肴豆丹更是被誉为“国内少有，苏北仅有，灌云特有”，先后多次走上中央电视台农业频道，成为淮扬菜系一道亮丽的独特风景。

便捷高效的交通优势，得天独厚。拥有江苏唯一的海河联运港口——灌云燕尾港，坐拥32公里海岸线、42万亩盐田滩涂等核心战略资源。除了省级开发区，规划开发了100平方公里临港产业区具有现代工业良好的承载条件，凭籍临海拥水的先天优势，借着长深、长海两条高速和204、324等5条国省干道，受益沿海经济带和东陇海经济带的交叉辐射，江苏沿海发展战略和长三角发展战略双重拉动，优势的交通区位条件日益彰显，并成为江苏沿海开发重要战略节点。

经济社会发展的综合实力，日益增强。初步构建起了清洁能源、船舶制造、精细化工、装备制造、金属加工、轻工轻纺等六大主导产业。2013年，全县实现地区生产总值249.92亿元，比上年增长11.9%；实现公共财政预算收入30.88亿元，同比增长19.4%；完成全社会固定资产投资223.48亿元，比上年增长21.5%；实现城镇居民人均可支配收入17617元，农民人均纯收入10016元，分别增长10.5%和12.2%；全面小康综合实现程度达99%。先后荣获全国地质灾害防治高标准“十有”县、群众体育先进单位，省国土资源节约集约模范县、社会治安安全县等称号，连续八年被评为中国最具投资潜力中小城市百强。

大伊山石佛寺

四通八达交通立交

海上“布达拉宫”开山岛

人民广场美丽夜景

大伊山老龙涧

体育场市民休闲夜晚

涟水县

晨练

淮安涟水机场

涟水县地处淮安市东北部，县域面积 1676 平方公里，下辖 19 个乡镇、1 个省级经济开发区，户籍人口 112.1 万人。涟水环境优美、景色宜人。涟水因水而得名，古黄河、涟河、盐河穿境而过，兼具自然和人文景观的五岛湖公园镶嵌城区，“城在水中、水在城中”的特色非常鲜明。涟水教育发达、文化昌明，素有“安东出才子”的美誉。涟水交通便捷、物流畅达。公路、水道、空运方便快捷。

近年来全县上下紧紧围绕全面达小康，建设新涟水的宏伟目标，社会经济取得了长足发展，“水陆空铁”的大交通格局初具雏形，涟水机场和盐河三级航道的开通，2 条高铁（连淮扬镇、徐淮盐）开工建设，为项目落户、产业集聚创造了有利条件。先后获得国家级生态家园富民工程示范县、全国商品粮生产基地县、全国平原绿化百强县、全国粮食生产先进县、中国低碳旅游示范县、全国计划生育优质服务先进单位、中国云锦织造基地、中国诗词之乡、中华“缘文化”传承基地、省级科普示范县、省财政收入征收先进县、省级生态农业县、省双拥模范县、省食品安全示范县、省级绿化造林先进县、省新型农村医疗管理先进县、省社会治安安全县、省残疾人工作先进县、省生猪生产大县等荣誉称号。

2013 年，面对极为错综复杂的宏观形势，全县上下以深入贯彻落实党的十八大和习近平总书记系列重要讲话精神为主线，把握稳中求进总基调，坚持科学发展不动摇，咬定各项目标不放松，众志成城，奋力拼搏，经济社会继续保持平稳健康发展，“2003 版”小康指标体系如期达标。经济发展稳中有进。全年完成地区生产总值 260.31 亿元，财政总收入 45.2 亿元，规模以上固定资产投资 166.65 亿元。产业结构持续优化。城乡建设效能提升。围绕中等城市建设总目标，有序开展城乡建设“三年行动计划”，实施总投资 20 多亿元的五岛湖景区改造等 100 多个政府投资类城建交通项目。各项改革成效初显。出台了促进经济又好又快发展和促进“总部经济”发展的政策意见，在全市率先成立政务服务中心。民生民计持续改善。城镇居民人均可支配收入、农民人均纯收入分别达到 19892 元、10333 元。

今后几年，涟水县将坚持以党的十八大、十八届二中三中全会精神为指引，坚持稳中求进工作总基调，把改革创新贯穿于经济社会发展的全过程，瞄准主要经济指标和民生指标增幅高于全市、高于苏北、高于全

涟水县五岛湖公园

今世缘文化广场

①江苏涟水经济开发区
②华昌化工有限公司
③江苏省涟水中学
④红窑镇居民集中居住点
⑤中欧通用航空有限公司
⑥涟水县政务服务中心
⑦淮安锦纶化纤有限公司
⑧涟水现代农业示范园区

省的总体目标，实施新型工业化、新型城镇化“双轮驱动”战略，加快把涟水打造成为苏北重要的空港物流城市、新兴工业城市和生态宜居城市，在苏北建设更高水平全面小康进程中争先进位，早日跻身“苏北十强”、“全国百强”行列。

盐城市盐都区

物联大厦

盐都区地处江苏沿海、苏北平原中部，是盐城的两个城市区之一，现辖 11 个镇（街道）、7 个社区街道、1 个省级高新区和 1 个农村经济开发区，拥有 250 个村（居），面积 1015 平方公里，户籍人口 71.2 万人。

历史悠久，人杰地灵。早在商、周时期，就有先民在此繁衍生息。西汉元狩四年（公元前 119 年）因盐置县，始称“盐渎”，至今已有 2000 多年历史，三国时期孙权之父孙坚是见之于史的第一任县丞。所谓盐渎，就是运盐的河流。东晋安帝义熙 7 年（公元 411 年）因“环城皆盐场”而更名为盐城县。1983 年，盐城地区实行市管县，盐城县改为盐城市郊区；1996 年恢复县建制，设立盐都县；2004 年 3 月，撤销盐都县设立盐都区。在这片土地上，诞生过“建安七子”之一的陈琳、南宋节臣陆秀夫、明初贤达朱升（“高筑墙、广积粮、缓称王”进言者）、明末清初大书法家宋曹、“苏北的鲁迅”宋泽夫、“中共一枝笔”胡乔木、国民党元老郝柏村、全国知青的榜样董加耕等一批杰出人物。

生态独特，资源丰富。境内沟河纵横，水网密布，水绿特色独树一帜，被评为国家级生态示范区。农业生产的自然条件优越，素有“鱼米之乡”的美誉，粮、棉、肉类产量均位列全国百强。近年来，盐都区围绕“一带四节点六基地”空间布局，以开发区的理念发展现代农业，着力打造 43 公里步湖路沿线 300 平方公里城乡统筹示范带，重点建设郭猛三湾新村、大纵湖三官新村、盐都七星现代化农场、大纵湖东晋古镇景区，大力提升潘黄葡萄、郭猛花卉和草莓、尚庄番茄、大纵湖优质稻米、滨湖河蟹种养水平，推动传统农业向高效农业、设施农业、观光农业和都市农业转型，使步湖路城乡统筹示范带成为生态观光旅游产业带，用里下河水乡特色的生态之美、人文之美、民风之美尽显盐都田园秀美。

交通便捷，现代新城。宁靖盐高速、沿海高速和盐徐高速三条高速在盐城境内纵横贯通，并在市区外围形成了 70 公里的高速公路圈。苏通大桥正式通车，从盐都到上海只要 2 个多小时。近几年来，盐都区积极策应市委、市政府建设沿海中心城市的战略决策，全力加快城西南片区建设，按照节点开发、组团推进的思路，启动建设特色街区、总部基地、物流产业园等现代服务业项目，着力打造“以城市生活功能为主，融商务贸易、行政办公、现代物流、生产制造等功能于一体、具有浓郁水乡风情的现代化新城区”。

革命老区，活力迸发。抗日战争中，震惊中外的皖南事变之后，新四军在盐城重建军部，重振旗鼓，开创了华中抗日根据地，人民领袖刘少奇、开国元帅陈毅等许多老一辈革命家在此留下过战斗的足迹。2013 年，全区坚持工业化、信息化、城镇化、农业现代化“四化同步”，重抓产城融合、城乡统筹、创新发展、民生改善和社会管理等重点工作，全区经济呈现“运行平稳、

4A级风景区大纵湖风光

稳中有进、质效提升”的良好态势。实现地区生产总值 342.72 亿元，增长 12.5%；其中：一产 39.67 亿元、二产 189.33 亿元、三产 113.72 亿元，三次产业比例为 11.6 ∶ 55.2 ∶ 33.2。农业经济形势平稳。粮食实收面积 123.68 万亩，总产 62.34 万吨，实现“十连增”。工业经济运行较好。实现规模工业增加值 165.22 亿元，增长 13.9%。规模工业开票销售 145 亿元，增长 9.8%；入库税收 7.8 亿元，增长 13.7%。开票销售超亿元企业 31 家，其中超 10 亿元 2 家、超 5 亿元 4 家。入库税收超 500 万元企业 31 家，其中超亿元 1 家，超 5000 万元 2 家。人民生活持续改善。实现城镇居民人均可支配收入 26254 元，增长 9.9%；农民人均纯收入 14352 元，增长 11.8%。新发展私营企业 1630 户，新发展个体工商户 7600 户，新增注册资本金 233.2 亿元。新增转移农村劳动力 1 万人，组织各类培训 1 万人次，新增就业再就业 1.32 万人，城镇登记失业率 2%。对外开放不断扩大。注册外资实际到账 1.55 亿美元，外贸出口总额 2.5 亿美元。外资工业园新落户韩资项目 4 个，已累计集聚韩资企业 17 家。积极寻求新的对外合作空间，与德国茨维考市成功缔结友好城市，投资合作、技术交流、经贸往来和文化旅游互动迈出了新步伐。

充满生机活力、蕴含无限希望的魅力盐都，热忱欢迎海内外宾朋、各界人士视察指导！

①重庆啤酒盐城公司
②悦达纺织园
③华锐风电产业园
④秀美乡村——大纵湖镇三官
⑤盐都区博物馆
⑥盐都七星现代化农场
⑦江苏翡翠湾花卉交易中心
⑧盐都郭猛台湾农民创业园
⑨盐城市第三医院

①

②

③

④

⑤

⑥

⑦

⑧

⑨

江苏大丰市

JIANGSU DAFENGSHI

大丰位于江苏省中部、上海市北翼，总人口72.5万，总面积3059平方公里，辖12个镇、两个省级开发区，境内有上海市属农场和江苏省属农场各3家，是国家首批可持续发展先进示范区、国家首批生态示范区、国家卫生城市、中国优秀旅游城市、国家科技进步先进县（市），国家知识产权试点城市，是江苏省文明城市、社会治安安全县（市）、省级生态市、园林城市，在苏北首批通过全面小康社会验收。

大丰是麋鹿故乡，建有世界最大的麋鹿自然保护区，被授予"中国麋鹿之乡"称号。大丰是湿地之都，拥有太平洋西岸最大的湿地，被列入世界重要湿地保护名录。大丰是黄海港城，大丰港是江苏中部唯一的出海通道、国家一类对外开放口岸、对台直航港口。大丰是上海"飞地"，上海驻大丰农场辖区面积307平方公里，是上海域外面积最大的"飞地"。

2013年，大丰市实现地区生产总值443.52亿元，公共财政预算收入50.07亿元，固定资产投资255.6亿元，进出口总额8.77亿美元，人均地区生产总值63229元。实际利用外资、进出口总额、进口总额、出口总额、固定资产抵扣、工业开票销售等6个指标总量盐城市第一；公共财政预算收入、税收收入、工业开票销售、地区生产总值、工业增加值、规上工业增加值、规上工业利税总额、规上工业利润总额、固定资产投资、工业投资等10个指标增幅盐城市第一；人均地区生产总值、人均公共财政预算收入、工业开票销售总量等3个指标苏北第一。连续第11年跻身"全国县域经济基本竞争力百强县（市）"，列第54位。

JIANGSU
DAFENGSH

麋/鹿/故/乡
湿/地/之/都
黄/海/港/城
上/海/飞/地

大气 包容 创新 争先

突出

转型发展
港城建设
城乡统筹
生态文明
民生改善

江苏省高邮市

穿心河夜景

中共高邮市委书记韩方（右二）慰问老干部

高邮市市长方桂林

高邮是全国2000多个县市中唯一以“邮”命名的城市，距今已有2230多年的历史。位于江苏中部、淮河下游，京沪高速公路和京杭大运河纵贯全市南北。全市总人口83万，其中非农业人口28.3万人，共有24个民族。全市总面积1963平方公里，其中水面约占40%，耕地面积118万亩。农村劳动力总量为33.8万人，转移就业约30万人，其中就地转移18.5万人、异地输出11.5万人。

自然资源丰富。高邮土地肥沃，物产丰富，耕地、河流、湖泊、滩地、荡滩并存，素有“鱼米之乡”之称。盛产优质粳米，淡水渔业资源丰富，年水产品总量17.6万吨，是全国罗氏沼虾养殖标准示范区。高邮麻鸭为全国三大优良鸭系之一，高邮咸鸭蛋被列为国家原产地域保护产品。境内有国家级农业综合开发高新科技示范区、国家级农产品加工中心禽蛋分中心、海峡两岸合作试验区水产水禽产业园。

历史文化悠久。公元前223年，秦王嬴政在境内筑高台、置邮亭，故名高邮。1991年2月经国务院批准撤县设市（县级），同年4月1日正式建高邮市，实行计划单列。高邮人文景点众多，拥有京杭大运河遗址、龙虬文化遗址、古盂城驿和清代当铺等4处国家重点文物保护单位，8处省级、84处市级文物保护单位。

高邮湖

镇国寺塔

芦苇荡

盂城驿

生态秀美宜居。高邮依湖傍河，天蓝水碧，环境优美。烟波浩淼的高邮湖面积780平方公里，是全国第六大淡水湖、江苏省第三大淡水湖。京杭大运河高邮段全长43公里，是目前保存最为完整、景色最为怡人的古运河遗址之一。高邮三产服务业较为繁荣，大型超市、现代物流、星级酒店等商业设施齐全，蝶园市民广场、文游市民广场、净土寺塔广场等人文设施配套完善。初步形成了融水乡观光景色、历史文化景点、现代文明景观为一体的大旅游格局。

龙虬庄遗址

发展活力迸发。改革开放以来，特别是近几年来，高邮经济社会发展迅速，形成了以太阳能光伏、绿色照明、超高压电缆和特种电缆、机电制造、品牌服装、新材料新医药为代表的优势特色产业，是中国羽绒服装制造名城、中国路灯制造基地、全国高纯度硅材料生产基地和全球最大的手提电脑软板生产基地。

奎楼市民广场

近几年来，高邮经济社会取得了长足发展，先后被评为国家级生态示范区、全国科技先进市、全国文化先进市、全国平原绿化先进市、全国集邮之乡、江苏省双拥模范城、江苏省首批历史文化名城、江苏省卫生城市。连续六年被中国社科院评为“全国最具投资潜力中小城市百强”和“全国中小城市综合实力百强”。2013年主要经济指标增幅高于全省平均水平，多项指标位居扬州前列。

2013年，全市实现地区生产总值381.5亿元、增长12.5%；财政收入57.89亿元、增长13.5%，其中公共财政预算收入25.44亿元、增长17.1%、增幅列扬州第二，税收增长20%、增幅列扬州第一，税收占比提高至82.1%；固定资产投资278.48亿元、增长20.7%；社会消费品零售总额124.3亿元、增长12.4%；城镇居民人均可支配收入24711元、农民人均纯收入13248元，分别增长9.4%、12%。全年新开工10亿元项目9个、亿元项目56个，竣工10亿元项目6个、亿元项目40个。实现工业开票销售404.1亿元、增长26.5%，增幅列扬州第二；工业用电量19.9亿千瓦时、增长65.5%，完成购进设备抵扣税2.4亿元、增长59%，增幅均列扬州第一。实施技改项目328个，当年投入98亿元、增长32%。机械装备、电线电缆、纺织服装、照明灯具四大基本产业开票销售185亿元，增长30%。全市开票销售超亿元企业达50家，净增规模以上工业企业30家，新增产值超10亿元企业1家、总数达7家。

2014年是全面深化改革的开局之年，也是我市实施“十二五”规划的攻坚之年。当前，高邮经济社会发展步入了深度调整期和转型磨合期，面临着做大总量与调优结构的双重目标，提高质量与加快速度的双重要求，稳健运行与跨越赶超的双重任务，需要下更大力气保增长、促发展。我们将始终坚持以科学发展观统揽全局，全面贯彻落实党的十八大、十八届三中全会和中央、省经济工作会议精神，按照市委十届七次全会的决策部署，坚持“稳中求进、进字当先，改革创新、融合发展”主基调，按照“改革创新快转型、争先进位快融合”总要求，抓好“改革创新推进年”、“重大项目突破年”、“城镇建设提升年”和“党的群众路线教育实践活动年”的各项工作，以“改革创新、项目建设、转型升级、城乡统筹、关注民生”为重点，切实增强发展的稳定性、协调性、普惠性和可持续性，促进全市经济社会转型发展、特色发展、融合发展，全面加快在沿河地区率先崛起步伐。

丹阳 概况

丹阳，丹凤朝阳之意，位于江苏省南部，东邻常州市武进区、新北区，西接镇江市丹徒区、句容市，南与金坛市接壤，北接镇江新区，并与扬中市隔江相望。总面积1047平方公里，户籍人口81.3万人，辖10个镇、2个街道和1个省级开发区。

丹阳历史悠久，是董永与七仙女传说的发源地，境内的凤凰山遗址表明6000多年前就有先民在此生活。战国时期设云阳邑，公元前221年秦朝建立后，设云阳县，不久改名为曲阿县。唐天宝元年（742年），取“丹凤朝阳”之意，定名丹阳。西晋玉乳泉、唐中和铜钟、南朝石刻、北宋嘉山寺、明朝万善塔等众多名胜古迹是丹阳悠久历史的有效见证。丹阳人杰地灵、人文荟萃，名人志士，贤臣良将，代不乏人。丹阳是春秋时期伟大德者、智者和贤者——季子的隐居之地，也是南朝齐梁两代帝王的故里。唐代大诗人许浑，近现代著名教育家、上海复旦大学创始人马相伯，著名社会科学家、教育家戴伯韬，著名书画家、美术教育家吕凤子，语言学泰斗吕叔湘，以及对革命事业作出过贡献的共产党人夏霖、黄竞西、管文蔚和匡亚明等一大批名人志士均是丹阳人。

通过多年的努力，丹阳已成为沪宁线上新兴的工贸城市，位列“2013全国县级市综合竞争力排行榜”第12位、“2013全国县级市成长竞争力排行榜”第8位，先后荣获“中国和谐城市”、“中国特色魅力城市200强”等称号，是全国首家“国家旅游产业创新发展实验市”。

1、发展提速、质量提升、效益提高正成为丹阳发展的主趋势。2013年全市实现地区生产总值925亿元，增长12.8%；公共财政预算收入60.4亿元，增长20.6%；工业销售收入2443亿元，增长16.5%；规模以上固定资产投资323亿元，增长21.6%。企业和产业规模不断壮大，目前拥有亿元企业171家，10亿企业33家，百亿企业4家，相继建成“中国眼镜生产基地”、“中国眼镜出口基地”、“江苏省五金工具出口基地”和“国家级车辆灯具检测重点实验室”、“中国汽车零部件制造基地”、“全国汽车零部件出口基地”、“中国鞋业基地”、“国家汽摩配件生产示范区”。眼镜产业成为国家行业标准的制定者，五金工具产业正从普通工具钢向模具钢、特钢发展，木业产业夺得国内同行业10大品牌中的三块，汽车零部件产业正从零部件制造走向整车制造。同时，新材料、新能源、装备制造、新医药等新兴产业逐步形成规模，成为新的亮点。尤其是新材料产业，与国家大飞机项目形成了紧密的合作关系，创建了航空航天产业园和院士工作站，正打造我市第一个千亿级产业群。为进一步促进产业集聚集约发展，丹阳正在全力打造开发区、高新技术产业园、航空航天产业园、生命科学产业园等“6+1”重点产业园区。

全国最大的眼镜交易市场——中国眼镜城

2. 创新驱动、人才带动、金融推动已成为丹阳发展的主动力。丹阳连续9年被评为全国科技进步先进县（市），是国家知识产权示范城市创建市，科技创新专项资金设立、争取省重大科技成果转化专项扶持

资金、“国家科技兴贸基地”建设等多个方面在全省县级市领先，煤制乙二醇、平面转立体电影、商用陀螺仪、大型熔模铸造、第三代消防车、光扩散综合膜、玻纤单丝连续毡、高速工具钢水平连铸等200多项技术和成果填补国内空白，20多项技术达到国际先进水平。加快引进高层次人才，目前拥有108个海归创业创新团队、238多名高层次人才，其中6人入选国家“千人计划”，43人入选省“双创计划”，被评为省高层次人才创新创业基地。与中科院排名前10位的研究所中的7家建立了战略合作关系，40多名院士在丹阳担任特别顾问。同时，构建起科技型企业、科研院所、金融机构三者强强联合的“金三角”模式，在金融创新上形成亮点。积极鼓励企业上市，共有上市企业11家，总市值突破600亿元，还有拟上市企业35家，立足于上市的企业70多家。在全省首创天工惠农小额贷款公司，目前共有10家小额贷款组织，农民资金互助合作社15家，并成立了1家村镇银行。积极发展风投、担保公司，年担保能力突破100亿元。

“丹阳企业中心”概念规划设计效果图

3．优化服务、强化开放、深化改革已成为丹阳发展主抓手。强化服务环境建设，在行政审批过程中推行“一站式服务、一票制收费、一车制勘察、一表制审批”制度，成为沪宁线上收费项目最少、收费标准最低的城市，吸引德国汉高、法国欧尚、美国AIG、德国贺利氏等世界500强企业先后落户。2013年实现进出口总额26亿美元，其中出口21.5亿美元。同时，积极鼓励企业“走出去”，全市境外投资规模继续保持全省县（市）前列。坚持以制度建设为发展“保驾护航”，近年来相继形成了大项目领导挂钩扶持、“飞地”工业、“万人问卷”、党务公开目录、领导班子和领导干部绩效考核等一批有创新、有特色的制度。

4．统筹发展、共享发展、和谐发展正成为丹阳发展的主基调。2009年获得了“国家卫生城市”称号，国家生态市创建工作已通过环保部考核验收。在加快城市建设的基础上，创新举措，加快新农村建设，构建“新市区—新市镇—新社区”三级城镇体系。以练湖为代表的新市区建设，以界牌为代表的“全镇一体化”新市镇建设，金桥村、群楼村等为代表的一批新社区建设正在加快推进。同时，积极解决社会发展和民生领域的突出问题，集中力量办好公开承诺的民生实事。2013年城镇居民人均可支配收入33083元，增长9.8%；农民人均纯收入16983元，增长11.9%。社会保障体系日趋完善，全面实施新型农村社会养老保险制度，累计参保人数达22万余人，建立了覆盖城乡、惠及全民的社会养老保障体系，基本做到了“应保尽保”。基本医疗保险人数超过16万人，农村合作医疗人数超过60万人。城镇劳动保障三大保险参保率达到99%以上。各项社会事业走在全省前列，是全省首批教育基本现代化县市，连续9次被授予“江苏省平安县（市、区）”荣誉称号。

城市风光

中国汽配城

靖江市

靖江港口码头夜景

靖江，又名马驮沙、马洲、骥江，南依长江，北枕苏中平原，属亚热带湿润区，四季分明，气候宜人，物产丰富。总面积 655.58 平方公里，人口 68.62 万，设有 1 个街道办，8 个镇。配合沿江开发战略目标，设有国家级靖江经济技术开发区（下辖新港城、城南园区、城北园区、新桥园区）和江苏江阴—靖江工业园区 2 个经济开发区，另设有市政府城南办事处、江阴经济开发区靖江园区办事处和滨江新区办事处。境内拥有 52.3 公里的长江黄金岸线，是长三角城市群中一座正在崛起、极具发展潜力的新兴城市，素有苏北小江南的美誉。2008 年，在泰州地区率先通过了江苏省县级全面建设小康社会达标认定。2013 年，完成地区生产总值 670.43 亿元；财政收入 128.80 亿元，公共财政预算收入 57.45 亿元；城镇居民人均可支配收入 31597 元，农民人均纯收入 15347 元。

江苏扬子粮食物流中心

江苏三江电器集团装配车间

靖江，交通发达，区位优势明显，是长江下游集公、铁、水运于一体的重要交通枢纽。江阴长江大桥飞架南北，将靖江与苏南联为一体，广靖高速南连沪宁高速，北接宁通高速，新长铁路纵贯全境，连接陇海、浙赣两大铁路动脉。得天独厚的区位优势，造就了靖江良好的工业基础和开明、开放的超前意识。近年来，靖江抢抓沿江开发和跨江联动这一历史机遇，加快工业化、城镇化和经济国际化进程，打造形成船舶、金属材料、粮食、木材、能源五大临江产业，是国家级船舶出口基地、火炬新技术船舶特色产业基地。这里，有全国唯一的国

江苏万林木业装卸现场

靖江古迹——岳王庙

靖江古迹——四眼井

靖江城市景点

家火炬计划微特电机及控制产业基地，世界维生素C生产基地，中国最大的汽车锁制造企业，国内相对集中的汽车传动轴制造企业群，中国第一大民营造船基地，全球最大的系泊链生产基地。上世纪八十年代末，靖江已被列为对外开放地区，并加入苏锡常火炬带，成为上海浦东开发区和苏锡常火炬带向苏中、苏北延伸、辐射的重要桥头堡。国家级靖江经济技术开发区基础设施完备，岸线资源丰富，已成为各路资本争相进入的投资宝地。目前正全力打造船舶修造、冶金、能源、石化、现代物流等临江产业群。靖江主动接受苏南辐射，并率先打破行政区划界限，成立江阴开发区靖江园区，实行与江阴联动开发，被誉为开明人士的精明之举。

靖江孤山

靖江历史不长，但人杰地灵，曾诞生过著名实业家、民族工业骄子刘国钧，走出了14位共和国将军、7位两院院士。靖江山水盆景独树一帜，饮誉海内外，多次获得国内、国际大奖。魁星阁、四眼井、岳王庙、刘国钧故居等人文景观堪称靖江历史文化的瑰宝，孤山、百里江堤、长江大桥等处景色秀丽，风光旖旎。勤劳智慧的靖江人民，利用独特的资源优势，创造出了蟹黄汤包、双鱼肉脯等享誉海内外的美味佳肴，获得了中国“江鲜菜之乡”、“汤包之乡”和“河豚美食之乡”等称号。

靖江人民路夜景

靖江连续多年进入全国综合实力百强县，列苏中地区首位。新的历史时期，靖江将秉承率先发展、转型发展、创新发展理念，围绕“学赶苏南、后来居上”奋斗目标，继续以加快融入苏南“第一方阵”为追求，深入实施“以港兴市、港城相依”主体战略，先行先试、创新探索，协调推进经济、政治、文化、社会和生态文明建设，努力把靖江建成城乡一体化先行区、“两业互动”示范区和“三化融合”样板区，当好苏中崛起“领头羊”！

开放的靖江在发展，发展的靖江更开放。靖江，这块宜居宜商的热土，热诚欢迎海内外宾朋前来观光考察、投资兴业、共创辉煌！

靖江农民集中居住点

宿迁经济技术开发区

宿迁市委书记蓝绍敏调研上上包装

中国白色家电龙头企业双鹿上菱冰箱

亚洲塑料包装行业排名第一的金田塑业

【概况与经济发展】宿迁经济技术开发区成立于1998年11月，经国务院批准，2013年1月升格为国家级经济技术开发区。经开区位于宿迁市新城区南侧，地理位置优越，现辖两乡、两社区，行政管辖面积118.8平方公里，社会人口20万人。2013年，经开区围绕"近学'苏宿园'、远学'金鸡湖'，两年翻一番、增速争第一"的总体目标，科学应对宏观环境的不利影响，经济社会呈现又好又快发展的良好态势。全年实现地区生产总值381.5亿元，公共财政预算收入22.8亿元，业务总收入1410亿元，规模以上工业增加值202亿元，500万元以上固定资产投资260.2亿元，其中工业固定资产投资185.4亿元。2012年，在全省开发区综合排名前进27位、位列53位，成功迈进第一方阵。

【产业建设】经开区加速构建"以家电、光电为主导，食品、机电、轻纺为支柱"的"2+3"产业体系，家电产业汇集了双鹿上菱、格力电器等行业知名企业；光电产业汇集了泰源光电、吉创光电等光电企业；食品产业汇集了中国饮料业排名领先的娃哈哈饮料、中国乳品行业排名领先的蒙牛乳业、中国果汁行业排名领先的汇源果汁、"中国饼干大王"嘉士利饼干等品牌食品企业；机电产业汇集了铝技精密机械、中科君达科技、华力制动器等机电企业；轻纺产业汇集了中国出口服装行业排名领先的晨风服饰、中国服装行业龙头企业杉杉集团等纺织服装企业，经开区已经成为江苏乃至长三角地区新兴的工业制造业基地。

【招商引资】经开区按照"全员招商、全线出击"的工作要求，在全区开展"百名干部大招商"等招商活动，积极组织参与东莞投资环境推介会、中国·宿迁光电产业高峰论坛、全国农业装备轻量化及新材料研讨会、台湾·宿迁经贸交流活动周、宿迁（北京）携手央企恳谈会、宿迁经贸洽谈会等专项招商活动，瞄准"国际500强、国内500强、行业50强"企业，着力招引符合"2+3"产业定位的龙头项目和配套项目。2013年，签约亿元以上项目38个，合同引资额396亿元，其中10亿元以上项目20个。特别是格力、双鹿上菱、杉杉等龙头企业的相继落户，进一步提升了经开区产业集聚水平和辐射带动能力。

【科技创新】经开区大力实施科技创新战略，着力打造宿迁科技产业高地。通过建设科技公共服务平台，大量集聚创新要素，提升自主创新能力，集聚高新技术产业，园区科技创新水平持续提升。工业技术研究院投入使用，世界之窗科技园、光电研究中心等功能平台加快推进，为企业发展提供各类技术支撑。东南大学、南京工业大学等高等院校与进区企业积极开展产学研合作，为进区企业解决技术难题。区内已有42家单位设立了工程技术中心，10家企业被评为省级以上高新技术企业。2013年，专利申请量429件，专利授权量290件。

【城市建设】经开区按照"布局合理、功能完备、宜业宜居、形象靓丽"的要求，紧紧围绕"南部新城"的发展定位，全面启动实施新一轮6大类33项重点工程，不断完善产业配套和城市功能。在2012年建设20条道路的基础上，又新开工58条道路；台商创业创新科技产业园东区一期30万平方米厂房全面竣工，世界之窗文化风情园、九鼎公园等一大批配套项目陆续投入使用，综合保税区征地拆迁和基础设施建

苏北工业技术研究院外景图

设正式启动；月亮湖国际大酒店、国贸中心快速推进；新竣工马赛公馆、中豪国际花园等商业房地产项目50万平方米，新竣工泰和祥府一期、三树新城一期等保障性住房10万平方米。淮海建材城、中青国际家居生活广场、黄河生活广场等专业市场日益繁荣，为经济社会跨越发展搭建了良好的支撑平台。

【社会文化事业】教育、卫生等各项社会事业稳步发展。2013年，全面启动了办学条件提升、教师队伍优化、管理机制创新、特色项目培育、教干团队强化“五大工程”，共投入3亿元新建1所小学，扩建、续建1所中学、2所小学，启动3所公办幼儿园建设。全面推进园林绿化、环卫设施、市场改造、村庄环境等综合整治活动，创卫工作取得阶段性成果。城乡居民养老保险实现全覆盖，城镇居民医疗保险参保率达99.5%以上。通过技能培训、专场招聘和推荐就业等措施努力提高被征地农民、新成长劳动力和失业人员的就业能力，全年发放招工简章22万份，举办各类招聘会20余场，为企业推荐工人8100余名，基本满足进区企业的用工需求。探索推行“扶贫扶大户，大户带贫困户”的扶贫模式，累计发放扶贫贷款698.8万元，真正让困难群众感受到党和政府的温暖。全面开展“三管一建”社会管理创新，着力打造具有经开区特色的城市社区管理新格局。

【管理与服务】经开区不断优化内部运行机制，完成新一轮机构改革，对职能相近，权责相关的部门进行优化整合，在精简内设机构的同时强化了一线招商力量。制定出台“经开区三大纪律、八项规定”，进一步强化作风保障。通过一系列的改革和创新，机关效能和活力进一步增强。全力打造“五全服务”和“三同帮办”品牌，深入推进“一对一帮办”、“全员帮办”、“离岗帮办”等帮办服务制度，重点在建项目帮办人员与客商同吃、同住、同劳动，有效保证项目快速推进。深入企业开展“两找两保”调研活动，切实帮助企业解决实际问题。2013年，组织召开银企洽谈会4次，为区内137家企业协调担保贷款。充分发挥“365服务大厅”功能，实行“一个窗口”对外、“一站式”办结、“一条龙”服务的全过程服务体系，努力营造“亲商、安商、富商”的浓烈氛围，积极营建良好的投资软环境。

中国果汁行业排名第一的汇源集团

台资企业吉创光电

【发展态势】站在国家级开发区的平台上，面对更加难得的发展机遇，更加艰巨的发展任务，更加强劲的竞争对手，经开区将按照统筹“三大发展”、推进“九比竞赛”的总体要求，围绕“近学‘苏宿园’、远学‘金鸡湖’，增速争第一、勇当排头兵”的目标定位，以培育特色鲜明的“2+3”产业为重点，不断汇集发展要素，加速凝聚更大力量，坚定不移把工业腾飞主旋律唱得更响，在加快建设苏北一流国家级开发区的道路上迈出更加坚实的步伐。

江苏省扬州高新技术产业开发区

创业服务中心

江苏省扬州高新技术产业开发区是扬州市唯一的高新技术产业开发区，是沿江开发和跨江融合的主要窗口，是产业发展和城市建设的前沿阵地，也是重要的数控装备制造、生物科技、新型光电以及现代服务业基地。高新区前身为邗江工业园，2001年开始建设，2006年被省政府批准为省级经济开发区，2008年与汉河街道合署办公，2011年代管原运西八村一居委会，2012年获批更名为江苏省扬州高新技术产业开发区。目前，高新区总规划面积60平方公里，辖9村2社区1居委会，建成区面积已达20.2平方公里。高新区先后建成国家级创业服务中心、中科院扬州中心、江苏（扬州）数控机床研究院和中小企业产业化平台创富工场等创新载体，拥有国家级博士后科研工作站3家、省级院士和博士后科研工作站5家、市级以上"两站两中心"67家，获得国家火炬计划邗江数控金属板材加工设备产业基地、国家级文化产业示范基地、省机械装备制造之都、省金属板材加工设备出口基地、省新型工业化产业示范基地、省信息化和工业化融合示范区等称号。

领导班子

2013年，高新区实现规上工业总产值1187亿元、服务业增加值52亿元、自营出口7亿美元、入库税收44亿元、实际利用外2.8亿美元。在最新省级开发区排名中，高新区位列第6位，首次进入前10强。

依靠自身产业优势和龙头骨干企业，加速产业集群，初步形成了"一主三新"四大产业。"一主"即以扬力、扬锻、金方圆、牧羊为龙头的数控装备制造产业，"三新"即以完美、威克、联博、联澳、伯克为代表的生物科技产业，以强凌、汇成、德豪、华扬为代表的新型光电产业，以联创、笛莎、金荣、邗建等为代表的现代服务业。

金方圆通快合资庆典

2013年，高新区荣获"江苏省邗江文化科技产业园"和" 江苏省科技金融合作创新示范区"称号，新成立国家级科研博士后工作站2家、省级博士后创新实践基地1家，牧羊集团建成苏中苏北地区唯一的国家级工程技术研究中心。编制生物科技园、大学科技园以及运西片区、汉河片区、建华片区等区域控规，结合未来发展需求，完善南、北园控规，并通过市规委会最终审定。新建新328国道高新区段等5条道路，改造完美路、祥园路两条积水严重的老路，完成10条电力杆线迁移改造，完成创业服务中心3万m²内外装及各项配套工程，完成基督教堂、扬州日报社主体工程建设，建成建华一期、胡庄一期约10万m²安置房并通过竣工验收。

绿地运河纪

完美二期开工

"十二五"期间，高新区将紧紧围绕"国家高新区、大学科技城"目标，矢志"高、新"追求，激发园区、校区、城区"三区联动"活力，加快重点产业"长高、变新"，推动城市建设"站高位、焕新貌"，不断提高园区核心竞争力和综合影响力，勇当邗江跨江融合排头兵，争创扬州创新转型示范区，力争两年创成国家级高新区。

广场舞大赛

首届运动会

高新区北园